北京师范大学刑事法律科学研究院

刑事法治发展研究报告

Reports on the Development of the Rule of Law in the Criminal Matters

（2011—2012 年卷）

主　编　赵秉志

中国人民公安大学出版社
·北 京·

图书在版编目（CIP）数据

刑事法治发展研究报告.2011～2012年卷/赵秉志主编.—北京：中国人民公安大学出版社，2013.1
ISBN 978-7-5653-1149-9

Ⅰ.①刑…　Ⅱ.①赵…　Ⅲ.①刑法—研究报告—中国　Ⅳ.①D924.04

中国版本图书馆CIP数据核字（2012）第298264号

刑事法治发展研究报告
（2011—2012年卷）
主编　赵秉志

出版发行：中国人民公安大学出版社
地　　址：北京市西城区木樨地南里
邮政编码：100038
经　　销：新华书店
印　　刷：北京蓝空印刷厂

版　　次：2013年1月第1版
印　　次：2013年1月第1次
印　　张：51
开　　本：787毫米×1092毫米　1/16
字　　数：1048千字

书　　号：ISBN 978-7-5653-1149-9
定　　价：138.00元

网　　址：www.cppsup.com.cn　www.porclub.com.cn
电子邮箱：zbs@cppsup.com　　zbs@cppsu.edu.cn

营销中心电话：010-83903254
读者服务部电话（门市）：010-83903257
警官读者俱乐部电话（网购、邮购）：010-83903253
法律分社电话：010-83905745

北京师范大学刑事法律科学研究院

刑事法治发展研究报告

刑事法治发展研究报告

（2011—2012 年卷）

主　　编　　赵秉志

主编助理　　阴建峰

撰 稿 人　（按姓氏音序排列）

曹吴清	陈 璐	陈 冉	陈志海
陈志军	储槐植	丁 宁	敦 宁
冯 军	付丽凌	高铭暄	郭建安
郭理蓉	黄晓亮	金莲花	李锦阳
李莎莎	廖 明	刘 科	刘 炯
刘广三	刘立斌	刘志洪	刘志伟
卢建平	毛立新	潘俊美	彭新林
戚进松	申飞飞	宋英辉	王水明
王志祥	王贞会	翁小平	吴宗宪
杨 雄	阴建峰	袁 彬	袁宏山
张 磊	赵秉志	甄 贞	庄乾龙等

前　言

　　作为我国国内第一部也是迄今唯一的一部关于刑事法治建设和发展的专题性研究报告类专著，《刑事法治发展研究报告》自2002年出版以来，始终坚持弘扬刑事法治精神的宗旨，倡导学术创新，不仅及时反映我国刑事法治发展的现实，关注我国刑事法治建设中的重大理论和实务问题，而且亦注重刑事法学的理论研究，积极反映刑事法学界的最新研究成果，积极致力于我国刑事法治建设的发展，在我国刑事法理论界与实务界享有较高声誉。

　　《刑事法治发展研究报告（2011—2012年卷）》秉承以往各卷研究报告的研究宗旨，继续以我国刑事法治建设的重大理论与实践问题为视角，精选了北京师范大学刑事法律科学研究院2011—2012年度向国家法治领导机关提交的研究咨询报告及其他对刑事法治建设有重大参考价值的研究成果，共设"刑事法治改革"、"死刑"、"个罪完善"、"国际与区际刑法"、"犯罪学与刑事政策"、"刑罚执行"和"刑事诉讼法"等七个专题。这些专题从刑事立法到刑事司法再到刑事执行，从刑事实体法到刑事程序法再到犯罪学与刑事政策学，从国内刑法再到国际刑法、区际刑法，充分展现了我国刑事法学一体化和综合化发展趋向。兹分专栏对《刑事法治发展研究报告（2011—2012年卷）》简述如下：

　　刑事法治改革是历卷《刑事法治发展研究报告》均重点关注的主题。本卷研究报告的"刑事法治改革专栏"共收录了7篇论文。其中，高铭暄教授等的《论社会管理创新中的刑事法治问题》一文，以社会管理创新与刑事法治的契合为切入点，系统分析了社会管理创新对我国刑事法治建设提出的五个方面的要求，对于我国加强社会管理创新、促进刑事法治建设的发展和完善，具有积极意义。赵秉志教授等的《刑法修改完善研究》一文，则立足于当前我国刑法修改的重点和热点，全面探讨了刑法修改完善的一般问题、总则问题和分则问题，对于进一步推动我国刑法立法的完善，具有积极意义。此外，该专题刊载的其他5篇论文则分别对"社会危害性之当代中国命运"、"《刑法修正案（八）》的修法内容和意义"、"我国被害人国家补偿制度"、"减轻处罚制度立法的再完善"、"刑法中国家工作人员概念的完善"等问题进行了深入分析研究，较为充分展现了当前我国刑事法治改革的最新研究成果。

　　死刑是近年来我国刑法理论研究的重要热点问题，也是北京师范大学刑事法律科学研究院的重点研究领域之一。本年度，在 2011 年《刑法修正案（八）》删除 13 种非暴力犯罪死刑的基础上，学者们进一步分析研究了死刑制度完善的多个相关问题。本卷研究报告根据北师大刑科院所承担的 2012—2014 年度欧盟委员会法治促进项目"中国死刑适用的司法限制"之要求，特设立了"死刑专栏"，收录了 7 篇死刑问题研究专论。其中，赵秉志教授、王水明副教授的《当代国际死刑废止趋势及其影响因素研究》一文，立足于死刑制度发展的国际趋势，考察了当代国际死刑废止的趋势，并研究了影响国际死刑废止趋势的因素。赵秉志教授的《当代中国死刑改革的进展与趋势》一文，从当代中国死刑改革的背景、进展和趋势三方面总结了当代中国死刑制度改革的过程和未来的发展趋势。赵秉志教授的《关于中国现阶段慎用死刑的思考》一文，则在以往研究的基础上，立足于慎用死刑及其价值蕴含，提出要严格掌握死刑适用标准，正确衡量死刑案件情节暨案外因素。这对于我国加强死刑的司法控制具有积极意义。此外，其他 4 篇论文分别探讨了"中国死刑改革之宪政思考"、"死刑与中国刑罚制度改革"、"酌定量刑情节在限制死刑适用中的作用"和"制售伪劣商品犯罪死刑之限制与废止"等问题，有助于深化人们对死刑问题的认识。

　　个罪问题因其更加具体而具有更直观的法治效果，因而备受学者关注。本卷研究报告的"个罪完善"专题共收录了 12 篇论文。其中，赵秉志教授、袁彬副教授的《"醉驾入刑"的司法问题及其对策研究》一文，对"醉驾入刑"后在司法实践中遇到的政策、定罪、量刑和司法标准统一等问题进行了分析，并提出相应的完善对策。储槐植教授、李莎莎博士的《我国食品安全犯罪的刑事立法完善》一文，则针对我国刑事立法现状和立法缺陷，从四个方面探讨了我国食品安全犯罪的刑事立法完善问题，对于我国食品安全犯罪性质的合理定位以及具体犯罪的完善都具有积极借鉴意义。潘俊美硕士、袁彬副教授的《诉讼欺诈行为的刑法规制研究》一文，针对当前我国较突出的虚假诉讼、恶意诉讼行为进行了探讨，分析了国内外刑法规制诉讼欺诈行为的理论与实践，剖析了我国刑法关于诉讼欺诈行为立法所存在的缺陷以及立法完善对策等。此外，本专题的其他论文主要围绕侵犯著作权犯罪、环境犯罪、入户抢劫犯罪和受贿罪等问题展开，这些探讨对于进一步深入刑法个罪研究、完善相关立法和司法具有积极意义。

　　本卷研究报告的"国际与区际刑法"专题共收录了 4 篇论文。其中，张磊副教授的《以"反向洗钱"的入罪化为中心反思我国洗钱罪的行为方式》和《遏制恐怖活动的法律思考——〈关于加强反恐怖工作有关问题的决定〉评析》主要针对当前国际社会普遍关注的恐怖犯罪、洗钱犯罪问题展开了深入探讨，并提出有价值的完善相关立法和司法的建议。赵秉志教授、黄晓亮副教授的《中国区际追赃问题研究》和《论中国区际刑事司法合作法律机制的构建——以〈海峡两岸共同打击犯罪及司法互助协议〉为切入点》，则主要针对中国区际刑事司法协助中的追赃问题和刑事司法合作法律机制问题进行了探讨，并提出相应的完善建议，对于进一步推动我国区际刑事司法合作具有积极的借鉴意义。

犯罪学与刑事政策问题是影响我国刑事立法、司法发展的重要方面。本卷研究报告的"犯罪学与刑事政策"专题收录了2篇论文。其中，高铭暄教授、陈璐博士的《当代我国职务犯罪的惩治与预防》一文，提出要建立惩治与预防并重的职务犯罪综合治理模式，健全预防职务犯罪的社会工作机制，坚持预防立法与刑事立法的衔接，并加快惩治职务犯罪的国际化进程。卢建平教授、翁小平博士在《犯罪统计在科学决策与社会管理中的价值》一文中指出，犯罪统计不仅可以为人民群众的日常生活提供重要的数据信息，而且还可以为司法机关内部管理活动、刑事立法与司法以及刑事政策提供科学、合理的决策基础，有利于提高决策的科学性与民主性，故应当充分重视犯罪统计在科学决策与社会管理中的基本价值。

本卷研究报告的"刑罚执行"专题共收录了2篇论文。其中，吴宗宪教授、陈志海研究员的《监狱拥挤的状况与对策》一文详细探讨了监狱拥挤的概念与标准、我国监狱拥挤的现状、监狱拥挤的原因以及监狱拥挤的后果与对策，对于缓解当前我国监狱管理中较为突出的拥挤问题，具有积极意义。廖明讲师的《社区力量参与社区矫正的调研报告》一文，则在对我国各试点地区社区力量参与社区矫正进行调研的基础上，对社会工作者、社会志愿者参与社区矫正以及社区开展矫正中存在的困难问题及完善对策，进行了实证分析与探讨。这对于建立和完善我国的社区力量参与社区矫正机制具有积极意义。

刑事诉讼法的修正是本年度刑事诉讼法研究领域最为重大的热点问题。本卷研究报告的"刑事诉讼法"专题共收录了9篇有关刑事诉讼法完善的论文。其中，甄贞教授、申飞飞检察官的《论行政执法与刑事司法衔接机制的完善》一文，以行政执法与刑事司法的衔接为视角，探讨了行刑衔接不畅表现的基本类型、行刑衔接机制的基本原则和立法完善等问题，对于我国合理衔接行政执法与刑事司法制度的建设具有积极意义。刘广三教授的《刑事证据的定量分析》一文，以我国七个直辖市和省会城市三级法院的法官为对象，就刑事证据的证明力、刑事证据的庭前审查与证据开示、刑事证据的质证与认证以及证明责任与证明标准等问题进行实证调研，其研究视角和结论都令人耳目一新。此外，本专题收录的其他7篇论文则分别对"刑诉法修改与职务犯罪侦查面临的课题"、"我国刑事电子邮件证据立法"、"刑事诉讼法中侦查措施相关规定"、"刑民交叉案件的主要处理方式和存在问题"和"我国侵犯著作权犯罪案件的立案与管辖问题"等刑事诉讼法理论与实务问题进行了分析研究。

总之，《刑事法治发展研究报告（2011—2012年卷）》是北京师范大学刑事法律科学研究院研究团队过去一年来部分重要研究成果的荟萃，也充分展现了我国 2011～2012 年度刑事法治建设领域的诸多重大现实问题，有助于进一步深化我国在相关问题上的理论研究，推动我国刑事立法和刑事司法的完善，进而有助于促进我国刑事法治建设不断发展。

最后，本卷研究报告的出版离不开中国人民公安大学出版社领导的大力支持和相关编辑人员所付出的辛勤劳动。对此，我们深表感谢！

北京师范大学刑事法律科学研究院院长

《刑事法治发展研究报告》主编

赵秉志教授

壬辰年冬谨识于北京师范大学

目　录

CONTENTS

The Column on Reform on the Rule of Criminal Law

The Column on Death Penalty

The Column on Improvement on Individual Crimes

The Column on Inter – Regional Criminal Law

The Column on Criminology and Criminal Policy

The Column on Penalty Enforcement

The Column on Criminal Procedure Law

【刑事法治改革专题】

【刑事法治新进展】

论社会管理创新中的刑事法治问题

高铭暄*　陈　冉**

目　次

2004 年 9 月，党的第十六届四中全会提出了"加强社会建设和管理，推进社会管理体制创新"的要求。2007 年，党的十七大报告提出要"建立健全党委领导、政府负责、社会协同、公众参与的社会管理格局"。2009 年年底，全国政法工作电视电话会议强调将"社会矛盾化解、社会管理创新、公正廉洁执法"作为三项重点工作。社会管理创新作为新时期一项重要决策，如何发挥其在社会建设中的作用，成为摆在理论界和实务界面前的一项重要工作。

一、社会管理创新与刑事法治的契合

（一）刑法是社会管理创新的一个重要方面

法治国家，法律成为一切组织和个人的基本行为准则，承担起大量的社会管理职能，成为社会管理中最为重要的手段和工具。正如有学者指出："法律是社会管理的制度基础，新的社会管理的理念、制度、体制机制、方式方

---

*　北京师范大学刑事法律科学研究院名誉院长、特聘教授、博士生导师，中国刑法学研究会名誉会长，国际刑法学协会名誉副主席暨中国分会名誉主席。
**　北京师范大学刑事法律科学研究院博士研究生。

法都要通过法律和多层次的规范性文件形式得以表现。"① 因此，推进社会管理创新，关键在于认真贯彻各项法律制度和法律规范。社会管理的发展方向应当是与社会主义法治国家和法治政府的建设相结合，始终将社会管理置于法治化轨道上，以法治理念为指导，以法律程序和法律规范为支撑，依法管理。② 从这个意义上来说，社会管理创新践行于刑法领域也是顺理成章的事情。

在现代社会，刑法发挥着保卫社会、保障人权的职能，我国现行刑法的目的即是"为了惩罚犯罪，保护人民"，"用刑罚同一切犯罪行为作斗争，以保卫国家安全，保卫人民民主专政的政权和社会主义制度，保护国有财产和劳动群众集体所有的财产，保护公民私人所有的财产，保护公民的人身权利、民主权利和其他权利，维护社会秩序、经济秩序，保障社会主义建设事业的顺利进行"。刑法通过惩罚犯罪，维持社会的稳定，保障民众的安全，这与社会管理的任务是一致的。面对社会发展变化所出现的环境犯罪、食品安全犯罪、网络犯罪、有组织犯罪等新型犯罪，亟须刑法的及时介入，合理利用刑罚手段予以打击，以此保障社会持续、健康、协调地发展，促进社会和谐及人与自然的和谐，维护国家安全和社会稳定，巩固中国共产党的执政地位。③ 所以社会管理创新必然要求刑法随着社会情势的发展而发展，将社会中出现的新型犯罪行为及时从立法和司法上予以有效规制，更好地发挥刑法对社会安全的保护作用。

需要说明的是，刑法作为社会管理创新的一个重要方面与刑法坚持的原则并不相悖。现代社会，经济的急速发展与社会关系的高度分化使社会呈现出风险性，而刑法面对危及社会安全的风险行为必然需要作出积极的反应，进行自身调整，包括定罪标准、归责原则、刑罚功能等，这是由刑法的社会性所决定的。由于刑法具有社会性，在立法和司法过程中，当缺乏先验的立法和司法技术手段时，社会的需要就成为一个软标准，成为最容易为立法者和司法者所感触的标准，但是这个软标准仍然需要受制于刑法基本原则。社会管理创新，并不是要突破刑法的基本原则，在刑事法治领域内回应社会管理创新，仍然需要坚持罪刑法定原则、罪责刑相适应原则、刑法适用人人平等原则。以罪刑法定原则来说，社会管理创新提出了如何运用刑法手段的问题，但是并不能简单地认为社会管理需要，刑法则介入，社会管理不需要，刑法则退出，而仍然需要通过"罪与非罪"的立法和司法进程来推进。再以罪责刑相适应原则来说，社会管理创新所提出的人性化管理与刑法对未成年人、老年人等特殊社会群体的人道刑罚处遇也是一致的。刑罚的轻重应当与行为人所犯罪行和承担的刑事责任相适应，不能借口所谓社会管理的需要就对没有犯罪的人科刑，或者对罪轻的人科以重刑。

---

① 刘旺洪：《社会管理创新与社会治理的法治化》，载《法学》2011 年第 10 期。
② 应松年：《社会管理创新引论》，载《法学论坛》2010 年第 6 期。
③ 赵秉志：《现代刑事法治是和谐社会的基本保障》，载《中国特色社会主义研究》2006 年第 1 期。

因此，社会管理创新只有在坚持刑法的基本原则的前提下，才能实现在刑法领域的真正展开，实现刑法作为社会管理创新重要方面的积极作用。

（二）刑法在社会管理创新中的作用是有限的

在传统社会结构中，受到重刑思想的影响，国家对犯罪的反应往往是积极主动的，每当犯罪态势严重、犯罪率上升，人们便会产生"治乱世用重典"的思想。突出表现在：通过大量的犯罪化和加重刑罚的惩处力度"以刑去刑"。这种刑法介入社会管理的模式简单而粗暴，为了追求理想中的"除恶务尽"，动辄不惜一切代价消灭犯罪，这事实上是将刑法与社会管理的关系简单化了，正因为如此，刑法往往沦为百姓口中所谓"统治者的工具"。从刑法保护法益的角度来说，"惩罚犯罪"面对的是已然的犯罪，法益已经遭受侵害，事后过度或不力的惩罚反而有可能激发新的矛盾和犯罪，所以这种介入往往并非"善治"之所在，我们更应该关心犯罪的预防，在预防法益被侵害方面作出努力，而刑法的强制性和严厉性又使得其不能过早介入，这也就决定了刑法在预防犯罪中的作用是有限的。

随着犯罪学的发展，犯罪产生的原因逐渐被揭示，犯罪原因论由个人走向社会，正如意大利学者菲利所指出："犯罪是由人类学因素、自然因素和社会因素相互作用而成的一种社会现象。这一规律导致了我所讲过的犯罪饱和论，即每一个社会都有其应有的犯罪，这些犯罪的产生是由于自然和社会条件引起的，其质和量是和每一个社会集体的发展相应的。"① 科学研究一再证明，盲目的严刑峻法并不能达到预防犯罪的目的，刑法只能作为防治犯罪的一种手段。对犯罪原因的理性认识，使得人们的犯罪观发生了重大变化，从"消灭犯罪"转向了"控制犯罪"。这一时期，刑事政策也得到了较快的发展。刑事政策（criminal policy）的核心即防止犯罪，将危害社会秩序的行为、反社会的行为作为犯罪加以制止，包括犯罪预防和对犯罪人处以适当制裁的犯罪抑止，不仅要考虑犯罪人的重返社会，更须考虑刑罚的一般预防效果和以犯罪动向的预测为基础的预防犯罪组织活动，以及运用立法、司法和行政的策略等。② 刑事政策着眼于犯罪的综合治理，对犯罪的治理不仅包括预防犯罪方面的也包括处罚犯罪方面的，既包括刑罚方面的，也包括刑罚之外的，对犯罪的反应不再是事后惩罚为主，而是着眼于事前的预防，力求在刑法启动之前穷尽各种治理手段，把犯罪发生的几率以及对社会造成的不良影响降到最低。

事实上，刑罚作为一种来自外部的心理威慑力量，显然不可能与促成犯罪的基本矛盾等深层次原因相抗衡。③ 也正是在这个基础上，社会管理创新与刑法具备了实质的结合点。只有在消除或者至少是减少社会矛盾与社会结构中导致犯罪的原因力的基础上，刑罚才能发挥其有限而短促的作用，正如安塞尔指出，"刑法对犯罪现象、法学家对犯罪现象的研究以及所谓解决办法的

① ［意］菲利：《实证派犯罪学》，郭建安译，中国政法大学出版社1987年版，第43页。
② ［日］大谷实：《刑事政策学》，黎宏译，法律出版社2000年版，第14页。
③ 储槐植：《认识犯罪规律，促进刑法思想现实化》，载《北京大学学报》1988年第3期。

专有权，这一刑法的垄断性正在逐渐消失"。① 刑法不再是治理犯罪的唯一手段，而是与其他经济手段、行政手段等相配合使用的治理犯罪的措施，而且该措施仅居于次要的辅助的地位。表面上刑法对社会管理的影响力似乎在减弱，从古代的"诸法合体，以刑为主"变为当今的"次要辅助"，但是理性地来看，这种变化正是在合理地组织对犯罪的反应，并不是要削弱刑法的调控功能。对于刑法的调控功能的实现，笔者认为应当遵守下列几个基本原则：② （1）适度原则。包括广度和力度两个方面，前者在于划定罪与非罪的界限，后者在于对不同犯罪给予相应刑罚处罚。（2）预防原则。强调刑法不能局限于事后制裁，而应寻求发挥事前预防和减少犯罪的作用。（3）协调原则。刑法调控应当高度重视与其他法律调控机制整体运作的内在协调。以目前讨论热烈的"醉驾"问题来看，"醉驾"在《刑法修正案（八）》出台以前，一般只是给予行政处罚，而现在已经成为一个刑法问题。结合"醉驾"入罪的社会背景，对"醉驾"行为打击力度的升级，与近年来不断恶化的交通安全状况以及民众普遍对醉驾所形成的"风险"难以容忍有着密切关系。凤凰网曾就增设危险驾驶罪问题对 16341 人进行了在线调查，结果显示："支持的" 15042 票，占 92.1%。③

　　长期以来，我国刑法直接规定道路交通安全内容的仅有交通肇事罪，但该罪为结果犯，而具有极高危险性的醉驾行为仅受到行政处罚，违法成本较低，在这种轻缓的处罚措施下，民众的交通安全无法得到切实的保障，严重影响了法律的权威以及人们对公平正义的信心。因此从立法层面来看，此次"醉驾"的入罪，是立法者在面对"风险社会"时，社会政策渗入刑事立法的一次理性回应。当"被允许的危险"理论成为风险社会中风险制造方的免死金牌时，我们并不能容忍极端漠视危险的肇事者。醉酒驾驶作为一种极端漠视公共安全的行为，已经超过了被允许的危险的范畴，为了保障道路交通安全，刑法的介入既有必要而且可行。从"醉驾"入罪的效果来看，据统计，截至 2011 年年底，全国醉酒驾驶机动车 8756 起，较上年同期下降 33.6%。全国因酒后驾驶机动车造成交通事故死亡 134 人，较上年同期下降 31%，其中，因醉酒驾驶机动车造成交通事故死亡人数较上年下降 33.1%。④ 立法所产生的积极效果是显著的。

　　但对于立法的这种介入，仍然需要把握刑法调控的力度。该罪的表述在审议过程中前后经历了一些变化。《刑法修正案（八）》草案第一次审议稿规定，在刑法第 133 条后增加一条，作为第 133 条之一："在道路上醉酒驾驶机动车的，或者在道路上驾驶机动车追逐竞驶，情节恶劣的，处拘役，并处罚

　　① ［法］马克·安塞尔：《新刑法理论》，卢建平译，香港天地图书有限公司 1990 年版，第 30 页。

　　② 高铭暄：《刑法肆言》，法律出版社 2004 年版，第 60~61 页。

　　③ 叶良芳：《危险驾驶罪的立法证成和规范构造》，载《法学》2011 年第 2 期。

　　④ 参见《"醉驾入刑"元年河南全省涉酒交通事故下降四成》，载 http://news.dahe.cn/2012/01-20/101058574.html，最后访问日期：2012 年 2 月 20 日。

金。"在第二次审议过程中，为了进一步明确醉酒后驾驶机动车的犯罪界限，法律委员会经同有关方面研究，建议将这一条修改为："在道路上驾驶机动车追逐竞驶，情节恶劣的，或者在道路上醉酒驾驶机动车的，处拘役，并处罚金。"第三次审议稿以及最终通过的立法条文均保持了二次审议时的表述。从法条表述顺序的变化，我们可以看出，立法者之所以作此调整，是为了避免产生对"醉驾"入罪以"情节恶劣"为限制的误解，影响该罪在实践中的具体把握，不利于有效地预防和减少道路交通安全事故的发生。

虽然立法对"醉驾"的入罪未以"情节"进行限制，而且根据2011年4月22日所修正的《道路交通安全法》第91条的规定，对醉酒后驾驶机动车的行为人处以拘留和罚款的规定被删除，而改为一律追究刑事责任。按照公安部的指示精神，醉驾案件各地公安机关要一律立案。但笔者认为，"立案"只是刑事办案流程的开始，而并非终结，对醉驾仍然可以在诉讼阶段包括审判阶段分情况处理。根据刑法总则第13条的规定，"情节显著轻微危害不大的，不认为是犯罪"。刑法总则第13条的规定，同样适用于刑法分则的各项条款。所以，对刑法分则中有关"醉驾入罪"的规定，也不能绝对排除刑法总则第13条但书的适用。对于醉驾中确属情节显著轻微、危害不大的仍然可以不作为犯罪处理。举例来说，醉驾者如果深夜行驶在远郊人车稀少的地方，而且里程短、速度慢，在当时也找不到他人代驾，那其危险性就比白天醉驾行驶在要道、闹市的要低很多。对这种情况，按照刑法总则第13条但书的规定不认为是犯罪，并无不妥。当然，这种情况在实践中是极个别的，"醉驾"原则上是要入罪的。

综上，刑法作为社会管理创新的一个方面，不仅表现在对法益的直接保护上，还表现在借助刑事政策实现对犯罪的治理上。前者着眼于刑法现实的保护层面和力度，后者则表现为与其他社会管理手段的配合，以此推动社会良性治理。良性治理不仅包含了目的之善，也包括了手段之善，在刑事司法中不能期望将法律无限精细化、绝对确定化，这种情况虽然在短时期可能起到一定的威慑作用，但从长远来看，必然会因为忽略了司法实践的现实情况而丧失刑法的公正性，也终将使刑法因严苛而丧失公信度。

（三）刑法是社会管理创新的最终保障

社会稳定是任何类型社会谋求发展的基础。我国改革开放三十多年来经济、社会的高速发展，在相当程度上得益于社会的基本稳定，而这其中离不开刑法在坚决、有力、有效地打击严重危害社会秩序的犯罪中所发挥的作用。当前提倡社会管理创新，自然需要创新经济手段、民事手段、行政手段介入社会生活的各种方式，但这种介入如果缺少了刑法的最终保障，必将使得创新动力不足，影响社会管理的最终效果。正如有学者所指出的："在现代社会，刑法是一切法律（包括宪法）的保障法，在刑法'缺席'的情况下，人们不能过一种安全、符合基本规则的社会生活和私人生活。有刑法保障的生活或许不是最自由的生活，但是，却不是境遇最差的而是可以大致预期自己行为的妥当性、他人在一定背景下应承受相应否定性评价的生活。"①

从我国当前改革的现实国情来看，中国的现代化建设取得了巨大的成就，但也付出了不小的代价。客观上我们的社会发展了，但人们之间的关系反而更加紧张。在富士康"十连跳"事件中，社会变迁时期被边缘化的劳动者不得不采取极端方式诉求自身利益，对于这一被边缘化的弱势群体，法律也被边缘化。正因如此，《刑法修正案（八）》的修订开启了关注民生犯罪的动向，将危险驾驶行为、拒不支付劳动报酬行为规定为犯罪。对于该问题，立法审议中一度出现了争议，以拒不支付劳动报酬罪为例，有学者主张对此行为完全可以依照民事行为进行起诉，这种观点从表面看并无错误，法律的确对该行为有所规制，但我们也应该看到民事手段介入的有限性，正是因为缺乏有效的制裁，这种恶意欠薪的行为才愈演愈烈，直至酿造出一幕幕严重危害社会的惨案。在我国从农业社会转向工业社会的进程中，劳动关系将成为社会稳定的一个重要方面，如果刑法不能提供有效的保障，所谓的"保民生"只能成为一句空谈，唯有刑法的最终保障才能使得"法益"保护的力度落到实处。

值得注意的是，对于该重要保障作用的发挥必须坚持最后性，"刑法是社会治安综合治理的庞大系统工程中的重要组成部分，但也只是其中一个重要手段，而不能把它的作用不科学地夸大和片面化，认为刑法是根本的或唯一的方法。"② 现代社会是风险社会，食品药品安全、环境安全、公共卫生安全都直接涉及千家万户，这就要求对违法犯罪行为必须有效打击。针对社会发展所出现的新型危害行为，必须首先考虑使用民事、行政等法律规范对其进行调整，只有当这些民事、行政处罚手段无法有效遏制某种危害行为时，我们方可启动刑法来寻求最终的保障。

刑法的天然属性使得其与社会管理存在紧密的互动关系，刑法的保障法地位，又决定了社会管理创新需要刑法做坚强的后盾，保障秩序稳定。在运用刑法——社会关系的最后调整利器的过程中，我们必须经常作经济分析，使实现刑事责任、惩罚犯罪的制度（包括立案、侦查、起诉、审判、执行等一系列司法制度）的运转成本最小化。在刑事法治的发展中，既要发挥保障社会安全的机能，又要坚持人权保障的宗旨，在刑法与社会管理创新的契合点上积极寻求刑事法治的发展。

二、社会管理创新对刑事法治的要求

在社会主义法治国家，社会管理创新必须以法治观念为指导，各项创新措施都应当接受法治原则的检验。在社会管理创新中，刑事法治也将面临一系列的改革，这些改革既不能脱离刑法的基本理论和原则，同时也要适应社会管理创新的要求。笔者认为，我国刑事法治发展需要在以下几个方面作出回应：

---

① 周光权：《刑法学的向度》，中国政法大学出版社 2004 年版，第 88~89 页。
② 高铭暄：《刑法肄言》，法律出版社 2004 年版，第 58 页。

（一）关注社会情势，贯彻宽严相济刑事政策

构建社会主义和谐社会，是我国全面贯彻落实科学发展观，从中国特色社会主义事业总体布局和全面建设小康社会全局出发提出的重大战略任务。而犯罪则是构建和谐社会过程中最不和谐的因素。宽严相济刑事政策，作为当前我国应对犯罪的基本方略，正是在构建社会主义和谐社会这一宏伟目标的前提下逐步确立的。社会管理创新作为实现和谐社会的重要手段，要求我们切实贯彻宽严相济的刑事政策，合理地组织对犯罪的理性反应。在当前我国社会、经济高速发展的时期，社会问题比较复杂，社会矛盾在一定程度上也比较突出。这就需要我们在运用宽严相济刑事政策时，应根据社会形势和犯罪分子的不同情况，区别对待，当宽则宽，当严则严，从源头上最大限度地减少不和谐因素，不断促进社会和谐。

从宽严相济刑事政策与社会管理创新的关系来看，加强社会管理创新，除了继续坚持对严重刑事犯罪和人身危险性大、主观恶性深的犯罪分子依法从严处理外，最主要还是要注意宽严相济刑事政策宽松方面的运用。侧重运用宽严相济刑事政策的宽松方面，可以充分发挥刑事法治的人权保障职能，从而营造宽松、理性、祥和的社会氛围。作为宽松刑事政策的体现，在刑事立法方面，《刑法修正案（七）》首次打破了以往历次刑法修正都是强调扩大犯罪圈以及提高法定刑的立法惯例，注意入罪与出罪相结合、从严与从宽相协调。例如，《刑法修正案（七）》第3条在刑法第201条中增设了第4款，规定"有第一款行为，经税务机关依法下达追缴通知后，补缴应纳税款，缴纳滞纳金，已受行政处罚的，不予追究刑事责任；但是，五年内因逃避缴纳税款受过刑事处罚或者被税务机关给予二次以上行政处罚的除外。"这样就通过非犯罪化的处理方式适当缩小了逃税罪的犯罪圈，在维护国家税收利益的同时，又对逃税行为的犯罪化进行了合理的限制。

依笔者所见，对于经济领域的犯罪以及其他一些法定犯，在运用刑罚手段时应当更加谨慎。实践中不乏一些重大经济犯罪案件，在起诉或者定罪适用刑罚后，引发大型公司强制关闭、大规模失业等附带性结果，造成一系列社会问题。所以，在对经济犯罪惩罚时，应当综合考虑社会效果和法律效果。这涉及经济犯罪行为责任问题与刑事司法行为社会成本控制问题。① 目前，在我国刑罚体系中，对单位犯罪中单位的惩罚仅有罚金刑，而且对犯罪单位所规定适用的罚金刑大多是无限额罚金刑。无限额罚金刑赋予法官过大的裁量空间，这样的规定严格来说不仅违背了罪刑法定原则，而且容易造成法律适用不统一，可能导致罪刑擅断和罪刑不均衡，滋生司法腐败。无限额罚金刑缺乏上限的限制，司法实践中不乏出现动辄上亿元的罚金判决。过高的罚金数额有时不仅不能起到预防作用，还可能使得企业为了生存将损失再次转嫁给消费者，引发再次犯罪。因此，立法中无限额罚金刑的规定容易成为司法中随意裁判的根据，必须加以改革。在司法裁判中应当审慎掌握，尤其对于

---

① 周永年、杨兴培、谢杰：《非刑罚处罚方法的现实化路径》，载《法学》2010年第2期。

一些影响重大的经济犯罪案件，除了必须考虑受刑人财产的多寡、支付能力，在确定罚金数额时，还应当考虑其继续生存的问题（除非那些犯罪情节特别严重的），在考虑其继续经营与发展，法人内部职工的生活与情绪以及法人在社会经济生活中的作用和地位的前提下，审慎地决定罚金的适当数额。

2010 年，最高人民法院等部门出台了《人民法院量刑指导意见（试行）》、《关于规范量刑程序的若干意见（试行）》等司法解释，从实体上、程序上对刑事审判中的量刑作出了明确的规定。基于目前财产刑执行中所存在的众多问题，尤其是罚金刑执行中存在的不规范、不统一现象，笔者建议依托量刑规范化改革，进一步规范罚金刑的量刑，确定无限额罚金刑的刑格，将罚金适用的幅度明确化，根据其所适用的犯罪类型如一般财产类犯罪、经济犯罪等不同犯罪的社会危害性建立一定的梯度，并结合未成年人、老年人等的支付能力，确定相应的量刑额度，一方面保证法律适用的统一，另一方面充分体现罪责刑相适应。

此外，在 1997 年刑法修订中，为了有效遏制大量经济犯罪的涌现，对经济犯罪法定刑设置死刑的条文也相应较多。而事实上，经济犯罪作为法定犯，成因复杂，受到经济、政治、法律等各种因素的影响，靠死刑是无法有效遏制的。而且单纯的经济犯罪的社会危害性，一般都要低于侵犯他人生命权利、国家安全和公共安全的犯罪，对之适用死刑有过重之嫌。

因此，《刑法修正案（八）》首次从立法上废除了 13 个罪名的死刑，从此次所废除的死刑罪名的分布来看，第三章"破坏社会主义市场经济秩序罪"占了 9 个罪名，第五章"侵犯财产罪"占了 1 个罪名，第六章"妨害社会管理秩序罪"占了 3 个罪名。也就是说，分则死刑罪名的调整主要集中在经济犯罪领域。

在社会转型期间，刑法仍然是调控社会的重要手段，死刑作为刑罚中最严厉的惩罚措施，在威慑犯罪、稳定社会秩序方面仍有积极作用，但在限制和废除死刑的国际潮流下，我们虽然不可能一夜之间废除死刑，但限制和减少死刑的适用却是完全可能的，因此对于非暴力经济性犯罪的死刑限制和减少仍然需要在司法中进一步落实，统一司法中死刑的适用标准，切实贯彻"少杀、慎杀"的死刑政策。

（二）保障公民权利，重视民生犯罪

在我国，刑法长期以来被认为是人民民主专政的刀把子。[①] 从我国刑法分则体系来看，危害国家安全犯罪处于分则第一章，足见其重要性，而相比较其他国家刑法体系来看，大多将危害公民生命、财产安全的犯罪规定在第一章。从现实的法治状况来看，由于长期以来的"国家利益、集体利益高于一切"的认识，无形中也使得我们在刑事立法和司法中相对忽视了对公民权利的应有保障。近几年来，随着改革的进一步深化，一方面市场经济的逐利性影响着人们的价值观念，追求财富成为当下国人重要的价值取向；另一方面，

---

① 刘仁文：《当代中国刑法的九个转向》，载《暨南学报》（哲学社会科学版）2009 年第 4 期。

经济政策方面的不足使得社会利益分配不均,贫富差距不断被拉大。"我国基尼系数在 10 年前越过 0.4 的国际公认警戒线后仍在逐年攀升,贫富差距已突破合理界限。"① 有学者研究表明,中国在现代化的过程中,基尼系数的成长和犯罪的成长成正相关。② "饥寒起盗贼",对于这些因社会分化产生的潜在犯罪群体,如果不能在刑法上对其利益予以特殊的保护,必将诱发犯罪的大规模增长,刑法平等保护原则只能成为一句空谈。因此,有学者提出了"民生法治"的概念,认为法治不仅仅是一种形而上的价值诉求,还必须回应特定时空背景下特定民族的社会、政治诉求,要求法治对于转型期中国的民生难题作出自己的贡献。③ 刑法学界也有学者提出了"民生刑法观",④"民权刑法"⑤ 的概念。

　　笔者认为,无论是民生刑法还是民权刑法,都是要将公民权利的保障放在重要位置。从社会发展的历史来看,社会形态的不同,归根到底是由一定的社会性质和社会结构所决定的。在阶级斗争的时期,阶级矛盾无疑是社会中的主要矛盾,所以为了维护政权稳定、保障社会秩序,选择国家为出发点的国权主义刑法也是由客观现实决定的。⑥ 然而,随着社会发展,阶级矛盾的消失,人民内部矛盾逐步凸显,保护国民利益遂成为刑法的重要任务。面对当前社会分层现象严重,强权与弱势的对立逐步加剧,司法信任危机已经渗透到社会管理的各个层面,一旦作为社会保护最后防线的刑事法治名存实亡,那么社会管理必将走入绝境。当下我国出现的很多影响社会稳定有序的群体性事件、严重社会冲突等,常常都是因为社会治理过程中公民的基本人身权、财产权、政治参与权利及自由得不到有效的保障而引起。⑦ 因此,在未来的刑事立法和刑事司法中,应当侧重对权利缺失群体的利益保障,适当向弱势群体如农民工群体、环境污染的受害者、食品安全的消费者等倾斜,从而将保障民生落到实处。这包含了立法中如何考虑民生的范畴,如何确定哪些危害民生的行为是需要刑法介入以及如何设置刑罚,司法中如何对民生犯罪进行定罪以及如何量刑等一系列的问题。

　　对于民生的刑法保护,从根本上说就是保护民众的基本生活需要。这种基本需要随着社会发展水平和条件的提高也会发生变化,正如有学者形象地将工业社会物质短缺期的需求比喻为"我饿",将风险社会科技引发危险威胁

---

① 基尼系数是用来衡量社会总体财富分配不均的重要标准。新华社调研小分队:《内地贫富差距逼近社会容忍红线》,载《经济参考报》2010 年 5 月 10 日。

② 曹立群、周愫娴:《犯罪学理论与实证》,群众出版社 2007 年版,第 232 页。

③ 付子堂、常安:《民生法治论》,载《中国法学》2009 年第 6 期。

④ 卢建平:《加强对民生的刑法保护——民生刑法之提倡》,载《法学杂志》2010 年第 12 期。

⑤ 我国留德学者李海东把历史上的刑法,根据国家与公民在刑法中的地位划分为两种类型:国权主义刑法与民权主义刑法。

⑥ 国权主义刑法的基本特点是,刑法所要限制的是国民的行为,而保护国家的利益。民权主义刑法,是指以保护国民的利益为出发点,而限制国家行为的刑法。李海东:《刑法原理入门(犯罪论基础)》,法律出版社 1998 年版,第 4~5 页。

⑦ 庞凌:《权利、自由与社会管理创新的切入点》,载《法学》2011 年第 10 期。

期的需求比喻为"我害怕"。① 立法者和司法者，只有把握了这种主流需求，才能使得刑法的发展满足社会发展的需要，成为一部真正保护民生的刑法。2010 年 2 月 8 日，最高人民法院发布了《关于贯彻宽严相济刑事政策的若干意见》，其第 4 条指出，要根据经济社会的发展和治安形势的变化，尤其要根据犯罪情况的变化，在法律规定的范围内，适时调整从宽和从严的对象、范围和力度。要全面、客观地把握不同时期不同地区的经济社会状况和社会治安形势，充分考虑人民群众的安全感以及惩治犯罪的实际需要，注重从严打击严重危害国家安全、社会治安和人民群众利益的犯罪。随着我国在国际社会经济地位的提升，人们所面临的"风险"也不断升级，食品领域、交通领域、医疗领域不断发生的恶性事件，使得刑法的介入日益提前，前不久通过的《刑法修正案（八）》，可以说是目前为止最能体现刑事立法保护民众社会安全感的立法。不仅对一些社会危害严重、人民群众反响强烈、原来由行政管理手段或者民事手段调整的违法行为规定为犯罪，如醉酒驾车、飙车等危险驾驶的犯罪，拒不支付劳动报酬的犯罪，组织出卖人体器官的犯罪等，而且对一些有关重大民生的犯罪从实害犯提升为危险犯，如调整了生产、销售假药罪，重大环境污染事故罪的构成要件，降低了入罪门槛。随着风险社会的到来，这种立法趋势还有可能在更多民生犯罪领域展开，这就涉及立法如何回应民生需求的问题。

对于传统犯罪如杀人、伤害、盗窃犯罪，刑法强调的是实害结果，即犯罪分子给他人的利益造成了某种程度的实际损害。然而在风险社会中，科技的发展使得食品、药品以及交通都充满了更多不安全因素，等待实害结果发生再去惩罚，往往为时已晚，代价惨重，因此，刑法必须对超越可允许的危险的行为提前进行规制。但是即便如此，我们仍然需要坚持犯罪是一种严重危害社会的行为，在理性的立法中，仍然必须审慎考察某一行为是否具有严重的社会危害性，是否达到了犯罪化的程度。一般来说，当某一行为的社会危害性越大，刑法介入的可能性也就越大。在刑法的介入中，必须贯彻目的正当、手段必要、符合比例的原则，处理好个人自由与社会利益的关系。这二者并不冲突，为了保障安全，对个人自由的适当限制是必要的，但同时为了保证自由，限制也是有限度的，如"被允许的危险"理论，仍然赋予了个人在风险社会下的自由，对自由的限制不仅是为了社会利益的实现，也是对个人自由的一种保护。

此外，在对这些有关民生的犯罪予以犯罪化时，必须考虑立法上是否具有紧迫性。以醉驾行为的入罪来说，在道路上醉酒驾驶是一种极端漠视公共安全、超过了可允许的风险的行为，因此将其犯罪化处理是合适的。但是实践中仍然存在与醉酒相当的吸毒驾驶，立法将醉酒驾驶作入罪化处理，却未将吸毒驾驶作入罪化处理，其根本原因正在于吸毒驾驶这种行为不具有普遍性，而立法者只能决定将多发的严重危害社会的行为作犯罪化处理。②

---

① 夏勇：《民生风险的刑法应对》，载《法商研究》2011 年第 4 期。
② 高铭暄：《风险社会中刑事立法正当性理论研究》，载《法学论坛》2011 年第 4 期。

（三）"刚柔并济"，坚持以人为本

社会管理的实质在于对人的管理和服务，依托法律的社会管理必须坚持以人为本。① 加强社会管理创新，其宗旨在于更好地保障公民的权利。而刑法的根本在于惩治和预防犯罪，"犯罪是人实施的，刑罚是科于人的。因此，作为刑法的对象，常常必须考虑到人性问题。"② 在现代法治语境中，刑法是具有强制力和暴力性的公法，但是单纯的强制力只会造成刑罚的残酷和无效，因此"刑事政策中的人道主义原则，作为刑事司法中的适当程序原则的保障、科学主义刑法的合理化及刑事政策中的法治主义的指针，已经成为现代刑事政策的指导理念。"③ 赋予刚性的刑事法治以强烈的人文关怀，可以强化公众对刑法规范的亲近感和认同感，奠定公众对刑法规范的内心忠诚而非心理恐惧，从而保证现代刑事法治在社会管理中发挥应有功效。我国刑法历来重视对犯罪人的人文关怀，在刑法中设立了一系列针对特殊群体的从宽制度。

1. 对未成年人犯罪的从宽

未成年人身心未成熟，社会经验不足，是各国法律保护的对象，因此，对他们不能采取和成年人同样的犯罪对策。刑法对未成年犯罪人往往给予从宽处理。我国对未成年的犯罪人无论是刑法规定，还是司法解释的具体操作，都体现了以教育为主、惩罚为辅的刑事政策。根据我国刑法的规定，未满 14 周岁的人所受的教育有限，人格上、伦理上不够成熟，对行为后果的严重性不能领会，并非法律上的自由人，在刑法上属于无责任能力的人，对于这种年幼的人，只能基于防卫社会的考虑，以感化教育应对。对于已满 14 周岁而不满 18 周岁的未成年人，在构成犯罪的情况下，虽然应当作为犯罪处理，但是基于其尚处于性格形成期，心智还不完全成熟，在刑罚执行完毕后还要面对未来的生活，刑法也予以了特殊的从宽。我国对未成年人犯罪的从宽处理从 1979 年刑法已经有规定，至《刑法修正案（八）》出台后，对未成年人的保护更加全面，不仅排除了未成年人成为"累犯"的可能，还规定对未成年人在具备缓刑适用条件下应当适用缓刑，免除了未成年人前科报告的义务，使得对未成年人尽量采用非监禁刑的原则落到实处，最大可能降低刑罚对其带来不利后果。在刑事司法中，鉴于未成年犯罪人的可矫正性、可塑性、可教育性的特点，目前对未成年人所实施的犯罪行为一般较多采用刑事和解的方式结案，如轻罪不起诉、暂缓起诉等路径，贯彻教育、感化为主，惩罚为辅的刑事政策原则，通过未成年犯罪人、家庭、社区等形成立体式的帮教体系，以期未成年犯罪人早日回归社会。笔者认为，对未成年人从宽还可以在限制财产刑或资格刑的适用上有所发展，在减刑和假释制度的条件设计上可以更加宽松。

2. 对老年人犯罪从宽

尊老爱幼是中华民族的传统美德，在我国历史传统上即存在对老年人犯

---

① 庞凌：《权利、自由与社会管理创新的切入点》，载《法学》2011 年第 10 期。
② ［日］大塚仁：《犯罪论的基本问题》，冯军译，中国政法大学出版社 1993 年版，第 2 页。
③ ［日］大谷实：《刑事政策学》，黎宏译，法律出版社 2000 年版，第 17 页。

罪从宽处罚的规定。老年人作为家庭的长者，一人犯罪往往影响到几代人的生活，对老年人犯罪给予过于严厉的惩罚，会使得老年犯罪人的家人产生对社会的离心倾向，诱发新的社会对抗情绪，所以从社会管理的角度来说，对老年人犯罪不宜过于严厉惩罚。从刑法理论来看，老年人犯罪虽然不像未成年人犯罪那样存在意识能力的欠缺，但随着老年人身心机能的逐步衰退，其辨认能力和控制能力的减弱却是客观事实，对老年人犯罪从宽符合刑事责任减轻的理论。此外，老年人身体机能衰退，人身危险性也比较低，在行刑中也不必投入大量人力、物力监禁处理，这样不仅可以维护社会秩序，还可以促进社会和谐稳定。

目前，我国刑法关于老年人从宽的立法规定有三处：其一，刑法第 17 条之一规定："已满七十五周岁的人故意犯罪的，可以从轻或者减轻处罚；过失犯罪的，应当从轻或者减轻处罚。"其二，刑法第 49 条第 2 款规定："审判的时候已满七十五周岁的人，不适用死刑，但以特别残忍手段致人死亡的除外。"其三，刑法第 72 条规定："对于被判处拘役、三年以下有期徒刑的犯罪分子，同时符合下列条件的，可以宣告缓刑，对其中不满十八周岁的人、怀孕的妇女和已满七十五周岁的人，应当宣告缓刑……"在刑事司法中也存在对老年人犯罪逐步从宽掌握的趋势，如 2006 年 12 月 28 日发布的《最高人民检察院关于在检察工作中贯彻宽严相济刑事司法政策的若干意见》中规定，对犯罪的老年人要慎用逮捕措施，符合法定条件的，可以依法不起诉。面对我国步入老龄化社会的现实，对老年人犯罪从宽处理既符合刑法基本理论，也有利于缓和矛盾，预防犯罪。但是在老年人年龄的界限上，笔者认为，根据我国 2007 年国务院批转的《卫生事业发展"十一五"规划纲要》披露的数据，中国人口平均年龄预期寿命到 2010 年达到 72.5 岁。[①] 对 75 周岁以上老人适用有期徒刑的话，如对其判刑 15 年（甚至数罪并罚时 25 年），刑期届满时年龄至少 90 岁，此类老年人罪犯，在执行有期徒刑期间内可能大多数早已自然死亡，因此没有必要在排除死刑的适用时附加"特别残忍手段"的例外。[②]

3. 对精神病人、盲人、又聋又哑人的特殊保护

我国刑事责任能力判断的内容除了年龄还包括了精神状况，达到一定年龄而精神健全的人，由于其知识和智力得到相应程度的发展，因而其辨认和控制自己行为的刑事责任能力就开始具备。但是，如果存在精神障碍尤其是精神病性精神障碍，即使其达到了应负刑事责任的年龄，也可能影响其刑事责任。因此，1997 年刑法第 18 条对于精神病人之刑事责任进行了专门的规定：精神病人在不能辨认或者不能控制自己行为的时候造成危害结果，经法定程序鉴定确认的，不负刑事责任；间歇性的精神病人在精神正常的时候犯罪，应当负刑事责任；尚未完全丧失辨认或者控制自己行为能力的精神病人

---

① 参见《中国人口 2010 年平均预期寿命 72.5 岁增加 0.5 岁》，载 http://news. qq. com/a/20070530/001890. htm，最后访问日期 2012 年 2 月 20 日。

② 参见《中华人民共和国刑法》第 49 条第 2 款。

犯罪的，应当负刑事责任，但是可以从轻或者减轻处罚。这一规定考虑到了精神病人本身的特殊情况，有助于维护精神病人的合法权益。

近年来，由"邱兴华案"所引发的关于精神病人犯罪的争议，引起了社会的广泛关注，虽然刑法对精神病人予以了从宽处理，但是这并不代表放任对精神病人的管理。对已经犯罪的精神病人的处理，应当区别精神病人的精神状况。无刑事责任能力的精神病人造成危害结果，虽然不负刑事责任，但因其重复实施的可能性很大，所以应当予以强制治疗，而不能放走了之。但是这种强制措施，不是刑事处罚。在大陆法系国家它属于保安处分。我国对造成危害结果的无刑事责任能力的精神病人的处理，采取两种方式，传统的是责令家属看管，现在可以强制住院治疗。但实践中由于缺乏相关的制度保障，对精神病人管理体制的松散，使得部分精神病人逃脱强制治疗，这使得刑法的人道也受到民众的苛责，所以为了保障对精神病人从宽制度的落实，应当改革现有对精神病人管理的相关制度，有效实现社会防卫。

此外，对于一些生理上有缺陷的人来说，由于重要的生理功能的丧失而影响其接受教育，其刑法意义上的辨认或控制自己行为的能力并不完备，对这类人群犯罪也应当适当从宽。我国刑法第19条规定，又聋又哑的人或者盲人犯罪，可以从轻、减轻或者免除处罚。

4. 对妇女的特殊保护

我国刑法对妇女的特殊保护体现在两个方面：一是保障审判时怀孕的妇女受到适当的从宽处理；二是在妇女合法权益遭受侵害时，使其得到刑法的特殊保护。1997年刑法第49条关于"审判的时候怀孕的妇女，不适用死刑"的规定，以及《刑法修正案（八）》新补充的对符合缓刑条件的孕妇应当适用缓刑的规定，是人道主义在刑罚适用方面的起码要求。国际社会有关人权及妇女权利保障的公约也一再强调对怀孕的妇女不得执行死刑。[①] 这是对妇女作为母亲的尊重，也是对胎儿的保护。此外，我国1997年刑法典也强化了对妇女合法权益的特殊保护。刑法典中关涉妇女合法权益特殊保护的罪名主要包括：强奸罪（第236条）、强制猥亵妇女罪（第237条）、侮辱妇女罪（第237条）、拐卖妇女罪（第240条）、收买被拐卖的妇女罪（第241条）等。上述罪名涉及妇女的性自由权利、人格尊严、人身不受买卖等多项合法权益，架构起了我国刑法对妇女的特殊保护机制。

（四）革新纠纷解决机制，灵活多样化解矛盾

刑事纠纷的解决经历了从私力救济到公力救济的历史过程。在公力救济的情况下，国家取得了绝对的话语权。一般来说，犯罪分子由国家侦查机关进行侦查，检察机关提起公诉，法院对有证据证明有罪的犯罪分子判决有罪，对犯罪分子处以刑罚并交付国家执行机关执行；对没有证据证明有罪的犯罪人予以无罪释放，这样刑事纠纷也就解决了。但这种解决纠纷只是完成了法律程序，真正的纠纷双方之间的矛盾被替代了。积极化解社会矛盾，主动依

---

① 联合国《公民权利和政治权利国际公约》第6条第5款明确规定："对孕妇不得执行死刑"。

法维护群众利益，是社会管理创新的重要举措。在刑事司法的过程中，事实层面上纠纷的主体是被害人和犯罪人，而由于刑法的公法性，被害人的追诉权被让渡给国家，这时国家成为被害人的代表直接与犯罪人对话打交道。这种纠纷解决方式忽视了被害人作为真正的纠纷主体的地位，事实上被害人和犯罪人的关系并不能因此得到改善，因此，当被害人发现公力救济无法充分满足其个人对争端解决的理想预期时，便再次将注意力转向私力救济，而有些犯罪人在刑罚执行完毕后仍然向被害人寻仇，造成暴力事件恶性循环。因此，为了有效化解矛盾，必须突出对被害人权利的保障，必须从抽象的法益保护转向具体的被害人保护，推动被害人的报应感情转向实际的利益恢复，一方面要处罚加害人，另一方面要使加害人赔偿被害人的损害，以调和犯罪人与被害人的利益冲突，从根本上解决其纷争。这种调解的纠纷解决方式在我国传统社会中大量存在，由于其迎合了我国传统社会的需要，因而在诉讼中也得到了广泛的适用。时至今日，调解原则仍然是民事诉讼的主要原则，在解决民事纠纷中起着重要的作用，是解决民事纠纷不可或缺的一种方式。

在刑事诉讼中，以前人们认为不存在调解的空间，随着价值的多元化、司法资源的稀缺和对被害人权利的关注，人们的观念开始发生变化。事实上，公共利益在本质上可以说是个人利益的集合，犯罪作为反社会的行为也是对个人权益的侵犯，这就使得公共利益神秘化、抽象化的面纱被刺破，在解决方式多元化的社会环境条件下，恢复性司法走入人们的视野，人们日益认识到在刑事诉讼中对某些案件实行调解或和解也同样具有重要意义。刑事司法中被害人参与和解的方式突破国家追诉垄断的重围而兴起成为必然。最高人民法院《关于执行〈中华人民共和国刑事诉讼法〉若干问题的解释》第 197条明确规定："人民法院对告诉才处理和被害人有证据证明的轻微刑事案件，可以在查明事实、分清是非的基础上进行调解……" 2010 年 12 月，最高人民检察院出台了《关于办理当事人达成和解的轻微刑事案件的若干意见》，也对刑事和解的适用范围和条件进行了详细的规定。

提出刑事和解，并不是简单地从公力救济回归到私力救济，并不是简单地回到原点，而是一种纠纷解决方式螺旋上升的理性的反思。我国的调解与和解制度在司法实践中发挥了重要功效：其一，强调自愿平等协商的方式解决纠纷，重视利益的协调，尊重了当事人的诉讼权利；其二，能够快速、低成本解决纠纷。[1] 在目前实践中，针对轻微刑事案件，司法机关对经过双方当事人的充分交流和协商、自愿达成和解协议并履行完毕的案件，一般不再移送起诉，或者对犯罪人免予刑事处罚、采用非刑罚手段处理。刑事和解是为了更加有效地化解矛盾，但并不能完全抛开事实来谈和解，所以在侦查阶段犯罪事实尚不能做到完全查清楚的情况下，刑事和解不宜过早介入，否则容易导致行政处罚权和司法权力的混淆。而且在实际适用刑事和解过程中，司法人员在接受和促进刑事和解时拥有相当大的自由裁量权，严防"腐败"影

---

① 陈晓明：《恢复性司法的理论与实践》，法律出版社 2006 年版，第 225 页。

响刑事和解中的司法公正也甚为关键，对刑事和解所适用的案件类型以及人员都必须有严格的规定，否则反而容易给民众造成"富人可以顺利逃避刑事处罚"、"花钱买刑"的印象，影响刑法的威慑力。源于以上考虑，相较于国外，我国的刑事和解在适用范围和方式上还有局限。在未来的发展中，面对刑事和解适用的扩张，如何把握案件性质、犯罪种类、犯罪主体以确保法律效果不受影响，仍然是需要进一步回答的问题。

此外，从司法技术层面出发，刑事和解作为一种协商程序，当然存在协商成功与不成功两种可能。这样，同样的犯罪行为可能得到完全不同的处理方法，这是否有违"法律面前人人平等"的法律原则，是否会影响罪刑法定所赋予人们的对"罪"与"刑"的预期心理呢？的确，根据罪刑法定原则，什么是犯罪，对犯罪如何处罚，必须以成文法明文规定。犯罪行为一旦发生，行为人依法受追诉科刑，这是法律明文规定的，也是行为人自由意志选择的结果。而刑事和解是在刑事诉讼中由加害人以认罪、赔偿、道歉等形式与被害人达成谅解，国家专门机关不再追究加害人的刑事责任，或者对其从轻处罚。在刑事和解的模式下，加害人对行为是否将受到惩罚以及如何惩罚不再具有明确的可参考的成文法依据，"罪刑"的预测可能性明显削弱。

然而，笔者认为，犯罪是触犯刑律、应受刑罚处罚的行为。"应受刑罚处罚"暗含了行为人应当承担刑事责任，刑事责任的基础不仅包括了犯罪行为，而且也包括行为本身反映出来的行为人的人身危险性和反社会性。在刑事和解中，赔偿问题仅仅是民事部分的问题，之所以不追诉或免除处罚，是因为行为人真诚认罪、积极赔偿的行为也反映了其"人身危险性"较低。在轻微刑事案件中，从犯罪行为来看，犯罪性质本身就已轻微，而行为人的人身危险性又较低，对其完全可以按照我国刑事诉讼法中"不起诉"的规定或者刑法第13条"但书"中"但是情节显著轻微危害不大的，不认为是犯罪"的规定和第37条"对于犯罪情节轻微不需要判处刑罚的，可以免予刑事处罚"的规定，对行为人予以从宽处理。这不能与用钱买刑画等号，也不会真正削弱罪刑法定的可预测性。因为，经过刑事和解所处理的这些轻微刑事案件，本身就应当是社会可以内部化解的一些矛盾，这与司法上的"非犯罪化"是一致的。从罪刑法定原则产生的背景可知，它产生于对中世纪刑罚擅断的斗争之中，所以，罪刑法定最基本的价值在于对"入罪"的限制，即追诉与定罪的限制，而不是对"出罪"的限制，这与刑事和解有利于行为人"出罪"的价值取向是一致的。

但必须承认的是，恢复性司法存在的空间是有限的，即便是在恢复性司法兴起较早的西方发达国家，恢复性司法也没有完全取代现行刑事司法而成为一种全新的模式，成为刑事司法的主流。① 对于一些严重犯罪如危害国家安全、公共安全的犯罪及贪污、受贿犯罪、毒品犯罪以及累犯等则应排除适用。在刑事司法领域，刑事司法仍然需要体现其威慑力和权威性，在不能找到全

---

① 虽然有学者如霍华德在20世纪90年代就认为"恢复性司法可以成为现行刑事司法的全功能替代模式"，但这只是学者的激进观点，并未曾付诸实践。

新的替代模式之前，我们一方面要坚持和完善现行传统的刑事司法模式，另一方面也应适当地在刑事司法中注入恢复性元素，形成恢复性司法模式，建立二者良性互动、功能互补的发展格局。

（五）落实行刑社会化，契合多元治理理念

现代刑事法治不仅以惩罚犯罪人作为目标，更重要的是提倡通过刑罚来教育改造罪犯，促使他们回归社会，重新成为社会的善良公民。实际上，"行刑"中对犯罪分子的管理，正是社会管理创新与刑法紧密联系的一个重要方面。面对监禁刑在执行中所形成的"交叉感染"、"监狱人格"等弊端，行刑社会化已经成为刑法发展的潮流。在传统的社会管理中，国家主导是基本模式，所有社会问题无不求助于权力的运作。而随着社会管理理念的革新，如何借助于社会的力量开展社会管理成为当下讨论的热点。结合我国的现实情况来看，"社区"① 管理已经初具规模，② 长期以来，如何优化社会参与，拓宽社会参与的渠道，发挥社会组织和社会成员在社会管理中的作用成为亟待解决的问题。而结合行刑制度来看，行刑的过程是实现犯罪人再社会化的一个过程，发动社会力量对犯罪分子进行矫正，不仅可以节约司法成本，也可以通过犯罪分子与社会互动达到更好的矫正效果。

我国刑法虽然在刑罚制度上设立了缓刑、假释、管制等开放性刑罚措施，但由于立法设计不完善、执行机制不健全等原因，管制、缓刑、假释等非监禁性刑罚及执行措施，在一个相当长的时期内存在"无人监督"、"无人考察"等现象，甚至于许多人误认为被告人被判处管制、缓刑就"没事了"。在这种情况下，社会化的行刑方式一直处于一种"司法机关不敢用"、"用了白用"的状况，使得行刑社会化成为一句无法落实的口号。

在此背景下，借鉴国外先进经验，2003 年，社区矫正在我国部分地区开始试点，2009 年 10 月在全国开始试行。社区矫正，通过综合运用社会力量对社区矫正人员进行监督管理、教育矫正和社会适应性帮扶，丰富了刑罚执行的手段和方式，提高了刑罚执行的效果。在我国开展社区矫正以来，以"严"济"宽"，有效发挥了社会力量，使得非监禁刑罚执行的"惩罚性"具备了实质内容，有效改善了以往社会化行刑无人管的状况。在完善我国非监禁刑罚执行制度方面作出了有益探索，积累了丰富经验，在提高对非监禁刑罪犯的教育改造质量，促进社会治安秩序的良性循环上发挥了巨大作用。③ 尤其是

---

① "社区"这个概念是一个舶来品，最初由德国社会学家滕尼斯提出。在滕尼斯看来，"社区"是由具有共同价值取向的同质人口组成的关系密切、守望相助、富于人情味的社会共同体。

② 1993～2003 年，各种城镇社区服务机构（社区服务中心和便民利民网点）从 8.9 万个增加到 19.6 万个。李培林：《重视推进社会管理体制改革》，载《人民论坛》2005 年第 10 期。http://www.people.com.cn/GB/paper85/15907/1406026.html，最后访问日期 2012 年 2 月 28 日。

③ 据有关部门统计，截至 2010 年年底，全国 31 个省（自治区、直辖市）有 258 个地（市）、1998 个县（市、区）已全面开展社区矫正工作，乡镇（街道）覆盖面达 57%，北京等 11 个省（自治区、直辖市）已经实现辖区全覆盖。全国累计接收社区服刑人员 57.7 万人，累计解除矫正 30.7 万人。据统计，在矫正期间再犯罪率仅为 0.21%，远远低于在监狱服刑罪犯 8% 左右的再犯罪率。黄太云：《〈刑法修正案（八）〉解读（一）》，载《人民检察》2011 年第 6 期。

社区矫正在实践中所呈现出的刑罚执行与社会服务的有机结合，特殊人群管理模式和服务方式的有机结合，对于社会管理创新的践行是一个重要的体现。因此，2011 年《刑法修正案（八）》正式将其写入刑法，这标志着社区矫正制度的正式确立。根据现行刑法规定，对判处管制、宣告缓刑、裁定假释的犯罪分子依法实行社区矫正，其中被判处管制、宣告缓刑的，还可以根据犯罪情况，同时禁止犯罪分子在刑罚执行期间或者缓刑考验期间从事特定活动，进入特定区域、场所，接触特定的人。被判处管制的犯罪分子违反禁止令的，由公安机关依照《中华人民共和国治安管理处罚法》的规定处罚；被宣告缓刑的犯罪分子违反禁止令，情节严重的，撤销缓刑，执行原判刑罚。立法的确认使得社区矫正的宽和严均有了保障，尤其是禁止令的规定，有效发挥了社会监督的作用，大大改善了管制和缓刑在执行中流于形式的弊端。

　　自禁止令制度在司法实践中运用以来，也出现了一些问题，如"进入"的具体含义，禁止令的内容如何告知公众，对于犯罪分子的日常行为如何监督，娱乐场所工作人员在被禁止人进入娱乐场所时是否具有报告义务，等等。而且禁止令是对犯罪分子权利的限制，但是立法却并未设立相应的权利救济程序，这些都需要在今后的立法中予以明确。此外，如何具体开展社区矫正，仍然亟须一系列相应制度的保障。2012 年 1 月 10 日，最高人民法院、最高人民检察院、公安部、司法部联合出台了《社区矫正实施办法》，2012 年 3 月 1 日起在全国实施。自此，社区矫正的实施有了全国性的法律规范依据。该办法明确了社区矫正的对象以及相关部门的权责，还专门对"帮困扶助"作出规定，要求司法行政机关应当根据社区矫正人员的需要，协调有关部门和单位开展职业培训和就业指导，帮助落实社会保障措施。这从法律规范上解决了社会管理创新理念如何在社区矫正中予以践行的问题，解决了社区矫正工作具体实施上的一些问题，有利于进一步规范社区矫正工作，加强和创新特殊人群管理。但该办法在上述禁止令的问题以及社区矫正项目设置等问题上仍然没有明确的规定。根据该办法，社区矫正是作为与监禁矫正相对应存在的刑罚执行方式，与监禁矫正相辅相成，其适用对象除了刑法中被判处管制、宣告缓刑、裁定假释的犯罪分子外，还包括了监外执行的人员以及被剥夺政治权利的人员。以上五种人员，不同的矫正人员需要不同的矫正方法，这将涉及具体矫正项目的设置以及矫正工作人员的配备等问题，这些问题还有待实践中进行积极的探索。但从目前的进展情况来看，面对社会各界对社区矫正制度运行的积极支持和热情期待，我们相信，一部更具可操作性的较为完善的《中华人民共和国社区矫正法》一定会在不远的将来得以出台。

　　随着改革的推进，通过完善相关经济制度、社会制度、政治制度，避免因制度漏洞诱发犯罪，实现刑法介入的最后性，这就在一定程度上减轻了刑法的负担，这样，死刑的减少适用和逐步废除也就有了一定的社会基础。但从长远来看，死刑的废除是一项牵一发而动全身的工程，死刑所体现出的朴素的公平正义理念使得公众对其仍有较强的依赖心理，为了尊重和引导民意，这就需要在立法上及时通过刑罚量上的补偿来保证刑罚的威慑力保持在相对稳定的水准，积极对死刑替代措施以及刑罚体系的重构进行论证。① 目前，从刑罚结构的整体调整来看，② 死刑设置有所减少，刑罚梯度更为明显，《刑法修正案（八）》对死缓限制减刑的规定以及有期徒刑数罪并罚刑期的提高，在一定程度上分解了死刑废除的压力。对于立法领域的这一改革，司法领域也需要进一步贯彻落实。相较于立法领域的改革，死刑的司法改革是在司法领域中由司法机关进行的，并不涉及复杂的立法程序。很多问题在司法实践领域作出了积极的探索，有可能取得较好的效果。从目前立法所废除的 13 个罪名死刑的经济性以及非暴力性来看，对于没有规定绝对法定刑的非暴力犯罪的死刑，从限制、减少死刑的立场出发，司法机关可以基于情节尚未达到适用死刑的程度的理由尽可能对非暴力犯罪不适用死刑，通过司法手段达到严格控制死刑数量之目的。经过立法修正，目前相对确定的死刑，即 "……情节特别严重的，处死刑"，这种死刑的适用涉及 5 个罪名，即暴动越狱罪、聚众持械劫狱罪、贪污罪、受贿罪和战时造谣惑众罪。选择适用的死刑，立法一般表述为 "……的，处十年以上有期徒刑、无期徒刑或者死刑" 或者 "……的，处无期徒刑或者死刑"，这种死刑的适用涉及剩余的 48 个罪名。刑法上别无选择必须判处死刑（包括死缓）的实际上只有 2 个罪名，其余的 53 个罪名，都存在法官运用自由裁量权不予判处死刑的巨大空间。③ 这就为死刑的适用与否留下了巨大的选择空间。笔者认为，在司法实践中进一步统一死刑适用标准，对于通过司法严格控制死刑至关重要。为此，2010 年 10 月 26 日最高人民法院印发了《关于案例指导工作的规定》，2011 年 12 月 20 日发布了第一批指导案例，其中包括了 "王志才故意杀人" 案中死刑适用的有关意

---

① 高铭暄、苏惠渔、于志刚：《从此踏上废止死刑的征途〈刑法修正案（八）草案〉死刑问题三人谈》，载《法学》2010 年第 9 期。

② 《刑法修正案（八）》对刑罚结构的调整主要表现在以下四个方面：（1）适当削减死刑罪名。《刑法修正案（八）》取消了近年来较少适用或基本未适用过的 13 个经济性非暴力犯罪的死刑，占死刑罪名总数的 19.1%，这是我国 1997 年刑法颁行以来第一次在立法上正式削减死刑罪名。（2）限制对某些被判处死刑缓期执行犯罪分子的减刑，延长其实际服刑期限。据此，《刑法修正案（八）》将死缓犯确有重大立功表现的减刑幅度由 "十五年以上二十年以下有期徒刑" 修改为 "二十五年有期徒刑"。对被判处死刑缓期执行的累犯以及因故意杀人、强奸、抢劫、绑架、放火、爆炸、投放危险物质或者有组织的暴力性犯罪被判处死刑缓期执行的犯罪分子，人民法院根据犯罪情节等情况可以同时决定对其限制减刑。（3）适当延长有期徒刑数罪并罚的刑期。原刑法第 69 条的规定总体上是适当的，但实践中有一些犯罪分子一人犯有较多罪行，被判处有期徒刑的总和刑期较高，如果最高只判处二十年有期徒刑，难以体现罪刑相适应的原则，应当适当提高这种情况下有期徒刑的上限。据此，《刑法修正案（八）》规定，有期徒刑总和刑期不满三十五年的，决定执行的刑期最高不能超过二十年，总和刑期在三十五年以上的，决定执行的刑期最高不能超过二十五年。（3）完善减刑的规定。将被判处无期徒刑的罪犯减刑后实际执行的刑期由 "不能少于十年" 改为 "不能少于十三年"；对限制减刑的死缓犯，缓期执行期满后依法减为无期徒刑的，再减刑以后实际执行的刑期不能少于二十五年，缓期执行期满后依法减为二十五年有期徒刑的，实际执行的刑期不能少于二十年。（4）完善假释的规定。将被判处无期徒刑的犯罪分子假释前的实际执行期限由原来的十年以上改为十三年以上；对累犯以及因故意杀人、强奸、抢劫、绑架、放火、爆炸、投放危险物质或者有组织的暴力性犯罪被判处十年以上有期徒刑、无期徒刑的犯罪分子，不得假释。

③ 参见高铭暄、王秀梅：《论死刑控制的路径选择》，载杰罗姆·柯恩、赵秉志主编：《死刑司法控制论及其替代措施》，法律出版社 2008 年版，第 9 页。

见，明确了适用死缓并限制减刑的具体条件。立足我国当前司法体制现状，通过最高人民法院作出司法解释或运用典型案例的方式加以指导，统一死刑适用标准，这对于司法中限制和减少死刑无疑具有重大现实意义。由此，通过司法机关对死刑适用的严格控制，达到司法中对某些犯罪的少用、不用，以此倒推立法的最终确认，是我国一条较为可行的死刑废除路径。需要说明的是，虽然当前我国以 13 个在司法中不常用的死刑罪名为突破口，完成了死刑废除从理论到实际的华丽转身，但死刑废除之路任重道远，仍需"仰望星空，脚踏实地"。

社会管理创新是一个宏大的社会命题，社会管理创新与法治建设有着内在的密不可分的联系。本文仅从刑事法治对社会管理创新如何回应进行了一些初步探索，内容还很不成熟。另外，本文着眼于从宏观上的刑法发展方向提出建议，对于刑法理论和实务中的某些具体问题，如对于网络犯罪特殊犯罪手段的规制、有组织犯罪的分化打击、罚金刑的扩大适用以及监狱管理的科技化等，这些也都属于社会管理创新需要进一步思考的问题，本文尚未能涉及。希望学界同仁给予批评指正，共同为推动社会和谐发展贡献自己的聪明才智和绵薄之力。

刑法修改完善研究

赵秉志 等*

目　次

　　* 本文作者分别系赵秉志，北京师范大学刑事法律科学研究院暨法学院院长、教授、法学博士、博士生导师，中国刑法学研究会会长；阴建峰，北京师范大学刑事法律科学研究院院长助理暨中国刑法研究所副所长、教授、法学博士、博士生导师，中国刑法学研究会理事暨副秘书长；袁彬，北京师范大学刑事法律科学研究院中国刑法研究所副所长、副教授、法学博士，中国刑法学研究会副秘书长；黄晓亮，北京师范大学刑事法律科学研究院中国刑法研究所副所长、副教授、法学博士，中国刑法学研究会副秘书长；刘科，北京师范大学刑事法律科学研究院副教授，法学博士；张磊，北京师范大学刑事法律科学研究院副教授，法学博士；李山河，北京师范大学刑事法律科学研究院讲师，法学博士；杜邈，北京市人民检察院第二分院检察官，法学博士、博士后；张伟珂，北京师范大学刑事法律科学研究院博士研究生。

一、前言

《刑法修正案（八）》是我国自 1997 年全面修订刑法典以来进行的规模最大也是最为重要的一次刑法修正，其修法理念先进、内容丰富、特色鲜明、亮点纷呈，对于我国刑事法治的发展可谓意义重大而深远。不过，这并不意味着我国刑法立法改革之路可以就此终结，而是在新的社会发展时期和更高的法治水准上开拓了刑法立法进一步改革之前景，同时也提出了新的、更大力度的刑法修改完善任务。

事实上，面对纷繁芜杂、变化万千的社会生活，刑法立法并非无所不包、无所不能。尤其是在社会转型时期，各种新情况、新问题层出不穷，无论立法者多么具有前瞻性，刑法立法多么超前，在复杂多端的社会现实面前，总会显得捉襟见肘，法律缺漏在所难免。因此，刑法立法的科学性总是相对的，刑法立法的科学和完善也必然是一个不断演进的过程。当下，为了适应社会转型与发展的需要，呼应基本刑事政策的调整，弥补刑法的缺陷与不足，最大化地发挥刑法的积极功效，我们仍需以发展的眼光和时代进步的要求审视现行刑法规范，不断促进刑法立法的继续改革和完善。也惟有与时俱进，刑法立法才能为刑事法治进步和社会发展提供科学有力的法律基础。①

进言之，中国现阶段的刑法改革与完善应本着"维护社会和谐，贯彻宽严相济，促进刑法科学、进步"之发展目标，正确看待、科学平衡和艺术地处理立法活动中所面对的一系列重大关系。例如，在立法观念选择上，应摈弃经验立法，秉持适度的立法超前性；在刑法机能方面，应协调刑法的秩序维护机能与自由保障机能，合理处理两者之间的冲突；在刑法的立法根据上，应立足于本国的司法实践经验，并充分参酌刑法发展的世界性潮流，合理汲取他国立法的有益经验；在立法调控范围上，应以我国社会的实际需要为基准，在坚持适度犯罪化的同时，可对某些不合时宜的轻微犯罪适时非犯罪化；在刑罚的配置上，应本着罪刑均衡的原则，力求实现轻重适当、宽严相济，既要防止重刑化、又要防止轻刑化。此外，在立法技术层面，也应处理好立法简明与立法细密的关系，最大限度地实现法典的体系结构科学、布局合理，法条内容充实、逻辑清晰、排列科学，法条之间尤其是罪名之间界限分明，法条用语正确、准确和明确。②

诚然，对现行 1997 年刑法典进行集中而系统、全面的修改尚未提上立法工作的日程。但是，根据我国经济、社会、文化的发展情况以及社会治安、犯罪状况等因素的变化，积极探寻、总结和遵循同犯罪作斗争的客观规律，持续推进刑法立法的科学性、合理性和务实性，实乃刑法学者的当然使命与责任。况且，我国立法工作机关已经开始就刑法立法的进一步完善征求学界意见。鉴此，我们试图对现行刑法立法进行较全面、系统、深入的梳理、分

---

① 参见赵秉志、王俊平：《改革开放三十年的我国刑法立法》，载《河北法学》2008 年第 11 期。
② 参见赵秉志：《积极促进刑法立法的改革与完善——纪念 97 刑法典颁行 10 周年感言》，载《法学》2007 年第 9 期。

析和归纳，并从一般问题、刑法典总则问题和刑法典分则问题三个方面对刑法的修改与完善提出若干建议，以期促使刑法立法更加科学、完备，并对社会发展具有更长久的适应性。

二、刑法修改完善的一般问题

刑法修改完善的模式、刑法结构的修改完善和罪名的法定化是当前我国刑法修改完善亟须解决的三大难题，应当在刑法立法工作中加以重点考虑。

（一）刑法修改完善的模式问题

1. 修法建议

针对当前我国刑法典和单行刑法并存的立法格局，建议我国刑法修改彻底地贯彻法典化的模式，通过全面修订刑法典或者制定新的刑法修正案的方式适时将全国人大常委会 1998 年 12 月 29 日通过的《关于惩治骗购外汇、逃汇和非法买卖外汇犯罪的决定》纳入刑法典。

2. 修法理由

第一，刑法法典化契合了我国社会发展的现实需要，具有显著的社会和法治价值：（1）刑法典通过自身体系的完善能够容纳各种新型犯罪，以适应社会发展的需要。（2）我国十多年来的修法经验表明，除了全面修订刑法典，刑法修正案能够根据修法幅度的大小调整修法程序，合理应对犯罪态势迅速变化的需要。（3）刑法保护范围的全面性决定了单行刑法和附属刑法功能的有限性。一体化或综合化的单行刑法、附属刑法，其作用多是形式意义上的，将其刑法规范集中到刑法典中并不会影响其功能的发挥。（4）刑法典的统一性能够充分适应刑事政策变化的需要，既能满足基本刑事政策变化对刑法立法的要求，也能满足具体刑事政策变迁对刑法立法的要求，充分实现刑法典的社会价值。

第二，全国人大常委会 1998 年 12 月 29 日通过的《关于惩治骗购外汇、逃汇和非法买卖外汇犯罪的决定》与我国刑法法典化的道路不相符合，应将其尽早纳入刑法典：（1）该决定是一部单行刑法，是刑法典之外的立法，具有独立性。这使得我国刑法在客观上形成了一个刑法典与单行刑法并存的格局，破坏了刑法典对社会生活调整的完整性，与刑法体系的完整性要求不符。（2）该决定除了明确规定非法买卖外汇等行为的刑法适用外，还增设了一个独立的罪名——骗购外汇罪，因而难以将其直接纳入刑法典的现有条文，影响了我国刑法体系的统一性。①

（二）刑法结构的修改完善问题

1. 应将"刑法的适用范围"独立成章

（1）修法建议。

建议将刑法典总则第一章"刑法的任务、基本原则和适用范围"中的"刑法的适用范围"独立成章。

---

① 参见赵秉志、袁彬：《建议将惩治外汇犯罪决定纳入刑法典》，载《法制日报》2012 年 2 月 22 日。

（2）修法理由。

第一，刑法的适用范围涉及的是刑法的效力范围及其管辖权，是一类独立的问题，应当独立成章。

第二，在现行刑法典的"刑法的任务、基本原则和适用范围"一章中，刑法的适用范围占该章 12 条中的 7 条之多，从条文的数量上看，已经具备了独立成章的条件。

第三，将刑法的适用范围独立成章便于进一步调整、充实刑法适用范围的内容，如可以将现行刑法第 90 条关于民族自治地方制定对刑法的变通或者补充规定的条文以及第 101 条关于刑法典总则应适用于其他刑法规范的条文调整纳入"刑法的适用范围"一章，同时增加有关国际犯罪暨中国区际犯罪刑事管辖权的规定。这样既能保证刑法适用范围独立成章的内容充实，又能保持章内的合理平衡；反之，如果将这些内容都纳入现行刑法典总则第一章中，将导致该章内有关刑法适用范围的条文过多，很不协调。①

2. 增设"罪数"专节

（1）修法建议。

建议在刑法典总则第二章"犯罪"中增设"罪数"专节。

（2）修法理由。

第一，虽然我国刑法典分则对具体犯罪的罪数问题偶有涉及，但缺乏刑法典总则的规定，造成了实践中对罪数处理的不统一、不协调，影响了刑事司法的权威性。

第二，罪数问题既是我国刑法理论研究中的疑难问题，也是中国刑事司法适用中会经常碰到的难题，将罪数问题立法化并且专节化，有利于刑事司法的统一。

第三，罪数问题归根结底是一个定罪问题，属于犯罪论的范畴，将其置于"总则"第二章"犯罪"中作为一节，比较合适。②

3. 增设"特殊群体犯罪的刑事责任"专章

（1）修法建议。

建议我国在刑法典总则中设立"特殊群体的刑事责任"专章。

（2）修法理由。

第一，我国刑法典和《刑法修正案（八）》对特殊群体犯罪的刑事责任采取的是分散式立法模式。这显然不利于构建一个科学、完善的特殊群体从宽制度。设立"特殊群体的刑事责任"专章可以将我国刑法典中关于未成年人、老年人犯罪从宽的分散规定集中在专门的一章中，有利于保证我国刑法结构的完整。

第二，设立"特殊群体的刑事责任"专章，有助于通过刑法典的地位保

① 参见赵秉志：《当代中国刑法体系的形成与完善》，载《河南大学学报》（社会科学版）2010 年第 6 期。

② 参见赵秉志：《当代中国刑法体系的形成与完善》，载《河南大学学报》（社会科学版）2010 年第 6 期。

证特殊群体从宽制度的权威性，并有利于相关刑法规范的宣传。

第三，设立"特殊群体的刑事责任"专章，通过集中规定未成年人、老年人、新生儿母亲、孕妇等特殊群体的从宽制度，便于刑法相关条文之间的对照、比较，从而有利于我国特殊群体从宽制度的进一步完善。①

4. 应将"正当行为"独立成章

（1）修法建议。

建议在现行刑法典总则中增设"正当行为"专章。

（2）修法理由。

第一，包含正当防卫和紧急避险在内的一切正当行为，并非犯罪行为或应当追究刑事责任的行为，而是排除、阻却犯罪性的行为。现行刑法典将正当防卫和紧急避险行为归入"犯罪"一章的"犯罪和刑事责任"一节，缺乏内在的逻辑性和科学性。②

第二，无论是在中国刑事司法的实践中还是在许多国家和地区的刑法中，正当行为都不仅限于正当防卫和紧急避险两种行为，还包括了正当业务等行为。将正当行为专章化，有利于进一步充实、完善中国刑法体系中的正当行为内容，如可以考虑将正当业务行为、执行命令行为等纳入"正当行为"一章。③

5. 增设"保安处分"专章

（1）修法建议。

建议在刑法典总则中增设"保安处分"专章。

（2）修法理由。

第一，我国刑法典中只有一些关于保安处分的零散规定，如刑法第 17 条第 4 款关于未成年人管教、第 37 条关于非刑罚处罚方法和第 64 条关于没收违禁品和犯罪物品的规定，立法的数量少而分散，在整个刑法中的地位很不突出，容易被忽视。④ 在刑法典中设立"保安处分"专章，势必要对现行刑法典中规定的保安处分措施予以增补，形成一个较为完整的具有内在逻辑关系的体系，从而有利于提高保安处分在刑法中的地位。

第二，在刑法典中设立"保安处分"专章，与"刑罚"一章分列规定，使得保安处分与刑罚之间的关系更加清晰。相反，如果不设专章，而是将保安处分措施分散规定于有关刑事责任的条文之中，将使得刑罚与保安处分的关系混淆不清，不符合当今各国刑法的一般观念。

第三，在刑法典中设立"保安处分"专章，可以对中国的劳动教养制度进行合理的二元化处置，即一方面可以将劳动教养的部分措施纳入刑罚的范

---

① 参见赵秉志、袁彬：《论特殊群体从宽制度的完善——以〈中华人民共和国刑法修正案（八）（草案）〉为视角》，载《法学杂志》2010 年第 12 期。

② 参见赵秉志、赫兴旺、颜茂昆、肖中华：《中国刑法修改若干问题研究》，载《法学研究》1996 年第 5 期。

③ 参见赵秉志：《当代中国刑法体系的形成与完善》，载《河南大学学报》（社会科学版）2010 年第 6 期。

④ 参见高铭暄、赵秉志著：《中国刑法立法之演进》，法律出版社 2007 年版，第 158 页。

畴，另一方面可以将劳动教养的其他一些制裁措施，如强制戒毒、责令管教、对物处分等纳入保安处分的范畴，从而合理解决劳动教养制度的归属问题。①

6. 将"危害国防利益罪"和"军人违反职责罪"合并

（1）修法建议。

建议将我国现行刑法典分则中的"危害国防利益罪"和"军人违反职责罪"合并为"危害国家军事利益罪"一章。

（2）修法理由。

我国现行刑法典将"危害国防利益罪"和"军人违反职责罪"分别成章，其中"危害国防利益罪"一章是按照同类客体进行归类，而"军人违反职责罪"一章则是按照犯罪主体进行归类。不过，从客体上看，危害国防利益罪和军人违反职责罪的同类客体都是国家军事利益，且均为长期存在的犯罪类型。② 因此，我国现行刑法典依照不同的标准将其分为两章，不仅与我国刑法典分则的整体分类标准不符，而且容易造成两章内容之间的交叉、重复，从科学的角度，应当将"危害国防利益罪"和"军人违反职责罪"合并为"危害国家军事利益罪"一章。③

7. 将"贪污贿赂罪"和"渎职罪"合并

（1）修法建议。

建议将我国刑法典中"贪污贿赂罪"和"渎职罪"两章合并为"职务犯罪"一章。

（2）修法理由。

为适应反腐败斗争的需要，强化对贪污贿赂罪的打击，我国现行刑法典将1979年刑法典中有关贪污贿赂犯罪的条款合并，并独立成章。④ 但是，从类型上看，贪污贿赂罪与渎职罪均属于职务犯罪，都具有亵渎职务的共性，因此从体系完善的角度，在采取章节制的前提下，应当将"贪污贿赂罪"与"渎职罪"合并为"职务犯罪"一章，同时为了突出对贪污贿赂犯罪的惩治，可以将贪污贿赂罪与渎职罪在职务犯罪的章下分别设节。⑤

---

① 参见赵秉志：《当代中国刑法体系的形成与完善》，载《河南大学学报》（社会科学版）2010年第6期。

② 参见赵秉志：《关于完善刑法典分则体系结构的新思考》，载《法律科学》1996年第1期。

③ 参见赵秉志：《当代中国刑法体系的形成与完善》，载《河南大学学报》（社会科学版）2010年第6期。

④ 为适应反腐败斗争需要，强化对贪污贿赂罪的打击，中国最高立法机关曾设想制定反贪污贿赂犯罪的专门规范性文件——反贪污贿赂法，并由最高人民检察院负责起草。从制定一部统一的、比较完备的刑法典的原则出发，1997年中国刑法典修订时将1988年由全国人大常委会制定的《关于惩治贪污罪贿赂罪的补充规定》与最高人民检察院正在起草的反贪污贿赂法合并编为新刑法典分则的一章，并增设了私分国有资产罪、私分罚没财物罪等新罪名，使贪污贿赂犯罪的罪刑规范更为丰富、缜密。参见赵秉志、肖中华：《中国刑法典的最新改革》，载《现代法学》1998年第2期。

⑤ 参见赵秉志：《当代中国刑法体系的形成与完善》，载《河南大学学报》（社会科学版）2010年第6期。

8. 将环境犯罪独立成章

（1）修法建议。

建议将刑法典第六章"妨害社会管理秩序罪"中的第六节"破坏环境资源保护罪"从该章中独立出来，并将分散在刑法典各章节中有关环境犯罪的规定纳入其中，单独成立一章，章名为"危害环境罪"。

（2）修法理由。

第一，环境犯罪有自己独立的客体，而且其同类客体层级需要提高。现代社会的利益结构正由以往的国家利益——个人利益——社会利益的三元利益结构朝着国家利益——个人利益——社会利益——生态利益的四元利益结构演变。与此相适应，现代的法益结构也必然发展为国家法益——个人法益——社会法益——生态法益的四元法益结构。但是，我国现行刑法典的内容是依据国家法益——个人法益——社会法益的三元法益结构创制的，与现代社会的四元结构很不协调。确立环境法益在刑法法益中的独立地位，正是使刑法的法益结构与现代的利益结构保持协调的需要。[①]

第二，将环境犯罪独立成章有利于凸显环境生态的重要地位，增强人们的环保意识。党的十七大报告已将生态文明建设视为与物质文明、精神文明和政治文明建设同等重要的社会建设四大战略。为强调和突出环境犯罪所侵害社会关系的重要性，通过刑法典的修改，对环境犯罪设立专章加以规定，可以进一步增强刑法在环境保护问题上的威慑力，也进一步表明国家重视环境保护的精神和态度，增强人们保护环境的自觉性。

第三，将环境犯罪独立成章有可资借鉴的外国立法例。世界上已有一些国家对环境犯罪在刑法典中设立专章加以规定，如大陆法系典型代表的德国刑法典以及 1997 年的《俄罗斯联邦刑法典》。这些规定可以作为我国将环境犯罪独立成章的借鉴。

9. 增设"危害人类和平与安全罪"专章

（1）修法建议。

建议在我国刑法典分则中增设国际犯罪——"危害人类和平与安全罪"专章。

（2）修法理由。

中国现行刑法典中关于国际犯罪已有一些零星的规定，如刑法第 122 条的劫持航空器罪。但总体上看，中国刑法关于国际犯罪的规定十分零散，部分国际犯罪在刑法中虽然有所体现但被分解，缺乏明确、系统的规定，无法体现国际犯罪的特点。因此，在采取章节制的前提下，可以考虑在刑法典分则中增设"危害人类和平与安全罪"一章，详细规定诸如灭绝种族罪、战争罪、侵略罪等相关的国际犯罪。这样一方面有利于中国全面履行其加入国际公约所应承担的义务，另一方面也有利于进一步完善我国刑法典的分则体系，实现国内犯罪与国际犯罪的统一，增强刑法体系的完备性。

[①] 参见陈德敏：《环境犯罪的伦理特征与控制研究》，载《中国环境法治》2008 年卷，法律出版社 2009 年版，第 251 页。

10. 刑法典分则的章节设置

（1）修法建议。

建议从贯彻章节制的角度，在我国刑法典分则每章下都设节。

（2）修法理由。

第一，章节制是对内容庞杂、条文过多的犯罪类型，可以在章下设节，每节即为不同的犯罪类型。① 中国刑法典分则体系采取的是章节制。不过，章节制在中国现行刑法典分则中的贯彻并不彻底，刑法典分则的绝大多数章下都没有设节。事实上，在所有的章下都设节有利于保证刑法典分则体例的统一，也有利于在体系结构上保持各章的平衡。

第二，一些章下的同类客体在类型上存在一定的差异，应当采取节的方式予以分立，如现行刑法典分则第四章的客体就包括了公民的人身权利、民主权利、劳动权利和婚姻、家庭权利等，采取节的方式将侵犯这些同类客体的犯罪有针对性地统一规定有利于强化刑法对相关客体的特别保护。

第三，在各章下都设节有利于司法人员和广大人民群体更好地了解、掌握刑法典分则的罪名，从而有利于更好地促进刑法的适用，发挥刑法的行为规制功能。②

11. 部分章节逻辑顺序的调整

（1）修法建议。

第一，建议将“危害国防利益罪”和“军人违反职责罪”合并后的“危害国家军事利益罪”章放在“危害国家安全罪”章之后、“危害公共安全罪”章之前。

第二，建议将“侵犯公民人身权利、民主权利罪”一章更名为“侵犯公民基本权利罪”后，在排列顺序上将其提前到“破坏社会主义市场经济秩序罪”之前。

第三，建议将“贪污贿赂罪”和“渎职罪”合并成“职务犯罪”专章后，在顺序上将其放在“侵犯公民基本权利罪”章之后、“破坏社会主义市场经济秩序罪”章之前。

第四，建议将新增的“危害人类和平与安全罪”专章放在刑法典分则的最后，作为调整后的刑法典分则的最后一章。

（2）修法理由。

第一，在客体的重要性上，国家军事利益应当高于公共安全、低于国家安全，因此有必要将“危害国家军事利益罪”章放在调整后的刑法典分则的“危害国家安全罪”章之后、“危害公共安全罪”章之前。

第二，按照现代人权的一般理念，公民基本权利应当高于社会的经济秩序，因而在排列顺序上应将“侵犯公民基本权利罪”章置于“破坏社会主义市场经济秩序罪”章之前，同时将“破坏社会主义市场经济秩序罪”一章

---

① 参见高铭暄、赵秉志著：《中国刑法立法之演进》，法律出版社 2007 年版，第 162 页。

② 参见赵秉志：《当代中国刑法体系的形成与完善》，载《河南大学学报》（社会科学版）2010 年第 6 期。

挪后。

第三，为了强调对贪污贿赂犯罪以及渎职犯罪等侵害公职行为的刑法惩治，可将"职务犯罪"章在顺序上置于"侵犯公民基本权利罪"章之后、"破坏社会主义市场经济秩序罪"章之前。

第四，参照、借鉴国外许多刑法的通行做法，同时考虑到国际犯罪所侵害的是国际利益，与其他章所侵害的国内利益在性质和类别有所不同，将其放在刑法典分则体系的最后，有利于与刑法典分则前面各章所规定的国内犯罪相区别，因而应将新增的国际犯罪专章放在刑法典分则的最后。①

建议调整后的各章章名及其顺序为：

第一章　危害国家安全罪

第二章　危害国家军事利益罪

第三章　危害公共安全罪

第四章　侵犯公民基本权利罪

第五章　侵犯财产罪

第六章　职务犯罪

第七章　破坏社会主义市场经济秩序罪

第八章　破坏社会管理秩序罪

第九章　危害环境罪

第十章　危害人类和平与安全罪。

（三）罪名的法定化问题

1. 修法建议

建议以最高人民法院、最高人民检察院联合发布的罪名解释为基础，将刑法典分则所规定的个罪罪名立法化，在刑法典中明确加以规定。今后刑法典或者刑法修正案若增加新的罪名或修改原有的罪名，应对新的罪名或者修改的罪名在立法上予以明确规定。

2. 修法理由

第一，这是罪刑法定原则的基本要求。罪刑法定原则所要求的明确性包括"罪之明确"和"刑之明确"，对罪名在立法上予以明确规定，使罪名法定化，是"罪之明确"的基本内涵。毕竟，罪名是对犯罪行为的高度概括，属于刑法立法权而非刑事司法权的内容。刑法典不对罪名加以立法规定，很难说达到了明确性的要求。

第二，这是充分发挥罪名功能的基本前提。罪名本身具有概括、评价、区分和威慑等功能。只有将罪名法定化，对罪名予以明确宣示，人们才能提纲挈领地把握刑法规定的犯罪，恰当评价自身行为，并自觉实施合法行为、抑制犯罪行为。因此，罪名的法定化是充分发挥罪名功能的基本前提。

---

① 参见赵秉志：《当代中国刑法体系的形成与完善》，载《河南大学学报》（社会科学版）2010年第 6 期。

第三，这是进一步完善刑事司法的需要。定罪量刑是刑事司法的主要内容。正确定罪的基本内涵就是要确定恰当的罪名。我国刑法没有将罪名法定化，进而导致实践中对罪名的不必要的争论；加之最高司法机关对于罪名的解释往往滞后于立法规定，导致罪名统一存在一个真空时段，影响了刑事司法的统一性和严肃性。若将罪名法定化，上述问题便可迎刃而解。

第四，这是适应世界刑法潮流的需要。概览世界各国，大多数国家的刑法典都对罪名作了立法规定，罪名法定化是一种世界性潮流，是刑法文明进步的具体体现之一。我国应当顺应世界刑法潮流的发展，将罪名立法化。

第五，将罪名法定化切实可行。鉴于罪名明确化的重要性，我国最高司法机关已对刑法所规定的所有犯罪的罪名作了规定。罪名法定化只需对司法解释所确定的罪名在进一步研究审查的基础上予以认可或者修改即可，简便、可行。

三、刑法典总则的修改完善

我国刑法典总则包含了"刑法的任务、基本原则和适用范围"、"犯罪"、"刑罚"、"刑罚的具体运用"和"其他规定"共五章。从内容上看，我国刑法典总则中以下三个方面的问题亟须修改完善：

（一）犯罪主体的修改完善①

1. 特殊群体范围的修改完善

（1）修法建议。

建议将新生儿母亲、精神障碍人等群体纳入刑法典犯罪主体的特殊群体范围，在立法上予以专门规定。

（2）修法理由。

第一，我国《刑法修正案（八）》虽然将特殊群体的范围扩展到了老年人，但总体上看，我国特殊群体目前仍然主要涵盖了未成年人和老年人，范围比较狭窄。与世界上其他国家、地区的普遍做法和相关国际条约的要求还有差距。

第二，将新生儿母亲、精神障碍人等特殊群体纳入刑法典犯罪主体的特殊群体范围，既符合这些群体自身的生理和心理状况，也有利于体现刑法的人道主义精神和贯彻宽严相济的基本刑事政策要求，促进社会和谐。

第三，新生儿母亲、精神障碍人等特殊群体在刑事责任能力、刑罚目的等方面与未成年人、老年人群体具有一定的共性，应同样受到刑法立法的特殊评价。②

2. 未成年人犯罪从宽制度的修改完善

（1）修法建议。

---

① 特殊群体的处理问题不仅涉及犯罪主体方面，还涉及刑罚制度。考虑到特殊群体犯罪问题首先涉及的是犯罪主体问题，为此本文特将特殊主体的相关问题都放在犯罪主体部分阐述。特此说明。

② 参见赵秉志、袁彬：《论特殊群体从宽制度的完善——以〈中华人民共和国刑法修正案（八）（草案）〉为视角》，载《法学杂志》2010 年第 12 期。

第一，完善对未成年犯罪人有关刑种限制适用的规定，包括原则上禁止对未成年犯罪人适用罚金和没收财产刑；禁止对未成年犯罪人单独适用剥夺政治权利，并限制附加剥夺政治权利的适用；禁止对未成年犯罪人适用无期徒刑。①

第二，完善对未成年犯罪人的非刑罚处置措施，重点采取教育措施或者其他对未成年人有特定矫正作用的替代性制裁措施。

第三，适当放宽未成年犯罪人减刑、假释的条件。

（2）修法理由。

第一，未成年犯罪人毕竟实施犯罪时尚未成年，可塑性大，较易改造。对未成年犯罪人适用无期徒刑，即便在执行中对其减刑、假释，也至少要执行 13 年以上。这对未成年犯罪人的教育改造是极为不利的。② 同时，未成年人没有独立的经济来源，亦难以直接享有完全的政治权利，因而不宜对其单独适用罚金、没收财产或者单处剥夺政治权利刑。

第二，非刑罚处置措施的恰当适用不仅可以实现对未成年犯罪人的教育，而且还可以提高刑罚的教育改造效果，同时减少刑罚给未成年犯罪人留下不良心理烙印，保护未成年人的身心健康。但是我国刑法典关于未成年犯罪人的非刑罚处置措施规定得太少，一些适用于成年犯罪人的非刑罚处置措施又不具有针对性，不利于对未成年人的保护。

第三，虽然我国司法实践中有对未成年人适用缓刑、减刑、假释的从宽规定，但是从立法上看，我国未成年犯罪人只能和一般成年犯罪人一样适用减刑和假释制度。刑事立法没有在刑罚从宽制度上体现出对未成年犯罪人的宽和与保护③，因而有必要进一步适当放宽未成年犯罪人减刑、假释的条件，积极促进未成年犯罪人的社会化，帮助使其迅速融入社会。④

3. 老年人犯罪从宽制度的修改完善

（1）修法建议。

建议将刑法典中老年人的年龄门槛降至 70 周岁，增加规定老年人犯罪不成立累犯，限制对老年犯罪人适用无期徒刑，同时适当放宽对老年人犯罪适用减刑、假释的条件。

（2）修法理由。

第一，多方面的证据表明，我国应当将老年人的年龄降低为"已满 70 周岁"：一是心理学研究表明，70 岁以后，老年人的心理能力会有较明显的下降。有学者用布林利方法（两维年龄多作业回归）分析，不仅观察到老年人相对于青年人（或中年人）多项作业速度的普遍减慢，而且观察到认知加工

---

① 参见赵秉志：《未成年人犯罪的刑事责任问题研究（三）》，载《山东公安专科学校学报》2001 年第 4 期。

② 参见赵秉志主编：《刑法典总论》，中国人民大学出版社 2007 年版，第 167 页。

③ 参见赵秉志、袁彬：《我国未成年人犯罪刑事立法的发展与完善》，载《中国刑事法杂志》2010 年第 3 期。

④ 参见赵秉志、袁彬：《论特殊群体从宽制度的完善——以〈中华人民共和国刑法修正案（八）（草案）〉为视角》，载《法学杂志》2010 年第 12 期。

速度的减慢随年老而加快，70 岁后的认知加工速度的减慢尤其显著。① 二是中国公民的平均寿命尤其是男性公民的平均寿命明显低于 75 岁②，以 75 岁作为对老年人犯罪制度的年龄起点，将影响中国很大一部分老年人尤其是男性老年人享受犯罪从宽处罚的规定。三是我国不同的法律和制度对老年人的年龄作了不同的规定，如我国《老年人权益保护法》就将老年人的年龄设定为年满 60 周岁③，而《治安管理处罚法》则将老年人的年龄规定为年满 70 周岁。④ 与这两部法律规定不同的是，我国公民的退休年龄都比较低，其中男性公民的退休年龄是 60 周岁，女性则更低（女干部是 55 周岁、女工人是 50 周岁）。⑤ 从与这些规定相协调的角度，我国应将老年人的年龄门槛降至 70 周岁。

第二，《刑法修正案（八）》只规定不满 18 周岁的未成年人犯罪不成立累犯，而没有规定老年人犯罪不成立累犯。为了进一步体现对老年人犯罪的从宽处罚，我国应当增加规定老年人犯罪不成立累犯。

第三，作为一种非常严厉的刑罚，被判处无期徒刑的老年人至少要被关押十几年的时间，很多人将可以老死狱中，这显然有违刑法的人道主义精神，因此我国应当限制对老年人适用无期徒刑。

第四，《刑法修正案（八）》强化对老年人犯罪的缓刑适用，但没有针对老年人的专门的减刑、假释规定。为了积极促进老年犯罪人早日回归家庭、回归社会，我国应当适当放宽对老年人犯罪的减刑、假释条件。⑥

（二）死刑制度的修改完善

1. 修法建议

第一，明确规定限制死刑适用的政策和原则，在刑法典总则中规定："应当慎重地适用死刑，尽可能限制和减少死刑的适用，并为逐步废止死刑创造条件"。

第二，综合考虑死刑适用的标准，将现行刑法第 48 条第 1 款所规定的死刑适用条件修改为："死刑只适用于犯下最严重罪行且主观恶性极大的犯罪

---

① 参见李德明、刘昌：《认知速度老化的研究》，载《中国老年学杂志》2000 年第 6 期。

② 根据世界卫生组织发布的《2006 年世界卫生报告》，中国男性的平均寿命是 70 周岁，中国女性的平均寿命是 74 周岁，整个中国人的平均寿命是 72 周岁。参见《中国人均寿命 72 岁 男性平均寿命为 70 岁 女性 74 岁》，载"网易"http://news.163.com/06/0409/16/2E9GDORQ0001124J.html，访问日期：2011 年 8 月 30 日。

③ 我国《老年人权益保护法》第 2 条规定："本法所称老年人是指六十周岁以上的公民。"

④ 我国《治安管理处罚法》第 21 条规定："违反治安管理行为人有下列情形之一，依照本法应当给予行政拘留处罚的，不执行行政拘留处罚：（一）已满十四周岁不满十六周岁的；（二）已满十六周岁不满十八周岁，初次违反治安管理的；（三）七十周岁以上的；（四）怀孕或者哺乳自己不满一周岁婴儿的。"

⑤ 劳动和社会保障部办公厅 2001 年 5 月 11 日《关于企业职工"法定退休年龄"涵义的复函》（劳社厅函〔2001〕125 号）规定，"国家法定的企业职工退休年龄"，是指国家法律规定的正常退休年龄，即："男年满 60 周岁，女工人年满 50 周岁，女干部年满 55 周岁"。

⑥ 参见赵秉志、袁彬：《论特殊群体从宽制度的完善——以〈中华人民共和国刑法修正案（八）（草案）〉为视角》，载《法学杂志》2010 年第 12 期。

人"。

第三，完善有关死刑缓期二年执行的适用条件，将"不是必须立即执行"的内涵予以明确，并建议对所有适用死刑的情形先行考虑适用缓期二年执行，将刑法第 48 条第 1 款后半段修改为："对于应当判处死刑的犯罪分子，判处死刑同时宣告缓期二年执行，确有立即执行必要的，可以考虑立即执行。"

第四，规定对年满 70 周岁的老年人和正在哺乳的母亲一律不适用死刑，将刑法第 49 条第 2 款的规定修改为："审判的时候已满七十周岁的人和正在给自己生产之未满一周岁婴儿哺乳的妇女，不适用死刑。"

第五，解决死刑缓期二年执行期间犯罪人故意犯罪和重大立功同时存在的法律适用问题，建议将现行刑法第 50 条第 1 款修改为："如果故意犯应判处五年有期徒刑以上刑罚之罪，查证属实的，由最高人民法院核准，执行死刑；如果故意犯罪，且确有重大立功表现的，二年期满以后，减为二十五年有期徒刑，但可以对该犯罪人限制减刑"。

2. 修法理由

第一，死刑适用关系到人的生命权利，不在刑法典中规定死刑的适用原则无法彰显人道主义的精神和刑法对人权的尊重。[①] 关于死刑适用的原则，一方面要考虑刑法的基本原则，另一方面要考虑刑法关于量刑的基本规定。据此，建议国家立法机关对死刑适用的政策和原则作出明确规定，以指导司法机关适用死刑的活动。

第二，现行刑法典关于死刑适用条件的规定存在模糊之处。现行刑法典将死刑适用的条件规定为"罪行极其严重"。该规定无法直接地确定死刑适用之时犯罪人主观罪过的性质和程度。基于主客观相统一原则，一般认为，对犯罪人是否适用死刑，需要从犯罪性质、犯罪后果、犯罪人的主观恶性等方面综合考虑。[②] 因而建议在死刑适用条件中进一步限制罪行的严重性并增加有关犯罪人主观恶性的内容。

第三，死刑缓期二年执行制度的创设使得原本没有可分割性的死刑，具备可选择性。实践表明，该制度有助于限制和减少死刑的适用，实现社会的文明和进步。但就现行刑法第 48 条的规定来看，死刑缓期二年执行的适用在法定条件上存在缺陷，使其适用范围受到不当的约束。从限制和减少死刑适用的立场出发，我国应当扩大死缓的适用。但这又依赖于放宽死刑缓期二年执行的适用条件，将死刑缓期二年执行优先地适用于各种符合死刑适用条件的案件，在确实存在必要、经过反复慎重考察的情况下，才能对犯罪人适用死刑立即执行。换言之，在不能废止死刑的情况下，可以考虑对所有的死刑犯尽量判处死刑缓期二年执行，取消"不是必须立即执行"这一条件限制，将死缓作为死刑最基本的、普遍的执行方式，然后才考虑是否适用死刑立即

---

① 参见沈德咏：《我国刑法应对死刑确立"限制适用"原则》，载《中国法学》1995 年第 5 期。
② 参见赵秉志著：《刑法典总则专论》，法律出版社 2004 年版，第 548 页。

执行。①

第四，老年人辨认和控制其行为的能力有所下降，对社会危害性相对较小，适用死刑难以达到刑罚目的；此类犯罪数量较小，往往事出有因，社会易于宽容。② 对其不适用死刑，符合当前社会条件下对老年人界定年龄的通常认识，也能充分地体现我国对老年人犯罪从宽处理的"恤刑"传统，并有助于贯彻当前宽严相济的基本刑事政策。与此同时，联合国经济与社会理事会《关于保护死刑犯权利的保障措施》第3条规定，对新生婴儿的母亲不得执行死刑。为弘扬人道主义精神，体现对婴幼儿和母亲的特殊保护，对哺乳期的母亲不适用死刑。而哺乳期的确定，可以参照国务院《女职工劳动保护规定》，自婴儿出生至其满一周岁，为生产该婴幼儿的产妇的哺乳期。

第五，现行刑法第50条就对被判处死刑缓期二年执行的犯罪人故意犯罪和重大立功该如何处理分别作了规定，但对犯罪人同时有重大立功和故意犯罪该如何处理的问题却没有予以明示，给司法实践造成了困惑。基于限制和减少适用死刑的考虑，我们认为，对此应该减轻犯罪人被判的死刑。当然，因为犯罪人有故意犯罪，根据罪责刑相适应的原则，可考虑在死刑减轻后限制减刑。

（三）刑罚制度的修改完善

1. 量刑制度的修改完善：设立罚金易科制度

（1）修法建议。

建议在我国刑法典总则中设立罚金易科制度，即建立罚金与管制、拘役、有期徒刑之间的折算关系，可以规定为刑法第69条第3款，具体可以表述为："罚金可以与管制、拘役、有期徒刑以日为单位进行折算。"

（2）修法理由。

第一，为了保证罚金刑的执行，进一步扩大罚金刑的适用。目前，罚金刑在我国已成为适用率非常高的刑罚，但罚金刑的执行率却非常低。罚金刑空判现象大量存在，这大大制约了罚金刑的适用，影响了刑罚的权威。设立罚金刑易科制，可以在很大程度上解决罚金刑执行难的问题，解除司法机关在适用罚金刑上担心难以执行的后顾之忧，为进一步扩大罚金刑的适用范围创造有利条件。

第二，设立罚金易科自由刑并不意味着所有罚金刑判决最终全部都会被易科为自由刑，最终易科的可能只是很少一部分，这与罚金刑的本来旨趣并不矛盾，不会造成大量监禁情形的出现。

第三，罚金易科自由刑并不违背法律面前人人平等的原则。穷富本难界定，法律关注的是人的行为，而非人的身份、地位以及经济状况。罚金刑易

---

① 参见卢建平：《死缓制度的刑事政策意义及其扩张》，载陈兴良、胡云腾主编：《中国刑法学年会文集（2004年度）第一卷：死刑问题研究（下册）》中国人民公安大学出版社2004年版，第721～727页。

② 参见高铭暄：《中国死刑的立法控制》，载赵秉志主编：《刑法评论》（第8卷），法律出版社2005年版，第5页。

科制度平等地适用于所有的人，至于受刑者因种种原因所感受到的痛苦的差异是任何刑罚任何时候都无法消除的正常现象，平等适用刑罚可能产生的不平等是社会公众可以接受和理解的，也并不是不正义的。

第四，从世界上罚金刑适用率较高的国家，如德国、瑞士、法国、芬兰、挪威、意大利、澳大利亚、新西兰等国家看，几乎都规定了罚金易科自由刑制度。从这些国家的实践情况看，易科制度是解决罚金刑执行难的很好的方法，值得我国借鉴。

2. 刑罚执行制度的修改完善

（1）修法建议。

《刑法修正案（八）》虽然对社区矫正作出了规定，但这些规定还很粗疏，无法为司法实务提供明确的规范，因而建议将"社区矫正"作为独立的一节规定在现行刑法典总则第四章第七节之后，作为第八节。具体而言，拟设定的"第八节　社区矫正"应包括如下内容：

"第××条　人民法院依法对符合社区矫正适用条件的被告人、罪犯依法作出判决、裁定或者决定。

第××条　对被判处管制、缓刑以及被适用假释的罪犯，应当予以社区矫正。

其他不予关押不致危害社会的罪犯，可以予以社区矫正。

第××条　社区矫正由国家司法行政机关负责执行。

第××条　除管制之外，正在社区矫正的罪犯不符合条件的，可撤销社区矫正。

第××条　社区矫正的执行，不妨碍人民法院所作的禁止令的执行。"

（2）修法理由。

第一，社区矫正具有开放性和节俭性，是对刑罚执行制度的重大完善。将符合社区矫正条件的罪犯置于社区内，由专门的国家机关在相关社会团体和民间组织以及社会志愿者的协助下，在判决、裁定或决定确定的期限内，矫正其犯罪心理和行为恶习，避免关押式的刑罚执行造成犯罪人的犯罪习性或者其他恶性的交叉感染，从而促使其早日顺利回归社会。而且，社区矫正制度的实施，减少了关押在监狱中的犯罪人的数量，能够减轻监狱的压力，极大地节约刑罚执行成本，尽可能地将有限的司法资源用在最需要的地方。

第二，中国在社区矫正方面积累了一定的经验，为建立完善的社区矫正制度奠定了基础。2003 年 7 月 10 日，最高人民法院、最高人民检察院、公安部、司法部更是联合发布了具有标志性意义的《关于开展社区矫正试点工作的通知》，该《通知》对社区矫正的概念、意义、范围、任务以及具体工作部署作出了详细的规定。《刑法修正案（八）》正式在刑法中增加规定了社区矫正。之后，最高人民法院、最高人民检察院、公安部、司法部于 2012 年 1 月 10 日发布了《社区矫正实施办法》。通过相当长的社区矫正的实践，可以考虑将社区矫正作为一种行刑制度系统地规定在刑法中。

第三，刑法将社区矫正作为一种刑罚执行制度，可就其主要内容作出规定，如适用主体、适用对象、执行主体、撤销、与禁止令的关系等，而具体的实施制度，则可由其他法律、规章或者司法解释来规定。

3. 刑罚消灭制度的完善

（1）修法建议。

第一，建议增设单位犯罪的追诉时效，具体可参考单位犯罪中直接负责的主管人员或者其他直接责任人员的刑罚来确定，初步考虑，可以在刑法第87条增加一款作为第2款，具体表述为："单位犯罪的，参照本条前款规定，经过直接负责的主管人员或者其他直接责任人员犯该罪的追诉期限的，对单位和直接负责的主管人员或者其他直接责任人员不再予以追诉。"

第二，建议激活我国宪法规定的赦免制度，将现行刑法典总则第四章第八节"时效"修改为"时效、赦免"，新增"第八十九条之一"，具体可表述为："国家可以在特殊情况下对死刑犯或者犯有特定犯罪的人予以赦免。"

（2）修法理由。

第一，我国现行刑法典中时效制度的一个明显缺陷是，刑法典中有关追诉时效制度的规定，是以自然人犯罪为基础设定的，只能适用于自然人犯罪，无法适用于单位。而对于单位犯罪，实行无限期的追诉，对单位也并不公平。而且，从立法现状来看，中国现行刑法典中单位犯罪所涉及的条款达百余条，涉及的罪名也有百余项，并且，单位犯罪的处罚方式是与自然人存在区别的，很多情况下不仅需要对单位判处罚金，同时还需要对单位直接负责的主管人员和其他直接责任人员判处其他刑罚。对单位犯罪不规定追诉时效，也无法解决对单位需要承担刑事责任之自然人的追诉时效问题。为此，需要对单位犯罪的追诉时效作出明确的规定，对此可依据单位犯罪中直接负责的主管人员和其他直接责任人员的法定刑来确定犯罪单位的追诉时效期限。

第二，古今中外都有赦免的实践。中国古代同样存在颇具特色的赦免制度。受中国传统儒家慎刑思想及阴阳五行学说的影响，中国历代帝王为祈求上天福佑，或遇到皇室喜丧大事、灾异病患、丰年祥瑞、祭祀典礼等特殊事件时，都会普施恩德、大赦天下。大陆法系的德国、法国、日本，英美法系的英国、美国都存在过形式多样的赦免制度。而且，赦免有助于节约国家司法资源，考虑特殊情况，维护社会公正。事实上，新中国在建立之初有赦免的实践，但一直没有大赦的实践。实践中，我国仅在1957年至1975年间针对战争罪犯、反革命罪犯和普通刑事犯实施过七次赦免，其后至今的30多年间再没有任何赦免的实践，目前中国整个法律体系中，除宪法第67条第17项和第80条第4项对特赦作出原则性规定外，刑法典中几乎没有赦免的具体内容。这在一定程度上不利于我国刑事法律制度的发展和完善。

第三，针对死刑犯或者犯有特定犯罪的人进行赦免，具有特殊的法律和社会意义。一方面，针对死刑犯的特赦可以为我国进一步控制死刑的适用提供制度支持，可保证特殊情况下不执行死刑；另一方面，针对犯有特定犯罪

（如早期的民营企业家所可能涉及的、有关企业管理方面的犯罪），可以根据社会发展的需要，对实施这部分犯罪的人进行特赦，以更好地维护社会稳定，促进社会经济发展。

四、刑法典分则的修改完善

刑法典分则是刑法典总则规定的具体贯彻和落实。科学、完善的刑法典分则规定是刑法目的实现的重要保证。结合当前我国刑事司法实践和国际刑法立法经验，当前我国刑法典分则存在的以下八个方面的问题亟待修改完善。

（一）恐怖活动犯罪的修改完善

1. 修法建议

建议增设"恐怖活动罪"，在刑法第 120 条之一后增加一条，作为第 120 条之二："行为人为了制造社会恐慌或者强制国家机关、国际组织实施或者不实施某种行为，实施或者威胁实施下列行为的，处五年以上十年以下有期徒刑，并处罚金；致人重伤、死亡或者使公私财产遭受重大损失的，处十年以上有期徒刑、无期徒刑或者死刑，并处罚金或者没收财产：

（一）故意杀人、故意伤害他人；

（二）绑架；

（三）放火、爆炸、决水；

（四）投放危险物质；

（五）劫持航空器、汽车、船只；

（六）投放虚假危险物质；

（七）编造、故意传播虚假恐怖信息；

（八）破坏交通工具、交通设施、电力设备、易燃易爆设备、广播电视设施、公用电信设施；

（九）非法侵入、破坏计算机信息系统；

（十）破坏、劫夺大陆架固定平台；

（十一）以其他危险方法危害公共安全的行为。"

2. 修法理由

第一，有利于贯彻国际反恐公约的要求。从 20 世纪 60 年代以来，联合国和其他国际组织已先后通过了 13 个国际反恐公约，规定了一系列国际恐怖主义犯罪，如 1963 年《关于在航空器内的犯罪和犯有某些其它行为的公约》、1980 年《核材料实物保护公约》、1988 年《制止危及大陆架固定平台安全非法行为议定书》、1997 年《制止恐怖主义爆炸事件的国际公约》、1999 年《制止向恐怖主义提供资助的国际公约》和 2005 年《制止核恐怖主义行为国际公约》等。迄今为止，我国已经批准或参加了上述绝大多数反恐国际公约。为贯彻罪刑法定原则并加强对恐怖主义的打击，我国对 13 部国际反恐公约中规定的国际犯罪，大多在国内刑法上有照应性规定。但是，从我国已缔结和加入的国际反恐条约来看，与国内刑法的合理对接还远远不够。例如，我国刑法缺乏对大陆架固定平台的保护，与《制止危及大陆架固定平台安全非法行为议定书》尚无较为适宜的对接条款,如遇此类犯罪,只能通过刑法中一些外延相当宽泛的包容性条款来惩治。所有这些缺陷,不仅不利于我国履行国际反恐义务和国际反恐合作,更有碍我国充分利用国际反恐法律有力打击恐怖活动犯罪。根据"条约必须信守"的国际法原则,我国刑法必须实现与国际反恐公约的接轨,将反恐公约的相关内容纳入我国刑法典之中,切实履行国际反恐义务。

第二,有利于应对恐怖活动的现实威胁。1997 年修订刑法典时,我国主要面临"东突"恐怖组织的现实威胁,国际反恐局势相对平缓。自"9·11"事件之后,我国面临的反恐局势继续发生变化,"东突"恐怖势力为了扩大影响,制造恐怖气氛,不惜采用自杀式袭击等极端残忍的手段,滥杀无辜。除去以往的爆炸、暗杀、纵火等手段之外,开始出现携带经过伪装、可致机毁人亡的破坏装置,企图颠覆航空器的新型犯罪手段;除去以往对各族平民发动恐怖袭击之外,开始以公安民警、武警官兵为主要侵害对象。此外,我国虽主要面临"东突"等民族分裂和宗教极端型恐怖主义的现实威胁,但也不排除孳生新型恐怖活动的可能性,一些个人可能采取恐怖袭击手段,以达到某种社会目的。刑法作为一部基本法,在整个国家法律体系中起着举足轻重的作用。我国现行刑法典主要着眼于对恐怖组织的防范,以及对《禁止资助恐怖主义国际公约》的回应,规定了组织、领导、参加恐怖组织罪和资助恐怖活动罪两项专门罪名,显然没有保持足够的前瞻性,难以对反恐怖斗争提供强有力的法律武器。如果在恐怖袭击发生之后再去被动地修订刑法,立法者缺乏充分时间进行研究和论证,不仅降低了立法的质量和可操作性,更导致公众对反恐刑法的认识不足,很难起到理想的社会效果。

第三,有利于突出反恐怖斗争的特殊性。我国现行刑法基本能够涵盖恐怖活动的各种现实表现,但是,恐怖活动犯罪具有普通犯罪所难以企及的特殊危害性。与普通的故意杀人、爆炸、放火等刑事犯罪相比,暴力恐怖活动在主客观方面均呈现出一定的特点:在主观上,犯罪人意图制造社会恐慌或要挟政府,以实现分裂国家之目的;在客观上,犯罪人采用极其残忍的手段,或精心选择犯罪时间、地点,力图扩大社会影响,传播恐怖气氛或要挟国家机关。例如,普通犯罪人在实施犯罪后,通常会采取消除证据等措施,以避免司法机关发现犯罪事实,逃避打击。就故意杀人案件而言,犯罪人通常会掩埋、藏匿尸体、分尸灭迹等,或者是销毁被害人的身份识别资料,令司法机关难以找到尸源。2001 年 2 月 3 日,我国新疆喀什地区梳附县发生一起暴力恐怖案件,犯罪人杀害一名内地来疆务工人员后,并没有将尸体拖至现场附近的鱼塘隐匿或深埋销毁,而是将尸体放至距离人行道路不远处,并将被害人所骑的自行车放置路边,意图就是令人发现。在被害人身上,可识别身份的现金、电话卡、电话号码本都完整存在。事实上,在案发现场附近就是一个建设兵团单位,属于汉族聚集居住的区域,犯罪人的目的就是为了扩大该杀人案件的影响,借助被害人的特定身份来制造社会恐怖气氛。

第四,有利于促进国际反恐合作的开展。当前,我国刑法的罪名设置未能体现打击恐怖活动的特殊性，既不利于开展国际反恐合作，也不利于使我国反恐怖斗争得到国际社会的认同。在世界范围内，为解决国际反恐合作与政治犯不引渡原则之间的矛盾，很多国家通过立法规定恐怖活动罪行不得视为政治犯罪。然而，由于我国刑法缺乏专门的反恐罪名，对犯罪人适用分裂国家罪、煽动分裂国家罪又具有鲜明的政治色彩，在实践中引发一系列问题，敌对势力往往借此污蔑我国的反恐怖斗争，或是将恐怖活动与民族、宗教、人权问题相混淆。如果我国刑法典中存在更完备的专门罪名，以涉嫌"恐怖活动罪"对犯罪嫌疑人进行通缉，就有利于对在逃恐怖分子的抓捕和引渡，有利于对国外移民机构发出明确警示，避免恐怖分子以政治迫害为由申请政治避难。

（二）交通安全犯罪的修改完善

1. 修法建议

建议增设危险驾驶的种类，并提升其法定刑，将刑法第 133 条之一修改为：

"有下列危险驾驶行为之一，危害公共安全，尚未造成严重后果的，处三年以下有期徒刑或者拘役，并处罚金：

（一）醉酒驾驶的；

（二）吸食毒品后驾驶的；

（三）追逐竞驶，情节严重的；

（四）超速驾驶，情节严重的；

（五）超载驾驶，情节严重的；

（六）逆向驾驶，情节严重的；

（七）其他危险驾驶，情节严重的。

危险驾驶致人重伤或者使公私财产遭受重大损失的，处三年以上十年以下有期徒刑，并处罚金。

危险驾驶致人死亡、致使公私财产遭受巨大损失或者具有其他特别恶劣情节的，处十年以上有期徒刑、无期徒刑或者死刑，并处罚金或者没收财产。

危险驾驶后逃逸的，从重处罚。"

2. 修法理由

第一，现有规定无法规制危险驾驶船只、火车、航空器等交通工具的行为。《刑法修正案（八）》规定的危险驾驶罪的对象仅限于机动车。其立法初衷考虑到了醉酒驾驶船只、航空器或者驾驶船只、航空器追逐竞驶的情况在现实生活中较少出现。但从加强立法的严谨性和科学性的角度看，应当将危险驾驶的对象由机动车扩大至包括机动车、船只、火车和航空器等在内的多种交通工具。毕竟，醉酒驾驶船只、火车、航空器等行为在实践中也时有发生；醉酒驾驶船只、航空器、火车等交通工具的行为的危害性不亚于醉酒驾驶机动车；将船只、航空器、火车等交通工具纳入危险驾驶的对象范围，也有利于进一步严密我国刑事法网。

第二，现有规定无法规制"毒驾"、超速驾驶等危险驾驶行为。除了醉酒驾驶、飙车之外，危险驾驶的行为还有很多，如吸毒后驾驶①、无证驾驶、驾驶不具备安全性能的交通工具、在高速公路或单行道上逆向行驶、单行道超速等。这些行为的危害性并不亚于醉酒驾驶和驾驶机动车追逐竞驶。虽然从当前社会上多发、频发的危险驾驶行为类型看，醉驾和驾驶机动车追逐竞驶无疑更为常见、更具代表性。但是，刑法立法既要考虑当前社会发展的现实状况，也要保持适度的超前性，应将吸毒后驾驶、高速公路或单行道逆向行驶、单行道严重超速等严重的危险驾驶行为纳入危险驾驶罪的行为类型之中。

第三，有利于更好地实现对危险驾驶犯罪惩治的罪责刑相适应。当前我国刑法对危险驾驶采取的是分类设置罪名的方式，即根据危险驾驶行为及其后果的不同，分别适用危险驾驶罪、交通肇事罪和以危险方法危害公共安全罪。但是，由于这些犯罪的界限并不是很清晰，特别是在危险驾驶过程中，如果发生了严重的危害结果，对其如何适用法律，是一个复杂的问题。② 而且从罪责刑相适应的角度看，有的危险驾驶肇事行为无论是以交通肇事罪、以危险方法危害公共安全罪或者危险驾驶罪进行处罚都难以实现罪责刑相适应。这与我国对危险驾驶及其肇事行为的分别定罪之立法模式相关。为了合理解决这一难题，我国应当将危险驾驶的危险犯、结果犯和结果加重犯的情形合并处理，设立一个同时包含危险犯、结果犯和结果加重犯情形的危险驾驶罪，同时对于危险驾驶后逃逸的行为，予以区别对待。

（三）伪劣商品犯罪的修改完善

1. 生产、销售伪劣产品罪的修改完善

（1）修法建议。

第一，建议将刑法第 140 条中的"销售金额五万元以上不满二十万元的，处二年以下有期徒刑或者拘役，并处或者单处销售金额百分之五十以上二倍以下罚金"修改为"数额较大的，处三年以下有期徒刑或者拘役，并处或者单处罚金"。

第二，建议将"销售金额二十万元以上不满五十万元的，处二年以上七年以下有期徒刑，并处销售金额百分之五十以上二倍以下罚金"和"销售金额五十万元以上不满二百万元的，处七年以上有期徒刑，并处销售金额百分之五十以上二倍以下罚金"修改为"数额巨大或者有其他严重情节的，处三年以上十年以下有期徒刑，并处罚金"。

第三，将"销售金额二百万元以上的，处十五年有期徒刑或者无期徒刑，并处销售金额百分之五十以上二倍以下罚金或者没收财产"修改为"数额特别巨大或者有其他特别严重情节的，处十年以上有期徒刑或者无期徒刑，并处罚金或者没收财产"。

综上，建议将修改后的刑法第 140 条表述为："生产者、销售者在产品中掺杂、掺假，以假充真，以次充好或者以不合格产品冒充合格产品，数额较大的，处三年以下有期徒刑或者拘役，并处或者单处罚金；数额巨大或者有

---

① 参见吴晓杰：《"毒驾"，不能承受之"轻"》，载《检察日报》2010 年 8 月 17 日，第 4 版。
② 参见李克杰：《情节恶劣与后果严重是两回事》，载《法制日报》2010 年 8 月 27 日，第 3 版。

其他严重情节的，处三年以上十年以下有期徒刑，并处罚金；数额特别巨大或者有其他特别严重情节的，处十年以上有期徒刑或者无期徒刑，并处罚金或者没收财产。"

（2）修法理由。

首先，关于采用"数额较大"、"数额巨大"、"数额特别巨大"情节取代具体的"销售金额"的理由：一是仅以"销售金额"为定罪量刑情节难以全面反映生产、销售伪劣产品罪的社会危害性及其大小；销售金额实践中相对难以查证；导致生产伪劣产品行为无法定罪。二是"数额较大"等情节包括非法经营数额、违法所得数额等多重情节，可以全面反映生产、销售伪劣产品罪的社会危害性及其大小；相对于销售金额，多种数额标准更容易查证（只查证具备数额标准之一即可定罪量刑）；可以妥当处理生产伪劣产品的定罪问题。三是以数额"较大"、"巨大"、"特别巨大"取代原来规定的具体数额标准，是考虑到具体的数额标准所代表的社会危害性会随着社会经济的发展而发生变化，以之作为定罪量刑依据处理不同时期的案件不具有科学性；而以数额"较大"等作为标准，则该标准可以随着社会经济发展的变化而变化（具体标准可以由司法解释予以确定和变更），从而以之作为处理不同时期的刑事案件的定罪量刑标准具有较大的适应性，因而较为科学。

其次，关于增设"其他严重情节"、"其他特别严重情节"的理由是：一是除了数额标准以外，行为人实施生产、销售伪劣产品的次数、规模、被行政处罚后再次实施该类行为等也可以反映行为人的主观恶性和社会危害性大小，应作为认定其是否构成犯罪和量刑轻重的参考因素，但考虑到刑法表述简约性的需要，上述情节可以用"其他严重情节"或者"其他特别严重情节"概括。二是刑法条文中有多处采用了该种"列举加概括"的表述方式，是比较成熟的立法技术。

再次，关于取消倍比罚金的理由是：由于定罪量刑情节中用"数额较大"等取代了销售金额，而"数额较大"则包括非法经营数额、违法所得数额等多种情节，使得倍比罚金制因缺乏合适的倍或者比的基数而无法适用。

最后，关于采用三个量刑档次并相应调整量刑幅度的理由是：一是刑法中经济犯罪的条文大多采用两个或者三个量刑档次，其中某一类犯罪的普通条款（一般法条）均采用了三档次的量刑幅度（如走私普通货物、物品罪）；二是四档次的量刑幅度过于烦琐，也增加了法条竞合情形下罪名适用的困难。

2. 食品安全犯罪的修改完善

（1）修法建议。

建议将刑法典第 143 条、第 144 条中规定的"生产、销售"修改为"生产经营"；同时增设拒不召回、拒不停止经营不符合安全标准的食品罪。

修改后的条文表述为："第一百四十三条 ［生产经营不符合食品安全标准的食品罪］ 生产经营不符合食品安全标准的食品，足以造成严重食物中毒事故或者其他严重食源性疾病的，处三年以下有期徒刑或者拘役，并处罚金；对人体健康造成严重危害或者有其他严重情节的，处三年以上七年以下有期徒刑，并处罚金；后果特别严重的，处七年以上有期徒刑或者无期徒刑，并处罚金或者没收财产。"

"第一百四十三条之一［拒不召回、拒不停止经营不符合安全标准的食品罪］ 违反国家食品召回制度，应当履行及时予以召回、停止经营不符合安全标准食品的义务而拒不履行，情节严重的，处三年以下有期徒刑或者拘役，并处或者单处罚金。"

"第一百四十四条［生产经营有毒、有害食品罪］ 在生产经营的食品中掺入有毒、有害的非食品原料的，或者生产经营明知掺有有毒、有害的非食品原料的食品的，处五年以下有期徒刑，并处罚金；对人体健康造成严重危害或者有其他严重情节的，处五年以上十年以下有期徒刑，并处罚金；致人死亡或者有其他特别严重情节的，依照本法第一百四十一条的规定处罚。"

（2）修法理由。

第一，将"生产、销售"修改为"生产经营"的理由：一是生产经营的范围比生产、销售的范围要宽，可以涵盖实践中经常出现的非法储藏不符合安全标准食品、有毒、有害食品的行为，非法运输不符合安全标准的食品、有毒、有害的食品等行为，这些行为也具有严重的社会危害性，需要纳入刑法惩治范围。二是与《食品安全法》的用语相一致。

第二，增设拒不召回、拒不停止经营不符合安全标准的食品罪的理由：一是我国《食品安全法》规定了不符合安全标准的食品的召回制度，但现实中该制度难以落实，原因之一是对于不履行食品召回制度的责任人缺乏严厉的制裁措施；二是主要发达国家刑法中都有制裁拒不召回不符合安全标准的食品罪的立法例，值得我国借鉴。

（四）侵犯知识产权犯罪的修改完善

1. 侵犯商标权犯罪的修改完善

（1）修法建议。

建议增设假冒注册商标罪的行为方式，即把"在同一种商品上使用与他人的注册商标近似的商标，在类似商品上使用与他人注册商标相同的商标，在类似商品上使用与他人注册商标近似的商标，情节严重"的行为予以"犯罪化"，给予刑法制裁。

修改后刑法第213条的条文表述为："未经注册商标所有人许可，在同一种商品或者类似商品上使用与其注册商标相同或者近似的商标，情节严重的，处三年以下有期徒刑或者拘役，并处或者单处罚金；情节特别严重的，处三年以上七年以下有期徒刑，并处罚金。"

（2）修法理由。

第一，根据现行刑法第213条规定，只有"在同一种商品上使用与他人的注册商标相同的商标"才构成假冒注册商标罪。但从实践中来看，完全"在同一种商品上使用与他人的注册商标相同的商标"的情形较为少见。实践中存在较多、危害性较大的侵权行为是"在同一种商品上使用与他人的注册商标近似的商标"、"在类似商品上使用与他人注册商标相同的商标"、"在类似商品上使用与他人注册商标近似的商标"的行为。这类行为按照罪刑法定原则，无法按照假冒注册商标罪定罪处罚。2004年最高人民法院、最高人民检察院《关于办理侵犯知识产权刑事案件具体应用法律若干问题的解释》对"相同商标"做了扩大解释，即包括"视觉上基本无差别，足以对公众产生误导"的商标，一定程度上扩大了"相同商标"的认定范围，但并未从根本上解决问题。

第二，外国立法例中，大多把"在同一种商品上使用与他人的注册商标近似的商标，在类似商品上使用与他人注册商标相同的商标，在类似商品上使用与他人注册商标近似的商标"行为规定为犯罪，值得我国参考借鉴。

2. 侵犯专利权犯罪的修改完善

（1）修法建议。

建议增设非法实施他人专利罪，即把未经专利权人许可，非法实施他人专利，情节严重的行为规定为犯罪，同时修改假冒专利罪的犯罪构成，使其涵盖冒充专利的行为。

修改后的条文表述为："第二百一十六条〔假冒专利罪〕　假冒专利，情节严重的，处三年以下有期徒刑或者拘役，并处或者单处罚金。"

"第二百一十六条之一〔非法实施他人专利罪〕　非法实施他人专利，情节严重的，处三年以下有期徒刑或者拘役，并处或者单处罚金。"

（2）修法理由。

第一，增设非法实施他人专利罪的理由：非法实施他人专利行为在现实生活中大量存在，而且对于专利制度以及专利权人和消费者的合法权益所造成的危害，并不必然逊于假冒专利行为，有的甚至有过之而无不及。但是，我国1997年刑法典仅规定了假冒专利罪一罪，而假冒专利罪并不包括非法实施他人专利的行为。因而，按照罪刑法定原则，无论情节多么恶劣，社会危害后果多么严重，对非法实施他人专利行为均不能予以刑事制裁，从而不利于维护专利制度的权威性和充分保护专利权人的合法权益。

第二，关于修改假冒专利罪的犯罪构成，使其涵盖冒充专利行为的理由：冒充专利的行为在实践中大量存在，对于专利制度和消费者的合法权益造成了严重危害。但是，由于我国假冒专利罪犯罪构成中规定的是"假冒他人专利"，即以假冒客观存在的他人专利为必要条件，从而对于行为人冒充并不存在的专利产品或者专利方法的行为无法予以制裁。至于完善的方式，考虑到现行刑法典规定的行为方式为"假冒"，而假冒本身就可以涵盖"冒充"的含义，因此，只需去除"假冒他人"中的"他人"一词，就可以使假冒专利罪既可以涵盖假冒他人专利的行为，也可以涵盖冒充专利的行为。

3. 侵犯著作权犯罪的修改完善

（1）修法建议。

建议取消刑法第217条、第218条中"以营利为目的"的主观要素，明文规定业务中使用盗版软件行为为侵犯著作权罪的行为方式，同时将刑法第217条的定罪量刑情节修改为"数额较大或者有其他严重情节的"、"数额巨大或者有其他特别严重情节的",将第218条的定罪量刑情节修改为"数额巨大或者有其他特别严重情节的"。

修改后的条文表述为:"第二百一十七条〔侵犯著作权罪〕　有下列侵犯著作权情形之一,数额较大或者有其他严重情节的,处三年以下有期徒刑或者拘役,并处或者单处罚金;数额巨大或者有其他特别严重情节的,处三年以上七年以下有期徒刑,并处罚金:

(一)未经著作权人许可,复制发行、通过信息网络传播其文字作品、音乐、电影、电视、录像作品、计算机软件及其他作品的;

(二)出版他人享有专有出版权的图书的;

(三)未经录音录像制作者许可,复制发行、通过信息网络向公众传播其制作的录音录像制品的;

(四)制作、出售假冒他人署名的美术作品的;

(五)业务中使用盗版软件的。"

"第二百一十八条〔销售侵权复制品罪〕　销售明知是本法第二百一十七条规定的侵权复制品,数额巨大或者有其他特别严重情节的,处三年以下有期徒刑或者拘役,并处或者单处罚金。"

(2)修法理由。

第一,取消刑法第217条、第218条中"以营利为目的"的主观要素的理由:一是取消"以营利为目的"是与我国刑法典规定的其他侵犯知识产权犯罪的规定相协调的需要;二是取消"以营利为目的"是适应现代科技的发展,加强对著作权的刑法保护的需要;三是取消"以营利为目的"是降低司法机关查处犯罪的证明难度,严密惩治侵犯著作权犯罪之刑事法网的需要。

第二,明文规定业务中使用盗版软件行为为侵犯著作权罪行为方式的主要理由是:在各种软件侵权行为中,业务中使用盗版软件行为是其中危害最大的一种行为,亟须给予刑事制裁,但由于刑法没有明文规定该行为,导致对该行为能否依据现有刑法规定追究刑事责任存在一些不同认识,不利于加强软件的著作权保护。

第三,取消"违法所得数额"作为明示的定罪量刑情节之一(刑法第217条)和唯一的定罪量刑情节(刑法第218条)的理由:"违法所得数额"的含义比较模糊,在学术界和司法实践中都存在着不同认识,以该数额作为明示的或者唯一的定罪量刑情节不利于打击侵犯著作权的犯罪行为;不能科学地表明著作权权利人所受到的实际损害,不利于惩治其他情节的严重侵犯著作权的行为;以"违法所得数额"作为刑法218条唯一的定罪量刑情节还造成了同种性质的或同类行为的侵犯知识产权犯罪的定罪量刑情节不协调。

第四,关于采用"数额较大或者有其他严重情节"、"数额巨大或者有其他特别严重情节的"作为刑法第217条规定的定罪情节、加重量刑情节,采用"数额巨大或者有其他特别严重情节的"作为刑法第218条的定罪量刑情节的理由是:侵犯著作权犯罪是经济犯罪,数额大小对于衡量行为人的社会危害性大小,进而决定是否构成犯罪以及量刑轻重都具有较为重要的参考价值，因而应在定罪量刑情节上明示"数额"这一标准；采用数额这一综合标准而不是仅采用"非法经营数额"、"销售数额"、"违法所得数额"等具体的标准，是考虑到立法应具有简约性；保留"有其他严重情节"（第 217 条）、增设"有其他特别严重情节"（第 218 条），是考虑到除了数额这一标准外，侵权行为次数、侵权行为规模等情节对于衡量侵犯著作权行为的社会危害性大小也具有一定的参考价值，立法为避免遗漏重要情节，有必要采用其他严重情节这一兜底条款。

4. 侵犯商业秘密罪罪状的完善

（1）修法建议。

建议取消第三人过失侵犯商业秘密罪的规定（即取消刑法第 219 条第 2 款中的"应知"），完善侵犯商业秘密罪的定罪量刑情节，将现有的"给商业秘密的权利人造成重大损失的"定罪情节和"造成特别严重后果的"加重量刑情节分别修改为"给商业秘密的权利人造成重大损失或者有其他严重情节的"和"造成特别严重后果或者有其他特别严重情节的"，同时增设"为境外窃取、刺探、收买或者非法提供商业秘密的，从重处罚"的规定。

修改后刑法第 219 条的条文表述为："有下列侵犯商业秘密行为之一，给商业秘密的权利人造成重大损失或者有其他严重情节的，处三年以下有期徒刑或者拘役，并处或者单处罚金；造成特别严重后果或者有其他特别严重情节的，处三年以上七年以下有期徒刑，并处罚金：

（一）以盗窃、利诱、胁迫或者其他不正当手段获取权利人的商业秘密的；

（二）披露、使用或者允许他人使用以前项手段获取的权利人的商业秘密的；

（三）违反约定或者违反权利人有关保守商业秘密的要求，披露、使用或者允许他人使用其所掌握的商业秘密的。

明知前款所列行为，获取、使用或者披露他人的商业秘密的，以侵犯商业秘密论。

为境外窃取、刺探、收买或者非法提供商业秘密的，从重处罚。

本条所称商业秘密，是指不为公众所知悉，能为权利人带来经济利益，具有实用性并经权利人采取保密措施的技术信息和经营信息。

本条所称权利人，是指商业秘密的所有人和经商业秘密所有人许可的商业秘密使用人。"

（2）修法理由。

第一，取消第三人过失侵犯商业秘密罪的理由是：刑法第 219 条第 2 款关于第三人过失侵犯商业秘密罪的规定与该条第 1 款关于直接侵犯商业秘密罪的规定相冲突；规定第三人过失侵犯商业秘密罪，不利于科技、信息的交流和传播，进而会妨碍科技进步和社会发展。

第二，将现有的"给商业秘密的权利人造成重大损失的"定罪情节和"造成特别严重后果的"加重量刑情节分别修改为"给商业秘密的权利人造成重大损失或者有其他严重情节的”和“造成特别严重后果或者有其他特别严重情节的”的理由是：尽管“重大损失”是影响侵犯商业秘密行为危害社会程度的重要情节，因而应当保留，但“重大损失”并不是唯一情节，除此之外，还有许多情节能够影响侵犯商业秘密行为危害社会的程度，如行为人实施侵犯商业秘密行为的次数、手段，行为人侵犯商业秘密的动机，侵犯的商业秘密的重要程度，等等。因而在保留“重大损失”作为侵犯商业秘密罪定罪情节的同时，增设“其他严重情节”作为该罪的定罪情节，对于严密惩治侵犯商业秘密罪的刑事法网，进而充分、切实保护商业秘密权利人的利益，维护社会主义市场经济秩序，具有非常重要的意义。将“造成特别严重后果的”修改为“造成特别严重后果或者有其他特别严重情节的”的理由同上。

第三，关于增设“为境外窃取、刺探、收买或者非法提供商业秘密的，从重处罚”的理由是：一是为境外窃取、刺探、收买或者非法提供商业秘密行为威胁到我国国家利益和经济安全，与为境内窃取、刺探、收买或者非法提供商业秘密行为相比，对我国的危害更大；二是对为境外窃取、刺探、收买或者非法提供商业秘密的行为从重处罚，也是不少国家刑法的通常做法，值得我们借鉴。

（五）妨害司法犯罪的修改完善

1. 刑法第306条的完善

（1）修法建议。

建议删除刑法第306条。

（2）修法理由。

第一，有利于弥补刑法立法技术和立法价值上的不足，节约司法资源。在立法技术上，就法条评价而言，刑法第306条第1款的规定所解决的刑事责任问题完全可以由第305条、第307条来完成，无须单独立法；而从犯罪主体、发生伪证行为诉讼程序的特殊性上来看，由于第306条第1款与第305条、第307条第1款的法定刑完全一致，因而并没有体现特别处罚的立法规则。基于此，删除刑法第306条之后并不会影响刑法对相关不法行为的司法惩治，反而可以弥补原有立法技术上的不足，节约司法资源。从立法价值上来看，本条款不仅使相关法条显得烦琐，而且也给司法适用带来了不必要的麻烦，客观上使律师执业陷入不利的境地，给律师在刑事诉讼中的执法活动带来了很大的心理压力，不利于律师开展正常的辩护工作。而删除这一规定，可以消除本条的立法缺陷，从而更合理地配置司法资源。

第二，有利于保障律师充分行使调查取证权、辩护权，实现诉讼目的。从近年来的司法实践来看，刑法第306条客观地造成律师在刑事诉讼中执业活动中的不利局面，甚至使刑事辩护被视为律师执业中最危险的工作，不但使从事刑事辩护的律师数量明显减少，而且对从事刑事辩护的律师来说，也不敢发表针锋相对的辩护意见，导致辩护质量不高，不能实现对被告人合法权益进行充分、有效的保护的目的。而删除刑法第306条，无疑可在一定程度上减少律师执业过程中的心理压力，降低其所面临的执业风险，促使其积极充分行使调查取证权和辩护权等法定权利，从而推动律师业的良性、健康和规范发展。

第三，有助于平衡控辩双方的诉讼地位，维护正常的控辩关系。刑法第306 条将律师伪证的刑事责任突显出来，对律师的形象造成了不利影响，同时也使律师在刑事诉讼中受到来自掌握着刑事强制措施决定权的公、检、法人员的过多约束，使其开展辩护工作畏首畏尾，进一步加剧了控辩双方的诉讼地位失衡。而删除刑法第306 条，有助于提高律师的地位和辩护的主动性，实现控辩双方地位的平等性，能在一定程度上对遏制职业报复、维护正常的控辩关系产生积极影响。

2. 诉讼欺诈犯罪的修改完善

（1）修法建议。

建议增设"诉讼欺诈罪"，在刑法第306 条之后增加一条，作为第307 条之二："为谋取不正当利益，采用虚构事实、隐瞒真相的方法提起民事诉讼的，处三年以下有期徒刑或者拘役，并处罚金；情节严重的，处三年以上十年以下有期徒刑，并处罚金。"

（2）修法理由。

第一，有利于增强惩治诉讼欺诈犯罪的针对性和全面性，提高犯罪预防效果。诉讼欺诈行为方式多种多样，但在现阶段，最高人民检察院法律政策研究室的答复意见①仅仅将行为限定在伪造证据方面，其外延远远小于诉讼欺诈客观存在的情形，而上述两种行为方式之外的其他诉讼欺诈行为，由于刑法并没有将其明确规定为犯罪，因此如果不符合刑法典分则其他罪名的犯罪构成，基于罪刑法定原则应认定为无罪，这必然造成司法实务中一部分诉讼欺诈行为得不到应有的惩治，导致犯罪治理的不均衡，影响犯罪预防。而将诉讼欺诈犯罪作为一个独立的罪名设置在刑法中之后，由于其具有完整的、独立的构成要件，因此，可以将司法实践中所有的通过虚构事实、隐瞒真相的方式欺骗法院获取非法利益的行为纳入犯罪圈，进一步严密法网，为司法机关及时、准确地打击犯罪，提高犯罪预防效果奠定基础。

第二，有助于全面评价诉讼欺诈的法益侵害性，充分保护司法机关和公民、法人的合法权益。从社会危害性来看，诉讼欺诈所侵犯的是双重客体，但是依据最高人民检察院法律政策研究室的答复意见，仅仅将诉讼欺诈主要定位于妨害司法罪中，并不能充分评价该行为对财产法益的侵害性。例如，以妨害作证罪追究行为人的刑事责任，则仅仅是处罚其扰乱司法秩序的行为，而不能表现出其对财产法益的侵害；如果以伪造公司、企业、事业单位、人民团体印章罪追究行为人的刑事责任，由于该罪侵犯的是公司、企业、事业

---

① 即2002 年10 月24 日最高人民检察院法律政策研究室所作的《关于通过伪造证据骗取法院民事裁判占有他人财物的行为如何适用法律问题的答复》，它具有两个特点：（1）明确诉讼诈骗犯罪所侵犯的主要客体是正常的司法秩序，而不是财产权等其他法益；（2）把诉讼诈骗的手段行为，即指使他人作伪证和以伪造公司、企业、事业单位、人民团体印章的方式伪造证据的行为作为刑事惩治的行为类型，对非法占有他人财产的行为性质不予评价即不认定为诈骗罪。

单位、人民团体的管理秩序，因此无法体现诉讼欺诈扰乱司法秩序和侵犯财产权的双重属性，进而造成犯罪惩治的针对性欠缺。如果增设独立的诉讼欺诈犯罪，并将其置于刑法典分则第六章第二节妨害司法罪之中，则在突出对司法机关正常管理秩序这一主要法益加强保护的同时，也兼顾了公民、法人等主体的财产等权益，也更好地体现了诉讼欺诈犯罪侵害法益的双重性。

（六）环境犯罪的修改完善

1. 增设新的环境犯罪

（1）修法建议。

建议我国刑法典中增设破坏草原罪、破坏湿地罪、虐待动物罪、破坏自然保护区罪、抗拒环保行政监督管理罪五个环境犯罪。其法条表述分别为：

［破坏草原罪］ 违反草原法的规定，非法开垦、采挖、开采草原，或者实施其他破坏草原的行为，足以造成草原被毁坏危险的，处三年以下有期徒刑或者拘役，并处或者单处罚金；造成草原被毁坏的，处三年以上五年以下有期徒刑，并处罚金。

［破坏湿地罪］ 违反国家规定，非法开垦、围垦和随意侵占湿地，或者实施其他破坏湿地的行为，造成严重后果的，处三年以下有期徒刑或者拘役，并处或者单处罚金；造成特别严重后果的，处三年以上五年以下有期徒刑，并处罚金。

［虐待动物罪］ 虐待动物，致动物永久性残疾或者死亡，或致被虐待动物疼痛或痛苦以致必须将其人道死亡以结束其痛苦的，处二年以下有期徒刑、拘役、管制或者罚金。

［破坏自然保护区罪］ 违反国家规定规定，在自然保护区非法从事砍伐、放牧、狩猎、捕捞、采药、开垦、烧荒、开矿、采石、挖沙等活动，或者实施其他破坏自然保护区的行为，造成严重后果的，处三年以下有期徒刑、拘役或者管制，并处或者单处罚金；造成特别严重后果的，处三年以上七年以下有期徒刑，并处罚金。

［抗拒环保行政监督管理罪］ 违反环境保护的监督管理规定，抗拒环境保护部门的环境监督管理，情节严重的，处三年以下有期徒刑、拘役、管制或者罚金。

同时规定，单位犯上述除虐待动物罪之外的四个犯罪的，对单位判处罚金，并对其直接负责的主管人员和其他直接责任人员，依照各罪对自然人规定的法定刑处罚。

（2）修法理由。

在刑法典中适当增设一些环境犯罪的新罪名，以完善环境犯罪罪名体系，严密环境犯罪刑事法网。通过对中外环境犯罪罪名设置情况的分析进行比较研究，依据科学的环境犯罪分类，运用系统论的方法，我们认为应该增设上述五个罪名。

2. 现有环境犯罪的修改完善

（1）非法处置进口的固体废物罪与擅自进口固体废物罪。

①修法建议。

建议将该两罪的对象由"固体废物"改为"废物"，非法收购、运输和出售境外固体废物的行为纳入非法处置进口的固体废物罪的行为范围，同时删除擅自进口固体废物行为构成犯罪的结果要求。

②修法理由。

第一，废物形态不仅为固体，还包括液态和气态的废物，而且刑法已对走私固体废物罪作出修改，废物形态扩及液态和气态废物的情况，应将该罪的犯罪对象扩大至各种废物形态，以使同为废物环境犯罪的对象一致。

第二，非法处置固体废物罪的客观行为规定过于狭窄，仅规定了倾倒、堆放、处置行为，而与之有一定牵连性的非法收购、运输和出售境外固体废物的行为却没有规定，应将该罪的客观行为扩及非法收购、运输和出售境外固体废物的行为。

第三，现行刑法典将非法处置固体废物罪规定为行为犯，而将擅自进口固体废物罪规定为结果犯，从而导致前后条文的矛盾与冲突的情况，应将擅自进口固体废物罪基本犯罪构成中的结果要件去掉，从而将该罪设定为行为犯。

（2）侵害植物资源类犯罪。

①修法建议。

建议将侵害植物资源类犯罪的对象由林木扩大至包括林下各植被层，将走私珍稀植物、珍稀植物制品犯罪行为的对象修改为国家重点保护植物、国家重点保护植物制品犯罪行为，同时将"非法采伐、毁坏国家重点保护植物罪"修改为"破坏野生植物罪"。

②修法理由。

第一，盗伐林木罪，滥伐林木罪，非法收购、运输盗伐、滥伐的林木罪等犯罪对象范围过窄，只包括林木，缺乏对林下各植被层的保护。应将上述各罪的犯罪对象扩大至林下各植被层，也即上述各类犯罪的犯罪对象包括了树木、灌木、藤本植物。

第二，将走私珍稀植物、珍稀植物制品犯罪行为的对象修改为国家重点保护植物、国家重点保护植物制品犯罪行为。这样以便与非法采伐、毁坏国家重点保护植物罪相协调。

第三，我国地域博大，蕴藏着丰富的植物资源，其中包括一些珍贵、濒危的野生植物物种，这些植物对于防沙固土、涵养水源和保持物种的多样性起着十分重要的作用。但是，对于植物物种资源的保护，我国刑法典只规定了非法采伐、毁坏珍贵树木罪，而珍贵树木只是植物资源的很小一部分。扩大该罪犯罪对象，将该罪修改为破坏野生植物罪，对保护我国所有的植物物种、保持水土及生态平衡至关重要。这样既不会导致刑法条文的无谓增多，又能全面保护野生植物资源、生态环境。①

（3）非法占用农用地罪。

①修法建议。

建议将该罪的犯罪对象扩大至荒地、滩涂、山沟等类型的土地，增加破坏土地行为入罪的类型，同时删除"数量较大"的规定。

②修法理由。

第一，现行刑法典中的非法占用农用地罪犯罪对象范围过窄，只包括非法占用农用地的犯罪行为，没有将破坏其他土地的行为纳入惩治范围，应将该罪的犯罪对象扩大至荒地、滩涂、山沟等其他类型的土地。

第二，现行刑法典中该罪的危害行为比较单一，仅包括"非法占用"这一行为，应将合法占用但滥用、损害土地质量，不合理地开垦、挖沙、采土、破坏植被而造成水土流失，导致土壤风蚀、沙化，引起水淹、水蚀或土地盐碱化、沼泽化等使当地人民群众失去生存的物质资源，严重影响当地人民群众生活或严重影响当地生产正常进行的行为包括进去。

第三，现行刑法典中该罪危害结果的立法表述不严谨，"数量较大"不是评价该罪危害程度的主要因素，因此应删除该罪"数量较大"的规定。

（七）贪污贿赂犯罪的修改完善

1. 修法建议

第一，建议扩大贿赂的范围，将贿赂犯罪的对象确定为"不正当利益"，以使收受或者给予财产性利益和非财产性利益的行为都能得到惩治。

第二，建议取消刑法第 383 条贪污罪、受贿罪定罪量刑中的具体数额标准，可考虑规定为"数额较大"、"数额巨大"、"数额特别巨大"的定罪量刑档次，并配置科学的法定刑。

第三，建议删除受贿犯罪以及行贿犯罪中的"为他人谋取利益"、"为谋取不正当利益"要件之规定。

2. 修法理由

第一，这是与我国已经加入的相关国际公约相协调的需要。我国已加入《联合国反腐败公约》，我国刑法对于贪污贿赂罪的规定与该公约相协调是我们承担条约义务的基本条件。对于与该公约不相一致的贪污贿赂罪的刑法规范，应结合实际情况予以修改完善。例如，该公约将贿赂犯罪的对象确定为"不正当好处"，以使收受或者给予财产性利益和非财产性利益的行为都能得到惩治。该公约对影响力交易行为之主体规定为"公职人员或者其他任何人员"，并没有规定为特殊主体；该公约还将利用影响力行贿规定为犯罪。我国刑法即需要在上述诸方面予以完善，以与公约相协调

第二，这是贪污贿赂犯罪立法科学化的需要。我国刑法规定的腐败犯罪，特别是贪污贿赂犯罪的构成要件，有些则是有关犯罪现象的描述，没有抓住犯罪行为的本质。例如，贿赂的犯罪对象应该不限于财物，非财产性利益也

---

① 参见蒋兰香著：《环境刑法典》，中国林业出版社 2003 年版，第 298 页。

应该作为贿赂犯罪的对象要件加以规定；受贿罪的"为他人谋取利益"要件属于不必要规定的要件，受贿罪的构成与该要件之间没有必然和必要的联系，受贿罪行为的本质并不在于为他人谋取利益，而是索取或者收受贿赂以作为其在执行公务时作为或者不作为的条件。

第三，这是贪污贿赂犯罪刑事处罚的合理、科学、均衡、文明、人道的需要。我国刑法中有关腐败犯罪的刑事处罚方面的规定以及司法实践中对腐败犯罪的处罚也存在不科学性，主要表现在：（1）数额犯模式不科学。随着经济和社会的发展，法定的固定数额模式在司法实践中已很难起到立法者所希望起到的作用。因此，刑法中明确规定腐败犯罪数额模式的妥当性大可质疑。（2）处罚不均衡。对腐败犯罪处罚不均衡问题突出表现在三个方面：一是对行贿犯罪的处罚问题。我国刑法中，行贿和受贿不仅不同罪不同罚，而且在待遇上也极其不对称：我国刑法第 390 条、第 392 条对行贿人、介绍贿赂人作了"特别优惠"的安排；实践中也常见受贿官员得到惩治，但对行贿人的处罚却不知所终。许多情况下这是检控机关为了获取证据而与行贿者所作的交易。但是，行贿人并不是天生的受害人。越来越多的案例表明，在市场经济条件下，行贿人多是自愿的"寻租者"，在一定意义上也往往是"加害人"。为从源头上遏制腐败，有效地预防腐败犯罪，在严惩受贿犯罪的同时，也不能轻纵行贿犯罪，不能对行贿一概作优惠安排。二是对于腐败犯罪的刑罚处罚总体上过于严厉，特别是目前对贪污贿赂犯罪还配置有死刑。三是司法实践中对腐败犯罪的量刑不均衡。我国刑法对腐败犯罪，特别是对贪污受贿犯罪，主要依据数额不同而设置了不同的法定刑档次，而随着经济、社会的发展，司法实践中所实际掌握的这些犯罪的起刑点数额大大提高，这就导致了新的处罚不均衡的问题。对贪污贿赂犯罪作前述三个方面的修改，有助于解决当前我国贪污贿赂犯罪立法上存在的不足。

（八）增设国际犯罪

1. 修法建议

建议在我国刑法典分则新增"危害人类和平与安全罪"专章中明确规定灭绝种族罪、危害人类罪、战争罪和侵略罪，其具体条文包括：

第××条〔灭绝种族罪〕以全部或局部消灭某一民族、族裔、种族或者宗教团体为目的，而实施下列任何一种行为的，处十年以上有期徒刑、无期徒刑或者死刑：

（一）杀害该团体的成员；

（二）在身体上或者精神上严重伤害该团体的成员；

（三）故意使该团体处于某种生活状况下，毁灭其全部或者局部的生命；

（四）强行阻止该团体的生育；

（五）将该团体的儿童强行转移到另一团体。

第××条〔危害人类罪〕在广泛或有系统地针对任何平民人口进行的攻击中，在明知的情况下作为攻击的一部分而实施下列任何一种行为的，处十年以上有期徒刑、无期徒刑或者死刑：

（一）杀害；

（二）灭绝；

（三）奴役；

（四）驱逐或者强行迁移人口；

（五）违反我国缔结或者参加的国际条约的基本规则，监禁或者以其他方式严重剥夺人身自由；

（六）酷刑；

（七）强奸、性奴役、强迫卖淫、强迫怀孕、强迫绝育或者其他形式的性暴力；

（八）基于政治、种族、民族、族裔、文化、宗教、性别，或者根据我国缔结或参加的国际条约不容的其他理由，对任何可以识别的团体或者群体进行迫害；

（九）强迫人员失踪；

（十）种族隔离；

（十一）故意造成重大痛苦等对人体或者身心造成严重伤害的不人道行为。

第××条［战争罪］在国际性武装冲突或者非国际性武装冲突中，严重违反中华人民共和国加入的日内瓦四公约及其议定书，对平民、战俘实施杀害、虐待、酷刑、非法驱逐、掠夺财物或者其他犯罪行为的，处三年以上十年以下有期徒刑；情节严重的，处十年以上有期徒刑、无期徒刑或者死刑：

第××条［侵略罪］能够有效控制或者指挥一个国家的政治或者军事行动的人策划、准备、发动或者实施下列任何一项侵略行为，侵犯另一国的主权、领土完整或者政治独立的，处十年以上有期徒刑、无期徒刑：

（一）一国的武装部队对另一国的领土实施入侵或者攻击，或者此种入侵或者攻击导致的任何军事占领，无论其如何短暂，或者使用武力对另一国的领土或者部分领土实施兼并；

（二）一国的武装部队对另一国的领土实施轰炸，或者一国使用任何武器对另一国的领土实施侵犯；

（三）一国的武装部队对另一国的港口或者海岸实施封锁；

（四）一国的武装部队对另一国的陆、海、空部队或者海军舰队和空军机群实施攻击；

（五）动用一国根据与另一国的协议在接受国领土上驻扎的武装部队，但违反该协议中规定的条件，或者在该协议终止后继续在该领土上驻扎；

（六）一国采取行动，允许另一国使用其置于该另一国处置之下的领土对第三国实施侵略行为；

（七）由一国或者以一国的名义派出武装团伙、武装集团、非正规军或者雇佣军对另一国实施武力行为，其严重程度相当于以上所列的行为，或者一国大规模介入这些行为。

2. 修法理由

　　第一，这是履行相关国际义务的需要。灭绝种族罪、危害人类罪、战争罪和侵略罪是国际刑事法院管辖的四种最为严重的国际犯罪。我国虽然还没有加入《国际刑事法院罗马规约》（简称《罗马规约》），但是对于《罗马规约》所规定的上述国际犯罪，根据其他我国已经加入了的国际公约，同样有惩治的国际义务。例如，根据日内瓦四公约及其两项附加议定书，我国有义务制裁战争罪、危害人类罪和侵略罪，根据《防止及惩治灭绝种族罪国际公约》（我国于 1983 年加入）我国有义务制裁灭绝种族罪。

　　第二，这有利于促进中国刑法的国际化。当前，在国内刑法中规定国际犯罪已经成为国际社会的发展趋势，很多国家的刑法典已经明文规定了国际犯罪。如法国刑法典规定了灭绝种族罪和危害人类罪；瑞士刑法典规定了侵略罪；澳大利亚刑法规定了灭绝种族罪、反人道罪、战争罪及国际刑事法院管辖的犯罪；加拿大在刑法中规定危害人类罪和战争罪；德国刑法设专节规定了侵略罪，还通过了《引进国际刑法的法律》，将《国际刑事法院规约》中规定的种族屠杀、针对人道的犯罪和战争犯罪直接引入刑法；芬兰刑法典设专章规定了战争罪和反人道罪；越南刑法典设专章规定了破坏和平罪和反人类罪；俄罗斯刑法典设专章规定了破坏人类和平与安全的犯罪，等等。我国有必要在借鉴其他国家的立法经验的基础上，增设灭绝种族罪、危害人类罪等国际犯罪，完善我国刑法典分则罪名体系，加大打击国际犯罪的力度，促进中国刑法的国际化发展。

　　第三，这有利于我国对国际犯罪的惩治与防范。随着科技的进步和国际社会经济、文化交流的频繁，国际犯罪也日益猖獗。现阶段，国际犯罪的发展呈现出了犯罪地的扩张、犯罪通道的增加、犯罪类型的增多和犯罪领域的扩展、犯罪手段的增加和反侦查能力的增强、社会危害的加剧等特点。[①] 作为世界上人口最多、面积较大的国家，我国同样也不可能完全置身事外。当前，我国固然不会主动发动战争，不会实行种族歧视政策，但是并不意味着我国任何人都不会实施这方面的犯罪，他国不会对我国或者我国人民实施上述犯罪，作为法律上的假设更不应当排除这类犯罪被实施的可能性。[②] 而在"法无明文规定不为罪"的今天，刑法规定的缺位意味着我们无法对于发生在我国境内的上述国际犯罪行为进行管辖。对于这些行为，虽然可以根据具体行为性质将其看作杀人罪、伤害罪、强奸罪、强迫卖淫罪、非法拘禁罪、绑架罪等予以规制，但是国际犯罪和国内犯罪的具体含义不完全相同，即使根据国内刑法对犯罪人定罪判刑也无法达到对犯罪人惩治和改造的目的。[③] 由此，增设灭绝种族罪等国际犯罪可以为我国根据国际刑法规范制裁其他国家或者个

---

　　① 参见张旭主编：《国际刑法——现状与展望》，清华大学出版社 2005 年版，第 59～63 页。
　　② 参见张智辉：《国际刑法通论》，中国政法大学出版社 1999 年版，第 429 页。
　　③ 如灭绝种族罪中的"杀害"行为虽然因为客观行为的相似而可以按照国内刑法典中的杀人罪进行处罚，但两者在犯罪对象、犯罪意图、犯罪的背景条件、法定刑的设置以及这些因素所体现的立法目的上都存在很大差异，即使按照杀人罪进行惩罚，所达到的也仅仅是杀人罪的立法目的，而不能达到国际刑法中对于灭绝种族罪的立法目的。

人对我国实施的这类犯罪，以及为我国根据本国法律对这类国际犯罪行使普遍管辖权提供国内法上的依据，从而有利于我国在政治上和法律上取得主动，在相关领域加强同其他各国进行有效的刑事司法合作，维护我国的主权和安全。① 同时这样也能表明我国切实履行自己应尽的国际义务的信念和决心，提高我国在国际事务中的声望和地位。②

第四，这可以排除国际刑事法院对我国公民或者在我国实施的国际犯罪实施管辖。我国虽然没有加入国际刑事法院，但由于国际刑事法院的特殊管辖机制，同样可能受到国际刑事法院管辖。根据《罗马规约》之规定，国际刑事法院管辖权的启动主体包括缔约国、安理会和国际刑事法院检察官。即使我国不是缔约国，也不能排除国际刑事法院对于我国就上述犯罪实施管辖权的可能性。但是，国际刑事法院实行的是补充性管辖权，只有在主权国家不能够或者不愿意行使管辖权的时候才能对相关案件进行管辖。由此，如果我国刑法明确规定了灭绝种族罪等国际犯罪，在我国公民实施，或者在我国国内发生了这些犯罪的时候，只要我国主动依据本国刑法进行管辖，就可以直接排除国际刑事法院的管辖权，从而维护我国司法主权。

五、结语

作为国家的基本法律之一，刑法的科学完善在很大程度上反映了一国法治的总体水平。而完善的刑法体系和结构、科学的刑法条文和规范以及严谨的刑法语言和逻辑是判断一国刑法成熟程度的重要方面。为此，我们希望本报告对我国刑法一般问题、刑法典总则和刑法典分则等重大问题的修改建言与研究，能够在一定程度上促进我国刑法立法的完善，进而为我国刑事法治建设水平的提高贡献绵薄之力。当然，任何立法的科学发展完善都是一个渐进的过程。我国刑法立法的发展完善也需要始终立足于本国实践，放眼未来，并积极借鉴国际社会的先进经验，不断完善和进步。

---

① 参见苏彩霞：《中国刑法国际化研究》，北京大学出版社 2006 年版，第 231～232 页。
② 参见贾宇：《国际刑法学》，中国政法大学出版社 2004 年版，第 199 页。

社会危害性之当代中国命运

赵秉志* 　陈志军**

目　次

一、前言

1979 年刑法典施行之前的 30 年里，我国社会主义建设虽然取得了巨大的成就，但在法治建设方面却乏善可陈。就刑事法治建设而言，刑法立法稀疏、作为定罪量刑依据的文件五花八门、司法肆意裁量空间巨大、刑法理论研究

＊ 北京师范大学刑事法律科学研究院暨法学院院长、教授、博士生导师，中国刑法学研究会会长，国际刑法学协会副主席暨中国分会主席。
＊＊ 中国人民公安大学法律系副教授、法学博士。

凋敝，给社会主义法治带来了毁灭性的灾难。1979 年刑法典施行以后，社会主义刑事法治建设重新起航。正所谓"前事不忘，后事之师"，对以往践踏法治的惨痛历史进行反思和总结，无疑是必要的。当今的中国刑法学界，某些学者认为源自于前苏联的社会危害性理论是新中国前 30 年未能确立刑事法治的重要原因之一。也有学者将 1979 年刑法典施行以后我国刑事法治建设过程中的一些不足归因于社会危害性理论的"阴魂不散"。因而这些学者对社会危害性理论持彻底批判的态度，甚至提出将"社会危害性"从我国刑法理论中彻底驱逐出去的主张。① 笔者认为，这种主张是值得商榷的，是从一个极端走向另外一个极端。从刑法学中彻底驱逐社会危害性理论，既不可行也不可能。科学的态度，是在刑法基本原则的指导下研究和运用社会危害性理论。

二、社会危害性是社会科学尤其是法学的基本概念

社会科学是以社会现象为研究对象的科学。它的任务是研究与阐述各种社会现象及其发展规律。包括刑法学在内的法学是社会科学的重要组成部分。社会科学以人的行为及其对社会的影响为基本的研究对象。社会有利性和社会危害性是社会科学需要考虑的核心问题，抛弃社会有利性和社会危害性的概念，必然导致社会科学失去其赖以存在的追求社会福祉的终极价值。英国哲学家、法学家边沁（Jeremy Bentham）认为，社会和个人一样受功利主义法则的支配。边沁将功利主义定义为这样一种原则，即"根据每一种行为本身是能够增加还是减少与其利益相关的当事人的幸福这样一种趋向，来决定赞成还是反对这种行为。"如果该当事人是一个特定的个人，那么功利原则就旨在增进他的幸福；如果该当事方是社会，那么功利原则便关注该社会的幸福。② 对社会而言，人的行为大体可以分为单纯对社会有利、单纯对社会有害和兼具利害三种。受功利法则支配的社会自然对之有不同的社会政策立场：单纯对社会有利的行为，予以鼓励；单纯对社会有害的行为，予以抗制；兼具利害的行为，则在利益衡量的基础上根据是利大于害还是害大于利而采取有别之立场。法学也以社会有利性和社会危害性为基本概念，法律也必然要以追求社会的福祉为终极价值。法律只能把具有社会危害性的行为规定为违法行为，只能把具有严重社会危害性的行为规定为犯罪，对紧急避险等兼具利害的行为则需要进行利益衡量决定其是违法还是合法。在制定和裁量对违法行为适用之制裁时，社会危害性的大小无疑是核心标尺。社会危害性是《治安管理处罚法》、《行政处罚法》、《侵权责任法》等行政、民事法律的基本概念，判断其社会危害性的大小是其立法、执法、司法的首要问题。难以想象，这些法律若抛弃社会危害性的概念后将如何施行。刑法学作为法学的

① 参见陈兴良：《社会危害性理论———个反思性检讨》，载《法学研究》2000 年第 1 期；陈兴良：《社会危害性理论：进一步的批判性清理》，载《中国法学》2006 年第 4 期；陈兴良：《刑法知识的去苏俄化》，载《政法论坛》2006 年第 5 期。
② 参见［英］杰米里·边沁著：《道德与立法原则导论》第 2 页，转引自［美］E. 博登海默著：《法理学——法哲学及其方法》，邓正来译，中国政法大学出版社 2004 年版，第 110 页。

重要分支学科，事关公民自由乃至生命权利的剥夺，相比于其他部门法学而言，不但不能抛弃社会危害性概念，还应当对社会危害性的有无和大小做更为细致精确的研究和判断，才能体现"慎刑"的观念。

三、社会危害性是刑法立法的圭臬

刑法立法是创制、修改、废止刑法规范的活动。刑法立法无疑是以社会危害性的有无和大小为圭臬的。我国刑法学界的通说认为，犯罪是指具有严重的社会危害性、刑事违法性和应受刑罚惩罚性的行为。[①] 有论者虽然质疑该通说作为司法概念的合理性，但仍然承认其作为立法概念的合理性。认为中国刑法理论的犯罪概念具有双重结构，由立法概念与司法概念组成。立法上的犯罪概念，是指具有严重的社会危害性、应当由刑法规定为犯罪、适用刑罚予以处罚的行为。司法上的犯罪概念，是指符合刑法规定的构成条件、应当适用刑罚予以处罚的行为。[②] 社会危害性在刑法立法中的具体作用体现在以下方面：

（一）社会危害性决定犯罪圈的大小

犯罪圈的设定虽然是立法者意志的反映，但犯罪圈的设定并不是随心所欲的，而是基于立法者对行为社会危害性的有无及大小所做出的选择。这是刑法谦抑性的体现。日本学者平野龙一认为，"即使行为侵害或威胁了他人的生活利益，也不是必须直接动用刑法。可能的话，采取其它社会统制手段才是理想的。可以说，只有其他社会统制手段不充分时，或者其它社会统制手段（如私刑）过于强烈，有代之以刑罚的必要时，才可以动用刑法。这叫刑法的补充性或谦抑性。"[③] 多数德国刑法学者认为，与法益概念相联系的行为的"社会危害性"是国家干预行为的界限。[④] 正是因为社会危害性在空间横向上的差异性和时间纵向上的易变性，导致不同国家犯罪圈的差异和同一国家犯罪圈的扩大或者缩小。

1. 不同国家犯罪圈的差异

顾名思义，社会危害性是指行为对特定社会的危害性质，即社会危害性是以特定的社会作为其考察背景的。相同的行为在不同的社会中，其危害性的大小乃至有无都可能存在差异。例如，我国刑法中以犯罪论处的逃汇、骗购外汇、非法经营行为，在国外很可能就是合法行为。又如，通奸行为在我国不构成犯罪，而在其他一些国家则纳入犯罪圈。

2. 同一国家犯罪圈的扩大或者缩小

社会危害性是一个历史发展范畴，社会危害性的发展变化既可以是质变，

---

① 参见高铭暄、马克昌主编：《刑法学》（第2版），北京大学出版社2005年版，第46页以下。

② 参见王世洲：《中国刑法理论中犯罪概念的双重结构与功能》，载《法学研究》1998年第5期。

③ ［日］平野龙一：《刑法总论Ⅰ》，有斐阁1972年版，第47页，转引自张明楷著：《刑法格言的展开》，法律出版社1999年版，第104页。

④ 参见［德］汉斯·海因里希·耶赛克、托马斯·魏根特著：《德国刑法教科书（总论）》，徐久生译，中国法制出版社2001年版，第34页。

也可以是量变。就质变而言，既可能是从没有社会危害性变成有社会危害性，也可能是从有社会危害性变成没有社会危害性。就量变而言，既可以是社会危害性由小变大，也可以是由大变小。正是社会危害性的这一特征，决定了一个国家的犯罪圈顺应时势予以扩大或者限缩。

（二）社会危害性决定法定刑的轻重

1. 法定刑的配置

法定刑的配置是立法工作的重要环节，法定刑配置的依据虽然不仅仅是社会危害性，还应当考虑人身危险性的大小，但毋庸置疑的是，在法定刑的配置中起核心作用的还是社会危害性，刑法分则绝大多数犯罪的法定刑幅度就是以社会危害性的大小作为升降依据的。

2. 法定刑的提高或者降低

由于社会危害性的发展变化，一个国家的立法需要对某一犯罪的法定刑设置进行调整，或者提高或者降低。《刑法修正案（七）》提高巨额财产来源不明罪的法定刑，以及《刑法修正案（八）》废止走私贵重金属罪等犯罪的死刑就是例证。

四、社会危害性是刑事司法不可或缺的标尺

对社会危害性在刑法立法中的作用，得到中国刑法学界较多的认同，但对其在刑事司法中的作用则备受质疑和批判。主张驱逐社会危害性理论的论者，主要也是对此忧心忡忡而力倡其观点。

（一）社会危害性与刑事违法性的关系

社会危害性和刑事违法性是一对既对立又统一的范畴，是一种表里关系。二者都是一种评价标准。只有社会危害性与刑事违法性两种评价标准互相配合、互相补充，刑事司法活动才能顺利进行和完成。刑事违法性作为评价标准主要发挥的是质的评价功能，尽管也有量化评价功能，但很有限。[1] 而社会危害性作为评价标准具有较强的量化评价功能。具体而言，在罪与非罪的区分中，需要将社会危害性与刑事违法性作为共同的评价标准；[2] 在此罪与彼罪的区分中，主要是以刑事违法性为评价标准；而在罪轻与罪重的区分中，主要以社会危害性为评价标准。[3] 罪刑法定主义之所以从绝对罪刑法定转变为相对罪刑法定，就意味着单纯采取刑事违法性标准是不切实际的理想主义做法，

---

[1]　即在具有派生犯罪构成的犯罪中，基本的犯罪构成和派生的犯罪构成就是刑事违法性标准，判断行为符合其中哪一种犯罪构成，就体现了量化评价功能。但在我国的立法中，刑事违法性的此种量化评价功能很有限，例如对以"情节严重"和"情节特别严重"作为基本构成和加重构成区分界限的犯罪而言，在某种意义上说，社会危害性标准的作用甚至还要大于刑事违法性标准。

[2]　对在分则条文中直接规定了"情节严重"、"造成严重后果"之类的定量构成要素的犯罪而言，其罪与非罪的区分自然离不开社会危害性标准；此外，刑法第13条的但书"情节显著轻微、危害不大的，不认为是犯罪"对分则所有犯罪（即使行为犯、危险犯也不例外）的罪与非罪的区分都具有制约意义，该"但书"的适用离不开社会危害性标准。

[3]　参见赵秉志、陈志军：《社会危害性与刑事违法性的矛盾及其解决》，载《法学研究》2003年第6期。

相对罪刑法定不再简单地排斥社会危害性标准在刑法中的作用。如果将社会危害性理论驱逐出刑法，刑事违法性势必成为无源之水、无本之木。如此，皮之不存，毛将焉附？

（二）社会危害性能否从刑事司法中驱逐

1. 我国严格区分犯罪与一般违法界限的立法模式决定刑事司法必须使用社会危害性标准来区分罪与非罪的界限

考察我国刑法与德日刑法的立法可以发现，德日刑法上的犯罪的外延要比我国宽泛。其将类似于我国的一般违法行为的违警罪也纳入犯罪概念中（有的规定在刑法典中，有的规定在行政刑法中），[①] 而我国严格区分犯罪与一般违法行为的界限。因而德日刑法往往无须对不法行为的危害程度进行严格的定量分析，而我国则必须进行严格的定量分析，否则将无法区分罪与非罪的界限。查阅《治安管理处罚法》、《枪支管理法》等法律就可以发现，许多在刑法上规定为犯罪的行为类型（甚至在刑法规定中属于行为犯或危险犯的行为类型），在这些非刑事法律中也有规定，同样对之规定了相应的行政处罚。例如，刑法第 297 条第 1 款规定："冒充国家机关工作人员招摇撞骗的，处三年以下有期徒刑、拘役、管制或者剥夺政治权利；情节严重的，处三年以上十年以下有期徒刑。"《治安管理处罚法》第 51 条规定："冒充国家机关工作人员或者以其他虚假身份招摇撞骗的，处五日以上十日以下拘留，可以并处五百元以下罚款；情节较轻的，处五日以下拘留或者五百元以下罚款。"[②] 这就意味着社会危害性大小的判断对这些行为罪与非罪的区分具有决定性意义。试想，如果将社会危害性概念驱逐出刑法，这种界限将如何区分？可以说，只要中国坚持严格区分犯罪与一般违法行为的立法模式，刑事司法就须臾离不开社会危害性理论。在将违警罪非犯罪化的国际潮流面前，中国不可能也没有必要将《治安管理处罚法》等法律规定的行政违法行为予以犯罪化。因为《刑法修正案（八）》将新增设立的危险驾驶罪的罪状规定为"在道路上驾驶机动车追逐竞驶，情节恶劣"或者"在道路上醉酒驾驶机动车"，可见危险驾驶罪的客观方面包括"在道路上驾驶机动车追逐竞驶"（俗称"飙车"）和"在道路上醉酒驾驶机动车"（俗称"醉驾"）两种具体行为，立法者对飙车行为规定了"情节恶劣"这一限定条件，而对"醉驾"则没有此种明确限定。因此引发了中国刑法学界和司法实务界对危险驾驶罪是否受刑法第 13 条但书制约（即"醉驾"能否一律入罪）的激烈争议。笔者认为，刑法分则第 133 条之一对"醉驾"入罪没有设置情节限定之立法规定，并不能排除刑法总则第 13 条的运用。假设"醉驾"和飙车行为有三种情节：其一，情节显著轻微危害不大的，刑法总则第 13 条把"醉驾"和飙车都排除了入罪；

---

① 　当然，在违警罪纳入犯罪圈的立法模式下，其刑罚的下限就要比我国低，这样才能做到罪刑相称。例如日本的有期自由刑包括有期惩役、有期监禁和拘留，前两者的下限为 1 个月，拘留的下限仅为 1 日。

② 　参见杨忠民、陈志军：《刑法第 13 条"但书"的出罪功能及司法适用研究》，载《中国人民公安大学学报》（社会科学版）2008 年第 5 期。

其二，情节一般的，对飙车不构成犯罪，对"醉驾"构成犯罪；其三，情节恶劣的，飙车构成犯罪，"醉驾"更构成犯罪了，这样解释大家都容易理解，既符合刑法总则第 13 条的规定，也符合危险驾驶罪法条的规定。① 这也是刑事司法不能排除社会危害性标准的有力例证。

2. 社会危害性与刑事法官的自由裁量权

刑事古典学派的鼻祖贝卡里亚对刑事法官的自由裁量权进行了较大篇幅的否定性论述。他写道："刑事法官根本没有解释刑事法律的权利，因为他不是立法者。""'法律的精神需要探询'，再没有比这更危险的公理了，采纳这一公理，等于放弃了堤坝，让位于汹涌的歧见"。"每个人都有自己的观点，在不同的时间里，会从不同的角度看待事物。因而，法律的精神可能会取决于一个法官的逻辑推理是否良好，对法律的领会如何；取决于他感情的冲动；取决于被告人的软弱程度；取决于法官与被害者间的关系；取决于一切足以使事物的面目在人们波动的心中改变的、细微的因素。所以，我们可以看到，公民的命运经常因为法庭的更换而变化。不幸者的生活和自由成了荒谬推理的牺牲品，或者成了某个法官情绪冲动的牺牲品。因为法官把从自己头脑中一系列混杂概念中得出的谬误结论奉为合法的解释。我们还可以看到，相同的罪行在同一法庭上，由于时间不同而受到不同的惩罚。原因是人们得到的不是持久稳定的而是飘忽不定的法律解释"。"严格遵守刑法文字所遇到的麻烦，不能与解释法律所造成的混乱相提并论。这种暂时的麻烦促使立法者对引起疑惑的词句作必要的修改，力求准确，并且阻止人们进行致命的自由解释，而这正是擅断和徇私的源泉。当一部法典业已厘定，就应逐字遵守，法官唯一的使命就是判定公民的行为是否符合成文法律"。② 贝氏这种绝对地否定刑事法官的自由裁量权的主张，因为其机械性、不合时宜性而早已被现代刑法理论和实践所抛弃，肯定刑事法官的自由裁量权成为现今世界各国和地区刑法所普遍奉行的主张。当然，自由裁量权必须在刑法立法所设定、预留的范围内行使，以立法所设定的范围为限，不得突破立法的边界。这样，既维护了立法的权威，也为司法人员结合复杂多变的具体司法实务进行自由裁量留下必要的余地。在定罪和量刑中，法官都必须享有一定的自由裁量权。就量刑而言，以美国为例，即使其制定了《量刑指南》，相对于中国而言，确实极大地压缩了法官在量刑上的自由裁量权，但也并不能说美国的刑事法官在量刑时已经没有任何自由裁量权。因为，除非像 1791 年《法国刑法典》那样采取绝对确定的法定刑，否则法官在量刑上或多或少都享有一定的自由裁量权。1810 年《法国刑法典》放弃绝对确定法定刑之立法模式，改采相对确定法定刑就是试图"彻底消灭刑事法官自由裁量权"以失败告终的历史经验教训。在刑事司法中，对行为社会危害性大小作具体的判断，作为是否构成

---

① 参见赵秉志：《醉驾"似罪非罪"应是极特殊情况》，载 2011 年 5 月 18 日《新京报》A09版。

② ［意］贝卡里亚著：《论犯罪与刑罚》，黄风译，中国大百科全书出版社 1993 年版，第 12 页以下。

犯罪以及量刑轻重的依据，就是自由裁量权的体现。有学者担心实质犯罪概念或者混合犯罪概念中的社会危害性标准会成为随意陷人入罪的根据。司法人员完全不考虑具体犯罪的犯罪构成要件而以社会危害性重大为由直接根据犯罪概念给人入罪，在 1979 年刑法典出台之前确实可能会发生，但在当今中国刑事法治条件下，就是杞人忧天了。质言之，社会危害性标准所蕴含的司法人员自由裁量权是立法预留的，不是恣意行使的，司法工作人员行使该种自由裁量权是"戴着罪刑法定主义的枷锁跳舞"。

五、社会危害性是中外刑法共有的理论

通过对中外刑法理论的考察，笔者认为，社会危害性理论是中外刑法共有的理论。社会危害性也是外国刑法学说包括德日刑法学说中的重要理论，只不过所使用的概念、名词在形式上有所差异而已。

（一）法益侵害性和社会危害性乃本质相同之概念

1. 法益侵害性和社会危害性是基于不同的价值观立场对犯罪本质的描述

在德日刑法理论中，确实较少使用社会危害性的概念，使用最为频繁的是法益侵害的概念。主张将社会危害性驱逐出刑法学领域的有些学者建议引入法益及法益侵害的概念以替代社会危害性理论。[①] 笔者认为，法益侵害性和社会危害性在本质上是相同的概念，只是从不同的角度归纳犯罪的特征而已，二者并没有实质区别。法益侵害说是由德国学者伯恩鲍姆（J. M. F. Birnbaum）提出来的，认为犯罪是对作为权利对象的、国家所保护的利益造成侵害或者招来危险（威胁）。[②] 东西方在主流的价值观上一直存在社会本位或者个人本位的差异。法益侵害性和社会危害性就是站在不同的价值观立场上对犯罪这一现象的本质特征所作的描述。社会危害性理论基于社会本位的立场，从犯罪人的个人行为与社会秩序整体之间的关系上来理解犯罪的本质，认为犯罪是"孤立的个人反对统治关系的斗争"[③]，或者"蔑视社会秩序的最明显最极端的表现就是犯罪。"[④] 质言之，社会危害性理论基于社会本位认为社会危害性是犯罪的本质特征。法益侵害性理论（包括权利侵害性理论）则基于个人本位的立场，从被害人个人权益受到侵害或者侵害危险的角度来理解犯罪的本质。

2. 社会危害性和法益侵害性在法理学上存在整体与部分的关系

社会危害性把犯罪理解为对社会关系的破坏，而法益侵害说把犯罪理解为对法律所保护的利益的侵害。中国刑法学上把犯罪客体定义为"我国刑法所保护的、为犯罪所侵害的社会关系"。[⑤] 法律关系是法律在调整人们行为的过程中形成的权利、义务关系。法律关系是社会关系的一种特殊形态。可见，

① 参见陈兴良：《社会危害性理论———一个反思性检讨》，载《法学研究》2000 年第 1 期。
② 参见马克昌主编：《犯罪通论》，武汉大学出版社 1999 年版，第 3 页。
③ 参见《马克思恩格斯全集》第 3 卷，人民出版社 1960 年版，第 379 页。
④ 参见《马克思恩格斯全集》第 2 卷，人民出版社 1957 年版，第 416 页。
⑤ 参见高铭暄、马克昌主编：《刑法学》（第 2 版），北京大学出版社 2005 年版，第 55 页。

中国刑法理论的通说实际上认为，犯罪侵害的是法律关系。在此有必要分析法理学上的法律关系和法益的关系。法律关系包括法律关系的主体、法律关系的客体、法律关系的内容（权利和义务）三大要素。法律关系的主体是指法律关系的参加者，即在法律关系中享有权利或承担义务的人。法律关系的客体是指权利和义务所指向的对象，又称权利客体、义务客体或权利客体。法律关系客体主要包括物、行为、智力成果和人身利益。法律关系的内容，是指法律关系主体间在一定条件下依照法律或约定所享有的权利和承担的义务。从本质上看，权利是指法律保护的某种利益；从行为方式的角度看，它表现为要求权利相对人可以怎样行为，必须怎样行为或不得怎样行为。义务是指人们必须履行的某种责任，它表现为必须怎样行为和不得怎样行为两种方式。① 可见，在法律关系中，法益（法律所保护的某种利益）是法律关系的内容之一，是法律关系的组成部分。社会危害性理论是从法律关系的整体（主体、客体、内容）来认识犯罪的本质的，考虑的是犯罪对整个社会关系（法律关系）的危害；而法益侵害理论则是单纯从法律关系的具体组成要素之一（法益）来认识犯罪的本质的，考虑的是犯罪对法律关系内容的影响。弄清楚法律关系和法益两个概念在法理学上的这种渊源关系后，我们就不难发现，社会危害性和法益侵害性两种理论同根同源，法益侵害性实际上就是社会危害性。换言之，将中国刑法上的犯罪客体定义为"我国刑法所保护的、为犯罪所侵害的法益"并无不妥，与通说的表述并无本质区别。我国刑法学对很多具体犯罪客体的表述实际上早已经普遍地使用法益概念来表述。例如，通行观点认为故意杀人罪的客体是他人的生命权、故意伤害罪的客体是他人的身体健康权、盗窃罪的犯罪客体是公私财产所有权、破坏选举罪的客体是选举权和被选举权。在法律领域，社会危害性就是法益侵害性，一个行为只有具有法益侵害性，才可能具有社会危害性，刑法也只处罚具有法益侵害性的行为。

3. 法益侵害性并不比社会危害性概念优越

第一，规范性实际很弱。有学者批判社会危害性不具有规范性，而法益侵害性却具有规范色彩，因而比社会危害性优越。② 法益即所谓"法律所保护的利益"，虽然其中因为有"法律"一词，其实其规范色彩很弱。这里的法律其实是指笼统的"法秩序"，③ 其内涵和外延其实非常模糊。第二，中国刑法也只处罚侵害法益的行为。德日刑法理论的通说将法益分为个人法益、社会法益和国家法益三种。④ 这与中国刑法立法的状况完全一致，中国刑法也只处罚侵害个人法益、社会法益和国家法益的行为。第三，法益侵害性也是一种定性和定量相结合的分析方法。刑法以外的其他法律也在以某种形式保护法益，只有当其他法律不能充分保护法益时，才能由刑法进行保护。这就意味

① 参见张文显主编：《法理学》（第3版），法律出版社2007年版，第161页以下、第186页。
② 参见陈兴良：《社会危害性理论——一个反思性检讨》，载《法学研究》2000年第1期。
③ 参见马克昌著：《比较刑法原理》，武汉大学出版社2002年版，第91页。
④ 参见马克昌著：《比较刑法原理》，武汉大学出版社2002年版，第162页。

着法益侵害性既有定性的一面，也有定量的一面。否则无法区分刑法与其他法律的界限。这与社会危害性的分析方法完全一样。如前所述，在法律领域，社会危害性就是法益侵害性。

（二）必须以社会危害性来界定行为概念

1. 德日刑法上的行为概念

德日刑法理论上存在因果行为论、社会行为论、目的行为论和人格行为论四大行为理论。因果行为论、目的行为论和人格行为论三大行为理论一直没能成为通说，而社会行为论因为较好地说明了不作为犯和过失行为的行为性质，在德日获得较为普遍的支持。社会行为论的基本含义，是认为刑法是一种社会统治手段，故具有社会意义的人的身体动静才是刑法上的行为。其中有力的一种观点认为，行为的社会意义就是对刑法所保护的法益的侵害。[①]由此可见，社会行为论是以法益危害性（社会危害性）来界定刑法上的行为的。

2. 中国刑法上的行为概念

中国刑法理论是在犯罪客观方面之下的危害行为中界定刑法中的行为概念的。我国刑法中的（危害）行为，是指在人的意志或者意识支配下实施的危害社会的身体动静。[②]可见，我国刑法学界将有体性、有意性和社会危害性视为刑法上之行为的三大特征。如果抛弃社会危害性的概念，势必无法界定刑法上的行为概念。

（三）社会危害性是违法性理论（正当行为理论）[③]中的重要问题

1. 对社会利大于害是一些正当行为的正当化根据

法益衡量说是关于违法性阻却事由本质的一种有力学说。认为如果符合构成要件的法益侵害行为是为了救济更高价值的法益，则这种法益侵害行为就是正当的。[④]例如，紧急避险行为之所以得以正当化，就是基于牺牲较小法益保全较大法益的原理。从本质上讲，损害无辜第三人法益的行为是具有法益侵害性（社会危害性）的，但基于法益衡量的规则，相对于较大法益可能遭受损害的社会危害性而言，两害相权取其轻。义务冲突也具有类似性。因此，我国也有论者将正当行为称为排除社会危害性的行为。

2. 法益衡量以社会危害性的判断作为基准

法益衡量也称为法益权衡，是正当行为理论的适用过程中经常要涉及的问题。法益价值的衡量，不应当根据行为人的价值观进行判断，而应当根据社会的一般价值观念，进行客观的、合理的判断。[⑤]可见，法益衡量是站在社会整体的立场上，考虑一个行为对社会是利大于害还是害大于利，在此基础

---

① 参见张明楷著：《外国刑法纲要》，清华大学出版社 1999 年版，第 64 页。
② 参见高铭暄、马克昌主编：《刑法学》（第 2 版），北京大学出版社 2005 年版，第 55 页。
③ 在德日刑法理论中，违法性理论的主体部分就是正当行为理论。中国刑法理论对应的部分称之为正当行为或者排除社会危害性的行为或者排除犯罪性的行为。
④ 参见张明楷著：《外国刑法纲要》，清华大学出版社 1999 年版，第 149 页。
⑤ 参见张明楷著：《外国刑法纲要》，清华大学出版社 1999 年版，第 172 页以下。

上决定刑法的立场。刑法对待紧急避险和避险过当之截然相反的态度就是社会危害性理论发挥指导作用的明证。

3. 可罚的违法性理论以社会危害性为基础

基于刑法谦抑立场所提出的可罚的违法性理论，是指违法性系根据是否有值得适用刑罚的程度的违法性而决定的理论，或者说是指以不存在可罚的违法性为根据否定犯罪成立的理论。日本刑法学者佐伯千仞认为，某种行为即使符合构成要件，但因为该刑罚法规是预定一定程度的违法性，在被害法益轻微没有达到其程度的场合以及被害法益的性质不适于由刑法干涉的场合，作为没有达到犯罪类型所预定的可罚性的程度的情况，应当认为阻却违法性。① 由此可见，可罚的违法性理论认为违法性的判断既包括质的判断（违法性的有无），也包括量的判断（违法性的大小）。德日刑法所谓的对违法性之量的判断与中国刑法中的社会危害性大小判断实际上完全是一回事。德日刑法中的可罚的违法性理论表明，犯罪的认定必然是一个定性分析和定量分析相结合的过程，单纯的定性分析或单纯的定量分析都无法单独地完成任务。德日刑法的犯罪构成模式并非单纯的定性模式，而是和中国一样，都是"定性＋定量"模式，只不过"定性"和"定量"的方式不尽相同。有学者认为，德日刑法是"立法定性＋司法定量"模式，而中国则是"立法定性＋立法定量"模式。② 笔者认为，该种观点对中国模式的概括不尽准确，中国是"立法定性＋立法/司法定量"模式。在立法中规定"数额较大"、"情节严重"、"后果严重"等构成要件无疑是立法定量的表现，但立法并未完全排除司法定量的余地：一是对分则各罪都有制约意义的刑法第13条的但书，就是立法预留的极大的司法定量空间，是中国贯彻刑法谦抑主义的重要途径。二是刑法分则中"情节严重"之类的模糊规定，从表面上来看是立法定量，实际上是彻底的司法定量。可见，无论是外国的"立法定性＋司法定量"模式，还是中国的"立法定性＋立法/司法定量"模式，都离不开定量分析，定量分析所要解决的问题就是判断社会危害性大小。

（四）社会危害性与责任论或者犯罪主观方面理论密切相关

中国刑法立法将对行为的社会危害性认识或者认识可能性作为犯罪故意和犯罪过失的构成要素（刑法第14条、15条）。在中国刑法理论上，对违法性认识以及社会危害性认识是否为犯罪故意的认识内容存在争论，即社会危害性认识是犯罪主观方面的研究对象之一。德日刑法理论上也对违法性认识是否属于故意的内容存在争议，在责任论中研究违法性认识。在主张将违法性认识作为故意成立要素的学者中，通说是将违法性认识理解为"实质的违法性的认识"，此外也有学者将其理解为"对违反可罚的刑法的认识"。③ 对于违法性，德日刑法上存在形式的违法性和实质的违法性的对立。实质的违

---

① 参见马克昌著：《比较刑法原理》，武汉大学出版社2002年版，第319页。

② 参见储槐植、汪永乐：《再论我国刑法中犯罪概念的定量因素》，载《法学研究》2000年第2期。

③ 参见马克昌著：《比较刑法原理》，武汉大学出版社2002年版，第486页以下。

法性是指违反法秩序或者违反法规范。对于实质的违法性，日本有很多学者认为，违法性的实质是对法益的侵害或者危害。[①] 对奉行实质违法性论的学者而言，违法性认识就是法益侵害性认识；如果认为违法性认识是"对违反可罚的刑法的认识"，则不但需要对法益侵害性的有无有认识，还需要对法益侵害性的程度有认识。抛开中外刑法学界各自的理论争议不谈，社会危害性认识无疑是各自相关理论的研究对象之一。

（五）相对报应刑论以行为的社会危害性作为实现报应的尺度

在刑罚理论上，德日刑法史上存在过报应刑论和目的刑论的对立，但二者折中之后所形成的相对报应刑论已经成为其通说。相对报应刑论认为，刑罚是一种报应，但同时也具有预防犯罪的目的，包括一般预防和特别预防。[②] 当今中国的刑法立法和理论实际上也是奉行相对报应刑理论的。[③] 相对报应刑论是以报应刑论为基础，借鉴了目的刑论的合理成分。因为对没有实施犯罪行为的人，不可能单纯出于预防犯罪的需要而判处其刑罚，可见基于预防需要所考虑的人身危险性的判断也要以社会危害性作为前提和重要参数。刑罚权包括制刑、求刑、量刑、行刑四大权能，在行使其中每一项权能时，都要同时考虑报应和预防的需要，在考虑报应的需要时，就存在一个报应的尺度问题。在此问题上曾经存在等量报应主义和等价报应主义的分歧。康德（Immanuel Kant）持等量报应主义，黑格尔（Georg Wilhelm Friedrich Hegel）持等价报应主义。在不可能认可同态复仇的现代文明法治社会，报应只能以千差万别的各种不同的犯罪所具有的共性特征——社会危害性作为等价报应（法律报应）的尺度。试问，抛弃社会危害性理论，如何实现相对报应刑理论？

六、社会危害性理论不能承载中国刑事法治成败的重担

（一）中国刑事法治建设与"去苏俄化"

从目前的刑法理论研究现状来看，有不少学者似乎已经将社会危害性理论和四要件犯罪构成理论并称为中国继承前苏联的两大刑法遗产。[④] 这些学者试图推进"去苏俄化"的刑法改革，转而借鉴德日为代表的刑事违法性理论和三要件（构成要件符合性→违法性→有责性）犯罪构成理论。首先，如上所述，将德日等外国刑法中实质上也存在的社会危害性理论打上苏俄刑法学遗产的标签是值得商榷的。其次，直接引入德日三要件犯罪构成理论模式的做法也值得商榷。因为这是与社会危害性理论密切相关的问题（上述学者认为四要件构成理论过分倚重社会危害性标准，而德日三要件模式排斥社会危害性标准、奉行刑事违法性标准），笔者想在此做一简要分析。笔者认为，犯罪构成理论虽然号称刑法理论的核心，直接决定犯罪论体系的差异，但也不

---

① 参见马克昌著：《比较刑法原理》，武汉大学出版社 2002 年版，第 307 页。
② 参见张明楷著：《外国刑法纲要》，清华大学出版社 1999 年版，第 15 页以下。
③ 参见张明楷：《新刑法与并合主义》，载《中国社会科学》2000 第 1 期。
④ 参见陈兴良：《刑法知识的去苏俄化》，载《政法论坛》2006 年第 5 期；陈兴良：《社会危害性理论：进一步的批判性清理》，载《中国法学》2006 年第 4 期。

要过分地夸大其作用。当今世界存在德日三要件递进模式、英美法系双层控辩平衡模式①和俄中四要件平面平行模式三大犯罪构成理论模式。目前，中国刑法学界对这三种犯罪构成理论的优劣之争议已经如火如荼。笔者认为，其实这三大犯罪构成理论模式并无本质区别，就像给三个小孩完全相同的积木材料，三个小孩虽然以之堆砌出外观有别的建筑造型，但实际上其中包含的零部件完全相同。例如，四要件犯罪构成理论中的犯罪主体要件包括刑事责任能力和身份两个构成要素，在三要件犯罪构成理论中则分属于责任和构成要件中。总之，三大犯罪构成理论都坚持了主客观相统一原则，都是特定法治文明的产物，都有各自的优缺点，不能简单地给予孰优孰劣的评价。虽然有日本照搬德国的三要件理论和旧中国及中国台湾地区照搬日本三要件理论的先例，但日本和旧中国都是在刑法学理论建立之初就直接移植过来，不存在以新换旧的麻烦，类比婚姻而言，就好比是初婚。中国如果在沿用四要件理论60年后改采三要件理论，就好比是离婚再娶。二者之复杂程度的差异显而易见，犯罪构成模式的转换应当谨慎而为。值得关注的是，在苏联解体后，已经走上资本主义轨道的俄罗斯刑法学界仍然沿袭四要件犯罪构成理论，没有人主张照搬德日三要件理论。不能因为前苏联的失败，就对社会危害性理论及四要件理论采取彻底否定的不客观态度，认为其先天带有侵犯人权之危险基因。实际上奉行三要件理论的德国和日本在历史上都曾经有过众所周知的登峰造极的野兽行径，我们难道就不害怕其三要件理论蕴含这种危险基因？在德日三要件理论形成过程中发挥过重要作用的德国刑法学家麦兹格（Edmund Mezger）也曾经在德国纳粹时期充当了极不光彩的角色。②这都充分地说明犯罪构成理论的意识形态性和民族性并不像主张去俄化的学者所认为的那样浓厚。犯罪构成理论如此，社会危害性理论也是如此，简单地予以否定，不但不符合中外刑法理论、刑法立法、刑事司法的现实，在应然层面也是值得商榷的。

（二）社会危害性理论乃至犯罪构成理论模式都不是刑事法治的关键

与当代西方法治发达国家相比，当今中国刑事法治确实还存在不少需要改进的问题。单纯从刑事立法的角度来看，以我国政府1998年10月签署但立法机关至今尚未完成批准程序的《公民权利和政治权利国际公约》作为参照，刑事实体法上主要存在死刑和劳动教养两个问题，而刑事程序法则差距颇大。因此笔者认为，中国目前刑事法治之立法问题主要出在刑事诉讼法上。

---

①　其构成要件包括犯罪本体要件（具体包括犯罪行为和犯罪意图两个要素）和责任充足要件（具体包括未成年、错误、精神病、醉态、胁迫、圈套、安乐死、正当防卫、紧急避难等责任阻却事由）两个层次。犯罪本体要件体现的是国家控诉职能，以维护社会秩序为主要目标，由控方承担举证责任；责任充足要件体现的是对国家控诉职能的制约，以保障被告人的人权为主要目标，主要由辩方承担举证责任。这种犯罪构成模式与英美法系控辩平衡的刑事诉讼模式相适应。

②　麦兹格是代表学界参与纳粹官方刑法修正委员会的5名成员之一；是"德意志法研究院"的成员（该研究院战后被盟国宣告为犯罪机关）；支持纳粹集中营的所谓保护监禁制度。还发表了不少为纳粹张目的刑法论文与著作。参见何秉松：《政治对刑法犯罪理论体系的影响和制约》，载《河北法学》2005年第12期。

就刑法而言，笔者认为当前的主要问题不在于刑法立法而在于刑法司法。中国的刑事法治建设是包括观念更新、理论演进、立法完善、司法改革等在内的综合系统工程，虽然要有国际视野，但也要从中国实际国情出发。历史的经验昭示我们，妄自菲薄、简单照搬西方的做法，是无法解决中国的实际问题的。可以假设，即使在明天就抛弃社会危害性理论并引入德日三要件犯罪构成理论，中国的刑事法治就会立即实现吗？再假设德国和日本立刻转而采取中国的四要件犯罪构成理论，他们的刑事法治就会马上崩溃吗？恐怕中国刑法学界没有人敢作出肯定的回答。总之，主张去苏俄化的论者有过分夸大社会危害性理论乃至犯罪构成理论在社会主义刑事法治建设中的作用之嫌。笔者认为，刑法史的发展历程也许可以对目前中国刑法理论界对社会危害性理论的聚讼作一注解：前期旧派（极端）──→新派（另一极端）──→后期旧派（折中）；罪刑擅断主义（极端）──→绝对罪刑法定主义（另一极端）──→相对罪刑法定主义（折中）；报应刑论（极端）──→目的刑论（另一极端）──→相对报应刑论（折中）。质言之，人类寻求法治理性也许必然会经历这么一个认识过程：走极端──在对走极端的历史进行彻底批判之惯性作用下走向另外一个极端──在两端受挫之后折中回归理性。这或许就是中国儒家思想"中庸之道"所谓之历史逻辑吧。

《刑法修正案（八）》观察与思考

赵秉志*

目　次

一、前言

2011 年 2 月 25 日，十一届全国人大常委会第 19 次会议通过了《中华人民共和国刑法修正案（八）》（以下简称《刑法修正案（八）》）。这是我国自 1997 年全面修订刑法典以来进行的规模最大也是最为重要的一次刑法修正。

---

* 北京师范大学刑事法律科学研究院暨法学院院长、教授、博士生导师，中国刑法学研究会会长，国际刑法学协会副主席暨中国分会主席。

此次刑法修正对于进一步全面贯彻宽严相济的基本刑事政策，促进刑法的科学性，提高刑法适应社会发展的需要，促进社会和谐发展，具有重要意义。在此次刑法修正过程中，修法的原因、特点等宏观问题以及取消 13 种罪名死刑等若干具体问题受到了社会各界的广泛关注，并引发了热烈讨论。在此背景下，系统梳理《刑法修正案（八）》的宏观问题并深入研讨其一系列具体问题尤其是其中的热点、争议问题，无疑具有重要的实践和理论意义。

二、《刑法修正案（八）》的宏观问题

《刑法修正案（八）》是我国因应全国人大代表及有关方面建议，应对社会发展出现的新情况、新问题，弥补刑法典原有规范疏漏，贯彻中央关于深化司法体制和工作机制改革的意见要求，借鉴、吸收国际先进经验而进行的一次重大刑法立法活动。此次刑法修正背景深刻、特点鲜明，受到社会各界的广泛关注和热议。

（一）修法原因

从影响因素上看，此次刑法修正是在综合考虑各种因素并广泛征求意见、多次审议、多方研究论证的基础上进行的一次重大刑法立法，考虑因素全面，过程科学、民主，有利于进一步完善我国刑法制度，积极发挥刑法的规范作用和人权保障功能。[①] 综合各方面的影响因素，此次刑法修正的原因主要有以下五个方面：

1. 应对我国社会发展过程中的新情况、新问题，构建和谐社会的现实需要

自 2009 年 2 月 28 日《刑法修正案（七）》通过以来，我国又出现了一些新的情况和问题，其中一些问题还比较突出：一是随着社会的发展，黑社会性质组织犯罪出现了一些新的特点，如涉黑性质组织呈现出明显的向政治领域渗透的倾向，并以获取经济利益为终极目标；[②] 二是一些严重损害广大人民群众民生利益的行为愈演愈烈。这些行为中，有的原来是由行政管理手段或者民事手段加以调整的违法行为，有的虽有刑法规定但存在着惩罚的力度不足、犯罪成立条件不合理、入罪门槛过高等问题，在一定程度上影响了我国刑法功能的发挥与和谐社会的建设，受到强烈关注。针对这些情况，《刑法修正案（八）》主要增加了两个方面的规定：一是完善了黑社会性质组织犯罪及其相关犯罪的法律规定，将黑社会性质组织的特征立法化并对其增设了财产刑，加大了对相关的敲诈勒索、强迫交易、寻衅滋事等犯罪的惩罚力度；二是加强了民生的刑法保护，增加规定了有关民生的新的犯罪，降低了有关犯

---

① 吴邦国委员长在十一届全国人大常委会第 19 次会议上指出，本次会议通过的《刑法修正案（八）》，使我国刑罚结构更趋合理，有利于更好地发挥刑法在惩治犯罪、保护人民、维护社会秩序、保障国家安全等方面的重要作用。参见《十一届全国人大常委会第十九次会议在京闭幕》，载中国人大网（http://www.npc.gov.cn/npc/xinwen/2011-02/25/content_1625679.htm）2011-02-25。

② 西南政法大学课题组：《防治黑社会性质组织犯罪的长效机制建设研究报告》，载《现代法学》2010 年第 5 期。

罪的入罪门槛，加强了对弱势群体和广大人民群众生命健康的保护。

2. 弥补刑法典原有规范疏漏的需要

自 1997 年刑法典颁布实施以来，我国先后通过了 1 部单行刑法和 7 个刑法修正案，刑法体系和刑法规范得到了进一步完善。但在实践中也发现，我国刑法典的原有规范也存在一定的不足，其中比较突出的是实际执行中的刑罚结构失衡，存在死刑偏重、生刑偏轻的问题，死刑罪名较多、死缓犯的实际执行期限较短、有期徒刑数罪并罚的期限偏短，刑罚结构整体失衡。为此，《刑法修正案（八）》取消了 13 种犯罪的死刑、限制了死缓犯的减刑、加强了对假释犯的监管并附条件延长了有期徒刑数罪并罚的期限，从而得以在一定程度上弥补了我国刑法典的这种结构性矛盾。

3. 因应全国人大代表及有关方面建议的需要

自《刑法修正案（七）》颁布以来，针对社会发展中出现的新问题和我国刑法规定存在的疏漏，许多人大代表及有关方面都提出了完善刑法的建议。据全国人大常委会法工委刑法室王尚新主任在 2010 年全国刑法学术年会上介绍，全国人大代表先后提出了针对刑法修改的 20 项新建议，涉及刑法典的 53 个条文。全国人大常委会法工委李适时主任在 2010 年 8 月 23 日十一届全国人大常委会第十六次会议上所作的《关于〈中华人民共和国刑法修正案（八）（草案）〉的说明》中也提出，"一些全国人大代表、社会有关方面提出，近年来，随着经济社会的发展，又出现了一些新的情况和问题，需要对刑法的有关规定作出修改。"①《刑法修正案（八）》实际上也是对这些全国人大代表和社会有关方面提出的立法建议的回应。

4. 按照中央关于深化司法体制和工作机制改革的意见要求，进一步贯彻落实宽严相济刑事政策的需要

2008 年底，中共中央政治局提出了关于深化司法体制和工作机制改革若干问题的意见。该意见要求把宽严相济刑事政策的精神上升为法律制度，转化为司法体制和工作机制，落实到执法实践中去，使之既有利于控制社会治安大局、增强群众安全感，又有利于减少社会对抗、促进社会和谐。为此，它一方面要求刑法要适应新时期犯罪行为发生的变化，对严重危害社会秩序和国家安全的犯罪从严打击；另一方面也要求刑法要按照教育为主、惩罚为辅原则，对轻微犯罪、未成年人犯罪，实行宽缓处理，尽量教育挽救，增加社会和谐。据此，《刑法修正案（八）》适当删除了 13 种基本不用、备而少用的死刑罪名，调整了死刑与无期徒刑、有期徒刑之间的结构关系，有利于宽严相济刑事政策的积极贯彻。

5. 借鉴、吸收国际先进经验并与有关国际公约相协调的需要

当前，国际社会在死刑等刑法立法方面积累了许多先进的经验。而我国已经签署或者批准了的一些国际条约，如联合国《公民权利和政治权利国际

---

① 参见李适时：《关于〈中华人民共和国刑法修正案（八）（草案）〉的说明——2010 年 8 月 23 日在第十一届全国人民代表大会常务委员会第十六次会议上》，载中国人大网（http://www.npc.gov.cn/huiyi/cwh/1116/2010 - 08/28/content_1593165.htm）2010 - 08 - 28。

公约》、《联合国反腐败公约》等，也对我国刑法完善提出了新的要求。我国刑法典需要与这些国际公约的规定相协调。为此，《刑法修正案（八）》在削减死刑罪名、设置老年人犯罪从宽暨免死制度以及增设对外国公职人员、国际公共组织官员行贿罪等方面作出了具体规定，从而不仅积极借鉴、吸收了国际社会的先进立法经验，而且贯彻了相关国际公约的要求。

因此，可以说，此次刑法修正受到了我国社会、政策、法律等各方面因素的综合影响，是一次贯彻政策精神与因应实践要求、适应社会发展与刑法规范完善相结合，国内因素与国际因素共同作用的刑法立法。

（二）修法进程

作为一项重要的立法活动，刑法的修改有着严格的程序要求。按照我国《立法法》关于全国人大常委会立法程序的规定，此次刑法修正先后经历了立法调研与草案一稿的研拟、提请审议与第一次立法审议、第二次立法审议、第三次立法审议和草案的通过等过程。

1. 立法调研及草案一稿的研拟

早在 2009 年下半年，为拟定《刑法修正案（八）（草案）》，全国人大常委会法工委即着手对当前刑事犯罪中出现的新情况和新问题进行深入调查研究，并反复与最高人民法院、最高人民检察院、国务院法制办、公安部、国家安全部、司法部等部门进行研究，多次听取一些全国人大代表、地方人大代表、某些地方人大常委会以及专家学者的意见。① 据不完全统计，仅这期间，全国人大常委会法工委于 2010 年 3～7 月在北京先后召开了 3 次专家学者座谈会，广泛征求了一些专家学者的意见。在充分论证并取得基本共识的基础上，全国人大常委会法工委拟定了《刑法修正案（八）（草案）》。该草案共计 47 条，主要从调整刑罚结构、完善黑社会性质组织等犯罪的刑法惩处、完善特殊群体从宽制度并规范非监禁刑的适用以及加强民生的刑法保护等四个方面进行了规定。

2. 提请审议与第一次立法审议

在前一阶段工作的基础上，2010 年 8 月 16 日，全国人大常委会委员长会议向全国人大常委会提交了《全国人民代表大会常务委员会委员长会议关于提请审议〈中华人民共和国刑法修正案（八）（草案）〉的议案》。8 月 23 日，全国人大常委会法工委主任李适时受委员长会议的委托向十一届全国人大常委会第 16 次会议作了《关于〈中华人民共和国刑法修正案（八）（草案）〉的说明》。会后，全国人大常委会法工委将草案印发各省（区、市）、中央有关部门和法学教学研究单位征求意见。中国人大网站全文公布草案，向社会征求意见。② 《刑法修正案（八）（草案）》一经公布即受到了社会各界

---

① 参见李适时：《关于〈中华人民共和国刑法修正案（八）（草案）〉的说明——2010 年 8 月 23 日在第十一届全国人民代表大会常务委员会第十六次会议上》，载中国人大网（http://www.npc.gov.cn/huiyi/cwh/1116/2010 - 08/28/content_1593165.htm）2010 - 08 - 28。

② 参见全国人大法律委员会：《全国人大法律委员会关于〈中华人民共和国刑法修正案（八）（草案）〉修改情况的汇报》[十一届全国人大常委会第十八次会议文件（四）]。

的广泛关注，其中一些问题（如取消13种经济性、非暴力犯罪的死刑、对年满75周岁的人不适用死刑等）还引起了人们的热烈讨论。许多媒体（包括不少境外主流媒体）都对草案中涉及的争议问题进行了广泛报道。一时间，《刑法修正案（八）（草案）》成为社会各界广泛关注、热烈讨论的热门话题。据悉，自中国人大网公布《刑法修正案（八）（草案）》全文后，截至2010年9月30日，仅收到来自网络的修改意见就有7848条。① 在此期间，全国人大法律委员会、全国人大常委会法工委又多次召开座谈会，多方听取意见，并到一些地方调研，同有关部门交换意见，共同研究。2010年11月24日，全国人大法律委员会、全国人大常委会法工委在北京召开了由中央政法委、最高人民法院、最高人民检察院、国务院法制办、公安部、司法部、国家安全部等相关部门负责人及学术界部分专家学者出席的《刑法修正案（八）（草案）》修改座谈会，广泛征求意见。2010年12月2日，全国人大法律委员会召开会议，根据全国人大常委会组成人员在全国人大常委会第16次会议上提出的审议意见和各方面的意见，对草案进行了逐条审议。中央政法委员会、国务院法制办公室有关负责人列席了会议。2010年12月14日，全国人大法律委员会又召开会议，再次进行了审议。② 在此基础上，全国人大法律委员会对《刑法修正案（八）（草案）》进行了修改，并形成了《中华人民共和国刑法修正案（八）（草案）（二次审议稿）》。与8月23日的草案一稿相比，二次审议稿对年满75周岁的人免死作了一定的限制，规定"以特别残忍手段致人死亡的除外"，扩大了坦白的从宽幅度，加大了对食品安全的保护，完善了特殊死缓犯（因累犯和故意杀人、强奸、抢劫、绑架、放火、爆炸、投放危险物质或者有组织的暴力性犯罪而被判处死缓的罪犯）的减刑规定并普遍延长了无期徒刑、普通死缓犯的实际执行期限，同时进一步完善了危险驾驶犯罪、黑社会性质组织犯罪和盗窃罪的规定。

3. 第二次立法审议

2010年12月20日，全国人大法律委员会向十一届全国人大常委会第18次会议提交了《中华人民共和国刑法修正案（八）（草案）（二次审议稿）》和《全国人大法律委员会关于〈中华人民共和国刑法修正案（八）（草案）〉修改情况的汇报》。十一届全国人大常委会第18次会议对二次审议稿进行了审议，一些常委委员、代表对二次审议稿中的生产、销售有毒有害食品犯罪、持有伪造的发票犯罪、恶意欠薪犯罪、社区矫正、危险驾驶犯罪的规定又提出了修改建议。会后，最高人民法院和一些专家提出，按照宽严相济刑事政策的要求，应主要针对判处死刑缓期执行并限制减刑的特殊死缓犯延长其减为无期徒刑、有期徒刑后的最低执行期限，草案二次审议稿对这部分罪犯的规定是必要的，妥当的，但不宜普遍提高刑罚执行期限，关于其他判处死刑

---

① 参见"中国人大网"（http://www.npc.gov.cn/npc/flcazqyj/node_8176.htm），访问日期：2011年4月19日。

② 参见全国人大法律委员会：《全国人大法律委员会关于〈中华人民共和国刑法修正案（八）（草案）〉修改情况的汇报》［十一届全国人大常委会第十八次会议文件（四）］。

缓期执行减为无期徒刑、有期徒刑罪犯的最低执行期限和判处无期徒刑的最低执行期限，从实践看，按照现行刑法规定执行，对教育改造这部分人发挥了较好的作用，建议不作修改。2011 年 2 月 20 日，全国人大法律委员会、全国人大常委会法制工作委员会经与全国人大内务司法委员会、中央政法委员会、最高人民法院、最高人民检察院、公安部、司法部共同开会研究，赞成对特殊死缓犯与其他罪犯加以区分，将无期徒刑减刑后的最低执行期限降为13 年，并不再对普通死缓犯减刑后的最低执行期限作专门规定。与此同时，全国人大法律委员会还对部分常委委员和代表提出的关于生产、销售有毒、有害食品犯罪、持有伪造的发票犯罪、恶意欠薪犯罪规定的修改建议进行了研究，并赞同修改。但对于有的常委委员和代表提出的关于社区矫正落实不了的担心以及对醉酒驾驶机动车构成犯罪须增加"情节严重"等限制条件的建议，法律委员会会同有关部门研究后则认为，可维持二次审议稿的规定。①在此基础上，全国人大法律委员会拟定了《中华人民共和国刑法修正案（八）（草案）（三次审议稿）》。

4. 第三次立法审议与草案的通过

2011 年 2 月 23 日，全国人大法律委员会向十一届全国人大常委会第 19 次会议提交了《关于〈中华人民共和国刑法修正案（八）（草案）〉审议结果的报告》和《中华人民共和国刑法修正案（八）（草案）（三次审议稿）》。2 月 23 日上午，十一届全国人大常委会第 19 次会议对三次审议稿进行了分组审议，普遍认为，草案已经比较成熟，建议进一步修改后，提请本次会议表决通过。同时，有些常委委员还提出了一些修改意见。全国人大法律委员会于 2011 年 2 月 23 日下午召开会议，逐条研究了常委会组成人员的审议意见，对草案进行了审议。全国人大内务司法委员会、中央政法委员会、国务院法制办有关负责人列席了会议。全国人大法律委员会认为，三次审议稿是可行的，但同时采纳了一些常委委员提出的对草案三次审议稿第 38 条第 2 款增加规定"有其他协助强迫他人劳动行为的"，②并于 2 月 25 日向全国人大常委会提交《关于〈中华人民共和国刑法修正案（八）（草案三次审议稿）〉修改意见的报告》和《中华人民共和国刑法修正案（八）（草案）（建议表决稿）》。

2011 年 2 月 25 日，十一届全国人大常委会第 19 次会议表决通过了《中华人民共和国刑法修正案（八）》。根据规定，该修正案已于 2011 年 5 月 1 日起开始施行。

（三）修法特点

此次刑法修正是我国 1997 年全面修订刑法典以来对刑法典的第九次修正。与以往的一个单行刑法和七个刑法修正案相比，《刑法修正案（八）》在修法的过程和修法内容上都呈现出一定的特点。具体而言，《刑法修正案

---

① 参见全国人大法律委员会：《全国人大法律委员会关于〈中华人民共和国刑法修正案（八）（草案）〉审议结果的报告》（十一届全国人大常委会第十九次会议文件（三））。

② 参见全国人大法律委员会：《全国人大法律委员会关于〈中华人民共和国刑法修正案（八）（草案三次审议稿）〉修改意见的报告》（十一届全国人大常委会第十九次会议文件（二十三））。

（八）》主要具有以下四个方面的显著特点：

1. 比较全面地贯彻了宽严相济的基本刑事政策

宽严相济是当前我国的基本刑事政策，既是我国刑事司法、刑事执行的政策指导，也是我国刑法立法的指导。而贯彻宽严相济的基本刑事政策既是此次刑法修正的原因，也是此次刑法修正的重要特点。

从具体内容上看，《刑法修正案（八）》主要从宽与严两个方面贯彻了宽严相济的基本刑事政策：

第一，在从严方面，此次刑法修正主要从十个方面体现宽严相济刑事政策的严的要求：（1）规范并限制死缓犯的减刑，规定死缓犯有重大立功表现的，2 年期满后减为 25 年有期徒刑，同时限制因累犯和因故意杀人、强奸、抢劫、绑架、放火、爆炸、投放危险物质或者有组织的暴力性犯罪被判处死缓的犯罪分子的减刑；（2）普遍延长了无期徒刑的实际执行刑期，将无期徒刑犯的实际执行最低刑期由 10 年提高到 13 年；（3）有条件地提高了有期徒刑数罪并罚的刑期，将有期徒刑数罪并罚的最高刑期由原来的 20 年，调整为有期徒刑数罪并罚的总和刑期在 35 年以上的，最高可到 25 年；（4）严格了管制的执行，规定人民法院可根据犯罪情况，禁止管制犯从事特定活动，进入特定区域、场所，接触特定的人；（5）扩大了特殊累犯的范围，将恐怖活动犯罪、黑社会性质组织的犯罪纳入了特殊累犯的范围；（6）删除了自首并有重大立功表现应当减轻或者免除处罚的规定；（7）扩大了不得适用缓刑的范围，增加规定对犯罪集团的首要分子不得适用缓刑；（8）增加了 9 种新罪；（9）扩大了 10 种罪的构成要件范围或者降低了其入罪门槛；（10）提高了 8 种犯罪的法定刑。

第二，在从宽方面，此次刑法修正也从五个方面加强了宽严相济刑事政策的宽的要求：（1）取消 13 种犯罪的死刑；（2）对已满 75 岁的人犯罪从宽，包括对已满 75 周岁的人犯罪从轻或者减轻处罚、对已满 75 周岁的人原则上不适用死刑以及对已满 75 周岁的人适用缓刑从宽；（3）对未成年人犯罪进一步从宽，包括对未成年人犯罪适用缓刑从宽、未成年人犯罪不成立累犯、被判处 5 年有期徒刑以下刑罚的未成年人免除前科报告义务；（4）对怀孕的妇女适用缓刑从宽；（5）增设了坦白从宽制度。

2. 积极强化了民生的刑法保护

保护民生就是保护广大人民群众的基本利益。因此，民生的刑法保护体现了我国刑法"惩罚犯罪、保护人民"这一根本目的，也是《刑法修正案（八）》的显著特点之一。

针对当前严重危害广大人民群众利益犯罪的状况和特点，此次刑法修正主要从三个方面强化了对民生的保护：一是增加了新的犯罪种类，将一些社会危害严重，人民群众反响强烈，原来由行政管理手段或者民事手段调整的违法行为（如危险驾驶、恶意欠薪和非法买卖人体器官等行为）规定为犯罪，加强了对民生利益的刑法保护；二是加大了对强迫劳动行为的惩治力度，不仅适当修正了刑法第 244 条强迫职工劳动罪的构成条件，提高了其法定刑，而且增设了协助强迫劳动罪，加强了对弱势群体的保护；三是调整了生产、销售假药罪，生产、销售不符合卫生标准的食品罪，重大环境污染事故罪的构成条件，降低了入罪门槛，增强了其可操作性，同时调整了生产、销售有毒有害食品罪的罚金刑。

3. 合理兼顾了刑法总则与分则规范的修改

自 1997 年全面修订刑法典至此次刑法修正以前，我国的 1 个单行刑法和 7 个刑法修正案都只限于补充、修改刑法的分则规范，没有对刑法总则规范加以调整。

但是，近年来的司法实践发现，我国刑法总则的部分规范也存在一些问题，如我国刑罚结构执行中就存在死刑偏重、生刑偏轻的问题，我国对老年人、孕妇等特殊群体的刑法保护还有待加强等。这就要求刑法总则规范作出相应的调整。对此，许多刑法学界和司法实务界的人士都呼吁刑法修正应该兼顾刑法总则规范。在此背景下，《刑法修正案（八）》对我国刑法总则也进行了积极修改。

从内容上看，《刑法修正案（八）》有关老年人犯罪从宽暨免死、管制刑的执行、特殊死缓犯减刑限制、附条件地提高有期徒刑数罪并罚的刑期、特殊累犯范围的扩大、坦白制度的法定化、缓刑适用等都属于刑法总则规范。而取消 13 种犯罪的死刑，增设新的犯罪，修改、完善部分犯罪的构成条件，降低某些犯罪的入罪门槛，以及提高相关犯罪的法定刑等则属于刑法分则规范的内容。通过对这些内容的调整，《刑法修正案（八）》实现了刑法总则规范修改与刑法分则规范修改的相互配合、相互作用，有利于进一步完善我国刑法典的规范体系。

4. 充分体现了立法的科学性与民主性

立法的科学性与民主性是现代刑法立法的基本要求。此次刑法修正也十分注重立法的科学决策与民主参与。

在立法的科学性方面，《刑法修正案（八）》针对过去刑罚执行中存在的死刑偏重、生刑偏轻等不科学现象，采取了一系列措施加以完善，从而使得我国刑罚结构更为科学、合理。与此同时，在刑法分则方面，《刑法修正案（八）》也十分注重科学立法。以黑社会性质组织犯罪为例，此次刑法修正不仅注重对组织、领导、参加黑社会性质组织罪以及包庇、纵容黑社会性质组织罪的刑法惩治，而且还注重对黑社会性质组织相关犯罪的惩处，提高了敲诈勒索、强迫交易、寻衅滋事等犯罪的法定刑，有利于科学惩处黑社会性质组织犯罪。

在立法的民主性方面，《刑法修正案（八）》始终重视立法的民主参与，不仅在立法调研阶段注重广泛征求有关机关、全国人大代表、专家学者等方面的意见，反复与最高人民法院、最高人民检察院、国务院法制办、公安部、国家安全部、司法部等单位进行研究，广泛听取了全国人大代表、地方人大代表、地方人大常委会以及专家学者的意见，而且在立法审议过程中也十分注重广泛听取意见，召开座谈会，到一些地方调研，并同有关部门交换意见，共同研究。在第一次立法审议后，中国人大网站很快就全文公布了《刑法修正案（八）（草案）》及其说明，并向社会公开征求意见，充分体现了立法的民主性。

总之，此次刑法修正立足于宽严相济刑事政策的贯彻和我国社会发展中出现的新情况、新问题，科学设置，合理规划，在刑法人道化、科学化的道路上迈出了非常重要的一步。相信随着我国立法技术水平的日益提高和立法观念的不断更新，我国刑法典一定会更加完备、科学。

三、《刑法修正案（八）》的具体问题

此次刑法修正的修法幅度大、修改内容重要。在修正过程中，《刑法修正案（八）》的许多具体问题都受到了社会各界的广泛关注，并引发了多方面的热烈讨论。在这些问题中，取消13种死刑罪名、合理调整生刑、老年人犯罪从宽暨免死等问题所引发的争论尤为激烈，下面对此予以简要介绍和分析。

（一）取消13种罪名死刑问题

取消13种犯罪的死刑是《刑法修正案（八）》的第一亮点和热点，也是其立法审议和征求意见过程中争议较大的问题之一。

1. 相关情况与主要特点

从内容上看，《刑法修正案（八）》取消的13种死刑罪名主要可分为三类：一是刑法典分则第三章破坏社会主义市场经济秩序罪9种，分别是走私文物罪（第151条第4款），走私贵重金属罪（第151条第4款），走私珍贵动物、珍贵动物制品罪（第151条第4款），走私普通货物、物品罪（第153条），票据诈骗罪（第194条第1款），金融凭证诈骗罪（第194条第2款），信用证诈骗罪（第195条），虚开增值税专用发票、用于骗取出口退税、抵扣税款发票罪（第205条），以及伪造、出售伪造的增值税专用发票罪（第206条）；二是刑法典分则第五章侵犯财产罪1种，即盗窃罪（第264条）；三是刑法典分则第六章妨害社会管理秩序罪3种，即传授犯罪方法罪（第295条），盗掘古文化遗址、古墓葬罪（第328条第1款），以及盗掘古人类化石、古脊椎动物化石罪（第328条第2款）。

《刑法修正案（八）》取消的以上13种死刑罪名具有以下两个方面的显著特点：第一，在法律性质上，都属于经济性、非暴力犯罪。其中，前10种犯罪既属于经济性犯罪，又属于非暴力犯罪；后3种犯罪不属于经济性犯罪但属于非暴力犯罪。经济性、非暴力犯罪的客体与死刑所剥夺的生命权之间具有不对称性，因此《刑法修正案（八）》取消这13种犯罪的死刑既是对理论上关于应当废除经济性、非暴力犯罪死刑的回应，也是对当前废止死刑的国际趋势的顺应。第二，在司法适用上，都属于备而少用、基本不用的犯罪。在我国司法实践中，这13种死刑罪名大都属于较少适用死刑的犯罪，其中有些犯罪，如传授犯罪方法罪和盗窃罪，自1997年全面修订刑法典之后，就基

本没有适用过。①

2. 取消 13 种罪名死刑的重要意义

《刑法修正案（八）》关于死刑制度的改革方向明确、进展显著，乃此次刑法修改最耀眼的第一亮点，有着多方面重大的意义。

第一，改善我国的死刑立法。众所周知，我国 1979 年刑法典设有 28 种死刑罪名，其中有 14 种基本上属于备而不用或备而少用的危害国家安全性质的罪名，其余 14 种普通刑事犯罪的死刑罪名绝大多数都是严重危害公共安全、严重侵犯人身权利的重大暴力性犯罪，属于非暴力犯罪的仅贪污罪 1 种。因而可以说，1979 年刑法典的死刑罪名虽不算少，但其适用范围还属大体适当。及至 1997 年刑法典，将 1979 年刑法典之后大量增设的死刑罪名基本都予以吸纳，死刑罪名达 68 种之多，而且其中非暴力性犯罪（含经济犯罪）占了近 2/3 的比例，从而呈现出死刑罪名过多过滥的立法格局，也成为我国刑法现代化暨强化人权保障的一大障碍，因而限制、减少死刑遂成为我国刑法改革的重要任务。此次《刑法修正案（八）》经过调查研究和衡量选择，一次性削减了 13 种备而少用的经济性、非暴力性犯罪的死刑，占到死刑罪名总数的 19.1%，可谓修法力度巨大，显著改善了我国的死刑立法，使其死刑过多过滥的现状得到明显缓解；同时也表明了刑法改革限制与切实减少死刑的立法导向，并昭示了死刑改革的立法走向，因而其立法意义是巨大的。

第二，支持我国限制与慎用死刑的司法实务。死刑的司法改革是死刑改革的重要一环。近年来我国死刑的司法改革之进展如火如荼，其中尤以 2007 年起最高人民法院全面收回死刑案件核准权和 2010 年 6 月"两院三部"发布《关于办理死刑案件审查判断证据若干问题的规定》为显著标志。近年来，我国限制与慎用死刑的司法努力成效显著，但也还存在来自多方面的干扰与困难。当此死刑司法改革的关键时刻，《刑法修正案（八）》关于限制与减少死刑的立法进展，无疑是从刑事法治基础方面和立法导向上对死刑司法改革予以坚定而宝贵的支持，其意义不容低估。

第三，引导社会死刑观念的变革。毋庸讳言，由于几千年的历史和相关文化、社会、法律观念的影响，在中国当今社会崇尚死刑、依赖死刑的观念还根深蒂固、市场广大，这无疑是中国死刑制度改革最基础、最内在也是最强大的阻力所在。近年来，随着我国法治和人权事业的推进，传统的死刑民意与观念也在发生着分化和变革，但这一过程是缓慢而曲折的。《刑法修正案（八）》所推进的死刑制度改革，无疑会掀起社会和民众对死刑问题的关注高潮，人们会热议、辩论、探讨，会去思考和体会立法何以要限制、减少死刑，从而必将使社会和民众的死刑观念逐步趋向理性和现代化。

第四，良性因应相关国际潮流。当今世界，随着人权思想的宏扬、对死刑弊端的认识深化暨国际组织的有力推动，2/3 以上的国家和地区已经在法律上或事实上废止了死刑，保留死刑的国家和地区的阵营在日益缩小而且大都

---

① 参见赵秉志：《中国刑法改革新思考——以〈刑法修正案（八）（草案）〉为主要视角》，载《北京师范大学学报》（社会科学版）2011 年第 1 期。

将死刑限定于故意杀人罪等极少数严重暴力犯罪的范围内，联合国通过的一系列人权和刑事公约也都在大力提倡废止死刑或严格限制死刑，严格限制乃至彻底废止死刑已成为国际社会不可阻挡、不可忽视的潮流与趋势。中国作为文明古国，作为致力于建设现代法治的国家，作为具有联合国安理会常任理事国身份的负责任的大国，当然不应也不能忽视当今世界死刑改革的潮流与趋势。因而在我国当前尚不具备全面彻底废止死刑的现实条件下，《刑法修正案（八）》显著限制与减少死刑的举措，就让国际社会看到了我国在死刑改革方面的努力和诚意，这当然是对相关国际潮流的良性回应，也是对中国法治与人权之国际形象的有效提升，从而有利于我国融入国际社会。

3. 相关争议暨研讨主张

在《刑法修正案（八）》修正过程中，对上述 13 种死刑罪名的取消争议不大，争论主要集中在两个方面：一是应否取消与这 13 种犯罪相近似的、其他犯罪的死刑问题；二是应否取消贪污罪受贿罪的死刑问题。

（1）关于其他近似犯罪应否取消死刑的问题。

所谓近似犯罪，是指与《刑法修正案（八）》取消死刑的 13 种犯罪性质相近似的犯罪。如前所述，从性质上看，《刑法修正案（八）》取消死刑的 13 种犯罪都属于经济性、非暴力犯罪。在此次刑法修正过程中，涉及的与这 13 种犯罪性质相近似的犯罪主要是运输毒品罪、集资诈骗罪、组织卖淫罪、走私假币罪。对此，最高人民法院等部门及部分专家学者提出，应当将这些近似犯罪的死刑也一并取消。全国人大常委会法工委也曾在《刑法修正案（八）》的方案中提出要"继续研究取消运输毒品罪、集资诈骗罪、组织卖淫罪、走私假币罪死刑问题。"并且，在《刑法修正案（八）》的审议过程中，也有常委委员、部门、地方和专家建议还可以再取消一些犯罪的死刑。① 但全国人大法律委员会考虑到草案一稿取消死刑的 13 个罪名是与有关方面反复研究、论证，并充分听取了人大代表、专家学者和社会各方面意见，在取得共识的基础上确定下来的，建议维持草案的规定。② 为此，最终通过的《刑法修正案（八）》维持了草案一稿的做法，没有再增加取消死刑的罪名。

不过，笔者以为，在当前国内外的背景下，我国应当取消与上述 13 种死刑罪名相近似犯罪尤其是组织卖淫罪、集资诈骗罪的死刑。这是因为：从性质上看，组织卖淫罪属于妨害道德风化的非暴力犯罪，其"组织"行为通常并不侵犯被组织者的人身权利，不会造成他人死亡或者重伤的后果，而且绝大多数的被组织者往往是自愿的，其不仅完全理解组织者所组织之卖淫活动的性质和内容，而且还接受组织安排，借助组织者提供的便利条件为他人提供性服务，获取金钱利益，因此对组织卖淫罪配置死刑显然与该罪的社会危害性程度不相适应，也与现代法治国家和地区的普遍做法不相符合。同样，

① 参见全国人大法律委员会：《全国人大法律委员会关于〈中华人民共和国刑法修正案（八）（草案）〉修改情况的汇报》［十一届全国人大常委会第十八次会议文件（四）］。
② 参见全国人大法律委员会：《全国人大法律委员会关于〈中华人民共和国刑法修正案（八）（草案）〉修改情况的汇报》［十一届全国人大常委会第十八次会议文件（四）］。

集资诈骗罪属于非暴力的经济犯罪，被害人大多都是出于贪利、投机的心理而将自己的财物交付犯罪人，具有一定的过错，而且在《刑法修正案（八）》已取消其他金融诈骗罪死刑的背景下，单独保留集资诈骗罪的死刑，不仅容易在立法上造成金融诈骗罪死刑取消标准的不统一，而且容易在具体适用上导致集资诈骗罪与其他诈骗类犯罪的罪刑不均衡。因此，笔者认为，无论是从犯罪的性质、社会需要、被害人责任、防治效果、罪刑均衡的角度看，还是从开展国际刑事司法合作和履行国际义务的方面看，我国都已经不再具备保留集资诈骗罪死刑的正当理由，集资诈骗罪的死刑应当予以废止。[1]

因此，最终表决通过的《刑法修正案（八）》在草案一稿取消 13 种非暴力、经济性犯罪死刑的基础上，没有进一步取消与这些犯罪相近似犯罪的死刑，是此次刑法修正的一大缺憾。不过，笔者相信，从逐步限制、努力减少死刑走向全面、彻底废止死刑是我国死刑改革的大方向和总趋势。随着我国死刑立法改革的不断深入，我国取消死刑的罪名范围必将进一步扩大。而组织卖淫罪、集资诈骗罪等与此次刑法修正取消死刑的 13 种罪名相近似犯罪的死刑，将会被首先取消。

（2）关于贪污罪受贿罪应否取消死刑的问题。

在《刑法修正案（八）》的初次立法审议过程中，一位全国人大常委会委员在审议时提出，可研究取消贪污罪、受贿罪死刑的问题。之后，储槐植教授也在接受媒体采访中提出，中国未来 30 年内都不会废除贪污罪、受贿罪的死刑。[2] 这些主张经媒体报道后，一时间，关于我国是否应当取消贪污罪、受贿罪的死刑，引发了社会各界的广泛关注和热烈讨论。为此，全国人大常委会委员、全国人大内务司法委员会副主任委员陈斯喜在接受记者采访时专门澄清说，我国刑法修改从来都没有考虑废止贪污罪、受贿罪死刑的问题；[3] 储槐植教授认为，从事实的角度看，《刑法修正案（八）》取消 13 种犯罪的死刑也不具有为取消贪污罪受贿罪死刑预热、铺垫的关系。[4] 但是，笔者认为，从较长时期着眼，我国当然应当取消贪污罪、受贿罪的死刑。这主要有三个方面的理由：一是贪污罪、受贿罪属于贪利性职务犯罪，其侵害的法益与死刑所剥夺的生命权难以相提并论，对其适用死刑不符合刑罚人道的要求。二是无数事实和历史证明，严刑峻罚从来都不是防止犯罪（包括腐败犯罪）最有效的手段，死刑也不是。实际上，对于贪污罪、受贿罪，采用其他刑罚方法也完全可以达到惩治的效果。三是全球法律文化的发展具有一定的共性，

---

① 参见高铭暄、赵秉志、黄晓亮、袁彬：《关于取消组织卖淫罪、集资诈骗罪死刑的立法建议》，载赵秉志主编：《刑事法治发展研究报告（2009—2010 年卷）》，中国人民公安大学出版社 2011 年版，第 1~15 页。

② 杜萌：《中国三十年内不会取消贪污贿赂罪死刑》，载《法制日报》2010 年 9 月 3 日，第 4 版。

③ 参见《陈斯喜：刑法修改未考虑过取消贪污贿赂犯罪的死刑》，载"新华网"http://news.xinhuanet.com/legal/2010 - 09/28/c_12615276.htm。

④ 参见储槐植、王强军：《为什么较长时期内不宜废除贪污贿赂犯罪死刑》，载《检察日报》2010 年 9 月 9 日第 3 版。

在全球普遍废除腐败犯罪死刑的趋势下，中国保留贪污罪、受贿罪的死刑与全球法律文化的发展趋势不符，也难以获得国际社会的支持。

总体而言，从长远的眼光看，我国最终必将废止非暴力性犯罪（包含贪污罪、受贿罪）的死刑。当然，在非暴力性犯罪死刑的废止过程中，也应当讲究策略，要根据情况，分阶段、逐步废止非暴力性犯罪的死刑。

（二）合理调整生刑问题

在《刑法修正案（八）》中，生刑的调整主要涉及死缓、无期徒刑和有期徒刑。从内容上看，《刑法修正案（八）》对生刑采取的是一种适度加重的态度。

1. 修法内容和意义

在《刑法修正案（八）》中，合理加重生刑的内容主要体现在以下三个方面：

第一，限制死缓犯减刑，并延长特殊死缓犯的实际执行刑期。根据《刑法修正案（八）》第4条的规定，死缓犯在死刑缓期执行期间，如果确有重大立功表现，二年期满以后，减刑后的刑罚由原来的15年以上20年以下有期徒刑调整为25年有期徒刑，同时规定对特殊死缓犯，法院可以根据犯罪情节等情况决定限制减刑。对于死缓犯减刑后的实际执行刑期，《刑法修正案（八）》第15条第1款规定，特殊死缓犯缓期执行期满后减为无期徒刑的，实际执行期限不能少于25年，缓期执行期满后减为25年有期徒刑的，不能少于20年。

第二，普遍延长了无期徒刑的实际执行刑期。根据《刑法修正案（八）》第15条第2款和第16条第1款的规定，无期徒刑减刑以后实际执行刑期不能少于13年，被判处无期徒刑的犯罪分子实际执行13年以上才可以假释。这较之1997年刑法典规定的无期徒刑最低10年的执行刑期，普遍地提高了3年。

第三，附条件地提高了有期徒刑数罪并罚的刑期。根据《刑法修正案（八）》第10条的规定，有期徒刑数罪总和刑期在35年以上的，数罪并罚后的刑期最高不能超过25年。与1997年刑法典有期徒刑数罪并罚最高不能超过20年的规定相比，《刑法修正案（八）》附条件地提高了有期徒刑数罪并罚的刑期。

应当说，此次刑法修正合理加重生刑对于进一步完善我国刑罚结构具有积极作用：一方面它有助于增强对死缓犯尤其是特殊死缓犯的惩罚力度，从而有利于积极发挥死缓对死刑立即执行的替代作用，另一方面它也有助于提高无期徒刑的惩罚性和因严重犯罪被判处有期徒刑犯罪分子的数罪并罚期限，从而有助于加强有期徒刑、无期徒刑和死刑之间的衔接，促进刑罚结构的进一步完善。

2. 相关争议暨研讨主张

在《刑法修正案（八）》的研拟、征求意见过程中，人们对死缓、无期徒刑和有期徒刑等生刑的调整问题存在一些争论。概而言之，这主要体现在四个方面：一是应否采取提高生刑的方法代替死刑？二是应否普遍提高有期徒刑的期限？三是应否普遍提高有期徒刑数罪并罚的上限？四是能否普遍延长无期徒刑犯、普通死缓犯的实际执行最低期限？

（1）关于应否采取提高生刑的方法代替死刑问题。

如前所述，为了配合 13 种死刑罪名的取消，《刑法修正案（八）》采取了多种方法提高了生刑，包括限制死缓犯的减刑并延长了特殊死缓犯的实际执行刑期、普遍延长无期徒刑的实际执行刑期和附条件地提高有期徒刑数罪并罚的刑期。对此，在《刑法修正案（八）》的修订过程中，有人提出，不能采取提高生刑的方法尤其不能采取普遍提高生刑的方法代替死刑。这是因为，我国刑法典中很多犯罪的死刑都是备而不用、备而少用的，如果采取提高生刑的方法替代死刑，可能死刑适用数量没有降下来，生刑反而上去了，最终将导致重刑主义。不过，我国最高司法机关和刑法学界的主流意见都赞同采取适当提高生刑的方法来代替死刑。笔者也赞同这种观点。这是因为，我国目前的生刑最高刑和死刑差距太大。现行刑法的生刑最高刑明显偏低，如果适当提高生刑最高刑能有效地减少死刑的适用，何乐而不为呢？因此，采取适当提高生刑能够促进死刑的限制适用和减少适用，笔者认为应当加以肯定。

（2）关于应否普遍提高有期徒刑的期限问题。

对于应否普遍提高有期徒刑的期限，在《刑法修正案（八）》审议、征求意见过程中，曾有很大争议，赞成者与反对者各有之。笔者认为，在现有情况下，我国适度地普遍提高有期徒刑的期限是可行的。这是因为：一方面，与当代国外许多立法例相比，我国现行刑法的有期徒刑上限总体偏低，适当提高有期徒刑刑期有利于有期徒刑与其他刑种尤其是无期徒刑和死刑之间的合理衔接。[①] 另一方面，由于减刑、假释制度的适用，我国长期有期徒刑的实际执行期限过短，难以发挥其应有的作用，有必要适当提高。

（3）关于应否普遍提高有期徒刑数罪并罚的上限问题。

《刑法修正案（八）》将有期徒刑数罪并罚的期限附条件地提高到了 25 年。在征求意见过程中，有人提出了反对意见，认为不应当提高有期徒刑数罪并罚的上限。对此，笔者认为，当前我国有期徒刑数罪并罚的刑期上限才20 年，总体上较低，我国应当适度提高有期徒刑数罪并罚刑期的上限。因此，《刑法修正案（八）》附条件地提高有期徒刑数罪并罚的刑期上限，这一做法是值得肯定的，但其提高的幅度还略显保守。实际上，我国可以一方面不附带条件地适度普遍提高有期徒刑数罪并罚的刑期，另一方面也可以考虑将有期徒刑数罪并罚的期限提高到 30～35 年。[②]

（4）关于能否普遍延长无期徒刑犯、普通死缓犯的实际执行最低期限问题。

---

① 参见田文昌、颜九红：《简论中国刑罚制度改革》，载《法学杂志》2006 年第 1 期。

② 在《刑法修正案（八）（草案）》审议过程中，也有部分专家、全国人大常委建议应将有期徒刑数罪并罚的最高刑期提高到 30 年或者更长。参见马守敏、邹守红：《死刑存废的中国路径》，载《人民法院报》2010 年 9 月 6 日，第 6 版。

在此次刑法修正过程中，草案二次审议稿的第15、16条曾有普遍延长无期徒刑犯、普通死缓犯（除具有累犯情节以及因故意杀人等八种犯罪被判处死缓的罪犯，下同）实际执行期限的规定，规定无期徒刑犯的实际执行最低刑期不能少于15年，普通死缓犯依其缓期执行期满后减为有期徒刑、无期徒刑，实际执行最低刑期分别不得少于18年和20年。对此规定，最高人民法院提出，该规定的做法与我国社会治安总体形势不符，也不利于宽严相济刑事政策的贯彻，主张取消。这是一个重大的立法和实践问题。高铭暄教授和笔者在相关研究中鲜明地支持了最高人民法院的上述主张。最终通过的《刑法修正案（八）》取消了普遍延长普通死缓犯实际执行最低期限的规定，同时将无期徒刑的实际执行最低刑期由15年降为13年。对此，笔者认为，从现实的角度看，我国当前不宜普遍、大幅度地延长无期徒刑犯、普通死缓犯的实际执行最低刑期。这是有充分理由的，具体如下：

第一，普遍延长无期徒刑犯、普通死缓犯实际执行期限的做法与当前我国社会的总体形势尤其是社会治安形势不相协调。近年来，随着我国社会经济发展水平的不断提高和社会治安综合治理及社会管理工作的不断推进，我国社会治安形势总体趋好。这主要体现在四个方面：一是犯罪总体增长幅度下降。近年来，我国犯罪总体增长幅度呈下降趋势。据有关部门统计，2010年我国犯罪总体增长幅度下降了1.46%。二是重刑率下降。据有关部门统计，自1995年至今，我国判处五年有期徒刑以上刑罚的重刑犯比例呈明显下降趋势，已经由1995年的47%降至最近三年的15%~16%。三是五种主要类型的严重犯罪数量下降。据有关部门统计，近年来，我国抢劫、杀人、重大伤害、绑架、重大盗窃等五种主要严重犯罪呈下降趋势。2010年全国抢劫犯罪的数量较之前一年更是下降了高达20.5%。四是重新犯罪率低。我国是世界上重新犯罪率最低的国家之一，多年来一直保持在6%~8%低水平。其中，无期徒刑罪犯、死缓犯的重新犯罪率更是低于全国平均水平。在此背景下，普遍延长无期徒刑罪犯、普通死缓犯的实际执行期限就缺乏相应的社会基础，不合时宜。

第二，在当前社会背景下，普遍延长无期徒刑罪犯、普通死缓犯的实际执行期限容易引发新的社会矛盾。这主要体现在：一是普遍延长无期徒刑罪犯、普通死缓犯的实际执行期限会对服刑人员造成新的身心伤害，并妨害其再社会化。当前，我国现行的无期徒刑、死缓制度已经在我国预防犯罪工作中发挥了较好的作用。在此情况下，普遍延长无期徒刑罪犯、普通死缓犯的实际执行期限，不仅不能提高无期徒刑、死缓制度的社会功效，反而会进一步阻断无期徒刑罪犯、死缓犯与社会的联系，妨害其再社会化，损害服刑人员的身心健康。二是普遍延长无期徒刑罪犯、普通死缓犯的实际执行期限会强化服刑人员家属与社会的矛盾。无期徒刑罪犯、死缓犯的个人情况和家庭情况多种多样。对有的无期徒刑罪犯、死缓犯的家属而言，普遍延长其实际执行期限不仅将继续隔绝其与家庭的联系，而且还将引发或强化其家属与被害人或者社会的冲突，进而引发新的社会矛盾。

第三，普遍延长无期徒刑罪犯、普通死缓犯的实际执行期限会极大地增加相关的司法成本，降低刑罚效率。这主要表现为监狱费用（包括监狱警察经费、罪犯改造经费、罪犯生活与医疗费、狱政设施费以及其他专项经费等）的增加。据初步估计，按照草案二次审议稿普遍延长无期徒刑犯、普通死缓犯实际执行期限的规定，四、五年后，我国将每年增加数百亿的监狱经费支出。相反，无期徒刑、死缓并不会因为其实际执行期限的普遍延长而提高其功效，得不偿失。

第四，普遍延长无期徒刑罪犯、死缓犯的实际执行期限不利于宽严相济刑事政策的贯彻。这主要体现在两方面：一是普遍延长无期徒刑罪犯、普通死缓犯的实际执行期限不利于宽严相济刑事政策在行刑中的贯彻。实践中，无期徒刑罪犯、死缓犯的情况多种多样，有的罪犯的罪行本身并不特别严重，有的罪犯因在服刑的过程中积极接受教育改造而没有人身危险性，还有的罪犯可能因年龄、身体等原因而没有必要予以继续关押。在这种情况下，将无期徒刑罪犯、普通死缓犯的实际执行期限普遍作较长时间的延长，将极大地限制行刑的灵活性，不利于宽严相济刑事政策的贯彻。二是普遍延长无期徒刑罪犯、普通死缓犯的实际执行期限不利于宽严相济刑事政策在刑种上的衔接，如将导致单罪有期徒刑的实际执行期限与特殊死缓犯的实际执行期限差别过大，容易导致新的刑罚结构的不平衡，不利于宽严相济刑事政策的贯彻。

（三）未成年人犯罪从宽制度的完善问题

对未成年人犯罪从宽处罚是我国刑法典的一贯做法。此次刑法修正则在1997 年刑法典的基础上对未成年人犯罪予以了进一步从宽。

1. 修法内容和意义

关于未成年人犯罪的从宽制度，在我国刑法中主要有三个方面的体现：一是关于未成年人无刑事责任年龄和相对负刑事责任年龄的规定，即只有年满 16 周岁的人才一概地对所有犯罪负刑事责任，已满 14 周岁不满 16 周岁的人只对八种严重犯罪承担刑事责任，不满 14 周岁的人不承担刑事责任；二是关于未成年人犯罪一般从宽的规定，即不满 18 周岁的人犯罪的，应当从轻或者减轻处罚；三是关于未成年人不适用死刑的规定。总体上看，我国刑法关于未成年人犯罪从宽制度的这些规定存在着立法方式简单而分散、立法内容严厉有余而宽和不足、部分立法的科学性有待增强等欠缺，影响了刑法功能的发挥和对未成年人犯罪从宽制度的设置。[①]

正是考虑到我国刑法典关于未成年人犯罪规定存在的上述不足，《刑法修正案（八）》主要从三个方面加以完善：一是《刑法修正案（八）》第 6 条规定，不满 18 周岁的人犯罪的，不构成累犯；二是《刑法修正案（八）》第 11 条规定，对不满 18 周岁的人犯罪，符合缓刑条件的，应当宣告缓刑；三是《刑法修正案（八）》第 19 条规定，犯罪的时候不满 18 周岁被判处 5 年有期徒刑以下刑罚的人，免除其前科报告义务。

---

① 参见赵秉志、袁彬：《我国未成年人犯罪刑事立法的发展与完善》，载《中国刑事法杂志》2010 年第 3 期。

此次刑法修正对未成年人犯罪的进一步从宽，有利于更好地贯彻对未成年人犯罪的"教育、感化、挽救"刑事政策，保护未成年人的身心健康，促进未成年人的社会化。

2. 相关争议暨研讨主张

针对《刑法修正案（八）》关于未成年人犯罪从宽的规定，在刑法修正过程中，也曾有人主张，应在此基础上，进一步加大对未成年人犯罪的从宽处罚力度。对此，笔者深表赞同。从儿童利益最大化的角度，我国还应当从以下四个方面进一步加强未成年人犯罪的刑法保护：第一，改变未成年人刑事立法的分散模式，在刑法典中设立"未成年人的刑事责任"专章，以便集中地规定未成年人犯罪的从宽处罚制度。第二，增补对未成年犯罪人有关刑种的限制适用之规定。具体包括：限定对未成年人适用有期徒刑的最高刑期，使之较对成年犯罪人适用的有期徒刑最高刑期适当低一些；禁止或原则上禁止对未成年犯罪人适用罚金刑和没收财产刑；禁止对未成年犯罪人单独适用剥夺政治权利，并限制附加剥夺政治权利的适用；禁止或者严格限制对未成年犯罪人适用无期徒刑等。① 第三，增加规定针对未成年犯罪人的非刑罚处置措施，重点采取教育措施或者其他对个人有矫正作用的替代性制裁措施，减少刑罚对未成年人产生不良心理烙印，保护未成年人的身心健康。第四，放宽未成年犯罪人减刑、假释的条件，促进未成年犯罪人更好地社会化，使其迅速融入社会。

（四）老年人犯罪从宽暨免死问题

老年人犯罪从宽暨免死是《刑法修正案（八）》立法过程中争议最大也是最为重要的问题之一，体现了刑法人道主义精神。

1. 修法内容和意义

在此次刑法修正之前，我国刑法中没有关于老年人犯罪从宽的规定。不过，考虑到老年人刑事责任能力的特点，同时也为了贯彻宽严相济刑事政策的要求，我国刑事司法实践中对老年人犯罪也普遍采取了从宽的做法。对老年犯罪人尤其是对高龄老年犯罪人在刑种和刑罚制度的适用上可以适度从宽。对此，2010 年 2 月 8 日最高人民法院出台的《关于贯彻宽严相济刑事政策的若干意见》第 21 条明确规定："对老年人犯罪要酌情予以从宽处罚。"虽然这只是一个原则性的规定，但它反映和确认了我国刑事司法实践中对老年人犯罪的长期做法，是有关老年人犯罪从宽的实践经验总结，具有积极意义。而在此之前，2006 年 12 月 28 日最高人民检察院通过的《关于在检察工作中贯彻宽严相济刑事司法政策的若干意见》关于逮捕和不起诉的规定，也在一定程度上体现了对老年人的从宽精神。②

在以往司法实践的基础上，此次刑法修正对老年人犯罪从宽暨免死主要

---

① 参见赵秉志：《未成年人犯罪的刑事责任问题研究（三）》，载《山东公安专科学校学报》2001 年第 4 期。

② 参见赵秉志、袁彬：《论特殊群体从宽制度的完善——以〈刑法修正案（八）（草案）〉为视角》，载《法学杂志》2010 年第 12 期。

从三个方面进行了规定：一是《刑法修正案（八）》第 1 条规定，对老年人犯罪从宽的一般原则，即已满 75 周岁的人故意犯罪的，可以从轻或者减轻处罚；过失犯罪的，应当从轻或者减轻处罚。二是《刑法修正案（八）》第 3 条规定，老年人犯罪免死，即审判的时候已满 75 周岁的人，不适用死刑，但以特别残忍手段致人死亡的除外。三是《刑法修正案（八）》第 11 条规定，老年罪犯适用缓刑从宽，即已满 75 周岁的人犯罪，符合缓刑条件的，应当宣告缓刑。

对老年人犯罪从宽暨免死是此次刑法修正的一大亮点，既有利于实现老年人犯罪的刑事责任与其刑事责任能力相协调，又符合对老年人犯罪适用刑罚的目的，体现刑罚的人道主义精神；既是对新中国刑事司法实践的关照，也是对国际社会关于老年人犯罪从宽暨免死的普遍做法的顺应，具有重要意义。

2. 相关争议暨研讨主张

在《刑法修正案（八）》的立法审议和征求意见过程中，有关老年人犯罪从宽暨免死制度也引起了较大的争议。这主要体现在三个方面：一是对老年人犯罪应否从宽或者免死？二是将老年犯罪人从宽或者免死的年龄设定为已满 75 周岁是否合适？三是对老年人免死应否有例外？

（1）关于老年犯罪人应否从宽及免死问题。

在此次刑法修正过程中，曾有人提出，对老年犯罪人从宽或者免死违背了适用刑法人人平等原则。刑法的规定对所有的人都应该一样，对老年人犯罪不应从宽或者免死。笔者认为，这一理由显然不能成立。这是因为：

第一，适用刑法人人平等指的是司法上的平等，不包括刑法立法上的平等。事实上，立法上要做到完全平等是不可能的，也没有必要。这是因为，立法本来就应当针对不同的情况进行不同的立法设计，如我国刑法典对未成年人犯罪规定的定罪处罚标准与成年人犯罪就不一样，也不应当一样。这一规定也有可能不平等，因为未成年人的年龄标准是绝对确定的，完全有可能一些未成年人与成年人一样，具有完备的责任能力，而某些成年人的责任能力却不一定如某些未成年人那样完备。但这并不妨碍我国未成年人犯罪从宽制度的立法公正性，对老年人犯罪从宽也如此。

第二，由于生理的衰退和心理能力的降低，老年人的刑事责任能力与一般成年人相比，往往有所减弱，有的还是严重减弱。在这种情况下，对老年犯罪人从宽或者免死本身符合老年人生理和心理的实际状况，具有合理性。虽然实践中也可能出现个别老年人犯罪能力很强的情况，但是"立法机关主要针对那些具有普遍性、共性的、非常严重的现象来立法，而不能根据罕见的情况来立法，所以这种担心是不必要的。"[1]

第三，矜老恤幼是我国古代刑事法律的传统。自古以来，"矜老恤幼"一直就是中华民族沿袭久远深厚的传统美德，同时也是我国古代恤刑思想和原

----

① 参见庄永康：《一名记者对刑法修改的 14 个追问——全国人大法律委委员周光权详尽作答》，载《检察日报》2010 年 8 月 30 日第 5 版。

则的一项基本内容和具体体现。如《周礼》记载的"三赦"制度，就包括"一赦曰幼弱，再赦曰老耄，三赦曰蠢愚"，再如《礼记》记载："七十曰老而传，八十、九十曰耄……虽有罪不加刑焉"。基于此，后世诸多朝代，均有十分明确的针对老年人犯罪的宽宥条款，如西汉："昭民年七十以上……有罪当刑者，皆完之"；唐代："诸年七十以上……犯流罪以下，收赎。九十以上……虽有死罪，不加刑"。① 而且现行刑法规定了犯罪时不满 18 周岁的未成年人不适用死刑，与此相对应，对于达到一定年龄段的老年人，也应该排除死刑的适用。②

（2）关于老年犯罪人从宽暨免死的年龄问题。

针对《刑法修正案（八）》将老年人犯罪从宽暨免死的年龄设定为已满 75 周岁，在立法审议和征求意见过程中，有人认为，目前中国公民的平均寿命是 72 周岁，将老年人从宽或免死的年龄定为 75 周岁，使得老年人的受益面很小。

对此，笔者认为，从当前我国老年人的平均寿命（据统计，中国公民的平均寿命是 72 周岁③）、中国人的退休年龄（目前我国男性为 60 周岁、女干部为 55 周岁、女工人为 50 周岁）、老年人的心理能力变化（国内外均有调查显示，70 岁以上老年人的认识能力会随着年龄的增长迅速下降④）、《老年人权益保护法》（该法将老年人的年龄设定为年满 60 周岁）和《治安管理处罚法》（该法规定的老年人年龄是年满 70 周岁）的相关规定以及国际上关于老年人从宽处罚的年龄标准⑤等方面看，我国应当将老年人犯罪从宽处罚的年龄标准规定为"已满 70 周岁"。而且从实践的角度看，"多年来，年满 70 周岁的人，法院也不执行死刑"⑥，将老年人犯罪从宽或者免死的年龄设定为年满 70 周岁也符合我国司法实践的普遍做法，具有实践根据。但立法机关最终仍将老年人犯罪从宽暨免死的年龄规定为"年满 75 周岁"。不得不说，这是一个立法缺憾。

（3）关于老年人免死应否有例外问题。

关于老年人免死应否有例外，草案一稿曾规定对审判时年满 75 周岁的人

---

① 参见若夷：《老年人犯罪从宽：彰显刑罚人道》，载《现代快报》2010 年 8 月 24 日。
② 参见《刑法酝酿第八次大修　高龄老人可能不适用死刑》，载《南方周末》2010 年 7 月 23 日。
③ 根据世界卫生组织发布的《2008 年世界卫生报告》，中国男性的平均寿命是 70 周岁，中国女性的平均寿命是 74 周岁，整个中国人的平均寿命是 72 周岁。
④ 国内外均有不少研究表明，70 岁以后人的心理能力下降很快。日本学者长蝇等 1970 年对 767 名 60～93 岁的老年被试者进行非言语性智能测验，其结果是：以 60～64 岁为基准，70～74 岁下降 25.6%，50～54 岁下降 40.7%。这表明 70 岁以后智能是以加速度急剧衰退。参见李长峎：《对老年智能衰退的心理学分析》，载《西南师范大学学报》（哲学社会科学版）》1991 年第 2 期。
⑤ 在国际上，关于老年人免死的年龄标准，各国（地区）差别比较大，有的规定为 60 岁（如蒙古），有的规定为 65 岁（如俄罗斯），也有的规定为 70 岁（如菲律宾），还有的规定为 80 岁（如我国台湾地区）。但总体上看，多数国家和地区都是将老年人的年龄规定在 70 周岁以下。
⑥ 参见陈丽平：《赋予老年罪犯"免死金牌"争议大》，载《法制日报》2010 年 8 月 26 日，第 7 版。

一概免死。但在立法审议过程中有人提出，年满 75 周岁的老年人中，有相当多的老年人有犯罪能力。对这些人一概免死，后果不堪设想。为此，应对老年人犯罪作一些例外规定，即在一般情况下，对老年人可以免死，但老年人实施故意杀人罪的除外。[①] 为此，草案二次审议稿对年满 75 周岁的人免死作了一定的限制，规定"以特别残忍手段致人死亡的除外"。最后通过的《刑法修正案（八）》保留了对老年人免死的这一例外规定。

不过，笔者认为，综合地看，对老年人免死不应当有例外。这主要有四个方面的理由：一是对老年人犯罪一概免死是国际社会的普遍做法。从世界上对老年人犯罪不适用死刑的国家和地区的立法例来看，对犯罪的老年人都是一概免死而无例外之规定。而从联合国有关文件的倡导和《美洲人权公约》的相关规定看，也是要求各有关国家对达到一定年龄的老年犯罪人不判处死刑，并无例外。二是老年人的刑事责任能力状况决定了对老年人犯罪应一概免死。刑事责任能力既是犯罪能力，也是行为人承担刑事责任的能力。如前所述，随着年龄的增长，老年人的认识和控制能力都会有不同程度的降低，其刑事责任能力较之于普通成年人均有所减弱。在此情况下，对犯罪的老年人就应当一概从宽，而不应当有例外。三是刑法立法的特点决定了对老年人犯罪免死不应当有例外。总体上看，刑法立法应面向的是普遍与一般情况，因此虽然在实践中可能出现个别高龄老年犯罪人仍具有完全刑事责任能力的情况，但从社会的普遍或一般情况看，绝大多数老年人随着年龄的增长，其刑事责任能力有所减弱或降低，我国刑法典应针对老年人刑事责任能力的这种一般发展状况，合理地进行立法。四是对老年人犯罪一概免死是刑罚人道主义的基本要求。刑罚人道主义要求对犯罪人适用刑罚时应体现人道性。老年人自身的生理和心理特点决定其在一定程度上属于社会的弱势群体，需要对其予以人道的处遇。从人道主义的角度，对老年人犯罪应设置为一概免死，而不宜设置例外不免死刑之规定。

（五）社区矫正纳入刑法问题

社区矫正在我国已经试行多年，但一直没有进行立法。此次《刑法修正案（八）》明确将社区矫正纳入刑法，具有重要意义。

1. 修法内容和意义

社区矫正是我国刑罚执行方式的重大变革，其主旨是为了促进罪犯的再社会化，减少再犯罪。社区矫正在我国已经试行多年，但是，长期以来，社区矫正在我国一直没有被写入法律。实践中试行的社区矫正制度在一定程度上有违反刑法、刑事诉讼法等法律规定之嫌。也正因为此，此次刑法修正明确将社区矫正纳入刑法，《刑法修正案（八）》第 2 条第 2 款、第 13 条、第 17 条规定，对被判处管制、被适用缓刑和假释的犯罪分子"依法实行社区矫正"。

[①] 如全国人大常委会林强委员在立法审议中建议，对已满 75 周岁的老年人原则上不适用死刑，但是故意杀人罪的除外。参见陈丽平：《赋予老年罪犯"免死金牌"争议大》，载《法制日报》2010 年 8 月 26 日，第 7 版。

《刑法修正案（八）》将社区矫正纳入刑法，意义重大，不仅有利于推动"社区矫正法"的出台①，为社区矫正提供明确的法律依据，而且有利于进一步发挥社区矫正的作用，减少社会对抗，化解社会矛盾，增强刑罚预防犯罪的效果。

2. 相关争议暨研讨主张

对于社区矫正纳入刑法，在《刑法修正案（八）》研拟、审议过程中，有两个问题引起了关注：一是应否在《刑法修正案（八）》中明确规定社区矫正的概念？二是应否在《刑法修正案（八）》中明确规定社区矫正的执行机关？

（1）关于社区矫正的概念问题。

在《刑法修正案（八）》的立法审议和征求意见过程中，有意见认为，《刑法修正案（八）》没有明确规定"社区矫正"的概念，这是一个欠缺。毕竟，"社区矫正"作为一个外来词，在我国还存在一定的争议，有关社区矫正的性质与内涵并没有完全一致的认识。因此，既然要将社区矫正纳入刑法中，就有必要明确它的概念。而即便不具体规定"社区矫正"的概念，也应当在刑法中规定，"社区矫正的具体内容由相关的法律、法规确立"。这样可以避免将一个内涵并不十分清楚的概念载入刑法典中，影响人们对刑法的理解。对此，笔者认为，这一意见是中肯的，在当前我国尚缺乏社区矫正立法的背景下，我国可以在刑法修正案中对社区矫正的内涵加以简要描述。

（2）关于社区矫正的机关问题。

在《刑法修正案（八）》立法审议中，有几位全国人大常委会委员认为，草案关于社区矫正的规定没有明确其执行机关，这显然是一个欠缺，会影响其立法的周延和执行的效果，因而主张将社区矫正的执行机关在刑法修正案中予以明确。② 从目前的情况看，经过几年的试行，我国的社区矫正制度已经比较成熟，司法行政机关作为社区矫正的执行机关也比较明确，没有太大的争议。据此，笔者认为，可以考虑在刑法中将司法行政机关明确规定为社区矫正的执行机关。

（六）特别减轻处罚问题

此次刑法修正在刑法典原有规定的基础上，进一步明确了减轻处罚的内涵和适用原则，对于合理规范减轻处罚的司法适用具有积极意义。

1. 修法内容和意义

关于减轻处罚，我国刑法第 63 条第 1、2 款分别规定减轻处罚的适用和

---

① 在 2010 年 8 月下旬第十一届全国人大常委会第十六次会议对《刑法修正案（八）（草案）》分组审议时，"明确社区矫正执行机关"成为严以新、陈秀榕、范徐丽泰等委员的共识，他们建议，在社区和农村明确社区矫正的责任单位和责任人。参见郑赫南：《刑法修正倒逼"社区矫正法"出台？》，载《检察日报·声音周刊》2010 年 9 月 20 日。

② 在 2010 年 8 月下旬第十一届全国人大常委会第十六次会议对《刑法修正案（八）（草案）》进行分组审议时，主张应当"明确社区矫正执行机关"成为严以新、陈秀榕、范徐丽泰等全国人大常委会委员的共识，他们建议，应在社区和农村明确社区矫正的责任单位和责任人。参见郑赫南：《刑法修正倒逼"社区矫正法"出台？》，载《检察日报·声音周刊》2010 年 9 月 20 日。

特别减轻制度。此次刑法修正细化了刑法第 63 条第 1 款的规定，增加规定对具有数个法定量刑幅度的减轻处罚问题。《刑法修正案（八）》第 5 条规定："犯罪分子具有本法规定的减轻处罚情节的，应当在法定刑以下判处刑罚；本法规定有数个量刑幅度的，应当在法定量刑幅度的下一个量刑幅度内判处刑罚。"这有利于理清分歧，以便我们在司法实践中更好地贯彻执行刑法典关于减轻处罚的规定。

在此次刑法修正过程中，立法机关也曾考虑对特别减轻的核准权问题予以调整。在 2010 年 3 月由立法机关组织的有关刑法修改的一次专家研讨中，立法机关曾提出将特别减轻的核准权从最高人民法院下放到高级人民法院，即将刑法第 63 条第 2 款修改为"犯罪分子虽然不具有本法规定的减轻处罚情节，但是根据案件的特殊情况，判处法定最低刑还是过重，需要在法定刑以下判处刑罚的，应当报经最高人民法院或者高级人民法院核准。"但在后来的讨论中，由于对于是将特别减轻的核准权下放至基层法院、中级法院还是将其下放至高级法院，分歧较大，没有形成统一意见，该规定最终被搁置，没有在《刑法修正案（八）》中加以规定。

2. 相关争议暨研讨主张

在修法的过程中，针对减轻处罚的主要争议是关于特别减轻的核准权问题。关于特别减轻的核准权，1979 年刑法典曾将其赋予各级法院审判委员会。后来考虑到这一规定导致了地方法院尤其是基层法院的裁量权过大，同时也缺乏必要的监督，在实践中出现了一定的问题，为此，1997 年全面修订刑法典时就将特别减轻的核准权收回最高人民法院。这样一来，特别减轻的适用就更为严格。但这也导致实践中出现了一些新的问题，如经最高人民法院抽样调查发现，近年来报请最高人民法院核准的法定刑以下判处刑罚的案件均为基层法院一审案件，最终结案需经历四级法院；从被告人被采取强制措施，到最高人民法院核准，最长花费 2 年 9 个月，最短也要近 9 个月时间。不少案件在层报核准过程中，被告人的羁押时间即已超过应当判处的刑期。为此，在此次刑法修正研拟过程中，最高人民法院从制度适用的效果、案件裁判质量以及罪刑法定原则的适用等角度，提出应将特别减轻的核准权下放至省级高级人民法院审判委员会。①

笔者以为，这一建议是中肯的，也符合我国的实践需要：首先，它有利于平衡案件的复杂多样和最高人民法院业务量之间的矛盾，权衡了"统和收"的关系，避免了实践中经常出现的"一放就乱、一统就死"的乱象；其次，从现有的核准法定刑以下判处刑罚的案件来看，多为基层人民法院一审，案件本身的疑难复杂程度有限，由高级人民法院的审判委员会核准，完全可以满足案件审判质量的需要；再次，它有利于均衡相关法条之间的宽严尺度。②但《刑法修正案（八）》最终没有对之进行修改，这是一个缺憾。

---

① 参见 2010 年 9 月 30 日最高人民法院《关于〈中华人民共和国刑法修正案（八）（草案）〉的修改建议》，第 5～6 页。

② 参见赵秉志、刘媛媛：《论当前刑法改革中的酌定减轻处罚权》，载《法学》2010 年第 12 期。

（七）加大"打黑除恶"力度问题

"打黑除恶"是这次刑法修改的重点之一，《刑法修正案（八）》从多方面加大了"打黑除恶"的力度。其中有些规定在《刑法修正案（八）》的研拟、征求意见过程中争议较大。

1. 修法内容和意义

为了进一步完善对黑社会性质组织等犯罪的惩治，加大"打黑除恶"的力度，《刑法修正案（八）》从以下七个方面进行了相关的完善：

第一，明确规定了黑社会性质组织的法律特征。关于黑社会性质组织的特征，过去我国司法实践中有着不同的认识。2000年12月4日最高人民法院通过的《关于审理黑社会性质组织犯罪的案件具体应用法律若干问题的解释》，首次对黑社会性质组织的特征作出了明确的界定，要求黑社会性质组织应具备四个特征。[①] 但最高人民检察院、公安部等部门对于最高人民法院在解释中将"保护伞"作为黑社会性质组织必备要件的规定有不同意见。为了解决最高人民法院、最高人民检察院、公安部在黑社会性质组织认定上的分歧，统一相关的司法活动，2002年4月28日全国人大常委会通过了《关于〈中华人民共和国刑法〉第二百九十四条第一款的解释》，采用立法解释的方式对"黑社会性质的组织"的特征作了重新界定，将"保护伞"规定为黑社会性质组织的选择要件。[②] 在此基础上，《刑法修正案（八）》第43条第5款将全国人大常委会立法解释规定的黑社会性质组织的特征纳入了刑法，从而在法律上明确了黑社会性质组织的特征。

第二，增加规定了财产刑。关于组织、领导、参加黑社会性质组织罪，我国刑法典只规定了自由刑，而没有规定财产刑。为了加大对黑社会性质组织犯罪的惩治力度，《刑法修正案（八）》第43条第1款增加规定了财产刑，对这类犯罪除规定自由刑外，还规定可以并处罚金、没收财产。

第三，加大了对黑社会性质组织"保护伞"的打击力度。对于黑社会性质组织的"保护伞"，我国刑法第294条第3款关于包庇、纵容黑社会性质组织罪只规定了"三年有期徒刑、拘役或者剥夺政治权利"的基本法定刑，情节严重的才处"三年以上十年以下有期徒刑"，法定刑总体较低。鉴此，《刑法修正案（八）》第43条第3款将包庇、纵容黑社会性质组织罪的基本法定刑提高为"五年以下有期徒刑"，情节严重的处"五年以上有期徒刑"，从而加大了对黑社会性质组织"保护伞"的打击力度。

第四，扩大了特殊累犯的范围。我国刑法典原来只规定了危害国家安全

---

① 黑社会性质组织要具备"组织特征"（即形成较稳定的犯罪组织，人数较多，有明确的组织者、领导者，骨干成员基本固定）、"经济特征"（即有组织地通过违法犯罪活动或者其他手段获取经济利益，具有一定的经济实力，以支持该组织的活动）、"行为特征"（即以暴力、威胁或者其他手段，有组织地多次进行违法犯罪活动，为非作恶，欺压、残害群众）和"非法控制特征"（即通过实施违法犯罪活动，或者利用国家工作人员的包庇或者纵容，称霸一方，在一定区域或者行业内，形成非法控制或者重大影响，严重破坏经济、社会生活秩序）。参见李希慧主编：《刑法各论》，中国人民大学出版社2007年版，第398页。

② 参见赵秉志主编：《刑法新教程》，中国人民大学出版社2009年版，第598页。

罪这一种特殊累犯，范围比较狭窄。鉴此，《刑法修正案（八）》第 7 条在危害国家安全罪累犯的基础上，扩大了特殊累犯的范围，规定："危害国家安全犯罪、恐怖活动犯罪、黑社会性质组织犯罪的犯罪分子，在刑罚执行完毕或者赦免以后，在任何时候再犯上述任一类罪的，都以累犯论处。"这有利于进一步加大对黑社会性质组织犯罪的惩治力度。

第五，调整了敲诈勒索罪的入罪门槛并完善其法定刑。敲诈勒索是黑社会性质组织经常采取的犯罪形式。考虑到我国刑法典关于敲诈勒索罪的入罪条件比较单一（只规定了"数额较大"一个标准）、法定刑较轻（法定最高刑只有 10 年有期徒刑），《刑法修正案（八）》第 40 条调整了敲诈勒索罪的入罪门槛，将"多次敲诈勒索"增加为敲诈勒索罪的入罪条件；完善了敲诈勒索罪的法定刑，将其法定最高刑由 10 年有期徒刑提高到 15 年有期徒刑，同时增设了罚金刑。

第六，完善了强迫交易罪的行为类型和法定刑。以暴力或者暴力威胁等手段非法攫取经济利益是当前黑社会性质组织犯罪的一种重要犯罪形式。考虑到我国刑法典关于强迫交易罪的行为类型比较简单（仅限于"以暴力、威胁的手段强买强卖、强迫他人提供服务或者强迫他人接受服务"）、法定刑较轻（法定最高刑仅为 3 年有期徒刑），《刑法修正案（八）》第 36 条从两个方面对其进行了完善：一是将以暴力、威胁手段强迫他人参与或者退出投标、拍卖，强迫他人转让或者收购公司、企业的股份、债券或者其他资产，强迫他人进入、退出特定的经营领域行为具体列举增加规定为犯罪；二是将强迫交易罪的法定最高刑由 3 年有期徒刑提高到 7 年有期徒刑。

第七，完善了寻衅滋事罪的规定。我国刑法第 293 条对寻衅滋事罪规定了 4 种行为和最高 5 年有期徒刑的法定刑。考虑到实践中经常出现一些犯罪分子纠集他人进行寻衅滋事，对当地群众的生活和社会秩序造成了严重影响，而对这种行为依照刑法第 293 条的规定进行处罚往往难以做到罪责刑相适应，为此，《刑法修正案（八）》第 42 条规定在刑法原第 293 条的基础上增加一款规定："纠集他人多次实施前款行为，严重破坏社会秩序的，处五年以上十年以下有期徒刑，可以并处罚金。"这体现了对寻衅滋事首要分子的从严惩处。

2. 相关争议暨研讨主张

加大"打黑除恶"的力度是这次刑法修改的重点之一，《刑法修正案（八）》从多方面加大了"打黑除恶"的力度。但在《刑法修正案（八）》的研拟、征求意见过程中，有些规定也引发了较大的争议。其中，争论的焦点是黑社会性质组织的特征问题。具体体现在三个方面：一是是否有必要在刑法典中明确规定黑社会性质组织的特征？二是刑法修正案能否对立法解释中规定的黑社会性质组织特征作适当修改、调整？三是对黑社会性质组织的特征应作何修改、调整？此外，对黑社会性质组织的犯罪增设财产刑特别是增设没收财产是否合适也是争论的一个问题。

（1）关于应否在刑法典中明确规定黑社会性质组织的特征问题。

在《刑法修正案（八）》的审议和征求意见过程中，有观点认为，2002

年全国人大常委会的立法解释已经对黑社会性质组织的特征作了明确规定，而且立法解释本身也具有立法的效力，因此刑法没有必要再作这方面的规定。但笔者认为，全国人大常委会的立法解释不等于立法，也不完全等同于刑法典中的解释性条文。毕竟，作为刑法典的一部分，刑法的解释性条文在制定程序的繁简程度、与其他刑法条文的关系和受社会关注度等方面，都与全国人大常委会的立法解释存在很大区别。因此，不能以全国人大常委会关于黑社会性质组织特征的立法解释代替刑法立法。为了更好地发挥刑法惩治黑社会性质组织犯罪的效果，我国通过刑法修正案的形式在刑法典中明确规定黑社会性质组织的特征是必要的，有积极意义的。

（2）关于刑法修正案能否对立法解释中的黑社会性质组织特征作适当修改、调整问题。

在《刑法修正案（八）》的审议和征求意见过程中，有观点认为，全国人大常委会的立法解释具有立法的效力，刑法修正案作为一种立法方式，不能对立法解释规定的黑社会性质组织特征进行修改。但笔者认为，从立法权限上看，《刑法修正案（八）》有权对全国人大常委会关于黑社会性质组织特征的立法解释进行调整、修改。这是因为，《刑法修正案（八）》对"黑社会性质的组织"特征作出明文规定的行为是一种立法活动，在位阶上，它要高于全国人大常委会的立法解释。如果全国人大常委会的立法解释和将来通过的《刑法修正案（八）》的规定相抵触时，全国人大常委会的立法解释则自动失效。毕竟，全国人大常委会的立法解释不等同于立法本身。更何况，即便它也属于立法，也可以根据新法优于旧法的原则以刑法修正案的方式对其进行修改。

（3）关于黑社会性质组织的特征应作何修改、调整问题。

关于黑社会性质组织特征的调整，在《刑法修正案（八）》审议和征求意见的过程中，主要涉及两个问题：

第一，"保护伞"是否有必要作为黑社会性质组织的必备特征？有观点认为，将"保护伞"规定为黑社会性质组织的必备特征不利于对黑社会性质组织犯罪的惩治，而应将"保护伞"作为黑社会性质组织的选择性特征，有的甚至认为应干脆删除"保护伞"这个可有可无的特征要求。对此，《刑法修正案（八）》沿用了全国人大常委会的立法解释，并没有将"保护伞"规定为黑社会性质组织的必备特征。笔者主张《刑法修正案（八）》应将"保护伞"规定为黑社会性质组织的必备特征。这是因为，无论是从全国"打黑除恶"的司法实践经验来看，还是从国际社会的立法和司法经验看，"保护伞"都是黑社会性质组织产生、存在和发展的必要条件，应当将其规定为黑社会性质组织的必备特征。而且效果上，不将"保护伞"作为黑社会性质组织的必备特征将产生两方面的不利后果：一方面将导致黑社会性质组织的标准过于宽松，容易导致打黑的扩大化，有可能伤及无辜；另一方面"保护伞"是黑社会性质组织存在的重要支撑，不将"保护伞"作为黑社会性质组织的必备特征，在认定和打击黑社会性质组织时无须深挖其背后的"保护伞"，容易导致打黑的不彻底，影响打黑的效果。

第二，"一定的经济实力"作为黑社会性质组织的特征是否合适？关于黑社会性质组织特征中的"一定的经济实力"之规定，有观点提出宜将这里的"一定的经济实力"修改为"较强的经济实力"。从提高打击黑社会性质组织犯罪的针对性和有效性的角度，笔者认为，这一建议是适当的。而且全国"打黑除恶"司法实践中也发现，较强的经济实力正是黑社会性质组织的重要特征，也是"打黑"的经验。因此，应当提高黑社会性质组织认定中的经济条件门槛。

（4）关于黑社会性质组织犯罪的财产刑问题。

《刑法修正案（八）》对黑社会性质组织犯罪的刑罚规定了罚金和没收财产两种财产刑，目的是为了进一步剥夺黑社会性质组织的犯罪能力。对《刑法修正案（八）》的这一规定，在审议和征求意见过程中，曾有反对意见认为，在实践中，有的司法机关可能为了剥夺犯罪分子的财产，而有意将一些不具备或不完全具备黑社会性质组织特征的犯罪认定为黑社会性质组织犯罪。

对此，笔者认为，经济实力是黑社会性质组织的重要特征，也是黑社会性质组织进行违法犯罪活动的重要基础。从有针对性地惩治黑社会性质组织和切实剥夺黑社会性质组织再犯能力的角度，我国应当对黑社会性质组织犯罪规定财产刑。对于我国部分地方存在的对黑社会性质组织认定过宽的问题，《刑法修正案（八）》可以通过科学、明确地规定黑社会性质组织的特征，合理限定黑社会性质组织的范围等方式，杜绝随意认定黑社会性质组织以达到没收财产的现象。

（八）坦白从宽纳入刑法问题

在《刑法修正案（八）》之前，坦白一直是我国刑法实践中的酌定从宽情节。《刑法修正案（八）》第一次将坦白规定为一个法定的从宽情节，具有重要意义。

1. 修法内容和意义

关于坦白从宽入刑，《刑法修正案（八）》第 8 条在刑法第 67 条中增加一款作为第 3 款规定："犯罪嫌疑人虽不具有前两款规定的自首情节，但是如实供述自己罪行的，可以从轻处罚；因其如实供述自己的罪行，避免特别严重后果发生的，可以减轻处罚。"这标志着坦白从宽制度由酌定从宽情节正式上升为法定从宽情节。

一直以来，坦白都只属于酌定从宽情节。此次刑法修正第一次将坦白规定为法定从宽情节，不仅规定可以从轻处罚，而且规定因其如实供述自己的罪行，避免特别严重后果发生的，可以减轻处罚，具有重要意义。这是因为，在过去的司法实践中，侦查、检察和审判机关对待坦白的态度通常并不一致：一方面，侦查、检察部门为了更好地收集证据，非常注重向犯罪嫌疑人、被告人强调坦白的积极法律后果；另一方面，在审判中，坦白对被告人定罪量刑的影响通常十分有限。这就容易造成侦查、检察与审判机关对待坦白做法的脱节，进而容易削弱司法权威。① 因此，《刑法修正案（八）》将坦白规定为一个法定情节，有利于充分发挥坦白的功效，积极贯彻宽严相济的刑事政策，有效查处犯罪，减少对抗，促进司法公正。

2. 争议问题暨研讨主张

关于坦白从宽入刑的主要争论涉及坦白从宽的力度问题。对此，《刑法修正案（八）（草案）》一稿第8条曾规定："犯罪嫌疑人虽不具有前两款规定的自首情节，但是能够如实供述自己罪行的，可以从轻处罚。"对于草案的这一规定，有人提出，《刑法修正案（八）》将坦白规定为"可以从轻处罚"，从宽力度太轻，应规定为"可以从轻或者减轻处罚"。最终通过的《刑法修正案（八）》对坦白的处罚进行了调整，规定"犯罪嫌疑人虽不具有前两款规定的自首情节，但是如实供述自己罪行的，可以从轻处罚；因其如实供述自己罪行，避免特别严重后果发生的，可以减轻处罚。"

笔者认为，坦白与自首是一对在内容上非常接近的从宽情节，两者所反映的悔罪程度和人身危险性都比较接近；但自首显然要比坦白更轻，应受到更为宽大的对待。因此，在对坦白从宽的设计上要注意与自首相协调。一方面，坦白的从宽幅度不能宽于或者等于自首，否则就无法实现罪刑均衡；另一方面，坦白的从宽幅度又不能比自首低得多，否则就无法体现坦白的价值。目前，我国刑法关于自首的规定是"可以从轻或者减轻处罚"，"其中，犯罪较轻的，可以免除处罚。"对此，可将坦白的从宽处罚分为"可以从轻处罚"和"可以减轻处罚"两类。《刑法修正案（八）》的规定是正确的。

（九）危险驾驶行为入罪问题

危险驾驶是近年来我国刑法理论探讨得比较多也是争议非常大的问题。《刑法修正案（八）》将危险驾驶行为入罪也引发了相当大的争议。

1. 修法内容和意义

近些年来，以酒后驾驶为代表的危险驾驶事件多发、频发，有的还造成了严重的危害后果，引起了社会各界的广泛关注。关于危险驾驶行为应否单独成罪，人们也曾展开了热烈讨论。而在此次刑法修正过程中，对于是否应当设定一个危险驾驶罪，一些全国人大常委会委员、全国人大代表和专家学者也有不同的认识。不过，《刑法修正案（八）》最终将两类较为严重的危险驾驶行为规定为犯罪，从而使得危险驾驶行为在我国刑法中得以独立成罪。

《刑法修正案（八）》第22条规定："在道路上驾驶机动车追逐竞驶，情节恶劣的，或者在道路上醉酒驾驶机动车的，处拘役，并处罚金。""有前款行为，同时构成其他犯罪的，依照处罚较重的规定定罪处罚。"这有利于将我国对危险驾驶的刑法惩治大为提前，改变过去对危险驾驶只有造成严重后果或者具有严重现实危险的行为才可以交通肇事罪或以危险方法危害公共安全罪追究刑事责任的局面，从而能够更好地规制危险驾驶行为。

---

① 参见庄永康：《一名记者对刑法修改的14个追问——全国人大法律委委员周光权详尽作答》，载《检察日报》2010年8月30日第5版。

2. 相关争议暨研讨主张

危险驾驶是近年来我国刑法理论探讨得比较多的问题，也是争议非常大的问题。关于危险驾驶行为入罪，《刑法修正案（八）（草案）》一稿第 22 条规定："在道路上醉酒驾驶机动车的，或者在道路上驾驶机动车追逐竞驶，情节恶劣的，处拘役，并处罚金。"在立法审议和征求意见过程中，曾有人提出，草案的这一表述容易产生歧义，即对于醉酒驾驶入罪是否要求情节恶劣不大明确。应当说，从条文用语上看，这种意见是难以成立的，但立法机关为了尽可能减少不必要的争议，对草案的表述进行了调整。最终《刑法修正案（八）》将其表述为"在道路上驾驶机动车追逐竞驶，情节恶劣的，或者在道路上醉酒驾驶机动车的，处拘役，并处罚金。"同时规定，"有前款行为，同时构成其他犯罪的，依照处罚较重的规定定罪处罚。"

从内容上看，在《刑法修正案（八）》的立法审议和征求意见过程中，人们对危险驾驶行为入罪，主要有以下几个争议比较大的问题：一是危险驾驶行为应否入罪？二是除醉驾、飙车外，其他危险驾驶行为应否入罪？三是危险驾驶行为入罪应否有情节的限制？四是应如何处理危险驾驶行为之危险犯与结果犯法条之间的关系？此外，在《刑法修正案（八）》通过之后，还涉及危险驾驶犯罪的罪名问题。

（1）关于危险驾驶行为应否入罪问题。

从刑法条文的规定看，在《刑法修正案（八）》之前，我国刑法对酒后驾驶、驾驶机动车追逐竞驶等危险驾驶行为只制裁结果犯，即只有造成了严重危害后果的危险驾驶行为才会被治罪。与此相对比，《刑法修正案（八）》规定的危险驾驶犯罪无须结果，甚至在醉酒的情况下，只要实施了驾驶行为就构成犯罪。其入罪条件与我国 1997 年刑法典的规定差别很大。为此，在立法审议和征求意见过程中，人们对危险驾驶行为应否入罪争议很大。笔者认为，鉴于当前我国危险驾驶行为高发、多发，危险驾驶的行政治理力度有限，我国刑法惩治危险驾驶肇事行为又存在一定的缺陷，[①] 并且国际社会上有不少采用刑法惩治危险驾驶行为的做法，我国应当将危险驾驶行为入罪。

（2）关于危险驾驶入罪的行为类型问题。

在行为类型上，《刑法修正案（八）》只规定了两类危险驾驶行为：一是醉酒驾驶行为；二是驾驶机动车追逐竞驶。在《刑法修正案（八）》研拟过程中，曾有学者提出应当增加危险驾驶的行为类型。[②] 而事实上，除了醉酒驾驶、追逐竞驶之外，实践中还有很多危险驾驶行为，如吸毒后驾驶[③]、无证驾驶、驾驶不具备安全性能的车辆、高速公路或单行道逆向行驶、单行道超速等。笔者认为，这些行为的危害性并不亚于醉酒驾驶、追逐竞驶。我国应当考虑将吸毒后驾驶等较为严重的危险驾驶行为入罪。

（3）关于危险驾驶行为入罪的门槛问题。

---

①　参见贾凌、毕起美：《醉酒驾驶行为入罪论》，载《法学杂志》2010 年第 9 期。
②　参见李克杰：《情节恶劣与后果严重是两回事》，载《法制日报》2010 年 8 月 27 日，第 3 版。
③　参见吴晓杰：《"毒驾"，不能承受之"轻"》，载《检察日报》2010 年 8 月 17 日，第 4 版。

目前，《刑法修正案（八）》对驾驶机动车追逐竞驶行为入罪要求情节恶劣。在审议、征求意见过程中，有意见提出，对醉酒驾驶入罪也应当增加情节的限制。笔者赞同这种主张。这主要有两个方面的考虑：一方面，对醉酒驾驶入罪增加情节严重的规定，有利于区分道路交通管理违法行为与刑事犯罪行为的界限，防止醉酒驾驶行为过度入罪，从而减轻公检法机关的负担，节约刑法资源；另一方面，对醉酒驾驶入罪增加情节严重的规定，有利于将醉酒驾驶的既遂形态由抽象危险犯转变为具体危险犯，从而有利于更好地贯彻刑法的谦抑精神，对醉酒驾驶者予以合理的人权保障。不过，最终通过的《刑法修正案（八）》没有明确要求醉酒驾驶行为入罪要求达到情节严重或者情节恶劣的程度。这也导致了司法适用中的一些争论。

《刑法修正案（八）》生效后，在司法适用过程中，时任最高人民法院副院长的张军大法官曾在全国法院刑事审判工作座谈会上提出不能将醉酒驾驶行为一律入罪。此观点一经提出即受到了社会各界的广泛关注，从而把醉酒驾驶从最初是否应该犯罪化的争论推向醉驾行为能否一律入罪的争论，并引发了新一轮的热烈讨论。对此，笔者以为，尽管《刑法修正案（八）》没有规定醉酒驾驶入罪须情节严重，但这并不意味着醉酒驾驶入罪就不应有情节的限制，对于一些情节显著轻微的醉酒驾驶行为则不应当入罪。其中，理由主要有：

第一，这是由刑法第13条但书的规定所决定的。刑法第13条在正面阐明犯罪的基本特征之后，又以但书规定了"情节显著轻微危害不大的，不认为是犯罪"，把危害行为的情节对犯罪成立的影响予以明确化。这就要求司法机关在判断某一行为是否构成犯罪时，除了根据犯罪构成要件加以认定外，还必须考虑包括犯罪情节在内的所有要素对相关法益所造成的侵害或威胁是否符合犯罪严重社会危害性的本质特征，"醉驾能否一律入罪"也不例外。司法者把醉驾行为认定为危险驾驶罪时，必须把"情节显著轻微危害不大的"情形排除在犯罪圈之外，而不能因为《刑法修正案（八）》第22条没有为醉酒驾驶机动车设定情节限制，就突破刑法总则第13条关于犯罪特征的相关规定，否则容易导致司法的不公正。举个例子，比如行为人100毫升血液中酒精浓度刚刚超过80毫克，而且是在酒店门口，车停在路边，他想让家人帮他来开车，但没打通电话，他想离家就200米，而且夜里十二点半了，也没什么车和行人，他抱着侥幸心理把车发动了，刚开了5米、10米，警察来查到了，形式上完全符合醉驾的规定，这种情况下，醉酒程度很轻，深夜无人，行驶距离很短，而且又不是完全失去控制力，可以说危险性就很小，可以认为情节显著轻微危害不大而不治罪。另外比如，半夜两三点，我从酒馆开到家里100米，没有发生什么事情，警察来了，说看着你车开得有些不稳，查查有无喝酒吧，一查醉酒了，这样也不好说一定达到了犯罪的危害程度。因此，"醉驾不能一律入罪"正是承认刑法总则效力的必然结果，也是其应有之意。

第二，这是危害公共安全罪犯罪客体的要求。任何犯罪的成立，都必须以侵害或威胁刑法所保护的法益为前提，不具有法益侵害性或威胁的行为是不能被认定为犯罪的。具体到以醉酒驾驶机动车为客观行为之一的危险驾驶罪，醉驾行为构成危险驾驶罪，必须在客观上对道路交通安全造成威胁，没有威胁刑法所保护的法益便不能被认定为犯罪。当然，危险驾驶之危险状态的判断必须坚持在行为实施的时间、地点、环境等客观基础上，从一般人的立场判断危险状态是否存在。对于一些不存在危险状态的醉驾行为，应将其排除于法益侵害性的犯罪圈之外，不能认为醉驾行为应一概入罪。

第三，这无损于刑法的威慑性。刑法威慑性是指在刑法实施过程中，社会公众所表现出来的因惧怕犯罪及其惩罚后果而产生的威吓、震慑作用，是刑法功能实现的依据之一。但就危险驾驶而言，实现《刑法修正案（八）》"醉驾入刑"的威慑性，绝不在于对任何醉酒驾驶行为都要定罪判刑。因为这会忽略了实践中的复杂情形而失去刑法的公正性和正当性。"醉驾入罪"的威慑性取决于两个因素：一是有罪必罚，即对威胁公共安全的醉驾行为，要及时、准确地予以惩治，不能使任何具备危险的醉驾行为逃脱法律的制裁，打消醉驾避刑的侥幸心理；二是罚当其罪，即只能对已经造成公共安全危险的行为予以惩治，区分一般行为的危险性与具体行为对法益的抽象威胁，正确打击犯罪，使情节显著轻微危害不大的行为不被认定为犯罪，以保证刑法的公正性。唯有如此，借助刑法手段打击醉驾行为才能实现良性治理的目的；否则，就有可能陷入"严打"的怪圈，失去刑罚惩治的可持续性。因此，从保持刑法的威慑性来看，醉驾不一律入罪，与威慑性无碍，亦符合刑罚审慎适用的要求。

（4）关于危险驾驶之危险犯与结果犯的关系处理问题。

关于危险驾驶行为及其造成结果后的处理问题，《刑法修正案（八）》规定的是，同时构成其他犯罪的，依照处罚较重的规定定罪处罚。但是，危险驾驶过程中，如果发生了严重的危害结果，对其如何适用法律，是一个复杂的问题。① 这主要体现在：危险驾驶的行为本身是故意，但出现了结果，是定交通肇事罪还是定以危险方法危害公共安全罪？怎么协调它与交通肇事罪、以危险方法危害公共安全罪之间的关系？对此，笔者曾在相关研究中认为，增设的危险驾驶罪应同时包含危险驾驶的危险犯、结果犯和结果加重犯。② 因为这能较好地协调危险驾驶罪与刑法典中现有的交通肇事罪、以危险方法危害公共安全罪之间的关系。

（5）关于危险驾驶犯罪的罪名问题。

关于《刑法修正案（八）》第 22 条的罪名问题，笔者认为，宜确定为"危险驾驶机动车罪"。这是因为：（1）危险性是"驾驶机动车追逐竞驶"和"醉酒驾驶机动车"的共同特性，采用"危险驾驶"的表述能较好地概括、包涵该条的行为。（2）本罪的驾驶对象仅限于机动车，而不包括船舶、航空器。从准确反映罪状内容的角度看，应当将"机动车"纳入本条的罪状，以

---

① 参见李克杰：《情节恶劣与后果严重是两回事》，载《法制日报》2010 年 8 月 27 日，第 3 版。
② 参见赵秉志、张磊：《"酒驾"危害行为的刑法立法对策》，载《法学杂志》2009 年第 12 期。

区分于危险驾驶其他交通工具的行为。据此，可将本条的罪名确定为"危险驾驶机动车罪"。

不过，考虑到"危险驾驶"的表述比较简洁，已经为公众所熟悉，我国刑法典也没有其他专门的危险驾驶类犯罪，并且未来不排除我国刑法修正将危险驾驶船舶、航空器行为入罪的可能，因此我们认为，也可以考虑将本罪的罪名表述为"危险驾驶罪"。2011 年 4 月最高人民法院、最高人民检察院《关于执行〈中华人民共和国刑法〉确定罪名的补充规定（五）》选择的是后一种做法，将本条的罪名规定为"危险驾驶罪"。

（十）人体器官犯罪的刑法规制问题

加强人体器官犯罪的刑法惩治是《刑法修正案（八）》加强民生刑法保护的重要体现，也是我国刑法应付社会发展过程中出现的新情况、新问题的重要要求，受到诸多关注。

1. 修法内容和意义

人体器官在医疗领域有着重要的作用。随着医疗领域对人体器官需要的增长，有关人体器官的犯罪也有所增加并呈现出许多新的特点。为了加强对人体器官的保护，《刑法修正案（八）》从三个方面完善了有关人体器官犯罪的刑法规制。这主要体现在：一是增设了一种新的罪名，即组织出卖人体器官罪。《刑法修正案（八）》第 37 条第 1 款规定："组织他人出卖人体器官的，处五年以下有期徒刑，并处罚金；情节严重的，处五年以上有期徒刑，并处罚金或者没收财产。"二是明确了非法摘取他人人体器官的刑法适用。《刑法修正案（八）》第 37 条第 2 款规定："未经本人同意摘取其器官，或者摘取不满十八周岁的人的器官，或者强迫、欺骗他人捐献器官的，依照本法第二百三十四条、第二百三十二条的规定定罪处罚。"也就是说，按照故意伤害罪、故意杀人罪定罪处罚。三是明确了摘取尸体器官的刑法适用。《刑法修正案（八）》第 37 条第 3 款规定："违背本人生前意愿摘取其尸体器官，或者本人生前未表示同意，违反国家规定，违背其近亲属意愿摘取其尸体器官的，依照本法第三百零二条的规定定罪处罚。"即按照盗窃、侮辱尸体罪定罪处罚。《刑法修正案（八）》关于人体器官犯罪的上述规定，对于加强人体器官的刑法保护，促进民生，维护健康的医疗秩序，都具有十分积极的作用。

2. 相关争议暨研讨主张

对于《刑法修正案（八）》关于人体器官犯罪的规定，主要有两点争议：一是关于非法摘取他人身体器官的刑法定性问题；二是关于《刑法修正案（八）》第 37 条第 1 款的罪名问题。

（1）关于非法摘取他人人体器官行为的刑法定性问题。

关于非法摘取他人人体器官行为的刑法定性，草案一稿规定的是"未经本人同意摘取其器官，或者摘取不满十八周岁的人的器官，或者强迫、欺骗他人捐献器官的，依照本法第二百三十四条的规定定罪处罚。"对此，有全国人大代表提出，非法摘取他人身体器官的，多以牟利为目的，追求一定的经济利益，这不同于故意伤害罪的主观意图，为此应参照我国刑法关于非法组

织卖血罪，非法采集、供应、制作血液制品罪等，在修正案中单列条文规定
"非法摘取人体器官罪"。[①] 笔者以为，这种观点有一定道理，对非法摘取他
人人体器官的行为以故意伤害罪定罪，实际上是从危害后果方面对该行为进
行的评价，而非评价非法摘取他人人体器官行为本身。从评价的效果上，这
显然不如以"非法摘取人体器官罪"的针对性强。但考虑到，按照我国有关
轻伤、重伤的认定标准，非法摘取人体器官的行为一般都可以构成轻伤以上
的结果，以故意伤害罪追究该类行为的刑事责任，在司法实践中并不会导致
对该类行为的放纵。因此，对非法摘取他人人体器官的行为以故意伤害罪定
罪，总体上是可行的。但是，非法摘取人体器官的情形也多种多样。如在有
的情况下，非法摘取他人人体器官的行为可能会间接导致被害人的死亡。对
此，行为人对摘取被害人人体器官致其死亡的结果，有可能是间接故意，对
之以故意伤害罪定罪显然不妥，而应当以故意杀人罪定罪。正是考虑到这一
点，最终通过的《刑法修正案（八）》对非法摘取他人人体器官的行为，规
定分情况依照刑法第 232 条（故意杀人罪）、第 234 条（故意伤害罪）的规定
定罪处罚。这是正确的。

（2）关于《刑法修正案（八）》第 37 条第 1 款的罪名问题。

关于《刑法修正案（八）》第 37 条第 1 款的罪名，2011 年 4 月最高人民
法院、最高人民检察院《关于执行〈中华人民共和国刑法〉确定罪名的补充
规定（五）》规定的是"组织出卖人体器官罪"。在此之前，学者们对该款犯
罪的罪名设置曾有不同的主张。笔者也曾与高铭暄教授等进行过专门研讨。
我们的意见，根据罪名确定的基本原则和方法，宜将该款的罪名确定为"组
织出卖人体器官罪"。理由主要如下：[②]

第一，本人的器官不存在组织出卖的问题，而且即便出卖，一般也不构
成犯罪，因此从对象上看，无须对人体器官进行区别，将其直接表述为"人
体器官"即可。

第二，此前曾有学者主张将本款的罪名确定为"组织贩卖人体器官罪"，
反对用"组织出卖人体器官罪"或者"组织买卖人体器官罪"的表述，理由
是从字面上理解，"买卖"包含收买和出卖，是一种交易性、双向性的商业化
行为，其与"贩卖"一词内涵一致。而"出卖"则仅仅是单方的卖出行为，
两者差异较大。[③] 但我们认为，正是因为"贩卖"的含义不同于"出卖"，因
此将本款的罪名表述为"组织贩卖人体器官罪"，不符合本款条文的表述，也
不符合条文的原意，相反，将"组织出卖人体器官罪"作为本款的罪名更为
合适。

---

① 参见全国人大常委会办公厅编印：《分组审议刑法修正案（八）草案》，载《第十一届全国人
大常委会第十六次会议简报（十三）》（2010 年 8 月 25 日）。

② 参见高铭暄、赵秉志、袁彬：《关于〈刑法修正案（八）〉罪名问题的研究意见》，载《人民
检察》2011 年第 5 期。

③ 莫洪宪、杨文博：《关于刑法修正案（八）组织贩卖人体器官罪的解读》，载《法制日报》
2011 年 3 月 2 日，第 12 版。

（十一）恶意欠薪行为入罪问题

恶意拖欠农民工工资是近年来受到我国社会广泛关注的问题。为了加大对恶意欠薪行为的惩治力度，《刑法修正案（八）》将恶意欠薪行为规定为犯罪，具有重大意义。不过，在立法的过程中，关于恶意欠薪应否入罪、如何入罪等问题也存在较大争议。

1. 修法内容和意义

恶意拖欠农民工工资是近年来受到我国社会广泛关注的问题。为了加大对恶意欠薪行为的惩治力度，《刑法修正案（八）》将恶意欠薪行为入罪，但同时进行了三个方面的限定：一是行为人必须是有能力支付而不支付或者以转移财产、逃匿等方法逃避支付劳动者的劳动报酬。这是恶意欠薪入罪的基本行为要求，体现了欠薪者之恶意。二是行为人不支付或者逃避支付的劳动报酬必须达到了"数额较大"的标准。这是恶意欠薪行为入罪的结果要求。对于一些恶意欠薪但数额不大的行为，考虑到其行为的社会危害性相对较小，可不予入罪。不过，对于何为数额较大，还有待于最高司法机关加以解释。三是必须经政府有关部门责令支付仍不支付。

同时，《刑法修正案（八）》还规定，对尚未造成严重后果且在提起公诉前支付劳动者的劳动报酬，并依法承担相应赔偿责任的，可以减轻或者免除处罚。这表明，此次刑法修正对恶意欠薪者并不是一味予以刑事惩处，而是给予出路，只要在合理的情况下予以支付，还可以减轻或者免除处罚。这有利于提高我国刑法惩治恶意欠薪的法律效果和社会效果，加大民生保护力度，促进社会和谐。

2. 相关争议暨研讨主张

在修法过程中，对恶意欠薪行为应否入罪、入罪应否有数额限制等问题也存在较大争议。具体而言，关于恶意欠薪入罪，主要有以下几个方面的问题值得探讨。

（1）关于恶意欠薪行为应否入罪问题。

在《刑法修正案（八）》的立法审议和征求意见过程中，从公开的媒体报道来看，反对的声音不多。但在研讨中，学者质疑的声音很大。如有观点认为，欠薪问题原本是合同违约现象，一般情形应由民事法律调整。[1] 将恶意欠薪行为入罪并不能解决拖欠工资的问题，并且《刑法修正案（八）》相关规定的可操作性不强，如怎么认定行为人有能力支付就是一个难题。[2] 因此，有学者提出，增设"恶意欠薪罪"不仅违背了刑法的谦抑性要求，而且无助于有关问题的解决。[3]

对于上述观点，笔者并不赞同。在《刑法修正案（八）》征求意见的过程中，我国立法工作机关有关负责人曾经做过一个比喻，认为仅从后果上讲，恶意欠薪行为与诈骗、抢劫、抢夺等行为并无二致。这个比喻是有一定道理

---

① 参见傅达林：《治理恶意欠薪刑法介入需有度》，载《京华时报》2010 年 08 月 28 日。
② 参见孙瑞灼：《恶意欠薪入罪还需明确"三个问题"》，载《人民法院报》2010 年 08 月 27 日。
③ 参见曾粤兴、刘阳阳：《欠薪入罪应当慎行》，载《法学杂志》2010 年第 9 期。

的。事实上，当前我国的民事、行政法律手段都无法有效解决恶意欠薪问题。"当其他行政法规不足以惩治这样的行为的时候，刑法应该站出来。"① 而恶意欠薪入罪可以和拒不执行判决、裁定罪一前一后地有效配合，以有效打击欠薪犯罪。② 因此，将恶意欠薪行为入罪是现实的需要。与此同时，国外也有不少国家和地区有关于恶意欠薪入罪的立法。如俄罗斯刑法典第 145 条副 1 款规定，出于贪利动机或者受其他个人利益的动机驱使，拖欠应当支付的工资、养老金、助学金、补助金或其他应付的法定款项，超过两个月以上的，构成犯罪；后果严重的加重处罚。西班牙刑法典设有"不履行债务罪"一章，其中第 257 条规定，自然人、公法人、私法人试图逃避各种性质、各种原因产生的债务的行为，包括员工主张的经济权利产生的债务，构成犯罪。此外，德国刑法典有关于截留和侵占劳动报酬罪，瑞士刑法典有滥扣工资罪，韩国、印度、菲律宾、卢旺达、香港等的劳动法中也规定了欠薪行为构成犯罪。这些可以作为我国将恶意欠薪行为入罪的理由和立法模式的参考、借鉴。

　　（2）关于恶意欠薪行为入罪的门槛问题。

　　恶意欠薪行为入罪门槛争议主要集中在恶意欠薪行为入罪应否有数额的限制。修正案草案一稿规定的是"情节恶劣"，而没有对数额作专门的限制，同时第二档法定刑的适用标准是"造成严重后果"。而如果没有数量的限制，是否会造成不合理的结果？对此，有观点认为，对恶意欠薪如果没有一定的数量限制，仅仅根据欠薪造成的后果来定，可能出现行为人只欠了很少的工资，但由于被欠薪人采取过激行为造成严重后果，而被处以重刑的情况。对此，笔者认为，这实际上涉及法条关系的处理问题，即对恶意欠薪适用加重的法定刑时是否要求行为人同时具备"情节恶劣"和"造成严重后果"的条件。为了避免司法适用上的不合理，可以考虑上述意见，对"造成严重后果"的前提作一些限制。而最终通过的《刑法修正案（八）》也对恶意欠薪行为入罪增加了"数额较大"的规定，同时规定必须是"经政府有关部门责令支付仍不支付"。这样可以有效避免处罚上的一些不合理情形的出现。

　　（3）关于恶意欠薪行为入罪的处罚条件问题。

　　关于恶意欠薪行为入罪的处罚条件，草案一稿第 39 条第 3 款曾规定"尚未造成严重后果，在提起公诉前支付劳动者的劳动报酬，并依法承担相应赔偿责任的，可以不追究刑事责任。"对此，有观点提出，这会导致行为人的权利滥用。因为行为人可能先拖欠直至提起公诉前才支付拖欠的工资。这容易造成司法资源的浪费。因而有必要将"提起公诉前"修改为"立案前"。笔者认为，这一观点很有道理。事实上，对追诉过程中又支付薪酬的，不应当是不追究刑事责任，因为根据该条第 1 款的规定，行为人的行为已经构成犯罪，已经支付薪酬只能作为影响量刑轻重的条件。也正是基于这一考虑，最

---

　　① 参见庄永康：《一名记者对刑法修改的 14 个追问——全国人大法律委员周光权详尽作答》，载《检察日报》2010 年 8 月 30 日第 5 版。

　　② 参见崔超：《恶意欠薪入罪：农民工维权的法治利器》，载《人民法院报》2010 年 10 月 13 日，第 2 版。

终通过的《刑法修正案（八）》将前述规定修改为："有前两款行为，尚未造成严重后果，在提起公诉前支付劳动者的劳动报酬，并依法承担相应赔偿责任的，可以减轻或者免除处罚。"

（4）关于恶意欠薪犯罪的罪名问题。

关于恶意欠薪犯罪，《刑法修正案（八）》第 41 条的条文表述是："以转移财产、逃匿等方法逃避支付劳动者的劳动报酬或者有能力支付而不支付劳动者的劳动报酬，数额较大，经政府有关部门责令支付仍不支付的，处三年以下有期徒刑或者拘役，并处或者单处罚金；造成严重后果的，处三年以上七年以下有期徒刑，并处罚金。""单位犯前款罪的，对单位判处罚金，并对其直接负责的主管人员和其他直接责任人员，依照前款的规定处罚。""有前两款行为，尚未造成严重后果，在提起公诉前支付劳动者的劳动报酬，并依法承担相应赔偿责任的，可以减轻或者免除处罚。"

对于本条的罪名问题，2011 年 4 月最高人民法院、最高人民检察院《关于执行〈中华人民共和国刑法〉确定罪名的补充规定（五）》规定的是拒不支付劳动报酬罪。不过，通过对比分析，笔者以为，将本条的罪名确定为"恶意欠薪罪"更为合适。这是因为：

第一，本条规定的行为方式有两种：一是逃避支付劳动者的劳动报酬；二是有能力支付而不支付劳动者的劳动报酬。对于这两种行为，无论是将其表述为"逃避支付"，还是将其表述为"不支付"，都不太准确，相反，"欠薪"则能较好地概括这两种行为。

第二，虽然"经政府有关部门责令支付仍不支付"带有明显的"拒绝支付"意思，但"拒绝支付劳动报酬"不能充分涵盖本条第 1 款前半段的"逃避支付"、"有能力支付而不支付"等所要表达的内容，相反，"恶意欠薪"则能将这些内容全部涵盖。

第三，从条文的内容来看，将本条罪名确定为"恶意不支付劳动报酬罪"也未尝不可，但从语言表达来看，这一表述有点拗口，不是很通顺。与此不同，"恶意欠薪"一词形象、生动，而且经过近年来的报道已经广为人们所熟悉，将本条的罪名确定为"恶意欠薪罪"，有助于积极发挥其行为规制的功能。据此，我们认为应将本条的罪名确定为"恶意欠薪罪"。

（十二）食品安全犯罪的刑法完善问题

"民以食为天。"食品安全对人的身心健康关系重大。《刑法修正案（八）》从多个方面完善了食品安全犯罪的刑法惩治，具有重要意义。

1. 修法内容和意义

此次刑法修正案从三个方面加大了对食品安全犯罪的惩治力度，主要包括：一是将刑法第 143 条的不合格食品标准由原来的"卫生标准"修改为"食品安全标准"，不仅使得构成条件更为科学，也因为食品安全标准较之于卫生标准更为严格，从而扩大了刑法的惩治范围；二是删除刑法第 144 条中的"拘役"，使其法定最低刑由"拘役"提高至有期徒刑，同时将原刑法第143、144 条的比例罚金制修改为概括罚金，有利于合理地加大对这类食品安全犯罪的惩治力度；三是增设了专门的食品安全监管渎职犯罪，在刑法第403条之后增设一条，专门规定了食品安全监管渎职罪，提高了对食品安全监管渎职犯罪的打击力度和针对性。总体而言，此次刑法修正对食品安全犯罪的修改规定，提高了刑法对食品安全犯罪的惩治力度和惩治的针对性，有利于增强刑罚对食品犯罪的惩治效果，具有积极意义。

2. 相关争议暨研讨主张

关于食品犯罪刑法规制的完善和《刑法修正案（八）》第49条的罪名问题，人们有不同的认识。

（1）食品犯罪刑法规制的进一步完善问题。

《刑法修正案（八）》草案一稿并没有关于食品犯罪问题的规定。后来有常委会组成人员、代表、部门和社会公众提出，近年来食品安全方面的违法犯罪出现了一些新情况，刑法有关规定应及时作出相应调整，还应与全国人大常委会2009年通过的食品安全法相衔接，并进一步明确负有食品安全监督管理职责人员渎职行为的刑事责任。[1] 为此，经过一段时间的调查研究，草案二稿才专门补充规定了有关食品安全犯罪的内容。与此同时，最高人民法院还提出，应当将食品添加剂和用于食品的包装材料、容器、洗涤剂、用于食品生产经营的工具、设备等食品相关产品纳入食品安全犯罪的规制范围。[2] 不过，最终的《刑法修正案（八）》没有将食品添加剂和用于食品的包装材料、容器、洗涤剂、用于食品生产经营的工具、设备等食品相关产品纳入食品安全犯罪。笔者以为，这一建议是可行的：一方面，食品添加剂以及与食品生产经营有关的工具、设备对食品安全有着重要的影响，实际也发生不少因食品添加剂而导致的食品安全问题，对这类行为有进行刑法规制的必要；另一方面，食品添加剂以及与食品生产经营有关的工具、设备毕竟不同于食品，难以将其直接纳入刑法关于食品安全的犯罪，有单独加以规定的必要。

（2）关于《刑法修正案（八）》第49条的罪名。

《刑法修正案（八）》第49条在刑法第408条后增加一条，作为第408条之一："负有食品安全监督管理职责的国家机关工作人员，滥用职权或者玩忽职守，导致发生重大食品安全事故或者造成其他严重后果的，处五年以下有期徒刑或者拘役；造成特别严重后果的，处五年以上十年以下有期徒刑。""徇私舞弊犯前款罪的，从重处罚。"对于这一条的罪名，对于本条的罪名问题，2011年4月最高人民法院、最高人民检察院《关于执行〈中华人民共和国刑法〉确定罪名的补充规定（五）》规定的是"食品安全监管渎职罪"。不过，笔者认为，宜将本条的罪名确定为"食品安全监管滥用职权罪"和"食

---

[1]　参见全国人民代表大会法律委员会：《关于〈中华人民共和国刑法修正案（八）（草案）〉修改情况的汇报》（十一届全国人大常委会第十八次会议文件（四））。

[2]　参见最高人民法院2010年9月30日《关于〈中华人民共和国刑法修正案（八）（草案）〉的修改建议》。

品安全监管玩忽职守罪"。理由主要如下：①

第一，本条第 1 款规定的是两种渎职行为，即滥用职权和玩忽职守；第 2 款规定的是第 1 款行为的从重处罚情节。根据"两高"之前对刑法第 397 条罪名的确定先例，应将本条第 1 款的两种行为分别确定罪名，但不将第 2 款规定的行为确定为独立的罪名。

第二，从对比的角度看，本条第 1 款与刑法第 397 条第 1 款的罪状区别主要在于主体承担职责的不同，即本条第 1 款主体所负的是食品安全监督管理职责，而刑法第 397 条主体所负的是国家机关工作人员的一般职责，因此有必要在罪名中对其职责进行区分。而对本条主体的职责，可概括为"食品安全监管"。

第三，我国刑法对玩忽职守行为在不同的条文中有两种不同的表述：一是直接表述为"玩忽职守"；二是表述为"严重不负责任"。从含义上，后者的严重性要更重一些。为了区别这两种情形，"两高"之前在确定罪名时都是将前一种情形直接确定为"玩忽职守"，而将"严重不负责任"确定为"失职"，如刑法第 408 条的环境监管失职罪、第 409 条的传染病防治失职罪。据此，考虑到《刑法修正案（八）》对本条的玩忽职守行为使用的就是"玩忽职守"一词，而非"严重不负责任"，因此对本条玩忽职守行为的罪名，可确定为"食品安全监管玩忽职守罪"。据此，笔者认为，可将本条的两个罪名分别确定为"食品安全监管滥用职权罪"和"食品安全监管玩忽职守罪"。

---

① 参见高铭暄、赵秉志、袁彬：《关于〈刑法修正案（八）〉罪名问题的研究意见》，载《人民检察》2011 年第 5 期。

我国被害人国家补偿制度再议

郭建安[*]　曹吴清[**]

目　次

一、国家补偿的历史和现实概述

从历史的纵向观察看，目前所知的世界上第一部比较完整的成文法典《汉谟拉比法典》（公元前 1792 年，古巴比伦国王汉谟拉比颁布的法律汇编）中就已经有了明确的规定，"如强盗未能捕到，被劫者应于上帝前请求其失物；盗窃发生地之城市与长官应回复其所失之物。""如生命被害时，城市与长官应赔偿其人民银一名那。"如果未能捕获罪犯，地区政府应当赔偿被害人的财产损失；如被害人被杀，政府应当赔偿给被害人的继承人一定的金钱。近代刑事被害人补偿制度的先驱边沁认为"社会不应抛弃那些人身或财产受到犯罪侵害的被害人，被害人曾经对其做出过贡献而且有责任保护他们的社

---

　* 司法部司法协助外事司司长，北京师范大学刑事法律科学研究院兼职教授、博士生导师。
　** 最高人民法院法官，北京师范大学刑事法律科学研究院博士。

会应当补偿他们的损失"。①

从世界各国的横向比较看，不仅被害人保护运动的最初方案就是立足于与对被害人的经济补偿，而且，目前全世界已经有 40 多个国家和地区都通过立法建立了针对刑事被害人的国家补偿或救助制度。自 1963 年世界上第一部关于赔偿犯罪被害人损失的法律《犯罪被害人补偿法》在新西兰施行后，对刑事被害人的补偿或救助立法就在英国、美国、加拿大、澳大利亚、奥地利、芬兰、瑞典、荷兰、丹麦、德国、法国、日本、韩国等世界各个国家和地区迅速展开，包括我国的台湾、香港等地区也已经有了相对完善的刑事被害人补偿法案。1985 年联合国通过的《为罪行和滥用权力行为受害者取得公理的基本原则宣言》也明确规定了缔约国对刑事被害人的补偿制度，而我国正是签约国之一。

二、国家补偿的现实必要性探讨

笔者这里不再对理论做过多的笔墨，各国专家学者已经从各个方面为国家补偿救助被害人的义务建立了坚实的理论基础，而无论是契约论、责任论、道义论，还是政治论、福利论、保险论等，笔者认为均存在极大程度的科学性和局限性，与其去找一个完美的理论论证它理论上的应然性，不如立足现实，我们也许会发现，这本身就是一个事物发展的产物，现实需要它，即它存在现实的必要性，基于功利的角度，本文仅探讨我国国家补偿被害人的现实必要性。

（一）国家补偿是落实宪法保障人权规定的必要举措

我国国家保证公民基本生活保障的义务已有宪法依据。我国宪法第 33 条规定："国家尊重和保障人权。"这一纲领性的规定明确了国家负有保障人权的义务。更重要的是，2012 年刑事诉讼法修正案第 2 条第一次明确将这一宪法性规定写入刑事诉讼法，作为刑事诉讼活动的根本准则。

所谓人权，最通俗直白的表达莫过于人成其为人的基本权利，即生存权，生存权的前提是生命，之后是维系生命作为人这一个体能尊严体面地活着，而这必然需要物质的支持，由此引申出物质保障权。因此，宪法第 45 条继续规定："中华人民共和国公民在年老、疾病或者丧失劳动能力的情况下，有从国家和社会获得物质帮助的权利。国家发展为公民享受这些权利所需要的社会保险、社会救济和医疗卫生事业。"该条具体规定了公民生存权受到威胁时的义务主体即国家的义务行为，具体到刑事被害人，即当被害人因犯罪行为导致年老无依、身体受损或者丧失劳动能力的情况下，有从国家获得物质帮助的权利。此外，宪法第 13 条规定："公民的合法的私有财产不受侵犯。国家依照法律规定保护公民的私有财产权和继承权。"这一规定补充表明，当国家没有保护好公民的财产权，尤其是其财产权受犯罪侵犯后危及基本人权的时候，得产生保障其人权之财产权部分的义务。因此，国家在必要时补偿被

---

① 郭建安：《犯罪被害人学》，北京大学出版社 1997 年版，第 300 页。

害人的物质损失，助其基本生活得以保障，是一项宪法性义务。

2009 年 4 月 13 日国务院发布《国家人权行动计划（2009—2010）》，其中"获得公正审判"一节中提到"扩大司法救助的对象和范围"，"推动刑事被害人国家救助制度立法工作，明确刑事被害人国家救助的条件、标准、程序等。"由此可见，国家已经意识到，推动被害人国家救助制度的建立是落实宪法保障人权的规定之必要内容之一。

（二）国家补偿是构建和谐社会政治目标的必然要求

抛开国家责任还是契约责任之争，我国的现实政治目标需要国家补偿生活受困的被害人，即建设社会主义和谐社会的法治目标需要国家补偿被害人，确保被害人的基本生活保障。2006 年 10 月 11 日，党的十六届六中全会闭幕，会议审议通过了《中共中央关于构建社会主义和谐社会若干重大问题的决定》，提出了 2020 年之前构建和谐社会的种种举措和部署。关于和谐社会的深刻内涵，胡锦涛总书记在省部级主要领导干部提高构建社会主义和谐社会能力专题研讨班开班仪式上明确指出，我们所要建设的社会主义和谐社会，应该是民主法治、公平正义、诚信友爱、充满活力、安定有序、人与自然和谐相处的社会。由此可以看出，构建社会主义和谐社会的首要标准就是民主法治和公平正义。为实现这两个标准，在更早之前，胡锦涛总书记就先行提出了社会主义法治理念，包括五个方面的内容，即依法治国、执法为民、公平正义、服务大局、党的领导。并明确了执法为民就是要切实保障和改善民生，维护民权，保障人民的生命财产安全和各项经济社会权利，妥善处理好涉及人民群众利益的矛盾纠纷，坚持把人民满意作为评价执法工作的最高标准。此后，在全国司法系统掀起了深入学习和贯彻社会主义法治理念的高潮，在这一高潮中，司法工作要求更加贴近民生，更加关注来自被害人的声音。

可是，如果被告人没有赔偿能力，甚至国家根本没有抓获被告人的时候，若没有来自国家的帮助，被害人的民事求偿权就无从实现，再鼓吹执法为民，司法机关也如无米巧妇难为炊，破案不力、执行难已然使法律权威和司法公信力大受质疑，就更别提执法让人民满意了，民主法治没有了人民群众的支持，谈何实现？被害人不能从诉讼中得到应得的，其对执法不满意，涉法涉诉上访甚至闹访就不会停止，而这能称得上建设和谐社会吗？如果被害人因为不满、怨恨或者因生活经济所迫而转为新的犯罪人，构建和谐社会更是无从谈起。因此，为了建设和谐社会的政治目标，国家必须在被害人无法从犯罪行为人手中拿到赔偿款的时候，为因犯罪行为陷入困境的被害人提供金钱上的补偿，帮助其首先渡过经济生活上的难关。只有这样，被害人才能看到被犯罪破坏的公平正义得到恢复，才能切身感受到国家执法为民的决心，才能息诉罢访，合力构建社会主义和谐社会。事实上，目前全国各地建立的救助方案也大多是为了解决涉法涉诉当事人的上访问题。那么，与其让被害人迫于无奈加入上访闹访、影响和谐稳定的队伍，不如防患于未然，当被害人通过正常途径请求国家帮助的时候，国家就伸出援助之手，这不仅避免了国家为解决上访问题、消除不和谐因素付出不必要的人力、财力、物力，更重要的是，它更能彰显党和政府的人文关怀，让被害人感到温暖和信任，使其主动成为和谐稳定的建设者。主动和谐还是被动和谐，关键在于国家的制度是怎么建设的，是主动设防还是被动处理。总而言之，国家补偿不仅是为了被害人，更是为了建设一个和谐稳定的社会，这是国家补偿的政治任务之所需。

（三）国家补偿是维护法律和司法权威的现实要求

刑事附带民事诉讼执行难的问题已经成为司法一大难，有些案件的被告人本身就身无分文或者财产极少，有如即使是曾抢劫金铺的张君，死前也只剩2300元；有些案件，造成的损失非常巨大，如发生在石家庄的靳如超爆炸案、发生在阜阳的劣质奶粉案，造成了上百人的死伤，仅仅依靠犯罪人一人或其家属的力量根本就不可能赔偿所有被害人的损失，甚至所有被害人的损失都得不到赔偿。这些案件的数量已被证明是为数不少的，而这么多的被害人的经济求偿权，在目前中国慈善氛围和社会保障尚不健全的情况下，除了向强大的国家要求补偿和挽救，再没有更好的办法了。而没有国家补偿的法院明显已经陷入两难境地，要么默默承受无休止的执行难，使被害人的物质求偿诉讼成为一场表演，导致被害人拿着一纸空判四处申诉上访，要么选择委屈法律作出免赔判决，导致被害人的胜诉权被无端剥夺，产生对法律和司法的更大不信任，而那少之又少且有限的救助资金不到矛盾一触即发的万不得已之时是不敢擅用的。在目前中国法院权威尚未牢固的情况下，这一两难境地几乎难以通过法院自身得以破解。

这样的司法现状决定了我国比外国更加有必要建立国家补偿制度，它既可以在一定程度上弥补被害人遭受的损失，有效破解附带民事判决执行难问题，又可以避免被害人因损失无法得到恢复而四处申诉上访，维护裁判的公信力和法律的权威。

（四）国家补偿是适度推行刑事和解的必要补充

不论学界和法律如何理解和界定刑事和解的概念和范畴，这里所指代的刑事和解包括一切被害人谅解致使被告人被从轻或者减轻甚至免除刑罚的情况。刑事和解在化解矛盾、被害人和被告人双方的恢复，确保社会稳定和谐等多个方面的促进作用均是明显的，因此已经被2012年刑事诉讼法修正案所证明，值得并且必须推行。

但是，绝大部分案件的刑事和解前提主要是被告人能拿出足以满足被害人的赔偿款，而这一前提已经被证明不是所有被告人都能做到的，甚至严格地说，根本就是大多数被告人做不到，想要达成和解，必须把无辜的被告人家属牵扯到这一谈判调解过程中来，被告人的家属往往为了被告人而被迫倾家荡产、四处举债。这不仅仅有株连责任之嫌，使刑罚畸变成罪责不自负的连带状态，更可能产生新的悲剧。这一情况尤其多地发生在死刑案件中，因为能不能满足被害人，往往成了被告人生还是死的决定性问题。笔者曾接触过一个死刑案件，为了保住家里的一根独苗（男孩子），被告人的父亲强迫女儿匆忙嫁给几乎不认识的相亲对象，用女儿的聘礼作为赔偿款以请求对被告人从轻处罚，这是企图用另一个悲剧去阻却前一个悲剧的责任，产生更多的被害人。如果这时加入了国家补偿，被害人的损害情况有所缓解，也许就不会对被告人有这么大的恨，在被告人确无能力赔偿而又符合从轻条件的情况下，轻缓刑罚、死刑控制就不会有来自被害人的极大阻力，慎重适用死刑政策也就顺理成章得到支持，同时也能防止被告人家属为了保住被告人而拖累全家，产生新的被害人。

而另一种不公正也许更需要引起关注。有些被害人是迫于无奈接受赔偿，表示谅解，让被告人如愿换得刑罚上的从轻、减轻，但事实上，被害人并未表达其真正的意愿，其接受调解不是出自真正的自愿，而是被迫谅解。这里指的被害人的被迫谅解主要就是基于经济负担（若是被胁迫的，那就根本不能被界定为法律意义上的谅解），而被告人又没有财产可依法执行，如果不谅解就拿不到被告人家属的代为赔偿款，正是这样的残酷现实逼迫经济陷入窘境的被害人，不得不放弃对被告人进行正当惩罚的意愿，也许这才是造成人们产生"以钱买刑"的不公平感的根源之所在。让我们回放一下 2008 年最引人关注的案件之一，被告人孙伟铭因无证醉酒驾车，造成四死一重伤的惨案，一审以以危险方法危害公共安全罪判处被告人孙伟铭死刑，孙伟铭不服判决，当庭提出上诉。此后，孙伟铭的父亲孙林多方筹集 100 万元赔偿款，获得受害者家属的谅解书，二审因此改判为无期徒刑。但是，被害人家属的内心真的谅解了吗？在多次接受媒体采访时，被害人家属金宇航均表示不能谅解孙伟铭，虽经过锦江区人民法院多次调解，他和另两家受害人家属还是联名签下了谅解书。可是，二审庭审前，金宇航仍对媒体表示希望维持原判，判处孙伟铭死刑。对众多媒体疑问其不谅解为何要签谅解书的问题，金宇航的回答是，如果不签就拿不到赔偿，为了拿到赔偿款才"被逼签谅解书的"。这就是目前众多签了谅解协议的被害人的一个真实心态的写照。而这一谅解并不能真正平复被害人的仇恨、化解社会矛盾，正如金韩宇所言，如果不判处死刑立即执行，他还是会申诉的。如果可以得到国家补偿，被害人就不会陷于这样的被动境地，就不会迫于经济压力签下违心的、无益于和谐的谅解书，甚至能防止被告人有钱故意不赔，以钱要挟被害人同意从轻刑罚的新的不公平趋势。

总之，刑事和解的推行，甚至死刑控制都需要国家补偿被害人，而适度刑事和解，真实保障被害人权益和诉求，防止以钱买刑的新的不公平出现，也许更是国家补偿的必要之所在。换言之，我国司法和社会发展的现实和未来需要国家补偿，这一需要甚至强于社会福利良好、民众法律信仰强的外国。何况，别忘了我国是联合国《为罪行和滥用权力行为受害者取得公理的基本原则宣言》的签约国，即使从这一点上说，我们也有必要依约履行该宣言要求的各成员国在被害人需要的时候给予金钱补偿的义务。

最高人民检察院 2008 年度检察理论研究重点课题"特困刑事被害人救助制度研究"调研中发现，公众对特困被害人救助普遍持肯定意见，根据对司法工作人员的问卷调查，在被调查的 1974 名司法工作人员中，对特困被害人救助持肯定意见的有 1923 人，约占 97.4%。在全部 2460 名被调查者中，认为这一做法是非常必要的或有一定意义的，共 2400 人，约占总数的 97.6%；仅有不足 2% 的被调查者认为没有必要由国家进行救助。此外，还有 13 人未回答该问题，占总数的 0.5%（参见表 1）。① 由此可见，刑事被害人救助或补偿在我国具有很高的社会支持度。

表 1　刑事被害人救助的社会认可度（单位：人）

题	您认为由国家对特困刑事被害人进行救助是否有必要？					
	社会公众（486）		司法工作人员（1974）		共计（2460）	
答	数量	百分比	数量	百分比	数量	百分比
非常有必要	259	53.3%	1295	65.6%	1554	63.2%
有一定意义	218	44.9%	628	31.8%	846	34.4%
无必要	9	1.8%	38	1.9%	47	1.9%
未回答	0	0	13	0.7%	13	0.5%

　　调查的结果有力地印证了这一必要性的探讨，受访的不同人群的样本基本已经在观念上形成共识，即国家对因犯罪行为陷入困境并得不到恢复的被害人，有必要给予基于义务的补偿或者基于人道的救助。

三、国家补偿在我国的实践初探

　　理论和思想上的共识最终会推动实践的运行。自 2004 年山东省青岛市发布了《刑事案件受害人生活困难救济金实施细则》以来，我国终于正式拉开了被害人救助的立法例试点工作的帷幕。在 2006 年 11 月召开的第五次全国刑事审判工作会议上，最高人民法院首次提出在我国建立刑事被害人救助制度的构想。2007 年 1 月 15 日最高人民法院公布的《关于为构建社会主义和谐社会提供司法保障的若干意见》第 21 条"完善司法救助制度，彰显司法人文关怀"中，也专门提出了"要研究建立刑事被害人国家救助制度"。2009 年 3 月 9 日，中央政法委、最高人民法院等八部委联合印发了《关于开展刑事被害人救助工作的若干意见》，自此，全国 31 个省、自治区、直辖市全面展开了被害人救助工作并取得了显著成效。截至笔者在 2011 年作此文前，调查结果显示：

　　北京、上海、天津、山东、江苏、江西、辽宁、陕西、河南、河北、宁夏、甘肃、青海、贵州、西藏、云南、内蒙古等 17 个省、自治区、直辖市已经出台了省一级的规范性实施文件。这些文件有的是直接通过人大立法的方式确立刑事被害人救助制度，如宁夏回族自治区就是通过自治区人大立法的，而绝大多数由省级相关部门联合制定下发，便于联动配合。其中，江苏、江西、辽宁、河南、甘肃等地的部分市、县还进一步就开展刑事被害人救助工

① 参见宋英辉等：《特困刑事被害人救助实证研究》，载《现代法学》2011 年第 5 期。

作出台市、县地方立法或实施细则，为具体落实建立专门的规章制度。例如，山东省全省 17 个市均对刑事被害人救助工作出台了具体的贯彻落实文件，15 个市的救助工作已经开展起来了，2009 年以来，全省共对 493 件刑事案件中的 683 名刑事被害人开展了救助，发放救助款 1051.6 万元。再如，江苏省无锡市出台了全国首部刑事被害人救助地方立法，市财政设立刑事被害人特困救助资金专户，每年划拨 200 万元，专门用于市一级公、检、法机关开展刑事被害人救助，同时，相关部门配套制定实施细则，建立起了较为完善的操作规范，各部门工作衔接顺畅。救助条例自 2009 年 10 月 1 日施行以来，无锡市仅一年时间就救助 60 案 79 人次，发放救助金 108.97 万元，由公、检、法三家落实的救助分别占 30%、10%、60%。

而浙江、福建、广东、重庆、山西、湖北、海南、新疆、广西、四川、湖南、安徽、黑龙江、吉林等 14 个省、自治区、直辖市有的已在部分市县开始局部或者联合试点，有的将刑事被害人救助纳入司法救助、涉法涉诉救助或执行救助范畴一并落实。例如：浙江省台州市 2006 年 8 月出台《司法救助基金管理使用办法（试行）》，刚一出台，就在短短半年多时间救助了 56 名刑事被害人，救助款达到 181 万元，至 2011 年已达到 600 余万元；福建省福州市中级人民法院 2006 年 9 日也颁布了《关于对刑事案件被害人实施司法救助的若干规定（试行）》，随后福州市政法委、财政局联合下发《福州市市级涉法涉诉救助资金管理办法》，2010、2011 年两个年度，仅福州市中级人民法院就向 29 个被害人发放共计 100.8 万元救助款；黑龙江首个获得司法救助资金的杨晓娟在 2008 年就从黑龙江高院领取了 5 万元救助金；广东省财政自 2009 年起每年拿出 500 万元用于司法救助，等等。

刑事被害人救助工作开展这么多年来，解决了一大批刑事案件被害人的实际困难。一些遭受严重暴力犯罪侵害、生活陷入困境、又无法从被告人处得到赔偿的被害人，在拿到相关部门发放的救助款后，解决了生活、医疗的燃眉之急，感受到了党和政府的关怀、人民司法的温暖，明确表示理解和认同司法机关对案件作出的处理，服判息诉。例如，山东省青岛市中级人民法院开展救助的一起案件，被害人是在校大学生，遭到未成年的被告人抢劫后身受重伤，成了植物人，其来自单亲家庭，家庭生活和医疗面临严重困难，但被告人父母也为下岗工人，没有任何能力赔偿，法院在依法判决的同时，及时启动救助程序，为被害人家属送去 2 万元救助金，并积极与当地有关部门联系，把被害人一家纳入特殊困难救助范围，办理最低收入保障，为被害人的母亲联系解决了一份工作，使被害人亲属在最需要社会和他人帮助的时候，深刻体会到了来自党和政府的关怀，倍感激动，为案件处理创造了良好的条件，取得了很好的社会效果。而这种案例在我国能找到成千上万个。

但是，我们从这些试点情况不难发现三个问题：

第一，诚如我们所看到的数字，不论从救助的对象数量还是资金数目，都表现出了两个并不良好的特点：少而不均。被救助者少、救助金数额少是普遍的现象，按照各省的统计数据看，各省每年救助被害人不过百人，最乐观计算，全国被救助的被害人总数不过几千人，与几百万人的受害群体（实际得不到被告人赔付的超过十分之九，故是几百万的基数）相比，竟只是千分之几的比例。那些得不到赔付的受害者因为被告人的行为而陷入生活的困境。此外，目前试行的救助金中，最高救助款如北京、上海、浙江等发达地区也不过三五万元，最低的如宁夏等地竟然有的只有 2000 元，笔者不知道 2000 元能让一个受害家庭中的几个成员渡过多长时间，但是可以肯定，这必定是杯水车薪的短暂过渡，如果受害是灾难性的打击，几乎不可能因此有任何实质性缓解。同时，各地又因为地区经济发展不平衡等因素的影响，财政状况的地区间差异明显，发达和欠发达地区的救助资金发放额差距较大，如经济发达的上海，2010 年一年，仅人民法院就救助被害人 36 案，发放救助金总额达 171 万元，而同一年的宁夏各级法院救助被害人的款项总额竟然只有上海的 1/10；即使是同一个省份，这一差异现象也十分突出，如辽宁省，经济发达的沈阳和大连两市发放救助资金数额就占了全省总额的 76.5%。

第二，目前我们所开展的是被害人的国家"救助"试点工作，缺乏统一的救助条件、对象和标准的规定。虽然大多试点工作均有规范性文件，但是，不仅规范性文件规定之间不统一，而且文件本身有的也缺乏现实和科学依据，如许多地方限定救助款的个体数目和年总额，可是，一年中有多少被害人需要救助，单个被害人需要多少救助款能实现解困，岂是一纸限定能行之事？甚至更悲哀的现实是，虽然大多试点文件规定了救助是基于被害人申请，经审核发现被害人确有困难需救助而发放的，但现实是，绝大多数的救助金都是在被害人上访或者存在明显上访风险的情况下发送的，也就是说，普通的申请难以引起救助行为，只有在可能影响稳定大局的情况下才予以救助，所谓"救助款"几乎沦为"为稳定而埋单的款项"，甚至有的地方直接把被害人救助工作和解决涉法涉诉上访工作混为一体。出发点的变异直接诱发了被害人对应性行为的变异，即积极上访甚至闹访，闹得越厉害，得到的补偿就越多，而不是被害人的处境越悲惨得到的越多。

第三，目前我们所开展和宣传的是被害人国家"救助"，与国际上大多数国家所称的国家对被害人的"补偿"（Compensation）是不同的。"救助"和"补偿"有时候可能会重叠一致，或者说，国家补偿也是广义上的一种国家救助。但在救被害人于经济困境的问题上，我国的这一"救助"用词和"补偿"在义务等级上绝对是不一致的。厘清这一概念区别对我国这一问题的制度建设有着极为重要的意义。根据《现代汉语词典》的解释，补偿的基本意思就是抵消损失，补足差额；救助，也称救济、援助，意指帮助需要帮助的人，使其获得一定的物质上的支援或精神上的解脱，在公益事业中经常被使用。再进一步到刑事被害人领域：刑事被害人补偿，主要是指在刑事被害人未能获得或者难以获得赔偿的情况下，由国家基于法律规定的替偿义务，以给付刑事被害人或其他法定权利人一定额度的补偿费用的形式，弥补其因刑事犯罪所遭致的经济损失；刑事被害人救助，主要是指为了体恤因未能获得或者难以获得赔偿而处于困难窘境的刑事被害人或其他利益相关主体，由国家基于人道主义的必要，以酌情给付刑事被害人或其他利益相关主体一定额度的补助费用的形式，保障被害人最基本的生活得以维系。当我们分析完这两个概念后就会恍然大悟，为什么目前我国试行的救助工作会表现出上述所谓少而不均的现象，因为，救助不是义务，是人道主义的考虑，是酌情体恤处境极端困难的被害人而给予的，几乎没有所谓法律上的责任。因此，要想在法律上建立有效的、统一的国家对被害人的经济援助义务，只能是补偿，而不是救助。

当然，另一点也需要明确，笔者并不赞同将国家补偿和国家赔偿混为一谈。国家补偿刑事被害人的损失不是因为国家对其存在违法行为，其与被告人基于违法行为产生的赔偿责任迥然不同。一般而言，"赔偿"是指一方由于自己行为的过错给对方造成了某种程度的伤害或者损害，而必须给予对方一定数量的财产或者财产权益作为弥补的方式。与赔偿对应的是行为责任，即赔偿是行为责任的表现形式，行为责任是赔偿的前提条件。赔偿与责任相互对应，赔偿意味着责任的承担。民事赔偿也就意味着民事侵权行为责任的承担。但是，国家对被害人承担补偿责任，不是因为国家对被害人实施了直接的侵害行为而导致其承担相应的补偿责任，国家承担对被害人补偿责任的根据是国家因为管理上的过失，未能防止犯罪行为的发生，未能保障国民免受非法的侵害，后又因各种不可抗拒的原因未能成功使受到侵害的国民的损失通过侵害者得到恢复，因而必须承担起补偿损失助其复归的责任。因此，它具有补充性和替偿性。"补充性"说明国家补偿是基于行为人赔偿不能弥补被害人损失，救被害人于困境之行为。联合国《为罪行和滥用权力行为受害者取得公理的基本原则宣言》第12条的规定已经明确了国家补偿的这一补充性特征，即"当无法从罪犯或其它来源得到充分的偿还时，会员国应设法向下列人等提供金钱上的补偿：（1）遭受严重罪行造成的重大身体伤害或身心健康损害的受害者；（2）由于这种受害情况致使受害者死亡或身心残障，其家属、特别是受抚养人。"由此可见，国家补偿是在行为人赔偿不可能的情况下的一种后位阶的保护性补充救助行为，且补偿之对象是因犯罪遭受严重损害的被害人及其家属，而非涵盖全部或者全部得不到赔偿的被害人，其又是补充性体现之一。"替偿性"说明国家对刑事被害人的补偿既不能导致刑事犯罪人及其他民事侵权赔偿责任主体赔偿责任的免除，也不能导致刑事被害人及其他权利主体双重受偿。承担了补偿责任的国家既有权向刑事犯罪人及其他民事侵权赔偿责任主体追偿，也有权责令双重受偿的刑事被害人及其他人员返还补偿金。例如，《欧洲暴力犯罪被害人补偿公约》第9条规定："为避免双重补偿，国家或主管当局得扣除或追偿受补偿人因伤害或死亡而从犯罪人、社会福利或保险或其他任何途径得到的补偿"。第10条规定："国家或主管当局得享有受偿人获得的补偿的代位权"。也就是说，如果被告人已经赔偿了，那么国家就不存在补偿义务了；如果被告人暂时没有赔偿能力，或者公权力尚未掌握被告人可供执行的财产，为了正义的及时性，为了解决被害人的现实紧迫困难，国家先行补偿被害人的损失是极其必要的，国家对被害人进行了补偿后，对被告人就产生了一种追偿的权力，而当国家想从被告人处得到偿还，执行的力度和效果一定要好得多，正如罚金的执行总是比被害人的民事赔偿的执行来得更到位、更容易些。

综上，目前我国各地开展的刑事被害人救助实践不仅在立法上、名称上五花八门，是一种欠缺理论和规范统一的实践，而且在实践中也与需要相距甚远，救助不均且不足。究其原因主要就是，我们不敢承认国家有补偿的义务，我们没有法律的支持，实务部门自然不敢凌驾于法律之上指出国家有补偿被害人损失的义务，因此我们所谓的"救助"无名无分，步履维艰，既没有法律依据，国家也不承认义务，就难有财政保障，法院也好，检察院也好，手中无钱，有心也无力，何况，法院、检察院也没有义务，没有义务就没有约束，没有约束就没有执行动力，对被害人就真正是为了良心或者息诉而给予所谓的"救助"。由此，笔者呼吁，国家应勇敢地摒弃所谓的可有可无的无约束的泛泛而谈的"救助"，而补偿从未无故增加国家的义务和负担，让我们承认，国家补偿是我国刑事被害人救济必不可少的补充，是国家救助被害人的一个重要经济手段。国家必须将这些试点的成果统一起来，建立一套系统的补偿制度，统一立法，统一财政划拨，只有这样，才能及时、系统、有效地救被害人于经济困境。

但这一制度建设显然比我们想象的更难。自2007年江西省人民检察院检察长孙谦代表给全国人大带来的关于建议制定刑事被害人国家补偿法的议案以来，笔者注意到，此后五年中的每一年，一年一度的全国人大提案中总能听到代表对国家建立被害人救助或补偿制度的呼声，2012年全国人大代表团分组审议《刑事诉讼法修正案（草案）》的时候，又有许多代表建议刑事诉讼法修正案增设被害人国家救助制度，如广东代表团的代表、广东省高级人民法院院长郑鄂、广州市律协名誉会长陈舒等人，但显然，这一建议仍未提上今年的立法议程。自2004年青岛试行至今八年过去了，自孙谦提出议案至今五年过去了，中央政法委也牵头在全国各省试点两年了，我们不禁感到疑惑，为什么我们还是没有统一的法律和财政支持呢？一项制度的建立要考虑多少问题，而这些问题，对我国建立被害人国家救助制度是否仍存严重障碍？

四、国家补偿障碍破解之可行性探讨

既然建立国家补偿制度既有理论的充分准备，也有现实的迫切需要，那么，为什么这一制度至今未能建立，其障碍何在？现有中国国情是否允许建立和推行国家补偿制度呢？许多被害人救助的试点单位反映，资金和立法是救助被害人的最大困扰。一名基层法院的院长表示，这几年，虽然帮助了一些人，但各级法院大多不愿对外宣传，因为"资金太少，要求救助的人太多，说的多了，要钱的就多了，财政承受不起。此外，没有立法，给谁不给谁没有统一的标准，只能谁的哭声大，就给谁多一点，在事实上造成新的不公平。"这个院长的话，对整个国家的补偿制度建设而言虽不完全正确，但他透露出了这些年被害人救助试点工作的现实障碍，下文一并探讨之，并确信，国家补偿被害人在我国现行国情下是可行的。

（一）资金障碍之可行性破解

笔者认为，作为个体单位，没有立法和财政支持的救助工作确实备受资金的困扰，但如果因此说建立国家补偿制度的障碍主要在于国家财力困难，那不是凭空想象就是政治借口。让我们来看看我国目前的财力状况和需要用于救助被害人的资金总额之间到底存在怎样的矛盾。

据公开的资料显示，全国每年约有 600 万刑事案件，最后立案的有 400 万以上，也就是说有 200 万案件因为无法破案而使被害人得不到一分钱的赔偿，加上大量进入诉讼程序的被告人根本无力赔偿，得不到赔偿的被害人超过 300 万人，保守估计，其中有一半被害人能够通过自己的力量保障正常的经济生活，那么，还有 150 万（有学者把这个数目估计成 100 万，这里采限缩之保守即扩大估计）被害人需要国家的帮助，根据全国各地实际生活水平的不同情况，按平均每人救助 2 万元计算的话，一年就需要 300 亿元，国家一年有财力拿出 300 亿元救被害人于困境吗？

让我们来看几个数据：2008 年汶川地震，中央财政迅速下达汶川地震受灾群众生活救助金 417.94 亿元；2011 年，国家投入 300 亿元建设福建省平潭综合试验区，打出口号"一天一个一亿，平潭速度"，并计划三年投入 1000 亿元，十二五规划期间总投资 2500 亿元；2011 年，国家财政收入达 103740 亿元，国家税收收入达 95729 亿元，而 2004 年青岛首发被害人救助试行之初，国家财政收入仅 26300 亿元，与今天的中国财政收入差距实在是太大了，增长数高达 76360 亿元。这一系列数字对被害人而言是天文数字，不论是拿出国家财政收入的零头还是拿出收入增长额的零头，就足以救全国百万被害人于水深火热。我国经济发展的速度和水平已经清楚地证明，如今的中国完全有财政能力承担其这一义务。何况，有多少国家在财政能力远小于当今中国的时候就已经建立了国家补偿制度。

如果上述数据与刑事被害人无直接关系，那就让我们再以试点被害人救助较早的某市为例来比较另一组令人难堪的数据，也许答案就不证自明了：现行《某市市级涉法涉诉救助资金管理办法》第 3 条规定："救助资金列入本级财政预算，专项安排。每年资金额度 100 万元。"根据这一规定，我们明确地知道，每年用于救助被害人的财政预算最高不超过 100 万元。而根据该市中级人民法院刑事救助工作小组的统计，其 2010 年和 2011 年两年时间里共救助 29 人，两年时间总救助资金量为 100.8 万元。这一救助资金是多还是少，让我们来比较一下控制信访的维稳资金情况就有答案了。以最近的 2012 年 3 月召开的全国"两会"期间为例，该市自 3 月 1 日起由每个区县派驻 10～20 人不等的工作人员驻京 20 日，预防非正常信访，工作人员总数在 200 人左右，每人全程经费在 5000 元至 1 万元不等，加上需要劝返的信访人员的吃住行和配备的保安等费用，该市投入超过 200 万元的资金，而这仅仅是一年 365 天中的 20 天！这一数据的比较令人难堪，一个城市，每年用低于 100 万元资金救助涉法涉诉被害人，却用超过 200 万元作为一年中 20 天的信访维稳资金，如果计算到一年的时间里，我们完全有理由相信，这一维稳资金的数目将达到甚至超过 1000 万元，最重要的是，这 1000 万元资金不但没有惠及信访人员，没有惠及需要救助的被害人，充其量勉强说为酒店餐饮交通等公共行业做了贡献，还占据了大量的国家工作人员的正常工作时间，浪费了人力和资源。进一步想象一下，如果把这 1000 万元钱投入常规救助被害人的领域，将有多少被害人从中受益，不论是人数还是资金，这里是总额数倍的差距！而这种提前救助被害人的行为也必将大大化解社会矛盾，减少被害人涉法涉诉信访的事件发生。

因此，所谓实施被害人的国家救助障碍来自国家财力困难的说法，显然经不起具体数据的比较和拷问，不攻自破了。事实早已雄辩地证明，随着经济的发展，我国已经完全具备了国家补偿被害人制度确立所需的财政能力，国家补偿的障碍不在资金上。

资金本身不是障碍，但是阻却资金到位的障碍却现实存在，如上述该市制定的涉法涉诉救助资金管理办法就明确将救助资金总额限制在每年 100 万以内，人为地控制了救助的范围，而根本不考虑实际需要救助的被害人有多少，需要救助的程度有多严重，法院等救助机构就不得不在这一限额范围内谨小慎微，不到万不得已不敢轻易动用。可是，试问，救助被错拘、错捕、错判的犯罪嫌疑人的《国家赔偿法》有没有这样的资金限额呢？所以，阻却被害人救助资金到位的不是国家没有充足的资金，而在于救助机关拿不到充足的国家资金支持，因为法律没有为国家确认这一义务。基于道义的义务不是强制性的，法制中国的国家义务只有法律才有强制力，因此，破解资金障碍在于立法。

（二）立法障碍之可行性破解

没有立法，被害人补偿就没有依据，就不能明确国家的义务，就不可能有强有力的资金支持。没有立法，则被害人补偿无法可依。被害人需要补偿的情况可能在司法过程的任何环节中：有的案件在公安阶段长期侦破不了，这时可能会出现急需国家补偿的被害人；有的案件在送到检察院后，因为证据不足，决定不起诉嫌疑人，也可能会出现需要国家补偿的被害人；在进入法院阶段后，因被告人无能力赔偿，需要国家补偿的被害人更多。没有立法的被害人补偿环节难免相互推诿，造成空档或者补偿不及时。此外，没有立法的被害人补偿就没有统一标准，造成被害人之间的不公平，甚至鼓励被害人行为的异化。有了立法，就可以避免补偿发放对象范围和资金数目的随意性，就可以避免不恰当鼓励"看谁哭声大就给谁、就多给谁"的变异补偿，就可以使被害人补偿有章可循，在统一有序的轨道上运行。因此，国家补偿全面推行的第一保障在立法，必须通过立法确立被害人国家补偿制度。

当然，立法是一项严肃、重大、系统的工程，需要长时间的酝酿和准备，尤其是对相对而言属新兴事物国家补偿的立法。那么，现在我国是否已经准备好了，具备了立法确立国家补偿的条件呢？笔者认为这已经是"万事俱备，只欠东风"了。

　　首先，国家补偿立法和制度设计早有理论准备可依。早在 18 世纪时，著名监狱改革家边沁就主张，社会不应该抛弃那些人身或财产受到犯罪侵害的被害人，社会应当补偿被害人的损失。刑事人类学派的三位奠基人龙勃罗梭、菲利和加罗法洛在二十世纪的几届国际刑罚会议上都提倡政府对被害人进行补偿。虽然会议的决议没有导致具体的行动，但是刑事被害人国家补偿的思想基础得到确立。20 世纪 40 年代，德国犯罪学家汉斯·亨梯提出，不能只强调犯罪人的人权，也要充分地肯定和坚决地保障被害人的人权。20 世纪 50 年代，被害人学诞生，其创始人本杰明·门德尔松提出了对被害人的一切损失要进行补偿的观点。二战之后，英国著名的刑罚改良家玛格丽·弗莱女士大力提倡建立犯罪被害人赔偿制度，并最终促成了现代史上第一部被害人补偿立法即新西兰《刑事被害补偿法》。而我国虽然引进学习被害人补偿的理论准备时间较国际社会晚，但自 1984 年正式开始探讨被害人问题至今也有近三十年的积累，且这三十年的研究成果是空前密集的，足以在理论上支撑国家补偿制度的建立。

　　其次，国家补偿立法和制度设计早有国际经验可鉴。自 1963 年第一部被害人补偿立法之后，全世界各个国家关于被害人补偿的立法如雨后春笋般确立起来，加利福尼亚州在 1965 年颁布了美国最早的被害人补偿法，到 1985 年，美国的 34 个州和哥伦比亚特区建立了补偿制度；芬兰于 1973 年通过了《被害人赔偿法》；德国于 1976 年通过立法确立了被害人国家补偿制度；法国于 1977 年在《刑事诉讼法典》第 4 卷特别程序中增设第 14 编，确立了刑事被害人的国家补偿制度；瑞典于 1978 年颁布了《刑事损害补偿法》。在亚洲，我国香港地区受英国的影响，于 1973 年率先制定了《暴力及执法伤亡赔偿计划》；日本在 1980 年颁布了《犯罪被害人等给付金支给法》；韩国在 1987 年公布了《犯罪被害人救助法》。我国台湾地区也在 1998 年《犯罪被害人保护法》中确立被害人国家补偿制度。此外，加拿大、澳大利亚、爱尔兰、丹麦、荷兰、挪威等国也都制定了相关的法律。我们完全有理由相信，这些国家的立法经验足以供我国借鉴参考。

　　再次，国家补偿立法和制度设计在我国早有实践试点准备。正如上文所介绍的，至本文调查完成前，全国 31 个省、直辖市、自治区均开展了被害人救助的试点工作。试点工作不仅积累了大量实践经验，摸底了被害人救助的现实具体情况，更重要的是，试点工作已经出台了大量的地方性法律法规，为国家立法做了充分的技术准备。不仅如此，2007 年 3 月，全国人大代表、江西省人民检察院检察长孙谦向全国人大提交了《关于制定〈刑事被害人国家补偿制度〉的议案》，并且递交了一份详细的立法建议稿。2008 年 4 月，最高人民检察院向有关部门提交了《中华人民共和国刑事被害人国家救助法（建议稿）》。这些建议稿虽可能仍存考虑欠周之处，但显然已为立法先行做了现成的方案设计，可资参考。虽然试点的是国家救助工作，而非国家补偿，但是，救助和补偿在实质上是一致的，只是因为正如立法本身之类的障碍使试点工作无法从救助上升到补偿层面，而这一问题正待立法的解决，而非立法本身的障碍。

由此可见，立法自身的障碍也不存在，国家迟迟不能通过立法方式确立国家补偿制度，唯一欠缺的"东风"就是观念问题，而这也正是第一层面的立法障碍背后，真正的障碍所在。

（三）观念障碍之可行性破解

长期以来，犯罪被认为主要是对国家的侵犯，而遭遇犯罪的被害人往往被遗忘了，甚至被认为被害人自身是有责任的，他们要么自己不小心、贪小便宜而给犯罪分子可乘之机，要么因自己的行为不当挑起犯罪行为，最差的就是运气不好。总之，结论是：国家没有责任，因此也就没有必要补偿被害人因此受到的损害。何况，国家负责把犯罪分子绳之以法，这就是对被害人最大的安慰了。幸而，随着社会的发展和我国与国际的交往日益密切，我国民众最重要的是法律适用者的观念开始慢慢转变。人们开始发现并承认，犯罪不仅仅是对国家的侵犯，更是对个人的侵犯，被害人的悲惨处境随着媒体的发达而逐渐被认识和关注，更多的人自觉地加入了呼吁重视被害人的队伍，并认识到遭遇犯罪的被害人中有过错的只是少数，被害是防不胜防的，任何人都有可能被害，国家负有未提供安全环境给国民的责任；而统治者为了塑造亲民形象，增强执政拥护度，开始更愿意承担其维护和谐安定的更多责任，在这种背景下，国家救助被害人的观念日益成风，我国试行近十年并逐渐从局部地方扩大到全国的被害人救助试点工作也佐证了这一观念的转变。有人认为，目前，无论是司法界还是法学界，都已经把被害人补偿的国家立法，看成是一件合乎逻辑的事。

但显然，这一观念转变尚未产生质的飞跃，国家在观念上的重视程度尚未使该问题上升到立法层面。虽然几乎所有人都认为国家应该救助受困无助的被害人，但仍有不少人认为，目前我国的国情尚不具备立法的成熟条件。到底是什么国情尚不具备呢，上文已述，财政不是问题，因此，问题在观念上想象的国情不允许这一伪命题。

常有人问我，我也自问：为什么民事的、自然的、较轻微的如重大责任事故犯罪等事件反而能引起国家重视，给予被害人及时、为数不小的"救助金"或者说"抚恤金"，为什么更加严重的暴力犯罪的被害人反而得不到救助？几经思量，笔者大胆推测：犯罪被害人经济救助能否得到国家立法支持关键要看国家的重视程度，而案件被害人受重视的程度要看社会直接影响多大，直接影响社会稳定程度多大，个案被害人人数情况，被害人是否形成强有力的影响力和谈判力量。不是民事的、自然的、轻微的犯罪事件中的被害人就一定能获得国家及时到位的救助，而必须是有一定社会影响的，引起国家充分关注的事件的被害人才可能得到这一实惠。让我们来回顾一下近几年的几个重特大犯罪事件和重大责任事故，看看这些事件中的被害人救助情况：

2008年3月14日，极少数不法分子在拉萨制造了打砸抢烧严重暴力事件，烧死砍死无辜群众18人，受伤382人。西藏自治区政府28日发布公告称，经自治区政府研究决定，对在打砸抢烧严重暴力事件中死亡的18名无辜群众的家属给予特殊抚恤金，金额为每人 20 万元人民币。

2009 年 7 月 5 日，在新疆乌鲁木齐市发生的打砸抢烧暴力犯罪事件，造成 197 人死亡，1721 人受伤，其中超过 200 名重伤者或危重者，并造成了重大经济损失，有 331 间店铺、627 辆汽车被砸被烧。7 月 8 日，国务委员孟建柱来到乌鲁木齐市，指出，我们一定要千方百计妥善处理。对无辜受伤人员，一定要全力精心救治；对不幸遇害的同胞家庭，一定要尽快给予抚恤救济；对财产遭受严重损失的，一定要及时给予必要的帮扶救助。乌鲁木齐市市长吉尔拉·衣沙木丁当日召开新闻发布会，表示已经开展善后抚恤工作，到位抚恤金 1 亿元。

2010 年 11 月 15 日，上海市特大火灾事故，造成 58 人死亡，71 人受伤，直接经济损失 1.58 亿元。国务院事故调查组查明，事故是一起因企业违规造成的责任事故，其中 26 名责任人被移送司法机关依法追究刑事责任，每位遇难者获得约 96 万元赔偿和救助金，其中按《中华人民共和国侵权责任法》一次性死亡赔偿约 65 万元、政府综合帮扶和社会捐助等 31 万元。

2011 年 7 月 23 日温州动车事故，事故造成 172 人受伤，40 人死亡。事故发生后，由国务院副总理张德江指导成立的事故救援善后总指挥部很快与部分家属就赔偿问题进行了初步沟通协商，依据国务院 2007 年颁布的《铁路交通事故应急救援和调查处理条例》和《铁路旅客意外伤害强制保险条例》的规定，每个旅客的人身伤亡的赔偿限额为 17.2 万元。这一标准立即受到了许多人的质疑，后几经讨论协商，工作组对赔偿标准进行了调整，加上 20 万元保险理赔，再加上遇难者家属的交通费、丧葬费等，达成了赔偿 50 万元的意向协议。但最后，善后工作组又研究决定以《中华人民共和国侵权责任法》为确定本次事故损害赔偿标准的主要依据，据此，事故遇难人员赔偿救助金主要包括死亡赔偿金、丧葬费及精神抚慰金和一次性救助金（含被抚养人生活费等），合计赔偿救助金额 91.5 万元。

上述事件中，国家所谓的抚恤也好，救助也好，赔偿也好，对普通的刑事被害人而言，简直就是天文数字了。总结上述四个案例，我们发现一个共性，那就是这些案件均引起社会的广泛关注，个案被害人众多，直接影响社会稳定，中央领导高度重视，因此，对被害人的损失赔偿既到位又快捷，数目比起两三万元的普通被害人救助款，更是惊人的！此外，从最近的动车事故赔偿款的确立过程可以看出，最终的赔偿款并非出自最初的自愿，而是迫于极大的社会关注和众多受害者及其亲属的压力而一次次调整得出的，再次论证了笔者的这一猜测。

普通刑事被害人不能通过案件本身的严重程度和社会影响引起社会和中央领导的关注，那么，怎样才能创造条件得到重视呢？于是他们想到了信访，而且是非正常信访的途径才能实现。这也许正是目前我国信访异化的根源之一。笔者熟悉的一个案例，也有人在《法学家茶座》里引用过："被告人与媳妇闹矛盾，打媳妇，娘家人就围着打被告人。被告人在打斗中把大舅哥的动脉割断致其死亡，丈母娘被捅两刀，舌尖少了四分之一，媳妇被捅成轻伤，被告人也受轻伤并于当晚自首。一审法院判处被告人死缓，媳妇到检察院要求抗诉，否则就在检察院门前自焚。检察院无奈抗诉后，法院以故意杀人罪改判被告人死刑。判决后被告人的父亲又到法院门前服毒，要死在法院门口。案件报到最高人民法院，最高人民法院认为本案既有自首行为又是家庭矛盾所致，且夫妻两人还有小孩，依法不应判死刑，不予核准死刑并发回重审，并要求地方做好善后工作。案子的最终结果是给受害人家属在省会城市解决住房、解决工作问题并给予几十万的救助。"诚如作者所言，类似案例在中国不止一例，而案例中体现出来的思维和处理逻辑令人匪夷所思。说是匪夷所思也不对，因为，哪个领导不怕闹，闹就影响稳定，影响稳定就影响政绩，因此就得安抚，安抚就得满足被害人，这样的逻辑最后也被被害人发现了，于是就催生了信访走向繁荣和异化，而司法权威就走向消解和遗忘。

为了避免这种随意性的出现，为了避免制度的设计不恰当地引导民众产生不制造轰动效应就得不到重视、得不到重视就得不到救助的错误观念而加剧社会不稳定，必须彻底改变观念，对这一问题给予充分重视，变被动为主动，尽快建立系统的国家补偿救助机制。而只有通过统一的立法才能实现被害人国家补偿制度的法律化，才能确保被害人的经济救济工作一致、平等、有序地运行。

五、国家补偿具体制度设计

联合国被害人《宣言》规定了由国家补偿被害人的原则，其第 12 条规定："当无法从罪犯或其他来源得到充分的补偿时，会员国应设法向下列人等提供金钱上的补偿：第一，遭受严重罪行造成的重大身体伤害或身心健康损害的受害者；第二，由于这种受害情况致使受害者死亡或身心残障，其家属、特别是受养人。"这一国际性规定可以作为我国国家补偿制度设计的原则。就具体设计而言，我国建立国家补偿制度的立法从未有过，不像修法那般简单，他山之石，可以攻玉，我国这一制度的具体设计需要借鉴国外已有的经验。实行国家补偿刑事被害人损失的国家很多，其中比较具有代表性是美国，且其他国家的情况与美国的情况大体相似，因此拟以此为样本供我国立法参考，特转引以下两表：[①]

① 郭建安：《论刑事被害人国家补偿制度》，载《河南省政法管理干部学院学报》2007 年第 1 期。

表 2　哪些被害人能够申请国家补偿

符合条件的	不符合条件的
所有被害人	
侵犯人身之暴力刑事被害人	侵犯财产之非暴力刑事被害人
机体受伤之被害人	机体未受伤之被害人
需要医疗或耽误工作之被害人	不需要医疗或未影响工作之被害人
医疗费用或损失未得到私营或公共保险赔偿之被害人	得到足够保险赔偿或受到误工工资补偿之被害人
完全或大体上无辜之被害人	对自己被害负主要责任之被害人
无辜且医疗费用或损失超出自己承受能力的暴力刑事被害人以及死亡被害人生前扶养的人	

表 3　美国各州国家补偿制度比较情况

州	开始时间（年度）	报案期限（天）	申请期限（年）	最低损失（美元）	最高赔偿（美元）	资金来源	要否证明不能承受	是否予以应急贷款
阿拉斯加	1972	5	2	0	25000	税收	否	是
加利弗尼亚	1965	无	1	100	25000	罚金	否	是
科罗拉多	1982	3	1.5	25	1500	罚金	否	是
康涅狄格	1979	5	2	100	10000	罚金	否	否
特拉华	1975	无	1	25	10000	罚金	否	否
佛罗里达	1978	3	1	0	10000	罚金	要	是
夏威夷	1967	无	1.5	0	10000	税收	否	是
伊利诺伊	1973	3	1	200	15000	税收	否	否
印第安纳	1978	2	3 月	100	10000	税与罚	否	是
堪萨斯	1978	3	1	100	10000	税收	要	否
肯塔基	1976	2	1	100	15000	税与罚	要	是
马里兰	1968	2	0.5	100	45000	税与罚	要	是
马萨诸塞	1969	2	1	100	10000	税收	否	否
密歇根	1977	2	1 月	100	15000	税收	要	是
明尼苏达	1974	5	1	100	10000	税与罚	否	是
密苏里	1982	2	1	200	25000	罚金	否	是
蒙大拿	1978	3	1	0	25000	罚金	否	否
内布拉斯加	1979	3	2	0	10000	税收	否	是

续表

州	开始时间 （年度）	报案期限 （天）	申请期限 （年）	最低损失 （美元）	最高赔偿 （美元）	资金 来源	要否证明 不能承受	是否予以 应急贷款
内华达	1975	5	1	100	5000	罚金	要	否
新泽西	1971	90	1	100	25000	税与罚	否	是
新墨西哥	1981	30	1	0	12500	税收	否	是
纽约	1966	7	1	0	无	税收	要	是
北达科他	1975	3	1	100	25000	税收	否	是
俄亥俄	1976	3	1	0	25000	罚金	否	是
俄克拉荷马	1981	3	1	0	10000	税与罚	否	是
俄勒冈	1977	3	0.5	250	23000	税收	否	是
宾夕法尼亚	1977	3	1	100	25000	罚金	否	是
田纳西	1976	2	1	100	50000	罚金	否	是
得克萨斯	1980	3	0.5	0	50000	罚金	要	是
弗吉尼亚	1976	2	0.5	100	10000	罚金	要	是
华盛顿	1975	3	0.5		15000	税与罚	否	否
西弗吉尼亚	1981	3	2	0	20000	罚金	否	否
威斯康星	1977	5	2	0	12000	税收	否	是

资料来源：Karmen，CrimeVictims，p. 206.

上述两表基本涵盖了国家补偿制度设计的主要内容，可供参考。结合联合国《宣言》，具体到我国的立法设计，笔者认为，还需要去伪存真、去粗取精，契合国情的修正、创新过程。这一制度设计已有多位学者精心研究并论述过，因此下文仅就笔者觉得话语未尽或未尽清楚之处点出；并认为学术意见仅能提供方向和理念，任何具体到数字例如钱款数额、期限等的设计，都是对立法的越俎代庖，不敢为之，何况，在没有充分实证数据的支撑下作出的具体立法设计也是不严肃的，因此，如下设计仅提供理论性方向：

1. 补偿对象和范围问题

如前所述，国家补偿的补偿性决定了国家补偿的对象和范围是有限的，不可能包括所有的被害人。它只针对无法从被告人或者其他途径得到损害弥补的被害人，这是国家补偿对象和范围圈定的第一道；从联合国宣言的规定和美国的做法均可看出，不可能是所有得不到损害弥补的被害人均可得到国家的补偿，其必须是身心受损致死或者致残等重大损害，即轻微损害和财产损害被认为一般不足以影响未来的生活，即使是严重财产损失也能用劳动换来新的生活，而不必要启动国家补偿，这是国家补偿对象和范围圈定的第二道；这里需要注意一点，联合国宣言并没有将过失犯罪的被害人排除出补偿范围，有些国家如德国《暴力犯罪被害人补偿法》第 1 条明确过失犯罪被害人不能得到国家补偿，笔者认为这违背了补偿的根本原则，补偿不是赔偿，与犯罪行为性质情况无关，而关键是看被害人受损害程度和恢复生活的能力情况，有些过失犯罪如过失致人死亡，其后果的严重程度与故意杀人的后果严重程度对被害人而言基本无异，它同样能导致一个家庭经济支柱的崩塌并陷入困境，因此，过失犯罪的被害人没有理由被排除出局；在这圈定范围内，当出现两种特殊情况，即被害人有重大过错的时候，得以排除出范围，而当被害人死亡时，其受养人等近亲属得以进入可受补偿的范围内，这是国家补偿对象和范围圈定的第三道。笔者认为，这三步应基本完备了国家补偿制度设计的对象和范围问题。诚如上述所言，这仅是一项立法意图的参考，而具体的立法技术处理须由专门立法部门和人员完成，但有一点认为必须始终坚持：不要让制度成为引导人变坏的东西，不是补偿哭声最大的，闹得最厉害的，而是补偿生活最困难的，最需要帮助的；不是因为怕个体影响暂时的稳定而补偿，而是为了整体和谐长久的安定而补偿。

2. 补偿条件的问题

首先，要想获得国家补偿，必须积极配合国家追诉犯罪，只有这样，才能证明被害人在已穷尽义务的情况下仍得不到犯罪行为人的赔偿而需要国家补偿，才能和国家义务形成对等，故要求被害人及时报案，并积极配合司法机关破案、办案；其次，要想获得国家补偿，需要被害人在一定期限内提出申请，如超过特定期限，则认为无法证明该困境是由犯罪行为引发，不符合国家补偿救急的情况，也就丧失据此要求国家补偿的资格；最后，是否需要自证生活陷入困境的问题，美国各州的做法不一，笔者认为，证明事物之"有"很容易，但要被害人如何证明"没有"呢？制度的设计不能强人所难，因此，只要被害人提出申请，除非有相反证据，就推定其处境需要救助，即不需要被害人自证不能承受。

3. 资金来源和限额的问题

诚如上述分析，目前的国家财政是有能力承担的，在这一前提下，国家补偿制度所涉及的资金来源设计应主要来自国家财政，具体来源可以包括：（1）依裁判对犯罪分子强制执行的罚金，这绝对是一笔不小的数目（有些经济犯罪的罚金数额十分巨大，一个案件即可达到数千万元），应该成为国家补偿金的主要来源，除了我们看到的美国的许多州都规定救助金单独或者合并来源于罚金，其他许多国家也有同样做法，比如：在加拿大，国家对每一犯罪人均判处一定数额的罚金，专门用于对被害人的国家补偿；（2）除返还被害人外，上缴国库的赃款赃物的变卖款及其孳息；（3）处理各种违法案件时收缴的罚款和没收非法所得物的变卖款及其孳息；（4）上交国库的无主财产；（5）当出现上述资金来源仍不足以支付该年度的被害人补偿款，得启动国家税收收入。

有人认为，社会福利团体和公民的捐款可作为国家补偿被害人的资金来源之一。笔者认为不然。其一，社会捐助本身具有偶然性和不可预见性，而在中国目前的慈善环境和普通民众对被害人整体的关注程度等情况均不理想的现状下，这一偶然性概率更低，根本不足以成为资金的主要来源之一；其二，现实个案中是存在社会捐助的，有如药家鑫案件的被害人就得到来自社会的为数不小的捐赠（张妙父母所言的只拿到10万元捐赠也好，张妙孩子得到的22万元成长基金也好，药家所言的100万元也好），但均是发生在个案中，基于人们对个案的关注，而不具有普遍性，目前中国尚未出现专门的刑事被害人慈善捐助机构；最重要的是，即使到了有一天，民众的慈善观念和对被害人关注程度足够高了，那么社会捐赠也应该视为国家补偿之外的社会援助行为，因为，社会捐助本质上就不是国家在履行义务，二者从不应混为一体。当然，国家补偿因其补充性得因被害人获得社会捐赠而能相应减少资金支出，这是客观的。

此外，关于资金限额的问题，笔者认为不可借鉴美国的做法，国家补偿不应设限额，这是违背事物发展的自然规律的。立法者在制定法律的时候，即使知道当年度或可预测几年内的被害人需要量，也不可能预测到十年二十年以后，有如美国加利弗尼亚州1965年所设定的25000美金的限额，是否还能适用于近五十年后的今天，如果在中国，这简直难以想象，五十年前的中国人均收入才多少？而如今又是多少？五十年前的最低生活水平是多少？而如今又是多少？何况，每年被害人的人数和损害的程度都不可能一致，甚至基本一致也难以达到，用一个统一的限额显然是不合实际的。因此，为了兼顾法律的稳定性和现实的可变性，对国家补偿法的资金总额不宜设限。但在具体操作上，每个地方可参考前一年设定下一年的财政支出预算，便于资金管理和控制滥用。

但是，资金总额不设限不代表标准不设限，对个体标准设限是必须的，因为不论个体遭遇多大的损失，都可以有一个统一的救助标准，那就是生存之必要即最低生活保障，这也是由国家补偿的补充性决定的，国家补偿不可能使被害人的损失恢复到"如同未曾发生"。

4. 决定和发放部门的问题

这个问题在联合国的宣言中没有明确规定，在美国的对照表中亦找不到依据，原因是，各国的规定和做法确实五花八门，美国各个州的规定也不一样，有公安部门、法院、检察院、司法部等司法部门，也有财政部、民政部等行政部门，也有在上述某一部门或者全部之外设立专门的补偿或者赔偿委员会。

在我国，争议最多的是决定主体，是法院还是检察院？笔者认为，基于被害人在犯罪处置的任何环节都可能需要国家补偿，应该从及时、便捷角度出发，制定决定部门。有些案件因为无法破案而使犯罪分子不能到案，那么被害人就得不到赔偿，换言之就需要国家补偿，这时候让法院还是检察院决定都是不合适的；同理，有些案件因为各种原因在检察院阶段终止了，未能起诉到法院，这时候让法院决定同样是没道理的；但是，大多数案件尤其是重大暴力犯罪的案件（即最需要国家补偿的被害人所在的案件）最终会被提交法院审判，这时候，法院比检察院或者任何机关都更有决定优势。法院和检察院的不同之处在于效力，也就是说，被告人是否做了侵犯被害人权益的事，这侵犯行为导致的损害严重程度，被告人应承担多少责任，被告人有多少钱可赔等等，均须到了法院审判阶段才能准确。因此说，确定国家补偿的决定主体应该与案件的最终决定主体吻合，也就是说，当案件未被移交检察院审查起诉时，决定主体为公安机关；当案件移交审查起诉但最终决定不起诉的，决定主体为检察机关；当案件起诉到法院时，决定主体为法院。

这里必然牵扯到另一个问题，那就是被起诉到法院的案件，甚至被审查起诉的案件，之前都可能经过了长久的侦查过程，而越是复杂重大的案件，侦查时间往往越久，被害人的损害程度却往往越大，这时候如果等待检察机关甚至更远的法院来决定，那对被害人的救济显然是不及时的，迟来的正义非正义，因此，这时应赋予相应的前置部门如法院之前的检察机关、检察机关之前的公安机关，于必要之时先予执行补偿的权力，然后在案件进入最后决定程序时由决定机关决定退偿、追偿的问题。

六、结语

没有人可以保证永远不受害，而加害人又往往无力赔偿被害人的损失，当被害人的损失严重危及生存发展，国家无论从哪个角度，都有补偿被害人之不可推卸的责任。世界各国已纷纷建立起各式的国家补偿制度，我国经过这些年的司法实践也已经万事俱备，箭在弦上，2012 年刑事诉讼法大修改未涉及该制度的建立但愿不是再度失望，而是全新的、自成体系的《国家补偿法》已经在酝酿之中，我们拭目以待。

减轻处罚制度立法再完善问题之探讨

——以《中华人民共和国刑法修正案（八）》为分析样本

王志祥*   袁宏山**

目 次

作为一种从宽处罚制度，减轻处罚制度是贯彻罪责刑相适应原则的必然要求和落实宽严相济刑事政策的具体体现，对于充分发挥刑法惩治和预防犯罪、维护社会秩序以及保障人权的功能具有重要意义。然而，1997 年系统修订的《中华人民共和国刑法》（以下简称刑法）在对减轻处罚制度的规定方面存在的不足大大地影响了该制度的功能的发挥。

为规范减轻处罚制度的适用，2011 年 2 月 25 日全国人大常委会通过的《中华人民共和国刑法修正案（八）》（以下简称《刑法修正案（八）》）对该制度进行了修订。《刑法修正案（八）》第 5 条将刑法第 63 条第 1 款修改为："犯罪分子具有本法规定的减轻处罚情节的，应当在法定刑以下判处刑罚；本

* 北京师范大学刑事法律科学研究院外国刑法与比较刑法研究所所长、教授、法学博士、博士生导师。
** 华北水利水电学院法学院讲师，法学博士。

法规定有数个量刑幅度的，应当在法定量刑幅度的下一个量刑幅度内判处刑罚。"《刑法修正案（八）》第 9 条还删除了刑法第 68 条第 2 款"犯罪后自首又有重大立功表现的，应当减轻或者免除处罚"这一规定。客观地讲，上述修订对于合理地限定减轻处罚的幅度具有重要意义，但修订后的减轻处罚制度立法仍然存在再完善的必要性。笔者下面拟以《刑法修正案（八）》对减轻处罚制度的修改为分析样本，就该制度立法的再完善问题作些探讨，以求教于学术界同仁。

一、减轻处罚制度立法修改的背景

（一）《刑法修正案（八）》第 5 条的立法背景

在《刑法修正案（八）》颁行之前，学者们对如何理解减轻处罚制度中的"法定刑"以及减轻处罚的幅度一直存在认识上的分歧。

就减轻处罚制度中的"法定刑"而言，学术界存在"法定最低刑说"和"法定最高刑说"两种学说。持"法定最低刑说"的学者认为："减轻处罚应该与从轻处罚相区别，从轻处罚是指在法定刑的限度以内判处较轻的刑罚，而减轻处罚，应该在法定刑以下判处刑罚，本条（指 1997 年刑法第 63 条第 1 款——引者注）的法定刑被一致理解为法定最低刑，所以减轻处罚是在法定最低刑以下处罚。"[①] 目前，"法定最低刑说"在我国刑法理论中居于通说的地位。[②] 而与此对立的"法定最高刑说"则认为，由于法定刑的概念本身包含着两种理解的可能性，无论是理解为"法定最低刑"还是"法定最高刑"，在文理上都不违反法定刑的一般语意。因此，在将"法定刑"理解为"法定最高刑"的情况下，由于我国刑法分则中没有法定最高刑为管制的立法例，就根本不可能出现管制如何减轻的难题。[③]

在此还须指出的是，实际上，在"法定最低刑说"的内部，关于"法定最低刑"的具体理解，也存在着不同的见解。在我国刑法分则所规定的具体犯罪中，少数犯罪只有一个法定刑幅度，而绝大多数犯罪具有两个以上的法定刑幅度。对于只有单一法定刑幅度的犯罪而言，法定最低刑也就是法定刑幅度的下限，对此理论上并不存在分歧。但是，对具有数个法定量刑幅度的犯罪而言，学者们对何为"法定最低刑"则存在认识上的分歧并形成"罪名说"和"具体量刑幅度说"两种学说。持"罪名说"的学者认为，法定刑是指某个罪名的整个刑罚幅度，"法定刑以下"是指该罪名总刑罚幅度的最低限以下。[④] 而持"具体量刑幅度说"的学者则认为，"法定最低刑"应是指与不具有该减轻处罚情节的同一犯罪的危害性程度相适应的法定刑幅度的下限，

① 张波：《减轻处罚的含义新探》，载《北京航空航天大学学报》（社会科学版）2004 年第 3 期。

② 参见赵秉志主编：《刑法总论》，中国人民大学出版社 2007 年版，第 485 页。

③ 参见张波：《减轻处罚之"法定刑"含义新探》，载《法治论丛》2003 年第 6 期。

④ 参见陈泽宪：《怎样适用刑法规定的"减轻处罚"》，载《法学》1984 年第 5 期；何秉松主编：《刑法教科书》，中国法制出版社 1995 年版，第 442~446 页。

而不是笼统地指某个法定刑幅度中最低的那个幅度的下限。如对已满 14 周岁的未成年人实施入户抢劫的情形，在确定对其予以减轻处罚时，就应以"10 年以上有期徒刑、无期徒刑或者死刑"作为减轻处罚时应当适用的作为基准的法定刑幅度，即判处低于法定最低刑 10 年有期徒刑的刑罚，而不能以刑法第 263 条整个条文规定的最低法定刑（3 年有期徒刑）作为减轻处罚时的基准。也就是说，在对该未成年人判处刑罚时，不能判处低于 3 年有期徒刑的刑罚。①

就减轻处罚的幅度而言，学术界也存在"严格限制说"、"无限制说"和"折中说"之争。持"严格限制说"的学者认为，为防止轻纵犯罪和严格限制法官的自由裁量权，应当对减轻处罚的适用予以严格限制，只能在法定刑的下一格判处刑罚。② 持"无限制说"的学者指出，不应限制减轻处罚的适用幅度，可以在法定刑以下的一格、两格、三格处刑，甚至可以免除处罚。③ 而持"折中说"的学者则提出：减轻处罚不能毫无限制，而应该有所节制，但也不能搞一刀切。具体而言，在一般情况下只能降一格处罚，但在特殊情况下可以根据案情需要降两格甚至三格处刑。④

与学术界存在分歧相呼应的是，司法实务界在对减轻处罚制度的适用上也存在着混乱局面。如就减轻处罚的幅度而言，有人民法院依照"严格限制说"的观点，在法定量刑幅度的下一个量刑幅度内对犯罪分子判处刑罚；也有人民法院坚持"无限制说"的立场，对犯罪分子在法定刑以下进行跳跃式的减轻处罚。有调研报告表明，在因家庭暴力引发的"以暴制暴型"故意杀人案中，对犯罪人判处的刑罚有"死刑立即执行"、"无期徒刑"、"十三年有期徒刑"、"十二年有期徒刑"、"十一年有期徒刑"到"五年有期徒刑"、"三年有期徒刑，缓期三年执行"等情形，量刑不均衡现象由此可见一斑。⑤ 这也从一个侧面反映出司法实践中在对减轻处罚幅度的把握上存在的乱象。

再以曾经备受争议的"许霆盗窃案"⑥ 为例。广州市中级人民法院的第

---

① 参见赵秉志等著：《刑法学》，北京师范大学出版社 2010 年版，第 355 页。
② 参见马克昌主编：《刑罚通论》，武汉大学出版社 1999 年版，第 346 页；周振想著：《刑罚适用论》，法律出版社 1990 年版，第 279～280 页。
③ 参见樊凤林主编：《刑罚通论》，中国政法大学出版社 1994 年版，第 417 页。
④ 参见冯卫国、王志远：《刑法总则定罪量刑情节通释》，人民法院出版社 2006 年版，第 18 页。
⑤ 参见李玉萍：《适用酌定减轻处罚的几个问题》，载《人民法院报》2009 年 6 月 10 日。
⑥ "许霆盗窃案"的简要情况是：2006 年 4 月 21 日 21 时许，许霆持其不具有透支功能、账户余额为 176.97 元的银行卡到广州市商业银行某自动柜员机（ATM）处准备取款 100 元。许霆无意中输入取款 1000 元的指令后，柜员机竟随即出钞 1000 元。许霆在发现银行卡中仍有余额 170 余元后便意识到自动柜员机出现了异常。于是，他持其银行卡在该自动柜员机以同样的方法取款 170 次，共计取款 174 000 元。2006 年 4 月 24 日下午，许霆携款逃匿。2007 年 5 月 22 日，许霆被抓获归案。至案件重审时，许霆仍未退还赃款。广州市中级人民法院一审认定，许霆的行为属于盗窃金融机构且数额特别巨大，因此以盗窃罪判处许霆无期徒刑，剥夺政治权利终身，并处没收个人全部财产。媒体、公众以及学者对无期徒刑的判决结果均表示质疑。二审时广东省高级人民法院裁定发回重审。重审时，广州市中级人民法院在量刑时引用了 1997 年《刑法》第 63 条第 2 款的规定，改判许霆有期徒刑 5 年，并处罚金 20 000 元。随后，广东省高级人民法院的终审裁定维持了一审法院的重审判决。2008 年 8 月 20 日，最高人民法院核准广东省高级人民法院关于"许霆盗窃案"的终审裁定。

一次一审判决对该案是以"盗窃金融机构，数额特别巨大"进行定性的，依法本应在"无期徒刑或者死刑，并处没收财产"的幅度内判处刑罚。鉴于许霆实施盗窃行为是在发现银行自动取款机出现故障后临时起意的，具有一定的偶然性，与经过预谋或者以破坏手段盗窃金融机构财产的行为相比，其主观恶性和行为的客观危害均相对较轻；从犯罪预防的角度出发，许霆再次实施此类盗窃行为的几率也相对较小；尤其是"盗窃金融机构、数额特别巨大的，判处无期徒刑或者死刑，并处没收财产"这一立法规定本身已失去其正当性。① 综合考虑案件的事实、情节和社会危害性程度，对许霆在法定刑以下判处刑罚具有正当性和合理性。因此，在重审时，法院引用刑法第 63 条第 2 款的规定报经最高人民法院核准对许霆减轻处罚。从形式上看，这是符合法律规定的。但是，与"判处无期徒刑，剥夺政治权利终身，并处没收个人全部财产"的第一次一审判决的结果相比，"判处 5 年有期徒刑，并处 2 万元罚金"的判决结果所体现出的减轻处罚的幅度过大，难免让人产生审判机关屈从舆论压力的质疑。因而，虽然该案的终审判决在形式上符合法定程序，但是从实体上看，判决结果背离了罪责刑相适应原则，是不妥当的。

其实，关于"减轻处罚"的理解问题，最高人民法院研究室早在 1990 年 4 月 27 日《关于如何理解和掌握"在法定刑以下减轻"处罚问题的电话答复》（以下简称《答复》）中就已指出：减轻处罚是指"应当在法定刑以下判处刑罚"。这里所说的"法定刑"，是指根据被告人所犯罪行的轻重，应当分别适用的刑法规定的不同条款或者相应的量刑幅度。具体来说，如果所犯罪行的刑罚，分别规定有几条或几款时，即以其罪行应当适用的条或款所规定的量刑幅度作为"法定刑"；如果是同一条文中，有几个量刑幅度时，即以其罪行应当适用的量刑幅度作为"法定刑"；如果只有单一的量刑幅度，即以此为"法定刑"。除正确理解"法定刑"之外，还应注意，"减轻"与"从轻"是有区别的，在同一法定刑幅度中适用较轻的刑种或者较低的刑期，是"从轻处罚"，不是"减轻处罚"。在法定刑以下减轻处罚，应是指低于法定刑幅度中的最低刑处罚。就法定最低刑的理解问题，1997 年 12 月 31 日最高人民法院《关于适用刑法第十二条几个问题的解释》第 2 条规定，如果刑法规定的某一犯罪，有一个法定刑幅度，法定最低刑是指该法定刑的最低刑。如果刑法规定的某一犯罪有两个以上的法定刑幅度，法定最低刑是指具体犯罪行为应当适用的法定刑幅度的最低刑。

但是，在司法实践中，严格执行《答复》所得到的判决结果使得《答复》规定的合理性面临着来自各方面的质疑。例如，2000 年某市判处一起多

---

① 随着我国社会主义市场经济体系的建立健全，金融机构已经成为市场经济活动中与其他市场主体地位平等的一员。从法律平等原则的角度考量，对于盗窃金融机构的犯罪行为予以特殊规定已不具有正当性。再者，随着我国经济社会的快速发展，人民生活水平的迅速提高，刑法所规定的盗窃数额特别巨大的标准也不合时宜。因此，无论从平等原则还是从刑法内部体系协调性的角度看，对盗窃金融机构数额特别巨大的行为配置无期徒刑或者死刑的特别规定已不具有合理性，因此，《刑法修正案（八）》第 39 条将"盗窃金融机构，数额特别巨大的，处无期徒刑或者死刑，并处没收财产"的条款予以删除。

人共同抢劫杀人的案件。第一被告人论罪应当判处死刑，但因其具有重大立功表现，被减轻判处 9 年有期徒刑，而该案的第二被告人却被判处死刑。此判决宣告后，不仅被判死刑的被告人及其亲属不服，而且其他被告人及其亲属也不能接受。他们认为，第一被告人在共同犯罪中起组织、领导作用，即使他有重大立功表现，也不能从论罪应判死刑减为 9 年有期徒刑。不仅如此，提起公诉的检察机关对该判决也不能理解和接受，相当一些人建议提出抗诉。大家认为，基于第一被告人有重大立功表现，将其原本应该判处的死刑减轻判处无期徒刑或者 10 年以上有期徒刑都是可以的，但判处 9 年有期徒刑则显然有失公正。从情理上讲，审判人员也感到对第一被告人的量刑与其他被告人的量刑如此悬殊，似有不当，但从法律上看，因该被告人有法定减轻处罚情节，在法定最低刑 10 年以下量刑是符合法律规定的。①

学术界和司法实务界对减轻处罚制度的理解之所以出现极不统一的局面，一个极为重要的原因在于：立法上关于减轻处罚的规定过于笼统，没有明确减轻处罚的幅度。为规范量刑，《刑法修正案（八）》第 5 条对刑法第 63 条第 1 款作了补充，即对减轻处罚的幅度坚持了严格限制的立场。总体上看，这一限制是合理的。因此，在对符合减轻处罚条件的被告人判处刑罚时，应当合理限制减轻处罚的幅度，这也是贯彻罪责刑相适应原则的必然要求。

（二）《刑法修正案（八）》第 9 条的立法背景

1997 年刑法第 68 条原第 2 款是对既有自首情节又有重大立功情节的犯罪人予以从宽处罚的规定。设立该款的目的是为了鼓励犯罪分子既积极自首，又争立大功，从而分化犯罪势力，节约司法成本。但是，这一规定在司法实践的具体适用中也导致了判决结果偏离罪责刑相适应原则、共同犯罪案件中不同犯罪人之间量刑失衡的现象。导致上述现象的主要原因是：我国刑法分则中有一些犯罪的最高量刑幅度为"十年以上有期徒刑、无期徒刑或者死刑"。司法实践中，有一些犯罪人因其罪行极其严重，本应判处死刑，但是由于其在犯罪以后有自首和重大立功表现的情节，根据刑法第 68 条第 2 款的规定，"应当减轻或者免除处罚"，所以只能对其判处 10 年以下有期徒刑，这使得判决结果偏离了罪责刑相适应原则，也使得在同一案件中出现了对不同犯罪人刑罚悬殊的现象。例如，在共同故意杀人案件中，尽管数名主犯中的一人在共同犯罪中起到关键作用，但因其有自首和重大立功表现，最终只能被判处 10 年以下有期徒刑，而其余主犯则可能被判处死刑，甚至会出现具有自首并有重大立功情节的主犯可能被判处比不具有该情节的从犯还轻的刑罚的不合理现象。

立法部门有论者认为，司法实践中在对犯罪人予以减轻处罚的场合之所以出现量刑过轻的现象，原因在于刑法原第 68 条第 2 款"犯罪后自首又有重大立功表现的，应当减轻或者免除处罚"的规定过于刚性，法院没有灵活选择的余地。如果删除刑法第 68 条中"应当减轻"的规定，就不会再出现对本

---

① 参见顾永忠：《浅析个案间量刑的失衡》，载《人民司法》2003 年第 2 期。

应判处死刑的犯罪人减轻处罚后量刑过轻的问题。今后对于犯罪后有自首、立功情节的犯罪分子只保留了可以减轻或者免除处罚的规定。人民法院在对有自首、立功情节的犯罪分子判处刑罚时，可以根据犯罪的事实、犯罪的性质、情节和对于社会的危害程度，酌情决定是否减轻或者免除刑罚。对于罪该判处死刑的犯罪分子，尽管有自首和重大立功表现，也可以不减轻处罚。①据此，《刑法修正案（八）》第 9 条删除了刑法第 68 条第 2 款的规定。

二、对修改后的减轻处罚制度立法的评价

虽然《刑法修正案（八）》第 5 条、第 9 条对于消除理论上和司法实践中在减轻处罚制度的理解方面所存在的乱象能够起到一定的作用，但就该修正案对减轻处罚制度的修订而言仍然存在不少问题。

（一）减轻处罚量刑规则的增补美中仍有不足

为统一司法适用标准，规范减轻处罚的量刑规则，《刑法修正案（八）》第 5 条在刑法第 63 条第 1 款后增加规定："本法规定有数个量刑幅度的，应当在法定量刑幅度的下一个量刑幅度内判处刑罚。"这一补充规定对减轻处罚的幅度采取了严格限制的立场，化解了"严格限制说"与"无限制说"的理论之争，消除了实践中不适当地扩大减轻处罚适用幅度的乱象，很好地贯彻了罪责刑相适应原则，对于规范司法实践中减轻处罚制度的正确适用具有重要的意义。但这一规定也存在适用范围狭窄以及在对减轻处罚幅度的限制方面仍存在不足等问题。

1. 在对"法定刑"的理解上持"法定最低刑说"的立场利于区分减轻处罚与从轻处罚的界限

刑法第 63 条第 1 款规定的"在法定刑以下判处刑罚"中的"法定刑"究竟是指"法定最高刑"还是指"法定最低刑"？这涉及减轻处罚的适用基准和幅度这两个重要问题。《刑法修正案（八）》第 5 条所增加的关于减轻处罚量刑规则的规定显然采取了"法定最低刑说"，这也是对前述最高人民法院研究室《答复》中"在法定刑以下减轻处罚，应是指低于法定刑幅度中的最低刑处罚"这一规定在立法上的回应。

笔者认为，将刑法第 63 条第 1 款规定的"在法定刑以下判处刑罚"中的"法定刑"限定为"法定最低刑"，是符合减轻处罚的"在法定刑以下判处刑罚"这一立法本意的。在理解减轻处罚时，必须将其与从轻处罚、免除处罚区分开来。所谓从轻处罚，是指在法定刑的幅度内，对犯罪分子适用相对较轻的刑种或者处以相对较短的刑期。从轻处罚情节是相对于犯罪分子没有该情节情况下法定量刑幅度以内应当判处的刑罚而言的。因此，在适用从轻处罚情节时，基本的要求是，对于具有从轻处罚情节的犯罪分子，应在法律规定的幅度以内，判处相对不具有这一情节的犯罪较轻的刑种或刑期。不能将从轻处罚理解为在法定刑内一律判处最低的，或者接近最低的刑罚，也不能

---

① 参见全国人大常委会法制工作委员会刑法室编：《中华人民共和国刑法修正案（八）条文说明、立法理由及相关规定》，北京大学出版社 2011 年版，第 30 页，第 18 页。

理解为应当判处法定刑内低于"中线"刑罚以下的刑罚，更不能理解为在法定最低刑以下判处刑罚。当然，在适用从轻处罚情节时，是可以判处法定最低刑的。免除处罚，是指对犯罪分子作有罪宣告，但免除其刑罚处罚。而减轻处罚，是"在法定刑以下判处刑罚"。在减轻处罚的场合，不能在法定最低刑以内判处刑罚，否则将与从轻处罚相混淆；也不能判处免除处罚，否则将与免除处罚相混淆。以故意杀人罪为例，其基本犯的法定量刑幅度为"死刑、无期徒刑或者十年以上有期徒刑"。对于实施故意杀人罪基本犯的犯罪人而言，如果确定对其予以从宽处罚，那么在这一量刑幅度内判处10年以上有期徒刑（包括10年有期徒刑）、无期徒刑或者死刑缓期执行的刑罚属于从轻处罚，而在低于10年有期徒刑（不包括10年有期徒刑）① 判处刑罚才属于减轻处罚。

对此，有意见认为，关于如何在相对确定的法定刑基础上减轻处罚的问题，其标准应当是在没有该减轻处罚情节时，被告人应当判处的刑罚。例如，在上述2000年某市判处的一起多人共同抢劫杀人的案件中，假如没有重大立功这一减轻处罚情节，应当判处被告人死刑。对其减轻处罚后，应当判处无期徒刑。② 还有意见认为，为了探索一种既能有效避免量刑不公正，杜绝畸轻畸重，又不违背法定刑这一概念内涵的量刑方法，在"死刑、无期徒刑或者十年以上有期徒刑"这一多刑种刑罚配置模式中，应当认为共有三档法定刑，而不是一档法定刑。这样，对于应判死刑的被告人，在适用减轻处罚时，其宣告刑便只能是无期徒刑，而不是有期徒刑。③ 上述意见在司法实践中也有所体现。一些司法机关认为，对于罪该判处重刑的犯罪分子，如果一档刑中规定"十年以上有期徒刑、无期徒刑或者死刑"，横跨几个刑种，并且每一个刑种之间本身又差别巨大，要正确合理地进行减轻处罚，便应当先确定如果没有减轻处罚情节犯罪分子可能被判处的刑罚，再在此基础上确定减轻处罚后应当适用的刑罚。比如，犯罪分子如果没有减轻处罚情节，本应判处死刑，减轻处罚后应当判处其无期徒刑；如果犯罪分子本应判处无期徒刑，判处其10年以上有期徒刑，也已经是减轻处罚了。④ 1989年10月28日广东省高级人民法院《关于如何理解和掌握"在法定刑以下减轻"处罚问题的请示》指出：减轻处罚中的"法定刑"，究竟是指刑法分则条文所规定的法定最低刑，还是根据罪行轻重所适用的法定刑？按照罪刑法定原则，应将根据罪行轻重所适用的刑法条文中规定的刑种及有期徒刑不同幅度的档次作为法定刑。如就因防卫过当而犯故意杀人罪，致二死二重伤一案而言，按其故意杀人罪的情节后果，应判处死刑，但属于防卫过当应酌情减轻处罚，则可判无期徒刑

① 刑法理论上一般认为，减轻处罚中的在法定刑以下判处刑罚，不包括本数在内，因为判处最低刑属于从轻处罚的范畴。

② 参见王恩海：《"减轻处罚"含义新探——对最高人民法院〈答复〉的质疑》，载《政治与法律》2007年第4期。

③ 参见韩轶：《减轻处罚在多刑种刑罚配置模式中的适用》，载《人民检察》2007年第5期。

④ 参见张军主编：《〈刑法修正案（八）〉条文及配套司法解释理解与适用》，人民法院出版社2011年版，第94页，第63~64页。

或有期徒刑 10 年以上。在审判实践中，对有自首又有立功表现依法可以减轻处罚的案件，一般都是按此原则处理的。广东省高级人民法院倾向于第二种意见。

显然，上述第一种意见会导致减轻处罚和从轻处罚混为一谈的局面：在"十年以上有期徒刑、无期徒刑或者死刑"这一法定量刑幅度内选择适用刑罚应当属于从轻处罚的情形，而决非减轻处罚的情形。这两种意见的出发点均是避免法定量刑幅度的跨度过大的情况下由在该量刑幅度的下限以下减轻处罚所带来的罪责刑不相适应的局面，因而通过以从轻处罚取代减轻处罚而有意地规避了减轻处罚的适用。对于这种规避减轻的做法，有司法实务界人士称其为敢于违法从重，不敢依法减轻。① 这两种意见对减轻处罚的规避是通过将宣告刑（死刑）曲解为法定刑（死刑、无期徒刑或者十年以上有期徒刑）来实现的。规定两种以上刑种的法定刑是我国刑法中法定刑的存在形式之一，它终究表现为一种量刑幅度，法官据此选择刑种或刑期。② 具体就"十年以上有期徒刑、无期徒刑或者死刑"而言，法定刑表现为一定的量刑幅度；"十年以上有期徒刑"、"无期徒刑"以及"死刑"是组成法定量刑幅度的三个刑种，这三个刑种组合在一起形成了一个档次的法定刑，而决非形成了三个档次的法定刑。在以该法定刑为基准量刑幅度进行减轻处罚时，只能在该法定刑的最低限即幅度的下限"十年"以下判处刑罚。而本该判处的死刑已不属于法定刑的范畴，而实际上属于暂不考虑减轻处罚情节情况下的宣告刑。这样看来，如果认为判处无期徒刑就等于进行了减轻处罚，实际上就意味着减轻处罚是在宣告刑以下判处刑罚，而这是明显违背刑法第 63 条中的"在法定刑以下判处刑罚"这一关于减轻处罚基本要求的规定的。

还有意见认为，减轻处罚只是为突破法定刑提供了可能性，而并非当然地要突破法定刑。在突破法定刑的可能性上，从轻处罚与减轻处罚具有当然的不同；在不突破法定刑的时候，减轻处罚和从轻处罚存在较大程度的交叉也是合法的，因为从轻处罚的情节和减轻处罚的情节在法典中就是交织在一起的，都表现为同一个情节，如未遂犯，可以比照既遂犯从轻、减轻处罚，其他情节也是如此。③ 笔者认为，如果认为减轻处罚的结果既可以突破法定刑，也可以不突破法定刑，那么立法者对从轻处罚的情节的设置纯粹就成了多余之举，因为在这种情况下从轻处罚情节所具有的功能完全可以由减轻处罚情节来承担。至于法典中从轻处罚的情节与减轻处罚的情节交织在一起，也并不表明二者在功能上能够存在交叉，而只是表明二者所涉及的同一个量刑情节是一个多功能情节。况且，从轻处罚的情节与减轻处罚的情节并非总是交织在一起的，二者也存在独立存在的场合。如由《刑法修正案（八）》第 8 条增加的刑法第 67 条第 3 款规定的坦白所具有的从轻处罚的功能和减轻

---

① 参见张军等著：《刑法纵横谈》（总则部分），法律出版社 2003 年版，第 378 页。
② 参见朱建新、陈鸿翔：《减轻处罚的理解与适用》，载《山东审判》1999 年第 2 期。
③ 参见张波：《减轻处罚的含义新探》，载《北京航空航天大学学报》（社会科学版）2004 年第 3 期。

处罚的功能就是独立存在的：坦白在一般情况下属于可以从轻处罚的情节；在因犯罪嫌疑人如实供述自己罪行，避免特别严重后果发生的情况下，坦白属于可以减轻处罚的情节。就坦白这一情节而言，如果认为减轻处罚情节也具有"在法定刑限度以内判处刑罚"的功能，就会形成无论是否因坦白避免特别严重后果发生，从宽处罚的幅度均保持一致的局面，而这是显然违背在因坦白避免特别严重后果发生的情况下给予更大幅度的从宽处理这一立法精神的。

笔者注意到，在《刑法修正案（八）》颁行后，混淆减轻处罚和从轻处罚界限的观点在理论上依然存在。比如，有论者在对《刑法修正案（八）》所增加的关于减轻处罚的量刑规则进行解释时指出，当某个罪名存在数个量刑幅度，减轻处罚时，应当在正常对应的量刑幅度的下一个量刑幅度内判处刑罚。例如刑法第 234 条第 1 款规定："故意伤害他人身体的，处三年以下有期徒刑、拘役或者管制"。如果某个犯罪分子触犯故意伤害罪，应判处 3 年以下有期徒刑，但是由于存在法定减轻处罚情节，应对其予以减轻处罚，此时应在"三年以下有期徒刑"这个量刑幅度的下一个量刑幅度"拘役"（1 个月至 6 个月）内判处刑罚，而不能在"拘役"的下一个量刑幅度"管制"（3 个月至 2 年）内判处刑罚，更不能判处比管制还要轻的附加刑。① 在上述观点中，组成一个法定量刑幅度的三个不同的刑种被歪曲地解释为三个法定量刑幅度。这样，一个原本完整的法定量刑幅度被肢解为三个量刑幅度，本属于在法定刑限度以内进行从轻处罚所得到的结果被堂而皇之地变成了减轻处罚的结果。还有的意见认为，减轻处罚包括同一刑种幅度的减轻以及不同刑种的递减，两者只能选一，具体适用要看刑法条文如何规定。如就具有加重情节的抢劫犯罪而言，对判处死刑的犯罪分子减轻处罚，应适用刑种的递减，减为无期徒刑；对判处"10 年以上有期徒刑"的犯罪分子减轻处罚，应适用刑种幅度的减轻，在"三年以上十年以下有期徒刑"的幅度内决定刑罚。② 问题是，根据《刑法》第 263 条的规定，与具有加重情节的抢劫犯罪的社会危害性相适应的法定量刑幅度是"十年以上有期徒刑、无期徒刑或者死刑"。根据《刑法修正案（八）》第 5 条所增加的关于减轻处罚量刑规则的规定，无论在不考虑减轻处罚情节的情况下对犯罪分子所判处的刑罚是死刑还是"10 年以上有期徒刑"，在确定对犯罪分子予以减轻处罚时，都"应当在法定量刑幅度的下一个量刑幅度内判处刑罚"，即在"三年以上十年以下有期徒刑"的幅度内决定刑罚。按照上述意见，减轻处罚实际上仍然是在宣告刑以下判处刑罚，这显然是违背减轻处罚的"在法定刑以内判处刑罚"这一基本要求的。

此外，针对减轻处罚的量刑规则，立法部门指出："如果法定量刑幅度已经是最轻的一个量刑幅度，则减轻处罚也只能在此幅度内判处较轻或最轻的刑罚；对于已经确定予以减轻处罚，本法只规定了一个量刑幅度的，只能在

---

① 参见周光权主编：《刑法历次修正案权威解读》，中国人民大学出版社 2011 年版，第 298 页。
② 参见宋杰：《对李某如何适用减轻处罚——兼论对〈刑法修正案（八）〉第 5 条关于减轻处罚的理解》，载《中国检察官》2011 年第 5 期。

此量刑幅度内判处较轻或最轻的刑罚。"① 笔者认为，立法部门的上述意见是值得商榷的。在法定刑幅度内判处较轻或最轻的刑罚体现的是从轻处罚而非减轻处罚。这种意见显然混淆了减轻处罚和从轻处罚的界限，因而是不适当的。对于法定量刑幅度已经是最轻的一个量刑幅度或者只有一个法定量刑幅度的情形而言，在适用减轻处罚制度时，应以此法定量刑幅度的最低限为减轻基准，在法定最低限以下判处刑罚，这样才能体现减轻处罚的精神实质，并将从轻处罚与减轻处罚合理地区分开来。

综上所述，笔者认为，从轻处罚与减轻处罚的界限就是法定最低刑。在法定最高刑以下（不含法定最高刑）、法定最低刑以上（包括法定最低刑）这一幅度内判处刑罚的，属于从轻处罚；在法定最低刑以下（不包括法定最低刑）判处刑罚的，属于减轻处罚。减轻处罚的最低限度就是不得免除处罚。

2. 在对"法定最低刑"的理解上持"具体量刑幅度说"的立场利于准确量刑、罚当其罪

从我国刑法分则关于法定刑的具体规定来看，有的犯罪仅被配置了一个法定量刑幅度，如《刑法修正案（八）》第 22 条所规定的危险驾驶罪就仅有一个法定量刑幅度，即处拘役，并处罚金。就这类犯罪而言，由于只存在一个量刑幅度，因而在适用减轻处罚制度时不存在量刑幅度的选择问题。但是，我国刑法分则中除了规定有少量的单一量刑幅度的犯罪以外，还存有大量的两个、三个甚至更多的量刑幅度的犯罪。就此类犯罪而言，在适用减轻处罚制度时，应当遵循罪责刑相适应原则的要求，选择与犯罪行为社会危害性的轻重和犯罪人人身危险性的大小相适应的法定量刑幅度作为量刑的基准，否则就会抹杀同种犯罪不同危害程度之间的差异，从而背离罪责刑相适应原则，导致罪刑失衡的后果。以故意杀人罪为例，根据《刑法》第 232 条的规定，故意杀人罪有两个法定量刑幅度：第一档次的量刑幅度是死刑、无期徒刑或者 10 年以上有期徒刑；第二档次的量刑幅度是 3 年以上 10 年以下有期徒刑。对于一般情形的故意杀人罪，应适用第一档次的量刑幅度裁量刑罚，即在死刑、无期徒刑或者 10 年以上有期徒刑的幅度内判处刑罚。如被告人甲在交通肇事后，为逃避法律追究而以极其残忍的手段杀人灭口的情形便是如此。对于情节较轻的故意杀人罪，则应适用第二档次的量刑幅度裁量刑罚，即在 3 年以上 10 年以下有期徒刑的幅度内判处刑罚。如被告人乙在被害人具有重大过错（如长期遭受其父亲暴力性侵害）的情况下将被害人杀死的情形便是如此。在上述两种情形中，在适用减轻处罚制度时，如果采用前述"罪名说"的观点，对两被告人就均应在 3 年以上 10 年以下有期徒刑的幅度的下限即 3 年以下有期徒刑判处刑罚。这样的判决结果显然难以体现出犯罪情节不同的两类故意杀人案件在社会危害性和人身危险性方面的差别，这不但与罪责刑相适应原则相背离，也难以实现法律效果与社会效果的统一。而如果采用"具体量刑幅度说"的观点，那么对被告人甲就应在死刑、无期徒刑或者 10

---

① 参见全国人大常委会法制工作委员会刑法室编：《中华人民共和国刑法修正案（八）条文说明、立法理由及相关规定》，北京大学出版社 2011 年版，第 18 页。

年以上有期徒刑这一幅度的下限即 10 年有期徒刑以下判处刑罚，而对被告人乙则应在 3 年以上 10 年以下有期徒刑这一幅度的下限即 3 年有期徒刑以下判处刑罚，这样就能够很好地体现出犯罪情节不同的具体杀人案件之间的差异，从而做到罚当其罪、罪刑均衡，实现法律效果与社会效果的统一。

综上所述，笔者认为，在刑法分则规定的犯罪仅具有单一量刑幅度的场合以及刑法分则规定的犯罪虽具有数个量刑幅度但在不考虑减轻处罚情节的情况下本应适用的量刑幅度已属于最低量刑幅度的场合，依照"罪名说"所得出的减轻处罚制度中的"法定最低刑"的判断结论是没有问题的，但是在刑法分则规定有数个量刑幅度且在不考虑减轻处罚情节的情况下本应适用的量刑幅度不属于最低量刑幅度的场合，依照"罪名说"所得出的减轻处罚制度中的"法定最低刑"的判断结论便会导致罪刑失衡、罚不当罪的后果。而由于"具体量刑幅度说"将"法定最低刑"的判断与犯罪的具体情节相联系，所以是较为妥当的。

3. 在减轻处罚的幅度上适度体现"严格限制说"的精神利于保障罪责刑相适应原则的实现

就前述关于减轻处罚幅度的三种观点而言，"无限制说"赋予法官较大的自由裁量权，容易导致量刑失衡的现象以及减轻处罚与免除处罚界限混淆的弊端；"折中说"对减轻处罚不搞一刀切的做法是值得赞赏的，但其提出的可以"降两格甚至三格处刑"的"特殊情况"并不明确，可操作性较差；"严格限制说"可以防止滥用减轻处罚的弊端，具有一定的合理性，但其"一格"的限制又过于严格，不利于充分发挥减轻处罚制度的积极效用。所谓"格"，是对我国刑法规定的刑罚幅度的一种表述。根据我国刑法分则的规定，法定最低刑共有 10 个格，即无期徒刑、10 年徒刑、7 年徒刑、5 年徒刑、3 年徒刑、2 年徒刑、6 个月徒刑、拘役、管制和附加刑。[①] 从刑法关于法定刑的规定来看，"格"是从所有犯罪的法定刑呈现出的刑期（包括刑种）的跨度特征中总结出来的，而法定量刑幅度则是就特定犯罪的法定刑而言的。一般而言，具体犯罪的法定量刑幅度是体现犯罪行为的社会危害性和犯罪人人身危险性的征表；在量刑时，应以犯罪人所触犯罪名的法定量刑幅度为基准。而"格"则并非针对具体犯罪而言的幅度，上述 10 种"格"的幅度并不能完全体现犯罪行为社会危害性和犯罪人人身危险性的大小，且每一"格"之间的跨度很小，并不能适应所有场合下的减轻处罚的需要。据此，在进行减轻处罚时不宜以所谓的"格"为基准。不过，值得肯定的是，与"无限制说"和"折中说"相比，"严格限制说"所反映出的限制减轻处罚幅度、防止减轻处罚制度滥用的精神是有利于罪责刑相适应原则的贯彻的。

根据刑法第 5 条的规定，罪责刑相适应原则是指刑罚的轻重应当与犯罪行为的社会危害程度和犯罪人应当承担的刑事责任大小相适应。作为刑法的基本原则，罪责刑相适应原则是贯穿于整个刑事立法和刑事司法全过程的。

---

① 参见马克昌主编：《刑罚通论》，武汉大学出版社 1999 年版，第 346 页。

在刑事立法阶段，立法者在为具体犯罪配置法定刑时应当遵循罪责刑相适应原则的要求，根据犯罪情节所体现的犯罪行为的社会危害程度和犯罪人的人身危险性大小为具体犯罪配置适当的刑罚。除了为少数犯罪配置确定的刑罚之外，立法者根据其对犯罪规律和特征的总体理解和把握，为多数犯罪配置了具有一定阶梯的、递进式的刑罚，这就要求法官在刑事司法阶段具体适用减轻处罚制度时，也要遵循罪责刑相适应的原则，对符合减轻处罚条件的犯罪人根据其所具备的减轻处罚情节所反映出的犯罪行为危害减轻程度和人身危险降低程度依次递减适用刑罚，而不能随意跨越法定量刑幅度进行跳跃式减轻处罚。由此，在适用减轻处罚制度时，就应当适当限制减轻处罚的幅度，不能无所节制，否则就会背离罪责刑相适应原则的要求。由此看来，《刑法修正案（八）》第 5 条就减轻处罚的幅度所作出的"在法定量刑幅度的下一个量刑幅度内判处刑罚"这一限制显然是有利于罪责刑相适应原则的贯彻的。

4. 新增减轻处罚量刑规则对减轻处罚幅度的限制仍然存在不足

就减轻处罚的量刑规则而言，《刑法修正案（八）》第 5 条仅规定了"在法定量刑幅度的下一个量刑幅度内判处刑罚"，而并没有对减轻处罚的幅度做进一步限制。这样，就刑法分则中规定的量刑幅度跨度较大的情形而言，一旦适用增补的减轻处罚的量刑规则，仍可能存在减轻幅度过大、量刑失衡的弊端。比如，对于实施故意杀人罪基本犯的情形而言，其本应适用的量刑幅度是"死刑、无期徒刑或者十年以上有期徒刑"。如果确定对被告人予以减轻处罚，则根据《刑法修正案（八）》第 5 条的规定，法官就有权在"三年以上十年有期徒刑"这一量刑幅度内判处刑罚。在该幅度内，法官所判处的刑罚只要不高于 10 年有期徒刑（不含 10 年有期徒刑）、不低于 3 年有期徒刑（含 3 年有期徒刑），就是合法的。在被告人本应判处无期徒刑甚至死刑的情况下，区区一个减轻处罚的情节就使得最终判处的刑罚可以低至 3 年有期徒刑。不能不说，这样的判决结果虽然合乎法律的规定，但却因体现出法官过大的自由裁量权而显得不合乎情理，且有悖于罪责刑相适应原则。

5. 新增减轻处罚量刑规则的适用范围极为有限

《刑法修正案（八）》第 5 条关于减轻处罚量刑规则的补充规定只能适用于刑法分则规定有数个量刑幅度且在不考虑减轻处罚情节的情况下本应适用的量刑幅度不属于最低量刑幅度的情形，而对于在刑法分则仅规定单一量刑幅度以及刑法分则规定有数个量刑幅度且在不考虑减轻处罚情节的情况下本应适用的量刑幅度已经属于最低量刑幅度这两种情形下减轻处罚的量刑规则问题则尚需进一步明确。

具体而言，一方面，将《刑法修正案（八）》第 5 条所增加的关于减轻处罚量刑规则的补充规定适用于量刑幅度并非最低量刑幅度的情形是没有问题的。但是，当量刑幅度本身即为最低量刑幅度时，则就没有"下一个量刑幅度"可供适用。以盗窃罪为例，由《刑法修正案（八）》第 39 条修正后的盗窃罪共有 3 个量刑幅度。对于盗窃数额较大的情形，应当适用"三年以下有期徒刑、拘役或者管制"这一最低量刑幅度。如果行为人盗窃数额较大且被确定予以减轻处罚，则由于"三年以下有期徒刑、拘役或者管制"这一幅度已经是最低量刑幅度，所以已没有所谓的"下一个量刑幅度"可供适用。另一方面，对于刑法分则规定的犯罪仅具有单一量刑幅度的情形而言，也是无法适用关于减轻处罚量刑规则的补充规定的。《刑法修正案（八）》第5条对刑法第63条第1款的修正，仅明确了具有数个法定量刑幅度时减轻处罚的量刑规则问题，而对于只具有单个量刑幅度的情形则仍未明确减轻处罚的量刑规则。因此，《刑法修正案（八）》第5条所增加的减轻处罚量刑规则的适用范围是极为有限的。

（二）自首和重大立功竞合情况下从宽处罚规定的删除并非最佳选择

《刑法修正案（八）》第9条删除了刑法原第68条第2款关于对具有自首和重大立功情节的犯罪分子"应当减轻或者免除处罚"的规定，这可以在一定程度上减少司法实践中判决结果偏离罪责刑相适应原则、同一案件中不同犯罪人之间量刑失衡的现象。但是，毋庸讳言，这并不是解决自首和重大立功情节竞合情况下如何从宽处罚问题的最佳方案。这一删除确实可以在一定程度上避免所谓的"同一案件中不同犯罪分子刑罚悬殊的现象"，但是其并不能从根本上解决问题，因为自首与重大立功情节竞合的情形相对于仅具有单一的自首或者重大立功情节的情形而言应当得到幅度更大的从宽处罚，简单删除的做法没有对前者体现更为从宽的精神。况且，修正后的刑法仍然规定，重大立功的，可以减轻或者免除处罚。尽管这里的"可以"为法官是否适用减轻处罚留有一定的选择余地，但是，在司法实践中，对于有重大立功情节的犯罪人，在适用减轻处罚时，同样可能出现修改前的"同一案件中不同犯罪分子刑罚悬殊的现象"，而在排除减轻处罚适用的情况下则会导致重大立功这一从宽处罚制度的重要价值无法充分实现。

（三）酌定减轻处罚制度应改而未改

刑法第63条第2款是关于酌定减轻处罚制度的规定，[①] 即"犯罪分子虽然不具有本法规定的减轻处罚情节，但是根据案件的特殊情况，经最高人民法院核准，也可以在法定刑以下判处刑罚。"这一规定为人民法院对被告人在不具有法定减轻处罚情节的场合根据案件的特殊情况进行减轻处罚提供了法律依据，但是由于该条款规定的实体条件（案件的特殊情况）比较笼统，程序条件（经最高人民法院核准）过于严苛，因而在理论研究和司法适用中引发了诸多争议和问题，甚至在一定程度上影响了罪责刑相适应原则的贯彻。

具体而言，根据刑法第63条第2款的规定，酌定减轻处罚的适用条件如下：一是犯罪人不具有法定减轻处罚情节，这是适用酌定减轻处罚的前提；二是必须报请最高人民法院核准；三是案件具有特殊情况。关于"案件的特殊情况"，理论上存在着认识上的分歧：一种观点认为，只有那些涉及国家政治、国防、外交等方面的案件，且必须是没有其他法律方法解决轻判，而案件重判又不符合国家利益或者会损害国家利益时，才可以考虑启动刑法第63

---

① 理论上和实务中也将该规定称为关于特别减轻处罚制度的规定。

条第 2 款规定的"特别减轻程序"。① 另一种观点则认为，"案件的特殊情况"不限于国家利益。如有学者认为，所谓"案件的特殊情况"，具体包括涉及政治、外交、统战、民族、宗教等国家利益的特殊需要以及反映犯罪的社会危害程度和犯罪人的人身危险程度，应当据此给予犯罪人减轻处罚，但是由于法律规定的滞后性或者立法者认知能力的有限性而没有予以规定的事实情况。在这种特殊情况下，对行为人判处法定最低刑还是过重时，才能考虑在法定最低刑以下判处刑罚。②

笔者赞成后一种观点。理由是：（1）刑法和相关司法解释并没有将"案件的特殊情况"限定为国家利益，第一种观点将所谓的"案件的特殊情况"仅限定为国家利益并无法律依据。（2）刑罚的目的是预防犯罪，因而刑罚应当与犯罪人的罪行轻重和人身危险性大小相适应。判断能否根据"案件的特殊情况"对犯罪人减轻处罚的标准，应当是"案件的特殊情况"对于犯罪人所犯罪行的社会危害性程度和犯罪人的人身危险程度的影响程度。如果"案件的特殊情况"有效降低了犯罪人所犯罪行的社会危害性程度和（或）其人身危险性程度，从而需要在法定刑以下判处刑罚的，则这种"特殊情况"就能够成为对具有该"特殊情况"的犯罪人予以减轻处罚的依据。（3）鉴于犯罪客观事实的复杂多样性与立法者认知能力的局限性而导致的立法滞后性，法律不可能穷尽"案件的特殊情况"，而只能赋予法官一定的自由裁量权，允许法官根据案件的具体情节和犯罪人的特殊情况，具体判断哪些情况属于能够对犯罪人适用减轻处罚的"案件的特殊情况"。（4）适当扩大对"案件的特殊情况"含义范围的解释，不会导致减轻处罚权的滥用。因为刑法第 63 条第 2 款规定，对于不具有刑法规定的减轻处罚情节的犯罪人在适用减轻处罚时，需报请最高人民法院核准。③ 这一程序性规定能够防止法官在司法实践中滥用酌定减轻处罚权。

依照刑法第 63 条第 2 款的规定，最高人民法院以外的审判机关在适用酌定减轻处罚制度时需履行报请最高人民法院核准的程序。这一程序条件是在对 1979 年刑法第 59 条第 2 款"经人民法院审判委员会决定"修改的基础上发展而来的。应当说，1979 年刑法和 1997 年刑法对酌定减轻处罚程序条件的规定分别走向了两个极端：1979 年刑法对酌定减轻处罚程序条件的规定失之过宽，而 1997 年刑法对酌定减轻处罚程序条件的规定则又过于严苛。这两种程序条件均不利于司法实践中对酌定减轻处罚制度的正确适用，无法有效地实现酌定减轻处罚制度增强刑法的灵活适应性和实现个案公正的价值，甚至会因核准程序复杂导致酌定减轻处罚制度在实践中已近乎虚置。

在《刑法修正案（八）（草案）》的研讨过程中，最高人民法院曾提出应当将特别减轻处罚的核准权下放至省级高级人民法院。对此，我国学者赵秉

---

① 参见谢望原：《许霆案的再思考——刑事司法需要怎样的解释》，载谢望原、付立庆主编：《"许霆案"深层解读——无情的法律与理性的诠释》，中国人民公安大学出版社 2008 年版，第 96 页。

② 参见赵秉志等著：《刑法学》，北京师范大学出版社 2010 年版，第 355～356 页。

③ 当然，毋庸讳言，这一程序条件过于严苛，应当予以完善。

志教授表示赞同，认为这样既能实现上下级法院之间的有效监督，又能最大限度地发挥特别减轻处罚制度的功能。① 但是，在讨论过程中，有意见认为，法定刑以下判处刑罚应属特殊情况，将此类案件的核准权下放，容易导致滥用，同时也会对罪刑法定原则形成更大冲击。反对意见虽然难以成立，但因有意见分歧，立法机关最后未采纳司法机关的建议。②

三、减轻处罚制度立法再完善之建议

《刑法修正案（八）》关于减轻处罚量刑规则的增补对于合理限定减轻处罚的幅度、有效发挥减轻处罚制度的积极作用具有重要意义。但是，毋庸讳言，修订后的减轻处罚制度仍存在着亟待进一步完善的余地。

（一）增补相应的减轻处罚量刑规则

如上所述，《刑法修正案（八）》第 5 条所增加的减轻处罚量刑规则仅仅能够适用于刑法分则规定有数个量刑幅度且在不考虑减轻处罚情节的情况下本应适用的量刑幅度不属于最低量刑幅度的情形，而并不能适用于刑法分则规定有数个量刑幅度且在不考虑减轻处罚情节的情况下本应适用的量刑幅度已经属于最低量刑幅度以及刑法分则仅规定单一量刑幅度这两种情形。

（二）进一步明确限制减轻处罚的幅度

《刑法修正案（八）》第 5 条仅规定了对数个量刑幅度的情形在适用减轻处罚制度时选择量刑幅度的规则，而没有对减轻处罚的幅度做进一步限制。此外，因为《刑法修正案（八）》第 5 条并未涉及刑法分则规定有数个量刑幅度且在不考虑减轻处罚情节的情况下本应适用的量刑幅度已经属于最低量刑幅度以及刑法分则仅规定单一量刑幅度这两种情形下减轻处罚的量刑规则，其当然也就不可能对该两种情形下减轻处罚的幅度作出规定。由于这三种情形下减轻处罚的幅度问题具有同一性，所以笔者将这三种情形下减轻处罚幅度的进一步完善问题合并在一起进行讨论。

1997 年刑法对部分犯罪规定的法定量刑幅度的跨度过大。这样，运用《刑法修正案（八）》第 5 条所规定的减轻处罚的量刑规则仍可能带来减轻幅度过大、量刑失衡的后果。显而易见，对这些犯罪的量刑幅度进行修订是解决这一问题的根本出路。但是，修订量刑幅度又是一个牵一发而动全身的、系统浩大的工程，因而不具有实践操作性。比较可行的途径是在《刑法修正案（八）》第 5 条的基础上对减轻处罚的幅度进一步予以明确。

为严格限制减轻处罚的幅度，防止宽大无边，可考虑采用以下标准：

1. 对于法定最低刑为死刑的可以规定只能减为无期徒刑

我国刑法分则中规定死刑为法定最低刑的情形主要有劫持航空器致人重伤、死亡或者使航空器遭受严重破坏的，犯绑架罪致使被绑架人死亡或者杀

---

① 参见袁彬、唐仲江：《关注〈刑法修正案（八）〉争议问题》，载《法制资讯》2011 年第 3 期。

② 参见张军主编：《〈刑法修正案（八）〉条文及配套司法解释理解与适用》，人民法院出版社 2011 年版，第 63~64 页。

害被绑架人的，拐卖妇女、儿童，情节特别严重的以及个人贪污、受贿数额在 10 万元以上，情节特别严重的等几种情形。具备这些情节的犯罪都是危害极大、需要予以严厉惩处的犯罪，因而在适用减轻处罚时应当严格限制，只能减为无期徒刑。

2. 对于法定最低刑为无期徒刑的可以规定只能减为 10 年以上 15 年以下有期徒刑

我国刑法分则中规定无期徒刑为法定最低刑的情形主要有走私武器、弹药、核材料或者伪造的货币，情节特别严重的，犯集资诈骗罪，数额特别巨大并且给国家和人民利益造成特别重大损失的，犯组织卖淫罪，情节特别严重的以及犯阻碍执行军事职务罪，致人重伤、死亡或者有其他特别严重情节的等几种情形。无期徒刑是严厉程度仅次于死刑的一种刑罚方法，以无期徒刑作为最低法定刑的犯罪的危害程度也是非常严重的。在适用减轻处罚时，也应当予以严格限制，即对于确定适用减轻处罚的犯罪人应当在较高的有期徒刑幅度内判处刑罚，这一幅度以 10 年以上 15 年以下为宜。

3. 对于法定最低刑为有期徒刑的可以规定只能在刑法分则规定的量刑幅度最低限以下判处有期徒刑

为限制减轻的幅度，减轻后的刑期以不低于原法定最低刑的 1/2 为宜，而不宜变更刑种减轻至拘役或者管制。其理由是：（1）综观刑法分则的规定，多是将较轻的有期徒刑与拘役或者管制合并规定为一个量刑幅度，根据情节的不同，可以对犯罪人适用有期徒刑、拘役或者管制。除此之外，刑法分则还规定有为数不多的、仅包含确定期限的有期徒刑这一唯一刑种的量刑幅度（多为 2 年以上有期徒刑）。未将拘役、管制与有期徒刑并列规定在一个量刑幅度以内，表明立法者意在排除拘役或者管制的适用。（2）有期徒刑属于可分割的刑罚方法。对于需要减轻处罚的，在刑法规定的确定期限以下（如 2 年有期徒刑以下）判处有期徒刑便符合了减轻处罚的规定，不需要突破刑法总则规定的有期徒刑 6 个月以上的最低期限，也不需要变更至更轻的刑种。（3）对于法定最低刑为有期徒刑的，适用减轻处罚时，如果允许减轻至拘役甚至管制，就过于扩大了法官的自由裁量权，容易导致量刑失衡的判决结果。

4. 对于法定最低刑为拘役的可以规定只能减轻至管制

笔者提出这一观点的理由是：（1）与有期徒刑的规定不同，刑法分则在规定判处拘役时一般并没有明示拘役的期限，这一期限是由刑法总则规定的，即 1 个月以上 6 个月以下，在这一幅度内量刑属于从轻处罚的范畴。① （2）拘役的期限较短。如果在拘役的最低期限 1 个月以下减轻处罚，则不利于实践中的执行，还可能导致执行场所内的交叉感染。（3）由于拘役是剥夺犯罪人的人身自由而管制是限制犯罪人的人身自由，因此，刑法理论上一般认为管制相对于拘役是较轻的一种刑罚方法。因此，当确定对犯罪人适用减轻处罚时，在管制的幅度以内判处刑罚，便符合减轻处罚的应有之义。

---

① 有学者认为，法定最低刑是拘役的，应当在拘役 6 个月和 1 个月中选择适用的刑罚。参见王恩海著：《刑罚差异性研究》，上海人民出版社 2008 年版，第 112 页。

5. 对于法定最低刑为管制的可以规定只能减轻至 1 个月以上 3 个月以下的管制

关于法定最低刑为管制的场合减轻处罚的适用方法问题，学者间有不同的观点：第一种观点认为，当管制为最低法定刑时，应当直接适用免除处罚，因为没有比管制更轻的刑种了。① 第二种观点认为，当管制为最低法定刑时，应减轻到附加刑。由于刑法第 56 条明文规定"独立适用剥夺政治权利的，依照本法分则的规定"，对于罚金和没收财产没有这样的规定，故当管制为最低法定刑时，应减轻到没收财产与罚金。② 第三种观点认为，当法定最低刑是管制时，应当在 3 个月以上 2 年以下选择管制的期限。③

上述第一种观点和第三种观点分别将减轻处罚与免除处罚、从轻处罚混为一谈，自不可取。第二种观点缺少法律依据和理论根据，而且实践中也不具有可操作性，因而也不妥当。

笔者认为，对于法定最低刑为管制的情形，仍然要坚持在管制的法定最低限以下减轻处罚的原则，以便与从轻处罚严格区分开来。在不能减轻至附加刑的情况下，应当通过完善立法，规定可以突破刑法对管制规定的最低期限，减为 1 个月以上 3 个月以下（不含 3 个月）的管制。理由是：（1）管制是刑法中规定的最轻的一种主刑。主刑和附加刑各自具有不同的性质。刑法规定主刑的依据是犯罪行为的社会危害性程度，而规定附加刑的依据是客体的性质和犯罪自身的特点。④ 刑法对主刑的规定是依据轻重的不同依次由重到轻划分为死刑、无期徒刑、有期徒刑、拘役和管制五种刑罚方法。而刑法中规定的附加刑——罚金、没收财产、剥夺政治权利以及仅适用于犯罪的外国人和无国籍人的驱逐出境之间则没有统一的判断轻重的标准。管制是限制犯罪人人身自由的刑罚方法，罚金、没收财产和剥夺政治权利是剥夺犯罪人的财物或某种资格的刑罚方法，驱逐出境仅适用于犯罪的外国人和无国籍人。由于刑罚内容不同，判断其轻重的标准也不同。认为附加刑轻于管制刑并进而坚持最低法定刑为管制的，减轻处罚时只能选择附加刑的观点并无法律依据和理论根据。此外，在以往的司法实践中，倾向性的意见也认为在进行减轻处罚时，主刑不得减为附加刑。⑤ （2）刑法理论上一般认为，减轻处罚既

---

① 参见王作富主编：《中国刑法适用》，中国人民公安大学出版社 1987 年版，第 246 页；赵廷光：《论减轻处罚幅度——关于完善〈刑法修正案（八）〉第 5 条的立法建议》，载《湖北警官学院学报》2011 年第 2 期。

② 参见张明楷著：《刑法学》（上），法律出版社 1997 年版，第 458 页。

③ 参见王恩海著：《刑罚差异性研究》，上海人民出版社 2008 年版，第 112 页。

④ 参见胡云腾：《论量刑情节的适用》，载赵秉志主编：《刑法新探索》，群众出版社 1993 年版，第 377 页。

⑤ 根据 1994 年 2 月 5 日最高人民法院研究室《关于适用刑法第五十九条第二款减轻处罚能否判处刑法分则条文没有规定的刑罚问题的答复》的规定，对于不具有刑法规定的减轻处罚情节的犯罪分子，如果根据案件的具体情况，判处法定刑的最低刑还是过重的，经人民法院审判委员会决定，可以在法定刑以下判处刑罚，包括判处刑法分则条文没有规定的不同刑种的刑罚。如法定刑最低为 3 年有期徒刑的，可以判处不满 3 年有期徒刑、拘役或者管制。但是否判处附加刑，仍应遵守刑法分则的规定。

包括刑期的减轻也包括刑种的减轻。在管制为最低刑、没有其他更轻的刑种可以减轻的情况下，选择在管制的最低期限以下判处刑罚符合减轻处罚的精神。具体而言，1997 年刑法第 38 条规定，管制的期限为 3 个月以上 2 年以下。这就意味着管制的最低期限是 3 个月。根据减轻处罚系在法定刑以下判处刑罚的精神，当法定最低刑为管制时，应在低于管制的最低限度——3 个月以下（不含 3 个月）判处刑罚。（3）突破刑法总则关于管制的期限的规定，并无不当。因为刑法第 38 条对于管制期限的规定是就一般情形而言的，并非禁止对管制适用 3 个月以下期限。在数罪并罚时，管制最高可以突破 2 年的期限，那么在减轻处罚时对管制在 3 个月以下判处刑罚就并无不当。（4）由于管制的内容是限制犯罪人的人身自由，即使适用期限较短也不会出现在适用短期自由刑的场合所引发的执行场所内交叉感染的问题。当然，为避免不必要的纷争，需要在立法完善时对此予以明确。

6. 对于法定最低刑为单处附加刑的可以规定只能在同一刑种的最低限以下酌情减轻处罚

由于附加刑之间的处罚性质不同，因此无法用统一的标准衡量其轻重，也没有区分彼此轻重的标准。就罚金和没收财产而言，二者同属财产刑，通常可以用金钱数额作为衡量其轻重的标准。在一般情况下，没收财产是将犯罪分子的全部或部分财产予以剥夺，通常比罚金要重，但在个案中，由于犯罪分子财产的多寡存在很大的差异，并且根据 1997 年刑法第 59 条、第 60 条的规定，对犯罪分子适用没收财产时还要为其个人及扶养的家属留有必要的生活费用，犯罪分子没收财产前所负正当债务还可能以没收财产偿还，因此，没收财产未必就比罚金重。而在罚金、没收财产与剥夺政治权利之间就更没有可以判断轻重的明细标准。由于无法辨明何者为重，何者为轻，在适用减轻处罚时，就不能在这几种不同的刑种之间转换，而只能在同一刑种的最低限以下处罚。即当法定最低刑为单处罚金刑时，对于由法律明确规定罚金数额的情形，以法定数额为减轻处罚的基准，在这一基准数额以下确定减轻后的罚金数额；对于刑法没有规定具体数额的情形，在减轻处罚时，应当以没有减轻处罚情节的情况下应当判处的罚金刑数额为基准，在此基准数额以下判处罚金，但无论如何，减轻处罚后所确定的罚金数额都不得突破司法解释规定的最低罚金数额；对于法定最低刑为没收财产的，由法官根据减轻处罚情节酌情减少应当没收的财产数额；对于法定最低刑为剥夺政治权利的，结合刑法第 55 条关于剥夺政治权利期限的规定，对减轻处罚后剥夺政治权利的期限应在 1 年以下酌情决定。由于驱逐出境仅适用于犯罪的外国人和无国籍人，实践中通常是根据需要由司法机关决定是否适用，因而不存在适用减轻处罚制度的余地。当然，根据罪刑法定原则的要求以及为避免不必要的理论纷争，需要在立法完善时对此予以明确。

（三）完善自首与重大立功情节竞合时的立法

笔者认为，导致"同一案件中不同犯罪分子刑罚悬殊现象"的根本原因在于刑法本身对某些犯罪在同一量刑幅度内规定了多个跨度较大的刑种。以故意杀人罪为例，其一般情形下的法定刑为"死刑、无期徒刑或者十年以上有期徒刑"。对于故意杀人的案件，法官在不考虑减轻处罚情节的情况下可能对被告人判处死刑，而根据减轻处罚的适用原则，一旦对犯罪分子适用减轻处罚情节，就需要在 10 年有期徒刑以下判处刑罚，由此导致一些案件的处理存在明显的罪刑失衡问题。而在司法实践中，法官为避免出现量刑失衡现象，也往往排除对此类情形适用减轻处罚。解决这一问题的途径有二：（1）修改立法上关于量刑幅度的规定，合理规定量刑幅度，避免同一量刑幅度跨度过大的现象，这是解决减轻处罚时量刑失衡问题的最彻底的解决方案。但就现实性而言，由于牵涉面过大，所以这也是最有难度甚至最不具可操作性的方案。（2）完善刑法第 68 条的规定，将刑法第 68 条的规定修改为"犯罪以后有重大立功表现的，可以从轻、减轻或者免除处罚。犯罪后自首又有重大立功表现的，应当从轻、减轻或者免除处罚。"理由是：（1）这样规定的优点是，可以增强从宽处罚适用的灵活性，有效避免上述"同一案件中不同犯罪分子刑罚悬殊的现象"。如在共同故意杀人案件中，在同为主犯的情况下，对于犯罪后自首又有重大立功的被告人，如果刑法规定应当从轻、减轻或者免除处罚，就可以在适用减轻处罚无法实现罪刑均衡时适用从轻处罚，在无期徒刑或者 10 年以上有期徒刑的幅度内判处刑罚，从而避免适用减轻处罚时因必须在 10 年以下判处刑罚而导致的量刑失衡现象。（2）与立功可以从轻或者减轻处罚的规定相比，对重大立功的情形规定为可以从轻、减轻或免除处罚、自首又有重大立功的情形规定为应当从轻、减轻或者免除处罚也体现出了从宽幅度依次增大的精神。

（四）完善酌定减轻处罚制度的立法

对酌定减轻处罚制度的完善可以从两个方面进行：一方面，明确酌定减轻处罚的实体适用条件，规定因维护国家利益的特殊需要或者案件具有其他显著降低犯罪行为的社会危害性或者犯罪人的人身危险性程度从而在法定刑限度内判处刑罚明显过重的特殊情节，均属于"案件具有特殊情况"的范畴。另一方面，适当降低酌定减轻处罚制度程序适用条件，将报请最高人民法院核准的程序条件修改为：案件由最高人民法院或者高级人民法院判决的，由最高人民法院或者高级人民法院决定案件是否可以减轻处罚；最高人民法院和高级人民法院判决以外案件的减轻处罚的核准权由高级人民法院行使。

综上所述，笔者建议对我国刚修订的减轻处罚制度立法再作如下修改：（1）将 1997 年刑法第 63 条第 1 款修改为：犯罪分子具有本法规定的减轻处罚情节，本法规定有数个量刑幅度的，应当在法定量刑幅度的下一个量刑幅度内判处刑罚；法定量刑幅度已经是数个量刑幅度中最轻的，应当在法定量刑幅度的最低限以下判处刑罚。本法仅规定单一量刑幅度的，应当在法定量刑幅度的最低限以下判处刑罚。法定最低刑为死刑的，减为无期徒刑；法定最低刑为无期徒刑的，减为 10 年以上 15 年以下有期徒刑；法定最低刑为有期徒刑的，减轻后的期限不低于法定最低刑的 1/2；法定最低刑为拘役的，减为管制；法定最低刑为管制的，减为 1 个月以上 3 个月以下的管制；法定最低刑为单处罚金或者没收财产的，根据犯罪情节酌情减轻；对于单处剥夺政治权利的，减轻至剥夺政治权利 6 个月以上 1 年以下。（2）将 1997 年刑法第 63 条第 2 款修改为：犯罪分子虽然不具有本法规定的减轻处罚情节，但因国家利益的特殊需要或者案件具有其他特殊情节，在法定刑限度以内判处刑罚明显过重的，经最高人民法院、高级人民法院决定或者经高级人民法院核准，也可以在法定刑以下判处刑罚。（3）将 1997 年刑法第 68 条修改为：犯罪分子有揭发他人的犯罪行为经查证属实的，或者提供重要线索从而得以侦破其他案件等立功表现的，可以从轻或者减轻处罚；有重大立功表现的，可以从轻、减轻或者免除处罚。犯罪后自首又有重大立功表现的，应当从轻、减轻或者免除处罚。

刑法中国家工作人员概念完善研究

赵秉志[*]　刘志洪[**]

目　次

一、前言

　　刑法中的国家工作人员概念是新中国成立之后，我国颁行的刑事法律中逐渐采用的一个法律概念。这一概念在过去的几十年里经历了较大的变迁。现行刑法在总则中明文规定了这一概念，并对之予以了一定的界定。刑法中的国家工作人员是一种特殊身份类型的概念，而刑法中的身份是一种对定罪量刑具有影响的个人人身方面的客观因素，它具体包括行为人的身份、刑事

---

　　* 北京师范大学刑事法律科学研究院暨法学院院长、教授、博士生导师，中国刑法学研究会会长，国际刑法学协会副主席暨中国分会主席。
　　** 北方工业大学文法学院副教授、法学博士、硕士生导师。

被害人的身份和行为对象人的身份。① 我国刑法中影响刑事责任承担的国家工作人员身份不仅包括常见的作为犯罪主体时的身份，② 而且包括某些影响犯罪客观方面成立的重要因素的身份类型，③ 以及影响刑法管辖效力的身份类型④等情形。可见，国家工作人员这一概念在刑法中有着重要的地位。不仅如此，在我国刑事程序法中，犯罪嫌疑人是否国家工作人员还涉及刑事司法实践中对案件的侦查管辖分工等问题。因而准确界定刑法中国家工作人员的范围，对于刑事法律的适用有着重要的作用。

　　虽然我国刑法典对国家工作人员这一概念作出了明文规定，并且对其范围进行了一定的界定，然而关于这一概念的理解在理论界及实务界一直存在着较大的争议。为统一理解和适用，我国有权机关不断出台有关立法、司法解释，在 1979 年刑法制定以来，涉及国家工作人员概念认定的司法解释少说也有四五十部，而且大多数是专门针对这一概念认定中的具体问题而制定的，在 1997 年刑法之后甚至还专门就这一概念颁布了两个立法解释，几乎再没有哪个领域能像国家工作人员一样备受有权机关的青睐。这些解释的频繁出台，一方面凸显了国家工作人员在刑事实体法及程序法中的重要地位，同时也彰显了这一领域内存在着许多不容忽视的问题。不可否认，这些规范性解释文件确实能解一时之需，然而这些有权解释大多数属于"头疼医头、脚疼医脚"的救火式解释，并且各解释之间也存在着不少的冲突与不一致，从而使实务界仍然感到这一概念的内涵并不清晰、外延并不明确，具体操作时更难以适从。毋庸讳言，这些问题与国家工作人员的刑法规定存在着或多或少的联系。

　　有比较，才有鉴别。运用比较的方法对某一问题进行外向型研究，可以知道别的国家和地区在这一问题上的优缺得失，从而为我们分析问题提供有益经验。因而本文拟选取一定国家（地区）的刑法及有关国际组织的文件中对相关（相近）概念的规定予以观察，并比较分析与我国有关规定的异同及优劣，从而为刑法中国家工作人员这一概念的完善汲取有益理念与经验，进而提出对我国刑法中国家工作人员概念予以改进的具体方案。

二、发达国家（地区）暨国际组织相关规定之概览

　　在此首先需要指出，我国刑法中的国家工作人员概念在其他国家和地区中是没有完全对应的概念称谓的，这也是我国刑法的一个特色，当然就国家工作人员涵盖的对象而言，在其他国家（地区）基本上都能找到相关（相近）的概念。为便于比较，笔者拟在本文后面部分将我国刑法中的国家工作人员概念暨国外相关（相近）概念所共同所指的对象用"公职（公务）人

---

① 参见狄世深著：《刑法中身份论》，北京大学出版社 2005 年版，第 9 页。
② 如我国刑法分则"贪污贿赂罪"一章中大多数犯罪要求行为人具备国家工作人员身份，"渎职罪"一章中大多数犯罪要求行为人具备国家机关工作人员身份，等等。
③ 如我国刑法规定的武装叛乱、暴乱罪，妨害公务罪，招摇撞骗罪，行贿罪，介绍贿赂罪，单位行贿罪，等等。
④ 如我国刑法第 7 条第 2 款的规定。

员"来代称,从而搭建起一个便于对话的平台。至于本文所选的国家(地区)的刑事法律文件及一个国际组织公约的相关规定,主要是考虑到这些国家(地区)或者与我国(大陆地区)有着某些方面的紧密联系;或者是当今几大法系的主要代表;或者是当今主要的国际组织的代表,这些刑事法律文件中的规定基本能代表当今世界法制发展的前沿,因而这些规定对本专题的研究应当具有较大的参考价值。

(一) 中国港澳台地区之规定

我国香港、澳门、台湾地区与内地同属一个中国,但由于政治、历史等原因的影响,这些地区对于"公职(公务)人员"的规定有着各自不同的特点,为利于比较、借鉴,现对其予以分别介绍。

1. 中国香港地区之规定

由于受英美法系影响的原因,我国香港地区没有颁布通过统一的刑法典,但在其《防止贿赂条例》中有关于公职(公务)人员的解释。20 世纪 70 年代初,香港政府决定惩贪反贿,兴廉洁政。一方面,大力加强廉政立法,根据原有的《防止贪污条例》,参考其他国家的有关法律,于 1971 年 5 月制定颁布了新的《防止贿赂条例》,同时撤销了《防止贪污条例》,从法律上加重了对贪污贿赂犯罪的打击力度;另一方面,建立反贪肃贿的专职机构。1974年,成立了廉政公署,迅猛地刮起"廉政风暴",坚决打击贪污贿赂罪行。几十年来,香港的廉政建设和经济建设同时取得了举世瞩目的成就。《防止贿赂条例》施行后,历经数十次修订,尤其是 1980 年和 1987 年的修订,加强了调查权力,加重了刑罚处罚,对打击和遏制贪污贿赂犯罪活动效果显著。《防止贿赂条例》第 2 条对有关概念进行释义,其中就涉及贪污贿赂犯罪的几类人员的解释。

(1) "订明人员"(prescribed officer)——(a)指担任政府辖下的受薪职位的人,不论该职位属永久或临时性质;及(b)在以下人士不属于(a)段所指的人的范围内,指该等人士——(i)任何按照《基本法》委任的政府主要官员;(ii)根据《外汇基金条例》(第 66 章)第 5A 条委任的金融管理专员及根据该条例第 5A(3)条委任的人;(iii)公务员叙用委员会主席;(iv)廉政公署的任何职员;(v)担任于《司法人员推荐委员会条例》(第 92 章)附表 1 指明的司法职位的司法人员和由终审法院首席法官委任的司法人员,以及司法机构的任何职员。

(2) "公职人员"(public servant)指订明人员,及公共机构的雇员,如该公共机构——(a)不属本定义(aa)、(b)或(c)段所指的公共机构,亦指其成员;(aa)属附表 2 指明的公共机构,亦指——(i)该公共机构的干事(名誉干事除外);(ii)该公共机构中获委以处理或管理该公共机构事务的责任的各类委员会或其他团体的成员;(b)属会社或协会,亦指该公共机构中——(i)担任干事的成员(名誉干事除外);或(ii)获赋予责任处理或管理该机构事务的成员;(c)属由条例设立或藉条例存续的教育院校,亦指该院校的人员,以及(除第(3)款另有规定外)指该院校辖下的各类委员会或其他团体的成员，而该委员会或团体本身亦属公共机构，或是—（i）由或根据与该院校有关的条例设立者；（ii）获赋予责任处理或管理该院校的事务者（纯社群、康乐或文化性质的事务除外）；及（iii）未根据第（3）款列为例外者，不论该雇员、人员或成员属临时或永久性质，或是否有酬劳，但任何人不会只因以下情况而成为公职人员—（A）在一间属公共机构的公司持有股份；或（B）在一个属公共机构的会社或协会的会议上有投票资格。

（3）"代理人"（agent）包括公职人员及受雇于他人或代他人办事的人。

同时规定了：（3）行政长官可藉宪报公告规定—（a）将公告内列明的教育院校辖下任何委员会或其他团体列为例外，使其不包括在第（1）款中"公职人员"的定义范围内；（b）将任何教育院校辖下任何委员会或其他团体的任何成员（因其成员身份而按"公职人员"的定义本应列为公职人员者）列为例外，使其不包括在该定义的范围内。

这里所谓"订明人员"，即政府雇员，是指在政府中担任永久或临时受薪职务、依法执行公务的人员。所谓永久受薪职位，即长期受薪的职位，所谓临时受薪职位，如邮政部门所聘的在每年圣诞节前的两个星期中担任协助整理邮件的受薪的职位。至于公务员的范围则无限制，即任何公务员均可成为本罪的主体。[①] 所谓"公共机构雇员"，是指"公共机构"中的任何雇员或成员。这里的"公共机构"，是指香港政府、行政局、立法局、市政局、由港督及其会同行政局或其代表所委托的各类委员会或者其他机构或《防止贿赂条例》附表所列载的其他机构，例如：中华汽车有限公司、中华电力有限公司、香港赛马会、香港大学、香港中文大学等等。凡是在公共机构中任职的人员，即为公共机构雇员，而无论是为临时性或永久性，受薪酬或不受薪酬。可见，公共机构雇员的范围甚广，既包括政府雇员在内，也包括政府雇员之外的其他公共机构雇员在内，而政府雇员仅指香港政府中的雇员。但是，如果仅仅有公共机构之股份，则不算公共机构雇员。这里所谓的"代理人"，是相对于其主事人而言。主事人，包括雇主、信托受益人、作人看待之信托财产、任何对遗产有实际权益的人、作人看待之遗产。就公共机构雇员而言，指该公共机构。代理人，即指代主事人办理事务的人，可以是公共机构成员，也可以是非公共机构人员。[②] 不难看出，以上三类主体之间的关系是层层包含与被包含的关系。

《防止贿赂条例》第二部分是关于贿赂犯罪罪名的规定，列明了如下几种贿赂犯罪：订明人员收受利益罪（第 3 条）、公职人员受贿罪及相对应的行贿罪（第 4 条）、公职人员为合约事务上给予协助等而实施的受贿罪及相对应的行贿罪（第 5 条）、与投标有关的贿赂犯罪（第 6 条）、与拍卖有关的贿赂犯罪（第 7 条）、与公共机构有事务往来的人对公职人员的行贿罪（第 8 条）、代理人受贿罪及相对应的行贿罪（第 9 条）（《防止贿赂条例》规定对受贿和相对应的行贿犯罪作同等处罚）、订明人员财产来历不明罪（第 10 条），还有

---

① 参见宣炳昭：《香港刑法导论》，陕西人民出版社 2008 年版，第 246～255 页。
② 参见宣炳昭：《香港刑法导论》，陕西人民出版社 2008 年版，第 246～255 页。

专门针对特区行政长官贿赂犯罪的条款。其中的第 3 条规定，任何订明人员未得到行政长官一般许可或特别许可而索取或接受任何利益，即属犯罪，不必考究其收受利益的动机、意图，也不必考究是否利用职务之便接受利益。第 4 条规定公职人员索取或接受任何利益，作为他作出或不作出职务行为的诱因或报酬的，即属犯罪。第 5、6 条所规定的贿赂行为相当于我们所说的商业贿赂，贿赂的目的是为了排斥竞争对手，获取竞争优势。第 10 条规定了订明人员财产来历不明罪，相当于我国刑法中的巨额财产来源不明罪。收受利益罪和财产来历不明罪的犯罪主体只能是"订明人员"，受贿罪的犯罪主体可以是"订明人员"、"公职人员"或者"代理人"，甚至是"任何人士"（如与投标、拍卖有关的贿赂犯罪）。①

2. 中国澳门地区之规定

在现行《澳门刑法典》中，公务员主要是作为特殊主体身份加以规定的，同时也有作为决定犯罪成立的犯罪对象身份加以规定的，如第 311 条的"抗拒及胁迫罪"的犯罪对象要求是公务员或保安部队成员。具体规定有公务员的章节基本上在刑法分则第五编的第三章至第五章当中。不过涉及公务员的罪名主要还是规定在刑法分则第五编第五章"执行公共职务时所犯之罪"当中，在该章后面四节当中规定了 14 个要求公务员作为特殊主体的犯罪，具体为：受贿作不法行为罪、受贿作合规范之行为罪、行贿罪、公务上之侵占罪、公务上之侵占使用罪、在法律行为中分享经济利益罪、公务员侵犯住所罪、违法收取罪、运用公共部队妨害法律或正当命令之执行罪②、拒绝合作罪、滥用职权罪、违反保密罪、违反函件或电讯保密罪③、弃职罪，等等。为此该刑法典在第五章第一节"引则"中的唯一一个条文第 336 条中对公务员的概念作了规定。具体条文如下：④

第三百三十六条（公务员之概念）

一、为着本法典之规定之效力，"公务员"一词包括：

a）公共行政工作人员或其他公法人之工作人员；

b）为其他公共权力服务之工作人员；

c）在收取报酬或无偿下，因己意或因有义务，而不论系临时或暂时从事、参与从事或协助从事属公共行政职能或审判职能之活动之人。

二、下列者等同于公务员：

a）总督及政务司、立法会议员、咨询会委员、法院及检察院之

---

① 参见庄国伟：《香港〈防止贿赂条例〉与内地贪污贿赂罪立法重构》，载《韶关学院学报》（社会科学版），2010 年第 2 期。

② 该罪要求必须是"有权限征用公共部队或作出运用公共部队之命令之公务员"。

③ 该罪要求必须是"邮政、电报、电话或电讯部门之公务员"。

④ 参见赵秉志总编：《澳门刑法典澳门刑事诉讼法典》，中国人民大学出版社 1999 年版，第 118 页。

司法官、反贪污暨反行政违法性高级专员及市政机关据位人；

　　b）本地区官方董事及政府代表；

　　c）公营企业、公共资本企业、公共资本占多数出资额之企业，以及公共事业之特许企业、公共财产之特许企业或以专营制度经营业务之公司等之行政管理机关、监察机关或其他性质之机关之据位人，以及该等企业或公司之工作人员。

　　根据该条规定，澳门刑法中的"公务员"不仅包括行政机关的公共行政工作人员，而且包括行政长官、司长、立法会议员和司法官，甚至包括以专营制度经营业务之公司的所有工作人员。比如，在澳门各赌场工作的"荷官"（在赌场发牌、主持赌局的工作人员）监守自盗，窃取赌场筹码的，就构成"公务上之侵占罪"。①

　　不过，对于《澳门刑法典》对公务员概念的规定方式，澳门学者提出了质疑。"就立法而言，立法者在《澳门刑法典》分则最后一章'执行公共职务时所犯之罪'中才规定'公务员'的范围，是否妥当，也值得研究。因为在《澳门刑法典》分则前面的编章中，已多次出现犯罪主体为'公务员'的犯罪，其'公务员'的认定标准当然也要以《澳门刑法典》第336条规定为准。既然如此，在立法顺序上是否有颠倒之嫌呢？"②

　　3. 中国台湾地区之规定

　　在我国台湾地区现行"刑法"总则中，"公务员"这一概念涉及属人原则等规定的适用；在分则当中，"公务员"在某些犯罪中是作为特殊主体影响行为人刑事责任的承担，有的是作为决定犯罪行为的特殊对象或者是冒充的对象而直接决定犯罪客观方面的成立；具体的表述方式，有的仅是单独出现在某一法条中，如"公务员"；有的是与其他主体一起出现在某一法条，如"公务员或仲裁员"；有的是予以一定的限制或修饰如"于未为公务员或仲裁人时"、"有审判职务之公务员或仲裁人"、"有执行刑罚职务之公务员"、"在邮务或电报机关执行职务之公务员"、等等。因而台湾地区"刑法"在总则第10条第2款中规定了公务员的定义，具体如下：③

　　称公务员者，谓下列人员：

　　一、依法令服务于"国家"、地方自治团体所属机关而具有法定职务权限，以及其他依法令从事公共事务，而具有法定职务权限者。

　　二、受"国家"、地方自治团体所属机关依法委托，从事与委托机关权限有关之公共事务者。

　　这一规定是2005年修正的，修正前的台湾地区"刑法"第10条第2款

① 参见赵国强：《澳门刑法》，中国民主法制出版社2009年版，第147页。
② 参见赵国强：《澳门刑法》，中国民主法制出版社2009年版，第147页。
③ 参见陈聪富主编：《月旦小六法》，元照出版有限公司2007年第2版，第陆-3页。

规定:"称公务员者,谓依法令从事于公务之人员。"依修正前"刑法"第10条第2项的规定,只要依法令从事公务的人员,即为刑法上的公务员。2005年修正后,则须依法令服务于"国家"、地方自治团体所属机关而具有法定职务权限,以及其他依法令从事于公共事务,而具有法定职务权限者;或受"国家"、地方自治团体所属机关依法委托,从事于委托机关权限有关的公共事务者,始能成为刑法上的公务员。①

(三)大陆法系主要国家刑法之规定

1. 德国刑法之规定

德国《刑法》在第5条(适用国内法的国外行为)规定有:"无论行为地法律如何规定,德国刑法适用于下列在国外实施的犯罪:……12. 德国公务人员或对公务负有特别义务的人员在执行职务期间实施的犯罪,或与职务有关的犯罪;13. 身为公务员、对公务负有特别义务的人员的外国人所犯各罪;14. 针对公务员、对公务负有特别义务人员或联邦国防军士兵履行其职务、或从事与其职务有关的活动时所实施的行为……"② 可见德国刑法中公职(公务)人员与我国刑法一样还涉及刑法的适用效力问题。

德国《刑法》第11条对公职犯罪的主体作了如下专门的定义:③

(1)本法所说的

……

2. 公务员依德国法指:

a. 官员或法官,

b. 具有其他公法意义上的职务关系的工作人员,

c. 其他被聘用在行政机关或其他机构或受其委托从事公务的人员;

3. 法官指:

依德国法律担任的职业法官或名誉职法官;

4. 对公务负有特别义务的人员指:非公务人员而

a. 在行政机关或其他机构从事公务,或

b. 在为行政机关或其他机构执行公共管理任务的社团或其联合体、企业就职或为其工作,且依法正式宣誓认真履行其职责的人员。

德国刑法典分则中的第六章"抗拒国家权力"中第113条的(抗拒执行公务之官员)的对象为"公务员或联邦国防军士兵";第114条(抗拒与执行

---

① 参见甘添贵:《新修正刑法公务员的概念》,载《刑法公务员概念的比较研究》,社团法人台湾刑事法学会2010年版,第1~15页。

② 参见《德国刑法典》(2002年修订),徐久生,庄敬华译,中国方正出版社2004年版,第4~5页。

③ 参见《德国刑法典》(2002年修订),徐久生,庄敬华译,中国方正出版社2004年版,第7页。

官员地位相同的人员）的对象为"虽非公务员，但具有警官的权力义务或为检察官的助理"及"被招聘协助执行公务的人员"；第 120 条（私放犯人）的主体为一般主体时的最高刑是 3 年自由刑，但"公务员或对公务负有特别义务的人员"犯该罪处罚的最高刑为 5 年自由刑；第 121 条（犯人暴狱）将"监狱官员、其他公务人员或受托对其实施监督、管理或检查的人员"作为特定的犯罪对象。当然，德国刑法典关于公务（公职）人员犯罪的条文主要还是规定在第三十章"职务犯罪"中，在该章中具体的规定有以下几种类型"公务员或对公务负有特别义务的人员"；"法官或仲裁员"；"公务员或对公务负有特别义务的人员或联邦国防军士兵"；"仲裁员"；"法官、公务员或仲裁员"；"公务员"；"被任命参与某些程序的公务员"；"有权制作文书的公务员"；"就自己职务上的行为而收取费用或其他报酬的公务员、律师或其他诉讼代理人"；"为国库收取赋税、公共事业费或其他税款的公务员"；"公务员、对公务负有特别义务的人员，或依《身份代理法》接受任务或委托之人"；"公务员、对公务负有特别义务的人员、官方聘请的专家及担任教会或公法上其他宗教团体执行公务的人员"，等等。① 同样，这些身份有的是以特殊主体身份出现，有的是以特定对象身份出现。

2. 日本刑法之规定

在日本现行《刑法》当中，公务员不仅涉及刑法管辖的适用（如该法第四条），也是妨害执行公务和职务强要罪、多众不解散罪等犯罪客观方面成立的重要因素，并且在渎职犯罪等犯罪当中是这些犯罪的特殊主体或行为对象。因而在其《刑法》第 7 条中规定了公务员的定义：② 本法所称"公务员"，是指国家或者地方公共团体中的职员，以及其他依照法令从事公务的议员、委员和其他职员。

依据这一立法规定，日本刑法学者指出该法典规定的公务员包括以下几个方面的人员：③（1）国家或地方公共团体的职员；（2）依照法令从事公务的人；（3）议员、委员、其他职员。

需要注意的是，在对滥用职权罪、受贿罪等予以集中规定的日本刑法典第二十五章"渎职罪"一章当中，对于犯罪的主体的规定主要是采用公务员的概念，但也有"执行或者辅助执行审判、检察或者警察职务的人员"；"将要成为公务员的人"；"曾任公务员的人"等表述。

另外，应当注意的是，由于 2003 年日本颁布的《仲裁法》中规定了仲裁人受贿、受托受贿、事前受贿等罪，因而日本立法机关在当年将原来受贿罪主体中有关仲裁人的规定予以删除，使刑法典规定的受贿罪的主体仅限于公务员。④

① 参见《德国刑法典》（2002 年修订），徐久生、庄敬华译，中国方正出版社 2004 年版。
② 参见张明楷译：《日本刑法》（第 2 版），法律出版社 2006 年版，第 8~9 页。
③ 参见［日］大谷实：《刑法各论》，黎宏译，法律出版社 2003 年版，第 402~404 页；［日］大谷实：《刑法讲义各论》，黎宏译，中国人民大学出版社 2008 年版，第 510~513 页。
④ 参见张明楷译：《日本刑法典》（第 2 版），法律出版社 2006 年版，第 3 页。

3. 意大利刑法之规定

在现行《意大利刑法典》的第 7 条规定了意大利刑法的域外管辖权，其中规定有"为国家服务的公务员滥用职权或者违反其职责义务而实施的犯罪"，可见，在意大利刑法中公务员涉及刑法的域外管辖权问题。① 在分则的第二编的第二章侵犯公共管理罪、第三章的侵犯司法管理罪、第十二章侵犯人身罪、第十三章的侵犯财产罪及第三编的违警罪等多个章节中规定了公务（公职）人员，有的是以特殊主体的身份形式出现，有的是作为犯罪客观方面之中的特别要素予以规定。在不同的犯罪中，具体表述形式多种多样，如："公务员或受委托从事公共服务的人员"；"从国家、其他公共机构或欧洲共同体获得旨在促进公益活动或事业的开展和进行的资助、补助或经费，但不属于公共行政机关的人员"；"国家、其他公共机构或者欧共体给予捐助的人"；"公务员"、"受委托从事公共服务的人员"；"公务员或拥有公职身份的受委托从事公共服务的人员"；"等同于公务员的人员"；"等同于受委托从事公共服务的人员"；"经营涉及公共服务或公需服务的企业中的人员"；"公务员或公职人员"；"邮政、电报或电话工作人员"，等等。

《意大利刑法典》对公务（公职）人员所使用的几个主要概念是在第二编重罪分则的第二章"侵犯公共管理罪"的第三节予以解释的，具体如下：②

第三节　本章各节的共同规定
第 357 条　公务员的概念③
在刑事法律的意义上，公务员系指在立法、司法或行政方面行使公共职能的人员。在刑事法律的意义上，由公法规范和权力性文书调整的并且以形成和表现公共行政机关意志为特点的或者表现为行使批准权或证明权的行政职能是公共职能。

第 358 条　受委托从事公共服务人员的概念④
在刑事法律的意义上，受委托从事公共服务的人员系指以任何名义提供公共服务的人员。上述公共服务应当理解为采用公共职能的形式加以调整的，但缺乏公共职能所包含的权力的活动，行使简单的指挥任务和提供单纯的物质劳作不在此范围之内。

第 359 条　从事公需服务的人员
在刑事法律的意义上，下列人员属于从事公需服务的人员：1)从事法律服务职业或卫生服务职业的个人，以及从事其他当公众必需依法加以利用时法律禁止在未经国家特别资格批准情况下从事的职业的个人；2)虽然不行使公共职能并且也不提供公共服务，但所

---

① 参见黄风译注：《最新意大利刑法典》，法律出版社 2007 年版，第 7 页。
② 参见黄风译注：《最新意大利刑法典》，法律出版社 2007 年版，第 127~128 页
③ 本条先后经 1990 年 4 月 26 日第 86 号法律第 17 条和 1992 年 2 月 7 日第 181 号法律修改。（译著注）
④ 本条由 1990 年 4 月 26 日第 86 号法律第 18 条修改。（译著注）

履行的职务被公共行政机关的文书宣布具有公需性质的个人。

第 360 条　公务员身份的终止

当法律把公务员、受委托从事公共服务的人员或从事公需服务的人员身份视为某一犯罪的构成要件或者加重情节时，如果行为与已行使的职务或服务有关，上述身份在犯罪实施时的终止不排除该要件或加重情节的存在。

4. 法国刑法之规定

在法国，公务员的范围极为广泛，中央和省政府工作人员均属于公务员，包括企业人员，也都属于公务员之列。法国在 1946 年通过的《公务员总法》，对公务员的范围作了规定。总体上讲，法国将从中央到地方行政机关的公职人员、各级立法机关、审判机关、检察机关、国立学校及医院、国有企业等部门的所有正式工作人员，统称公务员。具体来说，法国的公务员包括中央政府、地方政府及其所属的公共事业机构（如学校、医院等）编制内正式任职的工作人员。法国公务员可分为两大类：一类是不适用于《公务员总法》的公务员，主要指议会工作人员、法院的法官、军事人员、工商性的国家管理部门、公用事业和公用机构的人员等；另一类是适用于《公务员总法》的公务员，如中央政府和地方政府机关中从事行政事务管理的公职人员、外交人员、教师、医务人员等。这些公务员具有明确的法律地位，享受法律规定的权利，承担义务，职业稳定，受法国政府终生雇用。此外，法国还有编外公务员约 20 万人，这些人主要从事辅助性工作，以合同工或临时工的身份为法国政府做事，不具有公务员的法律身份，但实际上他们大部分人又在公务员岗位上工作。①

在《法国刑法典》中，公职人员的身份有的属于犯罪主体的特殊身份，有的属于行为（或假冒）对象的特殊身份，有的是作为加重身份予以规定的，有的则是作为纯正的身份犯的主体身份加以规定的，不一而足。也许考虑到以上提到的本国公务员范围太大太庞杂的原因，该国在其刑法典当中没有采用公务员的概念，也没有对公职人员的概念用其他的名称予以集中定义，而是在具体分则条文中根据不同的情形规定了将近三十余种不同的公职人员类型。大致包括以下一些具体类型：②

（1）正在履行职务或任务的法官、陪审员、律师、公务助理人员或司法助理人员，行使公安司法权力或负责执行公共事业服务任务的其他任何人；

（2）正在履行职务或任务的法官、陪审员、律师、公务助理人员或司法助理人员，行使公安司法权力或负责执行公共事业服务任务的其他任何人及由公务助理人员或司法助理人员、行使公安司法权力的人或负责执行公共事业服务任务的人；

（3）行使公安司法权力或负责执行公共事业服务任务的人；

---

① 参见应松年：《公务员法》，法律出版社 2010 年 8 月版，第 51 ~ 52、56 页。

② 参见罗结珍译：《法国刑法典》，中国法制出版社 2003 年版，第 149 ~ 175 页。

（4）司法代理人员或公务、司法助理人员在履行职务中或履行职务时，或者因其身份地位；

（5）行使公安司法权力的人；

（6）行使公安司法权力的人，或者负责公共事业服务任务的人，经公众选举受任职务的人；

（7）监狱管理人员；

（8）行使公安司法权力的人，或者负责公共事业服务任务的人以及行使公安司法权力的人，或者负责公共事业服务任务的人或依《邮电通讯法典》第33－1条批准的通讯网经营者的工作人员，或者提供通讯服务的人；

（9）以公务员或公共行政部门工作人员或雇员身份，因其职责负责对某一私人企业进行监督，或者负责同私人企业订立任何性质的合同，或者负责对私人企业的活动提出意见的人；

（10）行使公安司法权力的人、负责公共服务事业任务的人或者经公众选举担任职务的人，或者担任国家、非工商性质的公立机构、地方行政部门及其任何公立机构、混合公司的代表、管理人员或工作人员之职责的人，或者以上述人员之名义开展活动的任何人；

（11）行使公安司法权力的人，或者负责公共服务事业任务的人、公共财务会计人员、公共财产保管人或者其下属人员；

（12）行使公安司法权力的人，负责公共服务事业任务的人，公共财务会计人员或者公共财产保管人；

（13）司法官、陪审员、律师，公务助理人员与司法助理人员、宪兵军职人员、国家警察公务人员、海关官员、监狱机构管理人员以及其他任何行使公共权力或负责公共事业的人；

（14）行使公安司法权力的人、负责公共服务事业任务的人、公共财务会计人员或公共寄存保管人员或他们的属下人员；

（15）针对履行职务中或履行职务时的负责公共服务任务的人；

（16）为执行法律、公共权力机关之命令、法院决定或拘票、传票而正在履行职务的公安司法人员；

（17）政府、议会、欧洲议会、地方议会、宪法委员会、最高行政法院、社会经济委员会、最高司法会议、最高法院、审计法院、法国研究院、法兰西银行领导委员会或者某一由法律赋予其监督或顾问工作的集体性组织机构的现任成员或原任成员，现任或原任法官、现任或原任司法官员或司法助理人员；

（18）司法官，司法建制中任职的任何人，或者任何行政当局；

（19）对司法官、陪审员或其他司法建制中任职之人员，仲裁员、翻译人员、专家或一方当事人的律师；

（20）司法官、陪审员或其他属于司法建制的任何人员、仲裁员，由法院任命的专家或者由各方当事人任命的专家，由司法机关指派负责进行调解或和解工作的人；

（21）司法官；

（22）驾驶陆路运输车辆、水路或海洋运输机械的驾驶人员；

（23）专家；

（24）对正在履行职责的司法官、陪审员或其他司法建制中的任何人；

（25）负责监视在押人犯的任何人，因其职务有资格进入监狱机构或有可能以任何名义接近在押人犯的任何人；

（26）欧洲共同体公务员、欧盟成员国的国家公务员或者欧洲共同体委员会、欧洲议会、共同体法院与共同体审计法院的成员；

（27）在外国或在国际公共组织里负责公共事务、享有公共权力或者担任公共选举委任职务的人；

（28）司法官、陪审员或其他在司法职能中担任任何职务的人、仲裁员或者法院任命的鉴定人。

（三）英美法系主要国家刑法之规定

1. 美国之规定

美国法制上并没有公务员的一般定义规定，因此，是否为某条规定的公务员（犯罪主体或行为对象）而成立个别犯罪，需根据个别犯罪条文而定。为了有效防止利用公权力名义索取财物或侵害权利之事件发生，美国法沿用了习惯法假借职务之概念，并将某些渎职类行为之处罚范围扩及至不具法定职务权限之人；为了限缩处罚之范围，有些州认为某些政府雇员并不具备公务员之身份，因此其行为不成立以公务员身份为前提条件之犯罪；美国法关于公务员身份是否成立之判断，原则上系以各该犯罪之规范目的（保护法益）为判断基础，因此在认识上，得以该当犯罪主体资格之公务员身份（如假借或僭称职务勒索者），未必即为该当行为客体（如妨害公务罪之犯罪对象）之公务员身份，此点或为其法制没有针对公务员做一般定义规定的潜在原因。[①]

不过在美国具有较大影响的《模范刑法典》的"侵犯公共管理的犯罪"一章当中的第 249.0 条"定义"的第 5 款及第 7 款中分别对公务员及政党职员进行定义，具体如下：[②]

"政党职员"，指在美利坚合众国内的政党中以选举或者任命的方式担任一定职位，不论职责大小，凭借该职位指挥、实行或者参与指挥实行政党事务的人；

"公务员"，指政府的官员或者雇员，包括议员、法官和陪审员、顾问、咨询员或者以其他身份参与政府职能运转的人；但公务员不包括证人。

2. 加拿大刑法之规定

在英美法系国家中，判例法是其传统的、最基本的立法形式，因而英国虽然是英美法系诸国法制的鼻祖，但数百年以来始终未能制定自己的刑事法典，美国刑法也只有《模范刑法典》可以作为其刑事法的代表作，然而《模

---

① 参见张明伟：《美国刑法有关公务员概念的发展与检讨》，载《刑法公务员概念的比较研究》，社团法人台湾刑事法学会 2010 年版，第 539～574 页。

② 参见刘仁文、王祎等译：《美国模范刑法典及其评注》，法律出版社 2005 年版，第 181 页。

范刑法典》并非法律，仅仅只是美国法学会的学术成果。但是作为英美法系中的大国，加拿大在19世纪末就制定了《加拿大刑事法典》，虽然经过不断修改删订，但一直是在加拿大全国统一适用的刑事法典。

《加拿大刑事法典》是集刑事实体法与程序法为一体的法典，在该法典中，对于公务人员的规定有以下特点：

首先，在该法典的第2条对该法中涉及的不少概念予以了定义。其中包括：①

"法庭书记官"包括偶尔履行法庭书记官职责的人，无论其名称或者头衔为何。

"法官"指治安法官或者省法院法官，包括依法执行职务或者依法行使管辖权的两名或者两名以上的法官。

"司法体系参与人"指：（a）参议院、众议院、立法议会或者市议会的成员；（b）参与刑事审判的人，包括：（i）加拿大副总检察长和负责某省警察事务的部长；（ii）检察官、律师、魁北克公证法庭的成员和法院官员；（iii）法官；（iv）陪审员和受传唤作陪审员的人；（v）告发人、预期证人、受传票传唤作证的人和已经作证的证人；（vi）"治安官"定义中（b）项、（c）项、（d）项、（e）项和（g）项中所称的人；（vii）警察部队的文职雇员；（viii）受雇参加法庭管理的人；（viii.1）第25.1条第（1）款范围内的公职人员和依其指示行事的人；（ix）根据议会法参加犯罪调查的加拿大海关和税务总署的雇员；（x）联邦或者省矫正的雇员、假释监督官和在矫正机构监督下参加判决执行的其他人，以及根据《矫正和有条件释放法》进行处分听证的人；（xi）国家假释委员会、省假释委员会的雇员和成员。

"治安官"包括：（a）市长、镇长、村会主席、法警长、副法警长、法警及治安法官；（b）根据《矫正与有条件释放法》第1章指定为治安官的加拿大矫正机构成员、《矫正与有条件释放法》第1章所规定的教养院之外的监狱的监狱长、副监狱长、教员、监护员、监狱管理员、守卫及其他官员或者永久雇员；（c）警官、警察、执达员、警员或者其他受雇维持公共秩序或者在民事诉讼程序中服务或者执行的人员；（d）依据《关税法》、《国产税法》或者《2001年国产税法》有权执行海关或者税务行政职务的官员或者人员；（e）依据《捕鱼法》指定并执行职务的渔业保护人，以及依据《捕鱼法》被指定并依据该法或者《海岸捕鱼保护法》执行职务的人员；（f）于飞行中，控制有下列情形之一的航空器的飞行员：（i）已经根据《航空法》在加拿大登记；（ii）空机租于并由依据《航空法》指引的规定可以在加拿大登记为航空器所有人的人经营；（g）有下列情形之一的加拿大部队官兵：（i）根据《国防法》第156条的目的被指派；（ii）总督为实现本项的目的依《国防法》的规定雇佣执行职务而具有治安官的权力。

"省法院法官"指依省议会法指派或者授权的具有两名以上治安法官的权

---

① 参见罗文波、冯凡英译：《加拿大刑事法典》，北京大学出版社2008年版，第3~9页。

力和权威的人员，无论其名义为何，包括其合法代理人。

"公职人员"包括：（a）海关或者税务人员；（b）加拿大部队的军官；（c）加拿大皇家骑警队官员；（d）执行加拿大关于国税、关税、国产税、贸易或者航海法律的人员。

"代表"指组织的董事、股东、雇员、成员或者承包人。

"高级职员"指在指定组织的政策实施中发挥重要作用或者对于组织活动的某一重要方面负责管理的人，对于法人而言，包括其董事、首席执行官和首席财务官。

"受托人"指经法律宣布或者依省法规定为受托人，及由契据、遗嘱、书面文据或者口头陈述明示委托的受托人。

其次，在第四章"妨碍执法和司法的犯罪"的第 118 条对本章的一些概念作了定义。其中包括：[①]

"官员"指下列人员：（a）担任公职的人；（b）受命执行公务的人。

最后，在该法分则当中，公职（公务）人员有的是犯罪的特殊主体，有的是犯罪客观方面的重要因素。具体的表述有"作为司法工作人员，或者议会或者立法机构成员"；"法官、警察局长、治安官、公职人员或者少年法庭官员，或者受雇予刑事执法机构的人员"；"官员、其家属或者代表其利益的人"、"与其交易的雇员、官员或者其家属，或者代表其利益的人"、"政府部长或者官员"；"官员"、"政府官员或者雇员""对政府或者政府部长或者官员具有或者假称具有影响力"；"加拿大议会或者省立法机构候选人、团体或者政党候选人"或准备进入"加拿大议会或者省立法机构"；"执行公务时的公职人员"；"市政官员"（并指出，在本条中，"市政官员"指市议会成员或者在市政府中任职的人）；"治安官或者法医"；"公职人员或者治安官或者其合法协助者执行公务"或"公职人员或者治安官"；"治安官或者公职人员"。

另外值得指出的是，该法典在第一章"一般规定"的"保护执行和实施法律者"，涉及"治安官"、"公职人员"、"协助治安官或者公职人员之人"、"执行公务者"、"高级官员"，并且又专门将"公职人员"定义为"指治安官或者根据议会法拥有治安官权力的公职人员"；"高级官员"定义为"指根据第（5）款被指定、负责法律实施的高级官员"。[②]在第三章"火器和其他武器"的"豁免人员"部分又对"公职人员"予以一定的限制解释。[③]

3. 新加坡刑法之规定

新加坡原是英国殖民地，法律制度属于英美法系。新加坡的法律是伴随着英国的殖民统治而产生的，英国法律对其产生了广泛而深远的影响。[④]《新加坡刑法典》制定于 1871 年，经过多次大规模的修改，目前的基本版本是1985 年版。1985 年之后，新加坡又通过了多部法律，对《新加坡刑法典》进

① 参见罗文波、冯凡英译：《加拿大刑事法典》，北京大学出版社 2008 年版，第 100 页。

② 参见罗文波、冯凡英译：《加拿大刑事法典》，北京大学出版社 2008 年版，第 44 页。

③ 参见罗文波、冯凡英译：《加拿大刑事法典》，北京大学出版社 2008 年版，第 44 页。

④ 参见刘涛：《新加坡刑法的渊源及特色》，载《中国刑事法杂志》2006 年第 1 期。

行了修改。现行的《新加坡刑法典》是经过 1998 年 18 号法令修改的版本。①
在总则编的第二章"一般解释"一章当中对"公务员"概念范围进行了规
定，具体范围如下：②

第二十一条 公务员是指下列人员：

(a) 在新加坡武装力量中的官员；

(b) 法官；

(c) 职责是调查或记录法律事务或事实，或者制作、确认或保
存文件，或者负责或处理财产，或者执行司法诉讼程序，或者负责
宣誓，或者翻译，或者维持法庭秩序的审判法院官员，以及由审判
法院特别授权履行上述职责之人；

(d) 协助审判法院或公务员工作的顾问；

(e) 由审判法院或者其他政府主管部门向其呈送理由或事实由
其决定或记录的仲裁员或其他人员；

(f) 依法拥有办公场所，有权以此来安置或者看守被拘留人的
人员；

(g) 所有负有预防犯罪，提供犯罪情报，将犯罪交付审判，保
护公共卫生、公共安全或公共设施等职责的政府官员；

(h) 所有代表政府获取、接受、保存或消费财产，代表政府实
施调查、评估或签约，执行税收程序，调查或记录影响政府经济利
益，制作、确认或保存与政府经济利益有关的文件，防止违反保护
政府经济利益之法律的官员，以及在职官员和政府支付报酬的官员，
或者因执行公务而获得劳务报酬或费用补偿的人员；

(i) 所有获取、接受、保存或消费财产，进行调查、评估，或
者应村庄、城镇或城区非宗教事务的共同要求征税，或者制作、确
认或保存确认村民、城镇或城区居民权利的文件的官员；

(j) 公共事业委员会的成员。

《新加坡刑法》第九章专门就"公务员犯罪或与之有关的犯罪"进行了
规定，其中有的是以"公务员或将要成为公务员"、"公务员"、"负有准备或
翻译任何文件职责的公务员"作为犯罪的特殊主体；或者是将"公务员"作
为犯罪影响的对象、假冒的对象或客观方面的某一成立因素。第十章则专门
对"藐视公务员法定权力罪"进行了规定，该章中"公务员"是构成这些犯
罪的客观方面成立时不可缺少的因素，有的条文中"公务员"是犯罪的对象；
有的条文中"公务员"是被利用的对象；有的条文中"公务员"的行为（如
提问、命令等）是犯罪的对象，等等。此外，在其他章节中，也有关于"公

---

① 参见刘涛、柯良栋译：《新加坡刑法典》，北京大学出版社 2006 年版，第 1 页。
② 参见刘涛、柯良栋译：《新加坡刑法典》，北京大学出版社 2006 年版，第 95～96 页。

务员"的条文，还出现了"公务员或者为促进公共正义而协助公务员行为之人"；"公务员、银行家、商人或者代理人"等表述。

另外值得注意的是，新加坡在刑法典之外，还制定有《反贿赂法》，在该法的解释中指出，除非上下文有相反规定，否则——"代理人"是指受他人雇佣或代理他人行为之人，包括受托人、管理人、执行人、政府雇员、公司雇员或公共团体雇员，为本法第八条之目的，还包括转包人，转包人的雇员或者代理转包人行为之人。相应地，还规定了"委托人"包括雇主、信托财产受益人、人格化了的信托财产、与死亡者的财产有利益关系的人、人格化了的死亡者之财产，对政府雇员或者公共团体雇员而言，根据情况，还包括政府和公共团体。"公共团体"则是指按照有关公共卫生、公共事业或公益事业的成文法或者依此种成文法之立法目的享有管理职能的社团、委员会、理事会或者其他团体，或者根据成文法的规定有权管理按照一定税率或费用而征收或者筹集的资金的社团、委员会、理事会或者其他团体。而且，在该《反贿赂法》规定的犯罪当中，任何人都可以成为受贿、行贿等其他犯罪的主体；不过同时也特别规定了以下几类特殊主体，并在不同法条中将"公共团体的成员、官员或服务人"、"代理人"、"议会成员"、"公共团体成员"予以特别规定。[①]

（四）俄罗斯刑法之规定

1917 年"十月革命"之前，俄罗斯刑法在立法和理论上主要受到欧洲大陆法系国家的影响，同时又由于其独特的国情表现出不同于大陆法系国家的一些特色。"十月革命"之后，苏维埃政权建立了社会主义制度，在刑法立法和理论上也走上了不同于欧洲大陆法系国家的新的发展之路。[②] 苏联解体之后，苏联的法律死亡了，但作为其继承主体的俄罗斯法律却重生了。死亡了的是过分僵化的意识形态上的东西，新生的是尊重人权及发扬民主的普世化的东西。俄罗斯的法律既有它继受神圣罗马帝国的历史传统的一面，又有它接受国际共同生活准则的现代化的一面。[③] 因而俄罗斯刑法的规定有其一定的独特个性，从研究的全面性来看，对俄罗斯刑法中关于公职（公务）人员的规定进行一定的考察是必要的。毕竟，"言必称苏俄"也好，"言必称美、德"也好，都是一种片面性。[④]

俄罗斯刑法典没有在总则中对公职（公务）人员予以解释或者定义，也没有在总则的某一条文中对公职（公务）人员予以特殊的规制。不过该法分则的第三十章、第三十一章、第三十二章等数个章节中不少条文中就公职（公务）人员作出了规定，有的是作为犯罪的特殊主体，有的是刑法的加重主

① 参见刘涛、柯良栋译：《新加坡刑法典》，北京大学出版社，2006 年版。
② 参见赵秉志：《犯罪未遂形态研究（第二版）》，中国人民大学出版社 2008 年版，第 37 页。
③ 参见江平：《俄罗斯法译丛总序》，载黄道秀译：《俄罗斯联邦刑法典》，北京大学出版社 2008 年版。
④ 参见江平：《俄罗斯法译丛总序》，载黄道秀译：《俄罗斯联邦刑法典》，北京大学出版社 2008 年版。

体，有的是行为的特殊对象，有的是行为的冒用对象，有的是刑罚的加重对象，等等。具体的表述不一而足，如："预算资金取得单位的公职人员"；"公职人员"；"公职人员及担任俄罗斯联邦的国家职务或俄罗斯联邦各主体国家职务的人员，以及地方自治机关首脑"；"担任俄罗斯联邦国家职务或担任俄罗斯联邦各主体国家职务的人员"；"法官、陪审员或参加审判的其他人员、检察长、侦查员、调查人员、辩护人、鉴定人、专家、法警、法院执行员及其亲属"；"法官、陪审员或其他参加审判的人员"及"检察长、侦查员、调查人员、辩护人、鉴定人、专家、法警、法院执行员及其亲属"；"法庭审理参加人"；"法官、陪审员或其他参加审判的人员的"；"法官、陪审员或其他参加审判的人员"及"检察长、侦查员、调查人员、法警、法院执行员"；"侦查员或调查人员"；"民事案件参加人或其代理人"；"调查人员、侦查员、检察长或辩护人"；"法官"；"权力机关的代表、国家工作人员、地方自治机关工作人员以及国家或自治地方机构的工作人员、商业组织或其他组织的工作人员"；"执法机关的工作人员、军人及其亲属"；"权力机关代表及其亲属"；"权力机关代表"；"自由场所或羁押场所的工作人员或其近亲属"，等等。

为此，该刑法在分则第十编"反对国家政权的犯罪"第三十章"侵害国家政权、侵害国家公务利益和地方自治机关公务利益的犯罪"的第285条在规定"滥用职权"的内容之后，以该条的附注形式规定有关公务人员概念的解释，具体如下：①

第285条…

附注：1. 本章各条中的公职人员是指国家机关、地方自治机关、国家机构或地方自治机构中，以及在俄罗斯联邦武装力量、其他军队及军事组织中长期、临时或根据专门授权行使权力机关代表的职能，或行使组织指挥、行政经营职能的人员。

2. 本章各条和本法典其他条款中所说担任俄罗斯联邦国家职务的人员，是指担任俄罗斯联邦宪法、联邦宪法性法律和联邦法律为了直接行使国家机关权力而规定的职务的人员。

3. 本章各条和本法典其他条款中所说担任俄罗斯联邦各主体国家职务的人员，是指担任俄罗斯联邦各主体宪法和章程为直接行使国家机关权力而规定的职务的人员。

4. 国家工作人员和地方自治机关的工作人员，不属于公职人员的，在相应条款有专门规定的情况下，依照本章各条承担刑事责任。

此外，在第三十二章"妨碍管理秩序的犯罪"的第318条中以附注形式对"权力机关代表"这一公职（公务）人员类型进行了一定的解释，具体如下：②

① 参见黄道秀译：《俄罗斯联邦刑法典》，北京大学出版社2008年版，第147～148页。
② 参见黄道秀译：《俄罗斯联邦刑法典》，北京大学出版社2008年版，第161页。

第 318 条…

附注：本条及本法典其他条款所指权力机关代表是指执法机关
或监察机关的公职人员，以及依照法律规定的程序对无职务从属关
系的人享有指挥权限的其他公职人员。

（五）联合国《反腐败公约》之规定

第五十八届联合国大会于 2003 年 10 月 31 日通过了联合国《反腐败公
约》（以下简称《公约》），同年 12 月 10 日中国政府签署了该《公约》，并且
该《公约》已于 2005 年 12 月 14 日在中国正式生效。这是联合国历史上通过
的第一项具有法律约束力的反腐败公约，它对各国加强国内的反腐败行动、
提高反腐败成效、促进国际反腐败合作具有积极而重要的意义。《公约》在第
一章总则的第二条中对《公约》中的"公职人员"作了明文界定，具体
如下：[①]

第二条　术语的使用：

"在本公约中：

（一）'公职人员'系指：1. 无论是经任命还是经选举而在缔约
国中担任立法、行政、行政管理或者司法职务的任何人员，无论长
期或者临时，计酬或者不计酬，也无论该人的资历如何；2. 依照缔
约国本国法律的定义和在该缔约国相关法律领域中的适用情况，履
行公共职能，包括为公共机构或者公营企业履行公共职能或者提供
公共服务的任何其他人员；3. 缔约国本国法律中界定为'公职人
员'的任何其他人员。但就本公约第二章所载某些具体措施而言，
'公职人员'可以指依照缔约国本国法律的定义和在该缔约国相关法
律领域中的适用情况，履行公共职能或者提供公共服务的任何人员；

（二）'外国公职人员'系指外国无论是经任命还是经选举而担
任立法、行政、行政管理或者司法职务的任何人员；以及为外国，
包括为公共机构或者公营企业行使公共职能的任何人员；

（三）'国际公共组织官员'系指国际公务员或者经此种组织授
权代表该组织行事的任何人员。"

根据《公约》谈判工作特设委员会会议工作报告，"行政"应当理解为
酌情包含军事部门，"职务"应当理解为包括从国家到地方的各级政府及其各
下属部门的职务。[②]《公约》第 2 条含义中第 1 项对应于我国刑法中的国家机
关工作人员，按照《公约》的要求，这类人可以是任命的，也可以是选举的，

---

① 杨宇冠、吴高庆主编：《〈联合国反腐公约〉解读》，中国人民公安大学出版社 2004 年版，第
593 页。

② 参见赵秉志、杨诚：《〈联合国反腐败公约〉在中国的贯彻》，法律出版社 2011 年版，第 72
页。

可以是临时的，也可以是长期的，可以是计酬的，也可以是不计酬的，其资历深浅不影响其公职人员身份。事实上，从实际操作情况来看，在我国国家机关工作人员身份认定的过程中，有关做法与《公约》的要求并无矛盾，不过，由于我国刑法条文的规定更加简洁，因此，对于实践中可能会出现争议的一些人员，在认定是否属于国家机关工作人员时，应当参考《公约》的要求进行合理的解释。为了在司法实践中更好地贯彻和执行，《公约》中此类人员的上述认定标准，可以以司法解释的形式借鉴过来，这样，《公约》中的要求就可以通过司法解释的方式转化到国内刑法的体系之中。①

对《公约》第2条第2项和第3项的含义应当结合起来进行理解。从逻辑上看，两者是除典型的公职人员（《公约》第2条第1项）之外的其他应当被认定为公职人员的人，其关系是并列关系。从内容上看，《公约》第2条第2项的人员判断标准实际上是实质标准，《公约》第2条第3项则为形式标准。根据第2项的要求，只要实质上依该国法律的定义及法律适用情况，履行公共职能，就应当认定为"公职人员"（这类人员如果同时被法律明确界定为"公职人员"则同时符合第2条第3项要求）。根据第2条第3项的要求，只要被法律明确赋予了"公职人员"的头衔，就应当认定为"公职人员"，尽管有些人可能不符合第2条第2项所规定的实质性标准。这些人员，由于法律已经将其明确界定为"公职人员"，因而依照法律规定而取得"公职人员"身份。可见《公约》为各国界定"公职人员"的范围提供了一定的灵活度，但是，前提必须是法律上明确的定义，而不能是依照法律适用情况界定（这一点与第2条第2项是不同的）。②

三、发达国家（地区）暨国际组织相关规定之借鉴

由上可见，以上这些关于公职（公务）人员的规定之间存在着较大的差异，这些差异有些值得我们予以关注，比如立法方式、概念的称谓、概念的基本结构等方面，这些无疑属于方法论上的问题，因而值得予以一定的比较考察。而对于以上各立法例中公职（公务）人员的具体涵盖范围，笔者不准备在此予以探讨，毕竟各国各地区刑法调整的范围基于各自不同的着眼点会存在着范围或大或小的差异，这些差异与其社会政治、经济、文化各方面有着极大的联系，而这些政治、经济、文化等方面的差异在各个国家（地区）之间都是存在的，所以对这一概念的具体涵盖范围予以比较对我国的国家工作人员概念改进的意义并不大。

（一）立法方式之考察

从以上几个国家的规定来看，这些国家（地区）刑法中对于公务（公职）人员的规定方式大致可以分为以下三种方式：（1）对其概念与范围不作

---

① 参见赵秉志、杨诚：《〈联合国反腐败公约〉在中国的贯彻》，法律出版社2011年版，第94页。

② 参见赵秉志、杨诚：《〈联合国反腐败公约〉在中国的贯彻》，法律出版社2011年版，第94~95页。

明文规定，如法国刑法典；（2）在刑法总则中明文规定其定义或范围，这是大多数立法例的规定方式，如上面提到的我国台湾地区"刑法典"、日本刑法典、德国刑法典、美国模范刑法典、新加坡刑法典、加拿大刑法典及联合国《反腐败公约》；（3）在刑法分则（或单行刑法）中对公务（公职）人员或相关概念予以明文定义或规定其范围，如我国香港地区的《防止贿赂条例》、澳门地区的澳门刑法典，以及意大利刑法典、俄罗斯刑法典。

对此，笔者认为，以上第一种规定方式仅在具体的犯罪条文中分散规定，并且不对之进行一定的范围界定，这对于满足各种不同的犯罪所规制角度及范围不同的客观需要确实有积极价值。但这种方式却对公务（公职）人员的共性特征太过忽视，因而实难让人赞许。至于第三种立法方式，则较第一种方式而言，有所进步，在分则具体章节中对公务（公职）人员予以定义或者明确界定其范围，有利于各章节中各犯罪的具体认定，也便于寻求本章节中具体犯罪的共性特征。然而这种方式仍存在不小的问题，因为公务（公职）人员在一国（地区）的刑法之中，即使刑法总则中不在刑法效力等方面予以涉及，基本上也不可能仅仅局限于某一章节之中，因而仅仅在分则的某一章节之中予以规定，难免有失该概念的统摄功能，并且在用语上也容易出现不甚妥当的地方。比如，意大利刑法典不仅在总则的域外管辖权中涉及公务员的概念，而且在分则中数个章节中有关于公务员等概念的规定，但该法典却在第二编重罪分则的第二章第三节以"本章各节的共同规定"的方式对公务员等概念予以界定，按说"本章各节的共同规定"的内容应仅限于本章各节的相关内容，而果真如此，那么该法总则中的公务员概念及其他章节中的公务员概念岂不就仍然处于界限不清的局面，如要对总则及分则其他章节予以适用，那么"本章各节的共同规定"又确实不够妥当。可见，相对来看，第二种规定方式较为科学，毕竟公务（公职）人员是刑法应当重点予以关注的一类人员，而且在刑法总则、分则的不少条文中都会涉及，为统揽全局、协调各章，并达到简洁之效果，在总则中予以专门界定无疑具有积极价值，因而这种立法方式也为大多数国家（地区）刑法典所采用。

反观我国刑法典的立法方式，应当属于第二种立法方式，笔者认为，这种在刑法总则中予以明确界定其范围的立法方式值得肯定，也应当予以坚持。

（二）称谓表述之比较

从以上各国（地区）的立法例看，就公职（公务）人员的称谓而言，主要有以下几种表述：一是"公务员"、"公务人员"，如我国台湾地区"刑法典"、我国澳门地区刑法典、日本刑法典、德国刑法典、意大利刑法典、美国模范刑法典、新加坡刑法典；二是"公职人员"，如俄罗斯刑法典、加拿大刑法典、联合国《反腐败公约》。笔者认为，概念的称谓应当从其表述就能较直观地反映出概念的内涵。就"公务员"、"公务人员"、"公职人员"这三个概念的称谓而言，"公务人员"更为可取。首先，在以上几个国家（地区）的立法例当中，对于某一人员是否属于公职（公务）人员的区分并不以是否担任一定的职务为标准，而是以是否从事某种事务为标准；其次，就这些称谓表述来看，公职人员主要体现了担任公职这一身份特征，强调的是某一人员所具备的某一静态的职务身份，容易让人产生"身份论"的错觉；而"公务人员"则更能从表述上直观地体现这些人员从事公务的本质特征，并且明确表达了概念的内涵，不易产生误读；"公务员"这一概念虽然也能较好达到表达概念本质特征及内涵之目的，但该概念与行政法中的"公务员"概念容易产生混淆，应当不太适合用在刑法中来概括表达刑事法中的"从事公务"的一类人员。可见，用"公务人员"这一用语来作为表达该类人员的称谓更为适当、贴切，能更好地达到名实相符的效果。

反观我国刑法中使用的"国家工作人员"这一称谓，与其他立法例中的称谓既没有相同的表述，也没有相近似的表述。"国家工作人员"这样的语言表述，从文字上来看，要么是"为国家工作的人员"，要么是"在此国家工作的人员"，可见，这样的用词来表达所要涵盖的内容确实不够清楚。

（三）基本结构之分析

基本结构分析，是指从公职（公务）人员概念的组成结构之角度，对其进行分析，以求发现概念的优缺点。笔者发现，从以上各国家（地区）的立法例看，公职（公务）人员概念的基本结构存在较大的差异，故而在此拟对这一问题进行一定的展开，以求对我国国家工作人员概念的重构能有积极的参考价值。

在以上国家（地区）的立法例中，不少公职（公务）人员概念的组成有明显的层次性。比如，德国刑法典规定公务员包括："a. 官员或法官，b. 具有其他公法意义上的职务关系的工作人员，c. 其他被聘用在行政机关或其他机构或受其委托从事公务的人员"；并对法官进行解释："依德国法律担任的职业法官或名誉职法官"；而且还规定了"对公务负有特别义务的人员"的概念，并明确了其含义，指："非公务人员而在行政机关或其他机构从事公务，或在为行政机关或其他机构执行公共管理任务的社团或其联合体、企业就职或为其工作，且依法正式宣誓认真履行其职责的人员。"这样一来，公职（公务）人员的概念就具备了内外层次分明的特点，内部包括几种类型的人员，外部还有相近概念的承接。这种结构方式，首先可以直接用公务员这一概念来对一定范围的人员进行规制，其次可以通过给这一概念予以一定的修饰来限制涵盖的人员范围，如该法中规定的"有权制作文书的公务员"的表述；然后，还可以用概念内部的概念来予以限制，比如有的犯罪只需对法官进行特殊规制时，就可规定法官作为某罪的特殊对象或者特殊主体；最后，对外也可以予以扩张，比如在有的犯罪不仅需对公务员进行规定还需对相近的人员予以涵盖时，就可在规定公务员的同时再加上对公务负有特别义务的人员作为某罪的特殊对象或者特殊主体。可见这种分层次的概念形式，能够灵活应对各种犯罪对身份所提出的不同要求。这种对概念进行层次分明的纵向区分规定方式还存在我国香港地区的《防止贿赂条例》及《意大利刑法典》、《俄罗斯刑法典》、《加拿大刑法典》等刑事法典之中。

不过我国台湾地区"刑法"、《日本刑法》及《美国模范刑法典》、《联合国反腐败公约》当中规定的概念，虽然在概念内部列举了一定的类型，但这些类型只具有横向的区分性，没有纵向的包含性，其中列举的具体公务员类型很难单独用来在刑法典之中去表述某类人员。比如，我国台湾地区"刑法"中的公务员概念，一般认为可分为三种类型：其一，身份公务员，即指依法令服务于"国家"或地方自治团体所属机关而具有法定职务权限的人员，也就是台湾地区"刑法"第 10 条第 2 项第 1 款前段规定的人员。其二，授权公务员。即指依法令授权而从事于公共事务且具有法定职务权限之人员。也就是台湾地区"刑法"第 10 条第 2 项第 1 款后段规定的人员。其三，委托公务员。指受"国家"或地方自治团体所属机关依法委托，从事与委托机关权限有关公共事务之人员。也就是台湾地区"刑法"第 10 条第 2 项第 2 款规定，受"国家"、地方自治团体所属机关依法委托，从事与委托机关权限有关的公共事务者。① 不可否认，这种区分对于认定"公务员"的范围有着一定的意义，但是对于这一概念的灵活性似乎没有多大帮助，因为这其中涵盖的所谓的三种类型的公务员类型是不可能在刑法其他条文中单独出现。可见，这些立法例中对公职（公务）人员概念的结构安排不利于这一概念在刑法中的灵活运用。

反观我国刑法对国家工作人员概念的表述，刑法第 93 条第 1 款规定的是"国家机关工作人员"，第 2 款规定的是"以国家工作人员论"的人员，第 1 款的"国家机关工作人员"属于"国家工作人员"这一概念的一部分，并且这一部分能够作为"国家工作人员"的一种类型予以单独使用，因而基本可归为第一种类型，从大的方向而言是值得肯定的。然而，由于仅有"国家机关工作人员"这一概念可以脱离"国家工作人员"单独使用；并且"国家机关工作人员"的内涵又不够明确，加之其欲规制的对象与实践存在比较严重的脱节，从而导致该种纵向分层的效果大打折扣。

四、概念完善之选择

（一）概念完善之方法

由于我国刑法中的"国家工作人员"概念存在着这样那样的缺陷与不足，不少学者为此提出了大胆的改进建议。比如，多年前就有学者提出，应引入公务员犯罪的概念以求解决国家工作人员概念面临的问题。② 之后，其他学者则进一步指出，"国家工作人员"是我国刑法中一个非常重要的概念，如此重要的概念，其含义却并不明确，尽管刑法学界这方面的研究可谓汗牛充栋，但仍旧无法解决司法实践中层出不穷的疑难问题，立法、司法机关也难以逃脱"解释复解释，解释何其多"的怪圈。在行政法上，"公务员"的概念和

---

① 参见甘添贵：《新修正刑法公务员的概念》，载《刑法公务员概念的比较研究》，社团法人台湾刑事法学会 2010 年版，第 1~15 页。

② 参见毕可志、黄伟明：《论公务员犯罪概念的引入》，载《吉林大学社会科学学报》2001 年第 5 期。

范围是相对确定、清楚的，因而应在刑法中引进公务员的概念。① 也有学者认为，"'国家工作人员'的概念一直处于不确定状态；'国家工作人员'长期以来一直存在概念含混、内涵不明确、概念的外延有逻辑和语义错误的缺陷；'国家工作人员'这个概念不符合收缩国家工作人员范围的刑事立法趋势。作为腐败犯罪的主体，'国家公职人员'这一概念的内涵是比较明确的，其外延也是比较容易确定的，司法实践也好把握，有利于惩治腐败犯罪。再者，'国家公职人员'这一概念在国际上比较通用，也适应于市场经济条件下腐败犯罪主体由主管官员向一般官员扩展、由一般官员向一般公职人员扩展、由公共部门向非公共部门扩展等各种情况发展变化的需要。因而建议将现行刑法第93条修改为：'本法所称国家公职人员，是指依法选举或组织任命担任公共职务、行使公共职权、履行公共职责的人员。包括国家机关、国有公司、企业、事业单位、人民团体中工作的人员。由这些单位和组织委派到非国有公司、企业、事业单位、社会团体中工作的人员，以及其他依照法律执行公共职务活动的人员，以国家公职人员论'。其他各有关条款中的'国家工作人员'，都以'国家公职人员'来取代。"② 另有学者在研究渎职罪主体时，就该问题提出："（1）'公务人员'的称谓具有准确性、稳定性和高度概括性的特点；（2）我国立法史上曾规定为'公务人员'；（3）外国立法例多规定为'公务员'（'公职人员'）；（4）国内理论靠拢'公务人员'；（5）立法及司法机关青睐'从事公务的人员'；（6）办案部门呼吁立法及解释关注'从事公务的人员'；（7）将渎职罪主体修改为'公务人员'有助于国家法制建设。建议将'国家机关工作人员'改为'公务人员'。"③

总体而言，以上这些学者基本上指出了现行概念规定中所存在的问题，大多数理由也比较中肯，所提出的修改建议也不乏真知灼见，值得我们重视与深思。当然，具体的改进方法及途径还有待作进一步的论证。

笔者认为，刑法总则之所以会对国家工作人员这一概念加以定义，主要是考虑到刑法中涉及国家工作人员用语的条文众多，如果能对这一用语概念有所界定，即可使其更臻于明确从而减少若干解释适用上的争议，同时也可达到精简条文的效果。但是在对这一概念定义时，我们必须注意到，国家工作人员此一用语在刑法的不同条文中所起的作用差异性是较大的，有的是属于影响刑事责任承担的特殊主体要件，有的却是影响刑事责任承担的客观方面的重要因素，有的时候又是作为影响刑法效力适用范围的关键所在，不一而足；此外，即使同样是作为在特殊主体或客观因素出现的国家工作人员身份，其所指涉的范围也会因为具体犯罪所意欲规制的出发点不同而产生较大

---

① 参见王晓明：《"公务员"与"国家工作人员"概念及其关系探究》，载《福建行政学院学报》2011年第1期。

② 参见蔡雪冰：《以"国家公职人员"取代"国家工作人员"——"国家工作人员"立法解释辨析》，载《国家检察官学院学报》2001年第3期。

③ 参见李希慧、贾济东、廖焱清：《渎职罪主体解释回顾及立法建言》，载《国家检察官学院学报》2003年第4期。

的差异。

　　所以，如果我们想要在刑法总则中对于公职（公务）人员概念予以界定，一方面必须注意到，我们所下的定义必须能够涵括刑法中各个条文所指涉的国家工作人员范畴，即能涵盖各公职（公务）人员的共性特征。否则的话，一个不能满足刑法上各个条文所指涉的国家工作人员范畴的定义，必将产生规制的漏洞，从而导致"有定义比没有定义更为糟糕"的后果，我国 1997 年刑法中新出现的"国家机关工作人员"这一概念由于定位不准所产生的"渎职罪"一章规定的犯罪与现实严重脱节的后果就是明证。另一方面还需注意到，这一概念的结构必须有一定的层次性，即能够满足不同公职（公务）人员之间的差异性。如前所述，刑法中所规制的公职（公务）人员在不同场合有着各自不同的个性特征，因而在规定公职（公务）人员的概念时，应当照顾到这些差异性的要求。那种对差异性缺乏考虑的概念界定必然难以面对多样化的现实需要。至于这种差异性，在公职（公务）人员概念的界定上，其实就是笔者前面指出的层次性要求，前已述及，这种层次性特征能够灵活面对不同条文对公职（公务）人员规制范围的差异性要求。可见，如果这一方面做得不够，那么这种概念的界定也将难以达到理想的效果。

　　当然，公职（公务）人员概念的称谓也必须做到能够较为直观地揭示概念的内涵，从而做到名实相符。

　　（二）概念完善之路径

　　通过以上比较分析以及上文对完善方法之阐述，笔者提出以下完善建议。

　　其一，在刑法中取消使用"国家工作人员"、"国家机关工作人员"这两个称谓表述。首先，"国家工作人员"是一个特定历史中形成的带有一定政治色彩并颇具中国特色的概念。不可否认，"国家工作人员"是一个颇具中国特色的刑法用语，它与中国的干部人事制度有着密切的联系。新中国的干部人事制度，是在民主革命时期解放区和人民军队干部人事制度的基础上，借鉴苏联的经验发展起来的。其根本特征是对各类人员进行集中统一的管理，从组织上确保党和国家在各个历史时期的政治、经济和文化任务的完成。因此，长期以来，我们都把国家公职人员称为国家工作人员或者国家干部，以与工人、农民相区分。不仅如此，由于在新中国的前 30 年，我们实行的是高度集中的计划经济和纯而又纯的公有制，企业、学校等都是公有的，因而在这些单位从事公务的人员也都被称作国家工作人员或国家干部。1993 年，顺应社会主义市场经济的建立和发展，我国制定了《国家公务员暂行条例》，再经过10 余年的摸索，到 2005 年制定《中华人民共和国公务员法》，我国人事制度正在走一条渐进式的分类管理的改革道路。在这种渐进式的分类管理改革中，刑法中笼统的"国家工作人员"概念势必遭遇困惑。① 此外，"这一概念给人高高在上的感觉，没有体现出为广大公民服务的要素。实际上，'国家工作人员'并不是高高在上的管理者，而是为广大公民排忧解难，为芸芸众生谋取

---

　　① 参见刘仁文：《刑法中"国家工作人员"概念的立法演变》，载《河南大学学报》（社会科学版）2010 年第 6 期。

利益的服务者。"① 而且，正如前文所述，仅从语言表述来理解，"国家工作人员"要么是"为国家工作的人员"，要么是"在此国家工作的人员"，而其实这一概念现今所要表达的内涵却是"从事公务的人员"。其次，"国家机关工作人员"本意将国家机关与其他单位中的公务人员予以区别对待，旨在强调国家机关工作人员的责任重大。② 然而由于没能清楚地认识到国家机关之外的其他公务人员实际履行职能的重要性以及国家政治经济改革过程中各种职能在不同组织之间转移的现实，从而导致以上意图非但没有达成，反倒造成立法、司法的不少分歧，产生一些不应有的混乱。可见，对于这两个概念用语，只要时机合适、措施得当，对之予以取消是可取的。

其二，在我国刑法中采用"公务人员"的称谓较为可取。诚然，采用"公务人员"、"公职人员"和"公务员"这三个称谓的立法例都不在少数。然而，笔者认为，公务人员这一称谓更为可取。首先，就公务人员与公职人员的称谓相比较来看，是否"从事公务"或是否"依法履行公职"应该是理解这两个概念的关键之处，因而就这两个概念相比较来看，我们可以隐约感觉两者之间还是存在强调重点上的差异。即：（1）"公务"着眼于工作、事情的角度，而"公职"则定位于位置、场合；（2）"公务"的外延明显大于公职，"从事公务"并不必然导致"公职"的产生；（3）"公职"在外部形式上表现为因公共事务而设置的较具固定性或稳定性的职位和职务并与职权、职责相匹配，"公务"主要表现为与职权相联系的公共事务以及监督、管理国有财产的职务活动。③ 因而从保护与规制"公务"的正常进行的角度来看，采用公务人员的称谓显然更符合"从事公务"这一本质特征。至于公务员这一概念，如果用来指代"从事公务"的人员也不妥当。众所周知，公务员是一个在行政管理、行政学及行政法等领域已经基本取得共识的概念，是有明确所指的一类人的概念称谓，在我国已经通过《公务员法》的今天，还采用公务员这一概念作为指代"从事公务的人员"的称谓，无疑将会产生不必要的理解上的偏差，何况世界范围内也只有部分国家、地区在刑法中采用这一概念作为指代"从事公务的人员"的称谓。

其三，从对公务员这一特殊身份提出严格要求的角度考虑，应当在刑法中采用公务员概念指代《公务员法》规制的人员，并用其取代现行刑法中某些条款中的国家工作人员（国家机关工作人员）。

根据我国 2005 年 4 月 27 日通过的《公务员法》规定，公务员是指依法履行公职、纳入国家行政编制、由国家财政负担工资福利的工作人员。根据中共中央、国务院 2006 年 4 月 9 日印发的《〈中华人民共和国公务员法〉实施方案》

---

① 参见李希慧：《大陆刑法"国家工作人员"概念之检讨与省思》，载《刑法公务员概念的比较研究》，社团法人台湾刑事法学会 2010 年版，第 399 页。

② 参见赵秉志、肖中华：《渎职罪认定中的共性问题（上）："国家机关工作人员"的扩大解释》，载《检察日报》2001 年 12 月 19 日（理论版）。

③ 参见王晓明：《"公务员"与"国家工作人员"概念及其关系探究》，载《福建行政学院学报》2011 年第 1 期。

的规定，我国《公务员法》规制的人员具体如下：

1. 中国共产党各级机关中列入公务员范围的人员：（1）中央和地方各级党委、纪律检查委员会的领导人员；（2）中央和地方各级党委工作部门、办事机构和派出机构的工作人员；（3）中央和地方各级纪律检查委员会机关和派出机构的工作人员；（4）街道、乡、镇党委机关的工作人员。

2. 各级人民代表大会及其常务委员会机关中列入公务员范围的人员：（1）县级以上各级人民代表大会常务委员会领导人员，乡、镇人民代表大会主席、副主席；（2）县级以上各级人民代表大会常务委员会工作机构和办事机构的工作人员；（3）各级人民代表大会专门委员会办事机构的工作人员。

3. 各级行政机关中列入公务员范围的人员：（1）各级人民政府的领导人员；（2）县级以上各级人民政府工作部门和派出机构的工作人员；（3）乡、镇人民政府机关的工作人员。

4. 中国人民政治协商会议各级委员会机关中列入公务员范围的人员：（1）中国人民政治协商会议各级委员会的领导人员；（2）中国人民政治协商会议各级委员会工作机构的工作人员。

5. 各级审判机关中列入公务员范围的人员：（1）最高人民法院和地方各级人民法院的法官、审判辅助人员；（2）最高人民法院和地方各级人民法院的司法行政人员。

6. 各级检察机关中列入公务员范围的人员：（1）最高人民检察院和地方各级人民检察院的检察官、检察辅助人员；（2）最高人民检察院和地方各级人民检察院的司法行政人员。

7. 各民主党派和工商联的各级机关中列入公务员范围的人员：（1）中国国民党革命委员会中央和地方各级委员会的领导人员，工作机构的工作人员；（2）中国民主同盟中央和地方各级委员会的领导人员，工作机构的工作人员；（3）中国民主建国会中央和地方各级委员会的领导人员，工作机构的工作人员；（4）中国民主促进会中央和地方各级委员会的领导人员，工作机构的工作人员；（5）中国农工民主党中央和地方各级委员会的领导人员，工作机构的工作人员；（6）中国致公党中央和地方各级委员会的领导人员，工作机构的工作人员；（7）九三学社中央和地方各级委员会的领导人员，工作机构的工作人员；（8）台湾民主自治同盟中央和地方各级委员会的领导人员，工作机构的工作人员。（9）中华全国工商业联合会和地方各级工商联的领导人员，工作机构的工作人员。

不过，下列人员的人事关系所在部门和单位不属于上列机关的，不列入公务员范围：（1）中国共产党的各级代表大会代表、委员会委员、纪律检查委员会委员；（2）各级人民代表大会代表、常务委员会组成人员、专门委员会成员；（3）中国人民政治协商会议各级委员会常务委员、委员；（4）各民主党派中央和地方各级委员会委员、常委和专门委员会成员。中华全国工商业联合会和地方工商联执行委员、常务委员会成员和专门委员会成员。此外，《公务员法》第106 条规定，法律、法规授权的具有公共事务管理职能的事业单位中除工勤人员以外的工作人员，经批准可以参照公务员法进行管理。根据《参照〈中华人民共和国公务员法〉管理的单位审批办法》第3条的规定，法律法规授权的具有公共事务管理职能的事业单位，列入参照管理范围。使用国家行政编制的人民团体和群众团体机关参照公务员法管理的工作，由中央另行发文明确。由此可见，参照《公务员法》进行管理的人员不仅包括法律法规授权的具有公共事务管理职能的事业单位中除工勤人员以外的工作人员，而且包括使用国家行政编制的人民团体和群众团体机关中除工勤人员以外的工作人员。①

可见，经过多年的努力，我国已经建立了明确的公务员制度。在我国，公务员已经成为一种职业，② 但这一职业具有其他职业所不具有的一些特点，典型的就是这一职业具有公共事务的管理权力，实施公共事务管理，掌控公共资源；同时具有职业保障，非因法定事由、非经法定程序不被免职，可以说，公务员是社会所有职业中较为稳定的职业。③ 同时，公务员又不仅仅是一种职业，因为作为我国的公务员，应当是人民公仆、人民的勤务员，是代表党和国家管理国家事务、经济事务、社会事务的专业人才，还应承担一些超出一般职业的社会责任。公务员还应是遵守社会规范的模范、遵守社会道德的榜样、社会正义的形象代表。④ 可见，从权利义务相一致的角度来看，对公务员提出比一般人员更为严厉的要求不足为怪。因而在刑法中对这一概念予以规定，并从"职业"角度对之提出相应的规制要求是合理合法的，同时也能避免在扩大公务犯罪主体的同时，出现不能对专职公务人员重点规制的不良后果。具体可以考虑，将刑法第7条关于属人管辖权中的国家工作人员，第279条招摇撞骗罪中的国家机关工作人员，第294条第3款包庇、纵容黑社会性质组织罪中规定的国家机关工作人员及第5款第（四）项中规定的国家工作人员，及395条巨额财产来源不明罪、隐瞒境外存款罪中的国家工作人员等概念修改成公务员。

其四，增加规定"执法工作人员"的概念，并对之进行界定。这主要是考虑到，在我国刑法中有一定的条款涉及这类人员，但现行刑法使用的国家机关工作人员无法满足这一需要。比如刑法第277条规定的妨害公务罪，这一条文中就规定的是国家机关工作人员，而事实上，我国不少事业单位承担着大量的行政执法任务，对于使用暴力、威胁方法故意阻碍国有事业单位人员依法执行行政执法职务的行为，应当如何定性？对此，学界有较大争议，有学者认为，行为人使用暴力、威胁方法故意阻碍上述人员依法执行行政执

---

① 参见杨临宏：《公务员法：原理与制度》，云南大学出版社2009年版，第5至6页。
② 参见林弋：《公务员法立法研究》，中国人事出版社、党建读物出版社2006年版，第66页。
③ 参见林弋：《公务员法立法研究》，中国人事出版社、党建读物出版社2006年版，第69页。
④ 参见林弋：《公务员法立法研究》，中国人事出版社、党建读物出版社2006年版，第68页。

法职务的，其行为是对依法执行公务的人员进行妨害，已经构成妨害公务罪。[1] 另有学者认为，对于使用暴力、威胁方法故意阻碍上述人员依法执行行政执法职务的行为不能以妨害公务罪论处。[2] 对于这个问题的解答，笔者坚持在罪刑法定原则的前提下对刑法进行严格解释，因而不赞成通过解释的途径来将事业单位中的工作人员解释为国家机关工作人员，这也是笔者之前质疑有关解释的立场之延续。笔者认为，这些问题只能通过修改立法予以解决，即，把这里的国家机关工作人员通过立法机关修改为"执法工作人员"，并对之予以界定。事实上，我国刑法条文中不乏类似的表述，如刑法第 402 条徇私舞弊不移交刑事案件罪的主体就表述为"行政执法人员"。具体而言，可将妨害公务罪的对象修改为"执法工作人员"，同时考虑增加"协助执法工作人员从事公务的人员"作为该罪的对象，从而明文确定协警等协助执法人员可以成为该罪的对象；将渎职罪中的大部分罪名的主体改为执法工作人员，如第 404 条徇私舞弊不征、少征税款罪的主体就可以相应改为税务执法工作人员。

其五，除以上修改之外，刑法中剩下的其他大部分条文中的国家工作人员或国家机关工作人员均可考虑用公务人员来取代。当然，对现行刑法第 93 条进行修改之后，并不排除个别条文对公务人员进行一定的限制，比如刑法第 415 条中的主体就可以继续使用原来的限制语，从而表述为"负责办理护照、签证以及其他出入境证件的公务人员"。

作出以上修改，可以使得我国刑法中的公职（公务）人员的层次较分明，既便于从"身份"角度对公务员予以特别规制，也便于坚持公务论的合理之处而不致因为有"身份"的限制而弱化打击范围，并且可以应对具体犯罪（如妨害公务罪）对特殊身份提出的要求。

综上所述，笔者认为，可将现行刑法第 93 条作出修改并形成如下条文表述：

　　第九十三条　本法中的公务人员包括：

　　（一）国家机关、国有公司、企业、事业单位、人民团体中从事公务的人员；

　　（二）国家机关、国有公司、企业、事业单位、人民团体委派到其他单位从事公务的人员；

　　（三）其他依照法律从事公务的人员。

　　第九十三条之一：本法中的公务员，是指《公务员法》中规定

---

① 参见鲜铁可、周玉华：《论妨害公务罪》，载《中国法学》1998 年第 6 期。最高人民检察院于 2000 年 3 月 21 日作出《关于以暴力、威胁方法阻碍事业编制人员依法执行行政执法职务是否可对侵害人以妨害公务罪论处的批复》也持该观点。该批复规定："对于以暴力、威胁方法阻碍国有事业单位人员依照法律、行政法规的规定执行行政执法职务的，或者以暴力、威胁方法阻碍国家机关中受委托从事行政执法活动的事业编制人员执行行政执法职务的，可以对侵害人以妨害公务罪追究刑事责任。"

② 参见赵秉志著：《刑法分则问题专论》，法律出版社 2004 年版，第 414～445 页。

的公务员以及《公务员法》规定的参照公务员法管理的人员。

本法中的执法工作人员，是指国家机关或者其他单位中依照法律规定的程序对没有职务从属关系的人拥有指挥、管理权限的公务人员。

五、结语

从本文选取的几个国家（地区）及国际组织的相关规定来看，我国刑法在总则中明文界定国家工作人员的立法方式比较科学，应当予以坚持；从概念称谓的表述来看，我国刑法中的"国家工作人员"这一概念表述具有一定的历史背景和较浓的政治色彩，不适合如今的社会现实，显得不合时宜，应当予以改进；我国刑法中的国家工作人员由"国家机关工作人员"及"以国家工作人员论的人员"两部分组成，并且"国家机关工作人员"这一概念具有一定的独立性，这种层次性的概念组成模式值得肯定，但由于"国家机关工作人员"的内涵不清晰、外延不明确使其效果大打折扣。我们应当坚持在刑法总则中对公职（公务）人员予以界定的立法模式，并用"公务人员"取代"国家工作人员"概念；同时增加规定"公务员"的概念，以满足从"职业"角度对特殊群体予以特别的规制；并且规定"执法工作人员"的概念来满足某些具体犯罪对公务人员身份的特殊要求。

【死刑专题】

【民间寺庙】

当代国际死刑废止趋势及其影响因素研究

赵秉志* 王水明**

目 次

一、前言

废止死刑固然是国际人权运动所追求的目标之一，但人权对死刑的废止仅具有限制作用，而不具有决定作用。保留死刑并不意味着侵犯人权，人权保障也不能当然地得出废止死刑的结论。死刑废止之所以能成为一项国际运动且具有继续发展之趋势，具有决定性意义的主要是人权背后的政治因素。人权仅为一些国家或者地区为达到其政治目的而采用的一种手段，或者人权被当作一种政治筹码，人权仅为国际死刑的废止提供了理想的道德环境。

从我们了解的信息与资料看，迄今为止，国内外专家、学者们并没有对世界范围的死刑废止的决定因素作过多阐释，相反他们更重视在刑罚的正当性根据上去论证死刑的存与废。① 他们将自己的研究重心转向实证研究，从刑

---

* 北京师范大学刑事法律科学研究院暨法学院院长、教授、博士生导师，中国刑法学研究会会长，国际刑法学协会副主席暨中国分会主席。

** 华南师范大学法学院副教授、法学博士。

① Matravers, Matt, Punishment and Political Theory. Oxford Hart Publishing. p. 98 (1999).

罚的正义、效果、种族和社会歧视对死刑存废的影响等方面进行实证研究，[①]而忽略了对死刑存废的本质因素政治的研究。通过对当代国际死刑废止运动全面、细致的考察，我们发现，当代国际死刑废止之大趋势并非由所谓的人权等因素所引致，而是由国际、国内的政治因素使然，国内国际民主化进程以及国际社会对死刑保留国的政治施压等都为当代国际死刑的废止带来了可能。而文化、社会和经济因素，包括人权因素，都仅仅是对当今国际死刑废止之趋势起到了有限的支持作用。如果民主思想继续在全球传播，如果死刑废止国继续向死刑保留国施压，那么国际死刑废止的大趋势仍会继续或保持下去。

二、当代国际死刑废止趋势考察

（一）概述

尽管联合国《公民权利和政治权利国际公约》（以下简称《公约》）没有明文禁止死刑，但《公约》第 6 条第 6 款明确规定，"任何本公约签署国不得援引此条文之任何部分来推迟或者阻止死刑的废止"。联合国人权理事会在其综合评论中指出，"根据对第 6 条的理解，就废止死刑而言，废止死刑是不违反公约主旨的。"[②]

在推动国际死刑限制与废止运动中，联合国的步伐始终没有放松。1999 联合国人权理事会通过决议，号召所有保留死刑的国家逐步控制适用死刑的犯罪的数量，直至完全废止死刑。2005 年联合国人权理事会通过有关死刑的第 2005/59 号决议，号召世界上所有保留死刑的国家彻底废止死刑，同时，暂停死刑的执行。2007 年联合国大会通过第 62/149 号决议，再一次号召所有保留死刑的国家暂停执行死刑，直至最终废止死刑。[③] 2010 年 10 月 10 日被定为世界无死刑日。[④] 2010 年 12 月 21 日联合国大会全体会议第 3 次通过暂停执行死刑的决议，109 票赞成、41 票反对，35 票弃权，重新确认了联合国之前通过的第 62/149 号和第 63/168 号关于暂停执行死刑的决议。决议要求联合国全体成员国遵守 1984 年 5 月 25 日批准的《关于保护死刑犯权利的保障措施》规定的国际标准，特别是 1984 年 5 月联合国经社理事会第 1984/50 号决议附件设定的最低标准，并要求各成员国向联合国秘书长提供与执行最低保障措施相关的信息；号召成员国进一步限制死刑的适用，减少适用死刑罪名的数量，采取措施暂停死刑的执行；号召已经废止死刑的国家不得恢复死刑的适用，并鼓励死刑废止国与其他成员国分享其经验；决议最后还要求联合国秘书长在 2012 年联合国大会第 67 次会议上向联合国大会汇报决议落实情况，

---

① Hood, Roger, Capital Punishment. In The Handbook of Crime & Punishment, ed. Michael Tonry. New York and Oxford: Oxford University Press(1998), p.45.

② Amnesty international, ACT 50/001/2011.

③ http://www.amnestyusa.org/death – penalty/international – death – penalty/page.do? id = 1101074

④ http://www.amnestyusa.org/death – penalty/international – death – penalty/page.do? id = 1101074

并决定于 2012 年联合国大会召开之际再一次表决暂停执行死刑的议案。①

从国际人权文件批准和签署的情况可知，截至 2010 年 12 月，有 73 国批准了《旨在废除死刑的〈公民权利和政治权利国际公约〉第二任择议定书》，签署但未批准的国家有 3 个；《美洲人权公约议定书》有 11 个成员国；《欧洲人权公约关于废除死刑第 6 议定书》成员国有 46 个，仅俄罗斯联邦签署但未批准；欧洲理事会 2002 年通过的《欧洲人权公约关于全面废除死刑第 13 议定书》成员国为 42 个，签署但未批准的国家有 3 个：亚美尼亚、拉脱维亚和波兰。② 无论是国际人权法，还是联合国人权机构，都始终认为废止死刑应成为其目标，如联合国国际刑事法院审判战争罪、反人道罪等罪犯，并没有适用死刑。

截至目前，世界上有 141 个国家在事实上或者法律上废止了死刑，但是如果说国际习惯法禁止死刑还为时过早，因为世界上还有广大的地区适用死刑，甚至有些国家对很轻微的犯罪也适用死刑。如许多伊斯兰国家依据宗教作为其死刑存在的基础，将来相当长的一段时间内它们可能会继续适用死刑。沙特阿拉伯甚至对巫术、通奸、高速公路上的抢劫、贩毒等罪行都适用死刑。此外，自 1985 年以来，世界上有 4 个死刑废止国恢复了死刑的适用，它们是冈比亚、巴布亚新几内亚、菲律宾和尼泊尔，不过，之后尼泊尔再次废止死刑，冈比亚和巴布亚新几内亚自恢复死刑以来未曾有执行死刑的报道。③ 尽管事实上废止死刑的国家④在过去 10 年甚至 20 年未曾执行死刑，但它们还不属于真正意义上的死刑废止国，因为只要死刑在规范上是合法的，政府就有可能尝试激活它。例如，菲律宾 1993 年末恢复了 13 种罪的死刑。⑤ 现在大多数国家将死刑的适用罪名限制在谋杀罪，但也有不少保留死刑的国家对非致命的暴力犯罪，甚至非暴力的犯罪适用死刑。

（二）世界各大洲的死刑适用状况

世界各国死刑的历史古老而漫长，都经历过一个由滥用到慎用，由苛酷到轻缓的沿革过程，死刑现已在为数不少的国家完全退出了历史舞台。⑥ 在现代社会之前，死刑问题不是完全没有争议的，直至 19 世纪晚期，限制和废止死刑的运动才真正走上国际历史舞台，且其步履维艰、发展缓慢。

在欧洲，圣马力诺，一个小小的山地共和国，于 1865 年废止了所有犯罪的死刑（同年罗马尼亚也废止了所有犯罪的死刑，但 1939 年又恢复了死刑）。直到 1928 年芬兰才加入废止死刑运动的行列。当时欧洲大陆的死刑还普遍存

---

① Amnesty international, ACT 50/001/2011.

② See http://www.amnestyusa.org/scripts/exit.cgi? www.amnesty.org/ailib/index.html. 2012 - 03 - 15.

③ 大赦国际网站：http://web.amnesty.org/rmp/dplibrary.nsf. 2012 - 03 - 15。

④ 事实上废止死刑的国家是指在过去 10 年未曾执行死刑的国家，尽管其法律规定了有死刑罪名。

⑤ 参见菲律宾法律：REPUBLIC ACT NO. 7659, DEC. 13, 1993。

⑥ Anckar, Carsten, Determinants of the Death Penalty: A Comparative Study of the World, Taylor & Francis in 2004, p.18.

在，但荷兰（1870）、葡萄牙（1976）、挪威（1905）和瑞典（1921）等国在第二次世界大战之前已经废止普通犯罪的死刑。在 1985 年至 2000 年之间，欧洲地区死刑的适用急剧下降，其主因来自东欧国家的解体。因此，欧洲站在了废止死刑运动的最前沿。在东欧国家，保加利亚、克罗地亚、捷克共和国、匈牙利、波兰、罗马尼亚、斯洛伐克和斯洛文尼亚在 2000 年前全面废止了死刑。在前苏联，使用死刑是常规而非例外。第一个废止死刑的前苏联国家是摩尔多瓦，废止死刑的时间为 1995 年。但最近几年死刑也受到不少前苏联国家的冷落，如今，阿塞拜疆、爱沙尼亚、格鲁吉亚、立陶宛、乌克兰和土库曼斯坦也都废止了所有犯罪的死刑。显然，东欧国家以及前苏联各共和国废止死刑的直接原因是希望加入欧洲理事会，因为根据 1994 年欧洲理事会全体代表大会通过的决议，只有废止死刑的国家才能被接纳为欧洲理事会成员。[①] 如今在西欧，没有国家对普通犯罪适用死刑，塞浦路斯于 2002 年废止全部犯罪的死刑，至此，仅希腊一国在特殊情形下适用死刑。现在的欧洲可以说属于无死刑区（仅白俄罗斯保留和执行死刑）。俄罗斯为了加入欧洲理事会也暂停了死刑的执行，成为事实上废止死刑的国家。

美洲几乎成为没有死刑的地区。在美洲，仅美国、圭亚那、危地马拉和伯利兹保留死刑。委内瑞拉是世界上第一个对所有犯罪废止死刑的国家（1863 年）。自 2003 年以来，仅有美国继续常规性地执行死刑。本世纪以来，古巴在 2003 年，危地马拉、巴哈马分别在 2001 年和 2000 年执行过死刑。2008 年 4 月 29 日，古巴总统劳尔·卡斯特罗（Raul. Castro）在古巴共产党中央委员会第 6 次会议闭幕式上宣布，将古巴所有的死刑判决改为终身监禁或 30 年监禁。[②] 美国大部分州还保留死刑，这与美国特定的死刑文化背景有关，其适用死刑受英国影响最大。当欧洲的拓荒者来到这块新大陆时也带来了死刑和死刑文化。在这块新的殖民地，有据可查的死刑执行可追溯到 1608 年，当时詹姆斯·陶恩殖民区乔治·肯达尔上尉因充当西班牙间谍而被弗吉尼亚州法院处决。1612 年弗吉尼亚总督汤姆·斯戴尔制定了神圣道德军事法，规定对轻微犯罪如偷盗葡萄、杀鸡和交易印第安人也可被判死刑。[③] 根据美国死刑信息中心每年发布的《死刑年终报告》，2009 年美国保留死刑的州为 38 个，2010 年减为 35 个，2011 年 3 月 10 日，随着美国伊利诺伊州州长帕特·奎恩斯州长签署法案，废止该州的死刑，从而使美国保留死刑的州减少至 34 个。[④] 美国的死刑制度已开始受到越来越大的挑战，在美国，废止死刑已成为一种趋势。

死刑在世界各大区域分布很不均衡。在亚洲和非洲，死刑的适用程度远

---

① 欧洲议会决议文件：Resolution 1044（1994）on the Abolition of Capital Punishment，paragraph 6。

② http://www.state.gov/j/drl/rls/hrrpt/2008/wha/119155.htm.

③ R. Bohm, Death quest: An Introduction to the Theory and Practice of Capital Punishment in the United States, Anderson Publishing, 1999, p.49.

④ 美国死刑信息中心发布的《2011 年死刑年终报告》，参见：http://www.deathpenaltyinfo.org/reports. 2012 - 03 - 15。

比其他州要高。在非洲，1981年佛得角取消了死刑，之后莫桑比克、纳米比亚和圣多美和普林西比废止了死刑。1978年所罗门群岛和图瓦卢获得独立后即废止死刑。非洲大陆大部分地区都暂停了死刑的执行，2007年53个非洲联盟成员国中仅7国执行了死刑，它们是博茨瓦纳、埃及、赤道几内亚、埃塞俄比亚、利比亚、索马里和苏丹。阿尔及利亚和突尼斯将废止死刑的法律草案提上议事日程。非洲正朝着废止死刑的方向迈进，如南非宪法法院宣布死刑违反该国新宪法。①

在亚洲，在法律上或事实上废止死刑的国家和地区为27个。② 第一个对所有犯罪废止死刑的国家是柬埔寨，时间是1989年。韩国自1998年以来没有死刑执行的报道，其废止死刑的法律草案正在审议中。2012年蒙古国议会通过了《旨在废除死刑的〈公民权利和政治权利国际公约〉第二任择议定书》，这为亚太地区其他仍然保留死刑的国家树立了一个好榜样。在中亚，我们可以非常清晰地看到废止死刑的脚步。哈萨克斯坦、吉尔吉斯斯坦、塔吉克斯坦、土库曼斯坦和乌兹别克斯坦在1991年获得独立时还保留死刑，但是到2008年12月底，哈萨克斯坦、吉尔吉斯斯坦、土库曼斯坦和乌兹别克斯坦均已废止死刑，俄罗斯联邦和塔吉克斯坦也已暂停死刑的判决和执行。③

（二）世界各国死刑适用和执行现状

1. 世界各国死刑适用之现状

表一　死刑废止国与死刑保留国数量对照表（截至2012年3月）④

死刑适用状况	死刑适用国家数量
废止所有犯罪死刑的国家	97
废止普通犯罪死刑的国家	8
事实上废止死刑的国家	36
法律上或者事实上废止死刑的国家	141
保留死刑的国家	58

从表一可以看出，世界上超过三分之二的国家在法律上或者事实上废止了死刑。废止所有犯罪死刑的国家有97个，废止普通犯罪死刑的国家为8个，事实上废止死刑的国家为36人，因此，事实上或者法律上废止死刑的国家共有141个，而保留死刑的国家仅为58个。

---

① Amnesty International，ACT 50/001/2011.
② Amnesty International，ACT 50/001/2011.
③ Amnesty International，ACT 50/001/2011.
④ http://www.amnesty.org/en/death－penalty/abolitionist－and－retentionist－countries. 2012－03－12.

事实上或者法律上废止死刑的国家在过去十多年有显著增加之势，从 2001 年的 108 个增加到 2012 年的 141 个。现在仅有 58 个国家保留死刑，且这些国家中的大多数很少适用死刑。2010 年加蓬通过立法废止死刑；2012 年拉脱维亚废止所有犯罪的死刑。① 即便是坚决保留死刑的国家现在也开始采取积极措施，限制死刑的适用。如孟加拉国 2010 年 3 月 20 日宣布，不考虑被告个人特征或者犯罪的具体情节绝对适用死刑违反孟加拉国宪法。肯尼亚上诉法院 2010 年 7 月 30 日裁定，对谋杀罪适用绝对死刑"与本国宪法的精神和内容不符"。2010 年 10 月圭亚那议会通过新法律，废止谋杀罪的绝对死刑。联合国人权委员会反复强调，不考虑被告人的个人情况或者犯罪的特定情节适用死刑，属于自动和绝对适用死刑，构成对生命权的任意剥夺，违反了《公民权利和政治权利国际公约》第 6 条第 1 款的规定。2010 年 3 月联合国人权委员会裁定，赞比亚违反其作为《公民权利和政治权利国际公约》缔约国的义务，因为其适用了绝对死刑。②

2. 世界各国死刑执行之现状

根据大赦国际发布的《2010 全球死刑报告》③ 中的数据可知，2010 年死刑执行分布情况如下：在欧洲与中亚，2009 年没有执行死刑，但是 2010 年 3 月白俄罗斯执行了两例死刑。在美洲，2010 年美国对 46 位犯人执行了死刑，美国成为美洲 2010 年唯一执行死刑的国家。但与 2009 年相比，美国执行死刑的数量已下降，2009 年美国有 52 人被执行死刑。加勒比地区属于无死刑区域，圭亚那议会投票废止谋杀罪的绝对死刑。埃林·怀特（Earlin White）因为谋杀罪在 2003 年被伯利兹法院判处死刑，但 2010 年英国枢密院裁定暂停对其执行死刑，枢密院判决书陈述的暂停执行死刑的理由是，审判时缺少对被告的社会福利和精神状况的综合评估。2010 年 12 月，古巴暂停对该国仅有的 3 名死囚犯执行死刑，使得该国近年来首次出现零死囚犯。古巴总统劳尔·卡斯特罗自 2008 年起暂停执行了大多数死刑判处，古巴最后一次执行死刑是在 2003 年。危地马拉总统于 2010 年 12 月否决了一份要求恢复自 2000 年来该国未曾执行死刑的状况的法律草案。

尽管亚太地区仍然是世界上执行死刑数量最多的地区，但是太平洋岛国是继续保持自 2000 年以来无死刑的地区。2010 年 1 月蒙古国总统宣布暂停执行死刑，这为该国最终废止死刑迈出了坚实的第一步，对推动亚太地区废止死刑的运动具有里程碑的意义。在过去 10 年间，亚太地区有 14 国仍然保留并执行死刑。其中亚太地区 41 国有 17 国废止了所有犯罪的死刑，9 国事实上废止了死刑，1 国（斐济）仅保留军事犯罪的死刑。④ 国际法明文禁止对未成

---

① http://www.amnesty.org/en/death-penalty/abolitionist-and-retentionist-countries. 2012-03-12..

② Amnesty International, ACT 50/001/2011.

③ Amnesty International, ACT 50/001/2010.

④ See http://www.amnesty.org/en/news/mongolia-takes-vital-step-forward-abolishing-death-penalty. 2012-01-05.

年人适用死刑，但是伊朗在 2010 年对犯罪时不满 18 周岁的穆罕默德 A 执行了死刑。在 2010 年，伊朗、巴基斯坦、沙特阿拉伯、苏丹、阿拉伯联合酋长国和也门共和国均对犯罪时不满 18 周岁的人判处了死刑。中国自 2007 年最高人民法院收回死刑核准权后，每年不予核准的死刑案件多达 10% 以上，这意味着自 2007 年以来，中国每年执行的死刑案件数量在逐年下降。① 2011 年 2 月中国立法机关全国人大常委会通过了《刑法修正案（八）》，取消了 13 个经济性、非暴力犯罪的死刑。尽管取消的死刑近年来实际上很少适用，但是毋庸置疑，《刑法修正案（八）》是中国迈出限制、直至最终废止死刑至关重要的一步。

三、国际死刑废止趋势之影响因素研究

（一）宗教对国际死刑废止趋势的影响

通过考察国际死刑存废的历史，可以让我们更加了解影响死刑的重要渊源。其中，宗教对国际死刑废止趋势的影响不容忽视。宗教与死刑的关系，即世俗法与宗教法之间的关系。

最古老的适用死刑的文字渊源可追溯到吉尔伽美什史诗（Epic of Gilgamesh）有关水灾的故事。② 上帝无法忍受人类的骚乱，作为惩罚，决定施放洪水，根除人类。结果大多数人类被洪水淹死，仅有少数人种由于建造了一艘大船才得以存活。这一上帝的行为表明，上帝是允许为了惩罚而杀人的。犹太律法也认为，在特定的情形下适用死刑是适当的。"以眼还眼"一词最早即出自该律法。犹太律法规定，用铁器攻击他人，并致其死亡的，构成谋杀，攻击者应被处死；手握致命的石器攻击他人，并致其死亡的，构成谋杀，攻击者应被处死；手握致命的棍棒攻击他人，并致其死亡的，构成谋杀，攻击者应被处死。③ 这些规定表明，至少对谋杀犯来讲，死刑是符合上帝"旨意"的。

在《可兰经》中，真主提醒穆罕默德，"在这片土地上散播骚乱的人将被处死或者被钉死在十字架上，或者分别被砍掉手或者脚"。《可兰经》也借用犹太律法中"以眼还眼"一词，"在律法中我们也应像犹太人那样，以命还命、以眼还眼、以鼻还鼻、以耳还耳、以牙还牙、以伤还伤"。但《可兰经》宣扬："如果某人慈悲克制报复，他的宽恕将会为他赎罪"，这表明真主赞赏对死刑的抑制适用。

印度教最神圣的教义是"不可杀生，不得施暴于他人。"但印度教也是主张死刑的。印度摩奴法（Manu – samhita）主张，对谋杀犯适用死刑，是为了来生不会因其所犯下的巨大罪恶而受苦。④

被视为"传统的死刑辩护者"托马斯·阿奎那是新教改革运动前的一位

① Amnesty International, ACT 50/001/2011.
② See THE EPIC OF GILGAMESH (N. K. Sandars ed., 1972).
③ THE KORAN, 390 (N. J. Dawood trans., 1988.
④ A. C. BHAKTIVEDANTA SWAMI PRABHUPADA, BHAGAVAD GITA AS IT IS, 27 (1972).

基督教神学家，他认为"对罪犯或者国家的敌人适用死刑并不违反公平、正义。"并列出诸多死刑罪名："亵渎上帝、谋杀、对父母不敬、通奸、乱伦、不思悔改的异教徒、伪造者、盗贼以及未经正当授权执行死刑的人和其他在犯罪过程中偶然杀人者。"① 此外，托马斯·摩尔在其《乌托邦》（UTOPIA）一书中提到上帝戒律与死刑之间的悖论："上帝并不赋予我们杀死自己或者他人的权利，但是人们可以相互约定一定条件杀死对方。约定暗示当人类法需要死刑的时候可以从上帝的戒律中获得授权。"②

基督教圣经旧约是允许死刑存在的。《圣经·旧约创世纪》指出，"流你们血，害你们命的，无论是兽是人，我必讨他的罪，就是向各人的兄弟也是如此。凡流人血的，他的血也必被人流；因为神造人是照自己的形象造的。"从这句话中我们可以看出上帝是不反对死刑的，死刑恰恰是对生命的保障。③但圣经新约强调慈爱与宽恕，而非报复与惩罚。圣经新约认为死刑是不道德的。罗马天主教精神领袖约翰·保罗二世曾对死刑深表关切，认为必须严格审查并限制刑罚的性质和强度，除非绝对必要，否则不应适用死刑。④

历史上，宗教对死刑的影响可谓深远，但宗教对死刑的态度也和死刑的国际发展趋势一样，是在不断变化的，特别是基督教对死刑的态度的转变，即从圣经旧约主张死刑到新约对生命的珍惜，认为死刑是不必要的刑罚，给死刑存废问题带来诸多启示。正是在这样一种基督教文化的转化过程中，西方统治者及大多数国民懂得生命的重要性，珍惜生命成为西方文化的一部分，自然对以剥夺生命为刑罚手段的死刑予以摒弃。因此，宗教是现代国际死刑废止趋势之内在推动力之一。

（二）人权对国际死刑废止趋势的影响

1. 死刑与人权的关系

人权（基本人权或自然权利）是指人"因其为人而应享有的权利"。其基本含义是人人都应该受到合乎人权的对待。人权体现为多项权利，而死刑所涉及的人权是最基本、最重要的人权，即生命权。任何人权理论都认为"生命权"是人权的最基本，也是最核心的内容，是立足于人的权利的自然本质而赋予人的生命以最高价值。因此，讨论死刑的存废问题不能不涉及人权的观念问题。从人权的角度审视死刑，所涉及的主要问题是生命权能否被剥夺。对于这一问题，存在着宗教、伦理、政治与法理等多个维度的解答。而从每一个维度所做的解答，又都有肯定与否定两种答案。

（1）观点之一：死刑不违反人权

17 世纪的自然权利说（代表人物为英国哲学家洛克）和 18 世纪的天赋人权说（代表人物为法国思想家卢梭）被认为是最早的有关人权的理论。洛克和卢梭的思想是资产阶级革命的理论概括或思想启蒙。自 18 世纪以来，绝

---

① Brian Calvert, Aquinas on Punishment and the Death Penalty, 37 AM. J. JURIS. 259 (1992).

② THOMAS MORE, UTOPIA, 40 (John Sheehan, S. J. and John P. Donnelly, S. J. trans.1984).

③ 陈泽宪：《死刑——中外关注的焦点》，中国人民公安大学出版社 2005 年版，第 17 页。

④ JOHN LOCKE, SECOND TREATISE OF GOVERNMENT, 11 (C. B. Mac Pherson ed. , 1980).

大多数有关人权的重要文献都深受洛克和卢梭的人权思想的影响。从历史上看，倡导人权理论的先驱者洛克和卢梭一方面赞成死刑，一方面又大力弘扬人权理念，是否可以理解为洛克和卢梭的人权观念与其死刑理念相悖？回答是否定的。尽管洛克和卢梭积极弘扬人权思想，但他们并没有将死刑与人权对立起来，而是认为社会基于更高利益的需要，可以对生命权予以剥夺。卢梭自始至终将死刑犯比作国家的敌人，而非普通公民，因此，死刑不仅没有违背人权理念和思想，相反，死刑是人权保障的手段之一。[①] 认为死刑不侵犯人权的还有德国著名哲学家黑格尔，黑格尔曾论述了死刑与人权的关系，并从辩证法的角度出发阐述了保留死刑的根据。黑格尔认为，犯罪人实施的犯罪行为是其自由意志的结果，是其理性的选择，为了否定该行为，刑罚是唯一的选择，但刑罚只不过是否定该行为的载体而已。处死杀人者，并未侵犯人权，只不过是以杀人否定杀人。[②] 此外，1998 年瑞典学者大卫·安德森（David Anderson）出版了《为死刑辩护》一书，该书提到，暴力以及谋杀是最为残酷、无人性、蔑视人类尊严的犯罪。死刑本身并不是什么好东西，但是为了对付这种残忍的犯罪而诉诸死刑这种令人生厌的刑罚实乃不得已而为之。死刑应当被视为实现更公平与更美好的世界而努力的诸多方法之一。反对死刑的人往往以死刑违反正义与侵犯人权为依据攻击死刑，而正义与人性尊严恰恰是为死刑辩护的两个基本支点。[③] 他的保留死刑的理由是通过死刑可以维护对生命神圣不可侵犯的价值的尊重。只有死刑才能最有效地确认公民生命具有不可侵犯的价值，也才能显示法治国家对人类价值的尊重。

（2）观点之二：死刑是对人权的侵犯。

尽管废止死刑的理由多种多样，但死刑废止论者最有力的论据是生命权的天赋性。认为人的生命是上帝赋予的，因而也只有上帝才有权予以剥夺。由于上帝剥夺生命的唯一方式仅在于自然死亡。因此，国家无论以何种理由对人的生命予以剥夺，都是对上帝意志的违背，因而构成对上帝权力的僭越。而死刑不是一种自然的，而是一种人为的死亡，因而其不具有正当性。[④]

大赦国际认为死刑是对人权的根本否定，死刑是以剥夺犯罪人的生命为内容，因而构成对犯罪人基本人权的侵犯。国家用各种方式将活生生的一个人处死，也是最残忍和最不人道的。死刑是国家对人类有预谋的、冷酷的谋杀。此残酷、非人道及有辱人格的刑罚是以国家的名义实施的，违反了《世界人权宣言》所珍视的生命权。废止死刑是保障基本人权的必然要求，是人道主义精神的根本体现。因此，大赦国际坚决反对任何形式的死刑，无论犯罪的性质、犯罪人的情节或者国家执行死刑的方式如何。[⑤] 欧盟认为，死刑

---

① ［法］卢梭：《社会契约论》，何兆武译，商务印书馆 1980 年版，第 47 页。
② ［德］黑格尔：《法哲学原理》，范杨、张企泰译，商务印书馆 1996 年版，第 103 页。
③ 梁根林：《公众认同、政治抉择与死刑控制》，载《死刑正当程序之探讨》，中国人民公安大学出版社 2004 年版，第 467 页。
④ 邱兴隆：《比较刑法》（死刑专号），中国检察出版社 2001 年版，第 57 页。
⑤ http://www.amnesty.org/en/death - penalty 2009 - 09 - 02.

"否定人的尊严","废止死刑有助于人权的进步"。① 欧洲人权法院认为,"适用或执行死刑的方式,被谴责者的个人情节与所实施犯罪的严重程度的不均衡性以及等待行刑的被羁押状况都属于《欧洲人权公约》第 3 条所禁止的待遇或处罚因素。"② 欧洲理事会大会 2001 年 6 月 25 日通过的第 1253 号决议(2001)声明,适用死刑"构成《欧洲人权公约》第 3 条所指的残酷、非人道或有辱人格尊严的处罚。"③ 联合国反酷刑委员会指出,正在为废止死刑程序做准备的国家对被判处死刑者的不确定性符合《联合国反对酷刑、其他残酷、不人道或有辱人格尊严的处遇或刑罚公约》。④

大赦国际调查显示,至少 42 个国家在其宪法中取消死刑的理由皆为人权。⑤ 1990 年 10 月 24 日,匈牙利宪法法院宣布,死刑违反该国宪法第 54 条规定的"固有的生命和人格尊严权"。西班牙 1995 年最后废止死刑时指出,"在先进、文明的社会中,死刑制度没有存在的空间,没有什么刑罚比剥夺一个人的生命更加贬损人格、更加使人痛苦。"同样,瑞士之所以废止死刑是认为死刑公然侵犯人的生命权和尊严。⑥ 1995 年 6 月 6 日南非宪法法院宣布,通过国家法律对谋杀犯判处死刑,不符合国家过渡宪法规定的禁止"残酷、非人道或有辱人格的待遇或惩罚"。⑦ 1998 年 12 月 29 日,立陶宛宪法法院宣布,《立陶宛刑法典》对谋杀罪规定死刑,违反了立陶宛宪法,即生命权应受法律保护,禁止酷刑、伤害、羞辱和虐待行为。1999 年 12 月 29 日乌克兰宪法法院宣布死刑违宪,法律对死刑的规定无效;死刑与乌克兰宪法规定的生命权不符,死刑违反了宪法禁止的侵犯人格尊严的残酷、非人道或有辱人格的待遇或惩罚。⑧ 1999 年 11 月 11 日,阿尔巴尼亚宪法法院取消了和平时期的死刑,认为该规定与本国宪法对人权的保护不符。⑨

2. 人权对当代国际死刑废止趋势的影响

人权运动与人权理论与近现代废止死刑运动的发展息息相关,无论是联合国人权公约、区际人权文件,还是大赦国际报告,其基本人权理念和依据都是死刑违反国际人权法,即人权是人人享有或应当享有的权利。生命权属于公民最基本的人权,具有普适价值。作为公民的罪犯理应享有作为基本人权的生命权。随着人权理论的发展,人权保障也从国内法的保障向国际法的

---

① EU. 2000a. EU, Demarché to the United States on the Death Penalty. http://www.eurunion.org/legislat/deathpenalty/Demarche.htm. 2010 – 05 – 20.

② European Court of Human Rights, Soering case (1/1989/161/217), judgment, Strasbourg, 7 July 1989, para. 104.

③ UN document A/56/44, 17 November, 2000.

④ Concluding observations of the committee against Torture: Armenia, UN document A/56/44, 17November. 2000.

⑤ Amnesty International, AI Index: ACT 50/13/11.

⑥ R. Hood, The Death Penalty: A World – wide Perspective p. 14 (2d edit. 1996), Oxford University Press.

⑦ Makwayane and Mcbunu v. The State, paragraphs 95, 146.

⑧ 2000 年 2 月乌克兰议会取消了刑法典中的死刑。

⑨ AI Index: ACT 50/001/2006, Amnesty International.

保障发展，使人权运动走向国际舞台。人权保障从国内法发展到国际法，这是第二次世界大战以后出现的新动向。特别是二战结束 40 年后，国际人权有了长足的发展。《世界人权宣言》是人权保障国际化的第一个重要文献。《世界人权公约》第 3 条规定：人人享有生命、自由和人身安全的权利。这意味着国家具有对生命进行保护的责任和义务，体现了对人类脆弱而珍贵的生命的尊重与呵护。随后国际社会陆续出台《公民权利和政治权利国际公约》、《旨在废除死刑的〈公民权利和政治权利国际公约〉第二任择议定书》、《欧洲人权公约》、《欧洲人权公约关于废除死刑第 6 议定书》和《欧洲人权公约关于全面废除死刑第 13 议定书》等国际、区际性人权文件，① 尽管这些文件所表达和强调的重点有所不同，但都体现了尊重人权的思想。在过去数十年间，平均每年至少有 3 个国家废止死刑，这也体现了对人的生命权的尊重。②

　　有学者认为："是人权将死刑推向了被审判的命运，是人权判处了死刑的死刑。"③ 诚然，"死刑侵犯基本人权"在世界范围内得到一定程度的认可，但从死刑发展的进程来看，无论是在国内法中的发展，还是在国际法上的进一步深入，可以肯定的是，死刑作为一种刑罚制度，连同人权观念，都属于上层建筑的范畴，并决定于一定的经济基础。因此，死刑存废应当同一定社会的物质生活条件结合起来考察，离开了一定的社会物质生活条件谈论死刑的存与废就会显得苍白无力。比如伊拉克新政府为了判处伊拉克前总统萨达姆·侯赛因的死刑，在该国废止死刑一年后又恢复了死刑的适用。在对萨达姆·侯赛因执行死刑的问题上，那些常常指责其他国家人权问题，特别是死刑问题的国家和国际组织，在这一问题上没有提出多少有分量的反对意见。这一事例充分说明废止死刑的人权理由是多么的经不起现实的考验。通过萨达姆案件，人们不得不承认，在恶行达到极限的时候，唯有死刑才能了结一切。在极端恶行的彰显下，人们对死刑的人权关怀似乎如潮水般消退了。同样，如果追讨对第二次世界大战超级战犯的处决决定，比如处死墨索里尼、东条英机，或若希特勒没有自杀而将其处死，今天力主废止死刑的人士有几人又能心安理得地坚决维护其人权而反对对其适用死刑呢？刑罚的人道，并不能只体现在对生命的保留上，而是体现在对所有生命权能的保护上。④ 显然，人权与死刑有着极其密切而复杂的联系。"保留与废止死刑都是为了保护人权"是死刑保留论者与废止论者均能接受的命题。人权的普适性要求法律的保护对象不仅包括普通公民的生命权，也包括罪犯的生命权。为了维护社会秩序以及保护其他公民的生命、财产安全之需要，如果唯有牺牲罪犯的生命权方能保障普通民众的生命权，通过适用死刑剥夺罪犯的生命权就是必要

---

① G. A. Res. 2200A(XXX),21 U. N. GAOR Supp. (No. 16)52, U. N. Doc. A/6316,(1967).

② Amnesty International AI Index：ACT 51/002/2007.

③ 刘仁文：《死刑政策：全球视野及中国视角》（刑事法前沿（第一卷）），中国人民公安大学出版社 2004 年版，第 47 页。

④ 武小凤：《在边缘处漫漫思考死刑》，载《中国刑法学年会文集》第一卷，中国人民公安大学出版社 2004 年版，第 404～405 页。

的、正当的；但当通过适用死刑消灭罪犯的生命不能证明为保护普通人的生命权所必需，适用死刑剥夺罪犯的生命就显得多余，是不正当的。

因此，废止死刑固然是人权运动所追求的一个目标，但人权对死刑的废止仅具有限制作用，而不具有决定作用。保留死刑并不意味着侵犯人权，人权保障也不能当然得出废止死刑的结论。死刑废止之所以能成为一项国际运动且有继续发展之趋势，体现的是人权背后的政治因素。政治才是当代死刑废止大趋势的决定因素，而人权仅是一些国家或者地区为达到其政治目的而行使的一种手段，或者人权被当作一种政治筹码。人权仅为废止死刑提供了理想的道德环境。

（三）政治是影响国际死刑废止趋势的决定因素

1. 死刑的政治本质

死刑问题具有高度的伦理和政治敏感度，更是政客们为拉选票而竭力炒作的一个政治话题。[①] 1976 年，史蒂文斯（John Paul Stevens）成为美国最高法院大法官数月后，支持各州恢复已经暂停四年的死刑。当时他确信，正当程序能够确保"公平、理性和一致的死刑判决"。[②] 但是经过 30 年的司法实践，他原先的信念动摇了，他开始公开批评死刑。他说，基于法院人事的更迭，加上司法积极主义（judicial activism），致使美国的死刑制度充斥着种族歧视、政治因素，甚至歇斯底里。2010 年他借为《奇特的制度：废止时代的美国死刑》写书评之际，阐述自己的观点。他认为法院逐渐废止诸多能保障死刑犯受到公正审判的程序，忽视死刑判决背后隐藏的种族不平等问题，尤其漠视判决中的政治因素。[③] 史蒂文斯大法官并不是第一个从开始支持死刑到后来深表悔意的美国大法官。布来克蒙（Harry Blackmum）与鲍威尔（Lewis F. Powell）两位大法官在退休后均表示支持废止死刑，他们都认为，在美国的司法实务中，死刑判决不可能出现原先所预设的严谨、细致和公平的理想程序。[④] 换言之，死刑问题对他们来说，不是抽象的道德问题，不可能被正义所证实。毕竟司法体系是对隐含种族偏见和阶级等级的特定社会关系的反应，必然脱离不了政治因素。

本质是事物本身固有的，决定事物性质、面貌和发展的根本属性，它存在于事物的内部而不是外部，是不以人的意志为转移的客观存在，属于客观范畴。刑罚的本质是对犯罪的惩罚性，而死刑则是这种惩罚的极端表现。易言之，死刑的法律本质就是对犯罪的最严厉惩罚。[⑤] 而死刑的本质就是它的阶级性和政治性。刑罚自其诞生以来即被作为统治阶级实施国家统治的工具，其以强有力的国家公权力作为保证。所以刑罚被深深扣上政治的烙印，而非

---

① 梁根林著：《刑事制裁：方式与选择》，法律出版社 2006 年版，第 156 页。

② Furman V. Georgia: Debating the Death Penalty, Rebecca Stefoff, Michelle Bisson, 2008, p. 104.

③ http://www.nytimes.com/2010/11/28/us/28memo.html.

④ http://loyalopposition.blogs.nytimes.com/2011/12/13/immoral-and-impractical/.

⑤ 徐汉明：《论死刑兴衰演进的动因及其本质》，载《中国刑法学年会文集》第一卷，中国人民公安大学出版社 2004 年版，第 53 页。

纯粹意义上的法律概念。一个国家的刑罚制度与其政治制度密不可分。死刑
的存在是权力的惯性以及权力本身的特征使然，而并非死刑的社会基础使然。
死刑存废的问题是权力本身的问题，而非完全是社会冲突引致。① 作为一种阶
级社会独有的法律现象，死刑无疑具有鲜明的阶级性，而这种鲜明的阶级性
在死刑制度上的表现就是死刑的阶级本质之所在。也就是说，死刑的存废，
体现了统治阶级的意志，也与一国的社会体制有着密切联系。因为死刑始终
是国家站在社会的角度对罪犯执行惩罚的任务。基于个体角度，它是一种生
命权的被迫放弃，基于社会角度，它是国家迫使他人放弃生命权。

2. 国际死刑废止运动与政治的关系

20 世纪 90 年代可谓死刑废止年代，国际上各种类型的国家开始废止死
刑。不少国家废止了所有犯罪的死刑，但是还有相当一部分国家对此存有疑
虑，没有对所有的犯罪废止死刑。当然这段时间废止死刑的国家增多还有一
个原因，就是主权国家数量的增加，因为一些独联体国家纷纷独立成为新的
主权国家。因此，当时全面废止死刑还未能成为一项始终如一的国际运动。②

死刑在许多国家的持续存在已衍生为一个十分棘手的政治问题。与其他
刑罚不同，死刑是终极的、完全无法逆转的刑罚，因而死刑在政治上也是最
具争议的刑罚形式。它的延续存在受到人权组织、犯罪学家、政治派别以及
其他人士的普遍质疑。同时从国际视角看，死刑保留国在其本土对死刑废止
国的国民执行死刑，会制造这两类国别间的政治上的紧张和冲突，国际社会
中此类现象比比皆是。有鉴于此，本来属于一国刑事司法制度一部分的死刑
就成为一个国际上不同利益集团角逐与博弈的政治筹码。

3. 当代国际死刑废止的政治基础

在国际社会，死刑问题日益成为一个政治问题。一国需要得到他国或者
国际组织的认可，就必须调整本国的死刑立法或者司法实践来限制甚至废止
死刑，以表明本国与国际社会具有政治上的趋同性，这样方能在政治上被其
他国家或者国际组织所接纳。③ 爱沙尼亚 1998 年 5 月彻底废止了死刑，根据
爱沙尼亚的观点，"这次废止死刑是政治压力与联合国政策或者文件共同作用
的结果。"④ 当今欧洲和美国之间在死刑问题上存在差异的一个重要原因就是
欧洲人把死刑看作是一个政治问题四处兜售。⑤

死刑衰亡的历史表明，政治的高度民主化是彻底废止死刑的前提。⑥ 废止
死刑通常被视为国家民主的发展，是与过去被描绘成恐怖、非正义和镇压的

---

① 苏惠渔，孙万怀：《论死刑的实质》，载《中国刑法学年会文集》第一卷，中国人民公安大学
出版社 2004 年版，第 90 页。

② Short, Christy A. The Abolition of the Death Penalty: Does "Abolition" Really Mean What You Think
it Means? Global Legal Studies Journal 6 (2): 721 - 756 (1999).

③ 陈泽宪主编：《死刑——中外关注的焦点》，中国人民公安大学出版社 2005 年版，第 134 页。

④ 参见邱兴隆主编：《比较刑法》（第一卷死刑专号），中国检察出版社 2001 年版，第 172 页。

⑤ ［美］齐姆林著：《美国死刑悖论》，高维俭等译，上海三联书店 2008 年版，第 23 页。

⑥ 赵秉志著：《死刑改革探索》，法律出版社 2006 年版，第 17 页。

决裂。① 政治对国际死刑的废止起决定作用，也就是说民主、民主化进程、国际人权组织的政治施压、国内保守派与自由派的政治角逐，死刑废止国对死刑保留国施加的政治影响，以及区域内死刑废止国与死刑保留国之间的政治博弈是当代国际死刑废止趋势的决定因素。

（1）政治民主化是当代国际死刑废止的前提。

死刑废止论一个重要的论点是死刑违反基本人权。例如欧盟认为，"死刑是对人的尊严的否定"，"废止死刑有助于人权的进步、发展。"② 从此观点中我们可以得出这样的结论，即废止死刑是刑罚人道化的逻辑结果，作为权力与控制的刑罚制度自然从公开的野蛮惩罚转向监狱背后的教育、改造。如果刑罚的严厉性属于人权问题，正如夏巴斯教授所言，死刑确实属于野蛮的刑罚。③ 我们从死刑执行方法的发展趋势可看出，更加人道、文明和身体无痛苦的死刑执行方法是死刑与人权之间冲突的结果。④ 因此，民主国家更乐于接受尊重人权，因为民主国家更愿意接受宪法对政府权力的限制，至少可以期望政府能更好地尊重其国民的人权。⑤ 沙拉特（Sarat）指出，死刑破坏了法律的价值以及民主制度，死刑并不是"关注法治和人道，尊重人权的民主国家的适当选择。"⑥ 因此，在民主与废止死刑之间，民主原则在本质上与死刑是相冲突的，因为死刑违反公民平等的民主原则，即死刑违反民主制度中的公民自由与平等权，即人的尊严。因此，民主国家更乐于废止死刑。我们就不难理解，除中国、美国、日本等民主国家外，大量适用死刑的国家均为非民主国家。

当然，民主之所以能对废止死刑有积极影响，与这些民主国家的政治精英的领导分不开，政治精英在本国的死刑废止运动中扮演着至关重要的角色，因为许多国家是在逆广大民意的基础上废止死刑的。这些废止死刑的运动并没有反映民意。如 1996 年立陶宛暂停执行死刑，其总统公开宣布，签署该法案是为了"促进立陶宛与欧盟一体化"。⑦ 在拉脱维亚，1998 年议会以 27 票同意、20 票反对，未能通过废止死刑法案，这对当时旨在废止死刑的总统可谓是重重的一击。⑧ 但在第二年，立陶宛议会即以绝大多数的票数通过批准了《欧洲人权公约关于废除死刑第 6 议定书》，废止了和平时犯罪的死刑，尽管

---

① ［加］威廉·夏巴斯著：《国际法上的废除死刑》，赵海峰译，法律出版社 2008 年版，第 3 页。

② EU. 2000b. EU Memorandum on the Death Penalty. http://www. eurunion. org/legislat/deathpenalty/eumemorandum. htm2009 - 12 - 09.

③ William A. Schabas, The Abolition of death penalty in international law, Second Edition, Cambridge University Press , 1997, p. 66.

④ Foucault, Michael, Discipline and Punish. London：Vintage(. 1977). p. 240.

⑤ Burt,Robert A, Democracy, Equality, and the Death Penalty. In The Rule of Law, ed. Ian Shapiro. New York University Press(1994), p. 354.

⑥ Garland, David, The Cultural Uses of Capital Punishment. Punishment & Society 4 (4)：459 - 487 (2002).

⑦ 欧洲议会决议文件：Keesing's Record of World Events, 1996：41201.

⑧ 欧洲议会决议文件：Keesing's Record of World Events, 1998：42298.

当时民意社会极力反对废止死刑。① 在大多数民主国家中，政治精英常常忽略保留死刑的人的意见，而过多关注个人的权利，包括罪犯应享有的权利。

（2）处于民主化进程的国家成为当代死刑废止的生力军。

民主化进程的国家是指那些正经历从专制向民主制度转型的国家。从国际死刑废止的趋势看，正处于民主化进程的国家已成为废止死刑的生力军。因此，民主化进程也是废止死刑的一个重要因素。如德国在 1949 年重新获得民主之时即废止了死刑。南非在 20 世纪 90 年代从种族隔离向民主化转型期间亦立即废止了死刑，尽管当时该国的暴力犯罪还很严重。在这些国家的制度转型过程中，通常认为废止死刑是这些新兴民主国家为了与之前的旧体制拉开距离。而人权是此次转型的关节点，为废止死刑提供了理想的道德环境。此外，一些东欧国家，如保加利亚、克罗地亚、捷克共和国、匈牙利、波兰、罗马尼亚、斯洛伐克和斯洛文尼亚等在 20 世纪 80 年代民主转型后即废止了死刑。最近几年死刑也受到前苏联一些国家的冷落，如今，阿塞拜疆、爱沙尼亚、格鲁吉亚、立陶宛、乌克兰和土库曼斯坦也都废止了所有犯罪的死刑。俄罗斯为了加入欧洲议会也暂停了死刑的执行，成为事实上废止死刑的国家。显然，这些东欧国家以及前苏联各共和国废止死刑的直接原因是希望加入欧洲理事会，以获取其在欧洲的政治地位，因为根据 1994 年欧洲议会全体代表大会通过的决议，只有废止死刑的国家才能被接纳为欧洲理事会成员。② 可以这么说，这些东欧国家以及前苏联各共和国快速废止死刑与西欧国家反复持续的政治施压分不开。

对废止死刑产生积极效果的民主化进程在尊重人权方面与国内民主的和谐氛围交相辉映，而对压制人权的专制统治具有极其负面的效果。③ 因此，正在向民主制度转型的国家已成为国际死刑废止运动的一股重要力量。

（3）国际组织、死刑废止国的政治施压对国际死刑废止趋势的影响。

在 20 世纪 70 年代前，死刑保留国认为死刑与国际社会普遍接受的人权观念无关，认为死刑完全属于其国内的刑事政策问题；而今，国际社会普遍认为死刑是对普世人权的违反，这就形成了这样一种局面，即死刑废止国不再是一个人与废止死刑作斗争，而是诸多国家、国际组织共同努力，推动废止死刑的国际运动。自 20 世纪 70 年代起，联合国及其他国际组织以人权为契机，通过政治手段施加于死刑保留国，要求其限制和废止死刑。

联合国持续的政治态势大大推动了国际死刑废止运动的发展。1977 年联合国大会通过决议，呼吁限制适用死刑的犯罪数量，以"达到最终全面废止死刑"的目标。④ 1989 年联合国大会通过了《旨在废除死刑的〈公民权利和

---

① 欧洲议会决议文件：ETS No.：114.

② 欧洲议会决议文件：Resolution 1044（1994）on the Abolition of Capital Punishment, paragraph 6.

③ Poe, Steven C., C. Neal Tate and Linda Camp Keith. Repression of the Human Right to Personal Integrity International Studies Quarterly 43：291 – 313（2004）.

④ Hood, Roger, Capital Punishment. In The Handbook of Crime & Punishment, ed. Michael Tonry. New York and Oxford：Oxford University Press, p. 743（1998）.

政治权利国际公约〉第二任择议定书》，旨在全面废止死刑。此外联合国还通过多项世界范围暂停执行死刑的决议，呼吁世界上所有保留死刑的国家暂停执行死刑。

从 20 世纪 90 年代起，欧洲理事会宣布废止死刑，用当时欧洲理事会主席丹尼尔（Daniel Tarschys）的话说，废止死刑已成为该组织的"头等大事"。欧洲理事会分别于 1982 年和 2002 年通过了《欧洲人权公约关于废除死刑第 6 议定书》和《欧洲人权公约关于全面废除死刑第 13 议定书》。这些区际人权文件成为国际死刑废止运动的重要支撑，对死刑保留国形成巨大政治压力。[①] 1996 年，欧洲理事会正式宣布，暂停执行死刑并在三年内彻底废止死刑是加入欧洲理事会的必要条件。[②] 西欧国家在 20 世纪 90 年代利用其政治影响力促使死刑保留国加入死刑废止国的阵营，被用来推销其废止死刑的政治目标的动因是，东欧国家政府因为经济的也是政治的原因，急切希望加入欧洲理事会，因为加入欧洲理事会可以有机会最后成为欧盟成员国或者加入北大西洋公约组织。[③] 1998 年《欧洲对第三国死刑政策指引》中规定："废止死刑不再局限于其本区域内的政治范围，废止死刑应扩展至世界其他区域"。[④] 这是欧盟国家死刑废止政策的一次重大转型，即从立足于本地区，到 20 世纪 90 年代推动跨区域、世界性的死刑废止运动，这与其政治目的不无密切关系。

1990 年美洲国家组织通过《美洲人权公约议定书》，呼吁全面废止死刑。这些区际人权文件的出台是希望更多的国家加入这些协议，并希望所有的协议国最终全面废止死刑。虽然加入这些条约出于自愿，但是死刑废止国会出于政治目的的考虑，试图劝说死刑保留国加入其阵营。

此外，非政府国际人权组织，如大赦国际，对国际人权的进步发展起着重要作用，[⑤] 其最大的贡献是将死刑问题界定为人权问题，并号召在世界范围内废止死刑。其具体做法包括制定死刑的国际标准，每年定期出版《死刑年度报告》，游说国际组织对死刑保留国施压，甚至直接批评世界上滥用死刑的国家，如美国。可以这么说，大赦国际数十年来在限制和废止死刑方面的不懈努力极大地推动了当今的国际死刑废止运动的发展。

死刑废止国对死刑保留国的政治施压也是影响国际死刑废止趋势的政治因素之一。死刑保留国自 20 世纪 70 年代起一直受到国际社会的压力，特别

---

① EU. 2000a. EU Demarchéto the United States on the Death Penalty. http://www. eurunion. org/legis-lat/deathpenalty/Demarche. htm2009 - 12 - 09.

② Bantekas, Ilias, and Peter Hodgkinson, Capital Punishment at the United Nations: Recent Beccaria, Cesare. 1995 [1764]. On Crimes and Punishments, and other Writings. Cambridge University Press. p. 45 (2000).

③ Fawn, Rick, Death Penalty as Democratization: Is the Council of Europe Hanging Itself? Democratization 9 (2):69 - 96(2001).

④ EU. 1998. Guidelines to EU Policy Towards Third Countries on the Death Penalty. http://www. eu-runion. org/legislat/deathpenalty/Guidelines. htm2009 - 12 - 09..

⑤ Risse, Thomas, Stephen C. Ropp and Kathryn Sikkink, The Power of Human Rights - International Norms and Domestic Change. Cambridge University Press. p. 620(1999).

是死刑废止国的压力，因为死刑废止国开始比以前更加坚定地认为，死刑违反普世人权，死刑应该在世界范围内被废止。如果被执行死刑的犯罪人属于欧盟或者其他死刑废止国的国民，这些国家或者组织会不停地进行干预。如今西欧以及其他一些地区的死刑废止国不会将其本国国民或其他国家的国民引渡至死刑保留国，如美国等，除非死刑保留国作出承诺，保证不对被请求引渡人执行死刑，即使被请求引渡者为恐怖分子或者恐怖嫌疑人。①

（4）国内党派的政治倾向也决定一国的死刑方向。

美国学者齐姆林认为，具有类似文化传统和政治价值观的国家之间对死刑问题的政治冲突会特别激烈，如美国和欧洲在死刑问题上比在其他任何政府重大道德问题上的分歧都大。② 这里特别提及美国，美国的政治家们显然与其欧洲的同行不一样，他们更乐意对选民负责，更容易听从选民的意见。由于美国各州可以自行决定自己的刑罚，包括死刑，这就不难发现，为什么作为一个民主、法治非常发达的美国，仍然在许多州保留死刑，并大量执行死刑。③ 右翼主导下的政府（美国的保守派）比左翼占优势的政府（美国的自由派）更不倾向废止死刑，因为右翼政治家和具有右翼倾向的选民更情愿相信严厉惩罚犯罪的社会价值，认为作为个人的犯罪人应对其犯罪行为负完全责任。④ 此外，美国以外的英语国家中，左翼政党通常会暂停执行死刑，但通常会遇到右翼政党的阻挠，要求恢复死刑。欧洲国家废止死刑并非由死刑本身引起，而是由其国内的政治变革所致，并且往往都是由政府的更迭或者早期右翼独裁者的倒台而产生。如意大利废止死刑发生在墨索里尼倒台的1944年；西德废止死刑发生在新政府制定新宪法的1949年；奥地利废止死刑发生在社会主义者加入联盟政府的1950年；英国废止死刑发生在工党执政的1965年和1969年；葡萄牙废止死刑发生在大独裁者萨拉查统治转型时期的1976年；西班牙废止死刑发生在弗朗格统治转型时期的1978年；法国废止死刑发生在左翼政府上台执政的1981年。⑤

四、结语

政治因素是国际死刑废止趋势的主要驱动器。民主、民主化进程是死刑废止的决定因素。在民主国家，特别是正向民主制度转型的国家，更愿意接受死刑是违反人权这一主张，从而更可能废止死刑。除了民主和民主化进程因素外，对死刑保留国的政治施压也能对死刑的可能废止起到积极

---

① EU. 2002. Guidelines on Human Rights and the Fight Against Terrorism. Brussels: Directorate General of Human Rights, p. 78.

② Zimring, Franklin E, The Contradictions of American Capital Punishment. Oxford: Oxford University Press. p. 181(2003.)

③ Zimring, Franklin E., Gordon Hawkins, and Sam Kamin, Punishment and Democracy - Three Strikes and You're Out in California. Oxford: Oxford University Press. p. 165. (2001).

④ Lakoff, George, Moral Politics: What Conservatives Know that Liberals Don't, Chicago University Press. p. 34 (1996).

⑤ 参见喻贵英：《欧洲死刑废除的启示》，载《法学评论》2006 年第 3 期，第 142、152 页。

作用。此外，如果某一地区废止死刑的国家占多数，该地区的死刑废止更有可能。

当然，除了政治、人权因素外，文化（特别是法律文化）、宗教以及国民的经济地位悬殊也能影响死刑的废止。

一般来讲，刑罚的文化因素，特别是死刑的文化因素也是影响死刑废止的因素之一。文化是个非常含糊的概念，但是一定的法律文化和宗教传统能够影响到死刑在文化上是否可被接受的问题。

基于普通法传统建立起来的法律制度，如英国和其他一些国家，死刑废止比较晚，有些国家仍然保留死刑，如美国。死刑在 19 世纪的英格兰属于常规刑罚，其死刑执行率远高于欧洲其他国家。随着英国殖民主义的扩张，普通法及其死刑也被带到其他国家。19 世纪的英国自由主义者们很不乐意废止死刑，甚至对限制死刑适用的呼声他们也充耳不闻，远没有欧洲大陆其他国家来得干脆和彻底。当时废止死刑的倡导者指责英国是"基督教国家中最不仁慈的国家"，英国废止死刑论者认为"我国的法律相比任何其他文明国家的法律都显得落后和不令人满意。"[①] 在普通法中，"决定法律渊源的是人们的习惯而非统治者或者立法者的决定"。[②] 加上死刑在一般大众中备受欢迎，因此，我们可以部分解释为什么现在仍然有一些普通法系国家将死刑作为一种可接受的刑罚方式。

除文化因素外，社会学家认为，社会不同阶层的出现也是影响死刑废止的因素之一。他们认为，死刑是统治阶级控制被统治阶级的一种社会工具。死刑的本质是国家对其国民生命权控制的一种宣示。[③] 当政治精英感到来自下层阶级的威胁时，在制定广泛的社会控制与压迫政策时，死刑自然成为其最强有力的工具。[④] 马克思认为死刑是统治阶级压迫被统治阶级的工具。[⑤] 同理，在经济上不平等以及种族多元化的国家，更容易适用死刑，因为使用极刑打击犯罪可以分散这些社会底层或者少数族裔的注意力。[⑥] 初步证据显示，在暴力犯罪和杀人犯罪率较高的国家，更有可能使用极刑来应对犯罪所带来的威胁，[⑦] 这也可以解释为什么死刑捍卫者将威慑与报应作为死刑正当化的两个重要根据。注重经济或者种族上等级区分的社会，由于缺乏社会信任，死

---

① Radzinowicz, Leon, and Roger Hood, A History of English Criminal Law and its Administration from 1750. London: Stevens & Sons, p. 672 (1986).

② Newman, Graeme. 1999. Global Report on Crime and Justice. New York: Oxford University Press, p. 67.

③ Wyman, James H, The Death Penalty and Cultural Relativism in International Law. Journal of Transnational Law & Policy 6 (2):543–570(1997).

④ Chambliss, William J, Power, Politics, and Crime. Boulder: Westview Press. p. 21 (1999).

⑤ Rusche, Georg, and Otto Kirchheimer, Punishment and Social Structure. Columbia University Press, p. 135 (1939).

⑥ Ruddell, Rick, and Martin G. Urbana, Minority Threat and Punishment: a Cross – Naitonal Analysis. Justice Quarterly 21 (4):903–931 (2004).

⑦ Otterbein, Keith F, The Ultimate Coercive Sanction: A Cross – Cultural Study of Capital Punishment. New Haven: Human Relations Area Files p. 360 (1986).

刑特别容易成为民众要求严惩犯罪的理由。经济理论认为，经济的发展更容易废止死刑。如果个人和社会都变富裕了，他们显然不愿意对罪犯施加更残酷和不正常的刑罚，包括死刑。①

---

① Palmer, John P. , and John Henderson, The Economics of Cruel and Unusual Punishment. European Journal of Law and Economics 5 (3):235－245 (1998).

当代中国死刑改革的进展与趋势

赵秉志[*]

目　次

一、前言

死刑改革是当代中国刑事法乃至整个法治领域最受关注的重大现实问题，关乎中国法治的重大进步和社会文明的发展。2011 年 2 月 25 日，十一届全国人大常委会第十九次会议通过的《刑法修正案（八）》取消了 13 种犯罪的死刑，同时规定老年人犯罪原则上不适用死刑。这是当代中国死刑改革进程中的重要里程碑，标志着中国死刑改革进入了一个新的发展阶段。以此为背景，系统梳理并简要分析当代中国死刑改革的进程和未来发展趋势，对于我们深入了解、合理评判和积极推进当代中国死刑改革具有积极意义。

---

　*　北京师范大学刑事法律科学研究院暨法学院院长、教授、博士生导师，中国刑法学研究会会长，国际刑法学协会副主席暨中国分会主席。

二、当代中国死刑改革的背景

当代中国死刑改革是在多种国内、国际因素的综合影响下进行的，有其基本的社会、法治和国际背景。

（一）当代中国死刑改革的社会背景

从社会层面上看，当代中国死刑制度的改革与当前中国社会发展的目标和中国民众人权观念的变化密切相关。

首先，当代中国死刑制度改革是实现和谐社会、促进社会稳定与发展的需要。中国目前已经进入了全面建设小康社会、加快推进社会主义现代化的新阶段。建设富强、民主、文明的社会主义国家，是中国本世纪初至中叶的发展目标。[①]为适应中国社会发展的需要，中共中央提出了要建设社会主义和谐社会的构想。和谐社会也是法治社会，健全、理性、高效的社会主义法治是实现和谐社会构想的基石。作为现代法治的重要组成部分，现代刑事法治对于构建和谐社会具有重要的促进和保障作用。以此为背景，中国死刑制度必须从构建和谐社会的宏伟目标出发，积极发挥作用，不断巩固和谐社会建设的成果，有效地促进社会的稳定与发展。[②]

其次，当代中国死刑制度改革受到了中国人权观念发展变化的影响和促进。随着改革开放的不断深入和国家对人权保障的加强，中国民众的权利意识和法治观念与以往相比正在前所未有地不断得到加强。虽然各种犯罪现象仍有出现，但总体上看，当今中国社会基本稳定，经济稳步发展，人民群众安居乐业，社会治安形势较为乐观，绝大多数民众的安全感较强。在此情况下，人民群众要求司法机关适用死刑的要求并不是很强烈，对已经出现的某些错误适用死刑的情形会给予一定的批评。即便对某些严重刑事犯罪的行为人，如果犯罪人确实存在值得原谅的因素，民众也普遍持宽容态度。而对于同一案件有多人被判处死刑，尤其是被判处死刑立即执行的情形，若该犯罪不是比较典型的有组织犯罪或者被害人仅为一人，民众也会认为这样适用死刑不是很妥当。中国民众的这种人权观念的发展变化和对死刑问题的关注，对当代中国死刑制度的改革提出了新的进一步的要求。

（二）当代中国死刑改革的法治背景

当代中国死刑制度改革有其深刻的法治背景。它是中国贯彻依法治国方略的基本要求，也是中国不断加强人权保障的重要体现。

首先，当代中国死刑改革是中国贯彻依法治国方略的基本要求。依法治国是当代中国社会发展进步的基本方略。1997年9月，中国共产党将"进一步扩大社会主义民主，健全社会主义法制，依法治国，建设社会主义法治国家"写入党的十五大报告。1999年3月，在中国第九届全国人大第二次会议

---

① 参见江泽民：《全面建设小康社会，开创中国特色社会主义事业新局面——在中国共产党第十六次全国代表大会上的报告》，载人民网 2002 年 11 月 17 日。

② 参见赵秉志、彭新林：《我国死刑制度改革的路径与步骤》，载《法学》2009 年第 2 期。

上，"依法治国，建设社会主义法治国家"这一治国方略被正式写入宪法修正案。① 在依法治国方略的指引下，中国刑事法治建设也取得了重大进步。中国1997 年新刑法典确立了罪刑法定、适用刑法人人平等、罪责刑相适应三大基本原则。其中，罪刑法定原则关于刑罚正当性的内涵就对中国死刑制度的改革提出了新的进一步的要求。

其次，当代中国死刑制度改革是中国不断加强人权保障的重要体现。随着中国经济社会的发展和依法治国的不断深入，中国近年来逐步注重加强各个领域、各个方面的人权保障工作。在此基础上，2004 年 3 月，"国家尊重和保障人权"被明确写入中国宪法修正案，从而使中国人权保障上升到了宪政的高度。而 2011 年 3 月中国第十一届全国人大第四次会议通过的《国民经济和社会发展第十二个五年规划纲要》，更是明确地将"加强人权保障，促进人权事业全面发展"作为中国第 12 个五年（2011—2015 年）规范发展的目标之一。② 相信在中国政府和中国社会各界的不懈努力下，中国未来的人权事业必将得到全面发展。这也对中国死刑制度改革提出了进一步的要求。

(三) 当代中国死刑改革的国际背景

当代中国死刑制度改革是中国顺应死刑国际发展潮流的体现，也是中国履行其参加的与死刑相关的国际公约义务的要求。

首先，当代中国死刑改革是中国顺应死刑国际发展潮流的体现。废止死刑是国际死刑发展的主要潮流，目前世界上绝大多数国家都废止了死刑。据统计，截至 2009 年 6 月 30 日，世界上超过三分之二的国家和地区已经在法律上或事实上废止了死刑，其中，废止所有犯罪死刑的国家和地区多达 95 个，废除了普通犯罪死刑的国家和地区为 8 个，而事实上废止死刑的国家和地区为 35 个（以过去 10 年未执行一例死刑为标准），也就是说在法律上或事实上废止死刑的国家和地区已多达 138 个。③ 这一现象还有进一步扩大的趋势。在此背景下，中国当然需要顺应国际社会死刑的发展潮流，改革现有的过于宽泛的死刑制度。

其次，当代中国死刑制度改革也是中国履行与死刑相关的国际条约义务的要求。限制与废止死刑不仅为多数国家的立法和司法所采纳，而且也被联合国诸多国际公约、欧洲人权公约、美洲人权公约等国际法律文件所认可。1966 年 12 月联合国通过的《公民权利和政治权利国际公约》第 6 条明确规定，死刑只适用于"最为严重的犯罪"。1989 年 12 月 15 日联合国第 43 届大会通过的《旨在废止死刑的〈公民权利和政治权利国际公约〉第二任择议定书》第 2 条则进一步规定："本议定书缔约国管辖范围内，任何人不得被处死刑。"与此同时，该条第 2 款还确立了一个重要原则："已经废止死刑的国家

---

① 参见肖扬：《依法治国基本方略的提出、形成和发展》，载《求是》2007 年第 2 期。

② 参见《国民经济和社会发展第十二个五年规划纲要》，载"中国人大网"（www.npc.gov.cn），2011 - 03 - 17。

③ 参见 [英] 罗吉尔·胡德、卡罗琳·霍伊儿：《死刑的全球考察》（第 4 版），曾彦等译，中国人民公安大学出版社 2009 年版，第 1 页。

不得恢复适用死刑"。除此之外,一些区域性国际条约,如《欧洲人权公约》、《〈欧洲人权公约〉关于废止死刑的第六议定书》、《欧洲人权公约关于全面废止死刑的第十三议定书》、《美洲人权公约》和《〈美洲人权公约〉旨在废止死刑的议定书》等,也都对死刑作了严格的限制性规定。[①] 迄今,中国政府已经签署或者加入了包括《公民权利和政治权利国际公约》、《禁止酷刑和其他残忍、不人道或有辱人格的待遇或处罚公约》在内的 20 多部人权类国际公约。[②] 在此情况下,中国有义务按照其参与、认可的相关国际条约的要求对死刑制度作进一步的改革。

三、当代中国死刑改革的进展

(一) 当代中国死刑改革的基本进展

1. 当代中国死刑制度的立法改革

严格地说,当代中国死刑制度的立法改革是始于 1997 年中国对刑法典的全面修订。在 1997 年修订刑法典之前,中国各种刑法规范中的死刑罪名数量高达 72 种之多。1997 年修订刑法典时,中国国家立法机关对死刑采取了较为严格限制的态度,不仅在刑法典总则中进一步限制了死刑适用的条件、删除了对不满 18 周岁的未成年人可适用死缓的规定、放宽了死缓减为无期徒刑或者有期徒刑的条件,而且还在刑法典分则中适当调整了部分犯罪的死刑,将死刑罪名的数量减至 68 种。不过,客观而言,中国 1997 年刑法典分则的死刑罪名仍显过多过滥,并且与刑法典总则严格控制死刑的整体思路存在一定的矛盾。

在此之后直至 2011 年之前,中国先后通过了一部单行刑法和七个刑法修正案,对中国刑法规范作了较大的修改和补充。但这些刑法立法基本都不涉及死刑问题,只有 2001 年通过的《刑法修正案(三)》第 5 条和第 6 条根据实践的需要,适度扩大了原规定有死刑的非法买卖、运输核材料罪,盗窃、抢夺枪支、弹药、爆炸物罪和抢劫枪支、弹药、爆炸物罪的行为类型和犯罪对象。[③] 但从总体上看,中国死刑罪名的数量自 1997 年至 2010 年间并没有变化。

2011 年是中国死刑制度立法改革的关键一年。2011 年 3 月,中国十一届全国人大常委会第十九次会议通过的《刑法修正案(八)》从两个方面对死刑制度进行了重大改革:一是取消了 13 种经济性、非暴力犯罪的死刑,包括

---

① 参见韩玉胜、沈玉忠:《联合国国际公约对死刑的规定及中国的应对》,载《政法论丛》2008 年第 3 期。

② 参见赵秉志、彭新林:《我国死刑制度改革的路径与步骤》,载《法学》2009 年第 2 期。

③ 即将原"非法买卖、运输核材料罪"改为"非法制造、买卖、运输、储存危险物质罪",扩大了该罪的行为类型和行为对象;同时将"盗窃、抢夺枪支、弹药、爆炸物罪"和"抢劫枪支、弹药、爆炸物罪"的犯罪对象扩大为包括危险物质,从而将这两个犯罪分别改为"盗窃、抢夺枪支、弹药、爆炸物、危险物质罪"和"抢劫枪支、弹药、爆炸物、危险物质罪"。

9 种破坏社会主义市场经济罪①、1 种侵犯财产罪②和 3 种妨害社会管理秩序罪③的死刑；二是原则上取消了老年人犯罪的死刑，规定审判的时候已满 75 周岁的人不适用死刑，但以特别残忍手段致人死亡的除外。在此次刑法修正过程中，人们还对应否进一步取消与这 13 种犯罪相近似犯罪、贪污罪受贿罪的死刑以及对老年人犯罪免死的年龄及应否有例外等问题进行了激烈的争论。

2. 当代中国死刑制度的司法改革

在进行死刑制度立法改革的同时，中国也积极进行了死刑制度的司法改革，不仅从实体上进一步严格了死刑的适用条件，而且在程序上进一步规范了死刑案件的审理、核准程序和证据标准。

在实体法方面，刑法第 48 条规定："死刑只适用于罪行极其严重的犯罪分子。"但对于何谓"罪行极其严重"，刑法并没有予以明确，过去中国地方法院对其掌握的宽严程度也各不相同。为了严格死刑适用的条件，中国最高司法机关先后出台了一系列司法文件，对死刑的适用条件进行了严格限制。1999 年 10 月 27 日最高人民法院发布的《全国法院维护农村稳定刑事审判工作座谈会纪要》，对故意伤害罪适用死刑的具体标准作出要求，即主张故意伤害致人死亡，手段特别残忍，情节特别恶劣的，才可以判处死刑。2010 年 2 月 8 日，最高人民法院发布的《关于贯彻宽严相济刑事政策的若干意见》第 29 条更是明确规定："要依法严格控制死刑的适用，统一死刑案件的裁判标准，确保死刑只适用于极少数罪行极其严重的犯罪分子。""对于罪行极其严重，但只要是依法可不立即执行的，就不应当判处死刑立即执行。"④

在实体上严格死刑适用条件的同时，中国也开始逐步注重从程序上控制死刑。这种改革主要体现在三个方面：一是严格死刑案件的核准程序。在中国第十届全国人大常委会 2006 年 10 月 30 日《关于修改〈中华人民共和国人民法院组织法〉的决定》的基础上，中国最高人民法院于 2006 年 12 月 28 日发布了《关于统一行使死刑案件核准权有关问题的决定》，宣布自 2007 年 1 月 1 日起将死刑复核权全面收归最高人民法院行使。⑤ 这是从核准权的角度对死刑制度作出的一次重大改革，受到了刑事法理论界、实务界以及社会各界的积极肯定和热情赞扬。⑥ 二是严格死刑案件二审的审理程序。针对过去一些

---

① 这 9 种破坏社会主义市场经济秩序罪分别是走私文物罪（刑法第 151 条第 4 款），走私贵重金属罪（刑法第 151 条第 4 款），走私珍贵动物、珍贵动物制品罪（刑法第 151 条第 4 款），走私普通货物、物品罪（刑法第 153 条），票据诈骗罪（刑法第 194 条第 1 款），金融凭证诈骗罪（刑法第 194 条第 2 款），信用证诈骗罪（刑法第 195 条），虚开增值税专用发票、用于骗取出口退税、抵扣税款发票罪（刑法第 205 条），伪造、出售伪造的增值税专用发票罪（刑法第 206 条）。

② 即盗窃罪（刑法第 264 条）。

③ 即传授犯罪方法罪（刑法第 295 条），盗掘古文化遗址、古墓葬罪（刑法第 328 条第 1 款），盗掘古人类化石、古脊椎动物化石罪（刑法第 328 条第 2 款）。

④ 参见《最高人民法院印发〈关于贯彻宽严相济刑事政策的若干意见〉的通知》，载《司法业务文选》2010 年第 16 期。

⑤ 参见《最高人民法院关于统一行使死刑案件核准权有关问题的决定》，载《司法业务文选》2007 年第 2 期。

⑥ 参见赵秉志：《中国现阶段死刑制度改革的难点及对策》，载《中国法学》2007 年第 2 期。

地方存在的死刑案件二审不开庭的情况，2006 年 9 月 21 日，最高人民法院、最高人民检察院发布了《关于死刑第二审案件开庭审理程序若干问题的规定（试行）》，规定对一审判处死刑立即执行的案件，二审必须开庭，同时进一步严格了死刑案件二审的其他相关规定。三是严格死刑适用的证据标准。为了更好地慎重办理死刑案件、严格死刑适用，最高人民法院、最高人民检察院、公安部、国家安全部和司法部于 2010 年 6 月 13 日联合发布了《关于办理死刑案件审查判断证据若干问题的规定》和《关于办理刑事案件排除非法证据若干问题的规定》，① 从证据上对死刑适用提出更为严格的要求，这显然有利于死刑适用的司法控制。

（二）当代中国死刑改革进展的评价

在当前国内、国际因素的作用和影响下，中国对死刑制度进行了多方面的改革。综观当代中国死刑改革的进展，我们可以从三个方面予以简要评论：

1. 在改革的进程上，当代中国死刑改革的步伐较快、成效显著

历史地看，当代中国死刑制度改革及其研究只有短暂的二三十年历史，却取得了令人瞩目的显著成效。不过，对于中国死刑制度改革所取得的进展尤其是对《刑法修正案（八）》取消 13 种非暴力、经济性犯罪的死刑，曾有一些不甚了解中国实情的国际人士认为，根据中国立法机关的介绍和主流媒体的宣传，中国《刑法修正案（八）》取消的 13 种非暴力、经济性犯罪的死刑，都是属于备而少用甚至基本不用的死刑，其改革的象征意义大于实际意义，因而不能过高地评价当前中国死刑制度改革所取得的进步。

笔者认为，上述见解失于片面，是不妥当的。首先，《刑法修正案（八）》取消 13 种非暴力、经济性犯罪的死刑并不仅仅是象征性的：一方面，这 13 种犯罪的死刑虽然多是备而少用，但并非完全不用，有些罪名如走私普通货物、物品罪等之死刑在既往还有一定的数量；另一方面，中国立法机关之所以选择这 13 种非暴力、经济性犯罪废止其死刑并对外宣称它们多属于备而少用甚至备而不用，主要是为了更好地获得中国民众的理解和支持，以更顺利地推动中国死刑改革。其次，受中国传统文化和中国民众死刑观念的影响，中国死刑改革需要从死刑适用较少、改革比较容易推进的地方入手。这是中国死刑改革的一种理智的策略选择，也是任何改革取得成功的经验。再次，即便是从象征意义的角度，对于中国死刑改革而言，取消 13 种非暴力、经济性犯罪死刑的象征意义也十分重要。至少，它表明了中国立法机关对于死刑存废的一个鲜明的态度，有利于进一步推动中国死刑改革的深入。最后，中国的死刑制度有自身的特殊性，中国的传统文化和民众的死刑观念状况决定了中国不可能像许多加入欧盟的国家一样在一夜之间废止死刑。国外学者和有关的国际人士对中国法治改革包括死刑制度改革所取得的进步，应当予以更多的理解和支持，而不能一味地批评，否则将反而不利于中国死刑制度改

---

① 参见《最高人民法院、最高人民检察院、公安部、国家安全部、司法部印发〈关于办理死刑案件审查判断证据若干问题的规定〉和〈关于办理刑事案件排除非法证据若干问题的规定〉的通知》，载《司法业务文选》2010 年第 26 期。

革的推进。

2. 在改革的模式上，中国坚持死刑制度的立法改革与司法改革并进

当代中国死刑改革的进展表明，中国始终坚持死刑的立法改革与司法改革并进。这具有积极意义：一方面，死刑的立法改革，能在源头上限制与减少死刑的适用。毕竟，从立法上规定更为严格的死刑适用标准，减少死刑罪名，并严格限制具体犯罪的死刑适用规格，能够直接减少死刑适用，进而有效推进中国死刑改革。另一方面，死刑的立法改革是一项复杂而又程序繁多的重大工程，单纯依赖立法改革，中国死刑改革制度的进度可能会比较缓慢。相反，死刑制度的司法改革可以避开很多障碍，能够更为方便、快捷地限制死刑的适用。因此，在对死刑制度进行立法改革之前，应充分利用现行刑法典的规定，积极运用司法手段限制和减少死刑的适用。立法改革与司法改革相结合是当代中国死刑改革的重要特点。从总体上看，立法改革是根本，司法改革是关键。只有两者相互作用，才能更好地推动中国死刑制度的进一步改革。

3. 在改革的策略上，中国注重制度改革与观念变革的相互作用

观念是行动的先导。仅有制度的变革显然是不够的，因为在促进死刑制度改革的过程中，加强死刑观念的转变具有同样重要甚至更为重要的地位。只有具备与制度相一致的思想观念，制度才能够得以顺利地执行。[①] 但这并不意味着，制度就要一味地迎合、顺应现存的观念。实际上，制度作为一种强制力量，只要不与民众的观念形成强烈的对立，它也会对民众的观念产生积极的引导作用。历史资料显示，在德意志联邦共和国 1949 年废止死刑之前，该国多数民众对死刑都持支持态度，但在废止死刑之后，民众对死刑的热情逐渐消退，支持死刑的比例逐渐降低。据有关统计，在 1964 年到 1971 年之间，民众支持死刑比率从 52% 下降到了 43%；到 1972 年更是下降到了 33%；1980 年，民众对死刑的支持率则下降到了 28%。[②] 这其中就不能排除制度对民众死刑观念的引导作用。当前，中国死刑制度改革总体上看还是比较注重迎合民众的死刑观念，中国对死刑罪名的削减和对老年人犯罪免死的例外规定，都体现了对现存观念的顺应。

不过，中国立法机关也并不是一味地迎合民意，也开始注意引导民意。在《刑法修正案（八）》的审议过程中，曾有一位全国人大常委会委员提出当前应研究废止贪污罪受贿罪的死刑问题。这引发了中国社会各界的广泛争论。其中就有人认为，贪污罪受贿罪的死刑适用数量并不大，并且死刑也并非惩治这两类犯罪的必要手段，因而可考虑予以废止。我们都知道，中国历史上历来崇尚重刑治吏，中国古代曾有过多个朝代对贪污受贿犯罪滥用重刑的实践。受此影响，即便是在现代，中国民众对贪污受贿犯罪都存在着一种

---

① 参见 [美] 道格拉斯·C. 诺思：《经济史中的结构与变迁》，陈郁、罗华平等译，上海三联出版社 1994 年版，第 27～29 页。

② See Richard J. Evans. *Rituals of Retribution: Capital Punishment in Germany 1600 - 1987*. Oxford University Press(1996) , p. 802.

重刑期待。在此背景下，民众对废止贪污罪受贿罪死刑的关注和讨论，显然会在一定程度上有利于促进民众死刑观念的转变。

四、当代中国死刑改革的趋势

（一）当代中国死刑改革的总体趋势

如前所述，当代中国死刑制度改革已经取得了重要的阶段性成果。不过，当前的国内和国际因素决定了中国未来必将进一步限制和减少死刑。从总体上看，当代中国死刑制度改革的总趋势是以现有的死刑制度为基础，逐步限制和减少死刑，并最终废止死刑。其中，限制和减少死刑是中国死刑制度改革的近期趋势，全面而彻底地废止死刑则是中国死刑制度改革的最终目标。

当然，从中国死刑的历史传统、社会心理及民众意愿状况看，中国要实现其最终废止死刑的目标，还有很长的路要走。从阶段上看，笔者认为，根据党中央所提出的在 21 世纪的阶段性发展目标，中国可以经过如下三个阶段逐步废止死刑：一是及至 2020 年亦即中国共产党建党一百周年之际，先行逐步废止非暴力犯罪的死刑；二是再经过 10、20 年的发展，在条件成熟时进一步废止非致命性暴力犯罪（非侵犯生命的暴力犯罪）的死刑；三是在社会文明和法治发展到相当发达程度时，至迟到 2050 年亦即新中国成立一百周年之际，全面废止死刑。①

先行废除非暴力犯罪的死刑是许多国家大幅度限制死刑和逐步废止死刑的一条成功之路，符合社会发展的基本规律，也是由非暴力犯罪自身所具有的诸多特点所决定的。据此，中国废止死刑之路也应以逐步而及时地废止非暴力犯罪的死刑为突破口和切入点，② 逐步废除财产型非暴力犯罪以及无具体被害人的非暴力犯罪、贪污贿赂型非暴力犯罪、危害公共安全型非暴力犯罪以及危害国家安全型非暴力犯罪、危害国防利益型非暴力犯罪以及军人违反职责型非暴力犯罪。

以暴力犯罪发生的时间是否系战时为标准，暴力犯罪有普通暴力犯罪与战时暴力犯罪之分。而普通暴力犯罪又有致命性普通暴力犯罪与非致命性普通暴力犯罪。对于致命性普通暴力犯罪，根据行为人对死亡结果所持的具体罪过心理，又可分为故意致命性普通暴力犯罪和过失致命性普通暴力犯罪。从长远来看，中国对暴力犯罪死刑制度改革的趋势将是逐步废止非致命性暴力犯罪，尔后才废止致命性暴力犯罪和战时暴力犯罪的死刑。

总之，当代中国死刑改革必定是一个较为漫长的过程，但这个过程也并非遥遥无期，其总的趋势是不应改变也不会改变的。中国将沿着限制、减少乃至最终废止死刑的方向坚定而不断地前进。

（二）当代中国死刑改革的具体策略

为了实现中国死刑制度改革的总趋势，当代中国死刑制度改革还需要积极寻求具体的改革策略。具体而言，中国今后应注重从以下三个方面不断推

---

① 参见赵秉志：《中国逐步废止死刑论纲》，载《法学》2005 年第 1 期。
② 参见赵秉志：《论中国非暴力犯罪死刑的逐步废止》，载《政法论坛》2005 年第 1 期。

进死刑改革：

1. 不断严格限制死刑适用的对象范围

中国 1997 年刑法典和《刑法修正案（八）》从三个方面严格限制了死刑适用的范围，明确规定犯罪时不满 18 周岁的人、审判时怀孕的妇女和审判时已满 75 周岁且非以特别残忍手段致人死亡的老年人不适用死刑。不过，与联合国《公民权利和政治权利国际公约》等国际法律文件相比，中国死刑适用的对象范围还比较宽泛。中国需要进一步严格限制死刑适用的对象范围。具体包括：

第一，进一步扩大老年人免死的范围。中国《刑法修正案（八）》虽然规定了老年人犯罪免死的制度，但同时作了两个限制：一是必须审判时老年人已满 75 周岁；二是必须不属于以特别残忍的手段致人死亡的情形。笔者认为，中国对老年人免死的这些限制较为严格且并无必要，中国需要进一步扩大老年人犯罪免死的范围：一是应将老年人犯罪免死的年龄降为"已满 70 周岁"甚至更低。事实上，从当前我国老年人的平均寿命（据联合国教科文组织统计，2008 年中国公民的平均寿命是 72 周岁）、老年人的心理能力变化（国内外均有调查显示，70 岁以上老年人的认识能力会随着年龄的增长迅速下降）、国际上关于老年人从宽处罚的年龄标准（多数国家对老年人犯罪从宽的年龄都低于 70 周岁）等方面看，中国将老年人犯罪免死的年龄设定为审判时年满 75 周岁仍过高，应当将老年人免死的年龄降为"审判时年满 70 周岁"或者更低些。二是应取消老年人犯罪免死的例外规定。关于对老年人犯罪免死应否有例外，在中国此次刑法修正过程中，人们曾有不同认识。有人提出，对老年人不适用死刑应当增加一定的限制条件，以适应实践中各种复杂情况。但也有很多人反对。① 虽然《刑法修正案（八）》对老年人犯罪免死增加了一个例外规定，但笔者认为，对老年人犯罪一概免死是国际社会的普遍做法，也为许多国际条约所规定和倡导。以此为视角，同时考虑到老年人犯罪的刑事责任特点及刑法立法应面向普遍情况之特性，我国未来应对老年人犯罪一概免死。

第二，逐步将新生儿母亲、弱智人、精神障碍人等特殊群体纳入不得适用死刑的范围。对新生儿母亲、弱智人、精神障碍人不适用死刑是联合国相关文件的规定。联合国经济与社会理事会《关于保护死刑的人的权利的措施》第 3 条规定："对孕妇、新生婴儿的母亲或已患精神病者不得执行死刑。"与此同时，联合国经济与社会理事会 1989/64 号决议通过的《对保障措施的补充规定》第 3 条规定："在量刑或执行阶段停止对弱智人与精神严重不健全者适用死刑。"但中国目前尚没有这方面的规定。按照这些国际文件的要求同时参照其他一些国家的立法经验，中国未来应逐步将新生儿母亲、弱智人、精神障碍人等特殊群体纳入不得适用死刑的对象范围。

2. 逐步并成规模地减少死刑罪名

---

① 参见陈丽平：《赋予老年罪犯"免死金牌"争议大》，载《法制日报》2010 年 8 月 26 日第 7 版。

　　尽管中国《刑法修正案（八）》已经取消了 13 种犯罪的死刑，但中国刑法典中目前仍有 55 个死刑罪名，这在当今世界上保留死刑的国家中仍居前列。未来，中国仍需要逐步成规模地减少死刑罪名。具体而言，中国当前需要重点取消以下犯罪的死刑：

　　第一，取消与《刑法修正案（八）》13 种犯罪相近似犯罪的死刑。在此次刑法修正研拟过程中，中国最高人民法院等部门及部分专家学者提出，应当将与这 13 种死刑罪名相近似的许多犯罪的死刑也一并取消。全国人大常委会法工委也曾在《刑法修正案（八）》的方案中提出要"继续研究取消运输毒品罪、集资诈骗罪、组织卖淫罪、走私假币罪死刑问题。"虽然这些主张和方案最终没有被《刑法修正案（八）》采纳，但从必要性上看，中国确有必要取消这几种犯罪尤其是集资诈骗罪、组织卖淫罪的死刑。事实上，这些犯罪都是属于非暴力犯罪。其中，集资诈骗罪属于经济性非暴力犯罪，无论是从犯罪的性质、社会需要、被害人责任、防治效果、罪刑均衡的角度看，还是从开展国际刑事司法合作和履行国际义务的方面看，我国都已经不再具备保留集资诈骗罪死刑的正当理由，尤其是在其他金融诈骗罪都没有死刑的情况下，对集资诈骗罪再保留死刑就很值得质疑。① 同样，组织卖淫罪、运输毒品罪的危害程度有限，发生的原因很复杂，死刑的惩治和防范作用不足，对其废止死刑具有合理性和现实根据。对这些非暴力犯罪的死刑，中国未来不仅要限制适用，而且还要考虑尽早予以废止。②

　　第二，取消贪污罪受贿罪的死刑。在此次刑法修正过程中，一位全国人大常委会委员在审议时提出要研究取消贪污罪受贿罪死刑的问题，引发了社会各界的广泛关注和热烈讨论。其中支持者和反对者均有之。③ 笔者认为，从较长远的角度考虑，我国应当取消贪污罪受贿罪的死刑：一是贪污罪受贿罪属于贪利性职务犯罪，其侵害的法益与死刑所剥夺的生命权难以相提并论，对其适用死刑不符合刑罚人道的要求。二是无数事实和历史证明，严刑峻罚从来都不是防止犯罪（包括腐败犯罪）最有效的手段，死刑也不是。对贪污罪受贿罪采用其他刑罚方法也完全可以达到惩治的效果。三是全球法律文化的发展具有一定的共性，在全球普遍废除腐败犯罪死刑的趋势下，中国保留贪污罪、受贿罪的死刑与全球法律文化的发展趋势不符，也难以获得国际社会的支持。

　　3. 积极发挥长期自由刑对死刑的替代作用

　　死刑替代措施是对某些具体犯罪不适用死刑时，基于罪责刑相适应的要求而采取的其他严厉性基本相当或者相近的刑罚措施。④ 死刑替代措施使未来

---

　　①　参见赵秉志主编：《中国废止死刑之路探索——以现阶段非暴力犯罪废止死刑为视角》，中国人民公安大学出版社 2004 年版，第 225 页。

　　②　参见赵秉志主编：《中国废止死刑之路探索——以现阶段非暴力犯罪废止死刑为视角》，中国人民公安大学出版社 2004 年版，第 250 页。

　　③　参见赵秉志：《〈刑法修正案（八）（草案）〉热点问题研讨》，载赵秉志主编：《刑法论丛》（第 24 卷），法律出版社 2010 年版，第 29 页。

　　④　参见赵秉志：《中国死刑替代措施要论》，载《学术交流》2008 年第 9 期。

从立法上削减死刑罪名乃至全面废止死刑成为可能，因而它应该具备与死刑基本相当或者至少相近的惩罚严厉程度。当前，中国针对实际执行中"死刑过重、生刑过轻"的现象，采取适当加重生刑的做法，合理完善刑罚结构，为中国死刑制度的进一步改革奠定了良好基础。未来，中国应从立法上进一步革新和完善现行刑法典所规定的无期徒刑、有期徒刑以及数罪并罚、减刑、假释等制度，① 其中尤其是要改革以无期徒刑为代表的长期自由刑制度，以适应未来大幅度削减死刑罪名乃至全面废止死刑的趋势。

五、结语

随着中国社会各方面发展水平的不断提高，当代中国死刑制度改革还将不断深入。总体而言，在死刑制度改革的道路上，中国将本着先易后难的原则，区分轻重缓急，讲究策略，分阶段、分步骤，逐步推进中国的死刑改革。在此过程中，中国将合理协调死刑观念革新与死刑立法、司法改革的关系，并将以死刑观念的革新为先导，以死刑的立法改革为基础和根本，积极加强死刑的司法改革。因为只有死刑观念革新与死刑立法改革、司法改革相互配合、相互促进，中国才能最终实现废止死刑的目标。

---

① 参见赵秉志：《死刑改革探索》，法律出版社 2006 年版，第 283 页。

关于中国现阶段慎用死刑的思考

赵秉志*

目 次

一、前言

2011 年 2 月 25 日全国人大常委会通过的《刑法修正案（八）》明确废止了 13 种非暴力犯罪的死刑，这是我国继 2007 年 1 月 1 日最高人民法院收回死刑核准权之后又一极具震撼性的死刑改革的重大举措。然而，任何一项关涉人权与法治进步的重大改革都不可能一帆风顺，总会面临着来自各方面的阻力，中国死刑制度的改革尤其如此。前段时间相继发生的药家鑫案①与李昌奎案②便再次将死刑制度改革推向了公众舆论的风口浪尖。通过对此两案相关情节的比照，网络与媒体几乎一边倒地质疑云南省高级人民法院二审对李昌奎

---

* 北京师范大学刑事法律科学研究院暨法学院院长、教授、博士生导师，中国刑法学研究会会长，国际刑法学协会副主席暨中国分会主席。
① 参见《法制日报》2011 年 4 月 23 日第 1 版、6 月 8 日第 8 版。
② 参见《法制日报》2011 年 7 月 15 日第 8 版、8 月 23 日第 4 版。

由死刑立即执行改判为死缓的公正性。在某门户网站的评论中，至少有 9 成的网友认为李昌奎"比药家鑫凶残，应判处死刑立即执行"。但是，由于云南省高级人民法院有关负责人在接受记者采访时表示，该二审改判死缓主要是基于目前死刑政策所倡导的"少杀"、"慎杀"理念，并宣称"绝不能以一种公众狂欢式的方法来判处一个人死刑"①，故也有部分媒体聚焦和质疑于"少杀、慎杀"的死刑政策，有的甚至将矛头指向当前的死刑制度改革，使部分民众对我国现阶段的死刑政策和当下死刑改革的方向产生了疑问。尽管随着药家鑫、李昌奎先后被依法判处和执行死刑，这两个案件从法律处断层面已尘埃落定，但这两个案件所引发的相关争议却并未因此而偃旗息鼓。从这两个案件的社会反映中可以看出，大部分民众更多关注的是个案处理的公平与公正，而这又涉及罪前情节（行为人罪前的一贯表现、犯罪动机、犯罪原因等）、罪后情节（自首、民事赔偿、认罪悔罪态度等）以及案外因素（尤其是网络舆情和社会关注度）对死刑适用的影响等诸多因素。

　　其实，在"少杀、慎杀"的死刑政策中，"少杀"已是我国当下理性的选择与普遍的共识，反映了民智的逐步开启和人权与法治的持续进步；但就"慎杀"来说，无论是其内涵还是贯彻的具体措施，从普通民众到专业人士均有不同的看法。而这也正是药家鑫案、李昌奎案之所以引致民众高度关注的重要原因。对于"慎杀"亦即慎用死刑的准确理解与正确把握，不仅事关"少杀、慎杀"的死刑政策乃至宽严相济基本刑事政策的贯彻，同时也直接关涉到中国死刑制度的改革方向，关涉到中国法治的文明进步与和谐社会的构建，因而具有重要的研究意义。鉴此，本文以药家鑫、李昌奎案为切入点，以这两个案件所反映出来的有代表性的争议问题为主要线索，就我国现阶段应当如何慎用死刑的刑法问题予以专门研讨。

二、慎用死刑及其价值蕴含

　　死刑政策是由党和国家制定的对死刑的设置与适用具有普遍指导意义的行动准则，是我国刑事政策的重要组成部分。我国当前死刑政策的完整表述，是"保留死刑，严格限制和慎重适用死刑"。在保留死刑的现状下，"少杀、慎杀"即成为我国现行死刑政策的主旨，它是宽严相济基本刑事政策在死刑配置与适用方面的具体体现。其中的"慎杀"即慎用死刑，它既是我国现阶段死刑司法政策的基本要求，也在立法层面对死刑的配置起着制约与指导作用。

（一）慎用死刑的含义和要求

　　作为死刑刑事政策的基本内涵，"慎杀"即慎用死刑是指死刑的配置与适用应当慎重而有节制。对于慎用死刑的含义和要求，需要从以下几个方面来把握：

---

① 储皖中、施怀基：《云南高院称终审改判基于"少杀慎杀"理念》，载《法制日报》2011 年 7 月 6 日。

1. 应结合中国"慎刑"之法律文化传统来把握

"慎"字自出现至今已有近三千年历史。据《说文解字》，所谓慎，谨也，从心。另据《尔雅释诂》，慎也有"思"之义。据此，"慎"应是深思熟虑、审慎为之的意思。"慎"字与"宽"、"缓"、"仁"、"轻"等字没有必然的联系。刑罚的轻重绝非衡量慎刑的最终标准，评价慎刑的标准应为"合理"。"慎刑"不是指具体的刑罚方法，而是统治阶级的刑罚观念即用刑理念。其既包括立法层面，也包括司法层面。因此，适应现实社会背景并取得良好社会效果的轻刑、中刑，应属"慎刑"；同时，合乎时宜的有节制的重刑也应属"慎刑"的范畴。"慎刑"的反义词不是"重刑"，而是"滥刑"。[①] 具体到慎用死刑而言，指应尽可能地适用自由刑等其他刑罚方法，即便是不得已而适用死刑，也要合理、有节制、合乎事宜，决不能滥用。

2. 应从死刑的立法配置与司法适用两方面来考虑

慎用死刑并非仅针对司法机关而言，立法机关亦应一体遵循。就司法领域来说，慎用死刑即是要依法统一死刑案件的适用标准，严格限制死刑立即执行案件的适用条件，扩大死刑缓期执行的适用范围，提高死刑案件的审判质量，努力减少死刑案件的数量，确保死刑只适用于极少数罪行极其严重非杀不可的犯罪分子。而且，拟判处死刑的具体案件定罪或者量刑的证据必须确实、充分，得出唯一结论。对于罪行极其严重，但只要是依法可不立即执行的，就不应当判处死刑立即执行。就立法领域而言，慎用死刑则是指对具体犯罪在立法上要谨慎配置死刑。我国刑法第48条已明确将死刑适用的总体标准限定为"罪行极其严重"的犯罪分子。对此，应本着"少杀、慎杀"的死刑政策，将死刑适用的总则性标准切实贯彻于具体犯罪，并对现行刑法中死刑配置不合理之条款逐步予以修正或废止。

3. 应从死刑配置与适用的不得已性上来理解

死刑的配置与适用应具有迫不得已性，即配置或适用死刑确有必要，是反复思虑、迫不得已而为的选择。所谓死刑配置或适用的迫不得已性，是指配置或适用死刑是现实条件下的最后选择，如果有其他可资替代之刑罚，则不能配置或适用死刑。就死刑配置而言，应以预防犯罪的必需为前提，并以符合该罪的罪质为必要。如果通过配置死刑以外的其他刑种，就能够消除犯罪人的犯罪能力，实现刑罚预防犯罪的目的，达到罪责刑之间的均衡，即不必以死刑作为威慑潜在犯罪人或者惩罚犯罪人的措施，就说明不具有配置死刑的迫不得已性；如果对其规定死刑，那么其刑罚配置即属于"过量"，就是不合理的。就死刑适用来说，则应以实现罪责刑相适应为必要。对立法上配置死刑的犯罪行为，如果不以死刑加以惩治，就不足以反映行为的社会危害程度和行为人的主观恶性与人身危险性，从而难以有效地维护刑法的公正与社会秩序，则对其适用死刑就具有迫不得已性。在现代人权理念和法治文明

---

① 参见孙光妍、隋丽丽：《"慎刑"新释》，载《北方论丛》2008年第6期。

之背景下，死刑只有在迫不得已的情况下配置和适用才具有正当性。①

4. 应凸显死刑适用的慎重性

所谓死刑适用的慎重性，既主要包括是否判处死刑的慎重性，也同时包括选择死刑执行方式的慎重性。一方面，决定是否判处死刑要特别慎重。从正面来说，对于可能判处死刑的案件，当然要慎重以待，要注意克服重刑主义思想的影响，防止片面从严、盲目从重。对于可判可不判死刑的案件，应该一概不判处死刑。从反面来说，对于确定"罪行极其严重"的犯罪分子不判处死刑时也应该慎重。不能片面理解宽严相济的刑事政策，从而一味地强调从宽，忽视依法应予从严惩处的一面。对此问题，最高人民法院 2010 年 2 月 8 日发布的《关于贯彻宽严相济刑事政策的若干意见》（以下简称"意见"）明确要求，要准确把握和正确适用依法从"严"的政策要求，其第 6 条即规定，宽严相济刑事政策中的从"严"，主要是指对于罪行十分严重、社会危害性极大，依法应当判处重刑或死刑的，要坚决地判处重刑或死刑；对于社会危害大或者具有法定、酌定从重处罚情节，以及主观恶性深、人身危险性大的被告人，要依法从严惩处。另一方面，对于符合死刑适用条件的犯罪分子，在具体决定其死刑判决是采取立即执行还是缓期二年执行之执行方式时也应有足够的慎重。② 最高人民法院《关于进一步加强刑事审判工作的决定》明确指出，"对于具有法定从轻、减轻情节的，依法从轻或者减轻处罚，一般不判处死刑立即执行。对于因婚姻家庭、邻里纠纷等民间矛盾激化引发的案件，因被害方的过错行为引起的案件，案发后真诚悔罪、积极赔偿被害人经济损失的案件等具有酌定从轻情节的，应慎用死刑立即执行。注重发挥死缓制度既能够依法严惩犯罪，又能够有效地减少死刑执行的作用，凡是判处死刑可不立即执行的，一律判处死刑缓期二年执行。"

死刑立即执行与死刑缓期二年执行尽管只是死刑的不同执行方式，但二者间实则是"生死两重天"，而并非如云南省高级人民法院有关负责人就李昌奎案件接受采访时所言的只是"观念上的差别"。所以，司法实务在具体选择死刑执行方式时，同样应该非常慎重。

5. 应在正确理解"慎杀"与"少杀"之间关系的基础上来把握

尽管我国现行死刑政策将"少杀"与"慎杀"紧密地联系在一起，但二者的侧重点却不尽相同：（1）"慎杀"是实现"少杀"政策的重要途径之一。按照"慎杀"政策的要求，慎用死刑有赖于准确理解并严格把握死刑适用标准，可在实现"慎杀"的同时达到"少杀"之效果。（2）"少杀"强调的是减少死刑的适用；而"慎用死刑"是侧重于对死刑适用标准的准确理解与严格把握。（3）"慎杀"涉及死刑适用的质量问题。只有对适用死刑保持慎重的态度，才能够保障死刑适用的准确性与不适用死刑的合理性。如果不讲求

---

① 参见高铭暄：《死刑制度的基本理念：必要性　非常性　慎重性》，载《检察日报》2006 年 12 月 7 日第 3 版。

② 参见张军、赵秉志主编：《宽严相济刑事政策司法解读》，中国法制出版社 2011 年版，第 55 页。

死刑适用或者不适用的案件的质量问题，"少杀"就失去了存在的合理基础。不该适用死刑而适用死刑，当然是对"少杀"的直接违背；该适用死刑而不用死刑，则从根本上也与宽严相济的基本刑事政策相背离，从表面上看似乎是实现了"少杀"的政策，但实则损害了"少杀"政策的刑事法治基础，并不能真正达到其应有的效果，也无法获得社会公众的认可。李昌奎案二审改判所引致的舆论攻讦便是很好的例证。[①]

（二）慎用死刑的价值蕴含

我国现阶段之所以要慎用死刑，除了能达致"少杀"之目标外，其现实的价值还主要体现在：

1. 契合构建和谐社会之社会目标

全球的刑事法治历史经验表明，刑罚犹如双刃剑，用之得当，则国家和人民皆获其益；用之不当，则均受其害。[②]我国在建设社会主义和谐社会的过程中，尤其要充分考量刑罚的功效。为此，应适时进行刑罚改革，使刑罚种类和刑罚制度的配置、适用与执行更加人道化、理性化；应考察法治发达国家的经验，在社会政治、经济发展到一定阶段时，根据社会发展的实际情况，对刑法进行必要的调整，从而更好地发挥刑法的社会调整功能。我国当下正处于社会转型发展时期，社会发展的趋势要求对刑法进行必要的调整，而其中的重点之一就在于"少杀、慎杀"的死刑政策的切实贯彻，并凸显为限制、减少与慎重适用死刑。

2. 为死刑的立法改革与司法改进提供政策支持

按照马克思主义法学观和法治实践经验，政策是法律的"灵魂"。有什么样的死刑政策就有什么样的死刑立法，从而也会产生与之相应的死刑司法，即死刑立法与死刑司法均受制于死刑政策。[③]而"少杀、慎杀"即是我国现阶段鲜明坚持的死刑政策，它为限制与减少死刑的适用提供了明确的政策导向，对我国的刑事立法与司法活动均具有极为重要的指导意义。

一方面，慎用死刑政策的切实贯彻有利于积极推进死刑的立法改革。因为在立法层面慎用死刑的政策强调死刑配置的慎重性与合理性，故而可以根据该政策精神，从能否预防犯罪、是否符合该罪的罪质等方面入手，对现行的死刑立法进行梳理和评判，从而纠正现行刑法立法中仍存在的死刑罪种过多、死刑适用的条件弹性过大、多种非暴力犯罪仍配置有死刑等不科学、不合理的情状，逐步推进死刑的立法改革进程。而《刑法修正案（八）》对13种罪名死刑的削减，则是应当充分肯定的我国立法机关对慎用死刑的积极努力与显著贡献。

另一方面，慎用死刑的政策也可以促进相关司法举措的改进。基于慎用

---

① 参见黄晓亮：《论社会管理创新视野下的死刑适用慎重性问题》，载朱孝清等主编：《社会管理创新与刑法变革》（全国刑法学术年会文集2011年卷），中国人民公安大学出版社2011年版，第232页。

② 参见林山田：《刑罚学》，台湾商务印书馆股份有限公司1983年版，第127页。

③ 参见钊作俊：《死刑限制论》，武汉大学出版社2001年版，第61页。

死刑政策的考量，司法机关应当摒弃崇尚、依赖死刑的观念，排除对死刑案件的非法干扰，尽可能地统一死刑适用的标准，完善死刑案件的二审与核准程序，扩大死缓的适用范围，强化自由刑等其他刑罚方法的执行力，着力替代死刑立即执行的适用。

3. 倡导尊重生命、保障人权并防止错判、误判

尊重生命、保障人权，是近年来全球范围内推动死刑限制与废止的内在动因。1989 年 12 月 15 日联合国大会通过的《〈公民权利和政治权利国际公约〉第二任择议定书》明确指出，废止死刑有助于提高人的尊严和促使人权的持续发展，深信废止死刑的所有措施应被视为是人类在享受生命权方面的巨大进步。而在我国现阶段仍保留死刑的前提下，慎重适用死刑无疑合乎尊重生命、保障人权的基本要求。况且，死刑之判决必须由法官做出，人非圣贤孰能无过？即使法官明察秋毫，但因虚伪证言或不实自白或鉴定有误等主客观情况的存在，均有可能导致裁判有误。死刑本身具有错判、误判等不可逆转之弊端，而错误的死刑裁决一旦付诸执行，即错杀无辜，根本无法救济。对此，美国有学者曾进行了专题研究，发现自 1976 年美国恢复死刑适用，至 2007 年 5 月，在全美 25 个州中已经有 127 名无辜者被错误地判处死刑。根据美国"无辜者计划"组织的调查分析，造成死刑错案的原因主要是：（1）目击证人指认错误；（2）缺乏科学技术检验证据或者检验错误；（3）警察、检察官的违法行为；（4）律师的无效辩护；（5）犯罪嫌疑人错误认罪，其中包括误导精神不健全者认罪，逼供、诱供等。[①] 在我国，死刑案件错判、误判的现象亦非个别。近年来相继见诸报端的藤兴善案、聂树彬案、杜培武案等，都充分印证了慎重适用死刑的必要性。

4. 适应当下的国情民意

由于目前严重刑事犯罪仍比较猖獗，社会治安形势尚不容乐观，因此，传统的重刑主义思想在当今中国仍有很大的市场，法律实务部门对死刑的迷信与依赖心理依然甚为严重：从立法层面观察，死刑罪名在罪名体系中还占据着相当的比例；从司法实践来看，一些司法实务人员仍抱有崇尚死刑、重刑的思想，在他们看来，要遏制和减少犯罪，不仅需要从立法层面增加死刑，提高重刑包括死刑在法定刑中的比例，而且要在司法上多用重刑，多杀长判。各级领导人到普通民众更是对死刑怀有难以割舍的情感，死刑甚至已经成为普通民众维系公平、伸张正义必不可少的社会心理寄托。立足于这一国情民意，为了确保死刑改革进程的顺利，并最终达到预期效果，必须考察、分析、预测可行的条件和环境。中国死刑的改革进程，只有与中国的社会文明程度、法治发展状况乃至人权发展水平相适应，与中国社会主义现代化建设的不同发展阶段相适应，才能在循序渐进地实现法治进步目标的同时，避免导致不必要的社会震荡。而慎重适用死刑，是在尊重生命的前提下，为切实减少死刑并兼顾当前社会心理的现实举措，更容易获得普通民众的认同。

---

① 参见赵秉志、王秀梅：《美国死刑制度考察报告》，载［美］杰罗姆·柯恩、赵秉志主编：《死刑司法控制论及其替代措施》，法律出版社 2007 年版，第 479 页。

5. 顺应限制与废止死刑之国际趋势

从 20 世纪后半叶起，特别是晚近 20 余年来，全球废止死刑的步伐明显加快。截至 2009 年 6 月 30 日，世界上超过三分之二的国家和地区已经在法律上或事实上废止了死刑，其中，在法律上废止所有犯罪死刑的国家和地区已多达 95 个，废止了普通犯罪死刑的国家和地区为 8 个，而事实上废止死刑的国家和地区为 35 个（以过去 10 年未执行一例死刑为标准），总计在法律上或事实上废止死刑的国家和地区已多达 138 个。① 日益增多的废止死刑的国家及其废止死刑后社会秩序正常或基本正常的实际状况，无疑也给死刑废止理论提供了有力的佐证。虽然我们不能简单地认为死刑的存与废就是一个国家刑法文明和人道与否的标志，因为死刑的存废要根据一个国家或地区的历史文化传统、基本价值观念、尤其是犯罪现实状况等因素来决定；但在现阶段还需要保留死刑的国家，严格控制、合理减少并慎重适用死刑，无疑已是刑罚向人道化方向发展的共识与大势。而中国作为国际社会的重要一员，作为已经签署联合国《公民权利和政治权利国际公约》的国家，在死刑问题上当然也必须考虑相关国际规则和国际社会的现实状况。

总之，慎用死刑体现了我国现行"少杀、慎杀"死刑政策的基本要求，符合宽严相济基本刑事政策的价值取向，是在我国构建和谐社会背景下考虑当下国情民意以及死刑发展国际趋势的现实选择。慎用死刑不仅能为死刑的立法改革与司法改进提供政策支持，还能有效地避免错判、误判，充分彰显尊重生命、保障人权之理念，因而必须在正确把握其内涵的基础上切实加以贯彻。

然而，在司法实践中，有些司法机关片面理解慎用死刑的含义，在死刑改革之路上走得过于激进，以少杀、慎杀之名对一些造成极其严重后果的恶性暴力犯罪网开一面，造成司法机关与民众乃至决策领导层的对立与不协调，给死刑制度改革带来诸多负面影响，正所谓欲速则不达。李昌奎案件即是如此。云南省高级人民法院有关负责人宣称对李昌奎的二审改判为死缓是基于"少杀、慎杀"的死刑政策，声言"这个案子 10 年后肯定是一个标杆、一个典型"，其观点不仅引致大量网民的斥责和围攻，给我国当下"少杀、慎杀"的死刑政策带来冲击，同样亦为学者所质疑。刑法学界泰斗高铭暄教授在接受媒体采访时就指出，"李昌奎案二审不当改判死缓，并不能说明我国现行死刑政策本身有什么问题，只是执行死刑政策过程中在处理个案时出现的偏差，属于个别现象。司法机关以实事求是的态度及时再审纠正偏差，恰恰是正确贯彻我国死刑政策的体现。"② 李昌奎案所引发的舆论风波充分说明，无论是死刑立法改革还是司法改革，均应在综合评判必要性与可行性的基础上，采取循序渐进、由易而难的逐步发展的方式予以推进，这才与慎用死刑所蕴含

① 参见［英］罗吉尔·胡德、卡罗琳·霍伊儿：《死刑的全球考察》（第 4 版），曾彦等译，中国人民公安大学出版社 2009 年版，第 1 页。

② 参见袁定波、卢杰：《改判李昌奎死刑是正确贯彻死刑政策》，载《法制日报》2011 年 8 月 24 日。

的合理、节制、合乎时宜地适用死刑之政策精神相吻合，才能体现慎用死刑所强调的慎重性与不得已性，从而真正实现慎用死刑政策之价值。笔者认为，就刑事实体法即刑法角度而言，慎用死刑政策的切实贯彻有赖于严格掌握死刑适用标准，合理衡量死刑案件的情节，并适当参酌案外相关因素，以求最大限度地实现法律效果与社会效果的统一。

三、严格掌握死刑适用标准

严格掌握死刑适用标准当为慎用死刑的题中应有之义。尽管我国现行死刑立法与司法近年来均取得了长足进步，但毋庸讳言，慎用死刑政策并未得到切实的遵循，其在立法配置与司法适用两方面仍有较大的完善和改进空间，在死刑适用标准这个事关死刑全局的重大问题的把握上亦是如此。

（一）刑法立法中死刑适用标准之缺陷及其完善

诚然，我国立法机关在修订 1997 年刑法典时，在刑法典总则中对死刑适用采取了较为谨慎的态度，有意识地限制、减少死刑的适用：如进一步限制了死刑适用的条件，删除了对已满 16 周岁不满 18 周岁的未成年人可适用死缓的规定；放宽了死缓减为无期徒刑或者有期徒刑的条件。但是，刑法典总则所确立的死刑适用的总体标准远未尽善尽美，而且该总则性标准并未能在刑法典分则中得到切实贯彻，分则多达 68 个死刑罪名的存在，[①] 意味着二者之间的矛盾与冲突非常明显。

1. 现行刑法立法中死刑适用标准之缺陷

（1）刑法典总则确立的死刑适用标准与国际公约的相关要求尚有差距。现行刑法第 48 条第 1 款规定，死刑只适用于"罪行极其严重"的犯罪分子。这一规定与我国 1998 年签署的联合国《公民权利和政治权利国际公约》所确立的死刑适用标准——"最严重罪行"相比，尚不能简单等同。根据联合国经济与社会理事会于 1984 年公布的《关于保护死刑犯权利的保障措施》第 1 条之规定，《公约》中的"最严重的罪行"应理解为"死刑的范围只限于对蓄意而结果为害命或其他极端严重后果的罪行"。而我国刑法中的所谓"罪行极其严重"，通常认为应当是指犯罪的性质极其严重、犯罪的情节极其严重、犯罪分子的主观恶性和人身危险性极其严重的统一。这一模糊的解释实际上与前述联合国公约条款的含义是有差距的，并且被认为是为不合理地配置死刑打开了方便之门。[②]（2）死刑罪名过于庞杂，经济犯罪等非暴力犯罪仍未取消死刑。尽管《刑法修正案（八）》取消了 13 种经济犯罪、非暴力犯罪的死刑，但现行刑法中的死刑罪名仍高达 54 种，且几乎涉及刑法典分则的全部类罪。而且，仍有 31 种非暴力犯罪在立法上配置死刑。这明显与国际人权公

---

① 2002 年 3 月 15 日"两高"发布《关于执行〈中华人民共和国刑法〉确定罪名的补充规定》，将刑法第 236 条的罪名确定为强奸罪，取消了奸淫幼女罪罪名，从而使死刑罪名减为 67 个。

② 参见卢建平等：《国际人权公约与中国刑事法律的完善》，中国人民公安大学出版社 2010 年版，第 128 页。

约的要求相冲突。① （3）死刑适用条件规定得过于原则。例如，将死缓的适用条件规定为"不是必须立即执行"，将一些具体犯罪适用死刑的情节仅表述为"情节特别严重"等。这显然不利于司法实践对于死刑适用条件的准确把握，也容易出现"生死两重天"的罪刑不均衡现象，损害国家法治的统一和尊严。更为重要的是，明确而具体的死刑适用标准的缺失，使得对死刑的控制更多地依赖于一定时期的社会治安形势以及受该形势影响的决策领导层的意志，从而使中国限制死刑之路充满了不确定性。（4）仍有绝对死刑之法定刑设置。1997 年刑法典对劫持航空器罪、绑架罪的结果加重犯规定了应当判处死刑的绝对法定刑，对武装叛乱暴乱罪、拐卖妇女儿童罪、暴动越狱罪及聚众持械劫狱罪等 4 种犯罪的加重犯规定了在"情节特别严重"情形下仅为判处死刑的法定刑。这就使得这些犯罪在特定情况下只能适用死刑，无法选用其他刑种。②

2. 死刑适用标准之完善

为了弥合刑法典的结构性缺陷，强化其内在的协调性，同时与国际公约所确立的刑事准则相协调，有必要采取立法改革措施，完善死刑规范，充分彰显我国慎用死刑的政策精神。具体而言主要包括：

（1）在条件成熟时，应根据国际公约的规定，将死刑适用的总体标准修正为"最严重的罪行"。在现实的国情下，也应对"罪行极其严重"予以严格解释，并使之切实贯彻于刑法典分则的具体罪名，即行废止不符合该标准之犯罪的死刑。例如，应尽快废止与《刑法修正案（八）》中取消了死刑的13 种罪名之危害最相近的集资诈骗罪、组织卖淫罪、运输毒品罪等犯罪的死刑。

（2）进一步削减非暴力犯罪的死刑，逐步将死刑只配置于那些侵犯公民、社会和国家重大法益的极其严重的犯罪。由慎用死刑政策之内涵所决定，即便是危害最严重的非暴力犯罪，也应基本归诸不可杀、不宜杀之列，这才是"少杀、慎杀"刑事政策思想的真正体现。当然，受现实国情民意所影响，贪污罪、受贿罪和走私、贩卖、制造毒品犯罪等非暴力犯罪的死刑，现阶段尚不宜贸然废止，但也应显著提高其死刑的适用标准，以严格限制与减少死刑之适用，并根据社会发展状况作持续深入的努力，力争在 2020 年左右我国实现小康社会目标时能废止其死刑。③

（3）明确规定适用死刑缓期执行的标准，并完善死刑缓期执行改为死刑立即执行的条件。应在总结归纳司法实践经验的基础上，将"不是必须立即执行"的情节尽可能地列举出来，以增强该标准的可操作性。同时，可将刑法第 50 条后段死缓犯执行死刑的条件修改为"如果抗拒改造情节恶劣，又实施故意侵犯公民人身重要权利的犯罪，且应被判处五年以上有期徒刑，确有

① 参见高铭暄：《略论我国死刑制度改革中的两个问题》，载《法学家》2006 年第 1 期。
② 参见赵秉志：《我国现阶段死刑制度改革的难点及对策——从刑事实体法视角的考察》，载《中国法学》2007 年第 2 期。
③ 参见赵秉志：《中国逐步废止死刑论纲》，载《法学》2005 年第 1 期。

必要立即执行的，由最高人民法院核准，执行死刑"。① （4）及时、明确、适当地提高故意杀人罪、故意伤害罪、抢劫罪等严重暴力犯罪适用死刑的标准。从中国的刑事司法实践来看，判处死刑的罪名多集中在这几种常见、多发的严重暴力犯罪，只有将这些犯罪适用死刑的标准严格化、明确化，才能切实控制死刑的适用，有效地减少死刑适用的数量，真正贯彻"少杀、慎杀"的政策精神。（5）尽快取消绝对死刑之法定刑设置，将死刑与无期徒刑甚至长期徒刑并列予以规定，即便在"情节特别严重"的情形下，也给司法机关可以排除死刑适用留有余地。

（二）刑事司法中死刑适用的缺陷及其改进

近年来，为切实贯彻"少杀、慎杀"的死刑政策，最高人民法院在国家决策领导层的支持下，积极推进死刑制度的司法改革，并在统一死刑案件适用标准、严格控制死刑适用数量、提高死刑案件审判质量诸方面取得了较为明显的效果。其具体措施主要包括：（1）通过制定故意杀人、抢劫、故意伤害、毒品等犯罪适用死刑的指导意见，尽可能地统一常见的严重犯罪死刑适用的标准，确保死刑的正确适用。② （2）在第十届全国人大常委会 2006 年 10 月 30 日通过的《关于修改〈中华人民共和国法院组织法〉的决定》的基础上，最高人民法院于 2006 年 12 月 28 日发布了《关于统一行使死刑案件核准权有关问题的决定》，宣布自 2007 年 1 月 1 日起将死刑复核权全面收归最高人民法院行使。（3）最高人民法院发布《若干意见》，要求依法严格控制死刑的适用，统一死刑案件的裁判标准，确保死刑只适用于极少数罪行极其严重的犯罪分子。但是，总的来看，当前在死刑适用方面对于慎用死刑政策的贯彻还存在一定的缺陷，有待于清醒审视并进一步改进。

1. 死刑适用缺陷的主要表现

死刑适用缺陷的主要表现为：（1）在死刑适用上存在过于保守或者过于激进的极端司法观念。长期以来，某些司法官员无视国家对人权的宏扬和法治的进步，仍固守重刑思想，盲目迷信和依赖死刑的功能，强调"多杀长判"。有些司法人员并没有严格按照死刑适用的总体标准来适用死刑，很多时候仅侧重于犯罪人的客观危害，甚至变相地降低"罪行极其严重"的认定标准，对本不该、不宜适用死刑的犯罪分子适用了死刑。这些现象显然与慎用死刑之观念背道而驰。同时，也有些司法官员司法观念上过于超前，对依法完全应该适用死刑的犯罪分子都没有适用死刑，这亦不符合慎用死刑之精髓，实际上也会阻碍死刑改革的进程。（2）有关具体犯罪死刑适用的司法解释欠缺，法官自由裁量权过大。尽管最高人民法院针对某些具体犯罪制定了一些适用死刑的指导意见，但大多属于内部指导性文件，并没有升格为司法解释的形式公开发布，而且往往表述得过于原则和模糊，其可操作性有待进一步加强。换言之，关于如何严格把握死刑适用的标准以及如何对具体犯罪准确、妥当地适用或者不适用死刑，不仅刑法典本身没有作出规定，最高人民法院

---

① 参见赵秉志主编：《死刑改革研究报告》，法律出版社 2007 年版，第 60 页。
② 参见最高人民法院 2005 年 10 月 26 日发布的《人民法院第二个五年改革纲要》。

至今也未能出台明确的规定。由于死刑的适用缺乏明确、细致、具体的规则，致使实践中严格控制死刑适用标准，限制死刑的适用只能依赖于司法机关与司法官员的自觉选择。是基于保障人权而限制死刑适用，还是为了严惩严重犯罪、维护社会治安的需要而放宽死刑适用，基本由司法机关与司法官员自由掌握。这就意味着，司法机关与司法官员可以在相当程度上随意决定是否严格限制死刑的适用，其自由裁量的余地显然过大。这显然不利于慎用死刑之政策的贯彻。（3）对死刑案件的非法干扰因素还相当严重。很多情况下，司法机关在处理死刑案件时会受到各种非法干扰，有时还相当严重。这主要表现为司法实践中存在的两种内部制度：一是案件请示制度。很多死刑案件都比较复杂、疑难，下级法院在审判时往往请示上级法院，请上级法院提出处理的意见，因而使得死刑案件的二审乃至复核程序都失去了原本的功能与意义。二是案件协调制度。对于是否判处死刑存在较大争议或者案件的证据有问题的死刑案件，某些地方领导、政法领导机关违背司法职能分工的原则，在处理案件的各办案机关之间进行协调，甚至召集各办案机关的代表一起召开协调会，提出处理意见，办案机关大多只能按照协调意见办理案件。这两种于法无据、有悖情理的内部司法制度不仅严重干扰了人民法院独立行使审判权的法定职权，而且也严重影响了司法机关适用死刑的数量与案件质量。（4）死刑判决与执行的绝对数量较大，这实际上也是我国人权状况饱受国际社会诘难的重要原因之一。

2. 死刑适用缺陷的改进措施

针对死刑适用的上述缺陷，应采取如下改进措施：（1）在死刑改革态度上既不能抱残守缺而过于保守，也不能过于激进，而应理性、稳健、合乎时宜地逐步推进，从而在避免社会震荡的同时使死刑改革获得更多的公众认同。（2）对非暴力犯罪应尽量不适用死刑或者以刑法司法解释的方式宣布停止适用死刑，使得这些死刑规定逐步成为虚置的条文，在司法实践中失去适用的机会，从而在事实上废止这些犯罪的死刑。（3）对暴力犯罪的死刑罪名，要在充分考虑国情民意的基础上，重视和扩大死刑缓期二年执行的适用，以死刑缓期执行来逐步替代死刑立即执行的大部分适用，使得死刑立即执行逐步成为备而不用或者至少是备而少用的特别的死刑制度。（4）对具体犯罪的死刑适用标准进行更为深入的研究，尽可能地制定出较为统一、可操作性强的具体犯罪（尤其是死刑适用比较集中的罪名）的死刑适用标准，至少将不适用死刑或者适用死刑缓期二年执行的情形明确地规定出来。（5）从法律和制度上切实保障法院依法独立审判，法官依法独立办案，维护死刑案件的二审、复核乃至核准程序的独立性，保障被告人依法所享有的复审权，切实遵循司法职能分工的原则。① 同时，要依照法纪、党纪严肃查处非法干扰法院和法官依法独立审判的行为。（6）随着中国死刑制度改革的进展和死刑数量的不断下降，应努力改变观念并创造条件，尽早定期公开死刑判决和执行的数字，

① 参见杨正万：《死刑的程序限制》，中国人民公安大学出版社2008年版，第269页。

让国际社会和我国公众了解中国死刑判决和执行的状况，加强对死刑司法的监督。①

四、正确衡量死刑案件情节暨案外因素

死刑案件中的各种罪前、罪中和罪后情节，是决定应否适用死刑以及选择何种死刑执行方式的根据所在。慎用死刑政策的切实贯彻有赖于在准确把握死刑适用标准的基础上，对案件所蕴含的各种罪前、罪中和罪后情节予以正确衡量，综合判定其是否属于"罪行极其严重"、是否属于"不是必须立即执行"。也就是说，这些罪前、罪中和罪后情节，反映了犯罪行为的社会危害程度及行为人的主观恶性，是判断具体犯罪案件中犯罪人的罪行是否符合死刑适用标准以及如何选择死刑执行方式的依据。进言之，不同种类的量刑情节在内容和性质上可能属于犯罪的某个方面，但其对行为人的罪行是否符合死刑适用标准的揭示和说明却并不是单一的，因而根据量刑情节来分析罪行是否极其严重，需要对具体案件的所有量刑情节从整体上进行考量，而不能单纯依靠某一个或者某一方面的量刑情节就确定对犯罪人适用或者不适用死刑。② 只有将死刑适用与否的裁决根植于对具体案件的所有罪前、罪中与罪后情节进行整体的合理衡量的基础上，才能彰显慎用死刑政策所强调的合理性、节制性、慎重性与不得已性。

案件的罪前、罪中与罪后情节在整体上对量刑的作用与影响，实际上也是刑法理论上旧派、新派与并合主义之争的焦点。旧派的报应刑论主张以犯罪本身的危害程度为基准量刑；新派的目的刑论主张以犯罪人的性格危险程度为基准量刑；而并合主义则主张同时以犯罪本身的危害程度和犯罪人的性格危险程度为基准量刑。通常认为，我国 1997 年刑法典采取的是并合主义的立场。③ 例如，刑法第 61 条规定："对于犯罪分子决定刑罚的时候，应当根据犯罪的事实、犯罪的性质、情节和对于社会的危害程度，依照本法的有关规定判处。"这一关于量刑一般原则的规定在着重考虑犯罪本身的危害程度的基础上，也考虑到了犯罪人的主观恶性、人身危险性等人身危害程度，故而恰恰是采纳了并合主义的观点。

申言之，尽管刑罚裁量的本质根据在于犯罪的社会危害程度，但它又通过犯罪的事实、犯罪的性质和情节表现出来。其中，发生在犯罪实施过程中、表现行为社会危害性及其程度的犯罪事实，亦即罪中情节，是裁量刑罚的基本的和首要的依据，包括犯罪构成事实和犯罪构成事实以外的其他犯罪事实；而不具有犯罪构成的事实意义，却能反映犯罪行为的社会危害程度或者行为

---

① 参见赵秉志：《论全球化时代的中国死刑制度改革——面临的挑战与对策》，载《吉林大学社会科学学报》2010 年第 2 期。

② 参见赵秉志：《中国死刑案件审判的热点问题——以刑事实体法为考察视角》，载《刑法论丛》2010 年第 2 卷（总第 22 卷），法律出版社 2010 年版，第 88 页。

③ 参见张明楷：《新刑法与并合主义》，载《中国社会科学》2000 年第 1 期。

人主观恶性的各种罪前、罪后情节，则是衡量刑罚轻重的重要补充。① 因此，笔者认为，罪中情节尤其是犯罪行为及其危害后果应是整体考量的决定性因素；而罪前、罪后情节只能起辅助作用，不能本末倒置地颠覆罪中情节的应有影响。这一论点同样适用于死刑之裁量。

（一）以罪中情节作为决定死刑适用与否的首要依据

在各种罪中情节中，作为犯罪构成事实的犯罪行为及其危害结果在刑罚裁量包括死刑适用中无疑应居于核心地位。当然，犯罪故意也是犯罪构成事实的重要内容，其对于死刑适用与否的影响力同样不可忽略；至于犯罪手段、犯罪动机、犯罪的时间和地点等相关事实，尽管通常被认为是犯罪构成事实以外的情节，但在死刑适用时亦必须正视。

1. 犯罪行为方式及其表现对于死刑裁量的影响

就犯罪行为而言，行为方式如何、行为或侵害次数多少，会对死刑适用产生一定的影响。由于作为是不顾法律的禁止从事某种积极举动而对法益造成损害；而不作为是因为不履行某种积极举动的特定法律义务而对法益造成的损害，侧重表现为身体的消极静止。故而一般认为，作为的危害程度相对要大于不作为的危害程度。这也是有学者建议将不作为杀人作为故意杀人罪从宽情节的原因。② 行为或侵害次数越多，危害当然越大，应受的刑罚也应越重。因此，刑法典中有多个条文将多次犯罪作为可以加重处罚甚至适用死刑的法定情形之一。在药家鑫案件中，被告人药家鑫连续捅刺被害人张妙6刀，实际上便成为影响其死刑裁量的重要因素之一。

2. 犯罪手段残忍与否对于死刑裁量的影响

就犯罪手段而言，手段是否特别残忍是决定适用死刑与否需要考虑的因素。将手段是否特别残忍作为决定适用死刑与否的标准是有立法依据的。我国刑法第234条对于故意伤害罪适用死刑的条件即是"致人死亡或者以特别残忍手段致人重伤，造成严重残疾"。同时，经《刑法修正案（八）》增设的刑法第49条第2款也将审判的时候已满75周岁的人不适用死刑的除外条件限定为"以特别残忍手段致人死亡"。事实上，"手段残忍"作为一种酌定量刑情节，其对死刑判决具有影响已成为司法实践中的裁判惯例。从法理内涵上讲，"手段残忍"是一个以社会一般观念为判断基准的规范性概念，其重点不仅是针对具体的被害人，而且也是对善良风俗的严重违反和对人类恻隐之心的极端挑战。③ 因而将手段是否特别残忍作为衡量是否适用死刑的考量因素，也有其内在合理性。

就李昌奎案件而言，原一审判决明确认定被告人李昌奎"犯罪手段极其残忍"，并将之作为选择适用死刑立即执行的重要理由。而原二审判决中，却

① 参见赵秉志主编：《当代刑法学》，中国政法大学出版社2009年版，第345～347页。
② 参见黄晓亮：《故意杀人罪立法模式的完善——以比较法为视角的展开》，载赵秉志、郎胜主编：《和谐社会与中国现代刑法建设》，北京大学出版社2007年版，第788页。
③ 参见车浩：《从李昌奎案看"邻里纠纷"与"手段残忍"的涵义》，载《法学》2011年第8期。

回避了对被害人犯罪手段是否残忍的认定。为了不对被告人适用死刑立即执行，就选择性地认定案件中所存在的情节，即只认定了从宽情节，而忽视了从重情节，如此一来，二审改判的理由和结论自然缺乏说服力。其实，李昌奎在实施犯罪的过程中，在光天化日之下将王家飞扼晕后实施强奸，并在其醒后跑开时，又用锄头猛击其头部造成致命伤。随后，李昌奎又提起年仅 3 岁的无辜幼儿王家红的手脚，将其头部猛撞门框，并用绳子紧勒二被害人颈部后逃离现场。这一令人发指的残忍罪行，当然严重违反了社会的公序良俗，是对人类恻隐之心的极端挑衅，自然应被认定为"犯罪手段特别残忍"，从而成为酌定从重处罚情节，对死刑裁量产生重要影响。而在药家鑫案中，药家鑫交通肇事致人伤害，过错在先，随后不但不予以及时救治，竟然杀人灭口，连续六刀杀害其肇事罪行的被害人，其冷血之举同样令人无法容忍，因此也应视为酌定从重情节，在裁量是否适用死刑时注意加以考虑。

3. 犯罪对象对于死刑裁量的影响

犯罪对象是指犯罪行为直接作用的具体物或具体人。有些犯罪因侵害的对象不同，其行为的社会危害性也有一定差异。如杀害老、弱、病、残、孕、幼等特殊弱势群体，或者杀害直系血亲、尊亲属以及外国政要、港澳台同胞、知名社会活动家或者科学家等，行为人犯罪行为的社会危害性自然显著增加。所以，对于侵害这些特定群体和特定人的犯罪行为应当酌予从重处罚。药家鑫凶残地杀害已被其交通肇事致伤倒地的被害人张妙，这一特定的犯罪对象无疑使其犯罪危害加重而影响到量刑的从重。再就李昌奎案件来说，其在强奸杀人后，又以极其残忍的手段虐杀年仅 3 岁的毫无反抗能力的幼童，这种恶劣行径严重违反了社会的慈幼良俗，可谓令人发指，人神共愤，自然应当予以从重处罚，考虑适用死刑立即执行。

4. 危害后果的性质及其程度对于死刑裁量的影响

就危害后果而言，危害后果的性质及其程度的不同是决定适用死刑与否必须考虑的因素。基于死刑是剥夺犯罪人生命的极刑，因此，对犯罪人适用死刑应以其犯罪行为所导致的危害结果具有相当性为必要，即只有出现致命性结果或者其他极其严重的结果时，才能考虑适用死刑；特别是在选择死刑立即执行时，要尤其慎重。有学者曾以统计学交互分析的方法，对某地法院审结的 83 件故意杀人案件中"损害后果对于量刑的影响"作了实证检验，并得出如下结论：杀死一人的被告人被判处死缓的几率是 49.2%，被判处死刑立即执行的几率是 50.8%，两者大体相当。① 这说明，至少在部分地区，导致一人死亡的结果是死刑适用的基准状态，是判处死刑立即执行还是死刑缓期执行，则取决于案件的其他情节。这一现实状况应当引起我们的注意。笔者主张，对于仅导致一人死亡，且并无其他从重情节的案件，一般不应适用死刑立即执行，要避免落入"唯后果论"的窠臼。以药家鑫案为例，因为该案只导致一名被害人死亡，如果没有其他从重处罚的情节，那么就不宜判处

---

① 参见欧阳玉静：《死刑缓期执行和死刑立即执行的量刑依据——以故意杀人罪为例的实证分析》，载陈兴良主编：《刑事法评论》第 21 卷，北京大学出版社 2007 年版，第 171 页。

药家鑫死刑立即执行。只是因为该案实际上还存在行为人是在交通肇事后杀人灭口、不顾被害人连连哀求、连续捅刺6刀等酌定从重情节，因此，法院最终判处了药家鑫死刑立即执行。至于那些使公私财产遭受重大损失的经济犯罪或者财产犯罪，即便立法上配置有死刑，通常也不宜适用。在这些犯罪中，以犯罪数额的大小作为死刑适用与否的唯一依据的"唯数额论"更不足取。从这个意义上讲，司法机关对中石化集团原董事长陈同海案件的处理值得称道。尽管陈同海受贿涉案金额高达1.9亿多元，但他不仅具有犯罪后自首、检举他人违法犯罪线索、认罪悔罪等法定和酌定的从宽情节，而且有主动退赔全部赃款的情节，所以法院判处其死刑缓期二年执行而没有判处死刑立即执行是适当的。①

5. 犯罪故意类型及其程度对死刑裁量的影响

就犯罪故意而言，是直接故意还是间接故意，是预谋犯罪还是激情犯罪，等等，都会直接反映出行为人犯意的坚决程度和主观恶性的大小，进而影响行为人刑事责任的轻重，故而也是决定适用死刑与否应当考虑的重要因素。由于间接故意所反映的犯罪人的主观恶性程度要相对小于直接故意，故而行为人出于间接故意而实施犯罪的，一般不宜判处死刑立即执行。对此，最高人民法院1999年10月27日发布的《全国法院维护农村稳定刑事审判工作座谈会纪要》（以下简称《纪要》）已明确指出："在直接故意杀人与间接故意杀人案件中，犯罪人的主观恶性程度是不同的，在处刑上也应有所区别"。同时，预谋犯罪反映出犯罪人的处心积虑和犯意的坚决性，预谋时间越长，犯罪人的主观恶性和人身危险性就越大，也就越应受到更重的处罚。而对因受到外在刺激而在强烈的情绪冲动支配下迅速爆发的激情犯罪来说，行为人实施犯罪时往往缺乏冷静、理性的思考和判断，犯罪后则通常都有悔改之心，易于改造，其主观恶性及人身危险性相对要小一些，因此，在具体决定是否适用死刑时应慎重，一般也不宜判处死刑立即执行。②

在药家鑫案件中，行为人是否属于激情犯罪之所以成为控辩双方争议的焦点之一，就是因为激情犯罪也是一种酌定从宽情节。笔者认为，被告人药家鑫的行为不能构成激情杀人，法院的定案结论是正确的，但其裁判理由似可再斟酌。对于药家鑫辩护律师所谓激情杀人的辩护理由，法院基于"激情杀人一般是指由于被害人的不当言行引起被告人的激愤而实施杀害被害人的行为"之认识，认为被害人张妙并无不当言行，故认定药家鑫的行为不构成激情杀人。法院对于激情杀人的这一界定掺杂了学说见解与法官个人的认识，不够准确。其实，激情犯罪是一个犯罪学领域经常使用的概念，我国刑法学界尚关注甚少。激情犯罪是因受到外在刺激而在强烈的情绪冲动支配下迅速爆发的一种犯罪。激情杀人因与行为人人格中的性格和气质因素紧密联系，

① 参见赵秉志、钱小平：《2009年我国十大典型刑事案件评析》，载《刑事法判解研究》第16辑，人民法院出版社2010年版，第2~5页。
② 参见彭新林：《酌定量刑情节限制死刑适用研究》，北京师范大学2010届博士学位论文，第179页。

其发生具有情境刺激强烈与行为瞬间爆发的特点，因而较少涉及行为人道德层面的缺陷；在社会评价上，行为人的反社会倾向也往往相对较轻。而药家鑫的行为与激情犯罪的上述特点并不符合。在药家鑫案件中，问题情境完全是其一手造成的，并不存在源自双方的激烈冲突与对抗。① 相关报道所揭示的如下案件事实的存在意味着药家鑫的杀人行为与激情杀人毫不相干：（1）在其肇事致人伤害后又开出一百多米，药家鑫突然觉得有些不对，于是掉头查看；（2）在下车查看时，药家鑫并无普通人发生交通事故后的慌张，还能记得随身携带放在副驾驶位置上内装作案凶器的包；（3）发现张妙躺着有呻吟声，他既没有询问伤情，也没有与伤者说话，而是在仅仅过了短短两三秒后，就抽刀开始连续刺杀被害人。其杀人行为表现为在一个时间序列中若干行为的有机串联。考虑到其杀人时的目的指向性十分明确，即"为了不让受害人记住自己的车牌号，免得以后找麻烦"，这不能不让人质疑其下车的动机。遗憾的是，法院没有就此做进一步查证。但这已充分说明，药家鑫的杀人行为与激情反应是有本质区别的。

（二）以罪前、罪后情节作为决定死刑适用与否的必要补充

罪前、罪后情节虽非发生于犯罪实施过程之中，但却能为我们判断犯罪人的主观恶性及其人身危险性的大小、今后改造的难易程度补充必要的考量素材，所以对于正确裁量死刑也具有重要意义。

1. 罪前情节对死刑裁量的影响

作为犯罪实施前的事实状况，罪前情节主要包括犯罪人的一贯表现、犯罪动机、犯罪的原因（被害人过错、民间矛盾激化等）、犯罪人的基本情况等。限于篇幅，此处仅就药家鑫案、李昌奎案所涉及的同时也是实务中最典型、最常见的几种罪前情节对死刑裁量的影响略加论述。

第一，犯罪人的一贯表现对死刑裁量的影响。就犯罪人的一贯表现来说，相关刑法理论和罪犯改造实践反复证明，犯罪人是初犯、偶犯还是累犯、惯犯，其平时是遵纪守法还是违法乱纪，是立功受奖还是屡屡违纪、违法等等，会在相当程度上反映犯罪人人身危险性和改恶从善可能性的大小，故而应在裁量刑罚时加以考虑。对于初犯、偶犯、一贯遵纪守法、曾经立功受奖的犯罪人，由于其人身危险性相对较小，改造可能性较大，在量刑上可以适度从宽，且应谨慎适用死刑；对于累犯、惯犯、一贯违法乱纪、屡教不改的犯罪人，由于其人身危险性相对较大，改造可能性较小，就可能成为强化死刑适用的理由。犯罪人的一贯表现会对死刑裁量产生影响，这在一些司法解释和司法文件中已有所体现。例如，最高人民法院 2008 年 12 月 8 日发布的《全国部分法院审理毒品犯罪案件工作座谈会纪要》即明确规定，"对有证据证明被告人确属受人指使、雇用参与运输毒品犯罪，又系初犯、偶犯的，可以从轻处罚，即使毒品数量超过实际掌握的死刑数量标准，也可以不判处死刑立即执行"；同时，该座谈会纪要还规定，"必须依法严惩毒枭、职业毒犯、再

---

① 参见张远煌：《疯狂杀人背后的深层动因——以药家鑫案为分析视角》，载《中国检察官》（经典案例）2011 年第 4 期（下）。

犯、累犯、惯犯、主犯等主观恶性深、人身危险性大、危害严重的犯罪分子。……对其中罪行极其严重依法应当判处死刑的，必须坚决依法判处死刑。"不过，在药家鑫案中，一审法院存在着有意无意忽视被告人一贯表现的做法，似有欠妥当。在该案庭审过程中，辩护律师向法庭提交了 3 份材料，包括报纸对药家鑫主动递交悔过书的报道，药家鑫上学期间的 13 份奖励，药家鑫校友、同学、邻居的 4 份请愿书，并说明药家鑫是初犯、偶犯，平时一贯表现良好，请求法庭给被告人一个改过自新的机会。虽然被害人张妙丈夫当庭的言辞甚为激烈，"我不看那个，那都是垃圾"，但不能否认辩护律师所提交的这 3 份材料可以从某种程度上说明药家鑫的一贯表现。对此，一审法院曾认为，初犯、偶犯作为从轻处罚的情节，只适用于未成年人犯罪和情节较轻的犯罪，对故意杀人这样严重的刑事犯罪，尤其是本案这样如此恶劣、残忍的故意杀人犯罪，显然不能因此而从轻处罚，并据此否定辩护律师的辩护理由。① 这一对初犯、偶犯的认定及其见解显然有违刑法理论与司法实务之通识。而二审法院虽就此作了纠正，即认定被告人药家鑫为初犯、偶犯，但也未能正视被告人的一贯表现。令人遗憾的是，最高人民法院复核裁定中再次回避了对其系初犯、偶犯以及平时表现的认定。笔者认为，即便被告人的一贯表现对基准刑的调节作用非常有限，以致无法对最终判决结果产生较大影响，但一贯表现毕竟仍属于酌定从轻情节，是对全案在整体上进行综合裁量时需要适当考量的因素，不应完全忽略。

第二，犯罪动机卑劣与否对死刑裁量的影响。就犯罪动机而言，是出于卑劣的反社会动机，还是出于有益于社会的动机，同样反映出行为人主观恶性与人身危险性的大小，会对刑罚裁量产生影响。事实上，既然死刑的适用以"罪行极其严重"为标准，而主观恶性是否特别恶劣、人身危险性是否极大又是判断是否属于"罪行极其严重"的重要考量因素，那么，集中反映行为人主观恶性与人身危险性的犯罪动机当然也就成为具体决定是否适用死刑时需要直面考量的因素。例如，出于为民除害动机的杀人与为了灭口的杀人，两者显然不可同日而语。前者一般即不应适用死刑，而后者则往往会强化适用死刑的可能。如在药家鑫案中，被告人在交通肇事致人伤害后，不仅不施救，也不是逃逸了事，反而是为逃避责任而凶残地杀人灭口。如此卑劣的犯罪动机恐怕是其受到千夫所指的重要原因，而且也是审判机关最终决定对其适用死刑立即执行的主要考量因素之一。

第三，被害人过错对于死刑裁量的影响。被害人过错是诱发犯罪人犯罪意识、激发犯罪程度的原因，故会直接对犯罪人的刑事责任产生影响，是裁量刑罚不可忽视的重要因素。司法实践中，被害人的过错包括被害人实施的刺激、挑衅、迫害、威逼、侮辱、谩骂等行为。从刑事实体法角度讲，被害人过错的实质意义在于承认其与行为人的行为一起构成了对具体犯罪的加功作用；并据此承认它对行为人刑事责任的有无或者大小产生了影响；行为人

---

① 参见《一审法官就药家鑫故意杀人案相关问题答记者问》，载 http://news. xinhuanet. com/legal/2011－04/22/c_121336237. htm. 访问日期：2011 年 9 月 12 日。

的刑罚轻重直接取决于被害人过错的程度。被害人有罪错的，对被告人一般不应适用死刑；① 被害人有重大过错的，对被告人一般也不应适用死刑，确有必要时可以适用死刑缓期二年执行；有轻微过错的，虽不足以影响死刑的适用，但可以与其他从轻情节一起对量刑发挥趋宽作用，从而抑制死刑立即执行的适用。② 在药家鑫案中，有辩护律师曾认为被害人张妙试图记车牌照，对案件的引发有一定的激化作用。这实际上是想以被害人的过错为理由来分担被告人药家鑫的罪责。不过，这样的辩解很难让人接受，因为即使被害人张妙试图记其车牌照也是基于被告人药家鑫肇事后不积极施救的自然反应和正当反应，不能以此作为激化矛盾的原因，更不能因此而归咎于被害人。而在李昌奎案中，被害人更是毫无过错可言。

第四，民间矛盾激化等案件起因对死刑裁量的影响。民间矛盾激化引发的案件，通常系因熟人社会中的婚姻家庭、邻里纠纷、宅基地纠纷、债权债务等民间冲突激化而引发。被害人与犯罪人之间的是非曲直有时难有泾渭之分，甚至更有许多案件是由被害人过错而引发，或者被害人对矛盾激化负有直接责任。而且，此类案件多发于有一定血缘、地缘、人缘关系的熟人社会中，被告、被害双方大多是远亲近邻或沾亲带故的关系，因矛盾叠加、冲突升级，没有得到有效调和，最终酿成恶果。③ 就犯罪主观恶性而言，此类案件大多具有突发性，犯罪分子事先并没有犯罪的动机和预谋，而是受外界事物的强烈刺激产生情感的突然冲动，在失去理智的情况下犯罪，事后案犯理智恢复又可能追悔莫及。从犯罪行为来看，犯罪人的行为通常都明确指向纠纷的另一方，并从形式上表现出以犯罪方法解决私人恩怨之私力救济的特点。从案发后的社会反映来看，普通民众对于此类案件往往表现出一定的心理承受力和容忍度，有时甚至会对被告人产生一定的同情心理。可见，此类案件基于自身的特点通常都具有一定的可宥性。

正因为如此，《纪要》明确规定，"对于因婚姻家庭、邻里纠纷等民间矛盾激化引发的故意杀人犯罪，适用死刑一定要十分慎重，应当与发生在社会上的严重危害社会治安的其他故意杀人犯罪案件有所区别。对于被害人一方有明显过错或对矛盾激化负有直接责任，或者被告人有法定从轻处罚情节的，一般不应判处死刑立即执行。"据此，对因民间矛盾激化引发的故意杀人犯罪，具有以下三种情形之一的，一般不应判处死刑立即执行：一是被害人一方有明显过错；二是被害人一方对矛盾激化负有直接责任；三是被告人具有法定从轻处罚情节。当然，还必须指出的是，即便是存在以上情形，上述《纪要》也并非绝对排斥对此类犯罪适用死刑立即执行。如果被告人同时存在其他法定或者酌定从重情节，其对于基准刑的调节效力远大于上述从轻情节

---

① 如果该罪错系正在进行的不法侵害，被告人的反击行为则可构成正当防卫，不负刑事责任；防卫过当的，依法应当减轻或者免除处罚，也谈不上适用死刑的问题。

② 参见阴建峰：《故意杀人罪死刑司法控制论纲》，载《政治与法律》2008 年第 11 期。

③ 参见王成全、秦传熙：《民间纠纷引发暴力犯罪之死刑的司法控制》，载《福建法学》2007 年第 4 期。

的，则也可以依法适用死刑立即执行。例如，以极其残忍手段杀害多人的即属此列。况且，正如有论者所指出的，"民间矛盾"绝非空间性和物理性的地域概念，不能将凡是发生在左邻右舍、乡里乡亲间的纠纷一概视为"民间矛盾"。立足于熟人社会之情理基础，似应对"民间矛盾"予以限缩解释，将之限定为具有直接关联性的矛盾双方为妥。对于与纠纷无关的第三方所实施的侵害行为，就不能认定为上述《纪要》所谓的"民间矛盾"，并借此排除死刑立即执行的适用。

具体到李昌奎案件来说，邻里纠纷双方原系被告人李昌奎的哥哥和被害人王家飞的母亲，此二人为民间矛盾的直接相关方。被告人李昌奎和被害人王家飞、王家红均非这场邻里纠纷的直接相关方，故而李昌奎强奸王家飞并杀害王家飞、王家红姐弟二人，就不应属于因民间矛盾引发的案件，就不能基于《纪要》的精神而不判处其死刑立即执行。一、二审法院曾认定被告人李昌奎与被害人王家飞之间存在感情纠纷，姑且不说这样的认定缺乏事实依据，因为感情纠纷是以彼此之间具有感情为前提的，而李昌奎只是其家长曾单方向王家飞提亲被拒绝，又何来感情而言？退而言之，即便能认定李昌奎的犯罪行为系其与被害人王家飞的感情纠纷引发，从而将该二人视为民间矛盾的直接相关方，也无法将李昌奎残忍杀死无辜3岁幼儿王家红的行为视为民间矛盾激化所引发的案件，因为3岁幼童王家红毫无疑问应属非直接相关方。更何况，即使可以将该案视为因民间矛盾激化所引发的案件，也不能就此排斥对被告人李昌奎适用死刑立即执行，因为他正是以极其残忍的手段杀死了两人，且竟然冷血到对年仅3岁的无辜幼童痛下杀手，这些酌定从重情节对基准刑的调节效力，又岂是仅因民间矛盾激化引发案件这一酌定从轻情节可比拟！所以，无论从哪个角度考量，云南省高级人民法院二审改判李昌奎为死缓都是不适宜的。

2. 罪后情节对死刑裁量的影响

作为犯罪完成后的事实状况，罪后情节既包括行为人自首、坦白、立功等法定情节，也包括行为人赔偿、积极退赃、挽回损失、畏罪潜逃以及被害方谅解等酌定情节。限于篇幅，此处也只针对药家鑫案、李昌奎案所涉及的自首、积极赔偿与被害方谅解等典型罪后情节对死刑裁量的影响作简要探讨。

第一，自首对死刑裁量的影响。由于自首是犯罪嫌疑人出于自己的意志而主动将自己交付国家追诉，表现出其所具有的接受国家审查和裁判的自觉性，进而体现出一定的认罪或悔罪态度及其人身危险性已经在一定程度上得到减弱，因此，我国刑法在坚持罪责刑相适应原则的前提下，充分考虑刑罚适用之个别化需要，设置了自首制度，并将其规定为法定从宽处罚的情节。从司法实践来看，自首制度对死刑裁量的影响是非常明显的。

事实上，《纪要》也有明确的规定，"被告人有法定从轻处罚情节的，一般不应判处死刑立即执行"。而这也与自首作为一种法定"可以型"从宽处罚情节之性质相一致。① 自首制度的所谓"可以从轻或者减轻处罚"，表明了立法的倾向性要求，即对于自首的被告人原则上或者说多数情况下要从轻或者减轻处罚，但同时也保留了不予从轻或者减轻处罚的少数情况。具体到死刑适用而言，如果被告人犯罪后自首，因为属于法定从轻处罚情节，所以一般可以根据上述《纪要》的规定对其不适用死刑立即执行，但也不排除在特殊情况下对其不予从宽处罚。前述学者的实证分析，从实践层面为此作了很好的注解，即有自首情节而被判处死刑立即执行的案件，仍占全部死刑案件的 30%。

那么，对于具有自首情节的被告人究竟是否从宽处罚以及从宽处罚的幅度如何？根据最高人民法院 2010 年 12 月 22 日发布的《关于处理自首和立功若干具体问题的意见》（以下简称《意见》）的规定，应当考虑其犯罪事实、犯罪性质、犯罪情节、危害后果、社会影响、被告人主观恶性和人身危险性、投案的主动性、供述的及时性和稳定性等，综合予以判定。具体到死刑裁量而言，对构成自首但犯罪符合死刑适用标准的犯罪人，也应分析其自首在整体上对犯罪人罪行的实际影响。若犯罪情节特别恶劣、犯罪后果特别严重、主观恶性极深、人身危险性极大，或者在犯罪前即为规避法律、逃避处罚而准备自首的，或者犯罪后迫于打击犯罪活动的形势而自首一部分罪行并意图逃避另一部分罪行的，或者归案后态度恶劣、毫无悔罪之意，经反复教育仍无济于事的，则犯罪人的自首并不表明其人身危险性的明显降低，也可以考虑判处其死刑立即执行。② 例如，在中国政法大学学生付成励弑师案中，被告人付成励在庭审过程中仍态度非常强硬，虽承认自己杀了人，但否认犯罪，仍坚持认为被害人程春明的行为该杀，并表示如果他能出来碰到此类事情还会这样做。③ 对这种自首实乃出于规避严厉处罚的目的，其实毫无悔改之意的犯罪人，自首从宽的效力显然会大打折扣。当然，如果犯罪人虽罪行极其严重，但因其构成自首而属于"不是必须立即执行"的情形，则应考虑对犯罪人从宽处理，尽量不适用死刑立即执行。

具体到药家鑫案与李昌奎案而言，两被告人均被认定为自首，但最终都没有给予从宽处罚。可以说，连续发生的这两起案件，从客观上对于自首制度的实践产生了负面影响，在一定程度上影响了自首刑事政策功能的发挥，也影响了慎用死刑政策的贯彻。如果两案中审判机关能对是否成立自首以及成立自首后应否从宽以及为何不从宽作更为深入的分析，也许这种状况可以避免或减轻。

---

① 笔者认为，立法上将自首规定为一种"可以型"而非"应当型"的从宽情节是非常正确的。因为正如有论者所分析，自首的动机不一而足，有出于内心悔悟者，有由形势所迫者，亦有基于预期缴获必减之宽典者。对于自首的人，若一律必减其刑，不仅难于获至公平，且有使人恃以犯罪之虞。参见黄村力：《刑法总则比较（欧陆法比较）》，台湾三民书局 1995 年版，第 388 页。

② 参见高铭暄主编：《刑法学原理》（第 3 卷），中国人民大学出版社 1994 年版，第 361～362 页。

③ 参见赵秉志、钱小平：《2009 年我国十大典型刑事案件评析》，载《刑事法判解研究》第 16 辑，人民法院出版社 2010 年版，第 17～21 页。

　　在药家鑫案件中，他在其父母带领下到公安机关投案并如实供述罪行的行为应认定为自首，这也符合最高人民法院1998年5月9日施行的《关于处理自首和立功具体应用法律若干问题的解释》第1条的规定。不过，法院虽认定药家鑫构成自首，却只是简单地以"不足以对其从轻处罚"为由，对药家鑫不予从宽，而未能阐明具体的理由，这是令人遗憾的。尽管自首只是一种可以型从轻情节，但毕竟表明了立法上一般予以从宽的倾向性要求。而且，在最高人民法院《人民法院量刑指导意见（试行）》中对于自首确定了比较高的调节比例，即"可以减少基准刑的40%以下"。这也凸显了自首对于量刑的显著影响力。更何况，本案被告人药家鑫投案后，即如实供述自己的罪行，且相当稳定，没有任何反复，加之其还存在为法院认可的初犯、偶犯情节以及法院有意无意忽略的被告人认罪悔罪、愿意赔偿、一贯表现良好等酌定从轻情节，因此，审判机关如果认定药家鑫构成自首而不予从宽，就应本着量刑情节逆向竞合的基本处断原则，从犯罪动机极其卑劣、犯罪手段极其严重、主观恶性极深、人身危险性极大等方面以及从轻情节与从重情节对基准刑的调节效力对比的角度，进行更为深入的阐述，以增强死刑判决的说理性，避免留下屈从舆情、民意压力的口实。

　　至于李昌奎案件，从原一审判决到二审判决，从再审判决到最高人民法院复核裁定，均认定被告人在案发四天后主动至公安机关投案的行为构成自首。不过，被害方的代理律师则对此存有异议，认为李昌奎的投案行为不能认定为自首。其理由系基于如下事实：（1）李昌奎在犯罪后，迫于通缉的强大压力才投案，但在2009年5月20日投案时的第一次供述中避重就轻，只供述其杀死了被害人王家飞并打伤了王家红，隐瞒了杀死被害人王家红和强奸王家飞的重要犯罪事实；（2）李昌奎在其供述中称，他将王家红的头撞向门框时"用力相当猛"，然后又用绳子紧紧地勒在其脖子上，并勒了两圈分别打了死疙瘩。这充分说明其对杀死王家红是明知的；（3）李昌奎在第三次供述中明确表示："要死多死一个"，"我当时想打死了一个，还不如两个都打死掉，打死一个和打死两个都是一样的"；（4）李昌奎在逃跑过程中其姐姐追过来问时，他已经明确地向其姐姐承认"把王家飞他们给打死了"；（5）在第二次被询问时，当侦查人员问道："你再想一下，你除了打王家飞和王家红之外，还对他们实施了什么行为没有"，并且马上给其做了什么叫做自首的政策宣传教育，但李昌奎的回答仍然是："没有实施其他的行为"。直到其第四次供述时，他才供述了强奸的犯罪事实，并称之前的供述中撒了谎，是"为了推卸责任"。这说明，被告人李昌奎投案时，并没有如实供述其杀害王家红和强奸王家飞的主要犯罪事实，故不能认定为自首。笔者认为，被害方代理律师的上述反映恐怕绝非主观臆想，而应当是来自案件材料和庭审过程，如果被害方代理律师所反映的上述情况属实，的确可以将李昌奎的自首效力仅限于杀害王家飞的犯罪行为，而否定其构成全案自首。因为《意见》第二部分明确规定，"犯罪嫌疑人自动投案时虽然没有交代自己的主要犯罪事实，但在司法机关掌握其主要犯罪事实之前主动交代的，应认定为如实供述自己的罪行"。这一规定实际上也为自动投案时未主动交代主要犯罪事实的犯罪分子成立自首划定了时间条件，即"在司法机关掌握其主要犯罪事实之前"。而李昌奎在被通缉走投无路且其主要罪行已为司法机关掌握的情况下投案自首，只能是在投案之初的讯问时即如实供述主要罪行才能成立自首，否则就不能再认定构成自首。就此而论，被害方代理人的意见有其合理性。事实上，如果不认定李昌奎构成全案自首，该案的处理可能更能实现法律效果与社会效果的统一，也能避免在客观上为自首制度的良性运行带来冲击。退而言之，即便能够认定李昌奎构成自首，但其系走投无路而被动自首，且在庭审中其供述时有反复，特别是其犯罪手段特别残忍、后果特别严重、情节极其恶劣、人身危险性极大，这些从重情节对基准刑趋重的调节效力是其自首情节等从宽情节无法抵消的，对被告人李昌奎不予从宽处罚也就成了合乎逻辑、合乎法理的结论。

第二，被告人民事赔偿对死刑裁量的影响。就被告人赔偿而言，被告人通过本人或其亲属、朋友向被害方积极给予物质赔偿的，这不仅在一定程度上反映了被告人的悔罪态度，而且也在客观上为被害方解决了实际困难，有助于减缓被害方的痛苦，减轻犯罪的危害程度。在此情形下，被告人犯罪后的积极赔偿之举实乃其主观真诚悔罪态度之外化，是其人身危险性降低的具体表征，故应该成为衡量其所判的死刑是否"不是必须立即执行"的酌定量刑情节。由此，对被告人慎用死刑立即执行当然有其合理性，而绝非"以钱买命"、"花钱买刑"。正因为如此，最高人民法院 2007 年 1 月 15 日发布的《关于为构建社会主义和谐社会提供司法保障的若干意见》明确规定，"案发后真诚悔罪并积极赔偿被害人损失的案件，应慎用死刑立即执行"。但是，如果被告人积极赔偿并非出于真诚悔罪，而只不过是逃避死刑适用的借口，其人身危险性并没有因此而降低，那么，也不能排除对其适用死刑立即执行。尤其是对于那些黑恶势力犯罪和严重危害社会治安的重大故意杀人犯罪，更应考查被告人是否是真诚悔罪，而不能仅仅因为其给予了民事赔偿，便对其不适用死刑立即执行。

具体到药家鑫案与李昌奎案，两案最终都未能基于民事赔偿而从宽处罚。在药家鑫案中，尽管其辩护律师主张药家鑫及其亲属有积极赔偿的意愿，应予考虑酌定从轻。但法院最终却以被害方拒绝接受为由否定了该辩护理由。在李昌奎案中，原二审法院曾将李昌奎亲属的积极赔偿作为改判的理由之一。但这一理由不仅为被害方所否定，因为先期的赔偿是在有关组织责令赔付下给付的，根本谈不上什么积极赔偿，同时也未能为再审所认可。其实，两案中法院的判决只着眼于被害方是否接受赔偿，赔偿态度是否积极，未能从更深层次关注被告人是否基于认罪、悔罪的心态而愿意给予被害方赔偿。如果被告人是出于认罪悔罪表示愿意赔偿，又有何理由不认定为酌定从轻情节，岂能仅基于被害方拒绝接受就断然予以否定？因为在被害方拒绝接受的情况下，虽然被告人给被害方造成的侵害在客观上并无任何舒缓，但被告人毕竟是出于主观真诚悔罪之心态而表达赔偿意愿，其人身危险性趋降也是不争的事实，完全可以在认定为酌定从轻情节的基础上，赋予其较小的基准刑调节效力。

第三，被害方谅解与否对死刑裁量的影响。从我国目前司法实务情况来看，被害方的因素往往会在一定程度上左右死刑的适用和死刑执行方式的选择。在司法实践中，很多死刑案件中的被害方与被告方达成了赔偿协议，并表示谅解被告人，而被告人也真诚悔罪，法院通常便会根据被告人的情节及悔罪表现对其判处死缓。因为被害方系出于自愿而谅解被告人，被告人也真诚悔罪并通过本人或者亲属、朋友积极赔偿被害方，法院对被告人适用死缓之合理性自无疑问。申言之，被告人对被害方的积极赔偿行为反映了其悔罪态度，表明其人身危险性的减小；而被害方对被告人的谅解缓和了激烈的社会矛盾，使犯罪的社会危害性在某种程度上得以减轻。既然人身危险性和社会危害性都有所降低，法院在对被告人量刑时有所体现也就无可厚非了。何况，保护被害法益并维护正常秩序是现行刑法的主旨，既然被害方已谅解被告人，尽管刑法仍可基于被告人对正常秩序的侵犯而处罚之，但基于被害方的态度而酌定从宽亦是合乎情理之举。

同时，也有些死刑案件中，被告方虽真诚悔罪并积极赔偿，但被害方拒绝接受，坚决要求判处被告人死刑立即执行，甚至以上访、闹事等方式向法院施压，有时法院也会迫于被害方的压力而对被告人适用死刑立即执行。在这种情况下，法院罔顾被告人的真诚悔罪、积极赔偿之表现，迫于被害方的压力而对被告人适用死刑立即执行，在法律上是没有任何根据的，是有悖于慎用死刑的政策精神的。在被告人真诚悔罪并积极赔偿的情况下，若被害方拒绝接受并坚决要求从严处罚，法院可以将赔偿金交付国家建立的被害人救助基金，并可在具体量刑时予以从宽考虑。就此而论，药家鑫案的主审法院以被害方拒绝接受被告人及其亲属的赔偿为由，简单地否定其构成酌定从轻情节，而忽视了药家鑫真诚认罪、悔罪的主观心态，似有不妥。

（三）适当参酌舆情民意

正如最高人民法院前任院长肖扬所言，"对于一个正向法治目标迈进的国度来说，法律是司法机构和法官必须考虑的首要因素，但是中国传统上又是一个'礼俗'社会，法律不可能成为解决所有纠纷的'灵丹妙药'，法律以外的因素如道德、情理也是司法过程中不可忽略的。判决不仅是单纯的法律责任的判断，更重要的，它是一个可能造成一系列社会影响的司法决策。"[①]因此，在具体贯彻慎用死刑政策时，也需要适当参酌一些案外因素，诸如社会舆论、媒体、网络和民众的关注程度以及相关领导机关、领导干部的意见等。对这些案外因素的适当参酌，并非就是对法律尊严的亵渎和对司法独立的弃守，而是在考虑到现实国情民意与法治发展状况的前提下，追求法律效果与社会效果统一的适当之举，亦符合完善法律监督机制的要求。

社会舆论、媒体、网络和民众就死刑案件所反映出来的舆情民意，不仅

---

① 参见肖扬：《中国司法：挑战与改革》，载《人民司法》2005 年第 1 期。

在一定程度上影响着死刑立法，也显然影响着死刑司法甚至具体的死刑个案的裁决。这一无法否认的法治现实，在药家鑫案和李昌奎案中表现得尤为明显。而如何看待死刑民意与死刑制度改革之间的关系，也是当前我国死刑制度改革的关键。其实，正如有学者所言，在中国的传统司法中，民意自身就是一种正当性资源，法官允许它招摇过市地进入司法过程。传统法官采用平民化、大众式的思维方式，力求判决能够体现民众的意愿。① 在这种状况下，舆情民意对死刑制度的影响不可避免。况且，在民主国家，本来就应当是"多数人的意愿构成民主的基本结构"。② 死刑民意在一定程度上也决定着我国死刑制度改革的民主化程度。

可以说，允许社会舆论、媒体和民众关注并适度参与死刑案件的审理，许可民意的适度表达，不仅是因为"一切有权力的人都喜欢滥用权力"③，舆情民意表达有利于提高死刑案件审理的透明度，加强审判监督；而且还因为"法律的生命不在于逻辑，而在于经验"④，舆情民意的适度表达有利于在法律与经验之间架设一座沟通的桥梁，并在这种互动中宣扬民主、公平、正义的理念。当然，也必须看到，死刑的舆情民意毕竟有其局限性与情绪性，舆情民意对死刑个案的过度参与，甚至直接对案件进行"最终"的裁决，会使舆情民意的道德判断凌驾于法官的法律判断之上，影响司法的正义，极大地损害司法的权威，故而是十分有害的。因此，死刑裁量不能完全不考虑相关的舆情民意，但也不能被舆情民意所左右。司法机关需要对死刑的舆情民意作认真的分析，合理吸纳其中的合理成分，但也不能唯死刑的舆情民意之马首是瞻，而应当在倾听并合理引导死刑的舆情民意的过程中，更好地秉持中立立场，维护法律的权威和司法的公正。⑤

鉴此，在当下社会转型、各种社会矛盾频发的时期，司法机关在处理死刑案件时，必须在确保良好法律效果的基础上，充分考虑案件的裁判能否获得社会舆论、媒体和民众的支持与认可，是否有利于社会的稳定。如果社会舆论、媒体和民众普遍不支持甚至强烈反对，这样的死刑裁判就一定要特别慎重，否则就可能损及法律的尊严和权威，危及社会的稳定。为此，在依法裁判的前提下，司法人员需要全面了解和深刻体察舆情民意，不断增强妥善处理案件以实现良好社会效果的能力，要把能否获得社会的广泛认同和普遍尊重作为衡量案件裁判社会效果的标尺，并通过公正高效、有理有据的裁判以及客观适度、合情合理的宣传，使社会和公众了解司法机关付出的努力，认同司法机关所做的工作，尊重法院依法所作出的裁判，⑥ 以树立、维护法律

① 参见孙笑侠、熊静波：《判决与民意——兼比较考察中美法官如何对待民意》，载《政法论坛》2005 年第 5 期。

② 莫纪宏：《宪政普遍主义与民主》，载《外国法译评》2001 年第 1 期。

③ ［法］孟德斯鸠：《论法德精神》（上），张雁深译，商务印书馆1994 年版，第 154 页。

④ O. W. Holmes, Jr., The Common Law, ed. M. Howe(Boston: Little Brown, [1881]1963),5.

⑤ 此处借鉴了北师大刑科院袁彬副教授在其即将出版的专著《死刑民意研究》中的观点，特此致谢。

⑥ 参见阴建峰：《论法律效果与社会效果的统一》，载《河南社会科学》2011 年第 2 期。

在民众心目中的权威地位。

在药家鑫案、李昌奎案中，舆情民意对死刑裁量产生的影响是巨大的。正如有些媒体所报道的那样，两被告人被判处死刑立即执行，舆情民意的"围观"及其强烈反应无疑起到了非常重要的作用。在药家鑫案中，舆论、网民的"围观"既有案件本身颇能吸引眼球之故，也有因为司法操作存在瑕疵所致，同时在某种程度上也是被害方代理人通过炒作药家鑫所谓"军二代"、"富二代"身份推波助澜的结果。在李昌奎案中，案件本身的恶劣性及其与药家鑫案件的可比性，以及二审法院在未能正确把握案件危害性亦未做被害方安抚工作的情况下，贸然改判死缓又不说明理由，未能充分考虑舆情民意的关注度，回应宣传不到位且多有严重失误，诸多原因促使本案成为舆情民意高度关注的公众事件。其实，舆情民意的关注并不可怕，法官和法院只要秉持严肃司法、公正司法、合理司法之理念，在确保法律效果的基础上，深刻体察社情民意，依法合理行使自由裁量权，就能最大限度地实现法律效果与社会效果的统一。在死刑案件审判过程中，法官切不可为舆情民意所左右，使之对死刑的裁量起到决定性作用。

五、结语

我国死刑制度的改革进程，只有与我国的社会文明程度、法治发展状况乃至人权发展水平相适应，与我国社会主义现代化建设的不同发展阶段相适应，才能在逐步实现法治进步目标之同时，避免导致不必要的社会震荡。因此，"慎用死刑"政策是契合社会发展进程和法治发展状况的必然选择。而慎用死刑不仅强调死刑适用的合理性、节制性，还强调死刑适用的慎重性与不得已性，侧重于对死刑审判的质量提出要求。考虑到现实国情民意，慎用死刑政策的贯彻重点应在于立法上不合理配置死刑、现阶段又无法即行废止死刑的非暴力犯罪，而不应在于关涉民众切实利益与感受的严重暴力犯罪，尤其是严重致命性暴力犯罪。否则，极易引致社会公众对死刑改革产生抵触心理，甚至会危及社会的和谐与稳定，从而影响决策领导层死刑改革的魄力与决心，阻碍我国死刑改革的进程。为了切实贯彻慎用死刑之政策，就需要在严格掌握死刑的适用标准、遵循死刑的正当程序的基础上，合理衡量案件的各种罪前、罪中和罪后情节，要特别注意以罪中情节作为决定死刑适用与否的首要依据，以罪前、罪后情节作为决定死刑适用与否的必要补充，并且适当参酌案外相关因素尤其是舆情民意，努力追求法律效果与社会效果的有机统一。

中国死刑改革之宪政思考

阴建峰* 丁 宁**

目 次

一、前言

宪政理念自古希腊城邦政治肇始，但近代意义上的宪政则发端于英国。经过数百年的发展与完善，宪政理念已然深入人心，建设与发展宪政国家已成为当今世界各国的普遍选择与共同理想。虽然宪政思想与制度是西方文明的产物，但是我国的宪政也随着新中国的成立而同生共起，这是中国人民在坚持真理、修正错误、战胜重重艰难险阻后，沿着中国特色社会主义道路奋力前行的必然选择和普遍诉求。自 1982 年宪法以来，宪政在我国的功能与作

---

* 北京师范大学刑事法律科学研究院院长助理、中国刑法研究所副所长、教授、博士生导师，中国刑法学研究会副秘书长，北京市石景山区人民检察院副检察长。
** 北京师范大学刑事法律科学研究院硕士研究生。

用与日俱增。从"依法治国"方略的提出到"建设社会主义法治国家"宏伟目标的确立，我国的宪政之路始终坚持科学发展与社会和谐的有机统一，这也是社会主义政治文明建设的重要内容。而所谓"宪政"，尽管其定义在学术界歧见纷呈，但亦有基本的共识，即宪政是以宪法为前提、以民主为内容、以法治为载体、以人权为目标的一种政治形态，它也包括意识形态和文化观念，是一个系统过程。宪政的核心问题是处理好国家和公民的关系。

而国家赖以剥夺犯罪人生命的死刑则是处理国家和公民关系必须直面的重大问题。死刑问题好像一面透视镜，能够充分彰显一个国家宪政与法治的基本发展状况。立足于基本国情和社会环境，并运用立体、综合的思维来审视我国死刑问题可知，死刑在当下转型期的中国仍存在较为坚实的民意基础和现实必要性。这就决定了依照国际人权法上的国家社会化理论，① 限制并逐步废止死刑是我国坚定迈向文明与人道的现代化刑罚之理性选择和必然趋势。在限制与逐步废止死刑之过程中，必须妥善处理国家和公民的关系，从宪政之高度对我国死刑改革所面临的诸多问题给予合理解决与安排。

但毋庸讳言，虽然宪政理论时常为国家决策领导层、学者和普通民众所运用，却鲜见有从宪政维度探索我国死刑改革的论述。这也从一个侧面说明了宪政理论在我国的发展尚流于浅表。而如何理性、科学地从宪政角度分析中国的死刑改革问题，极具重大现实意义。事实上，国家究竟有无权力剥夺公民的生命？这样的权力与公民的生命权如何衡平？如何限制国家的刑罚权以保障公民的生命权等基本权利？这些问题均属对国家与公民关系的终极思考点。所以，死刑的存废改革首先是一个宪政问题，死刑的合法性必须接受宪政的考验。有鉴于此，本文拟立足于宪政所固有的法治、民主、人权等基本范畴，对我国死刑改革问题进行尝试性的探索，以期拓展相关理论研究并对司法实务有所裨益。

二、基于宪政之前提考量死刑改革问题

宪法是法治的核心，更是宪政的前提。宪政的天然孪生物是法治，法治是作为一种尊崇法律之治的现代国家治国方略而存在的。就其内涵而言，早在古希腊时期亚里士多德就有经典论述："法治应当包含两重意义：已成立的法律获得普遍的服从，而大家所服从的法律又应该本身是制定的良好的法律。"② 法治在当下的中国亦获得了极大的丰富和发展。我国所坚持的"依法治国，建设社会主义法治国家"，在某种意义上就是依宪治国。依宪治国并不只是意味着存在一部全面规定公民基本权利和限制政府权力的宪法。宪法只是宪政的载体，依宪治国，更应树立宪法的权威。宪法只有得到切实有效的实施，宪法确立的公民基本权利得以真正实现，宪法规定的国家权力分工与监督制约机制能够有效运作，才能算是有了真正意义上的宪政。

---

① 国家社会化理论，即如同个人一样，国家是有理性的、可以自行选择自己所从事的行为并对自己的行为负责任的组织体。

② ［古希腊］亚里士多德：《政治学》，吴寿澎译，商务印书馆1965年版，第199页。

（一）现行死刑制度缺乏明确的宪法根基

刑事法治是法治的重要组成部分，是法治的关键。而死刑则又是刑事法治的焦点问题，它与宪政之间有着天然的密切关系。死刑的合宪性问题从本质上讲就是生命权的保护问题。因此，很多国家都在其宪法中对死刑问题作出明确规定。有的国家宪法在强调保护生命权的同时，亦对死刑的适用给予了严格的限制。这意味着其对生命权的保护是相对的，死刑并非绝对的违宪。例如，哈萨克斯坦宪法第 15 条规定："每个人都享有生命权。任何人无权随意剥夺他人的生命。法律应将死刑作为一种惩罚特别严重罪行的特别措施，同时赋予被判死刑者请求赦免的权利。"也有的国家宪法中对生命权予以绝对保护，明确禁止死刑的适用，从而将死刑置于违宪之境地。例如，马其顿1991 年宪法第 10 条规定："人的生命权不可侵犯。在马其顿共和国的任何地方都不能适用死刑。"斯洛伐克 1992 年宪法第 15 条也规定："（1）每个人都有生命权，人的生命在出生前就受到保护；（2）任何人的生命都不得被剥夺；（3）禁止死刑。"

而我国现行宪法虽以专章对平等权、选举权与被选举权、宗教自由、人身自由、人格尊严等公民基本权利作了较为详细的规定，并于 2004 年以宪法修正案的形式将"国家尊重和保障人权"载入宪法，但却并没有对公民最基本、最重要的权利——生命权给予明确的保护，更未能涉及与生命权紧密关联的死刑这一重大法治现实问题。死刑制度是否合宪问题，在我国现行宪法中并无明确的答案。这不能不说是现行宪法的一大疏漏。在缺乏根本法指导的情况下，保障生命权之意识将长期存在普遍的社会缺位，中国的死刑改革不仅欠缺必要的宪法价值约束与制度保障，也很可能会出现徘徊、停滞甚至反复之境遇。

（二）从宪法层面积极推进我国的死刑改革

对于具有深厚死刑文化根基的中国而言，以宪法为根基采取有效举措积极控制死刑，使公民生命权得到切实保障，并保证国家的刑罚权得以有效运作，应该说极为重要也颇具可操作性。

首先，可以对现有宪法文本资源进行挖掘和与时俱进的解读，利用宪法的根本法地位，运用立法政策的导向作用倡导积极的价值观，巩固一种能为大多数人所接受的公正理念，这不失为现实且睿智的选择，可以为限制并逐步废除死刑的制度安排和努力提供有力的法律支持。例如，尽管中国宪法没有对死刑作明确规定，但既然宪法凸显"国家尊重和保障人权"，而生命权则属于最基本的人权，所以我国宪法修正案所规定的"人权"包括生命权。当然，强调对生命权的保护并不必然排斥死刑，此处应从宪法与刑法的关系中考察生命权价值的意义，进一步强化宪法对刑法体系的价值制约性，[1] 并对生命权的保护作严格的解释。国家在必要时仍可剥夺犯罪人的生命，但只能是不得已的例外，且应在尊重和保障人权之前提下，严格限制死刑的适用。对

---

① 参见韩大元：《中国宪法学应当关注生命权问题的研究》，载《深圳大学学报》（人文社会科学版）2004 年第 1 期。

于故意致命性的严重暴力犯罪，选择适用死刑并不侵犯宪法上的生命权，现阶段应被认为是合宪的；而对非暴力犯罪适用死刑，则可认为侵犯了宪法上的生命权，应被认定为违宪。这实际上是基于折中之立场理解死刑合宪性问题，而不是简单得出死刑合宪或违宪之论断。据此也可以为非暴力犯罪死刑的废止提供宪法依据。

其次，可以利用宪法所具有的特殊稳定性以有效保证死刑逐步改革成果的实现，防止因一些不利于死刑改革因素的干扰而导致成果"反弹"。这也有国外的立法例可资借鉴。例如，尽管法国已于1981年废止死刑，但法国国民议会和参议院仍于2007年2月19日召开联席会议通过一项宪法修正案，明确规定在法国"任何人不得被判处死刑"，从而将废除死刑正式写入宪法。我国《刑法修正案（八）》虽已废止了13种经济性非暴力犯罪的死刑，但还只是开启了死刑立法改革之门，死刑改革之路仍可谓任重而道远。在此背景下，选择合适的时机且抓住重点，在技术层面考虑与宪法现有文本的对接和契合，切实巩固死刑改革之阶段性成果，不仅可以避免死刑改革进程的反复，更可以为未来的制度改革坚定信念并指明方向。

此外，可以在宪法中明确规定关涉死刑改革的相关法律制度，如死刑赦免制度。这也是有诸多国家的立法经验可以借鉴的。况且，联合国1996年通过的《公民权利和政治权利国际公约》第6条第4款规定："任何被判处死刑的人应有权要求赦免或减刑。对一切判处死刑的案件均得给予大赦、特赦或减刑。"这一规定在赋予被判处死刑者赦免请求权的同时，也责成各缔约国政府承担给予被判处死刑者赦免的义务。事实上在许多国家和地区，赦免已成为减少死刑适用的重要途径。① 死刑赦免制度基于人道主义立场，能够救济法律制度本身的不足，有利于减少和限制死刑的适用，也有利于最大限度避免错杀冤案的发生，加强对错案的监督工作。② 而且，死刑赦免制度符合我国一贯的"少杀、慎杀政策"，有利于迎合废止与限制死刑的国际趋势，维护被判刑人的权利，也可在保持死刑本身威慑力的同时，回避社会舆论的压力。③ 而我国宪法中已有关于特赦的规定，完全可以通过对特赦制度的完善，构建死刑赦免制度，以作为死刑判决确定后的最后一道屏障，发挥控制死刑的重要作用。

三、基于宪政之基础考量死刑改革问题

宪政的基础在于民主，而民主的基本含义是指在一定的阶级范围内，按照平等和少数服从多数原则来共同管理国家事务。民主政治蕴涵着异议与分歧，但它又是以同意和内聚力为基础的。不同利益主体反映自己要求的合理利益表达，是民主政治的基本特征之一。表达利益诉求的民意虽不能简单等

---

① 参见刘建、赖早兴：《我国死刑制度的激活与完善》，载《现代法学》2004年第4期。
② 参见竹怀军：《论我国死刑赦免制度的构建》，载《湖南师范大学社会科学学报》2004年第5期。
③ 参见阴剑锋：《死刑赦免制度建构论略》，载陈兴良、胡云腾主编：《中国刑法年会文集（2004年度）》（第一卷·上册），中国人民公安大学出版社2004年版，第605页。

同于民主，但民主却是多数人意思的反映。通过利益表达实现利益综合，是民主政治的必然选择。而死刑改革则是国家事务管理中关涉方方面面的重大现实问题。社会各方对于死刑制度改革均有着不同的利益诉求，往往会通过所谓死刑民意的形式表达出来，并会对死刑改革的产生深刻的影响。

（一）必须正视民意对于死刑改革的影响

随着我国近年来公民法律意识的增强，意识形态日益淡化，公民对于死刑问题的认识呈现多元之势。个体价值观的差异具体到死刑问题上则表现出不同的情感诉求，在民主层面上自然会极大影响死刑改革的推进。由于延续几千年的死刑历史以及因果报应文化的浸染，同时也由于当前改革发展过程中各种复杂的社会环境的影响，死刑在我国仍具有相当的民意基础。而司法实践中死刑大量适用的现实又在不断强化这种群体意识，使民意与死刑适用之间产生了一定的互动关系。

一方面，民意影响死刑的改革是宪政题中应有之义。对于死刑的存废或者适用而言，应在一定程度上考虑民意的现实诉求。因为，从最直观的意义来说，民意反映了部分民众的群体性看法，这不仅涉及民众的感受和一定范围内社会秩序的好坏，而且还关涉特定阶层的利益诉求问题。宪政即意味着公民享有依其主体意识和观念在国家生活中平等表达其利益诉求的机会。而民意正是共同利益诉求的集中体现，它在很大程度上体现为一种公共意志，应当得到立法机关、行政机关和司法机关的尊重。若国家机关对民意无视，就会在一定程度上形成专制。具体到刑事领域，民意也理应是一个当然的考量基准。是故，我国的死刑制度改革必须根植于对民意的尊重，这既是司法民主与民意监督死刑适用的需要，亦是我国宪政建设的必然要求。

但另一方面，民意并不具有天然的正义性，而是具有非理性的特点，容易被误导。这主要体现在如下方面：

首先，赞成死刑的人不过是习惯于传统的杀人偿命之报应观念，死刑仍系其平息道德愤怒必不可少的社会心理寄托，旨在达到所谓正义的需求，以修复社会的道德秩序。就民众朴素的法情感而言，死刑的象征意义大于实际功能。而且，值得注意的是，民意对死刑的支持是建立在死刑适用完全正确而不存在错案的假设之上的。面对频频见诸报端的司法腐败与刑事错案，上述假设已屡被证伪，这种缺乏现实基础的支持死刑的民意又岂能不受外在因素的影响和左右？事实上，死刑民意主要通过上访、微博爆料、媒体关注、联名上书、法律专家论证意见、领导批示等形式呈现出来。它们往往因其非中立的立场而失之公正，亟待规范。

其次，媒体报导在民意的形成和发展中往往起着举足轻重的作用。因为审理中的案件外界原本无从知晓，唯有经过媒体的报道，才能引致公众或社会组织的关切。在此背景下，媒体对案件判决结果的"预测性"报道通常会对民意产生或多或少的影响，因而被冠之以舆论审判。而且，新闻记者出于对平面媒体销售量或网络媒体点击率以及舆论对死刑普遍支持的考虑，往往会屈从于业务压力，进行顺应所谓"民意"的倾向性报道。这也进一步加重了民意偏离其正常、原生的运行轨道的可能性。

况且，民意采取的是一种民主的组织途径——多数决定规则，即集中众人智慧的民主。尽管民主的实质是多数人的意见是最优的判断和选择，但问题是，多数的决定并不意味着该决定本身就一定是正当的，民主的真正价值不是取决于多数人的偏好，而是取决于多数人的理性。① 如果多数人意见是错误的，将会形成可怕的多数人暴政。宪政的特定理由是保护少数群体的权利及那些不能通过民主程序充分保护其权利的被排斥、被边缘化的人的权利。因此，民意本身无法取代真正的死刑存废的合理化确定，亦不能据以否定法院所承担的公正、正当的确认责任。

因此，我国的死刑改革既要直面汹汹民意的影响，但同时也要考虑民意的缺陷及其存在的特殊条件。质言之，民意只应作为考量死刑存废或者适用的重要因素，而切不可成为决定性因素。

（二）引导民意积极服务于我国死刑的改革

我国的宪政建设走的是政府推进型道路，政府的导向往往在制度变革中起着重要作用，它深刻地影响着民意的取向。但是，这种导向必须是良性的，必须是在尊重基本的宪政价值下的引导，而不能演变为一种对民意变相的强制。那么，政府应如何在死刑问题上有所作为以求得到真实的民意，如何避免民众被左右或利用呢？

首先，要强化以民主、法治、人权为核心内容的公民教育。公民教育能够内在提升公民个体和公民社会的整体素养，并为人们的发展提供理性、文明、宽容的导向。进言之，通过能够影响民众认知与情感的公民教育，可以使民众对死刑的态度出现合乎理性的转变，从而正确地认识死刑、审慎地对待死刑、积极地维护人的生命权。这就需要承担公共事务管理责任的国家和政府，以"责任政府"为政治保障，积极推进公民教育，普及公民文化，努力提高政府在死刑制度改革中的"服务能力"，合理确立当前的死刑政策，为死刑制度改革创造有利条件。②

其次，需要疏通民意的表达渠道，并将民意的表达过程规范化和制度化。鉴于民主存在侵蚀自由的缺陷和危险，德国著名理论社会学家哈贝马斯提出了一种程序民主的主张。他指出，"只要相关信息的流动和对这种信息的恰当处理没有受到阻塞，就可以得到合理或公平的结果"。③ 我国当下应当着力建立关注死刑问题的民间社会组织，保障公民的结社自由，以引导和反映民意，就死刑改革问题为公民提供一种公共协商机制，在政府与公民之间建构科学、合理的有关死刑问题的对话平台。在宪政环境下，公民社会在现代国家发展中发挥着越来越大的价值。而今公民社会或者说民间组织应当也必当在关注死刑问题上发挥更大的作用。毕竟，就死刑问题而言，通过公民社会的媒介

---

① 季卫东：《法律程序的正义》，中国法制出版社 2004 年版，第 87 页。

② 郁建兴、徐越倩：《全球化进程中的国家新角色》，载《中国社会科学》2004 年第 5 期。

③ ［德］哈贝马斯：《在事实与规范之间》，童世骏译，生活·读书·新知三联书店 2003 年版，第 368 页。

作用，不但可以较为全面地反应和引导民众之于死刑问题的诉求，而且公民自治组织的介入还可以排除掉部分消极因素，使我们的民意表达更具科学性。此外，由于我国地域宽广的特殊国情，地域间和跨域间民间组织的交融也能为我们国家的民意的取舍带来积极的影响。

四、基于宪政之核心考量死刑改革问题

宪政的核心在于限制国家。"从历史上看，宪政的产生总是基于这样的理由，即确定国家权力的边界并限制国家的管理者。"[①] 而限制国家在刑事领域则集中体现为对国家刑罚权的限制。宪政既要求国家最高立法机关不得制定严刑峻罚，危及公民的权利与自由，也要求对国家刑罚权力的适用与执行进行严格限制，防止其罪刑擅断。宪政"改造"了刑法，使其精神和价值取向发生了重要的变化。刑法由过去单纯的惩罚犯罪，发展为惩罚犯罪与规范惩罚犯罪的公权力并存，使犯罪在一个相对文明合理的范围内得到惩罚。[②] 而死刑制度改革也必须顺应这样一种变化。

（一）我国国家刑罚权的行使仍存在诸多不合理之处

由于严重刑事犯罪日益猖獗，社会治安形势趋于恶化，因此，传统的重刑主义思想在当今我国仍有很大的市场，法律实务部门对死刑的迷信与依赖心理依然甚为严重，导致以死刑的配置、适用与执行为重要内容的国家刑罚权，从制刑、求刑、量刑到行刑均存有较大的改进空间。

在制刑阶段，死刑配置的缺陷主要表现在：（1）死刑罪名过于庞杂，在罪名体系中依然占据较大的比例。尽管《刑法修正案（八）》取消了 13 种经济性非暴力犯罪的死刑，但现行刑法中死刑罪名仍高达 55 种，几乎涉及刑法典分则全部类罪。而且，仍有 31 种非暴力犯罪在立法上配置死刑。[③]（2）无论是刑法总则规定还是分则具体条文，在死刑适用条件上都规定得过于原则，不仅易于为不合理配置死刑打开方便之门，也使得对死刑的控制更多地依赖于一定时期的社会治安形势以及受该形势影响的决策层的意志，从而使中国限制死刑之路充满不确定性。[④]（3）对于劫持航空器罪，绑架罪，武装叛乱、暴乱罪，拐卖妇女、儿童罪等罪名，仍有绝对死刑之法定刑设置。

在求刑、量刑与行刑阶段，以死刑的适用与执行为重要内容的刑罚权未能得到合理制约的表现是：（1）很多司法实务人员仍抱有崇尚死刑、重刑的思想，对死刑怀有难以割舍的情感，不能严格按照死刑适用的总体标准来适用死刑，而是侧重于犯罪人的客观危害，甚至变相地降低"罪行极其严重"的认定标准，对本不该适用死刑的犯罪人适用了死刑。（2）关于如何严格把握死刑适用的标准，以及如何对具体犯罪准确、妥当地适用或者不适用死刑，

① ［美］丹尼尔·S. 勒夫：《社会运动、宪政和人权》，载宪法比较研究课题组编译：《宪法比较研究文集》（三），山东人民出版社 1993 年版，第 274 页。

② 马岭：《宪法与部门法的关系探讨》，载《法学》2003 年第 12 期。

③ 参见高铭暄：《略论我国死刑制度改革中的两个问题》，载《法学家》2006 年第 1 期。

④ 参见赵秉志：《关于中国现阶段慎用死刑的思考》，载《中国法学》2011 年第 6 期。

缺乏明确、细致、具体的规则，司法机关与司法官员自由裁量之余地过大。
（3）司法机关在处理死刑案件时仍会受到案件请示、案件协调等各种非法因素的干扰，损及人民法院审判权的独立行使，严重影响了司法机关适用死刑的数量与案件质量。[①]（4）死刑判决与执行的绝对数量大，而且具体数字仍属国家机密。[②]

（二）应以死刑改革为契机合理限制国家刑罚权

尽管死刑的最终命运是必然走向消亡，但是，我国死刑制度的改革不可能一蹴而就，而应与宪政和法治发展状况、社会文明程度相适应，与现代化建设的不同发展阶段相适应。在死刑废止进程中采取"分步走"之策略，可以在避免因贸然全面废止死刑而引致社会激荡的基础上，从事实上对死刑进行必要的限制，表现出了高度的政策灵活性和政治智慧。为此，应以当下的死刑改革为契机，对与死刑的配置、适用和执行紧密关联的国家刑罚权的行使进一步予以合理的限制。

首先，应在立法上进一步削减非暴力犯罪的死刑，逐步将死刑只配置于那些侵犯公民、社会和国家重大法益的极其严重的犯罪。同时，应对"罪行极其严重"予以严格解释，并使之切实贯彻于刑法典分则的具体罪名，即行废止不符合该标准之犯罪的死刑。在立法变革无法实现的情况下，亦应对非暴力犯罪尽量不适用死刑或者以刑法司法解释的方式宣布停止适用死刑；对于故意杀人罪、故意伤害罪、抢劫罪等严重暴力犯罪，则应通过司法解释及时、明确、适当地提高其适用死刑的标准。而且，应尽快取消绝对死刑之法定刑设置，给司法机关排除死刑适用留有余地。[③]

其次，应积极发挥死刑缓期二年执行对于死刑立即执行的替代作用。例如，对于配置有死刑的暴力犯罪，要在充分考虑国情民意的基础上，重视和扩大死刑缓期二年执行的适用，以死刑缓期执行来逐步替代死刑立即执行的大部分适用，使得死刑立即执行逐步成为非常态性的特殊死刑制度。实践已经充分证明，这是行之有效的降低死刑执行数量的重要法律措施。同时，应在总结归纳司法实践经验的基础上，将死缓所谓"不是必须立即执行"的情节尽可能地列举出来，以增强该标准的可操作性。[④]

再次，应从法律和制度上切实保障法院依法独立审判，法官依法独立办案，维护死刑案件审判程序的独立性，保障被告人依法所享有的复审权，切实遵循宪法所确立的司法职能分工之原则，坚决排除对死刑案件审判的不当干预，果断依照法纪、党纪严肃查处非法干扰法院和法官依法独立审判的行为。[⑤]

[①] 参见赵秉志：《我国现阶段死刑制度改革的难点及对策——从刑事实体法视角的考察》，载《中国法学》2007 年第 2 期。

[②] 参见赵秉志：《关于中国现阶段慎用死刑的思考》，载《中国法学》2011 年第 6 期。

[③] 参见赵秉志：《关于中国现阶段慎用死刑的思考》，载《中国法学》2011 年第 6 期。

[④] 参见赵秉志主编：《死刑改革研究报告》，法律出版社 2007 年版，第 60 页。

[⑤] 参见赵秉志：《论全球化时代的中国死刑制度改革——面临的挑战与对策》，载《吉林大学社会科学学报》2010 年第 2 期。

此外，还应积极创造有利条件，尽早公开死刑判决和执行的数字，让国际社会和我国公众了解中国死刑判决和执行的状况，加强对死刑司法的监督。

五、基于宪政之目的考量死刑改革问题

宪政之目的是保障人权。普天之下皆公认，人之权利与尊严是不可或缺的基本规范，也是社会透过政治组织运作的基础。因此，国家有义务捍卫人人与生俱来的权利，如生存的权利、表达的自由等。人权乃宪政的终极关切点，人权的实现必须以宪政为保障。近年来，党和国家领导人曾在不同场合对于人权之概念明确持肯定、开放和包容的态度。以保障人权为价值核心建立健全中国特色社会主义法律体系，已成为我国立法工作的根本指导思想。2004 年我国宪法修正案将"国家尊重和保障人权"载入宪法，更是以根本法的形式对人权进行了肯定。而生命权作为人权的基本内容，显然也应当受到以宪法为核心的法律体系的捍卫。死刑乃剥夺人之生命权的刑罚，当其不得不保留与适用时，必须以对人权的尽可能尊重和维护为前提。

（一）严格限制与逐步废止死刑是保障人权之宪政精神的必然要求

虽然我们不能简单地认为死刑的存与废就是一个国家刑法文明与人道与否的标志，因为死刑的存废要根据一个国家或地区的宪政发展状况、历史文化传统、基本价值观念尤其是犯罪现实状况等因素来决定；① 但在现阶段还需要保留死刑的国度，严格控制和合理减少死刑的立法与司法，无疑是切实贯彻"尊重与保障人权"之宪政精神的必然要求，是刑罚向人道化方向发展的共识与大势。因为生命权是人权中最基本、最重要的权利，是一切权利的基础与源泉。从应然意义上说，任何人的生命都是神圣而不可侵犯的，死刑侵犯了公民的生命权以及免受酷刑和其他残忍、不人道或有辱人格待遇或处罚的权利。尽管从实然层面来说对于生命权的保护在当下尚不能绝对化理解，但也只能将剥夺犯罪人生命之死刑严格限定于不得已之例外场合。

何况，死刑的限制与废除已被越来越多的国际人权规约所认可。1948 年《世界人权宣言》作为人权国际保护的纲领性文件，强调了生命、自由和人身安全的权利，为死刑的限制和废除奠定了法理基础。1966 年联合国《公民权利和政治权利国际公约》第 6 条首次在国际公约中对死刑的适用明确加以限制。随后《美洲人权公约》以及《关于保障面临死刑的人的权利的措施》对死刑的限制作了进一步的规定。20 世纪 80 年代，《〈欧洲人权公约〉关于废除死刑的第六议定书》、《旨在废除死刑的〈公民权利与政治权利国际公约〉第二项任择议定书》以及《〈美洲人权公约〉旨在废除死刑的议定书》先后问世，废除死刑在一定范围内遂开始成为国际法规范。而我国迄今亦已加入了 20 多部国际人权规约。这意味着我国必须在死刑制度改革方面有所作为，切实承担起严格限制与逐步废止死刑之国际法律义务。

（二）我国的死刑制度改革必须以保障人权为价值取向

一方面，应该积极保障可能被判处死刑的犯罪嫌疑人、被告人以及经判

---

① 参见赵秉志：《中国逐步废止死刑论纲》，载《法学》2005 年第 1 期。

决确定适用死刑的死刑犯之人权。犯罪嫌疑人、被告人甚至死刑犯亦有其基本人权，只要未经法定程序被依法剥夺，即可如常享有。同时，对于可能被判处死刑的犯罪嫌疑人、被告人而言，基于生命权是其最基本、最重要的人权，故应该从刑事实体与程序诸方面在制度上保证死刑只能在不得已的情况下施加其身，而不能被滥用、错用。例如，可以借鉴国际人权公约的内容，对"罪行极其严重"之死刑适用标准进行更为严格的限缩解释，将其理解为"蓄意而结果为害命或其他极端严重后果的罪行"；也可以进一步严格死刑审判和复核程序，真正贯彻无罪推定原则，完善证人、鉴定人出庭和证人保护制度，完善非法证据排除制度，等等。对于死刑犯而言，也要从制度上保证其获得救济的权利，尊重其人格尊严，选择以人道的方式结束其生命。例如，应明确授予死刑犯赦免或减刑请求权，考虑建立死刑执行犹豫制度，扩大使用药物注射方式执行死刑，禁止对死刑犯强制实施器官移植。

另一方面，死刑改革进程中也不应忽视对被害方人权的保障。作为犯罪人权利的大宪章，刑法保护犯罪人的人权自是情理之中；同时，对被害人及其亲属之人权的保障也应是刑法人权保障机能的题中应有之义。只有在保障犯罪人人权的同时，对被害方的人权予以同等保护，才能综合利益表达各方的诉求，使死刑制度改革获得更为广泛的公众认同与支持。为此，应积极保障被害方获得真相、伸张正义与取得赔偿等权利。在衡平公允的司法制度下，根据马斯洛需求理论①，揭示真相是最基本的安全需求，只有这一需求得以满足，才会达致情感上的社会安慰需求。在此基础上，被害方还有得到正义并取得赔偿的权利。法庭认真审理以揭示真相，就是帮被害方伸张正义。于此过程中，司法还应充分体恤被害方，给予其心理支持与金钱、物质赔偿，力求使其感受到正义的伸张，并使其认识到以死刑"伸张正义"仅能满足报复心理最底层的情绪需求，却并不能彰显人类共同体普适的正义与尊严。

六、结语

死刑改革伴随着转型的挑战正在向纵深推进，这不仅是国家宪政建设的重要环节，亦意味着宪政与法治的持续进步。死刑最终会在宪政、法治、民主和人权的发展浪潮中消弭。在死刑改革问题上，宪法"根本大法"之权威指导作用应该得到真切的体现；我们主张采取导向民意的举措，并非以国家意志绑架公民意志，只是让公民的认识从狭隘走向宽容，让民意从冲动趋向成熟；我们坚信，对人权的保障决定了死刑改革需要且必须采取渐进性方式；我们倡导从宪政的高度强化死刑的实体与程序法治，这不是为死刑制度站脚助威，而是试图通过完善死刑法治来限缩死刑的适用空间、克减死刑的适用恣意，最终达致消解、废止死刑之目的。

---

① 马斯洛需求理论，即需求的层次等级理论，是指人对于生理需求、安全需求、社会需求、尊重需求和自我实现需求的由高到低的需求等级。

对死刑控制与中国刑罚制度改革的
发展性思考

赵秉志[*]　于靖民[**]

目　　次

一、前言

多年以来，学界关于中国刑罚制度改革这一宏大课题的研究已经相当深入，亦有见解独到、影响深远的研究成果问世[①]，为我国刑事法治的进步作出了贡献。然而，遗憾的是，尽管学界和理论研究几乎一致呼吁要进行刑罚改革，但是法治现实却回应我们，这一进程的启动似乎要经历远比理论研究更为复杂的过程、面临更为艰巨的问题。也就是说，学界千呼万唤般的理论争

　*　北京师范大学刑事法律科学研究院暨法学院院长、教授、博士生导师，中国刑法学研究会会长，国际刑法学协会副主席暨中国分会主席。
　**　中共北京市委政法委、首都综治办干部，北京师范大学刑事法律科学研究院法学博士。
　①　参见赵秉志：《当代中国刑罚制度改革论纲》，载《中国法学》2008 年第 3 期；黄晓亮、周建民：《中国刑罚体系改革研究》，载赵秉志主编：《刑事法治发展研究报告（2008—2009 年卷）》，中国人民公安大学出版社 2010 年版，第 52 ~ 75 页。

鸣也很难带动实务界在该问题上的实质性动作，最终使得这些论证停留在了学术领域而未产生实际的功效。但是，这一局面终因立法的新动向而出现了转机，2011 年通过的《刑法修正案（八）》给刑罚制度改革带来了新的希望。与前七部刑法修正案不同，《刑法修正案（八）》对我国刑法总则的宏观设计进行了前所未有的革新，特别是对刑罚制度，《刑法修正案（八）》"从实现刑罚功能上讲，实现不同刑种之间的顺接与协调"[①]，使之成为以"实现限制死刑并进而启动我国刑罚制度改革进程的重要里程碑"[②]。可以说，是《刑法修正案（八）》叩开了我国刑罚制度改革厚重的大门。

除削减死刑外，《刑法修正案（八）》改革刑罚制度还涉及若干方面，包括数罪并罚、累犯、缓刑、社区矫正等。然而，我们发现：第一，《刑法修正案（八）》是以改革死刑制度为主要内容之一的刑法修正案。此次修改刑罚制度与死刑改革联系在一起，这表明了刑罚改革与死刑改革内在的必然联系。第二，死刑改革作为本次立法修订最重要的内容之一，其所带来的立法倾向指引和立法现实结果不仅为当前，同时也为今后的死刑改革和整个刑罚制度改革确定了新的、更为明确的基调，刑罚理性、人道、非重刑化的刑罚价值观得以确立，并为今后对刑罚制度的不断改革创造了良好的制度环境。第三，也是最重要的，即死刑改革的启动从作用角度担当了刑罚改革的着眼点和推动力，死刑作为最严厉的刑罚，其改革必然使得刑罚制度产生"牵一发而动全身"的效果，死刑以及"刑罚阶梯"上距离死刑最近的刑罚的改革，使得环环相扣、自成体系的刑罚制度及其内容要素发生了一连串的联动反应。

有论者指，"没有不改革的刑罚。刑罚的改革是刑罚存在的重要形式。"[③]对刑罚改革的复杂情况，储槐植教授曾在《刑事一体化论要》中提到："西方刑法史表明，自贝卡里亚发表《论犯罪与刑罚》的时代以来，死刑的限制和废除一直是刑法改革的首要问题，死刑存废之争向来是刑事政策的关注焦点。死刑问题之所以如此重要，是因为它是影响刑罚结构的关键所在。刑罚结构的调整主要体现在最重刑的变动，最轻刑种的变动也只有涉及最重刑种变动时才能体现出对刑罚结构的影响。"[④]《刑法修正案（八）》正是遵循着死刑改革与刑罚立法改革相结合的思路，开展了这次大规模的修法活动。立法机关认为，一方面，死刑改革不能够单独进行，有必要将死刑改革置于刑罚立法改革的整体当中；另一方面，刑罚立法改革不能没有重点，刑罚立法改革的开展需要以死刑改革作为关键，其他刑种要围绕死刑做好协调。也就是说，只有重点推进死刑制度改革，才能使得刑罚改革具有系统性和充分性。我们可以本次改革思路开展关于刑罚改革的研究，进一步思考《刑法修正案

① 参见高铭暄、陈璐著：《〈中华人民共和国刑法修正案（八）〉解读与思考》，中国人民大学出版社 2011 年版，第 5 页。

② 参见高铭暄、陈璐著：《〈中华人民共和国刑法修正案（八）〉解读与思考》，中国人民大学出版社 2011 年版，第 5 页。

③ 翟中东著：《刑罚问题的社会学思考——方法及运用》，法律出版社 2010 年版，第 234 页。

④ 储槐植著：《刑事一体化论要》，北京大学出版社 2007 年版，第 170 页。

（八）》带来的刑罚制度发展，并准确把握今后我国刑罚制度的改革动向和发展道路。

二、死刑控制对于刑罚改革的作用分析

（一）死刑控制是刑罚制度长久发展变化的结果

死刑控制既是对死刑配置进行调整的手段，也是对我国刑罚制度长期演进的写照。近年来，死刑改革日渐深入，死刑控制的相关制度背景也逐步形成。

第一，就含义而言，死刑控制是有意识地控制死刑的立法规定和司法适用，旨在防止刑罚滥用造成伤害的法治举措。死刑控制的对象是死刑刑种，包括死刑立即执行和死刑缓期执行；死刑控制的核心是"控"，"控"本身既是手段也是标准，所要达到的目的是对死刑适用进行严格"限制"，在不废止死刑制度的前提下，尽量缩小死刑适用范围，防止死刑被滥用。

第二，就分类而言，有学者提出"四分法"，即：立法控制、司法控制、政策控制和观念控制[①]，这种意见是考虑到死刑控制可采取的四种措施类型。还有学者作了"三阶段"的划分，即"制刑阶段的死刑控制"、"量刑阶段的死刑控制"和"行刑阶段的死刑控制"三个类型的划分[②]，这是考虑到立法、司法、执行三个阶段中刑罚具有不同的功能。笔者认为，对死刑控制的分类，既要考虑死刑控制所能采取的措施，又要考虑所针对的对象，可以从三个角度入手，分别对死刑控制进行分类：一是从是否通过法律途径实现控制的角度，分为法内控制与法外控制；二是从控制措施的效力范围角度，分为国内法控制与国际法控制；三是从控制对象的特征角度，分为对非理性设置的死刑的控制和对理性设置的死刑的控制。其中，第一种分类中的"法内控制"，是指在法律的框架下，通过法定途径对死刑进行控制，需要依靠法律和司法解释的规定。"法内控制"又可作立法控制[③]与司法控制、实体控制与程序控制、质的控制与量的控制[④]等种类划分。而"法外控制"是通过非法律途径对死刑进行控制，既包含能够对死刑制度产生实质变革影响的"具有权力属性的死刑控制"；以及尚未能对死刑制度产生实质变革影响的"非权力属性的

---

①　卢建平著：《刑事政策与刑法变革》，中国人民公安大学出版社 2011 年版，第 235 页。

②　孙廷然：《宽严相济刑事政策视野下的死刑控制研究》，载《周口师范学院学报》2010 年第 1 期。

③　有学者认为死刑控制有三层含义："一是通过立法手段，将死刑置于法律的规范和制约之下。这一意义上的死刑的立法控制，是与防止私刑与法外施刑相联系的。二是指以立法手段达到控制死刑的目的。这一意义上的死刑的立法控制，是与同处于控制死刑目的的死刑的司法控制等活动相对而言的。三是指控制死刑立法本身，也可以称之为对死刑立法活动的控制，即将涉及死刑的立法活动置于符合严格限制乃至最终废止死刑的目的的轨道之中。"参见雷建斌：《死刑立法控制的宪政之维》，载赵秉志、［加］威廉·夏巴斯主编：《死刑立法改革专题研究》，中国法制出版社 2009 年版，第 318～319 页。

④　有学者评价刑法典第 5 条道："罪责刑相适应原则，刑法的质和量必须与犯罪的质和量相适应，因此人们对刑罚的认识是否理性，其对犯罪的评价是否理性，亦可作为标准。"参见吴宗宪主编：《中国刑罚结构调整论》（上册），北京师范大学出版社 2011 年版，第 61 页。

死刑控制"，前者主要表现为涉及死刑的刑事政策，如"少杀、慎杀"政策、"宽严相济"刑事政策等；后者主要表现为针对死刑制度改革的学理建言、立法建议等。

第三，就制度演进而言，死刑控制并非始于《刑法修正案（八）》，《刑法修正案（八）》只是作为死刑控制发展过程中的一个节点而已。其实，新中国成立以后，死刑控制曾经历过四个阶段：一是从1949年10月1日新中国成立到1979年刑法典颁布前，死刑主要依靠政策，但因政策具有不稳定的局限性，死刑适用出现过数量和罪名上的反复和随意，死刑控制不具有稳定的基础。二是从1979年刑法典颁布到1997年刑法典出台前，虽然1979年刑法典通过法制形式确立了死刑格局，但终因制度的不成熟和政策的强势干预，出现了以13部涉及死刑的单行刑法对死刑立法的扩张。由此，死刑控制呈现出政策强于法制的特征。三是从1997年刑法典颁布到《刑法修正案（八）》出台前，这一时期的死刑格局获得了1997年刑法典①和之后七个刑法修正案的巩固，死刑立法不仅没有扩张，而且随着制度运行的日臻成熟和法治环境的改善，司法控制死刑的作用愈发明显，主要表现在："宽严相济"取代了"严打"，《公民权利和政治权利国际公约》的签署，死刑复核权收归最高人民法院，以及司法解释的立足点明显转向死刑限制适用②等四个方面。四是以2011年《刑法修正案（八）》为起始标志的死刑改革新阶段，首次实现了立法实质性缩减死刑的目标③，使得实践中的司法控制进一步得到了立法控制的强化，开启了死刑立法改革的新时代。

总之，死刑控制在经历了长期的演进后，最终实现了以《刑法修正案（八）》为标志的死刑制度新变革，立法控制死刑并合司法控制死刑的制度背景已然形成，这一制度环境的改变也为刑罚制度的调整做好了一定的准备。

（二）既往围绕死刑控制的刑罚制度改革

《刑法修正案（八）》的另一个重要内容，就是对刑罚制度的修改和完善。围绕立法缩减死刑适用圈的变化，刑罚结构和刑罚内容发生了一系列递进式的调整。作为对死刑改革所做的呼应，这些刑罚制度调整的内容体现在：

---

① 有学者认为1997年刑法对死刑格局的划定"变化、尽管是微小的，却已经表明，1981年以来的死刑扩张适用的趋势在1997年《刑法》中戛然止步了！"（参见张文等著：《十问死刑——以中国死刑文化为背景》，北京大学出版社2006年版，第77页。）有学者认为1997年刑法虽然体现了"少杀慎杀"政策，但依然存在不完全、不充分的问题。（参见赵秉志：《从中国死刑政策看非暴力犯罪死刑的逐步废止问题》，载《法制日报》2003年7月17日。）此外，学术界也存在不同的声音，如有学者认为：我国刑事法律有关死刑适用的实体和程序的规定，基本上没有充分体现严格限制死刑适用的政策。参见曲新久：《刑事政策的权力分析》，中国政法大学出版社2002年版，第249~261页。

② 如最高人民法院、最高人民检察院、公安部、司法部于2007年3月9日发布的《关于进一步严格依法办案确保办理死刑案件质量的意见》中，特别强调了"坚持保留死刑，严格控制和慎重适用死刑"的观念，并明确了"保留死刑，严格控制死刑"作为我国基本死刑政策的重要地位。

③ 主要内容是删减了13种经济性、非暴力罪名的死刑配置，将死刑罪名数量从68个减至55个；对审判时已满75周岁的老年人原则上免除死刑，将刑法总则关于特殊刑事责任能力人群的规定扩充到四类，即已满14周岁、不满18周岁的未成年人，已满75周岁老年人，精神病人及生理上有缺陷的人（又聋又哑的人、盲人）。

首先，在刑种间关系上，新的立法适度加重了"生刑"，缩小了死刑与其他刑种间差距过大的结构性问题。调整之后，刑罚阶梯的层次更加有序、均衡。最直接的就是修订了死缓制度，有针对性地提高了死缓的严厉程度，规定被判处死缓的犯罪人如果确有重大立功表现，二年期满以后，减为 25 年有期徒刑；规定对被判处死刑缓期执行的累犯以及因故意杀人、强奸、抢劫、绑架、放火、爆炸、投放危险物质或者有组织的暴力性犯罪而被判处死刑缓期执行的犯罪分子，人民法院根据犯罪情节等情况可以同时决定对其限制减刑；规定对判处死刑缓期执行的犯罪分子，缓期执行期满后依法减为无期徒刑的，减刑后实际执行刑期不能少于 25 年；缓期执行期满后依法减为 25 年有期徒刑的，减刑后实际执行刑期不能少于 20 年。总之，这种提高死缓在"刑罚价格表"中"价码"的做法，在相当程度上缓解了死刑同其他刑罚的差距，死缓作为死刑立即执行之替代措施的作用得到突显。正如有学者所言："死缓制度本是对死刑的缓期执行，因此其严厉程度和刑罚效果应当高于和重于无期徒刑以及有期徒刑。对于死缓的减轻从严把握不仅符合刑罚体系协调性的要求，同时也符合罪责相当、罚当其罪的要求，对于有效惩治和预防犯罪有重要意义。"① 此外，针对无期徒刑，规定减刑后实际执行的刑期不能少于 13 年；同时，被判处无期徒刑的犯罪分子，在刑罚执行 13 年以上的，方可进行假释。还有，提高了有期徒刑数罪并罚的严厉程度，规定对有期徒刑总和刑期不满 35 年的，数罪并罚最高刑期不能超过 20 年，有期徒刑总和刑期在 35 年以上的，数罪并罚最高刑期不能超过 25 年。最后，在特殊累犯中又增加了恐怖活动犯罪和黑社会性质组织罪两种类型。

其次，在刑种内容上，为减轻监禁刑执行的成本和压力，新的立法完善了非监禁刑的规定，扩大非监禁化、非刑罚化的覆盖范围：一是将社区矫正首次写入刑法，并将管制、缓刑和假释的犯罪分子都纳入社区矫正的范围②。二是细化管制刑规定，对执行内容、执行主体和执行机制都进行了修订完善，增加了"判处管制，可以根据犯罪情况，同时禁止犯罪分子在执行期间从事特定活动，进入特定区域、场所，接触特定的人"；规定"对判处管制性的犯罪分子，依法实行社区矫正"；赋予法院以判处禁止令的权力，赋予公安机关执行社区矫正的权力。三是完善缓刑规定，将"适用缓刑确实不致再危害社会"条件改为"没有再犯罪的危险"；增加"宣告缓刑对所居住社区没有重大不良影响"作为要件。从宽方面，规定对不满 18 周岁的人、怀孕的妇女和已满 75 周岁的人应当宣告缓刑；从严方面，将不适用缓刑的对象从"累犯"扩大为"累犯和犯罪集团的首要分子"。四是完善假释规定，增加了放火、爆

---

① 谢望原、王波：《论〈刑法修正案（八）〉对刑事处罚制度的完善》，载《法学杂志》2011 年第 6 期。

② 在 2012 年 3 月 14 日全国人大十一届五次会议上通过的《中华人民共和国主席令（第五十五号）》中，第 103 条将原《刑事诉讼法》第 217 条修改为第 258 条，内容为："对被判处管制、宣告缓刑、假释或者暂予监外执行的罪犯，依法实行社区矫正，由社区矫正机构负责执行。"由此，社区矫正的范围扩大到包括"暂予监外执行"的罪犯，这是刑事诉讼法对"社区矫正"的扩充，亦提升了"社区矫正"的法律地位。

炸、投放危险物质或者有组织的暴力性犯罪被判处十年以上有期徒刑、无期徒刑的犯罪分子作为限制性条件；用"没有再犯罪的危险的"替代"不致再危害社会"；尊重假释人员所居住社区的意见，强调获得社会认可的重要性；将被判处无期徒刑的罪犯的假释门槛，提高到最低执行期限 13 年；将"由公安机关予以监督"的执行规定，修改为"依法实行社区矫正"。

为满足刑罚体系的协调性，国家立法机关对刑罚结构依据死刑控制的立法推进而进行了一系列递进式的改革，这是我国刑罚制度改革立法成果的显著步伐。当然，我国刑罚制度整体的全面进步和优化，其改革之路依然很长。

（三）死刑控制带来的去重刑化倾向

死刑控制与刑罚观念之间，是后者决定前者而前者表征后者的关系。如果刑罚观念偏向重刑化、工具化，那么死刑控制的余地就很小；如果刑罚观念偏向轻刑化、人道化，那么死刑控制则存在制度空间。死刑改革的进一步控制，恰恰反映了对待刑罚制度，我们要采取更具科学合理的观点，这也是今后我国刑罚制度改革所必不可少的思想认识基础。

首先，关于刑罚轻重的判断问题。吴宗宪教授力主回归刑罚本体，即从刑罚结构、刑种设置、刑罚严厉程度等能够体现出刑罚观念的内容角度进行鉴别。"如果严重刑罚的数量越多，例如死刑、长期自由刑较多，则说明重刑观念比较明显；如果刑罚的严重性偏离了犯罪行为的社会危害性或者犯罪人的人身危险性，也说明刑罚较重。同样的犯罪行为，如果以国别进行比较，哪国的刑罚较重则说明重刑化较为明显。"① 储槐植教授通过"五分法"，总结我国的刑罚结构是具有重刑化的特征。他认为："刑罚结构可分为死刑在诸刑罚中占主导、死刑和监禁共同在诸刑罚方法中为主导、监禁在诸刑罚方法中占主导地位、监禁和罚金共同在诸刑罚方法中为主导、监禁替代措施为主导。在这五种刑罚结构中，第一种已成过去，而第五种尚未到来，中间的三种是当今世界中存在的；相比之下，我国死刑和监禁刑占主导地位的结构可被认为是重刑结构。"② 应该说，无论从哪个角度看，我国刑罚的重刑化特征都是显著的。

其次，关于刑罚观的选择问题，刑罚进化的历史证明，崇尚报应主义的刑罚并不能真正解决犯罪问题；相反，不断显现的重刑弊端却暴露了制度缺陷在面临现实处境时所遭遇的尴尬。本文第一作者曾说："历史的和现实的经验一再证明，死刑的存废和多寡与犯罪率的升降之间，并没有必然的联系。"③即表明，死刑对震慑犯罪所起到的作用是有限的，立法设立死刑或者较多地适用死刑都不是实现预防犯罪的目的的最佳途径；相反，从提高刑罚制度的科学性寻求出路，进一步严密刑事法网、改革刑罚制度、提高刑罚效率，才能够满足一般预防和特殊预防的需要，利于刑罚目的的实现。因此，"我国社会主义刑罚无疑应当顺应刑罚由残酷、野蛮至人道、文明的必然趋势，使刑

① 吴宗宪主编：《中国刑罚结构调整论》（上册），北京师范大学出版社 2011 年版，第 38 页。
② 储槐植著：《刑事一体化论要》，北京大学出版社 2007 年版，第 281 页。
③ 赵秉志著：《刑法总则问题专论》，法律出版社 2004 年版，第 558 页。

罚在总体上趋向轻缓，并进一步体现刑罚科学性与有效性的要求。"①

所以，出于对重刑化弊端的反思和对轻刑化价值观的重视，《刑法修正案（八）》通过死刑改革做了观念价值调整上的制度确认。学界通过理论研究所得出的要正确配置刑罚，科学应对犯罪，反对依赖重刑和长期自由刑的观点，已成为今后我国刑罚制度和刑事法治进步所要努力的方向。据此，刑罚制度改革的任务就更加明确了。

（四）死刑控制推动刑罚改革的三个侧重

虽然死刑控制对刑罚改革具有实际的推动作用，但死刑毕竟只是一个刑种，其对刑罚制度整体的促进尚存在一定的局限。当然，这种局限并不意味着要否定死刑控制对于刑罚改革的促进意义，同时，也引发了我们对于其促进作用侧重点的分析：

首先，对于与死刑相近的刑罚制度内容而言，死刑控制直接导致对死刑替代措施的依赖。以死刑缓期执行制度为例，当前，理论界认为死缓是死刑的一种执行方式。正是基于死刑控制的立场，死缓制度被寄予了死刑替代措施的希望，从而引发了关于死缓法律地位完善、死刑适用条件的思考，以及关于死缓法律后果完善、死缓改为死刑立即执行实质条件完善等一系列细节性问题的论证。② 显然，死刑控制的结果将对与死刑最相关的几个制度产生直接影响，并促使其改革，包括死缓制度、无期徒刑、长期自由刑、数罪并罚等等。

其次，对于与死刑不相近的刑罚制度内容而言，死刑控制并不会直接导致其制度性内容的改变，但是却会以刑罚体系协调性的要求，促进其进行调整。例如，死刑控制不论从立法还是司法上，都不会直接导致短期自由刑、财产刑、资格刑等刑罚的适用。但是，如果死刑控制的数量和规模不断扩大，那么死缓和长期自由刑的压力会逐步增加，出于执行成本的考虑，非监禁刑的扩大将成为刑罚改革的需要；同时，死刑控制所带来的刑罚观念变化，促使刑罚制度从报应走向预防，从侧重惩罚到侧重矫治，那么，这些与死刑不相近的刑罚内容也需要进一步调整和完善。

再次，对于刑罚结构整体而言，死刑控制以及由死刑控制所引发的一系列具有"传导"特征的刑罚制度微观调整结果，将会从宏观上促进刑罚结构的调整变化。而如何构筑科学的刑罚结构，则是又一个值得探讨的问题。

总之，死刑控制对刑罚制度而言，其对不同内容要素的作用和功能是有差异的。尽管如此，还应该充分认识死刑控制作为刑罚改革的关键的价值。

三、死刑控制推动下的刑罚制度改革建言

（一）继续坚持死刑控制的持续化

死刑控制是基于对死刑性质和刑罚制度科学理解基础上所做的刑罚策略

---

① 梁根林著：《刑事制裁：方式与选择》，法律出版社 2006 年版，第37页。
② 参见黄晓亮、周建民：《中国刑罚体系改革研究》，载赵秉志主编：《刑事法治发展研究报告（2008—2009 年卷）》，中国人民公安大学出版社 2010 年版，第52～75页。

选择。当前，死刑控制要想在立法和司法上获得持续的控制，需要在最高人民法院收回死刑复核权以及立法上不再扩张死刑的基础上，做出更多的努力。

1. 从立法上坚持死刑控制的持续化

（1）明确死刑适用的法定刚性条件。

死刑作为最严厉的刑罚，同时也是最后的刑罚手段，决定了死刑不到万不得已的场合不能够被使用。也就是说，如果其他的刑罚方法能够成为报应、威慑犯罪的手段选择时，就不能够适用死刑。死刑的适用应该以个别化、特殊化、极端化为常态，而不能以广泛化、普适化、平淡化作为特征。这与我国的死刑标准即"罪行极其严重"是相适应的。

关于"罪行极其严重"的缺陷问题，从进一步更好地限制死刑以及充分实现死刑控制的角度看，"罪行极其严重"是否已经充分说明了适用死刑的条件呢？笔者认为，答案是否定的。因为"罪行极其严重"的规定只是在立法的精神和原则性上对死刑适用做了限定，但是对于具体的案情而言，可以有多种解释方法，难以在司法适用中得以落实。这样的宽泛化结构将导致实践中为了适用死刑而将一些情况认定为"罪行极其严重"，使得这一本来用来定义死刑和限定死刑适用的条件成为实践中需要用以标榜死刑判决正确的"标签"。卢建平教授认为这一模糊的规定的弊端是"为不合理地配置死刑打开了方便之门"①。

为什么说"罪行极其严重"是存在缺陷的呢？其实，学界对"罪行极其严重"有三种理解，分别是客观危害说、主客观相统一说和法定刑标准说。②客观危害说认为"罪行极其严重"强调的是犯罪行为的客观方面，即主要是从罪行的客观表现得出是否达到了极其严重的社会危害性。③ 主客观相统一说否认第一种学说不认可犯罪主观方面作为死刑认定标准的看法，而认为要理解"罪行极其严重"需要以主客观相统一的思路进行思考，从主观和客观两个方面进行考察，这也是当前主流的学术观点。但是，这一观点又分为两种看法，首先是以高铭暄教授为代表的观点，认为主观上要看行为人所实施的性质特别严重的故意犯罪，客观上要看行为所造成的危害后果属于特别严重，即行为造成了他人死亡的结果，以及与此相当或相近的其他后果；④ 其次是以陈兴良教授为代表的观点，认为所谓的"罪行极其严重"体现的是"罪大"和"恶极"两方面的结合，行为与后果都极其严重，给社会造成的损失特别巨大，体现了犯罪客观危害的一面，是社会对犯罪危害行为和危害后果的一种客观的评价，同时犯罪分子的主观恶性和人身危险性特别大，表现为蓄意实施严重罪行，犯罪态度坚决、良知丧尽、不思悔过、极端蔑视法制秩序和

① 卢建平等著：《国际人权公约与中国刑事法律的完善》，中国人民公安大学出版社2010年版，第128页。
② 赵秉志著：《死刑改革探索》，2006年版，第158页至161页。
③ 张文、刘艳红：《〈公民权利与政治权利国际公约〉对中国死刑立法的影响》，载《中国青年政治学院学报》2000年第2期。
④ 高铭暄：《中国死刑的立法控制》，载赵秉志主编：《死刑制度之现实考察与完善建言》，中国人民公安大学出版社2006年版，第15至16页。

社会基本准则等。① 法定刑标准说认为，应通过不同档次来理解 "罪行极其严重" 的含义，即根据法定刑的上限将全部罪行划分为罪行轻微、罪行较轻、罪行一般、罪行严重、罪行特别严重和罪行极其严重六个不同轻重等级，认为所谓的 "罪行极其严重" 是指行为人的行为构成的是法定最高刑为死刑的罪行。② 其实，不论 "罪行极其严重" 的论争如何，审理具体案件时，法官存在不一样的理解，不能形成统一而相对一致的认识，就是问题最大、最明显的表现。即便法官根据多年审判经验，也有一定的标准作为指导，但是这种指导和经验的科学性、正确性是否可靠，更进一步说，批准一审案件适用死刑的中级法院审判委员会的各位委员们，是否能够在量刑时统一意见，是否有相对一致的判断标准，这都直接反映了 "罪行极其严重" 作为死刑适用标准是否合格。显然，就当前的情况来看，对 "罪行极其严重" 做实质性的内容判断是很困难的。

那么，如何对死刑适用标准作出更加明确、统一的规定呢？梁根林教授曾建议，应该对死刑适用条件作 "全面、明确和严格的一般规定"③。所谓的 "全面"，是指 "应当明确适用死刑的主客观条件，亦即应当从罪行的性质、情节、后果和社会危害程度等客观情况与行为人的主观恶性、人身危险性等个人情况两个方面入手规定适用死刑的条件，而不能单纯强调罪行的客观危害或者过分关注行为人的主观恶性。" "明确"，是指刑法典应当以尽可能具体、确定、能够给司法人员提供实质性指导形象的语言描述死刑的适用条件，而不能以过于抽象、笼统的 "罪行极其严重" 予以概括。"严格"，是指刑法总则关于适用死刑的条件的规定必须体现死刑作为 "最后适用的非常刑罚方法" 的定位。总之，梁根林教授建议，刑法典总则应当将死刑适用条件规定为如下表述："死刑只适用于罪行极其严重、主观恶性特别巨大且故意导致致命性后果或者相当后果的犯罪分子。"④

然而，梁根林教授的建议虽有道理，但是其作为法定的刚性条件仍未达到足够的理想。我们认为，与其再自创一套新的标准，不如将研究的目光投向相关的国际公约，具体如下：

第一，关于参考标准的来源问题。如果要控制死刑，则必须要有明确而刚性的标准。本文第一作者曾言："对于死刑来说，当前中国的要务就是顺应国际趋势，以联合国一系列人权公约为参照，多角度、多渠道地严格限制和努力减少死刑的适用。"⑤ 我国是联合国《公民权利和政治权利国际公约》（以下简称《公约》）的签署国，将来批准以后，有理由将死刑适用标准与《公约》相统一，这不仅有利于限制死刑，也是《公约》缔约国的义务。《公

---

① 陈兴良著：《刑法疏议》，中国人民公安大学出版社 1997 年版，第 139～140 页。

② 王志辉：《审理死刑案件的若干问题》，载陈兴良、胡云腾主编：《2004 年中国刑法学论文集》第一卷：死刑问题研究（下），中国人民公安大学出版社 2004 年版，第 624 页。转载自赵秉志著：《死刑改革探索》，2006 年版，第 161 页。

③ 梁根林著：《刑事制裁：方式与选择》，法律出版社 2006 年版，第 176 页。

④ 梁根林著：《刑事制裁：方式与选择》，法律出版社 2006 年版，第 177 页。

⑤ 赵秉志：《当代中国刑罚制度改革论纲》，载《中国法学》2008 年第 3 期。

民权利和政治权利国际公约》第 6 条第 2 项规定："最严重的犯罪"之意是，"在未废除死刑的国家，判处死刑只能是作为对最严重的罪行的惩罚，判处应按照犯罪时有效并且不违反本公约规定和防止及惩治灭绝种族罪公约的法律。这种刑罚，非经合格法庭最后判决，不得执行。"因此说，从《公民权利和政治权利国际公约》中寻找死刑适用标准的来源，对立法调整而言是具有合理性的。

第二，关于参考标准的内容问题。虽然《公约》对死刑适用标准采用的是"最严重的犯罪"的表述，但是其关于什么是"最严重的犯罪"却规定得相对模糊。这显然不利于死刑适用标准的明确化。对于这一问题，夏巴斯教授曾引述道："在 2000 年，联合国秘书长的一份报告中指出，'最严重的犯罪'这个表述意味着'所犯的罪行应当是指那些危及生命的罪行'，其含义是，在行为的后果上是十分可能发生的。"① 然而，人权委员会在 1999 年解决方案中也曾"敦促签约国对非暴力的金融犯罪或非暴力宗教实践或道德良心表达的罪行不适用死刑。"② 根据联合国经济与社会理事会于 1984 年公布的《关于保护死刑犯权利的保障措施》第 1 条的规定，《公民权利和政治权利国际公约》中的"最严重的罪行"应理解为"死刑的范围只限于蓄意而结果为害命或其他极端严重后果的罪行"③。这可以被认为是对"最严重的罪行"含义的明确表述了。此外，英国牛津大学的罗吉·胡德教授认为，对于这一问题的理解，我们似乎还可以从反面去解决，即"将某些罪行排除于此范围之外"。他说："《美洲人权公约》第 4 条规定：在任何情况下，死刑皆不得适用于政治犯罪或相关的普通犯罪。联合国人权委员会在 1991 年第 61 号决议与 2004 年第 67 号决议中催促所有保留死刑的国家不要将死刑适用于'非暴力的经济犯罪和非暴力的宗教活动以及良心表达。'在其后一系列的裁决中，联合国人权委员会进一步拓展了该清单，纳入了诸如数次逃兵役、教唆他人自杀、与毒品相关的犯罪、背信罪、第三次实施同性恋性行为、非法性关系、内容模糊的有关国内外安全类罪、个人生活危害或腐蚀社会罪，以及使用火器没有造成他人上网的加重情节的抢劫罪。在 2002 年召开的第 58 次大会上，人权委员会又将'双方自愿发生的性关系'列入上述清单。"④ 所以，从这一技术手段上采取措施，似乎也可以为解决什么叫"最严重的罪行"做以明确答复。

我们认为，不论采取什么样的标准，我国未来关于死刑适用标准的法定刚性条件都是有必要进行调整的，可采取的措施就是从《公民权利和政治权

① 参见 UN Doc. E/2000/3，第 79 段，引述《特别报告人关于法庭职权之外的人的执行、建议执行或判决执行的报告》，菲利普·阿尔斯通，UN Doc. A/HRC/4/20，第 50 页。转载自赵秉志、[加] 威廉·夏巴斯主编：《死刑立法改革专题研究》，中国法制出版社 2009 年版，第 60 页。

② 参见 UN Doc. E/1999/RES/61. 转载自赵秉志、[加] 威廉·夏巴斯主编：《死刑立法改革专题研究》，中国法制出版社 2009 年版，第 60 页。

③ 赵秉志：《关于中国现阶段慎用死刑的思考》，载《中国法学》2011 年第 6 期。

④ [英] 罗吉·胡德、卡罗琳·霍伊尔著：《死刑的全球考察》，曾彦等译，中国人民公安大学出版社 2009 年版，第 184~185 页

利国际公约》上寻找统一答案，并以对"最严重的罪行"的正面表述与列举法阐明的排除式规定相结合的方式，最大限度地限制死刑适用范围，形成真正具有刚性的法定适用条件。也就是说，我们建议对只有在对生命具有严重侵害的行为范围内，通过反面列举的方式，以正反结合的技术手段规定哪些才是死刑可以适用的犯罪。

（2）扩大死刑适用主体的限制范围。

《刑法修正案（八）》将死刑适用主体的限制范围扩大到了已满 75 周岁的老年人。但是 75 周岁这一标准是否合适，仍是一个有争议的问题。实际上，以多少岁作为标准限制死刑适用，是一个国家可以根据其国情做出调整的一般性指标。但是，出于人道主义的需要和法治本身的含义考虑，这一指标的调整顺序只能是单向的，即向老年人的更低年龄上进行调整，而不能是提高老年人限制适用死刑的年龄标准。

第一，关于其他国家的立法例。《俄罗斯联邦刑事法典》第 59 条规定："不得对女性、实施犯罪时未满十八周岁的行为人与法院下达刑事案件判决前已满六十五岁的男性行为人，适用死刑。"《美洲人权公约》第 4 条第 5 项规定："对超过 70 岁的人不得处以死刑。"《菲律宾刑法典》第 47 条规定："死刑在现行法律规定必须适用死刑的情况下适用，但犯罪人在实施犯罪时不满 18 岁或者已满 70 岁，或者在上诉至最高法院或最高法院自动复审案件时没有得到核准适用死刑所必需的多数投票的，对这些被告人处无期监禁。"《蒙古国刑法典》第 50、52 条规定，55 周岁以上的妇女和 60 周岁以上的男子，可以不承担强制劳动、不适用 15 年以上的徒刑；第 53 条第 4 款规定，60 周岁以上的人不得适用死刑。《日本刑事诉讼法》第 482 条规定，被判刑人年龄在 70 岁以上时，可经一定程序批准而停止执行剥夺自由刑。可见，与上述各部外国刑事法比较，我国刑法中的这一已满 75 周岁的标准是较高的。

第二，关于我国老年人年龄的实际情况。《2008 年世界卫生报告》提供了这样的数据：中国男性的平均寿命是 70 周岁，中国女性的平均寿命是 74 周岁，整个中国人的平均寿命是 72 周岁。因此，本文第一作者曾指出，将老年人犯罪减轻刑事责任的年龄起点设为 75 周岁，将使得老年人的受益面很小，不足以体现刑法区别对待、体恤老年人的精神。从当前我国老年人的平均寿命、老年人的心理能力变化、国际上关于老年人从宽处罚的年龄标准等方面看，我国都应当考虑将老年人犯罪从宽处罚的年龄标准规定为"已满 70 周岁"[①]。对此问题，梁根林教授也建议："考虑到我国已经开始进入老龄社会、人口老龄化趋势明显，老年人在人口结构中所占比例逐渐增大，我国刑事立法应当及时将老人排除在死刑适用范围之外。结合我国的人口年龄结构和平均预期寿命，我们主张将不适用死刑的老人的年龄确定在 70 岁以上。"[②]

笔者从社会学家陶学艺根据《国际统计年鉴》数据计算我国人口年龄结

[①] 参见赵秉志：《〈刑法修正案（八）（草案）〉热点问题研讨》，载赵秉志主编：《刑法论丛》（2010 年第 4 卷，总第 24 卷），法律出版社 2010 年版。

[②] 梁根林著：《刑事制裁：方式与选择》，法律出版社 2006 年版，第 179 页。

构变化的趋势中得知，虽然 2006 年我国 65 周岁及以上人口所占比重为 7.9%，世界平均水平为 7.4%，发达国家为 15.0%，发展中国家为 6.0%，美国为 12.4%，英国为 16.0%，日本为 20.2%，韩国为 9.8%，印度为 5.3%，巴西为 6.3%，我国平均水平在全世界范围和发展中国家中属于正常略偏高。但是，2008 年《中国统计年鉴》中提供的中国当年总人口自然增长量为 674.6 万，出生人口数量为 1612.2 万，人口年龄结构正在从 2000 年的"类橄榄形"向着 2030 年或 2040 年的"圆柱形"过渡，65 周岁以上人口比重在 2050 年将接近 25%，达到完全意义上的老龄化社会。[①] 这一结论是重要的，它意味着如果刑法对死刑适用主体的限制范围如果还较小，即限制年龄标准不有所减低的话，那么随着我国老龄化社会趋势的扩大，中国实有人口受到死刑限制适用主体带来"福利"的比重会越来越低，超过 75 周岁的年龄人口在总人口比重中虽然会提高，但是真正达到 60 岁以上的老年人的比重却增长得更快，我们很难说我国刑法对于"老年人"的宽宥是一种立法上的"普遍福利"，即"福利"惠及的人口比重在老年人这一群体中却是在下降的，我们感到骄傲的"立法进步"其效果将不再显著，不符合死刑适用个别化、特殊化的本质要求。

因此，我国有必要借鉴其他国家的经验，从现实出发进一步降低免死的年龄标准。笔者建议，将《刑法修正案（八）》规定的 75 周岁免死这一标准降低至 65 周岁或 70 周岁，从而更好地体现刑罚人道主义的考量。

（3）减少对非暴力犯罪适用死刑的分则条款。

尽管《刑法修正案（八）》削减了 13 种罪名的死刑，但我国的死刑罪名数量仍然庞大。特别是经济类犯罪等非暴力犯罪仍有很多死刑设置，这与相关国际公约是相悖的。

首先，非暴力犯罪之所以应当限制和废除死刑，是因为：

其一，非暴力犯罪适用死刑本身不符合死刑适用原则。张远煌教授在《中国非暴力犯罪死刑限制与废止研究》一书中曾探讨为什么非暴力犯罪不应适用死刑：一是非暴力犯罪的社会危害性具有易变性。由于死刑剥夺生命的伦理色彩对于任何社会形态都是相同的，但是非暴力犯罪的社会危害性却是因不同阶级利益和社会价值观而发生变化，两者难以完全匹配，对其适用死刑缺乏可对应的基本事实基础，适用死刑违背了死刑用于最严重犯罪的原则。二是非暴力犯罪的贪利性和非人身侵害性使得死刑适用明显超出了报应的正常程度，难以获得大多数民众的支持。三是某些非暴力犯罪对被害人的权益侵犯属于非直接侵犯，例如贪污贿赂犯罪，其即未实际直接接触具体被害人的利益，而是侵害国家、集体或者社会利益，对其适用死刑只能是表达对国家、集体或者社会利益受损之后的愤怒，无助于真正解决问题。[②] 陈兴良教授也曾表达对经济类犯罪废除死刑的支持。他认为，经济类犯罪侵犯的都是社

① 陆学艺主编：《当代中国社会结构》，社会科学文献出版社 2010 年版，第 66~69 页。
② 参见张远煌著：《中国非暴力犯罪死刑限制与废止研究》，法律出版社 2006 年版，第 65~77 页。

会经济，其他国家经济犯罪没有死刑的立法例可以参考。[①] 卢建平教授曾建议废止走私罪的死刑，他认为，走私的猖獗不在于刑罚的不严厉，而在于刑罚的必然性不足，况且财产权益不能与生命权益相提并论，对其适用死刑违背刑罚均衡原则。[②] 本文第一作者也曾建议对于金融类犯罪应当废止死刑，[③] 并认为非暴力犯罪中没有具体被害人的犯罪和对他人人身基本权利不存在潜在危险的犯罪，都可以通过立法即行废止死刑。[④] 阮齐林教授提出，应废除货币罪之类的非暴力犯罪的死刑。[⑤]。所以，从以上观点中可以看出，对非暴力犯罪废止死刑是我国刑法学界普遍的共识。

其二，非暴力犯罪适用死刑本身的效果不理想。非暴力犯罪的成因有很多是制度性的，以职务犯罪为例，贪污腐败自古就与官员相伴随，制度上只要存在漏洞，就难以防止出现腐败问题。与发达国家相比，由于制度上的缺陷，发展中国家的腐败率相对较高，这并非通过严刑峻罚就能够从根本上杜绝。对于中国目前的贪污腐败问题，有学者认为："中国幅员辽阔，政权体系内的层级较多（共五级），价值单一制的权力金字塔结构，使委托——代理链条特别长，对官员的监督极其困难；目前中国的法治程度还较低，宪法缺少对公共生活的约束力，新闻舆论的开放程度还不高，由此造成政府行为还缺乏足够的透明度；转轨造成的新旧制度、规范之间不衔接乃至空档为作为代理人的政府官员损害委托人（民众）的利益以自利提供了很多机会。另外，目前管理当局的反腐败思路还存在一些问题，需要适当调整。这就是，重监督、惩罚而轻激励、奖赏。"[⑥] 也就是说，以职务犯罪为代表的非暴力犯罪一味过多适用死刑无益于因制度缺陷造成的"理性的垄断造就寻租"问题的解决，不符合刑罚资源效益原则。总之，有必要控制对以职务犯罪为代表的非暴力犯罪的死刑适用，应将更多精力用在解决制度性缺陷和困局上。

其次，关于如何减少非暴力犯罪死刑，笔者认为，可以考虑从三个方面入手：

第一，在死刑罪名的限制上，应早日废除非暴力犯罪死刑的适用。本文第一作者曾主张应当逐步废止非暴力犯罪的死刑：在 2020 年即建党 100 周年之际，中国将全面步入小康社会，民众的人人权观、金钱观、价值观定会有很大改善，不仅社会公众对废止非暴力犯罪的死刑已具有相当的承受能力，

---

① 参见陈兴良著：《死刑备忘录》，武汉大学出版社 2006 年版，第 3～7 页。

② 参见卢建平、陈宝友：《中国废除走私犯罪死刑问题研究》，载赵秉志主编：《死刑制度之现实考察与完善建言》，中国人民公安大学出版社 2006 年版，第 315～324 页。

③ 参见赵秉志等：《中国废除金融犯罪死刑研究》，载赵秉志主编：《死刑制度之现实考察与完善建言》，中国人民公安大学出版社 2006 年版，第 344～345 页。

④ 赵秉志、肖中华、左坚卫：《刑法问题对谈录》，北京大学出版社 2007 年版，第 215 页。

⑤ 参见阮齐林：《对伪造货币之类的非暴力犯罪没有必要保留死刑》，载赵秉志主编：《中国废止死刑之路探索——以现阶段非暴力犯罪废止死刑为视角》，中国人民公安大学出版社 2004 年版，第 81 页。

⑥ 沈海平著：《寻求有效率的惩罚——对犯罪刑罚问题的经济分析》，中国人民公安大学出版社 2009 年版，第 232～267 页。

而且相应的社会环境业已形成。届时，中国完全有条件也有能力基本废除非暴力犯罪的死刑。① 而张远煌教授曾言，对于非暴力犯罪废止死刑是其唯一的结论，只不过如果对非暴力犯罪的死刑还有所保留的话，就是"对军人违反职责罪和危害国防利益罪的死刑罪名，在战时可以保留。"②

第二，可以以废止经济类犯罪的死刑为先导，逐步过渡到职务类犯罪的死刑废止。2012 年初，关于"吴英案"③ 是否适用死刑的争论，曾在社会上引起强烈反应，据媒体报道，凤凰网曾在《争议吴英案》专题中做了民意调查，其中的"你觉得吴英是否应判死刑？"问题中，反对适用死刑的看法具有压倒性，88% 的网友选择不应该判处死刑，④ 废止经济类犯罪死刑初步具有从实践走向立法的可能。比较而言，经济类犯罪是非暴力犯罪中相对比较容易废止死刑的一类，其后可以考虑财产性犯罪、毒品犯罪、危害国家安全犯罪；而贪污贿赂犯罪等职务犯罪，鉴于在我国的特殊政治环境影响，其废止问题尚需晚一步讨论。

第三，废止死刑之前，应先扩大死刑缓期执行的范围，为非暴力犯罪死刑的废止做好准备。即便不能在短期内实现废止非暴力犯罪死刑的目标，也应极力扩大死刑缓期执行和自由刑的适用，以减轻废止非暴力犯罪死刑所可能面对的压力。

（4）杜绝绝对死刑法定刑的立法模式。

对死刑控制而言，最缺乏制度弹性的分则条款莫过于死刑绝对适用条款。1997 年刑法典对劫持航空器罪、绑架罪的结果加重犯都规定了必须判处死刑的绝对法定刑，对武装叛乱暴乱罪、拐卖妇女儿童罪、暴动越狱罪以及聚众持械劫狱罪等四种犯罪的加重犯规定了在"情节特别严重"情形下必须判处死刑的法定刑。⑤ 中国控制死刑必须杜绝绝对死刑的法定刑设置，一是要将这类绝对死刑条款更改为可选择适用刑罚的条款；二是以非暴力犯罪死刑限制为先导，逐步过渡到废止非暴力犯罪的死刑。

---

① 赵秉志：《中国逐步废止死刑之建言——以废除非暴力犯罪死刑为中心》，载赵秉志主编：《死刑制度之现实考察与完善建言》，中国人民公安大学出版社 2006 年版，第 207~227 页。

② 张远煌著：《中国非暴力犯罪死刑限制与废止研究》，法律出版社 2006 年版，第 244 页。

③ 百度网解释"吴英案"情况为：吴英是原浙江本色控股集团有限公司法人代表，因涉嫌非法吸收公众存款罪，2007 年 3 月 16 日被逮捕，2009 年 12 月 18 日，金华市中级人民法院依法作出一审判决，以集资诈骗罪判处被告人吴英死刑，剥夺政治权利终身，并处没收其个人全部财产。2010 年 1 月，吴英不服一审判决，提出上诉。2011 年 4 月 7 日浙江省高级人民法院开始二审吴英案，吴英所借资金究竟系用于正常经营活动，还是个人挥霍挪作他用，将成为判决的关键。2012 年 1 月 18 日下午，浙江省高级人民法院对被告人吴英集资诈骗一案进行二审判决，裁定驳回吴英的上诉，维持对被告人吴英的死刑判决。网址：http：//baike. baidu. com/view/606422. htm？subLemmaId = 5544760&fromenter = % CE% E2% D3% A2% B0% B8&redirected = alading，2012 年 3 月访问。

④ 华媒网：《吴英案调查：88% 网友反对判死刑》，网址 http：//news. ccvic. com/shehuixw/fazhizh/2012/0207/143670. shtml，2012 年 3 月访问。

⑤ 赵秉志：《关于中国现阶段慎用死刑的思考》，载《中国法学》2011 年第 6 期。

2. 在司法上强化死刑控制

（1）在司法适用上要坚持慎用死刑。

与立法相比，司法减少死刑更直接、更现实。目前，中国司法中实际适用死刑的数量已大幅减少。这种情况下，死刑在司法上的限制是否还有可能？答案是肯定的。关于如何在司法中加强死刑适用的控制，笔者认为应当考虑三个方面：

第一，以限制非暴力犯罪死刑作为突破口，逐步过渡到全面的死刑限制和废止。非暴力犯罪的死刑适用本身存在诸多不合理之处。相对而言，对非暴力犯罪不适用死刑比暴力犯罪不适用死刑遇到的阻力会小。本文第一作者曾指出："非暴力犯罪不涉及生命权利，民众报应要求不是特别强烈；其发生原因又很复杂，死刑的威慑效应亦极为有限；对其判处死刑不符合死刑价值衡量原则的要求；此外，国际人权公约也明确将非暴力犯罪排除在死刑适用范围之外。"[1] "因而在中国刑罚制度改革中，可以考虑先在司法上明确宣布停止这些罪名的死刑适用，继而待条件成熟时再在立法上废止非暴力犯罪的死刑。"[2] 当然，对于从司法角度逐步废除非暴力犯罪死刑的做法，现实中也是有可能的。从 2007 年起最高人民法院收回死刑复核权，为现实中限制、减少死刑适用提供了最直接的便利。资料显示，从当年开始，我国死刑适用数量因复核权的统一行使而大幅削减。死刑案件的司法程序决定了死刑的第一、二审审判必须以最高法院掌握的死刑适用标准为参照，中级法院和高级法院一、二审判处死刑，不会超越最高法院的掌握尺度，由此已经具备了统一限制死刑司法适用的可能。

第二，从严掌握死刑适用标准，树立死刑适用上的"趋严"立场。死刑裁量标准，是指裁量死刑案件时，必须具备的条件、资格，包括刑法标准和证明标准[3]。总则方面，司法中要对"罪行极其严重"作严格解释，"罪行极其严重"应当理解为犯罪的性质极其严重、犯罪的情节极其严重、犯罪分子的主观恶性和人身危险性极其严重，三者必须同时具备。而且，该严格标准需要用相关证据充分证明。分则方面，对于某罪名所规定的结果、数量、情节、对象、手段、情节等具体事实需要更加明确、具体的规定并严格遵照执行。笔者认为，涉及死刑的司法审判与以往死刑审判相比，不能有哪怕一点轻微的情节，只能在严重程度超过以往判例的情况下去严格解释并适用死刑；如果既往有严重程度类似的案件没有被判处死刑的情况，那么当前的案件也不应判处死刑，以此将刑法标准与证明过程结合起来。当然，这一尺度把握需要相当的规定和案例积累，需要法院通过实践经验从严掌握，具有一定的现实困难。但是，司法可以将视角移向既往的判例中，特别是以 2007 年后最高法院统一裁量死刑复核的案件中进行挖掘，进而制定出明确的死刑适用标准，这或许是最直接的途径。

---

① 参见赵秉志：《论中国非暴力犯罪死刑的逐步废止》，载《政法论坛》2005 年第 1 期。

② 赵秉志：《当代中国刑罚制度改革论纲》，载《中国法学》2008 年第 3 期。

③ 马松建著：《死刑司法控制研究》，法律出版社 2006 年版，第 150 页。

第三，在死刑案件审理的过程中，面对可能影响审判的各方博弈，应着力排除干扰，为死刑司法裁量营造冷静、独立的审判环境。事实上，"法院的工作既要考虑法律如何实施，又要考虑司法判决可能产生的社会影响和是否有利于国家政策的实施。强调判决的社会效果和法治效果，既为法院设定了倾向性任务，也为外部力量考核法院的工作提供了标准。"① 而死刑案件的审理更是牵扯到包括被告人、被害人及其家属、地方党政机关、民众、媒体监督等各方意见。特别是对于社会上普遍关注的可能涉及死刑的审判，依法进行的审判已经逐渐成为"公众审判"或"舆论审判"② 的形式。虽然"舆情民意的适度表达是有利于在法律与经验之间架设一座沟通桥梁的，并在这种互动中宣扬民主、公平、正义的理念。当然，也必须看到，死刑的舆情民意毕竟有其局限性和情绪性，舆情民意对死刑个案的过度参与，甚至直接对案件进行'最终'的裁决，会使舆情民意的道德判断凌驾于法官的法律判断之上，影响司法的正义，极大地损害司法的权威，故而是十分有害的。"③ "民众的集体意识和正义情感不仅具有非理性、情绪性，而且往往变动不居、起伏不定，往往一个独立的突发的恶性犯罪案件就能在很大程度上改变公众对待死刑的态度。"④

（2）应尽可能更加明确地统一关于死刑的量刑标准。

第一，关于量刑统一化的司法实践，死刑案件量刑指南的做法是值得考虑的措施。美国加利福尼亚州于1977年就制定了《统一确定量刑法》，明尼苏达州、华盛顿特区和宾夕法尼亚州也相继制定了《量刑指南》。1987年11月1日，《量刑指南》正式生效，成为一部很有特色的量刑指南法则。美国《量刑指南》中规定了犯罪行为的等级为43级，也规定了犯罪历史的档次并予以量化。正如有论者指出的，包括死刑裁量在内的全部刑事案件的裁量，在美国的实践中，"是否处刑、处以何种刑罚、刑期如何确定都不可能也不应该是法官的随心所欲，否则，刑法的权威与效能将不堪设想。"⑤ 依据"相对罪刑法定主义"所建立起来的量刑指导制度，不求一对一的绝对"对数表"式，而是为了弥补罪责刑相适应的统一性要求与案件情况的个别性之间的矛盾。英国也于2004年3月开始启动新的量刑指南体系，包括2005年4月正式生效的《总的原则：犯罪严重性》、2005年4月生效的《2003年刑事审判法新刑法的适用》、2007年7月23日生效的《认罪的量刑减让》。通过对个案情况与罪犯本人的个别特征进行细化以及不同犯罪等级予以量化，能够给出相对统一的量刑结论。《量刑指南》这种对犯罪和量刑进行量化统一的做法值

① 秦宗文：《中国控制死刑的博弈论分析——以最高人民法院行使死刑复核权为背景》，载《法商研究》2009年第1期。
② 华讯财经：《犯罪心理学专家李玫瑾：最担心舆论影响药家鑫案判决》，网址：http://money. 591hx. com/article/2011 - 04 - 11/0000015674s. shtml，2012年3月访问。
③ 袁彬著：《死刑民意研究》，北京师范大学出版社2012年版，第73页。
④ 梁根林：《公众认同、政治抉择与死刑控制》，载《法学研究》2004年第4期。
⑤ 吕忠梅总主编、逢锦温等译：《美国量刑指南——美国法官的刑事审判手册》，法律出版社2006年版，主编按语第2页。

得我国借鉴，也值得我国死刑量刑所参考。

第二，关于我国在死刑量刑上已作出的努力，实际上，最高人民法院多年来坚持的"量刑规范化"已经是朝着这个方向做了显著的努力。我国量刑规范化工作的开展始于 2004 年最高人民法院的《人民法院第二个五年改革纲要（2004—2008）》，其实质性论证阶段是在 2005 年 10 月至 2008 年 7 月，分别就《人民法院量刑程序指导意见》初稿和《人民法院量刑指导意见（第八稿）》征求各量刑规范化试点法院的意见，特别是向北京市海淀区、上海市浦东新区等五个法院征求了意见。最终在 2009 年公布并实行了《人民法院量刑指导意见（试行）》和《人民法院量刑程序指导意见（试行）》，从此使得量刑规范化工作开始在法院系统形成一套工作模式。"量刑规范化改革的影响越来越大，试点工作取得的成效越来越大，社会各界对量刑规范化改革的支持越来越大。"① 对于死刑适用而言，量刑指导标准的统一有利于从源头上控制死刑的数量。

第三，关于我国量刑统一问题上存在的不足，实际上，我国的量刑规范化工作远没有达到美国《量刑指南》贯彻的那样普及和推广。最高人民法院主导的量刑规范化在实践中其实遇到了相当的阻力，困难在于：一是基层法院法官对于量刑规范化工作不理解和不支持。基准刑和调节确定之后的宣告刑之间如何换算，如何衡量，其实很多法官并不清楚，也不习惯于用量刑规范化指导工作，更多的还是凭着经验去判决。二是《最高人民法院量刑指导意见》、《量刑规范化指导意见》等文件频繁下发，法官在繁忙工作中无暇对比哪些文件是最终的指导文件，文件中数据和内容的少数矛盾更是让法官感到无所适从。三是量刑规范化内容本身缺乏创新性和明显的优势。有法官曾做过对比，发现通过经验去量刑和通过规范化文件进行量刑，其实结果差异不大，如果"量刑规范化"没有效果当然难以推广。

（二）努力实现刑种内容的轻刑化

1. 大力促进死刑向死缓过渡

（1）针对性地用死缓替代死刑立即执行。

除了通过司法途径，立法有必要对死刑立即执行过渡到死缓作出规定。本文第一作者认为，可以为严格限制死刑提出更严格的要求。② 吴宗宪教授认为，可以建议在刑法中规定"司法机关应该慎重地适用死刑，尽可能限制和减少死刑的适用。"③ 从而使得死刑的适用条件进一步法定化。笔者认为，可以考虑在死刑适用的立法中规定死刑缓期执行的前置适用，即更多地优先考虑死刑缓期执行，有针对性地提高死缓适用率。

（2）完善死缓的地位和作用。

死缓制度是我国刑法中非常有特色的制度之一，是对极其严重应当判处

① 熊选国主编：《〈人民法院量刑指导意见〉与"两高三部"〈关于规范量刑程序若干问题的意见〉理解与适用》，法律出版社 2010 年版，第 14 页。
② 参见赵秉志：《刑法总则问题专论》，法律出版社 2004 年版，第 569 页。
③ 吴宗宪主编：《中国刑罚改革论》（上册），北京师范大学出版社 2011 年版，第 153 页。

死刑的犯罪分子，如果不是必须立即执行的，可以判处死刑同时宣告缓期二年执行，二年考验期满，如果没有故意犯罪，则不再执行死刑的制度。死缓作为死刑立即执行的替代措施，对于减少死刑实际执行的数量十分必要。《刑法修正案（八）》对死缓减刑作出新规定，增加了死刑缓期执行的实际执行刑期，从表面上看，这是增加刑罚量的举动，是向"轻刑化"反向去调整，但其目的是通过缩减死刑立即执行与死刑缓期执行之间的差距，增加死刑与"生刑"之间的替代性，减少"生死两重天"的差异。因此，死缓的"趋严"调整并非真正为了"趋于严厉"，而是一种立法改革的策略。

第一，关于完善死缓的法律地位，很多学者主张扩大死缓适用。第一种观点认为，"根据犯罪种类来区分，即区分不同犯罪的种类，规定死刑的经济犯罪多考虑使用死缓，把死刑立即执行的重点放在严重暴力犯罪、严重危害社会治安的犯罪。"① 第二种观点认为，"针对死刑普遍适用死缓，即在不能废止死刑的情况下，可以考虑对所有的死刑犯一律判处死缓"②。第三种观点认为，应"充分发挥'死缓'制度的'减压阀'作用，将'死缓'制度作为限制与救济死刑适用的过渡性措施，对罪该处死而又确有自首、立功或其他积极悔改表现的罪犯在宣告死刑后有条件地暂缓执行死刑，并根据其在暂缓执行考验期内的认罪服法、悔过自新的进一步表现，最终决定是否实际执行死刑，则应当是现实可行的刑事政策选择。"③ 笔者认为，立法上直接将死缓规定为替代死刑立即执行的做法可能会遇到现实阻力，不如考虑从司法入手，一是先对经济类等非暴力犯罪尽量适用死缓，二是对存在自首、立功等积极悔过情节的罪犯原则上不适用死刑立即执行，以此为突破，逐步推开死缓适用。至于立法上规定死缓替代死刑立即执行则需要等待立法时机的成熟。

第二，关于调整死缓适用法律后果的问题，有意见认为，根据死缓犯在缓刑期间故意犯罪的严重情节不同，将缓期执行期间分为2年、4年和6年。④有意见认为，如果死缓犯在缓刑考验期内有较轻故意犯罪的，死缓期满后不执行死刑，而考虑改判无期徒刑、25年或30年有期徒刑。⑤ 还有意见认为："凡是在死缓期间立功，不管是否故意犯罪，都不宜对犯罪人适用死刑立即执行，但可根据情况来确定对犯罪人是适用无期徒刑还是15年以上有期徒刑。"⑥ 笔者认为，鉴于《刑法修正案（八）》刚刚对死刑缓期执行的考验期

① 付丽洁、郑丽萍：《论死缓制度的完善》，载陈兴良、胡云腾主编：《2004年中国刑法学论文集》第一卷：死刑问题研究（下），中国人民公安大学出版社2004年版，第762页。

② 陈兴良著：《刑法哲学》，中国政法大学出版社1992年版，第379页。

③ 梁根林著：《刑事制裁：方式与选择》，法律出版社2006年版，第181~182页。

④ 参见欧阳涛：《略论我国独创的死缓制度》，载陈兴良、胡云腾主编：《2004年中国刑法学论文集》第一卷：死刑问题研究（下），中国人民公安大学出版社2004年版，第712页。

⑤ 张泗汉：《死缓制度的适用与完善》，载陈兴良、胡云腾主编：《2004年中国刑法学论文集》第一卷：死刑问题研究（下），中国人民公安大学出版社2004年版，第715页。

⑥ 吴宗宪主编：《中国刑罚改革论》（上册），北京师范大学出版社2011年版，第156页。

经过减刑作出新规，[1] 为保持法制的稳定，有必要在经过一段时间的法律运行，再根据现实情况的调研考虑修改。

2. 对自由刑进行分类型调整

（1）长期自由刑的改革完善。

我国的长期自由刑包括无期徒刑和有期徒刑。根据刑期不同，可将长期自由刑分为三类：一是无期徒刑；二是 10 年以上有期徒刑；三是 3 年以上 10 年以下有期徒刑。《刑法修正案（八）》为了弥补死刑与"生刑"间隙过大的问题，而特别规定延长了有期徒刑数罪并罚的刑期。判决宣告以前一人犯数罪的，除判处死刑和无期徒刑的以外，应当在总和刑期以下、数刑中最高刑期以上，酌情决定执行的刑期，从而对于有期徒刑总和刑期不满 35 年的，数罪并罚最高不超过 20 年，总和刑期在 35 年以上的，数罪并罚最高不能超过 25 年。也就是说，《刑法修正案（八）》有选择性地提高了总和刑期在 35 年以上的有期徒刑数罪并罚的最高刑期，将其由原来的 20 年提高至 25 年。可以看出，这些调整是围绕着死刑限制而进行的。关于长期自由刑的调整和完善，我们选择如下问题进行探讨：

其一，关于长期自由刑的内容调整。

对自由刑的刑期，从域外立法例来看，意大利刑法典对于有期徒刑的规定是，刑期最短为 15 日，最长为 24 年；根据意大利反恐怖主义特别立法，以恐怖主义或以颠覆为目的绑架罪可判处 25 年至 30 年的有期徒刑。[2] 德国刑法典规定有期徒刑最短为 1 个月，最长为 15 年。[3] 法国刑法中重罪有期徒刑分为三个幅度：30 年徒刑、20 年徒刑和 15 年徒刑，重罪有期徒刑最少为 10 年，有期徒刑数罪并罚的最高限制为 30 年。[4] 西班牙刑法第 36 条、第 70 条规定监禁不高于 20 年；加重一级后期限不得超过 30 年。[5] 瑞士刑法规定重惩役最高为 20 年，数罪并罚最高为 30 年。[6] 奥地利刑法规定有期徒刑最高为 20 年，数罪并罚最高为 30 年。[7] 荷兰刑法规定有期徒刑最高为连续 15 年，任何情况下不超过 20 年。[8] 日本刑法规定有期徒刑最短为 1 个月，最长为 20 年，加重场合达到 30 年，减轻场合低至 1 个月以下；[9] 日本的监禁与徒刑的刑期相同。俄罗斯联邦刑事法典规定有期徒刑最短为 2 个月，最长为 20 年。[10] 如

---

[1]   即如果有重大立功表现，2 年期满后，减为 25 年有期徒刑，而对于限制减刑的死缓犯，缓刑执行期满后依法减为无期徒刑的，再减刑后实际执行的刑期不能少于 25 年，缓刑执行期满后依法减为 25 年有期徒刑的，实际执行的刑期不能少于 20 年。

[2]   黄风译注：《最新意大利刑法典》，法律出版社 2007 年版，第 30 页。

[3]   徐久生、庄敬华译：《德国刑法典（2002 年修订）》，中国方正出版社 2004 年版，第 15 页。

[4]   ［法］卡斯东·斯特法尼著：《法国刑法总论精义》，罗结珍译，中国政法大学出版社 1998 年版，第 460 页。

[5]   潘灯译：《西班牙刑法典》，中国政法大学出版社 2004 年版，第 16 页、第 26 页。

[6]   徐久生、庄敬华译：《瑞士刑法典》，中国方正出版社 2004 年版，第 11 页、第 26 页。

[7]   徐久生译：《奥地利刑法典》，中国方正出版社 2004 年版，第 8 页、第 13 页。

[8]   于志刚、龚馨译：《荷兰刑法典》，中国方正出版社 2007 年版，第 6~7 页。

[9]   张明楷译：《日本刑法典》，法律出版社 2006 年版，第 9 页。

[10]   赵路译：《俄罗斯联邦刑事法典》，中国人民公安大学出版社 2009 年版，第 29~30 页。

果有数罪并罚，"在裁定总合数罪时，剥夺自由刑的部分刑期合并或者是全部刑期合并时应当判处的剥夺自由刑期限，最高不得超过 25 年，在对总合刑事案判决（数个刑事案判决合并）裁定刑罚时，剥夺自由刑的最高期限不得超过三十年。"① 澳门刑法规定有期徒刑最低为 1 个月，最高为 25 年，在加重处罚及其他任何情况下不得超过 30 年。② 美国各州不同，有期徒刑的上限有的规定 25 年，有的 30 年，有的 50 年，有的没有上限的规定。③

对比世界上其他国家，我国 1997 年刑法典中数罪并罚情况下最高为有期徒刑 20 年的水平属于中等，经《刑法修正案（八）》修改提高的数罪并罚最高也不超过 30 年。如此看来，在《刑法修正案（八）》颁布之前有学者指出的"生刑过轻"问题看来的确是存在的。④ 特别是将这一情况与我国死刑的配置和适用相比较，"生刑"与死刑之间的鸿沟不可谓之不大，这一巨大差异不仅使刑罚结构不合理，同时也对死刑的限制适用和替代措施形成了障碍。⑤《刑法修正案（八）》上调有期徒刑数罪并罚的刑期实际上没有迥异于大多数国家，反而是有利于"生刑"与死刑衔接。本文第一作者曾论："在未来的刑罚制度中，如果立法上能够实现对某些犯罪废止死刑或者停止死刑适用，那么，这些犯罪中的严重情形，就只能判处无期徒刑了，此时，无期徒刑必须具有相当的严厉性。"⑥ 因此，《刑法修正案（八）》提高有期徒刑的数罪并罚期限对于弥补我国刑罚结构残缺具有重要意义，是值得肯定的。

其二，长期自由刑的配置和适用。

从配置结果看，长期自由刑该如何完善呢？刘宪权教授曾撰文⑦将我国长期自由刑配置情况与国外进行对比，刘教授列举了包括上述诸多国家的重刑上限的分布状况。我们这里以意大利和日本为例。

意大利有期徒刑上限是 24 年，刘宪权教授统计该重刑适用的罪名达到 21 个，包括：第 1 章"国事罪"中的侵害国家的完整独立和统一（第 241 条）、为同国家交战的目的与外国人勾结（第 243 条第 2 款）、助战行为（第 247 条）、资助敌人（第 248 条）、参与向敌国借贷（第 249 条）、在战时供应欺诈（第 252 条）、摧毁或者破坏军事设施（第 253 条）、政治或军事间谍活动（第 257 条）、刺探被禁止传播的消息的间谍活动（第 258 条）、泄露被禁止扩散

---

① 《俄罗斯联邦刑事法典》第 56 条规定，参见赵路译：《俄罗斯联邦刑事法典》，中国人民公安大学出版社 2009 年版，第 30 页。

② 赵秉志、肖中华：《澳门新刑法典述评》，载《法制现代化研究》，南京师范大学出版社 1996 年版，第 424 页。

③ 储槐植著：《美国刑法》，北京大学出版社 1996 年版，第 245 页。

④ 参见赵秉志：《中国死刑替代措施要论》，载《学术交流》2008 年第 9 期；陈兴良："刑罚结构亟待调整：限制死刑加重生刑"，载《人民检察》2007 年第 19 期。

⑤ 有学者对此持不同看法，认为不是所有国家的生刑期限都高于我国，"其实究竟多少国家的生刑期限高于我国才算'普遍'，这本身就没有标准。"参见刘宪权：《废除死刑与提高生刑期限关系比较探析》，载《法学》2011 年第 10 期。

⑥ 赵秉志：《当代中国刑罚制度改革论纲》，载《中国法学》2008 年第 3 期。

⑦ 统计数字来自于刘宪权教授对于各国刑法典当中各罪名法定刑内容的总结。参见刘宪权：《废除死刑与提高生刑期限关系比较探析》，载《法学》2011 年第 10 期。

的消息（第 262 条）、利用国家秘密（第 263 条）、对国家事务不忠（第 264 条）、对政治的瓦解（第 265 条）、对经济的瓦解（第 267 条）、以恐怖主义或者颠覆为目的的侵害（第 280 条）、侵犯国家宪政（第 283 条）、以恐怖主义或者颠覆为目的进行绑架（第 289 条一 2）、侵害外国首脑（295 条）；第 12 章侵犯人身罪中的杀伤罪（第 575 条、第 577 条第 2 款）和在受遗弃情况下杀婴（第 578 条）；第 13 章侵犯财产罪中的掳人勒赎（第 630 条）。日本的有期徒刑上限是 30 年，罪名是 24 个。主要包括：加重受贿罪（第 193 条之三）、援助外患罪（第 82 条）、对非现住建筑物放火罪（第 109 条）、交通危险罪（第 25 条）、将毒物等混入水道罪（第 146 条）、伪造和行使伪造的外国货币罪（第 149 条）、伪造和不正当使用玉玺罪（第 164 条）、移动国外目的的掠取罪（第 226 条）、内乱罪（第 77 条）、侵害现住建筑物等罪（第 119 条）、颠覆火车等罪（第 126 条）、伪造货币罪和行使伪造的货币罪（第 148 条）、伪造诏书等罪（第 154 条）、勒索赎金目的的勒取等罪（第 225 条之二）、强奸罪（第 177 条）、准强奸罪（第 178 条）、伤害致死罪（第 205 条）、对现住建筑物等放火罪（第 108 条）、将毒物等混入水道致死罪（第 146 条）、强盗罪（第 236 条）、杀人罪（第 199 条）、强制猥亵等致死伤罪（第 181 条）、强盗致死罪（第 240 条）、强盗强奸罪（第 241 条）。

对比我国有期徒刑配置状况，刘教授统计的结果是：我国能够适用 15 年有期徒刑的罪名达到 157 个，分布情况是：刑法第一章"危害国家安全罪"中有 11 个；第二章"危害公共安全罪"中有 23 个；第三章"破坏社会主义市场经济秩序罪"中有 48 个；第四章"侵犯公民人身权利、民主权利罪"中有 8 个（现行《刑法》中为 9 个）；第五章"侵犯财产罪"中有 5 个；第六章"妨害社会管理秩序罪"中有 30 个；第七章"危害国防利益罪"中有 4 个；第八章"贪污贿赂罪"中有 5 个；第九章"渎职罪"中有 4 个；第十章"军人违反职责罪"中有 19 个。刘教授认为："第一，在配置有期徒刑上限的罪名个数上，我国有 157 个罪名，而上述国家中最少的为 5 个，最多的也仅为 24 个，由此可见，我国可以适用有期徒刑上限刑罚的罪名个数明显多于上述国家。第二，上述国家配置有期徒刑上限刑罚的罪名从性质上看，多属于严重侵犯人身的暴力犯罪、危害国家独立和安全的犯罪、危害公共安全的犯罪、以暴力手段实施的财产性犯罪、恐怖主义犯罪以及有组织犯罪等。而我国配置有期徒刑上限刑罚的罪名则分布于刑法分则中的所有十章犯罪之中，涵盖率竟高达 100%。特别是在第三章'破坏社会主义市场经济秩序罪'中，配置有期徒刑上限刑罚的罪名多达 48 个。第三，上述国家一般都采取'特别'的方式另行规定有期徒刑上限，主要有以下两种表现形式：其一，在区分重罪和轻罪的刑罚体系中，将有期徒刑上限规定在'重罪'中，如法国 30 年有期徒刑上限仅限于故意杀人罪，美国一些州刑法的有期徒刑上限也仅限于一级重罪的加重情节；其二，先规定一般刑期，又以'例外情况'、'加重一级'或'特别情况'来规定有期徒刑上限，如挪威、蒙古、日本和西班牙。而这两种特别规定有期徒刑上限的立法方式，在我国刑法中并不存在，即我国刑法一般是将有期徒刑上限的规定作为一种常态立法形式予以普遍适用。由此可见，虽然上述国家规定的有期徒刑上限较高，但其只将这种刑罚适用于极少数严重犯罪，而我国虽然规定的有期徒刑上限相对较低，但其适用范围却具有相当的普遍性。"① 刘教授给出的结论是："不仅世界上有期徒刑上限规定低于我国的国家大量存在，而且从刑法配置有期徒刑上限刑罚的罪名范围来看，我国刑法规定所体现的有期徒刑的严厉程度与为数不多的有期徒刑上限较高的国家相比，也是有过之而无不及。"② 从这一角度，笔者赞成刘教授的观点。同时，笔者也认为，刘教授的结论恰好也与其他学者主张"我国的刑法从结构上看，属于'厉而不严'"③ 的结论是相吻合的，表现在：一是我国刑法中法定刑配置的重刑过多；二是我国的刑罚位阶相对较高，基本上没有不挂徒刑的罪名；三是基本看不到法定刑只限于拘役或者罚金的罪名。就比例而言，《刑法修正案（八）》之后，刑法 445 个罪名中有 157 个能够适用有期徒刑上限，比例达到约 35%。而意大利和日本，重刑适用的罪名比例只是 21% 和 24%。

此外，笔者认为，除了上述静态考察之外，我们还可以从动态角度做以论证。当然，刘教授文中虽然也援引了数据并得出"我国司法实践中所实际判处的 3 年以上有期徒刑和无期徒刑罪犯总数比例多年以来始终高于外国"④ 的结论，但是，通过翻阅资料，笔者统计的结果与刘教授存在些许差异。笔者按照所找到的数据进行了分析，并对此进行说明：

根据资料，我国实践中包括长期自由刑在内的刑罚适用总体情况是：我国 2002 年全国法院审理刑事案件被告人判决生效的有 706707 人，其中判处 5 年以上有期徒刑、无期徒刑以及死刑的有 160324 人，占判处罪犯总数的 22.85%；⑤ 2003 年全国法院审理刑事案件被告人判决生效的有 747096 人，其中判处 5 年以上有期徒刑、无期徒刑以及死刑的有 158562 人，占判处罪犯总

---

① 刘宪权：《废除死刑与提高生刑期限关系比较探析》，载《法学》2011 年第 10 期。
② 刘宪权：《废除死刑与提高生刑期限关系比较探析》，载《法学》2011 年第 10 期。
③ 付立庆著：《犯罪构成理论——比较研究与路径选择》，法律出版社 2010 年版，第 22 页。
④ 刘宪权：《废除死刑与提高生刑期限关系比较探析》，载《法学》2011 年第 10 期。
⑤ 经核实，《中国法律年鉴》记载的是："共判决并已发生法律效力的人犯 706707 人，比上年下降 5.91%。其中有罪判决占 99.3%。在判处的刑事犯罪分子中，判处五年以上有期徒刑、无期徒刑和死刑（包括死刑缓期二年执行）的 160324 人，比上年下降 15.02%，占生效判决人数的 22.67%（其中，判处危害国家安全罪、侵犯公民人身权利和民主权利罪、贪污贿赂罪、侵犯财产罪、破坏社会主义市场经济秩序罪、妨害社会管理秩序罪、危害公共安全罪、渎职罪分别占本罪的 63.18%、30.81%、22.36%、21.74%、21.14%、19.66%、11.62%、3.58%）；判处不满五年有期徒刑的 345351 人，占生效判决人数的 48.88%；判处有期徒刑缓期执行的 117278 人，占生效判决人数的 16.59%；判处拘役、管制及其他处罚的 67553 人，占生效判决人数的 9.56%；免予刑事处分的 11266 人，占生效判决人数的 1.59%；宣告无罪的 4935 人，占 0.7%。"

数的 21.36%；① 2004 年全国法院审理刑事案件被告人判决生效的有 767951 人，其中判处 5 年以上有期徒刑、无期徒刑以及死刑的有 146237 人，占判处罪犯总数的 19.13%；② 2005 年全国法院审理刑事案件被告人判决生效的有 844717 人，其中判处 5 年以上有期徒刑、无期徒刑以及死刑的有 150878 人，占判处罪犯总数的 17.91%；③ 2006 年全国法院审理刑事案件被告人判决生效的有 890755 人，判处罪犯人数是 889042 人，其中判处 5 年以上有期徒刑、无期徒刑以及死刑的有 153724 人，占判处罪犯总数的 17.29%；④ 2007 年全国法院审理刑事案件被告人判决生效的有 933156 人，其中判处 5 年以上有期徒

---

①　《中国法律年鉴》显示："共判决并已发生法律效力的人犯 747096 人，比上年上升 5.67%。其中有罪判决占 99.35%。在判处的刑事犯罪分子中，判处五年以上有期徒刑、无期徒刑和死刑（包括死刑缓期二年执行）的 158562 人，比上年下降 1.15%，占生效判决人数的 21.22%。"因此，根据《中国法律年鉴》的数据，"判处五年以上有期徒刑、无期徒刑和死刑（包括死刑缓期二年执行）的 158562 人"，"判处不满五年有期徒刑的 357991 人"，"判处有期徒刑缓期执行的 134927 人"，"判处拘役、管制及其他处罚的 78875 人"，"免予刑事处分的 11906 人"，罪犯总人数应该是相加得到的 742261 人。所以，"判处 5 年以上有期徒刑、无期徒刑以及死刑的"占"判决罪犯总数的"比例是 21.36%。

②　《中国法律年鉴》给出的数据是"共判决并已发生法律效力的人犯 767951 人，比上年上升 2.79%。其中有罪判决占 99.56%。在判处的刑事犯罪分子中，判处五年以上有期徒刑、无期徒刑和死刑（包括死刑缓期二年执行）的 146237 人，比上年下降 2.18%，占生效判决人数的 19.04%；判处不满五年有期徒刑的 363012 人，占生效判决人数的 47.27%；判处有期徒刑缓期执行的 154429 人，占生效判决人数的 20.11%；判处拘役、管制及其他处罚的 88563 人，占生效判决人数的 11.53%；免予刑事处分的 12345 人，占生效判决人数的 1.61%；宣告无罪的 3365 人，占 0.44%。"因此，罪犯总数应该是 764586 人，那么"判处 5 年以上有期徒刑、无期徒刑以及死刑的人数占全部罪犯人数的比例"应该是 19.13%。

③　2005 年公布的《2004 年最高人民法院工作报告》中，公布了"共判决并已发生法律效力的人犯 844717 人，比上年上升 10%，其中有罪判决占 99.74%。在判处的刑事犯罪分子中，判处五年以上有期徒刑、无期徒刑和死刑（包括死刑缓期二年执行）的 150878 人，重刑率为 18.2%；判处五年以下有期徒刑的 395139 人，占生效判决人数的 47.65%；判处有期徒刑或拘役缓期执行的 184366 人，占生效判决人数的 22.23%；判处拘役、管制及其他处罚的 98855 人，占生效判决人数的 11.62%；免予刑事处罚的 13317 人，免刑率占 1.57%；宣告无罪的 2162 人（包括自诉案件宣告无罪 1185 人），占生效判决人数的 0.26%。"罪犯总数应该是除无罪判决以外的其他罪犯人数之和，为 842555 人，那么，"判处 5 年以上有期徒刑、无期徒刑以及死刑的人数占全部罪犯人数的比例"的结果应该是 17.91%。

④　《中国法律年鉴》给出的数据是："共判决并已发生法律效力的人犯 890755 人，比上年上升 5.45%，其中判处罪犯 889042 人。在判处的刑事犯罪分子中，判处五年以上有期徒刑、无期徒刑和死刑（包括死刑缓期二年执行）的 153724 人，重刑率为 17.26%"，因此 5 年以上有期徒刑、无期徒刑以及死刑的罪犯占罪犯总和的比例应该是 17.29%。

刑、无期徒刑以及死刑的有 151378 人，占判处罪犯总数的 16.25%①。经核实，② 2008 年以后的数据中，2008 年全国法院审理刑事案件被告人判决生效的有 1008677 人，判处罪犯 1007304 人，其中判处 5 年以上有期徒刑、无期徒刑以及死刑的有 159020 人，占判处罪犯总数 15.79%；2009 年全国法院审理刑事案件被告人判决生效的有 997872 人，共判处罪犯 996666 人，其中判处 5 年以上有期徒刑、无期徒刑以及死刑的有 162675 人，占判处罪犯总数 16.32%；2010 年全国法院审理刑事案件中，共判处罪犯为 1007419 人，其中判处 5 年以上有期徒刑、无期徒刑以及死刑的有 159261 人，占判处罪犯总数 15.81%。详细信息见表一。

---

① 《中国法律年鉴》给出的数据是："共判决并已发生法律效力的人犯 933156 人，比上年上升 4.76%，其中判处罪犯 931739 人。在判处的刑事犯罪分子中，判处五年以上有期徒刑、无期徒刑和死刑（包括死刑缓期二年执行）的 151378 人，重刑率为 16.22%；判处 5 年以下有期徒刑的 430110 人，占生效判决人数的 46.09%；判处有期徒刑或拘役缓期执行的 227959 人，占生效判决人数的 24.43%；判处拘役、管制及其他处罚的 107163 人，占生效判决人数的 11.49%；免予刑事处罚的 15129 人，免刑率 1.62%；宣告无罪的 1417 人（包括自诉案件宣告无罪的 732 人），占生效判决人数的 0.15%。"

② 刘教授给出的数据为："根据最高人民法院发布的《全国法院审理刑事案件被告人判决生效情况表》，2008 年全国法院判决有罪的被告人有 1007304 人，其中判处 5 年以上有期徒刑、无期徒刑和死刑的有 159020 人，占判处罪犯总数的 15.79%；2009 年全国法院判决有罪的被告人有 996666 人，其中判处 5 年以上有期徒刑、无期徒刑和死刑的有 162675 人，占判处罪犯总数的 16.32%；2010 年全国法院判决有罪的被告人有 1007419 人，其中判处 5 年以上有期徒刑、无期徒刑和死刑的有 159261 人，占判处罪犯总数的 15.81%。"，其来源参见《2008 年全国法院审理刑事案件被告人判决生效情况表》，http://www.court.gov.cn/qwfb/sfsi/201002/t20100221 - 1409htm，2010 年 10 月 5 日访问，参见《2009 年全国法院审理刑事案件被告人判决生效情况表》，http://www.court.gov.cn/qwfb/sfsj/201004/t20100408 - 3854.htm，2010 年 10 月 5 日访问，参见《2010 年全国法院审理刑事案件被告人判决生效情况表》，http://www.court.gov.cn/qwfb/sfsj/201103/P020110324592221471083.Xls，2011 年 7 月 19 日访问。（转载自刘宪权：《废除死刑与提高生刑期限关系比较探析》，载《法学》2011 年第 10 期。）笔者经过对比《中国法律年鉴》核实后认为，刘教授给出的 2008 年和 2009 年的数据是正确的，计算结果与刘教授一致。参见《中国法律年鉴》，中国法律年鉴出版社 2009 年版，第 116 页；《中国法律年鉴》，中国法律年鉴出版社 2010 年版，第 159 页。

表一　2002 年至 2009 年我国刑事判决人数①

年份	判决生效	无罪	罪犯	5 年以上徒刑	不满 5 年有期徒刑	有期徒刑缓刑	拘役、管制和其他处罚	免予刑事处罚
2002	706707	4935	701772	160324	345351	117278	67553	11266
2003	747096	4835	742261	158562	357991	134927	78875	11906
2004	767951	3365	764586	146237	363012	154429	88563	12345
2005	844717	2162	842555	150878	395139	184366	98855	13317
2006	890755	1713	889042	153724	409571	206541	104010	15196
2007	933156	1417	931739	151378	430110	227959	107163	15129
2008	1008677	1373	1007304	159020	463166	249111	118695	17312
2009	997872	1206	996666	162675	459621	*	*	17223

据此，笔者认为：

首先，我国判处 5 年以上有期徒刑的人数始终没有大的变化，而不超过 5 年的有期徒刑对比 5 年以上有期徒刑有显著增长，总体来说，有期徒刑及以上刑罚是我国主要的刑罚手段，从 2002 年至 2009 年，虽然有期徒刑以上刑罚实际执行的人数分别为 505675 人、516553 人、509249 人、546017 人、563295 人、581488 人、622186 人、622296 人，逐渐增多，但是其各年数字占到当年全部刑事判决罪犯数的比例分别是 72.06%、69.59%、66.60%、64.80%、63.36%、62.41%、61.77% 和 62.44%，整体呈现下降态势，所以，我国有期徒刑以上刑罚实际执行相对于罪犯人数的比例是逐渐萎缩的，这是第一个特征。

其次，即便我国重刑适用比例在不断降低，但是与其他国家相比仍然较高。比如，日本 2005 年判处的自由刑中，3 年以下占到了 91.7%，3 年以上才不足 9%。② 有资料显示，德国的监禁刑在刑罚体系中的比重非常小，"所有判决中只有 5% 是无条件立即执行的监禁刑，居主导地位的是罚款（82%）和缓刑（12%）"。③ 据俄罗斯司法部发布的信息：俄罗斯"在所有涉及成年

---

① 表格中的数据有的来自 2003 年至 2010 年的《中国法律年鉴》，有的是根据其他数字进行计算得来。＊号所表示的，是没有列明的 2009 年的部分数据，原因是在当年的《中国法律年鉴》中《最高人民法院工作报告》将统计的类别做了新的划分。其中有一项是将有期徒刑、拘役的缓刑与管制进行了累加，而前几年的数据是将管制与缓刑分开，且将管制与其他刑罚放在一起。这种变化导致 2009 年的数据与前几年的数据对比，因此笔者未将其加入表格。另外，根据 2010 年《中国法律年鉴》，2009 年全国法院"判处有期徒刑或拘役缓期执行、管制 333593 人，占 33.43%，单处附加刑 22554 人。"

② 刘宪权：《废除死刑与提高生刑期限关系比较探析》，载《法学》2011 年第 10 期。

③ ［南非］德克·凡·齐尔·斯米特、［德］弗里德·邓克尔编著：《监禁的现状和未来》，张青译，法律出版社 2010 年版，第 219 页。

人的案件中，监禁判决占 34.8%；另外，缓期执行的监禁判决占 44.5%。"①
相比之下，我国的重刑比例常年维持在 60% 以上（包括死刑在内），显然
较高。

再次，从修法的方向上似乎也可看出差异的存在。比如，俄罗斯修法情
况与我国进行对比，俄罗斯刑法典是于 1996 年 6 月颁布的，与我国修改 1997
年刑法的时间相距不远。但资料显示，俄罗斯旧的"《刑法典》规定了 538 种
应该受到处罚的罪行，新《刑法典》规定了 530 种罪行。根据以前的《刑法
典》可以对 87.4% 的罪行适用监禁刑；而在新《刑法典》中，此比例为
84.7%。虽然从表面上看两者之间的差别非常小，但新《刑法典》中强制适
用监禁刑（无论是定期监禁刑还是终身监禁）的罪行比例已经有了大幅度下
降。旧《刑法典》中半数以上（51.7%）的罪行只能判处一种刑罚，也就是
监禁刑；在新《刑法典》中，这个比例为 44.9%，可使用替代刑罚的罪行也
从 35.7% 增加到 39.8%"② 这说明俄罗斯在 1996 年修订刑法时已经有意识地
朝着轻刑化方向努力了。而我国刑法直到《刑法修正案（八）》为新增个罪
配置法定刑，很少有只是配置拘役以下刑法的情况，长期自由刑依然是主要
而常见的刑罚方法。

总的来说，虽然《刑法修正案（八）》努力提高"生刑"与死刑之衔接
是科学的，但从合理性要求上看，这一努力仍显不够。立法者仍然需要对包
括长期自由刑在内的刑罚做整体"轻刑化"的处理。笔者建议，在今后的修
订刑法中，除了要像《刑法修正案（八）》一样调整刑罚结构外，还要考虑
将刑罚配置总量向着缩减的方向调整，即在维持刑罚结构基本稳定的前提下，
开始考虑削减重刑罚，特别是长期自由刑的投入。

其三，关于无期徒刑改革与死刑废止目标之关系。

长期自由刑中的无期徒刑应该在哪些方面进行完善呢？有意见认为，可
以对无期徒刑进行分类，能够起到与完善减刑规则同样的效果，即该意见认
为可以将无期徒刑分为"不可假释的长期自由刑"和"一般的无期徒刑"，
以适应对死刑限制和废止之后的刑罚需要。这种立法例在英美法系刑法中有
所体现，例如香港的终身监禁当中，包含绝对的终身监禁和普通可以减刑的
终身监禁，前者即不允许假释的终身监禁，在美国和英国也分别有类似的案
例。③ 我国也有建议设立不得假释的终身监禁，以此作为死刑的替代措施的意
见："设立不可减刑、不可假释的终身自由刑是均等划分刑格的要求，能够缩

---

① ［南非］德克·凡·齐尔·斯米特、［德］弗里德·邓克尔编著：《监禁的现状和未来》，张青
译，法律出版社 2010 年版，第 422 页。

② ［南非］德克·凡·齐尔·斯米特、［德］弗里德·邓克尔编著：《监禁的现状和未来》，张青
译，法律出版社 2010 年版，第 423 页。

③ 《东南商报》（电子版）报道，朱海洋在美国"被判无期终生不得假释"，网址：http://daily.
cnnb. com. cn/dnsb/html/2010 - 04/22/content_185492. htm；凤凰网：《英国开膛杀人狂被判 20 个无期
徒刑不准假释》，网址：http://news. ifeng. com/world/detail_2010_07/16/1784636_0. shtml，2012 年 5 月
26 日。

小死缓和死刑立即执行之间过于悬殊的刑罚差距。"① 邱兴隆教授认为："对本该适用死刑的某些极其严重的犯罪情形，在废止其死刑后，禁止适用减刑或者假释。立法机关也可以在必要时，授权法官可根据犯罪人之罪行排除减刑、假释的适用。"②

高铭暄教授认为，我国无期徒刑的确需要改革，但设立不得假释的无期徒刑并非是正确的，绝对无期徒刑或终身监禁方案取消了减刑、假释在无期徒刑中的适用，值得商榷。高教授的理由是："第一，绝对性无期徒刑的残酷性未必逊色于死刑。以绝对性无期徒刑取代死刑是在人的终身自由与生命之间画上价值等号，对于那些更崇尚自由的罪犯而言，无疑是加重了处罚。第二，有侵犯人权之嫌。现代文明条件下的刑罚所追求的人权保护要求国家在惩罚犯罪的时候，以一种人性的态度来对待罪犯，保障犯罪人应有的权利。国际社会各个人权文件几无例外地规定，任何死刑犯均有权请求减刑或者赦免，这是死刑犯的基本权利。因此，无减刑、无假释的绝对性无期徒刑不利于保障罪犯的基本权利。第三，片面地强调报应和惩罚，忽视对罪犯的改造。以'人本位制'的矫正主义取代'刑本位制'的报应主义是刑罚发展的方向。传统意义上的终身监禁的终极目的仅在于单纯地惩罚罪犯，带有明显的复仇与报应论倾向，不利于刑罚预防、矫正目的的实现。"③ 因此高铭暄教授提出，一方面要弥补死刑废止或者限制后可能出现的刑罚效力减弱，同时又要兼顾到刑罚人道，对死缓减刑的无期徒刑，有必要延长死缓减刑后、假释之前即无期徒刑的实际执行期限。

我们看到，《刑法修正案（八）》印证并肯定了高铭暄教授的观点，没有设置不可减刑不可假释的无期徒刑，二是对无期徒刑作了减刑方面的限制，内容包括：无期徒刑减刑后不能少于 13 年，并且对死缓减为无期徒刑之后的减刑进行限制，在缓刑执行期满后依法减为无期徒刑的，不能少于 25 年，缓期执行期满后依法减为 25 年有期徒刑的，不能少于 20 年；在假释方面，被判处无期徒刑的，实际执行 13 年以上，根据相关规定才可以假释。

然而，这一改革成果距离普通民众对于死缓减为无期徒刑的看法还是有一定差距的，很多人依然相信"好死不如赖活"这句俗语。2004 年武汉大学法学院的调查数据④中，第五个问题就是对国外无假释可能的终身监禁替代死刑的调查。

① 赵琳、高蕴昕：《国际视角下的限制死刑论》，载《佛山科技学院学报》2005 年第 2 期。
② 邱兴隆、许章润著：《刑罚学》，中国政法大学出版社 1999 年版，第 205～206 页。
③ 高铭暄、楼伯坤：《死刑替代位阶上无期徒刑的改良》，载《现代法学》2010 年第 11 期。
④ 参见康均心著：《理想与现实——中国死刑制度报告》，中国人民公安大学出版社 2005 年版；周国良：《中国死刑存废中的民意与国家决策关系研究》（北京师范大学刑事法律科学研究院 2005 级博士毕业论文），第 45 页。

表二　问题五：国外有将无假释可能的终身监禁替代死刑的做法，
您是否觉得无假释可能的终身监禁比死刑更具威慑力？

	被访人数	百分比	有效百分比	渐增百分比
是	581	28.8	31.3	31.3
不是	942	46.7	50.7	82.0
说不清楚	335	16.6	18.0	100.0
总计	1858	92.0	100.0	
缺失值	161	8.0		
总计	2019	100.0		

从 2007 年至 2008 年武汉大学刑事法研究中心的调查数据①中，我们又看到：

表三　您是否赞同以犯人有可能被提前释放的无期徒刑替代死刑？

	被访人数	百分比	有效百分比	渐增百分比
支持	71	15.6	15.7	15.7
反对	381	83.7	84.3	100.0
总计	452	99.3	100.0	
缺失值	3	0.7		
总计	455	100.0		

表四　您是否赞成以犯人不可能被提前释放的无期徒刑替代死刑？

	被访人数	百分比	有效百分比	渐增百分比
支持	215	47.3	47.9	47.9
反对	234	51.4	52.1	100.0
总计	449	98.7	100.0	
缺失值	6	1.3		
总计	455	100.0		

---

①　资料来源：北京师范大学刑事法律科学研究院法学 2005 级博士毕业论文，周国良：《中国死刑存废中的民意与国家决策关系研究》，第 47 页。

表五　您是否赞成以犯人不可能被提前释放且用自己劳动收入
补偿被害人家属的无期徒刑来替代死刑？

	被访人数	百分比	有效百分比	渐增百分比
支持	298	66.5	66.8	66.8
反对	148	32.5	33.2	100.0
总计	446	98.0	100.0	
缺失值	9	2.0		
总计	455	100.0		

从调查结果看，无假释可能的无期徒刑、不可能被提前释放且用自己劳动收入补偿被害人家属的无期徒刑在我国民众中还是有相当的支持比例的，支持率66.5%，接近2/3。对此，我们有理由再进行思考，尊重以人为本和人道主义的价值本身并没有错，然而现实中人们对于这一问题的观念认识却始终无法与人本主义的刑罚观念相契合，两者之间存在沟通上的鸿沟，这或许是为什么该问题始终存在争论的原因。同时，这一问题也从另一个侧面肯定了我国实践中如果要废止死刑所存在的难度。我们认为，即便两种观点都有各自的道理，但由于《刑法修正案（八）》刚刚对无期徒刑、死缓的减刑、假释制度加以调整完善，这一进步是来之不易的。出于法制稳定的考量，这一问题可以暂时予以搁置，或许经过一段时间的实践检验，或许经过更长时间的社会观念转变，解决该问题的时机才会到来。

其四，关于无期徒刑自身的内容完善。

笔者认为，无期徒刑在立法上的限制适用对象是一个值得思考和完善的问题。与死刑控制的考虑相似，对无期徒刑适用主体进行限制也是有必要的。实际上，刑法第 49 条规定对不满 18 周岁的人犯罪不适用死刑，也就是说，对犯罪时的未成年人能够适用的最高刑也就是无期徒刑了。然而，已满 14 周岁不满 18 周岁的人犯罪又要依据刑法第 17 条第 3 款的规定，对其应当从轻处罚或者减轻处罚，那么，无期徒刑是否还能够适用于已满 14 周岁不满 18 周岁的未成年人呢？本文第一作者认为，根据联合国《儿童权利公约》相关规定，并且本着应有的人道主义精神，无期徒刑本身对于未成年人的教育、改造极为不利，不宜将无期徒刑适用于未成年人。[①] 吴宗宪教授提出了相似的考虑，即如果对未成年人可以规定不适用无期徒刑，同时，75 周岁以上老年人也不适用死刑，那么，"刑法可以明确作出规定，对不满 18 周岁的人、70 岁以上的人不适用无期徒刑"。[②] 所以，从上述分析可以看出，无期徒刑如果需要改革完善，通过立法明确不适用无期徒刑的主体是一个有必要考虑的方面。

（2）短期自由刑的改革完善。

---

① 参见赵秉志主编：《刑法总论》，中国人民大学出版社 2007 年版，第 56 页。
② 吴宗宪主编：《中国刑罚改革论》（上册），北京师范大学出版社 2011 年版，第 164 页。

短期自由刑是指刑期在 3 年以下的自由刑①，包括有期徒刑、拘役和管制。关于短期自由刑的弊端，学界达成共识的意见如：短期自由刑因罪犯的不同，其可能存在刑期过短或刑期过剩的问题，短期自由刑对罪犯的教育效果差、不利于对罪犯的改造，有可能因短期自由刑而给罪犯造成标签化的结果，等等。台湾学者林山田教授在评论台湾短期自由刑适用率占自由刑70%②的情况时说："超量地使用短期自由刑，将足以削低自由刑的刑罚成效，并造成刑事司法负面效果，故宜速谋改进。"③ 同样，该问题在我们的司法实践中也是存在的，所以有必要反思短期自由刑制度的相关问题。

其一，关于短期自由刑的废除说和改良说。

关于短期自由刑历来有主废说和主存说的对立。关于国外的主废说，即针对 6 个月以下短期自由刑的抵制意见，代表人物有龙勃罗梭、李斯特、柯罗尼、鲍曼恩等，他们主张通过其他形式的惩罚对短期自由刑进行替代。而我国的主废说，考察的对象是 3 年以下有期徒刑和拘役刑，主要内容也是针对短期自由刑，特别是对拘役刑主张应当废除。主存说方面，国外的看法认为主张废除短期自由刑过于绝对，自由刑有其存在的价值和意义。德国的耶塞克认为："对短期自由刑的刑事政策评价取决于以何种选择来对其进行比较。从特别预防的角度看，短期自由刑要优越于长期自由刑，所以不能笼统地排除短期自由刑，而要将短期自由刑作为降低制裁水平的手段来理解。"④ 我国的主存说认为，保留拘役刑有其积极意义，特别是对于维持刑罚结构的整体完整是十分必要的。上面的看法中，我国通说已然是主存说。笔者认为，短期自由刑的存废问题需要考虑两个方面，一是该种刑罚本身所具有的刑罚效果，二是我国实践现实中如何应用该刑罚，未来的改革如果落实及是否行得通。显然，我国当前的短期自由刑应用，特别是 3 年以下有期徒刑，正是我国打击现阶段犯罪的重要手段，即便是大多数的轻微犯罪，由于经济发展水平和社会管理手段的层次限制，当前如果提出废止短期自由刑显然是不现实的。我们赞成这样的观点："短期自由刑的主废说是片面的，主存说才是理性的，但绝不可无视短期自由刑本身或由于执行方式不当等所造成的弊端，所以在短期自由刑存废问题上的科学态度应该是：保留但应予以完善。"⑤

其二，关于短期自由刑刑期的说明。

---

① 关于短期自由刑的刑期，历来有多种意见，这里采用"3年说"。

② 林山田著：《刑罚学》，台湾商务印书馆 1992 年版，第 204 页。

③ 林山田著：《刑法通论》（下），北京大学出版社 2012 年版，第 316 页。

④ ［德］汉斯·海茵里希·耶塞克著：《德国刑法教科书（总论）》，徐久生译，中国法制出版社 2001 年版，第 922 页。

⑤ 高铭暄、赵秉志主编：《刑罚总论比较研究》，北京大学出版社 2008 年版，第 277 页。

刑法学界按照最高刑划分短期自由刑，有"6 月说"①、"3 年说"②、"5 年说"③"10 年说"④ 四种。台湾地区学者中，主要有"6 月说"⑤、"1 年说"⑥ 两种。而国外的看法较为多样，有"30 日说"⑦、"6 周说"（如李斯特)⑧、"3 月说"⑨（如 1946 年国际刑法会议决议）、"4 月说"⑩（如加罗法洛）、"6 月说"（如曼恩霍姆、大谷实)⑪、"1 年说"⑫（如霍尔、卡纳特）六种。简单来看，大体形成了"国外观点≤台湾观点≤大陆观点"的刑期看法。

对上述差别形成的原因，陈志军博士认为：其一，中外刑法中有期自由刑的整体期限上限是存在差异的，由此导致短期自由刑的上限存在差异；其二，中外刑法中有期自由刑下限因犯罪观念的差异、刑罚观念的差异也存在迥然不同的情况⑬。从这一角度看，由于中外对此的观点差异较大，关于我国短期自由刑的完善，应以我国实践作为研究样本，不可照搬外国经验。目前，"3 年说"是我国学界关于该问题的通说。一是由于我国立法中已将 3 年作为一个重要的时间节点，⑭ 对短期自由刑的划分有必要参照这一既定标准。二是

---

① 参见赵秉志主编：《刑法学通论》，高等教育出版社 1993 年版，第 363 页；李贵方著：《自由刑比较研究》，吉林人民出版社 1992 年版，第 118 页；梁根林著：《刑事制裁：方式与选择》，法律出版社 2006 年版，第 222 页，等等。

② 赵秉志主编：《海峡两岸刑法总论比较研究》（下卷），中国人民大学出版社 1999 年版，第 576 页；陈兴良主编：《刑种通论》，中国人民大学出版社 2007 年版，第 189 页。

③ 陈兴良主编：《刑种通论》，中国人民大学出版社 2007 年版，第 189 页。

④ 陈兴良主编：《刑种通论》，中国人民大学出版社 2007 年版，第 189 页。

⑤ 参见林山田著：《刑法通论》（下），北京大学出版社 2012 年版，第 316 页。

⑥ 参见裴朝永：《从短期自由刑之得失看保安处分法制推行之重要性》，载台湾《刑事法杂志》1963 年版第 3 期；张齐斌：《论短期自由刑之执行与假释及善时制之适用》，载台湾《法学丛刊》1977 年第 86 期。

⑦ 参见张甘妹著：《刑事政策》，台北三民书局 1979 年版，第 274 页。

⑧ 参见张甘妹著：《刑事政策》，台北三民书局 1997 年版，第 293 页。

⑨ 参见张甘妹著：《刑事政策》，台北三民书局 1997 年版，第 293 页。

⑩ 参见张甘妹著：《刑事政策》，台北三民书局 1997 年版，第 293 页。

⑪ 参见张明楷著：《外国刑法纲要》，清华大学出版社 2007 年版，第 381 页；［日］大谷实著：《刑事政策学》，黎宏译，法律出版社 2001 年版，第 122～123 页。

⑫ 参见张甘妹著：《刑事政策》，台北三民书局 1997 年版，第 294 页；张明楷著：《外国刑法纲要》，清华大学出版社 2007 年版，第 381 页。

⑬ 参见高铭暄、赵秉志主编：《刑罚总论比较研究》，北京大学出版社 2008 年版，第 240～247 页。

⑭ 例如，我国刑法规定了对于本国公民在我国领域外犯我国刑法所规定之犯罪的，而适用刑法其最高刑仅为 3 年以下有期徒刑的，可以不予追究；我国作为自由刑的一种的管制刑的最高刑期是 3 年；我国的缓刑制度也是针对判处拘役、3 年以下有期徒刑的犯罪分子而适用的；我国刑法分则中，法定刑划分界限有很多都是以 3 年有期徒刑为重要节点，也就是说，我国刑法分则中的有期徒刑分别按照 1 年、2 年、3 年、5 年、7 年、10 年、15 年作为划分节点的立法例是短期自由刑刑期学理划分不得不考虑的内容。

根据我国司法部早年组织的一次全国性司法调查,① 得出了一个关于 3 年的调查结论,该结果显示:实践中,3 年以下短刑犯矫治效果存在较差、重犯率较高的特点,并以此为基础,形成了我国刑事司法研究领域习惯于以 3 年为短期自由刑之时间临界点的模式,可以说,是研究传统所致。②。

其三,关于短期自由刑执行方式的完善。

其实,不论是主废说还是主存说,短期自由刑的研究焦点始终是集中在执行效果和执行方式上,而执行效果在很大程度上又是依赖于执行方式的选择,所以方式是根本。关于短期自由刑的执行方式如何改革,在以下三个方面存在争论:

角度一,可否考虑限制短期自由刑适用?

限制短期自由刑,是指能不适用的就不适用,将短期自由刑适用只是作为例外。《德国刑法典》第 47 条第 1 项规定:"法院根据犯罪和行为人人格具有的特殊情况,认为只有判处自由刑才能影响行为人和维护法律秩序时,可判处 6 个月以下的自由刑。"也就是说,适用短期自由刑应尽量是在个别预防的前提下,根据犯罪人人格、犯罪历史的情况,在认为其他替代措施等方法都不足以禁止其犯罪时,在非监禁刑方法必然会不利于法律秩序维护和、民众安全感维系时,才能适用短期自由刑。达到限制短期自由刑需要必要的条件,即"最后手段条款"。所谓"最后手段条款"是指国家启动刑罚作为最后秩序维护手段所要依据的必要限制条款。也就是说,"'最后手段'昭示了只要能以其他方式解决就不必实行这种制裁方式。最终也就减少了刑事制裁的发动机会。"③ 德国刑法中规定短期自由刑的限制性条款就属于这种立法方式,然而,笔者认为,我国司法实践通过这种方式限制短期自由刑适用,是存在一定困难的。"最后手段条款"能够落实的必要条件是能够对案件和罪犯实现充分评估,而这一条件的满足在我国当前还有难度。相比之下,与其限制短期自由刑,不如对短期自由刑制度本身进行完善。

角度二,可否考虑短期自由刑的内容完善?

短期自由刑的完善包括两方面内容:一是短期自由刑的刑罚执行,二是建立和完善刑事犹豫制度。

首先,从刑罚自身来看:

一是关于短期的有期徒刑。有期徒刑是我国最主要的刑罚之一,短期的有期徒刑虽然刑期较长期有期徒刑要短,但是二者并没有本质上的差异,短

---

① 据资料显示,"1986 年我国司法部曾经组织了一次全国性的'提高改造质量和预防重新犯罪'的抽样调查活动。调查将 3 年以下短刑犯列为专项,在全国范围内进行了一次较为全面、深入的调查。调查显示,我国被判处 3 年以下有期徒刑或拘役的短刑犯的矫正效果较差,重新犯罪率较高。劳改部门也反映,对 3 年以下短刑犯难以采取较为系统的改造措施。"陈兴良主编:《刑种通论》,人民法院出版社 1993 年版,第 189 页。

② 对于短期自由刑"3 年"为最高刑期的说法,还存在"宣告刑说"、"执行刑说"和"折中说"。因笔者只是探讨短期自由刑的改革和完善问题,以制度规定为重要参照,所以在此处是以宣告刑说为准。

③ 周娅著:《短期自由刑研究》,法律出版社 2006 年版,第 171 页。

期自由刑也是以剥夺罪犯人身自由为主要内容的刑罚手段，因此没有必要单独考虑短期有期徒刑执行完善问题。

二是关于拘役。由于拘役刑的刑期至多是 6 个月，兼具"监禁隔离"和"短期"的特征。首先，据有关统计，2006 年我国被判处拘役的犯罪人占全部被判刑人员的 7.38%[1]，而 3 个月以下拘役刑的适用率可能趋近于零，[2]"而在我国刑法中规定有拘役刑的罪名却占全部罪名的 86.2%。这种适用率与配置率的巨大反差，已经基本上否定了其存在的现实合理性。"[3] 也就是说，现实情况已充分显示了立法规定与实际执行中存在巨大差异，除了废止拘役刑的观点外，至少大幅削减不必要的关于拘役刑的立法设置是有必要的。其次，从拘役刑自身特征看，其不符合刑罚轻缓化的趋势，存在较大弊端，短期自由刑所具有的缺点在拘役刑上是表现最为明显的。从刑期比较上看，国外立法普遍支持废除的短期自由刑实质上也就相当于我国的拘役刑。但是，在我国刑罚体系中直接废止拘役刑又不具有现实可能，那么，可以考虑削减拘役刑立法，并且在司法上尽量不适用拘役刑，为废止拘役刑做现实的准备。

三是关于管制刑，由于管制刑是将犯罪人放在社会上执行，符合刑罚轻缓化、社会化的要求，因此是值得肯定的刑罚手段。目前，我国《刑法修正案（八）》对管制刑做了新规定：一是增加了"判处管制，可以根据犯罪情况，同时禁止犯罪分子在执行期间从事特定活动，进入特定区域、场所，接触特定的人"的规定。二是将原刑法条款修订为"对判处管制的犯罪分子，依法实行社区矫正"。三是增加"违反第二款规定的禁止令的，由公安机关依照《中华人民共和国治安管理处罚法》的规定处罚。"此外，最高人民法院还在 2011 年 4 月 28 日与最高人民检察院、公安部、司法部联合发布了《关于对判处管制、宣告缓刑的犯罪分子适用禁制令有关问题的规定（试行）》，其第 2 条内容为："人民法院宣告禁制令，应当根据犯罪分子的犯罪原因、犯罪性质、犯罪手段、犯罪后的悔罪表现、个人一贯表现等情况，充分考虑与犯罪分子所犯罪行的关联程度，有针对性地决定禁止其在管制执行期间、缓刑考验期限内'从事特定活动，进入特定区域、场所，接触特定的人'的一项或者几项内容。"从而更进一步完善我国管制刑的执行。当前，如何为管制刑和社区矫正做好监管和服务是决定科学评价管制刑的前提，需要完成的任务包括：尽快制定《社区矫正法》，通过立法丰富管制刑和社区矫正的执行方式，可以考虑周末监禁、夜晚监禁、分期监禁等方法作为完善管制刑的手段。

其次，从刑事犹豫制度内容看，刑事犹豫制度以一国的刑事诉讼程序为参照，包括警察机关的犹豫制度、检察机关的起诉犹豫制度、法院的宣告犹豫制度以及司法行政机关的执行犹豫制度，那么，短期自由刑如何完善就是要考虑如何通过刑事犹豫制度降低短期自由刑的适用率。在我国有可能建立

---

① 参见廖斌著：《监禁刑现代化研究》，法律出版社 2008 年版，第 166 页。

② 参见马克昌主编：《刑罚通论》，武汉大学出版社 1999 年版，第 171~173 页。

③ 王志祥主编：《〈刑法修正案（八）〉解读与评析》，中国人民公安大学出版社 2012 年版，第 87 页。

和完善刑事犹豫制度吗？这一问题可以考虑从公检法三个国家机关的职能入手。一是关于公安机关移送犹豫制度的问题。由于我国公安机关在刑事侦查阶段的职责是对"侦查终结的案件应当做到犯罪事实清楚，证据确凿、充分，并且写出起诉意见书，连同案卷材料、证据一并移送统计人民检察院审查决定"。[①] "在侦查过程中，发现不应对犯罪嫌疑人追究刑事责任的，应当撤销案件；犯罪嫌疑人已被逮捕的，应当立即释放，发给释放证明，并且通知原批捕的人民检察院。"根据法律的规定，公安机关的职能是，要么将案件移送检察机关，要么撤销案件、释放嫌疑人，是非此即彼的选择，是否"犹豫"不是公安机关能够有条件考虑的事项，因此公安机关移送犹豫制度不具有法制基础。二是关于检察机关的起诉犹豫制度的问题。起诉犹豫制度是指对犯罪嫌疑人，如果具备追诉其刑事责任的条件，但经过判断后又无追诉必要时，裁量决定不起诉的制度。《日本刑事诉讼法》第 248 条规定："检察官根据犯罪嫌疑人的性格、年龄及境遇、犯罪的轻重、情节及犯罪后的情况，认为没有必要予以追诉时，可以不提起公诉。"相比之下，我国没有相关的起诉犹豫制度，刑事诉讼法中不起诉情况有法定不起诉、酌定不起诉、证据不足不起诉三种，其中的酌定不起诉根据的是《刑事诉讼法》第 142 条第 2 款和第 140 条第 4 款："人民检察院对于起诉与否享有自由裁量权，对于符合条件的，既可以作出起诉决定，也可以作出不起诉决定。"[②] 如果要决定不起诉，需要："一是犯罪嫌疑人已经构成犯罪，应当负刑事责任；二是犯罪情节轻微，依照刑法规定不需要判处刑罚或者免除刑罚。"[③] 相比之下，我国的酌定不起诉与日本的起诉犹豫制度是有本质差别的。日本的起诉犹豫制度是考虑刑罚适用的问题，特别是对犯罪人矫正效果的关注；但是，我国检察机关根据法律的规定没有不追究的自由裁量权，依据法律仅是有可能在预判判决结果的情况下，对检察起诉环节作出决策。因而我国检察院如果要实现起诉犹豫制度也存在难度。再次，关于建立审判机关的宣告犹豫制度，是指在认定被告人有罪的场合，根据一定条件在一定期限内暂时不对被告人宣告有罪和宣告刑罚的制度。[④] 也就是说，"如果行为人在此考验期限内遵守所规定的条件，便不再作有罪宣告；如果没有遵守所规定的条件，则作有罪宣告；如果在考验期内再犯新罪，则新罪与前罪并罚。"[⑤] 在美国，虽然宣告犹豫制度的运行是普遍现象，即美国的缓刑基本上是由宣告犹豫来完成的，这种形式目前只有英国、比利时、丹麦、瑞典、挪威、加拿大等[⑥]国家采用。相比之下，我国《刑事诉讼法》第 162 条规定，我国法院在审判之后对于刑事案件处理只能有三种结果：一是作出有罪判决；二是作出无罪判决；三是作出有条件的无罪判

① 我国《刑事诉讼法》第 129 条的规定。
② 陈光中主编：《刑事诉讼法》，北京大学出版社、高等教育出版社 2005 年版，第 321 页。
③ 陈光中主编：《刑事诉讼法》，北京大学出版社、高等教育出版社 2005 年版，第 321 页。
④ 周娅著：《短期自由刑研究》，法律出版社 2006 年版，第 178 页。
⑤ 张明楷著：《外国刑法纲要》，清华大学出版社 2007 年版，第 428 页。
⑥ ［日］大谷实著：《刑事政策学》，黎宏译，法律出版社 2000 年版，第 189 页。

决（证据不足、指控犯罪不能成立的无罪判决，保留在出现新的证据时予以追诉的可能性）。从这个角度看，我国立法也没有赋予法院以宣告犹豫的权力。

角度三，可否通过替代方法完善和改革短期自由刑？

短期自由刑替代方法的种类有：易科罚金、易科劳役、易科资格刑、易科训诫四种。下面结合我国国情试研究前三种。

首先，关于易科罚金，是指用判处罚金的方式替代短期自由刑，尽量发挥罚金刑的优点以弥补短期自由刑的劣势。《德国刑法典》第 47 条第 2 款："1. 本法未规定罚金刑和 6 个月或 6 个月以上的自由刑，又无前款必须判处自由刑情况的，法院可判处其罚金。2. 本法规定的最低自由刑较高时，在第 1 句的情况下根据法定的最低自由刑确定罚金刑的最低限度，30 单位日额金相当于 1 个月自由刑。"我国台湾地区"刑法"第 41 条规定："犯最重本刑为 3 年以下有期徒刑以下之刑之罪，而受 6 月以下有期徒刑或拘役之宣告，因其身体、教育、职业或家庭之关系，执行显有困难的，得以 1 元以上 3 元以下折算 1 日，易科罚金。"短期自由刑易科罚金刑分别有肯定说①、否定说②和折中说③，而折中说相对获得了更多的支持。关于为什么要支持折中说，本文第一作者的观点是：罚金刑的最大好处是其可以避免犯罪人在狱中受到其他囚犯恶习沾染，这一执行中难以避免的问题解决起来难度非常大，最终只会加大罪犯改造的难度。而罚金刑由于属于非剥夺自由的刑罚，犯罪人只缴纳一定数目的金钱而不用关押，至少可以使得被判处罚金之人不会沾染到监狱中反社会、反改造品行。但是，罚金刑属于财产刑，现实中难免让人误解为"以钱赎刑"。④ 他认为，由于适用刑罚的目的是为了更多地减少犯罪，而不在于在刑罚适用的过程中追求完全一致的形式统一，随着社会经济发展的加快，适用罚金刑所带来的刑罚效益大有超过不使用替代措施的做法。例如，澳门刑法典第 64 条规定刑罚选择要具有"优先化"理念，通过立法明确了刑罚选择应遵循"非自由刑优先原则"⑤ 的立场。从以上分析我们得知，易科罚金本身存在利弊，并非完美，但是两相比较，如果易科罚金得当，则其利是大于弊的，我国今后的刑罚改革不妨考虑"非自由刑优先"的理念。

其次，关于易科劳役的问题。易科劳役，是指不将受刑人拘禁于监狱等执行场所，而是通过要求其强制性地向国家机关、其他公共团体提供无报酬的劳务作为刑罚手段。与易科罚金相似，易科劳役分为判决时就宣布其易科劳役和在执行自由刑一段时间之后变更为易科劳役。笔者认为，从我国目前

① 参见马克昌主编：《刑罚通论》，武汉大学出版社 1999 年版，第 172 页。

② 参见陈立著：《海峡两岸法律制度比较》，厦门大学出版社 1993 年版，第 107 页。

③ 参见赵秉志主编：《中国内地与澳门刑法之比较研究》，中国方正出版社 2000 年版，第 314 页。

④ 参见赵秉志主编：《中国内地与澳门刑法之比较研究》，中国方正出版社 2000 年版，第 314 页。

⑤ 内容是："如对犯罪可选科剥夺自由之刑罚或非剥夺自由之刑罚，则只要非剥夺自由之刑罚可适当及足以实现处罚之目的，法院须先选非剥夺自由刑之刑罚。"

的立法看，不论是在宣判时，还是在刑罚执行过程中易科服劳役，都存在着一定的制度困难：一是刑罚体系本身不具有强制劳动作为一个刑种的规定，何况现在执行自由刑经常伴随罪犯的劳动，其通过立法变为刑种的可能性不大；二是如果在执行中变为服劳役，在法治尚未健全的情况下，容易发生刑罚执行腐败的风险，不利于刑法的正确运行。

再次，关于易科资格刑。虽然在国外的立法中存在将轻微刑事犯罪的处罚采用剥夺资格的形式，但是对我国目前的刑罚体系而言，资格刑只有剥夺政治权利一种，显然不适合作为易科的对象。

综上，完善短期自由刑的替代措施相对来说是可行的办法，而其中又以易科罚金为最佳，其他完善短期自由刑的做法在目前的状况下都是不容易实现的。

3. 促进财产刑在实践中的合理应用

（1）关于罚金刑的改革完善。

①关于罚金刑的法律地位问题，罚金刑有作为主刑、作为附加刑以及既作为主刑又作为附加刑这三种模式。在我国，罚金刑属于附加刑，这一定性直接决定了罚金刑的适用情况。比如，在经济犯罪、单位犯罪中，罚金刑就会遇到要以附加刑的角色去充当主要刑罚方式的尴尬，这是刑罚体系存在漏洞的表现。其实，刑罚体系在调整时，是可以考虑"死刑——自由刑——罚金刑"的主刑配合模式的。德国、法国、日本等大陆法系国家都是将罚金刑作为主刑的，且是最为常见的刑罚。资料显示，前联邦德国罚金适用比率在1915年为51.8%，1955年为70%，1983年为81%。瑞典在1953年就已达到90%。"罚金刑的大量适用，也是逐渐显示其作为主刑地位的历史趋势，也是将其地位提升为主刑的必然要求。"[①] 随着"世界范围内人权主义的蓬勃兴起"，以及"经济资源的稀缺和人权的保护"不断提升，"经济时代最严厉的惩罚也许莫过于对犯罪人的经济制裁，而保持着人身的绝对自由又使得犯罪人真正意识到只有重新改过自新才有出路，只有重新融入社会并创造出为这个社会大多数人认可的劳动才是真正的出路。也许，这就是罚金刑的妙处。"[②] 相比而言，罚金刑在我国刑罚体系中的地位是不高的，这说明罚金刑的价值和作用并没有获得足够的重视，这一问题值得思考。

②罚金刑如何配置是一个难题，因为罚金刑天生有着造成不平等的缺陷。对于经济能力不同的犯罪人，罚金刑如果不公正，则会引发刑罚公信力危机。即便学者们对罚金刑以及罚金替代自由刑做了各种分析，也无法阻止人们最朴素的反对"以钱买刑"的态度。特别是在当下中国，罚金刑的配置就更需要谨慎。笔者认为，罚金刑的配置要有重点，而不是全面推开：一是以经济类犯罪、贪污贿赂等职务犯罪为重点对象，考虑大量适用罚金刑。这些因经济原因而纳入刑罚适用范围的犯罪，适用罚金刑恰恰是针对其犯罪获益的惩罚。二是对过失犯罪，由于人身危险性较小，以及配置本身的不足，都使得

---

① 王洪青著：《附加刑研究》，上海社会科学院出版社2009年版，第130页。
② 高铭暄、赵秉志主编：《刑罚总论比较研究》，北京大学出版社2008年版，第324页。

罚金刑适用是必要的。有学者统计，"我国刑法中故意犯罪和过失犯罪未规定罚金刑的比例分别为 51.13% 和 83.02%。故意犯罪中有 49.87% 的罪名规定有罚金刑，而过失犯罪规定罚金刑的罪名仅为 16.98%。过失犯罪罚金刑适用率只有故意犯罪的 1/3。"① 可以说，罚金刑配置在过失犯罪上，是很有必要的。三是对单位犯罪配置罚金刑，因为罚金刑是唯一适合于配置在单位上的刑罚类型。此外，罚金刑的适用规则可以考虑从并科制改为选科制。选科罚金是指在依法适用刑罚的时候，可以根据实际情况，由法官在自由刑和罚金刑中择其一；并科罚金是指依据法律的规定，犯罪人既需要被执行自由刑，同时又要缴纳罚金，两种刑罚同时执行的情况。在后一种情况中，罚金刑的地位是附加刑，其中又分为应并科罚金和得并科罚金。相对而言，自由刑和罚金刑的并科设置容易使得处罚偏向较重的方向，从刑罚轻缓化的趋势看，扩大罚金刑适用需要以选科作为更加灵活的手段。当前，由于我国罚金刑主要是以必并科为主，选科罚金的比例不大，因此在改革上可以首先考虑增加得并科的比例，减少必并科；其次，可以有选择地配置选科罚金的刑罚方式。

　　③关于如何解决罚金刑执行难的问题。首先需要明确罚金刑为什么执行难，症结到底在哪里。有意见认为是我国的贫富差距过大，执行罚金刑经常遭遇无钱可罚的情况，所以使得总体上看罚金刑是执行比较困难的。还有意见认为，是我国罚金刑执行仍然面临观念障碍，社会大众仍没有认为罚金是一种刑罚，而仅仅认为剥夺生命、自由等与人身紧密相关的权利才是刑罚。笔者认为，后一种看法是主要的。罚金刑适用较少，甚至于判决不倾向于判处罚金，首要的障碍是因为大众对罚金刑的认识偏差没得到纠正的缘故，其次才是对部分犯罪人而言无钱可罚的缘故。很多可以适用罚金刑的轻微刑事犯罪恰恰都是发生在经济条件不好、缺乏经济能力的犯罪人身上的，罚金刑适用不具备可行性。当然，笔者认为，还有一个障碍是隐含在执行过程中的，那就是罚金刑金额的确定仍然缺乏成熟的规则，这是导致罚金刑适用困难的另一个原因。当前，"我国规定罚金刑的无限额罚金制罪名达 137 个，占罚金刑罪名的 66.83%，赋予了法官过大的权力。"② 因此，要解决罚金刑执行难的问题，需要多途径完善罚金刑：第一，将罚金刑升格为主刑，与自由刑等并列，拓宽罚金刑适用的渠道。第二，可以考虑以"日额罚金制"作为罚金数额确定的标准。如德国即规定了罚金的日最低额（5 单位日额金）和最高额（36 单位日额金），使得罚金标准有了量化依据。第三，应当做好罚金刑上下限额的立法规定，即明确罚金刑司法适用相对确定的区间，防止刑罚擅断。第四，量刑时应当考虑犯罪人的职业、收入等情况，实事求是地作出判决。第五，可以建立判前"主动缴纳罚金刑保证金以及判后主动缴纳罚金刑是认罪、悔罪表现，可以酌情从轻或者将其作为司法减刑、假释的参考因素"③ 的规定，加强对罚金刑适用的鼓励。第六，建立罚金刑转处制度，为罚

---

　　① 王琼著：《罚金刑实证研究》，法律出版社 2009 年版，第 110 页。
　　② 王琼著：《罚金刑实证研究》，法律出版社 2009 年版，第 357 页。
　　③ 王琼著：《罚金刑实证研究》，法律出版社 2009 年版，第 364 页。

金刑易科自由刑提供便利，并确定罚金刑与自由刑的转换对照标准。对于确实无法缴纳罚金的犯罪人，可以启动日罚金额与自由刑、劳役等相换算的机制，换算自由刑以实现刑罚执行。第七，建立罚金刑分期缴纳、延期缴纳制度，完善罚金减免制度，对有缴纳困难的犯罪人施以宽缓。第八，对罚金刑规定可以适用缓刑，即对于不是必须立即执行刑罚的犯罪人，可以给予一定的考验期，以更为宽容的态度对待不是必须立即执行罚金的犯罪人。

（2）关于没收财产刑的完善。

没收财产刑分为一般没收和特别没收。一般没收是指没收的对象不限于犯罪人的财产类型和财产范围，即将犯罪人与犯罪无关的财产也纳入没收的范围；特别没收，是指没收的对象仅限于为犯罪做准备的财产以及犯罪的收益所得。我国的没收财产刑是指一般没收。

关于没收财产刑的存废有三种学说：主废说、主存说和有保留的主存说。主废说主要是基于认识到没收财产刑的各种弊端，例如，没收财产刑难以执行，具有不平等性，可能株连无辜，有碍于罪犯将来的再社会化。[①] 而主存说主要是基于对没收财产刑的优点而进行适用的主张，认为没收财产是惩治经济犯罪的有效办法，不仅可以增加国家财政收入，而且具有错误纠正的功能。有保留的主存说，是指针对没收财产刑的各种弊端，应努力予以消减，但从整体的刑罚发展趋势看，可以考虑废除没收财产刑。

吴宗宪教授主张废除没收财产刑，他认为："一般没收不仅名不副实，在内容上与罚金存在重合，而且存在执行上的问题，其作为附加刑的意义不太大。""刑法可将没收财产从附加刑中删除。"[②] 王志祥教授也支持废除没收财产刑，其理由："一是对被判处死刑和无期徒刑的犯罪人再并处没收财产，违反了罪责刑相适应原则，属于刑罚的不公正适用；二是对严重犯罪附加适用没收犯罪人的全部财产无助于实现刑罚目的，也不利于社会的和谐与稳定，而如果适用没收财产，其又完全可以被罚金刑所取代；三是没收财产刑对惩治经济犯罪的效果是极为有限的；四是没收财产刑并不具有经济性，将其作为增加财政收入的手段则是更不合理的；五是没收财产刑往往误判难纠；六是对没收财产刑的改良意见也并未从根本上解决没收财产刑存在的合理性问题。"[③] 樊凤林教授则持相反观点，主张保留没收财产刑，他认为："没收财产刑是打击贪利性经济犯罪和侵犯财产罪的有效措施；有助于贯彻罪刑相适应原则；具有较大的经济意义；误判易纠。"[④] 而本文第一作者认为："将来中国的刑罚制度改革中，在经过充分论证后，可考虑取消没收财产刑这一附加刑种；即使不废除没收财产刑，也应当通过设计针对被告人的财产，规定查封、冻结、扣押、担保等保全措施，在法院内部设立专门的执行机构，增

① 参见吴宗宪主编：《中国刑罚改革论》（上册），北京师范大学出版社 2011 年版，第 167 页。
② 赵秉志：《当代中国刑罚制度改革论纲》，载《中国法学》2008 年第 3 期。
③ 王志祥主编：《〈刑法修正案（八）〉解读与评析》，中国人民公安大学出版社 2012 年版，第 95～98 页。
④ 樊凤林主编：《刑罚通论》，中国政法大学出版社 1994 年版，第 234 页。

设有关没收财产执行程序与执行措施的规定等多重渠道，解决没收财产刑执行难的问题。"① 笔者认为，目前应当有限地改良没收财产刑，待将来条件成熟时再予以废除。理由是：第一，从我国现阶段的国情考虑确实有没收财产刑存在的必要性，废除没收财产刑不利于打击犯罪；第二，没收财产刑暂时没有超过主刑适用，其所谓没收财产刑不利于贯彻罪责刑相适应的说法未免夸大。笔者认为，对没收财产刑可以做如下调整：一是通将适用对象限制在严重的有组织犯罪和危害国家安全犯罪②上，既避免伤及无辜，又可以打击严重有组织犯罪和危害国家安全犯罪。二是将没收财产刑限定在特别没收上，使没收具有选择性和针对性。当然，没收财产刑的弊端是客观存在的，但随着时代的进步和刑罚措施的日渐科学，将来有可能的条件下，没收财产刑留而不用或者直接废除也未尝不可。

4. 促进资格刑的丰富和完善

资格刑作为刑罚轻缓化的重要手段，在刑罚体系完善中具有重要的作用。除对外国人适用的驱逐出境之外，我国资格刑只有一种，即剥夺政治权利。根据刑法第 54 条的规定，剥夺政治权利所剥夺的内容包含四种：（1）选举权和被选举权；（2）言论、出版、集会、结社、游行、示威自由的权利；（3）担任国家机关职务的权利；（4）担任国有公司、企业、事业单位和人民团体领导职务的权利。但是现实中，资格刑作为附加刑不仅地位有限，而且发挥的作用也不明显，是需要完善的刑种。

资格刑完善最重要的方面是被剥夺资格的扩展问题。意大利重罪的资格刑有 6 种，加上违警罪的资格刑，共有 7 种之多，包括：褫夺公职、禁止从事某一职业或技艺、法定禁治产、禁止担任法人及企业的领导职务、剥夺与公共行政签约的权能、剥夺或停止行使父母权以及公布刑事处罚判决。德国虽然只规定了担任公职资格、被选举权及选举权的丧失这一种资格刑，但还有其他的附加刑，比如禁止驾驶，也属于禁止资格的刑罚。俄罗斯是将剥夺专业称号、荣誉称号、军衔、职衔和国家奖励刑，以及剥夺担任一定职务或从事一定活动权利刑等作为资格刑。相比之下，我国的资格刑只有剥夺政治权利一项，数量较少。因此，增加我国资格刑剥夺的"资格"内容是扩展资格刑的有效途径。可以考虑如：从事一定职业的资格，担任监护人、管理财产的资格，荣誉称号或国家奖励，禁止驾驶等。当然，有些在国外刑法中被纳入资格刑的被剥夺事项在我国的环境下却被纳入行政处罚之中，但是其意义是不同的。行政处罚毕竟与刑事处罚具有本质的差别，因此，行政处罚已经包含剥夺资格内容并不代表刑事处罚不能够规定。笔者认为，如果一些权利的剥夺被纳入刑事处罚的范围，那么可以通过立法的形式表明被剥夺的资格或权利受到了刑事法律的重视，可以在一般预防上起到较行政处罚更为显著的作用。张远煌教授举例说："应增设禁止或剥夺从事特定职业的资格刑，

---

① 赵秉志：《当代中国刑罚制度改革论纲》，载《中国法学》2008 年第 3 期。

② 有学者认为对于危害国家安全犯罪也没有必要保留没收财产刑，参见李洁：《论一般没收财产刑应予废止》，载《法制与社会发展》2002 年第 3 期。

还应将特定行为的权利作为资格刑的内容明载刑法典。这与犯罪学逐渐盛行的'条件预防'理论是一致的。这一理论认为，预防、减少犯罪，与其在犯罪动机上进行遏制，不如在消除犯罪的环境——条件上下工夫来得更直接、更有效果。"①

（三）加快促进刑罚结构的科学化

1. 刑罚结构调整的科学化

通说认为，所谓"刑罚的功能，是指国家制定、适用与执行刑罚对人们可能产生的有利的社会作用"，② 而"刑罚体系的整体性能即刑法功能的发挥主要取决于刑罚的结构。"③ 储槐植教授认为，我国当前的刑罚结构整体上呈现出重刑化状态，表现为死刑过多，罚金刑的替代功能未受到充分重视，资格刑与其他刑种组合不科学等等。④ 张远煌教授也赞同这一观点，他认为："这种倾向不仅表现在刑罚体系中重刑的比例过大，而且由于受到重刑意识的影响，刑罚体系中的整体布局也失去了应有的平衡。"⑤ 针对这一问题，《刑法修正案（八）》通过死刑废止，开始促进刑罚结构回归科学。刑法修正案（八）调整刑罚结构的主要手段就是使"生刑"与死刑衔接并完善非监禁刑。但《刑法修正案（八）》就此所做的努力还远远不够。

从欧洲大陆国家合理设置刑罚结构的经验看，20世纪50年代以来，罚金刑的重要性逐步获得重视，并以逐步替代自由刑的姿态出现在刑罚结构中；同时，由于非犯罪化、非刑罚化措施的开展，开放性刑罚也使得自由刑在刑罚结构中的比重得到了削减，地位受到挑战。1989年国际刑法联盟就积极倡导缓刑制度，主张废除短期自由刑，并用新的刑罚方法替代自由刑的地位。⑥这一过程与欧洲大陆国家"保安处分"的发展有直接关系。"保安处分"以社会防卫为出发点，注重在犯罪发生之前采取措施，"保安处分"不仅满足了管理社会秩序的需要，而且也展现出相比事后惩罚更有效果的一面，形成了欧洲大陆法系国家刑罚与"保安处分"并行的局面。法国学者福柯用统筹保安措施与监禁刑的"监狱连续统一体"来做以描述：⑦ "保安处分"扩张伴随着监禁刑的萎缩，这种复合刑事制裁体系一边发挥着"规训"功能，一边行使着传统的刑罚报应功能。随着"保安处分"的逐步扩大，监禁刑开始被非刑罚化和非监禁化的潮流所大大削弱，逐步呈现出被制度化淘汰的态势。这

---

① 张远煌主编：《宽严相济刑事政策与刑法改革研究》，中国人民公安大学出版社2010年版，第335页。

② 阴建峰著：《刑法的迷思与匡正》，中国人民公安大学出版社2009年版，第53页。

③ 张远煌主编：《宽严相济刑事政策与刑法改革研究》，中国人民公安大学出版社2010年版，第115页。

④ 储槐植：《刑罚现代化：刑法修改的价值定向》，载《法学研究》1997年第1期。

⑤ 张远煌主编：《宽严相济刑事政策与刑法改革研究》，中国人民公安大学出版社2010年版，第115页。

⑥ 参见游伟、谢锡美：《西方刑法发展态势与我国刑罚结构改革》，载赵秉志主编：《刑法评论》（第8卷），法律出版社2005年版，第224页。

⑦ [法]米歇尔·福柯著：《规训与惩罚》，刘北成、杨远缨译，生活·读书·新知三联书店2003年版，第365页。

既是现代刑罚制度发展的结果，也是政府管理能力提升的反映。监禁刑的萎缩使得刑罚体系中的非监禁刑逐步占领主要地位。以德国刑法典为例，1871年的《德国刑法典》呈现出以自由刑为中心的结构，1921 年德国颁布了《关于扩张罚金刑的适用范围及限制短期自由刑的法律》，1924 年德国《关于财产刑及其偿金的命令》使得罚金刑开始作为短期自由刑的替代手段。经历纳粹政权统治后，1949 年的联邦德国《刑法典》废除了死刑。1969 年，联邦德国第 1 号刑法改革法令通过，实现了自由刑的单一化。1975 年，联邦德国全面修订的《刑法典》更进一步规定了"罚金刑替代自由刑，短期自由刑属于自由刑适用的例外情况"[1] 的内容。由以上过程可见，德国刑罚是从自由刑中心主义逐步向罚金刑中心主义发生了转变，形成了刑罚与保安处分的"二元"刑事制裁体系。当前，在联邦德国的 450 种犯罪之法定刑中终身监禁仅有 15种罪，单科监禁刑的为 186 种罪，监禁刑和罚金刑并科为 244 种罪。[2] 虽然其监禁刑比例可观，但因德国有第 47 条"最后手段条款"，从而保证了罚金刑适用比例的优先，最终使得德国刑罚的实际运行呈现出绝对的罚金刑为主导的局面。德国依靠罚金刑结合"保安处分"的制裁体系，实现了犯罪控制与犯罪的平衡。而且，随着德国社会的发展，其刑事制裁体系又受到人道、科学理念的影响，刑罚的不断轻缓化已然成为其明晰的发展趋势。

从英美法系国家的相关结合经验看，"两极化"是英美法系国家刑罚结构调整的主要思路。以美国刑罚结构调整为参照，刚刚建国之时，美国已经受到功利主义思想的严重影响，摆脱严酷刑法成为民众的普遍观念，"我们依附于大英帝国的情况下，没有条件进行改革；而当我们与之分离，公众的情感使得我们对法律的严酷性尝试进行改革。这是自由的美国送给我们的最初的成果，也印证了孟德斯鸠的话：'当自由被发展的时候，刑罚的严酷性将会降低。'"[3] 死刑等酷刑代表的君主制度的恐怖性，令民众感到反感和恐慌，死刑的减少和控制有着相当的民众支持。而以监禁刑为中心的刑罚制度填补了死刑削减对刑罚的需要。然而，到了 19 世纪中期，监禁刑的弊端获得关注，罪犯被改造的初衷不仅没有通过监禁得以实现，相反却造成了监狱拥挤和重新犯罪率居高不下，从而使得缓刑制度和假释制度相伴而生。但是，犯罪学理论研究的不断深入，民权运动的深入宣传，使得美国的刑罚制度又开始经历"医疗模式、更新模式向社区模式的转变"[4]，轻刑化的缓刑、假释等制度更受到了青睐。20 世纪 70 年代初期，面对较高的犯罪率问题，虽然恢复了曾经实际终止的死刑，但是对刑罚严厉性弊端的认识始终没有被埋没。经过实践，大量的严刑峻罚再次造成了监狱的拥挤。"1970 年美国联邦监狱和州监狱

---

① 梁根林著：《刑罚结构论》，北京大学出版社 1998 年版，第 108~111 页。

② 梁根林著：《刑罚结构论》，北京大学出版社 1998 年版，第 111 页。

③ Bradford，W. Reform of Criminal Law in Pennsylvania：Selected Inquiries 1787 - 1819. New York：Arno. 1972.

④ 刘强著：《美国社区矫正演变史研究——以犯罪刑罚控制为视角》，法律出版社 2009 年版，第126 页。

共有在押犯不到 20 万人，2009 年这个数字增长了 7 倍"，① 接踵而来的，就是对监禁刑刑罚价值的贬损、社会矛盾的加剧、刑罚成本的飞跃、家庭关系的破坏，等等，美国开始重新正视社区矫正的价值，开始逐步通过社区矫正消解监禁刑的弊端。随着经验的逐渐增多，美国社区矫正形成气候，最终，与最重的刑罚相差悬殊，构成了"两极化"的刑罚结构。

相比之下，虽然我国属于成文法国家，这一点与大陆法系国家相近，但是在刑罚结构调整问题上，我国目前却不具备采取"保安处分"所需要的制度环境。相反，对严刑采取限制、不断扩展社会化、轻缓化的刑罚，则更适合我国目前的情况。因此，包括"社区矫正"在内的制度被引入我国，并且在《刑法修正案（八）》中得到确认。关于"两极化"的刑事政策思路，在我国"宽严相济"的刑事政策中也得到了合理吸纳，即"对于重大犯罪及危险犯罪，采取严格的刑事政策；对于不需要矫治或者有矫治可能的犯罪，采取宽松的刑事政策。"②

那么，我国应该采用什么样的刑罚结构呢？本文第一作者曾经提出过构建"锐三角形"刑罚结构的建议，即"极为严厉的死刑将仅仅只是三角形顶点处极小的一部分；长期自由刑作为相当部分死刑的替代措施或严重犯罪的惩罚措施，占据三角形上部较小的部分；而中期自由刑和上升为主刑的罚金刑，将作为最主要的刑罚形式，处于三角形的底部，为最主要的刑罚种类；资格刑仍应作为特定犯罪中附加适用的附加刑而出现。在此整体思路下，可进一步考虑死刑、无期徒刑、有期徒刑、罚金刑、资格刑在分则具体罪名中的搭配、衔接和协调问题。"③（见下图）我们认为，这一描述具备两个特点：一是符合"轻轻重重"思路，是刑罚结构"两极化"的体现；二是符合刑罚趋轻、人道、科学的发展潮流。而且，《刑法修正案（八）》对刑罚结构的调整已经表现出对这一见解的支持。我国当前的刑罚结构调整仍然没有到位，正处于严厉刑罚削减而较轻刑罚扩张的过程之中，今后，我国刑罚结构调整的方向一要适当参酌"两极化"思路并切实贯彻宽严相济刑事政策的精神，二要针对性地提高较轻刑罚的比例。

---

① 姜文秀：《美国监禁刑之高监禁率现状研究》，载《河南社会科学》2011 年第 1 期。
② 刘东根：《两极化——我国刑罚观念的选择》，载《中国刑事法杂志》2002 年第 6 期。
③ 赵秉志：《当代中国刑罚制度改革论纲》，载《中国法学》2008 年第 3 期。

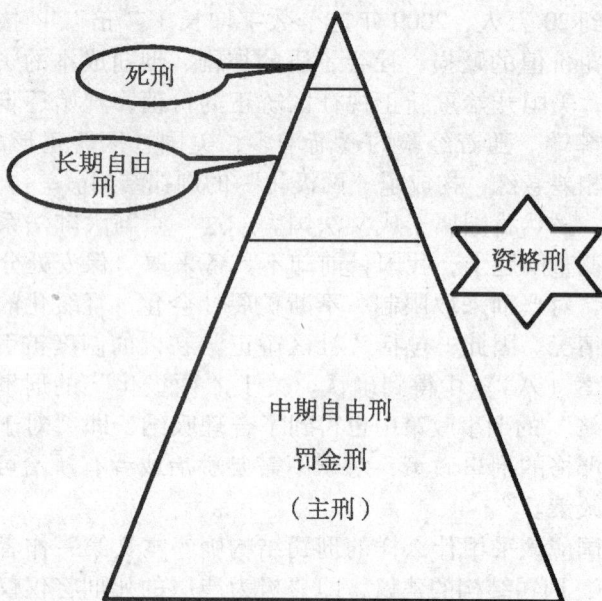

2. 刑罚配置功能的激发

所谓"刑罚配置"，是指"具体的刑罚创制活动，是国家立法机关在刑事法律中设置刑罚种类并依据一定的原则和要求对各罪行分配、布置和确定施加何种刑罚以及多重刑罚的刑事立法活动"。[①] "刑罚配置"在刑法分则中的表现就是法定刑的配置。所谓法定刑，"就是刑法分则及其他刑事法律中的分则性规范对各种具体犯罪所规定的刑种及刑度。"[②] 刑罚结构是什么样，最终的落脚点都在于具体刑罚对于具体犯罪的适用上。

从应然角度而言，刑罚配置应坚持人道、节俭、公正、效益的原则。人道性原则，是指刑罚的设置和适用要以尊重犯罪人为人作为前提，展现刑罚对于犯罪人作为人类社会一员的宽容，使刑罚的设置不能出现酷刑或其他残忍、不人道的手段和方法，要尊重和保障犯罪人作为人的基本权利，不能使犯罪人成为任何刑罚手段都可无限制适用的被动对象。节俭性原则，是指刑罚的配置和适用应以刑罚作为最后措施、无其他措施作为替代为最终底线，体现刑罚谦抑的态度，非不得已而不得动用刑罚。公正性原则，是指刑罚的配置和适用应当依照法律的规定，对于确因违反法律规定而需要通过刑罚处罚才能够恢复被侵害权利或秩序的犯罪，应当按照法律的规定进行处罚，包括遵守实体正义和程序正义两个方面。效益性原则，是指刑罚要以实现社会物质资源最优化配置为目的，最大程度上弥补不法行为造成的侵害，如果适用刑罚也不能够解决问题，那么就不应为了报复而一味动用刑罚，而是应积极寻找其他解决途径。

从实然角度而言，我国当前刑罚结构存在两点不足：首先，个罪法定刑

---

① 邓文莉著：《刑罚配置论纲》，中国人民公安大学出版社 2009 年版，第 7 页。

② 蔡一军著：《刑罚配置的基础理论研究》，中国法制出版社 2011 年版，第 135 页。

配置普遍呈现多样化选择的形态，包括不同的主刑和不同的附加刑组合的形式。虽然主刑多样且形成不同档次，留给了司法以选择空间，但却也为量刑不当留下了隐患。立法本身可以宽泛，但是要有相关的制度保障以实现量刑的统一，立法的宽泛并不代表允许量刑的宽泛。其次，犯罪的轻重等级没有较明确的体现，其实，关于重罪和轻罪如何配置法定刑是可以事先确定一定原则的，这种划分有利于刑罚配置的"阶梯化"。

如何才能更好地实现科学化的刑罚配置呢？笔者认为，在今后修订刑法分则条款时应当注意：第一，注重罪状中行为方式、基本刑、加重减轻情节等内容的完善和层级。罪状规定的科学化、层次化是刑罚配置科学、层次清晰的前提。第二，注重刑罚配置的幅度适当，缩减个罪中的最高刑和最低刑之间的幅度，留给司法以相对较小的选择范围，从而有利于司法公正。"法官享有的量刑自由裁量权应当有一定限度，如果超越了必要限度，就会带来恶劣后果。"① 第三，在刑罚配置的选择上，重刑配置应当减少，除了将最严厉的刑罚用在最严重的犯罪上外，还应当参酌"两极化"的思路和"宽严相济"的刑事政策思想，降低长期自由刑的比例，减少对重刑的过分依赖。第四，应当适当增加轻刑的比例，而且要完善财产刑、资格刑，确保轻刑能够贯彻适用。第五，在法定刑各刑罚种类的排序上，建议由轻刑到重刑排序。因为，"各刑种在法定刑内部的搭配和组合方式是否合理，直接关系到刑罚综合效应的发挥。因此，在各刑种自身的配置方式得以完善之后，有必要根据犯罪的不同性质适当安排各刑种在法定刑内部的搭配和组合方式。"②

（四）全面推进相关制度的配套化

1. 缓刑适用的扩大

《刑法修正案（八）》进一步完善了缓刑制度。除了要遵守缓刑考察的一般规定之外，还特地增加了禁止令，即法官有权对缓刑人进行根据自身特点而决定的禁止性义务内容，从而丰富了缓刑的考察内容，体现了刑罚个别化的理念。对于缓刑的调整，笔者认为：第一，要保持缓刑适用量的不断扩大和比例的不断上升。根据前文数据，我国近年来缓刑数量一直在上升。这与近年来刑事政策转向"宽严相济"不无关系。2003 年 7 月最高人民法院、最高人民检察院、公安部、司法部联合发布《关于开展社区矫正试点工作的通知》促进了缓刑适用的扩大。这些成效的取得为我国刑罚制度实现轻缓化提供了重要支持。第二，在适用罪名、适用对象上，应继续扩大缓刑适用范围。对于未成年人犯罪应努力扩大缓刑的适用，贯彻我国对未成年人犯罪"教育为主、惩罚为辅"的刑事政策，对未成年人进行积极进行"教育、感化、挽救"。第三，完善缓刑主体、缓刑考察、缓刑统计等方面的规范，进一步细化哪些人、哪些情节、哪些犯罪类型可以适用缓刑。

---

① 王恩海著：《刑罚差异性研究》，上海人民出版社 2008 年版，第 106～107 页。

② 王志祥、敦宁：《刑罚结构调整的反思与前瞻——以〈刑法修正案（八）〉为视角》，载朱孝清、莫洪宪、黄京平主编：《社会管理创新与刑法变革》，中国人民公安大学出版社 2011 年版，第 459 页。

2. 减刑假释的完善

《刑法修正案（八）》延长"生刑"，并且完善了减刑制度和假释制度的规定，以严格控制减刑、假释的举措促使"生刑"与死刑合理衔接，弥补"生刑"与死刑之间的差距。但从长远角度看，减刑、假释符合刑罚轻缓化、刑罚人道化的要求，减少减刑、假释是不符合刑罚制度发展规律的。因此，如何正确地适用减刑并使减刑不被滥用，不仅需要立法更加明确，也需要执行上更为规范。对于减刑的完善，笔者建议：一是要明确各刑种和不同刑期的刑罚在减刑上要有最高限和最低限，这样一方面利于减刑的贯彻，另一方面也能防止滥用减刑；二是有必要建立减刑撤销制度。①。

假释也是刑罚轻缓化的重要手段，有利于犯罪人回归社会。实践中，由于假释制度尚有不完善之处，假释适用率始终不高。我们认为，有必要对假释制度进行如下改进：第一，应当将未成年人、老年人犯罪的假释制度与普通假释制度相分离，酌情减轻假释负担，提高未成年人和老年人的假释可能。对此，有学者曾提出"考虑到成年罪犯假释的最低执行期限是原判刑期的1/2"，建议"未成年罪犯执行原判刑期 1/3 以上，就可以对其假释。""对老年罪犯假释的刑期条件进行修改，即对于年满 75 周岁的老年罪犯，只要原判刑期执行 1/3 以上，就可以对其假释。"② 第二，对于假释制度与社区矫正如何进行衔接，仍然需要立法予以明确和支持。

3. 社区矫正的介入

社区矫正不是刑罚种类，而是与刑罚制度相关的一种执行方式。社区矫正与监禁刑的执行方式相比，其优势十分明显。社区矫正不仅利于犯罪人保持与社会的必要联系，避免监禁刑的负面影响，而且也有利于国家降低行刑成本，缓解监狱拥挤程度，增进社会和谐。《刑法修正案（八）》将社区矫正纳入刑法典中，对社区矫正的法律地位予以确认，是对社区矫正的重要肯定。当前，社区矫正为缓刑、假释制度的完备和运行提供了非常重要的平台。在刑种内容的轻刑化和刑罚结构科学调整的情况下，社区矫正的作用会更加凸显。当然，这也需要更多的关于社区矫正的立法予以支持，在这方面，"2011年 3 月召开的全国社区矫正座谈会上，司法部领导明确指出社区矫正的一系列配套立法工作正在紧锣密鼓地开展，立法进程的提速标志着社区矫正工作已迈入加速发展的新阶段。"③ 我们有理由期待社区矫正的积极介入，将之与刑罚体系结合起来，促使我国刑罚制度的设置和运行更为科学、顺畅。

---

① 王志亮：《减刑制度的负效应及其堵截》，载朱孝清、莫洪宪、黄京平主编：《社会管理创新与刑法变革》，中国人民公安大学出版社 2011 年版，第 753 页。

② 彭新林、商浩文：《完善我国假释制度立法的若干思考——以〈刑法修正案（八）〉的有关修改为背景》，载朱孝清、莫洪宪、黄京平主编：《社会管理创新与刑法变革》，中国人民公安大学出版社 2011 年版，第 786 页。

③ 朱久伟、王志亮主编：《刑罚执行视野下的社区矫正》，法律出版社 2011 年版，第 282 页。

论酌定量刑情节在限制死刑适用中的作用

赵秉志* 彭新林**

目 次

一、前言

　　在我国现阶段立即全面废止死刑还不现实的情况下，要使死刑政策、死刑制度与死刑适用成为一种理性的实践，当务之急就是应当加强死刑的司法控制，即要切实减少和严格限制死刑的适用。而如何切实减少和严格限制死刑的适用，根据相关司法实践及其研究，酌定量刑情节就是最为关键的突破

　＊ 北京师范大学刑事法律科学研究院暨法学院院长、教授、博士生导师，中国刑法学研究会会长，国际刑法学协会副主席暨中国分会主席。
　＊＊ 北京市人民检察院第二分院检察官，法学博士、博士后。

口和切入点。① 如有司法实务部门的调研报告显示，最高人民法院全面收回死刑复核权，死刑的适用得到了较为严格的控制，其中之一就是酌定从宽情节对死刑适用的影响。据有的省的统计，由死刑立即执行改判为死缓的案件中，因考虑酌定从宽情节改判的占 57.2% 以上，酌定从宽情节已成为目前实践中限制死刑适用的最活跃因素。② 相比于其他的死刑控制路径，酌定量刑情节对死刑的控制侧重于对个案中死刑的限制适用，在运作上更为内敛和缓和，更容易获得社会的广泛认同而为将来我国废除死刑奠定良好的社会基础。在司法实践中，法定量刑情节一般易受到重视，而对酌定量刑情节的重视不够。其实，对于刑事法官来说，能够让其发挥自身的主观能动性，有效地降低死刑适用的，正是酌定情节。如果刑事法官都能在认真地考虑酌定从轻情节的基础上，从严控制死刑的适用，那么可以预计，我国死刑判决的数量一定会大大降低。③ 著名刑法学家高铭暄教授也精辟地指出："重视酌定量刑情节在控制死刑适用中的作用，理论上是有根据的，实践中是可行的。"④ 因此，我们应当积极通过酌定量刑情节限制死刑的适用，而非被动和消极地等待立法上削减和废止死刑。因为这不仅是具有可操作性的现实之举，而且也是切实推进我国死刑由限制向废止之路实质性迈进的重要举措。可以说，高度重视酌定量刑情节限制死刑的适用，必将会对减少和严格控制我国的死刑发挥重要作用。

那么，如何通过酌定量刑情节有效限制死刑的适用呢？不无遗憾的是，目前我国刑法学界在此方面的研究还比较欠缺，更遑论有深入的理论研究。在我们看来，要有力推动酌定量刑情节限制死刑适用的理论与实践的发展，促进酌定量刑情节限制死刑适用功效的充分发挥，从而有效减少和严格控制我国的死刑适用，现阶段需要着重从观念塑造、立法完善、司法改进和制度配合四个方面做出积极努力，从而切实推动我国限制乃至废止死刑的进程。有鉴于此，本着为切实推进我国死刑限制乃至废止进程贡献力量的初衷，本文拟从上述四个方面展开对酌定量刑情节限制死刑适用问题的理论探索。

二、酌定量刑情节限制死刑适用的观念塑造

观念是行动的先导。只有具备与制度相一致的思想观念，制度才能够得以顺利执行。⑤ 死刑改革不能仅限于制度层面，还需在社会观念的层面上深入

---

① 参见高铭暄：《宽严相济刑事政策与酌定量刑情节的适用》，载《法学杂志》2007 年第 1 期；赵秉志、彭新林：《论民事赔偿与死刑的限制适用》，载《中国法学》2010 年第 5 期。

② 参见浙江省高级人民法院课题组：《关于保障死刑案件审判复核衔接机制的调研报告》（2009 年 3 月 6 日），第 82 页。

③ 参见莫洪宪：《民意与死刑司法相互作用的机制分析——兼论死刑司法控制的路径》，载《"死刑改革的趋势与适用标准——国际社会的经验与中国的实践"学术研讨会学术文集》（2009 年 6 月 17 日至 18 日·北京），北京师范大学刑事法律科学研究院编印，第 117 页。

④ 高铭暄：《宽严相济刑事政策与酌定量刑情节的适用》，载《法学杂志》2007 年第 1 期。

⑤ 参见［美］道格拉斯·C. 诺斯著：《经济史中的结构与变迁》，陈郁、罗华平等译，上海三联出版社 1994 年版，第 27～28 页。

地展开。就酌定量刑情节限制死刑适用而言，要使酌定量刑情节在司法实践中发挥最大的限制死刑适用的功效，塑造与酌定量刑情节限制死刑适用相契合的科学观念具有十分重要的意义。

（一）"少杀、慎杀"观念之强化

酌定量刑情节在司法实践中能否充分地发挥限制死刑适用的功效，与司法机关及司法官员是否树立有牢固的"少杀、慎杀"观念存在密切的关系。司法机关及司法人员只有牢固树立"少杀、慎杀"的观念，才能够严格掌握死刑的适用标准和适用条件，从而充分发挥酌定量刑情节对死刑适用的调节作用，做到有理由不杀的尽量不杀，"可杀可不杀的，一律不杀"，杜绝死刑滥用现象的发生。虽然目前我国酌定量刑情节限制死刑的适用有较好的政策基础，但是有些地方"重刑主义"仍有所抬头。"在遏制犯罪率上升、社会治安综合治理、在'严打''依法从重从快'过程中，有判处死刑过多、轻率和量刑趋重的做法。甚至有的人或出于义愤，或为杀人灭口，对某些有法定从宽情节或者诸多酌定从宽情节可以判处死缓的罪犯也要求处以死刑立即执行。"① 这种崇尚、依赖死刑的错误做法，使得刑事司法中严格控制死刑的意识淡薄，死刑适用标准被人为地降格，对被告人有利的酌定从宽情节在死刑裁量中也变得无关紧要，从而导致刑法人权保障机能的萎缩以及死刑的滥用。此种现象确实值得我们警惕。这也进一步了说明了我们的司法机关及司法人员牢固树立"少杀、慎杀"观念的必要性和迫切性。

（二）"宽容"观念之培育

宽容是人类特有的一种精神现象，它给人类更多带来的是仁爱、友谊和进步。有了宽容的精神，才有可能使法律真正成为保证每一个人最广阔的自由发展乃至整个社会自由发展的手段。② 如果说"在制度、社会宽容中，以制度构建载体和保障体系——法律的宽容最为典型。一个制度是否宽容，一个社会是否宽容，往往取决于其所拥有的法律制度是否宽容，并以其为外在表征"。③ 那么，严格限制死刑的适用，通过制度来保证死刑判决的公正和慎重，建构酌定量刑情节限制死刑适用的长效机制，可以说是体现法律制度宽容（尤其是刑法宽容）的一个重要侧面。一般来说，被告人具有酌定从宽情节时，往往反映其社会危害性或者人身危险性程度并没有达到"非杀不可"的地步，刑罚裁量时本是可以留有余地的。在这种情况下，倘若社会缺乏宽容的观念，在酌定量刑情节尚未受到应有重视的司法环境下，司法官员在裁量死刑时就更倾向于判处死刑立即执行。此时，酌定量刑情节限制死刑适用作用的发挥在无形中受到了一定程度的抑制。其实，"对具有可宽容性的犯罪人予以一定程度的宽容，也符合对犯罪的报应性评价。"④ 具有酌定从宽情节的

---

① 参见刘日：《关于我国死刑的适用仍要坚持"少杀、慎杀"原则的建议》，载《河北社会主义学院学报》2004 年第 4 期。

② 冯亚东著：《理性主义与刑法模式》，中国政法大学出版社 1999 年版，第 55 页。

③ 陈正云著：《刑法的精神》，中国方正出版社 1999 年版，第 200 页。

④ 邱兴隆著：《刑罚理性导论》，中国政法大学出版社，1998 年版，第 18 页

犯罪分子，除极少数外，大都具有一定的可宽容性。不判处其死刑立即执行，不仅是刑法宽容的体现，而且也是罪责刑相适应原则的要求。作为执掌犯罪分子生杀予夺大权的刑事法官，在运用刑罚严厉惩罚犯罪的同时，也应当有宽容的情怀，能够以人性度人，对于具有酌定从宽情节等具有可宽恕性的犯罪人，应当以"如履薄冰、战战兢兢"的审慎态度，依法严谨、理性地行使审判权，准确地裁量死刑，从而更好地实现刑法的社会保护机能与人权保障机能的有机统一。

（三）"报应"观念之淡化

在中国古代刑法中，死刑始终处于刑罚体系的中心地位。在这种法律传统的影响下，对严重犯罪适用死刑的观念也深入人心，普通民众对于死刑习以为常。而且，死刑报应观念还受到现实状况的影响。如当前社会发生重大转型，各种矛盾比较突出，严重刑事犯罪时有发生，人们为安全而本能地依赖死刑。不可否认，目前，"杀人偿命"等报应观念在我国社会上还有很大的影响，存在着广泛的民众基础，这对司法机关坚持"少杀、慎杀"带来了一定的压力。在报应观念的视界下，被告人杀人偿命，乃天经地义、罪有应得，其有无酌定从宽情节等对于死刑的适用并无多大的影响。被告人只有被判处死刑，似乎才能平息民愤、安抚被害人家属和实现公正。应当说，普通民众对于死刑的这种态度，更多的是出于一种本能的、情绪性的报应要求。此种报应观念作为一种客观存在，虽然反映了人类本能性的情绪体验，多少有一些合理性的成分，但从整个人类进步以及人类理性觉醒的角度看，其只不过是社会精神文明程度低下的一种反映。正如有学者所说："民意中根深蒂固的'杀人偿命'观念是朴素的传统的血亲复仇、报应等观念，恰当地说它发自人的本能，是一种未加雕琢修饰的自然情感，对这种观念不能用正确还是错误来简单评价。不过可以肯定的是，这种情感观念是感性的、非理性的。"① 随着人类文明的进步以及刑罚理性时代的到来，这种"杀人偿命"的报应观念应当逐步淡化。

（四）"重视酌定量刑情节"观念之确立

毋庸讳言，酌定量刑情节无论在我国刑法理论界还是司法实务界都不太受重视，尤其是在司法实务界，酌定量刑情节（主要是酌定从宽情节）在死刑裁量中的重要意义还未受到应有的强调，很多法官认为酌定量刑情节只是量刑时酌情适用、可有可无的情节，不少法官对什么是酌定量刑情节、案件中有哪些酌定量刑情节、在量刑时应适用什么酌定量刑情节、酌定量刑情节如何适用等问题并不是很清楚。而事实上酌定从宽情节是目前司法实践中限制死刑适用的最活跃因素。"酌定量刑情节在每个案件中几乎都能找到一二，这对于在我国刑法框架内从司法层面逐步减少死刑的适用无疑大有裨益。今

---

① 参见姚华、衣家奇：《死刑的司法限制及我国死刑政策反思》，载《兰州大学学报》2007 年第6 期。

后，酌定从宽情节应当成为死刑司法理论与实践关注的重点。"① 可以说，重视酌定量刑情节在死刑控制中的作用，是死刑司法限制适用的一条切实可行的路径。"死刑在司法适用中没有得到应有的严格控制，在某种程度上可以认为，与死刑适用的酌定量刑情节没有发挥其正常的影响量刑之功能不无关系。"② 如果没有形成重视酌定量刑情节的观念，酌定量刑情节对死刑的适用势必难以起到有效的调节作用，更遑论酌定量刑情节发挥最大的限制死刑适用的功效！所以，在现阶段，要深入推进酌定量刑情节对死刑适用的限制，首要的基础条件就是司法机关及司法人员必须确立重视酌定量刑情节的观念。其实，在裁量死刑时重视酌定量刑情节的影响，不仅是严格控制死刑适用的题中应有之义，也是贯彻全面考虑、综合分析的量刑情节适用原则的客观要求。

三、酌定量刑情节限制死刑适用的立法完善

由于酌定量刑情节未为刑法明文具体规定，司法实践中是否考虑酌定量刑情节、酌定量刑情节的范围如何、酌定量刑情节如何适用等，不同法官的做法并不一致，缺乏相对统一的适用标准。这在相当程度上掣肘了酌定量刑情节限制死刑适用功效的发挥。如果对酌定量刑情节在死刑限制中不进行必要的规范，缺乏一个相对统一的标准，则可能导致司法腐败的乘虚而入和国家死刑制度的虚置，以及司法的混乱，形成新的社会不和谐，其走向同样是危险的。③ 正是如此，我们认为，为使酌定量刑情节充分发挥限制死刑适用的功效，应当在以下两个方面进行立法完善。

（一）完善刑法关于量刑根据的规定

酌定量刑情节能否充分发挥限制死刑适用的功效，应当说与刑法对量刑根据的规定以及相关的理解存在莫大的关系。比如，如何从量刑根据中判定"哪些是真正能影响量刑的因素"，"对量刑是产生从严还是从宽影响"，以及"具体程度究竟应是多大"，等等。应当说，这些才是研究量刑根据的实质意义之所在。现阶段对诸如"量刑情节有哪些"，"该情节是从严还是从宽情节"，"宽严影响幅度应有多大"等问题之所以存在纷争，与人们在量刑根据问题上的不同见解有莫大关系。④

刑法学理论上一般认为，量刑的根据是社会危害性与人身危险性的统一。那么我国刑法典关于量刑根据的规定⑤是否反映了这一点呢？看来是不无疑问的。从刑法第 61 条规定的表述来看，犯罪的事实、犯罪的性质、情节和对于

① 浙江省高级人民法院课题组：《关于保障死刑案件审判复核衔接机制的调研报告》（2009 年 3 月 6 日），第 82 ~ 83 页。

② 参见马松建著：《死刑司法控制研究》，法律出版社 2006 年版，"摘要"第 4 页。

③ 参见浙江省高级人民法院课题组：《关于保障死刑案件审判复核衔接机制的调研报告》（2009 年 3 月 6 日），第 82 页。

④ 参见陈航：《量刑的法理根据研究》，载《湖南民族职业学院学报》2006 年第 2 期。

⑤ 即刑法第 61 条："对于犯罪分子决定刑罚的时候，应当根据犯罪的事实、犯罪的性质、情节和对于社会的危害程度，依照本法的有关规定判处。"

社会的危害程度等基本反映的是行为的社会危害性大小，而作为量刑另一重要根据的人身危险性却未能得到应有的体现，这不能不说是一种缺憾。正如有学者所指出的，对犯罪人的刑罚裁量，不仅要考虑客观行为，而且要考虑犯罪人的人格状况。但令人遗憾的是，我国刑法始终没有意识到这一点，在量定刑罚时，仍然是以传统的犯罪行为及其危害结果来独占量刑的领地，而置行为人于不顾，使量刑显得比较僵化，缺乏人文气息和人性色彩。如我国刑法第 61 条关于量刑标准的规定，就未能体现出这一点。[①] 上述论者所言的犯罪人格实际上也就是反映犯罪人人身危险性大小的因素。此外，犯罪事实、犯罪性质、情节和犯罪对于社会的危害程度确实不是处于同一层次的概念，将四者并列为量刑的四大要素会造成逻辑地位上的不平衡，也有失妥当。正是因为刑法第 61 条关于量刑根据的规定存在上述诸多不足之处，使得酌定量刑情节限制死刑适用的空间受到了较大的限制，因而有待作进一步的修改和完善。

那么，如何修改完善刑法第 61 条关于量刑根据的规定呢？在总结我国现有的理论研究成果，借鉴境外关于量刑根据或者量刑标准的立法例，并结合我国司法现实的基础上，我们试提出如下立法完善建言：[②]

> 第一款　量刑时应以犯罪对于社会的危害程度为基础，并应权衡一切对犯罪分子有利和不利的情况，尤应注意下列事项：（一）犯罪人的一贯表现；（二）犯罪的动机；（三）犯罪的目的；（四）被害人过错的性质和大小；（五）犯罪故意的程度；（六）犯罪的手段；（七）犯罪的时间、地点；（八）犯罪造成的损害和影响；（九）犯罪人与被害人平日之关系；（十）犯罪侵害的对象；（十一）犯罪分子的认罪态度；（十二）犯罪后减少犯罪损失的程度；（十三）赔偿被害方经济损失的情况。
> ……

【说明】这里的"犯罪对于社会的危害程度"，主要强调的是在量刑时应着重考虑罪行的轻重，即包括客观危害大小和主观恶性深浅。也就是说，已然之罪的社会危害性大小（罪责）才是量刑的基础。与此同时，评价犯罪人的刑事责任大小时，还应当考虑反映犯罪分子人身危险性大小的因素。上述第一款列举的 13 种酌定量刑情节，除少数情节侧重反映行为的社会危害性大小外，其他情节基本都在一定程度上反映或者侧重反映了犯罪分子的人身危险性情况。量刑时有所侧重地综合考虑上述两方面的因素，从而确定犯罪人应当承担的刑事责任大小，适用相应轻重的刑罚，这正是贯彻罪责刑相适应原则的基本要求。上述列举的 13 种酌定量刑情节，基本是按照罪前酌定量刑情节、罪中酌定量刑情节和罪后酌定量刑情节的顺序进行排列，具有一定的

---

① 参见张文、刘艳红、甘怡群著：《人格刑法导论》，法律出版社 2005 年版，第 295 页。
② 总的方案是将刑法第 61 条分设三款。

内在逻辑联系。至于在第一款中强调要"权衡一切对犯罪分子有利和不利的情况",也具有重要意义。因为在刑罚裁量事实中,既有对犯罪分子不利而可作从重裁量的事实,也有对犯罪分子有利而可作为从轻裁量的事实,对于这两类不同评价方向的刑罚裁量事实,刑事法官量刑时应给予同等分量的注意,切忌厚此薄彼;否则,就难以实现量刑的公正。诚如台湾学者张丽卿教授所言,兼顾有利与不利原则虽然简单明了,但在刑罚裁量上却极易被法官所忽略,尤其是一些未能对行为人保持客观冷静的态度,而对犯罪行为人存在相当的社会偏见或是具有父权心态的法官,往往只会注重不利于行为人的刑罚裁量事实,而在不知不觉之中,忽略有利于行为人的裁量事实。①

第二款　属于法定犯罪构成要件的事实,量刑时无须再予斟酌。

【说明】此款即禁止刑罚裁量时进行重复评价。易言之,对法条所规定之构成要件要素,禁止在刑罚裁量中再度当作刑罚裁量事实,重加审酌而作为从重裁量或从轻裁量之依据。"因为构成要件要素已为裁量决定各犯罪行为之法定刑的标准,故不应于刑罚裁量时,再度作为裁量宣告刑之考量依据。"②如作为法定犯罪构成要件的损害结果,属于定罪情节的范畴,不能在同一层次或同一意义上再次作为量刑情节使用,否则有违禁止重复评价的原则。禁止刑罚裁量时进行重复评价,虽是刑法理论上公认的量刑准则,可是在量刑实践中,法官违反这一准则进行量刑的现象并不少见。故而在修改量刑根据的立法时设置这一款很有必要。

第三款　死刑的裁量,应当特别慎重。

【说明】死刑案件人命关天,社会关注广泛。死刑作为以剥夺犯罪分子生命为内容的最严厉的刑罚方法,涉及人的生杀予夺之大权,其动用必须慎之又慎,应当坚持以最严格的标准,以"如履薄冰、如临深渊、战战兢兢"的审慎态度,正确裁量死刑这一最严厉的刑罚,做到"杀者不疑,疑者不杀"。在本条中增设此一条款,具有重要的现实意义,不仅有利于提示法官在裁量死刑时保持高度审慎的态度,从而确保死刑只适用于极少数罪行极其严重的犯罪分子,而且也是从制度上保证死刑判决公正和慎重的重要举措。

通过对刑法第 61 条的规定作上述修改,即在刑法中明确规定法官量刑时要考虑体现犯罪分子人身危险性程度的因素(主要是酌定量刑情节),即明示法官在量刑时(尤其是死刑裁量时)应当考虑的情节,这不仅可以强化法官在量刑时重视酌定量刑情节的意识,从而确立相对统一的标准,规范法官在具体案件中对酌定量刑情节的适用,而且对于推进酌定量刑情节在限制死刑适用中功效的发挥,也是大有裨益的。

---

① 参见林山田著:《刑法通论(下册)》(增订九版),2005 年自版,第 497～498 页。
② 张丽卿著:《刑法总则理论与运用》,2002 年自版,第 469 页。

（二）实现部分酌定量刑情节的法定化

实现部分酌定量刑情节法定化，实际上是一种特殊的规范酌定量刑情节适用的方式。因为法定量刑情节对于量刑的影响是可预知的、确定的，相对来说，酌定量刑情节是否被认定，则有赖于法官的主观衡量。而法官由于各自法律修养、专业水平和职业道德的差异，实践中对哪些情节是酌定量刑情节，在量刑时应否考虑，以及如何考虑从轻从重处罚，做法不太一致，容易产生量刑偏差。事实上，就酌定量刑情节在当前司法实践中的情况来看，公诉方一般不重视酌定量刑情节证据的收集，特别是有利于被告人的酌定量刑情节，公诉人不举证，辩护人也不调查取证，法官因此而对犯罪行为人处以轻重悬殊之刑罚，也不能成为上诉或抗诉的理由之一，这严重损害了被告人的权利。而且过于宽泛的酌定量刑情节游离于刑法具体明文规定之外，不仅不利于量刑公正的实现，而且对于刑事法制也并非益事。因此，根据一定原则，适当缩小酌定量刑情节的范围，及时实现部分成熟的酌定量刑情节的法定化就很有必要。

死缓的适用是多种量刑情节排列组合博弈的结果，规范死缓制度的本源就是规范酌定情节的适用。① 因而作为规范酌定量刑情节适用的特殊方式——实现部分酌定量刑情节法定化，无疑会有助于死缓的准确适用。从长远来看，其对于切实推进死刑的司法控制，也是大有裨益的。那么，到底应将哪些酌定量刑情节适时法定化呢？我们认为，应重点把握以下四项原则：

第一，典型性原则。所谓典型性原则，包括两层含义：一是应上升为法定量刑情节的酌定量刑情节在司法实践中得到了普遍认可，并且条件相对成熟。对那些没有得到普遍认可、实践中争议较大的酌定量刑情节，一般不宜法定化；二是这种酌定量刑情节必须具有广泛的代表性，在司法实践中经常出现，而不能是比较少见或者仅是某种犯罪、某些个案中才有的情节。将这部分典型性的酌定量刑情节法定化，有利于这些情节对刑罚轻重的调节发挥比较稳定、可预期的影响力，进而有助于实现量刑的公正。

第二，价值衡量原则。所谓价值衡量原则，是指应分析该酌定量刑情节的内容含量，即其影响量刑（刑罚量）的价值大小。一般来说，适宜法定化的酌定量刑情节，在相当程度上反映了行为人的社会危害性或者人身危险性程度，量刑的价值相对较大。如果该酌定量刑情节对量刑轻重的影响较小甚或可以忽略不计，那一般不宜将其上升为法定量刑情节。

第三，司法解释或者司法规范性文件有规定者优先原则。值得指出的是，司法解释或者司法规范性文件规定的情节仍属于酌定量刑情节的范畴。对于某些酌定量刑情节对于量刑的影响，我国最高司法机关颁布或者印发的诸多司法解释和司法规范性文件都有明确规定。如 1999 年 10 月 27 日最高人民法院印发的《全国法院维护农村稳定刑事审判工作座谈会纪要》、2000 年 12 月 4 日最高人民法院颁布的《关于刑事附带民事诉讼范围问题的规定》、2009 年

---

① 参见欧阳玉静：《死刑缓期执行和死刑立即执行的量刑依据——以故意杀人罪为例的实证分析》，载《刑事法评论》第 21 卷，北京大学出版社 2007 年版，第 185 页。

3 月 12 日最高人民法院、最高人民检察院印发的《关于办理职务犯罪案件认定自首、立功等量刑情节若干问题的意见》等就对被害人过错、犯罪人一贯表现、坦白、退赃、民事赔偿等酌定量刑情节之于量刑的影响进行了导向性的规范。上述司法解释和司法规范性文件所规范的酌定量刑情节，对司法实践中的刑罚裁量影响较大。确定宜上升为法定量刑情节的酌定量刑情节时，应优先考虑司法解释和司法规范性文件已进行过规范的酌定量刑情节。

第四，循序渐进原则。酌定量刑情节向法定量刑情节转化是一个长期的过程，不可能一蹴而就。随着我国量刑规范化试点工作的全面展开以及实践的发展，哪些酌定量刑情节宜上升为法定量刑情节，也需要经过司法实践的不断检验、修正，并且应有必要的实证分析和理论研究作支撑。对于某些具有典型性、并且影响量刑价值较大的酌定情节，并非都应该在现阶段上升为法定量刑情节。诸如犯罪侵犯的对象、犯罪造成的损害结果、犯罪的手段、犯罪的时间和地点、犯罪的动机、犯罪的目的等，其法定化的条件在目前似乎还不够成熟，有待实践经验的积累和理论上的进一步研讨。

据此，综合以上几项原则进行分析权衡，我们认为，实现被害人过错、犯罪人一贯表现、坦白、抢救被害人、退赃、民事赔偿等酌定量刑情节法定化的条件已趋成熟。这几个酌定量刑情节基本都是从宽情节，将其上升为法定量刑情节，既可以起到规范其适用的实效，同时对于切实推进死刑的司法限制适用亦具有重要意义。

四、酌定量刑情节限制死刑适用的司法改进

刑事司法实践的发展与完善，一方面依赖于刑事立法的发展与完善；另一方面又能够促进刑事立法，并在刑事立法不够完备的情况下对之起到弥补作用。[1] 酌定量刑情节限制死刑的适用，归根结底，也要落实到司法上来。死刑情节研究的更高目的在于，通过死刑情节，严格死刑适用标准，通过完善规范性立法，限制法官的自由裁量权，以实现"司法层面上废除中国刑法中的死刑"。[2] 虽然，近年来，削减与废止死刑的呼声响彻刑法学界。大体可以肯定，刑法学界已经达成如下共识：现阶段应大幅削减死刑（即在暂时保留死刑的情况下，极为严格地限制死刑；废除非暴力经济犯罪的死刑）。但是，在刑事司法实践中，死刑适用并没有明显减少，法官依旧按照学者不满意的量刑标准判处死刑。法官的死刑适用与学者的死刑理论存在明显距离。[3] 为充分发挥酌定量刑情节在限制死刑适用中的功效，从而切实推进死刑的司法限制进程，在司法层面上，我们认为，应着力在以下两方面作出努力。

（一）尽快出台典型死罪的死刑适用指导意见

目前，我国确立了"保留死刑，严格控制和慎重适用死刑"的基本死刑

---

① 参见赵秉志著：《犯罪未遂形态研究（第二版）》，中国人民大学出版社 2008 年版，第 390 页。

② 参见于佳佳：《论美国的死刑情节及对中国的启示》，载《刑事法评论》第 21 卷，第 208 页。

③ 参见张明楷：《刑法学者如何继续为削减死刑作贡献》，载《当代法学》2005 年第 1 期。

政策，该政策在我国死刑司法活动中得到了一定程度的贯彻，特别是自 2007 年 1 月 1 日死刑案件核准权统一收归最高人民法院行使以来，死刑数量明显下降。事实上，晚近十几年来，人民法院一直坚持严格控制和慎重适用死刑，死刑数量持续保持下降的趋势。[①] 但由于我国刑法中规定有大量死刑罪名[②]，司法实务中仍较多地适用死刑，死刑司法适用的绝对数不可低估。与其他保留并适用死刑的国家相比较，我国刑事司法活动中适用死刑的数量还是相当多的。可以说，"保留死刑，严格控制和慎重适用死刑"的死刑政策并没有在我国死刑司法中得以有效贯彻，对司法机关及司法人员还缺乏足够的法律约束力。之所以产生这样的问题，很大程度上是由于缺乏限制死刑适用的实体规则造成的。因为关于如何严格把握死刑适用的标准，从而限制死刑的适用，以及如何对具体犯罪准确、妥当地适用或者不适用死刑，最高人民法院至今都没有出台明确的规定，死刑的适用缺乏明确、细致和具体的司法规则。[③] 死刑的司法适用缺乏明确、全面的实体法方面的司法规则或者说死刑适用指导意见，不仅难以保证死刑裁量的公正和慎重，而且不利于严格限制和减少死刑的适用。有鉴于此，我们强烈呼吁最高司法机关尽快出台相关的死刑司法适用规则或者说死刑适用指导意见。当然，考虑到我国刑法典规定有 68 个死刑罪名，一一详细规定每个死刑罪名适用死刑的指导意见，需要较长时间去调研论证，确实会存在一定难度，故而我们主张目前我国最高司法机关应选择以典型死罪[④]为突破口，尽快制定故意杀人、故意伤害、抢劫、强奸和毒品犯罪这五种常见多发犯罪适用死刑的指导意见，以确保死刑的正确适用。因为这几种严重犯罪的死刑适用比例占整个死刑案件的 90% 以上。[⑤] 易言之，明确了这几种典型死罪的死刑适用规则，就大体能规范我国死刑的适用，从而有效地限制和减少死刑的适用。

事实上，早在 2005 年，最高人民法院在其颁布的《人民法院第二个五年改革纲要（2004—2008）》（法发［2005］18 号）中就把"贯彻罪刑相适应原则，制定故意杀人、抢劫、故意伤害、毒品等犯罪适用死刑的指导意见，确保死刑正确适用"[⑥] 纳入了未来五年"改革和完善审判指导制度与法律统一适用机制"的一项重要内容。不过直至目前，相关典型死罪案件适用死刑

---

① 参见董瑞丰：《姜兴长：不核准的比例较大？死刑数量明显下降》，载《光明日报》2007 年 9 月 10 日。

② 值得注意的是，虽然 2011 年 2 月 25 日通过的《刑法修正案（八）》废止了 13 个经济性的非暴力犯罪的死刑，使我国刑法典中的死刑罪名降至 55 个，但死刑罪名的绝对数量仍然很多。

③ 参见赵秉志著：《死刑改革探索》，法律出版社 2006 年版，第 262 页。

④ 所谓典型死罪，就是指司法实践中常见多发、适用死刑比较集中的几种严重犯罪。从我国刑事司法实践来看，判处死刑的罪名多集中在故意杀人罪、故意伤害罪、强奸罪、抢劫罪和走私、贩卖、运输、制造毒品罪五种常见多发的严重犯罪，犯这五种罪而被实际执行的死刑犯亦占相当大的比例。参见赵秉志主编：《死刑改革研究报告》，法律出版社 2007 年版，第 121 页。

⑤ 参见《中加死刑聚焦——关注死刑改革系列论坛》（第 6 期），2006 年 6 月 3 日，载京师刑事法治网 http://www.criminallawbnu.cn/criminal/Info/showpage.asp？pkID=8338

⑥ 参见《人民法院第二个五年改革纲要（2004—2008）》，载《最高人民法院公报》2005 年第 12 期。

的指导意见尚未出台，[①] 据有关媒体报道，最高人民法院正在抓紧研究制定故意杀人、抢劫、毒品、故意伤害等案件适用死刑的指导意见，为全国高、中级人民法院判处死刑案件提供指导。[②] 有理由相信在接下来的几年内，故意杀人、故意伤害、抢劫、强奸和毒品犯罪适用死刑的指导意见会陆续出台，这对于司法实践中更加公正和慎重地适用死刑、从而切实减少和限制死刑的适用，无疑会是一个福音。

其实，在最高司法机关出台故意杀人、故意伤害、抢劫、强奸和毒品犯罪案件适用死刑指导意见之前，我国有些地方的司法机关进行了一定的探索。如江西省高级人民法院于 2009 年 7 月 16 日就出台了《关于审理毒品犯罪案件适用死刑问题的指导意见》，该《指导意见》对江西省毒品犯罪案件适用死刑问题提出了诸多指导性的原则和意见，这对于规范该省毒品犯罪案件的死刑适用，具有重要意义。对于最高司法机关制定相关典型死罪案件的适用死刑的指导意见，也有一定的参考价值。在我们看来，最高司法机关将来出台的相关典型死罪案件适用死刑的指导意见，至少应当包括以下几方面的内容：

（1）典型死罪案件适用死刑的基本要求。这意味着要在相关适用死刑指导意见中阐明适用死刑时应当遵循的刑事政策（包括"宽严相济的基本刑事政策"、"保留死刑，严格控制和慎重适用死刑"的死刑政策）、刑法基本原则、量刑根据等。一般应旗帜鲜明地强调审理相关典型死罪案件适用死刑时，要综合考虑犯罪的性质，犯罪的手段、后果等情节，被告人的主观恶性和人身危险性等因素，只有当被告人的罪行极其严重时，才考虑适用死刑。

（2）典型死罪中量刑情节竞合时的死刑适用。典型死罪案件中往往有多个情节并存，因此有必要明确规定量刑情节同向竞合与逆向竞合时的适用原则及方法，便于死刑的正确适用。

（3）典型死罪共同犯罪的死刑适用。典型死罪共同犯罪的死刑适用有一定的复杂性，更难把握，因此相关适用死刑指导意见中应当明确共同犯罪中适用死刑需要把握的原则与方法，以及需要慎重判处死刑立即执行的情形。一般来说，对于典型死罪共同犯罪的死刑适用，要充分考虑各被告人在共同犯罪中的地位和作用、犯罪后果、被告人的主观恶性和人身危险性程度等情况；要在主犯中区分罪责最为严重者和较为严重者，通常只对罪责最为严重者适用死刑；对于被告人在共同犯罪中的地位和作用相当，罪责相对分散或者确实难以分清的，应当慎用死刑立即执行；对于雇凶犯罪的死刑适用，要按照一定的原则认定罪行最严重的主犯。严格区分雇佣者与受雇者的地位、作用，根据案件的不同情况，区别对待。通常只对雇凶者和其中罪行最严重的受雇者判处死刑立即执行；对于家庭成员共同实施典型死罪的案件，适用

---

① 值得注意的是，最高人民法院、最高人民检察院、公安部和司法部于 2007 年联合颁布的《关于进一步严格依法办案确保办理死刑案件质量的意见》，主要是关于办理死刑案件程序、证据等方面的规范，并非适用死刑的实体性的指导意见。

② 参见袁定波、王斗斗：《最高人民法院正在制定死刑适用指导意见》，载《法制日报》2007 年 3 月 1 日。

死刑需要特别慎重，一般不宜判处同一家庭中多名成员死刑立即执行；此外，对于故意杀人、故意伤害致死等案件，值得强调的是，如果没有造成多人死亡的，一般只判处第一主犯死刑，不能搞超等量报应，实行"两命抵一命"甚或"多命抵一命"。

（4）典型死罪"不是必须立即执行"的各种情节。"不是必须立即执行"的各种情节包括法定从宽情节与酌定从宽情节，不过主要是指酌定从宽情节。相关典型死罪适用死刑的指导意见规定各种"不是必须立即执行"的情节，无疑会为酌定量刑情节充分发挥限制死刑适用的功效提供良好的运作平台。不过规定典型死罪"不是必须立即执行"的情节时，应当注意以下两点：一是应坚持从宽把握原则，尽量列举各种常见的酌定从宽情节，便于法官裁量死刑时参照；二是如前文所述，应当设置兜底条款，即规定"其他不是必须判处死刑立即执行的"，从而将各种有利于被告人的酌定从宽情节纳入其中。

（5）典型死罪可以判处死刑立即执行的各种情节。对于可以判处死刑立即执行的各种情节，宜从严掌握，要尽量明确细化。总之，要以最严格的标准和最审慎的态度衡量，做到能不杀的尽量不杀，可杀可不杀的坚决不杀。确需判处被告人死刑立即执行的，要充分考虑被告人在主观恶性和人身危险性程度等方面的差异，审慎决定，确保死刑立即执行只适用于极少数罪行极其严重、非杀不可的犯罪分子。

（二）积极推行死刑案例指导制度

建立和完善案例指导制度是近年来最高司法机关积极倡导的一项重要改革举措。关于死刑案例指导，目前最高人民法院也进行了一定的尝试和探索。例如，针对近来醉酒驾车犯罪多发、高发的态势，为依法严惩醉酒驾车犯罪，统一法律适用标准，充分发挥刑罚功能，有效遏制醉酒驾车犯罪的多发、高发态势，切实维护广大人民群众的生命、健康安全，2009 年 9 月 11 日，最高人民法院向各省、自治区、直辖市高级暨中级人民法院、解放军军事法院等专门印发了《最高人民法院关于印发醉酒驾车犯罪法律适用问题指导意见及相关典型案例的通知》（以下简称《通知》），就醉酒驾车犯罪的法律适用等问题提出了指导性意见，并公布了两起醉酒驾车犯罪典型案例。① 《通知》明确指出："现将最高人民法院对醉酒驾车犯罪法律适用问题的指导意见及两起典型案例②印发给你们，供审理相关案件时参照执行。"③ 在这里，最高人民法院发布的相关法律适用指导意见以及该两起典型案例的裁判，对于今后人民法院审理醉酒驾车犯罪案件的死刑适用问题，就具有重要的指导意义。事实上，《最高人民法院公报》、《人民法院报》和《刑事审判参考》等最高人

---

① 《通知》公布的两起典型醉酒驾车犯罪案例分别是"黎景全以危险方法危害公共安全案"和"孙伟铭以危险方法危害公共安全案"。

② 该两案被告人一审均以"以危险方法危害公共安全罪"判处其死刑立即执行，二审又都以同一罪名改判为无期徒刑。

③ 参见《最高人民法院关于印发醉酒驾车犯罪法律适用问题指导意见及相关典型案例的通知》（法发〔2009〕47 号）。

民法院机关刊物也经常发布具有指导意义的典型死刑案例，对于指导死刑案件的审判工作、统一死刑适用标准、确保死刑适用公正和提高死刑案件的办案质量，应当说是发挥了重要作用的。此外，最高人民法院发布具有指导性的典型死刑案例，还有一定的刑事政策功效。典型死刑判例可"'以看得见的方式'作为参照物发挥其以往采取封闭的逻辑推论形式所难以达到的论证'说服'效果，提高裁判的可接受性，赢得社会公众特别是没有判处死刑案件的被害人亲属对恰当判决的尊重和认可，促进服判息诉，避免上访、闹访。"①

对于酌定量刑情节限制死刑适用而言，积极推行死刑案例指导制度具有重要的理论与实践意义。正如有学者所指出，实行判例制度，承认判例法效力，对于明确量刑情节对于死刑适用的限制，显然具有重要意义。② 因为众多典型死刑案例实际上是对实践中较多适用的酌定量刑情节范围和功能上的一个个实例解析，每个典型死刑案例都侧重于一部分酌定量刑情节的运用，很多个死刑案例的汇集，就使酌定量刑情节的范围和功能相对明确，适用标准相对统一。"通过众多典型案例的先引作用，完全可以总结出一套影响死刑适用的酌定量刑情节的适用规范，这种规范不具有法律约束力，但却具有极其重要的参考价值。"③ 特别是由最高人民法院进行公布，有利于在全国范围内逐步规范酌定量刑情节的适用，不断地穷尽和确定酌定量刑情节的范围与影响力。易言之，通过典型死刑案例的指导与示范，不仅可以有效规范死刑案件中酌定量刑情节的适用，提炼出酌定量刑情节限制死刑适用的规则，确保死刑适用的公正与平衡，而且能使酌定量刑情节在限制死刑适用中的功效得以充分发挥，从而实现减少、限制死刑的目的。如以《人民法院报》2008年7月11日第5版"案例指导"专栏发布的"杨克群故意杀人案"为例，该典型死刑案例确立了如下"裁判要旨"，即"对因婚姻家庭、邻里纠纷等民间矛盾激化引发的故意杀人、故意伤害等案件，被害人一方有明显过错或对矛盾激化负有直接责任，或者被告人有法定从轻处罚情节的，一般不应判处死刑立即执行。"④ 应当说，该案对于人民法院今后"如何把握婚姻家庭矛盾引发故意杀人案件死刑的适用"，具有很强的指导意义。通过这一典型死刑案例的指导，不仅可以规范"因婚姻家庭、邻里纠纷等民间矛盾激化引发"这一酌定量刑情节在死刑案件中的适用，而且也提炼出了"对因婚姻家庭、邻里纠纷等民间矛盾激化引发的故意杀人、故意伤害等案件，应慎用死刑立即执行"的适用规则。更为重要的是，其有利于充分发挥"因婚姻家庭、邻里纠纷等民间矛盾激化引发"这一酌定量刑情节在限制死刑适用中的功效。当然，之

---

① 参见浙江省高级人民法院课题组：《关于保障死刑案件审判复核衔接机制的调研报告》（2009年3月6日），第120~121页。

② 参见曾粤兴：《死刑的司法与立法限制——量刑情节的制约》，载《时代法学》2005年第5期。

③ 秦鹏：《死刑限制适用问题研究》，北京师范大学刑事法律科学研究院2009届博士学位论文，第152页。

④ 周刚、毛洁：《如何把握婚姻家庭矛盾引发故意杀人案件死刑的适用——最高人民法院裁定杨克群故意杀人案》，载《人民法院报》2008年7月11日第5版。

所以要对因婚姻家庭、邻里纠纷等民间矛盾激化引发的案件慎用死刑立即执行，主要是因为这类案件一般事出有因，"被告人针对特定的对象实施犯罪行为，其主观恶性、人身危险性与发生在社会上的严重危害社会治安的案件有所不同，在量刑时，应当综合犯罪起因、犯罪手段等因素考量，不能因为造成了被害人的死亡，就一律适用死刑。"[①] 故而这类案件在处理上应当与严重危害社会治安的其他故意杀人、故意伤害等案件有所区别，在量刑时可以留有余地。

五、酌定量刑情节限制死刑适用的制度配合

不难想见，一旦充分发挥酌定量刑情节在限制死刑适用中的功效，必定会有力地推进我国限制死刑适用的进程；但是，在另一方面，我们也应当考虑到，如果没有相关的配合制度保障，酌定量刑情节限制死刑适用功效的发挥难免会受到一定程度的掣肘，有时甚至还会增加不稳定因素，带来不必要的社会震荡。正因如此，为充分发挥酌定量刑情节限制死刑适用的功效，切实推进减少死刑适用甚至废止死刑的进程，同时也为防止出现不必要的社会震荡，我们认为，目前至少有以下两个方面的制度配合问题需要加以重点考虑。

（一）健全死刑案件缠诉、闹访的防控机制

在我国司法实践中，死刑案件当事人缠诉、闹访的情况时有发生。对于具有各种情节而可以不杀或者未判处死刑的被告人，不少被害人的家属往往不依不饶，无休止地进行缠诉、闹访，一味地要求"杀人偿命"。更有甚者，有的被害人家属借助媒体、舆论的力量造势，或者采取将被害人的尸体抬至法院，或者将年幼的子女丢弃在法院门口，或者以自杀、同归于尽等极端方式相威胁，这给法院的死刑案件审判工作带来了巨大的压力。正如《浙江省高级人民法院关于保障死刑案件审判复核衔接机制的调研报告》所指出的那样："法院经常会处于'杀'与'不杀'的两难境地。有的案件，按当前的死刑政策，属于可杀可不杀，本应一律不杀，但当其面临打击不力的批评与外界的种种压力时，很难保证法官是独立审判的，实践中当法院在面临上访、闹访压力的情况下，对那些本可以选择不杀的案件，也可能最终选择杀了。"[②] 虽然法院的上述做法有一定的无奈之处，[③] 但确实不利于保障被告人的人权，难以实现惩罚犯罪与保障人权的统一，而且对于严格限制和减少死刑的适用，也具有极大的负面影响。[④] 审判虽需要聆听来自被害方的意见，但判决本身却

① 周刚、毛洁：《如何把握婚姻家庭矛盾引发故意杀人案件死刑的适用——最高人民法院裁定杨克群故意杀人案》，载《人民法院报》2008 年 7 月 11 日第 5 版。
② 浙江省高级人民法院课题组：《关于保障死刑案件审判复核衔接机制的调研报告》（2009 年 3 月 6 日），第 14 页。
③ 囿于当前中国的司法体制以及司法独立性不够的大环境，法院裁量死刑时会顾及息事宁人、息诉息访、化解矛盾和稳控等因素，也许是一种合乎现实逻辑的现象。
④ 在这种情况下，酌定量刑情节限制死刑适用功效的发挥也会受到相当程度的掣肘。毕竟，酌定从宽情节是司法实践中限制死刑适用最为活跃的因素。

不应以此为转移，不可简单地迁就被害方要求一判了之；死刑裁量中为息事宁人而一味迎合被害方态度的做法是片面的，对整个刑事法治必然会带来消极影响。那么，如何破解法院在死刑适用问题上面临的这种司法困境呢？我们认为，健全死刑案件缠诉、闹访防控机制，应当说是一个十分重要的举措。具体来说，应当着重考虑以下三个方面的内容：

1. 完善"释法说理"和"判后答疑"制度

完善释法说理和判后答疑制度对于预防、减少死刑案件的缠诉和闹访具有重要意义。对死刑案件释法说理，是获取当事人认同死刑裁判的重要途径。不少当事人上访是因为在诉讼过程中自感没有受到重视，从而产生对司法公正的怀疑。尤其是死刑制度改革后，不少民众并不掌握、了解国家刑事政策的变化，习惯拿以往的死刑判决与当前的死刑判决比较。对于这些当事人，通过案件宣传我国死刑政策获取民众思维转变非常必要。[①] 一言以蔽之，法院要将办理死刑案件与化解社会矛盾结合起来，使办案的过程成为释法说理、化解矛盾的过程。此外，作为一种制度设计，判后答疑制度能够极大地提高司法的公信力，有利于保障司法公正和效率，最大限度地落实司法为民的目标，为全面建设和谐社会提供有力的司法保障。[②] 如河南省高级人民法院自2006年2月21日出台《关于建立判后答疑制度的暂行规定》以后，司法实践中就产生了较好的社会效果，最直接的表现就是涉诉上访和申诉案件大幅减少。更为重要的是，及时化解了一些当事人的疑问和怨愤。[③] 总之，在死刑案件中推行"判后答疑"制度，对于提高司法的公信力、避免当事人缠访闹访以及实现司法和谐，都具有非常积极的意义。

2. 健全死刑案件附带民事赔偿调解制度

刑事附带民事赔偿是个长期困扰法院刑事审判工作的突出问题。目前，我国刑事附带民事赔偿"空判"问题相当普遍，这类案件因执行不到位而形成"空判"，使得法律在保障被害人的权利时，开出了"空头支票"和"法律白条"，这严重损害了法律权威和司法公信力，甚至影响到社会的稳定。如宁夏回族自治区银川市中级人民法院的统计表明：该院审理的刑事附带民事案件，占整个刑事案件的一半以上。其中，杀人、伤害等重特大刑事案件的刑事附带民事案件进行的赔偿不足10%。[④] 一般来说，如果刑事附带民事赔偿没有执行到位，极易产生缠诉、闹访现象，导致案件审结后，不仅没有把原来的矛盾化解，反而会激化社会对抗情绪，影响社会的稳定与和谐，难以实现法律效果与社会效果的统一。特别是在死刑案件中，如果被害方没有得到相应的民事赔偿，往往会强烈要求法院判处被告人死刑立即执行，有的甚

---

① 参见浙江省高级人民法院课题组：《关于保障死刑案件审判复核衔接机制的调研报告》（2009年3月6日），第171页。

② 参见真如：《"判后答疑"的N重意义》，载金羊网 http://www.ycwb.com/gb/content/2006-08/17/content_1186826.htm。

③ 参见李东红：《"判后答疑"：能否化解百姓疑问?》，载《河南日报》2006年8月30日。

④ 参见周崇华：《终结刑事附带民事案件"空判"哪条路好走》，载《法制日报》2007年8月13日。

至采取私力报复、自杀等极端手段相威胁，这对于司法实践中严格控制和减少死刑的适用，无疑是一个巨大的压力。在这种情况下，法官往往不敢轻易地以被告人具有某些酌定从宽情节而对其从宽处罚，因而这也不利于充分发挥酌定量刑情节在限制死刑适用中的功效。有鉴于此，我们认为，应当进一步健全我国死刑案件附带民事赔偿调解制度，加强死刑案件附带民事赔偿的调解工作。地方各级法院可以发挥主观能动性，在司法实践中积极探索健全死刑案件附带民事赔偿调解制度的有效途径、方法等，从而为严格控制和减少死刑的适用、化解矛盾和维护社会和谐稳定贡献力量。如浙江省高级人民法院对于死刑案件中附带的民事赔偿部分，强调能调就调、案结事了的原则，采取了以下具体做法：一是对于附带民事诉讼赔偿数额作出限制规定。该院在全国第五次刑事审判工作会议后，即制发了《死刑案件审判工作会议纪要》，根据刑法第 36 条"应根据情况判处赔偿经济损失"的规定，无赔偿能力的，附带民事赔偿数额一般为 5～10 万；有赔偿能力的，附带民事赔偿数额可以适当高一些。二是确定附带民事诉讼赔偿的调解原则，明确哪一类案件可以调解，哪些案件不能调解。民事调解案件，应限于民间纠纷引发的杀人、伤害等案件。对于这些案件，积极协调当事人进行民事赔偿，做到既有效控制死刑，又积极促进和谐。对于涉及黑社会性质、恶势力犯罪以及抢劫案件不进行民事调解。三是慎重对待被告人家属代为赔偿。现在，被害方获得的赔偿多数都是被告人亲属代为赔偿。而其亲属之所以愿意赔偿，都希望通过赔偿减轻对被告人的处罚。许多被告人亲属为了赔偿也是负债累累，成为今后生活的负担。如果不能从轻判处的，不能收取被告人亲属的代为赔偿，已经收回的也要退回。[①] 应当说，浙江省高级人民法院为健全死刑案件附带民事赔偿调解制度进行的上述探索是值得赞赏的。不过，需要注意的是，在死刑案件中进行民事赔偿调解时，不能搞"以钱买命"或者"以钱减刑"，法院应当向被告人及其亲属释明：民事赔偿情况只是法院量刑时应当考虑的一个酌定从宽情节，而非可以讨价还价的交易条件。那种简单地将双方的调解情况作为决定是否判处被告人死刑的做法，是错误的。一般来说，只有案发后积极赔偿被害人经济损失并且真诚悔罪的被告人，才可以不判处其死刑立即执行。

3. 建立刑事被害人救助制度

长期以来，由于观念和认识上的问题，我国对刑事被害人的救助一直没有引起足够重视。从全国范围来看，刑事附带民事诉讼赔偿难以落实是较为普遍的现象。被告方具有足够赔偿能力的案件在实践中也不多见，多数被告人及其亲属均无令人满意的赔偿能力。例如，在北京市第二中级人民法院刑一庭 2005 年审结的一审刑事附带民事诉讼案件中，被告人总数为 351 人，其中无业者 98 人，农民 207 人，学生 8 人，公司职员、企业工人、个体经营者、机关干部等有职业者 38 人。鉴于进城务工的农民在找到职业前相当于无业

① 参见浙江省高级人民法院课题组：《关于保障死刑案件审判复核衔接机制的调研报告》（2009 年 3 月 6 日），第 172～173 页。

者，有职业者也未必就有较好的经济条件，因此，没有赔偿能力者占附带民事诉讼被告人总数的比例超过90%。① 在经济相对落后的中西部地区，情况也大抵相同。在生活中，被害人及家庭因失去经济来源或导致家庭主要劳力丧失而陷入贫困直至赤贫的例子比比皆是，令社会欷歔感慨又无能为力。② 在刑事附带民事赔偿难以到位的情况下，如果被害人仍无法从国家那里得到必要的救助和物质补偿，势必会引起被害方对被告人乃至社会的更大不满，甚至会产生报复情绪，往往强烈要求判处被告人死刑立即执行，这无疑会给法院的刑事审判工作带来很大的压力。在这种情况下，一方面固然要加强死刑案件附带民事赔偿的调解工作，但另一方面考虑建立刑事被害人救助制度，也是具有重要意义的。"通过建立刑事被害人救助制度，国家对一定范围内遭受犯罪行为侵害而又没有得到充分赔偿的被害人及其家属，通过法律程序给予其一定物质救助，则有利于实现犯罪人和被害人之间权益保障的平衡，有利于弥补刑事被害人因犯罪行为所遭受的损失，抚慰其身心遭受的创伤，从而缓和刑事被害人对社会的报复心理，预防和减少刑事被害人犯罪，达到促进平安建设、维护社会和谐稳定、控制社会犯罪总量的目的。"③ 就死刑的裁量而言，建立被害人救助制度的有助于法院摆脱为息事宁人而不得不对被告人判处死刑立即执行的困境，可以更好地发挥酌定量刑情节在限制死刑适用中的功效。建立这一制度不仅是刑事法社会保护价值诉求的直接体现，而且也是促进社会和谐、公平正义的多赢之举。

（二）完善死刑案件的舆论引导机制

近年来，许多被人们所熟知、热议的死刑案件，除案件本身意义重大外，应当说是与新闻媒体的广泛关注及报道分不开的。诸如"邱兴华故意杀人案"、"石狮二奶被碎尸案"、"文强受贿案"等案件一度成为社会关注的热点，新闻媒体在其中所起的作用不容小觑。透过这些典型的死刑个案，我们可以真实地感知到新闻媒体的无形力量。一方面，新闻媒体对有关死刑案件的报道和关注，可以将案件审理情况和法院工作置于大众监督之下，有助于增加司法透明度、提高司法公信和维护司法公正。这也是新闻媒体对审判机关进行舆论监督的重要形式。但是，另一方面，我们也应当注意到，新闻媒体如果对正在审理的案件报道严重失实或者恶意进行倾向性报道，甚至接受一方当事人请托，歪曲事实，恶意炒作，进行违背法理或者不符合法治精神的报道，也难免会在一定程度上损害司法权威，在无形中干扰案件的审判活动，影响司法公正和司法独立。具体来说，首先，这种报道可能会放大案件的恶性面、消极面，诱发、扩大民愤，从而使得案件对社会心理的损害增大，并因而影响法官对犯罪社会危害性的判断，影响司法公正。其次，这种报道可能会干扰法官对案件的思维角度，影响法官对案件的准确判断，并进而影响司法公正。再次，这种报道能形成巨大的社会舆论压力，迫使法院按舆论

---

① 参见方文军：《民事赔偿与死刑适用的平衡规则探微》，载《法律适用》2007年第2期。
② 参见鲁宁：《"以钱买刑"论有损司法公正》，载《东方早报》2009年9月9日。
③ 涂彧、谭艳辉：《我国刑事被害人救助制度初探》，载《法制日报》2009年8月27日。

代表的所谓"民意"定罪处刑，从而影响司法独立。在这里，不妨举一个典型的例子，即曾引起全国关注、轰动一时的"张金柱驾车撞人逃逸案"，① 此案虽发生在 14 年前，但至今仍被众多学者当作"媒体审判"和"舆论杀人"的典型，该案张金柱所犯罪行，本来罪不至死，完全可以不适用死刑的，但是舆论的倾向性报道影响了司法独立，造成了司法不公。"张金柱临刑前也哀叹：'我死在你们记者手中！'连张金柱的律师也说，在全国新闻传媒的催化下，在众口一词的喊杀声中，为张金柱所作的辩解显得那么纤弱无力。"②

对于死刑案件的审判而言，我们不仅要发挥好新闻媒体的舆论监督作用，而且更为重要的是要防止"媒体审判"或"舆论杀人"等现象的发生。无可否认，在我国法官还缺乏比较独立的地位和理念、司法机关办案易受社会舆论影响的现实情况下，"媒体审判"或者"舆论杀人"的现象在司法实践中还不同程度地存在。如前述"张金柱驾车撞人逃逸案"，就是典型例证。此外，在近年来影响较大的"李长河雇凶伤害案"、"石狮二奶被碎尸案"、"蒋艳萍贪污、受贿案"等案件中，我们亦可依稀见到"媒体审判"和"舆论杀人"的影子，尽管这些案件均已尘埃落定，但留给历史的，却是一道难以抹去的法治伤疤。基此，为充分发挥酌定量刑情节限制死刑适用的功效，严格限制和切实减少死刑的适用，杜绝死刑案件中"媒体审判"或"舆论杀人"等现象的发生，我们认为，当前我国极有必要完善死刑案件的舆论引导机制，应当适当引导媒体舆论，避免死刑案件负面舆论的广泛形成。具体来说，以下两个方面需要重点考虑：一方面，新闻媒体应当加强自律，自觉尊重司法，正确处理好新闻自由与司法独立的关系，坚持死刑案件报道的客观性和平衡性原则。对正在审理的死刑案件，报道时应当实事求是地反映案情和相关背景情况，不能作带有倾向性的报道或者歪曲事实、恶意炒作，更不能一味地对被告人"上纲上线"，大加道德挞伐，进行"妖魔化"处理；报道中还应改"一面提示"为"双面提示"，要给冲突、对立的双方以表达自己看法的平等机会，不能充当被害人方的代言人；应当注意报道反映被告人社会危害性和人身危险性程度有所降低的案件事实情况，如被告人犯罪前一贯表现良

---

① 该案的基本情况是：1997 年 8 月 24 日晚 9 时左右，一辆牌号为豫 A54010 的皇冠 2.0 白色轿车，撞上了各自骑车的苏东海、苏磊父子。11 岁的苏磊被当场撞飞，将皇冠车的挡风玻璃撞了一个破碎的大窝；苏东海以及两辆自行车则被卡在汽车左侧的前后轮之间，逃跑的汽车拖着苏东海狂奔几百米远。义愤之下，发现此情的行人、出租车等一起对皇冠车围追堵截，终于将其逼停。苏东海送医院后，内脏破碎、颅内严重受创的苏磊死亡。苏东海被皇冠车拖拉得几乎体无完肤，从头到脚，伤痕深深。头发被鲜血浸透，右臂皮肤被摩擦殆尽。同年 8 月 25 日，当地的《大河报》率先报道了这一案件，此后，接连报道了市民的强烈反应，但没有点出肇事者的姓名，只说"此人身份待核实"。同年 10 月 13 日，中央电视台《焦点访谈》披露了这一血案，激起全社会的公愤，社会上要求判处张金柱死刑，媒体也大肆渲染"不杀张金柱不足以平民愤！"1998 年 1 月 12 日，郑州市中级人民法院对此案进行公开宣判，判决被告人张金柱犯故意伤害罪，判处死刑，剥夺政治权利终身；犯交通肇事罪，判处有期徒刑 3 年。决定执行死刑，剥夺政治权利终身。张金柱不服，提出上诉。一个月后，河南省高院作出终审裁定：驳回上诉，维持原判。1998 年 2 月 26 日，张金柱被执行死刑。

② 马守敏、徐鸿鸣：《张金柱驾车撞人逃逸案："舆论杀人"的典型?》，载《人民法院报》2007 年 10 月 29 日。

好、对社会做出了重大贡献、认罪态度好、积极进行民事赔偿，等等。如前段在社会上引起广泛关注的"孙伟铭醉酒驾车撞人案"，案发后相关新闻媒体就客观地报道了"孙伟铭委托其父变卖名下财产筹款，其父亲亦全力筹款，倾力赔偿被害人经济损失"、"孙父为了筹集赔偿款四处奔波、被查出患有癌症"、"曾被孙伟铭资助的女孩上电视为其求情"等情况，一些反映孙伟铭具有酌定从宽情节的新闻也频见报端，网络上同情孙伟铭、指责受害人家属"既拿钱还要命"的声音亦不绝于耳。这些无疑为二审法院改判孙伟铭为无期徒刑（主要是基于孙伟铭具有诸多酌定从宽情节）营造了良好的舆论氛围，更加坚定了二审法院严格控制死刑适用、不判处孙伟铭死刑的决心。另一方面，对于社会关注或者影响较大的死刑案件，审理法院的新闻宣传主管部门应主动为新闻媒体提供新闻报道素材，保证新闻媒体真实、客观地报道案件情况。必要时，可以给新闻媒体提供相关法律文书复印件、庭审录音录像、规范性文件、指导意见等；对于新闻媒体报道的案件情况失实的，审理法院的新闻宣传主管部门应负责及时澄清事实，进行回应，做到不失语、不乱语；如果新闻媒体的报道有《关于人民法院接受新闻媒体舆论监督的若干规定》第9条所列举的违规情形的，案件审理法院应向新闻主管部门、新闻记者自律组织或者新闻单位等通报情况并提出建议。违反法律规定的，依法追究相应责任。当然，案件审理法院平时积极宣传"保留死刑，严格控制和慎重适用死刑"的死刑政策，也是很有必要的。总而言之，人民法院应当坚持正确的舆论导向，掌握引导死刑案件舆论的主动权，提高死刑案件的舆论引导能力，敢于直面热点争议死刑案件，避免死刑案件负面舆论的广泛形成，尽力营造出"少杀、慎杀"的舆论环境。

论生产、销售伪劣商品犯罪死刑之限制与废止

阴建峰* 付丽凌**

目　　次

　　《刑法修正案（八）》废止了13种经济性非暴力犯罪的死刑，使现行刑法中的死刑罪名削减至55个，这无疑是当代中国死刑改革进程中极具震撼性的立法变革举措，充分彰显了社会的进步、人权的弘扬与法治的革新。在此背景下，如何顺应国际社会限制、废止死刑的潮流与趋势，并从本国法治、人权和社会的发展需要出发，进一步深入探索中国死刑改革的具体路径，依然是刑法学界必须直面的重要课题。而《刑法修正案（八）》所废止的13个死刑罪名大多是刑法分则第三章"破坏社会主义市场经济秩序罪"中的个罪，

---

　　* 北京师范大学刑事法律科学研究院院长助理、中国刑法研究所副所长、教授、博士生导师，中国刑法学研究会副秘书长，北京市石景山人民检察院副检察长。
　　** 北京师范大学刑事法律科学研究院硕士研究生。

以致该章的死刑罪名已缩减至 7 个①。不过，令人讶异的是，该章生产、销售伪劣商品犯罪中的生产、销售假药罪与生产、销售有毒、有害食品罪非但没有废止死刑，其刑罚适用之严厉度在司法实践中反呈逆势上扬之态。近年来因这两个罪名而被适用死刑的案例可谓比比皆是。我们认为，这与当下食品、医药领域问题频发，社会各界对危害食品药品安全犯罪深恶痛绝并强烈要求严惩是密不可分的。正因为如此，最高人民法院在 2011 年 5 月发出通知，要求各级人民法院进一步加大力度，依法严惩危害食品安全犯罪及相关职务犯罪。对于致人死亡或者有其他特别严重情节，罪当判处死刑的，要坚决依法判处死刑。然而，生产、销售伪劣商品犯罪毕竟属于非暴力犯罪，在死刑改革逐步深入推进之氛围下，仍过分凸显死刑在防治危害食品药品安全犯罪过程中的功能与作用，无疑甚为突兀且与时代发展不合拍。鉴此，有必要对于生产、销售伪劣商品犯罪的死刑进行专门探讨，着力从实然角度归纳其死刑适用之标准，严格限制死刑的适用，并从应然层面究问其死刑配置的合理性，考量废止其死刑之可行性。

一、生产、销售伪劣商品犯罪死刑之实然考察

（一）生产、销售伪劣商品犯罪死刑立法之规范梳理

我国 1979 年刑法虽规定了制造、贩卖假药罪，但其法定最高刑仅为 7 年有期徒刑，而对生产、销售有毒、有害食品罪则未作明确规定。不过，随着生产、销售伪劣商品犯罪的日益猖獗，全国人大常委会于 1993 年 7 月通过了《关于惩治生产、销售伪劣商品犯罪的决定》，将 1979 年刑法中规定的制造、贩卖假药罪修订为生产、销售假药罪，并规定"致人死亡或者对人体健康造成其他特别严重危害的"，其法定最高刑为死刑。而生产、销售有毒、有害食品罪正是由该单行刑法所增设，其法定最高刑亦被配置为死刑，且死刑同样适用于"致人死亡或者对人体健康造成其他特别严重危害"之情形。上述单行刑法的规定基本为 1997 年刑法第 141 条、第 143 条所承袭，只是在死刑适用条件上表述略有变化，即限定为"致人死亡或者对人体健康造成特别严重危害"的情形，从而使表述更合乎逻辑、更为严谨。

而《刑法修正案（八）》则将两罪的死刑适用条件进一步修改为"致人死亡或者有其他特别严重情节"。比较而言，两种生产、销售伪劣商品犯罪的死刑在立法修正前只能适用于"致人死亡或者对人体健康造成特别严重危害"之情形，被害人的人身伤亡系判断能否适用死刑的基本标准。从罪责刑相适应的角度来看，这一标准的拟定有其内在合理性。然而，根据《刑法修正案（八）》第 23 条、第 25 条之规定，"致人死亡"虽仍被规定为生产、销售假药罪与生产、销售有毒、有害食品罪死刑之适用条件，但"对人体健康造成特别严重危害"的情形则不再被明确列举，而是被"其他特别严重情节"取而代之。事实上，之所以作如此修改，是因为在《刑法修正案（八）（草

---

① 这 7 个死刑罪名为生产、销售假药罪，生产、销售有毒、有害食品罪，走私武器、弹药罪，走私核材料罪，走私假币罪，伪造假币罪，集资诈骗罪。

案）》征求意见过程中，有关部门提出：生产、销售伪劣商品犯罪的加重处罚情形不应限于"对人体健康造成严重危害"情形，应当增加"有其他严重情节的"规定，并建议将原规定中"致人死亡"后的"或者对人体健康造成特别严重危害的"修改为"有其他特别严重情节的"。① 而这一建议最终被立法机关所采纳。易言之，生产、销售伪劣商品犯罪死刑的适用已不再局限于造成他人人身伤亡之情形。《刑法修正案（八）》虽在整体上贯彻了"严格控制和慎重适用死刑"之政策精神，切实推进了死刑制度改革之进程，却又在某种程度上扩大了生产、销售伪劣商品犯罪死刑的适用范围。这不能不说是对上述死刑政策精神的背离，殊为遗憾。

（二）生产、销售伪劣商品犯罪死刑适用之实践归纳

自立法上为两种生产、销售伪劣商品犯罪配置死刑后，生产、销售假药、劣药、有毒有害食品等严重危害食品药品安全的死刑案例便不断涌现。从早起的河南上蔡县农民白武松生产、销售假药致人死伤案②、李荣平等人用工业甲醇兑制食用白酒导致 32 人死亡案③，到近几年出现的"山西朔州假酒案"④、"纯桂林米酒"毒人事件⑤、"三鹿毒奶粉"系列案中耿金平等生产、销售有毒食品案⑥，等等。这些案件在发生时往往都成为喧嚣一时的社会公共事件，不仅使得行为人成为民众心目中恶贯满盈、人神共愤的罪不可赦之徒，也给司法机关带来无形的压力，以致只能将死刑判决作为迎合民意的必然

---

① 参见张军主编：《〈刑法修正案（八）〉条文及配套司法解释理解与适用》，人民法院出版社 2011 年版，第 179 页、第 199 页。

② 河南省上蔡县农民白武松，收购限制性剧药"氯化琥珀胆碱注射液"，去掉药名和商标，贴上假药名和假商标，伪造成"硫酸小诺霉素注射液"和"硫酸卡那霉素注射液"，并伪造批号，投向市场。经过层层转卖，最终导致 3 人死亡、1 人休克的严重后果。白武松因此被称为成为该罪"捐首"的第一人。参见 http://www.148com.com/html/597/104683.html。

③ 参见最高人民法院中国应用法学研究所编《人民法院案例选》（刑事卷上），中国法制出版社 2000 年版，第 135 页。

④ 山西省文水县农民王青华用 34 吨甲醇加水后勾兑成散装白酒 57.5 吨，出售给个体户批发商王晓东、杨万才、刘世春等人。在明知这些散装白酒甲醇含量严重超标（后经测定，每升含甲醇 361 克，超过国家标准 902 倍）的情况下，被告人王青华等为了牟取暴利，铤而走险，置广大乡亲生命于不顾，造成 27 人丧生，222 人中毒入院治疗，其中多人失明。1998 年 3 月 9 日，王青华等 6 名犯罪分子被判处死刑。这起震惊全国的假酒案致使山西白酒业从此一蹶不振。参见 http://baike.baidu.com/view/4369413.htm。

⑤ 李久清私自使用工业酒精勾兑出"纯桂林米酒"的假酒出售，导致 4 人死亡、5 人轻伤，其行为构成生产有毒、有害食品罪，被判处死刑。参见 http://wenku.baidu.com/view/548d1249e45c3b3567ec8be3.html。

⑥ 耿金平，河北省正定县人，系正定县金河奶源基地负责人。耿金珠，金河奶源基地送奶司机。2007 年 10 月份，被告人耿金平、耿金珠分别从正定县赵志超（另案处理）处及行唐县赵军花（另案处理）的化工门市部购买含有三聚氰胺的混合物（"蛋白粉"）28 袋共计 560 公斤。自 2007 年 10 月至 2008 年 8 月，耿金平、耿金珠在明知该混合物为非食品原料、人不能食用的情况下，多次按每 1000 公斤原牛奶添加 0.5 公斤该混合物的比例，将含有三聚氰胺的混合物（"蛋白粉"）约 434 公斤添加到其收购的 90 余万公斤原牛奶中，销售到石家庄三鹿集团股份有限公司等处。2009 年 1 月 22 日，石家庄市中级人民法院依法对生产、销售含三聚氰胺牛奶的耿金平、耿金珠作出一审判决，耿金平被判处死刑，耿金珠被判处有期徒刑 8 年。二人上诉后，河北省高级人民法院于 1 月 26 日作出驳回上诉，维持原判的二审判决。参见：http://old.chinacourt.org/html/article/200903/26/350388.shtml。

选项。

通过对司法实践中生产、销售伪劣商品犯罪死刑案件的总结、分析和归纳，可以发现，生产、销售假药或者有毒、有害食品犯罪的死刑适用呈现出如下特点：

其一，从危害结果来看，假药或者有毒、有害食品在服用后均致人死亡或者对人体健康造成特别严重危害。这是实践中对生产、销售伪劣商品犯罪适用死刑的最主要标准。上述所列案例中，行为人生产、销售假药或者有毒、有害食品致使多人死亡，这正是对其适用死刑之主因。至于"对人体健康造成特别严重危害"之情形，尽管《刑法修正案（八）》不再将其明确列举为适用死刑之条件，但它仍系判断是否"有其他特别严重情节"之标准。而且，实践中因此而被适用死刑的案件亦不在少数。对于所谓"对人体健康造成特别严重危害"，相关司法解释在表述上有所区别。2001 年的《关于办理生产、销售伪劣商品刑事案件具体应用法律若干问题的解释》将之解释为"生产、销售的有毒、有害食品被食用后，致人严重残疾、三人以上重伤、十人以上轻伤或者造成其他特别严重后果"的情形。而 2009 年的《关于办理生产、销售假药、劣药刑事案件具体应用法律若干问题的解释》则将之明确界定为"生产、销售的假药被使用后，造成重度残疾、三人以上重伤、三人以上中度残疾或者器官组织损伤导致严重功能障碍、十人以上轻伤、五人以上轻度残疾或者器官组织损伤导致一般功能障碍，或者有其他特别严重危害人体健康情形的"。相对而言，后一解释更为明确、具体。

其二，从行为人的主观心态来看，尽管其对于生产、销售伪劣商品行为均出于故意，但对于所造成的致人死伤之严重危害结果则往往是出于故意，才会适用死刑。因为如果对致人死伤之结果系出于过失，则意味着行为人在主观方面绝非主观恶性极大，排除死刑的适用无疑也切合罪责刑相适应的原则。结合司法实践而言，行为人对于其生产、销售行为及其所造成的严重危害结果究竟是否出于故意，往往也是案件庭审过程中控辩审三方激烈争辩的焦点问题。不过，实践中也有审判机关虽无法查证被告人对于严重危害结果的具体主观心态，却迫于舆论压力而回避该问题，仍对被告人适用死刑的情况。我们认为，这明显有悖于法理，是不合适的。因为既然没有确凿证据证明行为人对于严重危害结果是出于故意，就无法排除行为人在主观上是出于过失之合理怀疑，应该本着疑罪从轻的原则来认定。

其三，从刑事责任承担来看，当生产、销售伪劣商品犯罪以共同犯罪形式呈现，或者存在生产、销售的不同环节并有多人参与，均符合罪行极其严重之死刑适用条件的，往往选择对生产者适用死刑。因为在生产——批发销售——零售之环节中，生产环节是假药与有毒、有害食品流通的源头，生产者不仅是造意者，更是直接实施者，其罪责无疑是整个生产、销售活动中最为严重者。选择对生产者适用死刑，完全合乎罪责刑相适应的原则。而对于销售者来说，其所处的销售环节离生产环节越远，其主观明知的程度就越低，适用死刑之可能也就越小。

其四，从案件其他情节来看，只有在《刑法修正案（八）》颁行后方始成为影响生产、销售伪劣商品犯罪死刑适用之独立判断因素。换言之，人身伤亡以外的其他情节，诸如销售金额是否特别巨大、犯罪动机是否特别恶劣、犯罪手段是否特别卑劣、行为人的人身危险性是否极大，等等，如今已均可成为判断能否对生产、销售伪劣商品犯罪适用死刑之标准。事实上，最高人民法院、最高人民检察院、公安部、司法部发布的《关于依法严惩危害食品安全犯罪活动的通知》对此已予肯定。该通知规定，对于危害食品安全犯罪的累犯、惯犯、共同犯罪中的主犯、对人体健康造成严重危害以及销售金额巨大的犯罪分子，要坚决依法严惩，罪当判处死刑的，要坚决依法判处死刑。

二、生产、销售伪劣商品犯罪死刑之应然分析

从应然意义上说，生产、销售伪劣商品犯罪属于非暴力犯罪，具有其独特的性质，无论从死刑适用的原则性标准，还是其自身的具体特征分析，都不应该继续配置死刑。

（一）对生产、销售伪劣商品犯罪配置死刑并不符合"罪行极其严重"之死刑适用标准

现行刑法第 48 条规定，死刑只适用于罪行极其严重的犯罪分子。该规定被认为是刑法规定的死刑适用之总标准。尽管学界对此有不同的理解，但通常认为，所谓罪行极其严重，应当是指犯罪的性质极其严重、犯罪的情节极其严重、犯罪分子的主观恶性和人身危险性极其严重的统一。[①] 若仅对"罪行极其严重"进行单纯客观意义上的解读，则存在明显的缺陷，不符合对死刑条文应当坚持严格解释的立场，必然会导致死刑司法适用的扩大化，有悖于严格限制死刑之政策精神。而生产、销售伪劣商品犯罪属于非暴力犯罪，与适用死刑的上述总体标准并不符合。对此类非暴力犯罪适用死刑，更多的是一种政策导向的结果。这些非暴力犯罪具有明显的法定犯色彩，大多是立法者基于管理秩序的确立或者维护而设立的，其犯罪原因甚为复杂，既有体制原因，也有现实诱因；其社会危险性的判断不同于杀人、强奸、放火等自然犯，具有非客观性。尽管此类非暴力犯罪也会造成"极其严重"的客观危害结果，但其犯罪性质很难谓极其严重，犯罪人多为非法牟利而对客观危害结果持放任或过失心态，其主观恶性尚未达极其严重之程度。如果仅仅基于极其严重的客观危害便对行为人适用死刑，这显然有违前述对"罪行极其严重"之死刑适用标准应本着主客观相统一的原则来理解的基本立场。

（二）生产、销售伪劣商品犯罪缺乏极其严重的主观罪过

关于生产、销售假药罪与生产、销售有毒、有害食品罪的主观方面，学界众说纷纭，但争议大致相同。仍以生产、销售假药罪为例，便存在以下几种不同观点：第一种观点认为，该罪的主观方面只能是直接故意，即行为人明知生产、销售的是假药，必然危害人体健康，但仍然生产、销售。[②] 第二种

---

① 参见赵秉志：《论中国非暴力犯罪死刑的逐步废止》，载《政法论坛》2005 年第 1 期。
② 刘家琛主编：《新刑法条文释义》（上），人民法院出版社 1997 年版，第 565 页。

观点认为，该罪的主观方面只能是故意，即明知自己生产、销售假药的行为会破坏市场经济秩序，会发生侵害人体健康的危险，并且希望或者放任这种结果发生。① 第三种观点认为，该罪的主观方面只能是间接故意，行为人明知生产、销售的是假药可能会造成危害不特定人的健康，行为人对该结果采取放任态度。② 第四种观点认为，该罪的主观方面只能是过失。这种过失，主要是对可能造成严重损害人体健康的后果所持有的一种疏忽大意或者轻信能够避免的心理状态。至于行为人对生产、销售假药的行为是一种违法行为则是明知的。③ 第五种观点认为该罪的主观方面既可能是间接故意，也可能是过失。④

事实上，关于这两种生产、销售伪劣商品犯罪主观方面分歧的焦点就在于能否厘清行为人对于基本犯与加重犯的罪过。行为人对于生产、销售行为所持的主观心态即是基本犯的罪过内容，也是该罪的基本罪过形式。相应地，行为人对于致人死伤之危害结果所持的主观心态则是属于加重犯的罪过内容。而上述后几种观点无疑是将行为人对基本犯与加重犯的罪过混为一谈了。我们认为，行为人对于生产、销售行为当然是出于故意，即行为人明知自己生产、销售的是假药或者有毒、有害食品，而仍然生产、销售。尽管行为人实施本罪一般是出于非法营利的目的，但营利目的不是构成本罪的必备条件。至于行为人对于致人死伤之危害结果的罪过形式，通常都认为不可能出于直接故意，而只能是出于间接故意或者过失。如有证据表明行为人主观上明知必然发生危害后果，就应构成投放危险物质罪或者以危险方法危害公共安全罪。⑤ 而究竟是直接故意还是间接故意，会直接反映出行为人犯意的坚决程度和主观恶性的大小，进而影响行为人刑事责任的轻重，是决定适用死刑与否应当考虑的重要因素。间接故意所反映的犯罪人的主观恶性程度显然要相对小于直接故意，故而不应与直接故意犯罪等同视之。对此，最高人民法院1999年10月27日发布的《全国法院维护农村稳定刑事审判工作座谈会纪要》已明确指出："在直接故意杀人与间接故意杀人案件中，犯罪人的主观恶性程度是不同的，在处刑上也应有所区别"。实践中有些案件也基于行为人对于严重危害结果的间接故意而排除死刑立即执行的适用。例如，在申东兰生产、销售假药案中，二审法院即认定，被告人申东兰系本案销售假药的源头，且有生产假药的行为，对本案的犯罪后果应承担较重的刑事责任，但鉴于其具体犯罪情节和对犯罪后果所持间接故意的主观犯罪故意类型，且归案后认罪

① 张明楷：《刑法学》（下），法律出版社1997年版，第602页。
② 邓又天主编：《刑法释义与司法适用》，中国人民公安大学出版社1997年版，第215~216页。
③ 刘吉恩：《生产、销售假药罪司法适用中的几个问题》，载《中国刑事法杂志》2000年第2期。
④ 史卫忠主编：《生产、销售伪劣商品犯罪的定罪与量刑》，人民法院出版社2000年版，第127页。
⑤ 张军主编：《〈刑法修正案（八）〉条文及配套司法解释理解与适用》，人民法院出版社2011年版，第205页。

态度较好，对其判处死刑可不立即执行。① 立足于通说之立场，我们认为，生产、销售伪劣商品犯罪之行为人对于所造成的严重危害结果均非出于直接故意，尚难谓主观恶性极其严重，不应配置死刑。尤其是行为人出于过失之场合，本着现代意思责任原则，其应受的刑罚应当更轻。

（三）生产、销售伪劣商品犯罪的客观危害与刑罚配置失之均衡

尽管《刑法修正案（八）》已将生产、销售假药罪与生产、销售有毒、有害食品罪的死刑适用条件修改为"致人死亡或者有其他特别严重情节"，不过从实践来看两罪的死刑适用仍主要集中在"致人死亡或者对人体健康造成其他特别严重危害的"情形。而《关于办理生产、销售伪劣商品刑事案件具体应用法律若干问题的解释》第 3 条第 3 款、第 5 条第 2 款都将"对人体健康造成其他特别严重危害"解释为假药或者有毒、有害食品被服用后"致人严重残疾、3 人以上重伤、10 人以上轻伤或者造成其他特别严重后果"。这就意味着达到此等危害程度即可考虑适用死刑。

不过，需要注意的是，上述司法解释第 4 条对生产、销售不符合安全标准的食品罪之所谓"后果特别严重"也作出了具体的司法解释，即"致人死亡、严重残疾、3 人以上重伤、10 人以上轻伤或者造成其他特别严重后果"。而其第 6 条对生产、销售不符合标准的医疗器械罪"后果特别严重"的解释，则与之基本相同，只是增加了"感染艾滋病"之情形。从危害结果比较而言，这一解释与前述关于生产、销售假药罪与生产、销售有毒、有害食品罪所谓"致人死亡或者对人体健康造成特别严重危害"之内涵是高度一致的。然而，它们的法定最高刑罚的配置却截然不同。生产、销售假药罪与生产、销售有毒、有害食品罪配置有死刑，而生产、销售不符合安全标准的食品罪与生产、销售不符合标准的医疗器械罪的法定最高刑却是无期徒刑。近似的罪名，同样的危害后果，却配置了轻重有别的刑罚，显然有失均衡。

况且，作为非暴力犯罪，两种生产、销售伪劣商品犯罪所造成的严重危害后果往往具有非直接性等特点。以生产、销售假药罪为例，从生产假药到造成其他人伤亡之严重危害后果，往往需要经过批发——销售——处方等一系列环节。危害结果的最终发生可以说是众多原因力所共同导致的。司法实践中往往倾向于选择对生产者适用死刑，在因果关系的认定上有时不无疑问。因为个体身体条件的差异、药品的药理、药性作用于人体时间长短的不同等，都会对假药与伤亡结果之间因果关系的认定产生影响。伤亡结果是药品还是疾病本身导致的，或是由于其他疾病导致的，服用假药后是否会存在隐性的、长期的危害结果，这些问题现有的科学技术水平和医疗检测手段有时也难以完全查明。② 既然刑法上的因果关系尚不能确证，也就意味着有时并不能排除危害结果非生产、销售假药之行为所致这一合理怀疑，又怎能将危害结果完全归咎于行为人而贸然适用死刑？

---

① 参见 http://www.jsfy.gov.cn/ztlm/lh2011/jdal/2011/01/26114946367.html。
② 参见高铭暄：《中华人民共和国刑法的孕育诞生和发展完善》，北京大学出版社 2012 年版，第 343 页。

（四）对生产、销售伪劣商品犯罪配置死刑缺乏必要，其遏制犯罪之作用有限

从生产、销售伪劣商品犯罪的发生机理来看，原因是多方面的，既有个体原因、被害人原因，也有社会原因、制度原因。其中在很大程度上是制度原因，如市场管理上的混乱、政策上的漏洞、法律法规的不健全等。因此，对生产、销售伪劣商品犯罪的遏制，应重在加强管理、堵塞漏洞和完善法制上，而不应寄希望于适用极刑。否则，刑罚配置便会"过量"，就有违合理配置死刑之必要性原则。① 而且，从司法实践来看，死刑对生产、销售伪劣商品犯罪的遏制作用也极其有限。人们习惯性地认为死刑可以阻吓潜在的犯罪人，因此对造成社会严重后果的生产、销售假药与有毒、有害食品犯罪主张保留死刑，旨在打击犯罪，威吓潜在犯罪人，实现食品安全与药品安全。但从实践可以看出，生产、销售伪劣商品犯罪领域适用死刑不可谓不严格，《刑法修正案（八）》甚至在一定意义上扩大了其死刑适用范围。不过，实践中侵犯食品、药品安全的违法犯罪活动仍此起彼伏、络绎不绝，这也有力地说明，死刑并不足以威慑潜在犯罪人实施生产、销售假药与有毒、有害食品犯罪。就此而论，保留生产、销售伪劣商品犯罪的死刑可能更多体现的是刑罚的报应功能。

三、生产、销售伪劣商品犯罪死刑之剥离

尽管从应然意义上讲，生产、销售伪劣商品犯罪的死刑应该废止，但是基于侵犯食品、药品安全犯罪的严重性、猖獗性以及民众严惩此类犯罪之强烈意愿等相关社情民意，这两种生产、销售伪劣商品犯罪在实践中仍被频繁地适用死刑。面对理想与现实之间的冲突，我们主张死刑的废止应当保持立场的坚定性与策略的灵活性，要立足于现有条件采取有效措施，使决策者和社会公众看到，即使取消死刑，也能够使得犯罪人得到相应的公正处罚。② 具体到两种生产、销售伪劣商品犯罪而言，可以充分利用其与相关危害公共安全犯罪之间的竞合关系，将原本符合生产、销售假药罪或者生产、销售有毒、有害食品罪死刑适用条件之情形转致以以危险方法危害公共安全罪、投放危险物质罪等相关犯罪论处，从而架空或者即行废止生产、销售伪劣商品犯罪的死刑立法。

（一）生产、销售伪劣商品犯罪死刑剥离之前提

在寻求立法或司法举措对生产、销售伪劣商品犯罪的死刑予以剥离之前，需要明确两个基本前提：

其一，生产、销售伪劣商品犯罪的死刑能否从立法上即行废止？我们认为，食品安全与药品安全专项治理行为目前正在全国各地如火如荼地开展，民众尚对严厉惩治相关犯罪抱有强烈的期待。在此等社会氛围下，过于激进地从立法上生硬废止生产、销售伪劣商品犯罪的死刑，无疑是不切实际的奢

---

① 参见赵秉志：《论中国非暴力犯罪死刑的逐步废止》，载《政法论坛》2005 年第1期。
② 张远煌：《中国非暴力犯罪死刑限制与废止研究》，法律出版社 2006 年版，第 244 页。

望，可能引致民意的强烈反弹，从而给社会稳定带来不必要的震荡。因此，有限保留对某些情形下实施生产、销售假药或者有毒、有害食品之行为人适用死刑的可能性，仍是不得已的现实之举。本着严格限制死刑适用之立场，并结合两种生产、销售伪劣商品犯罪死刑适用之实践状况，我们认为，只有在生产、销售假药或者有毒、有害食品过程中故意致人死亡或者对人体健康造成特别严重危害之情形下，对行为人适用死刑才具有一定的必要性与现实合理性。如果仅仅具有其他特别严重情节的，诸如涉案金额特别巨大、影响特别恶劣等，则不应适用死刑。这些因素对死刑适用的影响，只能建立在具备致人死亡或者对人体健康造成特别严重危害之基础上。同时，值得提及的是，民众更为看重的是犯罪人是否受到应有的惩罚，至于其罪名如何则往往并非其关注的重点。申言之，只要仍可对生产、销售假药或者有毒、有害食品而故意致人死亡或者对人体健康造成特别严重危害之行为人适用死刑，就能在很大程度上得到民众的理解和支持。这意味着我们可以充分利用现有法律资源，对原本以生产、销售假药罪或者生产、销售有毒、有害食品罪适用死刑之情形进行技术性处理，转以其他相关犯罪来论处，从而使立法上即行废止两种生产、销售伪劣商品犯罪的死刑成为可能。

其二，两种生产、销售伪劣商品犯罪与以危险方法危害公共安全罪等相关犯罪之间具有何种竞合关系？之所以可以考虑将生产、销售伪劣商品犯罪的死刑转以危险方法危害公共安全罪、投放危险物质罪等相关危害公共安全犯罪来论处，是因为彼此之间存在竞合关系。不过，学界对于它们之间究竟是何种竞合关系存有歧见。有人认为，两者之间是想象竞合犯；也有人认为，它们是法条竞合的关系。① 考虑到它们之间更多体现为静态意义上法条之间所存在的包容或交叉关系，我们认为，法条竞合说更为可取。以生产、销售假药罪与以危险方法危害公共安全的关系来说，生产、销售假药罪只能发生于假药的生产、销售过程中，属于特别法，而以危险方法危害公共安全罪则属于一般法。通常应本着特别法优于一般法之原理来处理。不过，当适用特别法定罪不能做到罪责刑相适应时，则可按照重法优于轻法的原则定罪量刑。② 生产、销售伪劣商品犯罪与相关危害公共安全犯罪之间的这种法条竞合关系，便是我们废止两种生产、销售伪劣商品犯罪的死刑可资利用的现实法律资源。

（二）生产、销售伪劣商品犯罪死刑剥离之路径

考虑到生产、销售伪劣商品犯罪与以危险方法危害公共安全罪等相关犯罪之间所存在的法条竞合关系，我们认为，可以采取司法剥离与立法剥离两种不同的路径来消解生产、销售假药罪与生产、销售有毒、有害食品罪的死刑。

路径一：可在司法上就生产、销售者对于致人死伤之危害结果所持主观

① 张军主编：《〈刑法修正案（八）〉条文及配套司法解释理解与适用》，人民法院出版社 2011 年版，第205 页。

② 张明楷：《刑法学》（下），法律出版社 1998 年版，第 538 页。

心态进行限制性解释，将其仅限定为过失之情形，从而实际架空两种生产、销售伪劣商品犯罪死刑之立法。如果确有证据证明行为人对危害结果是出于直接故意或间接故意的，均可直接以相关危害公共安全犯罪来定罪处罚。事实上，前已述及，行为人在生产、销售假药或者有毒、有害食品过程中，如果对造成他人伤亡之危害结果持积极追求的直接故意，理论界通常便认为应构成以危险方法危害公共安全罪或者投放危险物质罪。既然对造成他人伤亡结果持直接故意时，理论界基本无疑问地认为可以相关危害公共安全犯罪来处理，将出于放任的间接故意之情形同样转以这些犯罪来论处，这在理论上亦无难以逾越之障碍。因为以危险方法危害公共安全罪等相关犯罪也并不排除由间接故意构成，上述出于间接故意之情形当然也符合以危险方法危害公共安全罪之构成特征。而且，在生产、销售假药或者有毒、有害食品的行为人希望或者放任他人伤亡结果的情况下，对不特定多数人生命健康的侵害应已升格为犯罪所侵害的主要客体。此时，对其行为转以相关危害公共安全犯罪来论处也更具合理性。从实践来看，在"三鹿毒奶粉"系列案中，对被告人张玉军就是以以危险方法危害公共安全罪适用死刑的。

路径二：可在立法上即行废止两种生产、销售伪劣商品犯罪的死刑。虽然两种生产、销售伪劣商品犯罪与以危险方法危害公共安全罪等相关犯罪之间是法条竞合关系，但法条竞合的首要处断原则是特别法优于普通法，故以生产、销售假药罪或者生产、销售有毒、有害食品罪对生产、销售假药或者有毒、有害食品者故意致人死伤之情形定罪处罚，是比较现行法律条文的当然结论。可见，两者之间的法条竞合关系并不必然意味着就可以相关危害公共安全犯罪来论处。不过，鉴于法条竞合的补充处断原则是"重法优于轻法"，如果立法上能够即行废止生产、销售伪劣商品犯罪的死刑，则生产、销售假药罪和生产、销售有毒、有害食品罪的法定最高刑就是无期徒刑，显然要轻于以危险方法危害公共安全罪、投放危险物质罪等相关犯罪。此时，如果生产、销售假药或者有毒、有害食品的行为故意致人死伤的，就应本着"重法优于轻法"之原则来选择适用相关危害公共安全犯罪来定罪量刑。

考虑到立法上即行废止两种生产、销售伪劣商品犯罪之死刑的实现难度，相对而言，上述司法剥离举措在当下更具可行性。不过，我们更为倾向于通过立法举措剥离两种生产、销售伪劣商品犯罪的死刑，因为这代表了未来死刑改革的方向。

四、结语

如今，民众对于生产、销售假药或者有毒、有害食品犯罪可谓恨之入骨，对于发挥死刑遏制此类犯罪之功能仍相当执著与迷恋。在这一背景下讨论生产、销售假药罪与生产、销售有毒、有害食品罪之死刑废止问题，似乎有些不合时宜。不过，如果能通过司法或立法举措有针对性地剥离两种生产、销售伪劣商品犯罪的死刑，使原本符合两罪死刑适用条件之情形转以相关危害公共安全犯罪来论处，就可以在避免造成社会震荡之前提下，架空甚至即行废止两种生产、销售伪劣商品犯罪的死刑。① 虽然在采取如此技术调整后，行为人仍有被适用死刑之可能，但毕竟又可以架空甚至废止两种死刑罪名。考虑到生产、销售假药罪与生产、销售有毒、有害食品罪所具有的非暴力犯罪之典型特征，其价值无可估量，完全可以为其他非暴力犯罪死刑的废止提供可资借鉴之路径，切实推进中国当下死刑制度改革之进程。

---

① 可能有学者担忧，此举会进一步加剧以危险方法危害公共安全罪的"口袋化"。不过，我们认为，这是该罪的兜底性立法设置造成的，不能因此将符合其构成的情形拒之于外。生产、销售假药或者有毒、有害食品而故意危及公共安全的行为，很难谓不具有与放火、爆炸、决水、投放危险物质相当的危险性。况且，对以危险方法危害公共安全罪之所谓"其他方法"及其"相当性"的理解本就见仁见智。而我们所提出的这一主张，不过是在切实推进死刑改革进程之前提下，基于现实法律资源与司法实践而对应然立场的调和与折中。

【个罪完善专题】

【个那去者魂】

"醉驾入刑"的司法问题及其对策研究

赵秉志* 袁 彬**

目　次

自 2011 年 5 月 1 日《刑法修正案（八）》"醉驾入刑"规定实施至今，一年多来，我国公安司法机关始终保持对醉驾整治的必要力度和声势，"醉驾入刑"的法治效果和社会效果显现，交通安全形势明显好转。据公安机关统计，"去年 5 月 1 日至今年 4 月 20 日，全国公安机关共查处酒后驾驶 35.4 万起，同比下降 41.7%。其中，醉酒驾驶 5.4 万起，同比下降 44.1%。""北京、上海等地查处的酒后驾驶和醉酒驾驶数量，较上年同期下降幅度分别在 50%、70% 以上。"[①] 这是十分可喜的法治成效。不过，一年多来的执法和司法实践也发现，"醉驾入刑"仍存在许多适用难题，有待进一步完善。

---

* 北京师范大学刑事法律科学研究院暨法学院院长、教授、博士生导师，中国刑法学研究会会长，国际刑法学协会副主席暨中国分会主席。

** 北京师范大学刑事法律科学研究院中国刑法研究所副所长、副教授、法学博士，中国刑法学研究会副秘书长。

① 王汉超：《醉驾入刑一年　五大难题待解》，载《人民日报》2012 年 5 月 2 日。

一、"醉驾入刑"的政策问题及其对策

（一）"醉驾入刑"的政策问题

"醉驾入刑"是我国为加强道路交通安全、保护人民群众生命财产而进行的重要刑事立法，体现了宽严相济的基本刑事政策。但"醉驾入刑"一年多来的实践也发现，一些地方对"醉驾入刑"的政策存在理解上的偏差，影响了"醉驾入刑"的司法适用。这主要体现在：

第一，宽严不一，"醉驾入刑"标准的地区差异很大。客观地说，我国幅员辽阔，各地情况各有不同。一些与地区经济、文化和社会观念等因素相关的犯罪在定罪量刑标准上存在一定差别也很正常，如我国就允许盗窃罪、诈骗罪等一些经济犯罪的定罪量刑标准存在地区差异。不过，从"醉驾入刑"一年多来的实践情况看，我国一些地区的"醉驾"定罪量刑标准差异过大，影响了法律适用的公平公正。例如，大多数大中城市对醉驾的处置相对较严，定罪门槛低，量刑较重；一些中小城镇和农村地区对醉驾的处置就相对较宽，定罪少、量刑轻，有的地方甚至完全放任不管，任由醉驾横行。类似的醉驾案件在不同地区，处理的结果差别很大。如据媒体报道，2011 年 6 月，辽宁省沈阳市一位个体业主陈星（化名）在交警的临检中被测出酒精含量超标，最终被判处拘役 2 个月并处罚金。但在同一时间，跟陈星有类似醉驾行为的新疆克拉玛依市王某却被判免予刑事处罚。这显然有损"醉驾入刑"的法律威严。

第二，宽严失度，一些地区对"醉驾入刑"的处理时轻时重。一般来说，在同一地区，即便是不同时期，其法律适用标准也应当一致。但从各地"醉驾入刑"的情况看，一些地方对醉驾行为的法律处理时轻时重，前后不一。例如，在全国专项治理醉驾的时候，各地对醉驾的查处力度通常重，定罪的多，量刑也偏重，但平时（特别是节假日）对醉驾的查处力度就明显要轻，定罪量刑的少；对一般公民醉驾的查处力度重，但对领导、部分公务员的查处力度则很轻。毫无疑问，这种执法、司法的任意性会极大地损害"醉驾入刑"的立法权威，不利于治理醉驾，甚而会因此影响整个法律适用的公信力，应当予以纠正。

因此，"醉驾入刑"政策的理解和执行偏差已经成为影响"醉驾入刑"法律效果的重要因素，应当采取必要措施加以解决。

（二）解决"醉驾入刑"政策问题的对策

针对一些地区存在的有关"醉驾入刑"政策的理解和执行问题，应当采取必要措施，从观念上提高公安司法机关对"醉驾入刑"政策的认识，并进一步明确"醉驾入刑"的追诉标准。

1. 要加强对"醉驾入刑"政策的正确理解，合理把握"醉驾入刑"的严与宽

"醉驾入刑"是我国在酒驾、醉驾肇事案件多发、频发背景下采取的重要立法举措。从政策的角度看，"醉驾入刑"主要体现了我国严惩醉驾的政策精

神，但并不排除在一定情况下可以对醉驾适度从宽。

首先，"醉驾入刑"主要体现了我国严惩醉驾的政策精神。严惩醉驾是《刑法修正案（八）》的基本修法思想：一方面，《刑法修正案（八）》将原本作为行政违法行为处理的醉驾升格为犯罪，扩大了刑法的犯罪圈，表明了我国从严惩治醉驾的法治立场。另一方面，《刑法修正案（八）》对醉驾行为入刑和飙车行为入刑采取了不同的标准。其中，飙车行为必须"情节恶劣"才能入罪，而醉驾行为入罪则无此种要求，未达"情节恶劣"程度（即情节一般）的醉驾亦可入罪。这反映出我国严惩醉驾行为的立法态度。

其次，"醉驾入刑"并不排除在特定情况下可以对醉驾适度从宽。虽然从总体上看，我国对醉驾行为采取的是从严惩治的态度，但这并不意味着对醉驾的惩处要一味从严。事实上，作为《刑法修正案（八）》修法的基本政策指导，醉驾行为的入罪标准和刑罚设置都体现了宽严相济的基本刑事政策。就其宽的一面，在司法实践中，对于那些情节显著轻微危害不大的醉驾行为，可依照刑法第13条但书的规定，作无罪处理；对于那些构成犯罪但没有必要予以刑罚处罚的醉驾行为，可依照刑法第37条的规定，作定罪免刑处理；对于那些构成犯罪应予处罚但存在从宽情节的醉驾行为，也可作缓刑或轻刑化处理。

因此，司法机关对醉驾行为的处理，既要坚持从严惩处的态度，同时也要正确贯彻宽严相济的基本刑事政策，做到严中有宽，宽中有严，宽严适度，宽严相济。

2. 要以"醉驾入刑"政策为指导，正确把握"醉驾入刑"的追诉标准

根据"醉驾入刑"的政策精神，当前我国应当将大多数醉驾入罪，将"情节一般"和"情节恶劣"的醉驾都予入罪。在具体追诉标准上，司法机关在具体处理上应区分醉驾的不同情形，分别做以下三种处理：

第一，公安机关在相关执法活动中应当将大量醉驾行为（包括情节严重的醉驾和情节一般的醉驾）都纳入刑事立案的范围，只有少量情节显著轻微危害不大的醉驾行为才不予刑事立案。

第二，在追诉过程中，根据犯罪的具体情节和案件的证据，可对少量情节显著轻微危害不大的醉驾行为不起诉或者不定罪，但大量的醉驾行为都应当被起诉、被定罪。即便是被告人已经死亡的醉驾案件，从保护被害人利益的角度，也可对醉驾行为做一定的定性处理，以方便被害人行使民事赔偿权。

第三，对需要定罪的醉驾行为，亦可根据案件的情节和被告人的悔罪表现等，对少量危害不大的醉驾行为人适用缓刑或者免刑。不过，对绝大多数醉驾行为都应当适用实刑。

总之，只有正确领会"醉驾入刑"的政策精神，才能合理掌握"醉驾入刑"的追诉标准，提升"醉驾入刑"的司法水平。

二、"醉驾入刑"的定罪问题及其对策

（一）"醉驾入刑"的定罪问题
定罪是量刑的基础，也是"醉驾入刑"首先需要解决的法律适用问题。

不过，"醉驾入刑"一年多来的实践表明，我国司法机关对"醉驾入刑"的定罪也存在许多问题。这主要体现在以下方面：

第一，醉驾行为的定性不一。在我国，根据行为人主观罪过的不同和行为对公共安全危害程度的差异，醉驾行为可分别构成危险驾驶罪、交通肇事罪和以危险方法危害公共安全罪。从实践的角度看，一般情况下，醉驾的定罪较为清楚，大多以危险驾驶罪定罪。但在发生一定危害后果的情况下，对醉驾行为究竟定危险驾驶罪、交通肇事罪还是以危险方法危害公共安全罪，容易出现认识偏差，进而导致一些地方对醉驾行为定罪的差异。例如，对同样的醉驾行为，有的地方定危险驾驶罪，但也有的地方定以危险方法危害公共安全罪。而这两罪的法定刑相差巨大，其定罪的法律和社会效果自然也会存在区别。

第二，醉酒标准的适用困难。根据国家质量监督检验检疫总局发布的《车辆驾驶人员血液、呼气酒精含量阈值与检验》，我国对醉酒检测主要是采取血液、呼气酒精含量检验标准，即血液中的酒精含量在 80mg/100ml 以上的，属于醉酒驾驶。此外，在一定条件下还可进行唾液酒精定性检验或者人体平衡的步行回转试验、单腿直立试验。[①] 从实践的情况看，醉酒标准适用的总体情况较好，但遇到了一些操作难题，如实践中就有驾驶员在没有作酒精检测的情况下逃避检验，也有驾驶员在呼气酒精含量检验后逃避血液酒精含量检验，甚至有检测当场喝酒干扰酒精检测的情况。这对一些地方执法机关造成了困扰，进而影响了"醉驾入刑"的法律适用。

第三，机动车的认定困难。从实践的情况看，行为人醉酒后驾驶车辆的类型多样，汽车、摩托车、电动自行车等应有尽有。从类型上看，车辆有机动车与非机动车之分。我国《刑法修正案（八）》将"醉驾入刑"驾驶的车辆限定为"机动车"。一般来说，对于汽车、摩托车属于机动车的范围，人们较好理解。但能否将电动自行车纳入机动车的范围，就存在较大的认识差异，各地的执法尺度也存在差别。

此外，一些地方对"道路"（如单位管辖范围内的场所是否属于道路）、"驾驶"（如单纯的挪车或者坐在驾驶室内但未启动机动车是否属于驾驶）、醉驾行为入罪的具体情节等问题也存在一定的认识偏差，影响了醉驾行为的定性。

（二）解决"醉驾入刑"定罪问题的对策

针对"醉驾入刑"存在的定罪问题，我国应当采取措施，明确"醉驾入刑"的标准，合理确定醉酒的标准和机动车、驾驶等概念的范围。

1. 坚持主客观相统一原则，正确区分"醉驾入刑"的犯罪界限

主客观相统一原则是合理区分犯罪界限的重要原则和标准。因此，要正确区分"醉驾入刑"的犯罪界限，也必须坚持主客观相统一原则，同时注意准确把握以下两个方面的内容：一方面，要根据醉驾者的主观心态和客观危

---

① 参见《车辆驾驶人员血液、呼气酒精含量阈值与检验》（GB/T19522‒2010），载中国标准化研究院网站（www.cnis.gov.cn/），访问日期：2011 年 6 月 12 日。

害，正确区分醉驾行为所可能构成的危险驾驶罪、交通肇事罪和以危险方法危害公共安全罪的界限，尤其要避免仅根据行为的危害后果，不当地扩大以危险方法危害公共安全罪的适用范围；另一方面，要正确运用罪数理论，合理区分醉驾行为和以醉驾方法或在醉驾被查处时实施的故意杀人、故意伤害、妨害公务等犯罪，正确衡量应从一重罪处断的情形和应数罪并罚的情形，以免放纵犯罪或处罚不当。

2. 坚持形式与实质的统一，正确适用醉酒标准

醉酒检测是认定醉驾的主要依据。针对醉酒检测在实践中遇到的问题，我国应当注意处理好醉酒检测的以下三个方面问题：

第一，合理兼顾醉酒的形式与实质标准，正确适用醉酒标准。这主要体现在：

（1）只要符合醉酒的形式标准，即可认定为醉酒。实践中，有的驾驶员在呼气酒精含量检验后逃避血液酒精检验。由于已经对驾驶员进行了呼气酒精检验，因此即便他逃避了血液酒精检验，也可按照现场呼气酒精检验的结果追究其醉驾的刑事责任。[①] 这既符合醉驾的刑法规定，也符合国家质量监督检验检疫总局《车辆驾驶人员血液、呼气酒精含量阈值与检验》的检测规定。

（2）不符合或者不能确认醉酒的形式标准但符合醉酒的实质标准，亦可认定为醉酒。在实践中，醉酒的形式标准可能会存在两类比较典型的问题：一是缺乏必要的检测设备，无法检测血液的酒精含量；二是虽然血液酒精含量没有达到醉酒标准，但因行为人耐酒性差，出现了严重的行为失调。对此，公安司法机关都应当将其按醉酒处理。其中，对于第一种情况，执法机关可对驾驶员进行人体平衡实验，以认定行为人是否属于醉酒；对于第二种情况，则需要完善国家质量监督检验检疫总局的《车辆驾驶人员血液、呼气酒精含量阈值与检验》，适当调整人体平衡试验的适用范围。

第二，要注意正确运用推定规则，合理适用醉酒标准。从内涵上看，醉驾是行为人在醉酒的状态下驾驶机动车。如果行为人驾驶时没有醉酒，但在驾驶之后、酒精检测之前喝酒，进而导致酒精检测时达到醉酒程度，通常不能据此追究驾驶者的危险驾驶罪的责任。但在实践中，一些驾驶者为逃避法律的制裁而在查处醉驾的现场故意喝酒。对此，只要呼气酒精检验或者血液酒精检验结果达到了醉酒标准，就应一律按醉酒驾驶机动车追究其刑事责任。[②] 这是因为：一方面，驾驶者在查处醉驾的现场当场喝酒，可以直接推定其驾驶行为属于饮酒后驾驶或者醉酒驾驶；另一方面，既然现场的呼气酒精检验和血液酒精检验的结果达到了醉酒的程度，就表明驾驶人员的行为符合了醉驾的标准，可以追究其危险驾驶罪的刑事责任。事实上，从法律效果的角度看，若对这类驾驶者的行为不以危险驾驶罪追究其刑事责任，将导致危

---

① 参见胡育萍、娄炜栋：《逃避血液检验，按呼气酒精量追究》，载《钱江晚报》2011年4月29日。

② 参见胡育萍、娄炜栋：《逃避血液检验，按呼气酒精量追究》，载《钱江晚报》2011年4月29日。

险驾驶罪规定的虚置，其后果难以预料。

第三，要依法严厉查处逃避酒精含量检测的行为。逃避酒精检测是为了逃避醉驾的法律责任。从实践的角度看，驾驶人员逃避酒精检测的情况较为常见。其中，有的驾驶人员是在没有作任何酒精检验的情况下逃避检验，这给醉驾行为的查处带来了一定的困难。从立法的角度看，由于我国没有借鉴一些国家或者地区的做法将逃避酒精检验的行为规定为犯罪，因而难以直接逃避酒精检测行为的刑事责任。对此，可从三个方面加强对逃避酒精检测行为的治理：一是应适当完善逃避酒精检测行为的行政制裁，将该行为明确纳入行政处罚的范围；二是对驾驶者采取暴力、威胁方法逃避酒精检验的，严格按照我国刑法第277 条的规定，依法追究其妨害公务罪的刑事责任；三是对没有采取暴力、威胁方式抗拒检测，但驾驶者在归案后作了醉驾的如实供述，且有其他的人证、物证等证据证明，各个证据能够相互印证，形成了一个非常完整的证据链的，也可以审慎地以危险驾驶罪追究其醉驾的刑事责任。

3. 综合考虑醉驾行为对公共安全的危害，合理确定"机动车"、"道路"和"驾驶"等概念的范围

针对实践中对"机动车"、"道路"和"驾驶"等概念的理解偏差，我国司法机关应从醉驾的行为本质入手，重点考虑行为对公共安全的危害程度，合理确定"机动车"、"道路"和"驾驶"等概念的内涵。

第一，根据车辆对公共安全的影响程度，合理确定"机动车"的范围。根据《道路交通安全法》的解释，"机动车"是指以动力装置驱动或者牵引，上道路行驶的供人员乘用或者用于运送物品以及进行工程专项作业的轮式车辆。而"非机动车"是指以人力或者畜力驱动，上道路行驶的交通工具，以及虽有动力装置驱动但设计最高时速、空车质量、外形尺寸符合有关国家标准的残疾人机动轮椅车、电动自行车等交通工具。按照这一规定，机动轮椅车、电动自行车等是否属于机动车，要看其最高时速、空车质量、外形尺寸是否符合国家有关标准。这实际上就是考虑了车辆对公共安全的影响程度。但目前我国对包括电动自行车在内的一些车辆标准，规定得并不是十分合理。为此，我国有关部门应制定并完善相关标准。

第二，根据道路的通行情况，合理确定"道路"的范围。根据《道路交通安全法》的解释，"道路"是指公路、城市道路和虽在单位管辖范围但允许社会机动车通行的地方，包括广场、公共停车场等用于公众通行的场所。这一界定充分考虑了道路的公共性。因此，如果行为人只是在单位内部停车场醉驾，因其没有对公共安全造成威胁，不应以危险驾驶罪追究其刑事责任。此外，还可依此对农村地区的道路等一些特定道路是否属于《道路交通安全法》意义上的"道路"作出认定。

第三，根据行为对公共安全的影响，合理确定"驾驶"的行为类型。针对"驾驶"行为的实践争议，公安司法机关要判断一个行为是否属于驾驶行为，除了要考虑其形式标准，如是否启动了机动车，还要考虑其行为对公共安全的影响。对于实践中出现的因车辆停放位置不当而进行临时性的醉酒挪

车等危害较小的行为，应当慎重对待，一般不宜以危险驾驶罪定罪。

总之，我国应当结合"醉驾入刑"的现实需要，合理确定醉驾行为的定罪标准，审慎处理"醉驾入刑"的定罪问题。

三、"醉驾入刑"的量刑问题及其对策

（一）"醉驾入刑"的量刑问题

基于不同法条之间的平衡关系并综合考虑醉驾行为的危害程度，我国刑法对醉驾设置了较轻的法定刑，规定判处"拘役并处罚金"。不过，"醉驾入刑"一年多来的实践表明，我国在"醉驾入刑"的量刑上存在一些问题，影响了"醉驾入刑"的法律效果。

第一，"醉驾入刑"的刑罚处罚与行政处罚缺少合理衔接。这主要体现在两个方面：一方面，由于修订后的《道路交通安全法》取消了醉驾的行政拘留和罚款，因此，如果对醉驾免予刑事处罚，将导致醉驾的行政处罚与酒后驾驶的行政处罚脱节，导致醉驾与酒后驾驶的处罚失当。另一方面，醉驾的吊销驾驶证只规定在《道路交通安全法》中，刑法中并没有相关的规定，因此醉驾入刑后，能否对醉驾者吊销驾驶证，需由交通管理部门而非法院作出。这容易导致"醉驾入刑"的刑罚处罚与行政处罚脱节。

第二，缓刑、免予刑事处罚适用率高，影响了"醉驾入刑"的法律效果。总体上看，我国大中城市对醉驾的量刑较为严厉，实刑适用率较高，但在一些中小城镇和农村地区，醉驾的量刑较为轻缓，缓刑、免予刑事处罚适用率很高。据报道，在安徽某地法院判决的25起醉驾案件中，被告人均被适用缓刑，比例为100%。[1] 广东、安徽、重庆、云南适用缓刑比例超过40%，部分城市人民法院判决缓刑的比例高达73%。[2] 这一做法极大地削弱了"醉驾入刑"的法律效果，民众意见很大。

（二）解决"醉驾入刑"量刑问题的对策

针对我国"醉驾入刑"在量刑上存在的问题，我国应适时统一"醉驾入刑"的刑罚尺度，加强醉驾刑事处罚与行政处罚的衔接，适当降低缓刑、免予刑事处罚的适用率。

1. 要合理把握"醉驾入刑"的量刑标准，适时统一量刑尺度

从量刑情节上看，"醉驾入刑"量刑尺度的合理确定需要综合考虑案件的各种具体情节，并加以统一。对此，需特别注意以下两个方面：一方面，对某些具有特殊身份者的醉驾行为，如对公务员尤其是公安司法人员醉驾，可以适当从重处罚；另一方面，对多次醉驾、醉驾再犯，亦应当适度从重处罚。这是因为，虽然我国对危险驾驶罪规定的最高法定刑是拘役，单纯的醉驾者一般无法构成累犯（除了醉驾构成以危险方法危害公共安全罪的外），但实践中的确存在不少屡教不改、多次醉驾的情况，对这类醉驾，应考虑其所具有

---

① 参见张洋：《醉驾入刑一年间　从治理酒驾到惩治醉驾》，载《人民日报》2012年5月2日。
② 参见《公安机关执行"两法修正案"基本情况》（公安部2012年5月11日"醉驾入刑"一周年专题研讨会会议资料）。

的较严重的人身危险性而对其适当从重处罚。

2. 要加强醉驾的刑事处罚与行政处罚的合理衔接

为了完善对醉驾的惩治，2011 年 4 月 22 日修订的《道路交通安全法》调整了对醉驾的惩治力度，加强了对醉驾者吊销驾驶证的处罚，但同时也取消了对醉驾的行政拘留和罚款。在此背景下，为提升醉驾的处罚效果，我国应注意加强以下两方面的工作：

第一，应合理加强醉驾行政处罚的适用。对没有达到入罪标准的醉驾行为，可同时适用《道路交通安全法》关于酒后驾驶和醉酒驾驶的行政处罚规定，既对醉驾者适用该法关于酒后驾驶的拘留、罚款的规定，又对醉驾者适用该法关于醉酒驾驶吊销机动车驾驶证的规定。这是因为：一方面，醉酒驾驶的标准要高于酒后驾驶，只要行为人的行为达到醉酒驾驶的标准，自然也达到酒后驾驶的标准，对醉酒驾驶者依照酒后驾驶的规定进行处罚，从法律规定的适用条件上看，并无不妥；另一方面，醉酒驾驶的危害性大于酒后驾驶，根据举轻以明重的一般法律原则，对酒后驾驶可以予以拘留、罚款的处罚，对醉酒驾驶当然更可以予以拘留、罚款的处罚。

第二，要加强"醉驾入刑"的刑罚与吊销驾驶证的合理衔接。关于吊销驾驶证，在《刑法修正案（八）》的审议过程中，曾有人主张对危险驾驶犯罪增设资格刑，在刑法典中规定吊销醉驾者一定期限的驾驶证甚至终身禁驾。[①] 但考虑到刑法内部的协调（主要是刑法总则与分则的关系协调）等问题，《刑法修正案（八）》没有对危险驾驶犯罪规定剥夺驾驶证的资格刑。因此，《道路交通安全法》对醉驾行政处罚进行的修订，在一定程度上弥补了刑法资格刑的缺失，有利于促进刑法和道路交通安全法在惩治和预防醉驾方面的配合，提高其防治醉酒驾驶的效果。[②] 为此，我国应根据醉驾的车辆是否属于营运车辆、驾驶行为是否造成重大交通事故等情况，无论醉驾是否构成刑事犯罪，都应当由交通行政管理部门吊销醉驾者的机动车驾驶证，并限制其重新取得机动车驾驶证，以强化醉驾的法律治理。

3. 坚持从严惩治醉驾的政策，少用缓刑、免予刑事处罚

从实践中发生的醉驾案件看，醉驾的情节多种多样，严重程度不一，其中不乏情节较轻的情形。根据宽严相济的基本刑事政策，对于情节较轻的醉驾适用较轻的刑罚甚至免予刑事处罚，并无不妥。不过，基于以下两方面的考虑，我国不宜过多对醉驾适用缓刑或者免予刑事处罚：一方面，我国"醉驾入刑"目的就是要加大醉驾的成本，从严治理醉驾。对醉驾者过多适用缓刑、免予刑事处罚，与"醉驾入刑"的立法初衷不符。另一方面，醉驾本来就属于轻罪，刑罚很轻，如果再大量适用缓刑或者免刑，将会极大地削弱刑法的威慑力，影响其法律效果和社会效果。因此，对醉驾案件应当慎用缓刑，更要慎用免刑。

---

① 参见赵秉志、张磊：《"酒驾"危害行为的刑法立法对策》，载《法学杂志》2009 年第 12 期。
② 参见袁彬：《吊销醉驾者驾照并禁驾：合理衔接新刑法修正案》，载"中国网"，访问日期：2011 年 4 月 30 日。

四、"醉驾入刑"的司法标准统一问题及其对策

(一)"醉驾入刑"的司法标准统一问题

为了避免司法机关对"醉驾入刑"理解不到位、适用法律不统一现象，最高人民法院在"醉驾入刑"规定实施之初就下发紧急通知，要求各地法院审慎稳妥地审理醉驾犯罪案件，各高级人民法院要将本辖区前几起醉驾犯罪案件报最高人民法院统一平衡把握，由最高人民法院进行具体指导。最高人民检察院和公安部也采取相应的措施，统一"醉驾入刑"的标准。不过，尽管如此，一年多来的实践表明，我国许多地方在"醉驾入刑"的定罪量刑标准方面还是很不统一，差异较大。因此，如何进一步统一"醉驾入刑"的司法标准，是摆在我国最高司法机关面前的一道难题。

(二)解决"醉驾入刑"司法标准统一问题的对策

针对我国一些地方存在的"醉驾入刑"标准不统一、定罪量刑标准差异较大的问题，我国应当适时进行实证调查，出台有关"醉驾入刑"的司法文件或者公布指导性案例，统一定罪量刑标准。

1. 对"醉驾入刑"地方差异进行实证调研

如前所述，我国各地"醉驾入刑"的执法、司法标准不统一。其中大中城市的醉驾执法状况相对较好，小城市、城镇和农村的醉驾执法状况则相对较差，存在一定程度的有法不依、执法不严的现象。而同一地区不同时期的执法和司法状况也存在一定的区别。这迫切需要我国统一"醉驾入刑"的司法标准。对此，我国应当对各地醉驾入刑的实施情况进行实证调查，明确导致"醉驾入刑"地方差异的原因，并在此基础上对小城市、城镇和农村查处醉驾的情况从宏观上进行引导、纠偏。

2. 及时制定相关司法解释或规范性文件

为了更好地贯彻醉驾入刑的精神和法律规定，纠正偏差，实现醉驾入刑的公正、统一执法和司法，进一步提高醉驾入刑的法治效果，我国应当在实证调查的基础上，及时出台醉驾入刑的司法解释或者规范性文件，细化法律的操作规范，对各地醉驾入刑的做法进行引导，并促使不断加大执法与司法力度，积极发挥醉驾入刑的威慑作用。

3. 尽快公布"醉驾入刑"的指导性案例

为了加强对全国法院的工作指导，统一司法尺度，最高人民法院出台了《最高人民法院关于案例指导工作的意见》，建立了较为完善、科学的案例指导制度。事实上，在"醉驾入刑"实施之初，最高人民法院就开始收集醉驾的典型案例，并表示将根据《最高人民法院关于案例指导工作的规定》，将其中的典型案件，以指导性案例的形式下发全国法院参照适用，以统一和规范此类案件的法律适用标准。[1] 从统一司法尺度的角度，最高人民法院应当对其收集醉驾案例进行筛选，尽快公布有关醉驾的指导性案例。

---

① 邱伟：《最高人民法院：醉驾审判指导案例将尽快发布》，载《北京晚报》2011年5月19日。

　　总之，"醉驾入刑"实施一年多来，尽管在适用中也发现一些问题，但总体效果良好，受到各方的普遍认可。为进一步提升"醉驾入刑"的司法效果，我国应当针对其在实践中存在的问题，积极采取有效措施。只有这样，"醉驾入刑"的立法目的才能最终实现。

从危险驾驶入刑看立法的民主性与科学性

王志祥* 戚进松**

目 次

为遏制近年来日益严重的醉酒驾驶机动车（以下简称醉驾）、飙车的行为，凸显法律对生命的尊重和对公共安全的重视，2011年2月25日全国人大常委会通过的《中华人民共和国刑法修正案（八）》（以下简称《刑法修正案（八）》顺应民意，将危险驾驶纳入刑法的处罚范围。自2011年5月1日《刑法修正案（八）》施行以来，随着对醉驾案件查处的深入，公检法机关在醉驾入刑问题上开始出现分歧。最高人民法院副院长张军大法官于2011年5月10日在全国法院刑事审判工作座谈会上表示，各地法院在对醉酒驾驶机动车的行为追究刑事责任时，应当慎重稳妥，不应仅从文意上理解《刑法修正案（八）》的规定，认为只要达到醉酒标准驾驶机动车的，就一律构成刑事犯罪。也就是说，虽然《刑法修正案（八）》在规定追究醉酒驾驶机动车的刑事责任时，没有明确规定情节严重或情节恶劣的前提条件，但根据刑法总则第13

　* 北京师范大学刑事法律科学研究院外国刑法与比较刑法研究所所长、教授、法学博士、博士生导师。
　** 北京师范大学刑事法律科学研究院刑法专业博士研究生，北京市海淀区人民检察院研究室副主任。

条规定的原则，危害社会行为情节显著轻微危害不大的，不认为是犯罪。对在道路上醉酒驾驶机动车的行为需要追究刑事责任的，要注意与行政处罚的衔接，防止可依据《道路交通安全法》处罚的行为，直接诉至法院追究刑事责任。① 随后公安部、最高人民检察院相继表态：公安部表示对经核实属于醉驾的一律刑事立案；② 最高人民检察院表示，醉驾案件只要事实清楚、证据充分，一律起诉。③ 上述分歧引发了关于危险驾驶入刑的进一步讨论。本文拟对危险驾驶罪立法的科学性和民主性问题进行讨论，以就正于学界同仁。

一、立法的民主性与科学性概述

党的十七大报告明确提出，要坚持科学立法、民主立法，完善中国特色社会主义法律体系。作为全国人大常委会立法的基本原则，科学立法、民主立法的实质要求是切实提高立法质量，扩大立法的公众参与。提高立法质量，就是要遵循立法的客观规律，使立法原则与内容符合社会发展的客观规律，符合人民的根本利益。《立法法》第6条明确地将科学立法作为一项立法基本原则加以规定："立法应当从实际出发，科学合理地规定公民、法人和其他组织的权利与义务，国家机关的权力与责任。"具体地说，科学立法的要求是：首先，法律要反映社会发展的客观规律；其次，能够体现党的政策主张和广大人民的共同意志；再次，法律要符合我国的实际；最后，法律要有可操作性。④ 而扩大立法的公众参与，就是要在立法过程中充分吸收民意，反映群众的呼声。这种参与有助于广大人民群众感受立法、了解立法，深刻认识法律的权威与价值，从而提高法律实施的效果，也有助于多元利益诉求通过立法程序得到合理的平衡，从制度源头上预防与减少社会矛盾冲突。⑤ 就科学立法与民主立法的关系而言，民主立法是科学立法的前提，只有充分发扬民主，集中民智，立法的科学性才能有保障；只有广集民意，立法机关才可以确认法律所需要解决的问题并尽量在法律中回应这些意见和需求。但反过来说，立法工作是一项在要求上十分精细的工作；过分追求立法的民主，过分关注一般民众的情绪，也不能有效地保障立法的质量。

就刑法立法而言，只有体现出科学性、民主性和结合实际，才能保证创制出科学有效的刑事法律规范，也才能为刑事司法和整个刑事法治奠定良好的法律基础，进而为整个社会全面、协调、可持续的科学发展提供法律保障

---

① 参见张伟刚、谢晓曦：《正确把握危险驾驶罪构成条件》，载《人民法院报》2011年5月11日。

② 参见邢世伟：《公安部：醉驾一律刑事立案　全国醉驾数大降35%》，载《新京报》2011年5月18日。

③ 参见邢世伟：《最高检：醉驾案证据充分一律起诉　不论情节轻重》，载《新京报》2011年5月24日。

④ 参见李飞：《从七方面科学立法民主立法提高立法质量》，http://news.qq.com/a/20110310/002074.htm.（2011-03-10）。

⑤ 参见韩大元：《在科学立法民主立法方面迈出新步伐》，载《人民日报》2011年3月4日。

和制度支撑。① 一方面，在刑法立法过程中，要十分注重广泛征求包括专家学者在内的社会公众各方面的意见，保护社会公众的整体利益，这既是中国人民代表大会制的基本要求，也是充分发挥社会各阶层、各群体力量的体现，有利于提高刑法立法的科学性和社会效果。另一方面，刑罚在本质上是以国家的名义予以威吓的感性的害恶，在创制刑法立法时必须将这种害恶限定在必要的范围和限度内，规定犯罪必须严谨与科学，不能掺杂任何非理性的激情与私利，不能将刑法视为推行社会政策的简单工具，这是刑法自身的人权保障机能与社会保护机能的必然要求。

二、危险驾驶入刑立法的民主性之考察

刑法立法的民主性，要求刑法立法充分反映民众的意志，有效保护民众的合法权益。危险驾驶入刑的立法全面贯彻了立法的民主性原则。

（一）危险驾驶入刑是对民意严惩危险驾驶呼声的回应

当前我国正处于社会快速发展的转型时期。随着城市化进程的加快和汽车拥有率的大幅度提高，酒后驾驶行为引发的交通事故数量急剧增加。据统计，2008 年全国酒后驾驶共导致交通事故 7518 起，造成 3060 人死亡;② 2009 年 1 至 8 月，全国酒后驾驶共导致交通事故 3206 起，造成 1320 人死亡;③ 仅 2010 年上半年，全国酒后驾驶共导致交通事故 3262 起。④ 酒后导致的交通事故持续高发，造成了重大的人身和财产损失，引起了社会大众的广泛关注。酒后驾驶由此迅速成为各大媒体舆论的焦点。民众、媒体、律师、学者纷纷参与到这场声势浩大的论战之中，危险驾驶问题被推上风口浪尖。许多人将危险驾驶的高发归因于刑事立法的缺陷，即刑法没有将危险驾驶行为本身规定为犯罪，进而要求将没有造成严重后果的危险驾驶行为入罪，以刑法规制危险驾驶行为的呼声日益高涨。凤凰网曾就增设危险驾驶罪问题对 16341 人进行了在线调查，结果显示:"支持的" 15042 票，占总数的 92.1%;"不支持的" 1059 票，占总数的 6.5%;"说不清楚的" 240 票，占总数的 1.5%。⑤

基于回应民众严惩危险驾驶行为的呼声，满足民众对于惩处危险驾驶行为的心理需求，加大对严重危害人民群众安全行为的惩处力度，《刑法修正案（八）》增设了危险驾驶罪。正如全国人大常委会法制工作委员会主任李适时在第十一届全国人民代表大会常务委员会第十六次会议上作的说明中所言:"近年来，一些全国人大代表多次提出议案、建议，要求对一些严重损害广大人民群众利益的行为，加大惩处力度。""对一些社会危害严重，人民群众反响强烈，原来由行政管理手段或者民事手段调整的违法行为，建议规定为犯

---

① 参见赵秉志：《以科学发展观引领刑事法治建设》，载《法制日报》2007 年 10 月 30 日。
② 参见颓红雯：《关于酒后驾驶的立法思考》，载《公安研究》2010 年第 3 期。
③ 参见白龙：《驾车犯罪呈多发态势》，载《人民法院报》2009 年 9 月 9 日。
④ 参见张兵：《风险时代的风险思考——以危险驾驶为视角》，载《福建法学》2010 年第 4 期。
⑤ 参见凤凰网：《刑法或单设危险驾驶罪调查》，http://survey. news. ifeng. com/result. php? surveyId = 7920. （2010 - 08 - 17）。

罪，主要是醉酒驾车、飙车等危险驾驶的犯罪，不支付劳动报酬的犯罪，非法买卖人体器官的犯罪等。"

（二）危险驾驶入刑是刑法强化民生保护的具体体现

危险驾驶入刑之前，司法机关主要依据《道路交通安全法》和刑法规定的交通肇事罪、以危险方法危害公共安全罪对危险驾驶行为予以规制。比如，就醉驾行为而言，对没有造成严重后果的醉驾行为依据《道路交通安全法》处罚；对造成重大财产损失和人员伤亡的醉驾行为则以交通肇事罪或者以危险方法危害公共安全罪处理。但是，面对危险驾驶案件的高发态势，法律在保护民众生命权、健康权和财产权等民生权益方面已凸显出严重不足。

一方面，行政处罚威慑力不足，难以有效遏制危险驾驶行为。以对醉驾行为的惩治为例，根据原《道路交通安全法》第 91 条的规定，醉酒后驾驶机动车的，最高可处 15 日以下拘留和暂扣 6 个月机动车驾驶证，并处 2000 元罚款。针对可能造成严重危害后果的醉驾行为处以行政拘留和罚款，这对醉驾者来说，违法成本显然太低，难以引起其高度重视，也不能教育其本人。对一般社会公众来说，醉驾者受到的惩罚与醉驾行为可能造成的严重后果之间存在比例失调的现象，这不仅不符合公众的心理期待，更不能充分发挥惩罚的威慑功能，无法有效减少醉驾肇事案件的发生。据中国青年报社会调查中心的网上调查显示，有 96.6% 的人承认身边存在酒后驾驶现象，有 81.3% 的人认为我国对酒后驾驶处罚"过轻"，有 69.8% 的人认为"违法成本过低"是酒后驾驶现象屡禁不止的主要原因。[1] 可以说，行政处罚的威慑力低，已成为醉驾行为难以遏制的一个主要原因。当然，也有观点认为，"遏制犯罪行为实施的根本力量不是惩罚的严厉性，而是惩罚的不可避免性，而惩罚的方式，不一定是刑罚，行政处罚也是一种惩罚"。[2] 但是，基于种种原因，任何制裁措施在实践中的适用都会存在空隙，不可能所有的违法犯罪行为都不可避免地受到法律的惩罚。在对醉驾行为的行政处罚达不到应有的威慑效果的情况下，对醉驾通过增设刑事制裁的规定强化惩罚的严厉性，无疑是治理醉驾的一种有效的途径。据报道，醉驾入刑对醉驾行为起到了相当的震慑作用。据公安部交管局的统计，2011 年 5 月 1 日至 5 月 15 日，全国共查处醉酒驾驶2038 起，较去年同期下降 35%，日均查处 136 起，较去年全年日均查处数下降 43%。全国因醉酒驾驶发生交通事故死亡人数和受伤人数同比分别下降37.8% 和 11.1%。[3]

另一方面，现行刑事立法不足以全面评价危险驾驶行为。仍以对醉驾行为的惩治为例。交通肇事罪是过失犯罪，从犯罪形态上看是结果犯，只有造成严重后果才构成犯罪。对于尚未造成严重后果的醉驾行为，显然不能以交

---

① 参见叶良芳：《危险驾驶罪的立法证成与规范构造》，载《法学》2011 年第 2 期。

② 于志刚：《危险驾驶行为的罪刑评价——以"醉酒驾驶"交通肇事行为为视角》，载《法学》2009 年第 9 期。

③ 参见邢世伟：《公安部：醉驾一律刑事立案全国醉驾数大降 35%》，载《新京报》2011 年 5 月 18 日。

通肇事罪论处。而以危险方法危害公共安全罪是故意犯罪，要求行为人主观上对行为引起危害公共安全的结果持直接故意或间接故意的心理态度。对所有的醉驾行为都以危险方法危害公共安全罪定罪明显与罪刑法定原则相悖。对于大部分醉驾者而言，主观方面一般是过于自信的过失，如基于自己对酒精承受度高的特殊体质、自己车技好、车辆性能好等客观条件的自信而实施醉驾行为。因此，对于醉驾行为一般也不能以以危险方法危害公共安全罪定罪处罚。

将危险驾驶入刑是刑法对这一高风险行为的提前介入，是对人民的利益提前予以保护，是民生法治观在刑事立法中的反映，是刑法加强民生保护的具体体现。通过将危险驾驶入刑，可以从刑法的角度全面评价危险驾驶行为，从而充分发挥刑罚的警示和威慑作用，预防危险驾驶行为的发生，提前保障民众的生命权、健康权和财产权。

三、危险驾驶入刑立法的科学性之辨析

刑法立法的科学性，要求刑法立法的条文明确清楚，让人能确切理解犯罪行为的内容，准确区分犯罪行为与非犯罪行为的界限，法定刑配置合理，与前后条文及其他法律的规定相协调。危险驾驶入刑的立法在贯彻刑事立法的科学性原则方面存在着诸多不足。

（一）关于危险驾驶罪的处罚范围

《刑法修正案（八）》第22条以叙明罪状的形式规定了危险驾驶罪的罪状，即"在道路上驾驶机动车追逐竞驶，情节恶劣的，或者在道路上醉酒驾驶机动车的"。这一条文采用完全列举式规定将危险驾驶罪的行为类型限定为醉驾和飙车，而没有采用概括式的兜底性规定，这样就从理论上排除了通过司法解释的方式将其他危险驾驶行为入罪的可能性。危险驾驶行为的范围极为广泛。除醉驾和飙车外，还包括吸毒后驾驶、超载驾驶、无证驾驶、超速驾驶、疲劳驾驶、驾驶明知存在安全隐患的车辆等。纵观国际社会的刑事立法，大部分国家和地区的危险驾驶包括酒驾以及吸食毒品、精神药品后驾驶，在我国香港地区还包括无驾驶资格驾驶和超速行驶，在德国和我国澳门地区还包括身体存在缺陷的情况下驾驶和疲劳驾驶等。[①] 其中，与醉驾和飙车相比，部分危险驾驶行为的危害性固然小一些，但是吸毒后驾驶机动车、驾驶明知存在安全隐患的机动车、无证驾驶等危险驾驶行为的社会危害性并不亚于醉驾和飙车。而《刑法修正案（八）》并没有将吸毒后驾驶机动车、驾驶明知存在安全隐患的机动车、无证驾驶等危险驾驶行为纳入刑法的处罚范围。这既不利于全面规制可能造成严重后果的危险驾驶行为，也导致了我国刑法在对危险驾驶行为处罚上存在空隙。

（二）关于醉驾是否一律入罪的问题

关于醉驾是否一律入罪，主要有肯定说与否定说之争。肯定说认为，只

---

① 参见张磊：《危险驾驶入罪评析——以〈刑法修正案（八）（草案）〉为视角》，载《法学杂志》2011年第3期。

要醉驾，不论是否具有其他恶劣情节，只要不具有其他出罪要素（如无故意或者紧急避险等情形）的，均构成犯罪，醉酒驾驶机动车的行为本身就应当解释为属于"情节恶劣"的危险驾驶行为之一，对此行为定罪根本就不存在另外的"情节恶劣"这个要素的限制。① 否定说认为，不应仅从文意理解危险驾驶罪的规定，认为只要达到醉酒标准驾驶机动车的，就一律构成刑事犯罪，要与修改后的《道路交通安全法》相衔接。对醉驾情节显著轻微危害不大的，不按犯罪处理。②

笔者认为，刑法第 13 条以但书的形式强调，情节显著轻微危害不大的，不认为是犯罪。作为规定醉驾的刑法分则条文当然要接受刑法第 13 条但书这一总则条文的指导和制约。实践中，行为人醉驾的时空环境、醉酒人血液中的酒精含量、醉酒原因、行为人对酒精的忍受力均因人因案不同，反映出的行为的社会危害性和行为人的主观恶性也会有所不同。如果将所有醉驾行为一律认定为犯罪，则显然没有考虑到实际情况的复杂多样性，将某些本应处以行政处罚的行为升格为处以刑事处罚，这将导致刑事打击面过广。

对醉驾是否一律入罪之所以会产生如此大的争议，究其原因在于危险驾驶罪条文的表述不够精细，以至于在现行条文中，无论是肯定说和否定说都能找到存在的空间，二者与危险驾驶罪的条文含义也都不存在根本性的矛盾。因此，为解决上述争议，统一司法实践，有必要在今后的司法解释中明确情节严重是醉酒驾驶机动车构成危险驾驶罪的要件之一。至于"情节严重"的内容，可以在司法解释中一并予以规范，如醉驾者血液酒精含量超过临界值 50% 以上的、1 年内因醉驾受到刑事处罚或两次以上行政处罚又醉驾的、超过限定时速 50% 以上的等。

（三）关于危险驾驶罪的法定刑配置

《刑法修正案（八）》第 22 条规定的危险驾驶罪的法定刑为"拘役，并处罚金"。这一过低的刑罚配置可能会造成如下问题：

其一，严重削弱刑罚的威慑功能，破坏刑罚体系的统一性。一方面，个罪法定刑的配置应当具有足够的威慑性，即通过明确规定犯罪和刑罚，借助依法惩治犯罪人的过程，彰显刑罚带给犯罪人的痛苦，从而阻止已然的犯罪者再次实施犯罪或潜在的犯罪者实施犯罪。纵览其他关于危险驾驶罪的立法例中法定刑的配置，基本上都有有期徒刑的规定，如《德国刑法典》规定的最高刑为 2 年自由刑，《日本刑法典》第 198 条规定的最高刑为 3 年禁锢，《西班牙刑法典》第 384 条规定的最高刑为 4 年有期徒刑。但是，我国刑法规定危险驾驶罪的法定最高刑仅为拘役 6 个月，且为单一主刑，这不仅与危险驾驶行为的社会危害性不相适应，也没有满足国民期望，进而严重削弱了刑罚的威慑功能。另一方面，个罪法定刑的配置，还应当与类似犯罪的刑罚乃至整个刑法典的法定刑体系相平衡。刑法典中与危险驾驶罪类似的犯罪包括

---

① 参见魏东：《〈刑法修正案（八）〉若干新规的诠释与适用》，载《法治研究》2011 年第 5 期。
② 参见张伟刚、谢晓曦：《正确把握危险驾驶罪构成条件》，载《人民法院报》2011 年 5 月 11 日。

交通肇事罪、以危险方法危害公共安全罪和过失以危险方法危害公共安全罪，这些犯罪均无一例外地被配置了不同梯次的有期徒刑，而刑法中的其他犯罪的主刑也都包含了有期徒刑。危险驾驶罪的主刑仅为单一拘役。这一刑法分则中仅有的配置，不仅有损刑罚适用的灵活性，而且也破坏了刑罚体系的统一性。①

其二，在查办危险驾驶案件时不能适用逮捕强制措施，这不利于保障刑事诉讼的顺利进行。我国刑事诉讼法规定适用逮捕这一强制措施必须同时具备三个条件，即有证据证明有犯罪事实、可能判处徒刑以上刑罚以及采取取保候审、监视居住等方法，尚不足以防止发生社会危险性。《刑法修正案（八）》规定的危险驾驶罪的法定最高刑为拘役 6 个月，这不符合逮捕这一强制措施的适用所要求的"可能判处徒刑以上刑罚"这一条件，故在查办危险驾驶案件时不能适用逮捕强制措施。危险驾驶罪由此成为刑法分则中唯一不能适用逮捕强制措施的犯罪。当然，在查办危险驾驶案件时仍然可以适用刑事拘留强制措施，但刑事拘留的最长期限仅为 30 天，而对于不具有"多次作案、结伙作案、流窜作案"情形，拘留期限最长仅为 7 天。在当前司法资源紧缺的环境下，在刑事拘留的期限内完成侦查、起诉、审判三个环节，无疑意味着是对司法机关提出了新的挑战。

（四）关于危险驾驶罪与《道路交通安全法》的协调问题

在危险驾驶入刑后，全国人大常委会于 2011 年 4 月 22 日通过了《关于修改〈道路交通安全法〉的决定》，对醉驾的法律责任进行了修正。② 通过对比修正前后规定的变化可以发现，为与《刑法修正案（八）》第 22 条将醉驾纳入危险驾驶罪处罚范围的规定相衔接，修正后的《道路交通安全法》第 91 条删去了对醉酒后驾驶机动车的行为人处以拘留和罚款的规定，而改为一律追究刑事责任，同时将暂扣机动车驾驶证的处罚改为吊销机动车驾驶证，且 5 年内或 10 年内甚至终生不得重新取得机动车驾驶证。

有人认为，《刑法修正案（八）》对危险驾驶罪没有规定资格刑，这不利于刑罚个别预防功能的实现。③ 实际上，修正后的《道路交通安全法》规定

---

① 参见张磊：《危险驾驶入罪评析——以〈刑法修正案（八）（草案）〉为视角》，载《法学杂志》2011 年第 3 期。

② 修正前的《道路交通安全法》第 91 条规定，醉酒后驾驶机动车的，由公安机关交通管理部门约束至酒醒，处 15 日以下拘留和暂扣 3 个月以上 6 个月以下机动车驾驶证，并处 500 元以上 2000 元以下罚款；醉酒后驾驶营运机动车的，由公安机关交通管理部门约束至酒醒，处 15 日以下拘留和暂扣 6 个月机动车驾驶证，并处 2000 元罚款；1 年内有醉酒后驾驶机动车的行为，被处罚 2 次以上的，吊销机动车驾驶证，5 年内不得驾驶营运机动车。修正后的《道路交通安全法》第 91 条则规定，醉酒驾驶机动车的，由公安机关交通管理部门约束至酒醒，吊销机动车驾驶证，依法追究刑事责任，且 5 年内不得重新取得机动车驾驶证；醉酒驾驶营运机动车的，由公安机关交通管理部门约束至酒醒，吊销机动车驾驶证，依法追究刑事责任，且 10 年内不得重新取得机动车驾驶证，重新取得机动车驾驶证后，不得驾驶营运机动车；醉酒驾驶机动车发生重大交通事故，构成犯罪的，依法追究刑事责任，并由公安机关交通管理部门吊销机动车驾驶证，终生不得重新取得机动车驾驶证。

③ 参见张磊：《危险驾驶入罪评析——以〈刑法修正案（八）（草案）〉为视角》，载《法学杂志》2011 年第 3 期。

对醉驾者吊销驾驶执照，并区分情况规定一定期限或终身禁驾，这实际上等于变相增加了醉驾的法定刑种类，有利于弥补醉驾法定刑中缺失资格刑这一不足，使《刑法修正案（八）》和《道路交通安全法》在惩治醉驾行为方面互为补充，以充分实现刑罚的个别预防功能。但是，《道路交通安全法》只增加了对醉驾的处罚方式，而没有增加对飙车的处罚种类，对飙车就不能适用《道路交通安全法》中规定的适用于醉驾的处罚方式。飙车是与醉驾类似性质的行为，并且与醉驾被共同规定在危险驾驶罪之中，对其理应与醉驾配置相同的处罚，否则便有同罪不同罚之嫌。之所以会出现同罪不同罚的情况，原因在于危险驾驶罪的法定刑没有配置资格刑，而对该种犯罪配置资格刑在国际上是一种通行做法。而如果《刑法修正案（八）》规定了危险驾驶罪的资格刑，或者《道路交通安全法》对醉驾和飙车的处罚同时加以规定，那么上述问题便不复存在。

应当说，对醉驾者规定吊销其驾驶执照，并区分情况规定一定期限乃至终身的禁驾，这是对《刑法修正案（八）》中关于危险驾驶罪的法定刑规定的发展，能够弥补刑法在对危险驾驶罪的惩治方面资格刑缺失的缺陷，有利于使《刑法》与《道路交通安全法》在惩治和预防醉驾行为方面形成合力，强化对醉驾的防治效果。但是，修正后的《道路交通安全法》第 91 条规定对醉驾不分情节轻重一概追究刑事责任，这是值得认真推敲的。

一方面，在醉驾入刑之前，通常只有在醉驾行为造成实际损害发生的情况下刑法才能够予以介入。由此，刑法在一定程度上就变成了"马后炮"。而一旦醉驾行为尚未造成实际损害，则通常只能够根据《道路交通安全法》第 91 条的规定给予一定的行政处罚。这样，对醉驾行为就谈不上予以有效的惩治，对潜在的醉驾违法者就不足以形成强有力的震慑。因此，在《刑法修正案（八）》通过之前，以刑事手段对尚未造成实际损害的醉驾行为加以规制，已成为广大民众的强烈愿望。《刑法修正案（八）》第 22 条和修正后的《道路交通安全法》第 91 条规定了醉驾的刑事责任，这是对广大民众严惩醉驾呼声的回应。

另一方面，与世界上绝大多数的国家对违法行为的处罚所采取的单一制裁模式不同，我国在对违法行为的处罚上采取的是多元制裁模式。在单一制裁模式之下，一种违法行为要么属于刑法的制裁对象，要么属于刑法以外的其他部门法的制裁对象，而不存在同一种违法行为基于社会危害程度的不同而被分别纳入刑法和刑法以外的其他部门法处罚范围的现象。而在多元制裁模式之下，一种违法行为基于其不同的社会危害程度而被分别纳入刑法和刑法以外的其他部门法的处罚范围，能够以刑事手段予以规制的只能是那些在社会危害性方面达到严重程度的违法行为。比如，我国 1997 年《刑法》和《治安管理处罚法》分别对介绍卖淫的行为规定了刑事制裁和行政制裁。尽管在这两部法律中对介绍卖淫的行为采取的都是"介绍他人卖淫的"这样的表述，而均没有情节上的要求，但不能由此认为纳入这两部法律处罚范围的介绍卖淫行为在社会危害程度上是可以同日而语的。显然，能够纳入刑法处罚范围的只能是具有严重社会危害性的介绍卖淫行为。

同理,只有那些具有严重社会危害性的醉驾行为才能够纳入危险驾驶罪的处罚范围。而对于那些在社会危害性上尚未达到严重程度的醉驾行为,则仍然应当为其保留适用行政制裁的余地。修正后的《道路交通安全法》第91条除将暂扣机动车驾驶证的处罚改为吊销机动车驾驶证外,本来完全应当为醉驾者保留处以拘留和罚款的规定。这样,在醉驾行为因情节显著轻微危害不大而不构成危险驾驶罪的情况下,对于醉驾者便可以顺理成章地根据《道路交通安全法》第91条的规定对行为人处以拘留和罚款的行政处罚。因此,修正后的《道路交通安全法》第91条因没有为拘留和罚款预留适用的余地而显得过于严苛。这样看来,对醉驾不分情节轻重一概追究刑事责任的规定便因不符合我国在对违法行为的处罚上所采取的多元制裁模式而并非妥当。

另外,根据《道路交通安全法》第91条的规定,行为人醉驾的,均应依法追究刑事责任。正如上文所述,醉驾是否一律追究刑事责任,理论和实践中均有较大争议,而且都可以通过解释使之与刑法条文含义相符合。在刑法领域对醉驾是否一律入罪未有定论之前,《道路交通安全法》直接规定对醉驾均应追究刑事责任,那么如何协调这两部法律的适用就成为一个难题。再者,《刑法修正案(八)》和《道路交通安全法》均是由全国人大常委会制定的,二者处在同一级别的法律位阶。倘若《道路交通安全法》规定了与《刑法修正案(八)》相冲突的条文,便似乎有违宪之嫌。如果要解决这一问题,只能先对醉驾是否一律入罪作出定论,之后修改《刑法修正案(八)》或《道路交通安全法》的规定,以协调二者在实践中的适用。

由此可见,修正后的《道路交通安全法》第91条在对民意严惩醉驾呼声的回应方面显得过了头,由此在科学性方面则大打折扣。对醉驾行为恢复处以拘留和罚款的规定,应是我国未来醉驾立法的必然趋势。

四、结语

立法是一门学问,既要尊重民意,又要适当独立于民意,讲究科学精细,不能被公众的情绪所左右。危险驾驶罪的立法在民主性方面走得太远,而在科学性方面则存在着重大不足。为此,其需要在民主性与科学性不断博弈的过程中最终走向完善,以实现民主立法与科学立法的高度统一。

危险驾驶行为入罪的合理性及其立法改进

王志祥* 敦 宁**

目 次

随着 2011 年 5 月 1 日《中华人民共和国刑法修正案（八）》（以下简称《刑法修正案（八）》）的颁行，危险驾驶罪作为一种独立的犯罪已被正式纳入我国刑法典，就对于危险驾驶罪的理论探讨而言似乎也只剩下了如何合理适用法律的问题。但是，事实却并非如此，因为不论是在《刑法修正案（八）》生效之前，还是在其生效之后，对于危险驾驶罪本身的理论争议实际上从未间断。问题主要集中在两个方面：一是关于危险驾驶行为应否入罪的问题。对此，有的学者明确表示赞成，并进行了相应的说明；[①] 而有的学者则明确表示反对，并且也提出了相应的理由。[②] 二是危险驾驶罪的立法设计问

---

* 北京师范大学刑事法律科学研究院外国刑法与比较刑法研究所所长、教授、法学博士、博士生导师。

** 北京师范大学刑事法律科学研究院博士研究生，河北省石家庄市井陉矿区人民检察院检察员。

① 参见周光权：《有必要在我国增设危险驾驶罪》，载《中国社会科学报》2009 年 8 月 18 日；赵秉志：《〈刑法修正案（八）（草案）〉热点问题研讨》，载赵秉志主编：《刑法论丛》第 24 卷，法律出版社 2010 年版，第 43～44 页；贾凌、毕起美：《醉酒驾驶行为入罪论》，载《法学杂志》2010 年第 9 期；李朝晖：《危险驾驶行为独立犯罪化刍议》，载《江西社会科学》2010 年第 9 期；张建中、郑创彬：《我国刑法增设危险驾驶罪之法理思考》，载《中国检察官》2010 年第 5 期。

② 参见于志刚：《危险驾驶行为的罪刑评价——以"醉酒驾驶"交通肇事行为为视角》，载《法学》2009 年第 9 期；黄明儒、余运红：《醉驾入罪，就能管住醉驾吗?》，载《民主与法制》2010 年第 24 期；史丹如：《危险驾驶行为：入罪未当时》，载《检察日报》2010 年 10 月 18 日；刘沛谞、杨毅伟：《创制新罪并非治理危险驾驶唯一方法》，载《检察日报》2010 年 8 月 9 日；周详：《民生法治观下"危险驾驶"刑事立法的风险评估》，载《法学》2011 年第 2 期。

题。在这一问题上，学者们主要就危险驾驶罪的罪状设计和法定刑配置问题表达了自己的看法，并提出了相应的完善建议。① 那么，在当前，我们究竟应当如何看待这两个问题？是否能够因为危险驾驶行为已经入罪，就可以完全忽视反对者的意见？是否能够因为《刑法修正案（八）》中关于危险驾驶罪的规定已经开始适用，就可以不再重视该罪的立法设计问题？笔者认为不应如此。因为，从根本上讲，将危险驾驶行为入罪并不是我们的最终目的；我们的最终目的在于，如何对危险驾驶行为形成有效的法律治理。就此而言，反对危险驾驶行为入罪的诸多意见如不能得到慎重的考量，对这一犯罪本身的立法设计如不作出进一步的评价与反思，则这一罪名在遏制危险驾驶行为方面究竟能够起到多大的作用就是值得怀疑与追问的。由此，本文拟就这两个问题展开讨论，以期能够引起学界同仁进一步的反思。

一、危险驾驶行为入罪之合理性：争鸣与评析

（一）关于危险驾驶行为应否入罪的学术争鸣

近年来，随着我国城市化进程的加快和汽车拥有量的大幅提升，机动车辆在极大地便利人民群众生产生活的同时，因违法驾驶机动车辆而引发的交通安全事故也日趋严重。其中，因酒驾、飙车等危险驾驶行为而引发的重、特大交通事故案件更是层出不穷，如 2008 年"12·14 成都交通肇事案"、2009 年"南京 6·30 特大交通肇事案"、"杭州 5·7 飙车肇事案"等案件，都引起了强烈的社会反响。基于此，2010 年 4 月 28 日，国务委员、公安部长孟建柱在向全国人大常委会做报告时郑重建议研究在刑法中增设"危险驾驶机动车罪"，将醉酒驾驶机动车、在城镇违法高速驾驶机动车竞逐等严重危害公共安全的交通违法行为纳入刑法的处罚范围，并提高交通肇事罪的法定最高刑。② 全国政协委员施杰也认为应在刑法中增设"危险驾驶罪"，将醉酒、超速、吸毒等状态下的驾驶行为纳入刑法的规制范围。③ 在此次刑法修正过程中，全国人大常委会经慎重考虑，决定采纳此类意见，并最终在《刑法修正案（八）》中将醉酒驾车及追逐竞驶两种危险驾驶行为纳入刑法的处罚范围。

然而，在刑法理论界和实务界，关于是否应将危险驾驶行为入罪的意见却并不统一，在讨论过程中大体形成了肯定论与反对论两类意见的学术争鸣。其中，肯定论者赞成将危险驾驶行为入罪，其理由主要有以下几点：第一，当前我国危险驾驶行为高发、多发，危险驾驶的行政治理力度有限，我国刑

① 参见赵秉志：《〈刑法修正案（八）（草案）〉热点问题研讨》，载赵秉志主编：《刑法论丛》第 24 卷，法律出版社 2010 年版，第 44~45 页；赵秉志等：《关于〈刑法修正案（八）（草案）〉的研讨意见》，载赵秉志主编：《刑法论丛》第 24 卷，法律出版社 2010 年版，第 17 页；詹红星：《危险驾驶罪的立法解读与反思》，载《西部法学评论》2011 年第 4 期；欧阳本祺：《危险驾驶行为入罪的刑事政策分析》，载《法商研究》2011 年第 5 期；陈伟：《醉驾的拘役刑罚有待商榷》，载《人民法院报》2011 年 1 月 9 日。
② 参见毛磊、秦佩华：《孟建柱向全国人大常委会报告道路交通安全管理工作情况建议增设"危险驾驶机动车罪"》，载《人民日报》2010 年 4 月 29 日。
③ 参见唐琳：《建议在刑法中增设"危险驾驶罪"》，载《人民公安报》2010 年 3 月 7 日。

法在惩治危险驾驶肇事行为方面又存在一定的疏漏和缺陷，并且国际社会上有不少动用刑法惩治危险驾驶行为的做法，我国也应当尽快将危险驾驶行为入罪。① 第二，随着风险社会的到来，传统的罪责刑法已不能满足法秩序共同体在风险社会中对安全保障的现实需要。按照罪责刑法，只有在应受处罚的行为造成客观侵害的时候做出反应才被认为是合理的。在风险社会中，这不能适应减少、限制风险的客观需要，而应提倡强调维护社会安全的安全刑法。安全刑法以行为的危险性为前提，只要应受处罚的行为具有威胁法秩序共同体的危险，刑法就应当在该危险变成现实之前提前介入，对具有人身危险性的行为人，只要其危险性威胁到法秩序共同体的安全，刑法同样应当对其做出一定的反应，从而降低社会风险的存在。② 因此，顺应"犯罪化"、"处罚的早期化"等刑事立法发展的潮流，将刑法防卫的视线提前，把危险驾驶行为犯罪化，阻遏和警戒危险驾驶犯罪，是我国交通犯罪立法成熟的表现，也是建设和谐社会的需要。③ 第三，单独设立危险驾驶罪有利于实现刑罚的预防目的。刑罚是犯罪的法律后果，其目的在于对已经实施犯罪的人及潜在犯罪人产生心理威慑效果，预防犯罪人重新犯罪，预防尚未犯罪的人实施犯罪。只有将危险驾驶设为独立的罪名，以刑罚来威慑危险驾驶的行为人，使其理性地约束自己的行为，才能有效地控制危险驾驶这一对公民生命、健康和财产安全构成重大威胁的行为，达到刑罚的预防目的。④ 第四，增设危险驾驶罪是对民意的回应，是立法民主化的体现。近来社会公众对酒后驾驶违法行为关注度较高，社会普遍呼吁加强对酒后驾驶的处罚，应该通过立法增设危险驾驶机动车罪来回应公众的呼声，这也反映了立法的民主化。⑤

而反对论者则主要从以下几个方面对危险驾驶行为的犯罪化予以批评和质疑：第一，将危险驾驶入罪有违刑法的谦抑性原则。刑法的谦抑性原则是指刑法在介入社会生活时应当尽可能地控制其广度和深度，可以用民事、商事、经济或者其他行政处罚手段来有效控制和防范时，就没有动用刑事立法的必要性。从近期公安部对危险驾驶行为进行专项治理所取得的成果来看，通过行政处罚等相关非刑罚手段已经能够较好地防范此类行为的发生。就下一步的工作而言，关键在于如何将相关非刑罚处罚措施用足、用好，而不是进行盲目的刑事立法。⑥ 第二，遏制犯罪行为实施的根本力量不是惩罚的严厉性，而是惩罚的不可避免性。而惩罚的方式不一定是刑罚，行政处罚也是一

---

① 参见赵秉志：《〈刑法修正案（八）（草案）〉热点问题研讨》，载赵秉志主编：《刑法论丛》2010 年第 4 卷，法律出版社 2010 年版，第 44 页。

② 参见李安：《社会风险的容忍边界——闹事飙车肇事案的刑法反应》，载《政法论丛》2009 年第 6 期。

③ 参见李朝晖：《危险驾驶行为独立犯罪化刍议》，载《江西社会科学》2010 年第 9 期。

④ 参见张建中、郑创彬：《我国刑法增设危险驾驶罪之法理思考》，载《中国检察官》2010 年第 5 期。

⑤ 参见徐伟、林燕：《酒后驾车行为严查之下仍时有发生　专家热议是否增设危险驾驶罪》，载《法制日报》2009 年 9 月 24 日。

⑥ 参见黄明儒、余运红：《醉驾入罪，就能管住醉驾吗?》，载《民主与法制》2010 年第 24 期。

种惩罚。尤其是在我国"违法"和"犯罪"二元评价的制裁模式之下，行政处罚的价值不容忽视，也不宜随意舍弃。因此，强化对酒后驾车、醉酒驾车等危险驾驶行为的行政处罚，特别是强调行政处罚的普遍性和不可避免性，是解决问题的根本之道。简单地期望通过修正刑法增设新罪，加大刑法打击力度，虽然说具有一定的震慑效果，但是在存在侥幸心理或者过于自信的犯罪分子面前并不具有应有的强制力，反而会对刑法的规范性和确定性产生很大冲击。① 第三，将单纯的醉驾、飙车行为规定为犯罪，在处罚上将有悖于刑法的基本理论。假设单纯的醉驾行为可以直接独立入罪，那么在司法实践中就可能处罚其预备或未遂行为，这将显得过于苛刻。更何况，将喝酒的行为认作是犯罪的"预备"，继而处罚，也不近情理，有违犯罪的基本特征。反观之，如果有了这些立法新规定，但又不对以上这些类似的"未遂"、"预备"等行为定罪处罚，则与行为犯处罚的理论不符，乃至会造成立法初衷难以在司法中实现的尴尬。因此，对危险驾驶还是以不入罪为妥。② 第四，醉驾、飙车入刑，将为数众多的行为人贴上罪犯的标签，推到社会的对立面，显然不利于社会的稳定，而且监狱也有可能人满为患。③ 第五，国外关于危险驾驶的刑事治理模式并不统一，增设危险驾驶罪并非改善交通安全的唯一出路。从国外的情况来看，将危险驾驶行为规定为独立的犯罪仅为刑事治理模式之一，因循该模式的德、加、日等国及地区的交通秩序较好，但采取其他模式的法、荷、意等国的交通状况也并不逊色。由此可见，增设危险驾驶罪并非改善交通安全的唯一出路，关键在于因地制宜，采取适当的治理模式。④ 第六，从我国当前特定的法律体系、特定的社会现实条件，以及民族文化背景等因素考虑，将危险驾驶行为入罪的负面效应可能远远大于其收益，因而并不利于增进民生福利。⑤ 第七，对民意或民愤需要进行理性的分析和判断。在立法过程中坚持民主化、注意倾听民众的呼声是必要的。在一系列重大恶性交通事故发生后，人民群众表示出极大的愤慨，纷纷提出应当设立新的罪名以便有效打击此类行为，这也是可以理解的。但是，民愤"是一个模糊而抽象的概念"。如何衡量民愤的大小程度？谁的呼声才能被认为是民愤？被害人、被害人的家属？抑或被告人的家属是否都包括在内？对这些问题都不能给出准确的回答。这就需要我们冷静行事，用法律理性去分析判断一种社会情绪，而不应成为这种情绪的弄潮儿。⑥

（二）关于危险驾驶行为应否入罪的评析意见

就对危险驾驶行为的整体制裁体系层面而言，我国原有的对危险驾驶行

① 参见于志刚：《危险驾驶行为的罪刑评价——以"醉酒驾驶"交通肇事行为为视角》，载《法学》2009 年第 9 期。

② 参见史丹如：《危险驾驶行为：入罪未当时》，载《检察日报》2010 年 10 月 18 日。

③ 参见黄明儒、余运红：《醉驾入罪，就能管住醉驾吗?》，载《民主与法制》2010 年第 24 期。

④ 参见刘沛谞、杨毅伟：《创制新罪并非治理危险驾驶唯一方法》，载《检察日报》2010 年 8 月 9 日。

⑤ 参见周详：《民生法治观下"危险驾驶"刑事立法的风险评估》，载《法学》2011 年第 2 期。

⑥ 参见黄明儒、余运红：《醉驾入罪，就能管住醉驾吗?》，载《民主与法制》2010 年第 24 期。

为的法律制裁体系并不存在疏漏。对于因醉驾、飙车等危险驾驶行为造成重大危害结果的情形，可根据具体的犯罪情况分别以交通肇事罪、以危险方法危害公共安全罪或其他相关的犯罪加以制裁；对尚未造成重大危害结果但对公共安全造成重大危险的，可以以危险方法危害公共安全罪加以制裁；对不构成上述犯罪的危险驾驶行为可依据相应的行政法规对其进行行政处罚。因而，对危险驾驶行为是否应当入罪的探讨，实际上针对的并不是是否应当弥补我国法律制裁体系的疏漏，其焦点在于是否应当将原本属于行政处罚范围的若干行政违法行为纳入刑事制裁的范围。这一点是我们在讨论这一问题时需要明确的基本前提。① 在此基础上，笔者就这一问题发表如下评析意见：

首先，笔者并不反对将若干情形的危险驾驶行为作犯罪化处理。刑事政策在对犯罪的防治对策上可分为犯罪预防与犯罪压制两部分。就犯罪预防层面而言，合理有效的社会治理才是预防犯罪的治本之策，这已经成为共识。② 因而，尽管当政者力求依法而治，希望将某种秩序以制度化的方式固定下来，并且也形成了文字，但由于社会秩序本身还没有形成，或缺乏正式和非正式制度的配套，法律所欲求的秩序仍无法真正出现，法律最终将仍然是空的。③ 然而，由社会治理的复杂性与社会秩序形成的渐进性和缓慢性所决定，面对犯罪直面而来的汹涌浪潮，我们仍然要依赖对犯罪的直接压制措施来实现对犯罪现象的有效遏制。犯罪压制的措施可分为以下几种：（1）诉诸社会制裁或道德制裁，借由伦理的社会谴责，使其产生心理强制力，而达到防治犯罪的目的；（2）民事上的制裁，借由损害赔偿责任等民事上的制裁，使其产生心理强制力，而达到防治犯罪的目的；（3）行政上的制裁，借由罚款、停止营业等行政上的制裁，使其产生心理强制力，而达到防治犯罪的目的；（4）刑事上的制裁，借由预先告知的刑罚制裁，使其产生心理强制力，而达到防治犯罪的目的。④ 在以上措施中，行政上的制裁与刑事上的制裁无疑是更加直接有效的犯罪压制措施。从刑法谦抑性的角度而言，当依赖行政制裁能够基本上有效地实现犯罪压制的情况下，就不宜诉诸刑事制裁。而在行政制裁明显乏力的情况下，也应当毫不犹豫地诉诸刑事制裁。当前，随着我国城市化和工业化进程的不断加快，机动车辆的使用不断增多，各类严重交通违法行为和交通事故也逐渐呈高发、多发态势。但与之相对的却是，我国道路交通科学管理的理念、机制、手段、方法以及管理人员的素质、能力还不适应经济社会发展的需要，交警警力不足的问题还相当严重，因而通过行政制裁来压制交通违法犯罪明显让人感觉软弱和乏力。"在这种情况下，刑事立法

---

① 就以上正反两方面的意见来看，在这一问题上是不存在分歧的，但是明确这一点对本文的讨论仍然具有积极的意义。

② 不论是李斯特所倡导的"最好的社会政策就是最好的刑事政策"，还是菲利所宣称的"一个真正文明的立法者，可以不过多地依赖刑法典，而通过社会生活和立法中潜在的救治措施来减少犯罪的祸患"，在当前都已经取得了广泛的认同。

③ 参见苏力著：《道路通向城市——转型中国的法治》，法律出版社 2004 年版，第 24 页。

④ 参见许福生著：《刑事政策学》，中国民主法制出版社 2006 年版，第 70 页。

不想跟上也得跟上，否则交通秩序和社会反映会变得更糟。"① 因此，当前将若干严重情形的危险驾驶行为入罪，通过加大制裁力度以实现在短期内对交通违法犯罪的有效遏制，实属无奈之举，但也是当然之举。

其次，对危险驾驶行为的犯罪化必须在范围和程度上予以限制。笔者并不反对在风险社会的背景下应将刑法的防卫手段提前，但是，在是否将某种或某类行为予以犯罪化时，必须同时考虑两方面的因素：一方面，某种或某类行为是否具备犯罪的本质特征，即是否具有严重的社会危害性；另一方面，对此种或此类行为是否有必要动用刑罚来抑制。由于刑罚这种制裁具有强制力，它同药效大的药物一样伴有副作用（资格限制与作为犯罪人的烙印），因此，在判断以什么作为刑罚的对象时，必须慎重考察对某种行为是否有必要动用刑罚来抑制。② 只有同时满足了以上两方面的要求，才能真正实现刑法干预社会生活的适度性。③ 就危险驾驶行为而言，不仅行为种类众多，如酒驾、醉驾、飙车、疲劳驾驶等都可归入危险驾驶之列，而且各行为种类的危险程度也并不一致。因此，在将危险驾驶行为予以犯罪化时，应当考虑刑法干预社会生活的适度性。在这一方面，笔者认为，应当重点对危险驾驶罪成立的两个"边界"即范围边界和程度边界作出限制。也就是说，危险驾驶罪调整的行为范围必须也只能限于那些具有高度危险性的驾驶行为，④ 同时，这类行为一旦实施，也并不意味着一概要以危险驾驶罪加以制裁，对那些危险程度相对较低的情形也并不排除继续采用行政制裁的手段加以处理的可能性。否则，不但在理论上将与犯罪化的基本要求直接相左，而且在实践中也必将陷入诸多难以摆脱的困境。⑤ 同时，即便在刑事立法上需要倾听民众的呼声，但正如迪尔凯姆所言，一种行为只有触犯某种强烈、十分鲜明的集体情感时才能构成犯罪，⑥ 对于那些并不十分严重的危险驾驶行为，如非严重性超速、违章变道、闯红灯⑦等，其是否已达到触犯民众强烈集体情感的程度？民众是否真的要求将其规定为犯罪？对这些问题，我们恐怕并不能得出肯定性的答案。

最后，就对危险驾驶等交通违法犯罪行为的防治而言，其关键在于形成

① 刘远：《危险驾驶的刑事责任问题探究》，载《法学论坛》2009年第6期。
② 参见［日］西田典之著：《日本刑法总论》，刘明祥、王昭武译，中国人民大学出版社2007年版，第23页。
③ 所谓刑法干预社会生活的适度性，是指刑法干预社会生活既不能过度也不能不足，在保障社会维持所需最基本秩序的前提下，最大限度地不干预社会的自由发展。它一方面要求刑法应本着自身的性质调整社会生活，另一方面也要与社会生活相适应，保障社会在有序的状态下自由而协调地发展。参见周宜俊：《刑法增设新罪的适度性分析》，载《东方法学》2010年第5期。
④ 同时，在对这类行为范围进行设定时也应当考虑到刑事立法的类型性，对那些极端个别或难以复制的行为种类则并无纳入的必要。
⑤ 在当前交通违法犯罪行为的态势还相当严峻的情况下，如果刑罚过度适用，且不说由于刑罚的标签效应可能带来诸多社会问题，仅就我国当前的司法成本和监禁成本而言，其能否承受住这一巨大的刑罚投入也是值得怀疑的。
⑥ 参见［法］迪尔凯姆著：《社会学方法的准则》，狄玉明译，商务印书馆1995年版，第85页。
⑦ 全国政协委员施杰建议将闯红灯也纳入危险驾驶罪的范畴。参见吉祥：《闯红灯为什么不能入罪》，载《齐鲁晚报》2011年3月3日。

多种社会治理手段的整体合力。社会发展与社会管理的历史事实和实践经验一再表明，对违法犯罪行为的治理从来就是一项庞大的社会系统工程。在这一社会系统工程之内，我们不仅要重视民事、行政、刑事等法律手段的协调配合和综合运用，同时，更加重要的还在于，应通过大力加强社会主义精神文明建设以尽快促进公民整体道德素质的提升和良好社会风俗习惯的养成。因为社会中的习惯、道德、惯例、风俗等社会规范从来都是一个社会的秩序和制度的一个部分，因此也是其法治的构成性部分，并且是不可缺少的部分。如果没有内生于社会生活的这种自发秩序，没有这些非正式制度的支撑和配合，国家正式的制度也就缺乏坚实的基础，缺乏制度的配套。由此，不仅谈不上真正有社会根基的制度化，甚至难以形成合理的、得到普遍和长期认可的正当秩序。① 所以，在对危险驾驶等交通违法犯罪行为的治理过程中，过分强调或忽视任何一种手段都是错误的。只有综合运用法律、制度、习惯、道德等多种手段，并使多种社会治理手段形成整体合力，才能冀求这一严峻的违法犯罪现象随着时间的推移而逐步得到缓解。

二、危险驾驶罪之立法设计：反思与改进

尽管将危险驾驶入罪存在一定的合理性，但是通过进一步的反思也不难发现，就我国当前对危险驾驶罪的立法设计而言，不论是在其罪状设计方面，还是在法定刑的配置方面，都有待改进和完善。

（一）危险驾驶罪的罪状设计问题

所谓罪状，是指刑法分则罪刑式条文对具体犯罪的基本构成特征的描述。在刑法理论上，通常可将罪状分为叙明罪状、简单罪状、引证罪状和空白罪状四种。叙明罪状，即罪刑式条文对具体犯罪的基本构成特征作了较为详细的描述；简单罪状，即罪刑式条文只简单地描述具体犯罪的基本构成特征。如"故意杀人的，处……"引证罪状，即引用同一法律中的其他条款来说明和确定某一犯罪构成的特征；空白罪状，即罪刑式条文没有直接地具体说明某一犯罪构成的特征，而是仅仅指明确定该罪构成需要参照的法律、法规的规定。② 由于《刑法修正案（八）》第 22 条第 1 款将危险驾驶罪的罪状规定为"在道路上驾驶机动车追逐竞驶，情节恶劣的，或者在道路上醉酒驾驶机动车的，处……"因此从罪状规定方式上看，可将其归入叙明罪状之列。

关于危险驾驶罪的罪状设计问题，在《刑法修正案（八）（草案）》的讨论过程中，就有不少学者提出了若干改进或完善意见。如有些学者认为，从有利于区分道路交通管理违法行为与刑事犯罪行为的界限，以及防止醉酒驾驶的行为过度入罪等方面考虑，应当对醉酒驾驶罪增加"情节严重"的限制性规定；③ 有些学者认为，应适当增加危险驾驶的行为类型。因为，在现实生

---

① 参见苏力著：《道路通向城市——转型中国的法治》，法律出版社 2004 年版，第 26 页。

② 参见赵秉志主编：《刑法新教程》，中国人民大学出版社 2001 年版，第 439～440 页。

③ 参见赵秉志：《〈刑法修正案（八）（草案）〉热点问题研讨》，载赵秉志主编：《刑法论丛》2010 年第 4 卷，法律出版社 2010 年版，第 44 页。

·活中，危险驾驶的行为类型多种多样，有醉酒驾驶、吸毒驾驶、超速驾驶等。但是，《刑法修正案（八）（草案）》仅仅规定了追逐竞驶与醉酒驾驶两种危险驾驶行为，行为类型过于简单，无法满足当前我国惩治危险驾驶行为的现实需要，因此应当适当增加危险驾驶的行为类型；① 也有一些学者认为，为了减少危险驾驶罪与交通肇事罪和以危险方法危害公共安全罪在刑法适用上的分歧，应当对危险驾驶罪增加结果犯和结果加重犯的规定，并同时设置相应的法定刑。②

　　笔者认为，从刑事立法层面而言，合理的罪状设计，特别是对叙明罪状的立法设计，至少应符合以下几点基本要求：第一，拟规制的行为具有普遍性，即这种违法行为在当前必须是普遍和多发的。对于一些偶发或少见的违法行为则没有必要纳入刑事制裁的范围。第二，拟规制的行为具有类型性，即这一行为本身可被类型化，而并不属于实践中极为罕见或难以复制的行为方式。第三，各行为间在危害程度上具有相当性，即对于同属一个罪名之下的各种危害行为，其在社会危害程度方面必须大致相当，而不能轻重失衡或相差悬殊。如对危险驾驶而言，追逐竞驶行为与单纯的违章变道行为在危害程度方面便不具有这种相当性。第四，与其他违法行为相比具有可区分性，即通过罪状规定本身，便可大致区分刑事违法行为和与之近似的其他违法行为。特别是对法定犯来讲，这一点是尤为重要的。由此，在对某些犯罪的罪状设计中加入"情节恶劣"、"情节严重"等限制性规定，在很大程度上就是合理和必需的。第五，在司法上具有可认定性，即在司法实践中必须能够依据相对明确的标准对这类行为加以认定。如果在刑事立法上将某一行为规定为犯罪，可能或必然导致司法认定上的含混性或主观随意性，则将这一行为纳入刑事制裁的范围就未必是合理的。例如，如果在立法上将疲劳驾驶行为纳入危险驾驶罪，则对这一行为的认定就将成为摆在司法工作人员面前的巨大难题，而由于这一难题的存在，事实上也就无法避免司法实践中随意出入人罪的情况出现。③

　　由此，笔者认为，以上意见中前两点意见基本上合理，而第三点意见则是值得商榷的。因为，危险犯的危险结果与实害结果并存的情况是客观存在的，但这却并不会影响我们对以上三种犯罪的正确区分与认定。对危险驾驶罪来讲，如果由于实害结果的出现而符合交通肇事罪或以危险方法危害公共安全罪的构成要件，则可根据具体情况将其直接认定为这两种犯罪；而如果在发生实害结果的情况下行为并未符合这两种犯罪的构成要件，则并不影响

　　① 参见赵秉志等：《关于〈刑法修正案（八）（草案）〉的研讨意见》，载赵秉志主编：《刑法论丛》2010 年第 4 卷，法律出版社 2010 年版，第 17 页。
　　② 参见赵秉志等：《关于〈刑法修正案（八）（草案）〉的研讨意见》，载赵秉志主编：《刑法论丛》2010 年第 4 卷，法律出版社 2010 年版，第 17 页。
　　③ 笔者也并非主张对这一行为不予制裁，而是认为，对这一行为的制裁，事实上也只有在行为人构成违章或其他相关刑事犯罪的情况下才成为可能。因为，在行为人正常行驶的情况下，我们不但很难发现行为人是在疲劳驾驶，而且即便在发现后，如何去认定这一行为也是难题，因为行为人毕竟是处于"正常行驶"。

依然将其认定为危险驾驶罪。至于本罪在罪刑均衡方面的要求，也完全可以通过调整该罪法定刑配置的方式来进一步加以实现。相反，对危险驾驶罪盲目增加结果犯和结果加重犯的规定，反而会使这三个罪名在司法认定上更加趋于混乱。据此，笔者认为，在今后的刑法修正过程中，对危险驾驶罪的罪状设计应主要做如下改进和完善：一方面，在危险驾驶罪的行为方式中增加"驾驶机动车严重超速行驶"、"吸食毒品后驾驶机动车"以及"无驾驶能力而驾驶机动车"和"驾驶明显不具有安全性能的机动车"的行为。因为这几类行为在当前不但具有普遍性、类型性，而且与"追逐竞驶"、"醉酒驾车"行为相比也具有危害程度上的相当性。同时，对这几类行为的司法认定也并不缺乏相对明确的标准。另一方面，对危险驾驶罪的各行为方式均应设置"情节恶劣"或"情节严重"等限制性规定，[①] 以进一步明确此类刑事犯罪行为与其他一般违法行为之间的界限，防止对危险驾驶行为过度实行犯罪化，更好地体现刑法的谦抑价值。据此，经改进和完善后的危险驾驶罪罪状的完整表述就是："在道路上驾驶机动车追逐竞驶或者严重超速行驶，情节恶劣的，在道路上醉酒驾驶或者吸食毒品后驾驶机动车，情节严重的，无驾驶能力而在道路上驾驶机动车，或者在道路上驾驶明显不具有安全性能的机动车，情节恶劣的，处……"

（二）危险驾驶罪的法定刑配置问题

《刑法修正案（八）》第 22 条第 1 款为危险驾驶罪配置了我国刑法分则中最轻的法定刑，即"拘役，并处罚金"。对于这一法定刑配置，有学者提出了以下几点批评意见：其一，拘役达不到以刑罚预防犯罪的效果；其二，拘役刑本身的惩罚性较弱，无法体现刑罚的惩罚性本质；其三，拘役很可能通过缓刑变得意义全无；其四，在与其他犯罪发生竞合的情况下，拘役刑将使本罪名无法得到现实适用；其五，不区分罪行轻重情况一概判处拘役刑，体现不出罪刑相适应的原则性要求；其六，拘役刑将使减刑适用存在现实障碍。[②] 笔者认为，这一意见的要点是，将危险驾驶罪的主刑确定为拘役刑，明显失之过轻。尽管这一认识存在一定的合理性，但从刑罚合理配置的层面来讲，其对危险驾驶罪法定刑配置的评价是不全面的。

从理论上讲，对于个罪刑罚配置的合理化要从纵向与横向两个方面加以考虑：从纵向方面来说，个罪的刑度要合理，即根据具体犯罪的不同情节和社会危害程度，充分运用基本构成和加重构成的立法技术，设立法定刑的刑度，规定几个轻重有别而又合理衔接或交叉的法定刑的刑度，并在每个刑度内设立可供选择的刑种幅度。只有这样，才能避免刑度大小失当，可以适应

---

① 其实，在《刑法修正案（八）（草案）》审议的过程中，就有全国人大常委委员提出，对醉酒后驾驶机动车一律追究刑事责任的规定实践中可能涉及面过宽，建议增加"情节严重"等限制条件。对此，公安部、国务院法制办等部门研究后认为，将在道路上醉酒驾驶机动车这种具有较大社会危险性的行为规定为犯罪是必要的，如果再增加规定"情节严重"等限制性条件，具体执行中难以把握，也不利于预防和惩处这类犯罪行为，建议维持草案的规定。参见全国人民代表大会法律委员会《关于〈中华人民共和国刑法修正案（八）草案〉审议结果的报告》（2011 年 2 月 23 日）。

② 参见陈伟：《醉驾的拘役刑罚有待商榷》，载《人民法院报》2011 年 1 月 9 日。

犯罪与犯罪人的不同情况，恰如其分地适用刑罚，从而有效地实现罪刑均衡。从横向方面来说，个罪之间的刑度要平衡，即对于危害性质和危害程度近似的犯罪，法定刑的刑度要大体相当；同时，在相近犯罪之间，法定刑刑度的轻重也要协调统一。① 由此观之，尽管并不能从根本上否认对危险驾驶罪这样一种轻罪配置相对较轻的法定刑具有一定的合理性，但是从具体的刑罚配置层面来看，为危险驾驶罪配置"拘役，并处罚金"这一法定刑却未必是合理的。

首先，"拘役，并处罚金"这一单一的法定刑刑度并不能有效保证对危险驾驶罪的处罚实现罪刑均衡。罪刑是否均衡，在很大程度上取决于对某一犯罪所适用的主刑及其具体期限。而根据刑法第42条的规定，拘役的期限，为1个月以上6个月以下。但是，就危险驾驶罪而言，其不仅存在未出现实害结果的情况，也可能存在出现实害结果的情况。在出现相对严重的实害结果（接近但未出现交通肇事罪等所要求的实害结果）的情况下，拘役刑的1至6个月的处罚幅度显然并不足以满足罪刑均衡的要求。况且，不论是"追逐竞驶"还是"醉酒驾车"也都存在各种不同的情节表现，对此一概判处"拘役，并处罚金"，显然也是有悖于罪责刑相适应的刑法基本原则的。

其次，"拘役，并处罚金"这一法定刑配置，并不能实现危险驾驶罪与其他相近犯罪在法定刑轻重上的协调统一。危险驾驶罪的相近犯罪主要是交通肇事罪和以危险方法危害公共安全罪。交通肇事罪的基本法定刑是"三年以下有期徒刑或者拘役"，而以危险方法危害公共安全罪的基本法定刑则是"三年以上十年以下有期徒刑"。在危险驾驶罪的场合，完全可能出现接近于交通肇事罪构成要求的严重实害结果，而行为人对这一实害结果也未必都是基于过失，而在此情况下，危险驾驶罪的法定最高刑却仅相当于交通肇事罪的法定最低刑，所以两罪在法定刑的轻重上明显处于失衡状态。而危险驾驶罪与以危险方法危害公共安全罪的基本犯相比，其主要差别就在于两罪所要求的行为的危险程度不同，这也就意味着，随着危险驾驶行为危险程度的上升，其完全可以转化为以危险方法危害公共安全罪。但是，两罪在法定刑的配置上却并未体现出这种应有的衔接性，而是处于一种明显的轻重失衡状态。

再次，拘役刑的绝对适用，会使短期监禁刑的弊端大规模地集中呈现。在当代，基于自身存在的巨大弊端，短期监禁刑在世界范围内受到了普遍的批评。1950年召开的海牙国际刑法与监狱会议曾经系统地清算了短期监禁刑的弊端，认为短期监禁刑的弊端主要表现在：由于监禁时间较短，因而无施教的机会；对防止犯罪无力；受刑人大多数为初犯，短期监禁使其丧失对拘禁的恐惧，减弱其自尊心；轻微犯罪者之家属在物质与精神上均受重大损失；犯罪人的社会复归遭遇困难致其陷入累犯；执行短期监禁刑的机构往往设备不良、缺乏有训练的职员，因而极易受恶性感染而成为再犯的原因，等等。② 为尽可能地避免以上不良效果的出现，各国纷纷采取措施对短期监禁刑的适

① 参见陈兴良著：《刑法理念导读》，法律出版社2003年版，第365页。
② 参见张甘妹著：《刑事政策》，台湾三民书局1979年版，第295页。

用进行严格限制，如大幅提高缓刑适用率，建立易科罚金制度等。而在我国，不但缓刑适用率在总体上处于较低的水平，而且对拘役这样一种本身即属很轻的刑罚适用缓刑，则更是一种很少见的现象；[①] 同时，我国并不存在相应的刑罚易科制度。如此一来，在危险驾驶罪的犯罪基数还十分庞大的情况下，拘役刑的绝对适用，必然会使短期监禁刑的弊端在社会上大规模地集中呈现，由此不但难以实现预期的刑罚效益，而且也不利于社会的稳定。

最后，罚金刑的必并科适用方式，极大地限制了罚金刑独立功能的发挥。所谓罚金刑的必并科适用方式，是指罚金刑必须要与其他刑罚方法并合适用，而不允许单独适用。危险驾驶罪的法定刑即"处拘役，并处罚金"中罚金刑的适用方式便是一种典型的必并科适用方式。罚金刑与其他刑罚方法并合适用，确实有利于增强刑罚的综合效应，这一点是应当得到承认的。但是，随着社会的不断发展，罚金刑在应对犯罪方面的独立功能也已经得到了广泛的认可，即以罚金刑来对付相对较轻的犯罪，不但能够实现惩罚的有效性，而且也能够有效避免适用短期监禁刑所可能产生的不良后果。最高人民法院2000 年12 月13 日公布的《关于适用财产刑若干问题的规定》第 4 条也对罚金刑的单独适用作出了明确的规定，即对犯罪情节较轻，适用单处罚金不致再危害社会并具有下列情形之一的，可以依法单处罚金：（1）偶犯或者初犯；（2）自首或者有立功表现的；（3）犯罪时不满 18 周岁的；（4）犯罪预备、中止或者未遂的；（5）被胁迫参加犯罪的；（6）全部退赃并有悔罪表现的；（7）其他可以依法单处罚金的情形。由此看来，对危险驾驶罪这一轻罪绝对排斥罚金刑的单独适用，不论是从罪责刑相适应原则的实现角度来讲，还是从有效避免短期监禁刑的弊端角度来看，其不合理性都是非常明显的。

据此，笔者认为，对危险驾驶罪的法定刑配置应作如下改进和完善：第一，增加"二年以下有期徒刑"的刑罚配置。这一刑罚配置的增加，主要是为了保证在对情节特别恶劣或严重的危险驾驶罪的刑罚适用上能够有效满足罪刑均衡的要求，同时也有利于实现危险驾驶罪与相近犯罪在法定刑轻重上的横向协调。第二，增加管制刑的刑罚配置。在《刑法修正案（八）》对管制刑进行修改之后，管制刑的惩罚性已明显增强，以其对付相对较轻的危险驾驶罪完全能够实现惩罚的有效性。同时，适用管制刑不仅能有效地避免短期监禁刑的弊端，还可以在一定程度上减少监禁数量，缓解监禁压力。第三，增加"单处罚金"的刑罚配置。增加这一刑罚配置，主要是为了发挥罚金刑在惩处较轻危险驾驶罪方面的功能，并相应满足罪刑均衡的要求。同时，单独适用罚金刑，还可以进一步避免短期监禁刑的弊端，并缓解监禁压力。在进行以上改进和完善后，危险驾驶罪法定刑的完整表述就应当是："……处二年以下有期徒刑、拘役或者管制，并处或者单处罚金。"

---

① 有记者发现，自《刑法修正案（八）》自 2011 年 5 月 1 日生效之后，在将近满 1 个月的时间内，根据媒体的报道案例，所有从检察院起诉至法院并最终宣判的案件全部判为实体刑，没有一起被判缓刑。在实体刑中，最短刑期为 2 个月，最长为 6 个月。参见王贵彬、邢世伟：《全国醉驾入刑将近满月，已判案例无一缓刑》，载《新京报》2011 年 5 月 26 日。

我国食品安全犯罪的刑事立法完善

储槐植[*]　李莎莎[**]

目　次

　　"衣食住行"是人类生活的必要组成部分。民间又有俗语："民以食为天，食以安为先"，食品安全自然是广大人民群众最为关心的民生问题。自 2010 年十一届全国人大三次会议和全国政协十一届三次会议（简称"两会"）将"食品安全"列为十大民生议题之一以来，食品安全就是历届"两会"关注的焦点之一。一边是广大公众对食品安全的关心和国家对食品安全的高度、密切关注，另一边却是我国食品安全恶劣事件的高发态势。2010 年发生的典型食品安全案件就包括山东淄博制售假酒案、河北昌黎制售假劣葡萄酒系列案、湖南宁乡制售假劣"加加"酱油案、湖北孝感龙云蛋白有限公司制售伪劣蛋白粉案、江苏无锡高某等特大制售假劣牛肉案等。紧接着 2011 年又发生了"瘦肉精"事件、"毒生姜"事件、"毒海参"事件、"牛肉膏"事件、"塑化剂"事件、"染色馒头"事件等，我国食品安全领域的悲剧事件还在继

　＊　北京师范大学刑事法律科学研究院特聘教授，博士生导师。
＊＊　中国政法大学博士后研究人员。

续上演，我国食品安全违法犯罪呈高发、多发态势。

一、食品安全犯罪的界定及我国刑事立法现状

（一）食品安全犯罪概念的简单界定

关于食品安全犯罪的概念很多。第一种观点认为："食品安全犯罪是指在食品生产、销售过程中发生的犯罪活动。"① 第二种观点认为："食品安全犯罪的概念是故意或者过失实施的，违反食品安全法规，危及不特定多数人的生命、健康或重大公私财产安全的行为。"② 第三种观点认为："食品安全犯罪，即危害食品安全的犯罪。行为人实施危害侵犯国家对食品安全监督管理制度行为的犯罪。"③ 第四种观点认为："所谓食品安全犯罪是指在食品（食品初级原料）的种植、养殖、加工、包装、贮藏、运输、销售、消费等活动中违反国家强制标准和要求，存在可能损害或威胁人体健康的有毒有害物质以导致消费者病亡或者危及其后代的隐患，或在食品中投放危险物质危害公共安全的行为。"④ 笔者以为第一种观点值得商榷。将食品安全犯罪理解为一种活动是不科学的。既然犯罪是指具有严重社会危害性、刑事违法性、刑罚处罚性的行为，那么食品安全犯罪就应当是一种行为，活动是行为的上位概念，其外延范围大于行为。该观点立足于我国现行刑法典的褊狭认识，将食品安全犯罪的发生局限于食品生产、销售过程中，则明显与现实情况不符。食物链的每一个环节都可能发生食品安全犯罪。第二种观点具有一定科学性，但是将故意和过失主观心态的内容列入犯罪概念范畴，实属多余，这是具体犯罪构成要件方面的内容，况且该定义没有指出犯罪概念的严重违反规范属性。第三种观点在食品安全犯罪前面加上"危害"一词，实属繁冗、多余。此观点将食品安全犯罪表述为"……的犯罪"，犯了同义语反复的错误。该观点将食品安全犯罪的本质定性为侵犯国家食品安全监督管理制度的行为，这犯了表象与本质混淆的错误。食品安全犯罪的本质是侵犯公众生命、健康，违反国家食品安全监督管理制度只是食品安全犯罪的现象。该观点认为"危害侵犯……的，就构成犯罪了"，这是不妥的，必须是达到"严重危害侵犯……才能构成犯罪"。第四种观点将食品安全犯罪延伸至食物链的各个环节，这是值得肯定的，但将在食品中投放危险物质危害公共安全行为也归入食品安全犯罪概念是不妥的，此种行为是在直接故意心态下，将危险物质投放于食品，应当构成投放危险物质罪的犯罪行为。第四种观点尽管概括内容比较全面，但是显得拖沓，下定义应当注意简洁性。笔者以为，食品安全犯罪定义采用狭义说是科学的，最标杆性的特征是必须冠以"食品"字眼，是

---

① 参见李黎、于情、李雪梅：《危害食品安全犯罪问题刍议》，载《北方经贸》2011 年第 4 期。
② 参见高铭暄、马克昌主编：《刑法学》，北京大学出版社，高等教育出版社 2000 年版，第 353 页。
③ 参见谢宁、温雯：《食品安全犯罪危害行为认定》，载《江苏警官学院学报》2011 年第 4 期。
④ 参见江献军：《食品安全犯罪若干问题研究》，载朱孝清等主编：《社会管理创新与刑法变革（下卷）》，中国人民公安大学出版社 2011 年版，第 1398 页。

指专属于食品领域，发生于食物链各环节，严重违反食品安全法律法规，以致危及不特定多数人的生命、健康或重大公私财产安全的行为。本文以狭义说食品安全犯罪定义作为展开研究的基准。倘若将与食品安全有关而不带有"食品"字样的罪名统统纳入食品安全犯罪的范畴，则会无限扩大食品安全犯罪定义的范围，也丧失了食品安全犯罪定义的标志性特征，丧失了定义的科学性。

（二）我国食品安全犯罪的刑事立法现状

我国食品安全犯罪刑事立法主要体现在现行刑法第143、144条中，① 我国不存在严格意义的附属刑法，《食品安全法》中没有规定具体的罪刑规范，只作出了"违反食品安全法的行为，构成犯罪的，依法追究刑事责任"的原则性规定。为了应对食品安全的严峻态势，进一步加强我国食品安全的刑法保护力度，2011年2月25日全国人大常委会通过的《刑法修正案（八）》第24条、第25条、第49条对食品安全犯罪的刑事立法进行了修改。具体表现如下：《刑法修正案（八）》第24条规定了生产、销售不符合安全标准的食品罪，即："足以造成严重食物中毒事故或者其他严重食源性疾病的，处三年以下有期徒刑或者拘役，并处罚金；对人体健康造成严重危害或者有其他严重情节的，处三年以上七年以下有期徒刑，并处罚金；后果特别严重的，处七年以上有期徒刑或者无期徒刑，并处罚金或者没收财产。"本条将刑法第143条的不合格食品标准由原来的"卫生标准"修改为"食品安全标准"，并增设了"有其他严重情节"的处罚，而且将"销售金额百分之五十以上二倍以下的罚金"修改为无限额罚金和取消基本犯"单处罚金"的规定。《刑法修正案（八）》第25条规定了生产、销售有毒有害食品罪，即："在生产、销售的食品中掺入有毒、有害的非食品原料的，或者销售明知掺有有毒、有害的非食品原料的食品的，处五年以下有期徒刑，并处罚金；对人体健康造成严重危害或者有其他严重情节的，处五年以上十年以下有期徒刑，并处罚金；致人死亡或者有其他特别严重情节的，依照本法第一百四十一条的规定处罚。"本条将"造成严重食物中毒事故或者其他严重食源性疾患，对人体健康造成严重危害"修改为"对人体健康造成严重危害或者有其他严重情节"，并将"对人体健康造成特别严重危害"修改为"其他特别严重情节"，而且将"销售金额百分之五十以上二倍以下的罚金"修改为无限额罚金以及取消了基本犯"单处罚金"的规定。《刑法修正案（八）》第49条规定了食品监管渎职罪，即："在刑法第408后增加一条，作为第408条之一：'负有食品安全监督管理职责的国家机关工作人员，滥用职权或者玩忽职守，导致发生重大食品安全事故或者造成其他严重后果的，处五年以下有期徒刑或者拘役；造

---

① 本文对食品安全犯罪持狭义说，其最标杆性的特征是必须冠以"食品"字眼，是指专属于食品领域，发生于食物链各环节，严重违反食品安全法律法规，以致危及不特定多数人的生命、健康或重大公私财产安全的行为。倘若将与食品安全有关而不带有"食品"字样的罪名统统纳入食品安全犯罪的范畴，则会无限扩大食品安全犯罪定义的范围，也丧失了食品安全犯罪定义的标志性特征，丧失了定义的科学性。

成特别严重后果的，处五年以上十年以下有期徒刑。''徇私舞弊犯前款罪的，从重处罚。'"

二、我国食品安全犯罪的刑事立法缺陷

尽管 2011 年《刑法修正案（八）》对食品安全犯罪作出了相关修改，具有很大的进步意义，但是仍然存在诸多不完善之处，下文予以详述。

（一）食品安全犯罪的性质定位不准确

我国刑法分则按照犯罪直接侵犯的同类客体为标准，划分为十章，每一章是一类共同客体。刑法分则每一章的编排顺序原则上大体按照刑法保护客体轻重程度依次排列。罪名在刑法分则中的章节排列位置决定了犯罪的性质。我国食品安全刑法保护以"食品"为字眼的罪名包括三个，分别是生产、销售不符合安全标准的食品罪，生产、销售有毒有害食品罪，食品监管渎职罪，它们分散规定在刑法典各章节中。前两罪规定在刑法第 3 章"破坏社会主义市场经济秩序罪"的第一节生产、销售伪劣商品罪中。食品监管渎职罪规定在第 9 章"渎职罪"中。食品安全犯罪罪名在刑法分则中的编排位置表明：立法者将食品安全犯罪认定为经济犯罪，立法者认为食品安全犯罪侵犯的主要客体是国家食品安全管理制度、市场经济秩序。这样的编排体例不科学，既不符合实际情况，也与世界上大多数国家的先例不一致。例如：《俄罗斯联邦刑事法典》将食品安全犯罪规定在第 9 编危害公共安全与社会秩序的犯罪第 25 章"危害居民健康和社会公德的犯罪"中，《德国刑法典》将食品安全犯罪规定在第 28 章"危害公共安全"中，《最新意大利刑法典》将食品安全犯罪规定在第 6 章"危害公共安全罪"中，等等。

（二）生产、销售型食品安全犯罪[①]的立法缺陷

1. 罪状方面的缺陷

第一，犯罪主体范围狭窄。两罪犯罪主体的范围过于狭窄，只包括生产者、销售者。这既与《食品安全法》的规定不一致，也可能使食物链其他环节的危害食品安全犯罪分子得不到应有惩处，导致刑事立法疏漏。例如：食品种植、养殖、生产、加工、流通、餐饮服务各环节的从业者都是受《食品安全法》调整的主体。由于缺乏刑事立法规定，司法机关对现实中运输、贮存不符合安全标准食品的犯罪行为陷入定罪困境。

第二，犯罪客观方面不严密。首先，两罪犯罪客观方面的危害行为仅仅包括生产行为、销售行为。从源头到餐桌，食物链条的每一个环节都可能发生危害食品安全的行为，种植、养殖、制造、加工、销售、运输、贮存等环节都需要刑法予以保护。食品农产品食品安全事故时有发生，如：发生的毒豆芽、毒韭菜事件。食用农产品是源头，确保食品源头安全又尤为重要。其次，生产、销售有毒、有害食品罪仅仅规定掺入行为，行为方式过于单一，掺入的内涵无法满足实践的需要。根据《现代汉语词典》（第五版）的解释，

---

① 本文将生产、销售不符合安全标准的食品罪和生产、销售有毒、有害食品罪概括为生产、销售型食品安全犯罪。

"掺入"是指把一种东西混合到另一种东西里去。① 实践中存在将非食品性原料掺入、涂抹、添加于食品，用有毒的化学溶剂浸泡、洗涤食品等行为，与掺入的内涵相差太远，已经超出了"掺入"的语义范围，不适宜采用扩大解释——解释犯罪化的方式，将这些实践中与"掺入"相当的行为纳入"掺入"行为中。最后，安全标准可以包容营养标准，司法实践中生产、销售不符合营养安全标准的行为并不会造成严重中毒事故或者其他严重食源性疾病，但是可能对特殊群体的健康造成损害甚至死亡。由于这种具有严重危害食品安全的行为不完全符合生产、销售不符合安全标准的食品罪的罪状，导致不能适用生产、销售不符合安全标准食品罪，造成实践中的定罪尴尬。实践中发生的案件有的是以生产、销售伪劣产品罪定罪的。生产、销售伪劣产品罪是数额犯，入罪门槛偏高，法定刑偏低，不利于有效打击食品安全犯罪分子。生产、销售伪劣产品罪具有强烈的经济犯罪属性，对生产、销售不符合营养标准的食品的犯罪行为适用生产、销售伪劣产品罪，也不利于体现刑法主要保护公众生命健康的特性。

第三，主观方面规定不周延。两罪在主观方面都只规定了故意，而忽视了客观存在的过失心态。实践中有些贮藏食品的行为人应当履行业务上的注意义务，事实上也已经预见到了但是轻信能避免，以致使食品腐败、变质、被污染，造成危害人体健康结果的，是过失心态的食品安全犯罪。况且其他安全类型的犯罪如重大劳动安全事故罪就是过失犯罪。食品安全是比劳动安全更为重要的非传统安全，很多食品安全事故就是行为人过失犯罪的结果。如果不规定过失型的食品安全犯罪，将无法对过失危害食品安全行为予以有效规制。

2. 法定刑方面的缺陷

第一，罚金刑的设置不合理。罚金刑具有经济性、货币性，以一定数额的金钱为内容，对贪利性犯罪可以起到罚当其罪、剥夺再犯的作用。② 食品安全犯罪具有贪利的性质，应当重视罚金刑的作用。尽管《刑法修正案（八）》将刑法第143条和第144条修改为无限额并处罚金制，③ 但其可操作性不强，存在诸多弊端。无限额罚金制具有灵活性的优点，赋予了法官很大的自由裁量权，但是没有规定罚金刑的上限和下限，也没有规定具体的计算方法。这不仅给法官徇私枉法留有空子，还可能导致罚金刑畸重畸轻，司法不统一，而且存在罚金数额低于《食品安全法》行政罚款的风险。我国食品刑法设置的罚金刑也没有对自然人和法人作区分。

第二，缺失有针对性的资格刑内容。两个罪名都缺乏有针对性的资格刑

① 参见中国社会科学院语言研究所词典编辑室:《现代汉语词典（第5版）》,商务印书馆2005年版,第147页。
② 参见王洪青:《附加刑研究——经济刑法视角下的刑罚适用与改革路径》,上海社会科学院出版社2009年版,第22~23页。
③ 无限额罚金,是指刑法典对罚金的具体数额限度不作规定,由法院依据犯罪人的犯罪行为、主观恶性程度、经济状况等因素充分发挥自由裁量权。

内容，这是立法上的一大遗憾。资格刑剥夺犯罪人享有或者行使一定的权利，具有剥夺或限制再犯能力的独特功能，有利于达到预防犯罪分子重新犯罪的目的。① 我国现行刑法规定的资格刑有两种，即剥夺政治权利②和驱逐出境。这两种资格刑的政治性色彩非常浓厚，对具有经济贪利性质的食品安全犯罪来说，不具有任何针对效用。有一种观点认为，既然我国《食品安全法》规定了类似于资格刑的行政处罚，我国刑法典中就没有必要再规定与之类似的资格刑。笔者对此不敢苟同。刑罚与行政处罚具有本质区别，刑罚体现了国家对食品安全犯罪分子最强烈的否定性评价。尽管《食品安全法》针对食品生产者、经营者的行政违法行为规定了类似资格刑的行政处罚即责令停产、停业，吊销许可证，刑法针对食品安全犯罪也应当规定与之相呼应的资格刑。

第三，没收财产刑受关注程度不够。没收包括没收财产刑和没收违禁品、供犯罪所用的本人财物。虽然没收财产刑与罚金刑都具有金钱物质化的属性，但是没收财产刑是没收犯罪分子个人所有的一部或者全部财产，其严厉性远远大于罚金刑。没收财产刑仅仅适用于生产、销售不符合安全标准的食品罪的特别严重情节，以及适用于生产、销售有毒、有害食品罪致人死亡或者其他特别严重情节。在没收财产刑与监禁刑的适用模式上，采用的是选科模式。

（三）食品监管渎职罪的立法缺陷

为了保障公众健康，加大对食品安全犯罪的打击力度，同时为食品监管人员的追责提供更为明确的刑事立法依据；为了解决食品安全渎职案件司法实践中"同一渎职行为处以不同刑罚"的现象，便利司法实务操作，《刑法修正案（八）》第 49 条专门增设了食品监管渎职罪。可是立法初衷与司法实践现状相去甚远，来自司法实务界的声音告诉我们，全国各地都鲜有涉嫌食品监管渎职罪的案例出现，司法机关在查办与食品安全有关的职务犯罪时，也没有适用食品监管渎职罪，食品监管渎职罪或将长期面临适用难的问题，本罪名被束之高阁。③ 笔者以为，食品监管渎职罪的司法适用困境主要源于立法上的诸多缺陷。第一，入罪门槛过高，犯罪圈过窄，难以有效打击食品监管渎职犯罪行为。食品监管渎职罪是结果犯，其"结果"要素是实害结果，即"重大食品安全事故"和"其他严重后果"，并不包括危险结果，犯罪结果的实际发生是本罪成立的条件之一。由前文对本罪"结果"要素的量化分析可知，本罪的立案标准偏高，损失必须达到"重大事故"标准和严重程度才能入罪。这表明严重违反国家食品安全监督管理制度但没有造成任何损害后果的渎职行为以及食品监管渎职行为所造成的损害后果没有达到本罪立案标准这两种情形难以得到本罪规制。第二，罪状中的"结果"要素具有一定的模糊性，违反了刑法罪刑法定派生的明确性原则。马克昌教授认为："罪刑法定

---

① 参见马克昌主编：《刑罚通论》，武汉大学出版社，1999 年版，第 222 页。

② 刑法第 54 条规定："剥夺政治权利是指剥夺犯罪人的以下权利：（1）选举权和被选举权；（2）言论、出版、集会、结社、游行、示威自由的权利；（3）担任国家机关职务的权利；（4）担任国有公司、企业、事业单位和人民团体领导职务的权利。"

③ 参见 http://www.chinacourt.org/html/article/201110/10/466391. shtml［EB/OL］. 2011—10—7.

原则要求法律用语的明确性，要求立法者必须具体地并且明确地规定刑罚法规，以便预先告知人们成为可罚对象的行为，使国民能够预测自己的行动，并限制法官适用刑法的恣意性。否则，刑罚法规的含混不清不能达到上述目的，与罪刑法定主义的宗旨相违背。"①"重大食品安全事故"和"其他严重后果"这一立法用语具有模糊性，引发了理解上的诸多歧义，何谓"重大"、何谓"事故"、何谓"严重"，这都需要进一步界定，需要司法机关作出司法解释，提高司法实务的可操作性，而迄今为止，最高司法机关尚未明确本罪的立案标准。第三，法定刑偏轻，刑事处罚力度不够。食品监管渎职罪具有严重的社会危害性，不仅破坏了国家食品监督管理秩序，损害了国家机关在人民群众心中的威信，而且食品监管人员的渎职行为在某种程度上放纵了食品监管人员的渎职违法犯罪行为，助长了食品安全违法犯罪分子的嚣张气焰，进一步恶化了食品安全犯罪的高发态势，导致人民生命、健康、财产遭受巨大损失的犯罪结果，从而引发人民对食品的恐慌，进而影响社会的和谐、稳定。本罪配置的法定最高刑为十年有期徒刑，明显与本罪的严重社会危害属性不相匹配，违背了罪刑相适应原则，第四，刑罚种类单一化，不能有效地震慑违法犯罪分子。本罪法定刑仅仅设置了有期徒刑这一刑种，其他主刑拘役、附加刑罚金刑、财产刑、资格刑等都集体缺失。这既没有体现法定刑设置的梯度，也忽视了其他刑罚种类打击和预防犯罪的独特效用。

三、我国食品安全犯罪的刑事立法完善

（一）整合食品安全犯罪罪名在刑法典中的编排

食品供人食用，食品与人的生命、健康具有最直接的关系。食品安全犯罪就相当于急性、慢性杀人，乃至杀死子孙后代。人的生命权、健康权在食品安全犯罪的侵害中首当其冲。食品安全犯罪对社会主义市场经济秩序的破坏是第二位的。主要西方国家和地区都将食品安全犯罪放入公共危险罪、公共安全罪这一章中。食品安全犯罪的性质应定位为侵犯的主要客体是公共安全，是不特定多数人的生命权、健康权。笔者以为，应当重新整合食品安全犯罪罪名在刑法典体系中的编排位置，将食品安全犯罪移入刑法第二章"危害公共安全罪"中，并在该章单列专门的一节详细规定食品安全犯罪各罪名。一方面表明立法者对食品安全犯罪的重视程度进一步提高，另一方面也使食品刑法体系进一步科学化。也只有以公共安全作为食品安全犯罪主要客体时，才以风险刑法作为食品安全刑法保护的理论基础。

（二）生产、销售型食品安全犯罪的立法完善

1. 罪状的完善

第一，犯罪主体的扩容。确保刑法典的犯罪主体与《食品安全法》的法律主体相协调、相一致。根据《食品安全法》的规定，增加农产品的种植者、动物的饲养者、食品原材料的供应者、食品的运输者、食品的包装者、食品

---

① 参见马克昌：《比较刑法原理》，武汉大学出版社 2002 年版，第 74 页。

的加工者、食品的保存者等为食品安全犯罪的主体。

第二，犯罪客观方面的扩容。

首先，扩充犯罪客观方面的危害行为。根据《食品安全法》的规定，销售行为、运输行为、贮存行为可以统摄于经营行为中。刑法中关于食品安全犯罪的规定也应当与《食品安全法》中的规定协调一致，将生产、销售行为修改为生产、经营行为。

其次，为了将农产品、食品添加剂的生产、经营纳入食品安全刑法保护范围，有论者认为应当增设种植、养殖不符合安全标准的农产品罪，增设生产、经营不符合安全标准的食品添加剂罪。笔者以为没有这个必要。增设新罪名并不是犯罪化的唯一方式。犯罪化既包括立法上的犯罪化，也包括解释上的犯罪化。解释上的犯罪化是指通过变更解释，扩大刑罚法规的解释而进行犯罪化。扩大解释必须谨慎使用，不能超出刑法可能的语义范围，以防止类推解释的风险。在一般情况下，扩大解释的原则应当偏向有利于被告人，在犯罪恶化以及社会秩序、人类安全面临重大威胁时，扩大解释应当向有利于国家倾斜。[①] 生产、经营型食品安全犯罪完全可以采取解释上的犯罪化，这也节约了立法资源。我国食品安全犯罪事态严峻，非传统安全犯罪，适用特殊情形下的扩大解释原则，具体就是通过刑法立法解释明确食品安全犯罪中的相关概念，即单独设置一个条文对食品、生产作进一步扩大解释。食品刑法中的"食品"就包含食品添加剂、转基因食品、食用农产品。农业生产是生产的基本组成部分，食品刑法中的生产行为包括了食用农产品的种植、养殖行为，绝不能褊狭地认为生产行为只包括加工和制造。刑法中的"生产"包括种植、养殖、加工、制造、包装等。

再次，修改生产、销售有毒、有害食品罪的罪状。建议将刑法第 144 条的罪状修改为"在生产、经营的食品中掺入、浸泡、涂抹、渗透、洗涤、添加有毒、有害非食品性原料，销售明知掺入、浸泡、涂抹、渗透、洗涤、添加有毒、有害非食品性原料的食品。"

最后，针对生产、经营不符合安全标准的食品罪不能包容生产、经营不符合营养安全标准的行为的情况，有论者认为应当将针对特殊群体老年人、孕妇、婴幼儿生产、经营不符合营养安全标准食品的行为作为生产、经营不符合安全标准的食品罪的情节严重情形之一。有论者认为，应当增设生产、经营不符合安全标准的婴幼儿食品罪。笔者以为将生产、经营不符合安全标准的老年婴幼食品的行为作为情节严重之一不妥。情节严重是生产、经营不符合安全标准的食品罪的加重犯罪构成，将生产、经营不符合安全标准的老年婴幼食品的基本行为放入加重犯罪构成中，会导致法定刑适用的错位。也没有必要采用立法犯罪化的方式新增生产、经营不符合安全标准的婴幼儿食品罪，这实属浪费立法资源，完全可以将生产、经营不符合安全标准的食品罪的罪状"足以造成严重中毒事故或者其他严重食源性疾病"修改为"足以

---

① 参见曲伶俐：《犯罪化基准论纲》，载《法学论坛》2009 年第 5 期，第 47~48 页。

危害人体健康、生命"。

第三，增加本罪主观方面的过失心态。在过失的具体判断上，存在"新过失论"、"超新过失论"。"新过失论"以结果回避义务为中心，与被允许的危险理论、危险分配、信赖原则密切相关。"超新过失论"也就是"危惧感说"，同样也以结果回避义务为中心，但"畏惧感说"的预见可能性，并不需要具体的预见，仅有模糊的不安感、危惧感就够了。① 笔者同意"超新过失论"。食品行业关系到人的生命、健康，与一般的行业不同，属于高危行业，它要求从业人员持更高的谨慎义务。"超新过失论"要求的注意义务明显高于"新过失论"，"新过失论"容易给食品企业借以逃避刑事责任的口实，不能有效地预防和打击风险社会中的食品安全犯罪。运用"畏惧感说"能促使食品从业者尽最大可能采取措施预防食品安全危害结果的发生，有利于保障公众的生命、健康。

2. 法定刑的完善

第一，细化罚金刑的规定。笔者对罚金刑提出如下建议：首先，修改罚金刑的规定，对罚金刑设置最低限额，上不封顶。最低限额与《食品安全法》的行政罚款相一致，不低于 2000 元。其次，实行罚金刑分立模式，对自然人和法人设置不同的罚金刑，对法人尤其设置巨额罚金刑，让法人犯罪人倾家荡产。最后，可以参照我国台湾地区"食品刑法"的规定，以"日"为计量单位，计算罚金刑的具体数额。

第二，增设资格刑的内容。笔者建议丰富我国食品安全犯罪资格刑的具体内容。一是采用资格刑分立主义。食品安全犯罪自然人的资格刑包括剥夺一定年限从事食品生产经营的权利或者剥夺从事食品生产经营权利终身，食品安全犯罪法人资格刑包括剥夺一定年限从事食品经营的权利、停业整顿、强制解散。② 二是对所有生产、经营型食品安全犯罪，一律在全国有影响力的报纸上公布刑事处罚判决。

第三，修改没收财产刑的规定。笔者建议对相关情节增设没收财产刑，并修改监禁刑与没收财产刑的适用模式。首先，在生产、经营不符合安全标准的食品罪和生产、经营有毒、有害食品罪的基本法定刑、加重法定刑中增加没收财产刑。在监禁刑与没收财产刑的适用模式上，采用选科模式。其次，在致人死亡和特别严重情节下，将监禁刑与没收财产刑的适用模式由选科模式修改为并科模式。

（三）食品监管渎职罪的立法完善

根据上述食品监管渎职罪的立法不足，笔者提出如下完善建议：第一，将本罪修改为具体危险犯，即将本罪法条修改为"足以造成重大食品安全事故或者其他严重后果"。危险犯的设置降低了本罪的入罪门槛，扩大了犯罪圈，在犯罪实害结果发生之前引入刑法的制裁，有利于避免渎职违法犯罪分

---

① 参见张明楷：《外国刑法纲要》，清华大学出版社 2007 年版，第 236～240 页。
② 参见房清侠：《食品安全刑法保护的缺陷与完善》，载《河南财经政法大学学报》2012 年第 2 期，第 158 页。

子逃脱刑法的制裁，有利于发挥刑法防患于未然的作用。第二，明确本罪的立案标准。虽然某些学者就本罪立案标准作出了各种解释，但是学理解释仅仅具有参考价值，迫切需要最高司法机关作出统一、明确的司法解释，以限制法官恣意行使自由裁量权，方便司法操作，确保司法公正。第三，大幅度提高有期自由刑的法定刑。法定刑的配置应当遵循罪刑相适应原则，为了与犯罪的严重社会危害性相适应，可以将本罪的法定最高刑期提升至 15 年有期徒刑，以做到罚当其罪。第四，增加诸如拘役、资格刑、财产刑等刑罚种类。刑罚种类的选择，应当针对具体犯罪情形予以配置，以便充分发挥刑罚惩罚和预防犯罪的功能。本罪由结果犯修改为具体危险犯后，入罪门槛降低了，相应可以引入短期自由刑拘役。食品监管渎职罪与职务密切相关，资格刑剥夺犯罪分子在一定时期内行使国家食品安全监督管理职权或者永久性地禁止犯罪分子从事食品监管职业，剥夺了犯罪分子再次犯罪的能力，具有极大的刑罚震慑力。徇私情节的食品监管渎职行为具有贪利的目的，对于此种情节的犯罪分子适用财产刑，没收其犯罪所得的全部财产，有助于抑制其犯罪目的，实现预防犯罪的功能。

（四）增设相关食品安全犯罪新罪名

1. 增设生产、经营不符合安全标准的食品相关产品罪

生产、经营不符合安全标准的食品相关产品罪，是指违反国家食品相关产品的安全监督管理制度，生产、经营不符合安全标准的食品相关产品，足以危害人体健康的行为。本罪的罪状包括以下几个方面：第一，本罪侵犯的主要客体是不特定多数人的生命权、健康权，次要客体是国家与食品相关产品的安全监督管理制度。本罪的犯罪对象是不符合安全标准的食品相关产品。第二，本罪的客观方面是违反国家食品相关产品的安全监督管理制度，生产、经营不符合安全标准的食品相关产品的行为。生产行为包括制作、加工行为。经营行为包括销售、运输、贮藏行为。第三，本罪的主体是一般主体，包括自然人和单位，即从事食品生产经营的自然人和单位。第四，犯罪主观方面既可以是间接故意，也可以是过失。本罪的间接故意，是指行为人明知生产、经营不符合安全标准的食品相关产品行为违反国家食品相关产品的安全监督管理制度，而对行为足以造成危害人体健康的危险结果持放任心态。本罪的过失，是指行为人应当预见自己生产、经营不符合安全标准的食品相关产品行为可能足以造成危害人体健康的危险结果，因为疏忽大意而没有预见，或者已经预见而轻信能够避免的心态。

本罪的基本法定刑，是三年以下有期徒刑或者拘役，并处 2000 元以上罚金以及剥夺其三年以内从事食品行业的资格。本罪加重法定刑，是三年以上七年以下有期徒刑，并处 2000 元以上罚金以及剥夺其七年以内从事食品行业的资格。过失心态下生产、经营不符合安全标准的食品相关产品罪可以比照本罪故意犯的法定刑，减轻相应刑罚。

2. 增设拒不召回不符合安全标准的食品罪①

拒不召回不符合安全标准的食品罪是指违反国家食品召回制度，应当履行及时予以召回、停止经营不符合安全标准的食品的义务而拒不履行，情节严重，应当受到刑罚处罚的行为。本罪的罪状包括以下几个方面：第一，本罪侵犯的主要客体是不特定多数人的生命、健康安全，次要客体是国家的食品召回制度。第二，本罪客观方面是指违反国家食品召回制度，不履行食品召回、停止经营的法定义务，情节严重的行为。拒不召回不符合安全标准的食品罪入罪化的具体流程包括：第一步骤，流入市场的不符合安全标准食品，一般由生产经营者自行召回或者停止经营。第二步骤，如果生产经营者没有自觉召回或者停止经营的，由主管行政机关责令其召回和停止经营。如果生产经营者仍拒不召回或停止经营的，将受到行政主管机关的行政处罚。第三步骤，如果生产经营者接受行政处罚后，仍然拒不召回或停止经营的，将追究生产者的刑事责任。② 当生产者经营者的行为进入第三步骤时，就属于本罪客观方面的"情节严重"情形。第三，本罪的主体是一般主体，包括自然人和单位，即从事食品生产经营的自然人和单位。第四，本罪的主观方面是间接故意，是指行为人明知拒不召回或者停止经营不符合安全标准食品的行为违反了国家的食品召回制度，而对行为可能造成的危害持放任态度。

本罪的基本法定刑是拘役或者三年以下有期徒刑，并处 2000 元以上罚金以及剥夺其三年以内从事食品行业的资格。本罪的加重法定刑是三年以上七年以下有期徒刑，并处 2000 元以上罚金以及剥夺其七年以内从事食品行业的资格。

3. 增设拒不作出食品标识罪

拒不作出食品标识罪，是指违法律法规规定的食品标识强制义务，应当履行食品标识义务而拒不履行，情节严重，应受刑罚处罚的行为。本罪的罪状包括以下几个方面：第一，本罪侵犯的主要客体是不特定多数人的生命、健康安全，次要客体是国家规定的食品标识管理制度。第二，本罪客观方面是指违反国家食品标识管理制度，不履行食品标识法定义务，情节严重的行为。拒不作出食品标识罪的入罪化分三个流程：第一流程是，生产者拒不作出食品标识，由行政主管机关责令改正。第二流程是，行政主管机关作出责令改正后，生产者仍然拒不作出食品标识，由行政主管机关予以行政处罚。第三流程是，行政主管机关作出行政处罚后，生产者仍然拒不作出食品标识，就构成拒不作出食品标识罪。本罪的情节严重是指进入第三流程的情形。对特别种类的食品适用情节特别严重的规定，本罪的情节特别严重，是指行为

---

① 参见中国法学会食品安全法治研究中心：《我国食品安全犯罪的立法现状、修改建议及理由》，未出版，第 1 页。

② 《食品安全法》第 85 条规定："食品生产经营者在有关主管部门责令其召回或者停止经营不符合食品安全标准的食品后，仍拒不召回或者停止经营的，首先是由有关主管部门按照各自职责分工，没收违法所得、违法生产经营的食品和用于违法生产经营的工具、设备、原料等物品；违法生产经营的食品货值金额不足一万元的，并处二千元以上五万元以下罚款；货值金额一万元以上的，并处货值金额五倍以上十倍以下罚款；情节严重的，吊销许可证。"

人违反国家食品标识管理制度，拒不对转基因食品、辐射食品作标识的行为。第三，本罪的主体是一般主体，包括自然人和单位，即从事食品生产的自然人和单位。第四，本罪主观方面是间接故意。行为人明知不作出食品标识的行为违反了国家食品标识制度，对行为可能造成的危害持放任态度。

本罪的基本法定刑，是拘役或者三年以下有期徒刑并处 2000 元以上罚金以及剥夺其三年以内从事食品行业的资格。本罪的加重法定刑，是三年以上七年以下有期徒刑，并处 2000 元以上罚金以及剥夺其七年以内从事食品行业的资格。

4. 增设持有不符合安全标准的食品罪

持有不符合安全标准的食品罪，是指行为人持有一定数量不符合安全标准的食品，足以危害人体健康，又无法解释其合理来源的行为。由于持有不符合安全标准的食品罪具有推定的含义，应当允许本罪存在抗辩事由。本罪的罪状包括以下几个方面：第一，本罪侵犯的主要客体是不特定多数人的生命、健康，次要客体是国家食品安全监督管理制度。犯罪对象是不符合安全标准的食品。第二，本罪的客观方面表现为行为人持有一定数量不符合安全标准食品的事实状态。关于"持有"，储槐植教授认为："持有是指既没有明确要求积极的作为，也没有明确规定消极的不作为，只要求'持有'某种物品就构成犯罪。"① 持有人并不局限于所有人。为他人所有的不符合安全标准的食品进行管理的，是管理者。管理者也属于持有人。行为人直接支配和控制的，是直接持有，行为人不直接占用、控制的，是间接持有。持有具有一定的时间持续性，但是持有时间的长短则在所不问。② 持有的实质是对不符合安全标准的食品实际支配和控制。第三，本罪的主体是一般主体，包括自然人和单位。自然人主体即必须是年满 16 周岁，具备刑事责任能力，持有一定数量不符合安全标准的食品且应当负刑事责任的自然人。既可以是专门从事食品生产经营的自然人和单位，也可以是非专门从事食品生产经营的自然人和单位。第四，本罪的主观方面是明知故意，即行为人认识到持有大量不符合安全标准的食品具有非法性，却仍然自觉持有的心理态度。

本罪的基本法定刑，是行为人持有不符合安全标准的食品，数额较大，处三年以下有其徒刑或者拘役，并处 2000 元以上罚金或者没收财产。本罪的加重法定刑，是行为人持有不符合安全标准的食品，数额巨大，处三年以上七年以下有期徒刑，并处 2000 元以上罚金或者没收财产。

---

① 参见储槐植：《美国刑法》，北京大学出版社 2006 年版，第 38 页。
② 参见王作富：《刑法分则实务研究（下）》，中国方正出版社 2007 年版，第 1629 页。

食品危险的刑法规制问题研究

赵秉志* 刘媛媛**

目　次

　　食品是每个人生存的基本需求，更关系着未来国民的身体素质乃至于社会的稳定。科技的发展和对利益的追逐虽然使食品整体上朝着更加精致美味的方向发展，但食品领域内却危险丛生，各种食品危险事件与食品犯罪正在不断挑战和突破人们的心理承受底线。制假手段层出不穷，无所不用其极，完全达标的安全食品难觅踪迹，有毒有害食品种类之多、数量之大、范围之广、几乎遍及人民饮食的各个角落，令人触目惊心。从"地沟油"到毒鸭蛋，从毒大米到毒奶粉，从"瘦肉精"到毒火腿，只要购买食品就有可能买到不安全甚至危险的食品，国人在防不胜防之中已然炼成了百毒不侵之躯。一方面是故意制假造假，另一方面是农产品污染严重：食品中危害微生物、农药兽药残留量、重金属严重超标，滥用激素、食品添加剂现象大量存在。"毒"食品从大人"毒"到孩子，甚至那些还在腹中的胎儿也难逃厄运。可以说，食品危险已经影响到我国大部分民众的生命安全与身体健康。

　　* 北京师范大学刑事法律科学研究院暨法学院院长、教授、法学博士、博士生导师，中国刑法学研究会会长，国际刑法学协会副主席暨中国分会主席。
　　** 天津商业大学法学院讲师，法学博士。

一、食品危险的界定与特点

根据刑法中危险的一般理论以及我国《食品安全法》的规定，食品危险可以被解释为，食品本身包含有毒、有害物质，不符合应有的营养要求，对人体健康有可能造成急性、亚急性或者慢性的危险状态。广义而言，食品危险更多被民众理解为食品安全事件。

从性质上看，食品危险构成的犯罪不应当仅仅被作为纯粹的经济犯罪。从更本质的意义上看，食品安全是公共安全的重要组成部分。食品安全作为个人生存和健康最基本的保障，是公共安全中首当其冲应当关注的问题。[①] 依据刑法理论对公共安全的界定，意指不特定或多数人生命、健康或其他重大公共财产和其他公共利益的安全。食品领域中的危险行为对不特定或多数人的公共安全造成的威胁程度，已经绝不次于放火、投放危险物质等传统危险行为给公共安全带来的威胁。

食品危险除了具有危险的一般特征之外，还具有本身的独特性。从宏观上来考察，食品危险主要呈现出如下特点：

第一，从危险来源看，主要出自于食品加工领域。从食品的整体生产过程来看，一般食品从原材料到人们的餐桌，主要会经历生产、加工、销售几个环节，危险源的介入主要来自于食品加工过程中。在原材料的生产过程中，传统的农牧业生产方式并不会从根本上改变食品的成分，食品的后期销售阶段也往往只涉及商品的流通问题，一般不会发生对食品的性状进行根本性改变的危险行为。而在食品原材料的加工阶段，主要是利用现代化的技术手段，对食品进行从农田到餐桌的转化，使食品更适合人们的食用。随着社会经济的发展和人们生活水平的提高，人们对食品的要求也从初步的温饱转向更高层次的口味需求。在迎合消费者需求和高额利润的刺激下，食品加工者往往对食品原料进行非法加工，降低生产成本，或以诱人的外观或口感使其具有吸引消费者的功效，这便使食品具有了危害人体健康的属性。如"地沟油"的使用极大地降低了生产成本，而红心鸭蛋则是为了迎合人们对于鸭蛋品质的追求。可以说，科技的发展在带来更多生活便利的同时，也制造了食品业的诸多潜在危险，尤其是在食品加工领域。这也印证了风险社会中的风险往往来自人自身，具有内源性的特点。需要指出的是，在现代社会中，食品原料在原始的生产过程中也出现了诸多危险源。典型的如河南双汇"瘦肉精"案件，养殖户为了满足企业的收购要求，片面追求瘦肉率以便能够顺利出售生猪，在饲养过程中违法添加盐酸克伦特罗（即"瘦肉精"）作为饲料成分，导致有毒猪肉最终流入市场。这使食品在种植、养殖等原始的生产过程中就已经埋下了危险的种子。因此，虽然危险源往往出自食品加工领域，但生产过程等其他领域中的危险也不容忽视。

第二，食品危险往往以非法添加化学物质为行为特征。食品危险的行为

---

① 刘苏娜：《论食品安全的刑法保护》，华东政法大学 2011 硕士论文，第 3 页。

方式往往表现为食品加工者在食品原料中非法添加物质。现代社会中各种食品添加剂在食品加工过程中起到了十分重要的作用。生产商为了改善食品的品质以及人们对于色、香、味的追求，包括食品后期销售过程中保险的需求，往往需要增加各种食品添加剂。由于一定时期内认识水平的限制，人们对于各种食品添加剂的功能认定往往具有一定的局限性，尤其是在使用添加剂的初期，潜在的危险可能并不能完全显露，而一旦等到危险转化为实害，对消费者的生命健康及身体安全都是极大的损害。如植物氢化油被广泛应用于蛋糕等食品的制作过程中，开始人们只是认为其相对于动物油而言更加健康，但其对于人体的潜在危害直到近期才被发现。相对于合法的食品添加剂而言，更为严重的危险来自于各种非食品原料的添加。

第三，食品危险对应的实害后果往往十分严重。市场经济的开放性决定了商品流通的必然性，现代物流业的发达又给商品流通提供了便利条件，计划经济时代带有地域特征的土特产已经能够遍布各地，一般商品的流通更是便捷。食品作为民众日常生活的必需品，一旦发生危险事件，往往波及不特定消费者的生命健康安全，范围极广。尤其是一些供应特殊人群的食品，造成的危害更甚。近年来发生的安徽阜阳"大头娃娃"事件，蛋白质含量不合格的奶粉共造成了12名婴儿死亡，三鹿毒奶粉案更是造成了重大危害。

第四，食品危险的责任人通常寻求"有组织的不负责任"。"有组织的不负责任"这一概念是贝克首先提出的，意指生产者、政策制定者、专家等多方相关主体结成联盟，共同制造了当代社会的风险，然后再制造出一套话语在事后推卸自己的责任。食品危险的责任人具有明显的此类特征，在食品危险发生后，极易凭借自己的专业优势与话语权，制造出相应的与己无关的原因作为危险发生的理由，从而集体推卸自己的责任。不仅如此，各方责任人还会编造对自己一方有利的原因，在内部相互转嫁和推诿责任。如三鹿毒奶粉案中，三鹿公司、奶农、奶源站、三聚氰胺生产商、质量监控部门等纷纷为自己的行为辩护，将矛盾集中于三聚氰胺的性状、功能、用途以及对其的认识局限性上。这种集体的不负责任，对食品危险事件的解决极为不利，不仅直接导致具体案件中责任追究不明，而且会引发公众对知名企业、相关行业组织乃至政府机关的公信力的怀疑。

第五，食品危险关涉民生问题。在食品安全事件层出不穷的社会背景下，民众遭受了各种有毒、有害食物的不断侵袭，对食品安全的心态也在不断发生变化，从最初的愤怒恐慌，到后来的见怪不怪、无可奈何，甚至草木皆兵、怀疑一切，无不反映出整个社会对食品危险事件的关注。因此，完善食品安全的相关法规，特别是具有保障法性质的刑法法规，对预防和打击食品犯罪、维护社会稳定具有重要意义。在此意义上讲，虽然食品犯罪在我国刑法中被纳入破坏社会主义市场经济秩序罪中，但其早已超出了经济秩序的范畴，已经成为一个从政府到百姓都关注的重大问题，更关乎社会稳定和民生大计。

二、我国食品危险刑法规制的缺陷

（一）立法现状

在 1997 年刑法修订之前，我国在《关于惩治生产、销售伪劣商品犯罪的决定》等单行刑法中规定了对食品犯罪的规制。1997 年刑法将这一单行刑法纳入刑法典。2009 年《食品安全法》对食品安全的相关内容作了更为全面、细致的规定，如其第 2 条、第 84 条涉及对食品添加剂生产的管理、第 85 条涉及利用新的食品原料、新的食品添加剂从事食品生产而未经过安全评估的行为应当承担的责任，第 98 条规定"违反本法规定，构成犯罪的，依法追究刑事责任"，更在一定程度上实现了《食品安全法》与刑法的衔接。在 1997 刑法中也规定了诸多规制食品危险的相应罪名，其主要可以分为三类：其一，根据具体犯罪对象而制定的罪名，即生产、销售伪劣产品罪，生产、销售有毒、有害食品罪，生产、销售不符合卫生标准的食品罪等，这同时也是规制食品生产者、销售者违法生产、销售行为的罪名体系。其二，欠缺合法经营资格而非法经营食品的罪名，如非法经营罪中规制的有关非法买卖食品生产许可证的行为。其三，危害公共安全罪中的投放危险物质罪、以危险方法危害公共安全罪等罪名也成为与食品危险犯罪相关的罪名，因为食品危险犯罪涉及的群体往往为不特定或多数人，因此具有了危害公共安全的性质。此外，在《刑法修正案（八）》中，对食品危险的刑法规制作出了新的修订和补充，增加了有关监管食品卫生的罪名，即刑法第 408 条规定的食品监管渎职罪。具体而言，食品危险刑法规制的罪名群为以下几类：

其一，生产、销售不符合卫生标准的食品罪。本罪最开始出现在 1993 年《关于惩治生产、销售伪劣商品的决定》中，1997 年刑法修改了本罪，2011 年《刑法修正案（八）》又对其进行了修改。本罪经过最新修订之后采取了危险犯的立法模式，不要求实际损害后果的发生，只要足以造成严重食物中毒或者其他严重食源性疾病的，即可构成本罪的基本犯。

其二，生产、销售有毒、有害食品罪。本罪最早出现在 1993 年《关于惩治生产、销售伪劣商品犯罪的决定》中，1997 年刑法第 144 条对其进行了规定，2011 年《刑法修正案（八）》亦对本罪进行了修改。修订后的本罪被规定为抽象危险犯，只要实施了罪状中确定的两种行为就构成本罪。

其三，生产、销售伪劣产品罪。根据刑法第 149 条的规定，生产、销售不符合卫生标准的食品，生产、销售有毒、有害食品，没有达到相关罪名的构成标准，但是销售金额在 5 万元以上的，可以按生产、销售伪劣产品罪定罪量刑。

其四，食品监管渎职罪。针对食品危险事件中各方责任人员"有组织的不负责任"，同时为了加强食品监管者的责任意识，《刑法修正案（八）》对食品卫生的监管增加了新的罪名"食品监管渎职罪"，这一新的立法以负有食品安全监督管理职责的国家机关工作人员为主体，主要是为了加强监管机关在规制食品危险犯罪中的责任。食品安全监管是预防食品安全问题出现的重要制度，在监管过程中存在的对食品危险行为的懈怠管理等不作为与徇私舞弊等作为犯罪，均在不同程度上对食品危险事故的衍生与蔓延起到了促进作用。尤其是执法人员的包庇与纵容，更加助长了在食品的整个生产、制造、运输以及销售的全过程中违法犯罪行为的态势。

其五，非法经营罪。根据《食品安全法》第29条的规定，我国对食品生产经营实行许可制度。① 我国刑法分则中涉及的另一个有关食品犯罪的罪名就是非法经营罪。各类非法经营活动中就包含了未经许可而非法从事特定食品的生产和经营的行为，如果未经许可而擅自从事食品生产、经营活动或非法买卖食品安全经营许可证等相关证件的，均可纳入非法经营罪的规制范围。

此外，由于食品危险通常针对不特定或多数人的生命、健康和重大财产安全，因此，投放危险物质、以危险方法危害公共安全罪也都有可能成为规制食品危险行为的罪名。除此之外，由于食品与药品的密切关联性，也有学者将生产、销售假药、劣药罪一并作为广义上的规制食品危险的罪名。

综上，从现行刑事立法来看，生产、销售不符合安全标准的食品罪，生产、销售有毒、有害食品罪，生产、销售伪劣产品罪，食品监管渎职罪等罪名，共同形成了规制食品犯罪的罪名群。2010年最高人民法院、最高人民检察院、公安部、司法部联合发布的《关于依法严惩危害食品安全犯罪活动的通知》中，要求对食品安全犯罪行为依法予以严惩。2011年《刑法修正案（八）》也对食品安全犯罪进行了相应修订，这既是应对近年来食品犯罪严峻形势的必然结果，也是对公众要求严惩食品犯罪呼声的有力回应。也就在《刑法修正案（八）》正式生效不到一个月的5月27日，最高人民法院便下发了依法严惩危害食品安全及相关职务犯罪的通知，指出"《刑法修正案（八）》对危害食品安全及相关职务犯罪作了修改完善，各级人民法院要认真研究疑难案件的法律适用问题，准确适用罪名。""对危害食品安全犯罪及相关职务犯罪务必依法严惩，特别是对影响恶劣、社会关注的重大危害食品安全犯罪案件，必须依法从重、从快判处。"② 上述系列罪名无疑构成我国当前严厉打击食品安全犯罪的有力武器，但其与"切实保障广大人民群众生命健康安全，维护社会主义市场经济秩序，促进社会和谐稳定"③ 的需要尚存一定差距。严峻的食品安全犯罪的现实要求刑法必须有所作为，而当前的刑事立法能否胜任这一使命却不无疑问。

（二）立法缺陷

现有的系列罪名加强了对食品安全的刑法保护，但在罪名的性质归属、调整范围、与相关行政法规的衔接等方面，仍然存在一些亟待修订与改进的地方。这些问题的系统化解决，有利于加强刑法对食品安全保护作用的发挥。

---

① 即从事食品生产活动，应当取得相应的食品生产许可证，从事食品流通活动的，应当取得食品流通许可证，从事餐饮服务行业的，应当取得餐饮服务许可证。

② 《依法严惩危害食品安全及相关职务犯罪》，载《人民法院报》2011年5月28日。

③ 《依法严惩危害食品安全犯罪 切实保障人民群众生命健康安全》，载《人民法院报》2010年9月16日。

（1）罪名归属不当。从罪名群体在刑法分则中的章节分布来看，生产、销售不符合安全标准的食品罪，生产、销售有毒、有害食品罪，生产、销售伪劣产品罪等主要存在于"破坏社会主义市场经济秩序罪"一章中。依照通说的观点，这些罪名的客体均为复杂客体，其中主要客体为国家对经济活动的管理秩序，次要客体为消费者的合法权益。依据犯罪的主要客体决定罪名归属的一般理论，食品犯罪的多数罪名被归入"破坏社会主义市场经济秩序罪"中，表明立法者认为其侵犯的主要客体是经济秩序。但从食品危险事件及食品犯罪的特点来看，其主要特性在于危及不特定或多数人的生命安全和身体健康，已经具备了典型的危害公共安全犯罪的本质特征。从犯罪构成要件上看，破坏社会主义市场经济秩序罪中的诸多罪名都要求有数额上的限制，这对于食品安全事件刑事责任的有效追究是极为不利的，既低估了食品犯罪的社会危害性，也无法反映其犯罪的本质特征，不利于有效遏制食品犯罪的高发态势，使食品犯罪人容易找到立法漏洞从而规避责任。而危害公共安全犯罪往往以危险状态的出现或实害结果的发生为构成条件，这样的立法模式相较而言更加有利于追究食品犯罪的刑事责任。

（2）调整范围过窄。从客观行为、主观方面等犯罪构成要件来看，现有罪名对食品安全犯罪的涵盖范围过窄。其一，从罪名涵盖的危害行为来看，刑法关于食品犯罪的犯罪行为规定以作为为主，不作为能够入罪的情形极少，对于不作为而导致严重后果发生的，难以认定为犯罪。尤其是对婴儿食品、病人食品等有特殊要求的食品而言，虽然食品中不含有毒害物质等非食品原料，但也并不能够满足对特殊人群的需要，此类行为应如何处理，在现行刑法的规定下仍有疑问。另外，从与食品有关的整个行为链条来看，现有的罪名主要规制了生产和销售行为，对于提供有毒、有害原料等预备行为、包装运输等帮助行为，并未进行明确的规制，除了依据共同犯罪的原理认定其与生产者或销售者构成共犯之外，并无其他专门罪名与其对应。其二，从主观方面来看，按照现行刑法的规定，绝大多数食品犯罪的主观要件只能是故意，而不包含过失。随着科学技术的发展和在食品领域中的广泛运用，与其相对应的检测标准也日益提高，从刑法角度而言对食品生产者和销售者的注意义务也逐步增多。食品行业技术的专业性要求行为人在实施食品领域中的具体行为时具有高度的注意义务和结果避免义务，这与犯罪故意中对结果发生的希望或放任心态完全不同，而恰恰是犯罪过失中的要求。如根据食品安全法规的规定，生产者在采购原材料时负有检验的义务，违背该项义务而导致严重后果发生的，在刑法中并未有相应罪名进行规制，而只能承担民事赔偿责任和行政责任。司法实践中的案例也凸显了这一问题，虽然可以依据现有法律规定追究其刑事责任，但其所暴露出的因主观罪过立法范围过窄而造成的司法实践中的障碍却值得认真反思。

（3）立法模式不完备。从现有关于食品犯罪的罪名来看，多以实害犯和具体危险犯为主，一般需要以实害结果的发生或危险状态的出现为构成犯罪的条件。对于具有公害性质的食品犯罪而言，这样的入罪门槛明显过高。从整个法律体系来看，对食品安全的规制仍以行政处罚为主，很多严重容易造成食品危险的行为并未被列入刑法的调整范围，使食品犯罪的预防性与可控性大大降低。而与其类似的危害公共安全类的犯罪则兼容了具体危险犯与抽象危险犯的立法模式，相较而言更能从源头上遏制相关行为造成更加严重的后果，抽象危险犯的立法模式更加值得借鉴。《刑法修正案（八）》即针对食品犯罪的罪名进行了一定的修订。

此外，现有的罪名体系并未实现与《食品安全法》的有效衔接，尤其在理念转换、罪名设置与行为方式上，刑法中关于食品犯罪的罪名显示出具有一定的滞后性。随着 2009 年《食品安全法》的颁布与施行，"食品安全"的理念已经替代刑法中原有的"食品卫生"概念，与原有的以卫生标准为参照的界定模式相比，安全标准更加具备科学性和可操作性，也更符合国际惯例。而直到 2011 年《刑法修正案（八）》才将生产、销售不符合卫生标准的食品罪修改为生产、销售不符合安全标准的食品罪，实现了与食品安全法的对接。除了理念的变更之外，《食品安全法》也根据实践中食品危险行为的案发情况，界定了一些新的违法行为，[①] 但这些行为并不能在现有刑法体系中找到完全对应的罪名。又如，生产的食品添加剂应当符合相应的安全标准和管理要求，如有违反则应当承担相应的责任，[②] 结合这一规定，生产食品添加剂造成严重后果的应当追究其刑事责任，但却并不符合生产不符合安全标准的食品罪或生产有毒、有害食品罪。从三鹿奶粉案的判决来看，对生产三聚氰胺的行为一般按照以危险方法危害公共安全罪定罪处罚。这不仅造成司法者在判案时的惰性，也促使了以危险方法危害公共安全罪这一新的口袋罪的成长。

三、我国食品危险刑法规制的完善

（一）食品危险刑法规制基本理念的调整

食品犯罪的严峻形势和刑事规制的缺陷共同促进刑事立法作出回应。对于立法而言，食品危险的刑法规制首先要树立科学的基本理念，既要考虑风险社会之理论背景对于刑事立法的整体影响，也要从食品犯罪的具体特征出发，合理调整食品危险刑法规制的基本理念。从最新的立法动向来看，《刑法修正案（八）》已经就部分罪名进行了修订，但没有从体系上进行系统调整，也未与当今世界食品危险刑法规制的新理念接轨。如要从根本上对刑事立法进行完善，必须从基本理念出发，对食品犯罪的罪名归属、客体、主体等诸多方面进行完善与修订，反映风险社会下食品犯罪的特点，从而实现我国食品危险刑法规制的体系性变更。具体而言应当遵循以下理念：

首先，提前预防。风险正在成为现代社会的重要特征，传统的刑法理论面临着风险社会理论的诸多冲击，如法益概念的发展、传统归责理论的失效、

---

① 如根据第 28 条第 3 款的规定，禁止生产经营的食品包括营养成分不符合食品安全标准的专供婴幼儿和其他特定人群的主辅食品。

② 《食品安全法》第 2 条对食品添加剂的生产经营进行了规制，即必须遵守《食品安全法》所规定的安全标准和管理要求，否则需要承担罚款、吊销营业执照等行政责任。

刑法介入的提前化与普遍化等。风险刑法理论将犯罪成立标准向前推移，不要求实害结果发生即可介入，在立法模式上注重危险犯的立法模式，以便实现刑事立法提前预防的目的与功能。可以说，危险犯已成为公害犯罪的一种重要犯罪形式，在保留具体危险犯及故意危险犯的情况下，加强了抽象危险犯与过失危险犯的立法，预备行为和未遂行为入罪更加频繁。就食品犯罪而言，随着其发展形势日趋严重，在传统刑法中的经济犯罪特征已被淡化，而更多被赋予了公害犯罪的特征，在风险社会背景下更突出了食品犯罪对公共安全秩序的破坏。因此，风险社会中所要求的刑法之提前预防理念，无疑应当在食品危险刑法规制中予以坚守和强调。此外，这一理念与《食品安全法》的风险预防原则相契合。该法对于整个食品链条所涉行为规定极为全面，刑法如要实现与其在行为规制范围上的衔接，就有必要在实害结果发生之前介入，扩大刑法对各类行为规制的范围及程度，适当增加抽象危险犯与过失危险犯的立法。《刑法修正案（八）》对生产、销售有毒、有害食品罪的修订就体现了这一理念的转变。

其次，全面预防。考察各国针对食品犯罪的刑事立法可以看出，只有坚持"从农田到餐桌"的管理模式才能从根本上全面控制食品危险的发生。从产生的源头直至最终到达消费者的餐桌，食品经历了种植、生产、加工等诸多环节，任何一个环节都可能有危害食品安全的行为产生。如果刑法只规制其中某一部分行为而对其他行为放任不管，则无法彻底封堵产生食品危险的来源。从我国刑法规定来看，主要针对的是食品生产者和销售者的刑法规制，而其他环节的行为则较少涉及。这对于食品危险的全面预防并无裨益。《刑法修正案（八）》新确立了食品监管渎职罪，对食品监管过程中的滥用职权和渎职行为进行了规制，正是迎合了全面预防的要求。只有坚持贯彻全面预防的立法理念，才能彻底净化不安全食品滋生的土壤，使依靠食品生产、销售环节牟利的其他相关行为人得到刑事责任的追究，以应对风险社会中日益严峻的食品危险事件。

（二）食品危险刑法规制体系的重新定位

1. 立法演变

从历史发展来看，我国 1979 年刑法中并没有任何直接规定食品犯罪的法律条文。1979 年刑法的制定以计划经济体制为大的时代背景，在特定的历史条件下，计划经济体制极大地限制了经济主体和经济活动的活跃性与广泛性，脱离了市场的自主调控。计划经济虽以丧失经济活力为代价，但确实在一定时期内和一定程度上有效遏止了恶性经济犯罪的大量发生。以食品犯罪为例，几乎所有食品均以计划方式进行生产和供应，食品领域内的所有环节，从产量、质量、价格到运输、分配、销售均在计划控制内实施，并无制售假、毒食品的需要与动机，食品犯罪也因此存在极少。改革开放以后，市场的灵活调控和高额利润的诱惑使食品犯罪活动也日益猖獗。这些犯罪破坏了正常的市场经济秩序，同时侵害了消费者的生命安全和身体健康，将其本质认定为经济犯罪，据此开始颁布针对破坏市场经济秩序犯罪的单行法规，陆续对刑法进行修改补充。1993 年 7 月 2 日第八届全国人大常委会通过了《关于惩治生产、销售伪劣商品犯罪的决定》，1995 年 10 月 30 日通过的《中华人民共和国食品卫生法》中也明确规定对制售毒害食品构成犯罪的行为应当依法追究刑事责任。1997 年刑法修订时，将前述决定等有关市场经济犯罪的补充规定几乎全部纳入分则第三章"破坏社会主义市场经济秩序罪"中。可以看出，到 1997 年刑法为止，立法者认为食品犯罪侵犯的客体是市场经济秩序及消费者的人身和财产权益，从而在罪名归属上将系列食品犯罪主要纳入了"破坏社会主义市场经济秩序罪"一章。应当肯定的是，食品犯罪与其他经济犯罪一样，缘起于改革开放和市场经济体制确立之初，食品作为商品的一类，被视为市场经济的典型载体之一，食品犯罪的危害性即主要体现在对市场经济的扰乱与破坏。在特定的时代背景下，认为食品犯罪的主要客体是国家对食品卫生的监管秩序是可以理解的。

进入 21 世纪以后，随着市场经济的逐步成熟，我国食品犯罪的发生频次与危害程度也屡屡升级。2009 年颁布实施的《食品安全法》正是应对这一犯罪现象突发的结果。《食品安全法》是在《食品卫生法》的基础上修订而来的，从"卫生"到"安全"的升华一方面体现出立法理念的转变，另一方面超越了单一的对食品生产、销售行为的规制，涵盖了从源头到终端的全过程，扩大了刑法的调控范围，运用了更加科学的判断标准，体现了对消费者更加全面的保护。[①] 正是考虑到需要与《食品安全法》实现衔接，《刑法修正案（八）》将生产、销售不符合卫生标准的食品罪修改为生产、销售不符合安全标准的食品罪。这样的修订正是反映了食品犯罪刑法规制理念的转变与提升。

2. 应然定位

从最新的刑事立法动态来看，《刑法修正案（八）》补充或修订了诸多关涉民生的犯罪。对食品犯罪的修改一方面体现了对民生的重点保护，另一方面也是认识理念的重大转变。但这样的转变仅停留在对个罪罪名的具体修订，并未涉及体系性的变化。理论上对于食品犯罪的章节归属存在较大争议。如有学者认为，食品犯罪尽管在客体上部分地符合危害公共安全罪的特征，但是考察整体行为的性质及侵犯的主要法益，应当将其作为经济犯罪，而不应当属于危害公共安全犯罪。[②] 相反的观点则认为食品犯罪本质上应当属于危害公共安全罪。实际上在《刑法修正案（八）》出台之前，结合近期内频频出现的严重的食品犯罪案件，就有学者提出，食品犯罪绝不仅仅是破坏了经济秩序，不应仅将其看作经济犯罪，而应将其归类在刑法分则的第二大章犯罪即危害公共安全犯罪中；[③] 也有全国人大常委会人员明确表示，应当进一步提

---

① 公众对食品的要求已经不再局限于卫生和干净，而要求食品本身是安全的，不危险的。当然，从这一意义上讲，从卫生到安全的理念转变固然体现了公众对食品危险的恐惧和对食品安全的渴求，但不能否认的是，安全相对于卫生来说，标准确实是降低了。

② 刘长秋：《试论我国刑法中的食品犯罪》，载顾肖荣主编：《经济刑法》（3），上海人民出版社 2005 年版，第 114~115 页。

③ 田禾：《论中国刑事法中的食品安全犯罪及其制裁》，载《江海学刊》2009 年第 6 期。

高对食品安全重要性的认识，把食品安全作为"国家安全"的组成部分。①

考察国外的立法可以发现，俄罗斯、意大利等较多国家已将食品犯罪列入危害公共安全罪之列，将其性质主要认定为危害公共安全类犯罪而非单纯的经济犯罪。② 结合我国的现实情况来看，市场经济的发展和巨额利润的存在为食品犯罪的滋生提供了适宜的温床，食品犯罪的出现频次和危害程度均发生了深刻的变化，在体现传统危害的基础上更加彰显了风险社会的特征，如科技含量高、危害范围广、难以预料和控制等特征。正如有学者所言，我国的食品犯罪，既有传统社会下食品犯罪的一般特征，也有转型初期经济制度调整和体制发展所带来的新的食品问题，还有风险社会背景下各国普遍面临的与科技发展相关的食品危险，如新增的各类食品及食品添加剂、转基因食品等。③ 阜阳劣质奶粉、金华毒火腿、三鹿毒奶粉、双汇"瘦肉精"等一系列重大恶性食品案件的发生，使食品安全成为公众"最担心的安全问题"。④食品犯罪已经远远超过了最初意义上经济犯罪的界限，即制售伪劣产品谋取经济利益，而更为主要的是侵害了不特定或多数人的合法权益，危害了公共安全。结合《食品安全法》的立法目的来看，食品监管体制的确立在于全方位保障食品安全，以便进一步更加有效地保障消费者的生命安全和身体健康，而非仅仅单纯规制食品违反行为以维持市场经济秩序。刑法要实现与《食品安全法》的有效衔接，恰恰需要确立食品犯罪的危害公共安全性质。

（三）食品危险刑法规制的立法模式转型

1. 抽象危险犯的运用

在现代各国的刑事法治中，运用危险犯的立法以提高刑法在预防犯罪中所起的作用是刑事立法的重要发展方向。危险犯可以分为具体危险犯和抽象危险犯，后者是立法者根据其生活经验及其他综合因素在刑事立法中拟制危险，相应的行为一旦发生，就认定为危险状态已经出现。抽象危险犯的立法模式在风险社会下具有独特的功能，如降低犯罪门槛、实现提前预防、便宜诉讼经济等，尤其在危害公共安全类犯罪中，基于保护共同体安全的考虑而放弃实害结果出现的要求。正如有学者所言，风险社会刑法的立法模式表现为"正在从实害犯到具体危险犯再到抽象危险犯的时代跃进"。⑤ 就食品犯罪的典型罪名而言，1997 年刑法中的生产、销售不符合卫生标准的食品罪，采取了具体危险犯的立法模式，要求构成犯罪必须以足以造成严重食物中毒事故或者其他严重食源性疾病为条件，在理论上饱受诟病，实践中也难以操作，给规制此类犯罪带来证明上的相当大的难度。在《刑法修正案（八）》中虽

---

① 《人大建议将食品安全纳入国家安全鼓励媒体揭露》，载正义网 http://news. jcrb. com/jxsw/201106/t20110630_564415. html.

② 参见赵微译：《俄罗斯联邦刑法》，法律出版社 2003 年版，第 379 页；黄风译：《最新意大利刑法典》，法律出版社 2007 年版，第 156～158 页。

③ 参见刘伟：《风险社会语境下我国危害食品安全犯罪刑事立法的转型》，载《中国刑事法杂志》2011 年第 11 期。

④ 参见《严惩危害食品安全犯罪亟须修订刑法》，载《法制日报》2010 年 9 月 21 日。

⑤ 王振：《坚守与超越：风险社会中的刑法理论之流变》，载《法学论坛》2010 年第 4 期。

然对本罪进行了从卫生到安全的提升，但继续保留了具体危险犯的立法模式，从对此类犯罪的规制力度来看，不无遗憾。而1997年刑法中的生产、销售假药罪原来也以"足以危害人体健康"为构成条件，这是典型的具体危险犯的立法模式，但在《刑法修正案（八）》中删除了这一要件，使生产、销售假药的行为本身即可构成本罪，这不仅实现了抽象危险犯的具体运用，而且解决了实践中难以认定的假药与严重危害人体健康之间的因果关系，更加有利于实现对此类犯罪的追究。

2. 调控范围的拓展

如前文所述，食品犯罪的刑事规制存在一个重要的缺陷即为调控范围过窄，从实现与《食品安全法》的有效衔接的角度看，食品犯罪的刑事规制应当拓宽其规制范围。首先，从行为方式上看，不应当仅仅局限于生产和销售环节，而应当覆盖到从农田到餐桌的整个过程，才能从源头上消除滋生食品犯罪的温床。正如有的学者所主张的，将刑法第143条的"生产、销售"行为改为"生产、经营"行为，可以更加全面地涵盖食品犯罪的行为种类。其次，从危害行为的种类来看，除了传统的作为、不作为之行为方式之外，可适当增加以持有方式实施的食品犯罪，以便实现持有犯罪严密刑事法网的作用。持有一般是指行为人对特定物品的支配和控制状态，① 主要存在于两种情形之下，一是就特定犯罪而言，其持有犯罪工具等预备行为已经严重危及法益，可以将其作为独立的犯罪构成，目的在于惩罚早期预备行为以有效预防未来可能发生的严重犯罪。典型的如持有枪支、弹药等危险物质的犯罪。二是作为堵截型的犯罪类型存在，主要是考虑到在刑事诉讼中，当现有证据不足以证明更加严重的犯罪时，可以将该行为作为罪质较轻的持有型犯罪予以惩处。这一方面符合刑事诉讼的证明要求，另一方面没有轻纵犯罪，在最大程度上实现了惩罚犯罪与保障人权的平衡。对于传统的食品犯罪而言，行为人持有或储藏危险食品不是最终目的，而是在为最终的销售及牟利行为做准备。行为人在转让或出售之前，危险食品的危害后果一般不会立时显现，也难以测量，但一旦流入社会则会导致严重后果。加之实践中，制售毒害食品的犯罪具有极强的隐蔽性，调查难度大，相关部门耗费极大的人力物力也无济于事，往往只有等到毒害食品流入市场、造成严重后果才得以彻底追查，使不少中间环节的行为无法得到应有的惩治。将持有行为规定为犯罪，作为食品犯罪的堵截性条款，有利于杜绝危险食品流入市场。其他国家的刑事立法中也有类似持有犯罪的条款，其将持有危险食品的行为规定为犯罪，② 为我国的刑事立法提供了有益借鉴。

---

① 参见高铭暄、马克昌主编：《刑法学》，北京大学出版社、高等教育出版社2007年版，第79页。

② 如《意大利刑法》第442条规定："虽然没有参加前三条列举的犯罪，但以对公共健康造成危险的方法为销售而持有、销售或者为消费而分发已被他人投毒的已腐败的、已变质的或者已掺假的水、食品或物品的分别处以以上各条规定的刑罚。"

科技风险管理视角下的
食品、药品安全刑法保障[①]

刘志伟[*]　刘　炯[**]

目　次

一、引言：食品、药品安全刑法保障需借力于科技风险管理

"科技风险社会，刑法当有何作为？"这是贯穿与连接本文各研究章节的理论主线，也是本项研究一直关注并试图解答的学术命题。而"公共安全"作为科技风险[②]集中常发、科技风险负面效应尤为明显的领域，极易受到科技风险的肆意破坏，也对人民群众的重大法益（生命、健康、财产等）造成了重大损害或实质威胁。基于此，通过刑法手段管理与控制科技风险，在公共

---

① 本文系刘志伟教授主持的 2011 年国家社科基金一般项目"科技风险的管理与公共安全的刑法保障"（项目编号：11BFX106）的阶段性成果。
* 北京师范大学刑事法律科学研究院副院长、教授、博士生导师，中国刑法学研究会秘书长。
** 厦门大学法学院讲师，北京师范大学刑事法律科学研究院博士。
② 笔者认为，科技风险是人类因不当利用科技而对人类社会及自然环境造成客观损害等负面结果的可能性。对此，将另文撰述，此不详述。

安全的刑法保障方面已实属必要，公共安全的刑法保障需要借力科技风险管理①措施，进而具体公共安全领域的刑法保障也需要从科技风险管理视角加以重新审视与理性反思。在此，本文拟以食品、药品安全两大公共安全分支领域的刑法保障为具体切入点，在刑法保障公共安全的基本对策②指导下，根据科技风险管理的基本原理与不同领域的各自特点提出相应的具体方案，既希望借此为传统的公共安全刑法保障研究开拓一条以科技风险管理为切入的创新之路，也希望能够通过学术探索的努力为我国在管理科技风险保障公共安全方面做出微弱的理论贡献。当然，以上两大领域的选择主要也是基于如下考虑：食品、药品安全与食品、药品的科技发展水平密切相关，在公共安全领域中其技术化特征尤为明显，可以基本代表非传统意义上的公共安全含义，也是在一般个体所经历的"风险生活"（risky life）③ 中最为常见的日常微观性科技风险，且其科技风险现实化的物质载体又多以消费产品形式出现。因此，化解食品、药品风险，保护食品、药品安全，无不关系到人民群众的切身利益，故也能体现出刑法加强民生保护的积极态度。此外，其他学科对食品、药品本身的风险管理工作也取得了较大进展，在此基础上探讨刑法手段的介入也有助于我们思考刑法手段在整个科技风险管理中的介入路径与介入程度问题。下面就分别就食品安全和药品安全的刑法保障问题进行研究。

二、科技风险管理视角下的食品安全刑法保障

当前我国食品安全基础依然薄弱，风险隐患点多面广，食害事件频繁发生，食品犯罪屡禁不止，食品安全状况堪忧。应当说，吃不放心，吃不安心，已成为国人心头大患，一场保"胃"战的号角已经在我国吹响。为了切实确保社会公众的食品安全，有效维护公民的生命与健康权利，重拳打击食品安全犯罪也渐成民众需求与社会共识，《刑法修正案（八）》对已有食品安全犯罪的修订便是鲜明体现。而食品科技的飞速发展在带来食品选择的多元与食品消费的丰富之时，也不可避免地催生了因科技风险而衍生的食品安全问题。置身于与以往传统时代截然不同的"科技风险时代"，作为社会个体的我们也

---

① 笔者认为，科技风险管理是指科技风险规制主体在科技风险管理原则的指导下，根据科技风险评估结果及其他相关因素，通过制定与实施一系列管理措施的方式，以尽可能降低科技风险发生概率和致害强度，将科技风险控制在风险阈值以内的一种系统性动态规制活动。其基本政策包括：（1）协商参与；（2）以人为本；（3）审慎适当；（4）全程多元。其基本原则包括：（1）风险预防原则；（2）重点规制原则；（3）成本—效益分析原则。其主要流程包括：（1）科技风险的评估；（2）科技风险的沟通；（3）科技风险的控制。

② 具体而言，主要包括以下五个方面，一是侧重安全保障，兼顾自由保护；二是抽象法益内涵，扩大保护范围；三是创新归责理论，坚实责任基础；四是强化规范意识，倡导积极预防；五是严密刑事法网，多种制裁并用。

③ 如有论者指出，"工业化与都市化社会生活之内容，衣食住行、工作休闲等无不受科技成果之影响，一般人疾病之克服，健康之维护，知识与经验皆为科技利益之体现，但论及科技的弊害，则一切消费物品、个人身心、人际关系，乃至景观、环境，凡与日常生活相关之其他事物，几乎无一不被波及。此外，原有的权益，由于科技之发展而扩增后，反多受到侵害。"参见马汉宝著：《法律思想与社会变迁》，清华大学出版社 2008 年版，第 95 页。

时刻过着一种"风险生活"。基此，我们在提升食品安全关注程度的同时，食品安全问题的破解思路也须从全新角度入手，即应当认识到食品安全的科技背景及其背后所蕴含的科技风险管理问题。如有论者指出，技术滥用是食品安全风险增加的客观原因之一。[①] 还有论者指出，食品安全问题是现代科技负面影响的集中体现。[②] 对此，本文将主要从食品科技风险管理的角度，对食品安全的刑法保障问题做一探讨。

（一）规制对象：食品风险子虚乌有？

面对食品安全风险日益严重化的严峻现实，国内学界也多有加强食品安全刑法保障之共识，但眼下却有论者别出心裁地提出，"食品安全应该是毫无风险可言的成熟整体，风险刑法的介入既不能发挥风险刑法的提前规制效果，又忌讳风险控制的实质解释，以致可能出现有违罪刑法定原则之危险。"该观点的主要依据在于规制对象（食品安全风险）的"不存在"。[③] 不难看出，其主要立论依据对食品安全的经验性法则持高度乐观态度，对食品安全技术标准的成熟程度也自信爆满，也正是如此，才会得出上述"食品安全毫无风险、风险刑法不宜介入"的结论。然而，这样的乐观与自信能否站稳脚跟？我们认为不能，其过度推崇食品安全的经验性法则，却完全忽视了食品质量本身的其他特征。

应当说，目前食品安全犯罪的规制重点仍在于食品的质量，[④] 刑法介入食

---

① 参见马北北：《食品安全问题多系人为添加剂是肉类污染罪魁》，载《中国青年报》2011 年 11 月 30 日第 3 版。

② 参见《加速科技创新，推动可持续发展，促进社会主义和谐社会的构建——许嘉璐副委员长在全国社会发展科技会议上的讲话》，载 http://www.most.gov.cn/fggw/zfwj/zfwj2007/200706/t20070621_54305.htm，最后访问日期：2012 年 10 月 2 日。

③ 其认为，"食品安全的危害并非出于'风险'，不适合套用风险社会理论，主要在于该种'风险'自始不存在。且不论行为之初衷并非善意，单就安全技术而言，行为人对于哪种物品不能食用，哪种物品在饲养、加工环节不能添加，哪种农药或添加剂不能过量应该有明确的认知。此种对人类发展丝毫没有益处的行为，对显而易见之安全经验性法则熟视无睹的行为，难以成为社会进步历程中所必须承担的风险。同时，对于那些明知是不符合安全标准的食品，虽然其内在本质是可以食用的，但是由于其他原因而达不到食用安全标准的（如过期食品回炉），在技术上亦毫无'风险'可作为推辞。"该论者进而指出，"没有任何一样经验性法则能比得上人类对食物之可食性的鉴别经验"，即对"何种物质能吃，何种物质不能吃"的经验法则应该是任何技术中最为熟稔的，不存在任何风险的问题。（参见黄星：《食品安全的风险刑法观之反思》，载《法学杂志》2011 年第 9 期。）在此，需要顺便提及的是，该文在对"风险"的几处理解上也有待商榷，如其认为粮食安全具有风险（"科技食品副作用"），而食品安全不具有风险（"难以成为社会进步历程中所必须承担的风险"），并将因忽视注意义务在食品生产、加工、运输、贮藏等环节所造成的食品污染视为"粮食安全"项下的社会分工活动中产业链链条断裂的"风险"，进而主张将食品污染行为纳入"粮食安全"的风险控制中，而全然无视此行为对食品安全本身所造成的危害。此种撇开"食品安全"而大谈"粮食安全"并据此分别加以证成/证伪的做法，既在解决思路上有对风险进行泛化理解之嫌，又在解决方式上给人以舍近求远之感，着实令人费解。再如，其以"风险承担需市民社会协商同意"为大前提，以"行为人恶意危害食品安全的行为不属于民众社会契约"为小前提，得出"食品安全的危害并非出于风险"的结论，同样也难以令人信服。

④ "生产、销售不符合食品安全标准的食品罪"（刑法第 143 条）强调的是食品质量应符合相应的食品安全标准，而"生产、销售有毒、有害食品罪"（刑法第 144 条）则更为直观地要求食品质量"无毒"、"无害"。

品安全保障的基本方向也不应大幅偏离食品质量本身，因而食品本身的一些特征就更加值得关注。而依照信息经济学理论，根据食品质量信息的可获得性，可将市面所售食品分为以下三类：（1）搜寻品（Search Goods）；（2）经验品（Experience Goods）；（3）信任品（Credence Goods）。[①] 依此分类，食品兼具"搜寻品、经验品、信任品"三特性于一身。[②] 试举一例：根据上述分类标准，乳制品应属于"信任品"，理由在于：基于乳制品交易中的信息不对称现象，若不借助专业检测力量（人员或仪器）与运用专业检测技术，消费者就算在食用乳制品后也很难辨别其质量到底如何，因此，消费者在选择乳制品时只能基于对产品和品牌的信任。显而易见，食品安全的经验性法则（能吃/不能吃）对应于食品质量的搜寻品/经验品特征，这一经验性法则在传统社会中也许会屡试不爽，但在风险社会中却面临失灵的危机。这是因为，在信息不对称的情况下，食品质量中的经验/信任品特性日益凸显，其中又以信任品特性的崛起表现得最为突出。[③] 对于我国的食品安全问题来说亦是如此，故在破解食品安全的刑法保障问题时也应对食品的信任品特征有更多的了解。

诚如斯言，"我国的食品安全问题，既有传统风险形式下的食品安全问题，又有转型初期的制度性风险所引发的食品安全问题，还有后工业时代人们所普遍面临的化学添加剂及转基因食品等与科技发展相联系的食品安全问题。"[④] 而这恰正是目前学界所普遍忽略的食品安全风险为祸甚重的科技背景。既然一般消费者与食品生产、销售者相比，总是处于信息不对称的钳制之中，既有的经验性法则在食品安全领域也渐无用武之地，又怎能如此乐观地像该论者一样，宣称"食品安全是一个毫无风险可言的成熟整体"？又怎能轻描淡写地将客观存在的食品科技风险抹杀得一干二净？更何况，该论者所谓的

[①] 参见廖卫东等著：《食品公共安全规制：制度与政策研究》，经济管理出版社 2011 年版，第97 页。

[②] 具体而言，在食品质量特征中，"搜寻品是指该类食品的外在特征（如品牌、标签、包装、销售场所、价格、产品产地等）和内在特征（如颜色、光泽、大小、肥瘦、伤迹、纤维粗细、新鲜程度等），消费者在消费之前就已了解；经验品是指该类食品的质量及其他安全特征（如鲜嫩程度、汁的多少、味道浓淡、口感风味、烹饪特征、对健康有无损害等），消费者只有在消费之后才能做出评价、判断；信任品，是指该类食品的质量安全品质（诸如抗生素、激素、沙门氏菌、重金属、药物残留以及营养素含量、比例等），消费者在购买后，即便是消费之后，也不能做出真实正确的评判。"参见廖卫东、肖可生、时洪洋：《论我国食品公共安全规制的制度建设》，载《当代财经》2009 年第 11期，第 93 页。

[③] "食品质量的安全水平只有在消费者消费后才能做出适当判断，而且，食品及其生产过程的生物学特性决定了与传统初级食品的易辨识性相比，现代农业基础上的食品生产、加工、包装、保鲜、储运等的技术含量不断提高，比如，食品添加剂、防腐剂不断推陈出新，使消费者仅凭经验对食品安全水平做出评判已不可能。同样，食品的信任品特征也日益显现。许多关于安全品质的信息，如食品中有无激素、是否含有抗生素、病菌含量如何、农兽药残留是否超标等，消费者个人是没有能力了解的。"参见廖卫东、熊咪：《食品公共安全信息障碍与化解路径》，载《江西农业大学学报》（社会科学版）第 8 卷第 3 期，第 82 页。

[④] 刘伟：《风险社会语境下我国危害食品安全犯罪刑事立法的转型》，载《中国刑事法杂志》2011 年第 11 期，第 23 页。

"具有明确认知能力的行为人"显然并非指"消费者"，而是"从事食品生产、销售的相关人员"。二者之间信息很不对称：一方面，从事食品生产、销售的相关人员对此多具有专业知识，处于信息优势地位，但其却在生产、销售的食品质量上大作手脚（"不符合安全标准"或"有害、有毒"）；另一方面，基于食品日益突出的信任品特性，处于信息弱势地位的消费者又"别无选择"（不易知情有时甚至不可能知情），只能信赖其所生产、销售的食品没有质量之虞，合理期待食品生产、销售者的行为符合食品安全标准。二者之间的对立冲突有时难免会外化为食品安全事件，致使处于风险弱势地位的消费者健康受损，但难道食品安全事件的最终结局就只能由消费者自咽苦果？难道消费者都要以健康甚至生命为代价来获取食品安全的"试错经验"？① 显然，这是令人难以接受的。既然如此，对于此种恶劣行为又有什么理由不依靠刑法处置，又还有什么依据可以证明食品安全毫无风险进而让风险刑法"靠边站"？因此，上述"食品风险子虚乌有论"对食品安全风险存在严重误读，更是对食品安全的技术背景缺乏应有了解，因而难以被笔者所认同。社会现实清晰无误地告诉我们：食品风险是客观存在的，以食品果腹的我们不能甘受其害，坐视不理，因此，加强食品安全的刑法保障不仅势在必行，而且食品安全的刑法保障也需契合其科技背景，即刑法在应对食品安全风险时，必须洞悉食品科技高速发展下食品特性的自身变化（尤其是信任品特性），并根据这一变化作出相应回应。

（二）修订评述：食品犯罪的新变化

为了更好地惩治食品安全犯罪，《刑法修正案（八）》对食品安全犯罪作出了较大修订，其中不少食品安全犯罪更是以全新面貌示人，这也随之带来了定罪量刑标准的新变化。对此，本文将其概括为以下三个方面：

1. 预防之体现：加重标准去事故化

食品安全犯罪波及范围广、作用人数多、危害程度大、风险扩散快，因此，食品安全的刑法保障需要首先树立风险预防原则，并在条文设计等方面加以贯彻与落实。对此，现行刑法在定罪方面已经有所体现，如在食品安全犯罪的成立条件上均不要求实害发生（刑法第 143 条——具体危险犯，刑法第 144 条——行为犯），故单从应然角度来讲，其能够较好发挥刑法的风险控制机能，也能更加高效地应对因科技衍生的食品风险。而本次修订又再接再厉，更上层楼，在量刑方面也作出了相应修改，即删除了刑法第 144 条原法定刑升格条件中的"造成严重食物中毒事故或者其他严重食源性疾患"。

笔者认为，这一修改不容小视。在原条文中，"造成严重食物中毒事故或

---

① 当然，有论者也以"试错理论"为阐述基点，以风险刑法的等待性为由，否定风险刑法在食品安全领域的介入必要性（即认为风险刑法仍然无法提前规制非法添加未知物质行为）。参见黄星：《食品安全的风险刑法观之反思》，载《法学杂志》2011 年第 9 期，第 137 页。但笔者认为，对应于变动不居的社会情势，无论是传统刑法，抑或是风险刑法，其作为法律的滞后性是固有的，只是滞后程度略有区别，不能以此为由断然否决风险刑法的作用，相反，风险刑法正是觉察到传统刑法在应对风险时的严重滞后性，才更为强化其提前介入的预防机能。

者其他严重食源性疾患"是加重结果的内容,而"对人体健康造成特别严重危害"则是加重结果的实质。但此一规定也有明显弊端,因为在现实生活中,食品科技风险与其他科技风险一样,往往具有潜伏性与积蓄性,因此,其现实化过程相对缓慢,其危害结果并不见得立马就外化为"事故"或"疾患",而其行为从社会危害性上来说,也确实对人体健康造成了严重危害,但受制于法定刑升格条件的限制,对上述尚未造成严重食物中毒事故或者其他严重食源性疾患的行为却并不能加重其处罚,而只能适用相对轻缓的基本刑。① 而这显然是对食品安全犯罪分子的不当宽纵,也容易助长其以身试法的侥幸心理与嚣张情绪。所以,在本次修订之前,即使生产、销售的食品再有毒、再有害,只要在最终结果上未造成严重事故或疾患,刑罚最轻缓者可只被判处拘役(6个月)或罚金(2倍于销售金额),刑罚执行完毕后完全还可重操旧业。也正是在这种"撑死胆大的、饿死胆小的"的负面激励下,刑罚的正向引导功能荡然无存,长期下去,食品行业的道德雪崩也就不足为奇了,食品安全犯罪的肆无忌惮也更加猖狂。

因此,本次修订对加重标准的去事故化处理做法,既能在量刑方面更多体现刑法的风险控制机能,又能更好地贯彻食品安全的风险预防原则。此外,也能在一定程度上降低惩罚食品安全犯罪的门槛,即消除事故调查难度较大取证不易的客观障碍。值得一提的是,类似做法也在该修正案的其他犯罪中得到了体现(如重大环境污染事故)。众所周知,包括食品安全事件的公共安全类责任事故犯罪往往具有事后性,"事故化"的处理模式也必然带有一定的滞后性,因此"去事故化"的治理思路(即转而更加重视对科技风险的预防)理应在食品安全刑法保障领域中被发扬光大,理应在科技风险管理中谋得一席之地并逐渐成为一种为立法者所青睐的治理思路。

2. 刑罚之加码:惩罚力度的从严化

对此,以刑法第144条的修订为例,即可总结出以下刑罚加重之体现:

一方面,就自由刑而言,又主要体现在:一是起刑点的提高,如删除了原条文中的"拘役",此举意味着本罪起刑点从拘役提高为有期徒刑;二是死刑适用条件的强化,即判处食品安全犯罪死刑的条件由单一的结果加重转为结果加重与情节加重并存,将原条文由"致人死亡或者对人体健康造成特别严重危害的"改为"致人死亡或者有其他特别严重情节的",增大了对食品安全犯罪判处死刑的可能性。

另一方面,就财产刑而言,又主要体现在:一是无论适用何档量刑情节都要"并处罚金",也即是说,修改后的"一律并处罚金",让罚金刑成为食品安全犯罪刑罚的必备套餐,这显然加重了对犯罪分子的经济制裁力度;二是改"倍比制罚金"为"无限额罚金",如此一来,其计算依据不再过分依赖难以实际认定的"销售金额",具有相应的科学性与合理性。此外,取消罚金上限的做法也为巨额罚金的适用创造了现实可能,极大提高了本罪的犯罪

---

① 尤其是在本罪修订前,更是可以单处"拘役"或"罚金",其刑罚力度之轻对于惩治与预防食品安全犯罪并无益处。

成本，彻底剥夺了犯罪分子非法获利和再次犯罪的经济资本，可在一定程度上杜绝犯罪分子东山再起的可能，并在一定程度上削弱其他潜在人员出于牟利等经济驱动而生成的犯罪动机。

那么，这样的从严处罚是否合理？对此，笔者持肯定观点。客观而论，目前我国食品安全犯罪的处罚力度偏轻也多为人诟病，难以发挥刑罚在惩治食品安全犯罪中应有的威慑与预防作用，也不符合社会公众期待挥舞刑法"利剑"打赢保"胃"战的热切期盼，由此以来，加重刑罚俨然成为食品安全刑法保障的一把尚方宝剑。当然，加重刑罚是治理食品安全沉疴的猛药，但绝不意味着这是在替重刑主义招魂，更不等同于以往一味从严的"严打"治理。这是针对目前我国食品安全犯罪的严峻现实所提出的适当方案，也是贯彻与落实积极一般预防刑罚理论的重要举措，其思想核心在于治乱世用重典的治理思路，在刑罚总体趋轻的同时对严重危害人民生命健康、社会经济稳定和国家安全形象的食品安全犯罪予以严惩，是在特定阶段于特定领域作出的特定策略，也符合民众对刑法保护重要民生领域的急切期待，故只要其加重刑罚的适用范围并未突破预设的法定边界，严格将刑罚加重的限度保持在一个既能对食品安全犯罪起到应有作用又不会给人刑罚过于严苛之感的适当水平，完全是合情合理的。

3. 责任之延展：监管渎职的犯罪化

毋庸讳言，"我国食品公共安全保障缺失的重要原因之一就是规制者执法不力，有时甚至无人承担相应责任。其根源在于没有设立对规制者的责任追究制度，分工不明确，权责不对称，既无法追究规制者的责任，也缺少相应制度约束。"① 而我国食品安全监管又多具事后性与被动性，对食品安全的日常监管发力不够，监管不及时与监管不到位已是老生常谈，"十几个部门管不好一头猪"则折射出食品安全监管政出多门的怪象，一个全面而高效的食品安全问责体系的缺位，更是导致对部分食品监管渎职行为难以追究责任（更遑论刑事责任），于是在食品风险的刑法保障中就不免发出如下疑问："谁来规制规制者？谁来监管监管者？"而本次修正则以新增"食品监管渎职罪"的方式对此作出了回答。该罪名的条文表述为："负有食品安全监督管理职责的国家机关工作人员，滥用职权或者玩忽职守，导致发生重大食品安全事故或者造成其他严重后果的，处五年以下有期徒刑或者拘役；造成特别严重后果的，处五年以上十年以下有期徒刑。""徇私舞弊犯前款罪的，从重处罚。"公允而论，这一修订具有重大进步意义，也较好地反映了确保公众健康和食品安全的立法诉求。

具体而言，本罪是监督过失理论在食品安全领域的立法产物，是脱胎于一般渎职犯罪中的特殊监管罪名，此举既将责任链条延伸至监督管理责任，也将监督管理责任主体纳入刑法评价的范围之内，具有提升特定领域监管质量的积极效果。此外，从风险社会中风险分配的基本原理来说，本罪的设立

---

① 廖卫东、肖可生、时洪洋：《论我国食品公共安全规制的制度建设》，载《当代财经》2009 年第 11 期，第 96 页。

也是对监督管理人员依据其风险地位进行风险分配的合理结果，在一定程度上还有助于弥补食品安全监管的制度漏洞，避免权利寻租与利益捆绑等不良现象，并逐步破除"有组织地不负责任"现象。

（三）完善对策：以风险管理为主线

"从中国近年发生的食品安全事件来看，呈现出了与传统意义上的食品安全不同的新特征，即科技含量上升，人为不确定因素增多，与国际市场联系密切，不再是易于控制的食品卫生、质量等问题，食品安全的内涵被扩展，风险成为新的规避因素。"① 由此，风险规避作为食品安全的预期目标与主着力点，也要求风险管理与食品安全有机融合在一起，而风险管理的诸多核心措施（如风险评估等）也都与食品安全保障工作有过亲密接触，因此，科技风险管理对于食品安全保障来说也绝非新鲜概念。这一切在食品安全的法律治理上也有所体现，② 在此，有必要从食品科技风险管理角度对食品安全的刑法保障提出些许建议：

1. 全程规制：行为链条的再延展

科技风险管理是一项系统性动态规制活动，与此相应，全程规制也是科技风险管理的基本政策之一，具体至食品科技风险管理领域，就是要求实现"从农田到餐桌"的全程化规制理念。而客观地说，要想在我国食品安全保障工作中实现全程化规制并非易事。因为我国食品安全事故的频繁发生与我国食品产业链的不尽健全有关。如有论者指出，我国目前的食品产业链存在以下几个问题：③（1）发展相对滞后；（2）稳定性和协调性不够；（3）质量安全管理水平参差不齐；④（4）利益分配不合理；⑤（3）各节点之间衔接不够紧密。

对此情况，我国刑法必须正视食品产业链条的特点并据此作出对规制范围的适当调整，尤其是对于某些大量食品科技风险聚集、食品科技风险现实化几率较高的环节，也应将其纳入刑法评价的视野。而遗憾的是，目前现有刑法对食品安全犯罪的主要规制环节仍局限于"生产、销售"两个环节，对于许多生产、销售以外的其他环节中可能危害食品安全的行为却鞭长莫及，其负面影响就表现为刑事法网过于粗疏。具体而言，现有的食品安全刑法规制只截获了整个产业链条中的部分环节，不当地割裂了各个环节之间的逻辑联系，也人为阻断了食品安全危害结果与真正风险制造者的危害行为之间的

① 贾玉娇：《对于食品安全问题的透视及反思——风险社会视角下的社会学思考》，载《兰州学刊》2008 年第 4 期，第 102 页。
② 如《食品安全法》中就对食品安全风险评估及其结果利用作出了明确规定，并已经开始在实践层面尝试操作与运行，新近国家食品安全风险评估中心的设立便是适例。
③ 廖卫东等著：《食品公共安全规制：制度与政策研究》，经济管理出版社 2011 年版，第 106 页。
④ 如较之加工制造环节，集中度与可控度相对较低的环节（尤其是种养环节），更易滋生食品安全风险。如河北三鹿奶粉案中的三聚氰胺事件就发生在奶农这个环节。
⑤ 如销售环节利润最高、风险最低，而生产环节却是利润最低、风险最高，故难以调动起食品生产加工企业主动加强食品质量安全管理的积极性。

因果关系，而只能对问题食品的生产、销售者进行刑事归责。而这显然未能体现出食品科技风险管理的全程规制政策要求，也违背了依据不同风险地位分配风险责任的原理。

对此，好在目前学界已经多有认识，纷纷提出诸如扩大食品安全犯罪的行为方式，将法条表述中的"生产、销售"改为"生产、经营"之类的建议，并主张对食品安全犯罪的行为链条予以适度延展，尤其是在《食品安全法》已对行为链条作出完整规定的情况下，刑法更应该及时跟进、顺畅衔接并作出完善。[①] 笔者亦持类似看法，主张以刑事立法之力，拓展食品产业的行为链条，借刑罚执行之威，全面规制产业链条各环节，既符合科技风险管理全程多元的基本政策，也是刑法在风险社会背景下严密刑事法网以有效应对食品科技风险所作的理性选择。

2. 调控模式：向抽象危险犯靠拢

总体来说，抽象危险犯在目前食品安全的刑法保障领域中的适用还并不多，抽象危险犯的风险预防功能尚未发挥到其应有的程度。"目前我国刑法有关食品安全的犯罪更多地体现了传统刑法的色彩，而对食品安全的风险预防性却体现得不够，面临着一种对食品安全犯罪行为调控不力的危机。其中最明显的表现就在于，有关食品安全的犯罪行为绝大多数属于结果犯或具体危险犯，具有预防性的抽象危险犯并不多见。"[②] 此外，即使现有食品安全犯罪亦不乏行为犯条文，但其风险预防功能的实际效果却不容乐观，与国外食品安全犯罪"零容忍"的做法尚有不小差距。如刑法 144 条在司法实践中就并未享受到行为犯应有的待遇。[③] 同样，也有论者指出，虽然我国刑法关于食品安全犯罪的规定已经采取了具体危险犯和行为犯的立法模式，"但实际一般都需要等待危害结果出现，再经由相关卫生部门做出鉴定之后才能逆推构成犯罪，即危害结果→鉴定→犯罪构成的司法实践路径"。[④] 而这样的实践路径却往往会带来罪名是否正确以及罪刑是否均衡的问题。理由在于：此类鉴定专业性强，技术要求高，法律责任大，因此实践中困难重重，相关的鉴定意见很难出具。其结果是，危害食品安全的犯罪要么被'低估'，即降格以生产、销售伪劣商品罪追究刑事责任，因为证伪相对容易，而要证明有毒、有害却

① 参见梅传强、杜伟：《食品安全犯罪的立法再完善》，载朱孝清等主编：《社会管理创新与刑法变革》（中国刑法学年会文集 2011 年度，下卷），中国人民公安大学出版社 2011 年版，第 1423 页；刘伟：《风险社会语境下我国危害食品安全犯罪刑事立法的转型》，载《中国刑事法杂志》2011 年第 11 期，第 34 页。

② 卢建平：《加强对民生的刑法保护—民生刑法之提倡》，载《法学杂志》2010 年第 12 期，第 12 页。

③ 对此，就有论者指出，"在本罪的实际运用中，考虑到其法定刑较重，多将本罪解释为危险犯，本罪只有在造成具体危险的情况下方才适用。"参见左袖阳：《中美食品安全刑事立法特征比较分析》，载《中国刑事法杂志》2012 年第 1 期，第 46 页。

④ 黄星：《食品安全刑事规制路径的重构——反思以唯法益损害论为判断标准规制食品安全关系》，载《政治与法律》2011 年第 2 期，第 48 页。

是颇费周折的；要么被'升级'，即以其他危险方法危害公共安全罪来进行追究。"① 而在笔者看来，一方面，鉴定意见的技术障碍导致了同一事实上的罪名更改，于此有违罪刑法定原则之要求，另一方面，其也带来了刑罚无端"降格"与"升级"的"后遗症"，于此又有违罪刑均衡原则之要求，确有进一步完善的必要。

但令人遗憾的是，上述局面在本次修订后仍未得到显著改观。如刑法第143条仍不改其"具体危险犯"的面目，继续沿用了"足以造成严重食物中毒事故或者其他严重食源性疾病"的条件，"而这无疑会给打击惩治此类犯罪带来证明上的难度和障碍。因为现代食品工业和科技创新给食品安全带来的风险，往往受检测手段和方法的局限，在当时的情境下表现为符合安全标准，但其是否足以造成严重食物中毒或者食源性疾病短期内无法显现。而等问题暴露以后再发现其危害性则为时已晚，安全刑法的风险控制作用则完全被架空。因此，面对我国当前食品安全犯罪的严峻形势，从食品安全犯罪上升为公共安全犯罪的角度而言，完全没有必要再保留食品安全犯罪中的具体危险设定条件。"②

而作为风险社会刑法宠儿的抽象危险犯模式，既能够满足控制科技风险、提前保护法益的需求，又能减轻因果关系的证明难度以避开不必要的无谓纠缠，因此，在食品安全犯罪的调控模式上，不妨尽量向抽象危险犯模式靠拢，此举既可冲破上述鉴定意见的技术障碍（即具体危险的证明不易），更好地发挥刑法积极干预提前介入的风险控制机能，也能更好地服务于食品安全的刑法保障。

3. 严密法网：犯罪类型的再完善

对此，主要可从以下两个方面入手：

一方面，可以考虑增设食品安全的过失犯罪类型。"食品行业是一个与自然科学密切相关、充满未知危险的行业，很多食品安全事故的发生并不是由行为人的故意行为导致的，因此，不能一味地将食品安全犯罪作为故意犯罪处理，同时还需要注重过失犯罪的运用。"③ 就此而言，故意犯罪在食品安全犯罪中一统天下的局面未能真实客观地反映食品安全的现实情况，而行为人出于过失心态实施危害食品安全的行为也为数不少，④ 因此增设食品安全过失

① 卢建平、方翌：《完善食品安全的刑法保护》，载《昆明理工大学学报》（社会科学版）第9卷第1期，第68页。

② 刘伟：《风险社会语境下我国危害食品安全犯罪刑事立法的转型》，载《中国刑事法杂志》2011年第11期，第34页。

③ 毛乃纯：《论食品安全犯罪中的过失问题——以公害犯罪理论为根基》，载《中国人民公安大学学报（社会科学版）》2010年第4期，第85页。

④ 例如"生产者应当对采购的食品原料和生产的食品、食品添加剂、食品相关产品进行检验，但其依仗自己的感性经验判断而没进行详细技术检验，从而最终引致严重危害结果发生的，根据现行刑法均无法对这些过失行为进行刑事处罚。为了对风险社会的食品安全构筑更严密的刑法防线，就应当降低食品安全犯罪在主观方面的入罪门槛，将以上这些过失行为划入犯罪圈予以刑法规制。"参见龙在飞、梁宏辉：《风险社会视角下食品安全犯罪的立法缺憾与完善》，载《特区经济》2012年第1期，第257页。

犯罪类型殊有必要。

笔者认为，注意义务是过失犯罪的认定核心，"过失刑责期待行为人遵守注意义务以控制行为风险，借此规避损害后果。"① 因此，增设食品安全的过失犯罪，也需首先证明注意义务的分配正当性。风险行为主体是否应当负有注意义务，将是其是否应当承担刑事责任的基础。对此，也可从食品的信任品特征角度加以说明。如前所述，食品的信任品特征在科技风险时代中愈发明显，食品从业者与食品消费者之间的信息鸿沟也愈发拉大，对前者配以较重的注意义务以督促其谨慎行事的做法（否则就可能因此承担刑事责任）也显得颇有必要。对此，如有论者所指出，"由于消费者并不具备确认食品的安全性的能力，只能完全信赖食品生产经营者，因此，他们必须保证食品的安全性，使消费者远离未知的危险。换言之，食品生产经营者处于保证人的地位，对消费者负有保证义务和保护义务，他们对于自己的生产、销售行为当然应当持有谨慎的态度，承担不向公众提供有害食品的较重的注意义务。"② 也有论者表示同意，认为"在消费者和食品制造商的交往关系中，为了保护消费者的人身安全，在刑法上应当分配给制造商最大限度的注意义务，使制造商对自己生产的食品安全进行严密的监督，"因为"食品制造商和消费者相比，存在着压倒性的知识优势，食品的原料、生产过程、营养成分，只有制造商才心知肚明，普通消费者是很难窥测一二的，也很难从产品的外观上进行准确的判断，而且随着食品生产过程的现代化，这种制造商和消费者之间的知识优势还在不断扩大，因此，在两者的交往关系中，防止食品事故的义务分配向制造商倾斜也在情理之中，否则将会对消费者产生一种显而易见的不公平。"③

由此可见，为避免过失行为对食品安全可能造成的危害，赋予作为风险直接制造者的食品从业者等主体相应程度的注意义务也无可厚非，据此增设食品安全的过失犯罪也具有合理性与正当性。"如果将食品视为可能引发消费者致害的危险源，那么食品的制造商就是危险源的制造者，危险源的制造者应当肩负起对危险源的监控义务，这也是现代社会刑法中义务分配的基本原理。"④

当然，在具体设立食品安全过失犯罪中的注意义务时，也应考虑不同责

---

① 许恒达：《论瑕疵商品与共同过失责任》，载台湾《兴大法学》第 10 期，第 25 页。

② 毛乃纯：《论食品安全犯罪中的过失问题——以公害犯罪理论为根基》，载《中国人民公安大学学报》（社会科学版）2010 年底第 4 期，第 85 页。

③ 王海涛：《食品、药品事故中制造商刑事责任认定的难点探讨》，载《中国刑事法杂志》2010年第 9 期，第 41～42 页。

④ 王海涛：《食品、药品事故中制造商刑事责任认定的难点探讨》，载《中国刑事法杂志》2010年第 9 期，第 42 页。

任主体之间的地位与关系、① 不同产业链条环节风险聚集的程度大小以及注意义务本身的层级与位阶②等相关因素。

另一方面，贯彻落实对食品安全犯罪预备行为的处罚。有论者指出，"在风险社会，法秩序面临诸多不可预测的风险，而这些风险一旦真正转化为现实，就会给法益造成无法弥补的重大损害。例如，根据我国刑法规定，为了制售'地沟油'而大量收集购买潲水的行为难以入罪。但是，如果不将此类行为纳入犯罪圈予以前置化处置，一旦'地沟油'流入市场则后果不堪设想。因此，为了保护食品安全，应对食品安全犯罪的某些预备行为进行刑事制裁。"③ 另外，也有论者分析道："目前，我国对于有关食品安全犯罪的预备行为难以入罪。由于食品安全事故的严重危害性，根据风险刑法理论，刑法的介入应当适当提前，而处罚犯罪预备行为是刑法提前介入的一种重要方式。但从我国刑法有关食品安全犯罪的规定来看，对于诸如为生产不符合食品卫生标准的食品、有毒有害食品而购入大量问题原料的行为，或为销售不符合食品卫生标准的食品、有毒有害食品而大量采购此类食品的行为，一般只能作行政处罚，而不作为犯罪处理。其实，受利益成本计算的影响，行为人购入大量问题原料或有问题食品的目的，最终还是在于通过投向市场赚取利润，而以这种问题原料生产的食品或不符合卫生标准的食品、有毒有害食品一旦投入市场，就会造成不可估量的损害结果，因此，适当地对此类犯罪预备行为进行刑罚处罚是恰当的。"④ 笔者认为，处罚预备行为的原则化（关哲夫语）是风险社会中刑法立法呈现出的新面相，通过对食品安全犯罪预备行为的处罚也能起到刑法防线前移的法律效果，也有助于刑法风险控制机能的最大限度发挥。

对此，仅以"地沟油"犯罪案件为例进行说明。一般而言，收购"地沟油"原料的行为应是生产、加工"食用油"行为的预备行为（为他人准备或为自己准备），这一犯罪预备行为不仅破坏与堵塞了"地沟油"的正常回收渠道，更是"地沟油"得以畅通无阻地流向百姓餐桌的源头，医学研究表明，摄入"地沟油"会对人体造成明显伤害。轻则腹痛腹泻，长期服用则会导致发育障碍、肠癌、胃癌等。正因为如此，世界各国都采取严格的监管措施，严禁"地沟油"流向市场。其社会危害性的严重程度可想而知。然而，在目

① 如有论者就将消费者和制造商关系中制造商的注意义务分为："（1）食品、药品出售前详尽的调查义务；（2）食品、药品出售时忠实的告知义务；（3）食品、药品出售后不良信息的收集、发布义务；（4）缺陷产品的回收义务以及其他避免损害扩大的义务。"应当说，如此的标准设立与义务细化是颇有见地的，参见王海涛：《食品、药品事故中制造商刑事责任认定的难点探讨》，载《中国刑事法杂志》2010 年第 9 期，第 42～43 页。

② 如有论者就将食品安全过失犯罪中的注意义务分为"基本—特别—个别"三个层次，参见毛乃纯：《论食品安全犯罪中的过失问题——以公害犯罪理论为根基》，载《中国人民公安大学学报》（社会科学版）2010 年第 4 期，第 85 页。

③ 龙在飞、梁宏辉：《风险社会视角下食品安全犯罪的立法缺憾与完善》，载《特区经济》2012 年第 1 期，第 256 页。

④ 徐军、吴光升：《我国食品安全刑事责任框架建构》，载《人民检察》2009 年第 19 期，第 16～17 页。

前的司法实践中，对此行为却鲜能依据刑法加以惩治。据报道，"'地沟油'案件看上去链条清晰，实际上，由于环节众多，而且不同环节在'罪与非罪'上界限不太清晰，这给警方侦查带来了不少困难。比如，仅仅收购'地沟油'原料一般不构成犯罪，对'地沟油'进行深加工也不一定是犯罪，因为它可以用于正当目的；把'地沟油'当作食用油销售很可能涉嫌犯罪，但这个环节往往比较隐蔽。这也是'地沟油'传闻很多却鲜闻案发的重要原因。"① 显然，在"地沟油"犯罪案件犯罪黑数居高不下的情况下，若不处罚收购"地沟油"原料行为这一犯罪预备行为，就失去了在产业链条源头上掐断其社会危害性的难得良机，刑法也只有在生产、销售环节才能以灭火队员的姿态去匆忙应对，而很显然，此时的介入已经滞后，保护已经落后，"地沟油"流向餐桌的危险也已经大大提升。因此，根据我国刑法第 22 条，坚持处罚食品安全犯罪的预备行为也极有必要。

综上所述，一方面可以增设食品安全的过失犯罪，在主观罪过上扩大刑事法网的覆盖范围，另一方面，坚持对食品安全犯罪预备行为的处罚可能，在介入时间上将刑事法网的撒网时机提前，如此一来，也有助于严密整个食品安全犯罪的刑事法网，更好起到惩治食品安全犯罪的目的。

三、科技风险管理视角下的药品安全刑法保障

应当说，作为现代医药科技水平飞速发展的体现，新型药物的成功研发与投入使用，为人类祛病养生、延年益寿带了新的技术福音。在现代医学昌明的今日社会，医疗水平大幅提高，健康质量更上层楼，人均寿命得以延长，这一切本应是值得人类社会为之欢欣鼓舞之事，但不得不承认的是，现代医药科技带来的也不皆是上述正面效应，作为现代医药科学技术异化产物的药品科技风险便是其反例之一。药品科技风险技术性强，隐蔽性高，且具有一定的潜伏性与蓄积性，因此，一般民众难以具有专业的风险识别能力，不少药品科技风险现实化为药品安全事故，严重损害了求医问药者的生命健康权利，也严重威胁了普通社会民众的用药安全，故药品安全问题与食品安全问题一道，被视为公众长期担忧的社会问题。② 假药劣药横行于市，制假手段不断翻新，其危害范围不单局限于药品质量与功效本身，目前已经开始涉及药

---

① 《公安部侦破地沟油制售食用油大案揭开流向餐桌黑幕》，载 http://news. xinhuanet. com/poli-tics/2011－09/13/c_122026186_4. htm，最后访问时间 2012 年 10 月 2 日。

② 如根据《2009 年零点中国公共服务公众评价指数报告》（2009 年 11 月 12 日发布）调查结果，居民对公共安全状况评估得分为 62. 27 分，食品药品安全的评价较低（55. 1 分），成为公共安全体系中的薄弱环节。参见班森琦：《"2009 年零点中国公共服务公众评价指数"系列之一：食品药品安全，谁来给我信心?》，载零点指标数据网（www. horizonkey. com），最后访问时间：2012 年 10 月 2 日。

用辅料。对此，新近曝光的问题胶囊事件①（涉嫌工业明胶铬超标）便是适例。

"我国正处于药品安全风险高发期和矛盾凸显期。药品使用的双重作用，加之其个体化和专业化的特征使得与其相关联的风险更为复杂。与此同时，药品生产、流通环节不规范，部分地区药品缺乏、假劣药品危害等因素又使得这种个人风险除了受到药源性损害的严重程度、患者的特异体质和对公共事件的影响而变化之外，极易被集成为群体化风险。这种群体化风险存在着演变为社会政治和经济事件的可能，不仅关系公共安全和社会安全，而且关系国家安全。"② 因此，刑法不能无视日益严峻的药品安全形势，必须对此作出及时有效的反应，通过刑法手段介入药品科技风险管理，严厉惩治与处罚药品安全犯罪行为，还求医问药者一片安心，保普通公众用药安全。对此，本文将在评析制售假药犯罪的刑法修订之后，对药品安全刑法保障的现状加以理性反思，并根据全程化的药品风险管理思路为其提供完善建言。

（一）立法评析：以制售假药的刑法修订为例

对此，笔者认为，《刑法修正案（八）》对制售假药罪名的修订具有以下亮点：

1. 亮点一：向实害说再见

对此，正如有论者指出，生产、销售假药罪（刑法第141条）的结构性缺陷在于其"因果关系"无法证明，即"根据现有的科学技术水平和医疗检验手段，假药与人体健康严重受损的结果之间的因果关系不能完全查明，立法技术的简单化或者说超前性人为地造成了本条的虚置，严重弱化了对生产、销售假药行为的刑事制裁力度。"③ 究其深层原因，盖因其在判断假药是否足以严重危害人体健康的问题上采取的是截然不同的两套标准，详言之，其在立法标准上采取的是"抽象的一类药品"，而在司法标准上却又转向了"具体的一个药品"。"抽象"VS"具体"，"一类"VS"一个"，其结构错位与标准冲突显而易见，成为生产、销售假药罪难以发挥应有刑法效果的罪魁祸首。当然，我们无须就此而厉声苛责立法者的立法技术，因为从另一个侧面来看，药品犯罪中因果关系的无法证明这一结构性缺陷也较为明显地反映了以下情况：科技风险时代中因果关系在日趋复杂化，相应地，对其进行准确认定的难度也在日益提高。而如前所述，科技风险的不确定性加大了因果关系认定

---

① 2012年4月16日，据央视报道，河北省个别企业用皮革废料熬制成工业明胶，卖给浙江省新昌县药用胶囊生产企业，最终流向药品企业。4月19日，国家药监局公布对9家涉案企业的第一批胶囊药品抽检结果，抽检33个品种42个批次，其中23个批次不合格，由此引发了"毒胶囊"的又一轮药品安全事件热潮，具体事件情况请参见 http://www.jcrb.com/xztpd/2012zt/201204/98fshj/index.html/，最后访问时间：2012年10月2日。

② 尚鹏辉等：《从风险社会理论视角反思药品安全问题》，载《中国药物警戒》第7卷第4期，第227页。

③ 于志刚：《〈刑法修正案（八）〉中生产、销售假药罪的修正思路》，载朱孝清等主编：《社会管理创新与刑法变革》（中国刑法学年会文集2011年度，下卷），中国人民公安大学出版社2011年版，第1624页。

的难度。科技风险的结果不确定性，再加上科技风险的复杂关联性，使得对因果关系的把握尤为不易，要想重温旧日因果关系的清晰明白及对其的轻松把握，也可以说是近于一种一厢情愿的怀念。

基此，《刑法修正案（八）》在已有两个涉药司法解释①的基础上，又对本罪进行了大刀阔斧式的大改造，其中最显著的一处改造就在于直接删除了"足以严重危害人体健康"的犯罪构成要件限定要素，降低了本罪的犯罪门槛，砍掉了一直束缚本罪刑法效果发挥的条文桎梏，彻底地解决了本罪在因果关系方面的证明难题。而考察本罪的立法演进路线，便可发现本罪经历了"实害犯→危险犯→行为犯"的实质蜕变，而这样的蜕变也恰恰"体现了刑法法益保护的层层前置的思想，实际上也体现了立法修正整体趋严的刑事政策，也是客观罪情变化在刑事政策层面的一个反映。"② 对此，也有论者认为，"'生产、销售假药罪'从原来的具体危险犯改为行为犯（抑或抽象危险犯），体现出对危害公共安全罪从严惩治的思路。"③

就此而言，笔者认为，本罪现有的"行为犯模式"具有以下两方面的重大意义：一方面，其充分体现了社会对生产、销售假药"零容忍"的坚决态度，因为我们根本无法容忍药品的试错成本，健康或能康复，但生命不能重来，药品公害不出问题则罢，一出问题则可能让每个患者魂飘西天，而我等以五谷杂粮果腹的凡夫俗子又有几人能够做到从不吃药？因此必须对药品风险的防控采取严厉的刑事政策。另一方面，其又鲜活展示了科技风险社会下刑法在应对科技风险时提前介入的必要性与可能性。"假药罪的主要危害在于公共卫生安全上的风险，假药一旦销售出去并用于患者，极容易形成群体危机事件，如何对药品安全风险进行规制，这是刑事立法无法回避的一个问题。假药罪降低入罪门槛，意味着只要有制售假药罪的行为就进入刑法评价的范围，无须等待危险结果的出现，旨在发挥刑法固有的威慑力和特有的刑罚处罚手段，使公共卫生安全上的风险得以避免或者降低在最小范围内，从而实现对更多民众生命健康权的更大范围上的保护，这与风险社会的安全诉求是完全吻合的。"④ 而这正也是本文研究的重点所在，制售假药的刑法修订也告诉我们，为了应对包括药品科技风险在内的科技风险，刑法可以在立法技术上作适当调整以实现积极干预与提前介入的良好效果。

---

① 这两个涉药司法解释分别是：《关于办理生产、销售伪劣商品刑事案件具体应用法律若干问题的解释》（2001 年）及《关于办理生产、销售假药、劣药刑事案件具体应用法律若干问题的解释》（2009 年）。

② 于志刚：《〈刑法修正案（八）〉中生产、销售假药罪的修正思路》，载朱孝清等主编：《社会管理创新与刑法变革》（中国刑法学年会文集 2011 年度，下卷），中国人民公安大学出版社 2011 年版，第 1628 页。

③ 孙万怀、邱灵、侯婉颖：《论公共安全刑事政策的合法性》，载《政治与法律》2011 年第 9 期，第 100 页。

④ 刘晓莉：《降低入罪门槛的当代价值探究——以〈刑法修正案（八）草案〉对生产销售假药罪的修正为视角》，载《政治与法律》2011 年第 1 期，第 33～34 页。

2. 亮点二：增设情节加重

与前述情况相对应，生产、销售假药罪不仅在定罪标准上有因果关系无法证明的困难，其在量刑标准方面也同样存在着因果关系无法确定的司法尴尬，从而导致大批危害严重的制售假药的大案要案无法追究刑事责任。[①] 换言之，刑法第 141 条所规定的法定刑升格条件均要求具有实害结果（"对人体健康造成严重危害"或"致人死亡或者对人体健康造成特别严重危害"）。由此又回到前述"假药"和"危害后果"之间的因果关系认定难题，该难题在定罪标准尚未得到完美解决的情况下，又横亘在了司法量刑实践的面前。而在《关于办理生产、销售伪劣商品刑事案件具体应用法律若干问题的解释》及《关于办理生产、销售假药、劣药刑事案件具体应用法律若干问题的解释》中，对"危害后果"的具体阐释中也多强调生产、销售的假药"被使用后"所造成被害人的伤亡程度与数量，由此又引发另一个问题：如在未使用假药的情况下，又能否准确追究生产、销售者的刑事责任？对此，有论者指出，"在司法实践中，出现了一些生产、销售大批量危害后果可能极其严重的假药案件，例如，生产、销售以孕产妇、婴幼儿、儿童或者危重病人为主要使用对象的急救药品、注射剂药品的。此时，如果假药尚未进入销售、使用阶段，或者，虽然大批量进入了市场，但是司法机关无法获取假药流向、最终用药人的信息和损害数据的，难以认定为'对于人体健康造成严重危害'和'致人死亡或者对人体健康造成特别严重危害'，无法适用第二、第三量刑幅度。此时，问题回到了上一环节：只能设法去证明该假药是否'足以严重危害人体健康'。由于因果关系往往无法证明，最终案件就只能按照刑法第 140 条的生产、销售伪劣产品罪（以销售金额为标准）来定性，明显过于轻纵犯罪人。"[②]

而上述问题也间接影响了本罪罪名的正确适用。如据报道，"全国首例网络非法销售假药案中，湖北天门人卢某自 2006 年起，在既无药品生产经营许可证又无工商营业执照的情况下非法生产假药，并以虚构单位的名义在互联网上发布虚假广告和信息进行销售。公安机关以涉嫌生产、销售假药罪将该案移送检察院审查起诉，但检察院考虑到卢某生产的假药尚未达到'对人体健康造成严重危害'的程度，如果以生产、销售假药罪起诉，根据刑法规定，他将被处以 3 年以下有期徒刑。而卢某的行为的危害性大，危害面广，3 年以下有期徒刑不足以使其得到严惩，遂以生产、销售伪劣产品罪起诉至法院，最终被判处有期徒刑 11 年。"[③] 可见，以单一结果加重为基本构造的本罪法定刑升格条件已经不能满足药品安全刑法保障的现实需求，有可能沦为追究假

---

① 于志刚：《〈刑法修正案（八）〉中生产、销售假药罪的修正思路》，载朱孝清等主编：《社会管理创新与刑法变革》（中国刑法学年会文集 2011 年度，下卷），中国人民公安大学出版社 2011 年版，第 1623 页。

② 于志刚：《〈刑法修正案（八）〉中生产、销售假药罪的修正思路》，载朱孝清等主编：《社会管理创新与刑法变革》（中国刑法学年会文集 2011 年度，下卷），中国人民公安大学出版社 2011 年版，第 1623 ~ 1624 页。

③ 花耀兰等：《郭艳萍：心细如丝》，载《检察日报》2010 年 4 月 18 日第 4 版。

药大案要案的制度性障碍，因此，我国刑法对此问题必须适时予以修订与完善。

基此，《刑法修正案（八）》将"有其他严重情节"和"特别严重情节"增设为法定刑升格条件之一，构建了"结果加重 + 情节加重"的并列结构，在客观上扩大加重处罚的适用范围，也保留了对假药大案要案的追究可能。对此，也正如有论者所言，"除了解决量刑标准中'因果关系'无法认定的难题之外，此种修正的目的还在于，把生产、销售假药数量巨大（但是，尚未对人体健康造成严重危害，或者，虽然有严重损害结果但是和假药之间的因果关系无法查明）等情节严重的行为，以及数量特别巨大（但是，尚未致人死亡或对人体健康造成特别严重损害，或者，用药人死亡、人体健康受到特别严重损害的结果和假药之间的因果关系无法查明）等情节特别严重的行为，纳入到刑法的制裁范围之内。"①

3. 亮点三：无限额罚金刑

除去上述亮点之外，此次修订对罚金刑的修订也是可圈可点，加大罚金刑适用的频率和数额，强化了对犯罪分子再犯经济能力的剥夺，也有助于加大制售假药行为的犯罪成本。这主要体现在：一是改"部分选科"为"一律并处"，二是变"倍比制罚金"为"无限额罚金"。对此，本文主要关注后者，即对本罪设立无限额罚金刑的做法作一简单阐述。

在修订前的本罪中，倍比制罚金刑的适用前提是假药的销售金额。该前提本身就有两个问题：一是假药销售金额在司法实践中难以被实际认定。有论者就指出，"在现实生活中，假药制售者为了逃避打击，一般不会有详细的账目，也不会囤积大量假药，只要达不到规定的金额就无法入罪只能执行罚款等行政处罚，起不到打假效果。"② 二是假药销售金额本身可能出现的一些变化。有论者就指出，"由于本罪长时间没有修订，加之我国医药市场变化速度极快，因此本罪的罚金数额仍然依据销售金额计算未免不合适。由于药品市场价格急剧上涨，特别是处于医疗改革的关键时期，药品相关管理秩序还不完善，药品成本和销售价格往往相差悬殊，目前的药品价格是 20 世纪末所无法比拟的，旧条文中的罚金制度已经远远落后于我国经济的发展。并且该法条三个不同的犯罪情节都施以几乎相同的罚金刑，也有违罪责刑相适应原则。"③ 由此可见，以假药销售金额为罚金基数的倍比制罚金刑并不科学，既然如此，那么，本次修正所规定的无限额罚金刑又是否合理？对此，有论者表示反对，认为无限额罚金制与罪刑法定、刑法面前人人平等和罪责刑相适

① 于志刚：《〈刑法修正案（八）〉中生产、销售假药罪的修正思路》，载朱孝清等主编：《社会管理创新与刑法变革》（中国刑法学年会文集 2011 年度，下卷），中国人民公安大学出版社 2011 年版，第 1623 页。

② 褚朝新：《失控的假药》，载《南方周末》2011 年 11 月 24 日第 A01 版。

③ 莫洪宪、杨文博：《重拳打击药品、食品安全犯罪》，载《民主与法制》2011 年第 9 期，第 29 页。

应原则有着不可调和的矛盾。① 也有论者认为，"从实现人权保障的角度来看，倍比罚金制向抽象罚金制转变不利于人权的保障。"②

对此，笔者不敢苟同，并认为其对制售假药的现实情况缺乏了解。如据报道，对于销售假药者来说，同一盒假药，经过多个主体的层层交易，最终流向患者手中时，其价格可由最初的每盒 35 元"扶摇直上"至每盒 264 元，其暴利诱惑可想而知。而制造假药者更是一本万利。而据业内人士称，一般长效避孕药零售价每粒 3 元左右，制假者花几元钱买 0.5 公斤淀粉就可制成上万粒假药，1 粒假药的包装成本约需 1 角，原料几乎"零成本"，而利润惊人。③ 另外，根据河南警方破获的假药案显示，一粒假"万艾可"的出厂价仅 0.3 元，批发价为 0.5 至 1.5 元，流入市场后的零售价却高达 70 元。浙江警方破获的假药案显示，一瓶假"舒肩健腰丸"成本为 3 元，批发价为 6 元，流入市场的零售价为 50 元。浙江警方破获的一起网络销售假药案中，主犯一年获利 60 万元。④ 由此可见，假药案件屡禁不止的重要原因就在于所获收益甚巨而违法成本超低。在这样的情况下若采取倍比制罚金刑，所罚金额可能只占其收益的很小部分，这样一来，显然不能从根本上遏制其在经济利益的驱使下铤而走险。而无限额罚金刑由于不设特定的上下限，在理论上甚至可以罚到犯罪分子"倾家荡产"，防止其在服刑完毕后又依靠其尚未被彻底打垮的经济实力而重操旧业东山再起。而"自由刑（或死刑）＋无限额罚金（或没收财产）"这样的刑罚组合将有助于实现"人财两空"的刑罚效果，而"人财两空"显然正是对"谋财害命"的药品犯罪的最好打击。换言之，一方面，针对药品犯罪的"谋财"（因牟利而破坏经济秩序）而在刑罚上使犯罪者"财空"（即适用无限额罚金），另一方面，针对药品犯罪的"害命"（为牟利而损害公共健康）而在刑罚上使犯罪者"人空"（即因自由刑而人身受限或死刑而被剥夺生命）。况且，无限额罚金刑也不是对犯罪者的"漫天要价"与"一棒打死"，也会根据犯罪情节、犯罪人经济情况等相关因素来考虑具体的数额设定。

因此，笔者认为可以借助无限额罚金制的运用来达到刑罚的积极一般预防的效果，即通过判处巨额甚至是天价的罚金达到以儆效尤的刑罚目的。对此，国外的司法实践也不乏其例，如"综合德国《明镜》杂志和美联社报道，2009 年 9 月 2 日，美国法院裁定，全球最大的医药公司辉瑞（Pfizer）因销售的药品疗效与实际不符，夸大了药品的适用范围，违反了有关法律，将被处以 23 亿美元的罚款。这笔罚款是对违反联邦法规的制药公司的最大一笔罚款，目的是警告所有的制药公司。其中 13 亿美元（占整个罚款的 56.52%）

---

① 参见张金勇：《无限额罚金制的非正义性及其修正探析——以〈刑法修正案（八）〉生产、销售假药罪修改为视角》，载《甘肃警察职业学院学报》第 9 卷第 2 期，第 38 页。

② 王强军著：《〈刑法修正案（八）〉的理性辨思》，知识产权出版社 2011 年版，第 143 页。

③ 参见李明：《特大贩卖假药案惊动国务院》，载《政府法制》2007 年第 13 期，第 20 页。

④ 褚朝新：《失控的假药》，载《南方周末》2011 年 11 月 24 日第 A01 版。

是触犯了刑法的罚款"。①

（二）理性反思：药品安全保障的困境与突破

1. 加重刑罚力度：治乱还需重典

目前，一个具有普遍性的看法是：药品安全领域之所以乱象环生，与药品犯罪的刑罚规定畸轻有密切关系。对此，更有人将制售假药称为"有贩毒的利润，而无贩毒的风险"。因为按照现行刑法对于生产、销售假药罪的自由刑规定，对未造成严重危害人体健康或有其他严重情节的制售假药违法犯罪分子，只能处以 3 年以下有期徒刑或拘役，而这样的短期自由的刑罚威慑力显然是不足的，在现实生活中对药品犯罪的打击力度也不尽如人意，如"黑龙江省一名参与打假的警员告诉《南方周末》记者，被判 3 年以下有期徒刑的制售假药者，一般都会通过各种方式获得缓刑。往往打击行动还没结束，早期抓获的制售假药者已缓刑获释，甚至重操旧业。"② 此外，也有公安机关刑侦人员表示，"目前我国刑法以及附加刑对假药犯罪的惩处力度还不够。国外一旦出现这种犯罪记录，犯罪分子的贷款、就业等都会受影响，而且终身实行行业禁入，犯罪成本较大。而我国刑法规定的量刑标准很低，很多犯罪分子心存侥幸，在审讯时拒不交代，他们不肯把行业里的潜规则全说出来，准备出狱后继续重操旧业。因此，加大刑法的惩处力度并引入附加刑是个好办法。"③

应当说，药品安全犯罪这一刑罚畸轻的怪象也得到了社会各界的密切关注，有识之士纷纷建言要求提高药品安全犯罪的打击力度，对药品犯罪始终保持以重典治乱的高压态势。如据九三学社中央与最高人民检察院、最高人民法院、国家食品药品监督管理局、北京市药监局等单位的联合调研结果显示，目前刑法对假药犯罪规定的刑罚畸轻，难以震慑假药违法犯罪。其突出表现在：在司法鉴定过程中，判定假劣药品的危害程度是十分困难的，多数情况下假劣药的使用不是致人体健康严重危害后果的唯一原因。在多因一果的情况下，确定假药是造成"对人体健康造成严重危害"，"致人死亡或对人体健康造成特别严重危害"往往难以认定，往往只能按照"足以严重危害人体健康"的最低刑罚量刑，即 3 年以下有期徒刑。加之刑法及相关解释至今尚未明确"对人体健康造成危害"的鉴定部门、标准及论证规则，使罪责的认定难上加难。此外，按照刑法第 141 条规定，对制售假药犯罪规定的财产刑罚也太轻。在这种高回报、低风险的诱惑下，许多不法分子刑满释放后仍重操旧业，并诱使更多人参与制售假劣药品犯罪活动。④

而早在 2009 年召开的全国政协十一届二次会议上，全国政协委员、九三

① 葛文元：《美国辉瑞因不正当售药被处 23 亿美元天价罚款》，载 http://gb.cri.cn/27824/2009/09/03/2585s2611449.htm，最后访问时间：2012 年 10 月 2 日。

② 褚朝新：《失控的假药》，载《南方周末》2011 年 11 月 24 日第 A01 版。

③ 《斩断废药盒背后的假药产销链——浙江金华等地查获"7·20"系列特大制售假药案》，载《中国医药报》2012 年 2 月 14 日，第 A3 版。

④ 九三学社中央：《〈刑法〉对假药罪量刑畸轻应快修改》，载《人民政协报》2010 年 3 月 29 日第 8 版。

学社中央副主席、北京大学校长助理、北京大学人类疾病基因研究中心主任马大龙教授曾就假药问题专门提交提案，也主张加大对制售假药行为加大刑罚力度。①

应当说，上述建议都是在充分调研基础上所作出的，比较客观地反映了目前药品安全的刑罚困境，因此其基本结论也为笔者所乐见。据悉，目前通过的国务院《关于印发国家药品安全"十二五"规划的通知》（国发〔2012〕5号）也明确提出要"依法严厉打击制售假劣药品行为"，并特别强调"研究解决生产、销售假劣药品的定罪量刑过低问题，加大对生产、销售假劣药品违法犯罪行为的惩处力度。"沿此而论，这一宏观的公共政策必将对药品安全的刑法保障产生积极影响，必将进一步深化药品安全从严处罚的刑事政策，必能使刑法"开足火力"一举扭转药品安全保障的不利局面。

当然，"手抚利剑当三思"，重典治乱亦如此。尽管笔者在刑法保障公共安全的基本对策上也一贯强调适度的严厉化，但笔者也深知刑法的局限与刑罚的极限，正如有论者所言，"一味地动用严刑峻法不一定就能成为解决食品药品安全问题的灵丹妙药。应适度提高刑罚在食品药品监管中的作用，但也要理性看待刑法的功能和限度；应通过行业自律、政府监管和公众参与等，来强化对食品药品安全的治理，让违法者承担相应的行政责任、民事责任和刑事责任，应考虑刑罚谦抑的原理，刑罚不能过于广泛地介入社会生活；应加大监管方式的创新，通过强制信息披露、标准制定、违法事实公布、重点监控、信用体系建设、关键点控制等方式，引导和改变食品药品领域行为主体的行为方式。"② 笔者对此深以为然。

2. 顺畅两法衔接：从文本到实践

对此，首先简单回顾一下我国2000年至2010年（即《刑法修正案（八）》颁布实施前，也即未对刑法药品犯罪条款作实质性修订前）药品违法案件的查处情况，其中刑事处罚的具体人数如下表：③

① 该提案称："假药问题固然与制假售假手段隐蔽难以调查取证、行政执法与刑事执法衔接不畅通、群众用药知识宣传不到位等多方面因素有关，但追其根本，则主要是因为目前相关法律不完善，特别是《中华人民共和国刑法》141条规定对制售假药罪设定的刑罚畸轻导致，罪责刑不相适应，致使对犯罪分子的法律震慑力不足，违法犯罪行为难以遏制。"（参见 http://www.93.gov.cn/news/impor/5132666685321527787.shtml，最后访问时间：2012年10月2日。）应当说，《刑法修正案（八）》对刑法第141条的修订已经部分回应了该提案的建议，如已删除"足以造成人体健康伤害"的犯罪构成条件。

② 王晓冬：《"动用重典"能否杜绝食品药品犯罪》，载《中国医药报》2011年4月12日第A3版。

③ 数据来源说明：其中2000~2005年数据参考了林琳著：《药品质量风险规制研究》，沈阳药科大学博士学位论文，2011年刊印，第51页，并经本文对应查证，与其所引文献相符。2006~2010年数据来源为国家食品药品监督管理局官方网站发布的各年度统计年报，由本文自行统计整理。

我国 2000～2010 年药品案件被判处刑事处罚人数统计表

年份	2000	2001	2002	2003	2004	2005	2006	2007①	2008	2009	2010
人数	7	——	——	48	55	34	61	70	92	88	49

　　由上表可知，除 2001 年与 2002 年数据缺失以外，全国各年度因药品违法而被刑事处罚的人数最低为 7 人，最高为 92 人（不超百人），这对于依附于我国整个制售假劣药产业链条的众多参与人数来说，其所占比例可谓微乎其微。据了解，在司法实践中，药品犯罪的罪名适用也不是完全依照刑法第 140 条（假药）及第 141 条（劣药）而定，也有不少以重大责任事故罪等其他罪名论处的案例（如"齐二药"假药案）。由此可见，真正依照药品犯罪条款而被判处刑事处罚的人数可能还会略低于表中数据。对此现象，就有论者认为至少可以得出以下几个初步结论："（1）在实际查处的假药案件中，没有危险结果的占绝对大的比重；从量化的角度看，实际上对民众生命健康危害和对药品管理秩序的侵害不一定低于有危险结果的假药案件；（2）有危险结果的、进入司法程序的假药案件非常稀少，充分显示出刑法固有的威慑作用；（3）无危险结果的、适用行政处罚的案件如此众多，表明行政处罚疲软乏力，不足以抗制此类行为。"② 笔者认为，对其结论（2）值得商榷，进入司法程序的假药案件如此之少，被真正判处刑事处罚的犯罪分子如此之少，与其说是充分显示了刑法固有的威慑作用，不如说是行政执法与刑事司法之间的移送衔接不畅所致（主要表现在有案不立、有罪不究、以罚代刑）。对此危害，早如有论者所言："从目前暴露出来的问题来看，如黑龙江省的'假药案件'、安徽省阜阳'胖头娃娃奶粉案件'以及河北省'三鹿奶粉案件'等，某种意义上可以说就是由于行政执法部门未能将一些涉及经济犯罪的案件移送公安机关立案侦查，因犯罪行为未能因侦查及时遏制造成了严重的后果，引发了重大的社会事件。"③ 究其原因，固然与药品犯罪条款修正之前的犯罪门槛较高有关，但也不可否认其与行政执法效率低下与严格执法程度尚弱有关。

　　诚如斯言，"一部法律从文本走向实际，依靠的就是执法和司法力度。拷问当今食品药品安全犯罪，我们要思考：是法律本身不完善，使追究没有依据？还是执法、司法力度存在问题？如果执法机关面对的是'无法可依'，在抓捕犯罪分子之后不得不放人，那说明法律本身存在疏漏；如果是'有法可依'，执法机关、司法机关对于食品药品违法犯罪行为视而不见，表明是'执

---

　　① 需要特别说明的是，对于本年度数据，存在表述不一致的地方，如有新闻报道就称该数据为"279 人"，二者相差悬殊，参见 http://news.163.com/08/0130/14/43FB0B0Q000120GU.html，很难判断其真实性。由此论之，建立我国的犯罪统计制度便于公众了解犯罪情况也是具有重大现实意义的。

　　② 刘晓莉：《降低入罪门槛的当代价值探究——以〈刑法修正案（八）草案〉对生产销售假药罪的修正为视角》，载《政治与法律》2011 年第 1 期，第 32 页。

　　③ 王敏远、郭华：《行政执法与刑事司法衔接问题实证研究》，载《国家检察官学院学报》第 17 卷第 1 期，第 127 页。

法不严'和'违法不究'。"①

笔者认为，若不顺畅药品行政执法与刑事司法工作的移送衔接机制，很多社会危害性严重理应进入司法程序的案件就也被无端排斥在外，犯罪分子得不到有效惩处，制售假劣药行业链条始终"斩而不断"，正所谓"徒法不足自行"，不下足工夫做好"两法无缝衔接工作"，药品安全保障也只能是空洞的口号，法律充其量也只能是吓吓胆小鸟儿的"法律稻草人"。② 当然，在《刑法修正案（八）》关于药品犯罪的修订新规生效后，药品行政执法与刑事司法工作的移送衔接机制也会遇到相应的新问题，对此，也需作出相应的调试。③

3. 章节归属调整：纳入公共安全

公允而论，目前刑法学界对于公共安全的范围理解已经逐渐跳出传统的狭义视野（即仅限于"危害公共安全罪"一章中的类罪名），而是更倾向于站在一个更为广阔的立场上来考察公共安全的刑法保障问题。如有论者认为，"关注公共安全，防范和化解社会风险，已经成为转型社会的重要议题。从当下的社会形势看，公共安全包括经济安全、食品安全、环境安全、人身财产安全等诸多层面"。④ 并着重从生产安全、环境安全、人身财产安全三方面对刑法如何介入公共安全保障进行了重点分析。也有论者指出，"从整个社会概括而言，当前我国公共安全问题表现形式颇为丰富，如：自然灾害频发；公共卫生问题突出；安全生产形势严峻；社会冲突与群体性事件愈演愈烈；新型公共安全事故不断涌现，等等。相应地，在刑事领域内公共安全问题亦有丰富的表现。其具体主要体现在以下方面：一是生产安全问题；二是公共交通安全问题；三是人身财产安全问题；四是环境安全与风险问题。"⑤ 此外，

---

① 王晓冬：《"动用重典"能否杜绝食品药品犯罪》，载《中国医药报》2011年4月12日第A3版。

② "法律稻草人"一词语出清华大学法学院教授张建伟，参见张建伟著：《法律稻草人》，法律出版社2011年版。

③ 如有论者指出，"一是按照'新规定'，凡是主观故意生产、销售假药都要追究刑事责任，但目前的实际情况往往是公安机关缺乏对'假药'的判定能力，也难于掌握案件线索，主要靠药品监管部门移送案件线索。仅通过药品监管法部门的努力，难以满足案件移送条件，对违法行为缺乏刑事追究力度。如果仍保持现有机构模式，仍然会普遍出现行政执法机关缺乏手段难以取证问题，或出现移送过程中犯罪嫌疑人已经逃离并毁灭证据问题，使犯罪难以得到追究。二是对于受到刑罚处罚的案件，是否继续进行行政处罚、行政处罚的是否要等待刑事责任确定后作出，或刑罚后如何继续进行吊销许可证等问题缺乏明确规定，在执法程序对接上存在争议。三是在移交涉嫌刑事犯罪案件前，行政执法机关能否做出对主观故意构成要件的初步判定、按照什么标准判定仍然缺乏明确规定，将会成为追究刑事责任的焦点问题。如果逐案会商，多数案件都会出现错过最有利侦办时机的问题。为此，建议借鉴海关缉私的做法，组建一支由公安机关和药品执法人员共同组成的打假队伍，接受公安和药监双重领导，彻底打击生产、销售假药犯罪活动，否则既难以切实执行'新规定'，也可能造成行政执法人员被追究徇私舞弊不移交刑事案件责任风险。"参见杨占新：《手抚利剑当三思——〈刑法〉修正对药监执法的影响分析》，载《中国食品药品监管》2011年第4期，第47页。

④ 游伟、赵运锋：《公共安全视域下的刑法对策思考》，载《法治论丛》第23卷第5期，第36～38页。

⑤ 孙万怀、邱灵、侯婉颖：《论公共安全刑事政策的合法性》，载《政治与法律》2011年第9期，第98页。

还有论者以《刑法修正案（八）》为分析蓝本，就该修正案在回应社会安全对刑事法治的需求方面做出的积极努力给予了详细评析，并将其所谓的"社会安全"划分为国家安全、出行安全、生命健康安全、① 食品安全、劳动安全、生态安全六大类。② 但对上述观点略加分析便可发现，目前刑法学界对药品安全的关注还十分缺乏，③ 对药品安全是否属于公共安全的问题认识模糊，进而也在一定程度上忽略了其独立存在价值。

笔者认为，目前我国药品安全形势严峻，假药劣药现象泛滥，群众用药安全问题突出，这无疑严重影响人民的健康生活，进而影响社会和谐与稳定，就此而言，药品安全不仅仅是个体安全，也是国家与政府应当作为公共物品向公民提供的整体安全。"表面看，药品的质量直接关乎广大患者的身体健康和生命安全，实际上直接关乎所有公民的身体健康和生命安全，因为'生老病死'是人之常情，任何人在其一生中都不可能脱离药品。故制售假药的行为对所有民众的生命和健康都存在着巨大的现实危害和威胁。"④ 故笔者坚持认为，药品安全事关每个公民的生命健康等基本权，也是公共安全的重要内容之一，是公共安全在生命健康安全方面的集中外化，忽视药品安全的独立存在价值，就有让公共安全在生命健康方面蒙受严重威胁之虞。对此，也有论者持肯定意见，认为药品的安全关系到公共健康和安全，药品犯罪实际上是危害公共安全的犯罪。⑤

认识到药品犯罪具有上述危害公共安全属性后，就有必要反思药品犯罪在刑法中的章节归属问题。针对目前我国刑法中危害公共健康的犯罪分布特点，有论者将其布局情况概括为："一个中心，几个散落点"。所谓"一个中心"指的就是危害公共安全犯罪，而"几个散落点"则指的是第三章第一节、第六章第五节和第六章第六节的犯罪。另外，从二者之间的逻辑关系来说，应为并列关系。⑥ 笔者认为，上述观点较为形象地说明了药品安全犯罪现有的体系地位，即我国现行刑法并未将其作为"中心"的危害公共安全罪对待，而仅是将其定位于某一"点"予以适用的，也即是说，仅在以危害共安全罪为圆心的刑事打击半径内发挥相应的作用。就此看来，二者之间虽然是并列的逻辑关系，但基于"中心"与"散落点"的结构，其所能起到的刑法作用

---

① 需要特别说明的是，该论者对生产、销售假药罪的论述部分是置于后叙"食品安全"中所论述的，而"生命健康安全"的对应罪名则是器官犯罪。参见王强军著：《〈刑法修正案（八）〉的理性辨思》，知识产权出版社 2011 年版，第 142～144 页；第 127～132 页。而在笔者看来，这显然是对"药品安全"与"食品安全"的混淆，并忽略了"药品安全"的独立存在价值。

② 王强军著：《〈刑法修正案（八）〉的理性辨思》，知识产权出版社 2011 年版，第 89～163 页。

③ 当然，这也与刑法涉药犯罪研究的相对冷清有关。毋庸讳言，目前针对药品法律问题的研究成果，多是从风险规制的行政法角度出发（如南开大学的宋华琳教授就是该领域的代表人物），以刑法为视角的研究成果为数不多，且也多集中于对现有涉药刑法条款的学理解读与教义分析。

④ 刘晓莉：《降低入罪门槛的当代价值探究——以〈刑法修正案（八）草案〉对生产销售假药罪的修正为视角》，载《政治与法律》2011 年第 1 期，第 32 页。

⑤ 《有效监管：让"欣弗"事件不再上演》，载《检察日报》2006 年 8 月 18 第 3 版。

⑥ 参见党日红、罗猛、蒋朝政：《危害公共健康犯罪：中法日立法模式比较》，载《检察日报》2010 年 12 月 3 日第 3 版。

则是有很大差距的。因此，应否将药品犯罪纳入危害公共安全罪的范畴之中，进而更好地提升对药品犯罪的打击效果就值得学界深思。

应当说，药品犯罪兼具"谋财"和"害命"的双重特点，但现有章节归属的做法将其考察标准着重置于对社会主义市场经济秩序的破坏，应是只看到了其"谋财"的一面而忽略了其"害命"的另一面，因而，也未能很好地体现出我国刑法的人权保障机能。① 对此，也有论者提出了质疑，认为将本应属于危害公共安全罪范畴的罪名列入经济犯罪章节中的做法是比较特殊的，因为这些罪名多与风险社会下的各种危机有关，② 明显反映出社会危险禁止与危机处理机制的需要，但现有做法也混淆了经济犯罪与普通刑事犯罪的关系，尤其是关于产品质量犯罪等危险犯的规定，直接导致了其法定刑与危害公共安全罪的法定刑的趋同。③ 显然，药品安全犯罪所折射出的危机既属于产品（以药品形式出现）质量危机，也属于公共卫生危机，理应归属于危害公共安全犯罪领域。

令人欣慰的是，不单刑法学界有人提出了这样的看法，实务界也有不少人明确表示支持这一主张。如在刚刚结束的全国两会上，河南省高级人民法院院长张立勇代表就认为，目前刑法对药品安全的风险预防性体现得不够，对药品安全犯罪行为调控不力。生产、销售假（劣）药犯罪不仅侵犯了社会主义市场经济秩序，更严重的是危害了社会公共安全，尤其是对不特定多数人的生命、健康权造成了严重危害和影响，具有极大的社会危害性，其犯罪客体及客观方面更符合危害公共安全罪的犯罪构成。因此，其建议将刑法第二编第三章"破坏社会主义市场经济秩序罪"中的生产、销售假药罪，生产、销售劣药罪等五个罪名纳入刑法第二编第二章"危害公共安全罪"体系，并加大对此类犯罪的惩治力度，对违法行为给予最大震慑，使犯罪分子付出高昂代价。④ 此外，也有药监实务部门的同志建议，"由于危害公共安全罪较生产、销售假劣药品罪处罚更为严厉，药监部门应当在以危害公共安全罪名打击制售假药犯罪活动上进行尝试，以便更好地打击此类犯罪行为。"⑤

---

① 如第32届世界卫生大会通过的《阿拉木图宣言》就明确指出："健康权是一项基本人权"。参见宋华琳：《药品不良反应与政府监管制度改革——从安徽欣弗事件引发的思考》，载《法学》2006年第9期，第15页。

② 这些罪名反映出的几类危机主要表现为：（1）产品质量危机；（2）公司、企业管理危机；（3）金融风险行为；（4）环境与公共卫生危机。这些罪名的存在说明了立法者的观念是，经济犯罪并非仅仅是危害纯粹的经济运行秩序，在相当多的情况下这些犯罪直接带来了社会公共利益危机和公民人身与财产利益的风险。应当说这种观念客观地反映了中国的现实犯罪态势。参见李汉军：《中国经济刑法的立法模式与思路》，载《南都学坛》（人文社会科学学报）第30卷第6期，第76~77页。

③ 参见李汉军：《中国经济刑法的立法模式与思路》，载《南都学坛》（人文社会科学学报）第30卷第6期，第76~77页。

④ 王春梅：《全国人大代表、河南省高级人民法院院长张立勇建议：将食品药品安全犯罪纳入危害公共安全罪》，载《中国医药报》2012年3月14日第1版。

⑤ 刘建宁：《以"危害公共安全罪"打击制售假药犯罪活动探讨》，载《首都医药》2010年第9期，第55页。

（三）规制期待：问道全程化的药品风险管理

一般来说，药品整个生命周期包括研发、生产、流通、使用等环节，这是一个前后相连紧密衔接的动态全过程。而在上述每一个环节都可能存在药品科技风险，进而产生与科技风险相关的药品犯罪。基此，也有论者以药品质量的形成为线索，将药品安全犯罪分为研发、生产、流通、使用及信息等不同领域的犯罪。[①] 而如前所述，全程规制是科技风险管理的基本政策之一，理应对药品风险管理起到指导作用。事实上，这一点也基本成为共识，如在药品注册国际协调会议（ICH）上，委员们就提出，"在药品研发阶段以及药品整个生命周期内，都必须建立风险管理体系，应用风险管理理论和方法来切实保障药品安全和有效。"[②] 因此，如何借力于全程化的药品风险管理，将是药品安全刑法保障寻求突破的又一条全新路径。对此，限于篇幅，本文主要提出以下两个问题（选取药品生命周期的一头一尾，其中"新药研发"对应于"源头治理"，"药品召回"对应于"事后控制"）并加以简单探讨，留待在今后继续深入研究。

1. 对新药研发的刑事问题探讨

应当说，此问题尚属我国刑法的真空地带。这与我国刑法对药品犯罪的主要关注点集中在药品质量上有关，[③] 但诚如斯言，"无论新药导致如何严重的危险或者损害后果，都没有相应的刑事责任条款。药品的研究开发、试验论证、药效鉴定、新药报批、监管部门的审查批准，以及工业化生产、市场化销售，和在之后的运输、储存、管理、使用，可以视为一条线。这一条线的任何一个点，都可能出现因严重违规而危及公共安全的情况。目前的药品犯罪的刑事立法罪名体系是不完整的，基本上只关注药品的质量，而忽视了与此相关的所有问题。从而导致诸多造成重大损害的公共卫生事件，由于这些情况处于刑法真空之中，无法追究相关人员的刑事责任。"[④]

由此可见，对新药的研发所能引起的刑事问题值得研讨。对此，卫生部全国合理用药监测系统专家孙忠实也指出，好的药品监管须"抓住源头、全程干预"，而"全程干预意味着，在进行药品的研发阶段，就应该评估它可能的不良反应；在生产的每一个环节，都要注意符合质量标准，一切的设备、原材料辅料都要经过检查，这是一个系统工程。"[⑤]

对此，笔者将以高风险药品为例进行说明。如药品注射剂是极易引发药害事件的高风险品种药，其中又以中药注射液为典型代表。如有专家认为，"中药注射液上市前所做的动物实验和临床试验、药品上市前有效性研究，受限于各种因素，很难准确预测日后药品大量用于临床的安全性。处

---

① 参见石虹著：《药品安全的刑事保护》，西南大学硕士学位论文，2010 年刊印，第 18~25 页。

② 王明珠著：《我国药品安全风险管理研究》，沈阳药科大学博士学位论文，2008 年刊印，第 8~9 页。

③ 对此，已有的两个涉药司法解释对假药劣药的判断标准也多采"药效"之说的做法也能补充证实。

④ 《有效监管：让"欣弗"事件不再上演》，载《检察日报》2006 年 8 月 18 第 3 版。

⑤ 王梦婕：《胶囊标准中国最严监管为何乏力》，载《中国青年报》2012 年 5 月 2 日第 10 版。

方组成中原料药味数多，关于其毒性大小资料少，制备工艺难度大；关于药理、毒理方面的资料少，不良反应资料不全甚至空缺；放眼世界，尚未见有直接将天然原料药经过简单工艺制成的、国家批准上市的注射剂……也没有像中药注射剂那样，用专属性不强的定性、定量指标去控制化学成分非常复杂的药品质量的注射剂"。① 因此，对于类似中药注射剂的高风险药品的研发、审批、注册和上市等环节必须坚持慎之又慎的药品风险管理原则，不能在其负面作用尚未明确之时为了抢占药品市场先机赚取高额利润就予以量产和投入流通，即"对负面效应有意或无意地掩盖，以达到促进技术成果的应用，尤其是商业性应用，直接的结果是导致一些负面效应尚不明确或'被不明确'的技术得以商业性利用，进入人类的社会生活，比如市面上随处可见的'副作用尚不明确的'药品。"②，对于上述放任与制造药品科技风险的行为，刑法应当予以规制，作出相应反应，这也是科技风险管理审慎适当政策的题中之意。

但在现实生活中，确有个别利欲熏心的制药企业出于经济暴利的驱动而公然在新药研发及审批等环节中弄虚作假的情况。如"日本在 20 世纪 60 ~ 70 年代的氯喹药害事件中，小野药品工业公司没有设药品临床试验规范（GCP）所要求设立的对照组，而是去收买专家和医生，让他们去炮制、虚构氯喹药效的'伪科学'的科学论文，从而从容地获得了日本厚生省的药品许可。"③ 这无疑是在源头环节就已经对药品安全构成了现实的威胁，为科技风险的现实化突破源头控制大开方便之门，因此，基于科技风险管理的风险预防原则也应加以合理控制，国家与政府也应当积极履行其规制义务与责任。

正如日本福冈 SMON 病④判决书及确认书中所指出的，"由于国民不具备足够的知识和财力对医疗品的安全性进行调查，不得不依赖于制造销售者对确保医疗品安全性的重视。但是，在当今商品经济社会中，国民担心作为供给方的制药企业只顾追求眼前利益，对于确保安全缺乏足够的重视，为此，根据新宪法将追求利润的观点全面抛弃，而把保障国民的生命健康作为最终目标的国家药品事务行政，便担负起现代护民官的角色，它与医药企业所持的观点不同，注重医药品的安全的确保义务，努力使医药品安全的确保义务得到充分的发挥……再次深刻认识到将安全有效的医药品供应给国民的重大

---

① 周超凡、徐植灵、林育华：《应当重视中药注射剂上市后再评价》，载《中国药物警戒》2006 年第 3 期，第 129 ~ 130 页。

② 参见刘铁光：《风险社会中技术规制基础的范式转换》，载《现代法学》第 33 卷第 4 期，第 72 页。

③ 参见宋华琳：《药品不良反应与政府监管制度改革——从安徽欣弗事件引发的思考》，载《法学》2006 年第 9 期，第 16 ~ 17 页。

④ SMON（SubacuteMyelo - OpticoNeuropoathy），又称"亚急性脊髓视神经病变"，表现持续腹泻等腹部症状，继而出现神经障碍，于 1955 年前后始在日本各地散发，后经查，本病系由喹碘仿中毒所致。1970 年 9 月停止喹碘仿出售，其后再未发生新患。参见［日］祖父江逸郎著：《SMON 病》，冯占文等译，载《日木医学介绍》1985 年第 10 期，第 437 ~ 438 页。

责任和义务，今后为防止药害的发生，采取在批准新开发的医药品时确认其安全性、收集医药品的副作用情报、监视医药品的宣传开发、取消有发生副作用可能的医药品的许可措施。"①

相应地，作为国家公器的刑法也应有所作为，如适当考虑追究违反新药研发禁区、在新药审批中弄虚作假等具有重大社会危害性行为的刑事责任。当然，也可以上述新药研发的刑事责任为典型素材，拓展考虑高风险产品刑事责任的设定问题。现实生活中不乏下列情况："对于那些有巨大商业利益的新科技产品，厂商为了及早回收投资成本，取得专利权及市场占有率，往往缩短、简化风险评估方法或流程，或者选择有利评估结果，或者遮掩不利观点，抢先商业化，使新产品相对具有较高的未知风险或掩藏风险。"② 而这些具有高风险性质的产品一旦流通到市场中去，不啻在众多的产品消费者身边埋下了一颗"科技定时炸弹"。

因此，对于上述高风险产品的制造厂商，是否可以其未尽合理谨慎的风险评估义务（其义务来源应是产品安全性能保证人之地位）为由而进行刑事归责，无不值得刑法学界进行深入研究与更深探讨。至于其条文应如何具体设计，也有待进一步研究。

2. 对药品召回的刑事问题探讨

从科技风险管理流程来说，风险现实化后的风险控制措施就包括为了避免风险损害结果进一步扩大的风险减缓措施。具体至药品安全领域，"药品召回制度应是其典型体现。作为药品不良反应应急的后续手段，实施召回可以快捷、有效地撤回存在安全隐患问题的药品，能在最短的时间内最大限度地保证公众的用药安全，避免可知的用药风险。鉴于其在药品安全保障中的重要作用，我国已于 2007 年 12 月 10 日正式颁布和实施《药品召回管理办法》。但从目前的情况来看，药品召回制度主要面临以下几个问题：一是来自药品生产企业和相关经营企业的阻力；二是药品不良反应监测体系尚不完善；三是相关的配套制度不健全；四是来自药品监管职能的考验；五是对药品召回的公众认同还有待提高。"③ 其中又以来自药品企业的阻力为甚。由此便引发出这样一个问题：对于作为风险制造者的药品企业在风险现实化后拒不召回问题药品放任风险扩散化的行为，有无追究其刑事责任的必要与可能？

对此，已有学者作了相应研究，其认为，"对于行为人不进行回收所导致的法益侵害扩大的行为，并非不存在追究其刑事责任的余地"。具体而言，"在产品责任领域，机器大生产程序复杂、环节繁多，技术性、专业性

---

① 赵敏、何莉：《日本食品药品公害的国家责任论析》，载《中国卫生法制》第 17 卷第 5 期，第 6 页。

② 洪德钦：《预防原则欧盟化之研究》，载台湾《东吴政治学报》第 29 卷第 2 期，第 10 页，转引自 Markl, Hubert. "Challenges of Globalization for Science and Research." *European Review* 17;502.

③ 参见王明珠著：《我国药品安全风险管理研究》，沈阳药科大学博士学位论文，2008 年刊印，第 111～113 页。

提高，这些均导致产品风险增大、产品事故增多。而且由于统一国内市场甚至国际市场的建立，导致被害的范围空前扩大。面对产品事故的发生，故意、过失地生产、销售缺陷产品并导致消费者人身法益受到侵害的自不待言，当然要追究刑事责任。此外，在当前的风险社会中，由于人类理性的限制，许多未知的风险尚且无法把握，有时产品在生产和出厂销售之际根据当时一般的认知水平与检验手段都无法发现产品缺陷的存在，但在产品进入流通领域之后如果有根据表明该产品的使用与消费者法益受到侵害具有因果关系，而生产者不进行回收导致被害继续扩大的，也会考虑到追究相关人员的刑事责任。因此，要在产品责任上贯彻风险刑法的理念，积极防范产品风险，一方面，要超越现有手段对致人伤害、死亡的产品责任进行普遍的刑事规制；另一方面，对于缺陷产品的生产、销售虽无过错、不违法，但在产品置于流通后发现缺陷却对已售产品不予回收从而导致法益侵害扩大的行为追究刑事责任。"①

笔者认为，这样的观点是颇有见地的，为强化药品召回制度的效力发挥，我国刑法不妨考虑如何对拒不召回药品行为进行处罚的可能性。此外，国外司法实践中也有相应的参考实例。如据介绍，"美国的药品召回大多是企业的自主行为，FDA 只有在发现企业不召回问题药品或出现对公众健康造成严重危害的情况下才实施强制召回。但是实质上召回是在政府职能部门监管下实施的，药品召回的范围、规模和告知大众的内容都要按照 FDA 的要求进行。如果企业在药品召回过程中与 FDA 合作，发现药品存在安全隐患就主动提交问题报告要求召回问题药品，一般能得到宽松处理；反之，若企业不与政府合作，发现问题有意隐瞒，不仅要承担行政责任，严重者还将承担刑事责任，企业还可能因此而倒闭。"②

四、结语

食品、药品安全在国民生活中始终占据着极其重要的地位，与每个社会个体的切身利益也都息息相关，既是人民群众所密切关注的公共安全领域，更是刑法应予重点关注的重要民生领域。刑法作为解决食品安全、药品突出问题的法律利器，当然亦不能落于人后，就此而言，食品、药品安全的刑法保障只能加强而不能削弱。

当然，食品、药品安全问题既非中国一国的特殊国情，也非当下风险时代所独有，因此，置身于科技风险时代，食品、药品安全的刑法研究如何选取可能的突围方向便成为解决食品、药品安全问题的关键所在，而全新的研究视角也有助于在汗牛充栋的已有研究中另辟蹊径。基此，本文立足于食品、药品安全的技术性特征与科技化背景，从科技风险管理视角重新审视与理性反思食品、药品安全的刑法保障问题，在深入研究科技风险的管理与科技风

---

① 吕英杰：《风险社会中的产品刑事责任》，载《法律科学》2011 年第 6 期，第 145～146 页。
② 王明珠著：《我国药品安全风险管理研究》，沈阳药科大学博士学位论文，2008 年刊印，第 145～146 页。

险的刑法应对策略的相互关系和影响的基础上，就刑法应对食品、药品科技风险的刑事政策、立法完善和司法完善等问题提出全面、系统的对策性建议，以期发挥本文研究的对策性特色，提高本文研究的应用价值，为国家、政府等科技风险规制主体在公共安全的刑法保障方面作出决策提供理论参考，也祈愿通过此种尝试为我国食品、药品安全保障工作提供新视角、新思路与新参考，以期有助于我国食品、药品安全保障工作深入而持续地开展。

侵犯著作权犯罪中营利目的的认定及其完善

刘 科[*]

目 次

自 2003 年以来，虽然我国学者不断主张取消侵犯著作权犯罪中"以营利为目的"的主观要件要素，[①] 并渐至成为通说，但直到 2011 年底官方启动的侵犯知识产权犯罪的立法修改建议中才涉及该要素的废除问题；而且，是将该要素"一废了之"还是修改为加重量刑情节，抑或是区分此罪与彼罪的构成要素，仍面临着不小的争议。这足以说明，一方面，废除"以营利为目的"要素并非朝夕之事，在修改该要素之前对其进行规范的阐释仍具有重大的现实意义；[②] 另一方面，研究各种完善建议之优劣，选准完善的方向在立法层面也具有重要的理论价值。

一、"以营利为目的"的认定

（一）"以营利为目的"的主要功能

"以营利为目的"是指行为人通过实施犯罪行为而谋取利润的目的。含义上与"以牟利为目的"基本相同，可以通用。[③] 我国刑法第 217 条侵犯著作权罪、第 218 条销售侵权复制品罪以及第 303 条，明确规定犯罪构成的主观要件要素是"以营利为目的"，而刑法 152、175、187、228 和第 265、326、363

---

[*] 北京师范大学刑事法律科学研究院副教授、法学博士。

[①] 参见田宏杰：《论我国知识产权的刑事法律保护》，载《中国法学》2003 年第 3 期。

[②] 事实上，由于该要素是反映行为人主观恶性大小的重要因素，因而无论是否废除该要素，正确认定该要素对于贯彻罪责刑相适应原则都具有积极意义。

[③] 参见张明楷：《论刑法中的"以营利为目的"》，载《中国刑事法杂志》1995 年第 4 期。

条则规定"以牟利为目的"。从这些条款来看，"以营利为目的"或者"以牟利为目的"分别具有不同的功能：（1）区分罪与非罪的功能。例如，刑法第217 条规定构成侵犯著作权罪要具有"以营利为目的"要素，而其他条文中又没有规定不"以营利为目的"而构成侵犯著作权罪的规定，因而只有"以营利为目的"而实施侵犯著作权行为的，才可以构成侵犯著作权罪。（2）区分此罪与彼罪的功能。例如，刑法第 363 条规定的传播淫秽物品牟利罪要求"以牟利为目的"，而对于不"以牟利为目的"的传播淫秽物品行为，则适用刑法第 364 条规定的传播淫秽物品罪。两罪的其他构成要件基本相同，区别就在于是否具备"以牟利为目的"要素，因而法定刑差别也较大。（3）区分重罪与轻罪的功能。如果刑法没有将"以营利为目的"或者"以牟利为目的"作为构成要件，一般情况下，具有营利目的的行为人实施该罪行为的社会危害性相对于不具有营利目的的行为人的社会危害性要重，因而应适用较重的刑罚。

　　明确"以营利为目的"的功能，对于下文将要探讨的"以营利为目的"的完善方向具有重要价值。事实上，无论是取消"以营利为目的"，还是将其修改为加重量刑情节，都反映了立法者对其功能的不同认识和期待。

（二）现实环境中"以营利为目的"的认定

　　虽然"以营利为目的"根据不同标准可以划分为"利己目的与利他目的"、"确定营利目的与非确定营利目的"、"直接营利目的与间接营利目的"等不同类型，但根据犯罪行为能否直接获取非法利润而区分的直接营利目的与间接营利目的在实践中争议最大，认定最为困难，也亟须进行规范阐释。直接营利目的，是指只要行为人完成了刑法规定的某种犯罪的构成要件，就能直接获取利润。例如，由于盗版书相对于正版书成本较为低廉，行为人只要擅自出版他人享有专有出版权的图书并进行销售，即可以获得非法利润。间接营利目的，是指行为人实施完毕刑法规定的某种犯罪的构成要件，并不能直接获取利润，尚需要行为人或者第三人实施其他行为才能获取利润。例如，行为人在销售的计算机硬件中附赠盗版软件的行为，行为人在实施侵犯著作权罪即发行盗版软件过程中并不能直接营利，因为其是"附赠"即免费的，其实现营利目的要靠销售计算机硬件的行为来完成。

　　由于行为人从犯罪行为中是否可以直接获利的不同，导致直接营利目的相对较好认定，而间接营利目的相对较难认定。当然，尽管间接营利目的较难认定，但它毕竟是人的一种主观心理态度，而不是仅仅停留在其大脑中的纯主观思维活动，它必然要支配行为人客观的犯罪活动，从而可以通过犯罪前、犯罪中、犯罪后的一系列客观外在活动表现出来。[1] 因此，在司法实践中，可以通过考察行为人的客观外在活动来认定行为人是否具有营利目的，这些活动具体包括侵权行为发生的背景、侵权行为的次数、规模、侵权复制品的数量与规模、实际获利状况等。

---

　　[1]　高铭暄、马克昌：《刑法学》，北京大学出版社 2000 年版，第 108 页。

当前，间接营利目的认定中存在一个较大的争议就是商业使用盗版软件行为是否具有营利目的的问题。在实践中，很多个人和单位商业使用盗版软件，一般不会直接产生经济效益，其之所以使用盗版软件，是为了节约购置软件的成本。对此，能否认定为具有间接营利目的？一种意见认为，商业使用盗版软件行为人具有间接营利的目的，间接营利也属于营利，因此，可以认定行为人具有营利目的；反对者则认为，将商业使用盗版软件行为人节省开支等的动机理解为间接营利，进而认定属于营利目的，不符合刑法解释的原则，不利于法律的理解和适用。[①]

笔者赞同肯定者的意见。判定某项行为是否具有营利目的这种主观要素，需要进行宏观上的、整体上的考察，不能以某一个别"行为段"不存在非营利性而认定整体行为不存在营利目的。事实上，只要行为人整体行为在宏观上属于以营利为目的，均应当视为"以营利为目的"，这也是司法解释把营利目的解释为包括"直接营利"与"间接营利"的根本原因。具体到商业使用盗版软件行为中，则需要综合考虑其经营行为，把其作为一个整体来看，而不应将其割裂开来。例如，在一个年营业收入为 100 万元的单位中，如果其使用正版软件，则经营成本为 80 万元，相应的利润为 20 万元；如果其使用盗版软件，则经营成本减低到 70 万元，相应的利润则增加到 30 万元。如此，单位通过使用盗版软件节省了成本，从而使其利润增加，这与该单位通过技术革新等手段增加利润在谋取利益的目的方面又有何区别呢？孤立地看，前者的动机与目的似乎就是节省成本，而不是营利，从而与后者有本质区别；但是联系起来看，尤其是考虑到单位经营行为的整体性，成本与利润的"此消彼长"性，完全可以把节省的成本纳入单位的利润中，从而把单位降低经营成本的目的与动机视为营利的动机与目的。因此，对于商业使用盗版软件者来说，其降低成本的动机与目的应视为其具有营利目的。[②]

（三）虚拟环境中"以营利为目的"的认定

随着计算机信息技术的飞跃发展，由网络组成的虚拟空间已成为人们生活、工作必不可少的平台，同时客观上也为过去只在现实社会中出现的犯罪形式提供了新的存在空间，网络著作权犯罪就是其中的典型代表。由于网络中侵犯著作权情形更为复杂，因而认定其是否具有营利目的也更为困难。从最近几年发生的网络著作权犯罪的典型案件来看，无论是"珊瑚虫 QQ 案"还是"番茄花园案"，存在的主要争议之一就是行为人是否具有营利的目的。因此，有必要对虚拟环境中营利目的的认定进行辨析。

虚拟环境中同样存在着直接营利目的和间接营利目的。出于直接营利目的而实施的侵权行为只是利用了网络这一工具，与在现实环境中利用商店等实施侵权行为并无二致，认定并不困难。真正存在疑难的是间接营利目的的认定。对此，2011 年最高人民法院、最高人民检察院、公安部、司法部《关

---

① 参见潘永涓：《侵犯计算机软件著作权犯罪的若干问题探讨》，载《刑法评论》2010 年第 1 卷，法律出版社 2010 年版。
② 参见刘科：《商业使用盗版软件行为的刑法规制》，载《政治与法律》2011 年第 1 期。

于办理侵犯知识产权刑事案件适用法律若干问题的意见》（以下简称《意见》）规定："除销售外，具有下列情形之一的，可以认定为'以营利为目的'：（一）以在他人作品中刊登收费广告、捆绑第三方作品等方式直接或者间接收取费用的；（二）通过信息网络传播他人作品，或者利用他人上传的侵权作品，在网站或者网页上提供刊登收费广告服务，直接或者间接收取费用的；（三）以会员制方式通过信息网络传播他人作品，收取会员注册费或者其他费用的；（四）其他利用他人作品牟利的情形。"

根据《意见》，"以营利为目的"并不等同于"以销售为目的"，尽管销售是营利最常见的方式，从而大致规范了认定"以营利为目的"的几种情形，对于在虚拟世界中认定间接营利目的具有积极的指导意义。例如，行为人为提高网站的知名度、吸引更多网民、提高点击率等目的，而许可他人免费使用自己置于网上的侵权作品。这一行为从形式上看，网站未向用户收取任何费用，难以认定其"以营利为目的"。但是，从实际情况来看，网站未经著作权人许可，将他人作品置于自己的网站中供人免费浏览、下载使用，其直接目的虽然是为了提高网站的知名度、吸引更多网民或提高点击率，但最终目的却仍然是为了营利。因此，只要查明网站以这种方式来吸引广告业务，从而收取高额的广告费用（《意见》中的第一种情形）；或者在点击率提高以后，建立会员制的收费模式（《意见》中的第三种情形）；或者以这种方式提高知名度后进而吸引投资（上述《意见》中的第四种情形）等行为，就可以认定行为人具有间接的营利目的。

（间接营利）"尽管行为人不是赤裸裸的金钱获益，但也是一个为获得金钱利益而设置的很美丽的伪装，行为人的最终目的是获利的"，[①] 因而，在虚拟环境中，不管行为人通过什么途径营利，只要其采取了侵犯著作权的行为，并把该行为作为营利的一种手段，就足以认定其具有营利的目的。

二、"以营利为目的"的完善

2000 年以来，"以营利为目的"的完善成为学术界讨论最为热烈的问题之一。概括起来，有以下几种有代表性的观点：一是"取消"论，即主张取消"以营利为目的"要素，其中又区分为"单纯的取消论"[②]，即单纯取消"以营利为目的"，并不作其他改动；"加重量刑情节论"[③]，即取消"以营利为目的"，将其改造成为加重的量刑情节。二是"保留论"，即主张不对"以

---

① 参见于志刚：《侵犯著作权罪中"以营利为目的"的网络异化》，载《昆明理工大学学报》2008 年第 7 期。
② 参见赵秉志：《刑法应取消侵犯著作权犯罪中"以营利为目的"的主观要素》，载《中国版权》2007 年第 5 期。
③ 参见田宏杰：《论我国知识产权的刑事法律保护》，载《中国法学》2003 年第 3 期。

营利为目的"作任何改动。① 三是"折中"论，也可以称为"有条件的保留论"②，即在现实环境中保留"以营利为目的"，而在网络环境中取消"以营利为目的"。

笔者主张采取"加重量刑情节论"，进一步论证如下：

其一，"保留论"观点实不足取。"保留论"在批驳"取消论"观点的基础上，提出保留该要素的理由主要有刑法谦抑③、著作权刑法保护的特殊性④、通过扩大解释可以弥补"以营利为目的"的不足，⑤ 等等。在笔者看来，贯彻刑法谦抑精神不能成为取消"以营利为目的"的理由，原因是该原则的贯彻以相关的行政、民事法律足以预防和遏制某种侵权行为为前提。目前，仅仅依靠行政、民事法律手段显然不足以预防和遏制不以营利为目的的著作权侵权行为，此时作为"法律最后一道防线"的刑法，应当挺身而出，将不以营利为目的的侵犯著作权行为纳入刑法调整的范围，以刑罚独有的严厉性来预防和打击这种侵权行为。把著作权刑法保护的特殊性作为保留"以营利为目的"的理由也不充分，理由是：著作权虽然拥有更多的思想、精神方面的内容，与人类知识的传播宣传普及有着更多的关联，这在一定程度上确实降低了不以营利为目的的侵权行为的主观恶性，但是，这种观点忽略了正是由于著作权拥有更多的思想、精神方面的内容而更容易遭受侵害，从而更需要刑法加以特别保护。通过扩大解释方法来弥补"以营利为目的"的不足更不足取，因为再扩大解释，也不可能把不以营利为目的的侵权行为解释为"以营利为目的"，就是采用类推也做不到这一点。

其二，"单纯的取消论"并不完善。"单纯的取消论"是目前学界的主流观点，其理由主要是：取消"以营利为目的"是适应现代科技的发展，加强对著作权的刑法保护的需要；是降低司法机关查处犯罪的证明难度，严密惩治侵犯著作权犯罪之刑事法网的需要；是与中国刑法典规定的其他侵犯知识产权犯罪的规定相协调的需要；是与有关国际公约规定相一致的需要，等等。该观点存在的缺陷有二：（1）部分理由比较牵强，难以说明取消营利目的的必要性。例如，有关国际公约并未要求一定要惩治不以营利为目的的侵权行为，因此谈不上与国际公约相一致的问题；著作权犯罪有其自身特殊性，其他类型的知识产权犯罪不需要营利目的并不能说明著作权犯罪也不需要营利目的。（2）忽略了"营利目的"在同一种犯罪中行为人社会危害性大小的区

① 参见卢建平：《在宽严和轻重之间寻求平衡——我国侵犯著作权犯罪刑事立法完善的方向》，载《深圳大学学报》2006 年第 5 期。

② 参见贺志军：《我国侵犯著作权犯罪"营利目的"要件研究》，载《成都理工大学学报》（社会科学版）2011 年第 3 期。

③ 参见屈学武：《销售侵权复制品罪疏议》，载《中国刑法学年会文集》（2004 年度），中国人民公安大学出版社 2004 年版，第 449 页。

④ 参见卢建平：《在宽严和轻重之间寻求平衡——我国侵犯著作权犯罪刑事立法完善的方向》，载《深圳大学学报》2006 年第 5 期。

⑤ 参见郝方昉：《关于构成侵犯著作权罪应否需要"以营利为目的"的理性思考》，载《西南科技大学学报》（哲学社会科学版）2011 年第 5 期。

别。如果把"营利目的"取消，很容易给人一个感觉，无论是否以营利为目的，都适用同种刑罚，显然难以做到罪责刑相适应。

其三，"有条件的保留论"者坚持在传统环境中保留"以营利为目的"的正当性和在网络环境中废除"以营利为目的"的必要性，有其合理性，但是其缺陷有二：（1）传统环境中不以营利为目的侵犯著作权行为整体上尽管较少，危害也相对较轻，但难以否定的是，仍存在一部分相对危害较为严重的侵权行为，比如为了毁损他人的名誉而实施侵权行为，给权利人造成的危害后果与出于营利目的的侵权行为造成的后果可能并没有区别。有此限制，对那些出于非营利目的而为的侵害著作权行为的受害人，刑法就不能进行保护。而事实上，犯罪的本质是侵犯合法权益，刑法的目的在于保护合法权益，将"以营利为目的"规定为主观要素，"容易使人们认为犯罪的本质就是行为人获得利益，而不在于行为侵犯了合法权益。这不符合刑法的整体精神"。[1]（2）把"以营利为目的"作为此罪与彼罪的构成要件，加重司法机关的证明负担。正如有学者所指出的，侵犯著作权犯罪设立"以营利为目的"要素的动机是缩小打击面，这是值得肯定的；但查证作为主观要素的目的则徒增公诉机关的难度从而导致作恶者逃脱法网概率上升的局面，这是立法技术上的失策。[2] 一般来说，主观要件是指控方取证和证明的难点。在司法实践中，很容易因"营利目的"证据难以取得而人为地扩大罪犯逃脱刑罚打击的概率。[3] 因此，取消"以营利为目的"是降低司法机关查处犯罪的证明难度、完善著作权刑事立法的重要举措，有利于解决侵犯著作权犯罪实际发案数之多与司法机关实际办理案件之少的矛盾。

其四，"加重量刑情节论"既可以加大著作权刑法保护的力度，又可以区别对待，实现罪责刑相适应原则的需要。（1）相对于"保留论"，"加重量刑情节论"最大的有优点是可以加大著作权刑法保护的力度。在新技术浪潮的冲击下，中国侵犯著作权行为也出现了多元化的趋势，在以营利为目的的侵犯著作权行为大量发生的同时，不以营利为目的侵犯软件著作权、网络传播权、利用网络毁损名誉等行为大量发生。在批量复制技术、网络传播技术日益发达的今天，这些不以营利为目的的行为也会给著作权人造成巨大的、甚至是无法挽回的损害，如将自己购买的正版软件出于增进交流的目的无偿分发给

---

① 参见张明楷：《刑法第 14 条"销售金额"的展开》，载《清华法律评论》第 2 辑，清华大学出版社 1999 年版，第 188 页。

② 参见唐稷尧：《知识产权犯罪：利益背景与刑事控制》，载《中国刑事法杂志》2002 年第 3 期。

③ 有学者提出，我国侵犯著作权犯罪中"以营利为目的"要件是个不证自明的问题，因为该罪还规定了"违法所得数额巨大"或者"情节严重"等要件，只要证明侵权行为人"违法所得数额"巨大，就可以证明行为人具有"以营利为目的"。（参见阮齐林教授在北京师范大学刑事法律科学研究院 2006 年 8 月 19 日举行的"侵犯著作权犯罪立法完善研讨会"上的发言）。但是我们认为，侵犯著作权犯罪中的"违法所得数额"本身就是个不容易证明的难题，在实践中侵权行为人一般不设置账簿或者设置虚假的账簿，违法所得等数额很难查清。所以主张"以营利为目的"不证自明的观点并不符合实践中司法机关办案的实际情况。

朋友使用或上传到自己的互联网主页上供随意下载的行为等。① 但是，这些行为由于不具有营利目的，即使危害再严重，在现行的立法条件下也不能按照侵犯著作权犯罪来处理。显然，"保留论"对上述情形无能为力。而采用"加重量刑情节论"，则"以营利为目的"只是一个加重情节，即使不具备该情节，也可以按照基本刑定罪处罚，从而避免刑法产生处罚的空隙。（2）相对于"有条件的保留论"，虽然二者在追究网络环境中不以营利为目的的侵权行为刑事责任上基本上可以做到一致，但是，"加重量刑情节论"还可以处理在传统环境下不以营利为目的的侵权行为的刑事责任，而这恰好是"有条件的保留论"的缺陷所在。（3）相对于"单纯的取消论"，"加重量刑情节论"增加规定为量刑情节，可以有效地提醒司法者注意"以营利为目的"的侵权行为是危害最大的行为因而是刑法打击的重点，适用重刑有利于做到罪责刑相适应。事实上，如果立法上不作出规定，司法解释或者司法官也会做出类似的规定或者判断，但是其效力层级较低，不利于刑法规范的全国统一；"以营利为目的"作为主观要素仍存在着证明难的问题，但是，相对于区分此罪与彼罪标准的界限，作为区分加重情节与一般情节的"以营利为目的"的证明标准显然会低一些，证明难度也相应较小。即使难以证明，按照一般情节处理也更能做到罪责刑相适应。

---

① 这些行为在当代中国不胜枚举，甚至一些中外刑法学名著也被一些人扫描后上传到网上供免费下载，至于时下流行的一些电影、音乐等都可以轻易在互联网上找到。

入户抢劫犯罪的司法认定问题研究[①]

黄晓亮[*]　金莲花[**]

目　　次

一、前　言

作为一种严重侵犯公私财产权利和公民人身权利的暴力、胁迫型犯罪，抢劫罪被立法者置于我国刑法分则"侵犯财产罪"之首，设置了严苛的刑罚，凸显了其严重的社会危害性。而"入户抢劫"作为区别于普通抢劫行为的加重处罚情形之一，体现的社会危害性更为严重，更是我国刑法严厉打击的重

---

① 本文系黄晓亮副教授主持之 2011 年度国家社科基金青年项目"死刑限制的宪政分析研究"（11CFX050）的阶段性成果。
* 北京师范大学刑事法律科学研究院中国刑法研究所副所长、副教授、法学博士、硕士生导师，中国刑法学研究会副秘书长，北京市人民检察院第二分院法律政策研究室副主任。
** 北京师范大学法学院法律硕士、首都机场航空安保有限公司干部。

点。目前关于"入户抢劫"犯罪认定问题，虽然我国最高司法机关通过相关司法解释加以规范，但规定过于简单、笼统、不全面，难以在复杂、万变的具体实践中得到准确的适用，导致理论界和实务界对"入户抢劫"的认定仍存在较大的分歧，继而在处理具体案件时出现量刑失衡的情况，影响了法律的公平、公正。因此，我们将从刑法及其司法解释关于"入户抢劫"的相关规定及其理论研究现状出发，总结我国司法实务界对"入户抢劫"认定问题存在的各种认识，阐明"入户抢劫"立法本意，明确相关概念的界定，根据司法实践中存在的复杂、多变的情形，进一步阐述决定或者影响"入户抢劫"的定性因素，再选择对"入户抢劫"定罪量刑有着重要意义且有争议的转化型"入户抢劫"和"入户抢劫"未遂形态问题加以探讨，为完善我国关于"入户抢劫"的相关刑事立法规定与司法适用，以及尽可能合理、有效、科学地处理"入户抢劫"相关案件，实现立法、司法的有机统一，提供一些有益的帮助。

二、"入户抢劫"的界定

（一）"入户抢劫"的立法本意

1. "入户抢劫"的立法沿革

（1）中国刑法史上惩治"入户抢劫"的立法沿革。

作为一种侵犯财产权和人身权的严重犯罪，抢劫罪历来是我国各朝各代统治阶级严厉打击的重点对象，纷纷设置比较严厉的刑罚予以处罚。关于处罚抢劫行为的立法规定，最早可以追溯到我国奴隶制时期。如《尚书·大传》："降畔、寇贼、劫略、夺攘挢虔者，其刑死"，其中"劫略"、"夺攘"、"挢虔"等相当于今天所说的抢劫、抢夺、敲诈勒索等以侵犯他人财产为目的的犯罪。虽然立法规定十分简单，但所配置的刑罚是非常残酷的。到了封建制时期，针对抢劫罪的立法规定比奴隶制时期有所进步，法律条文规定更具体、内容也更全面，如《唐律·贼盗律》关于强盗罪①概念的规定："谓以威若力而取其财，先强后盗、先盗后强等。若与人药酒及食，使狂乱取财，亦是。"其意思说，强盗罪是指以暴力、胁迫或者其他能够抑制被害人反抗的手段劫取财物，以及盗窃之后因被人发现而直接使用暴力、胁迫等手段强取财物或者抗拒抓捕的犯罪行为。此外，对强盗罪的处罚也作了较为详尽的规定，即"诸强盗，不得财徒二年；一尺徒三年，二匹加一等；十匹及伤人者，绞；杀人者，斩。其持杖者，虽不得财，流三千里；五匹，绞；伤人者，斩。"可见，在量刑方面，唐律根据是否劫得财物、取财数额多少、是否伤人、是否持杖等不同情况，分别规定了相应的量刑幅度，多少包含了罪刑相适应的现代刑法原则的合理因素，可见在立法上唐朝对抢劫罪的认识已达到相当高的水平，以至后来的宋、元、明、清诸朝法律，基本上承袭了唐律关于强盗罪的规定。例如，《宋刑统·贼盗律》中完全采纳了唐律中关于强盗罪的概念和

---

① 在我国古代刑法史上，抢劫犯罪是以"强盗"来定罪判刑的。

处罚的规定，甚至连《唐律疏议》也一并照录。当然，后世封建法律中的强盗罪与唐律的规定也不尽相同，这主要表现为处罚上更为严厉，但由于当时总的立法水平的限制，关于"入户抢劫"等抢劫罪加重处罚情节的规定，在立法上基本没有体现出来。

到了清朝后期，随着西方帝国主义列强的侵入，延续两千多年的中国的封建社会沦为半殖民地半封建社会。清王朝为了挽救统治，借鉴当时西方先进的法律文化思想和内容，在立法领域，开展了全面改革，并推动了立法水平的发展。这一时期关于抢劫罪的规定有了较大的发展变化，"入户抢劫"作为抢劫罪的加重处罚情节也第一次出现在 1910 年《大清新刑律》中，其第 373 条规定："……（一）侵入现有人居住或者看守之第宅、建筑物、矿坑、船舰内者；（二）……"《大清新刑律》虽然因清朝的迅速灭亡，而未及实施，但关于强盗罪的立法规定仍对后来旧中国的刑法产生了深远的影响。例如，北洋政府于 1912 年颁行的《暂行新刑律》中保留了《大清新刑律》关于"入户抢劫"的规定；在随后的中华民国政府以《大清新刑律》和《暂行新刑律》为蓝本，于 1928 年颁布、1935 年修订的《中华民国刑法》第 330 条以引用第 321 条的方式，规定了抢劫罪加重处罚情节，其中第 1 款便是关于"入户抢劫"的立法规定，即"于夜间侵入住宅或有人居住之建筑物、船舶，或隐匿其内而犯之者"，这部刑法至今仍在我国台湾地区实行，同时保留了关于"入户抢劫"的这一规定，但在量刑上稍微作了调整，把原来的"5 年以上 12 年以下有期徒刑"调整到"7 年以上有期徒刑"。

从以上新中国成立前关于"入户抢劫"的立法概况中可以看出：第一，随着时代的变迁和立法水平的不断发展，关于"入户抢劫"的规定相应显现在我国历朝刑法典中；第二，"户"和"住宅"有相近似的内涵和外延，关于"入户抢劫"的立法规定，新中国成立前的我国刑法在用词方面选用"侵入住宅"或者"侵入有人居住之建筑物"来代替"入户"；第三，民国政府时期的"入户抢劫"规定对犯罪的时间进行了特定限制，即只有在夜间实施"入户抢劫"时才能作为抢劫罪的加重情节予以处罚，以此主要打击夜间的"入户抢劫"，这一规定主要借鉴、吸收了德国等资本主义国家的刑法内容，即 1871 年《德国刑法典》第 250 条列举了抢劫罪五种加重处罚情节，其中第四种情节便是关于"入户抢劫"的立法规定："因欲为强盗或窃盗，而隐入人所住居之建造物内，或以暴行侵入或潜伏，而于夜间为强盗时"。

（2）新中国刑法惩治"入户抢劫"的立法沿革。

新中国成立后，至新中国第一部刑法典颁行之前，我国刑法典起草工作者翻译、吸收苏联以及德国、法国、美国等西方资本主义国家的刑法内容，搜集了中国历史上刑事立法的大量资料，并结合自身的国情，开展了一系列刑法草案的制定工作，其中 1950 年、1954 年分别草拟了《中华人民共和国刑法大纲（草案）》、《中华人民共和国刑法指导原则草案（初稿）》，这两部草案设计的"抢劫罪"条文中虽然都提到了抢劫罪情节加重犯的规定，但都比较笼统地对"严重情节"进行了概括，如 1950 年草案第 141 条第 2 款规定：

"……情节特别严重者，处死刑或终身监禁。"；1954 年初稿第 64 条规定："……持械、屡犯或者其他严重情节的，判处三年以上有期徒刑；情节特别严重的，判处无期徒刑或者死刑。"其后，1957 年的《中华人民共和国刑法草案（初稿）》（第 22 次稿）对抢劫罪加重处罚情形只限定了"致人重伤"和"致人死亡"的两种结果，这种规定显然过于绝对，无法涵盖抢劫案件的其他严重情形。因此，1963 年的《中华人民共和国刑法草案（修正稿）》（第 33 次稿）对刑法草案第 22 次稿关于抢劫罪加重处罚情形部分作了必要的补充和修改，但仍没有对"入户抢劫"作出具体的规定。

之后 1979 年刑法诞生之前，虽然刑法典又经历了 5 稿，但对草案第 33 次稿关于抢劫罪加重情形之规定未作任何修改，直接载入 1979 年刑法第 150 条第 2 款规定之中，此规定也随着 1979 年新中国第一部刑法典的正式出台而获得了法律效力，并在全国范围内得到施行。但该法施行不久便发现，由于抢劫罪加重处罚情形的规定过于笼统、抽象，造成具体司法实践中对"情节严重"的理解出现严重分歧，难以形成统一的认识，这也导致了司法机关在处理具体案件时出现混乱，犯罪行为人承担相差悬殊的刑事责任，影响了司法的严肃性和统一性，阻碍了社会主义法制建设的发展。

鉴于司法实践中产生的弊端和不便，随后 1997 年修订的我国现行刑法对抢劫罪的规定作了修改，尤其是在第 263 条中详细列举了抢劫罪加重处罚的八种情形，而"入户抢劫"作为第一种加重处罚情形规定在其中，这也是新中国成立后第一次将"入户抢劫"载入刑法典。这一修改不仅有效地弥补了 1979 年刑法关于抢劫罪规定上的不足，而且有助于司法实践操作，为同抢劫犯罪作斗争提供了有力的法律武器。

2. "入户抢劫"的立法意蕴

法律规则是对复杂的社会现象进行高度概括、归纳、总结而作出的规定，因而立法语言难免具有较强的抽象性，这导致了在刑法理论界和实务界对"入户抢劫"的认定存在较大的分歧。为了进一步规范法律规则，准确、统一适用法律以及便于司法实务操作，最高人民法院在 2000 年出台了《关于审理抢劫案件具体应用法律若干问题的解释》（以下简称《解释》），并在该解释第 1 条对"入户抢劫"的概念作出了阐释，但在面对千变万化的各种犯罪现象时，这一司法解释的规定仍显得力不从心，无法有效地解决司法实践中出现的问题。于是，最高人民法院在 2005 年又出台了《关于审理抢劫、抢夺刑事案件适用若干法律问题的意见》（以下简称《意见》），《意见》进一步明确了"入户抢劫"中"户"的范围和特征，为司法实务操作提供了较为可行的标准。

在我国 1997 年将"入户抢劫"明确列为抢劫罪加重处罚情节之一纳入刑法典后，专门针对"入户抢劫"，2000 年、2005 年先后出台了两项司法解释，这在一定程度上反映了在刑法理论界及司法实务界对"入户抢劫"认定问题上确实存在较大的纷争。"入户抢劫"为什么引来如此之多的争议和不同意见呢？解决这个问题，首先应探寻其背后的立法意蕴，找出立法时所做出的价值判断及所要实现的立法目的，分析立法之所以将"入户抢劫"作为抢劫罪加重情节的理由，这将有助于我们正确把握和认定"入户抢劫"行为。

与普通抢劫罪相比，反映"入户抢劫"社会危害性更大的决定性因素便是该抢劫行为之发生地点——"户"，换句话说，突出保护公民在"户"内这一特定环境中的财产权和人身权是刑法将"入户抢劫"加重处罚的立法本意之所在。

（1）从"入户抢劫"侵犯的法益上看。

李斯特指出："所有的法益无论是个人利益，或者共同社会的利益，都是生活利益。这些利益的存在不是法秩序的产物，而是社会生活本身。但是，法律的保护把生活利益上升为法益。"[①] 这说明，所谓的法益就是指法律所保护的，客观上可能受到犯罪行为的侵犯或者威胁，并启动国家强制力加以保护的社会生活利益，其中由刑法加以保护的生活利益，便是刑法上的法益。近年来，刑法学界对犯罪客体内容提出了新的理论观点，其中法益说认为，犯罪行为所侵犯的客体实质上就是刑法所保护的法益。[②] 犯罪客体是指刑法所保护的、为犯罪行为所侵害的法益，行为之所以构成犯罪，首先就在于它侵害了刑法所保护的客体。我国刑法理论通说认为，普通抢劫罪侵犯的客体为复杂客体，即它所侵犯的法益包括财产权和人身权，而"入户抢劫"属抢劫罪的情节加重犯，因而财产权和人身权理所当然也是"入户抢劫"所侵犯的法益。但由于"入户抢劫"犯罪具有特殊的加重情节，它的犯罪客体与普通抢劫罪不完全相同，它所保护的法益有别于普通抢劫罪。通常一个犯罪行为是通过行为对象侵犯刑法所保护的法益，而该行为对象本身又能体现刑法所保护的法益，因而可以通过犯罪行为对象的特征确定犯罪所侵犯的法益内容。"入户抢劫"中"户"是该犯罪的行为对象，"户"作为公民日常起居、家庭生活之场所，是实现公民住宅安宁权的载体。住宅安宁权所包含的内容主要有住宅本身及存放在住宅内的公民财产不受侵犯的权利以及生活在住宅内的公民的人身安全、自由、隐私不受外界干扰的权利，即住宅安全关系到公民的生命、健康等基本的人身权利和财产权利，住宅安宁权使人们能够远离或者免受来自外界的干扰和侵犯，在其最为安全、私密的空间内无拘无束地生活和休息，充分享受生活上的自由和安宁，这也是住宅能够成为人们的"心灵归宿"和"精神家园"的原因所在。因此，为了更有效地保护公民的住宅安宁权，我国不仅在宪法上明确规定公民享有其住宅不受侵犯的权利，而且在刑法第 245 条专门设置了"非法侵入住宅罪"。可见，住宅安宁权是刑法所保护的法益，而"入户抢劫"作为非法进入他人住宅实施抢劫的行为，在侵犯公民的财产权和人身权的同时还侵犯了公民的住宅安宁，因此，公民的住宅安宁权也是"入户抢劫"所侵犯的法益。

综上分析，立法机关将"入户抢劫"规定为抢劫罪的加重情形，配置更为严重的量刑标准，就在于"入户抢劫"所侵犯法益的多重性，与普通抢劫

---

① 参见张明楷：《法益初论》，中国政法大学出版社 2000 年版，第 96 页。

② 参见张明楷：《法益初论》，中国政法大学出版社 2000 年版，第 8 页。

罪相比，显然其社会危害性也更加严重。故立法者突出对"入户抢劫"的重点打击，将其列为加重处罚情形而规定较高的量刑幅度，是必要的和适当的。

（2）从侵入居民住宅抢劫的危害性上看。

一般情况下，"入户抢劫"的危害，辐射公民住所内的整个生活区域，户内存放的公民的财产和在场的家庭成员，均可成为犯罪的对象。一方面，作为公民日常起居、家庭生活之场所的"户"一般与外界相对隔离，具有一定的安全防范措施。因此，基于对"户"的保护功能的认同及对家的信任，多数公民将其持有的财产相对集中地存放在自己"户"内，可以说"户"内的财产权利及于放置在"户"内的所有财物，即使该"户"内的财产并不多，但对于遭到"入户抢劫"的被害人来说，也属于较大范围的财产，这足以说明"户"内的财产权相对于一般财产权而言，更具重大性。另一方面，"户"是指一定的相对封闭的空间，当"入户抢劫"发生时，身处于"户"内的被害人很难向外界求救而往往处于孤立无援的境地，而且因双方力量对比较为悬殊，被害人不敢反抗或者其反抗力量薄弱，容易受到犯罪的侵害。"户"作为公民人身权最为依赖的庇护场所，"户"内人身权承载着公民对社会秩序底线的信任，一旦遭到侵犯，不仅对"户"之安全造成威胁，而且使公民对社会产生恐慌、不安的心理，对社会秩序的信赖和安定感也逐渐丧失，继而严重影响整个社会的稳定发展。可见，"入户抢劫"所造成的客观危害绝非普通"户"外抢劫所能比拟。

基于上述分析，可以发现，进入居民住宅实施抢劫无论对被害人的财产、人身还是对心理都会造成严重的伤害，立法机关对"入户抢劫"设置加重法定刑的立法本意也在于，通过从严惩治严重危害公民财产、人身安全的"入户抢劫"犯罪，更加有力地保护公民的居住安全，保障公民的基本安全感和对家的依赖感，从而维护整个社会的和谐稳定。

（二）"户"的范围界定

对"户"的范围进行界定，是解决"入户抢劫"认定问题的必要前提。

1. 户的含义

首先，从"户"的词义上看，《辞海》对"户"有如下解释："本为单扇的门，引申为出入口的通称，如门户；窗户。也指虫鸟的巢穴"；"人家"。① 按照《现代汉语词典》的解释，"户"是指"门、人家、住户"；《新华字典》对"户"的解释是指人家，如千家万户。可见，"户"是指人家、住户，即人们日常起居的场所，而且在普通民众的观念中"户"与家的含义是基本相同的，如"家家户户"、"户口"等等，都是从家的角度理解"户"的。所以，"户"在词义上大体上是"家"的意思。立法者规定"入户抢劫"而不规定"入室抢劫"，显然是取"户"字的严格意义，不能随意扩大。② 在罪刑

---

① 《辞海》，上海辞书出版社1979年版，第1573页。
② 参见王作富：《认定抢劫罪的若干问题》，载《抢劫罪专题整理》，中国人民公安大学出版社2007年版，第124页。

法定原则下，不利于被告人的扩张解释应受到严格控制。① 我国刑法将"入户抢劫"作为抢劫罪的法定加重情形，对其规定了明显高于普通抢劫罪的法定刑，如果将"户"解释为"室"，无疑扩大了"户"本身应有的范围，对被告人不利，这不仅有悖于罪刑法定原则，而且也不符合现代法治建设保障国民人权的发展趋势。

其次，从司法解释规定内容上看，前述 2000 年《解释》第 1 条第 1 款规定："刑法第二百六十三条第（一）项规定的'入户抢劫'，是指为实施抢劫行为而进入他人生活的与外界相对隔离的住所，包括封闭的院落、牧民的帐篷、渔民作为家庭生活场所的渔船、为生活租用的房屋等进行抢劫的行为。"后来，最高人民法院 2005 年通过《意见》针对"入户抢劫"中"户"的范围，进一步作出了较为详细的界定：即"户"是指住所，其特征表现为供他人家庭生活和与外界相对隔离两个方面，前者为功能特征，后者为场所特征。一般情况下，集体宿舍、旅店宾馆、临时搭建工棚等不应认定为"户"，但在特定的情况下，如果确实具有上述两个特征的，也可以认定为"户"。

结合上述"户"的词义解释和司法解释规定，可以看出，刑法意义上的"户"所强调的是一个具有"家"的意义的，足以给居住者提供权利保障和安全感，排除外界干扰的处所范围，是与其他办公场所、营业场所等公共场所相区别的特殊地域空间。由此可以归纳出"入户抢劫"中"户"的含义，即"户"应当是指供家庭生活使用与外界相对隔离的排除他人进入的居民住所。

2. 户的特征

基于上述对户的含义分析，我们认为，刑法意义上的"户"应当同时具备以下三种特征：

（1）物理特征。从外在形式结构上看，"户"是一种与外界相对隔离而独立存在的空间地域范围，具有相对封闭性特征。封闭性是指将某一区域人为地进行分隔，使其与外界保持相对隔离，而具有的空间上的相对独立性。"户"作为与外界相对隔离的自然屏障，无论该形式如何，居住在"户"内的公民都受到该自然屏障的保护，使其在"户"内的生活免受"户"外之人的干扰和偷窥，而且在这一相对封闭的"户"内，人身几乎处于完全自由的状态，只要不触犯法律，任何人在"户"内可以不受"户"外社会规范的约束和打扰，任意支配自己的行为，幸福自在地享受生活的自由与安全保障。

但需要指出的是，这种封闭性并不是绝对的，正如亚里士多德所言，"人是一种社会动物"，人在享受户内自由、私密生活的同时，也需要与社会外界接触，保留沟通渠道和方式。所以，尽管"户"的外在形式千奇百态、不尽相同，但其基本构造都是四周封闭并开有通往外界的出入口。

（2）功能特征。"户"的功能是提供人家庭生活所用的私人空间，"户"应当是以家庭生活为目的而设立的场所，以其他目的设立的场所，如单纯的

---

① 参见梁根林：《现代法治语境中的刑事政策》，载《国家检察官学院学报》2008 年第 4 期。

生产、经营、工作、学习等场所通常不能视为"户"。所谓家庭生活，其实就是指起居、生活、饮食等活动，这是"户"特有的功能。"户"强调的是一个有"家"的意义的私人空间范围，它是公民的人身权、财产权、隐私权等权利和自由的象征，同时，作为私人生活的载体，在心理上，家通常被认为是最安全、最自由、最踏实的地方。家又是公民赖以生存、繁衍生息的栖息场所，人们在"户"外，时刻提防、警惕着周围种种的不便和意外，而在"户"内，人们可以充分享受生活上的自由和安宁，不受外界的干扰，无拘无束地休息、生活，因为，没有任何地方比关起门来的家更让人感到安全、可靠。立法对"入户抢劫"加重处罚的本意也在于，"入户抢劫"严重破坏了"户"应有的功能，践踏了人们在家的安全感和社会认可的家庭生活正常秩序。

另外，"户"作为供人家庭生活的场所，必须具有在其中生活的相对固定的组成人员，但这些成员之间的关系不应仅限于家庭成员关系。按照传统观念来理解，家庭是指具有血缘关系或者拟制的血亲关系的亲属组成的团体，然而，随着社会的不断发展变化，人们的生活习惯和方式也相应不断更新，尤其是传统意义上的由家庭成员组成的家庭生活结构发生了较大的变化。由于学习、工作需要或者其他原因，现实生活中，不少人背井离乡或者脱离家庭，独自在外长期生活，或者与朋友、同事甚至与陌生人合租房屋在同一个屋檐下一起生活，虽然这些居住者之间并没有传统意义上的家庭成员关系，但他们共同居住在一个独立的空间范围内，而且这些空间对居住者来说，具有家一般的归属感、亲密感、安全感和自在感。如果将家庭生活仅限于存在血缘关系或者拟制的血亲关系的家庭成员之间的居住生活，显然不太合理，不仅与立法本意不符，而且不利于打击犯罪。因此，一个场所只要相对独立、封闭，能够足以给人以此为家的归属感，并且长期居住在其中生活，即使只有一人居住，也应该视为供人家庭生活的"户"。这也就不难理解为什么一般情况下学生集体宿舍、宾馆不能认定为"户"，即使长期居住在学生宿舍、宾馆，但这些场所也不能给居住者提供以此为家的归属感、私密感、安全感而不能视为"户"。

（3）法律特征。"户"作为公民日常起居、家庭生活之场所，是实现公民住宅安宁权的载体。住宅安宁权所包含的权利内容主要有住宅本身及存放在住宅内的公民财产不受侵犯的权利以及生活在住宅内的公民的人身安全、自由、隐私不受外界干扰的权利。可见，居民住宅关系到每个公民的财产安全和人身安全，而为了更有效地保护公民的居住安全，我国不仅在宪法上明确规定公民享有其住宅不受侵犯的权利，而且在刑法第 245 条专门设置了"非法侵入住宅罪"。这便意味着公民有权合理排除他人非法进入其所居住的"户"内，这是宪法、刑法等法律赋予"户"之居住者的一项排他性权利。所谓排他性，是指居住者对"户"享有占有、使用、支配和自由进出的私人专属权利，任何人未经居住者的允许，不得擅自进出，正如英国一位首相威廉·皮特所言："风能进，雨能进，国王不能进。"但这里的排他性并不要求公民对"户"拥有绝对的所有权，这与民法意义上的所有权具有的排他性有所区别，只要居住者享有占有、使用住宅的权利即可享有刑法意义上的排他性权利。例如，房东将房屋出租给承租人后，该房屋就成为属于承租人占有、使用的住宅，此时，房东只有经过承租人的同意，才能进入此住宅，因此无论是房东还是权利人以外的其他人进入该租赁房屋实施抢劫，当然地构成"入户抢劫"。另外，需要说明的是，这里所指的"占有"并不要求居住者合法占有住宅，即使是他人非法占有、使用的住宅，也可成为"入户抢劫"的对象。因为非法占有的住宅，事实上也存在着需要保护的生活自由。[①] 例如，承租人拖欠房租，但仍占有房屋并居住在该房屋内，此时，虽然承租人对房屋的占有属于非法占有，但其他人（包括房东）侵入此"户"进行抢劫的，也应认定为"入户抢劫"。

（三）"入户"的界定

"入户"行为的界定，对于区别"在户抢劫"和"入户抢劫"起着关键作用。因为"入户抢劫"是属于抢劫罪加重处罚情形，适用加重的法定刑，而"在户抢劫"只能按照普通抢劫罪定罪量刑，这也决定了"入户抢劫"比"在户抢劫"有更严格的条件限定。实践中"入户"的方式多种多样，例如，使用暴力等手段强行进入、秘密潜入甚至是经过住户的同意而进入等等，这些是"入户"行为的客观表现，是正确认定"入户"行为必须考虑的客观方面因素，与此同时，在主观上也应当对"入户"行为作出必要的限定。

1. 客观上的界定

对"入户"行为的界定，客观上要求"入户"行为必须具有非法性。从某种意义上讲，"入户抢劫"是非法侵入住宅罪和抢劫罪的结合，因此，对"入户"行为客观上表现出的非法性之判断依据可以与非法侵入住宅罪的侵入住宅之非法性作同样的理解，即非法性主要表现为：其一，未经允许非法强行进入他人住宅；其二，虽经许可进入他人住宅后，但经要求退出而无故拒不退出。[②] 从中可以看出，无论是第一种行为人强行进入住宅的行为还是第二种在住宅内滞留拒不退出的行为，其共同点是都违背了居住者的意志，侵犯了居住者的安全感和安全利益。因此，只要行为人未经居住者许可擅自进入或者经被要求退出而拒绝退出，即可认定该行为客观上没有合法依据，属于非法"入户"行为。司法实践中，行为人的非法"入户"方式通常表现为以下两种：

（1）未经权利人同意而借助暴力等手段强行入户。这是在实务中最常见的一种"入户"形式，即直接违背"户"内权利人的意志，侵入住宅实施抢劫，通常表现为采取暴力手段的"入户"和采取秘密手段的"入户"。其中采取暴力手段的"入户"中，人和物均可成为犯罪行为人的暴力对象，对人的暴力是指使用暴力、胁迫等能够足以控制被害人意志的行为，而对物的暴

---

① 参见张明楷：《外国刑法纲要》，清华大学出版社 1999 年版，第 540 页。

② 参见高铭暄、马克昌主编：《刑法学》，北京大学出版社、高等教育出版社 2007 年版，第 541 页。

力则指的是使用强力排除"户"的封闭性障碍的行为，如撬门破锁，破坏窗户等；采取秘密"手段"的入户，一般是指趁房屋主人尚未发觉之时，秘密进入"户"内的行为，如趁居住者不备，翻窗"入户"，或者趁房门未关严之际推开门"入户"等。无论采用暴力手段还是秘密手段"入户"，两者都是在未经居住者同意而非法强行进入"户"内，直接侵犯了居住者的住宅安宁权，必然属于"入户抢劫"中的"入户"。

（2）采用欺诈手段骗取权利人的同意而入户。此种"入户"方式是指行为人采用虚构事实或者隐瞒真相的方法，骗取主人的同意而进入住宅的行为，如冒充亲友、同学、推销产品人员、水电煤气等物业管理人员、军警人员等特殊身份"入户"，等等。从表面上看，该"入户"行为已经得到了居住者的许可，看似没有违背居住者的意志，但这种所谓的"允许"是由于居住者受到欺诈行为的蒙骗产生错误认识而做出的错误的意思表示，实质上已经违背了居住者的真实意志。采用这种"入户"方式的行为人通常在"入户"前已经有了犯意，然后以特殊身份作掩护骗取居住者同意而"大摇大摆"地"入户"，以此来消除或者减少自己等候在"户"内实施犯罪的障碍，这其实是以合法"入户"的形式掩盖了实质的犯罪目的。可以说，此时作为犯罪手段行为的"入户"一开始就具有欺骗性、违法性，而且居住者的"同意入户"的意思表示也是基于行为人这种欺诈行为而做出的，要是居住者知道真相，肯定积极地反对和排除行为人的"入户"行为。因此，采用欺诈手段骗取居住者的同意而入户的行为实际上也属于违背居住者意志的入户，理应认定为"入户抢劫"中的"入户"。

2. 主观罪过的界定

"入户"行为的界定是一个主客观相统一的过程，只根据"入户"行为客观上表现出的非法性尚且不能认定该行为符合"入户抢劫"中的"入户"行为，还必须在主观上对"入户"行为进行必要的界定，即包括两个方面：一是"入户抢劫"行为人的"入户"目的是为了实施抢劫等犯罪；二是行为人对其进入之场所系"户"有明确的认识。

（1）主观上"入户"前必须具有实施抢劫等犯罪的故意。

第一，"入户"目的必须具有非法性。有学者认为，不论"入户"前有无犯罪故意，即使在合法入户的情形下，只要行为人入户后在户内实施抢劫的，均构成"入户抢劫"。① 我们认为，这种观点值得商榷。

合法"入户"后临时起意抢劫在司法实践中较为常见，例如，到朋友家借钱但被遭到拒绝或者行为人为了追讨债务进入债务人家后因索债不成而突发抢劫，等等。我们认为，这种情况属于"在户抢劫"，不能按"入户抢劫"处理。所谓合法"入户"，是指行为人"入户"前没有实施抢劫等犯罪意图，并且以正当理由，征得房屋主人的同意后进入"户"内的行为，就是说，"入户"行为是在没有任何犯罪意图下实施的，而且行为人"入户"后的抢劫行

---

① 参见熊洪文：《再谈对抢劫罪加重情形的认定》，载《人民检察》1999 年第 7 期。

为只是利用合法"在户"这一有利的条件，伺机实施的抢劫，"入户"与抢劫之间不存在牵连关系，主观恶性显然轻于直接以抢劫等犯罪目的而入户实施抢劫的情形。但上述论者的观点是不考虑这种区别，只要在户内发生抢劫的，就认定"入户抢劫"，这就会有客观归罪之嫌，忽略了行为人的犯罪主观因素，既违背了罪刑相适应原则，导致罪刑不均衡，也扩大了打击面，不利于有效惩罚真正的"入户抢劫"罪犯。因此，为了有效打击"入户抢劫"，达到罚当其罪的效果，必须强调"入户"的目的具有非法性。

值得注意的是，关于入户目的具有非法性的观点，在前述 2005 年《意见》规定中也得到了肯定，该规定指出：进入他人住所必须以实施抢劫等犯罪为目的。抢劫行为虽然发生在户内，但行为人不以实施抢劫等犯罪为目的进入他人住所，而在户内临时起意实施抢劫的，不属于"入户抢劫"。司法解释的这一阐释明确肯定了"入户"前必须持有抢劫等犯罪故意，并强调了"入户"与"抢劫"之间的牵连关系。

第二，"入户"的目的是否仅限于实施抢劫的故意。前述 2000 年《解释》中规定，入户抢劫是指为实施抢劫行为而进入他人生活的与外界相对隔离的住所，即该项规定将"入户"前产生的犯意只限定在了抢劫的故意。然而，之后的《意见》对"入户"的目的作出阐释时，在"抢劫"后面加入了一个"等"字，即进入他人住所须以实施抢劫等犯罪为目的。这说明，"入户抢劫"目的的非法性内容，除了实施抢劫的犯罪意图之外，还包括其他非法目的，那么，如何理解这种其他非法目的？是否不管"入户"前的目的如何，只要该目的内容具有非法性，即可构成"入户抢劫"？我们认为，从罪刑法定及罪刑相适应的刑法基本原则出发，"入户抢劫"目的的其他非法性内容应限于盗窃、诈骗、抢夺。

首先，就司法解释规定内容上看，《意见》在入户目的非法性的表述上，采用了"为了实施抢劫等犯罪"字样，即从文理解释角度理解，入户目的非法性内容排除一般违法目的。在以实施赌博、卖淫等一般违法行为为目的的入户的场合，通常行为人的入户是经过居住者许可的，就是说，由于其入户行为没有违背权利人的真实意志，客观上就不具有非法性，而且其主观上又缺乏侵犯居住者住宅安宁权的故意，这其实与"合法入户后临时起意抢劫"的性质类似，其主观恶性和客观危害显然小于起初就为了实施抢劫等犯罪而入户进行抢劫的行为。因此，以一般违法目的入户后在户内实施抢劫的，应当以普通抢劫罪论处。

其次，从体系解释角度分析，除了抢劫目的以外，"入户抢劫"之入户目的还包括盗窃、诈骗、抢夺的故意。刑法第 269 条规定："犯盗窃、诈骗、抢夺罪，为窝藏赃物、抗拒抓捕或者毁灭罪证而当场使用暴力或者以暴力相威胁的，依照本法第二百六十三条的规定定罪处罚。"这是关于转化型抢劫罪的规定（暂先不讨论是否如此规定的原因）。因此，从整个刑法体系规范来看，"入户盗窃、诈骗、抢夺"行为转化为抢劫的，也可以认定为"入户抢劫"。最高人民法院在《解释》和《意见》中对"入户盗窃"转化为"入户抢劫"

作出的特别规定以及《意见》在"实施抢劫"后边添加"等"的字样，也正是基于刑法第 269 条的规定，即考虑到以盗窃、诈骗、抢夺为目的入户后因某些特定目的而当场使用暴力等手段时转化为"入户抢劫"的情形。需要指出的是，入户盗窃、诈骗、抢夺之所以能够转化为"入户抢劫"，完全是依据刑法第 269 条的拟制性规定，如果没有这一规定，很难将入户时只具有非法占有他人财物故意的盗窃等行为与"入户抢劫"等同起来给予相同评价。因此，我们认为，出于上述抢劫、盗窃、诈骗、抢夺以外的其他犯罪目的入户后，在户内又萌生抢劫的犯意继而实施抢劫的，这实际上是数个不同犯意的支配下实施的数个彼此独立的行为，按照主客观相统一原则，根据具体案情，应当以触犯的相应犯罪和普通抢劫罪实行数罪并罚，而不宜认定"入户抢劫"。

（2）主观上对"户"有明确的认识。

有一种观点认为，关于"入户抢劫"的主观评价，主要考虑行为人"入户"时的目的和动机，而不需要行为者对"户"有明确的认识。[①] 我们对此有不同的看法。"入户"作为"入户抢劫"的手段行为，是影响量刑轻重的重要情节，也可以说就是因为"入户"这一情节的加入，抢劫行为适用的法定刑直接升格为 10 年以上有期徒刑、无期徒刑甚至是死刑。因此，从犯罪故意的规范意义上去阐释"故意"的"入户抢劫"时，不能单纯地理解为"入户"前有实施抢劫等犯罪的故意，而是要求行为人对其进入之场所为"户"必须具有犯罪故意概念意义上的"明知"。"明知"作为"入户"行为的主观认识因素，从认识因素角度体现行为人较普通抢劫罪更大的主观恶性，即行为人明知进入之场所系"户"，但为了抢劫，仍选择非法进入。从《意见》关于"户"的范围作出的规定内容上看，一般情况下，不能认定为"户"的集体宿舍、宾馆等场所，在同时具备"户"的功能和场所特征的情形下，也完全可以认定为"户"。因此，现实生活中，确实不能排除一些特殊情况的发生，例如，行为人进入上述通常情况下不认为"户"的场所并实施抢劫，但有充分的证据证明其主观上确信这个场所并非属于"户"（事实上这个场所已具备了两个特征，根据司法解释规定，可以认定为"户"），就是说，虽然客观上进入"户"内抢劫，但行为人主观上缺乏对"户"实施抢劫的故意，此时，仍将该抢劫行为认定为"入户抢劫"处以较重刑罚，显然不合理，与主客观相统一原则相违背的。

当然，以上的分析仅限于实体法的角度，程序上如何认定对"户"的明知？由于"明知"是作为行为人的主观认识因素而存在的，若按照一般证据规则，公诉机关难以证明被告人对"户"具有明知的主观认识，但可以运用举证责任倒置的方法，解决这一举证难的问题，即当被告人为了抢劫等犯罪目的非法进入客观上属于"户"的场所并实施了抢劫时，公诉机关基于这一入"户"抢劫的客观行为，可以直接推定被告人主观上对"户"具有明确的

---

① 参见杨菁：《从该案看如何认定入户抢劫》，载《中国法院网》2007 - 2 - 1，http://www.chinacourt.org/html/article/200702/01/233187.shtml。

认识，这是因为通常情况下，行为人是进入到"户"内后实施抢劫的，根据生活经验和常识，该行为人抢劫当时基本能够对"户"的属性作出准确的判断，即便入"户"之前，对其属性缺乏认识，但入"户"之后对其进入之场所是否系为"户"应该具有较为准确的认识。倘若被告人辩解对自己进入之场所系"户"确实缺乏认识意识，自己自始至终不具有抢劫"户"的心态，那么被告人对其辩解内容承担相应的举证责任，也就是说，被告人通过合理辩解可以反驳公诉机关推定的事实。

（四）"抢劫"行为的认定

"入户抢劫"实际上是由作为手段行为的入户行为和作为目的行为的抢劫行为组成，二者紧密结合、缺一不可。所以，具体认定"入户抢劫"时，仍需要正确理解和把握"抢劫"行为。"入户抢劫"作为一种抢劫罪的加重处罚情节，其"抢劫"行为不仅具备了以暴力、胁迫或者其他使被害人不能反抗的方法，当场劫取财物的普通抢劫的一般特征，而且在抢劫地点和对象方面存在着不同特征。下面主要围绕"入户抢劫"中"抢劫"行为地点及对象进行具体探讨和分析。

1. "抢劫"行为的地点

（1）抢劫行为必须发生在户内。

抢劫行为本身实质上是一种双重行为，是由暴力、胁迫或者其他使被害人不能反抗的方法行为和当场劫取财物的目的行为构成。那么，这种"当场"在"入户抢劫"中是如何体现的，即"入户抢劫"作为在"户"内实施的抢劫，是否要求其暴力、胁迫等行为和取财行为均发生在"户"内？我们认为，答案是肯定的，"入户抢劫"中的"抢劫"行为必须发生在户内。首先，"入户抢劫"之所以成为普通抢劫罪的加重处罚情形，是因为其抢劫地点的特殊性，即抢劫发生的地点在"户"中，而所谓的抢劫，就是使用暴力、胁迫等方法，当场强行取得财物的行为。因此，暴力、胁迫等方法行为必须发生在"户"内，而且抢劫行为又强调行为人在实施暴力的当场取财，这使得取财行为的地点也限定在了"户"内。其次，从立法本意出发，立法者加重处罚"入户抢劫"主要是因为，"入户抢劫"严重破坏了人们对家的安全感和对社会治安的信赖底线。"户"作为保护公民财产安全和人身安全的最后屏障，"户"内财产权和人身权一旦遭到侵犯，其所产生的社会危害性远比在"户"外遭抢时大。我国刑法对"入户抢劫"配置 10 年以上直至死刑量刑幅度的原因就在于该犯罪侵犯了公民"户"内的财产权和人身权，这便意味着侵犯人身权的暴力、胁迫等行为和侵犯财产权的取财行为都必须发生在"户"内。

（2）两种特殊情形下"抢劫"行为的认定。

在具体认定"入户抢劫"时，对"暴力、胁迫等行为必须发生在户内"和"取财行为发生在户内"不能作过于狭窄的解释。

第一，暴力、胁迫等行为发生在户外，到"户"内取得财物。司法实践中，有的行为人在户外对被害人实施暴力、胁迫等行为后，到"户"内完成取财行为。如果行为人的户外暴力行为发生在户外，并结束于户外的，如将被害人诱骗至户外对其实施暴力等，然后自己持着被害人的钥匙，回到被害人住所窃取财物，或者在户外趁被害人开门之际，打倒被害人而进入室内取财等，不构成"入户抢劫"，因为行为人的施暴行为已经停止在户外，虽然取财行为发生在户内，但行为人没有实际侵害"户"内居民的人身安全和自由，与加重处罚"入户抢劫"的立法本意不符。但如果行为人的暴力、胁迫等行为发生在户外，并持续到户内，侵犯"户"内居民的人身权利的，应认定为"入户抢劫"，通常这一情形表现为，行为人先在户外对被害人实施暴力、胁迫等行为，然后跟踪或者挟持被害人到其家中取财，此时，暴力、胁迫等行为的作用空间从"户"外延伸到"户"内，是处于一种持续的状态，就是说，入户后被害人仍受行为人的牵制。所以，也应认定为"暴力、胁迫等行为发生在户内"。

第二，暴力、胁迫等行为发生在户内，到"户"外取得财物。实践中还有一种情形是，行为人入户对被害人采用暴力、胁迫等行为后，由于被害人的钱存放在银行或者车放在户外，没有在"户"内取得财物，而挟持被害人一同到"户"外取财或者直接取得车钥匙将停放在"户"外的车开走，这种取财行为似乎看起来发生在"户"外，但实际上也应认定为"户"内取财行为。在银行等"户"之外的其他地方存放的钱财，虽然不是在"户"内，但被害人通过手持银行卡和密码或者汽车钥匙等方式对这些财产实施控制，而且银行卡等这些要么被害人随身携带，要么放置在"户"中，所以，只要行为人在户内从被害人身上获取这些信息或者工具，就可以认为间接取得了被害人的财物。之后，出于怀疑被害人提供信息的正确性，强迫被害人陪同到"户"外银行取款行为，可以看做取财行为从"户"内延续到"户"外，仍是一种取财行为发生在"户"内的情形。

2. "抢劫"行为的对象

行为人非法进入居民住宅后对在其中的非住户成员实施抢劫的，能否认定为入户抢劫？司法实践中，关于入户抢劫非住户成员的情形通常有以下两种，一种是行为人非法"入户"后，不问青红皂白就对"户"内人员实施抢劫，只是恰巧被抢劫的对象是非住户成员。另一种情形是行为人以抢劫居民住户中特定的非住户成员为目的，"入户"后也是只针对该非住户成员实施抢劫的。

我们认为，第一种情形应当按照"入户抢劫"处理，理由是：首先，实务中大多数情况下，"入户"实施抢劫的行为人"入户"后对其抢劫的对象是否为该"户"家庭成员是不易准确辨认的，因此只要当时在"户"内的人员均可能成为该行为人抢劫的对象。例如，行为人"入户"前原本目标是抢劫"户"内家庭成员，然而，"入户"后基于对抢劫对象的判断错误，实际上抢劫了非住户成员。对于这类案件，完全可以按照刑法学关于"同一构成要件内的认识错误"的理论来解释，行为人以"入户"抢劫户内成员的目的进入住宅后把非住户成员当作户内家庭成员而实施抢劫的，属于对犯罪构成要件以外的事实情况的错误认识，① 这种对具体目标的错误认识并不影响行为人的刑事责任，仍应以"入户抢劫"追究行为人的刑事责任。其次，刑法将"入户抢劫"法定刑升格的立法本意是严厉打击侵犯或者威胁公民在"户"内的财产权和人身权的罪行。在认识错误的场合，虽然被抢劫的是非住户成员，但由于被抢行为发生在居住者的户内，该住户成员的"户"内财产权和人身权不可避免地受到威胁。因此，如果行为人非法"入户"后不分青红皂白地见人就抢，不管实际遭抢劫的对象是谁，都应认定为"入户抢劫"。

至于第二种情形，司法实践中也时常发生，这里试举一个实例，被告人吴某等三人于 1998 年 5 月 7 日上午 9 时许，经合谋后窜至上海市嘉定区华亭镇北新村梅园组居民季某家，谎称正在季某家做油漆工的安徽籍老乡周某欠其人民币 1000 元未还。吴某等人对周某的胸、腿部拳打脚踢，在旁的另一被告人则以语言相威胁，逼迫周某交出钱款。后周某向季某借得人民币 1000 元交给吴某。三名被告人劫得钱财后，在逃逸途中被公安人员抓获。本案在审理过程中，对三被告人的行为构成抢劫罪是没有异议的，但对三人行为是否属于"入户抢劫"则存在着两种不同观点，一种意见认为，三人在居民住所内实施抢劫，不论是针对家庭成员还是家庭成员之外的其他特定人员抢劫，都应认定为"入户抢劫"；另一种意见则认为，由于三人主观上只有对正在他人家中工作的油漆工实施抢劫的故意，进入该居民住宅后，客观上也只针对户内的油漆工实施抢劫，并没有实施任何对该居民一家抢劫的行为，在场的该户居民甚至也没有感觉到自己住宅安全遭抢劫的威胁，所以应按照主客观相统一原则，三被告人的行为不宜认定为"入户抢劫"。法院二审判决最后采纳了第二种观点。②

我们也基本赞同第二种观点，但需要补充的前提是，住户居民和非住户成员一起在场时，要求该户居民不知道非法进入其住所内的行为人对非住户成员实施抢劫的事实，如上述案件中，住户居民季某始终认为三被告人只是为了讨债而对被害人拳打脚踢，并不知道被害人被抢劫之实情。因为，一方面，一同在场的住户居民如果知道行为人在自己住所内对非住户成员实施抢劫，那么，目睹整个抢劫过程的该户居民同时会感到自己居住安全遭受抢劫的侵犯或者威胁，即使该行为人最终没有对该户居民实施抢劫，但其在该户居民住所内的抢劫行为对该户居民的人身和财产安全所造成的威胁，与直接针对"户"内成员实施抢劫的情形相比，客观危害性方面并无实质上的区别。另一方面，行为人"入户"前了解自己所进入之场所属于他人住所，而且对自己进入该住所后抢劫非住户成员的行为可能侵犯该户居民之居住安全的结果也有一定的认识，但该行为人仍决意选择入户并在该户居民的目睹下实施抢劫，说明其主观上是放任这种危害结果的发生，也即是说，无论从客观危害性还是主观恶性方面考虑，将其认定为"入户抢劫"是符合立法本意的。

---

① 参见高铭暄、马克昌主编：《刑法学》，北京大学出版社、高等教育出版社 2011 年版，第 135 页。

② 参见毛国芳：《是入户抢劫还是一般抢劫》，载《人民司法》1999 年第 5 期。

因此，我们认为，当只有非住户成员一人在场时行为人以抢劫该非住户成员为目的，"入户"实施抢劫，或者住户居民和非住户成员同时在场且该户居民不知道在自己住所内非住户成员遭受抢劫的情形下，才能排除"非住户成员"作为"入户抢劫"的对象。

二、转化型"入户抢劫"的认定

（一）转化型抢劫罪的概述

转化型抢劫是一种特殊形式的抢劫罪，其特殊性在于它并不直接以抢劫的故意采用暴力、胁迫或者其他方法排除被害人反抗后再劫取财物，而是先以盗窃、诈骗、抢夺的故意实施夺取财物的行为，但由于行为被人发现后为了窝藏赃物、抗拒抓捕或者毁灭证据而当场实施暴力或者以暴力相威胁的行为。可见，转化型抢劫与普通抢劫虽然在犯罪行为表现上具有类似性质（两者都有暴力行为和取财行为，只是发生顺序不同），但在行为人主观恶性表现上存在较大差异，与转化型抢劫相比，直接具有抢劫故意的普通抢劫的主观恶性更大。但是，从保护法益的目的出发，立法机关通过刑法第 269 条的规定，给予了转化型抢劫与普通抢劫相同的评价，这属于一种法律拟制性规定，即出于某种目的将原本不同的行为按照相同的行为处理，其特点是对 A 的行为赋予与 B 相同的法律效果，从而指示法律适用者对 A 适用 B 的法律规定。①另外，普通盗窃、诈骗、抢夺行为之所以转化为抢劫罪，主要原因是行为人在实施先前行为的基础上，为了窝藏赃物等而当场实施的暴力或者以暴力相威胁的行为，不仅不能排除行为人非法占有财物的故意，而且从整个行为的性质上看，已经超出了先前行为仅限于侵犯财产权的属性，即行为人实施暴力等的行为，同时侵犯了他人的人身权。所以，整个行为结构可以被抢劫罪构成要件所包容。那么，转化型抢劫在"入户"情形下该如何认定，即应该认定为普通抢劫罪还是按照"入户抢劫"来加以处理？下面就这一问题展开分析。

（二）转化型"入户抢劫"的定性

1. 转化型"入户抢劫"的先前行为是否仅限于入户盗窃

前述 2000 年的《解释》和 2005 年的《意见》都只强调了入户盗窃可以转化为"入户抢劫"，而未提到入户诈骗和入户抢夺符合构成要件时可否转化，但这并不意味着有意排斥入户诈骗、抢夺，禁止其转化为"入户抢劫"。虽然入户诈骗、抢夺在现实生活中发生概率远比入户盗窃小，而且实务中转化型"入户抢劫"基本都是由盗窃转化而来的，但这发生概率"小"并不意味着不存在。也就是说，我们在解释"入户抢劫"的规范时，不应该混淆"符合规范的常见事实"和"规范能够评价的全部事实"。如果认为刑法规范所描述的事实就是自己所熟悉的事实，那么，必然使规范处于封闭状态，从

---

① 参见张明楷：《刑法分则的解释原理》（下册），中国人民大学出版社 2011 年版，第 631～633 页。

而使我们并不熟悉，但却属于规范评价的事实错误地被遗漏。① 司法解释通常有两种：一种是补充性的，另一种是提示性的。司法解释的功能永远只是对既有规范作出阐释，假如司法解释对某个规范进行周延的阐释，那么，对规范的理解就不能超越司法解释明确规定的范围，但如果司法解释对某个规范进行的阐释并不周延，那么在司法解释规定的内容之外，只要能够为规范所涵盖的情形，仍应对该规范进行积极的阐释。② 显然，上述关于"入户盗窃"的司法解释并不属于周延的阐释，规定"入户盗窃"是提醒人们注意此类情形的存在，而且在针对性很强的司法解释中之所以没有涉及入户诈骗、抢夺，也可被认为是受到其自身所解决问题的重心所限。所以，不应以上述两项司法解释的规范缺失为由，否认入户诈骗、抢夺行为转化为"入户抢劫"的可能性。

2. 转化型"入户抢劫"的成立条件

刑法第 269 条是法律拟制性规定，基于该规定作出的《解释》和《意见》中关于"入户盗窃"转化为"入户抢劫"的规定，当然也是一种法律拟制，即立法者和司法者通过法律对原本不属于"入户抢劫"的行为赋予了"入户抢劫"的法律效果。这说明，此种"入户抢劫"与直接出于抢劫的目的入户实施抢劫的一般"入户抢劫"在构成上会存在一些不同特征，即转化型抢劫在入户情形下成立"入户抢劫"应当具备以下几个条件。

（1）前提条件。

行为人必须先实施入户盗窃等先前行为，这是转化型抢劫在"入户"情形下构成"入户抢劫"的前提条件。但关于这些先前行为，需要明确以下几个问题：

第一，先前行为是否必须构成犯罪。根据《刑法修正案（八）》的规定，入户盗窃不受次数和数额的限制，只要实施入户盗窃行为，即可认定为"盗窃罪"，而对于入户诈骗、抢夺，刑法仍将其取得财物"数额较大"作为成立犯罪的要件，那么，作为转化型"入户抢劫"前提条件的入户诈骗、抢夺行为，是否必须达到"数额较大"的成立犯罪的标准呢？我们认为，只要行为人有诈骗、抢夺犯罪的故意并且实施了入户诈骗、抢夺的行为，不管其占有的财物数额多少，即可满足转化为"入户抢劫"的前提条件。这是因为：其一，从普通"入户抢劫"的构成要件上看，财物数额大小并不影响其犯罪的成立，而转化型"入户抢劫"与普通"入户抢劫"所体现的行为性质和危害后果基本相当，若要求转化型"入户抢劫"之先前行为必须达到"数额较大"标准，将会导致转化型"入户抢劫"与普通"入户抢劫"在定罪基础上严重失衡，不利于刑法内部罪刑的协调；其二，若先前行为未达到"数额较大"标准，将把入户实施诈骗、抢夺，为窝藏赃物、抗拒抓捕或者毁灭证据而当场使用暴力造成被害人伤害或者死亡的情形认定为故意伤害罪或故意杀

---

① 参见张明楷：《刑法分则的解释原理》（上册），中国人民大学出版社 2011 年版，第 8～9 页。

② 参见肖中华：《论"入户抢劫"的司法认定》，载《刑法评论》（第 1 卷），法律出版社 2006 年版，第 214～216 页。

人罪，那么，不仅无法真实地反映这类案件本来具有的特点和危害性质，而且尤其是在致被害人重伤、轻伤时，量刑上会出现重罪轻判的现象，有失公允，因为根据我国刑法的规定，"入户抢劫"的法定刑是 10 年以上有期徒刑、无期徒刑直至死刑，而故意伤害致人轻伤和重伤的，最高法定刑分别只是 3 年和 10 年的有期徒刑；其三，《意见》第 5 条关于转化犯的规定中明确指出，即使行为人的先前行为没有达到数额较大标准，如果行为人前后实施的整个行为所造成的社会危害性已经达到犯罪程度的，也完全可以转化为抢劫罪。

第二，先前行为是否必须达到既遂状态。有学者认为，先前行为必须达到既遂状态即非法占有财物之后，行为人基于特定目的又当场实施暴力或以暴力相威胁的才能转化。[①] 但我们不赞同此种看法，我们认为，行为人着手实施先前行为，不管其先前行为是否构成犯罪既遂，即使在未能实际占有财物，构成犯罪未遂的情形下，如果行为人基于窝藏赃物等目的使用暴力或者以暴力相威胁行为达到犯罪程度的，也应当转化为"入户抢劫"。否则，司法实践中可能会出现不合理的现象，例如，行为人先前盗窃行为未能得逞，因拒捕而实施的暴力造成被害人伤害或者死亡的，以盗窃罪未遂与故意伤害罪或故意杀人罪实行数罪并罚，这不仅很难反映犯罪本来的性质，而且更难以反映后实施的侵犯人身权行为与先实施的盗窃行为之间的联系，既不利于准确有力而适当地惩罚犯罪，[②] 也不符合立法本意。其实，这与盗窃罪既遂的情形下直接转化为入户抢劫的情况，在犯罪构成上没有什么实质的区别，两种情况都侵犯了被害人的人身权和财产权，没有必要在定罪上如此差别对待。

另外，对于先前行为构成预备或者中止的，不能转化为"入户抢劫"。之所以将入户实施的先前的盗窃行为转化为"入户抢劫"，是因为后实施的暴力、胁迫等方法窝藏赃物、抗拒抓捕、毁灭罪证的行为，并不能排除行为人非法占有被害人财物的故意，这种侵犯他人人身和财产的故意及行为，已经符合抢劫罪的构成要件。而先前行为处于预备阶段时，行为人尚未着手实施入户盗窃、诈骗、抢夺行为，仅具有非法占有他人财物的意图，至于是否发展成为非法占有的故意尚不明确，所以，此时不能转化为"入户抢劫"。对于作为先前行为的盗窃等处于犯罪中止形态的来说，行为人在实施后行为之前，就自动完全、彻底地放弃了先前盗窃等犯罪，这说明之前具有的非法占有他人财物的故意也随之消失，也就是说，即使在放弃盗窃等行为之后，行为人离开时，为了抗捕、毁证而当场使用暴力或者以暴力相威胁的，也只是为了逃离现场。所以，应根据主客观相统一原则，对实施暴力等行为尚未构成犯罪的，以盗窃、诈骗、抢夺罪中止论处；构成犯罪的，以盗窃、诈骗、抢夺罪（中止）与故意伤害罪或者故意杀人罪，实行数罪并罚，这样，可以区别于先前行为构成未遂的情况，能够正确地反映犯罪性质和揭示行为人主观故意内容的变化。

（2）客观条件。

---

① 参见甘雨沛等主编：《犯罪与刑罚新论》，北京大学出版社 1991 年版，第 655 页。
② 参见赵秉志：《侵犯财产罪》，中国人民公安大学出版社 2003 年版，第 114 页。

根据司法解释的规定，行为人在实施先前行为之后，还必须满足客观条件，即"当场使用暴力或者以暴力相威胁"，这又是先前行为转化为"入户抢劫"的关键所在。这一客观条件可以分为两个内容，一是行为条件，即实施暴力或者以暴力相威胁的行为；二是时空条件，即暴力或者以暴力相威胁的行为必须在"当场"实施。具体分析如下：

第一，行为条件。分析行为条件，主要解决的问题是，如何理解和把握暴力或者以暴力相威胁的程度。通常情况下，行为人实施的暴力程度不同，可能对被害人人身造成的伤害程度存在较大的差别，轻者只有皮肉之痛，重者可致人重伤甚至是死亡。关于暴力达到何种程度才能定抢劫罪，各国各地区有不同的规定，如《俄罗斯刑法典》第 162 条规定："使用危及生命、健康的暴力，或以此种暴力相威胁而进行的侵袭"，其规定暴力须是"危及生命、健康"的暴力；日本刑法虽无明文规定，但其现代刑事判例表明，抢劫罪中的暴力、胁迫必须达到压制任何相对人抵抗的程度；① 我国台湾地区"刑法"规定限于"足以使被害人不能抗拒的程度"。而我国刑法并未对暴力及胁迫行为的程度作任何限制，这也使得理论和实务界对此问题存有不同的见解，但学者指出"暴力或者以暴力相威胁，只要达到被害人恐惧、反抗能力受到一定程度的抑制即可"②。我们认为，这种观点较为可取，如何具体把握"达到被害人恐惧、反抗能力受到一定程度的抑制"？不可否认，同样强度的暴力或者以暴力相威胁的行为，对不同的人可能产生不同的作用，对此，主观说认为应当以被害人的主观状态为基准，而客观说则认为，应当以一般人的主观状态为基准，只要暴力或者以暴力相威胁的行为确实足以抑制一般人的反抗即可。我们认为，客观说较为合理，如果按照主观说以被害人承受能力的大小决定行为是否构成抢劫罪，会导致评判标准不一，难以做到公平、公正。因此，首先应着眼于暴力或者以暴力相威胁行为本身的客观性质，再结合被害人、行为人的具体情况和各种因素，按照社会一般人的观念，若该暴力或者以暴力相威胁的行为足以使一般人陷入不敢反抗或者不能反抗的状态，就可认为其达到了转化为"入户抢劫"的暴力、胁迫程度。

第二，时空条件。前文已述，"入户抢劫"中"抢劫"行为必须发生在户内，那么，作为取财行为在先、暴力行为在后的转化型"入户抢劫"的暴力或者以暴力相威胁的行为是否也限定在"户"内呢？

依照《意见》第 1 条的规定，入户实施盗窃被发现，行为人为窝藏赃物、抗拒抓捕或者毁灭罪证而当场使用暴力或者以暴力相威胁的，暴力或者暴力胁迫行为发生在户内，才可以认定为"入户抢劫"。可见，成立转化型"入户抢劫"也要求暴力或者以暴力相威胁行为在取财行为的当场——"户"内实施。如何理解"当场"，是正确判断先前入户盗窃等转化为"入户抢劫"犯罪的关键所在。刑法第 269 条将转化型抢劫的"当场"通常理解为，实施盗

---

① 参见［日］木村龟二主编：《刑法学词典》，顾肖荣等译，上海翻译出版公司 1991 年版，第694 页。

② 参见赵秉志：《新刑法教程》，中国人民大学出版社 1997 年版，第 626 页。

窃、诈骗、抢夺行为的现场，或者刚一离开现场就被人发现而被追捕过程中的场所。就是说，暴力或者暴力胁迫行为只要与先行的盗窃、诈骗、抢夺行为在时间上前后连续而不间断的，暴力或者暴力胁迫行为发生地点可以是实施盗窃等行为的现场，也可以是先前行为地点的延展。①

但对转化型"入户抢劫"的"当场"应当结合典型"入户抢劫"的规定，予以正确理解。刑法之所以将"入户抢劫"作为抢劫罪的加重处罚情形，是鉴于发生在特定场所的犯罪行为以及其具有的特定的社会危害性，即只有在户内这一特定场所实施的抢劫行为或者转化型抢劫行为，才具有"入户抢劫"特定的社会危害性，才能适用"入户抢劫"的量刑配置，否则就有悖罪刑相适应原则。因此，转化型"入户抢劫"不仅要求暴力或暴力胁迫行为的实施与前行为时空上紧密相连，而且该空间范围只限于"户"内，不允许"户"以外的延续，简言之，转化型"入户抢劫"的当场仅限于"户"内的当场，而排除逃至"户"外使用暴力或者以暴力相威胁的情形。

（3）主观条件。

转化型"入户抢劫"的主观条件内容具有双重性，一是行为人入户盗窃、诈骗、抢夺时主观上具有非法占有他人财物的目的；二是被发现后，实施的暴力或者以暴力相威胁的行为是出于窝藏赃物、抗拒抓捕或者毁灭罪证的目的。可见，转化型"抢劫"虽然按照"入户抢劫"定罪量刑，但在主观方面始终没有抢劫的故意内容。但实践中，也有人将《意见》中的"入户盗窃"理解为行为人实施入户盗窃时，主观上具有"能偷就偷、不能偷就抢劫"的抢劫的概括故意，如果入户前根本不存在此种意图，即便入户盗窃转化为抢劫的，也只能按照普通抢劫罪处理。这种理解显然不合逻辑。《意见》关于"入户盗窃"转化为"入户抢劫"的规定的法律依据是刑法第269条的规定，而该条并不要求行为人在实施盗窃、诈骗、抢夺行为时就具有抢劫的概括故意，如果行为人主观上本来具有抢劫的概括故意，那么完全可直接认定为"入户抢劫"，而法律设置转化型"入户抢劫"显然是多余了。

还需要注意的是，并非所有入户实施盗窃、诈骗、抢夺过程中使用暴力或者以暴力相威胁的都可定为转化型"入户抢劫"。第二个使用暴力等的目的也是受转化型抢劫罪主观条件的限制，即"为窝藏赃物、抗拒抓捕或者毁灭罪证"而当场使用暴力或者以暴力相威胁。如果行为人入户盗窃、诈骗、抢夺过程中，被人发现后不是出于窝赃、抗捕、毁证的目的，而是当场使用暴力或者暴力胁迫手段继续夺取财物的，则可直接认定为"入户抢劫"。因为行为人已由起初的秘密窃取、诈骗、抢夺转为公然抢劫，而且从整体客观行为表现上看，可以判断行为人入户前就具有一种"能偷就偷、不能偷就抢"的抢劫在内的概括故意，完全具备了典型"入户抢劫"的构成要件。但行为人实施入户盗窃等后，非出于上述目的对他人实施暴力或者以暴力相威胁的，不构成转化型"入户抢劫"。例如，入户盗窃得手后，为了灭口当场杀害被害

---

① 参见罗苓宁、查志刚：《试论转化型抢劫罪的认定标准》，载《武警学院学报》2004年第1期。

人的，应以盗窃罪和故意杀人罪实行数罪并罚，而不能定"入户抢劫"。

（三）司法解释相关规定及适用

1. 关于转化型"入户抢劫"的司法解释规定比较

比较 2000 年《解释》与 2005 年的《意见》关于入户盗窃转化为"入户抢劫"问题的规定，便可发现《解释》对于入户盗窃，因被发现而当场实施暴力或者以暴力相威胁的行为，采取的处断原则是"应当认定为'入户抢劫'"，而《意见》采取的处断原则是"可以认定为'入户抢劫'"。另外，《解释》没有限制暴力或者以暴力相威胁的行为发生在户内，而《意见》对此作了严格限制。根据司法解释竞合原则，对入户盗窃并在户内使用暴力或者以暴力相威胁的行为的认定应适用 2005 年《意见》的规定，而根据此规定，在具体司法实务中，法官对最终认定"入户抢劫"与否具有一定的裁量权。鉴于实践中抢劫犯罪的情况比较复杂，在立法技术上采用这样的规定模式并无不妥，也不与罪刑法定原则相悖。毕竟，实践中存在行为人入户盗窃不仅没有取得财物，而且其户内暴力行为也未造成被害人伤害的情节显著轻微，危害不大的情形，如果仍对这类行为以"入户抢劫"处以 10 年以上有期徒刑，有悖罪责刑相适应原则。然而，至于在何种情况下，法官应当认定行为构成"入户抢劫"，司法解释没有作出进一步的阐释，我们建议，入户实施盗窃等行为后在户内实施的暴力或者暴力胁迫行为在出现以下结果之一的情况下，可以认定为"入户抢劫"：（1）实际取得的财物数额较大；（2）实施暴力或者以暴力相威胁造成被害人轻微伤以上后果的；（3）有其他严重情节的。

2. 关于《意见》第 5 条规定的适用

关于转化型抢劫的认定问题，《意见》第 5 条规定："行为人实施盗窃、诈骗、抢夺行为，未达到'数额较大'，为窝藏赃物、抗拒抓捕或者毁灭罪证当场使用暴力或者以暴力相威胁，情节较轻、危害不大的，一般不以犯罪论处；但具有下列情节之一的，可依照刑法第二百六十九条的规定，以抢劫罪定罪处罚：（1）盗窃、诈骗、抢夺接近'数额较大'标准的；（2）入户或在公共交通工具上盗窃、诈骗、抢夺后在户外或交通工具外实施上述行为的；（3）使用暴力致人轻微伤以上后果的；（4）使用凶器或以凶器相威胁的；（5）具有其他严重情节的。"

值得注意的是，该条第 2 项情节只规定了入户盗窃、诈骗、抢夺（未达数额较大标准）后在户外实施暴力或者以暴力相威胁来窝藏赃物、抗拒抓捕、毁灭罪证的行为应当转化为抢劫罪，至于入户盗窃、诈骗、抢夺后在户内使用暴力或者以暴力相威胁的行为如何处理，是同样转化为抢劫罪，只按照普通抢劫罪定罪处罚，还是转化为抢劫罪并成立"入户抢劫"，《意见》并没有作出明确的规定。其实，在现实生活中，行为人入户实施盗窃等行为（未窃取财物或者窃得财物数未达到"数额较大"）后在户内当场实施暴力或者以暴力相威胁的情形，比起在户外使用暴力或者以暴力相威胁的情形更为常见多发，所以，《意见》这种不明确的规定，往往会导致司法实践无所适从，容易造成司法混乱。对此，有论者认为，行为人入户实施盗窃、诈骗、抢夺他人财物，尚未构成犯罪，为窝赃、抗捕、毁证而当场使用轻微暴力或者以暴力相威胁，既未取得财物，也未造成他人伤害后果时，按照《意见》的规定，将"入户"既作为对盗窃等行为转化为抢劫罪的定罪要素，又作为转化型抢劫罪成立之后加重处罚的量刑情节而再认定为"入户抢劫"，则实际上对"入户"行为作了重复评价，违反了刑法禁止重复评价原则。①

　　我们认为，这种观点值得进一步研究。在行为人入户盗窃（尚未得手或者未达到"数额较大"）被发现后为窝赃、抗捕或者毁证而当场使用暴力或者以暴力相威胁，情节较轻、危害不大的情形下，由于"入户"这一情节的加入而使得一般盗窃行为转化为抢劫罪，但《意见》第5条第2项规定的情节是入户或盗窃、诈骗、抢夺后在"户外"实施上述行为的，而对"户"内实施暴力或者以暴力相威胁的行为，并没有作出明确的规定。先前的"入户盗窃"行为之所以能够转化为"入户抢劫"，是因为从整个行为的性质上看，行为人前后实施的整个行为已经超出了先前行为仅限于侵犯财产权利的属性，即行为人在户内实施暴力等行为，同时侵犯了他人在户内的人身权，客观危害程度与主观恶性上与典型的"入户抢劫"没有实质的差别，而且这样的处理也符合"入户抢劫"的立法本意。因此，"入户"作为一般盗窃行为转化为抢劫的严重情节，实际上只被评价了一次，之后之所以成立"入户抢劫"是因为其在"户"内实施暴力等行为而导致的，并不存在将"入户"既作为定罪情节又作为加重处罚的量刑情节重复评价的问题。

　　仔细考查《意见》第5条规定，不难发现，该规定采取的处断原则是"一般不以犯罪论处"、"可依照刑法第二百六十九条的规定，以抢劫罪定罪处罚"，这表明司法解释赋予法官一定的自由裁量权。我们建议，对于行为符合《意见》第5条前半段规定的情形，应当根据其是否具有严重情节而作区别对待：（1）行为人在入户实施盗窃、诈骗、抢夺（尚未得手或者未达到"数额较大"）被发现后为窝赃、抗捕或者毁证而当场仅以轻微暴力相威胁，且未造成被害人伤害的，根据《刑法修正案（八）》和司法解释规定，对于入户盗窃行为，以盗窃罪论处，而对于入户诈骗、抢夺行为，则不以犯罪论处。（2）行为人入户实施盗窃、诈骗、抢夺（尚未得手或者未达到"数额较大"），为窝藏赃物、抗拒抓捕或者毁灭罪证当场使用暴力或者以暴力相威胁，情节较轻且未造成被害人轻微伤以上后果的，以抢劫罪论处更为适宜。（3）除了上述两种情形之外，行为人入户盗窃、诈骗、抢夺后在户内实施上述行为的，先前行为不仅转化为抢劫罪，而且同时可以认定为"入户抢劫"。

三、"入户抢劫"的未遂形态的认定

　　故意犯罪在犯罪行为人产生和确立犯意后，从其开始犯罪行为到完成整

---

①　参见谢志刚：《"入户抢劫"研究》，内蒙古大学2009年硕士学位论文，第37~38页。

个犯罪，是有一个纵向的发展过程，[1] 但这一过程并非总是顺利、完整的，由于受到各种因素的影响和制约，使得犯罪过程中途停止下来，没有完成预期的犯罪而提前结束，这就是犯罪的未完成形态，包括犯罪的预备形态、未遂形态和中止形态。作为一种典型的直接故意犯罪，抢劫罪的发展过程同样存在未完成犯罪的预备、未遂、中止形态。其中，犯罪未遂作为一项具体的刑法制度，在三种犯罪未完成形态类型中居于重要地位。"入户抢劫"是典型的情节加重犯，即因特殊的犯罪场所而构成抢劫罪的加重情节，那么作为情节加重犯的"入户抢劫"是否存在犯罪未遂形态？如果存在，如何确定既遂与未遂的区分标准？这是下文探讨的问题。

（一）"入户抢劫"是否存在犯罪未遂形态

"入户抢劫"属于抢劫罪的情节加重犯，所谓情节加重犯，是指实施某种基本犯罪行为，因具有某种严重情节而被刑法加重其法定刑的犯罪形态。关于情节加重犯是否存在未遂形态，理论上存有两种对立的观点。

第一种观点主张，情节加重犯有自己相对独立的犯罪构成，不能以基本犯罪的未遂来说明情节加重犯的未遂。只要行为人的犯罪行为具有加重情节，就足以成立情节加重犯；反之，就不构成情节加重犯，因此情节加重犯不可能存在犯罪未遂形态。[2]

第二种观点主张，情节加重犯的既遂是指犯罪行为具备了加重犯犯罪构成的全部要件。情节加重犯的结构是基本犯＋加重情节要件，其最终形态固然主要取决于加重情节要件，但对具备此要件是否本罪，往往离不开对基本犯危害行为的评价。这样一来，认定情节加重犯的犯罪形态要以基本犯的犯罪形态为基准。当基本犯未遂时，同样可以成立情节加重犯，只不过是情节加重犯的未遂形态。[3]

我们同意第二种观点，认为应该肯定"入户抢劫"这一情节加重犯存在犯罪未遂形态。

首先，根据刑法理论通行的观点，判断某一犯罪是否既遂，应当以行为人所故意实施的行为是否具备了刑法分则所规定的某种犯罪的全部构成要件为准。犯罪构成分为普通的犯罪构成和派生的犯罪构成。普通的犯罪构成是指刑法分则条文对具有通常社会危害程度的行为所规定的犯罪构成，相对于危害程度严重或者较轻的犯罪构成来说，普通犯罪构成是犯罪构成的基本形态。而派生的犯罪构成是指在普通犯罪构成的基础上，根据刑法分则条文在普通犯罪构成个别方面的特别规定而形成的犯罪构成。它包括加重的犯罪构成和减轻的犯罪构成两种。它们因犯罪对象、手段、地点等不同，或者存在其他加重、减轻的处罚情节，在量刑上有别于普通的犯罪构成而与之相对应

---

① 参见叶军：《未寻找到抢劫对象且因为害怕而未实施抢劫属于犯罪预备阶段的中止——兼论故意犯罪的未完成形态》，载《中国刑事法杂志》2002 年第 1 期。

② 参见姜伟：《犯罪形态通论》，法律出版社 1994 年版，第 394 页。

③ 参见金泽刚：《犯罪既遂的理论与实践》，人民法院出版社 2001 年版，第 175 页。

存在的。① 情节加重犯是属于加重的犯罪构成，而且从内部结构上看，情节加重犯是由基本犯罪和加重情节组成。这意味着情节加重犯的成立以基本犯的成立为前提。所以，加重情节只是构成情节加重犯的一个条件，只具备加重情节这一要件，并不等于情节加重犯的全部要件都齐备了。只有同时具备基本犯既遂的构成要件和加重情节要件，才能成立情节加重犯的既遂。就"入户抢劫"而言，有些情况下，虽已具备了"入户"这一加重情节要件，但是成立抢劫罪基本犯的构成要件还没有完全具备，如由于行为人意志以外的原因，入户实施抢劫未获取财物的，此时，仍符合抢劫未遂的特征，成立"入户抢劫"未遂。

其次，否认"入户抢劫"存在未遂形态，有违罪责刑相适应原则。所谓罪责刑相适应原则，是指犯罪分子所受的刑罚，应当与其所犯罪行和承担的刑事责任相适应，重罪重罚，轻罪轻罚，做到罪刑相称，罚当其罪，也就是说，犯罪分子所承担的刑罚既不能超出犯罪本身所具有的客观危害程度，也不能超出犯罪行为人的主观恶性和人身危险性，刑罚应当与犯罪的社会危害性程度相适应。刑法第 23 条第 2 款规定："对于未遂犯，可以比照既遂犯从轻或者减轻处罚。"这从犯罪形态上规定了轻重有别的处罚原则，贯彻了罪责刑相适应原则。如果否认"入户抢劫"存在未遂形态，一律在"十年以上有期徒刑、无期徒刑或者死刑"量刑幅度内处罚，不适用对于未遂犯可以从轻或者减轻处罚的规定，则很难做到罪责刑相适应，会导致量刑不均衡。试想，当行为人实施"入户抢劫"，由于意志以外的原因，既未取得任何财物，也未致人伤亡时，若否认"入户抢劫"有未遂形态，则最低应判处 10 年以上有期徒刑，这与行为人犯普通抢劫既遂处刑（在 3 年以上 10 年以下有期徒刑幅度内量刑）相比，量刑上显然不合理，有违罪责刑相适应原则和宽严相济的刑事政策，同时这种量刑失衡的判决很难让罪犯信服，甚至会使他们对法律产生抵触心理，从而影响刑罚惩罚的法律效果和社会效果。

最后，关于"入户抢劫"存在未遂形态的观点，在《意见》中也得到了肯定。该司法解释第 10 条规定："……除'抢劫致人重伤、死亡的'这一结果加重情节之外，其余七种处罚情节同样存在既遂、未遂问题……"也即是说，《意见》明确肯定了"入户抢劫"存在既遂与未遂形态之分，具有合理性。

（二）"入户抢劫"未遂形态的认定标准

由于"入户抢劫"这一加重的犯罪构成并未改变原有的普通抢劫犯罪构成性质，"入户抢劫"从根本上仍属抢劫罪的构成范畴，而且与普通抢劫采用同一罪名即"抢劫罪"。因此，"入户抢劫"既遂与否固然取决于加重情节要件具备与否，更重要的是由普通抢劫犯罪的完成形态来定。具体而言，当不具备"入户"这一法定加重情节时，则不构成"入户抢劫"，也就无所谓"入户抢劫"既遂形态与未遂形态之分，只有当完全具备普通抢劫犯罪构成要

---

① 参见马克昌主编：《犯罪通论》，武汉大学出版社 1995 年版，第 89 页。

件，又具备"入户"情节时，才构成"入户抢劫"既遂，直接适用抢劫罪的加重法定刑；当具备"入户"情节却又由于意志以外原因未能完全具备普通抢劫构成要件时，则构成"入户抢劫"未遂。因此，认定"入户抢劫"的犯罪形态要以普通抢劫罪的犯罪形态为基准，即"入户抢劫"既遂与未遂的区分标准与普通抢劫罪并无二致。

前述《意见》第 10 条规定，只有在既没有取得财物又没有造成被害人轻伤以上后果时，才能成立抢劫未遂。这一解释值得进一步研究。我们主张应以行为人是否强行非法占有财物作为抢劫罪既遂与未遂形态的区分标准，其理由具体如下：

其一，抢劫罪是指以非法占有他人财物为目的而当场使用暴力、胁迫或其他方法强行劫取公私财物的行为，其中非法占有财物是目的，而暴力、胁迫等行为则是为达到非法占有财物的目的而采用的手段行为。我国刑法将抢劫罪置于"侵犯财产罪"一章中，可见，在我国抢劫罪的性质属于财产型犯罪，即犯罪目的决定了抢劫罪的性质，而暴力等侵犯人身权益的手段行为服务和从属于犯罪目的，其行为的实施都只是围绕非法占有财物的目的而展开的，最终抢劫成功得手与否，是取决于是否达到非法取得财物的目的，也就是说，通常情况下，抢劫行为人只关注其是否取到财物，至于其手段行为是否致被害人轻伤以上后果，不是行为人的抢劫目的所在，尤其在未实际使用暴力便获得财物的场合，行为人的整个抢劫行为通常随着夺取财物而即告终结，若之后行为人诉诸暴力致被害人轻伤以上后果的，是不属于抢劫罪的评价范围，只能以抢劫罪和相应的犯罪按照一罪与数罪的相关原则来处理。

其二，在抢劫罪中，人身权益是由手段行为加以侵犯的，而抢劫罪的手段行为包括暴力、胁迫以及其他能够抑制被害人反抗的手段，其中，暴力行为对人身权益的侵犯结果跨度比较广，轻者只有皮肉之苦，重者可致人重伤、死亡，而对于胁迫行为以及其他方法来讲，对人身权益的侵犯更多表现为一种威胁，这意味着抢劫的手段行为侵犯人身权益的后果状态既包括实际损害也包括现实危险，即对人身权利的侵犯不仅局限于对人身有形的伤害。因此，我们认为，以行为人是否着手实施暴力、胁迫等手段行为作为探讨抢劫罪既遂问题的前提，只要行为人着手实施了上述手段行为，便可认定被害人的人身权益已被侵犯，实在没有必要再将人身权益是否被实际侵害作为抢劫罪既遂的判断依据，至于抢劫过程中造成被害人轻伤以上后果的作为量刑情节来考虑，既能体现抢劫罪侵犯的人身权客体，也能做到罪责刑相适应。

据此，我们认为，行为人以暴力、胁迫或者其他使被害人不能反抗的方法着手实行抢劫犯罪，不论是否造成被害人的伤害，只要因意志以外的原因未能取得财物的，即构成抢劫罪的未遂；如果已劫取财物的，则构成抢劫罪的既遂。如前所述，"入户抢劫"既遂与未遂的区分标准同于普通抢劫罪，即行为人入户实施抢劫，不论被害人是否实际受到人身伤害，由于意志以外的原因而未能劫取财物的，则构成"入户抢劫"未遂。

（三）转化型"入户抢劫"未遂形态的具体认定

转化型"入户抢劫"犯罪的既遂与未遂的区分标准同于转化型抢劫罪，

理由同上，但稍作如下分析。

刑法第 269 条规定的转化型抢劫罪是抢劫罪的特殊形式，它与典型的抢劫罪一样，同样存在既遂形态与未遂形态的区分，而且其区分标准与典型的抢劫罪是一致的，即应以劫取财物作为转化型抢劫罪既遂形态的判断依据。但是，由于转化型抢劫罪具有先前行为和转化后行为的特殊性，对于取得财物应以哪个阶段为准，难免存在分歧。日本刑法设置了与我国转化型抢劫罪相类似的"事后强盗罪"①，而关于事后强盗罪的既遂标准问题，日本刑法通说和判例则认为，由于事后强盗罪的着眼点在于是否获取了财物，而不在于是否实施暴力或者暴力胁迫行为，因此行为人取得财物后，为了逃避抓捕或者隐灭罪迹而实施暴力或胁迫的，构成事后强盗罪既遂；行为人没有取得财物，即使出于上述目的而使用了暴力或胁迫的，也只构成事后强盗罪的未遂。② 我国台湾地区也采取了相同的立场，即认为准强盗罪③的既遂与未遂应以窃盗或者抢夺的既遂、未遂作为判断标准。④

我们认为，上述日本和我国台湾地区刑法理论通说在转化型抢劫罪既遂形态的具体判断标准上采取的观点，是否适用于我国大陆地区，还值得商榷。这种观点存在割裂盗窃等先前行为与实施暴力或胁迫这一抢劫行为整体性之嫌。也就是说，既然刑法将转化型抢劫按照抢劫罪论处，那么在成立转化型抢劫罪的情形下，行为人先前实施的盗窃等行为与其后当场实施的暴力或者暴力胁迫行为，就应当作为一个整体来看待，而不能看做两个分别独立的行为。因此，转化型抢劫罪的既遂与未遂之分应以整个行为终了时是否达到实际非法占有财物的状态作为标准，而不能仅以盗窃等先前行为的既遂、未遂来评价整个转化型抢劫行为的既遂形态与未遂形态。概括而言，我国刑法关于转化型抢劫罪的既遂与未遂的区分，应以行为人实施暴力或者以暴力相威胁的后续行为终了时是否实际获取了财物作为标准。

① 日本刑法典第 238 条规定："盗窃犯在窃取财物后为防止财物的返还，或者为逃避逮捕或者隐灭罪迹，而实施暴行或者胁迫的，以强盗论。"
② 参见［日］大塚仁：《刑法概说（各论）》，冯军译，中国人民大学出版社 2003 年版，第 222 页。
③ 台湾地区"刑法典"第 329 条规定："窃盗或抢夺，因防护赃物、脱免逮捕或湮灭罪证，而当场施以强暴胁迫者，构成准强盗罪，以强盗论。"
④ 参见林山田：《刑法各罪论》下册，2006 年自版，第 393 页。

诉讼欺诈行为的刑法规制研究

潘俊美[*]　袁　彬^{**}

目　　次

一、前　言

　　自改革开放以来，我国社会进入了一个新的历史转型时期。伴随着这次转型，我国在法治建设的道路上出现了三个很明显的特征：一是中国特色社会主义法律体系的形成。2011 年 3 月 10 日上午，全国人大常委会委员长吴邦国在第十一届全国人大四次会议第二次全体会议上宣布，中国特色社会主义

　＊　北京市昌平区人民法院法官助理，北京师范大学法学院法律硕士。
　＊＊　北京师范大学刑事法律科学研究院中国刑法研究所副所长、副教授、法学博士、硕士生导师，中国刑法学研究会副秘书长。

法律体系已经形成。截至 2010 年底，我国已制定现行有效的法律 237 件、行政法规 690 多件、地方性法规 8600 多件，使我国的经济、政治、文化、社会以及生态文明建设的各个方面总体上做到了有法可依。[①] 二是司法的逐步完善。随着中国特色社会主义法律体系的建设和形成，司法制度、司法工作越来越规范，司法的公正性取得巨大的进步。三是公民法律意识不断提高。法治建设的推进，普法教育的深入，使公民的法律意识不断提高，法律已逐渐成为人们维护自身合法权益的一把利器，在权益出现纠纷或受到侵害时，越来越多的人选择通过诉讼途径来维护自己的合法权益。

我国在法治建设的道路上出现以上三个可喜的特征，标志着我国在实现法治国家目标的征程上迈出了举足轻重的一步，但是与此同时，在民事、行政诉讼领域出现一些与此不相协调的现象——诉讼欺诈行为，即有一部分人通过单独或与他人相互串通的方式，在诉讼中采取编造虚假事实、隐瞒事实真相等手段来实现非法的目的的行为。诉讼欺诈行为不但侵害了他人的合法权益，扰乱社会、经济秩序，而且在很大程度上浪费了司法资源，腐蚀司法的权威性与公正性，使公民法律信仰出现动摇。由此可见，诉讼欺诈行为的社会危害性是巨大的，如不抓紧对其进行有效的遏制，必然影响和阻碍中国特色社会主义法治国家的建设。与此形成强烈反差的是，我国不但在理论界对诉讼欺诈行为的认识存在"有罪与无罪"、"此罪与彼罪"、"是否立法、怎么样立法"之争议，而且在司法实务界，由于我国尚未在刑法中对诉讼欺诈行为进行明确的规定，缺乏统一的标准，全国各地司法实务中对诉讼欺诈行为的处理各不相同，较为混乱。在 2009 年的"两会"上有不少代表提出了关于诉讼诈骗（诉讼欺诈行为的一种）的议案和建议，诉讼欺诈行为入罪问题逐渐成了法治热点，这不但在一定程度上反映了民众对诉讼欺诈行为现象及其社会危害性的关注，也充分表达了运用刑法手段惩罚相关违法行为的强烈民意和法律诉求。诉讼欺诈行为不但引起了社会的广泛关注，成为大家热议的话题，而且也成为许多学者研究的课题。

关于诉讼欺诈行为，其实并不是一种近年才出现的新兴事物，而是古已有之，并且有相应的法律规范对该行为进行规制，这在国内外法制史上均有记载。在国外，根据古罗马时期优士丁尼所著的《法学阶梯》中的第四卷第 16 题"课加于草率诉讼者的罚金"中的叙述，在诉讼中，根据皇帝的敕令，所有的被告都要呈交誓言，而且事实上，除非被告预先宣誓"他们是在认为自己运用了良好的论据的情况下进行反驳的"，否则不能运用其主张；同样，原告的诬告也受限制，其也必须就未为诬告起诉作出宣誓。[②] 在要求作出宣誓的同时，又采用了强制不诚实的诉讼者也对其相对人偿付损害和诉讼费用的

① 参见《全国人民代表大会常务委员会工作报告》，载《人民日报》2011 年 3 月 19 日。
② 参见［古罗马］优士丁尼：《法学阶梯》，徐国栋译，中国政法大学出版社 2005 年版，第 525 页以下。

原则。① 其实这也不是最早的, 在这之前已经就有了"诬告之诉", 他的处罚是科处原告诉讼价值的十分之一部分的罚金。② 在国内, 中国古代对于刑事和民事并未明确区分, 统一规定在律法中, 对于刑事、民事领域的"诬告"采取了相似的处理方式, 即"诬告反坐", 以其诬告他人之罪处罚之。由于诬告不仅使被诬告人遭到损害, 而且也破坏司法秩序, 这不但在中国历代法律都规定了该罪名, 而且对此罪均重加惩罚, 如秦朝时期的《睡地虎秦墓竹简·法律答问》记载: "'当耐司寇而以耐隶臣诬人, 何论? 当耐隶臣。'又: '完城旦, 以黥城旦诬人, 何论? 当黥。'" 至唐朝, 唐律用许多法条规定诬告反坐和诬告重惩, 其后的宋、元、明、清诸律均有诬告反坐专条, 其具体规定相同或略同于唐律。③ 律法在规定了"诬告罪"的同时, 还规定了"引虚", 即指诬告人向官府承认自己所告之事虚假并撤回所告。依唐律规定, 除诬告他人死罪以外, 在未对被告人烤掠之前引虚者, 减反坐罪一等处罚。对被告人已烤者, 不减。此外, 诬告期亲尊长、外祖父母、夫、夫之祖父母及奴婢、部曲诬告主之期亲、外祖父母者, "虽引虚, 各不减。"④ 在明清的诉讼律法中, 出现了关于"刁讼"的规定, 即指用欺诈的手段, 颠倒黑白以夺人财产或陷于罪的诉讼, 如《明史》卷二百八十一《循吏传·唐侃》: "永丰俗刁讼, 尚鬼, 尤好俳优, 侃禁止之。" 清黄文鸿《福惠全书·刑名·劝民息诉》: "为严禁刁讼以安民生事。"⑤ 这种"刁讼"与现代诉讼欺诈行为就越发的相似。

进入现代社会以来, 随着社会经济的不断发展, 对诉讼欺诈行为的研究也逐渐深入, 无论是在理论上, 还是在实践上, 国内外逐渐形成了一些比较有代表性的观点。这些代表性观点在促进诉讼欺诈行为研究发展的同时, 也存在差异甚至是对立, 这对诉讼欺诈行为的解决带来了诸多困惑。这些差异或对立主要体现以下几个方面: (1) 对诉讼欺诈行为概念的界定, 包括行为主体、目的、手段、发生场合的界定; (2) 诉讼欺诈行为"罪与非罪"的认识; (3) 诉讼欺诈行为在构成犯罪的前提之下, "此罪与彼罪"的认识。

在国外, 以日德为主的大陆法系国家的学者, 对诉讼欺诈行为进行了较早的理论研究, 特别是在日本, 早在 20 世纪 80 年代之前, 就形成了较为成熟和系统的理论, 其在刑法教材和各种刑法理论著作中对行为都有所论及。⑥

① 参见 [古罗马] 优士丁尼: 《法学阶梯》, 徐国栋译, 中国政法大学出版社 2005 年版, 第 527 页。

② 参见 [古罗马] 优士丁尼: 《法学阶梯》, 徐国栋译, 中国政法大学出版社 2005 年版, 第 527 页。

③ 参见北京大学法学百科全书编委会: 《北京大学法学百科全书: 中国法律思想史、中国法制史、外国法律思想史、外国法制史》, 北京大学出版社 2000 年版, 第 854 页以下。

④ 参见 [古罗马] 优士丁尼: 《法学阶梯》, 徐国栋译, 中国政法大学出版社 2005 年版, 第 965 页。

⑤ 参见 [古罗马] 优士丁尼: 《法学阶梯》, 徐国栋译, 中国政法大学出版社 2005 年版, 第 150 页。

⑥ 参见 [日] 木村龟二主编: 《刑法学词典》, 顾肖荣、郑树周等译, 上海翻译出版公司 1991 年版, 第 713 页以下。

在日本，不同学者根据自身对诉讼欺诈行为认识做出了相关定义，比较有代表性的是，日本学者大谷实的"提出虚假事实"情况下的诉讼欺诈行为，和日本学者大塚仁的"不论行为人运用何种方式和手段"情况下的诉讼欺诈行为。对诉讼欺诈行为"罪与非罪"、"此罪与彼罪"的认识，主要是围绕其是否构成诈骗罪展开论述的，主流观点有两种：一是以大谷实、大塚仁为代表的"肯定说"，即认为诉讼欺诈行为构成诈骗罪；二是以团滕重光为代表的"否定说"，即认为诉讼欺诈行为不构成诈骗罪。而判例的观点大致肯定成立诈骗，肯定说正在成为通说。① 实践中，在国外也存在对诉讼欺诈行为进行独立设罪的国家，如意大利、新加坡、西班牙等国家。

在国内，对诉讼欺诈行为的研究起步较晚，整体呈现出来的是散而不精的状态，且彼此之间的差异很大，没有形成通说。在对诉讼欺诈行为概念的界定上存在很多不同的观点。首先，对于诉讼欺诈行为的法律用语就有多种，比较有代表性有"诉讼诈骗"和"诉讼欺诈"（大部分学者倾向于用"诉讼欺诈"），这主要是由于各个学者对诉讼欺诈行为界定的不同而产生的。其次，对于诉讼欺诈行为的手段，有的认为是"编造虚假的事实或者提供伪造的证据"②，有的认为是"使用伪造、变造的证据"③，有的认为是"虚假的陈述或串通证人作出虚假的陈述，或提出伪造证据或串通证人提出伪造证据证明"④，有的认为是"各种手段诱骗或买通法院的审判人员"⑤。再次，对诉讼欺诈行为发生的场合，大部分学者认为只发生在"民事诉讼领域"，但也有部分学者认为还发生在"行政诉讼领域"⑥。最后，对诉讼欺诈行为的目的，大部分学者认为目的是"非法占有他人财物（包含财产性利益）"，也有的学者认为"不仅是提起民事诉讼骗取财产这一种情形，而且还包括基于其他非法目的在诉讼活动中实施的其他欺骗行为"⑦。关于诉讼欺诈行为的定性，我国刑法理论界存在诸多观点，比较有代表性的主要有以下五个：（1）"无罪说"，认为诉讼欺诈行为不构成犯罪；⑧（2）"诈骗罪说"，认为诉讼欺诈行为构成诈骗罪，持该种观点的人比较多，主要以张明楷和林山田为代表；（3）"敲诈勒索罪说"，认为诉讼欺诈行为构成敲诈勒索罪；⑨（4）"其他犯罪说"，认为诉讼

---

① 参见［日］大谷实：《刑法讲义各论》，黎宏译，中国人民大学出版社 2008 年版，第 240 页。

② 张明楷：《论三角诈骗》，载《法学研究》2004 年第 2 期。

③ 董玉庭：《论诉讼诈骗及其刑法评价》，载《中国法学》2004 年第 2 期。

④ 林山田：《刑法各罪论》，台北林山田 2005 年自版，第 458 页。

⑤ 赵香如：《"诉讼诈骗"如何适用法律？——以实然和应然为视角》，载《北方工业大学学报》2005 年第 2 期。

⑥ 参见李翔、黄京平：《论诉讼欺诈的可罚性及其立法完善》，载《云南大学学报》2004 年第 6 期。

⑦ 参见刘明祥：《财产罪比较研究》，中国政法大学出版社 2001 年版，第 251 页以下。

⑧ 参见潘晓甫、王克先：《伪造民事证据是否构成犯罪》，载《检察日报》2003 年 10 月 10 日。

⑨ 参见王作富：《恶意诉讼侵财更符合敲诈勒索罪特征》，载《检察日报》2003 年 2 月 10 日。

欺诈行为不成立诈骗罪，但如果其行为符合其他的犯罪，则以相应的犯罪论处；① （5）"独立成罪说"，认为应该对现行刑法进行修改，新设关于诉讼欺诈行为方面的罪名，对具体罪名的设计各个学者又不相同，有 "诉讼欺诈罪"、"毁灭、伪造证据罪"、"虚假诉讼罪" 等。与此同时，我国现行法律也没有对诉讼欺诈行为进行明确的规定。

对诉讼欺诈行为的研究不仅富有理论价值，而且具有现实意义，但是国内对于诉讼欺诈行为的研究还处在初步阶段，相关的研究成果散布于期刊论文中，并没有专门对诉讼欺诈行为进行系统研究的著作面市。正是在这样的背景下，笔者对诉讼欺诈行为的刑法规制问题进行研究。基本思路为：首先，从诉讼欺诈行为的概述出发，对诉讼欺诈行为进行合理界定，阐明其主要特征，指出其不仅发生在民事诉讼领域，而且还发生在行政诉讼领域，其不仅存在原告单独实施和合谋实施的情况，而且还应该包括被告单独实施的情况，依据行为的目的对其进行分类。其次，分析诉讼欺诈行为刑法规制的国内外理论与现状，从而形成对诉讼欺诈行为进行刑法规制在理论与实践的一个基本的认识。再次，指出我国诉讼欺诈行为刑法规制存在问题，并对相关理论进行总结和分析，指出其存在的主要分歧和不足，通过对诉讼欺诈行为进行刑法规制的合理性分析，以回应 "罪与非罪" 之争，利用对诉讼欺诈行为独立成罪的必要性分析，以回应 "此罪与彼罪" 之争，为诉讼欺诈行为的 "独立成罪" 提供理论上的支撑，从而最终为我国诉讼欺诈行为刑法规制的完善指明方向。最后，提出对诉讼欺诈行为增设 "民事、行政诉讼欺诈罪" 的立法设想，并提出立法设计，以期对诉讼欺诈行为刑法规制的完善提供帮助。通过上述研究，希望能够对诉讼欺诈行为的立法及司法实践提供理论上的支持与帮助，并促进我国法治的完善和和谐社会的构建。

二、诉讼欺诈行为概述

（一）诉讼欺诈行为概念的界定

诉讼欺诈行为概念的科学界定，是对其进行准确定性和立法研究的前提。随着经济和社会的不断发展和变化，作为一种独特的危害行为的诉讼欺诈行为的主体、目的、手段、发生场合等也发生着不断的变化，再加上各国各地区的法治背景、语言习惯等差异，因此，国内外理论界对于诉讼欺诈行为的用语和概念，尚未达成共识，不同学者都从各自的角度出发，对其进行了界定。

在日本，对于诉讼欺诈行为概念的界定，比较有代表性的主要有三种观点。第一种观点，强调行为的手段是 "提出虚假事实"，即所谓诉讼诈骗②，

---

① 参见最高人民检察院法律政策研究室就山东省人民检察院所提问题作出的《关于通过伪造证据骗取法院民事裁判占有他人财物的行为如何适用法律问题的答复》，转引自刘志伟、周国良：《刑法规范总整理》，法律出版社 2011 年版，第 481 页。

② 在日文中，"诈骗" 与 "欺诈" 是同一个词，在国内不同场合出现不同表述主要是因为不同的翻译版本导致的。

是指向法院提出虚假事实，欺骗法院，使法院作出判决，并依据该判决骗取财产或者免除自己的债务。① 第二种观点，不强调具体的手段行为，任何行为手段只要是欺骗了裁判所就符合要求。诉讼欺诈，即欺骗裁判所，得到胜诉的判决，使败诉人交付财物（财产上的利益）的。② 第三种观点，根据行为发生的场合是否仅限于诉讼程序，把诉讼诈骗概念分为广义和狭义。广义的诉讼诈骗，是指欺骗法院，使对方交付财物或者财产上利益的一切行为；狭义的诉讼诈骗，是指行为人将被害人作为被告人而向法院提起虚假的诉讼，使法院产生判断上的错误，进而获得胜诉判决，使被害人交付财产或者由法院通过强制执行将被害人的财产转移给行为人或者第三者所有。③

在国内，对于诉讼欺诈行为概念的界定更是存在诸多不同，比较有代表性的观点主要有五种：

第一种观点，强调诉讼欺诈行为只发生在"民事诉讼领域"。如有的学者认为，诉讼诈骗是指行为人以提起民事诉讼为手段，作虚假陈述，提出虚假证据，或者串通证人提供伪造的证据，使法院作出有利于自己的裁判，从而获得财物或财产上利益的行为。④ 还有台湾的林山田教授也认为：所谓诉讼欺诈，系指行为人以提起民事诉讼为手段，以虚假的陈述或串通证人作出虚伪的陈述，或提出伪造的证据或串通证人提出伪造的证据，使法院作出错误的判决，而达其不法诈财的目的。⑤

第二种观点，强调诉讼欺诈行为具有"非法占有的目的"。如有的学者认为，诉讼诈骗是指行为人以非法占有他人财物为目的，以提起民事诉讼为手段，在民事诉讼中使用虚假证据欺骗法院，使法院作出错误判决从而骗取数额较大公私财物的行为。⑥ 也有的学者认为，所谓诉讼欺诈，乃行为人施用诈术，获得法院之胜利判决，因而自被害人处取得财物或财产上利益之行为。⑦

第三种观点，强调诉讼欺诈行为不只发生在"民事诉讼领域"，在"行政诉讼领域"也存在。如有的学者认为，所谓诉讼欺诈，是指行为人以提起诉讼的方式（民事诉讼或者行政诉讼），通过利用虚假的证据，促使法院作出错误的判决或者裁定，破坏司法机关正常活动（即法院正常审判活动），而使自己或者他人获得财产或者财产性利益的行为。⑧

第四种观点，强调诉讼欺诈行为的目的不只是"非法占有的目的"，还有

---

① 参见［日］大谷实：《刑法讲义各论》，黎宏译，中国人民大学出版社 2008 年版，第 204 页
② ［日］大塚仁：《刑法概说（各论）》，冯军译，中国人民大学出版社 2003 年版，第 244 页。
③ ［日］曾根威彦：《刑法各论》，成文堂 2001 年第三版，第 151 页，转引自张明楷：《三角诈骗》，载《法学研究》2004 年第 2 期。
④ 于改之、赵慧：《诉讼诈骗行为性质之认定——武汉大学法学院刑法学专业博士研究生座谈纪要》，载《法学评论》2005 年第 1 期。
⑤ 林山田：《刑法各罪论》，台北林山田 2005 年自版，第 458 页。
⑥ 赵秉志主编：《刑法分则要论》，中国法制出版社 2010 年版，第 444 页。
⑦ 甘添贵：《体系刑法各论》，台湾甘添贵 2004 年自版，第 288 页。
⑧ 参见李翔、黄京平：《论诉讼欺诈的可罚性及其立法完善》，载《云南大学学报》2004 年第 6 期。

"其他非法目的"，并把诉讼欺诈行为划分为广义诉讼欺诈与狭义诉讼欺诈。如有的学者认为，广义的诉讼欺诈，是指为了达到非法的目的，以提起民事诉讼为手段，作虚假的陈述、提供虚假证据，或者串通证人提供伪造的证据，从而破坏人民法院正常司法活动，情节严重的行为。狭义的诉讼欺诈仅指为了非法占有他人财产或财产性利益，以提起民事诉讼为手段，作虚假的陈述、提供虚假证据，或者串通证人提供伪造的证据，从而破坏人民法院正常司法活动，情节严重的行为。[①] 也有的学者认为：所谓诉讼欺诈，是指行为人以提起民事诉讼为手段，作虚假的陈述、提出虚假的证据或串通证人提供伪造的证据，使法院作出有利于自己的判决，从而获得财物或财产上不法利益的行为。广义的诉讼欺诈则不仅限于提起诉讼骗取财产这一种情形，还包括基于其他目的而在诉讼活动中实施的多种欺骗行为。[②]

第五种观点，强调了"通过强制执行来占有财物"。如有的学者认为，诉讼诈骗是指行为人以非法占有他人财物为目的，以虚构的事实为依据，以提起民事诉讼为手段，并在民事诉讼中使用各种手段诱骗或买通法院的审判人员，使之违背事实和法律，作出错误裁判，再通过强制执行，占有对方当事人数额较大的财物的行为。[③]

通过比较可以发现，国内外对诉讼欺诈行为概念的界定，主要分歧有以下几个方面：

第一，关于诉讼欺诈行为法律用语的分歧，比较有代表性的有"诉讼诈骗"和"诉讼欺诈"。"欺诈"与"诈骗"虽是同义词，但是他们在以下两个方面存在细微的不同：（1）在词义所概括反映的侧面、重点方面，"欺诈"强调行为的性质和方式，而不注重结果，"诈骗"虽表明了同样的行为性质和方式，但强调的是行为的结果和行为的目的。（2）在词义的附加色彩方面，"欺诈"附加感情色彩比"诈骗"弱一些，所以"欺诈"的道德否定评价没有"诈骗"那么严重。[④] 还有在现行刑法中凡是在罪名中有"诈骗"字样的犯罪都是属于诈骗罪范畴的，而且都是"以非法占有为目的"的，在这种情况下直接用"诉讼诈骗"很容易使人们陷入认识的误区，产生先入为主的印象，认为诉讼欺诈行为就是属于"诈骗罪"的一种，诉讼欺诈行为具有"以非法占有为目的"的主观心态，但是事实上诉讼欺诈行为却并非如此，诉讼欺诈行为的目的具有多样性，其在犯罪构成上并不符合"诈骗罪"，具体原因笔者将在下文中分析。因此，笔者认为对于诉讼欺诈这种行为的法律用语，使用"诉讼欺诈"比使用"诉讼诈骗"更恰当。

第二，关于诉讼欺诈行为的手段的分歧，主要集中在"编造虚假事实"、"使用伪造、变造的证据"、"虚假的陈述"、"相互串通"等手段，是全部包

---

① 杨剑波：《诉讼欺诈行为辨析》，载《人民检察》2005 年第 13 期。

② 参见刘明祥：《财产罪比较研究》，中国政法大学出版社 2001 年版，第 251 页。

③ 赵香如：《"诉讼诈骗"如何适用法律？——以实然和应然为视角》，载《北方工业大学学报》2005 年第 2 期。

④ 参见刘远：《金融诈骗罪研究》，中国检察出版社 2002 年版，第 3 页以下。

含在内，还是只包含部分。笔者认为上述这些手段都应属于诉讼欺诈行为的手段，但是这些手段并不能完全列举所有可能的手段，而且随着经济与社会的发展，诉讼欺诈行为的手段将不断出现新的情形。但是，通过对上述这些欺诈手段进行分析后，我们会发现这些不同手段本质都是编造虚假事实、隐瞒事实真相，只是行为的具体方式不同而已。因此，笔者认为对于诉讼欺诈行为的手段，包含编造虚假事实和隐瞒事实真相两种。

第三，关于诉讼欺诈行为发生场合的分歧，主要集中在是只发生在"民事诉讼领域"，还是发生在"民事诉讼与行政诉讼领域"。从目前发生的有关诉讼欺诈案件来看，基本上都是发生在民事诉讼领域，即从实然角度来看，诉讼欺诈行为在行政诉讼领域发生的可能性很低。但从应然角度来看，由于民事诉讼与行政诉讼存在着不小的相似度，在行政诉讼领域发生诉讼欺诈行为是有可能的。而且现在在行政诉讼领域没有发现诉讼欺诈行为，并不代表没有发生和将来不会发生。因此，笔者认为，为了诉讼欺诈行为概念的周延，应该把行政诉讼领域涵盖在内。

第四，对诉讼欺诈行为的目的分歧，主要集中在除"非法占有他人财物（包含财产性利益）"的目的外，是否还包含其他非财产性的非法目的。对于诉讼欺诈行为来说，其强调行为的性质和方式的同时，对于其是出于何种非法目的，并没有特殊的要求，对于其是侵财类目的还是非侵财类目的在所不问。如果将诉讼欺诈行为的目的限制在侵财类的话，对于非侵财类目的排除在外，这将大大缩小诉讼欺诈的外延，从而导致非侵财类诉讼欺诈行为无法得到应有的刑法评价。虽然在实践中诉讼欺诈行为的目的一般是以侵财类为主，但是也有存在基于破坏他人商誉、破坏他人生产等其他非法目的而实施的诉讼欺诈行为。而无论诉争的标的是否为财产，行为人向法院提供虚假证据，其社会危害性及行为特征都具有极大的一致性，理应受同一罪名的评价。① 因此，笔者认为诉讼欺诈行为的目的应该包含非侵财类在内的一切非法目的。

第五，关于诉讼欺诈行为后果的分歧，主要集中在是否需要对后果进行描述，以及是否需要区分"情节严重"。前文已经说到，对于诉讼欺诈行为强调的是行为的性质和方式，对于结果并不注重，在定义诉讼欺诈行为时不用对后果进行描述。而对于情节的严重与否，对于定义一个行为来说，并没有实际意义，只有在对一个行为进行刑法评价时，后果的轻重才会有实际的意义，就像"诈骗行为"与"诈骗罪"，我们在定义"诈骗行为"时主要强调的是"以非法占有为目的，用虚构事实或者隐瞒真相的方法，骗取公私财物的行为。"而要构成"诈骗罪"还必须达到数额较大的情节，即较严重的后果。因此，笔者认为对诉讼欺诈行为的概念进行界定时，不需要描述后果，更不需要区分轻重。

综上所述，笔者认为，诉讼欺诈行为，即诉讼欺诈，是指行为人为实现

① 赵秉志主编：《刑法分则要论》，中国法制出版社 2010 年版，第 449 页。

非法目的，在民事诉讼领域或行政诉讼领域，采取编造虚假事实、隐瞒事实真相等手段进行诉讼的行为。

（二）诉讼欺诈行为的主要特征

1. 场合的特定性

所谓场合的特定性，是指诉讼欺诈行为发生的领域只能是在民事诉讼与行政诉讼这两个特定的领域，超出这两个领域，就不是诉讼欺诈行为。这里的民事诉讼领域包括诉讼程序与非诉讼程序，如《民事诉讼法》的第 213 条和第 214 条规定的具有强制执行力的仲裁文书和公证文书。如果行为人为实现非法目的，通过单独或与他人相互串通的方式，采取编造虚假事实、隐瞒事实真相等手段的行为，但是这些行为并不是发生在民事诉讼领域或者行政诉讼领域，那么就不是诉讼欺诈行为。如果上述的这些行为是发生在刑事诉讼领域，虽然符合诉讼欺诈行为的特点，但是由于刑法上对这些行为已经有了相关的法律规定，如《刑法》第 243 条的诬告陷害罪，第 305 条的伪证罪，第 306 条的辩护人、诉讼代理人毁灭证据、伪造证据、妨害作证罪，第 307 的妨害作证罪和帮助毁灭、伪造证据罪，因此不需要在另外对其进行规制。

2. 手段的多样性

所谓手段的多样性，是指诉讼欺诈行为中所采用的手段是多种多样的。既可能是单独欺诈，也可能是串通欺诈；可能是采取编造虚假事实、隐瞒事实真相等手段中的一种，也可能是采取多种手段相结合；在编造虚假事实、隐瞒事实真相中也可能采取诸多手段，如伪造和使用虚假证据、提供虚假证人证言等。

3. 目的的复杂性

所谓目的的复杂性，是指诉讼欺诈行为中行为人所具有的主观目的是复杂多样的，既可能是侵财性的目的，也可能是非侵财性的目的，还有可能这两个目的皆有。就目前来说，比较常见的诉讼欺诈行为的目的主要是侵财性的，即以非法占有他人财产或财产性利益为目的的，这和诈骗罪中的非法目的具有同质性。对于非侵财性的目的，有的可能是为损害对方名誉，有的可能是为通过诉讼消耗对方，达到整垮竞争对手的目的，有的可能是为减轻或者免除自身法定义务的目的。

4. 后果的严重性

所谓后果的严重性，是指诉讼欺诈行为所带来的后果具有严重的社会危害性。这种危害性主要体现在以下三个方面：第一，诉讼欺诈行为侵犯法益的双重性，即诉讼欺诈不但扰乱了正常的司法秩序，造成了原本就十分有限的司法资源的浪费，而且侵害被害者的合法权益；第二，诉讼欺诈行为使法律的权威受到腐蚀，即原本作为公平正义的维护者和法律的忠实践行者的人民法院，由于诉讼欺诈行为使其变成了他人实现不法的目的的工具，司法的声誉、法律的权威将受到严重的腐蚀；第三，诉讼欺诈行为阻碍经济的发展，即经济的健康发展，离不开稳定的市场秩序，然而诉讼欺诈行为会搅乱市场秩序，影响经济的发展。

（三）诉讼欺诈行为的分类

根据实行诉讼欺诈行为目的内容的不同，可以把诉讼欺诈行为分为侵财类诉讼欺诈行为和非侵财类诉讼欺诈行为。

1. 侵财类诉讼欺诈行为

所谓侵财类诉讼欺诈行为，是指以非法占有他人财物（包含财产性利益）为目的的诉讼欺诈行为。侵财类诉讼欺诈行为是我们目前情况下最常见的一种形式，如本文前面所提到的"一起恶意诉讼案背后的玄机——广西历史上首次由案外人提起再审的案件尘埃落定"和"以合法形式达到非法占有目的的虚假诉讼转移债权属于诈骗"两个案例，都是以非法占有他人财物（包含财产性利益）为目的的。

2. 非侵财类诉讼欺诈行为

所谓非侵财类诉讼欺诈行为，是指基于非财产性的非法目的而实施的诉讼欺诈行为。随着社会的发展，价值的逐渐多元化，以及诉讼请求在不违反法律规定情况下的不受限制性，人们通过诉讼欺诈行为实现的非法目的已经不再仅仅局限于非法占有他人财物（包含财产性利益），而是呈现出多样性，如有的可能是以损害对方名誉或商誉以目的，有的可能是通过诉讼消耗对方，达到整垮或排挤竞争对手的目的，有的可能是以减轻或者免除自身法定义务为目的，有的可能是以解除法定关系为目的，等等，凡此种种，都不具有非法占有他人财物的目的。

三、诉讼欺诈行为刑法规制的理论与实践

（一）诉讼欺诈行为刑法规制的理论

现阶段，国内外研究主要集中在侵财诉讼欺诈行为（即所谓的诉讼诈骗），而对非侵财类诉讼欺诈行为的研究甚少。

1. 国外诉讼欺诈行为刑法规制的理论

在国外，学者对诉讼诈骗行为的研究，主要是针对其是否构成诈骗罪，德国、日本等国的刑法，并没有将诉讼诈骗规定为独立的犯罪，但是刑法理论的通说与审判实践均认为诉讼诈骗成立诈骗罪。[①] 尤其是在日本，形成了"否定说"与"肯定说"两种观点。

（1）"否定说"。

"否定说"认为诉讼诈骗不构成诈骗罪，其主要理由是：第一，法院并不一定都能成为被欺骗的对象。日本的刑法学者团藤重光教授认为："民事诉讼法采用形式的真实发现主义，法院不问陷于错误与否，均受当事人主张之拘束而为一定之裁判，因此用此项诉讼程序，是否可认为作欺诈之手段，不无疑问"。[②] 从本质上分析，民事诉讼采取的是形式真实主义而非实质上的真实主义，对于法院是否真的陷于错误认识在所不问，很多时候法官明知行为人提供的证据是虚假的，但由于相对方无法提出有利的证据，也不得不作出有

---

① 张明楷：《论三角诈骗》，载《法学研究》2004 年第 2 期。

② 蔡墩铭主编：《刑法分则论文选辑》（下），五南图书出版公司 1984 年版，第 818 页。

利于行为人的判决。所以，诉讼诈骗中，法院不一定都是因为被欺骗而作出错误判决。第二，被害人不是受骗而交付财物。在诉讼欺诈中，行为人通过欺诈的手段欺骗法院，作为被害人的败诉方，绝大多数时候对行为人的欺诈行为都是心知肚明的，被害人败诉以后对财产的处分行为并不是由于错误认识而处分，而是基于法律的权威不得不服从法院的判决而处分财产，如果被害人不主动交付财物，法院将会予以强制执行，这种通过法院强制执行而交付财物的行为，更不可能是自愿交付行为。

（2）"肯定说"。

"肯定说"认为诉讼诈骗构成诈骗罪，其主要理由是：诉讼诈骗符合诈骗罪的犯罪构成，是"三角诈骗"的一种形式。诈骗罪一般表现为如下的一个特定的过程：行为人实施欺骗行为（包括虚构事实或隐瞒真相）——此欺骗行为使被骗人陷于错误认识——被骗人基于此错误认识交付或处分自己或者是第三人的财产——行为人获得或使第三方获得财产——被骗者或者第三人遭受财产损失，对于被骗人与财产损失人并不要求必须是同一人，但是被骗人和财产处分人必须是同一人。"肯定说"认为在诉讼诈骗中，由于伪造、毁灭证据、虚构隐瞒事实、恶意串通等手段的运用，使得法院作出了错误的判决，处分了一方当事人的合法财产，这显然是法院受到欺骗的结果，故应当承认法院是诉讼诈骗被骗者并处分了被害人的财产。如日本的刑法学者平野龙一指出："在这种场合，法院是被欺骗者，同时也是交付者，而且法院具有使被告交付给原告的权限，因此成立诈骗罪。"[1] 前田雅英也认为："在诈骗罪中，被欺诈人与财产处分人必须为同一人，但被欺诈人与被害人却不必为同一人，因此，在诉讼欺诈中，法院为被欺诈人和财产处分人，这是符合诈骗罪要求的。"[2]

"肯定说"针对"否定说"提出以上两个理由，日本不少学者从各自的角度对其进行了反驳：针对第一个理由，有的学者认为"即使法官个人的心理没有产生错误，作为裁判所也是受到欺骗的"[3]，有的学者认为："在裁判所知道当事人的虚假主张时，并非完全不能采取相应的措施，即使最终不得不受其束缚而作出一定的裁判，也能看出它与欺诈人的行为使对方陷入错误而作出财产性处分行为具有法律上可以同等看待的关系。"[4] 针对第二个理由，有的学者认为："通过把裁判所的裁判本身解释为财产性处分行为，就使问题得以自然解决"，[5] 现在的学者一般认为由于诈骗罪中财产的处分者与被害人可以不是同一人，诉讼欺诈中财产的处分者是受欺诈的法院或法官，而法院

① ［日］平野龙一：《刑法概说》，东京大学出版社 1997 年版，第 217 页，转引自张明楷：《三角诈骗》，载《法学研究》2004 年第 2 期。

② ［日］前田雅英：《刑法各论讲义》，东京大学出版会 1999 年版，第 234 页，转引自张明楷：《三角诈骗》，载《法学研究》2004 年第 2 期。

③ ［日］泉二新熊：《日本刑法论各论》，有斐阁 1931 年增订 42 版，第 816 页以下，转引自［日］大塚仁：《刑法概说（各论）》，冯军译，中国人民大学出版社 2003 年版，第 245 页。

④ ［日］大塚仁：《刑法概说（各论）》，冯军译，中国人民大学出版社 2003 年版，第 245 页。

⑤ ［日］大塚仁：《刑法概说（各论）》，冯军译，中国人民大学出版社 2003 年版，第 245 页。

的交付行为是受骗交付的。

2. 国内诉讼欺诈行为刑法规制的理论

在国内，对诉讼欺诈行为的研究散而不精，有关诉讼欺诈行为的法律用语就有多种，比较有代表性的有"诉讼诈骗"和"诉讼欺诈"，大部分学者倾向于用"诉讼诈骗"，这主要是由于各个学者对诉讼欺诈行为界定的不同而产生的。关于诉讼欺诈行为的定性，我国刑法理论界存在诸多不同观点。

（1）"无罪说"。

"无罪说"，认为诉讼欺诈行为不构成犯罪，其理由主要有以下两点：

第一，诉讼欺诈行为不构成诈骗罪，原因有三点：首先，主观心态不同，在诉讼欺诈行为中行为人的主观心理状态为非直接故意，这与诈骗罪中行为人非法占有的直接故意存在差异；其次，侵犯的法益不同，"诉讼诈骗行为的社会危害性最主要地体现在对法院审判活动的影响上，其影响的后果则体现在被害人的财产损失上"[1]，即诉讼欺诈侵犯的主要是正常的司法秩序，这与诈骗罪侵犯的主要是财产所有权不同；最后，交付不同，诉讼欺诈中被害人的交付行为是非自愿性，其是基于法律的权威不得已而交付，特别是在法院强制执行的情况下，就更不同于诈骗罪中的"自愿交付行为"。

第二，现行刑法中没有相应条款对诉讼欺诈行为加以刑事处罚，根据罪刑法定原则，即法无明文规定不为罪，该行为只能按无罪处理。[2]

（2）"诈骗罪说"。

"诈骗罪说"[3]，认为发生在民事诉讼领域的侵财类诉讼欺诈行为（诉讼诈骗）构成诈骗罪，该理论的理由主要有以下两点：

第一，"三角诈骗"是诈骗罪的一种形式，诈骗罪中的被骗者与财产损失者不必是同一人，只需财产的处分者与被骗者为同一人即可。马克昌教授也认为"从现实生活来看，并不是所有的诈骗行为中财物处分人和被害人都总是同一的，传统的关于诈骗罪的刑法理论应当因势利导，将这种三角诈骗解释为诈骗罪的范围内。"[4] 张明楷教授在《论三角诈骗》一文中详细地论述了三角诈骗属于诈骗罪的一种；

第二，诉讼诈骗行为属于"三角诈骗"的一种。原因有三点：首先，主观方面，诉讼欺诈行为是以非法占有为目的的，这与"三角诈骗"相同；其次，客观方面，诉讼欺诈中的被骗者是法院，而法院基于其特殊的身份，拥有处分被害人财产的权力，因此诉讼欺诈中的被骗者和财产处分者同一时，符合"三角诈骗"的构成要求；最后，客体方面，诉讼欺诈行为是以非法占有为目的实施欺诈行为，侵犯他人的财产，这与"三角诈骗"侵犯的法益一致。

---

① 董玉庭：《论诉讼诈骗及其刑法评价》，载《中国法学》2004年第2期。

② 参见潘晓甫、王克先：《伪造民事证据是否构成犯罪》，载《检察日报》2003年10月10日。

③ 张明楷：《论三角诈骗》，载《法学研究》2004年第2期。

④ 于改之、赵慧：《诉讼诈骗行为性质之认定——武汉大学法学院刑法学专业博士研究生座谈纪要》，载《法学评论》2005年第1期。

　　在支持诉讼欺诈行为构成"诈骗罪"这一观点的阵营中，不同学者在具体论述理由时，也存在一定差异。在诉讼欺诈行为侵犯的客体方面，有的学者认为诉讼欺诈行为侵犯的直接客体是公私财产所有权，而不是国家司法机关的正常活动；① 有的学者认为诉讼欺诈行为侵犯了公私财产的所有权和国家司法机关的正常活动双重具体的社会关系，但其直接客体是单一客体，即公私财产所有权。② 有的学者认为诉讼欺诈行为侵犯的是复杂客体，但是公私财产所有权是主要客体。③ 在财产交付处分方面，有的学者认为财产的任意交付（即处分）并不是诈骗构成的必然要求，基于法院判决的交付与基于错误认识的直接交付在法律意义上并无两样；④ 有的学者认为在财产处分方面包含"财产交付"和"财产处分"两个概念，财产处分是财产交付的前提和关键，而财产交付则仅仅是财产处分的后果，在诉讼欺诈中法院是财产处分人，在其依靠国家强制力对被害人财产作出具有法律效力的处分的情况下，被害人财产交付的行为实际上是财产处分的必然结果。⑤

　　(3) "敲诈勒索罪说"。

　　"敲诈勒索罪说"，主要是针对"诈骗罪说"，认为诉讼欺诈行为（恶意诉讼）不构成诈骗罪，把诉讼欺诈行为（恶意诉讼）看成是敲诈勒索的一种特殊方式、方法更为恰当，应该构成敲诈勒索罪更合适，⑥ 其理由主要有以下两点：第一，诉讼欺诈（恶意诉讼）是通过借助法院判决的强制力迫使被害人交付财物，而不是骗取被害人的财物，这与敲诈勒索罪通过威胁、要挟等手段，强迫他人交付财物存在相似之处，因为威胁、要挟的方法可以多种多样；第二，法官负有审查案件事实判别真伪的职责，且有专业技能，而且一审判决原告胜诉，被告也会提出上诉，争取改判，即使二审判决原告胜诉，被告还可请求检察机关提起抗诉，仍有获得改判的机会，因此行为人搞恶意诉讼得逞的可能性相对较小。

　　(4) "其他犯罪说"。

　　"其他犯罪说"认为诉讼欺诈行为不成立诈骗罪，但如果其行为符合其他的罪名，则以相应的罪名论处。该观点主要来自最高人民检察院法律政策研究室就山东省人民检察院所提问题作出的《关于通过伪造证据骗取法院民事裁判占有他人财物的行为如何适用法律问题的答复》（以下简称《答复》）。《答复》中指出："以非法占有为目的，通过伪造证据骗取法院民事裁判占有他人财物的行为，所侵害的主要是人民法院正常的审判活动，可以由人民法

---

　　① 参见陈立主编：《财产、经济犯罪专论》，厦门大学出版社 2004 年版，第 542 页以下。

　　② 参见柳忠卫、石磊：《诉讼欺诈行为研究——以刑法为视角的分析》，载《山东公安专科学校学报》2003 年 5 期。

　　③ 参见陈立主编：《财产、经济犯罪专论》，厦门大学出版社 2004 年版，第 546 页。

　　④ 参见李伟、刘为波：《诉讼诈骗行为的司法定性及相关问题研究》，载《法律适用》2004 年第 8 期。

　　⑤ 参见柳忠卫、石磊：《诉讼欺诈行为研究——以刑法为视角的分析》，载《山东公安专科学校学报》2003 年 5 期。

　　⑥ 参见王作富：《恶意诉讼侵财更符合敲诈勒索罪特征》，载《检察日报》2003 年 2 月 10 日。

院依照民事诉讼法的有关规定作出处理，不宜以诈骗罪追究行为人的刑事责任。如果行为人伪造证据时，实施了伪造公司、企业、事业单位、人民团体印章的行为，构成犯罪的，应当依照刑法第二百八十条第二款的规定，以伪造公司、企业、事业单位、人民团体印章罪追究刑事责任；如果行为人有指使他人作伪证行为，构成犯罪的，应当依照刑法第三百零七条第一款的规定，以妨害作证罪追究刑事责任。"

（5）"独立成罪说"。

"独立成罪说"，认为应该对现行刑法进行修改，新设关于诉讼欺诈行为方面的罪名。

对具体罪名的设计学者们又各不相同，有"诉讼欺诈罪"①、"毁灭、伪造证据罪"②、"诉讼诈骗罪"③ 等，归纳各个学者的理由，主要有以下几点：第一，诉讼欺诈行为侵犯的法益具有多重性，包括他人各种合法权益和正常司法秩序等；第二，诉讼欺诈行为具有严重的社会危害性，应从刑法上加以规制；第三，现行刑法无法有效地对该行为进行规制，存在法律上的漏洞。

（二）诉讼欺诈行为刑法规制的实践

1. 国外诉讼欺诈行为刑法规制的实践

由于各国历史和文化的不同，对于诉讼欺诈行为的刑法规制，世界各国采取了不同的方式方法，比较有代表性的主要有以下三种：

（1）成立"诈骗罪"。

以德日为代表的国家，在其刑法条文中并没有专门的罪名来规制诉讼欺诈行为，而是在其司法实践中把诉讼欺诈作为诈骗罪的一种情形，以现有的诈骗罪来进行处罚。如《德国刑法典》第 263 条第 1 款规定："意图使自己或第三人获得不法财产利益，以欺诈、歪曲或隐瞒事实的方法，使他人陷入错误之中，因而损害其财产的，处 5 年以下自由刑或罚金。"④ 《日本刑法典》第 246 条规定："欺骗他人，使其交付财物的，处 10 年以下有期徒刑。以前项方法，获得财产性不法利益，或使他人获得该利益的，与前项同。"⑤ 这两个国家的刑法都只是规定的诈骗罪，并没有专门对诉讼欺诈设立罪名，而在具体的司法实践中却以诈骗罪论处，如日本的"大判明 44·11·14 录 17·2047"、"大判大 3·5·12 录 20·856"⑥ 等案例。

（2）独立成罪。

以意大利和新加坡为代表的国家，在刑法中设立专门罪名对诉讼欺诈行为进行规制。《意大利刑法典》直接规定了"诉讼欺诈"的罪名，其第 374 条

---

① 参见张卫兵：《论诉讼欺诈之刑法调整》，载《国家检察官学院学报》2004 年第 5 期；参见俞利平、娄永强：《关于诉讼欺诈定性的障碍及立法完善》，载《政法学刊》2004 年第 5 期；参见曾杰：《诉讼欺诈定性之探讨》，载《江西公安专科学校学报》2004 年第 4 期。

② 董玉庭：《论诉讼诈骗及其刑法评价》，载《中国法学》2004 年第 2 期。

③ 参见王焰明：《试析诉讼欺诈案件的定性》，载《人民检察》2001 年第 8 期。

④ 《德国刑法典》，徐久生、庄敬华译，中国方正出版社 2004 年版，第 128 页。

⑤ 黎宏：《日本刑法精义》，中国检察出版社 2004 年版，第 372 页。

⑥ ［日］大塚仁：《刑法概说（各论）》，冯军译，中国人民大学出版社 2003 年版，第 244 页。

规定："在民事诉讼或行政诉讼中，以欺骗正在进行调查或司法实验的法官为目的，有意改变有关地点、物品或人身的状况的，或者鉴定人在进行鉴定时做出上述改变的，如果行为不被特别的法律条款规定为犯罪，处以 6 个月至 3 年有期徒刑。如果行为是在刑事诉讼中或者在刑事诉讼前实施的，适用同样的规定；但是，在这种情况下，如果所涉及的是经告诉、要求或申请才予处罚的犯罪，并且有关告诉、要求或申请并未提出，则不予处罚。"① 该罪名归属于"侵犯司法管理罪"的一种。从这个条文的内容我们还可以发现，这里所指的诉讼欺诈既可以是发生在民事诉讼领域，也可以是发生在行政诉讼领域，甚至是刑事诉讼领域，而且对于该行为的目的是否为侵财性在所不问。

新加坡刑法并没有直接用"诉讼欺诈"来作为该罪的罪名，而是分别用了"采用欺骗手段获得非应得数额的判决罪"（第 208 条和第 210 条）和"采用欺骗手段或者不诚实地在法庭提出权利要求罪"（第 209 条）。第 208 条规定："欺诈性地引起或承受一项反对其由任何人提起的诉讼的法令或命令的通过，该法令或命令也为了对于起诉者而言取得不恰当的数额，或者大于该起诉者应得的数额，或给予无资格获得财产的人以任何财产或由此而产生的利息；或者是引起或承受一项反对其已经履行的法令或命令被执行或对已经被履行的任何事情再被执行的，处可长至 2 年的有期徒刑，或处罚金，或两罚并处。"第 209 条规定："在法院欺诈地或不诚实地作出其明知是虚假的主张旨在伤害或惹怒任何人的，处可长至 2 年的有期徒刑，并处罚金。"第 210 条规定："欺诈地获得反对任何人的法令或命令，且系出于不恰当的数额或大于恰当的数额，或为其不应获得的财产或财产上孳生的利息，或者是欺诈性地导致一项反对任何人的法令或命令在已经被履行完毕后执行，或对已经被履行的任何事情再被执行的，处可长至 2 年的有期徒刑，或处罚金，或两罚并处。"② 这三条规定都归属于"伪证及破坏公正司法罪"一章。从这三个条文内容我们可以发现，新加坡刑法对诉讼欺诈行为的目的主要强调的是"财产利益"，对发生的领域并没有作出明确的要求，而且其在第 209 条把非诉程序发生的欺诈行为也包含在"诉讼欺诈"内。

（3）其他。

西班牙对诉讼欺诈行为的规制不同于前面的两种，其区分不同的情形分别在第十三集"侵犯财产罪"和第十八集"伪造罪"中对其进行了相关的规定。首先，在"侵犯财产罪"中，《西班牙刑法典》第 248 条第一项规定："使用欺骗手段，诱使他人做出错误决定而获得利益的，构成诈骗罪。"第 249 条规定："诈骗金额超过 50000 比塞塔的，处 6 个月以上 4 年以下徒刑。……"第 250 条第一项规定："有下列行为处 1 年以上 6 年以下徒刑，或处 6 个月至 12 个月罚金：……（2）假借诉讼或者诉讼程序进行诈骗的。……"③ 可见，《西班牙刑法典》将"侵财类诉讼欺诈行为"归为诈骗罪，

---

① 《意大利刑法典》，黄风译，中国政法大学出版社 1998 年版，第 112 页。
② 《新加坡共和国刑法典》，柯良栋、莫纪宏译，群众出版社 1996 年版，第 56 页以下。
③ 《西班牙刑法典》，潘灯译，中国政法大学出版社 2004 年版，第 94 页。

并在量刑时加重处罚。其次，在"伪造罪"中，《西班牙刑法典》第393条规定："明知属于前面各条所包括的伪造文书，利用其提出诉讼或者利用其伤害他人的，减轻一级处罚。"① 行为人明知是这样的文书而提起诉讼的，按照"伪造公共、官方、商业及电讯文书罪"定罪，但处罚减轻一级。第396条规定："明知属于以上各条所包括的伪造文书，利用其提出诉讼或者利用其伤害他人的，按照前条规定减轻一级处罚。"② 可见，《西班牙刑法典》规定对于通过利用伪造的各种文书提起诉讼的诉讼欺诈行为是"伪造罪"的一种，但在量刑时减轻一级处罚。

2. 国内诉讼欺诈行为刑法规制的实践

我国对诉讼欺诈行为的规制，最早可见诸民国时期，如最高法院民国二十八年（1939年）上字第3912（1）号判例："上诉人提出伪契，对于他人所有之山场林木，诉请判令归其所有，即系向法院施用诈术，使将第三人之物交付于己，虽其结果败诉，仍于行使伪造文书罪外，成立诈欺未遂罪名。"③ 最高法院民国二十九年（1940年）上字第2118号判例："上诉人因权利人提出民事诉讼向其追取租仔，先后在受诉法院提出伪契，主张受当该田，及已代为赎回，否认付租义务，自系连续行使伪造私文书，以诈术图得财产上不法之利益，既经民事判决胜诉确定在案，其诈欺即属既遂。"④ 从这两个判例中，可以看出实例上对诉讼欺诈行为是承认的，认为这种诉讼行为是诈欺罪（相当于大陆地区现行刑法中的"诈骗罪"）的手段。其实，在现在的台湾地区，无论是理论界还是实务界，一般都认为诉讼欺诈行为成立诈欺罪。

我国现行刑法对于诉讼欺诈行为并没有明确的规定，在具体的实务中有的认定为"诈骗罪"，但大部分以"法无明文规定不为罪"为由认定为无罪。对于日益增多的诉讼欺诈行为，最高司法机关也作出了相应的反应，最早的是2002年9月25日，最高人民检察院法律政策研究室就山东省人民检察院所提问题作出了《答复》，《答复》中认为诉讼欺诈行为不成立诈骗罪，但如果其行为符合其他的罪名，则以相应的罪名论处。随后，2006年4月18日最高人民法院研究室在给黑龙江省高级人民法院的《关于伪造证据通过诉讼获取他人财物的行为如何适用法律问题的批复》（以下简称《批复》）中认同了最高人民检察院的《答复》，指出"在审理此后发生的有关案件时可参酌适用该《答复》的规定"。从《答复》、《批复》的内容，我们可以发现，对于诉讼欺诈行为，我国最高司法机关对于其构成诈骗罪是持否定态度的，这从相关部门组织编写的《解读最高人民检察院司法解释》对《答复》的解释中也可以看出来。⑤

---

① 《西班牙刑法典》，潘灯译，中国政法大学出版社2004年版，第145页。
② 《西班牙刑法典》，潘灯译，中国政法大学出版社2004年版，第146页。
③ 林辰彦、梁开天、郑炎生主编：《最新综合六法审判实务活页式法律实用工具书〈刑法分则编〉（第七卷）》，台湾大追踪出版社2010年版，第4804页。
④ 林辰彦、梁开天、郑炎生主编：《最新综合六法审判实务活页式法律实用工具书〈刑法分则编〉（第七卷）》，台湾大追踪出版社2010年版，第4804页以下。
⑤ 参见张穹：《解读最高人民检察院司法解释》，人民法院出版社2003年版，第360页以下。

在地方上，相关司法机关对诉讼欺诈行为也作出了相应的反应，如比较有代表性的浙江省高级人民法院和浙江省人民检察院。浙江省高级人民法院在 2008 年 12 月 4 日颁布了《浙江省高级人民法院关于在民事审判中防范和查处虚假诉讼案件的若干意见》，其中对虚假诉讼的概念、案件类型、防范措施、惩处措施进行了较为详细的规定；浙江省高级人民法院和浙江省人民检察院于 2010 年 7 月 7 日印发了《浙江省高级人民法院、浙江省人民检察院关于办理虚假诉讼刑事案件具体适用法律的指导意见》（以下简称《指导意见》），其中对虚假诉讼犯罪的概念、刑罚给出了指导性意见，要求相关司法机关遵照执行，其中明确指出根据行为的主体、目的、手段的不同，分别处以妨害作证罪，帮助毁灭、伪造证据罪，伪造、变造、买卖国家机关公文、证件、印章罪，盗窃、抢夺、毁灭国家机关公文、证件、印章罪，伪造公司、企业、事业单位、人民团体印章罪，伪造、变造居民身份证罪，拒不执行判决、裁定罪，诈骗罪，职务侵占罪，贪污罪进行处理，对于同时触犯两个或者两个以上罪名的，依法实行数罪并罚或者按处罚较重的罪名定罪处罚。《指导意见》的第 6 条规定："以非法占有为目的，进行虚假诉讼，骗取公私财物的，按照刑法第二百六十六条诈骗罪处理。"这与最高人民法院和最高人民检察院的不认为诉讼欺诈构成诈骗罪的观点正好相反。

四、我国诉讼欺诈行为刑法规制存在的问题与完善方向

（一）我国诉讼欺诈行为刑法规制存在的问题

随着我国法治建设的不断推进，普法教育的持续深入，公民法律意识不断提高，法律已逐渐成为人们维护自身合法权益的一把利器，在权益出现纠纷或受到侵害时，越来越多的人选择通过诉讼途径来维护自己的合法权益。在民事、行政诉讼领域出现一部分人通过单独或与他人相互串通的方式，采取编造虚假事实、隐瞒事实真相等手段来实现非法目的的行为，特别是在民事诉讼领域愈演愈烈，呈现高发的态势。北京市第一中级人民法院于 2009 年专门召开新闻发布会，宣布对 22 起诉讼欺诈案件进行处理。这也是北京市法院首次对诉讼欺诈行为集中惩处。期间还公布一项调查，即该院曾从本院 2008 年审结的二审案件随机选取了 100 件进行抽样分析，结果显示，其中有 25% 的案件（即 25 件）涉及诉讼欺诈行为。[①] 浙江省高级人民法院也进行过相类似的调研，调研显示：截至 2008 年 5 月，浙江省法院经审理确认属于"虚假诉讼"的案件 107 件；在浙江省东阳市人民法院，近 90% 的办案法官都表示曾接触此类案件，有 80% 的法官认为此类案件将逐年递增。[②] 虽然这些都仅仅是一个抽样调查的结果，但是这也在很大程度上反映出诉讼欺诈行为在现阶段的高发性。诉讼欺诈行为在现阶段的高发性，体现出了现行法律无法对其进行有效的规制，而这其中重要的原因就是诉讼欺诈行为在刑法规制方面存在严重的问题。

---

① 参见李罡：《两成二审案件查出诉讼欺诈》，载《北京青年报》2009 年 10 月 30 日。
② 参见袁定波：《浙江：虚假诉讼渐"蔓延"》，载《法制日报》2008 年 10 月 14 日。

1. 刑法规定的不明确性

根据罪刑法定原则，在认定一个行为是否构成犯罪的唯一标准就是刑法中是否明确规定该行为为犯罪行为，反过来说就是"法无明文规定不为罪"。对于诉讼欺诈行为，笔者认为，我国现行刑法对于其并没有作出明确的规定，虽然最高人民检察院法律政策研究室《答复》对于诉讼欺诈行为是否构成犯罪等问题作出了相关回应，最高人民法院研究室在给黑龙江省高级人民法院的《批复》中认同了最高人民检察院的《答复》，但对《答复》的性质和效力则存在着诸多的质疑，这是因为根据1996年12月9日最高人民检察院发布的《最高人民检察院司法解释工作暂行规定》（以下简称《暂行规定》）① 规定，司法解释文件应采用"解释、规定、意见、通知、批复"等形式，统一编排文号，并且需要经过最高人民检察院检察委员会审议，由检察长签署发布，而《答复》与这几点要求都不符，因此该《答复》不属于司法解释文件，也不具有普遍的约束力。《答复》的作出，并没有使刑法上关于诉讼欺诈行为的规定变得明确，无法起到定分止争的作用。

2. 处罚的不统一性

所谓处罚的不统一性，是指由于刑法规定不明确，没有统一的标准，人民法院对于同样是诉讼欺诈案件的当事人的处罚不统一，有的甚至差别巨大。对于同样是诉讼欺诈案件，有的法院根据罪刑法定原则认定当事人无罪，有的法院对当事人只处以训诫、具结悔过、罚款、拘留的民事强制措施；有的法院则判处当事人构成诈骗罪。如2009年10月29日，北京市第一中级人民法院专门召开新闻发布会，宣布了对22起诉讼欺诈案件进行处理的结果：包工头张光明策划、伪造假欠条起诉讨要工资案等3起诉讼欺诈的个人和单位，被处以罚款1万元到3万元，其余案件当事人受到法院训诫处理。而在2009年11月30日北京市海淀区人民法院对于王海龙伪造150万元借条起诉老板还钱一案，却认定王海龙伪造证据欺骗法院的行为构成诈骗罪，判处王海龙有期徒刑5年，罚金1万元。② 还有人民法院报报道的《一张借条想收两次钱——舟山一被告人恶意诉讼构成诈骗罪》③，当事人乐建国利用被害人在还款后未要回的借条提起诉讼欺诈，法院认定被告人乐建国犯诈骗罪，被判处有期徒刑1年6个月，并处罚金计人民币5万元。可见，都是诉讼欺诈行为，但是处罚结果却天差地别，有的判处无罪，有的认定构成诈骗罪，对于同样是认定构成诈骗，涉案金额为250万元的乐建国案判处的刑罚却要远低于涉案金额为150万元的王海龙案。这里已不是量刑轻重的问题，而是有罪与无

---

① 最高人民检察院于2006年颁布了《最高人民检察院司法解释工作规定》，但是《答复》是在2002年作出的，当时施行的是最高人民检察院于1996年颁布的《最高人民检察院司法解释工作暂行规定》。

② 参见高健：《诉讼欺诈：伪造150万元借条告老板》，载《北京日报》2009年12月1日。

③ 参见安平：《一张借条想收两次钱——舟山一被告人恶意诉讼构成诈骗罪》，载《人民法院报》2010年6月2日。

罪的差别。其实，司法实务中处罚不一的情况在"乔红霞案"① 中体现得尤为明显，乔红霞在诉讼中由于伪造合同，判决从最初的以诈骗罪判处无期徒刑，到最后被认定为无罪。

3. 处罚的不协调性

所谓处罚的不协调性，是指由于立法的滞后，面对具有严重的社会危害性的诉讼欺诈行为，却不能受到有效的处罚，造成了可能的违法犯罪所得和社会危害与其自身违法犯罪成本的不协调，即诉讼欺诈行为的处罚在实然与应然上出现巨大的差距。如上文所提到的包工头张光明策划、伪造假欠条起诉讨要工资案，虽然该案的涉案金额达到 40 多万元，但是最后当事人只被罚款 1 万元。这种诉讼欺诈行为不但扰乱了正常的司法秩序，造成了司法资源的浪费，而且侵害了被害者的合法权益，这比起普通的诈骗行为有过之而无不及，但是处罚却要远远低于诈骗罪，这使得违法犯罪成本大大低于其所带来的严重后果，造成处罚的不协调。

（二）诉讼欺诈行为刑法规制的完善方向——"独立成罪"

在理论上，国内外对诉讼欺诈行为的研究和探讨逐渐趋于深入，无论是德日等大陆法系国家的学者对诉讼欺诈行为是否构成诈骗罪的"肯定说"与"否定说"，还是国内对诉讼欺诈行为的"无罪说"、"诈骗罪说"、"敲诈勒索罪说"、"其他犯罪说"、"独立成罪说"等，这些观点的提出都是建立在相关学者对该行为的分析和研究的基础上的，虽然存在着些许不足，但是这些研究为我们的研究在理论上提供了很大的参考和借鉴。通过对上述观点的分析比较，我们可以发现国内外关于诉讼欺诈行为诸多观点之间的分歧，无外乎都是围绕诉讼欺诈行为是否构成犯罪、构成何种罪展开的，即"罪与非罪"、"此罪与彼罪"之争。面对我国诉讼欺诈行为刑法规制上存在的规定不明确、处罚不统一与不协调的问题，笔者将在对诉讼欺诈行为刑法规制相关理论进行分析的基础上，通过对诉讼欺诈行为进行刑法规制的合理性分析，以回应"罪与非罪"之争，利用对诉讼欺诈行为独立成罪的必要性分析，以回应"此罪与彼罪"之争，这不但可以为诉讼欺诈行为的"独立成罪"提供理论上的支撑，而且为我国诉讼欺诈行为刑法规制的完善指明方向——诉讼欺诈行为独立成罪。

1. 诉讼欺诈行为刑法规制的合理性

对于诉讼欺诈行为的性质，笔者在分析各家学说的基础上，通过比较分析，寻求诉讼欺诈行为在实然与应然两个不同视角下该如何正确适用法律的答案，以期为诉讼欺诈行为刑法规制的合理性提供依据。

---

① 基本案情：青岛市中级人民法院审理澳柯玛集团诉海欣公司（乔红霞为海欣公司法人代表）返利合同纠纷案过程中，发现乔红霞提交的合同有的是伪造的，因此青岛市中级人民法院据此以诈骗罪判处乔红霞无期徒刑，剥夺政治权利终身。但在随后的山东省高级人民法院作出的裁定中，撤销了对乔的有罪判决，将案件发回青岛中级人民法院重审。后最高人民法院、最高人民检察院指定"乔红霞案"由天津市人民检察院第二分院审查，该院经审查认为乔不构成犯罪，将该案退回青岛市公安局，随后青岛市公安局将乔红霞无罪释放。（参见陶春苗、王颖：《澳柯玛与甘肃经销商官司两地司法评价截然不同》，载《21 世纪经济报道》2004 年 2 月 18 日。）

（1）实然之视角——"诉讼欺诈行为无罪"

对于"无罪说"所提出的诉讼欺诈行为不构成犯罪的观点，笔者除在关于不构成诈骗罪理由方面有些许不同看法外，基本赞同这个观点。根据我国刑法第 13 条的规定，犯罪行为有以下三个基本特征：第一，行为对社会是有危害的，即具有社会危害性（必须达到一定程度）；第二，行为是触犯刑法的，即具有刑事违法性，其是在刑法框架下判断一个行为是否能构成犯罪的唯一标准，是罪刑法定原则的体现；第三，行为是应受刑罚处罚的，即具有应受惩罚性。在刑法上，一个行为要构成犯罪，必须同时具备以上三个条件，缺一不可。

对于诉讼欺诈行为，其是否构成犯罪，同样需要看是否同时具备以上三个条件。当然，在社会危害性方面，诉讼欺诈行为不仅扰乱了正常的司法秩序，侵害他人的合法权益，而且使法律的权威受到腐蚀，经济的发展受到阻碍，其完全具备了犯罪所要求的具有社会危害的条件。但是，在刑事违法性方面，我国现行刑法对于诉讼欺诈行为并没有作出具体明确的规定，再加上诉讼欺诈行为不符合诈骗罪、敲诈勒索罪的犯罪构成（笔者将在下文具体分析不构成诈骗罪和敲诈勒索罪的原因），其不具备刑事违法性。这个其实在"其他犯罪说"的观点中也有体现，如果抛开对《答复》性质的质疑，仅从《答复》的内容来看，笔者是赞同该观点的。因为最高人民检察院法律政策研究室之所以认为"诉讼欺诈行为不成立诈骗罪，但如果其行为符合其他的犯罪，则以相应的犯罪论处"，正是因为其认识到：在刑法没有对诉讼欺诈行为进行明确规定的情况下，由于诉讼欺诈行为不具有刑事违法性，无法对其进行定罪量刑，只能是对于该行为中一些具体刑事违法性的手段进行处罚。如果其认为诉讼欺诈行为具有刑法违法性，那么其完全没有必要只对其犯罪手段进行处罚，而是应该一体处罚。最高人民检察院的这种态度，实属是在罪刑法定原则的指导下，对诉讼欺诈行为予以的力所能及的处罚，是一种无奈之举。因此，在实然之视角下，虽然诉讼欺诈行为具有严重的社会危害性，但是由于我国现行刑法没有相应的明文规定，根据罪刑法定原则，诉讼欺诈行为"无罪"[①]。

（2）应然之视角——"诉讼欺诈行为有罪"

在中国刑法学界，近年来一直都存在着"犯罪化"与"非犯罪化"之争，即在刑法调控范围的"缩小"与"扩大"问题上存在着较大的分歧。赵秉志教授认为：在中国当前的社会情势下，还有强调适度犯罪化的必要，应当反对过度的犯罪化和大规模的非犯罪化。[②] 随着改革的不断深入，经济社会的不断发展，科技的不断进步，我国社会正处在急剧的变革时期，不少矛盾

---

① 这里所谓的"无罪"并不是说无论采取何种手段、方式进行诉讼欺诈都不构成任何犯罪，而是指由于现行刑法中没有明确的规定，对诉讼欺诈行为无法作为一个整体进行评价而造成的"无罪"，如果其手段行为构成犯罪的，当然应该处以刑罚。

② 赵秉志：《刑法调控范围宜适度扩大——解析犯罪化与非犯罪化之争》，载《检察日报》2004年 3 月 25 日。

处在集中爆发期，社会关系日益复杂化，新型的社会危害行为不断出现，而且各种危害行为所采取的手段也是不断推陈出新，给和谐社会的建设带来诸多挑战，面对那些对社会具有严重危害性且日益突出的违法行为，则需要动用刑法对其进行抵制。那么，在实然视角下无罪的"诉讼欺诈行为"，是否需要动用刑法进行抵制呢？任何新罪名的创设都意味着一个犯罪化过程的开启和随之而来的刑事责任归咎。刑罚作为刑事责任的主要实现方式，意味着对犯罪人的基本人权予以限制或剥夺，较之其他部门法制裁手段具有无可比拟的严重性。① 因此，对于一个行为是否需要"犯罪化"的论证，应该是一个十分严谨的过程，这也必然涉及"犯罪化"标准的问题，即"犯罪圈"界定的标准问题。

对于"犯罪圈"界定的标准，即刑法介入社会冲突的标准或者是刑事立法的标准，陈兴良教授曾指出："运用刑法手段解决冲突，应当具备以下两个条件：其一，危害行为必须具有相当严重程度的社会危害；其二，作为对危害行为的反应，刑罚应当具有无可避免性。一般来说，具有下列三种情况之一的，就说明不具备刑罚之无可避免性：（1）无效果，所谓无效果，就是指对某一危害行为来说，即使规定为犯罪并处以刑罚，也不能达到预防与抗制之效果；（2）可替代，所谓可替代，就是指对于某一危害行为来说，即使不运用刑罚手段，而运用其他社会的或者法律的手段，例如道德教育、民事或者行政制裁，也足以预防和抗制这一危害行为；（3）太昂贵，所谓太昂贵，是指通过刑罚所得到的效益要小于其所产生的消极作用。"② 张明楷教授认定为犯罪的标准界定为以下五个方面：（1）具有严重社会危害性而且为绝大多数人所不能容忍，并主张以刑法进行规制的行为；（2）没有其他制裁力量可以代替刑法，只有动用刑法才能遏制这种行为，才能充分地保护合法权益；（3）运用刑罚处罚这种行为，不会导致禁止对社会有利的行为，不会使公民的自由受到很大限制；（4）对这种行为在刑法上能够进行客观的认定和公平处理；（5）运用刑法处罚这种行为符合刑事责任的目的，即具有预防或遏制该行为的效果。③ 上述两位学者的观点，都颇有见地，都在一定程度上为"犯罪圈"的界定提供了标准。通过比较和借鉴上述二位学者的观点，笔者认为，刑事立法上应该根据行为的性质、刑法的性质、目的与机能等方面综合考虑将某种行为界定为犯罪的合理性，具体可归纳为以下三个标准：第一，行为具有严重的危害性，对相关法益造成了严重侵害或者是形成严重的威胁；第二，行为通过除刑法以外方式进行调整的无效性，即"行为成本"与"行为收益"的严重失调；第三，行为犯罪化的可行性，即把行为进行犯罪化处理在实践上是切实可行的、可操作的，能有效起到惩治、预防、遏制该行为的作用。

---

① 刘沛谞：《出罪与入罪：宽严相济视阈下罪刑圈的标准设定———一个基于实证范例的考察》，载《中国刑事法杂志》2008 年第 1 期。

② 参见陈兴良：《刑法哲学》，中国政法大学出版社 1997 年版，第 7 页。

③ 参见张明楷：《论刑法的谦抑性》，载《法商研究》1995 年第 4 期。

在上述标准确定以后，让我们来具体分析一下"诉讼欺诈行为"是否符合"犯罪化"的标准。

2. 诉讼欺诈行为具有严重的社会危害性

对于诉讼欺诈行为的社会危害性，笔者在前文已有论述，其严重程度甚至不亚于现行刑法中规定的某些犯罪行为，在这里笔者将对其进行具体的分析。诉讼欺诈行为的社会危害性主要体现在以下几个方面：

（1）侵蚀法律权威。

法律的权威是建立在公众对法律的信任与尊重的基础之上的，正义的实现与维护又是公众对法律产生信任与尊重的源泉，因此法律的权威源自于法律的正义。法律的正义则是诉讼的正义，它体现为通过法律机器的正常运转而获得的后果或判决。①诉讼的正义与否，在于裁判的公正与否，不公的裁判使诉讼失去了正义，使法律失去正义，无正义的法律不但得不到公众的信任与尊重，而且会为公众所唾弃，最终将使法律权威荡然无存。为了实现不法目的，通过欺诈的方式骗取法院裁判的诉讼欺诈行为，诉讼欺诈行为所可能带来的司法不公，影响法院审判行为的公正性，导致诉讼结果的反复性，这将在很大程度上动摇公众对法律的信任，最终将对法律的权威产生侵蚀。

（2）破坏正常的司法活动。

行为人为实现非法目的，通过单独或与他人相互串通的方式，采取编造虚假事实、隐瞒事实真相等手段进行欺诈，把维护正义、化解矛盾的法院当作了欺诈活动的场所，对法院的正常司法活动秩序造成不可估量的影响。面对这些原本不存在的诉讼，法院也不得不投入大量的人力、物力去审理，这使原本就十分有限的司法资源进一步被挤压，耗费在这些虚假的诉讼之上，更有甚者，是法院一旦作出了错误裁判，为此启动二审、再审程序，这必然将造成司法资源的巨大浪费。司法活动秩序的破坏，司法资源的浪费，无不是在破坏正常的司法活动。

（3）侵害他人合法权益。

诉讼欺诈行为的发生，都是行为人基于实现非法目的而进行的。为实现其非法目的，行为人一般都会做比较长期的精心准备，而被害人却正好与此相反，对于是诉讼参加人的被害人，往往是仓促应诉，败诉的可能性非常大，对于案外人的被害人，更是猝不及防，损失惨重。就算最后通过二审、再审纠正了错误的判决，一定程度上挽回了被害人的损失，但是有些损失一旦造成，将无可挽回。而且，诉讼欺诈的存在，致使被害人不得不去应诉，维护自己的合法权益，这样一个过程是极其费神又费力的，影响了被害人正常的工作和生活，使被害人为诉讼所累。因此，无论诉讼欺诈行为成功与否，都会侵犯他人的合法权益。

（4）破坏市场经济体制的根源。

现代市场经济是以独立自主的企业为主体的自由交易经济，但是它是不

---

① 葛洪义：《法理学》，中国人民大学出版社 2011 年版，第 50 页。

会"自我维持"的。① 现代市场经济作为一种有效运作的体制的条件是法治，
而法治则是通过约束政府、约束经济人行为来为市场经济提供制度保障的。
如果没有法治的这两个经济作用为制度保障，产权从根本上说是不安全的，
企业不可能真正独立自主，市场不可能形成竞争环境并高效率运作，经济的
发展也不会是可持续的。② 一个坏的市场经济体制不同于一个好的市场经济体
制的根源正是由于没有好的（即较完善的）法治基础。诉讼欺诈行为使经济
人在表面合法形式的掩盖下进行不法行为成为可能，表现出了对经济人行为
在该方面失去约束，使法院失去公信力，侵蚀诉讼的正义，背离了法律的基
本价值，这更是一种与建立法治国家目标背道而驰的行为，是对法治基础的
破坏，正如澳大利亚首席大法官杰勒德·布伦南爵士所认为的："法治取决于
甚至可以说等同于法院的公信力。……摧毁公众对法院的信任，也就摧毁了
法治的基础。"③ 法治基础的破坏，使好的市场经济体制的根源遭到破坏。因
此，诉讼欺诈行为破坏了市场经济体制的根源，阻碍了社会主义市场经济的
发展。

（5）除刑法以外的其他部门法调整的无效性。

刑法作为具有最为严厉的制裁措施的法律，其本身所具有的高成本性，
是其他部门法无法比拟的，因此根据刑法的谦抑性，对于某种社会危害行为，
只有在运用民事、行政的法律措施与手段无法有效地抑制时，才能运用刑法。
诉讼欺诈行为通过民事、行政等方面的法律进行调整时，就出现了无法起到
有效规制的情况。新《民事诉讼法》第 111 条规定："诉讼参与人或者其他人
有下列行为之一的，人民法院可以根据情节轻重予以罚款、拘留；构成犯罪
的，依法追究刑事责任：（一）伪造、毁灭重要证据，妨碍人民法院审理案件
的；（二）以暴力、威胁、贿买方法阻止证人作证或者指使、贿买、胁迫他人
作伪证的……人民法院对有前款规定的行为之一的单位，可以对其主要负责
人或者直接责任人员予以罚款、拘留；构成犯罪的，依法追究刑事责任。"
《行政诉讼法》第 49 条规定："诉讼参与人或者其他人有下列行为之一的，人
民法院可以根据情节轻重，予以训诫、责令具结悔过或者处一千元以下的罚
款、十五日以下的拘留；构成犯罪的，依法追究刑事责任：……（二）伪造、
隐藏、毁灭证据的；（三）指使、贿买、胁迫他人作伪证或者威胁、阻止证人
作证的……"民事和行政诉讼法中对于诉讼欺诈行为的处罚方式就是训诫、
责令具结悔过、罚款和拘留等，虽然其规定了"构成犯罪的，依法追究刑事
责任"，但是现行刑法并没有与此相配套的规定，"妨害司法罪"一节中并没
有专门规定关于诉讼欺诈的条文，第 305 条的"伪证罪"和第 306 条的"辩
护人、诉讼代理人毁灭证据、伪造证据、妨害作证罪"仅适用于刑事诉讼，
第 307 条的"妨害作证罪"只是规定了"以暴力、威胁、贿买等方法阻止证

① 钱颖一：《市场与法治》，载《经济社会体制比较》2003 年第 3 期。
② 钱颖一：《市场与法治》，载《经济社会体制比较》2003 年第 3 期。
③ ［澳］杰勒德·布伦南爵士：《是"为人民的法院"，不是"人民的法院"》，载《人民司法》
1999 年第 3 期，转引自吴玉萍：《诉讼欺诈行为定性研究》，载《中国刑事法杂志》2005 年第 4 期。

人作证或者指使他人作伪证的"情形，"帮助毁灭、伪造证据罪"只是适用帮助当事人的情形，未能涵盖诉讼欺诈的所有行为，且上述三个条文涉及的犯罪主体并不包括诉讼的当事人。因此，在实际的司法实践中对于诉讼欺诈行为大都是以训诫、责令具结悔过、罚款和拘留等方式处理的。而我国诉讼欺诈行为存在着"行为的高发性"与"处罚的不协调性"的问题，这正是因为诉讼欺诈行为的"行为成本"与"行为收益"之间严重失调造成的，即诉讼欺诈行为的违法犯罪所得和社会危害与其自身违法犯罪成本的严重失调，处罚在实然与应然上出现巨大的差距，呈现出"高收益性、低处罚性"，从而造成了行为的"高发性"。适用除刑罚以外的其他制裁方式已不足以遏制诉讼欺诈行为的发生，对合法权益已无法起到有效保护，导致除刑法以外的其他部门法调整的无效性，只有动用刑法才能遏制这种行为、才能充分保护受害人的合法权益，运用刑法进行调整成为必然性。

3. 诉讼欺诈行为犯罪化的可行性

诉讼欺诈行为犯罪化的可行性，主要体现在以下三个方面：

（1）不会影响正当诉讼权利的行使。

诉讼权利是法治国家赋予公民在诉讼中依法享有的权利，其在维护公民合法权益和有效解决纠纷上发挥着不可替代的作用，但是这并不代表其可以毫无节制地使用。合法权利的行使受到法律的保护，但是并不代表其不受任何的限制，个人权利的行使建立在不能侵害他人合法权利的基础之上，即权利的行使存在着边界，或者说权利的行使伴随着一定的义务承担。法律权利必须有相应的法律义务与其相对应，否则将不可想象。[1] 如法律规定我们有在公路通行的权利，但是大家如果在公路上都不遵守交通规则，导致交通陷于瘫痪，那么最终的结果是权利的无法行使。法律之所以为权利的行使规定了边界，那是为了更好地保障权利的行使。对诉讼欺诈行为的犯罪化，其实就是为诉讼权利勾画了行使的边界，对于在界内的行为法律予以积极的保护，对于界外的行为刑法对该行为进行否定性评价，并对这种不法使用诉权的行为进行制裁，边界的确定不但不会限制人们正常诉权的使用，反而会有效地保护人们的诉权。

（2）能有效起到惩治、预防、抑制该行为作用。

诉讼欺诈行为的高发性，在于行为的"高收益性、低处罚性"，而诉讼欺诈行为的犯罪化正好能扭转这种境况，其把民事、行政制裁提高到刑法制裁的高度，大大提高了行为的成本，使该行为的"成本与收益"相互协调。对于已经实行诉讼欺诈行为的人，可以达到有效惩治的目的，实现罪责刑相适应；对于想实行或正准备实行的人，其预料到如果实行，将承担刑事责任，可以在最大限度上对行为人起到阻吓作用，从而预防和遏制该行为的发生。

（3）能准确界定该行为。

诉讼欺诈行为本身所具有的场合特定性、手段多样性、目的复杂性、后

---

① 肖泽晟：《宪法学——关于人权保障与权利控制的学说》，科学出版社 2003 年版，第 155 页。

果严重性的四个主要特征，使其具有突出的典型性和较强的识别性，较易区别于其他行为。再加上，判断一个行为是否属于诉讼欺诈行为，不仅仅是看在形式上是否符合，即是否采取编造虚假事实、隐瞒事实真相等手段，还要看实质上是否符合，即是否为了实现其非法目的。因此，通过对行为特征的把握和在形式上与实质上综合比较分析，可以有效地界定诉讼欺诈行为。

可见，诉讼欺诈行为具有严重的社会危害性、除刑法以外其他部门法调整的无效性、犯罪化的可行性，完全符合"犯罪圈"的界定标准，对其进行犯罪化是合理的。因此，从应然视角上来看，诉讼欺诈行为应该是有罪的。

（4）诉讼欺诈行为独立成罪的必要性。

由于诉讼欺诈行为在应然之视角下有罪，使对其进行刑法规制成为合理与必要。那么，在解决诉讼欺诈行为"罪与非罪"这个问题，即确定该对其进行刑法规制以后，我们必然要面对该如何对其进行定罪的问题，即"此罪与彼罪"的问题，这时我们将面临两种选择：一种是对现行刑法的相关法条进行修改或者对其进行适当解释，以把诉讼欺诈行为纳入现有罪名之中；另一种是对现行刑法进行修改，对诉讼欺诈行为独立设罪。对于这两种选择，笔者将通过以下对现行刑法相关罪名的分析，得出第一选择对问题解决的无效性，并通过对相关刑法原则以及独立成罪作用的分析，从而得出第二种选择的必要性。

（5）纳入现有罪名规制的不当性。

第一，纳入"诈骗罪"的不当性——基于对"诈骗罪说"的评析。

国内关于诉讼欺诈行为的"诈骗罪说"，很大程度上是受到日本刑法理论的影响，在国内拥有比较多的支持者。对作为"诈骗罪说"理由之一的"'三角诈骗'是诈骗罪的一种形式"，笔者持赞成观点，因为"三角诈骗"与普通诈骗罪在本质上一样，具有同质性；但对于"诉讼欺诈行为（诉讼诈骗）属于'三角诈骗'的一种"，笔者认为这个理由是值得商榷的，且不说诉讼欺诈行为中非侵财类诉讼欺诈行为不符合诈骗罪的构成要件，因其不具有非法占有的主观目的，并不会对公私财物所有权造成侵害，就算是侵财类的诉讼欺诈行为，其在犯罪构成上与"三角诈骗"虽然存在形式的相似，但在本质上是有着重大区别的，诉讼欺诈行为不符合诈骗罪的犯罪构成。具体分析如下：

一是主体特征不同。

诈骗罪的主体为一般主体，即年满 16 周岁并具有刑事责任能力的自然人，单位不能成为本罪的主体；而根据我国的《民事诉讼法》第 49 条规定和《行政诉讼法》第 2 条规定，公民、法人或者其他组织均可成为诉讼的当事人，即诉讼欺诈行为除了自然人主体外，还包括单位（法人和其他组织统称为单位）。因此，诉讼欺诈与诈骗罪的主体不同。

二是客观特征不同。

诈骗罪的基本行为流程：行为人实施欺骗行为（包括虚构事实或隐瞒真相）——此欺骗行为使被骗人陷于错误认识——被骗人基于此错误认识交付

或处分自己或者是第三人的财物——行为人获得或使第三方获得财物——被骗者或者第三人遭受财物损失。诉讼欺诈的基本行为流程：行为人通过诉讼实施欺诈行为——此欺骗行为获得法院胜诉裁判——基于法院的裁判败诉方或案外人自愿或被法院强制执行而交付了财产——行为人获得或使第三方获得财产——败诉方或案外人遭受财产损失。"诈骗罪说"认为，诉讼欺诈中的被骗者是法院，而法院基于其特殊的身份，拥有处分被害人财产的权利，因此诉讼欺诈中的被骗者和财产处分者同一。但通过比较这两个基本行为流程，我们会产生以下几个疑问：

三是受骗情况是否一样。

诈骗罪成立的一个关键因素就是行为人的欺骗行为使被骗人陷于错误认识，即被骗人真的是受骗了。同样，诉讼欺诈行为是否构成诈骗罪，首先要解决的就是法院是否受骗这个问题。对于法院是否受骗，国内外学者有过相关的论述，笔者在前文已经介绍过了，在此不再赘述。通过比较和分析相关学者的观点，我们可以发现他们都存在一个共同的前提——法院是可以成为受骗者，但对作为国家司法机关的法院能否成为受骗者这个问题，却没有论述过。诈骗罪的受骗者只能是自然人，而且必须是具有处分能力的自然人。[1] 法人完全可能成为诈骗罪的被害人，但是，这并不意味着法人本身也可以成为诈骗罪的受骗者，欺骗行为只有作用于法人中具有处分财产的权限或地位的自然人，才可能骗取法人的财产；不具有法人资格的单位，也不能成为诈骗罪的受骗者的自然人。[2] 作为国家司法机关的法院，本身不能成为诈骗罪的受骗者，有可能成为受骗者的只能是法院中的法官。因此，相关学者把法院当作受骗者的观点是站不住脚的。

那么诉讼欺诈行为的法官受骗了吗？最高人民法院前院长肖扬于2001年12月17日《在全国高级法院院长会议上的讲话》中指出："司法公正的体现，应当是在当事人举证、质证后，人民法院根据查证属实的证据，认定案件事实，依法作出裁判。人民法院应当努力做到法律事实与客观事实的一致，但由于司法机关和当事人收集证据的局限性，人民法院通过公正、公平程序，根据证据、事实和法律作出的裁判结果可能与客观实际不完全吻合，但是，在正常情况下只要做到了法律上的真实，裁判结果就应当认为是公正的。"法律真实是指法院在裁判中对事实的认定要符合民事诉讼中的证明标准，从所依据的证据来看已经达到了可以视为真实的程度。[3] 在民事诉讼中，法官根据证据证明力有无及大小来确定案件的待证事实，凡当事人通过证明行为达到了相应的证明标准，即可证明事实是真的。从这可以看出，法官审理案件需要受到相应证据规则的限制。而最高人民法院《关于民事诉讼证据的若干规定》第64条规定："审判人员应当依照法定程序，全面、客观地审核证据，依据法律的规定，遵循法官职业道德，运用逻辑推理和日常生活经验，对证

① 张明楷：《诈骗罪与金融诈骗罪研究》，清华大学出版社2006年版，第86页。
② 张明楷：《诈骗罪与金融诈骗罪研究》，清华大学出版社2006年版，第87页以下。
③ 参见江伟主编：《民事诉讼法》，高等教育出版社2003年版，第174页。

据有无证明力和证明力大小独立进行判断，并公开判断的理由和结果。"从此条规定可以得知，我国民事诉讼已基本采纳了现代自由心证证明模式。① 关于自由心证和证据规则之间的关系，学者指出，现代自由心证除了强调法官具有独立判断证据的职权和职责外，这种权限的行使必须受到法律规则尤其是证据规则的制约，其行为必须符合基本的证据法则。② 因此，在诉讼欺诈行为中，虽然法官在自由心证模式下可能会因行为人捏造虚假事实、使用虚假证据等而受骗，作出错误判决；但是，在有些场合，法官作出错误判决是因为行为人利用证据规则造成的，而不是因为被骗造成的。如在债权债务关系中，债务人在履行完债务后，忘记取回相应的债务凭证，债权人之后又利用该债权凭证向法院起诉，要求债务人再次履行相关义务的。此时，作为证据的债务凭证从形式上看，是真实有效的，具有很强的证明力。如果债务人不能举出有效的证据证明其已经履行完债务，根据相关证据规定③，债务人将承担败诉的结果。此种情况下，由于受到证据规则的制约，法官很难发挥其主观能动性，只能根据相关规定作出判决。虽然法官的误判行为是因为行为人的欺骗行为导致，但这并不代表法官是因为受骗而作出的裁判，而是因为法官受制于证据规则，法官不是受骗者。因此，在诉讼欺诈行为中法官也不一定都是受骗者。

综上，我们可以得出，诉讼欺诈行为中的法院肯定不能成为受骗者，而法院中法官也并不是在所有情况都可以成为受骗者。在法官无法成为受骗者的情况下，诉讼欺诈行为与诈骗罪的客观方面是不相符合的。

四是处分行为是否一样。

三角诈骗中的交付行为，是具有处分被害人财产权限或处于可以处分被害人财产地位的受骗者，由于陷于错误认识，而"自觉地"将他人财产进行了处分。而诉讼欺诈行为中，对于被害人的财物的处分者，到底是法院、法官，还是被害人本人现在并没有定论，就算是在"肯定说"、"诈骗罪说"中对于财产处分行为的认识也是众说纷纭，始终无法取得一致意见，"连法院在诉讼欺诈中的地位这一至关重要的问题都没有取得一致意见"。④ 如果法院是财物处分者，由于法院不能成为被骗者，所以法院的处分行为不可能是由于陷于错误认识而处分，对于"自觉"与否也就没有论述的必要了。如果是法官，由于法官不一定都能成为被骗者，所以法官的处分行为并不都是由于陷于错误认识而作出的。如果是被害人，由于被害人对于行为人的欺诈行为是心知肚明的，对法院作出的错误判决也是完全了解的，因此其对财物的处分行为，无论是基于判决的处分，还是由于法院强制执行而处分，都不可能是

---

① 吴玉萍：《诉讼欺诈行为定性研究》，载《中国刑事法杂志》2005 年第 4 期。

② 参见叶自强著：《民事证据研究》，法律出版社 1999 年版，第 456～457 页，转引自吴玉萍：《诉讼欺诈行为定性研究》，载《中国刑事法杂志》2005 年第 4 期。

③ 我国民事诉讼证据制度规定，当事人对自己提出的诉讼请求所依据的事实或反驳对方诉讼请求所依据的事实有责任提供证据加以证明。如果没有证据或者证据不足以证明当事人的事实主张的，由负有举证责任的当事人承担不利后果。

④ 刘宪权主编：《中国刑法理论前沿问题研究》，人民出版社 2005 年版，第 630 页。

陷于错误的，更不可能是自愿的。综上，无论法院、法官、被害人三者中谁是财产的处分人，他们的处分行为都与诈骗罪中的处分行为不一样。

五是被害人认识是否一样。

三角诈骗中，被害人对于欺诈行为和受骗后财产的处分行为处于不知情或者是不知道其真实法律意义状态，即基本上对于整个诈骗过程毫无认识。而诉讼欺诈行为，根据被害人是否参加诉讼活动，可以分为以下两种情况：（1）被害人是诉讼的参加者，在该种情况下，被害人对于行为人的欺诈行为一开始就是心知肚明的，为了维护自己的合法权益，一直处于抵抗之中，对败诉后的财产处分行为更是十分抵触，毫无"自觉"可言；（2）被害人是案外人，在这种情况下，被害人对于行为的欺诈行为直到其财产受到侵害前都是不知情的，而当其发现财产受到侵害后，会立刻进行维护。通过上面的分析，我们可以发现，诉讼欺诈行为与诈骗罪中被害人的认识是不一样的。

六是客体特征不同。

诈骗罪侵害的是简单客体，即公私财产的所有权。而诉讼欺诈行为侵犯的客体，在持"诈骗罪说"的学者中，有的学者以"庭审的任务之一就是排除虚假证据，查清事实，如果没有虚假证据的存在，庭审活动也就无须存在"[1] 的理由，认为"诉讼欺诈行为侵犯的直接客体是公私财产所有权，而不是国家司法机关的正常活动"的观点，是有失偏颇的。虽然庭审活动有辨别证据真伪的职责，但是这并不代表可以任意地在诉讼中使用虚假证据，而且按照这个逻辑，《刑法》"妨害司法罪"一节中的第 305 条"伪证罪"、第 306 条"辩护人、诉讼代理人毁灭证据、伪造证据、妨害作证罪"的设立就失去了基础，因此，这个观点显然是不符合实际的。有的学者以"刑法既然排除了诉讼欺诈行为能够独立构成妨害司法犯罪之一，就意味着在诉讼欺诈行为中，刑法无意保护国家司法机关的正常活动"[2] 为由，认为"诉讼欺诈行为侵犯的直接客体是单一客体，即公私财产所有权"，这在逻辑上是错误的。虽然现行刑法没有把民事诉讼中当事人自己伪造证据的行为规定为犯罪行为，但这只是在实然角度上对该行为做出的判断，认为该客体不需要保护，而在应然角度上则是另外一回事，即需要讨论、研究该客体是否需要保护的问题，如果以实然的认识直接去驳斥应然认识，以"现行的刑法不保护"，而得出该客体不用保护，这在逻辑上是有问题的，如果该观点成立，那么关于诉讼欺诈行为侵犯何种客体的讨论与研究也就失去了意义，甚至所有关于刑法罪名问题的讨论与研究都失去意义。有的学者以"犯罪对公私财产所有权侵害的程度比较严重，刑法应对公私财产所有权予以重点保护"[3] 为由，认为"诉讼欺诈行为侵犯的是复杂客体，但是公私财产所有权是主要客体"。这也是值得商榷的。对于诉讼欺诈行为到底是对公私财产所有权侵犯的严重，还

---

[1]　陈立主编：《财产、经济犯罪专论》，厦门大学出版社 2004 年版，第 542 页以下。

[2]　参见柳忠卫、石磊：《诉讼欺诈行为研究——以刑法为视角的分析》，载《山东公安专科学校学报》2003 年 5 期。

[3]　陈立主编：《财产、经济犯罪专论》，厦门大学出版社 2004 年版，第 546 页。

是对国家的正常司法秩序侵犯的严重，刑法该对哪个进行重点保护，到目前来看，并没有定论，而且该行为对国家的正常司法秩序的侵犯却处于必然状态，只要该行为一发生，肯定会对国家的正常司法秩序造成侵害，因此不能简单地认为公私财产所有权是诉讼欺诈行为侵犯的主要客体。通过上面的分析，我们可以发现，诉讼欺诈行为侵犯的客体应该是复杂客体，即公私财产所有权与国家的正常司法秩序，它不同于诈骗罪所侵犯的简单客体。

综上，侵财类诉讼欺诈行为在犯罪构成上与诈骗罪存在着巨大的差异，不可能通过修改诈骗罪将其归入其中，而对于包含非侵财类诉讼欺诈行为的诉讼欺诈行为整体，就更不可能通过对现行诈骗罪的修改将其纳入"诈骗罪"。如果强行将其纳入诈骗罪中不但不会对现有行为进行有效的规制，而且只会改变原来相关罪名的特征，并且与现行的刑法分则体系不相吻合。毕竟，涉及财产的诉讼只是民事诉讼中的一种，无财产诉争的民事诉讼中行为人使用虚假证据影响法官的判决，显然不符合诈骗罪的任何特征。而无论诉争的标的是否为财产，行为人向法院提供虚假证据，其社会危害性及行为特征都具有极大的一致性，理应受同一罪名的评价，所以从这些行为侵犯诉讼活动的角度进行一体评价是合理的。① 因此，将诉讼欺诈行为纳入"诈骗罪"是不当的。

第二，纳入"敲诈勒索罪"的不当性——基于对"敲诈勒索罪说"的评析。

敲诈勒索罪，是指以非法占有为目的，以威胁或者要挟方法，强行索取公私财物，数额较大的行为。② 对于"敲诈勒索罪说"把诉讼欺诈行为看成是敲诈勒索的一种特殊方式、方法，认为其应构成敲诈勒索罪的观点，笔者并不赞同，其给出的两个理由也不具有说服力。

笔者认为，对于诉讼欺诈行为中的非侵财类诉讼欺诈行为，因其不具有非法占有的主观目的，并不会对公私财产所有权造成侵害，所以肯定不符合敲诈勒索罪的构成要件。对于侵财类的诉讼欺诈行为，其与敲诈勒索罪虽然在主观目的上相同，但是在主体要件、客观要件、客体要件上仍然存在巨大差异，其并不符合敲诈勒索罪的犯罪构成，也无法纳入"敲诈勒索罪"。具体分析如下：

一是主体特征不同。敲诈勒索罪的主体为一般主体，即年满 16 周岁并具有刑事责任能力的自然人，单位不能成为本罪的主体；而诉讼欺诈行为的主体除了自然人主体外，还包括单位（法人和其他组织统称为单位），这个笔者在前文已经论述过，此处不再赘述。因此，诉讼欺诈与敲诈勒索罪的主体要件不同。

二是客观特征不同。敲诈勒索的基本行为流程是：行为人进行威胁或要挟——行为对象产生恐惧或畏惧——行为对象基于恐惧或畏惧处分了自己或他人的财物——行为人或者第三人获得财物——被害人遭受损失。诉讼欺诈

① 赵秉志主编：《刑法分则要论》，中国法制出版社 2010 年版，第 449 页。
② 赵秉志：《侵犯财产罪》，中国人民公安大学出版社 2003 年版，第 353 页以下。

的基本行为流程是：行为人通过诉讼实施欺诈行为——此欺骗行为获得法院胜诉裁判——基于法院的裁判败诉方或案外人自愿或被法院强制执行而交付了财产——行为人获得或使第三方获得财产——败诉方或案外人遭受财产损失。"敲诈勒索罪说"认为诉讼欺诈是借助法院判决的强制力迫使被告交付财物，与敲诈勒索罪通过威胁、要挟等手段，强迫他人交付财物存在相似之处，但是通过比较两个罪名的基本行为流程，我们就会产生以下疑问：

三是威胁、要挟行为是否等同于欺诈行为？敲诈勒索罪中的威胁、要挟行为，是指足以使他人产生心理恐惧或畏惧的行为，威胁的内容可以是任何侵害他人的方法方式，要挟内容一般是揭露他人隐私或举报他人的违法犯罪行为等，二者在本质上是一样的。而诉讼欺诈行为中的欺诈行为，是指通过单独或与他人相互串通的方式，采取编造虚假事实、隐瞒事实真相等手段的行为，其并不具有使他人产生心理恐惧或畏惧的效果。因此，敲诈勒索罪中的威胁、要挟行为不同于诉讼欺诈行为中的欺诈行为。

四是处分行为是否一样？敲诈勒索罪中的处分行为，是因为行为对象受到行为人的威胁或者要挟，基于恐惧或者畏惧心理而做出的对自己或他人财物的处理行为，其对于该行为的心态是"不敢反抗"，即行为人本可以进行反抗，但是由于认识到反抗可能带来严重后果，而自愿放弃反抗的一种心态。诉讼欺诈中的处分行为，即便是"通过借助法院判决的强制力迫使被告交付财物"的，那么这种基于法院判决而做出的处分行为，完全是因为法律权威造成的，其与敲诈勒索罪的恐惧与畏惧是完全不同，此时被害人的心态应该是"不能反抗"，即行为人虽可以进行反抗，但是认识到反抗必然会带来更严重的后果，而被迫放弃反抗的心态。做出处分行为时两种行为所持有的心态是完全不同的，二者处分行为肯定也是不能同等看待的。更何况，对于诉讼欺诈行为中的财物处分者是谁，到目前并没有定论，但是无论是谁，他们在处分行为时都不能是基于心理恐惧或者畏惧，心态也都不可能是"不敢反抗"，对此笔者在前文已经论述过。因此，敲诈勒索罪与诉讼欺诈行为的处分行为不可能是一样的。

综上，由于敲诈勒索罪中的威胁、要挟行为不同于诉讼欺诈行为中的欺诈行为，且二者的处分行为也是不一样的，所以敲诈勒索罪与诉讼欺诈行为的客观特征是不同的。

五是客体特征不同。敲诈勒索罪的客体为复杂客体，其不仅侵犯了公私财产所有权，而且还侵犯了他人的人身权利或者其他权利。而诉讼欺诈行为侵犯的客体虽是是复杂客体，但其具体内容是公私财产所有权与国家的正常司法秩序。因此，敲诈勒索罪与诉讼欺诈行为的客体特征不同。

综上，侵财类诉讼欺诈行为在犯罪构成上与敲诈勒索罪存在着巨大的差异，不可能通过修改敲诈勒索罪将其归入其中，对于包含非侵财类诉讼欺诈行为的诉讼欺诈行为整体，就更不可能通过对现行敲诈勒索罪的修改将其纳入"敲诈勒索罪"。如果强行将其纳入其中不但不会对现有行为产生有效的规制效果，而且只会改变原来相关罪名的特征，并且与现行的刑法分则体系不相吻合。因此，将诉讼欺诈行为纳入"敲诈勒索罪"是不当的。

第三，纳入"妨害司法罪"章节现有罪名的不当性。

在现行刑法"妨害司法罪"一节中，可能将诉讼欺诈行为纳入其中的条文总共有三个，分别是第 305 条的"伪证罪"，第 306 条的"辩护人、诉讼代理人毁灭证据、伪造证据、妨害作证罪"，第 307 条的"妨害作证罪，帮助毁灭、伪造证据罪"。那么对三个条文进行适当的修改，能否把诉讼欺诈行为完全纳入其中进行有效的规制呢？笔者认为，答案是否定的。首先，刑法第 305 条和第 306 条有两个明显的特点，一个是规定了该犯罪行为只能发生在刑事诉讼领域，另一个就是表明该犯罪的主体不包括当事人，而我们知道诉讼欺诈行为发生的领域是在民事诉讼与行政诉讼中，且行为主体包括当事人。那么如果要将诉讼欺诈行为纳入这两个法条进行规制，第一就是要把限制性规定——刑事诉讼领域去掉，第二就是把犯罪主体扩大到包含当事人，可是这样一修改就会出现一个问题：在刑事诉讼中犯罪嫌疑人、刑事被告人也被纳入刑法规制当中，而这是与保障人权这一历史潮流相违背的。从保护人权目的出发，现代法治国家普遍赋予犯罪嫌疑人、被告人以"不必自证其罪"的权利，[①] 再者，刑事被告人为了躲避刑法惩罚就自己的案件作虚伪陈述、亲自伪造证据等行为，是由于人所具有的"趋利避害"本能，以及根据其当时所处的情况所使然，只要不是指使他人作伪证或阻止他人作证的行为，对于这种行为是没有期待可能性的，不能对犯罪嫌疑人、刑事被告人拒绝如实陈述、伪造证据等进行单独处罚，这犹如对犯罪分子在犯罪后毁灭、伪造证据等事后行为不进行刑事处罚一样。其次，刑法第 307 条第 1 款的"妨害作证罪"，就这个罪名称来看，所"妨害"的只能是他人的行为，而且该罪可发生的领域包含全部诉讼种类，而诉讼欺诈行为只能发生在民事、行政诉讼领域，要想把诉讼欺诈行为纳入"妨害作证罪"，就必然会缩小其犯罪发生的范围，这种修改显然是不当的。对于第 2 款的"帮助毁灭、伪造证据罪"，如果将诉讼欺诈行为纳入其中，同样会出现上述情况。因此，将诉讼欺诈行为纳入"妨害司法罪"现有罪名是不当的。

由于诉讼欺诈行为本身所具有的特征，其与刑法中现有的犯罪存在着巨大的差异，无法通过对现有刑法相关法条的修改而化解，因此将其纳入现有罪名规制是不当的。

4. 符合罪责刑相适应原则的要求

罪责刑相适应，是指刑罚的轻重既与已然的犯罪、犯罪的社会危害性程度相适应，又与未然的犯罪的可能性、犯罪人的人身危险性相适应。[②] 该原则贯彻于刑事立法和刑事司法全部。在刑事立法上的体现，就是在对某个行为准备进行刑法规制时，应该根据该行为所具有的社会危害性程度、发生可能性等，来具体确定对该行为如何进行刑法规制。对于诉讼欺诈行为来说，虽然其本身具有严重的社会危害性，但现实处罚却与该行为所造成的危害十分

① 赵秉志主编：《刑法分则要论》，中国法制出版社 2010 年版，第 596 页。
② 赵秉志：《刑法总则问题专论》，法律出版社 2004 年版，第 219 页。

不协调，可能的违法犯罪所得和社会危害远远高于其自身违法犯罪成本，即所谓的"犯罪'收益'"高于"犯罪成本"，诉讼欺诈行为的处罚在实然与应然上出现巨大的落差。这种诉讼欺诈行为不但扰乱了正常的司法秩序，造成了司法资源的浪费，而且也会侵害被害者的合法权益，比普通的诈骗行为有过之而无不及，但在现行刑法中无法对其进行有效规制。因此，根据罪责刑相适应原则，对诉讼欺诈行为进行独立设罪是十分必要的。

5. 有助于消除实务混乱

诉讼欺诈日益泛滥的现象，表明一般的民事、行政制裁并不能对其进行有效的规制，该行为所具有的社会危害性的严重程度，已经到了必须动用刑法调整的地步。但由于我国刑法应对诉讼欺诈行为规制的缺位，我国司法实践中对于此类行为的处理结果悬殊，如对于同样的诉讼欺诈案件，有的法院根据罪刑法定原则认定当事人无罪，有的法院对当事人只处以训诫、具结悔过、罚款、拘留的民事强制措施的，有的法院则以诈骗罪判处当事人重刑。为了消除司法实践中处理的分歧与混乱，通过刑事立法来明确规制诉讼欺诈已是迫在眉睫的一项任务。

通过对诉讼欺诈行为刑法规制国内外理论的分析可见，不同学者之间的分歧主要存在着"罪与非罪"、"此罪与彼罪"之争。由于现行刑法的缺位，诉讼欺诈行为在实然之视角下应无罪，但是由于诉讼欺诈行为本身所具有的严重的社会危害性，以及除刑法以外其他部门法调整的无效性和犯罪化的可行性，使其在应然之视角下有罪，这不但合理地回应了诉讼欺诈行为"罪与非罪"之争，而且为对其进行刑法规制的合理性提供了依据。由于诉讼欺诈行为本身所具有的特征，其与刑法中现有的诈骗罪、敲诈勒索罪、妨害司法罪等罪名的特征存在着巨大的差异，而这种差异是无法通过对现有刑法相关法条的修改而化解的，将其纳入这些罪名进行规制是不当的，而且诉讼欺诈行为独立成罪符合刑法罪责刑相适应原则、罪刑法定原则的要求，有助于消除实务中的混乱，这不但合理地回应了诉讼欺诈行为"此罪与彼罪"之争，而且为其独立成罪的必要性提供了依据。对诉讼欺诈行为进行刑法规制的合理性与独立成罪的必要性，共同构成了诉讼欺诈行为刑法规制的理论依据，这也为我国诉讼欺诈行为刑法规制的完善提供了解决的办法——"独立成罪"。

五、增设"民事、行政诉讼欺诈罪"之建言

（一）"民事、行政诉讼欺诈罪"罪状与罪名的界定

诉讼欺诈行为在应然之视角下应入罪，而其本身所具有的特征、刑法罪责刑相适应原则的要求有助于消除实务混乱的作用，为其独立成罪提供了依据。既然要诉讼欺诈行为独立成罪，我们首先需要解决的就是以下两个问题：一是诉讼欺诈行为的罪状描述问题；二是诉讼欺诈行为确定犯罪名称的问题。

1. "民事、行政诉讼欺诈罪"罪状的界定

对于第一个问题，笔者在前面已对诉讼欺诈行为的本质特征有了一个较

为全面的描述，但这只是对于该行为的一个界定，能不能把其直接作为诉讼欺诈行为刑法意义上的罪状呢？笔直认为是可以的，因为诉讼欺诈行为的概念已经高度概括了"民事、行政诉讼欺诈罪"的本质特征，通过这个概念已经很容易地把该罪与其他罪区别开来。因此，诉讼欺诈行为构成犯罪时，可将其罪状定为："为实现非法目的，在民事诉讼领域或行政诉讼领域，采取编造虚假事实、隐瞒事实真相等手段进行诉讼。"

那么，既然把诉讼欺诈行为的概念直接当作"民事、行政诉讼欺诈罪"的罪状，是否意味着只要行为符合了该概念就一定构成该罪，即对于犯罪有没有社会危害程度的要求？笔者持赞同观点，认为诉讼欺诈行为应该区分社会危害程度，即只有社会危害情节达到一定程度的诉讼欺诈行为才能构成犯罪。原因如下：首先，这是刑法的性质所决定的。刑法虽然和民法、行政法、经济法等一样作为宪法之下的部门法，但是其具有其他部门法所没有的特征——调整社会关系的范围更为广泛，"从某种意义上说，它是作为其他法律关系的最后法律调整手段而存在的"[1]，"其他部门法可以说是'第一道防线'，刑法则充任'第二道防线'的角色"。[2] 对于一个行为的规制，如果除刑法外其他部门法有对其进行处罚的条文，首先应该适用这些法律，只有在这些法律无法有效地规制该行为时，才动用刑法进行处罚。对于诉讼欺诈行为，《民事诉讼法》的第 102 条和《行政诉讼法》的第 49 条都进行了相关的处罚，主要就是训诫、责令具结悔过、罚款和拘留等，但也规定了"构成犯罪的，依法追究刑事责任"，从相关规定来看，对该行为可以根据情节的轻重给予不同处罚，直至构成犯罪，进行刑事处罚。具体到诉讼欺诈行为，其侵害了国家的正常司法秩序和公民的其他合法权益，通常情况下主要是通过民事诉讼法、行政诉讼法以及其他法律规定进行制裁，只有在当上述这两个法益受到严重侵害，其他部门法的制裁已经无法进行规制时，才能动用刑法进行规制，这也是符合刑法谦抑性原则的。其次，符合现行刑法的立法惯例。从现行刑法分则条文来看来，除了杀人、放火、抢劫、强奸、爆炸等严重危害社会的行为，其本身的社会危害性程度足以构成犯罪外，多数危害社会的行为，必须是其社会危害达到一定程度才能构成犯罪。[3] 显然，诉讼欺诈行为的社会危害程度还没有严重到该行为一发生即足以构成犯罪的程度。最后，符合现行刑法规定。根据刑法第 13 条"但书"的规定，对于"情节显著轻微危害不大的，不认为是犯罪"，对于诉讼欺诈行为中情节显著轻微危害不大的，不应该认为构成犯罪。因此，诉讼欺诈行为并不是在任何情况下都构成犯罪，只有社会危害情节严重到一定程度的，才需要进行刑法制裁。

"情节"设置的目的是："主要是为将某些虽然有一定的社会危害性，但其程度未达到应受刑罚处罚的行为排除在犯罪范畴之外，从而正确划分罪与

---

① 赵秉志、田宏杰、于志刚：《妨害司法罪》，中国人民公安大学出版社 2003 年版，第 108 页以下。

② 赵秉志主编：《刑法新教程》，中国人民大学出版社 2009 年版，第 11 页。

③ 赵秉志主编：《刑法新教程》，中国人民大学出版社 2009 年版，第 65 页。

非罪的界限"，① 即"情节"具有划分罪与非罪的作用，其实"情节"还有一个作用，即划分重罪与轻罪的作用，如有些刑法条文除了规定基本犯以外，还规定"情节严重的"、"情节特别严重的"、"有下列情形之一"的情况。犯罪的情节一旦符合相关条文规定的"情节严重的"、"情节特别严重的"、"有下列情形之一"，法定刑升格，处罚增加。如刑法第 280 条"伪造、变造、买卖或者盗窃、抢夺、毁灭国家机关的公文、证件、印章罪"规定，情节严重的，法定刑由处"三年以下有期徒刑、拘役、管制或者剥夺政治权利"，上升为处"三年以上十年以下有期徒刑"；刑法第 215 条"非法制造、销售非法制造的注册商标标识罪"规定，情节达到特别严重的，法定刑由"三年以下有期徒刑、拘役或者管制，并处或者单处罚金"，上升为"三年以上七年以下有期徒刑，并处罚金"；刑法的第 318 条"组织他人偷越国（边）境罪"规定，符合特定的情节，即符合法条中"有下列情形之一"规定的，法定刑由"二年以上七年以下有期徒刑"，上升为"七年以上有期徒刑或者无期徒刑"。在刑法上，根据犯罪行为危害程度的大小差别，可将犯罪构成分为普通的犯罪构成、加重的犯罪构成和减轻的犯罪构成②，与此相对应，刑法又将犯罪分为基本犯、加重犯和减轻犯。"加重情节及特别加重情节"所构成的犯罪，就是所谓的加重犯，即刑法分则条文以基本犯为基准规定了加重或较重的法定刑。贝卡里亚认为："如果对两种不同程度的侵犯社会的犯罪处以同等的刑罚，那么人们就找不到更有力的手段去制止实施能带来较大好处的较大犯罪了。"③因此，为了有效地贯彻刑法罪责刑相适应原则，有效地打击和预防犯罪，对于"民事、行政诉讼欺诈罪"也应该根据情节的严重程度不同，区分不同的刑罚强度。

2. "民事、行政诉讼欺诈罪"罪名的界定

对于第二个问题，国内不同学者给出了不同建议，如"诉讼欺诈罪"、"毁灭、伪造证据罪"、"诉讼诈骗罪"等等，笔者认为这些罪名并不合适。一个犯罪行为罪名的正确确定，必须遵守"合法性原则"、"概括性原则"、"科学性原则"④，对于诉讼欺诈行为罪名的确定也不例外。首先，要符合合法性原则，即罪名的确定应该严格按照具体犯罪条文所描述的罪状进行，既不得超出罪状的内容，也不得少于罪状的内容，根据上文对诉讼欺诈行为罪状的表述，我们可以发现定"诉讼欺诈罪"超出了罪状的内容，因为诉讼欺诈行为发生的场合只能是民事诉讼和行政诉讼中，而"诉讼欺诈罪"中"诉讼"的范围可包含民事、行政和刑事诉讼，并且所谓"诈骗"只能是针对财产，而诉讼欺诈行为的目的却不限于财产。其次，要符合概括性原则，即罪名应该是对具体犯罪罪状的高度概括，诉讼欺诈行为罪名的确定应该是简明准确的，不应冗长、烦琐。最后，要符合科学性原则，即罪名应该正确地反

---

① 陈心良主编：《刑法各论的一般原理》，内蒙古大学出版社 1992 年版，第 331 页。

② 赵秉志主编：《刑法总论》，中国人民大学出版社 2007 年版，第 147 页

③ ［意］贝卡里亚：《论犯罪与刑罚》，黄风译，中国大百科全书出版社 1994 年版，第 65 页。

④ 赵秉志主编：《刑法新教程》，中国人民大学出版社 2009 年版，第 365 页。

映出具体犯罪行为的本质特征，区别于其他罪名。把诉讼欺诈行为的罪名定为"毁灭、伪造证据罪"，并不能反映出诉讼欺诈行为发生场合的特殊性、手段的多样性的特征。因此，笔者认为，对于严重的诉讼欺诈行为的罪名应该确定为"民事、行政诉讼欺诈罪"，这样不但可以表明诉讼欺诈行为发生场合的特殊性、手段的多样性以及诈欺的本质特性，而且完全符合诉讼欺诈行为罪状的内容，并做到了高度概括。

综上，可在我国刑法中增设专门一条规定"民事、行政诉讼欺诈罪"，以规制"为实现非法目的，在民事诉讼领域或行政诉讼领域，采取编造虚假事实、隐瞒事实真相等手段进行诉讼"的行为。

（二）"民事、行政诉讼欺诈罪"的立法设计

1. 在刑法分则体系中的归属

我国刑法分则规定的具体犯罪分类，主要是依据犯罪的同类客体划分的。犯罪的同类客体，是指一类犯罪所共同侵犯的我国刑法所保护的社会关系的某一部分或某一方面。[①] 犯罪的同类客体，揭示了同类犯罪的共同性质，其不但反映了不同类型犯罪所具有的不同危害性质，而且在相当大程度上反映出各类犯罪不同的危害程度。当某犯罪行为侵犯的客体为复杂客体时，犯罪的主要客体就决定了犯罪的性质以及其在刑法分则中的归属。"民事、行政诉讼欺诈罪"侵犯的客体是复杂客体，包括国家的正常司法秩序以及个人、单位的合法权益。在建设中国特色社会主义法治国家的背景下，结合该罪本身所具有的体征，笔者认为，在该罪中国家的正常司法秩序应该是刑法重点保护的客体，即"民事、行政诉讼欺诈罪"的主要客体是国家的正常司法秩序（具体原因，将在下文分析本罪犯罪客体特征时进行论述）。本罪在刑法分则中理应归属到以国家的正常司法秩序为同类客体的章节中，即刑法分则第六章"妨害社会管理秩序罪"的第二节"妨害司法罪"当中。因此，民事、行政诉讼欺诈罪在刑法分则中应该归属到"妨害司法罪"当中。

2. 法定刑配置

法定刑，是指刑法分则性规范对各种具体犯罪所规定的刑种与刑度。[②] 所谓刑之配置，是指立法者在刑法分则性规定中设置具体的犯罪以后，再为这些犯罪设计对应的惩处标准（法定刑种和刑度）的立法活动，[③] 即在具体配置法定刑的过程中，涉及配置法定刑种、配置刑罚幅度两个方面的问题，其中配置刑罚幅度又包含每个刑罚幅度的范围和不同刑罚幅度档次的划分两个方面。对于"民事、行政诉讼欺诈罪"的法定刑配置，同样需要解决法定刑种、刑罚幅度的配置问题。

3. 刑种配置

在现代各国刑法中，毫无例外地要在总则对刑罚种类作出规定，从而为

---

① 高铭暄、马克昌主编：《刑法学》，北京大学出版社、高等教育出版社 2011 年版，第 55 页
② 周光权：《法定刑研究》，中国方正出版社 2000 年版，第 4 页。
③ 周光权：《法定刑研究》，中国方正出版社 2000 年版，第 13 页。

罪刑均衡关系的顺畅实现奠定基础。① 我国刑法也不例外，在刑法总则的第33条和第34条分别规定了主刑和附加刑，主刑包括管制、拘役、有期徒刑、无期徒刑和死刑，附加刑包括罚金、剥夺政治权利、没收财产。在刑法分则中涉及具体的罪名，并不是每个罪名都会包含上述全部刑种。对于"民事、行政诉讼欺诈罪"来说，笔者认为，其并不需要包含全部刑种，只需包含管制、拘役、有期徒刑、无期徒刑和罚金、剥夺政治权利、没收财产。原因如下：首先，"民事、行政诉讼欺诈罪"手段的多样性、目的的复杂性以及后果的严重性需要配置丰富的刑种。由于诉讼欺诈本身所具有的这些特征，使不同的诉讼欺诈行为在对刑法法益的侵犯严重程度、侵犯广度及其所带来的影响上存在巨大的差异，可以说是千差万别，只有对其配置丰富的刑种，才能根据不同犯罪行为所带来社会危害程度的不同，处以相应的刑罚，做到罪责刑相适应，更好地实现刑法的目的。其次，"民事、行政诉讼欺诈罪"的危害程度无须配置死刑。死刑作为一种以剥夺犯罪分子生命为刑罚内容的刑种，是刑罚当中最严厉、最残酷的一种，其所处罚的对象是极其严重的危害国家安全、危害公共安全、破坏市场经济秩序、侵犯公民人身权利的犯罪，显然"民事、行政诉讼欺诈罪"的危害程度还无法达到极其严重的程度，无须配置死刑进行处罚。最后，"民事、行政诉讼欺诈罪"不配置死刑符合我国的死刑政策和改革发展方向。在政策层面上，我们实行的仍然是"保留死刑但严格限制死刑"、"坚持少杀"、"可杀可不杀的坚决不杀"的死刑政策②，"民事、行政诉讼欺诈罪"不配置死刑是符合我国死刑政策的。在改革发展方向上，在全球化人权进步和法治改革的背景下，减少、限制乃至废止死刑已成为一股不可逆转的世界潮流，③ 在我国，死刑改革也在稳步推进，从推动死刑的限制到死刑的减少，取得了许多阶段性的成果，如继2007年1月1日最高人民法院收回死刑复核权之后，2011年2月25日通过的《刑法修正案（八）》明确废止13种非暴力犯罪的死刑。中国废止死刑之路，也应当以逐步而及时地废止非暴力犯罪的死刑为切入点。④ "民事、行政诉讼欺诈罪"作为一种非暴力的犯罪，不配置死刑是符合我国死刑改革发展方向的。

　　4. 刑度配置

　　刑度，即法定刑幅度，是指立法上对具体犯罪所投入的刑罚量，是保持法定刑中量的稳定性的界限。法定刑幅度的合理配置是使罪责刑相适应原则进一步精细化的有效措施之一，其重要性是显而易见的。⑤ 立法者科学、合理地选择加重构成和减轻构成类型，可以根据行为的社会危害性程度大小合理配置法定刑。⑥ 对于法定刑幅度的确定，在秉持社会危害性这个标准的同时，

---

①　周光权：《法定刑研究》，中国方正出版社2000年版，第90页。

②　赵秉志主编：《死刑改革的中国实践》，中国法制出版社2011年版，第118页。

③　赵秉志主编：《死刑改革的中国实践》，中国法制出版社2011年版，第1页。

④　赵秉志主编：《死刑改革的中国实践》，中国法制出版社2011年版，第81页。

⑤　周光权：《法定刑研究》，中国方正出版社2000年版，第140页。

⑥　周光权：《法定刑研究》，中国方正出版社2000年版，第148页。

还应该坚持"正义原则、明确原则和协调性原则"①，即保证法定刑公正、公平和公开，采用相对确定的法定刑方式，并保证量刑空间的适当，使其与现有的刑法体系相协调。对于法定刑档次的划分，可根据构成要件中情节的不同，把法定刑划分为不同的档次，从而把跨度相对较大的法定刑，划分为几个幅度相对较小的法定刑。

具体到"民事、行政诉讼欺诈罪"，我们应该从以下几个方面去科学、合理地配置刑罚幅度：首先，确定该罪名的法定最低刑和法定最高刑。由于该罪的手段多样、目的复杂以及后果差异，其所带来的社会危害的严重程度也各有不同，既有社会危害十分严重的，如导致被害人死亡；也有社会危害相对较轻的，如一定程度上浪费了司法资源。因此在维护正义、贯彻罪责刑相适应原则的同时，参照现行刑法中危害程度与其相类似罪名的法定刑，如妨害司法罪、诈骗罪等相关罪名的法定刑，做到与现行刑法相协调，笔者认为，该罪的法定最低刑应为管制，法定最高刑应为无期徒刑。其次，划分该罪的刑罚档次。刑罚档次的划分主要依据犯罪情节的不同进行划分，对于该罪的情节，根据社会危害程度的不同，可将其划分为三个情形。因此，该罪的刑法档次亦可根据这三种不同的情形，划分为三个不同的档次。最后，确定每个刑罚幅度的大小。"原则上，罪行越轻微，法定刑幅度应当越小，罪行越严重，法定刑跨度则可以相对扩大一些……个罪法定刑上限为无期徒刑的，可以 5 年为界，设置 5 年以下徒刑或拘役、5 年至 10 年徒刑、10 年至无期徒刑三个法定档次。"② 由于该罪的最高刑为无期徒刑，并且划分为三个档次，因此，该罪的三个不同刑罚幅度可以是"5 年以下有期徒刑、拘役或者管制，5 年以上 10 年以下有期徒刑，10 年以上有期徒刑或者无期徒刑"。

在"民事、行政诉讼欺诈罪"主刑配置完成之后，我们还有一个问题需要解决，那就是关于附加刑的配置问题。对于罚金、剥夺政治权利、没收财产这三个附加刑的配置，笔者认为主要可以考虑以下几点：首先，对于罚金刑，可在"5 年以下有期徒刑、拘役或者管制，5 年以上 10 年以下有期徒刑"中设立"可以单处或者并处罚金"。这主要基于两个方面的原因：（1）罚金主要是适用于贪利性的犯罪，而民事、行政诉讼欺诈罪中有很大一部分是具有贪利性的，即所谓的侵财类诉讼欺诈行为；（2）罚金相对于没收财产而言，其适用的罪刑较轻。其次，对于剥夺政治权利，不用直接体现在相关刑罚幅度中。因为关于剥夺政治权利的适用对象和适用方法，在刑法总则和相关法规中已进行了规定，且现行的刑法分则中直接规定"剥夺政治权利"的，只有在其可以独立适用的情况下有规定，即刑法第 103 条，其他则再无规定。最后，对于没收财产，可在"10 年以上有期徒刑或者无期徒刑"中设立"可以并处没收财产"。因为没收财产主要是适用于危害国家安全罪以及破坏社会主义市场秩序罪、侵犯财产罪、妨害社会管理秩序罪、贪污贿赂罪中情节较重的犯罪。

---

① 参见赵秉志主编：《刑罚总论问题探索》，法律出版社 2003 年版，第 113 页以下。
② 周光权：《法定刑研究》，中国方正出版社 2000 年版，第 197 页以下。

综上，"民事、行政诉讼欺诈罪"的法定刑配置如下：5 年以下有期徒刑、拘役或者管制，可以并处或者单处罚金；5 年以上 10 年以下有期徒刑，可以并处罚金；10 年以上有期徒刑或者无期徒刑，可以并处没收财产。

5. 法条设计

根据本章前面几部分对"民事、行政诉讼欺诈罪"相关问题的分析，以及根据刑法第 31 条关于单位犯罪处罚的规定，该罪应该在刑法分则第六章"妨害社会管理秩序罪"的第二节"妨害司法罪"中设立，具体法条表述如下：

"第×××条 为实现非法目的，在民事诉讼领域或者行政诉讼领域，采取编造虚假事实、隐瞒事实真相等手段进行诉讼的，处五年以下有期徒刑、拘役或者管制，可以并处或者单处罚金；情节严重的，处五年以上十年以下有期徒刑，可以并处罚金；情节特别严重的，处十年以上有期徒刑或者无期徒刑，可以并处没收财产。

单位犯本条规定之罪的，对单位判处罚金，并对直接负责的主管人员或其他直接责任人，依照前款的规定处罚。"

（三）"民事、行政诉讼欺诈罪"构成特征分析

1. 犯罪主体特征分析

本罪的主体包含一般主体和单位主体，即成立本罪，行为人必须是已年满 16 周岁且具有刑事责任能力的自然人或者是单位，而单位具体包括公司、企业、事业单位、机关、团体。由于民事、行政诉讼欺诈罪只能是发生在民事、行政诉讼领域，因此其在具体界定犯罪主体时，必然要受到民事诉讼和行政诉讼中对于诉讼参与人相关规定的制约。民事诉讼中的诉讼参与人包括诉讼当事人、诉讼代理人及其他诉讼参与人，行政诉讼中的诉讼参与人包括诉讼当事人、诉讼中的第三人、诉讼代理人、证人、勘验人、鉴定人、翻译人员等。在确定该罪的犯罪主体时，必须注意以下问题：

第一，部分自然人犯罪主体需要年满 18 周岁。

根据《民事诉讼法》、《行政诉讼法》及其相关法律法规的规定，民事诉讼中当事人和行政诉讼中的当事人、诉讼中的第三人是自然人的，都应当具有诉讼行为能力，否则需要由其法定诉讼代理人代为诉讼行为。诉讼能力的界定标准是人的认知能力和表达能力，对于自然人，法律上通常以一定年龄（如我国是 18 周岁）和一定精神健康为确定标准。① 在民事诉讼中，通常情况下对诉讼行为能力的年龄要求是年满 18 周岁，但是年满 16 周岁未满 18 周岁，以自己的劳动收入作为主要生活来源的，同样具有诉讼行为能力。在行政诉讼中，法定代理人只适用于代理未成年人、精神病人等无诉讼行为能力的原告或第三人的个人进行诉讼，根据我国《未成年人保护法》的规定，未成年人是指年龄未满 18 周岁的人。因此，在民事诉讼中的大部分当事人和行政诉讼中的当事人、诉讼中的第三人为自然人时，必须是年满 18 周岁的才可以不需要法定代理人而自己提起诉讼。同样，民事、行政诉讼欺诈罪的部分自然

---

① 江伟主编：《民事诉讼法学》，复旦大学出版社 2005 年版，第 179 页。

人犯罪主体需要年满 18 周岁，即民事诉讼的大部分当事人和行政诉讼中的当事人、诉讼中的第三人为自然人时，须年满 18 周岁才有可能构成本罪。

第二，行为主体不限"单方"。

本罪的行为主体既可以是"单方"，即诉讼的提起人单方实行的行为，也可以是双方，甚至是多方的。对于"单方"实行欺诈行为的认定，学者之间并没有什么分歧，由诉讼的发起人实施欺诈行为这也是比较普遍的一种现象，这里就不再赘述了。对于"非单方"的情景，笔者认为这种行为理应属于诉讼欺诈行为的范畴。因为，"双方"的情景，生活中比较常见的是诉讼中原、被告双方串通，共同损害第三人利益的情景，如《中国商人》于 2010 年第 4 期报道的一起案件《一起恶意诉讼案背后的玄机——广西历史上首次由案外人提起再审的案件尘埃落定》①，还有原告与法官串通的情形；"多方"的情景，原告、被告、第三人、法定代表人、诉讼代表人、诉讼代理人、证人以及法官之间相互串通的情形，比较常见的就是诉讼中的原告、被告、法官三方共同串通侵害第三方的利益，如《检察日报》2003 年 3 月 27 日发表的《以合法形式达到非法占有目的虚假诉讼转移债权属于诈骗》中提到的发生在江苏的一起案件。② 可见，诉讼欺诈行为的主体同时包括了"单方"与"非单方"。因此，笔者认为对于诉讼欺诈行为的行为主体，应该包含原告、被告、第三人、法定代表人、诉讼代表人、诉讼代理人等诉讼参加人以及法官，但法官不能单独成为行为主体。

第三，被告可以单独成为本罪主体。

本罪的主体还应该包括诉讼中被告单独实行欺诈和被告与法官串通的情形，如 B 对 A 有到期的债务，A 通过诉讼的方式请求法院判处 B 履行到期债

---

① 基本案情：2006 年，曹某与丁某签订了股权转让合同，受让丁某持有的这两家公司的全部股权，并向丁某支付了全部股权转让款和经营保证金。但是直到起诉前，丁某依然没有办理股权转让工商变更登记，也没有依据当时的协议归还股权转让款和保证金。为此，曹某向法院提起诉讼，要求丁某返还自己已经支付的款项，以及追究柳州某实业公司对丁某的债务承担保证责任。法院经过主持调解，双方最终达成调解协议。后案外人瞿某提起再审申请，柳州市中级人民法院再次公开开庭审理，认定原审原告曹某与被告丁某、柳州某实业公司之间高达 5655 万元的"股权转让纠纷"诉讼，系恶意串通，损害第三人利益的恶意诉讼行为，判决：撤销原审民事调解，驳回曹某的诉讼请求。参见陈伟：《一起恶意诉讼案背后的玄机——广西历史上首次由案外人提起再审的案件尘埃落定》，载《中国商人》2010 年第 4 期。

② 基本案情：某法律服务所主任费某代理某县贸易公司的上诉案件，因该贸易公司资不抵债，无钱支付代理费用，便与费某口头约定打赢官司后，从执行财产中支付代理费和相关费用。同年底省高级人民法院裁定贸易公司胜诉。该贸易公司有法院已判决生效和约定优先偿还的外欠债务远高于此次胜诉的债权，为了能控制这笔胜诉的债权，费某与贸易公司代表人洪某、祝某商定，以费某曾经代理的山东某化工厂为原告起诉贸易公司，伪造所谓购销纠纷，通过诉讼，转移胜诉债权，并且约定事成后，分掉这些款项。费某等人伪造好相关材料后，宴请法院立案庭庭长剑某等法官，费某用报纸包好 1 万元现金送给立案庭庭长剑某，在材料不符合立案要求，而且意识到费某等人诉讼的真正目的的情况下，剑某指定下属办理立案，并于当日下午派法官对胜诉的债权进行了保全，同日由费某代表山东某化工厂与祝某代表的贸易公司达成所谓的调解，法院随后制作了调解裁定书，并进行了执行。事后费某为感谢剑某帮忙又给了剑某 6000 元。后因群众上访控告法官制造假案，被检察机关侦破。参见征汉年、章群：《以合法形式达到非法占有目的 虚假诉讼转移债权属于诈骗》，载《检察日报》2003 年 3 月 27 日。

务，但是在诉讼的过程中 B 通过伪造证据等手段或与法官串通从而免除了自己的债务。这两种情形本质上与前面所提到的情形是一样的，所以理应包含在本罪主体之内。

第四，部分主体不能独立构成本罪主体。

对于民事、行政诉讼中的委托诉讼代理人、证人、勘验人、鉴定人、翻译人员以及法官等人员，这些人员虽然参与到诉讼当中，但是他们并不具有独立的诉讼权利，在诉讼中属于从属地位，对于诉讼的提起与否无法起到决定性作用，无法独立地成为本罪的主体。他们只能是在与民事诉讼的当事人、法定代理人和行政诉讼的当事人、诉讼中的第三人、法定诉讼代理人相互勾结或者是被收买的情况下，才有可能成为本罪的主体，即成为本罪的共犯。

2. 犯罪主观特征分析

本罪的主观方面表现为直接故意，并且具有非法目的。具体来说，即行为人为了实现自己的非法目的，明知在民事、行政诉讼领域，通过单独或与他人相互串通的方式，采取编造虚假事实、隐瞒事实真相等手段，会侵害国家的正常司法秩序和他人的合法权益，并且希望这种结果的发生。对于民事、行政诉讼欺诈罪的主观方面，必须注意以下三个问题：

第一，必须具有非法目的。

具有非法目的，是民事、行政诉讼欺诈罪的主观构成要件之一。行为人是否具有非法目的，成为是否构成民事、行政诉讼欺诈罪重要标准之一。之所以要求民事、行政诉讼欺诈罪必须具有非法目的，主要基于以下考虑：首先，诉讼欺诈行为之所以入罪最主要的原因就是因为其具有严重的社会危害性，这其中包括对法律权威的侵蚀、对正常司法活动的破坏、对他人合法权益的侵害、对市场经济体制根源的破坏。那么对于“不具有非法目的的诉讼欺诈行为”[①] 是否也会有这些社会危害呢？我们知道诉讼欺诈行为对法律权威的侵蚀主要体现在裁判的不公、司法的不公，而不具有非法目的的诉讼欺诈行为，即使法院最后判处为实现合法目的而伪造证据的一方胜诉，从本质上来看，其并没有带来裁判的不公，败诉一方的合法权益并没有遭受实质上的损害，其所遭受的损失是其本就该履行的义务，行为人为了实现自己的合法目的而采取了不当的手段，在很多情况下都是由于相对方逃避义务，为维护自己的合法权益，而迫于无奈所作出的选择。诉讼欺诈行为对于正常司法活动的破坏主要体现在把维护正义、化解矛盾的法院当作了欺诈活动的场所和对有限司法资源的严重浪费，而不具有非法目的诉讼欺诈行为客观上是会对正常司法活动造成影响的，但是我们应该看到之所以会出现这种情况，基本上是因为相对方不履行应有义务造成的，行为人并没有把法院当作欺诈活动的场所，他们之间是存在事实上的权利与义务关系的，他们之间的诉讼也不是虚假诉讼，而是在诉讼中使用了虚假的证据，谈不上是对有限司法资源的严重浪费。

---

① 其实不具有非法目的的这种行为不应该称之为诉讼欺诈行为，因为诉讼欺诈行为的基本特征就在于非法目的的实现，但是这里为了论述的方便，暂且称之为“不具有非法目的诉讼欺诈行为”。

因此，如行为人不具有非法目的，只是为了实现自己的合法目的或者维护自己的合法权益，而使用虚假证据或与此相类似的手段，则不构成民事、行政诉讼欺诈罪，如构成其他犯罪的，可以依照相关罪名进行刑事处罚，如不构成犯罪的，可依照《民事诉讼法》第102条和《行政诉讼法》第49条以及其他相关规定进行处罚。

第二，只能是直接故意。

犯罪的直接故意与间接故意的主要区别体现在以下两个方面：一是对行为危害结果发生的认识程度是不一样的，直接故意对危害结果发生的认识包含"必然发生"和"可能发生"，而间接故意只包含"可能发生"；二是对危害行为发生的心理态度不同，直接故意是希望，即行为人积极追求危害结果的发生，而间接故意是放任，即行为人对危害结果的发生既不希望、不追求，又不反对和设法阻止，采取听之任之的态度。对于"民事、行政诉讼欺诈罪"的行为人，通过单独或与他人相互串通的方式，采取编造虚假事实、隐瞒事实真相等手段来实现自己的非法目的，这种行为既侵犯国家的正常司法秩序，又损害他人的合法权益。首先，对于国家正常司法秩序的破坏，只要行为人向法院提起诉讼，这种危害结果就必然会发生，正常人的认识也只会是"必然发生"，而不可能存在"可能发生"的认识。其次，在诉讼欺诈中行为人为了实现非法目的，通过采取包括相互串通、编造虚假事实、隐瞒事实真相、使用虚假证据等在内的各种方式、手段进行欺诈，在其认识到行为必然发生危害结果的情况下，仍然进行且并没有反对和设法阻止，这很显然是一种积极追求、希望发生的心态，而不可能是放任的心态。因此，"民事、行政诉讼欺诈罪"的主观方面只能是直接故意。

第三，故意可产生在诉讼前和诉讼中。

对于"民事、行政诉讼欺诈罪"主观故意产生的阶段，包含以下两个：第一，产生在诉讼之前，即行为人一开始就具有非法目的，为了实现自己的非法目的，故意以欺诈的手段进行诉讼，这种故意也是最经常发生的；第二，产生在诉讼之中，即行为人在诉讼开始之前并不具有非法目的，只是在诉讼发生之后产生了采取欺诈手段实现自己非法目的的犯罪故意，这主要存在于诉讼中被告单独实行欺诈和被告与法官串通的情景之中，如B对A有到期的债务，但是B由于近段时间经济情况不是很乐观，或者是手里的钱因有其他其认为更为重要的事情要办（如投资），想再拖欠一段时间，但是A不想再等，于是通过诉讼的方式请求法院判处B履行到期债务，但是在诉讼的过程中B临时产生了不归还对方债务的想法，于是通过伪造证据等手段或与法官串通，使A败诉，从而免除了自己的债务，在这个例子中B的犯罪故意是产生于诉讼之中。因此，"民事、行政诉讼欺诈罪"的主观故意既可以产生在诉讼前，也可产生于诉讼中。

3. 犯罪客观特征分析

本罪的客观方面表现为，为实现非法目的，在民事诉讼领域或行政诉讼领域，采取编造虚假事实、隐瞒事实真相等手段，情节达到一定严重程度的行为。对于"民事、行政诉讼欺诈罪"的客观方面，必须注意以下几个方面：

第一，必须发生在行政、民事诉讼中。

诉讼欺诈为发生的场合具有特定性。对于民事、行政诉讼欺诈罪来说，其发生的领域也具有特定性，即只能发生在民事诉讼与行政诉讼这两个特定的领域，超出这两个领域，就无法构成该罪。这里的民事诉讼领域同样也包括诉讼程序与非诉讼程序。如果行为人为实现非法目的，虽然通过单独或与他人相互串通的方式，采取编造虚假事实、隐瞒事实真相、使用虚假证据等或与此相类似的手段的行为，但是这些行为并不是发生在民事诉讼领域或者行政诉讼领域，那么就无法构成民事、行政诉讼欺诈罪。如果上述的这些行为是发生在刑事诉讼领域，虽然符合民事、行政诉讼欺诈罪的犯罪构成，但是由于刑法上对这些行为已经有了相关的法律规定，如《刑法》第243条的诬告陷害罪、第305条的伪证罪、第306条的辩护人、诉讼代理人毁灭证据、伪造证据、妨害作证罪、第307条的妨害作证罪和帮助毁灭、伪造证据罪，因此不需要另外对其规制。所以，民事、行政诉讼欺诈罪只可能发生在民事、行政诉讼领域。

第二，情节必须达到一定的严重程度。

"情节"是一个具有中国特色的刑法范畴，[1] 其在刑法条文中如有明确规定的，则其将成为构成相关罪名的必要条件，即相关罪名的成立必须达到相应的"情节"，在刑法理论中将其称之为"情节犯"。一般而言，"情节"的内容是比较广泛的，可包括犯罪手段、犯罪时间地点、犯罪环境、犯罪结果、犯罪对象、犯罪次数、犯罪动机、犯罪目的、行为人主观恶性等等。[2] 如刑法第223条规定的"串通投标罪"，其应予追诉的情节包括：（1）犯罪结果方面的，给招标人或者其他投标人、国家、集体、公民造成严重经济损失的，即损害招标人、投标人或者国家、集体、公民的合法利益，造成的直接经济损失数额在50万元以上的；（2）犯罪手段方面的，主要是指采用卑劣手段串通投标，即对其他投标人、招标人等投标活动的参加人采取威胁、欺骗等非法手段的；（3）犯罪次数方面的，多次实施串通投标行为的，即虽未达到上述数额标准，但因串通投标，受过行政处罚二次以上，又串通投标的。对于这些不同的情节，只要有其中一个方面符合要求，即构成犯罪，并不要求全部符合。

对于民事、行政诉讼欺诈罪，情节达到何种程度可以称作严重呢？笔者认为可从以下几个方面进行考虑：（1）犯罪手段比较卑劣，所使手段查处难度大，或者所使手段的本身就具有违法性的，但尚不构成犯罪的，如相互勾结、串通进行诉讼欺诈的，通过收买贿赂相关人员进行诉讼欺诈的，采取威胁、恐吓等手段进行诉讼欺诈的，使用虚假证据，特别是使用伪造、变造的国家机关公文、证书、印章和伪造的公司、企业、事业单位、人民团体印章

---

① 赵延光主编：《中国刑法原理》（总论卷），武汉大学出版社1992年版，第284页。
② 参见史卫忠：《行为犯研究》，中国方正出版社2002年版，第173页。

进行诉讼欺诈的，等等；（2）犯罪对象涉及公共利益的或对他人合法权益有重大作用或影响的款物、名誉、商誉等，如涉及非法占有救灾、抢险、防汛、优抚医疗、救济等款物的，或非法占有他人急需的生产资料，或诋毁他人，特别是在各方面存在重大利益关系的个人、法人或其他组织的，等等；（3）违法、犯罪次数多，屡教不改的，如因诉讼欺诈，虽未受过刑罚，但是受到其他相关处罚三次以上的，或曾因诉讼欺诈受过刑事处罚，又进行诉讼欺诈的，等等；（4）主观恶性大，如以非法占有他人数额巨大财物为目的的，出于整垮竞争对手、毁坏他人声誉使其无法正常生活的，等等；（5）犯罪结果严重，对正常司法秩序产生了较大的影响，造成了司法资源的浪费，影响他人合法权益的，如在诉讼进入开庭审理阶段，或诉讼欺诈行为虽未获胜诉或主动撤诉，但是已对相关主体造成较大的影响，等等；（6）其他严重情节。

第三，加重情节的界定。

对于如何界定该罪"情节严重的"、"情节特别严重的"情节，笔者认为依然可以借鉴前文关于"情节"的内容，可以从以下几个方面对该罪"情节严重的"进行规定：（1）犯罪手段方面，手段特别卑劣，综合采取各种违法手段，且所使手段本身就具有刑事违法性的，如综合采取相互勾结串通、收买贿赂相关人员、采取威胁、恐吓等手段，伪造、使用虚假证据，特别是伪造、变造的国家机关公文、证书、印章和伪造的公司、企业、事业单位、人民团体印章进行诉讼欺诈的，等等；（2）犯罪目的方面，以非法占有他人数额特别巨大财物为目的，如 20 万元以上，等等；（3）犯罪次数方面，多次进行诉讼欺诈，且其中至少两次构成民事、行政诉讼欺诈罪的；（4）犯罪结果方面，不但使司法资源严重浪费，并且致使被害人的合法权益遭到严重损害，如犯罪所得数额巨大，或严重损害他人声誉、法人商誉及单位形象的，等等；（5）其他特别严重的情节的。对于"情节特别严重的"可以从以下几个方面进行考虑：（1）非法占有救灾、抢险、防汛、优抚医疗、救济等款物，造成严重后果，严重损害公共利益的；（2）给相关单位带来严重影响，且造成无法挽回的损害的，如破产等；（3）导致被害人死亡、精神失常或者其他严重后果的；（4）用犯罪所得财物进行违法犯罪活动的；（5）犯罪所得数额特别巨大的；（6）造成其他特别严重后果的。

4. 犯罪客体特征分析

本罪侵犯的客体是复杂客体，包括国家的正常司法秩序以及个人、单位的合法权益。在复杂客体中，根据各客体在犯罪中受危害程度、可能性以及受刑法保护的状况不同，又可分为主要客体、次要客体、随机客体。那么"民事、行政诉讼欺诈罪"的主要客体到底是国家的正常司法秩序，还是个人、单位的合法权益呢？正如有的学者在论述金融诈骗罪客体结构时所说的："金融诈骗罪既侵犯了金融秩序，又侵犯了公私财产所有权，在此种情况下重点保护哪一个客体，立法者无法摆脱价值法则的左右。"① 同样，对于"民事、行政诉讼欺诈罪"也应该在价值法则的指引下，在国家的正常司法秩序与个人、单位的合法权益中，合理地确定刑法重点保护的客体。笔者认为，在建设中国特色社会主义法治国家的道路上，在本罪中国家的正常司法秩序的重要性要远远高于个人、单位的合法权益。究其原因如下：第一，国家正常司法秩序具有基础性与全局性，而个人、单位合法权益具有分散性与局部性。正常的司法秩序对于维护国家稳定和保障整个社会有序运行发挥着基础性的作用，司法秩序的正常与否，不但关乎整个社会法治的正常与否，而且也从侧面反映出一个国家的正常与否，具有全局性的特征。而个人、单位的合法权益，是由一个个分散的主体的合法权益组成的，其本身是个复数概念，民事、行政诉讼欺诈罪一次侵犯的仅仅是一个具体的合法权益，不可能侵犯个人、单位的合法权益的整体，具有分散性和局部性的特征。第二，国家正常司法秩序被侵犯的后果的扩张性与不定性，而个人、单位合法权益被侵犯的后果的凝固性与确定性。正常司法秩序被侵犯，其带来的后果不仅会在司法内部扩张，使司法秩序受损，司法资源严重浪费，而且也进一步扩张到其他领域，侵蚀法律权威，破坏市场经济体制的根源，最终的后果是不堪设想的；而个人、单位的合法权益被侵犯，由于个人、单位合法权益的分散存在，不同个体之间一般不会传递和影响，其所带来的后果本身也是相对确定的，一般不会产生跨个体、跨领域的传递，后果具有凝固性和确定性。第三，对国家的正常司法秩序侵犯的必然性，而对个人、单位合法权益侵犯的或然性。只要该犯罪行为一发生，肯定会对国家的正常司法秩序造成侵害，而对于个人、单位的合法权益是否造成实质意义上的侵犯，处于或然状态，即不必然对个人、单位的合法权益造成侵害。因此，"民事、行政诉讼欺诈罪"的主要客体是国家的正常司法秩序。

六、结语

改革的深入，经济社会的发展，科技的进步，使正处在社会急剧变革时期的我国，部分矛盾集中爆发，社会关系日益复杂化，新型的社会危害行为不断出现，而且各种危害行为所采取的手段不断推陈出新，给和谐社会的建设带来诸多挑战，面对那些对社会具有严重危害性且日益突出的违法行为，则需要动用刑法对其进行抵制。在实然视角下无罪的"诉讼欺诈行为"，由于其本身所具有的严重的危害性，侵蚀法律权威、破坏正常的司法活动、侵害他人合法权益、破坏市场经济体制的根源，无一不表现出对相关法益造成的严重的侵害或者是形成严重的威胁，再加上该行为通过除刑法以外方式进行调整的无效性和犯罪化的可行性，需要动用刑法对其进行规制。但是诉讼欺诈行为无法被纳入现有罪名进行规制，再加上其独立成罪符合刑法罪责相适应原则的要求，有助于消除实务中的混乱，因此刑法应当对情节严重的诉讼欺诈行为，增设"民事、行政诉讼欺诈罪"。任何新罪

---

① 高铭暄主编：《新型经济犯罪研究》，中国方正出版社 2000 年版，第 852 页。

名的创设都意味着一个犯罪化过程的开启和随之而来的刑事责任归咎，"民事、行政诉讼欺诈罪"也不例外。因此，我们在设立该罪的同时，需要对该罪的犯罪构成、法定刑配置等一系列问题进行深入的研究，对相关问题进行科学、合理、准确的界定，才能既保证对该犯罪行为的有效打击，保障刑法目的的实现，又避免出现刑法打击面过大，对社会的干预过多的情况，从而有效地维护个人、单位的合法权益。

当代中国环境犯罪刑法立法及其完善研究

赵秉志* 陈 璐**

目　次

一、前言

　　人类的环境保护立法理性在工业文明的扩张对生存环境产生威胁的时候开始觉醒。刑法作为法益保护的最后屏障，对惩治与预防环境犯罪承担着不可推卸的责任。由于环境污染是近代工业发展所衍生的社会问题，危害环境的行为不似杀人、盗窃等自然犯那样自始就具有道德可谴责性，所以最初各

---

　* 北京师范大学刑事法律科学研究院暨法学院院长、教授、博士生导师，中国刑法学研究会会长，国际刑法学协会副主席暨中国分会主席。
　** 北京师范大学刑事法律科学研究院博士研究生。

国的刑法都没有涉及，而是在行政法规中对该类行为予以规制。随着人类经济行为对自然界恣意侵夺的日益加剧以及灾难性后果的频繁发生，侵害生态环境的行为严重威胁到了人类及其后代的生存安全，其道德非难性逐渐得到人类社会的广泛认同，于是各国才始将其作为犯罪行为纳入刑法的惩治范围。因此，在传统刑法规制的视野中，环境犯罪是现代工业社会的新型犯罪。在世界范围内，环境刑事立法从 20 世纪 70 年代始见端倪，之后便随着人们环保意识的增强而日渐繁荣。在中国，从 1979 年第一部刑法典出台到 1997 年修订通过现行刑法典，再到 2011 年《刑法修正案（八）》颁布，当代中国环境犯罪的刑法立法不断补充修正，中国环境犯罪的刑事法治也逐步改革完善，并取得了初步成效。晚近，随着中国社会工业化和城市化进程的加快，环境侵害的类型和危害性亦不断扩大，迫切需要刑法进一步予以有效应对，现行刑法还有较大的改进空间。缘此，本文试对中国环境犯罪的刑法立法演进及其现存问题予以梳理和分析，并在此基础上探讨其立法完善的若干重点问题，以求裨益于当代中国的环境刑事法治建设。

二、中国环境犯罪刑法立法的演进

（一）1979 年刑法典的初步规划

中国环境犯罪的刑法立法始于 1979 年中国第一部刑法典。由于当时中国经济发展尚处于起步阶段，工业化程度不高，环境污染和其他危害环境的行为还没有凸显出对人类生存空间的巨大危害，因此，1979 年刑法并没有专门设置章节规定危害生态环境资源的犯罪，仅仅是少数条款直接或者间接地涉及环境犯罪，具体包括：违反危险物品管理规定肇事罪（第 115 条），盗伐、滥伐林木罪（第 128 条），非法捕捞水产品罪（第 129 条）以及非法狩猎罪（第 130 条）。① 随着经济体制的转变与改革开放政策的实行，中国经济建设日新月异，而随之出现的危害环境的行为也日益猖獗，1979 年刑法的粗疏规定已经难以满足惩治危害环境行为的需要。为了弥补刑法滞后于环境犯罪的现实，中国通过制定单行刑法和附属刑法的方法增补了环境犯罪罪名，扩展了刑法对环境犯罪的规制范围。1988 年全国人民代表大会常务委员会通过的《关于惩治捕杀国家重点保护的珍贵、濒危野生动物犯罪的补充规定》将非法捕杀珍贵、濒危野生动物的行为规定为犯罪，并使之与刑法中原有的非法捕捞水产品罪和非法狩猎罪相分离。1995 年的《大气污染防治法》、《固体废物污染环境防治法》以及 1996 年的《水污染防治法》分别创了大气污染罪，违反规定收集、贮存、处置危险废物罪和水污染罪三个新的罪名。这些规定在一定程度上填补了中国刑法典的空白，也为 1997 年修订刑法典完善相关立法奠定了基础。

（二）1997 年刑法典的重大进展

1997 年修订通过的刑法典关于环境犯罪的规定取得了重大突破与进展。

---

① 参见高铭暄、赵秉志编：《中国刑法立法文献资料精选》，法律出版社 2007 年版，第 350、352 页。

1997 年刑法典分则第六章 "妨害社会管理秩序罪" 中以专节 (第六节) 的形式规定了 "破坏环境资源保护罪", 该节共计 9 个条文 14 种罪名, 分别是: 重大环境污染事故罪 (第 338 条), 非法处置进口的固体废物罪 (第 339 条第 1 款), 擅自进口固体废物罪 (第 339 条第 2 款), 非法捕捞水产品罪 (第 340 条), 非法猎捕、杀害珍贵、濒危野生动物罪, 非法收购、运输、出售珍贵、濒危野生动物、珍贵、濒危野生动物制品罪 (第 341 条第 1 款), 非法狩猎罪 (第 341 条第 2 款), 非法占用耕地罪 (第 342 条), 非法采矿罪 (第 343 条第 1 款), 破坏性采矿罪 (第 343 条第 2 款), 非法采伐、毁坏珍贵树木罪 (第 344 条), 盗伐林木罪 (第 345 条第 1 款), 滥伐林木罪 (第 345 条第 2 款), 非法收购盗伐、滥伐的林木罪 (第 345 条第 3 款)。以 1997 年刑法典颁布为标志, 中国环境犯罪的刑事治理进入了一个崭新的体系化阶段。

(三) 晚近十余年来刑法修正案的修改完善

从 1997 年刑法典颁布至今的十余年间, 中国环境犯罪的刑法立法针对环境犯罪出现的新情况不断进行修正, 扩大惩治范围, 进一步完善罪名体系, 严密刑事法网, 最突出的表现就是国家立法机关以刑法修正案的形式对环境犯罪的罪名进行了一系列的修正与完善。

2001 年通过的《刑法修正案 (二)》将刑法第 342 条的 "非法占用耕地罪" 修改为 "非法占用农用地罪", 弥补了刑法对乱占滥用林地、草地等耕地以外的农用地的行为无法规制的缺陷, 更好地体现了刑法对农用地资源的保护。

2002 年通过的《刑法修正案 (四)》将刑法第 344 条 "非法采伐、毁坏珍贵树木罪" 修改增补为两个罪名, 即 "非法采伐、毁坏国家重点保护植物罪" 和 "非法收购、运输、加工、出售国家重点保护植物及其制品罪"; 同时修改了刑法第 345 条第 3 款 "非法收购盗伐、滥伐的林木罪" 的规定, 删去了 "以牟利为目的" 的规定和 "在林区" 的限制, 增补了 "非法运输" 的行为, 从而将罪名更改为 "非法收购、运输盗伐、滥伐的林木罪"。

尤为引人注目的是 2011 年 2 月 25 日第十一届全国人大常委会第十九次会议通过的《刑法修正案 (八)》, 分别对刑法第 338 条的 "重大环境污染事故罪"、刑法第 343 条第 1 款的 "非法采矿罪" 作了修改: 修改后的第 338 条将原来条文中 "造成重大环境污染事故, 致使公私财产遭受重大损失或者人身伤亡的严重后果" 的结果要件改为 "严重污染环境的", 从而将该罪由实害犯变为危险犯, 降低了入罪门槛, 增强了可操作性, 而该罪的罪名也由 "重大环境污染事故罪" 被最高人民法院、最高人民检察院的相关司法解释改成了 "污染环境罪";[①] 修改后的非法采矿罪废除了 "经责令停止开采后拒不停止开采" 的前置性条件以及 "造成矿产资源严重破坏" 的结果性要件, 将该罪由结果犯变为情节行为犯, 即只要非法采矿行为达到情节严重的程度, 即构成犯罪。这些修正表达了中国立法者的立法理念正在发生转变, 即在制定环

---

① 参见最高人民法院、最高人民检察院 2011 年 4 月 27 日公布的《关于执行〈中华人民共和国刑法〉确定罪名的补充规定 (五)》。

境刑法时，不应把自己当作自然和环境的使用者，而应把自己也当作环境的成员和一部分，如此在无可避免地要权衡经济与生态的重要性时，才不会偏执于自私人类中心思想。[①]

（四）附属刑法规范的辅助

应当指出的是，现阶段中国环境刑事立法采取的是以刑法典为主、以附属刑法为辅的复合立法模式，即除了刑法典较为系统的相关规定外，《环境保护法》、《海洋环境保护法》、《水污染防治法》、《大气污染防治法》、《环境噪声污染防治法》、《固体废物污染环境防治法》、《土地管理法》、《森林法》、《草原法》、《水法》、《矿产资源法》、《渔业法》和《野生动物保护法》等 20 多部环保法律中也都有涉及刑事责任的条款。这些法律构成了中国环境法制的基本框架，其相关规定也构成了中国环境刑法的基本规范与格局。

三、中国环境犯罪刑法立法现存的问题

深入认识、深刻反思中国环境犯罪现行刑法立法存在的问题，是进一步完善中国环境犯罪刑法立法的前提和基础。目前中国环境犯罪刑法立法在立法体例、罪名体系和刑罚处罚等方面都存在一些不足，亟待立法的进一步完善。

（一）环境犯罪刑法立法体例存在的问题

环境犯罪刑法立法体例是指环境犯罪条款在刑法典中的表现形式。中国现行刑法典在分则第六章设置第六节专节对环境犯罪作较为集中规定的同时，在分则第二章、第三章、第九章和第六章第六节之外的其他节中也有关于环境犯罪的规定。这样的立法体例还存在不尽科学的地方，具体表现在以下两个方面：

1. 环境犯罪在刑法典中的位阶较低

随着环境问题的凸显以及人们对其认识的深入，人们对环境犯罪客体的认识也日益科学。环境犯罪既不同于单纯侵犯人身权利或财产权利的犯罪，也不同于一般的妨害社会管理秩序的犯罪，而是有独立犯罪客体的一类犯罪，即环境犯罪侵犯了刑法所保护的人与自然之间的生态平衡所反映出来的社会关系。从可持续性发展的角度看，此种社会关系既包括基于环境危害的整体性而产生的区域间的社会关系，也包括基于环境危害的持续性而带来的与后代子孙生存相关的社会关系。[②] 中国现行刑法典分则第六章的犯罪，只是在其不能归入分则的其他章节之中，或者难以明确其属于其他分则章节的犯罪同类客体时，才被归入第六章之中的。而之所以在该章下分节，一是立法者要使刑法典具有一定的明确性和概括性；二是立法者认为这些类罪的层级较低，难以升级为独立的一章。因此，将环境法益作为层级较低的法益或者同类客体，反映了立法者对于环境法益保护的理念还比较陈旧，未能突破传统人本主义的刑法立法理念，将环境法益局限于对个人法益和社会法益的保护。

---

① 参见郑昆山著：《环境刑法之基础理论》，五南图书出版公司 1998 年版，第 154 页。

② 参见赵秉志、王秀梅、杜澎：《环境犯罪比较研究》，法律出版社 2004 年版，第 45 页。

2. 环境犯罪罪名设置分散化

具体说来，除了刑法典分则第六章第六节设置的 14 种环境犯罪罪名以外，还有一些派生性环境犯罪的罪名分散规定于刑法典分则其他章节中，使得环境犯罪罪名之间的关系松散化，从而违背了刑法典设专节规定环境犯罪的初衷。如刑法典第二章"危害公共安全罪"中的"非法制造、买卖、运输、储存危险物质罪"，第三章第二节"走私罪"中的"走私珍贵动物、珍贵动物制品罪"、"走私珍稀植物、珍稀植物制品罪"、"走私废物罪"，第九章"渎职罪"中的"违法发放林木采伐许可证罪"、"环境监管失职罪"、"非法批准征用、占用土地罪"、"动植物检疫徇私舞弊罪"、"动植物检疫失职罪"，等等。这种分散的立法体例不仅影响了整个刑法典体例的周延，而且严重淡化了环境犯罪的客体特征，对环境犯罪的集中治理产生了极大的负面影响。

（二）环境犯罪罪名体系存在的问题

根据现阶段环境犯罪的预防和控制需要，结合国外环境刑法的罪名设置情况，笔者认为，中国环境刑法的罪名体系存在如下问题：

1. 罪名规制范围较窄

罪名的范围大小是建立罪名体系的基础。作为后位保障法，环境刑法的罪名设置应当与环境管理法所包含的环境要素对应一致。中国《环境保护法》第 2 条从广义上规定了环境的概念，即是指影响人类生存和发展的各种天然的和经过人工改造过的自然因素的总体，不仅包括大气、水、海洋、草原、野生生物等自然环境，也包括人文遗迹、风景名胜区等人文环境，甚至还包括了城市、乡村等社会环境在内。然而，环境刑法却采用了最狭义的环境概念，相关罪名所针对的对象仅仅是自然环境，不包括人文环境和社会环境，而且即使是自然环境，也未能涵盖《环境保护法》所提出的全部自然环境要素，未能将诸如草原、湿地、自然保护区等自然环境要素包括在内。此外，过窄的罪名设置，也导致环境刑事治理与行政治理之间相互脱节，处于空白地带内的环境管理行为因缺少必要的刑罚后盾保障而导致其执行力降低，造成环境治理整体机制效能的减弱。

2. 罪名结构单一

中国刑法中的环境犯罪罪名大都是针对已然的环境危害，要求必须产生实际的环境危害结果，属于一种事后惩治；而对于事前预防和事中控制，仍然依靠行政处罚。注重事后惩治是传统刑法中结果本位立法理念的体现，也是刑法谦抑性原则的表现，但是，当今社会经济、科技的高速发展使得环境污染的危害系数大大增加，环境侵害所产生的风险变得更不确定。环境犯罪不同于普通犯罪，它具有潜在的危险性，一旦造成损害就无法挽回，如果等到有实际结果出现才动用刑法，那显然是迟了一大步，而生态环境是一种没有任何自我意识的客观存在，从被害者的角度讲，也更容易遭受人类行为的侵害。预防犯罪是现代刑法的功能之一，现代刑法在规制环境犯罪这种具有巨大危险的犯罪时，理应比规制其他犯罪更要体现其预防功能。世界各国的环境刑法都力争贯彻重在预防的原则，比如对危险犯、行政犯、抽象危险犯等行为明确地规定为犯罪，并予以刑罚制裁。① 相比之下，中国的环境刑法则没有很好地体现预防犯罪的功能，主要表现在刑法惩治的是结果犯，而不是危险犯。该模式在发挥其行为指引作用的时候容易造成人们的投机心理，即认为只要污染行为不造成重大环境污染事故，不致使公私财产遭受巨大损失或者人身伤亡的后果，就不是犯罪。

（三）环境犯罪刑罚处罚存在的问题

中国环境犯罪刑罚处罚所存在的问题主要体现在刑罚适用原则和刑罚适用种类两个方面。

1. 在刑罚适用原则方面存在的问题

（1）没有引入严格责任制度，导致相关刑罚的威慑效果大为减弱。对于环境犯罪的归责原则，中国 1979 年刑法典和现行刑法典遵循的均是传统的过错责任原则。据此，检控方在指控环境犯罪时，不仅要证明具有客观上污染或破坏环境的行为（在结果犯中还要证明发生了法定的危害后果），而且需证明行为人行为时存在主观罪过。近些年来，对于是否应当在中国环境刑事立法中引入严格责任原则，成为一个争议较多的问题。反对者有之，② 赞成者也有之。③ 主张和反对引入严格责任的观点都有一定的道理。笔者认为，中国在环境犯罪中完全排斥严格责任的运用是环境刑法的一个缺陷，不利于过错责任原则在环境犯罪中的贯彻执行，使刑罚的威慑力大为减弱，无法满足社会对环境保护的需要，也有悖于严格责任原则在各国环境刑法立法中的发展趋势。

（2）责任推定原则没有法定化，因果关系的认定难度较大。传统的刑法因果关系理论用于证明一般刑事犯罪中的因果关系是没有问题的。但是，由于环境犯罪尤其是污染环境的犯罪较为特殊复杂，因而使传统的因果关系理论面临着严峻挑战，不仅难以认定污染环境犯罪因果关系的存在，而且易将部分污染环境犯罪行为排除在现行犯罪理论之外，以致无法追究刑事责任。由于传统的因果关系理论在认定污染环境犯罪因果关系时遇到了困境，责任推定原则应运而生。中国在追究环境犯罪刑事责任的司法实践中，虽然大多采用推定原则来确定因果关系，但是环境刑法中并没有关于推定原则的直接表述。

2. 在刑罚适用种类方面存在的问题

（1）没有确立资格刑在环境犯罪刑罚体系中的应有地位。中国现行刑法规定的资格刑的内容主要是剥夺政治权利，并且在环境犯罪的刑罚中没有关于附加适用资格刑的规定。资格刑内容的这种局限性以及环境犯罪刑罚中资格刑的缺失是中国环境犯罪刑法立法的一个明显缺陷。

（2）缺乏非刑罚措施的配合适用。对于非刑罚处罚措施，虽然中国刑法典"总则"第 37 条作了专门规定，但由于其适用范围仅限于犯罪情节轻微不

---

① 参见傅立忠、储槐植：《初论"环境刑法"》，载《当代法学》1994 年第 2 期。

② 参见冯亚东著：《理性主义与刑法模式》，中国政法大学出版社 1999 年版，第 108 页。

③ 参见黄霞、董邦俊著：《环境资源犯罪研究》，中国法制出版社 2004 年版，第 153 页。

需要判处刑罚的情形，适用种类仅限于训诫、责令具结悔过、赔礼道歉、赔偿损失、行政处罚和行政处分，因而司法实践中中国对环境犯罪的处罚很少配合适用相关的非刑罚措施，尤其是对于情节较轻从而判处较轻刑罚的环境犯罪而言，更是没有非刑罚措施适用的余地。

四、中国环境犯罪刑法立法完善的思考

对中国环境犯罪刑法立法作进一步的改革与完善，既要充分考虑中国环境治理的现状，又要顾及中国现行刑法的立法体例及技术特点；既要对现有环境犯罪罪名体系及犯罪构成进行整合修正，又要顾及刑法的稳定性、连续性；既要考虑到刑法典规定的环境犯罪的独立性，又要考虑到刑法与其他环境法律、法规之间的衔接；既要立足于中国环境刑法立法的实际情况，又要适当借鉴世界各国及国际社会关于环境犯罪的先进立法经验，从而找到一条治理环境犯罪的最佳路径。

（一）确立科学的环境犯罪刑法立法体例

鉴于中国环境犯罪罪名分散化的弊端，笔者认为，应将刑法典分则第六章第六节规定的环境犯罪罪名从该章中独立出来，单独成立一章，并将分散在刑法典各章节中有关环境犯罪的规定纳入其中，章名可称为"侵害环境罪"，位序排在现行刑法典分则第五章"侵犯财产罪"之后、第六章"妨害社会管理秩序罪"之前。若确立这样的环境犯罪刑法立法体例，就能够体现环境犯罪客体的独立性以及环境犯罪特定的社会危害性。在刑法典中有关环境犯罪的规定独立成章后，从环境犯罪立法体例的角度，应对现有的一些环境犯罪罪名的体系位置予以调整整合，以使环境犯罪罪名体系充实、系统和协调。

其一，应将刑法典分则第六章第二节中的走私珍贵动物、珍贵动物制品罪，走私国家禁止进出口货物、物品罪①中的有关走私珍稀植物、珍稀植物制品的犯罪行为，以及走私废物罪纳入侵害环境罪这一章中。因为在环境日益成为重要的社会问题的情况下，走私珍贵动物、珍贵动物制品罪，走私珍稀植物、珍稀植物制品的犯罪行为，走私废物罪等侵害的主要客体实际上已是人类赖以生存的环境。

其二，应将刑法典分则第六章第四节中的故意毁损名胜古迹罪，盗掘古文化遗址、古墓葬罪，盗掘古人类化石、古脊椎动物化石罪亦纳入侵害环境罪这一章中。名胜古迹、古文化遗址、古墓葬、古人类化石、古脊椎动物化石均属于《环境保护法》第 2 条所规定的环境要素，在环境日益成为重要的社会问题的情况下，对上述环境要素侵害的主要客体实际上已是对环境的侵害，而非对文物的侵害。

（二）完善环境犯罪的罪名体系

如上文所述，中国刑法典现有的罪名体系显然太过于狭窄。因而，应在

---

① 在《刑法修正案（七）》颁行前，此罪罪名为走私珍稀植物、珍稀植物制品罪，《刑法修正案（七）》扩大了该罪的犯罪对象，珍稀植物、珍稀植物制品仅为修订后的犯罪的对象之一。

刑法典中适当增设一些环境犯罪的新罪名，以完善环境犯罪罪名体系，严密环境犯罪刑事法网。通过对中外环境犯罪罪名设置情况的分析比较研究，依据科学的环境犯罪分类，笔者认为目前中国环境犯罪急需增设以下 5 个罪名：

1. 破坏草原罪

破坏草原罪是指违反《草原法》的规定，非法开垦草原，或者在荒漠、半荒漠和严重退化、沙化、盐碱化、石漠化、水土流失的草原，以及生态脆弱区的草原上采挖植物或者从事破坏草原植被的其他活动的；或者未经批准或者未按照规定的时间、区域和采挖方式在草原上进行采土、采砂、采石等活动的，或者其他破坏草原的行为，造成严重后果的行为。草原是大自然的重要组成部分，是环境的要素之一。但是目前由于开垦、超载放牧等原因，中国的草原资源已遭到十分严重的破坏。这不仅加剧了水土流失和土地的沙漠化，而且使自然灾害的发生日益频繁。这种状况不仅破坏了生态平衡，而且阻碍了经济的发展，甚至危及人们的生命、健康。为遏制这一现象，有必要采用刑事手段来惩治破坏草原资源的行为。尽管自 2003 年 3 月 1 日起开始施行的新修订的《草原法》第 61 至 63 条对草原行政主管部门和其他有关国家机关工作人员在草原管理方面的刑事责任追究作出了规定，但对上述人员以外的其他公民严重破坏草原的行为无相应的犯罪化立法措施，不利于对草原的保护。因此，刑法典应当增设破坏草原罪。

2. 破坏湿地罪

破坏湿地罪是指违反国家规定，非法开垦、围垦和随意侵占湿地，或者实施其他破坏湿地，造成严重后果的行为。湿地与森林、海洋并称为全球三大生态系统。中国于 1992 年加入了《关于特别是作为水禽栖息地的国际重要湿地公约》，2004 年中国国务院批准了《全国湿地保护工程规划》，表明中国已经重视对湿地予以保护。因此，应在刑法典中增设"破坏湿地罪"。

3. 虐待动物罪

虐待动物罪是指虐待动物，致动物永久性残疾或者死亡或致被虐待动物疼痛或痛苦以致必须使其人道死亡以结束其痛苦的行为。自然生态系统的平衡需要所有生态要素的和谐共处，人类、动物、植物等一切生物都是这个生态系统不可或缺的要素，对动物的保护不仅是维护生态平衡必不可少的措施，而且体现了人类更深刻的宇宙观和更人道的道德关怀，这也正是现代环境刑法伦理特征的体现。如果将人类反思其与自然界的和谐关系视为人类环保理念的第一次飞跃的话，那么人类反思其与动物的和谐关系将是人类环保理念的第二次飞跃。当今世界许多国家如意大利、加拿大、美国、法国、瑞士、新西兰、俄罗斯等都将残酷对待一般动物的行为规定为犯罪。随着人类环保观念的日益进步更新，虐待动物的行为所表现出的主观恶性已经不能为人类道德所容忍，对其进行刑事规制已经越来越广泛地出现在世界各国的刑法中。

4. 破坏自然保护区罪

破坏自然保护区罪是指违反国家规定，在自然保护区非法从事砍伐、放牧、狩猎、捕捞、采药、开垦、烧荒、开矿、采石、挖沙等活动，或者实施其他破坏自然保护区的行为，造成严重后果的行为。自然保护区是人类保护大自然的一种特殊手段和重要措施，根据《自然区保护条例》第2条的规定，自然保护区，是指对有代表性的自然生态系统、珍稀濒危野生动物物种的天然集中分布区、有特殊意义的自然遗迹等保护对象所在的陆地、陆地水体或者海域，依法划出的一定面积予以特殊保护和管理的区域。自然保护区将那些对人类生存和发展具有重要意义的自然综合体和自然资源，尤其是具有典型意义的生态系统、珍贵稀有的生物资源、珍贵的历史遗迹及时有效地保留下来；将那些已遭受破坏或严重干扰的自然综合体或自然资源及时有效地加以拯救、恢复和保养。它的建立对于自然保护、对人类社会的发展具有重要的意义。① 现行刑法典中有多个犯罪涉及对破坏自然保护区犯罪行为的规制，如非法狩猎罪，非法猎捕、杀害珍贵、濒危野生动物罪，非法收购、运输、出售珍贵、濒危野生动物或者珍贵、濒危动物制品罪，非法采伐、毁坏国家重点保护植物罪，非法收购、运输、加工、出售国家重点保护的植物罪，盗伐林木罪，滥伐林木罪等，以及妨碍执行公务罪，还有刑法典分则第九章规定的一些渎职类犯罪。但是，中国刑法典并没有单独直接规定破坏自然保护区罪，这对于保护自然保护区非常不利，特别是对于自然保护区内的濒危物种以及自然遗迹的保护非常不利。为了保护生物多样性以及自然生态环境，刑法典应当独立规定破坏自然保护区罪，以便更好地打击危害自然保护区的犯罪，保护自然保护区以及自然保护区所要保护的珍贵物种和其他由自然保护区保护的物质。②

5. 抗拒环保行政监督管理罪

抗拒环保行政监督管理罪是指行为人违反环境保护的监督管理规定，抗拒环境保护部门的环境监督管理，情节严重的行为。纵观环境犯罪发生的机理，危害环境的行为演变为犯罪之前都有一个发展过程。演变为犯罪之前的环境违法行为通常都属于行政法调整的范围。假如调整得当，则可避免环境犯罪的发生。但实践中出现的问题是部分行为人漠视行政机关的停产整顿等处罚决定，在相关许可证的申请和使用过程中，进行虚假记录或陈述等违法行为。这些违法行为进一步发展，可能造成对环境的严重破坏。借鉴发达国家的立法经验，设立抗拒环保行政监督罪，有利于将一些可能引发重大环境事故的前期行为予以犯罪化，以便及早引起行为人的重视，使其规范和矫正自己的行为，从而起到预防环境犯罪发生的作用。

（三）完善环境犯罪的犯罪构成要素

对环境犯罪罪名的犯罪构成要素的完善主要体现为扩张犯罪对象的范围和扩展危害行为的类型两个方面：

其一，扩张犯罪对象的范围。中国《刑法修正案（八）》将刑法第338条污染环境罪中的"废物"扩展至"其他有害物质"，这是立法开放、扩张构成要件要素的积极做法，但是，从整体而言，环境犯罪的犯罪对象范围依然

---

① 参见郭建安、张桂荣著：《环境犯罪与环境刑法》，群众出版社2006年版，第432页。
② 参见郭建安、张桂荣著：《环境犯罪与环境刑法》，群众出版社2006年版，第439页。

较窄。例如非法处置进口的固体废物罪、擅自进口固体废物罪，其犯罪对象是固体废物，但从实践角度看，已经出现了非法进口或非法处置液态或气态废物的案件，而这类行为在现行刑法中并不能找到处罚的依据。再如刑法典只惩治非法占用农用地的犯罪行为，没有将破坏其他土地的行为纳入刑法规制范围。然而，土地是一个整体，土地的生态平衡是相互影响、相互作用的，违反土地使用规律，对其他非农用土地随意开采和滥用，会直接影响到农用地的正常使用。此外，一些重要非农用土地资源对环境的改善和维持具有其独立价值，如湿地、草原等，对于这些土地资源不给予充分的刑法保护显然不符合环境刑法的立法宗旨。

其二，扩展危害行为的类型。例如，非法处置固体废物罪在客观方面仅规定了倾倒、堆放、处置行为，与之有一定牵连性的非法生产、收购、运输和出售境外固体废物的行为却没有规定，不利于从各个环节防治固体废物污染环境的行为。[①] 考虑到固体废物污染对环境可能造成的重大危害，刑法有必要全面介入与固体废物有关的各种危险行为，切实降低环境侵害的风险。又如，中国的盗伐林木罪和滥伐林木罪中只规定了违法砍伐这一种行为。然而，引起森林资源毁损的并不只有违法砍伐行为，其他一些高度危险源的行为，如放火行为、人为传播害虫等，也会造成森林资源受到侵害。此外，中国刑法已经将非法收购、运输盗伐、滥伐林木的行为规定为犯罪，但未将非法加工、出售明知是盗伐、滥伐林木的行为规定为犯罪。非法加工、出售盗伐、滥伐林木的行为与非法收购、运输盗伐、滥伐林木的行为具有相同的社会危害性，而且这些行为之间具有密切的关联性，将这类行为规定为犯罪应当能够更有力地打击盗伐、滥伐林木的犯罪行为。[②]

（四）完善环境犯罪的刑罚适用

环境犯罪刑罚适用的完善，主要包括刑罚适用原则的完善和刑罚适用种类的完善两个方面。具体分述如下：

其一，环境犯罪刑罚适用原则的完善。（1）引入严格责任制度。英美刑法适用环境严格刑事责任制度。[③] 中国环境刑法中目前尚不承认严格责任原则，基于前文的分析，我们应从宏观、整体、未来等动态角度考虑严格责任的合理性、可行性，完善中国的环境犯罪理论，将严格责任引入中国的环境犯罪之中。[④] 可以考虑在刑法典总则中对罪责原则进行修改，可以过错责任原则为主，在法律有特别规定时，适用严格责任原则。（2）实现责任推定原则的法定化。中国环境刑法中没有因果关系推定原则的直接表述，但中国的司法实践中，在追踪环境犯罪和违法行为时，大多是采用推定原则来确定因果

---

① 参见杨兴、谭涌涛著：《环境犯罪专论》，知识产权出版社 2007 年版，第 141 页。
② 参见杨兴、谭涌涛著：《环境犯罪专论》，知识产权出版社 2007 年版，第 223 页。
③ 参见刘仁文：《刑法中的严格责任研究》，载《比较法研究》2001 年第 1 期。
④ 参见陈兆开：《浅析环境犯罪的构成要件》，载《前沿》2003 年第 3 期。

关系，进而追究其应有的责任。① 因此，中国目前"隐性"采用的推定原则属于事实上的推定。基于罪刑法定原则的要求，应在中国刑法中明确确立环境污染犯罪的因果关系推定原则。

其二，环境犯罪刑罚适用种类的完善。具体可以从以下方面来加强环境犯罪的刑罚体系建设：（1）完善环境犯罪的财产刑。环境犯罪背后的动机往往是巨大的经济利益，因此，财产刑应当充分发挥其在惩治环境犯罪中的重要作用。首先要扩大罚金刑的适用范围，对中国环境犯罪中的过失犯罪增设罚金刑，以进一步发挥罚金刑替代自由刑的作用。② 其次要完善罚金刑的适用方式，对一些社会危害性较小的环境犯罪，规定单处罚金制；减少罚金必并制的数量，对较轻的环境犯罪尽量适用选处罚金制；对较重的贪利性犯罪可规定并处罚金。这样既有利于对犯罪人的改造，又可以为修复环境提供资金。（2）完善环境犯罪的资格刑。环境犯罪多是在从事生产经营活动中实施的犯罪，实施犯罪行为的自然人或单位在很多情况下是以该种生产经营活动为其职业，对其判处资格刑，在一定时期内或永久性剥夺其特定的从业资格，无异于对其判处了从事这种活动的"自由刑"或"死刑"，因而具有极大的震慑和预防犯罪的作用。对单位来说，单位环境犯罪的刑罚种类可增设刑事破产和禁止犯罪单位从事特定业务活动两种资格刑。这两种资格刑在刑罚体系中的地位类似于针对自然人犯罪的生命刑和自由刑，可以弥补单位刑事责任实现方式体系上的不足，从而达到有效预防和控制单位犯罪的目的。（3）完善环境犯罪的非刑罚处罚措施。惩治环境犯罪只是治理环境的手段，而最终目的应当是实现对生态环境的合理补偿与恢复。目前，中国惩治环境犯罪的手段还是传统的刑罚手段，即自由刑和罚金刑，缺乏与之相匹配的经济手段对环境进行合理的恢复与补偿。因此，笔者主张在适用刑法已经规定的非刑罚处理方法之外，应当根据环境犯罪的特点，有针对性地在判决中对被告人宣告适用义务性命令，例如责令补救、恢复原状、限期治理等等。

五、结语

构建环境友好型和谐社会是中国当代社会建设的目标，这个目标的实现仰赖于整个环境法律体系的相互配合、协调运作，因此，环境犯罪的刑法立法完善只是环境法律体系完善的重要内容之一，是环境问题综合治理最严厉的制裁措施。尽管目前世界各国的环境刑事立法都呈现出犯罪化的趋势，即扩大刑法惩罚范围、加重刑罚力度，然而刑罚仅仅是环境保护的手段之一，刑罚手段不能在环境保护中扮演主要角色，而只能发挥补充、辅助的作用。当前，全球化的环境问题使得环境的刑法保护在人类共同利益的基础上走向了不分国家、地区和民族的共同合作的道路，治理环境犯罪已成为国际社会

---

① 参见王秀梅、杜澎著：《破坏环境资源保护罪》，中国人民公安大学出版社1998年版，第105页。

② 参见刘洋、陈凯：《从经济视角探析中国罚金刑的完善》，载《河南公安高等专科学校学报》2007年第2期。

的共同愿望。正如 1992 年《里约宣言》所倡导的那样：人类对环境负有共同责任，必须实行环境保护一体化。在这个过程中，中国应承担起大国应有的责任和义务，并与世界各国一起，努力合作营造一个良好的国际环境，共同建设人类美好家园。

论环境污染的刑法治理：
理念更新与立法完善[①]

赵秉志[*]　冯军[**]

目　次

一、前言

进入 21 世纪以来，随着科学技术的发展，人类社会的物质财富积累已经达到了一定的程度。一般而言，科学技术的发展应当降低工业污染率，使得环境质量大幅度提高，但是现实却是目前全球变暖、土地荒漠化和气候异常等一系列环境问题愈来愈严重，已经威胁到人类的生存和发展。尤其是在我们这样的发展中国家，环境污染问题更加严重，如近年来的沱江污染、松花江污染、大连输油管道爆炸事件、紫金矿业污染事件、中海油漏油事件等等。尤其是这些年来连续发生的重金属污染事件造成的侵害更为严重，2011 年全国发生了云南曲靖铬污染事件等十多起重金属污染事件，2012 年初，广西龙江河又发生了镉污染事件。连续发生的重大环境污染事件拷问着我们的环境

---

① 本文系 2012 年度国家社科基金项目"我国环境污染犯罪治理问题研究"（12BFX051）的阶段性成果。

* 北京师范大学刑事法律科学研究院暨法学院院长、教授、博士生导师，中国刑法学研究会会长、国际刑法学协会副主席暨中国分会主席。

** 河北大学刑事法律研究中心主任、教授、法学博士，中国刑法学研究会理事。

污染犯罪治理机制，问题到底出在哪里？经过这些年的立法建设，我国的环境立法体系相对完备，我国刑法也早在 1997 年就将环境污染行为犯罪化，在这种情况下，为什么仍然不能对环境污染犯罪进行有效的治理，反而环境污染犯罪有愈演愈烈之势？不是我们的环境污染犯罪治理理念存在缺陷，就是我们的环境污染犯罪治理技术出了问题！当前面临日益严峻的环境污染犯罪形势，我们在更新相关治理理念的基础上必须及时采取有针对性的立法完善措施，使环境污染犯罪治理机制更完善，保障环境污染犯罪治理的效果。

二、更新环境污染犯罪治理的理念

犯罪治理理念是决定和影响环境污染犯罪治理方式及其效果的重要因素，所以环境污染犯罪治理理念的正确定位对于实现环境污染犯罪的有效治理，促进整个地球生态的可持续发展，都具有重要的现实意义。在环境污染犯罪治理理念问题上，近年来主要存在人类中心主义和生态中心主义两种价值观的争论，并且分别对环境污染犯罪治理的实践产生了积极的影响。我们认为，搁置人类中心主义和生态中心主义的争议，就环境污染犯罪治理的需要而言，环境污染犯罪的治理内在地要求以整个地球生态的均衡发展为目的来设计治理机制。

一方面，以整个地球生态的均衡发展为目的来设计治理机制可以弥补人类中心主义理念的缺陷。在人类发展的漫长过程中，人作为大自然的一个物种，是在与恶劣的自然条件拼搏中，以及与其他物种你死我活的"斗争"中求得了生存与发展，因而人类长期以来逐渐萌生了人类中心主义价值观，认为人是最伟大的，是大自然的征服者与主宰者，而环境是无价值的，可以"为我所用、任我所用"。[①]　其实，人在取得大自然征服者与主宰者地位的过程中，不遵循自然规律，不考虑地球整体的生态利益，肆无忌惮地污染和破坏环境，对此，也付出了昂贵的代价。不尊重环境的独立价值，一旦对环境的污染和破坏行为超过环境的容忍限度，人类必然遭到大自然的疯狂报复。目前人类所面临的全球变暖、土地荒漠化、极端气候等一系列问题，都是因在这个过程中对环境的污染和破坏造成的。而在认识到这一问题时，就必须花费巨大的代价来修复被污染和破坏的环境。以我国为例，根据我国环境保护部公布的统计数据，我国经济发展的环境污染代价持续上升，环境污染治理压力日益增大，自 2004 年以来基于退化成本的环境污染代价从 5118.2 亿元提高到 9701.1 亿元。2008 年的环境退化成本为 8947.6 亿元。与此同时，2009 年环境退化成本和生态破坏损失成本合计 13916.2 亿元，较上年增加 9.2%，约占当年 GDP 的 3.8%。[②]　这就是牺牲环境利益发展经济的代价。如果我们转变观念，不是以人为中心，而是以地球生态为中心来重新设计，这些问题都会迎刃而解。因为在整个地球生态系统中，人只是其中的一部分，人类的生存和发展离不开整个生态的协调与平衡，在经济发展与环境污染犯

---

① 吴泳编著：《环境、污染、治理》，科学出版社 2004 年版，第 151～152 页。
② 数据来源于《2009 年中国环境经济核算报告》。

罪治理的关系上，如果我们在保持整个地球生态平衡的基础上实现经济的发展，就不会牺牲环境利益来发展经济，从而实现人类社会和整个地球生态的可持续发展。

另一方面，以整个地球生态的均衡发展为目的来重新构建我们的环境污染犯罪治理机制，并不是以损害人类利益为代价的。从整个地球生态的视角来看，在人类社会的发展过程中，环境利益与人类利益是紧密联系在一起的。如前所述，人类社会的发展如果以牺牲环境利益为代价，就会为恢复环境付出相应的代价，这个代价短期内可能看不出来，但是这个代价是必须要支付的，由于环境污染的代际传递效应，我们这一代人不支付，我们的子孙后代要替我们支付，否则就会影响人类社会的生存和发展。如果以整个地球生态为中心来构建我们的环境污染犯罪治理机制，在经济发展过程中注重对环境利益的保护，短期内经济利益可能受到一定的影响，但是支付的环境恢复成本相应减少，而且人类的整体生存质量提高了，最终维护的还是人类的利益。如前所述，2009 年我国环境退化成本和生态破坏损失成本合计 13916.2 亿元，约占当年 GDP 的 3.8%，而我们一直说我们的教育经费和公共设施投入不足，这些钱如果节省下来加大教育经费和公共设施的投入，我国国民的整体素质和生活质量无疑会大幅提高。[①]

根据上述分析，环境污染犯罪刑事立法的价值取向是对环境利益的保护优于对经济利益的保护，因此应该坚持环境污染犯罪刑事立法的生态本位。具体而言，环境污染犯罪侵害的直接对象是人类赖以生存的自然环境，而环境污染所导致的环境恶化、财产损失和人身伤亡则直接危害到人类的利益。环境污染无小事，尽管一般环境污染行为直接结果的危害性并不严重，但是其潜在的危害却可能是不可估量的。如果不重视对没有导致财产损失和人身伤亡结果的一般环境污染行为的刑事处罚，就可能导致一般环境污染行为的规模化，并最终对人类的根本利益产生重大危害。所以，在环境污染犯罪中，区分罪与非罪、重罪与轻罪以及刑罚裁量的依据或标准应该是人类环境可能遭受的破坏程度。

三、环境污染犯罪立法体例的改革

我国刑法将以环境污染犯罪为主要内容的环境犯罪放在第六章"破坏社会管理秩序罪"中，不能凸显环境犯罪罪质的独特性，不利于保障环境污染犯罪治理的效果，所以考虑到环境犯罪犯罪客体的特殊性——环境利益，建议首先改革环境犯罪的立法体例。

关于环境犯罪立法体例的设置问题，我国学界有不同的观点，有的学者主张效仿巴西模式在刑法典外制定特别环境犯罪立法，也有学者建议在刑法典内独立成章。我们认为，体系完整、内容丰富的特别环境犯罪立法，对于

---

① 以珠海为例。珠海当年在发展初期首先考虑到环境保护的需要，加大对环境污染的治理力度，有效地预防了环境污染犯罪的发生，尽管珠海目前不是经济发展最快、经济总量最多的城市，但是这些理念和措施却使珠海成为我国市民幸福指数最高的城市。

包括环境污染犯罪在内的环境犯罪的治理当然具有独特的优势，但是从我国刑事立法发展的历史来看，特别刑法都是应急性或过渡性的刑事立法，最终的趋势还是纳入统一的刑法典，况且从国外环境犯罪刑事立法的现状来看，毕竟大部分还是没有采用特别立法的模式，所以我们不主张采用特别立法的方式，而是建议将环境犯罪作为一类特殊的犯罪类型，与刑法分则的其他十类犯罪并列。其次，从社会危害程度来看，环境犯罪侵害的是公共利益，其社会危害性与危害公共安全罪的社会危害性比较接近，因此，建议将环境犯罪安排在危害公共安全罪之后予以规定。这既可以体现环境犯罪的社会危害性程度，又可以体现我国刑事立法对环境价值的重视。最后，关于罪名问题，我国现行刑法将环境犯罪确定为"破坏环境资源保护罪"，因为目前环境犯罪规定在妨害社会管理秩序罪中，所以这个罪名在目前的立法状态下未尝不可，但是如果将环境犯罪独立出来，再用这个罪名就不妥当了。因为妨害社会管理秩序罪的同类客体是社会管理秩序，而环境犯罪的同类客体是环境利益，所以建议将罪名更改为"危害环境罪"。之所以不用"危害环境和资源罪"这个罪名，是因为资源本身就属于环境的范畴。如我国《环境保护法》第2条规定：本法所称环境，是指影响人类生存和发展的各种天然和经过人工改造的自然因素的总和，包括大气、水、海洋、土地、矿藏、森林、草原、野生生物、自然遗迹、人文遗迹、自然保护区、风景名胜区、城市和乡村等。因此，"危害环境罪"这个类罪名比"危害环境和资源罪"这个类罪名精炼，更能体现罪名立法的科学性。

四、将污染环境罪分解为具体罪名

污染环境罪是刑法中一个极具包容性的罪名，囊括了除非法处置进口的固体废物罪和擅自进口固体废物罪以外的所有环境污染犯罪。但是到底包括哪些类型的环境污染犯罪并不明确。况且，重大环境污染事故罪中的污染大气、污染水、污染土地属于三类行为性质不同的污染行为，对性质不同、危害程度也不同的犯罪行为不宜规定在同一个罪名中。[①] 污染环境罪的罪名过于概括，不利于环境污染犯罪的治理，国外的环境刑事立法也都是将污染大气、污染水体、污染土地等犯罪行为单独确定罪名。因此，鉴于我国刑法典采用包容式罪名立法模式不能凸显具体个罪的特性，而且使得污染环境罪的调控范围不明确，因此建议对污染环境罪进行细化，分解成具体的罪名。分解以后，在保留污染环境罪和非法处置进口的固体废物罪和擅自进口固体废物罪的前提下，应当增设水污染罪、海洋污染罪、大气污染罪和土地污染罪。在法条的关系上，污染环境罪立法与水污染罪、海洋污染罪、大气污染罪和土地污染罪立法属于普通法和特别法的关系。另外，保留污染环境罪这个概括性罪名，可以为水污染罪、海洋污染罪、大气污染罪和土地污染罪以外的其他环境污染犯罪刑事责任的追究提供立法依据，如核污染犯罪、电磁污染犯

---

① 付立忠：《环境刑法学》，中国方正出版社 2001 年版，第 279～280 页。

罪和噪声污染犯罪等。

五、将环境污染犯罪的危险行为纳入刑法调控范围

在目前人类社会面临全球性环境危机的背景下，我们必须将环境污染犯罪的危险行为纳入刑法的调控范围。追究环境污染犯罪危险犯刑事责任的根据，在于环境污染犯罪造成的危害结果非常严重，一旦这种危害结果实际发生，必将对环境以及人类的生命和财产安全造成极大的破坏。因此，为了保护社会公共利益，无须危害环境的实害结果发生，法律就应把这种足以造成环境污染的行为规定为犯罪。这样，通过降低环境污染犯罪的成立标准，将其危险行为犯罪化，建立完善的环境污染犯罪的刑法调控机制。环境污染犯罪危险行为的犯罪化，有利于通过刑罚适用从源头上预防环境污染犯罪，同时更有利于通过刑法规范的指引和规范功能使社会公众普遍地确立环境保护意识，预防环境污染犯罪行为，强化和保障环境污染犯罪的治理效果。否则，如果刑法调控的范围仅仅局限于造成严重危害后果的行为，在刑事政策上体现的是国家对环境污染危险行为危害性的漠视，不利于提高社会公众的环境保护意识。

将环境污染犯罪的危险行为纳入刑罚调控范围，就要求对刑法第338条的罪状进行修改。污染环境罪是法定犯，行为达到"严重污染环境"的程度是该罪成立的条件。实践中，最高人民法院、最高人民检察院为了解决环境污染犯罪的追诉和裁判问题，就"严重污染环境"的标准都有明确的量上的要求。污染环境犯罪行为既可以表现为突发性的环境污染，也可以表现为继发性或渐进性的环境污染，对于第二种情形往往需要较长时间才能造成严重后果，而且是否会造成严重后果需要经过权威部门的检测鉴定，如前所述，这样一来就可能导致刑法调控的严重滞后，不利于刑罚预防犯罪功能的实现。因此，建议刑法第338条规定两项内容：一是污染环境罪的危险犯，即只要行为人违反国家规定，排放、倾倒或者处置有放射性的废物、含传染病病原体的废物、有毒物质或者其他有害物质的，就构成犯罪。因为环境污染行为本身就具有高度的危险性，所以在罪状表述上，可以不要求"致使公私财产遭受严重损失或者人身伤亡的严重后果"。二是规定污染环境罪的结果犯，即环境污染行为造成"严重污染环境"的后果的，在污染环境罪危险犯刑事责任的基础上加重处罚。

六、完善环境污染犯罪的刑罚体系

由于环境污染犯罪造成的严重后果不仅仅危害人身安全和财产安全，更是对环境资源的破坏和对整个人类生存和发展环境的侵害。因此，对于环境污染犯罪而言，被污染环境的恢复应当成为犯罪的必要代价。根据环境污染犯罪的上述特点，参考国外的立法例，建议将"环境恢复义务"规定为一种非刑罚方法。对此义务，有学者认为：是指针对某些采取力所能及的措施就能补救或恢复环境的案件，法院以有罪判决的形式责令其补救或恢复，即在

判处其他刑罚的同时责令犯罪人补救或恢复环境。① 笔者认为，环境恢复义务是所有环境污染犯罪的犯罪人都应当承担的义务，不应当仅限于"采取力所能及的措施就能补救或恢复环境的案件"，否则，无疑会降低犯罪人犯罪的成本，增加国家环境污染治理的负担。当然，针对环境污染犯罪危害性的大小以及犯罪主体的经济能力，法院在判处环境恢复义务时可以酌情裁量。环境恢复义务与环境行政法上的"限期治理"在内容上存在一致性，只是环境恢复义务上升为一种非刑罚方法，法院在追究环境污染犯罪人刑事责任的同时责令犯罪人承担环境恢复的义务，更有利于使犯罪人尤其是犯罪单位强化认识并切实承担对社会的责任，这也是环境污染犯罪治理的必然要求。

另外，环境污染犯罪多为贪利性犯罪，因而应完善罚金刑的规定，以期有效预防和惩治这类犯罪行为。如前所述，我国刑法虽然对环境污染犯罪的罚金刑作出了规定，然而立法及相关司法解释均未明确具体的罚金数额和确定标准。在司法实践中，罚金刑数额的确定由法官自由裁量，因此容易造成实践中操作的混乱。在这种情况下，如果罚金刑适用不当，既不能对犯罪分子产生威慑效应，也不能有效遏制污染环境犯罪的发生。根据刑法第 52 条的规定，判处罚金，应当根据犯罪情节决定罚金数额。犯罪情节包括犯罪主客观方面的诸多内容，反映出犯罪社会危害性的大小，从而决定应适用刑罚的轻重。显然，犯罪情节的把握是正确适用罚金刑的前提。对此，我们认为，在确定污染环境罪的犯罪情节时，应当在考量行为人的过错程度、犯罪事实、性质及对环境造成实际危害后果等因素的基础上作出裁判。因此，对于污染环境罪情节严重的，科处罚金的数额应大一些；情节一般的，数额可小一些。当然，根据最高人民法院《关于适用财产刑若干问题的规定》，还应考虑犯罪分子缴纳罚金的能力。只有如此，才能有效避免因罚金数额过低而起不到罚金刑所应有的作用或者因数额过高而致使判决难以得到实际执行的结果的发生，才符合罚金刑适用的原则，以最大限度地发挥罚金刑在环境污染犯罪治理中的功能。

最后，建议参考国外的立法例，在环境污染犯罪的刑罚配置体系中增设资格刑，通过限制或剥夺企业的生产经营行为能力，最大限度地防止危害结果扩大化和降低再犯可能性。当然，增设资格刑与环境行政法中的"责令停改整顿"等行政处理手段并不矛盾，"责令停改整顿"是在环境污染事件发生后行政机关的一种处理手段，它在犯罪追诉过程中仍然适用，而在刑事判决生效后，限制或剥夺生产或经营行为的资格刑的适用与行政处理手段相衔接，有利于保障环境污染犯罪治理的效果。当然，在资格刑的配置和适用中，除了对于那些屡禁不止或非法经营企业外，对其他主体应当慎用剥夺生产和经营行为的刑罚处罚方式，可以通过环境恢复义务的承担，使污染企业积极参与环境污染的治理，这样做，一方面可以增强企业的环境保护意识，另一方面也可以降低国家在环境污染犯罪治理中的成本投入。

---

① 傅学良：《论环境安全视角下的环境刑事责任》，载《湛江海洋大学学报》2006 年第 2 期。

七、提高污染环境罪的法定刑

由于我们过去注重经济利益、经济价值,忽略了生态效益,没有意识到环境污染犯罪侵害的直接对象是人类赖以生存的环境,财产损失或人身伤亡仅仅是环境危害的表现形式,可以说,环境污染犯罪对生态的破坏后果是不可估量的,而如果仅仅以财产损失和人身伤亡为根据来设计环境污染犯罪的法定刑,无异于放纵环境污染犯罪。

目前,根据我国刑法第338条、第339条的规定,环境污染犯罪的刑罚普遍轻于财产型的犯罪,普通的侵犯财产型的犯罪最高刑达到无期徒刑甚至死刑,环境污染犯罪的法定最高刑为15年有期徒刑,从限制死刑适用的角度出发,这种法定刑设计无可厚非。但是,污染环境罪的法定最高刑仅为10年有期徒刑,这样一来,同为环境污染犯罪,在危害程度相当的情况下,污染环境罪的法定刑明显低于非法处置进口的固体废物罪和擅自进口固体废物罪的法定刑,既违背罪刑均衡原则,也造成同类罪内法定刑的不协调。所以有必要提高污染环境罪的法定刑。只有使污染环境罪的犯罪人所受的处罚与其对环境的损害程度相当,才能有效地惩治和预防污染环境犯罪。另外,污染环境罪基本上都属于贪利性犯罪,行为人实施行为的目的都是为了获取经济利益,为了追求自身利益或效用的最大化。在实施犯罪以及如何实施犯罪的过程中,犯罪人往往会考虑利弊得失,如何以最小的犯罪代价去获得最大的非法利益。从经济学的角度考虑,刑罚是犯罪的成本,刑罚越重,犯罪的成本就越高。在这种前提下,如果增加犯罪成本,无疑会减少污染环境罪的发生。

在具体刑罚的设置上,可以参考非法处置进口的固体废物罪和擅自进口固体废物罪,设置三个档次的法定刑幅度:一是五年以下有期徒刑或者拘役,并处罚金。这主要针对一般环境污染犯罪而言的,是一个基本法定刑幅度。二是严重污染环境或者致使公私财产遭受重大损失或者严重危害人体健康的,处五年以上十年以下有期徒刑,并处罚金。三是后果特别严重的,处十年以上有期徒刑,并处罚金。

八、结语

当前,人类社会正在经历全球性的生态危机,如何协调社会发展与环境保护的关系,通过有效地惩治和预防环境污染犯罪,维系人类社会的可持续发展,是国际社会面临的共同任务。环境污染犯罪的治理问题是一个庞大的系统工程,毋庸置疑,生态中心主义犯罪治理理念的树立具有重要的引领作用,它可以协调社会发展和环境保护的关系,实现人类社会和整个地球生态的可持续发展。但是,环境污染犯罪的有效治理也需要科学合理的治理策略、治理技术和保障措施,更需要各方的共同参与。缺少任何一个因素,都会影响环境污染犯罪的治理效果。目前,我国正处于经济和社会高速发展的时期,这是增强综合国力的客观需求,但是日益恶化的生态环境也要求我们必须加强环境污染犯罪的治理，协调经济发展和环境保护的关系。诚然，我国经济发展跨入正常轨道仅仅 30 多年的时间，经济总量相对不足，在这种背景下，社会公众对经济发展仍然持有较高的热情，生态中心主义环境污染犯罪治理理念的树立将会是一个长期的过程，这会在很大程度上影响环境污染犯罪的治理效果。当然，我们不能因此而丧失信心，随着经济和社会的发展，人们对提高生活质量的客观需求越来越强烈，在这个过程中，只要国家注重对经济发展行为的引导和监督，加强环境污染犯罪的治理，逐渐降低环境污染的成本，一定能够实现经济建设和环境保护的均衡发展。

论受贿犯罪的立法缺陷及其完善

郭理蓉* 刘立斌**

目 次

引言

受贿犯罪是一种常见的职务犯罪，该罪严重侵害了国家工作人员职务行为的廉洁性，助长了社会上的歪风邪气，损害社会公平，历来为人民群众深恶痛绝。鉴于其巨大的社会危害性，受贿犯罪历来都是我国刑法打击的重点对象，同时也一直是法律理论界研究的热点问题。我国1997年刑法对受贿犯罪作了较具体的规定，此后几个刑法修正案和相关法律解释又对受贿犯罪作出了一些修改和完善。这些关于受贿犯罪的立法规定和法律解释为司法机关依法查处受贿犯罪提供了必不可少的法律武器，有力地推动了我国的廉政建

* 北京师范大学刑事法律科学研究院副教授。
** 内蒙古昆峰律师事务所律师，北京师范大学法学院法律硕士。

设，促进了反腐败斗争。然而，近些年来，随着我国经济、社会的发展，受贿犯罪的外在形态也出现了不少新的变化，例如，受贿行为方式越来越隐蔽、受贿对象内容极大地扩展、受贿环节过程更加复杂以及受贿的名义越来越繁杂等等，其中有些新变化使受贿犯罪的证明难度大大地增加，进而不断地推升司法成本；还有一些新变化干脆就直击受贿犯罪的构成要件，导致罪与非罪的争议，从而严重影响了对实质受贿行为的及时惩处。我国现行刑法关于受贿犯罪的规定不能完全适应和满足当前打击受贿犯罪的现实需要，因此，本文将根据我国刑事司法实践的需要，从如下四个方面评析现行刑法关于受贿犯罪的规定，揭示受贿犯罪现有立法规定的不足，并提出相应的立法完善建议。

一、受贿犯罪构成要件的立法缺陷及其完善

（一）现行刑法关于受贿犯罪构成要件规定存在的缺陷

《刑法》第 385 条规定："国家工作人员利用职务上的便利，索取他人财物的，或者非法收受他人财物，为他人谋取利益的，是受贿罪"。从以上规定来看，除了主动索取贿赂的情况之外，"为他人谋取利益"这一构成要件是受贿罪成立的必要构成要件。此外，"非法收受他人财物"这一要件区别于"合法"收受他人财物的情况，成为区分罪与非罪的一个标准。

"为他人谋取利益"这一构成要件究竟应当作为主观要件还是客观要件以及如何认定等问题，在刑法学界和司法实践中一直存在不同的认识。客观要件说认为，为他人谋取利益是受贿罪的客观构成要件，如果国家工作人员收受他人财物但事实上并没有为他人谋取利益，则不构成受贿罪；同时认为，为他人谋取的利益是否已经实现，不影响受贿罪的成立。[①] 主观要件说认为，为他人谋取利益应当解释为是行为人的意图，是一种心理态度，属于受贿罪的主观要件。[②] 有学者对客观要件说、主观要件说进行了批判，提出了新客观要件说，认为，为他人谋取利益是指国家工作人员许诺为他人谋取利益，而不要求客观上有为他人谋取利益的实际行为与结果。[③] 但笔者认为，不论将"为他人谋取利益"要件作为主观要件还是作为客观要件来处理，都存在一些缺陷与不足。

首先，"为他人谋取利益"这一构成要件容易模糊受贿罪的本质。我们知道，社会危害性是犯罪的本质特征，而犯罪客观构成要件就是对犯罪本质特征的描述。受贿罪作为一种职务犯罪，其所侵害的客体是国家工作人员职务行为的廉洁性，换言之，受贿罪的主要社会危害性在于该罪侵害了职务行为的不可收买性。对职务行为的廉洁性和不可收买性侵害与否，关键在于国家工作人员是否实施了利用职务上的便利收受贿赂的行为，而不在于是否为他人谋取利益。因此，只要行为人利用职务之便索取或收受了贿赂，其行为就

---

① 张明楷：《论受贿罪中的"为他人谋取利益"》，载《政法论坛》2004 年第 5 期。
② 张明楷：《论受贿罪中的"为他人谋取利益"》，载《政法论坛》2004 年第 5 期。
③ 张明楷：《论受贿罪中的"为他人谋取利益"》，载《政法论坛》2004 年第 5 期。

已经侵犯了受贿罪的客体，具有一定的社会危害性。由于"为他人谋取利益"这一要件的存在与否不影响受贿罪的成立，因而至于该要件是作为主观要件还是客观要件都没有必要去争论了，可以将其作为量刑时的情节予以考虑。在实际案例中，有些行为人收受贿赂后，积极为他人谋取利益；有些行为人收受贿赂后，没有为他人谋取利益或者根本不打算为他人谋取利益。按照客观要件说，受贿后实施了为他人谋取利益的行为，构成犯罪；受贿后没有实施为他人谋取利益的行为，不构成犯罪。二者同样是利用职务之便收受贿赂，职务行为的廉洁性和不可收买性已经被侵害，却因是否存在"为他人谋取利益"的不同，出现了罪与非罪的巨大差别，可见，刑法这一要件规定不符合受贿罪设立的初衷。更重要的是，"为他人谋取利益"这一构成要件的存在可能会让公众误以为刑法只是对收受贿赂后为他人谋取利益的行为作否定性评价，而收受贿赂后却没有为他人谋取利益的行为不是刑法所禁止的。这在客观上可能使得某些兼具贪腐和流氓习性的官员就更加有恃无恐了，只管收钱不管办事，不用担心会构成犯罪。事实上，受贿行为本身所具有的社会危害性是不会因为行为人是否为他人谋利而得以消除。很显然，"为他人谋取利益"这一构成要件的存在却模糊了受贿罪的本质，从而致使公众对受贿罪产生了一些误解。

其次，在司法实践中，将"为他人谋取利益"作为定罪的必要构成要件，在无形中增加了刑事诉讼证明难度，间接放纵了部分实质受贿犯罪行为。"为他人谋取利益"究竟是作为主观要件还是客观要件来处理，长期以来一直存在争论。如果将其作为客观要件，则行为人收受了贿赂后尚未实施为他人谋取利益的行为，或者正在实施为他人谋取利益的行为但尚未取得实际利益，这就会因构成要件不足而被排除在受贿罪之外；如果将其作为主观要件，则行为人收受了贿赂后开始大耍流氓作风，根本没有为他人谋取利益的想法和打算，这同样无法构成受贿罪。为此，2003 年最高人民法院《全国法院审理经济犯罪案件工作座谈会纪要》（以下简称《纪要》）规定，为他人谋取利益，一般包括承诺、实施和实现三个阶段的行为，只要有承诺行为，就可认为具备了"为他人谋取利益"的要件。明知他人有具体请托事项而收受他人财物的，可以视为承诺为他人谋取利益。尽管《纪要》对"为他人谋取利益"这一构成要件作出了一些有益的补充和解释，但在司法实践中，司法机关如何认定承诺以及如何认定"明知"，仍然存在不少取证方面的困难。承诺的表现形式是多样的，一般说来可分为明示和暗示，而在实际案件中行贿人和受贿人往往很少留下能够证明彼此承诺的书证或人证，大多数情况下双方都无须明示就能领会对方的意思。而对于肢体语言和表情之类的暗示承诺往往难以证明。此外，有些行贿人信奉平时送送礼能使关键时刻好办事的理念，千方百计地寻找各种节假日机会，分期分批将贿赂送出，送礼当时并没有提出任何要求，而是以朋友之名和受贿人拉近距离，使送礼看起来合法合理。受贿人收受贿赂后也没有作出任何明示或暗示的承诺，但双方都明白对方的心意，很可能在将来的某个时候这种难以证明的承诺就会兑现。对于这种双方无须承诺即可意会的情况和国家工作人员主观上的"明知"，司法实践中如何取证，确实是个难题。因此，笔者认为，只需证明国家工作人员存在利用职务便利收受贿赂的行为即可认定为受贿犯罪，而"为他人谋取利益"作为受贿犯罪的必要构成要件却导致了刑事诉讼证明难度极大地增加，无疑会间接放纵部分实质受贿犯罪行为。

最后，"为他人谋取利益"这一构成要件的存在，导致了刑法理论上的逻辑矛盾，违背了社会生活常识。众所周知，利益按照法律和道德双重标准可以划分为合法的正当利益与非法的不正当利益。而现行《刑法》关于受贿罪的"为他人谋取利益"这一要件的规定，并没有区分所谋取的利益的性质合法或正当与否，换言之，为他人谋取非法的不正当利益，是受贿罪的构成要件，为他人谋取合法的正当利益，也是受贿罪的构成要件。但是，我们知道，国家工作人员的日常本职工作就是在职权职责范围内，通过履行正常的职务行为为相对人谋取正当合法的利益。若将国家工作人员正常履行职务的行为作为犯罪构成要件，显然是不合法理的。但是，如果将这一要件修改为"为他人谋取非法的或者不正当利益"，则可能让公众误以为刑法对国家工作人员为他人谋取合法正当利益而收受贿赂的行为是不禁止的，即履行正常的职务行为而收受贿赂不构成受贿罪。因此，无论将该要件中的"利益"解释为"合法正当利益"还是"非法不正当利益"，都会导致刑法理论上的逻辑矛盾，违背社会常理。

此外，"非法收受他人财物"这一构成要件中的"非法收受"模糊了收受他人财物行为的性质。按照现行刑法规定，只有"非法"收受他人财物的行为才构成受贿罪。这表明国家工作人员利用职务便利收受贿赂这一行为本身，还有合法与非法之分，并且法律所禁止的只是"非法收受"，而并不禁止其他收受他人财物的行为。而在司法实践中，如何去定义合法收受与非法收受，以及如何界定这两种收受他人财物行为的区分标准？例如，在春节期间，某国土资源管理局局长收受了某房地产开发商老板的财物，而该局长与该老板之间的私人交情也很好且送礼时该老板没有提出任何谋利要求，这究竟认定为合法收受还是非法收受？对此，人们的认识往往大不相同，为此也常常引起争论。从立法的本意上分析，之所以在"收受他人财物"前面加上"非法"一词作限制，可能主要是为了缩小刑法的打击面。众所周知，我国自古以来就是一个礼仪之邦，民间历来都有礼尚往来的传统习俗，特别是逢年过节的时候人们喜欢互相请客送礼。因此，为了防止刑法打击面的任意扩大，采用"非法"一词作限制，从而将正常的礼尚往来排除在受贿罪之外。然而，此举也会为某些行为人收受贿赂提供了避风港。笔者认为，法律和社会道德风尚之间是一种相互能动相互影响的关系，通过法律的强制性规定可以慢慢地引导一种好的社会道德风尚的形成。本着从严治吏的精神，刑法对国家工作人员在逢年过节等日常生活中接收他人红包礼金和吃请等不正之风可以适当作出严格规定，以树立国家工作人员的廉洁奉公观念和保护社会公众对国家工作人员职务廉洁性的信赖。在司法实践中，有些行贿人借逢年过节等民间往来的机会分期分批送给国家工作人员各种礼金和财物，对于这种收受他人财物的情况到底是合法收受还是非法收受，并没有明确具体的标准和界定，这就为司法机关认定受贿罪增加了不少证明难度。刑法对国家工作人员接受请客送礼等不正之风作出禁止性规定，比起只单纯地进行思想教育，会更有效地推进廉政建设。

（二）完善受贿犯罪构成要件的立法建议

基于前述论证，笔者认为，应在立法上进一步完善受贿犯罪的构成要件：

其一，取消刑法第385条中的"为他人谋取利益"，并将本条与第163条中的"非法收受他人财物"修改为"收受他人财物"。

现行刑法给受贿罪配置了很重的刑罚，其中包括保留了死刑这一最严厉的终极刑罚，这体现了立法者从严治吏的立法精神。然而，在受贿罪中规定"为他人谋取利益"和"非法收受"为犯罪构成要件，却大大地提高了受贿罪的入罪门槛，使相当一部分实质受贿行为不构成犯罪，从而难以追究其刑事责任。由此可见，现行刑法关于受贿罪的规定看起来很严密，实际上很疏松。事实上，导致受贿罪入罪门槛高的这些构成要件在很大程度上已经抵消了严厉刑罚的威慑作用，可见，这种构成要件规定有违从严治吏的立法本意。因此，笔者建议，为了更好地发挥刑法打击受贿犯罪的作用，应当取消"为他人谋取利益"这一要件，同时将"非法收受他人财物"这一要件中的"非法"一词去掉，直接将该要件表述为"收受他人财物"。

需要进一步说明的是，取消"为他人谋取利益"和"非法"这两个要素是否会导致刑法打击面的扩大甚至失控？这也是我们以前所担心的问题之一。然而，笔者认为，通过转换一种思路，完全可以运用其他方式方法来解决这个问题。例如，突破传统思维习惯，在定罪量刑方面取消受贿数额的主导作用，重构以综合犯罪情节为中心的定罪量刑体系，将受贿数额只作为量刑情节之一，同时灵活运用《刑法》第13条犯罪定义中的"但书"以控制刑法的打击面。当然，由此对司法工作人员的素质要求就更高了。立法当然要务实，但是，更重要的是，立法应当严密，不应有明显的法律漏洞。

前述在受贿罪构成要件中取消"为他人谋取利益"的建议只适用于第385条所规定的受贿罪，在第388条的受贿罪（斡旋受贿）和第388条之一的利用影响力受贿罪中，该要件则需保留。第385条所规定的受贿罪主要涉及受贿人与行贿人两方当事人，受贿人是利用自己的职务便利进行索取或收受贿赂的，该行为已经侵害了职务行为的廉洁性与不可收买性，因而"为他人谋取利益"这一构成要件的存在显然是多余的。然而，斡旋受贿、利用影响力受贿都涉及受贿人、行贿人和其他国家工作人员三方当事人，受贿人主要是利用自己或其近亲属的影响力来影响其他国家工作人员的职务行为，通过该职务行为为行贿人谋取利益以获取贿赂，因而此时"为他人谋取利益"这一构成要件的存在是十分必要的。如果把斡旋受贿、利用影响力受贿罪中的"为他人谋取利益"构成要件予以取消，那么我们将无法判断行为人到底是在索取贿赂还是在敲诈勒索、是在收受贿赂还是在接受正常馈赠。因为行为人的影响力的价值主要就体现在"通过影响其他国家工作人员的职务行为来为请托人谋取利益"这一要件，换言之，只有该要件的存在才能证明行为人索取或获取好处的行为侵害了其他国家工作人员职务行为的廉洁性与不可收买性。至于第 163 条的非国家工作人员受贿罪中的"为他人谋取利益"，笔者认为，应予保留。理由在于：国家工作人员行使的是公共事务的管理权，其受贿会导致公权力的滥用，因而危害也就更大，所以，刑法上对其理应设置更严密的防线，以体现从严治吏。而第 163 条的非国家工作人员受贿罪的主体是公司、企业或者其他单位的工作人员，其所行使的是公司、企业或者其他单位的管理经营权，其受贿的危害性小于前者，相应地，在构成要件上也限定更多，以合理确定打击范围。另外，倘若取消"为他人谋取利益"这一要件，也同样会导致无法判断行为人是在索取贿赂还是敲诈勒索、是收受贿赂还是接受正常馈赠。

其二，将第 388 条与第 388 条之一中的"为请托人谋取不正当利益"修改为"为请托人谋取利益"。

现行刑法第 388 条和第 388 条之一中使用的表述是"为请托人谋取不正当利益"，笔者认为，将受贿人为请托人谋取的利益性质限定为"不正当利益"，不当地缩小了范围，不符合现实情况和打击贿赂犯罪的需要。实践中，很多国家机关"门难进、脸难看、事难办"已经成为尽人皆知的事实，许多本属于国家工作人员正常职责范围内应该予以办理的事情，也要当事人"有所表示"（给予财物或相应利益），才予以办理；否则，即便是正当事项，也会遭遇百般刁难。于是，为了能顺利办理事情，很多人不得不想方设法"找关系"，求助于其他国家工作人员或者国家工作人员的近亲属、关系密切之人，通过后者的斡旋，来达到自己的目的。而被求的国家工作人员或者国家工作人员的近亲属、关系密切之人也乐见此事，不用自己劳力办事，只从中斡旋、举手之劳（甚至一个电话）即可钱物入袋，何乐不为？久而久之，"惯"出了一批利用自己的身份、地位和"人脉"资源来获取利益的"食利者"，他们如同依附于腐败分子身上的"寄生虫"一样，将公共事务管理权作为自己的谋利工具，心安理得地索取或者收受他人财物。将"正当利益"排除在外，只会助长这种官场恶习和社会不正之风。因此，笔者建议，对于斡旋受贿和利用影响力收贿的行为，无论其为请托人谋取的是正当利益还是不正当利益，都应构成受贿犯罪。

二、关于"贿赂"范围规定的立法缺陷及其完善

（一）现行刑法关于"贿赂"范围的规定存在的不足

我国现行刑法明文规定受贿犯罪的犯罪对象是财物，即贿赂的范围仅限于财物。我国 1979 年《刑法》将受贿犯罪的对象规定为"收受贿赂"，可见，当时并未对受贿犯罪对象范围作出限制。而 1988 年最高人民法院、最高人民检察院《关于惩治贪污贿赂罪的补充规定》中首次将受贿犯罪对象限定为财物。此后，尽管 1993 年《反不正当竞争法》第 8 条将受贿犯罪犯罪对象范围

扩展到"财物或者其他手段"。但是，1997年《刑法》仍然采用"财物"作为受贿犯罪对象且沿用至今，并未扩大其范围。因此，从立法层面上而言，至今贿赂范围仍仅限于财物。近些年来，随着受贿犯罪的严重危害性和受贿方式与形式的多样性频频遭到曝光，要求扩大贿赂范围并将某些财产性利益及时纳入受贿犯罪对象之内的法学学者和法律工作者越来越多。为此，2007年7月，最高人民法院和最高人民检察院联合发布司法解释，即最高人民法院、最高人民检察院《关于办理受贿刑事案件适用法律若干问题的意见》（以下简称《意见》），对以交易形式收受贿赂、收受干股、以开办公司等合作投资名义收受贿赂、以委托请托人投资证券、期货或者其他委托理财的名义收受贿赂、以赌博形式收受贿赂、特定关系人"挂名"领取薪酬、由特定关系人收受贿赂、在职为请托人谋利、离职后收受财物等问题的罪与非罪的界限作了明确具体的规定。尽管该《意见》适当地将某些财产性利益纳入到了贿赂范围之内，但这仍然与受贿犯罪对象的复杂现实情况有一定的差距，仍不能完全满足司法实践中打击受贿犯罪的实际需要，贿赂范围规定仍需通过立法进一步加以完善。

笔者认为，在立法层面上，现行刑法将贿赂范围仅限于财物的规定明显存在一些缺陷与不足。

首先，将贿赂范围仅限于财物，忽视了大量的社会客观事实，模糊了受贿犯罪的本质。受贿罪侵犯的客体是国家工作人员职务行为的廉洁性和不可收买性。贿赂作为一种好处，针对不同的受贿人形形色色的喜好和欲求，其表现的形式也是多种多样的。对于爱财如命的受贿人来讲，送上大量的金钱财物，当然是明智的贿赂首选；对于酷爱旅游度假的受贿人来说，免费让其在度假胜地游览休闲一番，无疑是最好的贿赂选择；对于好色成性的受贿人而言，为其提供国色天香的美女以及性服务，一定是最佳的贿赂方式。然而，无论受贿的对象是财物还是非财物利益，其侵犯的客体却始终是一样的，对职务行为廉洁性和不可收买性的严重危害丝毫没有改变。既然刑法对索取或收受财物的行为作出明文禁止并予以打击，那么对索取或接受其他不正当好处的行为也理应追究其刑事责任。因此，现行刑法将受贿对象明文规定仅限于财物，忽视了大量常见的社会客观事实，脱离了受贿犯罪的实际情况，给公众造成一种错误的认识，即行为人收受财物构成受贿犯罪，收受非财物的各种好处不构成受贿犯罪，从而模糊了受贿犯罪的本质。

其次，将贿赂范围仅限于财物，给一些人规避法律留下了空间，放纵了大量实质上的受贿犯罪。改革开放以来，随着我国经济社会的快速发展变化，贿赂犯罪的手段和形式也呈现出多样化和复杂化的变化趋势。近些年来，贿赂犯罪由最初赤裸裸的权钱交易发展到如今更加隐蔽的权利交易、权色交易。行贿人挖空心思去钻法律的空子，根据受贿人的不同需求，通过提供免费装饰、无偿劳务、假立债权、免费旅游等财物之外的物质性利益以及解决就业、迁移户口、办理证照、提供女色等非物质性利益来进行贿赂。无论是财物之外的物质性利益还是非物质性利益，也不管这些利益能否用金钱来计量，有一点可以肯定的是这些利益只要能满足受贿人的需求，都可能成为收买职务行为的贿赂，同样能使职务行为的廉洁性受到侵害。可见，非财物贿赂与财物贿赂的社会危害性并无本质区别。在司法实践中，由于刑法规定贿赂范围仅限于财物，因而有些人就利用可以给国家工作人员带来经济利益、实用价值或者欲望满足感的各种形式的非财物好处来收买国家工作人员为其谋利，以此来规避法律，从而不受处罚。而国家工作人员在获得各种好处后千方百计地为对方谋取私利却不用担心会构成犯罪。最具讽刺意义的是，某些国家工作人员在获取了各种不应得的利益和好处之后，不仅没有受到法律的严惩，而且还在诸多场合堂而皇之、滔滔不绝地大讲如何加强反腐败斗争以及怎样搞好廉政建设。这致使廉政教育的实际效果大打折扣，廉政教育也就沦为空谈和笑谈，严重玷污了党和政府在群众心目中的形象。

此外，从最高人民法院和最高人民检察院于 2007 年 7 月联合发布的《意见》的内容来看，其中有些规定实际上是把受贿犯罪的犯罪对象从"财物"扩大到了"财产性利益"。例如，"收受干股"、"以开办公司等合作投资名义收受贿赂"、"以委托请托人投资证券、期货或者其他委托理财的名义收受贿赂"等等，这些规定中所涉及的利益没有直接表现为财物的形式，而是一些可以为受贿人带来金钱财物或财产收益的权利。这些利益就是所谓的财产性利益。可见，对于受贿犯罪中的财产性利益，实际上司法解释已经予以关注和认可了。虽然这个司法解释的出台适应了当前惩治受贿犯罪的现实需要，有力地打击了一些人民群众反映强烈的严重受贿犯罪行为。但是，从法律效力的角度来讲，司法机关的司法解释毕竟有其局限性，其可以对受贿犯罪对象范围作一定程度的扩张解释，但不能超越权限和违背法理随意扩展。因此，笔者认为，通过立法的方式来解决受贿犯罪对象扩展问题更妥当一些，这也符合依法治国的法治精神。

（二）扩展"贿赂"范围的立法建议

关于贿赂范围是否应仅限于财物，刑法学界的各种意见不太统一，仁者见仁，智者见智。大部分学者主张贿赂范围应包括财物和财产性利益，但不包括非财产性利益。笔者认为，应将贿赂范围扩大到一切不正当好处，当然也包括非财产性利益。"贿赂"一词外延广泛，可涵盖财物、财产性利益、非财产性利益等一切不正当好处，今后立法修改时可将受贿犯罪的犯罪对象"财物"修改为"利益"。具体理由如下：

首先，将受贿犯罪对象修改为"利益"，可以增强法网的严密性，更有利于打击腐败犯罪。如前所述，贿赂作为一种利益，其外延十分广泛，既可以是有形的物质利益也可以是无形的非物质利益。不管何种形式的利益，只要被用来与权力交换，国家工作人员职务行为的廉洁性和不可收买性就受到了侵害，进而就可以将该利益纳入到受贿犯罪对象的范围之内。只有把"利益"作为受贿犯罪对象，才能够涵盖侵犯受贿犯罪客体的所有形式的利益或不正当好处，从而避免出现影响定罪的不必要的司法争论。因此，随着客观实际情况的变化，将受贿犯罪的犯罪对象修改为"利益"是十分有必要的，这必将使法网的严密程度得到进一步增强，能够及时有效地惩治受贿犯罪，以便更好地发挥刑法的威慑作用。其次，将受贿犯罪对象修改为"利益"，通过立法进一步修改和完善，不会影响具体定罪量刑方面的可操作性。如果依照我国现行刑法关于受贿犯罪定罪量刑方面的规定，那么作为贿赂的非财产性利益因无法以金钱财物来计量，定罪量刑时确实缺乏可操作性。然而，如果我们打破传统观念的束缚，重新构建以综合犯罪情节为基础的新的定罪量刑体系，取消受贿数额在定罪量刑方面的主导作用，那么作为贿赂的非财产性利益无须通过金钱财物计量同样可以根据其他犯罪情节及社会危害后果等情况来作具体司法认定，因而涉及非财产性利益的受贿案件在定罪量刑方面也就具备了可操作性。最后，将受贿犯罪对象修改为"利益"，符合《联合国反腐败公约》（以下简称《公约》）中关于贿赂范围规定的立法精神，同时和许多国家关于贿赂范围的立法规定相协调。《公约》在规定受贿犯罪对象时采用了"不正当好处"这一概念，而我国《刑法》只是将其规定为"财物"。显然，"不正当好处"不但包括了"财物"，而且包括了其他好处，其中当然包括了非财产性利益，其涵盖的范围要比财物宽泛很多。如果我国将"利益"作为受贿犯罪对象，那么其涵盖的贿赂范围就基本符合《公约》的规定了。此外，当今世界上许多国家刑法规定的贿赂范围也不只仅限于财物。例如，《法国刑法典》关于"由个人进行的行贿受贿罪"的规定，将受贿犯罪对象表述为"好处"，其和《公约》的规定内涵基本一致。[①]《德国刑法典》则用"利益"概括受贿对象，提供利益者为行贿，接受利益者为受贿。[②] 还有日本的刑事判例认为贿赂包括一切有形的无形的利益，除金钱财物外，还包括提供担保和保证、介绍就业、宴请、艺妓演艺、嫖妓等等非财产性利益。[③] 由此可见，许多国家刑法都将受贿犯罪对象作更宽泛的规定，基本与《公约》规定的贿赂范围一致。因此，将受贿犯罪对象修改为"利益"，不仅能更好更全面地体现出该类犯罪以权谋私、以权谋利的基本特征，同时也切实履行了我国作为《公约》缔约国的应尽义务，有利于促进我国和世界各国开展打击腐败犯罪的国际合作，更有利于推动我国自身的反腐倡廉工作。

三、受贿犯罪定罪量刑的立法缺陷及其完善

（一）现行刑法关于受贿犯罪定罪量刑的规定存在的缺陷

我国现行《刑法》第386条规定："对犯受贿罪的，根据受贿所得数额及情节，依照本法第三百八十三条的规定处罚。索贿的从重处罚。"《刑法》第383条规定："对犯贪污罪的，根据情节轻重，分别依照下列规定处罚：（一）个人贪污数额在十万元以上的，处十年以上有期徒刑或者无期徒刑，可以并处没收财产；情节特别严重的，处死刑，并处没收财产。（二）个人贪污数额在五万元以上不满十万元的，处五年以上有期徒刑，可以并处没收财产；情

---

① 孟庆华：《受贿罪研究新动向》，中国方正出版社2005年版，第79页。
② 孟庆华：《受贿罪研究新动向》，中国方正出版社2005年版，第79页。
③ 孟庆华：《受贿罪研究新动向》，中国方正出版社2005年版，第79页。

节特别严重的，处无期徒刑，并处没收财产。（三）个人贪污数额在五千元以上不满五万元的，处一年以上七年以下有期徒刑；情节严重的，处七年以上十年以下有期徒刑。个人贪污数额在五千元以上不满一万元，犯罪后有悔改表现、积极退赃的，可以减轻处罚或者免予刑事处罚，由其所在单位或者上级主管机关给予行政处分。（四）个人贪污数额不满五千元，情节较重的，处二年以下有期徒刑或者拘役；情节较轻的，由其所在单位或者上级主管机关酌情给予行政处分。对于多次贪污未经处理的，按照累计贪污数额处罚。"从以上规定可以看出，现行刑法对受贿罪的量刑处罚主要是依照贪污罪的量刑处罚规定来确定的。这也意味着对受贿罪处罚适用《刑法》第 383 条的规定，其中明确规定以受贿所得具体数额的大小来划分不同的量刑轻重区间，其他犯罪情节作为量刑加重因素，这就着重强调了受贿所得数额在受贿罪定罪量刑方面的主导作用。这种以受贿所得数额为基础来确定具体定罪与量刑幅度的立法规定，可能在立法当时的社会经济条件下具有一定的合理性和适用性，但随着经济社会的不断发展，其弊端正日益凸显，实践证明这种立法规定并不科学，存在一些明显的缺陷。

首先，将受贿所得数额作为受贿犯罪定罪量刑的基础，这与该罪的主要特征不相符，容易让公众产生误解。受贿罪侵犯的主要客体是国家工作人员职务行为的廉洁性和不可收买性，降低了国家机关及其工作人员在人民群众中的威望和声誉。从犯罪客体的角度来说，与盗窃罪、诈骗罪等财产类犯罪不同，受贿犯罪侵犯的主要客体不是财产权，若以受贿所得数额作为定罪量刑的基础，并不能全面地、准确地反映出该类犯罪的社会危害性。受贿所得数额大小只能反映出行为人以索取或收受贿赂的方式所获金钱财物的情况，却无法反映出该受贿行为背后给国家、集体和他人利益造成损失的事实情况。在实际案例中，有些行为人受贿所得数额虽然不多，但给国家、集体和他人造成的损失却非常巨大。不可否认，受贿所得数额作为受贿犯罪的犯罪情节之一，其在一定程度上确实能反映出行为人的主观恶性程度，但受贿犯罪的客观社会危害后果却并不能单纯通过受贿所得数额大小全面反映出来。尤其是在一些食品、药品监管领域的腐败犯罪，监管者可能只收受了小额的贿赂，但因监管者受贿后的故意不作为或把关不严而导致的社会危害后果却可能极其严重。因此，将受贿所得数额作为受贿犯罪定罪量刑的基础，过分强调受贿所得数额在定罪量刑方面的主导作用，容易让公众产生"唯受贿所得数额论"的感觉，误认为只要受贿所得数额越大，必然会处罚越重。在实际案例中，有些受贿所得数额较小的行为人被判处了死刑而比其受贿所得数额还多的行为人反而没有被判处死刑，对于类似这种量刑结果，公众很难理解。

其次，将受贿所得数额作为受贿犯罪定罪量刑的基础，忽视了不同时期、不同地域货币价值的变化情况，可能导致司法机关在定罪量刑时显失公平。随着我国经济社会的不断发展变化，货币本身的价值也在不断变化，或升值或贬值，等量数额的货币在不同的时期，其实际购买力是存在差异的，因而社会公众对等量数额的货币在经济发展的不同阶段所具有的主观感受也并不相同。在受贿所得数额相同的情况下，刑法对其所反映出的主观恶性与社会危害性在不同时期应有不同的评价。比如，同样是受贿 5000 元人民币，在 10 年前其所反映出的主观恶性和社会危害性显然与现在存在差别。但现行刑法将受贿所得数额作为受贿犯罪定罪量刑的基础，这不仅无法反映出经济社会发展不同阶段货币价值的变化情况，更重要的是难以体现出同等受贿数额在不同阶段刑法对其社会危害性评价的差别。此外，由于我国各地的经济发展水平差异较大，因而同样是受贿 1 万元人民币，在东南沿海经济比较发达的地区和西北内陆经济落后的地区其所体现出的主观恶性程度与社会危害性肯定是不同的，对二者都处以同等的刑罚显然是不公平的，但如果处以不同的刑罚，又违背了刑法的统一规定。实践中，有不少经济发达地区的司法机关在刑法规定的 5000 元起刑点之上另设标准，这虽然符合了货币价值变化的实际情况，然而却损害了法律的严肃性。

最后，将受贿所得数额作为受贿犯罪定罪量刑的基础，且量刑幅度主要是以受贿所得具体数额来加以限定，这就很容易导致量刑失衡的后果，违背了罪责刑相适应这一刑法基本原则，同时也不利于最大限度地发挥刑罚的教育和预防犯罪作用。在司法实践中，由于刑法规定受贿犯罪的量刑幅度是以一定受贿所得数额作为上下限，因此受贿所得数额相同或者相差不大的一些案件也就都在同样的量刑幅度内作出判决。然而，如前所述，除了受贿所得具体数额这一犯罪情节之外，还有很多其他犯罪情节同样会影响受贿犯罪的社会危害性大小。在实际案件中，很可能会出现行为人受贿所得数额相差不大，却因其他犯罪情节不同以致社会危害后果差异巨大的情况。此时，如果将这些案件都在同一量刑幅度内作出裁决，司法机关的量刑显然出现了不平衡，这也就违背了罪责刑相适应原则。此外，从行为人受贿 10 万元以上的量刑设置情况来看，其规定的受贿所得数额跨度很大，但量刑方面无法作出对应的配置。10 万元到上亿元的受贿所得数额跨度确实很大，因而有些腐败分子在知道自己受贿所得数额达到无期徒刑或死刑的处罚起点之后，反倒表现出"视死如归"的样子，此后更加肆无忌惮疯狂地索贿、受贿。由于我国刑法在受贿犯罪量刑上过分强调受贿所得数额这个要素，且规定了具体数额为量刑幅度的上下限，对不同情况不同情节没有作出科学区别和合理设置，因而对某些受贿所得数额达到上限以上的行为人来说，刑罚作用呈现"边际效应递减"，威慑性逐渐减弱甚至消失，这不利于最大限度地发挥刑罚的教育和预防作用。

（二）完善受贿犯罪定罪量刑规定的立法建议

如前所述，我国现行刑法将受贿所得数额作为受贿犯罪定罪量刑的基础，并以具体数额来确定各个量刑区间的幅度。这种过分强调受贿所得数额在受贿犯罪定罪量刑方面主导作用的立法规定存在明显的缺陷。

笔者认为，无论是从受贿犯罪侵犯的客体还是从受贿行为实际造成的社会危害后果的角度来讲，刑法在受贿犯罪的定罪量刑方面应考虑以综合犯罪情节为基础。事实上，受贿所得数额本来就属于受贿犯罪综合犯罪情节的一个方面，而现行刑法却将受贿所得数额和其他犯罪情节分开规定，使得现行刑法所规定的受贿犯罪的犯罪情节不包括受贿所得数额这一要素。这样规定着重强调了受贿所得数额对受贿犯罪定罪量刑的主导作用，而将其他犯罪情节作为加重因素，从而导致司法实践中出现前述诸多问题。因此，笔者建议，我国刑法应当采用综合犯罪情节作为受贿犯罪定罪量刑的基础，摒弃以具体受贿数额作为量刑幅度上下限的这种做法。受贿所得数额多少、是否违背本职职责及背离职责的程度、行为造成的社会危害后果与社会影响、是主动索贿还是被动受贿等各种因素都应当归属于综合犯罪情节。其中，受贿所得数额多少等犯罪情节要素可以由最高人民法院和最高人民检察院通过司法解释作出明确具体规定，并随着经济社会的发展及时作出相应调整。这样既可以保持刑法的相对稳定性，又可以体现刑法在处理不同时期不同案子时的灵活性和针对性。综合犯罪情节具体可以划分为情节较轻、情节较重、情节严重、情节特别严重这四个量刑区间。以综合犯罪情节替代受贿所得数额作为受贿犯罪定罪量刑的基础，可以较全面地评价具体受贿犯罪行为，使受贿犯罪的量刑幅度能更好地、更合理地适用于具体受贿犯罪的实际情况，从而做到罚当其罪。

四、受贿犯罪法定刑设置的立法不足及其完善

（一）现行刑法关于受贿犯罪法定刑规定存在的不足

我国现行《刑法》第 386 条规定了对受贿罪的处罚依照贪污罪的处罚规定来处理，这就意味着受贿罪和贪污罪适用相同的法定刑评价。现行刑法没有给受贿罪设置独立的法定刑，而是依照贪污罪的法定刑来处罚，可能是考虑到贪污罪与受贿罪同属国家工作人员实施的职务犯罪这一共性，以体现刑法打击贪污行为和受贿行为并重的立法精神。这种规定在特定的年代和特殊的时期可能具有合理性，但从社会的常态化和刑法的适用性方面来讲，其具有明显的历史局限性。随着时代的变迁，受贿罪和贪污罪的社会危害性也发生了一些变化，两罪的社会危害性不能简单地等同而论了。如前所述，受贿行为的社会危害性可能是多方面的，有时并非仅体现在受贿所得数额大小方面。贪污犯罪的数额大小可以直接反映出其贪污行为的社会危害性大小，但受贿所得的数额大小有时并不能全面准确地反映出受贿行为的社会危害性。例如，甲贪污 10 万元，乙受贿 10 万元，这 10 万元可以明确地反映出甲贪污行为的社会危害性大小，但是对于受贿行为来说，因具体实际情况的不同而社会危害性存在较大的差异。第一种情况：假设乙收受了行贿人 10 万元贿赂后，并没有为行贿人谋取到任何利益或者只谋取到正当合法利益，那么该受贿行为的社会危害性至多和甲贪污行为的社会危害性相当。第二种情况：假设乙收受了行贿人 10 万元贿赂后，通过其职务上的作为或不作为，为行贿人谋取到了 100 万元甚至更多的非法利益，从而造成国家、集体或者他人利益巨大损失，那么此时乙受贿行为的社会危害性明显要大于甲贪污行为的社会危害性。因此，如果在上述第二种情况下受贿罪还是依照贪污罪的法定刑来

处罚，就显然脱离了社会现实状况和司法实践情况，不能做到重罪重罚、轻罪轻罚，从而也违背了罪责刑相适应原则。

（二）完善受贿犯罪法定刑设置的立法建议

基于上述理由，笔者认为，我国刑法应当为受贿犯罪设置独立的法定刑评价体系。此外，在具体设置受贿犯罪的法定刑时，根据我国刑法从严治吏的立法精神和受贿犯罪的基本特点，应当增设罚金刑并同时完善资格刑。

在财产刑方面，我国现行刑法只为受贿罪设置了"没收财产"这种单一的经济处罚，并没有设置罚金刑。"没收财产"作为一种剥夺犯罪人的财产的严厉刑罚，其在打击受贿犯罪方面的作用是不容置疑的，但这种刑罚仍具有一些明显的局限性。例如，"没收财产"这种刑罚所适用的范围是有限的，换言之，并不是所有的受贿犯罪都能适用这种经济处罚。一般情况下，犯罪情节严重或特别严重的受贿罪才会适用"没收财产"刑罚，而如果对犯罪情节较轻的受贿罪适用该刑罚，这未免过于严厉了，不符合罪责刑相适应原则，也不利于对犯罪人的教育改造。但对于大多数受贿犯罪来说，因其具有贪图贿赂的特点，因而设置经济处罚又是十分必要的。与"没收财产"刑罚相比，罚金刑所适用的范围较广，其可以根据行为人受贿所得数额等各种犯罪情节来确定罚金的数量。正所谓，受贿人受贿所得数额越大，相应的罚金数量就越高，被剥夺的财产也就越多。罚金刑的设置对于某些贪财型的受贿犯罪分子来说无疑是一颗"重磅炸弹"。对于某些贪财的受贿人或者意欲受贿的人来讲，罚金刑的处罚比短期自由刑的处罚对其更具有威慑力。因此，我国刑法应当为受贿犯罪设置罚金刑，同时这也是对"没收财产"刑罚局限性的一种补充。通过罚金刑和没收财产刑的合理配置，能更好地从经济上处罚受贿犯罪，以体现不让受贿犯罪分子在经济上占便宜的立法理念。

资格刑，一般是指剥夺犯罪人享有或行使一定权利资格的刑罚。由于受贿犯罪是一种职务犯罪，因而对其设置资格刑更具有针对性。在资格刑方面，我国现行刑法设置了"剥夺政治权利"这一资格刑，主要内容包括四项：（1）选举权和被选举权；（2）言论、出版、集会、结社、游行、示威自由的权利；（3）担任国家机关职务的权利；（4）担任国有公司、企业、事业单位和人民团体领导职务的权利。但具体运用到受贿犯罪的处罚上，一般只有对被判处无期徒刑以上的受贿犯罪分子才会附加"剥夺政治权利"。由于刑法对于适用"剥夺政治权利"这种资格刑规定了一些限制条件，从而导致绝大多数受贿犯罪分子无法适用"剥夺政治权利"。这种设置明显忽视了受贿犯罪是一种典型的职务犯罪这一特点，不利于最大限度地发挥刑罚预防犯罪的作用。行为人正是利用职务上的便利来索取或收受贿赂的。可以说，担任国家公共职务是行为人能够索取或收受贿赂的重要前提条件。受贿犯罪作为腐败犯罪之一，其严重侵害了职务行为的廉洁性与不可收买性。从受贿犯罪侵犯的客体来看，已经表明受贿犯罪分子不再适合担任任何国家公职。如果受贿犯罪分子还能继续保留担任国家公职这一资格，这就是对职务行为廉洁性莫大的玷污。因而对受贿犯罪分子处罚最有针对性和实效性的资格刑莫过于限制或剥夺其在一定时期内甚至终身担任国家公职的刑罚。然而，"剥夺担任国家机关职务的权利"只是"剥夺政治权利"的多项内容之一。由于现行法律没有明确规定司法机关在判处资格刑时可以选择其中一项或多项内容，因而在实际适用"剥夺政治权利"时就失去了必要的灵活性和针对性。例如，上述"剥夺政治权利"所列的第二项内容对于大多数受贿犯罪分子来说一般都没有必要予以剥夺。因此，笔者建议，对所有的受贿犯罪处罚都应当单处或附加适用"剥夺政治权利"，并规定司法机关可以根据具体犯罪事实情况选择判处剥夺其中的一项或多项权利。

结语

近日，中央纪委研究室主任李雪勤接受专访时表示，经过近 20 年的努力，我国的反腐倡廉形势发生了深刻变化。十七届中央纪委七次全会指出，综合起来看，当前党风廉政建设和反腐败斗争的总体态势是，成效明显和问题突出并存，防治力度加大和腐败现象易发多发并存，群众对反腐败期望值不断上升和腐败现象短期内难以根治并存，反腐败斗争形势依然严峻、任务依然艰巨。腐败和反腐败当前正处于相持阶段。当前和今后一个时期，我国的腐败问题正处于从有所遏制向全面遏制转变的重要阶段、从易发多发期向稳定可控期转变的关键阶段。[①] 刑法是反腐败的重要利器，没有完善的刑法，反腐败的司法实践就会陷入困境，反腐败就难以取得实效。工欲善其事，必先利其器。要想从"相持"转向"反攻"，全面遏制腐败现象，完善现行刑法有关贪贿犯罪、职务犯罪的规定乃当务之急。

---

① 《中纪委官员：腐败和反腐败当前正处于相持阶段》，http://news.ifeng.com/mainland/detail_2012_08/22/17011016_0.shtml，浏览时间：2012 - 10 - 10。

【国际与区际刑法专题】

以"反向洗钱"的入罪化为中心反思
我国洗钱罪的行为方式[①]

张 磊[*]

目　次

自 1978 年意大利首次规定武装抢劫、勒索罪与劫持人质罪的洗钱行为，1988 年联合国《禁止非法贩运麻醉药品和精神药物公约》将毒品犯罪及其洗钱行为规定为国际犯罪以来，国际社会反洗钱浪潮风起云涌。1989 年 7 月，反洗钱金融行动特别工作组（FATF）成立，专门研究和制定反洗钱措施和建议。1999 年《联合国制止向恐怖主义提供资助的国际公约》、2003 年《联合国反腐败公约》等国际公约通过，国际社会开始将反洗钱和反恐怖主义联系在一起，通过切断恐怖主义的资金来源和断绝犯罪收益的清洗实现对于恐怖活动犯罪的遏制。本文拟以此为背景，对我国洗钱罪的行为方式在打击恐怖活动犯罪中的不足进行反思，并提出解决问题的办法，以期促进我国洗钱刑事立法的发展。

---

① 项目支持：中国法学会 2012 年部级法学研究项目"职务犯罪赃物的跨境追缴机制研究"（课题编号 CLS（2012）C57－1）中央高校基本科研业务费专项资金（2010 年度北京师范大学自主科研基金项目"国际刑事司法协助国内立法研究"）。

* 北京师范大学刑事法律科学研究院副教授、法学博士。

一、现状：我国刑法关于洗钱罪的现有规定

我国反洗钱法律体系有一个逐步完善的过程。我国 1997 年刑法首次规定了洗钱罪，同时规定了窝藏、转移、收购、销售赃物罪和窝藏、转移、隐瞒毒品、毒赃罪。2001 年《刑法修正案（三）》基于打击恐怖活动犯罪的需要将恐怖活动犯罪增补为洗钱罪的上游犯罪，提高了单位犯罪的法定刑，并同时增设了资助恐怖活动罪；2006 年《刑法修正案（六）》将贪污贿赂犯罪、破坏金融管理秩序犯罪、金融诈骗犯罪增补为洗钱罪的上游犯罪，进一步扩大了洗钱罪的惩治范围。同时，将 1997 年刑法中的窝藏、转移、收购、销售赃物罪修改为掩饰、隐瞒犯罪所得、犯罪所得收益罪，对该罪的行为方式和对象进行了修正。2006 年 10 月 31 日，《反洗钱法》的通过标志着我国反洗钱法律体系的逐步成形，反洗钱网络趋于完善。2009 年《刑法修正案（七）》将单位增设为掩饰、隐瞒犯罪所得、犯罪所得收益罪的主体，使该罪进一步适应实践发展的需要。2009 年 11 月最高人民法院《关于审理洗钱等刑事案件具体应用法律若干问题的解释》施行，就实践中审理洗钱刑事案件具体应用法律的若干问题进行了解释和明确。总体来说，到目前为止我国反洗钱在法律体系、组织机构、监督检查、资金监测和案件查处、国际合作等方面取得良好成绩，已经建立起比较完善的反洗钱制度体系，反洗钱双边合作范围不断扩大，合作内容不断丰富，已成为国际社会反洗钱和反恐融资领域的重要成员。① 洗钱犯罪有广义和狭义之分。狭义的洗钱犯罪仅指刑法第 191 条规定的洗钱罪；广义的洗钱犯罪包括狭义的洗钱罪，即刑法第 312 条的掩饰、隐瞒犯罪所得、犯罪所得收益罪和第 349 条的窝藏、转移、隐瞒毒品、毒赃罪。

根据我国刑法第 191 条，洗钱罪是指明知是特定犯罪的违法所得及其产生的收益，而采取提供资金账户，协助将财产转换为现金或者金融票据，通过转账或者其他结算方式协助资金转移，协助将资金汇往境外，以及以其他方法掩饰、隐瞒犯罪的所得及其产生的收益的性质和来源的行为。该罪的主体包括个人和单位，主观上是故意。客观方面表现为采取法定方式掩饰、隐瞒特定犯罪的犯罪所得及其收益的来源和性质的行为。也就是说，我国刑法中的洗钱罪的行为方式是针对已经实施的特定犯罪所产生的犯罪所得及其收益，就其来源和性质进行掩饰和隐瞒的行为。该洗钱行为实施于特定犯罪实施以后，针对的是特定犯罪所得及其收益，这也是特定犯罪被称为"上游犯罪"，而洗钱罪被称为"下游犯罪"或者"派生犯罪"的原因。

二、问题：传统洗钱罪规制反恐洗钱行为存在的不足

（一）将恐怖活动犯罪作为洗钱罪的上游犯罪不能有效遏制恐怖活动犯罪

如前所述，我国刑法中洗钱罪的上游犯罪的范围经历了一个逐步扩大的过程。到目前为止，我国的洗钱罪上游犯罪包括毒品犯罪、黑社会性质的组

---

① 《央行：反洗钱已扩展到制止资助恐怖活动等领域》，http://www.gov.cn/jrzg/2009 – 11/10/content_1461327.htm。

织犯罪、走私犯罪、恐怖活动罪、贪污贿赂犯罪、破坏金融管理秩序犯罪、金融诈骗犯罪，总数达到了 81 个，占我国刑法分则个罪名的 18.75%。① 关于我国洗钱罪的上游犯罪，学界的讨论主要集中在如何扩大其范围上：有学者认为应当扩展到所有犯罪，② 有学者认为应当扩大到严重犯罪，③ 有学者认为应当扩大为法定最低刑在有期徒刑 6 个月以上的严重犯罪，④ 有学者认为应当扩展到一切能够产生犯罪收益的犯罪，⑤ 有学者认为应当扩展到和《联合国反腐败公约》相同的范围。⑥ 客观来说，我国刑法关于洗钱罪上游犯罪范围的规定确有其值得探讨之处，上述观点从不同视角的探讨都有其合理之处。但是，这些观点都肯定已有七类犯罪作为洗钱罪上游犯罪的合理性，并没有对已有犯罪提出过多质疑。我们认为，基于我国洗钱罪发展形势所需、反洗钱法律体系协调的需要、国际社会反洗钱的发展趋势和反洗钱刑事司法合作的要求，⑦ 扩大洗钱罪的上游犯罪是历史发展的必然。但是，在传统洗钱罪的洗钱模式下，已有七类犯罪也并不是都适合作为洗钱的上游犯罪。对此，我们将在明确洗钱罪上游犯罪的界定标准、恐怖活动犯罪内涵和外延的基础上予以分析。

　　洗钱罪上游犯罪范围的确定取决于界定标准的明确。对于此界定标准，我国学界有不同观点：有学者认为洗钱罪上游犯罪应当具有非法暴利性、清洗的必要性、与洗钱的关联性、极大的危害性与立法的紧迫性、明确的法定性，⑧ 也有学者认为洗钱罪上游犯罪的确定应由该罪的严重程度、产生财产性收益的大小以及断绝其洗钱的后路对该罪的抑制程度来决定。⑨ 我们认为，上游犯罪的界定标准确定应当以洗钱罪的立法目的为依据。立法者设立洗钱罪的目的首先在于该行为对于金融管理秩序以及司法机关查获犯罪活动的妨害，同时是为了通过对上游犯罪所得及其收益清洗的打击来实现对于上游犯罪的遏制。所以，如果某种犯罪不能够产生较大犯罪收益，或者对于洗钱行为的规制不能够实现对于上游犯罪的遏制，那么就没有必要将其规定为上游犯罪。上述前一种观点没有从设立洗钱罪对于遏制上游犯罪的意义方面强调上游犯罪的界定标准，并不妥当。我们在较为赞同后一种观点的基础上，认为洗钱罪的上游犯罪应当至少具有非法暴利性、清洗的必要性、极大的危害性与立法的紧迫性、断绝洗钱对该罪的有效抑制性四个特点。

---

① 蔡桂生：《论洗钱罪上游犯罪的刑事立法界定》，载《中山大学研究生学刊》2007 年第 4 期。
② 侯国云、安利萍：《洗钱罪相关问题探讨》，载《河南师范大学学报》2007 年第 1 期。
③ 卢勤忠：《我国洗钱罪立法完善之思考》，载《华东政法学院学报》2004 年第 2 期。
④ 刘宪权、吴允锋：《论我国洗钱罪的刑事立法完善》，载《政治与法律》2005 年第 6 期。
⑤ 胡隽：《中国刑法与〈联合国反腐败公约〉的协调问题研究》，武汉大学 2006 年博士学位论文，第 107 页。
⑥ 马克昌：《完善我国洗钱罪立法——以〈联合国反腐败公约〉为依据》，载《国家检察官学院学报》2007 年第 6 期。
⑦ 卢勤忠：《我国洗钱罪立法完善之思考》，载《华东政法学院学报》2004 年第 2 期。
⑧ 蒋羽扬：《论洗钱罪的上游犯罪——以世界反洗钱法律规范为视角》，载《武汉理工大学学报》2006 年第 6 期。
⑨ 徐立、刘慧：《我国洗钱犯罪立法之反思》，载《武汉大学学报》（哲学社会科学版）2010 年第 4 期。

　　关于恐怖活动犯罪的内涵，我国学界争议较大。代表性的观点有：恐怖活动犯罪是指个人或单位基于意识形态方面的政治目的，针对不特定对象或某些具有政治、民族、宗教等象征意义的特定对象，以足以引起极大的社会恐慌的手段实施的危害行为。[①] 恐怖活动犯罪是指基于政治、社会或者其他动机，为制造社会恐慌，以恐怖手段所实施的侵犯人身、财产等严重危害社会而依法应受到刑罚处罚的行为。[②] 在外延上，恐怖活动犯罪主要指恐怖活动组织实施的各种犯罪，[③] 具体包括组织、领导参加恐怖活动组织罪，投放危险物质罪，资助恐怖活动罪，非法制造、买卖、运输、储存危险物质罪，盗窃、抢夺、抢劫危险物质罪，投放虚假的危险物质罪，编造、故意传播虚假恐怖信息罪等。[④]

　　在明确恐怖活动罪的内涵和外延的基础上，以洗钱罪上游犯罪的界定标准进行审视就会发现，虽然恐怖活动犯罪具备极大的社会危害性与立法的紧迫性，但是在我国洗钱罪的行为方式仅是"通过各种手段掩饰、隐瞒犯罪所得及其产生的收益"的前提下，将其作为洗钱罪的上游犯罪对于遏制恐怖活动犯罪意义并不大，原因如下：

　　首先，恐怖活动犯罪并不都具有非法暴利性和清洗的必要性。虽然学界对于恐怖活动犯罪的内涵界定并不完全相同，但是大多认为恐怖活动犯罪是基于政治动机，以制造社会恐慌为目的，而不以或者不主要以获取非法利益为目的，[⑤] 不具有明显的非法暴利性；从外延上看，虽然某些恐怖组织实施的犯罪可能产生犯罪收益，但是多数恐怖活动犯罪并不产生巨大的犯罪收益，有的甚至根本不产生犯罪收益。如投放危险物质罪，盗窃、抢夺、抢劫危险物质罪，投放虚假的危险物质罪，编造、故意传播虚假恐怖信息罪，等等。对于这些犯罪来说，由于其并不产生或者很少产生犯罪收益，也就不存在需要对其犯罪收益进行清洗（至少是大规模清洗）的问题。

　　其次，断绝洗钱对恐怖活动犯罪并不具有有效抑制性。如前所述，恐怖活动犯罪多出于政治动机，以制造社会恐慌为目的，至于其是否获得犯罪收益，获得多少犯罪收益，并不是行为人所关注的主要问题。实践中，很多恐怖分子为了实现自己的政治目的不惜一切代价，甚至是自己的生命。在此前提下，断绝对于恐怖活动罪犯罪所得及收益（在存在的情况下）的清洗，并不能实现有效遏制该犯罪的目的。

　　最后，洗钱罪并不能切断恐怖活动犯罪的资金来源。既然恐怖活动犯罪不具有非法暴利性，断绝洗钱对其也不具备明显的遏制性，那么将其作为洗钱罪上游犯罪的意义何在？有观点认为，将恐怖活动犯罪纳入洗钱罪上游罪

---

① 高铭暄、张杰：《关于我国刑法中"恐怖活动犯罪"定义的思考》，载《法学杂志》2006 年第 5 期。

② 赵秉志、阴建峰：《论恐怖活动犯罪的国际国内立法》，载《法制与社会发展》2003 年第 6 期。

③ 张明楷著：《刑法学》，法律出版社 2007 年版，第 593 页。

④ 张军主编：《破坏金融管理秩序罪》，中国人民公安大学出版社 2003 年版，第 463 页。

⑤ 徐立、刘慧：《我国洗钱犯罪立法之反思》，载《武汉大学学报》（哲学社会科学版）2010 年第 5 期。

的立法意图在于断绝恐怖活动的资金来源，① 即通过切断恐怖活动的资金链条，实现对恐怖活动犯罪的打击。但是，在当前洗钱罪仅规定对犯罪所得及其收益进行清洗的行为模式下，只有在恐怖组织将其实施恐怖犯罪所得及其收益再次用于实施恐怖活动的情况下，洗钱罪才能规制。而对于非恐怖活动组织提供的资金，或者其他组织提供合法资金资助恐怖活动来说，由于这些资金不属于犯罪所得及其收益，现有洗钱模式并不能进行规制，也就不可能切断恐怖活动资金来源。

（二）洗钱罪与资助恐怖活动罪均无法规制"反向洗钱"行为

为了打击恐怖活动犯罪，更好地维护国家安全和秩序，②《刑法修正案（三）》在将恐怖活动罪增设为洗钱罪上游犯罪的同时，还新增加了资助恐怖活动罪。目的是为了建立资助恐怖活动罪和洗钱罪的联结，实现对于恐怖活动罪的打击。但是，刑法所编制的打击恐怖融资的刑事法网并不严密，无论是传统的洗钱罪，还是新增的资助恐怖活动罪都无法规制恐怖融资中的"反向洗钱"行为。

恐怖融资是恐怖组织实施恐怖活动犯罪的资金来源，融资途径的畅通是恐怖融资能够顺利实现的必备条件，断绝反恐融资的渠道和资金链条有利于从根本上遏制恐怖活动犯罪的实施。从当前恐怖组织融资的渠道来看，主要为利用金融机构进行洗钱，通过被恐怖组织控制或者愿意为恐怖组织服务的合法的公司、组织，借用贸易结算的名义，在金融机构内部转移资金，③ 进而实现对于恐怖活动的资助。一般来说，恐怖活动资金来源主要有两个方面：其一，将实施毒品犯罪、走私犯罪等所获得的非法收益，通过金融机构转移、清洗，资助实施恐怖活动犯罪；其二，利用合法资金资助实施恐怖活动，通过金融机构转移、清洗，资助恐怖活动。对于第一种情况，由于用于资助的资金本身就是特定犯罪的收益，金融机构转移资金或者提供服务的方式符合洗钱罪的行为特征，可按照洗钱罪定罪量刑，实现打击和惩治；但第二种情况中，用于资助的资金、物质是来源合法的资金，不是犯罪收益，更不是所谓的"黑钱"（如果不用于资助恐怖活动犯罪，该资金完全是合法收入）。这种资金在被用于资助实施犯罪之前，并不是刑法规制的对象，其之所以具有非法性，就在于将被用于资助实施非法行为。其同犯罪收益的不同在于，后者是实施犯罪的结果，非法性体现为产生该收益行为的非法性；前者并非犯罪实施的结果，而是将要被用于实施犯罪，非法性体现为用途的非法性。金融机构协助将合法资金用于资助恐怖活动犯罪的行为，是资助恐怖活动实施中一项重要的环节，也是实施大型恐怖活动必经的阶段。这种行为，本质上来说是一种"将白钱变黑"的洗钱行为，为了同传统的洗钱行为相区分，实

---

① 徐立、刘慧：《我国洗钱犯罪立法之反思》，载《武汉大学学报》（哲学社会科学版）2010年第5期。
② 时任全国人大常委会法制工作委员会副主任李适时所作的"关于《中华人民共和国刑法修正案（三）（草案）》的说明"。
③《金融反恐：揭秘恐怖组织资金运作链》，载 http://money.163.com/10/0402/04/6384VD1100252G50.html。

践中一般被称为"反向洗钱"。具体来说，"反向洗钱"是指将合法资金秘密转移到恐怖人员或恐怖组织的账户的行为，其与传统洗钱行为的掩饰、隐瞒"来源"及其性质不同，反向洗钱行为主要在于掩饰、隐瞒资助的"去向"及其性质。[①] 由于我国传统洗钱罪的行为方式仅包括对于已经实施的犯罪收益进行清洗一种，所以无法对"反向洗钱"行为进行有效规制。

我国刑法虽然已经增设了资助恐怖活动罪，但是该罪同样不能规制反向洗钱行为。根据刑法第 120 条之一，资助恐怖活动罪指故意资助恐怖活动组织或者是实施活动的个人的行为。该罪的设定主要是为了打击实践中通过各种方式向恐怖活动组织或者实施恐怖活动的个人提供用于实施恐怖活动的经费、场所和物质的各种行为。[②] 该罪的主体是一般主体，客观方面表现为采取各种方式资助实施恐怖活动。"资助"包括筹集资金和提供资金两种具体行为，单纯的筹集资金行为，同样应以资助恐怖活动罪定罪处罚；"资助"的方式不以金钱为限，为恐怖活动组织或者实施恐怖活动的个人筹集、提供经费、物资或者提供场所以及其他物质便利的行为，均属于资助行为。该罪的成立不以被资助的人具体实施恐怖活动为条件，预谋实施、准备实施和实际实施恐怖活动的个人，均属于本罪中"实施恐怖活动的个人"。[③] 从资助恐怖活动罪的犯罪构成看，该罪主要通过对资助恐怖活动行为的规制实现对于恐怖活动犯罪的遏制，惩治的是为恐怖活动筹集、提供资金，以及场所和其他物质便利的行为。而对于提供金融服务等非物质便利的行为，却不予调整。也就是说，该罪的设定遗忘了作为恐怖主义融资最重要渠道的中间环节，即为恐怖活动提供资金转移支持的金融机构。[④] 对于实践中对恐怖活动罪所产生犯罪所得及其收益进行转移资助，从而协助他人实施恐怖活动犯罪的金融机构来说，可以依据传统洗钱罪进行惩治。但是对于仅实施对合法收益用于资助恐怖活动犯罪的情况加以掩饰和隐瞒的行为，由于其不是为恐怖活动筹集、提供资金等提供物质资助者，而且一般行为人也不需要事前与资助者同谋，也不可能构成资助恐怖活动罪。

所以，从我国刑法现有洗钱罪和资助恐怖活动罪的规定来看，虽然立法目的在于使两者共同编制打击恐怖活动融资与清洗犯罪收益的严密法网，但是其中却缺少为利用合法资金进行资助者提供金融服务的金融机构也即"反向洗钱"行为的规制，无法实现通过切断反恐融资渠道而实现打击恐怖活动罪之目的。

三、展望：将反向洗钱纳入洗钱罪的行为方式

传统洗钱罪的行为方式不仅不能切中遏制恐怖活动犯罪的要害，也无法

---

① 于志刚：《我国刑法中有组织犯罪的制裁体系及其完善》，载《中州学刊》2010 年第 5 期。
② 张明楷著：《刑法学》，法律出版社 2007 年版，第 527 页。
③ 《最高人民法院关于审理洗钱等刑事案件具体应用法律若干问题的解释》新闻发布稿。
④ 于志刚：《恐怖活动犯罪中资助行为入罪化的价值取向——与传统洗钱罪的冲突与整合》，载《中国检察官》2006 年第 6 期。

完全规制反恐融资行为。在国际反洗钱概念日益扩大，国际社会将反向洗钱纳入广义洗钱含义中的大背景下，我们可以考虑调整传统洗钱罪的行为方式，将反向洗钱行为入罪化处理，从而构建打击恐怖活动和恐怖融资的严密法网。

（一）打击"反向洗钱"已经成为国际反洗钱的大趋势

1999 年《联合国制止向恐怖主义提供资助的国际公约》将向恐怖主义提供资助的行为规定为犯罪，并吁请所有国家采取步骤，以适当的国内措施防止和制止为恐怖主义犯罪分子和恐怖主义组织筹集经费……并特别酌情考虑采取管制措施，以预防和制止涉嫌为恐怖主义目的提供的资金的流动。"9·11 事件"以后，打击恐怖主义的浪潮将国际反洗钱推至新的高峰，防范和打击与恐怖融资有关的洗钱犯罪活动成为国际反洗钱合作的重要内容。2001 年9 月28 日联合国安理会通过的第 1373 号决议，禁止所有成员国对恐怖组织提供金融资源以及任何形式的金融服务；要求金融机构积极和刑事侦查部门合作，协助收集证据。2001 年 10 月反洗钱金融行动特别工作组（FATF）在"40 项建议"的基础上，针对防范和打击恐怖融资陆续提出 9 条特别建议，合称"40 +9 项建议"，已经成为国际反洗钱和反恐融资领域中最具权威性的指导性文件。[1] 时至今日，从整个国际社会来看，反洗钱概念正逐步扩大，已经不仅仅局限于对于犯罪所得及其收益的清洗，而是扩展到制止资助恐怖活动、防范大规模杀伤性武器扩散等领域。[2] 严厉打击恐怖融资犯罪，有效切断恐怖活动组织和恐怖分子的资金供应链，已经成为国际社会打击恐怖活动犯罪的一条制度性经验，[3] 包括打击"反向洗钱"在内的反恐融资已经成为国际反洗钱的重要组成部分。

（二）有其他国家的先进经验可资借鉴

部分恐怖活动和恐怖融资犯罪较为突出的西方国家，已经着手打击恐怖活动犯罪中的反向洗钱行为，不仅将恐怖活动资助行为规定为犯罪，而且将为资助恐怖活动提供金融服务的行为规定为犯罪。[4] 如在美国，1994 年《美国法典》第 18 章设置了"向恐怖主义分子提供物质支持"罪，规定凡提供物质支持或者资源，或者隐瞒或者掩盖物质支持或者资源的性质、地点、来源或者所有权关系的，如果知道或者打算将其用于准备或者实施一项违法行为……或者准备、实施隐瞒或者逃避所犯下的任何这种行为，即构成犯罪。不仅明确禁止为恐怖分子提供或者筹集物质支持或者资源，而且禁止所有形式的隐瞒或者掩盖物质支持或者资源的性质、地点、来源或者所有权关系的行为，实质上也就是禁止任何形式的"反向洗钱"行为。"9·11 事件"以

① 《金融反恐：揭秘恐怖组织资金运作链》，http://money. 163. com/10/0402/04/6384VD1100252G50. html。

② 《央行：反洗钱已扩展到制止资助恐怖活动等领域》，http://www. gov. cn/jrzg/2009 – 11/10/content_1461327. htm。

③ 《依法打击洗钱犯罪切实履行国际公约》，http://www. chinacourt. org/html/article/200911/11/380521. shtml。

④ 《金融反恐：揭秘恐怖组织资金运作链》，http://money. 163. com/10/0402/04/6384VD1100252G50. html。

后，美国总统布什专门发表了"切断恐怖主义财源"的演讲，强调找到并切断恐怖组织的资金来源对于打击恐怖主义的重要意义。此后，美国政府将金融反恐作为整个反恐战争的核心战役，并在瓦解恐怖组织金融基础方面已经取得了重要成就，使得"基地及与之同恶相济的恐怖主义组织筹集和转移资金已变得更加困难"。[1] 再如，新加坡 2002 年《反恐怖主义（制止提供资助）法》明确规定禁止资助恐怖主义的行为。该法第 4 条规定，任何人直接或者间接地，筹集财产，提供或者邀请他人提供任何财产或者金融或其他相关服务，或者使该财产或服务可用于便利或者实施恐怖主义行为的，构成犯罪。

（三）履行国际义务的需要

我国于 2006 年批准了《制止向恐怖主义提供资助的国际公约》，2007 年 6 月在 FATF 全体会议上又被接受为 FATF 的正式成员国，从而标志着我国已经融入反洗钱和恐怖融资的国际合作框架，反洗钱工作进入了一个新阶段，[2] 从此可以参与制定国际反洗钱和反恐融资的规则，而不再是规则的单纯接受者。[3] 我们应当按照 FATF 的建议积极完善我国反洗钱和恐怖融资制度，将反向洗钱纳入洗钱罪的调整范围，实现和世界反洗钱规则接轨。

令人高兴的是，我国已经认识到切断恐怖融资资金链条，规制"反向洗钱"对于打击恐怖活动犯罪的重要意义。胡锦涛主席 2004 年在上海合作组织塔什干峰会上就曾指出："恐怖融资是恐怖组织和恐怖分子保障其生存、发展、壮大和从事恐怖主义活动的资金基础和关键来源。反恐要取得成功，必须遏制和消除恐怖融资行为。"[4] 最高司法机关也明确指出：恐怖活动犯罪离不开背后的经济支撑，严厉打击恐怖融资犯罪，有效切断恐怖活动组织和恐怖分子的资金供应链，是国际社会一条制度性经验，对于打击恐怖活动犯罪具有釜底抽薪的重要作用。[5] 理论界也已经有学者提出应当将恐怖主义融资行为界定为洗钱罪，[6] 更有学者明确指出，洗钱的方式已经不再局限于传统洗钱罪中的"掩饰、隐瞒犯罪所得的来源及其性质"，而包括"反向"的洗钱模式，即"掩饰、隐瞒合法或者非法收益"用于恐怖活动犯罪的资金资产的"去向"。[7] 这都为我国调整洗钱刑事立法、扩大洗钱的行为方式，提供了坚实的政策指导、舆论准备和理论支持。

---

[1] 《金融反恐：揭秘恐怖组织资金运作链》，http://money. 163. com/10/0402/04/6384VD1100252G50. html。

[2] 王新：《国际视野中的我国反洗钱罪名体系研究》，载《中外法学》2009 年第 3 期。

[3] 王燕之：《中国反洗钱国际合作进入了一个新的历史发展时期》，载《中国金融》2007 年第 15 期。

[4] 《金融反恐：揭秘恐怖组织资金运作链》，http://money. 163. com/10/0402/04/6384VD1100252G50. html。

[5] 《最高人民法院关于审理洗钱等刑事案件具体应用法律若干问题的解释》新闻发布稿。

[6] 徐汉明等著：《中国反洗钱立法研究》，法律出版社 2005 年版，第 246 页。

[7] 于志刚：《恐怖活动犯罪中资助行为人罪化的价值取向——与传统洗钱罪的冲突与整合》，载《中国检察官》2006 年第 6 期。

四、结论

针对我国传统洗钱罪无法规制为恐怖融资提供服务的金融机构的缺陷，并借鉴国际社会和其他国家的先进经验，我们应当考虑扩大改变洗钱罪的具体行为方式，将反向洗钱纳入刑法规制，即将掩饰、隐瞒某项资助"去向"及其性质的行为设置为洗钱罪的行为方式，从而建立洗钱罪和资助恐怖活动罪之间的紧密连接，构建应对打击恐怖主义融资和洗钱的严密刑事法网。具体来说，我们可以考虑将刑法第 191 条修正为：①

"明知是毒品犯罪、黑社会性质的组织犯罪、恐怖活动犯罪、走私犯罪、贪污贿赂犯罪、破坏金融管理秩序犯罪、金融诈骗罪的违法所得及其产生的收益，为掩饰、隐瞒其来源和性质，或者明知某项资金将被用于资助上述犯罪，而掩饰、隐瞒其去向和性质，有下列行为之一的，没收实施以上犯罪的违法所得及其产生的收益或者将要用于犯罪的资金，处五年以下有期徒刑或者拘役，并处或者单处洗钱数额百分之五以上百分之二十以下罚金；情节严重的，处五年以上十年以下有期徒刑，并处洗钱数额百分之五以上百分之二十以下罚金：

（一）提供资金账户的；

（二）协助将财产转换为现金或者金融票据的；

（三）通过转账或者其他结算方式协助资金转移的；

（四）协助将资金汇往境外的；

（五）以其他方法掩饰、隐瞒犯罪的违法所得及其收益的性质和来源，或者将被用于资助实施犯罪的资金的性质和去向。

单位犯前款罪的，对单位判处罚金，并对其直接负责的主管人员和其他直接责任人员，处五年以下有期徒刑或者拘役；情节严重的，处五年以上十年以下有期徒刑。"

经过调整以后，洗钱罪就和其他犯罪形成了较为严密的惩罚链条：实施为恐怖活动筹集或者提供资金的行为，构成资助恐怖活动罪。实施为资助实施特定犯罪提供金融服务的"反向洗钱"行为，以及为掩饰、隐瞒特定犯罪的犯罪所得及其收益的来源和性质的行为，构成洗钱罪。对于资助实施毒品犯罪、黑社会性质的组织犯罪、走私犯罪等的行为，虽然我国刑法没有规定相应的资助犯罪，但是修改后的洗钱罪将对为这些犯罪提供"反向洗钱"服务的行为进行规制，实质上已经切断了资助实施这些犯罪的资金链条，部分实现了对于这些犯罪融资行为的打击与遏制。同时，将"反向洗钱"行为入罪化，也避免了在传统洗钱模式下，断绝洗钱对于恐怖活动罪不具有有效抑制性的弊端，实现了洗钱行为方式与上游犯罪自身特点之间的协调与对应。

---

① 由于本文的重点在于"反向洗钱"的入罪化，所以对于刑法条文的修改建议也仅限于此方面，并不意味着刑法第 191 条其他规定没有可探讨之处。

遏制恐怖活动的法律思考

——《关于加强反恐怖工作有关问题的决定》评析[①]

张　磊[*]

目　次

当前，反恐斗争的复杂性和尖锐性日趋突出，我国也不例外。在此背景下，进一步推进反恐怖立法，解决反恐斗争中遇到的法律问题和实际困难，对于维护国家安全和社会稳定，具有十分重要的意义。[②] 鉴于此，2011 年 10 月 29 日第十一届全国人大常委会第二十三次会议通过了《关于加强反恐怖工作有关问题的决定》（以下简称《决定》）。《决定》界定了恐怖活动等相关概念的内涵，明确了反恐怖工作领导机构和组织力量，建立了恐怖活动组织和人员名单的认定和公布制度，完善了涉恐资产的冻结机制，为反恐怖斗争提供了重要依据。

---

① 项目支持：中央高校基本科研业务费专项资金（2010 年度北京师范大学自主科研基金项目"国际刑事司法协助国内立法研究"）。

* 北京师范大学刑事法律科学研究院副教授、法学博士。

② 公安部副部长杨焕宁在第十一届全国人大常委会第二十三次会议上所作的"关于《关于加强反恐怖工作有关问题的决定（草案）》的说明"。

一、《决定》通过的背景

当前，我国尚未通过专门的反恐法，而是由一系列法律、法规、行政规章共同发挥反恐职能。[①] 但是，我国非常重视反恐国内和国际立法：如我国1997年刑法中规定了组织、领导、参加恐怖组织罪，2001年《刑法修正案（三）》将恐怖活动犯罪增补为洗钱罪的上游犯罪，提高了单位犯罪的法定刑，并同时增设了资助恐怖活动罪；刑事诉讼法中对于打击恐怖活动犯罪的诉讼程序进行了特殊规定；反洗钱法对于涉恐资金的监控进行了规定。在国际上，我国缔结和参加了绝大多数国际反恐公约。[②] 这些国际、国内立法为我国打击恐怖活动犯罪提供了重要依据。

但是，在反恐形式日趋严重的今天，上述立法并不能满足实践的需要：缺乏恐怖活动、恐怖活动组织、恐怖活动人员的明确定义；未具体规定恐怖活动组织、恐怖活动人员的认定主体、认定程序；金融机构及时冻结涉恐资产缺乏法律依据等。[③] 也正是在此背景下，全国人大常委会通过了《决定》，是对我国反恐怖工作现实需要的回应，具有深远的现实意义。

二、《决定》的亮点

（一）明确了相关基础性概念的内涵

迄今为止国际社会尚无关于"恐怖活动"的统一界定。我国反恐立法的一个突出问题也是缺乏基础性概念的界定。"恐怖活动"、"恐怖活动组织"、"恐怖活动人员"等概念的含义到底是什么，无论是法律还是立法解释中都难以找到答案。[④] 如我国刑法规定了资助、领导参加恐怖组织罪和资助恐怖活动罪，在不能明确何为"恐怖活动组织"和"恐怖活动"的前提下，对于两罪的认定自然不能做到协调和恰如其分。而且，作为洗钱罪的上游犯罪之一，恐怖活动犯罪含义的明确对于洗钱罪的认定也具有重要意义。《决定》明确规定了上述三个概念的内涵，弥补了国内法中相关概念缺乏明确定义的不足。

1. 恐怖活动

《决定》规定："恐怖活动是指以制造社会恐慌、危害公共安全或者胁迫国家机关、国际组织为目的，采取暴力、破坏、恐吓等手段，造成或者意图造成人员伤亡、重大财产损失、公共设施损坏、社会秩序混乱等严重社会危害的行为，以及煽动、资助或者以其他方式协助实施上述活动的行为。"根据该定义，恐怖活动具有以下特点：（1）在主体上，恐怖活动可以由自然人和组织构成。（2）在主观方面，恐怖活动需要以制造社会恐慌、危害公共安全或者胁迫国家机关、国际组织为目的。值得注意的是，国际社会对于恐怖活

---

① 赵秉志：《海峡两岸反恐立法之比较（上）》，载《法学杂志》2010年第6期。

② 国际社会迄今共制定了13个全球性反恐国际公约，我国加入了其中的12个。

③ 公安部副部长杨焕宁在第十一届全国人大常委会第二十三次会议上所作的"《关于加强反恐怖工作有关问题的决定（草案）》的说明"。

④ 赵秉志、杜邈：《我国反恐怖主义立法完善研讨》，载《法律科学》2006年第3期。

动主观要素的界定一般包括恐吓意图、强迫意图、破坏意图以及基于政治、宗教、意识形态的特定目的。《决定》对于前三种意图都有所体现，而对于基于政治、宗教、意识形态的特定目的却没有涉及，我们理解这与《决定》删除了"恐怖主义"中的"主义"一词，转而使用"恐怖活动"有异曲同工之妙，都体现了立法机关反恐工作去政治化的努力。① （3）在客观方面，恐怖活动的手段表现为"暴力、破坏、恐吓"，以及"煽动、资助或者以其他任何方式协助实施上述活动的"行为。在结果上，恐怖活动要求恐怖行为造成人员伤亡、重大财产损失、公共设施损坏、社会秩序混乱，或者虽然没有造成上述结果，但是行为人意图造成上述结果。

2. 恐怖活动组织

《决定》规定："恐怖活动组织是指为实施恐怖活动而组成的犯罪集团"。恐怖活动组织具有以下特点：（1）必须是犯罪集团。犯罪集团具有成员的多数性、具有共同实施犯罪的目的性、较强的组织性、相当的稳固性等特征，②恐怖活动组织也不例外。（2）必须为实施恐怖活动而组成。虽然《决定》对于"实施恐怖活动"并没有加上"犯罪"一词，但是从犯罪集团自身为共同实施犯罪而成立的特点可以推断，这里的恐怖活动是指恐怖活动犯罪，否则也不能称之为犯罪集团。

3. 恐怖活动人员

《决定》规定："恐怖活动人员是指组织、策划、实施恐怖活动的人和恐怖活动组织的成员。"恐怖活动人员分为两类：第一类是恐怖活动组织的成员，即为实施恐怖活动而组成的犯罪集团的成员。只要行为人加入该犯罪集团，即可认定为恐怖活动成员，即使尚未实施恐怖活动，也不影响其身份的界定。第二类是虽然没有参加恐怖活动组织，但是组织、策划、实施恐怖活动的人。此类人员不以加入恐怖活动组织为前提，只要实施了相关的恐怖活动，即可认定为恐怖活动人员。

（二）　明确了反恐工作的领导机构和组织力量

《决定》规定："国家反恐怖工作领导机构统一领导和指挥全国反恐怖工作"，首次以法律的形式明确了国家反恐怖工作的领导机构。当前，我国反恐怖工作由国家反恐怖工作协调小组领导。根据《决定》，今后国家的反恐工作都要在其统一领导和指挥下进行。由于反恐工作的复杂性，需要多部门的协调配合，所以《决定》要求"公安机关、国家安全机关和人民检察院、人民法院、司法行政机关以及其他有关国家机关，应当各司其职、密切配合，依法做好反恐怖工作"。此外，由于反恐工作还可能涉及政治因素，特殊情况下需要军事力量的介入，所以《决定》还规定："中国人民解放军、中国人民武装警察部队和民兵组织依照法律、行政法规、军事法规以及国务院、中央军事委员会的命令，防范和打击恐怖活动。"

《决定》不仅明确了反恐的领导机构，还明确了反恐的骨干力量，为反恐

---

① 王秀梅等：《为促进我国反恐怖法治建设而努力》，载《法制日报》2011 年 11 月 9 日。

② 赵秉志主编：《当代刑法学》，中国政法大学出版社 2009 年版，第 229 页。

提供了坚实的队伍基础和充足的人员力量。上述司法机关、行政机关、军事机关，都要在国家反恐怖工作领导机构的统一领导和指挥下，依据法律、法规、命令，各司其职、密切配合，共同做好反恐工作。

（三）确立了恐怖活动组织和人员名单的认定和公布制度

1. 确立了恐怖活动组织和人员名单的认定制度

恐怖活动是一类具有非常严重社会危害性的行为。作为实施这类行为的主体，恐怖活动组织和人员的界定也极具标签色彩，所以，应当十分慎重。如果说《决定》对于恐怖活动组织、人员等基础性概念的规定是明确了认定依据的话，那么对于认定制度的规定则是明确了认定主体。国际社会上，恐怖活动组织和人员的认定模式包括司法认定和行政认定。司法认定指法院在刑事审判过程中，依照事实和法律认定恐怖组织或人员，并对其定罪量刑；行政认定是指行政机关依照法律，认定恐怖组织或人员，以便反恐工作的开展。目前，采取司法认定模式的主要有德国、俄罗斯、乌兹别克斯坦、蒙古等；采取行政认定模式的主要有美国、英国、印度、新西兰等。

我国以往恐怖组织和人员的认定采取司法认定和行政认定并存的模式。如我国刑法中规定有资助、领导参加恐怖组织罪和资助恐怖活动罪。法院在对相关人员和组织定罪量刑时，必然会涉及对于恐怖活动组织和人员的认定，也就是司法认定。在行政认定方面，中国公安部曾于 2003 年 12 月 15 日公布了首批认定的 4 个"东突"恐怖组织和 11 位恐怖人员的名单。[①] 而《决定》的公布，实际上进一步明确了行政机关的认定权，肯定了行政认定模式。

2. 确立了恐怖组织和人员名单的公布制度

《决定》规定："恐怖活动组织及恐怖活动人员名单，由国务院公安部门公布"，确定了恐怖活动组织和人员名单的公布制度。国际社会上恐怖活动犯罪比较严重的国家，多通过立法确立了恐怖活动组织、人员名单的认定和公布机制。虽然在认定上国际社会有行政认定和司法认定两种模式，但在名单的公布上，多由行政机关承担。如美国从 1997 年开始，国务院每两年就公布一次"外国恐怖组织"名单。2011 年 9 月 15 日的最新数据显示，美国国务院界定的"外国恐怖组织"共有 49 个，多为来自中东和南亚的伊斯兰极端运动组织，"基地"组织名列其中。[②]

《决定》借鉴国际社会的经验，明确国务院公安部门负责恐怖活动组织、人员名单的公布。涉恐名单公布以后，可能产生一系列对于该组织或者人员不利的法律后果：例如，基于名单的标签效应，相关组织和人员将受到社会各界的强烈谴责；名单公布后该组织和人员的资金或者财产将被冻结，丧失继续活动的物质基础；组织和人员将受到各国司法机关的打击，组织将被取缔，人员将被追究刑事责任，被限制或者剥夺人身自由，被相关国家限制入境或者驱逐出境。

---

① 《公安部公布首批认定的"东突"恐怖组织、恐怖分子名单》，载 http://www.people.com.cn/GB/shehui/1060/2247158.html，登录日期：2011 年 11 月 8 日。

② 邹强：《美国家反恐概念仍在不断细化》，载《法制日报》2011 年 11 月 1 日。

（四）完善了涉恐资产的冻结制度

恐怖活动的实施以转移或者使用大量的资金为基础，对于恐怖组织、人员资金和资产的冻结可以切断其资金来源，有利于有效遏制。面对国际恐怖主义犯罪的愈演愈烈，联合国安理会于 1999 年 10 月通过了第 1267 号决议，要求各国冻结塔利班本身以及由其拥有或控制的企业所直接或间接控制的财产和资源。美国"9·11 事件"发生以后，联合国又出台了一系列金融制裁措施，冻结恐怖分子财产，切断其经济来源。如第 1373 号决议（2001 年 9 月）要求各国毫不迟延地冻结犯下或者企图犯下恐怖主义行为的组织、个人及其企业的资金、其他金融资产或者经济来源。[①] 这些决议代表着国际社会的外交抉择，具有宽广的覆盖面，联合国各成员国应在其领域内落实。但是这些决议多是一种指示性请求，不具有直接的执行性。而且冻结属于金融制裁措施，具有强制性，需要以国内法程序作为执行保障。[②] 这些决议通过以后，各国积极采取措施予以贯彻落实。如意大利于 2001 年签署了《关于违反针对阿富汗塔利班组织采取的措施的制裁规定》的第 353 号法令，并经过议会批准转化为正式法律。根据本国的形势和有关国际公约的要求，俄罗斯在 2002 年和 2004 年制定和修正了《反洗钱和恐怖融资法》，朝着综合性的反洗钱和恐怖融资的法律机制发展。[③]

但是在我国，虽然冻结已经立案的刑事案件的涉恐资金没有问题，但是对于尚未立案的涉恐资金的冻结没有法律依据。根据我国《商业银行法》第 29、30 条之规定，对个人和单位存款，商业银行有权拒绝任何单位或者个人查询、冻结、扣划，但法律另有规定的除外。由于联合国安理会的决议尚未转化为我国国内法，所以在国内执行缺乏法律依据。现阶段，我国对于安理会的金融制裁协议是采用外交部下发通知的形式启动执行程序的，但是该"通知"既不具有法规的约束力，也不具有可操作性，[④] 无法在国内直接执行。在此背景下，《决定》以授权法的方式，从实体与程序两个方面授权国家主管机关开展冻结涉恐资产工作。改变了以往单凭外交部相关文件即可提出冻结资产要求的做法，有效化解了外交部文件与《商业银行法》的法理冲突，有助于提高冻结涉恐资产工作的效率与主动性。[⑤]《决定》规定的涉恐资产冻结制度具有以下特点：（1）由国务院公安部门在公布恐怖活动组织和人员名单的同时，决定对涉恐资产予以冻结。在冻结决定上《决定》实现了两个一致性：决定冻结主体和名单公布主体的一致性，决定冻结时间与名单公布时间的一致性。也即，只要被认定为恐怖活动的组织或人员，其资产就一定会被冻结，不存在例外。（2）金融机构和特定非金融机构对于公布名单上组织

---

① 类似的决议还有 2002 年 1 月的第 1390 号决议，2004 年 1 月的第 1526 号决议，2006 年 12 月的第 1753 号决议等。

② 黄风：《资产追回问题比较研究》，北京师范大学出版社 2010 年版，第 104 页。

③ 王新：《俄罗斯反洗钱立法对我国的启示》，载《法学杂志》2010 年第 1 期。

④ 黄风：《资产追回问题比较研究》，北京师范大学出版社 2010 年版，第 113 页。

⑤ 王秀梅等：《为促进我国反恐怖法治建设而努力》，载《法制日报》2011 年 11 月 9 日。

和人员的资产，应当立即冻结，并将结果向有关部门报告。对于金融机构的理解，我们可以借鉴《反洗钱法》第34条的界定：金融机构是指依法设立的从事金融业务的政策性银行、商业银行、信用合作社、邮政储汇机构、信托投资公司、证券公司、期货经纪公司、保险公司以及国务院反洗钱行政主管部门确定并公布的从事金融业务的其他机构。《决定》明确了金融机构和非金融机构冻结涉恐资产的主动性，只要公安部门公布了涉恐名单，即应当立即冻结其相关资产，不得延误。同时，将冻结的结果主动向国务院公安部门、国家安全部门和国务院反洗钱行政主管部门报告。

三、《决定》的发展方向

虽然《决定》的通过具有重要意义，但并非完美，还有可完善之处：

（一）部分概念需要进一步完善

由于对恐怖活动组织、人员的界定和公布将给相关人员带来一系列不利后果，所以认定应严格依照《决定》慎重进行。这就要求《决定》对相关概念的规定应尽量明确，防止造成因为认定机关自由裁量权过大而侵犯当事人的合法权益。

1. 关于"其他协助方式"

《决定》第2条规定，"……煽动、资助或者以其他方式协助实施上述活动的行为"，也属于恐怖活动，将帮助实施恐怖活动的行为也纳入恐怖活动。这里面有两个问题：（1）将资助恐怖活动的行为纳入恐怖活动的范畴是否合适，如何与刑法"资助恐怖活动罪"相协调？根据刑法第120条之一，恐怖活动和资助恐怖活动是两个不同性质的行为，前者是恐怖活动的实行行为，后者是指为恐怖活动组织或者实施恐怖活动的个人筹集、提供经费、物质或者提供场合以及其他物质便利的行为。《决定》将资助行为也纳入恐怖活动中来，将难以与资助恐怖活动罪协调。将一个"恐怖活动"行为按照刑法第120条之一认定为资助恐怖活动罪，在逻辑上也难以说得过去。也有观点认为，这极有可能导致"资助恐怖活动罪"的旁落与虚化，如在资助某人实施爆炸行为的场合，被资助者的行为只构成爆炸罪，资助者却可能被认定为"恐怖活动"。[①]（2）"其他协助方式"如何界定，是不是任何协助恐怖活动实施的行为都可以纳入"恐怖活动"的范畴？对于恐怖活动的协助可以有多种，在帮助力度上有大有小，在情节上有轻有重。将那些对恐怖活动实施有实质推动作用的行为认定为恐怖活动无可厚非，但是对于一些情节显著轻微的情节，如仅仅是为部分煽动者提供交通工具等，是否应纳入恐怖活动中去？笔者认为，"其他协助方式"应当限定为对于恐怖活动的实施有实质性支持、帮助、推动意义的行为，在以后通过"实施细则"时予以明确列举或限制，以防止赋予认定机关过大的自由裁量权。

---

① 王秀梅等：《为促进我国反恐怖法治建设而努力》，载《法制日报》2011年11月9日。

　　2. 关于"制造社会恐慌之目的"

　　制造"社会恐慌"是恐怖活动的目的之一，也是认定恐怖活动的重要标准之一。但是何为"社会恐慌"，《决定》并没有明确，使得《决定》草案在讨论的时候就引起了争议。如有委员认为，社会恐慌可能是各个层面的，日本地震核辐射以后，有人以短信散布以食盐防核辐射后，全国都在抢盐，这算不算恐慌？[①] 所以，这一具有一定抽象性的术语需要有关实施细则予以明确。具体来说，我们赞同高铭暄教授提出的关于某种犯罪手段是否足以引起社会恐慌的判断标准：在针对对象上，应当是人们的生命、健康、人身安全、巨额公私财产、社会秩序等重大利益；在波及范围上，犯罪手段波及的范围应当是极为广泛的；在暴力犯罪的情况下，犯罪手段是极为凶残、泯灭人性的。[②] 如果恐怖活动行为具备上述特征，就可以推断行为人具备引起社会恐慌之目的。

　　3. 部分表述有待改进

　　作为法律，《决定》在条文表述上应当严谨，符合法律规范的表达方式。但是《决定》中的部分表述还有值得商榷之处，如"组织、策划、实施恐怖活动的人"这一表述过于口语化，与法律的严肃性不协调。从文本翻译的角度而言，为便于理解与减少歧义，也宜采取与国际通行表述相接轨的"恐怖分子"一词。而且，《决定》第 2 条规定："恐怖活动人员是指组织、策划、实施恐怖活动的人和恐怖活动组织的成员"，将"人"与"组织的成员"并列，有逻辑混乱之嫌。[③]

　　（二）恐怖活动组织、人员认定救济途径的缺位

　　《决定》对于恐怖活动组织、人员采用了行政认定的方式。但是，在司法认定的情况下，司法程序和制度本身为当事人提供了有效的救济途径，如果不服判决，可以通过上诉等方式获得救济。而将行政认定权赋予"国家反恐怖工作领导机构"后，由于该机构性质的特殊性，是否能够像普通行政行为一样提起行政复议和行政诉讼不无疑问。在此情况下，如何保证当事人获得救济的权利值得思考。而对此，《决定》没有明确规定。

　　而反观其他国家都为涉恐认定当事人规定了救济制度，设定了足够的救济程序，用来维护当事人的合法权益。如英国 2000 年反恐法规定，被认定的组织或个人有权向国务大臣提出申请将自己从名单中删除，遭到拒绝后，有权向上诉委员会申请复查，不服的还可以向上诉法院上诉。这给予当事人足够的救济手段和程序。联合国大会 2006 年通过的《联合国全球反恐战略》中已明确提出"确保尊重所有人的人权和实行法治作为反恐斗争根基的措施"，强调在加强反恐的同时不忽视对人权的保护。所以，我们建议在《决定》的

---

　　① 邹伟、崔清新：《为反恐铸造法律利器》，载 http://www.chinacourt.org/html/article/201110/26/467810.shtml，登陆日期：2011 年 11 月 8 日。

　　② 高铭暄、张杰：《关于我国刑法中"恐怖活动犯罪"定义的思考》，载《法学杂志》2006 年第 5 期。

　　③ 王秀梅等：《为促进我国反恐怖法治建设而努力》，载《法制日报》2011 年 11 月 9 日。

实施细则当中，为当事人规定相应的救济措施和程序，对于不服行政认定结论的个人和组织，可以申请复议。避免该行政认定因缺乏应有的救济程序而成为"令人恐怖"的认定。[①]

（三）涉恐资产冻结程序的不足

1. 涉恐资金的范围应当明确

《决定》规定对于恐怖活动组织和人员的资产要及时予以冻结。但是作为冻结对象的资产的范围应当如何确定？如果不明确此范围，将无法保证《决定》的可操作性。而联合国的相关决议都对涉恐资金的冻结范围进行了规定，如联合国第 1373 号决议中涉恐资金的冻结就主要包括了恐怖活动组织或人员所直接拥有或间接控制的资金、资产或者其产生的收益。我们认为《决定》中作为冻结对象的资金和资产应包括以下部分：（1）恐怖活动组织和个人现有的资金和其他资产；（2）恐怖活动组织和个人间接控制的资金和其他资产；（3）流向恐怖活动组织和个人账户的资金，不论该资金是否合法，只要查明是流向该账户的资金，即可予以冻结，同时对于来源账户的资金也可以考虑冻结；（4）恐怖活动组织和个人直接拥有或者间接控制资金和其他资产所产生的收益。

2. 增加金融机构的免责和追责规定

为了促使金融机构和非金融机构正确履行冻结职责，应当增加金融机构的免责和追责的相关。首先，免责规定。应当免除金融机构和非金融机构因为冻结涉恐资金行为而可能引起的对于客户的法律责任。但是，如果冻结机构因为玩忽职守、滥用职权而冻结错误的，还是要承担责任。其次，追责规定。根据《决定》，金融机构应当根据名单主动采取冻结措施。但是，对于不主动履行冻结措施的法律后果却没有规定。而反观国外的相关立法，对于金融机构不履行冻结义务的，多规定有一定的处罚。如德国《对外贸易法》规定，对于未按照规定冻结资金的，可能被判处 6 个月至 5 年的有期徒刑。所以，我们建议，在以后的实施细则中，也要为金融机构不履行冻结义务规定相应的惩罚措施，如罚款等。对于和恐怖分子构成共同犯罪的，依法追究刑事责任。

四、结语

《决定》的出台对于促进我国反恐工作的开展具有重要意义。但从具体规定来说，《决定》还只是一个框架性的产物，对很多问题只作了原则性的规定。而且《决定》所确立的工作机制只是反恐工作中的一部分。反恐是一项系统工程，还需要具备预防、处置、制裁、补救等内容。[②]《决定》并不能满足反恐工作的长远需要。国外很多国家都有自己专门的反恐立法，如俄罗斯 1998 年制定、2002 修订的《反恐怖活动法》就在俄罗斯反恐斗争中发挥了重要作用，加拿大也于 2001 年颁布了《反恐怖主义法》。与之相比，我国反恐

---

① 王秀梅等：《为促进我国反恐怖法治建设而努力》，载《法制日报》2011 年 11 月 9 日。
② 赵秉志、杜邈：《恐怖组织认定模式之研究》，载《现代法学》2006 年第 3 期。

立法整体相对落后，不利于反恐斗争的开展。而我们在反恐怖斗争中面对的都是新问题、新局面，这就需要引入适度超前的立法观念。[①] 所以，应当考虑在适当时机制定一部专门的反恐综合性法律，努力建构以宪法为依据，以反恐怖法为主导，诸法配合的反恐立法新格局。[②]

①　赵秉志：《海峡两岸反恐立法之比较（下）》，载《法学杂志》2010 年第 7 期。

②　赵秉志、杜邈：《恐怖组织认定模式之研究》，载《现代法学》2006 年第 3 期。

中国区际追赃问题研究

赵秉志[*] 黄晓亮[**]

目 次

一、前言

　　妥善处理刑事案件中的罪赃，是有效惩治犯罪、保护社会秩序和维护被害人合法权益的现实需要。因而在处理跨境犯罪时，有关的国家或者地区都会开展刑事司法协助，对涉案的赃款、赃物进行移交。移交或者接受罪赃，

---

　　* 北京师范大学刑事法律科学研究院暨法学院院长、教授、博士生导师，中国刑法学研究会会长，国际刑法学协会副主席暨中国分会主席。
　　** 北京师范大学刑事法律科学研究院中国刑法研究所副所长、副教授，中国刑法学研究会副秘书长。

遂成为有关的国家或者地区之间进行刑事司法协助活动的重要内容之一。例如，中国与加拿大于 1994 年 7 月 29 日签订的《中华人民共和国和加拿大关于刑事司法协助的条约》第 17 条，就对在法律允许范围内的赃款、赃物移交问题作出了明确的规定。有关的国际条约对此也有相应的规定，只不过在名称上略有不同，如《联合国反腐败公约》第 5 章将此类刑事司法协助活动界定为"资产返还"。随着当今中国范围内不同法域之间经济文化交流的加强，中国区际跨境犯罪逐渐增多，案件中的罪赃往往处在不同的法域，不管是为了顺利对犯罪人追诉，还是为了维护被害人的合法权益，都需要我国不同法域之间进行刑事司法合作，依法控制涉案财物的法域，将涉案的财物以证据材料或者罪赃的形式移交给审理案件的法域或者对财物拥有合法权利的法域。但是，关于中国范围内各法域之间如何进行区际追赃的刑事司法协助，尽管各法域的司法实务部门有所探索并且也有成功的案例，但我国四个法域在此方面并未构建相关的法律机制，理论上的探讨也不是很多。这种情形对中国区际之间跨境犯罪的惩治与防范显然是极为不利的。因此，深入研究中国区际追赃法律机制构建的相关问题，具有重要的理论价值和实践意义。

二、中国区际跨境犯罪罪赃的范围界定

中国区际追赃活动所指向的对象是犯罪的罪赃，但中国范围内四个法域的刑事法律对罪赃规定的范围却并不相同。合理界定区际跨境犯罪中罪赃的范围，是构建中国区际追赃法律机制的必要前提。

（一）我国各法域关于罪赃范围的规定

西方法学有谚云："任何人不得因自身的不法获得利益。"对于犯罪人也是如此，即不能让其从犯罪中获得利益；司法机关应当剥夺其从犯罪中所获得的任何利益。在刑事司法活动中追回犯罪人所非法获得的财产性利益，正是该原则的直接体现。对此，中国范围内各法域的刑事法律也都作出了明确规定，并依法没收犯罪人在犯罪中所获得的财物。但是，各法域的相关规定在具体没收对象上有一定的不同。

第一，是否没收违禁品的问题。我国刑法第 64 条与我国台湾地区"刑法典"第 38 条都明确规定没收犯罪中的违禁品，不管该违禁品是否属于犯罪人；而澳门刑法典对此则没有涉及。

第二，是否没收犯罪工具或者用于犯罪的其他财物的问题。我国刑法第 64 条与台湾地区"刑法典"第 38 条都明确规定没收犯罪人的犯罪工具或者其他用于犯罪的财物；但澳门刑法典对此则没有涉及。

第三，是否适用第三人善意取得原则的问题。我国台湾地区"刑法典"第 38 条和澳门刑法典第 102 条第 2 款规定，如用于犯罪之财物和从犯罪中所得之物，如在犯罪之后发生物权转移，不再属于犯罪人，则就不能予以没收。在我国大陆地区，最高人民法院、最高人民检察院、公安部、财政部早在 1965 年 12 月 1 日联合发布的《关于没收和处理赃款赃物若干问题的暂行规定》即初步涉及了该问题，规定"对买主确实不知是赃物，而又找到了失主

的，应该由罪犯按买价将原物赎回，退还原主，或者按价赔偿损失"。此后的刑事立法和有关刑事司法解释对此涉及并不是很多，理论和实践中对第三人善意取得之罪赃可否通过刑事司法追回的问题争论不休。新近的立法甚至回避了该问题，如对 2007 年 3 月 16 日全国人民代表大会通过的《物权法》第 106 条可否适用于善意取得之罪赃，立法的态度并不明朗。①

第四，非法侵犯合法财产，造成损失或者不能返还，是否赔偿的问题。我国刑法第 64 条和澳门刑法典第 103 条均作出规定，犯罪人侵犯合法财产造成损失的，应当予以赔偿；而台湾地区"刑法典"对此则没有规定。不过，我国刑法第 64 条和澳门刑法典第 103 条也有所不同。我国刑法第 64 条比较笼统地规定，"犯罪分子违法所得的一切财物，应当予以追缴或者责令退赔"。这似乎意味着，接受赔偿的对象既可以是国家，也可以是对财物有合法权利的具体单位或者个人。澳门刑法典第 103 条仅规定"向本地区支付有关价额以代替丧失"。

（二）追赃对象的范围确定

中国区际追赃活动所针对的自然是我国区际跨境犯罪中的罪赃。但如上所述，我国各法域在罪赃的具体规定上却存在相当的差异。这就可能导致各法域司法机关在对哪些罪赃进行移交的问题上产生分歧，影响或者阻碍区际追赃活动的实施。因而有必要划定对区际跨境犯罪进行追赃时罪赃的范围。笔者认为，对追赃对象范围的确定，不能脱离各法域刑事法的实际规定，同时也要充分考虑贯彻"禁止因犯罪获得利益"之原则，消除或者至少减少犯罪中被害方的损失。

具体而言，应当追赃的区际跨境犯罪中的罪赃包括：

（1）犯罪人从犯罪中所非法获得的财物。根据我国刑法第 64 条的规定，可以将这些财物称为违法所得。从范围上看，违法所得的财物，既可以是犯罪人直接从被害人或者被害单位所获得，也可以是犯罪的报酬，即如同澳门刑法典第 103 条第 1 款所规定的"作出一符合罪状之不法事实之行为人之酬劳"。而从表现形式上看，不能将违法所得仅局限于违法所得的财或者物，还应包括犯罪人通过犯罪所获得的财产性权利或者利益。对此，我国大陆地区最高司法机关的有关司法解释作出了明确的规定，如我国最高人民法院与最高人民检察院于 2007 年 7 月 8 日联合发布的《关于办理受贿刑事案件适用法律若干问题的意见》，就将受贿罪行为人收受的干股、投资权益也规定为贿赂犯罪的对象，其实也属于犯罪的违法所得。澳门刑法典第 103 条第 3 款也将财产性的权利、利益规定为没收的对象。从违法所得所处的状态来分析，违法所得未必都为犯罪人所直接控制，因而犯罪人是否非法控制违法所得，并不影响违法所得本身的性质。在区际跨境犯罪的情况下，违法所得可能处于不同的法域，并不一定为犯罪人所实际控制。

（2）违禁品。违禁品是法律规定未经许可不得持有的物品，如限制或禁

---

① 参见熊丙万：《论赃物善意取得制度的实践需求——以追赃实践面临的困惑为视角》，载《延安大学学报》（社会科学版）2009 年第 2 期。

止生产、购买、运输、持有的枪支弹药、爆炸物品、剧毒化学品、窃听窃照专用器材、毒品、迷药、管制刀具等物品。违禁品是刑事案件中当然需要没收的对象。在区际跨境犯罪中，违禁品表现为犯罪工具或者犯罪的对象，都具有证明案件事实的作用，属于案件的证据材料。某法域将违禁品作为证据材料交给实际管辖区际跨境犯罪的法域，后者在处理案件后可直接予以没收，不必一律地将违禁品再返还给移交的法域。

（3）供犯罪所用的财物。关于此类财物的归属，各法域的刑法典作出了不同的规定，我国刑法第 64 条限定为犯罪人本人的财物；而台湾地区"刑法典"第 38 条则没有作出限定，澳门刑法典第 102 条明确规定没收第三人虽有权利但有意供他人用于犯罪之物。显然，我国内地刑法典的上述规定存在不足，因为供犯罪所用的财物并非都属于犯罪人本人，在司法实践中，有些帮助犯将自己或者无关第三人的财物给犯罪人使用，还有些人虽大概知道他人要实施不法行为，但仍将本人的财物给其使用。对于帮助犯的财物可根据我国刑法第 64 条的规定予以没收；对于大概知道他们实施不法行为而提供本人财物的情形，可根据我国《治安管理处罚法》的规定，予以没收；① 但对于将第三人的财物交给不法犯罪人使用，可否没收该财物的问题，就难以找到合理处理的法律规定。在处理区际犯罪、对犯罪人进行追赃时，就会遇到非常棘手的问题，如对不构成共犯的帮助者的财物可否在刑事程序中按照行政法规的规定予以没收？对被他人用于犯罪的无关第三人财物可否予以没收？针对这些问题，笔者认为，完全可以对我国刑法第 64 条的规定进行扩大解释，对不构成犯罪的工具提供者，对该用于犯罪的财物也可予以没收。另外，从表现形式上看，用于犯罪的财物并不限于犯罪的工具，还包括犯罪人本人或者犯罪的指使者交付给犯罪人，用于购买或者换得犯罪工具的财物，以及犯罪人为实施犯罪所要支付的其他费用。

（4）应当对被害人或者其他合法利益受侵害者承担的赔偿。关于对被害人或者其他合法利益受侵害者的赔偿问题，我国刑法典作出了规定。根据刑法第 36 条第 1 款的规定，犯罪人通过犯罪行为给被害人造成经济损失，也要承担赔偿的责任；而根据其第 64 条前半段的规定，犯罪人通过犯罪非法获得他人的财物，通过各种形式使这些财物不复存在，也要承担赔偿的责任。不过，澳门刑法典、台湾地区"刑法典"对此并没有作出规定。为更好地保护被害人或者其他合法利益被侵害者之合法权益，各法域司法机关应当在对跨境犯罪进行处理的刑事程序中，通过追赃程序使得犯罪人切实地承担对被害人或者其他合法利益被侵害者的民事赔偿责任。更何况，犯罪人对被害人或者其他合法利益受侵害者予以侵害的事实，其实也就是跨境犯罪的事实。因而在刑事附带民事诉讼判决或者独立提起的民事判决作出后，可以由相关法域的司法机关一并进行刑事司法协助，不必独立对民事侵权部分进行司法协助，以避免司法资源的浪费。因而犯罪人因犯罪而承担的民事赔偿，也属于

---

① 参见《治安管理处罚法》第 11 条。该条第 1 款规定，对直接用于实施违反治安管理行为的本人所有的工具，应当收缴。

追赃的范围。这一点在有关的国际公约中也可以看到，如《联合国反腐败公约》第 57 条第 3 款就指出："在其他所有情况下，优先考虑将没收的财产返还请求缔约国、返还其原合法所有人或者赔偿犯罪被害人"。

三、针对已决犯的中国区际追赃问题

在对区际跨境犯罪进行有关的区际追赃活动时，犯罪人可能已由某个法域的司法机关定罪处罚，但罪赃却在另外的法域。处理案件之法域的司法机关要对犯罪人追赃，就需要罪赃所在法域之司法机关的协助。不过，某法域司法机关对区际跨境犯罪作出判决，在进行区际追赃时，会因是否附带民事诉讼而遇到不同的疑难问题。

（一）对不附带民事诉讼之区际犯罪案件追赃的制度障碍

对于不附带民事诉讼的区际犯罪案件，处理该案件的某法域司法机关需要将犯罪人从犯罪中获得的有关罪赃从其他法域追回，予以没收。通过刑事诉讼对区际跨境犯罪人违法所得作出没收的命令，尽管四个法域的刑事法治略有不同，但基本上都是包含于刑事判决之中。某个法域接受其他法域的请求，将处于本法域的跨境犯罪人违法所得移交给请求之法域，会不可避免地面临是否承认和执行请求法域司法机关之刑事判决的问题。追赃或者犯罪资产的返还涉及刑事判决的承认和执行，在国际刑事法中也同样存在。如《联合国反腐败公约》第 54 条第 1 项就要求缔约国从法律上保障能执行另一缔约国法院所作的没收令。

但是，中国范围内的四个法域，在刑事法上对刑事判决的承认和执行作出了不同的规定。首先，香港地区、澳门地区规定了积极的刑事判决承认和执行制度。香港地区在有关刑事司法协助的条例中实际地确立了非本法域刑事判决的承认和执行制度。澳门刑事诉讼法典第一部分第五卷"与本地区以外当局之关系"从第 213 条至第 223 条较为全面地规定了承认和执行其他国家或地区刑事判决的制度。其次，中国大陆地区和台湾地区则规定了消极的刑事判决承认和执行制度。我国刑法第 10 条规定："凡在中华人民共和国领域外犯罪，依照本法应当负刑事责任的，虽然经过外国审判，仍然可以依照本法追究；但是，在外国已经受过刑罚处罚的，可以免除或者减轻处罚。"据此规定，理论上有见解认为，中国内地对外国刑事判决奉行消极的承认制度，即不管外国法院对我国大陆地区居民是否确定有罪以及判刑如何，中国内地法院均有权对同一行为行使审判权，但将行为人在外国受过刑罚处罚作为从轻情节予以考虑。[①] 也有论者认为，此处的规定甚至谈不上是对外国刑事判决的承认，而只不过是在行使本国的刑事管辖权时考虑外国法院的刑事判决及执行情况。[②] 而我国台湾地区"刑法典"第 9 条"外国判决服刑之效力"也规定，"同一行为虽经外国确定裁判，仍得依本法处断。但在外国已受刑之全

---

① 参见张明楷著：《刑法学》（第 3 版），法律出版社 2007 年版，第 67 页。

② 参见何帆著：《刑事没收研究——国际法与比较法的视角》，法律出版社 2007 年版，第 272 页。

部或一部执行者，得免其刑之全部或一部之执行"。对此，有学者也指出，外国的刑事判决并不具有对同一案件的一事不再理效力。① 可见，我国各法域刑事法上在刑事判决承认和执行制度之规定上存在巨大差异。这种差异就成为各法域顺利地进行区际追赃的刑事司法协助活动的暗礁。对于中国大陆地区和台湾地区来说，若要与其他两个法域（即港澳地区）以及相互之间开展区际追赃的刑事司法协助，就有必要正视在他法域刑事判决承认和执行制度上的缺陷，尽可能构建积极的刑事判决承认和执行制度。②

（二）对附带民事诉讼之区际犯罪案件追赃的疑难问题

对于侵犯被害人的合法权益或者给被害人造成经济损失的犯罪人，我国内地和澳门特别行政区刑事诉讼法与台湾地区的"刑事诉讼法"都专门规定了附带民事诉讼的程序，即在刑事诉讼中一并处理有关当事人向犯罪人提出的民事索赔。③ 不过，从具体的内容来看，上述三个法域对此在其刑事诉讼法中的规定还存在一定的差异，主要有：（1）我国内地刑事诉讼法没有规定关于允许有关当事人可以独立进行民事诉讼的有关问题，但澳门刑事诉讼法、台湾地区"刑事诉讼法"则作了规定；（2）关于当事人的范围，我国内地刑事诉讼法规定包括代表国家提出赔偿请求的公诉机关，而澳门刑事诉讼法、台湾地区"刑事诉讼法"则对此没有规定；（3）在内容的详备程度上，我国内地刑事诉讼法则很简明，仅用两个条文作了规定，但澳门刑事诉讼法、台湾地区"刑事诉讼法"则相对详备，规定了有关的程序和原则。而对于香港地区而言，其刑事诉讼法制度中没有对刑事附带民事诉讼的问题及程序作出规定。④

各法域在刑事附带民事诉讼上的不同规定，使得区际追赃面临一定的疑难问题：

（1）对刑事附带民事诉讼作出规定的中国内地、澳门特别行政区、台湾地区三个法域，与香港特别行政区在开展区际追赃活动时，对于犯罪人的违法所得、违禁品、用于犯罪之财物，与对犯罪人因侵犯他人或者本法域合法权益而承担之民事赔偿，应当采取何种司法协助来实施？若均通过刑事司法协助程序完成，似乎与香港特别行政区的法律规定不同，毕竟香港特别行政区对同一案件的刑事没收与民事赔偿分别规定了不同的刑事程序；若分别通过刑事司法协助和民事司法协助来实现区际追赃和区际的民事索赔，那么，需要将本来同一犯罪事实分别由司法机关的刑事和民事部门采用不同的法律程序来处理，就造成不必要的重复和法律资源的浪费。对此，笔者认为，香

---

① 参见陈子平著：《刑法总论》，元照出版有限公司 2005 年版，第 70 页。
② 他法域刑事判决的承认和执行制度涉及多项区际刑事司法协助活动的展开。参见赵秉志：《我国内地与港澳特区之间被判刑人移管机制构建探讨》，载《环球法律评论》2009 年第 5 期。
③ 这里的当事人当然包括代表本法域提出民事赔偿请求的公诉机关。参见我国刑事诉讼法第 77 条。
④ 参见中国检察理论研究所、香港特区律政司、保安局合编：《内地与香港刑事诉讼之比较》，第 85 页，载香港政府网站，http://www.sb.gov.hk/chi/special/mlawCompare/booklet.pdf，登录时间：2010 - 10 - 16。

港特别行政区司法机关应当考虑到其他三个法域关于刑事附带民事诉讼之规定的实际情况，以有效惩治犯罪，维护被害人和相关法域合法权益为目标，尽可能在刑事司法协助中一并处理同一区际刑事案件中的没收与民事赔偿事宜；同时，在向其他三个法域提出追赃之刑事司法协助请求时，也可就犯罪人对本法域及其居民承担的民事赔偿提出实际支付的要求。

（2）应当如何处理民事赔偿因故没有在刑事诉讼中处理之跨法域犯罪案件的追赃问题？因种种原因，在同一区际跨境犯罪案件中，民事诉讼落后于刑事诉讼而独立进行，罪赃的移交和民事索赔似乎也需要分别通过刑事司法协助和民事司法协助来完成。从表面看，这是可行的，因为在当前各法域之间的司法协助中，民事案件的司法协助相对还要容易一些。某些法域之间还就民事判决的承认与执行问题签订了协议或者安排。如我国内地与澳门特别行政区于 2006 年 4 月 1 日签订了《内地与澳门特别行政区关于相互认可和执行民商事判决的安排》，中国内地与香港特别行政区于 2008 年 7 月 14 日签订了《关于内地与香港特别行政区法院相互认可和执行当事人协议管辖的民商事案件判决的安排》，我国最高人民法院分别于 1998 年 1 月 15 日、2009 年 3 月 30 日接连发布了《关于人民法院认可台湾地区有关法院民事判决的规定》、《关于人民法院认可台湾地区有关法院民事判决的补充规定》，台湾地区也于 2001 年 2 月 20 日通过了新的《两岸关系条例》。但是，不能不承认，区际民商事判决的承认和执行制度仅是初具规模，尚未成熟。[①] 而且，若认可同一区际犯罪案件的罪赃移交和民事索赔分别进行，那可能就会遇到因法域间审查的内容和程度不同而出现某种协助并不能顺利实施，案件始终不能善后的问题。当然，因为区际民事司法协助的难度相对小些，对民事部分的判决更容易通过不同法域的合作而得到执行。其实，同一案件判决的刑事部分和民事部分受到被请求法域是否认可的不同对待，对于针对同一案件的区际罪赃移交和民事索赔能否同样地顺利完成，切实地防止犯罪人从犯罪中获得利益，有效地惩治跨法域的犯罪，维护被害当事人的合法权益，显然会有实际的影响。因而在笔者看来，即便同一跨境犯罪案件的民事诉讼没有附着于刑事诉讼而独立地进行，在分别进行罪赃跨法域移交和跨法域的民事索赔时，也应尽量考虑案件事实相同、证据材料基本一致的实际情况，主要由相关法域之司法机关的刑事部门来实施。

四、针对未决犯的中国区际追赃问题

某些跨境犯罪的犯罪人往往会逃到其他法域，而其罪赃可能分处若干个法域。对此种情形，似乎只能在逮捕犯罪人并依法定罪量刑后，才能开展追缴罪赃的刑事司法协助活动，但若犯罪人因故长时间难以被抓捕甚至无望到案，那么，罪赃的追缴（包括对因犯罪受侵害者的民事赔偿）也就根本无法实施。这样就会造成既无法及时惩治犯罪人，又不能追回罪赃，因而无法弥

① 参见李广辉、王瀚：《我国区际法院判决承认与执行制度之比较》，载《法律科学》2009 年第 2 期。

补被害者损失的困境。若在追捕犯罪人的同时，依据已有的证据，允许各法域对跨法域犯罪的未决犯进行罪赃移交的刑事司法协助活动，就能避免陷入前述困境。

（一）追逃与追赃的关系

"追逃"（追捕逃至其他法域乃至其他国家或者地区的犯罪嫌疑人或者犯罪人）与"追赃"（对该犯罪中的罪赃进行追缴），尽管往往都是在处理同一犯罪案件时需要解决的问题，但二者能否合二为一地在同一个程序中得以解决，则因不同国家或者地区的法制不同而有所差异。港澳台三地在此方面比较一致地同国际上绝大多数国家的做法相接轨，即认为既可以合二为一地在同一个刑事司法协助活动中完成，也可以分开通过不同的刑事司法协助活动来完成。我国内地在此方面缺乏明确的立法，司法实务的做法也不尽完备，因而有必要分析合适的举措。

在过去的相当长时期里，我国在处理跨境犯罪案件时，都是将追捕犯罪嫌疑人和追缴赃款、赃物置于同一刑事司法协助活动，即追逃与追赃同时进行。但是，我国与其他国家或者地区之间并不一定都存在有关刑事司法协助的条约，即便存在，也可能并不包括犯罪嫌疑人移交和罪赃移交的内容。[①] 我国内地在与港澳台三地开展个案的刑事司法协助活动时，基本上也是上述思路。尽管应该承认，上述思路符合我国刑事法律的规定，能够整体性地解决刑事案件，但是，不能不说这样的工作思路实际上走入了误区。

首先是过于理想化的误区。在实际生活中，犯罪人往往千思万虑，周密计划，其实施犯罪和隐匿罪赃的秘密性程度非常高，再加上不同法域法律制度和社会情况的不同，使得追捕和追赃困难重重。在很多情况下，同时完成追捕和追赃的任务是不可能的。在此种情况下，坚持追捕和追赃并举并重，显然是不顾现实情况与其他法域具体法律制度的过于理想化的考虑。

其次是片面化的误区。依靠刑事没收来禁止犯罪人从犯罪中获得利益，并非依法对犯罪人因犯罪而获得的财物和其他财产性利益、违禁品、用于犯罪的财物实施没收，让犯罪人对受侵害者承担民事赔偿责任的唯一有效手段。尽管我国刑法第 64 条、第 36 条对此作了明确的规定，但是，应该看到，犯罪本身也是触犯民事或者行政法律的行为。有关的民事或者行政法律对追究行为人的法律责任的问题其实也作出了明确的规定。从民事法律的角度看，公民个人的民事权益受到侵犯的，有权提起民事诉讼，而国家、集体的合法民事权益受到侵犯，根据我国民事诉讼法第 15 条的规定，[②] 受侵害的单位同样有权提起民事诉讼，根据我国刑事诉讼法第 77 条的规定，[③] 被害人、公诉机关并非必须在刑事诉讼中一并提出要求犯罪人对侵犯本人或者国家、集体

---

① 参见陈雷：《中国和加拿大刑事司法国际合作》，载《检察日报》2007 年 2 月 5 日。

② 我国民事诉讼法第 13 条规定，机关、社会团体、企业事业单位对损害国家、集体或者个人民事权益的行为，可以支持受损害的单位或者个人向人民法院起诉。

③ 我国刑事诉讼法第 77 条第 2 款规定，如果是国家财产、集体财产遭受损失的，人民检察院在提起公诉的时候，可以提起附带民事诉讼。

民事权利的赔偿请求，即可以在事后单独提出。我们进而可以说，对犯罪人侵犯民事权利之情形的处理，可以与对其犯罪行为的定罪量刑分开进行。从行政法律的规定来看，行政处罚法虽规定不能以行政处罚代替刑事处罚，但并不否定行政执法机关对犯罪人先行作出的拘留或者罚款的决定，而且也未禁止行政执法机关没收触犯行政法律之犯罪人的违法所得、违禁品以及用于犯罪之财物，在法律的实际适用中也确实存在行政处罚及没收在前，刑事制裁在后的情形，具体处理的行政执法机关除了应将具有证据意义的没收财物交给司法机关外，并非必须将其他没收的财物都移交给司法机关，因而对犯罪的刑事制裁和行政法律制裁以及相应的程序，其实也是相互分离的。所以，我们可以看到，对犯罪人的罪赃进行追缴，使犯罪人实际地承担民事责任，并非一定要在刑事程序中处理，其实可以通过行政或者民事法律程序来处理，司法实践中通过刑事程序一并处理罪赃和民事赔偿等事宜的做法在很大程度上只是习惯性的做法，不具备法律上的约束力。单纯依赖刑事程序处理罪赃和犯罪人民事赔偿责任的做法，不能不说步入了片面化的误区。

　　综合上述分析可知，根据我国法律的实际规定，对于从我国内地逃至我国其他法域的犯罪人，既可以一并通过刑事程序对犯罪人定罪量刑，实现对罪赃的追缴退赔以及使犯罪人切实地承担对被侵害者的民事赔偿，又可以通过不同的程序，分别处理刑事处罚、罪赃没收和犯罪人的民事责任，而这样的分别处理，在时间上也不必一致，完全可以根据案件的实际情况和诉讼程序的便利，或先或后地安排时间。而据此判断，可以确定，在未决犯外逃的情况下，追逃和追赃可以分别进行，并不存在相互依赖的关系。从我国区际刑事法的角度看，尽管在香港、澳门、台湾地区的刑事法律中同样对追逃和追赃的分别处理问题作出了明确的规定，[①] 但是，适用于我国内地、港澳地区的相关国际条约却在有关条款中明确地规定可独立于追逃活动而进行有关的罪赃移交活动（如《联合国反腐败公约》第 54 条），因而在区际追逃与追赃的刑事司法协助上，我国各法域可参考有关国际公约的规定，共同承认和接受追逃与追赃可以有先有后地分别进行的做法。

（二）独立追赃的依据和性质

　　对人或者罪赃处在其他法域的未决犯进行追赃，处理案件的法域既可以通过刑事程序，与犯罪人或者罪赃所在的法域开展司法协助来完成，又可以根据实际情况，将追捕犯罪人与追赃分开处理。此时，前者在整体上属于刑事司法协助，而在后者中，犯罪嫌疑人（逃犯）的移交属于刑事司法协助，但关于罪赃和民事赔偿的移交，却可能经过非刑事司法协助的程序而在性质上不属于刑事司法协助。在国际刑事法中，有关的国际公约对独立进行的罪赃移交属于何种性质，也没有予以阐明。例如，《联合国反腐败公约》第 54 条、第 55 条虽要求缔约国采取法律措施在罪赃没收令承认和执行上进行合作，但对没收令及依据该没收令的没收活动属于何种性质，则语焉不详。从

---

　　① 参见何帆著：《刑事没收研究：国际法与比较法的视角》，法律出版社 2007 年版，第 263 页。

务实的角度来看，没收令及其执行的活动属于何种性质，本身并不影响对犯罪人之罪赃予以没收的国际刑事司法合作。但是，对于中国范围内的四个法域来说，却缺乏像前述《联合国反腐败公约》第 54 条、第 55 条那样灵活、务实的稳定法律机制，在分别进行追逃和追赃的问题上欠缺充分和深入的沟通，也并没有达成共识。因而在建构区际追赃机制时，必须考虑独立于追逃进行的区际追赃活动依据某个法域什么性质的没收决定来展开。这需要探讨哪些类型的没收决定可以成为各法域开展区际追赃的依据。

关于对未决犯之罪赃较为独立地进行移交的问题，处理案件之法域的司法机关从务实的角度考虑，可在对犯罪嫌疑人实际追究刑事责任之前，在具备合理的根据的情况下，通过具体的协商或者事先签订的安排向罪赃所在法域的司法机关提出请求。而提出请求之法域的司法机关需要在事先根据案件的证据来作出没收罪赃以及让犯罪人承担受侵害者损失的决定。该决定的作出，如前所述，可以依据有关的行政法律，也可以依据民事法律。在笔者看来，对于侵害个人、单位、集体、国家合法权益的情形，受侵害者可以向管辖案件之法域的司法机关提出民事赔偿的情形，该司法机关依照民事法律的规定作出民事赔偿的裁决；对于触犯某个法域行政法律的情形，可以由管辖之法域的负责的行政执法主管部门依照行政法律的规定，对违法所得、违禁品、工具或者其他所用之财物，作出行政没收的决定。之所以提出如此认识，是因为相关的国际刑事司法协助已扩展了对犯罪资产追回所需的法律依据，依据既可以是法院的裁决，也可以是有关主管机关的决定。如《联合国反腐败公约》第 54 条第 1 款第 1 项规定的依据是缔约国法院发出的没收令，但该款第 2、3 项就稍微宽松，允许的依据是相关主管机关发出的命令。既然不同的国家为惩治犯罪就能对对方所作之没收罪赃的决定在性质上予以放宽，那么中国范围内各法域似乎更无理由限制没收令的属性。换言之，中国各法域之间可以依据有关主管机关合理地作出的民事判决或者没收决定，向罪赃所在的法域提出移交的请求。

但是，在处理中，必须妥当处理如下两个问题：（1）对请求的法域来说，由哪一个机关具体负责请求的提出呢？笔者认为，罪赃的移交或者民事赔偿的执行，都是围绕已经发生、尚未按照刑事程序予以追究的未决犯的行为进行的；这些活动本身其实也是对未决犯行为予以处理的一部分，实际的效果对未决犯的后续处理也会产生积极作用，促进对未决犯的刑事制裁，因而由请求之法域具体司法机关的刑事部门来负责，就显得较为合适。对于关于罪赃的移交或者民事赔偿裁决的执行，被请求的法域可确定由司法机关来审查其是否具备合理的根据。（2）被请求的法域确定己方的哪个机关来审查请求呢？这就需要看审查的内容。被请求法域在接到请求后，必须审查请求本身是否具有合理的根据。何谓合理的根据？笔者认为，请求的提出有充分的事实根据，有明确的法律依据。这里的关键是事实根据。据以作出决定的案件事实必须是有关机关依照法律的明确规定，根据确凿、充分、能形成证据链条的合法证据按照证明标准所证明的。这就要求审查的机关及其工作人员具备与请求法域作出该决定的机构及人员相近或者相同的业务素质，即最好也是司法机关的刑事部门。如此一来，区际追赃的司法协助就具备了刑事司法的性质。

五、中国区际追赃构建的具体问题

尽管不同于世界上其他国家与地区之间所开展的罪赃移交，但是，因为中国范围内各个法域实际地拥有相互独立的司法权，各法域在进行罪赃移交时也会遇到国际追赃中的某些问题。这些问题的解决直接决定了区际追赃能否顺利地完成。下面对有关的主要问题进行研讨。

（一）双重犯罪问题

在国际上的罪赃移交中，被请求方往往要求涉及罪赃返还的行为在本国或者地区也构成犯罪，即该行为也触犯了被请求方的刑事法律。此即国际刑事司法协助中的"双重犯罪"原则。如中国与加拿大于 1994 年 7 月 29 日签订的《关于刑事司法协助的条约》第 7 条第 2 款就规定，"按照被请求方的法律，请求书中提及的嫌疑犯、被告人或罪犯的行为在被请求方不构成犯罪"，被请求方可拒绝刑事司法协助。但是，在中国区际刑事司法合作活动中，是否也要遵守"双重犯罪"的原则呢？对此，刑事法理论上给予了较为深入的研究。较长期以来，我国刑法学者多主张，中国区际间开展刑事司法协助，不应适用"双重犯罪原则"。[①] 不能否认，我国内地的区际立法对这样的主张确实有一定的体现。例如，《香港特别行政区驻军法》第 22 条与《澳门特别行政区驻军法》第 22 条都规定了驻军人员在特区犯罪，根据我国大陆地区刑法典不管是否构成犯罪，都可协商确定执行刑罚的地点。该地点自然包括我国大陆地区，这就意味着对此类犯罪人不必按照双重犯罪原则进行被判刑人移交。[②] 但是，在具体的实践活动中，对双重犯罪原则还是有限地予以承认。如香港特别行政区和澳门特别行政区于 2005 年 5 月 20 日签订的《香港特别行政区政府与澳门特别行政区政府关于被判刑人移交的安排》第 4 条第 1 项，就明确规定了双重犯罪的原则。

显然，一概地否认或者肯定双重犯罪原则，似乎都是片面的。有论者对此作了更为深入的研究，认为对双重犯罪原则应该坚持肯定的限制论，对区际逃犯移交、刑事诉讼移转与被判刑人移管适用双重犯罪原则，同时允许就中国区际逃犯移交商定特殊类型犯罪作为双重犯罪原则的例外。[③] 笔者也比较赞同该论者的主张。但是，遗憾的是，该论者并没有阐述对区际罪赃移交是否适用双重犯罪原则的问题，且其关于狭义的刑事司法协助不适用双重犯罪

---

① 参见马进保：《我国区际刑事司法协助的法律思考》，载黄进、黄风主编：《区际司法协助研究》，中国政法大学出版社 1993 年版，第 191～194 页；赵秉志主编：《国际区际刑法问题探索》，法律出版社 2003 年版，第 498～505 页。

② 参见赵秉志、黄晓亮：《港澳特区间〈关于移交被判刑人的安排〉之考察与启示》，载《法学论坛》2009 年第 4 期。

③ 参见苏彩霞：《我国区际刑事司法协助适用"双重犯罪原则"新论》，载《政治与法律》2009 年第 4 期。

的主张似乎并不完全合理。前述我国与加拿大签订的《中华人民共和国和加拿大关于刑事司法协助的条约》规定了罪赃移交的合作，并规定了罪赃移交须适用双重犯罪原则。《联合国反腐败公约》也基于此在第 54 条中要求缔约国至少以洗钱罪将跨国转移罪赃的行为认定为犯罪。[①] 因此，从国际刑事司法协助的经验上看，属于狭义的刑事司法协助的罪赃追缴和移交（追赃）适用双重犯罪原则。立足于中国区际的角度，在未决犯的情况下，罪赃移交与逃犯移交往往是相辅相成的，不可能针对同样的案件在逃犯移交情况下允许适用双重犯罪原则，而在罪赃移交情况下却禁止适用该原则；在已决犯的情况下，坚持适用双重犯罪原则，既是尊重罪赃所在法域之刑事法治的表现，又是保护犯罪人人权的实际需要。其实，实际发生的跨法域犯罪，绝大多数都是各个法域之刑事法所禁止的危害行为，即开展区际刑事司法协助，所处理跨法域的危害行为，绝大多数都符合双重犯罪原则。而且，处理具体跨境犯罪的两个或者两个以上法域，在特别的情况下也可协商适用双重犯罪原则的例外情况，即如同逃犯移交一样，可例外地不遵循双重犯罪原则。[②]

（二）罪赃调查和保全方面的合作

罪赃移交的基本前提是罪赃所在法域实际地控制了罪赃。否则，所谓的罪赃移交就成了"无米之炊"。而罪赃所在地法域实际控制罪赃，并具体地采取措施。对此，根据其主动性，可分为两种情况：一是罪赃所在地法域主动地采取措施，依法控制罪赃，并将此信息及其相关材料递交给对案件有管辖权的他法域，即犯罪情报的交流；二是罪赃所在地法域根据请求法域提供的线索、证据材料，被动地采取措施，依法控制罪赃，即协助搜查、查封、扣押或者冻结。而这两种情况都属于狭义的刑事司法协助。显然，罪赃的移交并不是孤立地独自进行的，相反，其需要请求方和被请求方同时开展其他形式的刑事司法协助活动。因此，不同的国家或者地区在签订刑事司法协助的条约时无不将"搜查和扣押"（有时候还包括"查封、冻结"）列在"赃款赃物和归还被害人财物的措施"之前，如《中华人民共和国和加拿大关于刑事司法协助的条约》第 2 条即是如此。有关的国际公约同样如此。例如，《联合国反腐败公约》在其第五章"资产追回"的规定中就先对缔约国"预防和监测犯罪所得的转移"的义务作出了规定，并在随后资产追回的国际合作中规定了被请求国根据请求方的合理根据采取措施对犯罪资产予以扣押或者冻结的问题。对于拥有不同司法权的中国各个法域来说，在进行追赃的司法合作时，同样会面临先要解决对罪赃实际控制的问题。因而在中国区际追赃活动中，罪赃所在的法域主动或者经对犯罪管辖的法域请求，对罪犯或者犯罪嫌疑人的罪赃依法进行有关搜查、查封、扣押或者冻结，或者交流、交换犯罪以及罪赃控制方面的信息资料。

[①] 参见陈东：《腐败资产追回和预防腐败资产转移的思考》，载黄风、赵林娜主编：《境外追逃追赃与国际司法合作》，中国政法大学出版社 2008 年版，第 207 页。

[②] 参见苏彩霞：《我国区际刑事司法协助适用"双重犯罪原则"新论》，载《政治与法律》2009年第 4 期。

（三）罪赃的善意取得问题

对罪赃依法进行有关搜查、查封、扣押和冻结方面的刑事司法协助，难以绕开的一个问题是对善意第三人的财物应如何处理。在当前的国际刑事司法协助中，较为普遍的做法是承认第三人在善意下以合理对价交换取得违法所得财物的权利。如《中华人民共和国和加拿大关于刑事司法协助的条约》第 17 条对赃物赃款的范围作了规定，其第 3 款指出，"在法律允许的范围内，被请求方可以根据请求方的请求将上述赃款赃物移交给请求方。但此项移交不得侵害与这些财物有关的第三者的权利"；我国与美国签订的《中华人民共和国政府和美利坚合众国政府关于刑事司法协助的协定》第 16 条第 4 款也指出，"被请求方和任何第三人对这些财物的合法权利应依被请求方法律受到尊重"。《联合国反腐败公约》第 31 条第 9 款明确规定，"不得对本条的规定作损害善意第三人权利的解释"；第 34 条规定，各缔约国在消除腐败犯罪的后果时，要"适当顾及第三人善意取得的权利"；第 55 条第 9 款明确要求在关于没收的国际合作方面"不得对本条规定作损害善意第三人权利的解释"；第 57 条第 2 款要求在返还犯罪资产时"考虑善意第三人的权利"。其实，在国际刑事司法协助中较为广泛地承认善意第三人对罪赃（除了违禁品）的合法权利，其基础就是各国在本国国内法中已经建立了较为完备的第三人善意取得制度。如美国 2000 年颁布的《民事资产没收改革法》就规定，若财产所有主属于善意第三人，就可对抗政府行政主管机关的民事没收。[①]

在中国范围内，香港特别行政区、澳门特别行政区和台湾地区目前已经处于相对成熟和完备的市场经济社会，且已有善意取得的立法规定和司法实践，切实地尊重和保护私有财产权利，维护市场交易的安全。这三个法域在相互开展追赃合作时会承认和适用第三人善意取得制度，而在与中国内地开展追赃的区际刑事司法协助时，则不可能改变他们的立法规定而否认第三人善意取得。而且，对于中国内地来说，市场经济已达到了一定的成熟状态，对第三人的善意取得予以法律承认的现实需要越来越强烈。尽管个别司法解释或者部门规章有限地承认第三人善意取得，但还并不是很完备，且如前所述，新颁布的《物权法》对赃物善意取得的规定比较含混，理解和适用上存在很大分歧。如此一来，会产生种种弊端：一是不能适应促进自身市场经济发展、全面保护公民合法财产权利的现实需要；二是无法获得其他法域在追缴罪赃方面的合作，因为我国拒绝被请求法域根据其法律适用第三人善意取得，被请求法域也就会拒绝我国提出的追赃协助的请求；三是对我国内地居民不公平，因为我国内地接受其他法域的请求而提供追赃的协助，因无善意取得之明确规定而不适用该制度，对我国内地居民善意取得之赃物随意追缴，侵犯我国内地公民的合法财产权利。可见，我国内地法律上缺乏第三人善意取得制度的规定，并不利于与其他法域之间平等地开展追赃的区际刑事司法协助活动。这就对我国内地刑事法和民事法的相关制度提出了革新的要求，

---

① 参见黄风：《关于美国追缴犯罪所得及相关国际合作的考察》，载黄风、赵林娜主编：《境外追逃追赃与国际司法合作》，中国政法大学出版社 2008 年版，第 306 页。

即应明确地规定第三人善意取得制度，至少由最高司法机关对《物权法》第106 条作出罪赃善意取得的解释。总之，在中国区际追赃的刑事司法协助中，应该承认和肯定第三人对罪赃（除违禁品外）的善意取得，罪赃所在地法域在主动或者经请求采取搜查、查封、扣押、冻结等措施时应尊重第三人合法权益，允许第三人以善意取得对抗司法措施。

（四）罪赃的分享问题

罪赃追缴的司法合作活动还涉及被请求方与请求方按照比例分享罪赃的问题。在某些联邦制的国家，联邦和各邦（省）之间也往往就罪赃的追缴和移交商定分享的比例，如加拿大联邦与各省都签署有赃款分享的协议。而国家间的罪赃分享也已然成为国际惯例，如加拿大与 30 多个国家签署有赃款分享协议。显然，分享罪赃已经上升为国际刑事立法规范。如《联合国打击跨国有组织犯罪公约》第 14 条第 3 款第 3 项就规定，"根据本国法律或行政程序，经常地或逐案地与其他缔约国分享这类犯罪所得或财产或变卖这类犯罪所得或财产所获款项"，后来联合国经济及社会理事会还于 2005 年 7 月 22 日制定了《关于分享所没收的由〈联合国打击跨国有组织犯罪公约〉和 1988 年〈联合国禁止非法贩运麻醉药品和精神药物公约〉所涵盖的犯罪的所得或财产的双边示范协定》。《联合国反腐败公约》第 57 条 "资产的返还和处分" 第 5 款规定，"在适当的情况下，缔约国还可以特别考虑就所没收财产的最后处分逐案订立协定或者可以共同接受的安排"，其实也允许缔约国通过签订双边或者多边协议分享赃款。

但是，中国各法域开展区际追赃合作活动，是否也应适用罪赃分享原则呢？对此，我们基本持否定的态度。首先，在犯罪资产返还或者罪赃追缴和移交的合作活动中，分享并不是处理罪赃的唯一合作方式。[①] 分享只是大多数国家为了顺利完成罪赃移交而采取的措施，并没有绝对地成为所有国家必须遵循的国际法例。前述《联合国反腐败公约》第 57 条第 5 款的规定也只是不禁止缔约国在分享方面的协议，而非积极地鼓励或者明确地要求缔约国在合作时对罪赃予以分享。因此，中国各法域在开展区际追赃的刑事司法协助时，不必一定采用罪赃分享原则。其次，中国各法域处于一个中国的范围内，具有平等的地位。这种一个国家内各法域的平等关系，不同于联邦制国家中联邦与各邦、各邦之间的关系，也不同于国家之间的关系。其意义主要在于更好地促进各法域的经济繁荣和社会稳定，维护国家的统一。将联邦制国家以及国家间关于罪赃分享的做法照搬到中国区际追赃中，与 "一国两制" 的基本精神是相违背的。其实，从 "一国两制" 的角度考虑，有效地惩治和预防跨法域的犯罪是区际刑法根本的目标和最终的归宿，禁止犯罪人从犯罪中获得利益这一原则，在此时要比罪赃分享原则更为重要，各法域间基于此共识要比其他不同国家或者地区间更容易达成关于追缴和移交罪赃的协议。因而在区际追赃协作时，各法域不必过度纠缠于罪赃分享问题。最后，中国各法

---

① 参见陈东：《腐败资产追回和预防腐败资产转移的思考》，载黄风、赵林娜主编：《境外追逃追赃与国际司法合作》，中国政法大学出版社 2008 年版，第 227 页。

域在区际追赃协作时实行罪赃分享原则，其实并无太大的意义。各国实行罪赃分享，本意是促进罪赃的追缴和返还。中国各法域随着经济和社会交流而在经济和社会生活方面具备了更为紧密、深厚的联系。鉴于跨境犯罪本身的复杂性，每个法域既会遇到他法域管辖之犯罪的罪赃在本法域的情况，也会遇到本法域管辖之犯罪的罪赃在他法域的情况，即既可能被他法域请求追缴和移交罪赃，也有可能请求他法域追缴和移交罪赃，从而在罪赃的追缴和移交上形成相互依赖、谁也离不开谁的关系。即便不考虑罪赃分享，相互之间也有就罪赃追缴和移交进行合作的现实基础和客观需要。在此种情况下，罪赃分享其实并不具有促使和加强各法域开展追赃合作的实际作用。因此，中国各法域在罪赃追缴和移交的刑事司法协助上也可以不考虑罪赃分享问题。当然，在实务中，对付出较大成本进行罪赃追缴和移交的法域，接受罪赃移交的法域也可以根据实际情况在给付必要费用之外适当地予以补偿。

六、结语

剥夺犯罪人从犯罪中获得的财物以及其他财产性利益，有助于严厉地惩治犯罪人，有效地预防犯罪。中国各法域开展区际追赃的刑事司法协助，正是对该原则的积极贯彻，有利于维护各法域的经济繁荣和进步。中国区际追赃活动，在内容上包含了多种形式的刑事司法协助，如犯罪情报和资料的交流、罪赃的搜查、扣押和冻结、罪赃的移交、有关证物的移交，涉及双重犯罪、罪赃善意取得、罪赃分享等问题，且因罪犯是否已经被定罪而区分不同的类型，不同法域立法正呈现出一体化的特征。[①] 这就需要各法域精诚合作，对罪赃的范围持广义的认识，重视对区际跨境犯罪的全面追究，调适合作中出现的各种冲突情况，从个案合作努力推进到签订稳定的协议或者安排，共同构建中国区际追赃的法律合作机制，从法律制度上消除犯罪分子企图利用的区际刑事法律漏洞，不让犯罪分子产生借各法域法律差异实施犯罪、从犯罪中获得非法利益的侥幸心理，维护犯罪侵犯之法域以及居民的合法权益。而且，中国区际追赃法律机制的构建，是中国区际刑事法的重要组成部分，对中国区际刑事法的进步也有极大的推动作用。

---

① 参见陈东：《腐败资产追回和预防腐败资产转移的思考》，载黄风、赵林娜主编：《境外追逃追赃与国际司法合作》，中国政法大学出版社 2008 年版，第 227 页。

论中国区际刑事司法合作法律机制的构建

——以《海峡两岸共同打击犯罪及司法互助协议》为切入点

赵秉志* 　黄晓亮**

目　次

一、前言

在当前中国范围内，客观地存在"一国、两制、三法系、四法域"之多元法治的现实状况。在各个法域之间，经济、文化交流频繁进行，人员往来日益增多，跨境犯罪经常发生。如何有效地惩治中国范围内跨法域的犯罪，

---

　* 北京师范大学刑事法律科学研究院暨法学院院长、教授、博士生导师，中国刑法学研究会会长，国际刑法学协会副主席暨中国分会主席。
** 北京师范大学刑事法律科学研究院中国刑法研究所副所长、副教授，中国刑法学研究会副秘书长。

维护各法域的社会稳定，就成为各个法域必须面对和妥善解决的问题。在各个法域各自享有独立司法权的情况下，各法域只有积极地开展刑事司法互助活动，才能为及时、有效地惩治跨法域的犯罪创造基本的条件。然而，中国各法域之间的刑事司法互助，虽有所实践，但因为种种原因在很长时期都没有形成稳定、健全、符合客观需要的区际法律机制。而中国各个法域与世界上其他国家或者地区在国际刑事司法协助方面却进展良好，签署的双边或者多边的国际刑事司法协助协议或者条约不断增加。

尽管早在20世纪90年代初期，中国大陆与台湾地区就签订了《金门协议》，① 并据此展开了一系列遣返犯罪人的司法互助活动，但是，该协议并不是完全为惩治和预防跨海峡两岸的刑事犯罪而专门签订的，在此后十多年时间里，各法域之间在区际刑事司法互助或者协助方面没有签订新的协议。直至2005年5月20日，香港特别行政区政府与澳门特别行政区政府才就被判刑人移交问题签订了《关于移交被判刑人的安排》（该协议于同年12月26日生效实施），② 成为中国区际刑事司法合作的第一个双边协议。时隔4年之后，海峡两岸具有半官方性质的两个重要组织——大陆海峡两岸关系协会与台湾财团法人海峡交流基金会，就共同打击两岸跨海峡的刑事犯罪于2009年4月26日专门签订了《海峡两岸共同打击犯罪及司法互助协议》，将中国区际刑事司法互助的司法实践以及中国区际刑事法律理论都大大地向前推进了一步。在这样的背景下，中国各法域之间签订的为数不多的区际刑事司法互助显得弥足珍贵。因而不管是从理论上看，还是从实践的角度观察，都可以说，中国区际刑事司法互助的司法实践与法律机制构建，已经冲出樊篱，走上坦途，迈向光明的未来。

二、《海峡两岸共同打击犯罪及司法互助协议》的中国区际刑法意义

大陆海峡两岸关系协会与台湾财团法人海峡交流基金会所签订的《海峡两岸共同打击犯罪及司法互助协议》，明确地规定以惩治和预防跨海峡之刑事犯罪作为宗旨，成为中国大陆与台湾地区今后及时、有效地惩治跨境刑事犯罪的重要依据，在中国区际刑事司法实践以及理论研究中具有重要的意义。

（一）切实满足两岸刑事司法合作的现实需要

跨越海峡两岸的刑事犯罪屡屡发生，严重地影响了两岸的社会秩序，对经济的发展与民众的生活造成了严重的冲击。对此，在《金门协议》签订后，

① 1990年9月12日，海峡两岸红十字组织代表韩长林、陈长文等在金门对双方参与见证其主管部门执行海上遣返事宜举行工作商谈，经充分交换意见后，达成《海峡两岸红十字组织有关海上遣返协议》，简称《金门协议》。该协议载于国务院台湾事务办公室网站"法律法规"栏目，http://www.gwytb.gov.cn/flfg.asp。

② 2005年5月20日，香港保安局局长李少光代表香港特别行政区政府，与代表澳门特别行政区政府的澳门保安司司长张国华，在香港签订了《香港特别行政区政府与澳门特别行政区政府关于被判刑人移交的安排》。该安排载于香港特别行政区律政司网站"与内地及澳门特区的安排"，http://translate.legislation.gov.hk/gb/www.legislation.gov.hk/intracountry/chi/index.htm。

主要由两岸红十字会组织采用遣返方式予以解决。据不完全统计，自《金门协议》签订后，截至目前，共实施遣返作业 286 次，双向遣返 37790 人。在两岸相互遣返的人员中，大陆遣返台湾非法入境人员、犯罪嫌疑人、通缉犯共计 266 人。[①] 应该说，这些遣返活动对于维护海峡两岸的良好社会秩序、保护民众的人身财产安全作出了一定的贡献。但是，相关司法实践已经表明，若将海峡两岸在惩治严重刑事犯罪方面的合作仅限于遣返犯罪嫌疑人或者刑事罪犯，显然是不符合客观现实需要的。首先，复杂的犯罪情形需要海峡两岸确定刑事管辖以及其他方面的相关规则，而不是简单地以遣返了事。例如，一个地区的居民在他地区实施犯罪，若该犯罪人仍在犯罪地，犯罪地的司法机关自然可以实现管辖；但若其逃回本地区，则对该犯罪人能否追究刑事责任，既要看其地区刑事法是否将其行为规定为犯罪，又要看其地区司法机关是否愿意追诉。若该犯罪人逃回之地区的司法机关愿意管辖，其判决是否为犯罪地司法机关承认仍不无问题。其次，对于跨海峡两岸的刑事犯罪，即便是遣返犯罪嫌疑人或者刑事罪犯，也都涉及刑事侦查协助或者有关犯罪证据移交、司法文书协助送达等问题。例如，2007 年 10 月，台南人赵某将同乡陈姓建筑师诱骗至海南省某地，设赌局骗陈某输掉 200 万元人民币，然后将陈某软禁，后陈某家人付了 700 万元新台币，赵某才将陈某放出。台湾警方在台北抓获该案三名犯罪人，而大陆警方在海南省将陈某等六人抓获。[②] 在该案件中，犯罪地在海南省，因而产生大陆警方须将犯罪人在犯罪地实施犯罪的有关证据交给台湾地区警方的互助问题。最后，对于海峡一岸司法机关已经审理结束的刑事案件，各方并非不需要对方的协作，相反，在案件中有某方地区的被害人时，涉及协助补偿被害人的问题；在一地区司法机关对他地区居民判刑后，涉及被判刑人移管、财产刑执行等问题。

总之，对于跨海峡两岸之刑事犯罪简单地采用遣返的方式予以处理，显然不符合有效地惩治此类跨境犯罪、妥善地处理相关问题的多方面需要，相反，还会带来一些棘手的问题，如遣返方难以对犯罪嫌疑人追究偷越边境之犯罪的刑事责任，该如何顺利处理涉及其他法域之刑事犯罪，等等。对于这些问题，理论上进行了相当多的研究。[③] 但是，在相当长的时期内，由于种种原因，包括海峡两岸在内的中国区际刑事法律机制在构建上并无进展。而《海峡两岸共同打击犯罪及司法互助协议》具备海峡两岸刑事司法互助的性质，对有关刑事案件的管辖问题、犯罪侦查协助、罪赃移交、被判刑人移管等问题进行较为全面的考虑，对于《金门协议》难以顺利解决的问题作出了较为妥善的安排，因而能够符合两岸有效惩治跨境犯罪的现实需要。

---

① 参见《海峡两岸合作打击犯罪联系渠道畅通　遣返犯罪嫌疑人 3.7 万多人》，载公安部网站，http://www.mps.gov.cn/n16/n1237/n1342/135524.html。

② 《两岸合作惩犯罪首循"小三通"遣返 6 犯》，载中央人民广播电台对台湾广播中心网站，http://www.nihaotw.com/ztl/zdzt/20year/xwfl/200712/t20071207_312460.html[2009 - 6 - 26,16:26]。

③ 参见赵秉志主编：《中国区际刑法问题专论》，中国人民公安大学出版社 2005 年版，第 257 ~ 339 页。

（二）显著拓宽两岸刑事司法合作的领域

在两岸红十字会组织签订《金门协议》之前，两岸几乎没有开展过刑事司法方面的互助活动。即便是《金门协议》签订后，两岸进行较多的刑事司法合作活动也主要表现为遣返犯罪嫌疑人或者罪犯，而其他方面的刑事司法合作活动虽然也有开展，但不仅数量不多，而且缺乏法律或者政策上的依据。如厦门市开元区人民检察院曾经直接向台湾方面发送传真，要求帮助取证，并获得了成功。[①] 2005 年 7 月，我国台湾地区检警直接到澳门为某刑事案件取证，并得到了澳门检察院的大力帮助，成果丰硕。[②] 显然，出于众所周知的原因，《金门协议》将两岸所进行的司法协助严格限定在遣返刑事犯罪嫌疑人或者罪犯的范围内，这在客观上严重地束缚了两岸司法机关追究跨海峡两岸刑事犯罪的积极性，在一定程度上可能会放纵罪犯，不利于保护大陆与台湾地区的社会秩序以及两地居民的合法权益。

但是，《海峡两岸共同打击犯罪及司法互助协议》的签订为海峡两岸有关机关积极地开展多方位的刑事司法合作提供了坚实的依据。具体而言，根据该协议，两岸有关机关可以开展如下几种互助活动：（1）犯罪资料与情报的交换和共享。这对于发现犯罪线索，寻找侦破案件思路以及衡量成立犯罪者是否构成累犯、再犯有着重要的意义。（2）协助缉拿犯罪嫌疑人或者在逃罪犯。（3）遣返犯罪嫌疑人或者在逃罪犯。（4）共同合作侦查、办理刑事案件。（5）协助送达刑事司法文书。（6）协助进行刑事案件的调查取证。（7）移交或者变价移交已决犯的犯罪所得。这是恪守"任何人不得从犯罪中获得利益"原则的重要体现，也是维护犯罪中被害方合法权益的必要措施。（8）移管（接受）被判刑的罪犯，其实，这包含了承认和执行对方刑事判决的精神。显然，协议不仅将过去《金门协议》中所确定之刑事司法互助的主要形式予以继承，肯定了在司法实践中已经存在的互助合作形式，而且还扩张了两岸刑事司法互助的形式，涉及刑事诉讼程序和刑罚执行诸多方面，在总体上显著地扩展了海峡两岸刑事司法合作的范围。

（三）彻底改变两岸刑事司法合作的模式

关于海峡两岸进行犯罪嫌疑人或者罪犯遣返作业的具体模式，在 1990 年之前，主要是经过第三方转交，即通过第三方的某个国家或者地区代为转交刑事嫌疑犯。例如，1989 年大陆警方将台湾地区的通缉犯杨某押解至新加坡，后来台湾警方又将该犯押回台湾审判。这种方式虽然能够追究犯罪人的刑事责任，但是费时费力，并不利于打击犯罪。[③] 或者通过国际刑警组织这样的非政府间国际组织来实施相互的刑事司法协助活动（不过，这种形式的局限性在于其仅适用于刑事侦查阶段）。在 1990 年之后，《金门协议》明确地规定双

---

① 参见李志远：《涉台刑事案件的特殊性及其处理》，载《人桥》1993 年第 9 期。

② 参见《绑架案与澳门警方合作》，载台湾检察官改革协会网站，http://www. pra - tw. org/News_ Content. aspx? news_ id =338 ［2009 - 6 - 26，18：39］。

③ 参见王新清：《大陆与台湾刑事管辖权的冲突及刑事司法协助》，载赵秉志主编：《中国区际刑法问题专论》，中国人民公安大学出版社 2005 年版，第 267 页。

方以民间的名义采用直接接触的形式遣返刑事嫌疑犯或刑事罪犯，即遣返交接双方均用红十字会专用船，并由民用船只在约定地点引导。遣返船、引导船均悬挂白底红十字旗（不挂其他旗帜，不使用其他的标志）。在司法实务中，也存在两岸某些司法机关直接接触的情况，但如前所述，这种方式仅在极少数案件中被零星适用。

这种状况因《海峡两岸共同打击犯罪及司法互助协议》的签订实施而得以彻底改观。虽然该协议是由海峡两岸授权的机构——大陆海峡两岸关系协会与台湾财团法人海峡交流基金会签订的，但是，该协议规定，议定事项"由各方主管部门指定之联络人联系实施。必要时，经双方同意得指定其他单位进行联系。"签订该协议的两个组织只是负责联系该协议未予规定的相关其他事宜。可见，在进行具体的刑事司法互助活动时，依照协议所规定的程序，具体负责联络和办理相关事宜的机构并不是签订协议的两个主体，而是具体的业务主管部门。而且，协议还规定，"业务主管部门人员进行定期工作会晤、人员互访与业务培训合作，交流双方制度规范、裁判文书及其他相关资讯。"所谓"具体的业务主管部门"，在刑事法律领域中主要指的是两岸的司法机关、司法行政机关、刑事侦查机关，在必要的情况下其他官方机构也可以参与。因而由此规定可以得知，协议实际上确定了司法机关直接接触办理司法互助的模式，肯定了双方在官方层次开展司法合作的必要性，反映出双方惩治跨两岸刑事犯罪的真诚态度与务实精神，是对过去通过第三方模式、以民间名义模式的彻底改变。这也是对海峡两岸理论界关于签订刑事司法互助协议之共同呼吁的积极回应。①

（四）明确揭示中国区际刑事司法合作的路径

《海峡两岸共同打击犯罪及司法互助协议》的积极意义不仅在于其将海峡两岸的刑事司法合作活动推向了一个崭新的阶段与层次，而且明确揭示了中国区际刑事司法合作的适当路径，对中国区际刑事司法的整体发展有着重要的示范意义，即中国范围内不同法域之间进行的刑事司法互助活动，不必局限于某些方面。中国范围内的各个法域完全能够直接地开展全方位的区际刑事司法互助活动。详言之，虽然与港澳两个特别行政区政府于 2005 年 5 月 20日签订的《关于移交被判刑人的安排》相比较，《海峡两岸共同打击犯罪及司法互助协议》是由不属于正式官方机构性质的海峡两岸关系协会与财团法人海峡交流基金会所签订的，因而不具有法律的属性，然而，该协议所确定的中国大陆与台湾地区开展刑事司法互助的内容，却大大地超过了港澳特别行政区《关于移交被判刑人的安排》的范围，即协议确定了海峡两岸可以开展上述八个方面的区际刑事司法互助活动，而港澳特别行政区《关于移交被判刑人的安排》仅仅是就被判刑人移交这一种区际刑事司法互助活动作出规定。所以，《海峡两岸共同打击犯罪及司法互助协议》不仅突破了过去海峡两岸进行刑事司法互助的旧模式，而且在中国区际刑事法的层面大大地扩展了中国

---

① 参见林锦村：《论海峡两岸之刑事司法协助》，载台湾《法令月刊》1996 年第 12 期。

范围内不同法域所能开展之刑事司法互助的范围。

三、《海峡两岸共同打击犯罪及司法互助协议》的现实缺憾

无论是在海峡两岸之间的刑事司法合作的层面，还是在中国区际刑事法的层面上，《海峡两岸共同打击犯罪及司法互助协议》都具有鲜明的特色和积极的意义。但是，从更加完备的角度视之，该协议并非完美无瑕，相反，仍有一定的缺憾。

（一）协议的性质存在模糊性

由于现实原因，《海峡两岸共同打击犯罪及司法互助协议》并非由海峡两岸相关官方机构签订，但该协议却具有一定的约束力，如其第21条第1款规定，"双方应遵守协议"。不过，从理论上分析，该协议在性质上具有一定的模糊性。

首先，该协议虽为民间组织签订的协议，但也有一定的法律约束力。大陆方面的《海峡两岸交流协会章程》第1条规定，海峡两岸关系协会是社会团体法人。台湾地区的《海峡交流基金会章程》第1条也规定，该基金会在性质上是财团法人。可见，二者都不是官方机构，而是民间社团。二者之间签订协议，虽然符合其各自的职责或者业务，但所签协议并不具有官方正式法律文件的性质。当然，二者可以接受官方的授权开展某些活动。如大陆方面的《海峡两岸交流协会章程》第4条规定，本会接受有关方面委托，与台湾有关部门和授权团体、人士商谈海峡两岸交往中的有关问题，并可签订协议性文件。台湾地区的《海峡交流基金会章程》第3条载明，其可接受"政府委托"办理有关业务。这就意味着海峡两岸官方机构可以承认两会签订之协议的效力。如国务院台湾事务办公室在官方网站上就将上述协议列入"法律法规"栏目中。① 因而该协议又不同于一般性质的民间组织间协议，而是具有一定法律约束力的文件。而前述港澳特别行政区间的《关于移交被判刑人的安排》却属于不同法域政府间的正式法律文件，具有完全的法律约束力。两个协议（安排）在性质上存在相当大的差异。

其次，签订主体与执行主体并不一致，签订主体不属于官方机构，但协议却对有关官方机构具有约束力。《海峡两岸共同打击犯罪及司法互助协议》的多个条文都有"双方"这样的用词，某些条文中有"己方"、"请求方"、"对方"、"受请求方"等用词。笔者认为，这里的"双方"并不是指签订协议的大陆的"海峡两岸关系协会"和台湾的"海峡交流基金会"两方，而是指二者分别代表的"大陆地区"、"台湾地区"。如协议第12条规定："双方同意及时通报对方人员被限制人身自由、非病死或可疑为非病死等重要讯息，并依己方规定为家属探视提供便利"。显然，这里的"对方"、"己方"指的就是大陆地区或者台湾地区。其实，这一点从协议第3条关于联系主体的规定中也可看出。该条第1款有"双方"、"各方"的用词，但第2款对其他相

---

① 参见国务院台湾事务办公室网站"法律法规"栏目，http://www.gwytb.gov.cn/flfg.asp。

关事宜的问题作规定时，却将联系主体确定为海峡两岸关系协会、海峡交流基金会，而没有用"双方"这样的词语。因此，根据体系解释方法，该协议条文所涉及的某一"方"指称的是海峡两岸的某个地区。可见，该协议的签订主体与执行主体并不一致，即签订的主体是具有民间组织性质的海峡两岸关系协会和海峡交流基金会，而具体负责执行该协议的主体却是海峡两岸有关的官方机构，且主要是司法机关、司法行政机关以及刑事侦查机关，即该协议对具体的执行机关也具有约束力。

所以，《海峡两岸共同打击犯罪及司法互助协议》虽然是海峡两岸民间组织签订的协议，但其都经过了海峡两岸官方的授权，在性质上不再是简单的民间协议，而具有官方的性质，从而对海峡两岸的有关官方机构具有一定的约束力。该协议在性质上的这种模糊性，是由海峡两岸的现实政治状况所决定的，虽然在客观上是其不可避免的一个缺憾，但反映了中国大陆与台湾地区灵活、务实地进行刑事司法合作的精神，其实并不影响该协议的实际运作。

（二）协议的内容过于原则

《海峡两岸共同打击犯罪及司法互助协议》在内容上比较丰富，广泛地包容了各个方面的刑事司法合作制度。但是，应当注意到，该协议总共 24 个条文，而具体涉及刑事司法合作的实体性条文仅有 7 个，且多数刑事司法互助制度在程序上均按照第 13 条至第 20 条的规定进行。这种简单规定的模式使得相关刑事司法合作制度过于原则。

首先，具体刑事司法合作制度在实体内容上过于原则。该协议用 7 个条文规定了前述八个方面的刑事司法合作制度。而实际上，每个方面的刑事司法合作制度都有比较复杂的内容，在有关的国际条约、区际条约或者某些国家和地区的立法中往往会被详细地作出规定。例如，该协议第 11 条规定了"罪犯移管（接返）"，内容仅涉及移管原则、三方同意规则，而不管是在国际刑事司法协助中，还是中国区际刑事司法合作中，被判刑人的移管或者移交都是比较重要和复杂的制度，内容涉及指定机关、移管条件、移管拒绝、刑罚执行、重新审理、赦免与减刑等方面。从条文数量上看，中国（大陆）和乌克兰于 2001 年 7 月 21 日签订的《关于移管被判刑人的条约》共有 21 个条文。香港与澳门两个特别行政区签订的《关于被判刑人移交的安排》共有 14 个条文。除此之外，分别类似于该协议中的遣返、刑事司法互助等制度的引渡、刑事司法协助，同样在内容上都很具体，条文数量也较多。例如，中国（大陆）与巴西于 2004 年 11 月 12 日签订的引渡条约共有 22 个条文，中国（大陆）与澳大利亚于 2006 年 4 月 6 日签订的《关于刑事司法协助的条约》共有 25 个条文，比较详尽地对引渡、刑事司法协助的相关问题作出了规定。相比之下，《海峡两岸共同打击犯罪及司法互助协议》对海峡两岸刑事司法合作的相关制度规定得比较简略。而且，该协议对某些内容根本没有涉及，如对军事犯、死刑犯的处理，犯罪工具的处理等问题。

其次，具体刑事司法合作制度在程序内容上也不够具体。《海峡两岸共同打击犯罪及司法互助协议》在其第四章从第 13 条至第 20 条以 8 个条文规定了海峡两岸进行刑事司法合作操作所遵循的程序。尽管在内容上也比较完备地规定了八个方面的问题，但是，这里的规定没有考虑到某些刑事司法合作制度形式上的差异所导致的程序上的不同。例如，被判刑人的移管与刑事嫌疑犯的遣返（在国际刑事司法协助中被称为"引渡"）在程序上存在某些区别，二者与犯罪侦查互助、罪赃移交也存在不同。而且，对于请求的推迟、罪犯权利保障等问题，上述协议也付之阙如。笔者初步认为，该协议对海峡两岸刑事司法互助程序作出如此简单的规定，可能会使该协议缺乏足够的可操作性，从而不利于实际执行机关顺利、有效地开展相关执法活动。

（三）协议的形式具有混合性

从名称上看，《海峡两岸共同打击犯罪及司法互助协议》涉及两个部分的内容：一是共同打击犯罪问题；二是司法互助问题。其司法互助的内容又可分为三个方面：一是刑事司法互助，如罪赃移交、罪犯移管、人道探视；二是民事司法互助，如判决认可；三是在刑事与民事司法活动均可展开的互助，如送达文书、调查取证。因此，该协议并不是纯粹的刑事司法互助协议，也不是纯粹的民事司法互助协议，而是将刑事与民事司法互助事宜同时规定于一起、在形式上具有混合性的协议。

在同一个条约或者协议中同时规定民事与刑事司法协助事宜的模式（民刑合一模式），在中国大陆地区对外签订的条约中确实存在，如中国（大陆）与俄罗斯于 1992 年 6 月 19 日签订的《关于民事和刑事司法协助的条约》。据统计，中国（大陆）与其他国家签订的此类条约共有 16 个。[①] 澳门特别行政区也采用了这种模式与其他国家签订司法互助（协助）协定，如澳门特别行政区与东帝汶签订的《法律及司法互助协定》及与葡萄牙签订的《法律及司法协助协定》。[②] 但是，在中国大陆分别就刑事与民事司法协助活动与其他国家签订协议的模式（即民刑分离模式）却相对处于主导地位。据统计，中国大陆与其他国家签订的刑事司法协助条约有 31 个。[③] 这种模式其实在中国其他法域也同样存在。例如，香港特别行政区分别就刑事和民事司法协助事宜

① 中国分别与波兰（1987 年）、蒙古（1989 年）、罗马尼亚（1991 年）、俄罗斯（1992 年）、古巴（1992 年）、乌克兰（1992 年）、哈萨克斯坦（1993 年）、白俄罗斯（1993 年）、埃及（1994 年）、吉尔吉斯斯坦（1996 年）、塔吉克斯坦（1996 年）、乌兹别克斯坦（1997 年）、越南（1998）、老挝（1999 年）、立陶宛（2000 年）、朝鲜（2003 年）等 16 个国家签订了关于民事和刑事司法协助的条约。参见《中外刑事司法合作 20 年》，载《法制日报》2009 年 3 月 6 日第 9 版。

② 参见澳门特别行政区印务局网站"法例"栏目，http://cn. io. gov. mo/Legis/International/2/18. aspx。

③ 此处所论之刑事司法协助条约是指就狭义的刑事司法协助签订的条约。具体而言，中国分别与加拿大（1994 年）、保加利亚（1995 年）、韩国（1998 年）、哥伦比亚（1999 年）、突尼斯（1999 年）、美国（2000 年）、菲律宾（2000 年）、印度尼西亚（2000 年）、爱沙尼亚（2002 年）、南非（2003 年）、泰国（2003 年）、拉脱维亚（2004 年）、巴西（2004 年）、墨西哥（2005 年）、秘鲁（2005 年）、法国（2005 年）、西班牙（2005）、葡萄牙（2005 年）、新西兰（2006 年）、澳大利亚（2006 年）、纳米比亚（2006 年）、阿尔及利亚（2006 年）、巴基斯坦（2007 年）、日本（2007 年）、委内瑞拉（2008）等 31 个国家签订了此类协议。参见《中外刑事司法合作 20 年》，载《法制日报》2009 年 3 月 6 日第 9 版。

与世界上其他国家签订协定，甚至在刑事司法协助方面也区分移交逃犯、移交被判刑人和狭义的刑事司法协助，分别与其他国家或者地区签订协定。① 经查询有关网站得知，中国台湾地区也采用此种模式与其他国家有关机构签订司法互助协定，如驻美国台北文化代表处与美国在台协会于 2002 年 3 月 26 日签订的《刑事司法互助协定》。② 总之，在对外签订司法协助的条约或者协定方面，中国各个法域采用的既有民刑分离模式，又有民刑合一模式，而民刑分离模式相对来说处于主导地位。当然，在当前的情况下，海峡两岸就共同打击犯罪、进行司法互助，采用民刑合一模式签订协议，经历了一个从无到有的过程，比过去有很大的突破，还是值得肯定的。

在刑事和民事司法协助活动中，确实有些制度在实体和程序方面存在一定的共同之处，如法律文书送达。不过，笔者认为，刑事和民事司法协助活动有着不同的性质，主要表现如下：（1）对象不同，即刑事司法协助活动针对刑事犯罪而展开，民事司法协助的对象则是民商事案件（包括仲裁案件），因而二者主要涉及的合法权益有所不同，即刑事司法协助活动与不同国家的刑事诉讼和刑罚执行紧密相关，更多地关涉国家维护统治秩序的现实利益，而民事司法协助活动尽管也关涉国家民事司法主权，但其主要涉及民众的民事合法权益。（2）执行主体不同。刑事司法协助活动的开展，除了司法行政部门的参与外，还经常需要司法机关（如法院、检察院）以及刑事侦查机关的直接参与，而民事司法协助活动的开展，主要是由司法行政部门负责的。因此，笔者较为积极地肯定采用分离模式签订司法协助的模式，即应分别就刑事和民事司法协助或者互助的事宜，签订相关的协议或者条约。由此观之，《海峡两岸共同打击犯罪及司法互助协议》采用民刑合一的方式规定司法互助事宜，略有不当。在未来完善该协议时，可采用民刑分离的模式。

四、全面构建中国区际刑事司法合作法律机制的构想

大陆地区的海峡两岸关系协会与台湾地区的海峡交流基金会签订的《海峡两岸共同打击犯罪及司法互助协议》，在实践的层面上为两岸司法机关更为紧密地开展刑事司法合作，严厉惩治跨境刑事犯罪，提供了较为全面的依据，在理论的层面上则在一定程度上响应了海峡两岸法律界关于尽快签订司法互助协议的呼吁。而从中国区际刑事司法的角度看，该协议对中国范围内各法域的司法机关更为有成效地开展区际刑事司法合作，各法域法学界更为深入地研讨区际刑事法律问题，将会起到重要的推动作用。该协议的顺利签订以及生效实施，标志着中国各法域的刑事法治合作进入到一个崭新的时代，表明中国区际刑事司法合作之整体法律机制的构建逐步具备条件。中国各法域的司法实务界和法学界，都有必要正视并深入研究如何构建中国区际刑事司

---

① 参见香港特别行政区律政司网站"公约与国际协定"栏目，http://translate. legislation. gov. hk/gb/www. legislation. gov. hk/cchoice. htm#bf。

② 参见台湾地区法律检索网站，http://db. lawbank. com. tw/FLAW/FLAWDAT01. asp? lsid = FL017932。

法合作法律机制的问题。对此，笔者拟提出如下几个方面的构想并予以探讨。

（一）中国各法域应积极签订刑事司法合作协议

有效地惩治和预防跨境刑事犯罪，不单是海峡两岸司法机关所面临的问题，也是中国其他法域司法部门应该承担的任务，因而通过签订刑事司法互助协议，为打击和防范跨越法域之刑事犯罪提供坚实的法律根据，是中国各个法域维护社会良好秩序的现实需要。中国区际刑事司法互助协议的签订主体自然不能限于海峡两岸的有关组织，而应扩展至中国其他法域的有关机构。换言之，香港特别行政区、澳门特别行政区与中国内地三者之间，以及台湾地区与香港特别行政区、澳门特别行政区之间，都可以根据彼此的实际需要和法律制度的现行规定，以灵活、务实的态度签订刑事司法互助协议。

之所以这么说，是因为中国各个法域之间分别互相签订刑事司法互助协议，从理论上看并不存在难以克服的障碍。海峡两岸在不纠缠于政治问题的前提下较为顺利地就两岸开展刑事司法互助签订协议，在一定程度上表明暂时的政治分歧应该让位于海峡两岸的社会稳定与经济发展，让位于人民的切实利益。① 既然海峡两岸虽有某些政治分歧但仍能就惩治跨境犯罪达成共识，形成具有约束力的协议，那么，在成功实践"一国两制"之政治制度，并不存在政治分歧的中国大陆与香港特别行政区、澳门特别行政区之间，应当更能够直接签订区际刑事司法合作的协议，② 并在本法域内通过立法的形式将协议的内容转化为有效的法律规定。进一步说，台湾地区与香港特别行政区及其与澳门特别行政区同样可以避开政治问题，就区际刑事司法合作问题进行沟通与交流，签订相关协议，将区际刑事司法合作的内容、模式、主体予以法律化，从而建立稳定的区际刑事司法合作机制。当然，从程序上看，台湾地区与香港及其与澳门签订刑事司法互助协议，需要经过特定的步骤。根据《中央人民政府处理"九七"后香港涉台问题的基本原则和政策》与《中央人民政府处理"九九"后澳门涉台问题的基本原则和政策》的精神，③ 在港澳特别行政区方面需要中央人民政府的批准或者经中央人民政府授权的特区行政长官的批准。而台湾地区在目前似乎也不太可能直接在官方层面上与港澳特别行政区签订协议，但台湾方面可根据台湾地区《香港澳门关系条例》第7条的规定，授权其驻港澳特别行政区的相关机构来签订有关协议。不过，在海峡两岸已经有成功范例的情况下，这应该不是太大的问题。

所以，《海峡两岸共同打击犯罪及司法互助协议》充分地表明中国各个法域之间同样能够像大陆与台湾地区那样，直接地签订协议，进行多方面的刑

---

① 对此，笔者在数年前的一篇论文中曾指出，关于海峡两岸的刑事司法合作，应尽量避免掺入政治上的歧见，以期合理解决两岸法律上的冲突。参见赵秉志：《关于建立海峡两岸刑事司法协作关系的研讨》，载赵秉志主编：《中国区际刑法问题专论》，中国人民公安大学出版社2005年版，第278页。

② 港澳特别行政区政府有关部门与中央人民政府某些部门已经就刑事法律问题的某些合作签订了相关的安排，例如，公安部港澳台事务办公室与香港特别行政区保安局于2000年10月13日签订了《内地公安机关与香港警方关于建立相互通报机制的安排》。

③ 参见国务院台湾事务办公室网站"法律法规"栏目，http://www.gwytb.gov.cn/flfg.asp。

事司法互助活动，适应惩治跨法域犯罪的现实需要。中国区际刑事司法互助协议的签订自然不必限定于海峡两岸的中国大陆与台湾地区之间。

（二）区际刑事司法互助协议应采用民刑分离模式

关于中国各个法域签订区际刑事司法互助协议的模式，如前所述，应当采用分离的模式，即就相互之间的刑事司法互助事宜单独地签订协议；而非采用民刑合一的方式，将刑事与民事司法互助的有关事宜规定于同一个协议中。这种模式符合区际民事和刑事司法互助具有不同特点的实际情形，能够适应区际之间有效地应对烦琐复杂的刑事司法互助要求，将各自法域的相关刑事司法力量集中到对跨境犯罪的处理上，同时，也有利于各个法域之间另行建构完善的区际民事司法互助机制。

当然，客观而言，各个法域采用分离模式签订区际刑事司法互助的协议尚缺乏可以直接仿效的适例。尽管香港特别行政区与澳门特别行政区所签订的《关于移交被判刑人的安排》在性质上属于区际刑事司法互助协议，但是，该安排仅仅是港澳特别行政区就被判刑人移交（移管）这一具体刑事司法互助制度所达成的协议。直至目前，中国范围内的各个法域并没有专门就刑事司法互助事宜签订过专门的协议。对此，笔者认为，各法域可根据中国区际刑事司法互助的性质和特点以及自身的实际需要，参考本地区与世界上其他国家或者地区签订之刑事司法协助的形式、内容和有关技术，经过协商签订双边或者多边的区际刑事司法互助协议。

（三）就区际刑事司法互助活动全面地签订协议

不管是与海峡两岸红十字会组织签订的《金门协议》，还是与港澳特别行政区政府签订的《关于移交被判刑人的安排》相比，《海峡两岸共同打击犯罪及司法互助协议》在区际刑事司法互助的内容上都有很大的突破，如前所述，此协议涉及八个方面的刑事司法互助制度。这八个方面的制度除了刑事犯、刑事嫌疑犯的遣返、被判刑人的移管外，都属于狭义的刑事司法互助。[①] 但是，不仅该协议对这八个方面的刑事司法互助制度规定得非常简略，而且，某些重要的刑事司法协助制度在该协议中还没有得到规定，这主要有：（1）暂时移交在押人员以便作证；（2）追查、限制、追缴和没收犯罪活动工具，包括限制处分或者冻结被指称与刑事事项有关的财产；（3）刑事案件移交；（4）较为广泛的刑事判决承认与执行。因此，尽管该协议从广义的角度确定了刑事司法互助的内容与范围，但是，其并没有就区际之间需要进行的所有刑事司法互助活动全面地作出规定。

不管是立足于《海峡两岸共同打击犯罪及司法互助协议》的未来完善，还是基于构建区际刑事司法互助法律机制的立场，都有必要考虑中国区际刑事司法互助协议的全面性。

首先，需要构建全面的区际刑事司法互助法律机制。中国区际跨境犯罪在复杂性和危害性上并不亚于跨国犯罪，因而对其进行惩治的活动也同样需

---

① 关于狭义的刑事司法互助，请参见马克昌：《我国区际刑事司法协助的内容刍议》，载赵秉志、何超明主编：《中国区际刑事司法协助探索》，中国人民公安大学出版社 2002 年版，第 301～313 页。

要全面的刑事司法合作机制。而中国内地与其他国家正在努力地签订引渡、被判刑人移管、狭义刑事司法协助的条约，内容广泛而又丰富，涵盖了国际刑事司法协助的所有方面。① 香港特别行政区则区分为三个方面分别与其他国家签订刑事司法互相协助的协定，即关于逃犯移交的协定、关于刑事司法协助的协定、关于移交被判刑人的协定。② 因此，相比之下，关于惩治区际跨境犯罪而建构的刑事司法互助机制就非常简单，甚至在某些法域之间尚处于空白状态。而且，不同的具体区际刑事司法互助制度只能在某些刑事诉讼、刑罚执行阶段才能实施。例如，狭义的刑事司法协助可以发生在任何刑事诉讼阶段，包括刑罚执行阶段，而引渡或者逃犯移交则可发生在刑事诉讼进行中，也可发生在刑事诉讼结束后，刑事诉讼转移只能发生在刑事诉讼进行中，被判刑人移管只能发生在刑事诉讼结束后。在这样的情况下，如果对区际跨境犯罪不建立全面的刑事司法互助机制，可能在某些刑事活动阶段无法给予犯罪人适当的刑事处罚，不利于对跨境犯罪的有效惩治。

其次，针对区际协议中要规定的刑事司法互助制度，签订主体应该注意全面、具体地规定其内容，在原则性与可操作性中慎重地做好选择。在理论论证充分、实践经验足够的情况下，中国范围内各个法域应尽可能在协议中具体、详尽地对某项区际刑事司法互助制度作出规定。否则，就会严重影响该项区际刑事司法互助制度的具体适用。这其实也表明，各个法域在签订协议时，尽可能不要在广义刑事司法协助的层面上签订协议，应参考本地区与其他国家或地区间签订国际刑事司法协助的经验，分别就逃犯移交（遣返）、被判刑人移管、狭义刑事司法协助签订协议，从而逐步形成比较完善的中国区际刑事司法互助法律机制。

五、结语

当前，中国的各个法域保持着良好的经济、文化交往，而屡屡发生的跨法域刑事犯罪严重地影响了各个法域的社会进步、经济发展以及人民的正常生活秩序。严厉地惩治以及有效地预防此类犯罪，成为各个法域所共同面临并需要通力合作予以解决的现实问题。而这不仅对各个法域自身的刑事法治建设提出了明确的要求，而且，也促使每个法域积极寻求与其他法域在刑事司法领域的合作与互助，并逐渐形成完善、稳定的法律机制。但是，因为种种原因，中国区际刑事司法互助法律机制的构建在进展中并不顺利。不过，正因为如此，某些法域之间所签订的刑事司法互助协议才显得意义非凡。《海峡两岸共同打击犯罪及司法互助协议》即属此方面的标志性文件，无论是在

---

① 例如，中国与澳大利亚于2006年4月6日签订的《关于刑事司法协助的条约》。不过，在具体的各个刑事法协助协议中，刑事司法协助的范围也有可能存在差异。参见中国外交部网站"资料"栏目，http://www.fmprc.gov.cn/chn/pds/ziliao/tytj/tyfg/default.htm。

② 例如，香港特别行政区与澳大利亚之间的刑事司法协助即是如此。参见香港特别行政区律政司网站"公约与国际协定"栏目，http://translate.legislation.gov.hk/gb/www.legislation.gov.hk/cchoice.htm#bf。

海峡两岸共同打击犯罪、开展刑事司法互助活动方面，还是在各法域加强合作、惩治跨境犯罪方面，都具有重要的实践价值，在内容方面更是将中国区际刑事司法互助法律机制的发展大大推向前进，从而在中国区际刑事法理论上亦具有积极的开拓意义。从理论上分析该协议的积极价值以及对中国区际刑事司法合作法律价值构建的示范意义，无疑是当前中国区际刑事法方面实践与理论领域的共同而重要的课题。

【犯罪学与刑事政策专题】

当代我国职务犯罪的惩治与预防

高铭暄* 陈 璐**

目 次

当前，职务犯罪的滋生与蔓延已经给我国的法治现代化建设造成了严重阻碍，近年来一直是司法机关打击犯罪的重点。职务犯罪不但亵渎国家公务人员全心全意为人民服务的宗旨，而且影响国家政治声誉、破坏社会主义政治文明、经济文明的建设进程，因而对职务犯罪的惩治与预防不仅是刑事法律在规范国家权力运行方面的应有任务，而且是政府提高执政能力，坚持科学执政、民主执政、依法执政的重要手段。虽然我国的刑事立法以及社会监督机制都对职务犯罪的惩治与预防给予了积极的回应，并取得了初步成效，但是我国治理职务犯罪还存在着预防立法滞后以及重刑事惩罚、轻社会预防等方面的缺陷，特别是随着我国经济体制改革的纵深发展以及对外开放程度的进一步加大，职务犯罪呈现出新的表现形式和发展趋势，传统的以刑事惩治为主要手段的治理模式已经不能满足有效遏制职务犯罪的需要。本文试图

* 北京师范大学刑事法律科学研究院名誉院长、特聘教授、博士生导师，中国刑法学研究会名誉会长，国际刑法学协会名誉副主席暨中国分会名誉主席。
** 北京师范大学刑事法律科学研究院博士研究生。

在厘清职务犯罪概念、范围的基础上，分析我国职务犯罪的刑事法治状况以及社会控制状况，并提出了建立惩治与预防并重的综合治理模式的具体举措，冀望能对我国职务犯罪的治理与防范有所裨益。

一、职务犯罪的概念和表现特点

（一）职务犯罪的概念

职务犯罪是一个类罪概念，对于职务犯罪的概念，国内学者的观点并不统一，概念不统一的直接结果就是界定职务犯罪的外延范围有所不同。① 我们认为，之所以把若干罪名合在一起统称为职务犯罪，是因为这类犯罪具有共同的特征和危害，主要表现在以下四个方面：第一，其主体必须是国家工作人员（单位），这是职务犯罪对身份的要求；第二，必须是国家工作人员基于故意或者过失实施的行为，这是职务犯罪对主体主观罪过的要求；第三，必须是国家工作人员利用职责所赋予的权力实施的贪赃枉法、徇私舞弊等的行为，这是职务犯罪对行为客观方面的要求；第四，这种行为必须亵渎了国家公权力的清正廉明或者损害了国家机关的正常管理秩序，这是职务犯罪对行为侵害的客体的要求。这些罪所具有的共同特征使得我们有必要将其作为一个类罪进行综合分析，澄明利弊，并有针对性地提出治理与防范措施，这是促进我国刑事法治的需要，也是刑法在国家政权法治建设中发挥应有作用的体现。基于此，我们可以将职务犯罪定义为国家工作人员利用职务之便贪污公共财物、收受贿赂或者滥用职权、玩忽职守、徇私舞弊，破坏国家工作人员职务行为廉洁性或者国家机关正常管理活动的行为。其外延集中表现为两大类犯罪。

第一，侵犯国家工作人员职务行为廉洁性的职务犯罪，即刑法分则第八章规定的 8 种贪污贿赂犯罪。具体包括贪污罪（第 382 条、第 394 条）、挪用公款罪（第 384 条）、受贿罪（第 385 条、第 388 条）、单位受贿罪（第 387 条）、巨额财产来源不明罪（第 395 条）、隐瞒境外存款罪（第 395 条）、私分国有资产罪（第 396 条）和私分罚没财物罪（第 396 条）。贪污贿赂罪中的其他罪名，如行贿罪、对单位行贿罪、介绍贿赂罪以及单位行贿罪，由于其不是国家工作人员（单位）利用职务便利实施的犯罪，因此不是职务犯罪。

第二，侵犯国家机关正常管理活动的职务犯罪，即刑法分则第九章规定的 36 种渎职犯罪。具体包括滥用职权罪（第 397 条），玩忽职守罪（第 397 条），故意泄露国家秘密罪（第 398 条），过失泄露国家秘密罪（第 398 条），徇私枉法罪（第 399 条），民事、行政枉法裁判罪（第 399 条），执行判决、裁定失职罪（第 399 条），执行判决、裁定滥用职权罪（第 399 条），枉法仲裁罪（第 399 条之一），私放在押人员罪（第 400 条），失职致使在押人员脱

---

① 关于职务犯罪的外延范围，有以下几种观点：第一种观点认为职务犯罪包括三种，一是贪污贿赂犯罪，二是渎职犯罪，三是国家机关工作人员利用职权实施的侵犯公民人身权利、民主权利犯罪；第二种观点认为职务犯罪包括四种，除了以上三种外，还包括军人违反职责犯罪；第三种观点认为职务犯罪不仅包括国家工作人员职务犯罪，也包括非国有公司、企业、事业单位职务人员犯罪。

逃罪（第400条），徇私舞弊减刑、假释、暂予监外执行罪（第401条），徇私舞弊不移交刑事案件罪（第402条），滥用管理公司、证券职权罪（第403条），徇私舞弊不征、少征税款罪（第404条），徇私舞弊发售发票、抵扣税款、出口退税罪（第405条），违法提供出口退税凭证罪（第405条），国家机关工作人员签订、履行合同失职被骗罪（第406条），违法发放林木采伐许可证罪（第407条），环境监管失职罪（第408条），传染病防治失职罪（第409条），非法批准征用、占用土地罪（第410条），非法低价出让国有土地使用权罪（第410条），放纵走私罪（第411条），商检徇私舞弊罪（第412条），商检失职罪（第412条），动植物检疫徇私舞弊罪（第413条），动植物检疫失职罪（第413条），放纵制售伪劣商品犯罪行为罪（第414条），办理偷越国（边）境人员出入境证件罪（第415条），放行偷越国（边）境人员罪（第415条），不解救被拐卖、绑架妇女、儿童罪（第416条），阻碍解救被拐卖、绑架妇女、儿童罪（第416条），帮助犯罪分子逃避处罚罪（第417条），招收公务员、学生徇私舞弊罪（第418条），失职造成珍贵文物损毁、流失罪（第419条）。

　　应当指出，本文界定的职务犯罪概念主要突出了其主体和客体特征，用以凸显对国家公职人员辜负权力使命消极腐化行为的惩治与预防，增强了治理的政策性与针对性。我国现行刑法分则将贪污贿赂犯罪与渎职犯罪分章设置，这反映了我国反腐倡廉的信心与决心，但是从本质上看，贪污贿赂罪与其他渎职罪均属于职务犯罪，都具有亵渎职务的共性，所以笔者曾经主张将贪污贿赂罪纳入渎职罪一章，分节规定贪污罪、贿赂罪、玩忽职守罪等类型的渎职犯罪。如此安排，不仅反映了这类犯罪的本质属性，而且在节的层次上也同样突出了以刑法惩治与预防贪利型渎职罪即腐败型犯罪的需要。[①]

（二）我国当前职务犯罪的表现特点

　　当前我国正处于转型时期，各项改革处于攻坚阶段，各种社会矛盾凸显，职务犯罪仍呈现急剧上升的趋势，其案件数量居高不下，犯罪形式和特点不断翻新变化，已成为困扰我国法治建设的一大障碍。因此探索新时期职务犯罪的形式特点以及我国预防职务犯罪的发展趋势，有助于我们更加有针对性地寻找预防职务犯罪的最佳治理模式与途径。

　　1. 职务犯罪与经济活动的关系愈加密切

　　随着社会主义市场经济体制改革向纵深发展，那些对市场经济主体行使调控职能的部门逐渐成为职务犯罪的多发领域，这些部门在经济体制的改革过程中扮演着制定政策法规、维护市场秩序的重要作用，但是在市场经济体制建设的初级阶段，由于缺乏成熟的法律制度的监督与约束，其职务行为往往得不到有效规范，极易在行政审批、政府采购、招标投标等活动中利用职权进行权钱交易而发生职务犯罪。当前，我国职务犯罪呈现出与经济体制改

---

① 参见高铭暄、赵秉志著：《中国刑法立法之演进》，法律出版社2007年版，第165～166页。

革的关系越来越密切的趋势，主要集中于以下领域。①　第一，国有企业重组、改制、破产和经营活动，例如原机械工业部经济调节与国有资产监督司财务处处长陈洪喜在任职期间，利用机械工业部撤部建局的改革时机，将其掌管的机械工业部账外资金近 2000 万元转移并购买国债盈利，给国有资产造成了严重损失；第二，银行、证券、期货等虚拟经济领域的行政权实施，例如原中国银行上海市分行行长刘金宝在任职期间，利用职务便利，单独或与他人共同贪污 23 起，折合人民币共计 1428 万余元，收受贿赂折合人民币共计 143 万余元；第三，企业行政审批、资金管理和行政执法部门，例如原武汉市国土房产局副局长朱志强等 5 名国家工作人员与社会中介机构相互勾结，利用经济适用房摇号进行舞弊，从中非法牟利 100 多万元；第四，工程建设、招标投标、土地出让、征地拆迁、产权交易、政府采购、医药购销和资源开发活动，例如原贵州省交通厅厅长卢万里在贵州公路建设中大肆敛财，6 年间贪污受贿 6000 多万元，涉案违纪违法金额上亿元，创下贵州经济案之最；第五，资金高度密集领域和垄断性行业，例如前齐鲁石化公司董事长王延康因贪污受贿被开除党籍、撤销行政职务，随后不久继任的董事长张深也因经济犯罪被中石化纪委查处；第六，社会保障、医疗、就业和教育等涉及人民群众直接利益的领域，例如原国家食品药品监督管理局局长郑筱萸在任职期间，为多家制药企业在药品、医疗器械的审批等方面谋取利益，非法收受款物共计折合人民币 649 万余元；第七，存在重大安全生产责任事故隐患的煤炭、石油、化工、交通和食品药品安全等行业，例如原北京市房山区大安山乡人民政府副乡长李振民在关闭非法煤矿、打击私挖盗采工作中不认真履行职责，致使北京兴苑煤矿原 1112 采区非法开采发生死亡 3 人的重大责任事故。这些犯罪行为不但给我国经济建设造成了严重损失，而且损害了社会弱势群体的利益，给我国的改革大环境带来了极大的负面消极影响。应当看到，这种趋势一方面是经济体制改革与政治体制改革矛盾运动的体现，是经济发展对国家权力产生冲击的必然结果，另一方面，巨大的经济利益诱因也对我国治理职务犯罪造成了不可低估的阻碍。

2. 职务犯罪呈现更大的隐蔽性和专业性

在我国政治、经济体制改革与转轨时期，随着经济形式、市场主体的不断丰富扩大，政府监管的对象也进一步增多，而政府对这些新兴市场主体的管理并没有丰富的经验，相关制度也不成熟，政府每出台一项新的经济政策和改革措施，因无法及时与相关制度形成系统协调的配套体系，难免为职务犯罪提供新的机会，一些新形式的权权交易、权钱交易、权色交易、行政权力寻租、干部选拔中的不正之风等权力异化腐败现象必然会乘虚而入。首先，经济政策的宽缓与相关法律、法规及制度的缺失使得犯罪分子更容易钻法律空子，走政策边缘，制造模糊行为，企图使犯罪手段从非法型向"合法型"

---

①　参见《甘肃省预防职务犯罪条例》，甘肃省第十届人民代表大会常务委员会第二十八次会议于 2007 年 3 月 30 日通过，2007 年 6 月 1 日起施行，甘肃省人民代表大会常务委员会公告第 46 号公布。转引自杨迎泽、朱全景：《贪污贿赂犯罪惩治与预防并重》，载《中国检察官》2009 年第 1 期。

转变，从而使职务犯罪具有极大的隐蔽性。例如有的国家工作人员借合法报酬为名收受劳务费、介绍费；有的利用鉴定、试用、宣传作为伪装接受大件物品、名贵字画、股票等财产利益；还有的利用认亲结友、婚丧嫁娶等传统民俗、打牌下棋等娱乐形式变相接受贿赂。其次，随着金融、股票、期货、房地产行业以及高科技的发展，使得犯罪分子能够利用新兴行业所特有的专业知识与专业技能实施犯罪，从而使职务犯罪呈现出较大的专业性。① 这种隐蔽性和专业性极大地增加了司法机关查处职务犯罪的难度，给我国惩治与预防职务犯罪的任务提出了新的挑战。

3. 职务犯罪的跨国趋势更加明显

经济全球化使得各国对外交流的范围与程度进一步加大，职务犯罪尤其是以权钱交易为特征的贪污贿赂犯罪也呈现出跨国发展的趋势，已由国内现象演变为国际现象，各国均深受其害。主要表现在：有的贪污贿赂犯罪的涉案人员在案发前或者案发后逃往境外；有的贪污贿赂犯罪案件的证据、证人、受害人涉及境外；有的贪污贿赂案件的犯罪嫌疑人利用金融渠道和出入境机会向境外转移犯罪赃款、赃物。② 此外，还有一个重要的表现，就是一些跨国公司与国内公职人员相互勾结实施非法审批、权钱交易。这些跨国职务犯罪致使国家司法权无法充分发挥作用，造成了国有资产严重流失的后果，极大损害了国家的经济利益和国际形象。因此，联合打击职务犯罪、追回境外财产已成为国际社会的共同愿望。随着国际刑事司法合作的逐步加强，特别是我国签署加入《联合国反腐败公约》以来，国家间相互协助、支持打击职务犯罪的合作状况明显改观，但是由于各种政治因素以及各国刑事法律制度的差异，惩治职务犯罪的国际合作仍有诸多亟待解决的问题。

二、我国惩治与预防职务犯罪的状况

（一）我国惩治职务犯罪的刑事法治状况

新中国成立以后，关于职务犯罪的刑事立法主要体现为对贪污、贿赂行为的惩治。1949 年中国人民政治协商会议第一届全体会议通过的《中国人民政治协商会议共同纲领》第 18 条明文规定要严惩贪污行为，以此为依据，1952 年中央人民政府委员会第十四次会议批准的《中华人民共和国惩治贪污条例》遂设置贪污罪，明确了贪污罪的概念、入罪数额以及法定刑，并将受贿行为作为贪污罪的一种行为方式加以规定，所以当时并不存在独立的受贿罪罪名。在那个特定的历史时期，由于贪污贿赂犯罪被视为旧社会遗留下的"三害"、"五毒"，贪污犯往往被认为是"盗窃国家和人民财富的罪犯"，③ 因此最初的刑事立法将贪污贿赂犯罪与财产犯罪相混淆了。1979 年刑法就将贿

---

① 参见张中友主编：《预防职务犯罪——新世纪的社会工程》，中国检察出版社 2000 年版，第 82 页。

② 参见文盛堂：《反职务犯罪论略》，北京大学出版社 2005 年版，第 506 页。

③ 参见彭真：《关于中华人民共和国惩治贪污条例草案的说明》，载《彭真文选》，人民出版社 1991 年版，第 231 页。

赂犯罪与渎职犯罪共同规定在渎职罪一章中，而将贪污犯罪规定在侵犯财产罪一章中，这样的罪名设置混淆了犯罪行为的性质与侵犯的客体，造成了刑法典体系与实务操作的混乱。1988 年第六届全国人大常委会第二十四次会议通过了《关于惩治贪污罪贿赂罪的补充规定》，该规定设置了贪污罪、挪用公款罪、受贿罪、巨额财产来源不明罪等职务犯罪罪名，并规定了入罪的具体数额与法定刑，从这个单行刑法开始，贪污罪从财产犯罪中脱离了出来，与受贿罪合并在一起，从而共同具有了职务犯罪的特性。①

及至 1997 年新刑法颁布，职务犯罪罪名体例设置进一步规范，主要表现在以下三个方面。首先，将贪污犯罪从原刑法的财产犯罪中剥离出来，将贿赂犯罪从原刑法的渎职犯罪中剥离出来，并将贪污罪与贿赂罪合并成为独立的一章，作为分则第八章，与第九章渎职罪相并列，体现了刑法分则按照犯罪同类客体的不同进行分类设置的宗旨。其次，将虐待被监管人罪和私自开拆、隐匿、毁弃邮件、电报罪从原刑法的渎职罪中剥离出来，纳入侵犯公民人身权利、民主权利罪一章中，从而将渎职罪的犯罪主体限定为国家机关工作人员、将犯罪客体限定为国家机关的正常管理活动。② 再次，扩充了渎职罪的罪名种类，在 1979 年刑法 9 种罪名的基础上扩至 36 种罪名。至此，我国现行刑法关于职务犯罪的罪名设置就包括贪污贿赂罪中的 8 种罪名以及渎职罪中的全部 36 种罪名，这些罪名设置共同构成了我国惩治职务犯罪的刑事法律基础与依据。经过 10 余年的探索实践，我国惩治职务犯罪的刑事立法又在原有基础上逐步与国际公约的相关规定接轨，扩大了惩治范围，最突出的表现就是立法机关以刑法修正案的形式对职务犯罪的罪名进行了一系列的修改与补充。2002 年第九届全国人大常委会第三十一次会议通过了《刑法修正案（四）》，修改了刑法第 399 条的规定，增加了人民法院执行人员在执行判决、裁定活动中严重不负责任或者滥用职权的行为也构成犯罪的规定，即增设了执行判决、裁定失职罪与执行判决、裁定滥用职权罪。2006 年第十届全国人大常委会第二十二次会议通过了《刑法修正案（六）》，在第 399 条后增加一条，作为第 399 条之一，即增设了依法承担仲裁职责的人员在仲裁活动中故意违背事实和法律作枉法裁决的枉法仲裁罪。2009 年第十一届全国人大常委会第七次会议通过了《刑法修正案（七）》，在第 388 条后增加一条，作为第 388 条之一，规定了国家工作人员的近亲属、其他与该国家工作人员关系密切的人、离职的国家工作人员或者其近亲属以及其他与其关系密切的人利用影响力收受财物，均可构成受贿罪。这些立法的完善与补充使我国惩治职务犯

---

① 参见高铭暄、赵秉志：《中国刑法立法文献资料精选》，法律出版社 2007 年版，第 384~387 页。

② 国有公司、企业、事业单位工作人员的渎职性犯罪以及国家机关工作人员滥用职权实施的侵害其他客体的犯罪则被归入到其他类罪中。例如在破坏社会主义市场经济秩序罪的妨害公司、企业管理秩序罪一节中规定了非法经营同类营业罪，为亲友非法牟利罪，签订履行合同失职被骗罪，国有公司、企业、事业单位人员失职罪，国有公司、企业、事业单位人员滥用职权罪，徇私舞弊低价折股、出售国有资产罪等罪名。在侵犯公民人身权利、民主权利罪中规定了刑讯逼供罪、暴力取证罪、虐待被监管人罪、非法剥夺公民宗教信仰自由罪、侵犯少数民族风俗习惯罪、报复陷害罪等罪名。

罪的法网逐步趋于严密，显示了立法机关加强惩治职务犯罪力度的决心。

在实践中，全国各级检察机关坚决贯彻党中央关于推进新形势下反腐倡廉建设的决策部署，把查办和预防职务犯罪工作放在了更加突出的位置来抓。以过去的 2009 年为例，最高人民检察院共立案侦查各类职务犯罪案件 32439 件，共 41531 人，件数比上年减少了 3.3%，人数增加了 0.9%；立案侦查贪污贿赂大案 18191 件、重特大渎职侵权案件 3175 件；查办涉嫌犯罪的县处级以上国家工作人员 2670 人，其中厅局级 204 人、省部级 8 人；立案侦查失职渎职、侵犯人权涉嫌犯罪的国家机关工作人员 9355 人；会同有关部门抓获在逃职务犯罪嫌疑人 1129 人，追缴赃款、赃物共计 71.2 亿元。[①] 应该说，在我国惩治职务犯罪的实践中，检察部门发挥了应有的龙头作用，在一定程度上实现了职务犯罪一般预防与特殊预防的目的。

（二）我国预防职务犯罪的社会控制状况

当今世界各国都认识到治理职务犯罪仅依靠单一部门法根本无法达到有效遏制的目的，而且职务犯罪的原因除了公务员自身的主观恶性外，还有政治、经济、文化等各方面的社会复杂因素，因此要消除职务犯罪，除了刑法的惩治以外，还需要社会的综合控制与预防。有学者将思想、政治、经济、文化等方面的预防和对策统称为社会控制或社会预防，认为所谓社会控制，指的是从社会角度，依据职务犯罪产生的社会原因，对职务犯罪产生的政治条件、经济条件和文化条件进行控制，加快铲除职务犯罪产生的土壤，从而达到良好的社会控制效果。[②] 在我国，党和国家十分重视通过加强社会主义思想政治教育、政治体制改革、制度建设等社会综合手段来预防职务犯罪，也就是在观念上树立权为民所用、情为民所系、利为民所谋、全心全意为人民服务的理念，在外部制度上规范政府行为、促进政府职能转变，以实现内外兼治、双管齐下的效果。

首先，思想政治工作对于增强社会主义法治意识、净化国家工作人员的灵魂具有重大意义。自党的十五大确立依法治国的基本方略以来，我国兴起了一场大规模的复兴法治理论、繁荣法制建设的活动，党章和宪法先后修订，党的十六大报告不仅进一步确认了依法治国这一治国理政的基本方略，而且将其上升到与"党的领导"和"人民当家作主"并列的"三位一体"的执政理念。[③] 与此相适应，国家在党员中间广泛开展了理想教育、职业道德教育、人生观价值观教育以及廉政教育等与依法治国理念相契合的思想政治教育工作，教育公务员树立以大公无私、廉洁奉公、艰苦奋斗为荣，以不劳而获、损公肥私、贪赃枉法为耻的社会主义荣辱观念，增强公务员执政为民、自觉廉政的思想觉悟。在邓小平理论、"三个代表"重要思想、科学发展观的指导下，依法治国在规范国家公职人员职业行为方面的意义就在于既能充分利用

---

① 参见最高人民检察院检察长曹建明 2010 年 3 月 11 日在第十一届全国人大第二次会议上所作的《最高人民检察院 2010 年工作报告》。

② 参见周振想主编：《公务犯罪研究综述》，法律出版社 2005 年版，第 70 页。

③ 参见谢鹏程：《论社会主义法治理念》，载《中国社会科学》2007 年第 7 期。

国家权力促进和保障公民权利，又能防止国家权力的滥用和腐败，保证国家机关和公职人员正确地行使权力。及至 2007 年社会主义法治理念的提出，我国政法思想理论体系作为中国特色社会主义理论体系以及党执政治国理念的重要组成部分已日臻成熟，其基本要求包括健全完善立法、坚持依法行政、严格公正司法、加强制约监督、坚持依法执政等方面，这些理念及要求对于公职人员牢固树立法制观念、防止思想倒退腐化具有重要的潜移默化作用。

其次，政治体制与制度在职务犯罪的预防中起到了根本的宏观约束作用。一般来讲，我国治理职务犯罪的体制包括三个层次，"第一个层次是党的纪律检查委员会，负责全面查处各级党组织及其党员违反党章党纪的渎职行为，以防患其向犯罪转化，第二个层次是各级人民政府的监察机关，负责全面查处各级行政机关及其公务员违反行政纪律的渎职行为，以遏制其向犯罪发展；第三个层次是各级人民检察院，负责全面查处国家工作人员的职务犯罪行为。"① 时至今日，我国治理职务犯罪的实践按照惩治与预防并重的方针，已经形成了具有中国特色的治理体制与工作格局，在预防工作方面基本建立了遏制职务犯罪多层次、全方位的预防机制，具体包括党纪检查、行政监察、公民检举投诉、社会公众舆论监督等方面。应该说，任何现代政治体制的设置都体现了分权与避免职务犯罪的初衷，我国预防职务犯罪的体制与制度在设立宗旨、目的、任务上都体现了发挥社会主义民主的理念，从预防公务员犯罪的角度讲，主要体现为高度的社会主义民主和完善的监督体系对国家权力的制约，人民群众充分行使管理国家、参与社会公共事务的权利，通过强化政务公开、权力监督以及完善廉政制度来约束国家权力的运行。但是，这些本来应该相互衔接、相互配合的预防机制在现实中却不能很好地实现其原旨，究其原因，关键在于体制障碍与相关制度的缺失。因此，加快政治体制改革步伐，完善相关具体制度建设，是运用社会控制手段实现职务犯罪综合治理的当务之急。

（三）我国惩治与预防职务犯罪中存在的问题

多年来，我国职务犯罪的惩治与预防工作无论在机构专业化、法制化，还是在预防手段的多样化上都取得了一定进展，基本形成了具有中国特色的职务犯罪惩治与预防体系，但是在看到成绩的同时也应当认识到，我国的反职务犯罪斗争还存在着不可忽视的困境与不足。

1. 缺乏预防职务犯罪的专门法律

纵览世界上治理职务犯罪成效显著的国家和地区，其中一个重要的经验就是加强预防职务犯罪的立法，使其具体途径与措施法制化。而我国治理职务犯罪主要是依据刑法、刑事诉讼法，通过检察机关查处职务犯罪的手段来实现，缺乏预防职务犯罪的一般立法，主要表现在两个方面：第一，缺乏预防职务犯罪的专门性法律。长期以来，我国检察机关开展职务犯罪预防的主要依据是《中华人民共和国宪法》、《中华人民共和国人民检察院组织法》以

---

① 参见文盛堂：《反职务犯罪论略》，北京大学出版社 2005 年版，第 15 页。

及最高人民检察院颁布的几个"指导意见"，尽管目前我国有些地方出台了一些有关预防职务犯罪的单行立法，但是大多仅限于"条例"、"工作意见"、"决议"等形式，并没有一部全国性的专门法律，这一直是困扰检察机关有效开展预防职务犯罪工作的重大问题之一。① 第二，缺乏规范公务员公务行为的立法。只有将公务员的道德情操标准、行为准则、考核奖惩、财产管理等制度以法律的形式予以确认，才能使公职人员的公务行为有法可依、违法必惩。而就我国目前的情况看，尽管《中华人民共和国公务员法》规定了公务员的权利和义务以及相关的任免、奖惩条件，但是并没有具体涉及如何规范公务行为。这里有一个亟待解决的突出问题是我国至今尚未建立统一的国家工作人员财产申报制度。虽然 1995 年中共中央办公厅、国务院办公厅联合发布了《关于党政机关县（处）级以上领导干部收入申报的规定》，2001 年中共中央纪委、中共中央组织部发布了《关于省部级现职领导干部报告家庭财产的规定（试行）》，但是这并不属于严格的国家立法，仅停留在政策或法规层面，实践中的执行情况也不理想，存在着立法层次较低、申报主体范围过窄、申报种类单一、制度设计不严密、受理机构缺乏权威与监管力度等方面的缺陷。② 立法缺失与滞后的直接后果就是国家公务人员的贪腐、渎职行为只有发展到了犯罪的严重程度时才被揭发出来，而这个时候其犯罪行为往往无可挽救，已经给国家、人民造成了不可弥补的损失，令官员和民众都嗟叹不已。

2. 存在"重打击、轻预防"的现象

由于预防立法的缺失，我国的反职务犯罪工作存在"重打击、轻预防"的现象就不足为奇。首先，我国司法机关在思想观念上对预防职务犯罪的重要性还没有充分认识，往往将查办职务犯罪的案件数、人数、追回资产数作为衡量防范职务犯罪成果的指标。这种比较功利的思想使职务犯罪预防工作陷入了预防跟着打击走的怪圈，即前打后犯、重复犯罪在同一系统、同一单位屡见不鲜，严重影响了职务犯罪预防的成效。③ 其次，在工作机制上存在着刑事惩治与部门预防相脱节的现象。由于我国尚未建立起职务犯罪的相关信息库，检察机关与其他部门的信息交流极不畅通，相关部门没有将犯罪线索通报检察机关的正常渠道，而检察机关向其他部门提供预防建议和咨询工作也缺乏成熟的经验，这使得各部门相互配合预防职务犯罪的宗旨在实践中大打折扣。最后，在制度设计上缺乏具体可操作的预防措施。主要表现在有些地方的执法、司法机关在制定预防职务犯罪的措施时往往搞一些宏观的原则，缺乏有针对性、可操作的具体措施，从而使基层的预防工作仅仅停留在文件学习、政治宣传的层面。

---

① 参见莫洪宪、王燕飞主编：《职务犯罪预防战略研究》，中国人民公安大学出版社 2008 年版，第 120 页。
② 参见赵秉志：《中国反腐败刑事法治国际化论纲》，载《江海学刊》2009 年第 1 期。
③ 参见莫洪宪、王燕飞主编：《职务犯罪预防战略研究》，中国人民公安大学出版社 2008 年版，第 138 页。

三、建立惩治与预防并重的职务犯罪综合治理模式

党的十七大报告指出，反腐败工作要"坚持标本兼治、综合治理、惩防并举、注重预防的方针，扎实推进惩治和预防腐败体系建设，在坚决惩治腐败的同时，更加注重治本，更加注重预防。"这个方针准确地反映了在社会主义市场经济条件下治理职务犯罪的特点和规律，为新时期我国惩治与预防职务犯罪提供了原则指导。标本兼治即惩治与预防相辅相成、相互配合，治标是惩治，治本是预防。申言之，只有严惩职务犯罪，有效遏制各种贪腐以及亵渎公务职责的行为，才能为预防提供坚固的后盾支持；只有防患于未然，从源头上消除职务犯罪滋生蔓延的动因，才能巩固和深化惩治效果，从而实现综合治理职务犯罪的理念。治理职务犯罪是一项复杂的社会系统工程，单靠刑事法律和检察机关的力量很难达到全面预防的效果，必须坚持刑事惩治与社会预防并重的治理方式，启动各种社会监督力量，形成多渠道、多层次的社会综合预防体系。时至今日，我国反职务犯罪的实践按照惩治与预防并重的方针已经形成了具有中国特色的综合治理模式，但是随着国家政治、经济体制改革的逐步加深与民主法治意识的日益增强，该治理模式还存在着诸多不足，与国际社会的标准还存在一定差距，对此，笔者有以下几点完善建议。

（一）健全预防职务犯罪的社会工作机制

健全预防职务犯罪的社会工作机制，是建立惩治与预防并重的综合治理模式的首要举措。完善的工作机制有助于实现治理工作由单一部门法惩治到全社会集中管理的转变、由检察部门预防向多部门预防的转变，从而启动全社会的力量防范职务犯罪。笔者认为，目前健全职务犯罪预防工作机制的重点是建立专门性的预防职务犯罪的国家机构、强化检察预防以及处理好检察预防与其他预防的关系，形成分工合理、衔接紧密、相互配合的多层次社会预防工作机制。

首先，我国目前还没有一个专门发挥预防职务犯罪职能的国家机关，虽然晚近有部分省、市通过地方人大立法的形式成立了预防职务犯罪的工作机构，但是都将该工作机构设于检察机关内部，与检察机关查处、惩治职务犯罪的职能相重合，难以发挥独立的预防功能。因此，设置一个内部分工合理、制度健全、与其他国家机构职能相协调的专门预防机构将是完善我国职务犯罪预防工作机制的关键之举。这不仅将填补我国政府机构的设置空白，加快实现政府职能的转变，而且也是国际社会的通行做法。

其次，作为我国的法律监督部门，检察机关要明确新形势下预防职务犯罪工作的职能定位、基本要求和工作重点，紧密结合查办职务犯罪案件的职能开展各项预防工作，发挥其在预防职务犯罪中的龙头作用。具体措施包括：第一，加强预防职务犯罪信息系统建设，建立预防信息工作库，研制开发职务犯罪案件统计分析、发案规律、发展变化以及趋势预测等方面的信息系统，广泛收集和利用同预防、揭露职务犯罪有关的信息资源，对典型案例和特定

事项实行分类建档管理，为建立信息共享、同步介入的全方位社会预防工作机制提供技术支持与资源保障。第二，坚持预防关口前移，做好职务犯罪预防建议和预防咨询工作，在重大建设项目中推广开展职务犯罪预防，增强检察建议的针对性、时效性和权威性。应该说，我国检察系统已经致力于此方面工作的努力并取得了初步成效，2009 年全国检察机关向有关单位和部门提出预防建议 15149 件，通过以案说法等形式，对国家工作人员进行警示教育 418 万余人次，完善行贿犯罪档案查询系统，将查询范围从工程建设、政府采购等 5 个领域扩大到所有领域的行贿犯罪，并向工程招标单位等提供行贿犯罪档案查询 48238 次。① 这些措施都体现了检察机关预防职务犯罪工作机制逐渐社会化、规范化、专业化、法制化的趋势，为进一步建立全方位、多层次的预防机制提供了经验积累。

最后，检察机关还要积极探索建立检察部门与其他有关部门紧密配合的预防职务犯罪工作机制。例如加强与纪检监察、政法部门、行政执法机关、行业主管部门的沟通联系，建立联席会议制度，及时交流信息，加强工作沟通和协调等。另外，加强社会公众的直接监督与参与也是防治职务犯罪的有效措施。宪法赋予了公民有检举国家工作人员违法失职行为的权利，那么实践中反职务犯罪的职能机关必须切实保障公民的该项权利。具体来说，检察机关应当广泛联系法律界、教育界、理论界、科技界等社会各界，开放信息共享，利用各种社会资源共同开展预防职务犯罪工作。比如充分重视舆论监督的作用，广泛利用各种新闻媒体，特别是广播、电视、网络等现代传媒方式以及通过召开新闻发布会、举办讲座、以案释法、警示教育等多种有效形式，揭露职务犯罪的危害性，宣传惩治预防职务犯罪的成果与经验，对典型案例进行剖析，调动全社会成员共同监督、预防职务犯罪的积极性。

（二）完善预防立法与刑事立法的衔接

社会主义法制统一与完备的特性要求预防职务犯罪的法制体系要前后一致、相互协调，因此必须建立、健全规范政府以及公职人员公务行为的廉政法律制度，作为惩治职务犯罪刑事立法的前置性法律，并且与刑事法律相互衔接、相互配合。只有加强廉政立法，才能使预防职务犯罪的工作逐步纳入法制化轨道，充分发挥法制在反职务犯罪中的保障作用，这也是完善我国社会主义法制的题中应有之义。依法治理与预防职务犯罪，一方面是指权力配置关系、运作的法制化，即以立法形式明确规定各预防职能机构的法定地位、法定职权、法定职责、具体工作方法、程序以及失职的法律后果；另一方面是指具体行政行为的法制化，即以立法的形式明确规定政府、公务员在公务活动中的行为准则与要求，这一方面格外重要，是治理职务犯罪最有力的法律保证。目前这两方面的立法都需要加强和完善。

首先，我国专门针对职务犯罪的预防立法还处于空白状态，目前急需要由立法机关制定一部专门的《预防职务犯罪法》，以法律的形式明确规定预防

---

① 参见最高人民检察院检察长曹建明 2010 年 3 月 11 日在第十一届全国人大第二次会议上所作的《最高人民检察院 2010 年工作报告》。

职务犯罪的指导思想、工作原则、工作机制和具体措施，进一步确认和调整预防工作中形成的各种法律关系。我国现行的预防职务犯罪体制是由党的纪检部门、检察部门、执法机关、司法机关等共同组成的体系，在实践中还存在着各有关单位职责不明确、职权不清、工作不规范等问题，如果不以法律的形式将这些关系进行确认，将不可避免地出现相互推诿责任的现象，通过立法就可以从根本上解决这些问题，使治理腐败和预防职务犯罪的现状从目前主要依靠刑事法律以及党和政府的廉政自律要求，上升到刑事法律、一般法律与自律要求紧密衔接配合的有序局面，增强社会主义法制的统一性，使各有关单位在预防职务犯罪的工作中各司其职、紧密配合、相互协作，逐步走上正规化、专业化、规范化的发展道路。①

其次，加快制定规范政府及其工作人员行政行为的法律，将政府采购制度、公共财政管理制度、国有资产管理制度、中介机构管理制度、公务员任职回避制度、财产申报制度以及公职人员的招聘、雇佣、留用、晋升、奖惩和退休等制度以法律的形式加以确认，提高这些制度的法律位阶与约束力，从而与刑法、刑事诉讼法相互衔接、互为补充，形成一个立体式的预防职务犯罪法律体系。总体而言，我国现有的《行政许可法》、《行政处罚法》、《政府采购法》、《行政复议法》、《公务员法》等法律法规已经体现了规范政府及其工作人员行政行为、防止权力滥用的立法意图，但是还存在一些立法空白，结合当前司法实践中认定职务犯罪的难题，目前应当加快以下几个事项的立法。（1）国家工作人员财产申报制度。用法律而不是纪律来要求公职人员在任职期间必须如实申报自己的财产状况及其变化情况，如果发现其财产状况明显超过合法收入，对不能说明财产来源的，要给予法律追究。如前文所述，我国国家工作人员财产申报制度的实施很不理想，目前应当在借鉴发达国家相关制度的基础上，结合我国实际加快立法具体事项的论证。（2）国家工作人员重大事项报告制度。由于国家工作人员职业的公共性质，其个人事务极有可能对职业发生影响，从而影响公共权力的行使，如婚姻变更、子女犯罪等等，对于这些重大事项应及时报告，登记备案。我国目前党内文件或许多地方性法规都存在相关规定，但执行状况并不理想，应进一步探索完善相关规定，健全公职人员重大事项报告制度。（3）国家工作人员投资、兼职、接受馈赠的规制制度。近年来，国家工作人员以近亲属的名义投资企业、以获得兼职报酬的名义收受钱财已经成为新的职务犯罪模式，另外国家工作人员接受馈赠也是常见的腐败方式。由于相关立法的粗疏与滞后，使得这类职务犯罪案件在司法认定中的争议很大。所以，应当从预防职务犯罪的立场出发，用法律的形式明文规定公职人员的投资禁止范围、兼职条件、职业禁止、获得报酬以及接受馈赠的数额限制等相关规范，改变国家工作人员职业外行为的无序局面。

---

① 参见柳晞春：《预防职务犯罪的基础理论与实务导引》，中国检察出版社 2006 年版，第 182 页。

（三）加快惩治职务犯罪的国际化进程

2003 年第 58 届联合国大会审议通过了《联合国反腐败公约》，中国政府已经完成了该公约的签署和批准程序，其已于 2006 年 2 月 12 日在中国大陆地区生效，并适用于香港地区。该公约第 3 章对各缔约国提出了强制性义务，敦促各缔约国应当采取必要立法措施和其他措施，将贿赂本国公职人员、贿赂外国公职人员或者国际公共组织官员、影响力交易、滥用职权、资产非法增加等一系列故意实施的行为规定为犯罪；第 2 章第 5 条规定各缔约国均应当根据本国法律制度的基本原则，酌情彼此协作并同有关国际组织和区域组织协作，以促进和制定本条所述措施。① 由此可见，国际社会向各国提出了打击职务犯罪步伐一致、相互协助的义务要求。为了有效应对职务犯罪的跨国化趋势，追回职务犯罪赃款，我国反职务犯罪国际化进程应当进一步加快，主要表现在两个方面。

其一，加快国内刑事立法与国际立法的衔接。目前我国学者结合《联合国反腐败公约》对我国刑事实体法的协调与完善进行了广泛的研究并取得了诸多一致性意见，主要集中于对我国刑法中贪污贿赂罪的立法完善，包括犯罪主体以及犯罪数额与刑罚配置的关系问题。首先，我国刑法规定的受贿罪主体仅为国家工作人员，自《刑法修正案（七）》通过以后，除了贿赂外国公职人员和贿赂国际公共组织官员罪以外，《联合国反腐败公约》所规定的腐败犯罪在我国刑法典都得到了体现，目前应当扩大贿赂罪的主体，将外国公职人员、国际公共组织官员的行贿、受贿行为均作入罪化处理。其次，我国刑法对贪污贿赂罪的刑罚配置作了数额规定，这种立法技术应该说是罪刑法定主义的过度张扬，旨在追求法律的严密与准确，防止司法擅断。② 但是这种立法安排由于过于刻板，不够灵活，往往给司法实践带来困难，也使人们产生这样一种不当的观念，即对贪污受贿罪处罚的直接依据是国家工作人员聚敛了一定数额以上的不法财产，而不是其行为对公务行为廉洁性的侵害。这种观念的直接结果就是在实务中认定案件的唯数额标准，确实有碍发挥刑法惩治与预防这类犯罪目的的实现。

其二，加强反职务犯罪刑事司法与执法的国际合作。《联合国反腐败公约》明确将国际合作和技术援助作为促进、支持预防和打击腐败犯罪的宗旨，规定了国际合作、资产的追回、技术援助与信息交流以及实施机制等跨国联合打击腐败犯罪的举措，具体包括引渡、被判刑人的移管、司法协助、刑事诉讼的移交、执法合作、联合侦查、特殊手段侦查共七项国际合作的内容，并在各条中明确规定了各种国际合作方式的具体实施步骤。③ 近年来，国际社

---

① 参见赵秉志、王志祥、郭理蓉编：《联合国反腐败公约暨相关重要文献资料》，中国人民公安大学出版社 2004 年版，第 6 页、第 11 ~ 13 页。

② 参见卢建平、郭健：《中国贿赂犯罪立法之缺陷与完善——以适用〈联合国反腐败公约〉为视角》，载赵秉志主编：《反腐败法治建设的国际视野》，法律出版社 2008 年版，第 215 页。

③ 参见赵秉志、王志祥、郭理蓉编：《联合国反腐败公约暨相关重要文献资料》，中国人民公安大学出版社 2004 年版，第 21 ~ 36 页。

会对于职务犯罪赃款的追回表现出越来越大的关注与重视，较早的区域性反腐败国际公约中，通常没有资金追回的内容，直至《联合国打击跨国有组织犯罪公约》，始出现相关规定。而在《联合国反腐败公约》中，资金的追回更成为公约五大机制之一，且是五大机制中最具强制性的部分，由此可见国际社会对资金追回的逐渐认可和重视。[1] 因此我们可以说，该公约是国际社会合作打击与预防职务犯罪的重要里程碑，是各国治理职务犯罪智慧的结晶，为联合打击职务犯罪提供了法律基础与合作框架。其主要特点是：（1）扩大了国家刑事合作的领域和范围；（2）弱化了传统的双重犯罪原则；（3）政治犯不引渡原则在国际合作打击腐败犯罪领域的排除。[2] 此外，自 1995 年以来，联合国每 5 年召开一次的"预防犯罪和罪犯待遇大会"，将预防职务犯罪的内容纳入议题，各国司法部门、犯罪预防机构也展开了双边交流与合作。这些国际间的交流与合作，为预防职务犯罪创造了良好的国际环境，有利于我国吸收借鉴他国在预防职务犯罪方面的有效方法，促进我国职务犯罪预防工作的开展。

　　总之，惩治与预防职务犯罪不仅是刑事法律的应有任务，而且是国家政权建设的重要内容，在法治理念日益激扬、民权观念不断勃兴的现代社会，治理职务犯罪虽然遭遇了诸多以前不曾遇到的新困境，但是也获得了新的机遇与支持。社会主义法治建设进程行至今日，成绩有目共睹，体制改革与法制建设的成果已经初显，职务犯罪的体制弊病正在逐步革除，预防与惩治职务犯罪的法律制度正在逐步完善。我们期待整体预防、综合治理职务犯罪的措施收到令人欣慰的效果，使国家权力能够在观念、体制、法律、制度的整体支撑下有序运行，成为实现社会主义民主、造福广大人民的强大动力。

---

　　[1]　参见高铭暄、张杰：《论国际反腐败犯罪的趋势及中国的回应——以〈联合国反腐败公约〉为参照》，载赵秉志主编：《反腐败法治建设的国际视野》，法律出版社 2008 年版，第 13 页。

　　[2]　参见李茂久：《〈联合国反腐败公约〉与中国国际刑事合作机制相关问题的探讨》，载赵秉志主编：《反腐败法治建设的国际视野》，法律出版社 2008 年版，第 528～529 页。

犯罪统计在科学决策与社会管理中的价值^①

卢建平* 翁小平**

目　次

在现实生活中，对科学决策过程的各种干扰是大量存在的，科学决策所要考量的因素也是复杂的。特别是在涉及社会大众的公共决策过程中，在利益诉求多元化的现代社会里，各个阶层的社会群体都会有自己的利益需求，如何用科学、民主的决策过程代替传统经验型、精英式的决策过程，对于一个国家的社会管理、长远发展来说都是至关紧要的大事。而犯罪统计就为这样的替代提供了一个重要的途径和渠道。

一、犯罪统计的基本内涵

社会学家大卫·加兰德认为，犯罪学学科的发展受到而且将持续受到两

---

①　本文为北京师范大学中央高校基本科研业务费专项资金资助项目"犯罪统计应用研究"（项目编号：2009AC－2）的阶段性成果之一。

*　北京师范大学刑事法律科学研究院常务副院长、教授、博士生导师。

**《中国教育报》记者，北京师范大学刑事法律科学研究院法学博士。

个方面的影响，即"政府项目"和"龙勃罗梭主义的理论"。① 在现代社会里，过去的"政府项目"已经演变为很多国家的政府及其资助的相关机构所进行的犯罪统计，通过统计所获得的犯罪数据可以应用在国家政策、政府管理、社会运作等各个方面。而早期的"龙勃罗梭主义理论"是为了构建犯罪原因学，检验关于犯罪及犯罪人的理论的假设。虽然目前理论上的通说认为通过早期犯罪学家使用的方法来区分犯罪人和非犯罪人已是不可能的，但我们在"龙勃罗梭主义理论"的类似研究中同样可以发现犯罪数据的重要价值和意义。

（一）犯罪统计的界定

犯罪统计在西方曾被称为道德统计，属于"国势"统计的一部分，简单地说就是收集和整理一个国家的犯罪数据。具体而言，犯罪统计是指：应用统计学的基本原理对犯罪现象进行研究，通过数据收集、抽样、估计方法、实验设计、假设测验、序列分析等等一系列统计方法来说明关于犯罪的数量特征、数量关系和数量规律，为正确地认识犯罪现状、分析犯罪原因、预测犯罪趋势、提出犯罪治理对策以及其他有关犯罪问题的决策提供参考依据的一门方法学科。从方法论的角度来看，犯罪统计的任务非常明确，即阐明收集、整理和分析犯罪统计资料的原理和方法。但考察犯罪统计概念的实际应用，又有两种不同的范畴：广义的犯罪统计和狭义的犯罪统计。狭义的犯罪统计主要指对刑事司法系统中的已知犯罪案件和已知犯罪人情况进行的归集和统计；而广义的犯罪统计则包括狭义的犯罪统计、被害调查以及其他对犯罪情况进行统计分析的方法。

（二）犯罪统计的应然价值

现代社会中的犯罪统计，已成为社会管理的重要工具。因此，在当代，犯罪统计的价值不再局限于传统的"国势"研究，借助于统计技术的科学性和数据信息的重要性，现代犯罪统计的基本价值主要体现在以下几个方面：

1. 犯罪统计是研究犯罪的基础性工具

一定时期的犯罪统计可以产生大量的原始资料积累，从而显示出犯罪在数量上的规律性，为揭示犯罪的本质规律创造条件。完整、科学的犯罪学决不能首先起步于犯罪原因论，而应该以犯罪现象为发端。否则，犯罪学将成为无源之水、无本之木的研究活动。② 从宏观上看，犯罪统计方法，是在掌握犯罪现象个体特征的基础上，通过消除这些个体上的差异，并结合犯罪现象总体上大量观察的结果，从动态和普遍联系的角度，把握犯罪必然的、一般的数量关系、特征和规律。完备的犯罪统计数据，能够测定社会的犯罪总体情况、衡量社会的治安状况，为分析犯罪原因和预测犯罪趋势提供数据基础，进而提高犯罪学研究的客观性、可靠性和科学性。

我国传统的犯罪学研究乃至法学研究长期存在重逻辑推理、重定性研究

---

① ［英］克莱夫·科尔曼：《解读犯罪统计数据：揭示犯罪暗数》，靳高风等译，中国人民公安大学出版社 2009 年版，第 1 页。

② 李田夫、杨士祺、黄京平：《犯罪统计学》，群众出版社 1988 年版，第 437 页。

方法而轻实证研究、轻定量分析的倾向，统计学在这些领域的应用，为犯罪学和法学研究向定性分析与定量分析相结合的方向发展开辟了新的途径。犯罪学作为一门综合性学科，涉及多个学科的理论和方法，目前我国的犯罪学研究在应用这些不同学科的方法上存在较大的不平衡性，主要是应用社会学上的调查研究方法（实际上这样的应用也并不彻底）。由于统计方法已经是很多学科的共用方法，因此科学地使用统计的方法，可以将这些相关学科的内容有机、内在地联系在一起。

同时，统计学发展的重大趋势之一就是与其他学科之间的结合越来越多，不断有交叉学科的出现，而犯罪统计学属于应用统计学，以统计方法研究犯罪问题，为统计理论开辟了新的研究领域并提供了研究素材。从某种意义上说，犯罪统计学新问题的产生和解决，自然也会推动新的统计方法和统计理论的出现，从而推动统计学方法和理论的发展。

2. 犯罪统计为刑事决策与司法管理活动提供科学、合理的依据

犯罪学研究的最终目的就在于实现国家对犯罪的成功治理，而指导犯罪治理的国家政策——刑事政策实际上就是一种决策科学，而刑事政策又需通过刑事立法和刑事司法等活动来实现其政策目的。在现代社会，国家对犯罪的成功治理是一项极其复杂的社会管理过程，取决于刑事政策决策内容和决策过程的科学化。要实现决策过程的科学化，就必须运用信息论、控制论和系统科学等各种现代理论，而这些都离不开统计的研究方法。通过各种统计数据能够相对客观地及时反映当前犯罪行为的主要情况和特点，为刑事法律的制定和修改、及时调整刑事司法的重点和方向提供客观依据。因此，西方很多学者认为基于犯罪统计数据的精确计算已经成为刑事司法和执法体系的标准做法，[①] 是国家提出犯罪治理对策、制定刑事法律以及拟定科学刑事政策的重要依据。

犯罪统计的数据结果在一定程度上也是评估政府和司法机关履行社会职责能力的重要表现，这些统计信息不仅可以作为公民评价政府能力的依据，同时还可作为有关司法机关内部工作情况的考核评价依据之一，以达到掌握情况、改进工作方法和效率、提高工作质量的目的。例如，法院可以利用犯罪统计中的法院审判信息，有针对性地加强对审判工作的调控；公安机关可以通过统计掌握多发犯罪以及犯罪多发地段的资料，从而调整和加强对这些因素的布控工作。

3. 犯罪统计所形成的犯罪数据是日常生活的重要参考资料

伴随着社会的发展与进步，犯罪统计资料早已不是政府的独享资源，数据获取的日益便利使得犯罪统计的功效又有了新的扩展，成为百姓日常生活的重要参考资料。在现代西方社会的日常生活中，由于犯罪统计在形式和数量上都较为丰富，而且统计数据也可以非常便利地获得，因此社会大众在做出迁徙、购房、求学、求职等决定时以及企业在考虑投资、设厂等重大事项

---

① Harcourt, Bernard E: From the Ne'er Do – Well to the Criminal History Category: The Refinement of the Actuarial Model in Criminal Law. Law and Contemporary Problems 66. 2003: 99 – 150.

时一般都会事先了解相关的犯罪统计资料，并将其作为重要的考量因素。据此，除了理论研究和决策依据之外，犯罪统计在其他社会活动中也同样具有重要的价值和意义。

二、科学决策的基本要素

决策行为无时无刻不在发生，遍布人类活动的所有场域，人们在日常生活中所做的每一件事情都包含着决策，它既是人类的一个基本活动，也是一个普遍的社会行为。决策的主体包括个人、组织和国家，个人的决策关系到个人的成败与得失；组织的决策关系到组织的生存、发展和消亡；国家的决策更是关系到整个国家的兴衰荣辱。因此，决策可以从狭义和广义两种角度进行理解：狭义的决策，主要是针对国家层面而言，是管理者制定国家政策的过程；广义的决策，则是人们的一种选择行为，包括个人和社会群体，是就如何行动做出选择或决定的过程。

决策作为一个人类有意识的选择行为，总是伴随着各种不同的目的需求，在社会发展不断复杂化的背景下，决策这种有意识选择行为的难度和不确定性也会越来越大，如何尽可能地提高决策的正确性，这对决策者来说是一个巨大的挑战。如何在错综复杂和千变万化的社会环境中做出正确的、科学的决策，已成为政府、社会组织以及所有个体成员共同关注、积极研究和努力追求的目标。

公共决策作为决策的一种具体形式，从本质上看，就是一个发现问题、分析问题、研究方案、选择并实施方案的过程。具体而言，公共决策是决策者在衡量了各种利益需求、确定了政策目的之后，借助于理性的思维和科学的方法，在掌握大量信息的基础上，结合实践经验，根据实际条件，从若干可能的方案中选择一个较为满意且合理的方案并付诸实施的过程。在信息社会和知识时代，人们早已发现信息和知识对于决策的重要性。作为一个系统的选择过程，一个科学而又民主的公共决策，需要很多的基本要素，比如信息、广泛参与以及理性思维和方法等等。通过调查研究掌握足够的信息是决策的前提和基础；坚持广泛参与讨论决定，征求意见、咨询论证是决策的重要环节，并为正确决策提供程序保证；应用理性思维和方法则是科学决策的方法保障。

（一）信息基础

信息是决策的必要条件，也是决策的基本要素，决策的过程从实质上来讲是一个信息的管理过程，不管是决策的制定过程，还是决策的实施、评估及反馈过程都离不开信息的应用。准确、及时、有效、系统、完整的信息是科学决策的基础，高质量的信息是成功决策的前提和保证。有人说科学决策的秘诀是"百分之九十的信息加百分之十的直觉"，可见对于决策来说信息是多么的重要。在海量信息的当今社会，如何通过信息管理，对信息进行适当的过滤、加工和处理，使之成为有效的、高质量的信息是提高科学决策能力的关键。

信息对于公共政策的决策具有更为特殊的意义，现代公共政策内容上的丰富性、多元性和复杂性日益增加，导致了政府管理决策过程中空前的、巨大的信息需求。从 20 世纪 70 年代后期开始，在西方政府部门内部的管理体制改革中，就充分利用了信息技术发展的成果，建立起完善的行政管理信息系统，包括决策支持系统和信息管理系统，如美国的《美国国家基础建设：行动计划》（NII 计划）、英国的部长管理信息系统（Management Information System for Ministers）、马来西亚的"政府综合电讯网"等。这些信息管理系统的宗旨是借助信息技术进行政府再造，力图创建一个成本更少、运转顺畅、高质量服务的政府。[①] 此外，世界许多国家的政府都开发了不少涉及社会政治、经济、文化、司法等领域的信息统计系统，在为政府提供高质量决策信息的同时，也利用这些系统向公众提供更全面、更周到的信息服务，而通过网络等途径，这些信息服务显得更加及时和便捷。

（二）广泛参与

衡量决策的好坏主要有两个标准，即科学性和民主性。科学性可以保证决策目的以正确的方法实现，争取效益的最大化；而民主性则可以保证政策对象的利益得到最大化的平衡和最优化的取舍，有利于政策得以顺利的实施。因此，科学决策有了信息基础之后，还必须有良好的民主程序。没有程序的民主就没有实质的民主，决策的民主化主要是指决策主体的广泛参与。

公民的参与是公民的基本权利，而在决策的过程中，利益主体的广泛参与不仅是保障基本权利的需要、限制过于强大的国家权力的需要，更是科学决策自身所不能缺少的。从科学决策的角度来说，广泛参与除了程序上的意义以外，还包含有自觉、有序和有效的意思。决策过程中参与除了国家等决策者所给予的被动参与途径以外，还需要利益相关者自觉地主动参与，这里的主动参与既是参与者的自觉，也应是国家等决策者广泛发动的结果，因为社会公众对政策过程疏远所导致的怀疑和逆反对于决策者而言绝非好事。而有序地参与是为了防止广泛参与成为社会泛政治化的盲目冲动和非理性的混乱参与。广泛的参与应当是一个相对稳定的制度化并且有规范秩序的参与机制。作为决策者来说，还应当尽可能地保障公众的参与是有效的参与，也就是公众能够通过参与实现其所期待的价值和目的，否则如果长期得不到利益上的满足，公众参与的热情就会被无情地浇灭，随着他们参与意识的淡薄，决策的民主性就会大大减低，进而决策的科学性也就不复存在。

作为治理犯罪问题的公共政策，刑事政策过程中同样存在着公民参与的问题。作为一项社会公共政策，刑事政策的决策模式也会受到社会形态和结构的制约。有学者将刑事政策的模式区分为五种：自由社会国家模式、专制国家模式、极权国家模式、自主社会模式和自由社会模式。[②] 与之相对应，这五种模式中的刑事政策决策过程显然也是不同的。在这五种不同的模式中，

---

①　王宪磊：《科学决策和信息管理》，社会科学文献出版社 2008 年版，第 7 页。

②　［法］米海依尔·戴尔玛斯－马蒂：《刑事政策的主要体系》，卢建平译，法律出版社 2000 年版，第 169～186 页。

对于犯罪以及越轨行为，国家和公民所起的作用也是不一样的。我国迄今为止同犯罪作斗争的模式基本上是国家本位的、以国家权力特别是国家刑罚权的运作为中心的犯罪控制模式。[①]

然而，现代国家以公民作为国家的基石，公民是现代社会政治活动中不可或缺的主体。刑事政策是国家治理犯罪问题的政治态度和政治策略，在这样一个带有很强政治性的政策过程中，在国家、社会、公民多元化的社会治理模式里，公民的参与显然具有重要的意义，不仅是公民基本权利的行使，也是提高刑事政策科学性的要求。忽略了公民的作用，任何一个刑事政策过程都将是失败的。对于当前我国的实际状况而言，公民参与刑事政策的制定和实施，不仅是现代民主法治的必然要求、是政策科学的本质所在，而且通过公民在刑事政策过程中多方位、多渠道积极作用的发挥，有效地控制和治理犯罪，也是在实现着社会管理的创新。

而有序的参与一方面需要公民参与者成熟、温和的心态，另一方面更需要管理者或国家为之提供有效的参与渠道和途径。公民参与的程度和力度并非单方面地由公民和社会所决定，管理者和政府对此也负有重大的责任。有长远目光的理性管理者一定会想方设法地创造各种条件满足公民在参与上的需求与愿望。公民参与权需要以公民知情权为基础，犯罪统计可以为公民提供大量关于犯罪的信息和数据，在保证了公民知情权的同时也保障了公民参与权的实现。通过规范的方式引导公民有序地参与犯罪问题的治理，进而通过统计等方法将公民的意见科学地反馈在政策过程中，实现公民的有效参与，无论对于保障公民参与权的实现，还是对于刑事政策的科学过程，抑或是其他社会政策的科学化、民主化都具有非常重要的意义。

（三）理性思维与科学方法

科学离不开思维和方法，同样决策也需要理性的思维和科学的方法，在决策过程中理性思维的坚持和科学方法的应用是保证决策科学的重要因素。决策过程中理性的反映和体现又包含了信息的利用、程序的民主与合理、方法的量化和科学等种种因素。因此，从这个意义上说，理性的决策就是科学的决策。信息是决策的原料，但真实和充分的信息只是作出正确决策的基础。选择合适的决策分析方法是十分必要的，需要应用各种科学的决策方法对已知信息进行分析、综合、推理和给出结论。

决策方法是指人们进行决策时所应用的具体方法，也称为决策技术。理性的决策离不开量化方法的使用，如果没有统计等量化分析方法，决策就只能局限于经验的层面，只能囿于机械的重复而不能深入到事物的本质，因而也就始终无法形成科学的、正确的结论。技术理性、工具理性是形成科学决策必不可少的手段。科学决策必须借助于科学的方法、工具和手段，必须紧跟相关科学领域研究的最新成果，决策者也必须具有接受过系统、科学训练的思维意识和能力素质。在现代社会中，决策质量的高低与这些因素有着直

---

① 郭理蓉：《和谐社会的刑事政策与公民参与》，载《北京师范大学学报》（社会科学版）2011年第 1 期，第 119 页。

接的关系，如果没有这些因素的存在，所谓的科学决策就是虚无缥缈的东西了。一般而言，在能够进行统计等量化分析的政策过程中应尽可能地使用这些量化分析方法，这是现代公共政策的一项基本原则。但是在具体应用时也应当注意一些问题，比如科学、合理的量化分析要求有足够的数据、相对稳定的分析模型、专业的统计分析人员等基础条件。没有这些条件，统计量化分析结果的可靠性就会大打折扣。因此，在决策过程中应用统计分析的时候还需充分了解所具备的政策环境和政策条件，否则也容易陷入所谓的"理性迷思"之中。

三、我国刑事政策的决策问题

法国刑法学家马克·安塞尔强调："刑事政策是由社会，实际上也就是由立法者和法官在认定法律所要惩罚的犯罪，保护'高尚公民'时所作的选择。"① 从定位上看，刑事政策学是建立在犯罪学的学科基础之上、更加关心惩罚权配置的科学性的介乎政治学与法学之间的一门决策科学。② 因此，选择性的政策过程和公共性的研究对象（犯罪问题）从本质上就决定了刑事政策的公共政策属性。但是，这并不代表刑事政策就是传统公共政策的下属概念，就是它的子集。刑事政策是专门研究治理犯罪问题的公共政策，对象上的特殊性导致了它不可避免地会与传统意义上的公共政策存在一定的差异和区别。不过，在这里，笔者的主要目的不在于分析这些差异性，而是重在讨论他们之间的共同性，即决策过程中的相似性。

（一）科学的刑事政策决策

作为理性决策，科学决策既是人类社会活动逐渐现代化、精细化和系统化的主观追求，也是这些过程的客观结果，它贯穿于政策问题认知和分析、政策的执行、政策反思和调整的整个过程之中，需要通过科学的方法和先进的技术、相对民主和完善的制度来保障。刑事政策的决策过程同样也是如此，它是刑事政策决策者对犯罪现象、规律以及刑事法律科学的认识过程、社会民主的发展过程以及公平、公正的利益权衡过程等方面的统一。从对象上，刑事政策的目标就是实现对犯罪问题的科学治理，但就是在这样一个看似简单目标的实现过程中又必然包含有许多细化的政策价值和政治问题的选择。

首先是正义问题。正义是人类社会的基本价值规范，是确立社会秩序的基础，也是特定社会体制和制度的基石。没有了正义，任何一个政策乃至社会体制都像是没有地基的高楼大厦，随时都有坍塌的危险。因此，不符合正义要求的刑事政策绝不是一个现代、科学的刑事政策。当然，如何准确定义"正义"又是一个繁杂的理论难题。是基于大众的分配正义还是在兼顾效率问

---

① ［法］马克·安塞尔：《新刑法理论》，卢建平译，香港天地图书有限公司 1988 年版，第 12 页。

② ［法］米海依尔·戴尔玛斯－马蒂：《刑事政策的主要体系》，卢建平译，法律出版社 2000 年版，第 3 页。

题上适当正义,① 这是刑事政策决策过程中首先必须要明确的价值标准和行为准则。

其次是国家的责任问题。国家掌握着治理犯罪所需的强大机器和权力，是刑事政策活动的主导者，对于犯罪问题的治理负有直接的责任和义务。但是，在现代社会中，国家的地位、权力和作用正受到越来越多的质疑和限制，国家对于所有的社会管理事务并不都具有十分有效的影响力，而且有时候社会公众也并不需要国家发挥它的过于强大的影响力。在公民社会日益强大的时代，如何充分发挥民间社会在犯罪治理问题上的力量和作用，已成为当代刑事政策研究和关注的重点问题。因此，在这样的时代背景和历史潮流下，国家在刑事政策过程中应如何看待和使用自己的权力，社会和民众又应该发挥什么样的作用？这是科学的刑事政策决策无法回避的重要问题。

最后就是确定政策目标的过程问题。刑事政策目标的确立实质上就是一个政治过程，它是存在于与犯罪问题有关的社会各阶层和利益群体之间，从各自意见的表达到群体利益诉求的整合，进而形成一定利益格局的过程。因此，确定刑事政策目标的过程问题既是关系政策目标内容的实质问题，也是关系政策民主性的程序问题。现代社会以民主和理性为标榜，这就要求国家在确立政策目标的时候必须充分保障公民的基本权利，兼顾公私利益、兼顾不同社会群体之间不同的利益需求。故而，科学的刑事政策决策应该是一个尊重和保障公民的基本权利，强调通过良好和稳定的制度和程序，通过公开、透明和互动的过程，形成尽可能地避免经验决策、非理性决策以及个人决策的理性过程。

（二）我国刑事政策决策过程中的问题

随着社会的快速发展，社会利益诉求不断多元化，犯罪不仅在数量上而且在类型上也是呈爆发式增长。然而，由于政治、经济以及传统等方面的原因，当前我国刑事政策的决策过程存在着不少的问题，主要表现在以下一些方面：

第一，刑事政策的决策模式。考察我国当前刑事政策的制定和出台过程，可以将我国的刑事政策模式归纳为较为单一的国家制度化决策模式。这一模式的主要特点就是由政府主导政策制定，并拥有强大的权威性来保证其贯彻实施。其主要过程体现在图 1 中：

---

① 美国政治哲学家罗尔斯（John Bordley Rawls, 1921 - 2002）将分配正义纳入了自由主义的范畴，认为每个人都应当有平等的权利去享有一致的最广泛的平等的正义，而另一位美国哲学家诺齐克（Robert Nozick, 1938 - 2002）则认为社会正义应当照顾到社会精英的实际作用，故而在正义分配中不能平均主义，还需重视效率问题。参见 ［美］罗尔斯：《正义论》，中国社会科学出版社 1988 年版；［美］诺齐克：《国家、乌托邦和无政府主义》，中国社会科学出版社 1991 年版。

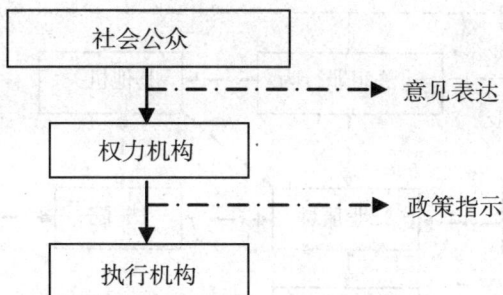

图1 国家制度化决策模式①

在这个模式中，最佳状态是民众通过选举等方式将自己对于政策的需求与权利交由相应的权力机构，而政府的权力机构也以负责、理性的态度对待政策制定问题，从而实现自下而上以及自上而下的沟通和衔接。但是，这个模式最容易出现问题的就在于意见表达的环节，一旦公众的意见没有得到恰当的反馈，那么就出现了政府机构独揽决策权力的局面。当前，我国刑事政策的主要问题就出现在这里，刑事政策的制定基本上都是由国家机构主导制定的，没有建立合理、民主、科学的公众参与和表达机制。

当然，这不仅是刑事政策过程的问题，也是我国公共政策的一个通病，即决策过程是封闭的，民众既不了解政府决策的目的与过程，也不清楚自己是否能够参与这个过程以及能够产生多大的影响。由此，社会上种种合理或不合理的利益诉求得不到正常的表达渠道，只好救助于各式各样的非正常途径和方法，造成了社会矛盾和冲突的日益激烈。

第二，技术和方法的应用问题。我国刑事政策决策者实际上并不缺少科学决策的技术手段，而是在具体选择和应用这些技术和方法上出现了问题。例如，犯罪统计和调查，这些手段已经具备了非常完善的理论与方法，但是在实际部门和决策者中总是存在着这样或者那样的顾虑和禁忌。

第三，合法性的问题。刑事政策应当是社会公众广泛参与的过程，但是我国刑事司法实践中闭门决策、领导个人决策的问题总是无法根除，这样的决策显然不符合人民主权和民主的要求，而且大多数也没有经过一定的法律程序确定，在实际执行中存在着较大的合法性风险。

四、犯罪统计的政策流程与多维价值

从科学决策的角度上看，犯罪信息来源本身就是一个复杂的系统过程，它对于刑事政策的作用过程也是复杂和多变的。如果要对具体的作用过程进行详细分析的话，需要应用很多专门的统计技术和方法才能予以全面的阐述。但是如果仅仅是从有用性上看，犯罪信息经统计应用后作用于刑事政策的过程又是相当明晰的，图2就是一个图表化的简单说明。

① 李金河、徐锋：《当代中国公众政治参与和决策科学化》，人民出版社2009年版，第148页。

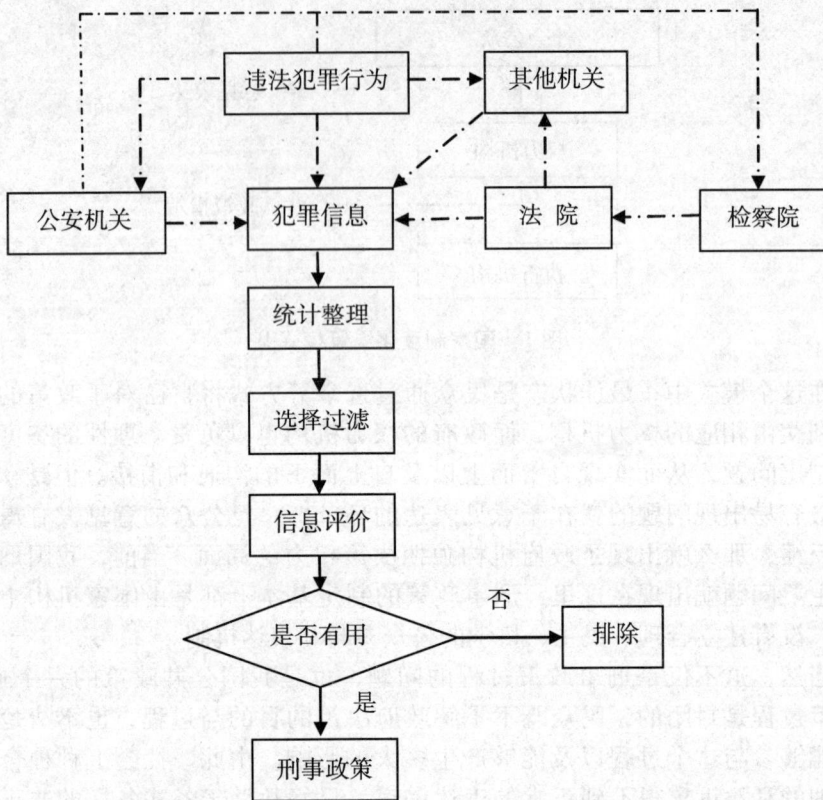

注：虚线部分反映犯罪行为成为信息的处理过程，实线部分表示犯罪信息
进入刑事政策的过程。

图 2   犯罪信息作用于刑事政策之流程

犯罪统计对于刑事政策的意义是丰富而深远的，就方法而言，犯罪统计可以为刑事政策提供科学决策的基本要素，包括经量化分析的信息基础，广泛参与的民主保障，理性的科学分析方法，等等。

但是，犯罪统计的价值绝非仅限于此，在社会管理的过程中，在刑事政策的内和外都还有相当的延伸空间。具体而言，可以从以下几个方面理解：

第一，1994 年党的第十四届中央委员会第四次全体会议在《中共中央关于加强党的建设几个重大问题的决定》中强调："要建立健全领导、专家、群众相结合的决策机制，逐步完善民主科学决策制度"，对民主科学决策制度建设提出领导、专家、群众相结合的思路。党的十七大报告进一步明确指出，要"健全党委领导、政府负责、社会协同、公众参与的社会管理格局"，"坚持国家一切权力属于人民，从各个层次、各个领域扩大公民有序政治参与"。在公众参与社会管理的管理理念中，作为社会管理对象，公众已不再是被动地、消极地接受管理，而是可以积极主动地参与社会管理的决策、实施以及评估和监督。[①] 建立犯罪统计、被害调查制度，通过收集犯罪、被害等社会安全状况的数据与资料，能够为民情民意的表达提供一定的渠道和平台，为作出决策前的论证质询提供广泛的意见反馈。并且，公众只有全面了解政府包括犯罪事务在内的管理信息，才能对具体问题产生深刻认识，才能积极而广泛地深入参与。而政府部门通过信息公开，可以了解民意、体察民情，进行民主决策，从而推动关系人民群众切身利益问题的解决。因此，建立相应的犯罪统计和被害调查制度不仅是公众参与社会管理的现代管理理念的内涵之一，而且有利于听取各方面意见，提高公众对于犯罪治理的参与度，提高决策的透明度，加强管理决策的民主化与科学化。

第二，随着社会发展和公众安全意识的不断提高，犯罪问题已成为关乎公众切身利益的社会热点问题，公众有权享有充分的知情权、监督权和参与权。同时，政府部门有义务主动、及时、准确地公开涉及公众切身利益的重大信息，这是法律规定政府必须履行的义务。我们对于犯罪信息公开和犯罪治理公众参与的研究和推动，主要目的就在于充分保障广大人民群众对犯罪治理的知情权、表达权、参与权和监督权，并实现制度化，形成公开、科学的犯罪治理体系，为上情下达和下情上达建设畅通的渠道，从而促进刑事政策决策的科学化、民主化，进而推动国家治理上的科学决策、民主决策，推动社会主义和谐社会的建设。

第三，随着我国理论界对于被害人问题研究的进一步深入，被害人地位和权利保护正日益成为人们关注的重点。虽然刑事被害人学起步较晚，但是回顾刑罚发展的历史过程，我们可以发现最早的刑罚就是起源于被害人对犯罪人所实施犯罪行为的报复，或者说是被害人对于自身遭受侵犯所采取的私力救济。在我国长期以来的刑事法治过程中，作为当事人一方的被害人，其地位一直没有得到应有的重视，这不仅不利于被犯罪行为破坏的社会关系的恢复，而且还会在一定程度上导致社会矛盾和冲突的激化，为社会管理徒增负担和障碍。因而，加强被害人的权益保护对于犯罪治理具有十分重要的意义，是社会管理不可忽视的重要内容。在当前我国社会主义和谐社会的建设过程中，对犯罪以及被害情况进行准确的调查，进而采取相应的对策加强对被害人权益的保护，不仅有利于充分发挥被害人在刑事程序中的作用，改进和完善当下正在摸索中的刑事和解制度，而且有利于减少社会冲突，化解社会矛盾，真正体现国家对被害群体的重视和关怀，实现法律效果和社会效果的统一，从而维护社会的长治久安。

第四，犯罪统计打破了政府对于犯罪信息的垄断，削弱了政府的信息特权，使得公民更加接近信息，更加了解政府的所作所为。从某种意义上，政府对犯罪信息的主动、及时、准确地公开，有利于拉近公民与政府之间的距离，使得政府显得更加的亲民与专业，进而有利于化解社会矛盾，创造和谐发展的社会环境和维护安定团结的政治局面。社会主义民主法治社会的建设，

---

① 赵雪峰、田志平：《论公众参与社会管理的方法论基础》，载《甘肃理论学刊》2011年第2期，第108页。

不仅要求政府提供相应的信息，还要求政府提供一个制度化的平台，只有建立了这样一个平台，公众才能依法、理性、有效地参与并与政府形成良性互动。

第五，政府权威是指政府合法政治权力的影响力以及人民对这种影响力的服从与认同。政府权威是政府合法性的外延，一个没有权威的政府必然会失去公信力和人民的支持，政府权威的多少直接决定了社会管理的水平和结果。当前，我国社会正处于转型时期，转型期的政府权威面临着很大的挑战，社会自我管理能力的增长与政府权威影响的衰减难以达到恰当的对接和耦合，在某些方面导致"政府权威失灵"现象，政府在决策过程中的公正性受到质疑。[①] 新时期，要维护政府权威一方面要靠政府的政绩和信用，公布相应的犯罪统计数据是在刑事法治领域提升政府公信力的一项"基础设施建设"。政府建立公信力，最重要的就是要不隐瞒各类不利消息，因为一次对这些消息的隐瞒，就可能使得政府通过信息公开逐渐积累起来的公信力消失殆尽，由此导致的社会质疑和争论就会越来越多，进而破坏社会稳定。

另一方面，社会在不断地发展和变化，要维护政府权威，政府自身的管理手段和组织架构也需随之进行一定的调整与发展。这两方面内容的实现，需要政府在执政过程中做到与时俱进，建立适当的机制与体制，以适应社会管理的需求；同时，还需言行一致，以事实说话，将自己的执政情况和管理结果坦诚地向社会公开。因此，建立统一的犯罪统计和被害调查制度，公布犯罪统计数据，不仅是保障公民知情权的深切要求，同时也有利于维护政府权威，保障社会管理的实效性。

总而言之，国家、当事人和社会公众，一直是犯罪治理问题的三大主体，随着相关法律的不断完善，随着未来犯罪统计制度的建立和完善，一个良性有效的公众参与机制终将形成，刑事政策的决策过程也将更加科学、民主。从长远看，这必将为落实科学发展观、实现社会管理创新以及构建社会主义和谐社会奠定坚实的基础。

---

① 徐国亮：《政府权威研究》，山东大学出版社 2006 年版，第 2 页。

【刑罚执行专题】

监狱拥挤的状况与对策①

吴宗宪* 陈志海**

目　次

---

① 本文是笔者主持的司法部预防犯罪研究所 1996 年度课题的成果。这项课题报告完成之后，经司法部预防犯罪研究所报送司法部领导参考，对于后来进行的有关社区矫正改革的研究与决策，都产生了一定影响，是中国内地较早涉及社区矫正问题的文献。今天看来，尽管这份十几年前完成的研究报告有一些稚嫩和青涩之处，但是，对于解决中国的监狱拥挤问题，特别是看守所的拥挤问题，仍然不乏参考价值。因此，笔者在对本文个别词语错误和注释格式略作修改后公开发表，供大家参考。
　* 北京师范大学刑事法律科学研究院教授、博士生导师、犯罪与矫正研究所所长、社区矫正研究中心主任。
　** 司法部预防犯罪研究所研究员。

（一）严格把好罪犯进入监狱的进口

（二）努力疏通罪犯走出监狱的出口

（三）对在拥挤情况下做好监狱工作的建议

监狱拥挤是一个世界性的问题。美国自 20 世纪 30 年代起，监狱人口就开始不断增长，70 年代增长的速度更是惊人。据统计，从 1972 年到 1978 年，美国监狱人口增长了 50%。[①] 自 1978 年以来，由于犯罪数量的增加，我国也遇到了这个问题，尤其是在东南沿海经济发达地区，犯罪率大幅度上升，这一问题更加突出，需要对此进行研究，以便找出对策，供决策中参考。为此，我们于 1996 年初立项研究这一问题。

本课题立项之后，首先进行了文献调查，结果发现了一些零星的国外资料（英文和编译文章），没有发现研究国内监狱拥挤问题的文献，仅仅在有关领导的讲话中或工作报告中简单地提到了这个问题。为了了解国内监狱的拥挤情况，课题组编制了调查提纲，1996 年下半年，课题组成员陈志海与他人赴西南地区调研时，利用这个提纲调查了那里的监狱拥挤问题；吴宗宪在 1996 年 9 至 10 月份访问美国时，考察了美国得克萨斯州的监狱拥挤情况，收集到一些资料。同时，也委托研究室的其他同志赴外地调研时，利用这个调研提纲了解这方面的情况。由于经费不足，未能去监狱拥挤状况最严重的东南沿海地区进行调研（吴宗宪在 1995 年调研另外有关课题时，曾对广东省的监狱拥挤情况作过一些了解）。因此，本文主要是一个研究报告。

一、监狱拥挤的概念与标准

（一）监狱拥挤的概念

监狱拥挤的概念有广义和狭义之分。广义的监狱拥挤是指监狱实际关押的罪犯数达到或超过监狱关押能力，狭义的监狱拥挤实质仅指监舍的拥挤，或者说仅指罪犯居住空间的拥挤。世界上许多国家都是从广义上使用监狱拥挤概念的，如美国，多数专家同意将监狱拥挤定义为"当一个监狱 85% 以上的牢房被占有时，这个监狱便是拥挤的"。[②] 广义的监狱拥挤是从将罪犯改造成为"守法公民"这一行刑目的出发，以此为基本标准，来衡量监狱的拥挤状况。它是一个综合性的、全面衡量监狱状况的概念。除了监狱实际收押人数与监狱关押容量的比率外，还包括监狱的其他设施是否能满足改造罪犯的需要，即监狱所能提供的劳动岗位的容量，教育改造设施的容量和生活、卫生设施的容量是否能满足改造罪犯的总要求。因此，广义的监狱拥挤是指监狱实际关押的罪犯数达到或超过监狱为实现将罪犯改造成为"守法公民"这一目的所应配置的所有设施容量的状况。笔者就是在这个意义上使用这一概

---

① ［美］大卫·E. 杜菲：《美国矫正政策与实践》，吴宗宪等译，中国人民公安大学出版社 1992 年版，第 36 页。

② ［美］理查德·霍金斯等：《矫正导论》，孙晓雳等译，中国人民公安大学出版社 1991 年版，第 318 页。

念的。

　　监狱拥挤除了监狱硬件设施容量与押犯比例外，还与罪犯的主观感受有关。国外有的学者就认为，应该将"监狱人口密度"与"监狱拥挤"这两个概念区别开来。监狱人口密度是指监狱空间中罪犯的客观数字，它是由客观标准测量的；而监狱拥挤则是指觉得被束缚，或是空间不够的主观感受。[①] 我们认为监狱拥挤首先应由客观标准加以衡量，同时考虑罪犯的主观感受。只有将主、客观因素结合起来，进行综合评价，才是科学的。

　　在研究监狱拥挤问题时还必须考虑的一个因素是"拥挤度"问题，也就是拥挤的程度。根据我国监狱的实际情况，我们认为，当一个监狱的所有设施95％以上被占用时，就认为是拥挤的，因为，一个监狱没有一定的预备设施来应付非常事件，很可能会造成监狱秩序的混乱。如果一个监狱实际关押的罪犯数超过监狱设施容量的20％时，那么这个监狱就被认为是"过分拥挤"。过分拥挤所带来的问题和后果比一般拥挤要严重得多，也是本文更为关注的问题。

　　此外，在探讨监狱拥挤问题时还必须关注与监狱拥挤概念密切相关的监禁率问题。监禁率是指一个国家或地区监狱所关押的人口与该国或该地区总人口的比率。监禁率的高低尽管不能直接反映监狱拥挤的程度，但它是监狱人口数量、密度的直接反映，从而也可以间接反映出一国监狱拥挤的状况。监禁率越高说明被监禁的人口就越多，如果其他条件不变的话，监狱肯定就越拥挤。因此，在研究监狱拥挤问题时，应该把监禁率问题一并加以分析、比较和研究。

（二）监狱拥挤的标准

　　监狱拥挤的标准是衡量监狱拥挤状况的尺度和准则，它是评价监狱是否拥挤以及拥挤程度的标尺。确定监狱拥挤标准的原则是，有利于罪犯的改造，有利于罪犯的身心健康。具体考虑到监狱的主、客观行刑环境、设施和条件，我们认为，监狱拥挤的标准应当包括：

　　1. 客观标准

　　客观标准主要是指监狱硬件设施方面的标准。主要有3个方面：

　　（1）生活、卫生标准。这是指监狱所能提供的生活、卫生条件、设施是否能满足所有在押罪犯维持生命健康的正常需要。

　　第一，罪犯的人均居住面积不得少于3平方米。罪犯的居住空间是衡量监狱是否拥挤最主要的指标之一。罪犯每人所拥有的居住面积太少就会引起各种问题。美国有的学者认为，如果在罪犯的监舍中每人的空间少于20平方英尺（约1.858平方米）时，就会产生健康问题。[②] 这是维持人的健康的极限空间，就监狱拥挤空间的标准而言，考虑到监狱行刑的最终目的，应该大于这个数。因此，我们认为，如果一个监狱罪犯的人均居住面积少于3平方米

---

　　① ［美］David Sears：《社会心理学》，黄安邦译，五南图书出版公司1986年版，第810页。

　　② Paul B. Paulus, *Prison Crowding*: *A Psychological Perspective*（New York：Springer – Verlag, 1988），p.91.

的，就属于拥挤。

第二，监狱的生活设施应当能够满足罪犯基本的生活需要。监狱的罪犯食堂、取暖和降温设施、被服清洁与消毒设施等，应当能够保证罪犯吃到卫生的饭菜，生活与劳动场所的气温保持在适当的范围内，能够保持被服整洁。

第三，监狱的医疗、卫生设施应当能够满足每个罪犯的日常需要。如果一个监狱的医疗卫生设施与其押犯数量不配套，常常处于短缺或超负荷状态，那么，也是监狱拥挤的表现。这些卫生设施包括洗漱室、厕所、澡堂和医疗设施。

（2）教育改造标准。这是指监狱所提供的教室、课桌椅、阅览室、图书资料和教师等，是否与押犯的人数相适应，能否满足罪犯教育、学习的需要。根据我国关于罪犯每天正规学习时间不得少于 2 小时的规定计算，监狱必须保证每 4 个罪犯就有一套课桌椅及相应的教室空间。阅览室、资料室及其藏书量和教师的数量应按在押罪犯数量的一定比例配置。

（3）劳动改造标准。这是指监狱能否为所有有劳动能力的罪犯提供与其身体、技术、能力相适应的劳动岗位。如果监狱不能为罪犯提供相应的劳动岗位，使罪犯无所事事，坐吃闲饭，那么，这种情况也意味着监狱处于拥挤状态。

2. 主观标准

主观标准是从罪犯对监狱拥挤的主观感受的角度来衡量监狱拥挤状况的标准。主观标准包括罪犯的经历、个性特征和监狱的改造氛围、改造效果两个方面。究竟监狱为罪犯提供多大的生活和改造空间，罪犯才能觉得轻松，这跟罪犯的成长环境、经历、个性和心情等因素有关；同时还与监狱的执法环境、改造氛围、改造秩序以及罪犯改造的自觉性、积极性等因素紧密相连。因此，当监狱设施的容量一定时，衡量其是否拥挤还要考虑这些主观方面的因素。一个监狱即使为罪犯提供的硬件设施相对紧张，但如果能营造一个积极向上的改造氛围，监狱的改造秩序井然，那么，在一定程度上能够减轻罪犯对监狱拥挤的心理感受。

二、目前我国监狱拥挤的状况

监狱拥挤问题在我国是近几年才提出来并逐渐受到重视的。以前，人们用"监狱拥挤"、"监狱人满为患"等词语来描述西方国家监狱的情况。在所有研究国内监狱问题的出版物中，几乎没有涉及这一问题。实际部门对这一问题也没有给予应有的重视，缺乏这方面的实践资料。近几年来，由于犯罪数量的剧增，监狱拥挤状况日趋严重。根据我们对全国部分省（自治区、直辖市）监狱的抽样调查和有关资料，目前中国监狱拥挤状况表现如下：

（一）从生活、卫生标准看中国监狱的拥挤状况

以生活、卫生标准衡量监狱拥挤最客观的尺度就是监狱实际关押罪犯数与监狱关押能力的比率。从目前我国监狱的这一比率看，是处于"过分"拥挤状态。据统计，到 1997 年第三季末，全国监狱押犯总数已达到 143.1 万人，

而全国监狱监舍的关押能力只有 110 万人，超押 33.1 万人，超押率为 30.09%。按超押 20% 即为"过分拥挤"的标准，显然，目前我国监狱的拥挤状况是很严重的。

不过，就全国各地监狱的情况看，拥挤状况是不平衡的。东南沿海省份最为严重，如广东省，全省监狱系统设计关押能力为 5.5 万人，而到 1996 年底该省实际关押罪犯数已超过 11 万人，超押 5.5 万人，超押率为 100%；西北部的甘肃省次之，该省监狱设计关押能力为 21000 人，实际关押 28000 人，超押率为 33.3%；中部的湖南省，设计关押能力为 59400 人，实际关押 75000 人，超押率为 26.3%；西南部的贵州省，设计关押能力为 40000 人，实际关押 48534 人，超押率为 21.3%；有的省份如湖北省，自"严打"以来关押罪犯数增加的不太明显，监狱的拥挤状况相对要好一些。

就某一个省（市、自治区）而言，拥挤状况也不平衡。例如，在四川省，全省监狱超押率为 30% 左右，但四川省第二监狱的超押率为 87.0%（设计关押能力是 2300 人，实际关押 4300 人）；在新疆维吾尔自治区，就整个自治区来看，超押率并不高，但该区的第二监狱（女监）则显得非常拥挤，该监狱的设计关押能力是 250 人，而实际却关押了 430 人，超押率为 72%，该监狱拥挤到将教室、阅览室等教育改造设施都改作罪犯监舍。①

从生活、卫生标准衡量监狱拥挤状况的另一方面是看罪犯的实际生活状况，即监狱能否保障罪犯的基本生活需要，能否使他们吃饱、穿暖，有病能否得到及时的治疗。据有关统计资料，由于监狱经济困难，物价上涨，再加上监狱人口增多，有少数监狱无法保障罪犯的基本生活需要，他们所提供的罪犯伙食费除去粮、油、煤和调料外，几乎没有菜钱。全国有少数单位罪犯吃不饱，经常头晕眼花，腿脚发软，有的因饥饿晕倒在劳动场所，有的因长期供给不足造成营养不良。② 罪犯基本生活得不到保障也从一个侧面反映了监狱过于拥挤，监狱人口过多，如果采取措施减少监禁人口，罪犯吃不饱的现状就会有所改变。

（二）从教育改造标准看监狱的拥挤状况

对罪犯进行"三课"教育是我国监狱行刑的重要内容。监狱为了有效地对罪犯进行教育改造，必须提供相应的教育设施，配备足够的教育人员。但是，近几年来，由于监狱押犯数的不断增加，加上市场经济的冲击，致使一些监狱经济困难，不得不把主要精力放在监狱生产上，从而减少了监狱改造的投资；有些单位虽然经济条件较好，但受"重经济，轻改造"的影响，也把资金主要放在扩大再生产上，致使一些单位教育设施匮乏，教育人员不足。一些单位甚至将教学楼、阅览室改为车间、厂房或者监舍，将教育人员抽调到生产、经销部门；还有一些单位虽然有教室、阅览室，但图书资料匮乏，

---

① 据肖扬部长《1996 年全国司法厅局长会议上的报告》，司法部调查组《关于监狱法实施问题的调查报告》等资料。

② 据肖扬部长《1996 年全国司法厅局长会议上的报告》，司法部调查组《关于监狱法实施问题的调查报告》等资料。

不能适应教育改造罪犯的需要。据统计，截至 1995 年底，全国监狱系统共有教室 16188 间，合 614408 平方米；课桌椅 272406 套。按 140 万罪犯计算，每 5.14 个人共用一套课桌椅。根据每个罪犯每天至少学习 2 小时的规定，一天按 8 小时计，如果每 4 个人共有一套课桌椅就属于拥挤。

（三）从劳动岗位的容量看监狱拥挤的状况

组织罪犯劳动，为罪犯提供与其身体相适应的劳动岗位，是有效改造罪犯的基本手段之一。因此，监狱应该为每个有劳动能力的罪犯提供相应的劳动岗位。可是，近几年来市场经济对监狱生产的冲击，致使一些监狱的原生产项目不得不下马，造成劳动岗位缺乏。再加上监狱罪犯的不断增加，一些监狱的罪犯要么坐吃闲饭，要么搞狱外劳务输出，造成劳动岗位上的拥挤，有的单位在这方面的拥挤状况还很严重。例如，四川省共有押犯 12 万人，但全省监狱的劳动岗位容量只有 6 万人，有一半罪犯无事可干；甘肃省押犯为 28000 人，而全省监狱的劳动容量仅为 21000 人，有 7000 名罪犯无法安排劳动岗位。其他省也都程度不同地存在着罪犯劳动岗位不足的问题，这也从另一个侧面反映了监狱拥挤的情况。

（四）从监禁率看我国监狱拥挤的状况

从世界主要国家的监禁率的比较研究中发现，我国监狱的监禁率是比较高的，居于世界前列。据统计，1990 年我国的监禁率为十万分之 107.9（即每 10 万人口中有 107.9 个人被监禁，下同）；1996 年的监禁率为十万分之 117.0。美国的监禁率为十万分之 343.0（1993 年 1 月 1 日统计）；匈牙利是十万分之 146.0（1991）；加拿大十万分之 129.6（1992～1993）；英国十万分之 92.1（1991，下同）；西班牙十万分之 91.8；奥地利十万分之 87.5；法国十万分之 83.9；葡萄牙十万分之 82.0；澳大利亚十万分之 79.9；芬兰十万分之 62.6；比利时十万分之 60.5；意大利十万分之 56.6；瑞典十万分之 55.0；土耳其十万分之 44.0 。[①]从已有的统计资料看，我国监狱的监禁率位于美国、匈牙利、加拿大三国之后的第四位，比世界上大多数国家都高，这也反映了我国目前监狱关押的人口过多，监狱过分拥挤的状况。

三、监狱拥挤的原因

造成我国目前监狱拥挤的原因很多，也很复杂。我们认为，下列原因所起的作用尤其明显：

（一）犯罪人数急剧增加

犯罪人数的不断增加是造成监狱拥挤的最直接的原因。从 1979 年改革开放以来，在中国大地上出现了一场深刻的革命。改革开放使中国经济迅速发展的同时，也出现了一些犯罪的诱发因素，给犯罪分子以可乘之机，从而使我国的犯罪案件数量自 1979 年以来呈不断增长的势头。据统计，1979 年全国

---

① George M. & Camille Graham Camp, *The Correction Yearbook*: *Adult Corrections*(New York: Criminal Justice, 1993), p.7. The Correctional Service of Canada, *Basic Facts about Correction in Canada*, 1993 Edition (Ottawa: Minster of Supply and Services Canada, 1994), p.4.

刑事立案数为63.6万件，到1981年增至89万件，增长了41.5%；1989年的立案数高达197.1万件，比1979年增长了226%；1991年为236.5万件，与1989年相比增长了20.4%，比1979年增长了256%；1993年的刑事立案数与1991年相比尽管有所下降，但也高达161.6万件。① 近几年来，全国刑事立案数也一直在增加。统计资料表明，从1979年到1993年的14年间，全国刑事案件的立案数平均每年递增16.8%。

由于刑事案件的增多，导致监狱收押的罪犯数量的增加。据统计，1979年全国监狱押犯总数为62.1万人，1984年增加到122.63万人，比1979年增长了97.2%；1990年押犯总数为125.14万人，到1996年底迅速增至141.73万人，比1979年增加79.63万人，增长了128%。②

（二）监禁设施不足

从1979年到1996年，全国监狱押犯数增加了近1.3倍，而监禁设施在这17年中没有增加多少。虽然有些省（自治区、直辖市）为了缓解监狱日益拥挤的矛盾，改建、扩建了部分监舍和改造设施，但远远适应不了押犯数量日益增长的需要。从目前的情况看，国家也不可能投入太多的资金来扩建监禁设施。再加上我国的监狱大多数是20世纪50、60年代兴建的，且多数处于老、少、边、远、穷地区，当时建的一些监禁设施大多较简陋，经过这么多年的使用，基本上处于应淘汰之列，不能正常使用。旧的设施无法使用，新的又无力重建，设施不足的矛盾就显得日趋突出。

（三）刑罚思想、刑事法律制度方面的原因

犯罪的增多和监禁设施的不足是导致监狱拥挤的主要原因，但不是唯一的原因。有的国家如荷兰，犯罪增多但监狱押犯数却减少了，该国从1950年到1975年有记录的犯罪增长了300%，但监狱人口却下降了近50%。③ 这说明，一国监狱拥挤的状况除了与该国的犯罪率、监禁设施的容量有关外，还与该国的刑罚思想、刑事法律制度等因素紧密相连。我国在这些方面的情况，起到了增加监狱拥挤程度的作用。

1. 刑罚思想上的原因

中国有几千年的封建历史，重刑思想根深蒂固。商鞅在几千年前就提出："行刑，重其轻者，轻者不至，重者不来，此谓以刑去刑，刑去事成"。④ "治乱世用重典"是一种普遍的心态，特别是当社会治安形势严峻，犯罪增多时，这种思想在决策者、立法和执法者中表现得尤为突出。由于受重刑思想的影响，使得"犯罪"与"刑罚"紧密相连，"刑罚"与"监禁"密切相关。

2. 刑事法律上的原因

监狱拥挤状况还与一国的刑法制度有关。如果一国刑法所规定的刑罚种

---

① 冯树梁主编：《中国预防犯罪方略》，法律出版社1994年版，第40页。
② 司法部监狱管理局：《监狱工作简报》，1979年—1996年。
③ ［美］大卫·E.杜菲：《美国矫正政策与实践》，吴宗宪等译，中国人民公安大学出版社1992年版，第72页。
④ 张中秋：《中西法律文化比较研究》，南京大学出版社1991年版，第91页。

类具有多样性，除监禁刑以外还有其他刑罚替代措施，那么，即使犯罪增加，监狱人口也不一定必然增多。在我国现行刑法中，与监狱拥挤相关的内容主要有以下方面：

第一，刑罚种类单一。我国刑法规定的五种主刑中，监禁刑占绝对优势，虽然刑法总则规定可以单独适用附加刑，但分则规定的条文不多，实践中单独适用附加刑的就更少。

第二，刑法所规定的刑罚绝大多数是徒刑以上刑罚，并且刑期很长。这势必造成"自由刑"的大量适用，造成监狱拥挤。

3. 量刑方面的原因

在量刑方面主要是量刑偏重且适用的刑种单一。

第一，量刑偏重，并且绝大多数是监禁刑。从有关资料来看，我国审判机关的量刑一般偏重，同时，使用剥夺罪犯人身自由的刑罚的比例比较大。1996 年全国共判决人犯 614323 人，其中判处徒刑在 5 年以上的 265293 人，占总数的 43.18%；判处徒刑在 5 年以下的 338347 人，占总数的 55%，两项相加占总数 98% 左右。① 除了少量的管制以外，90% 以上的犯罪人都被判处徒刑，且刑期较长的（5 年以上）占很大比例。这就减慢了监狱人口流动的速度，降低了监狱设施的使用率。国外一些国家的情况恰恰相反，例如，在美国，罪犯总数中被判处缓刑的罪犯占 63%，在监狱服刑的罪犯只占 18%。从 1975 年到 1983 年，美国缓刑人口从最初的 580000 人增加到 1005400 人，增长了 63%。② 另据 1987 年统计，美国从 1983 年到 1985 年间，缓刑人数增加了 318%，而监禁人数只增加 15%。③ 还有些国家不仅大量使用缓刑，而且罪犯服刑的时间普遍较短，例如，在荷兰，据 1965 年的统计，男性罪犯服刑的时间平均为两个月，到 1977 年时，降低为 1.3 个月，只有不到 5% 的荷兰罪犯服刑 1 年或更长的时间。④

第二，适用的刑罚种类单一且过于集中。统计资料表明，我国对犯罪分子适用的刑罚主要是监禁刑，其他刑种如罚金、没收财产等，很少单独适用，管制在司法实践中也很少使用。但是，在其他一些国家，除了监禁刑以外，还大量使用非监禁的替代措施。例如荷兰，1950 年，判罚金的占总数的 58%，1975 年上升到 65%。拉丁美洲国家除了使用监禁刑和缓刑以外，还使用附条件刑罚、附条件释放、社区服务、强制性劳动、家庭监禁、非监禁性拘留、室内拘留和警察监护等等替代措施。⑤

（四）行刑方面的原因

这主要包括减刑和假释两方面。

---

① 任建新在八届人大五次会议所作的《最高人民法院工作报告》。

② ［美］大卫·E. 杜菲：《美国矫正政策与实践》，吴宗宪等译，中国人民公安大学出版社 1992 年版，第 43 页。

③ 司法部预防犯罪研究所编：《国外犯罪与监狱信息》，1996 年第 1 期，第 29 页。

④ ［美］大卫·E. 杜菲：《美国矫正政策与实践》，吴宗宪等译，中国人民公安大学出版社 1992 年版，第 43 页。

⑤ 司法部预防犯罪研究所编：《国外犯罪与监狱信息》，1996 年第 1 期，第 29 页。

1. 减刑面窄而且幅度小

减刑是调动罪犯改造积极性的最有力的手段之一。充分利用好这一手段，对于有效地改造罪犯，促进监狱人口的合理流动，减缓监狱拥挤具有积极的意义。目前在减刑中存在的问题是，人为地规定减刑的面和减刑的幅度，使得一些本来具备减刑条件的罪犯得不到及时减刑。例如，在 1994 年，全国押犯共 1286208 名，受到减刑奖励的仅有 253761 名，占总数的 19.8%。减刑面最大的如海南省的减刑率是 33.62%（含假释），最小的如新疆只有 12.64%。在减刑幅度上，一般一次只减半年左右，最多的也不会超过 1.5 年。而且法律规定，累计减刑不得超过原判刑期的一半，当达到这一上限时，即使罪犯的改造表现再好也不能再减刑。这不仅制约了减刑积极作用的充分发挥，也加剧了监狱的拥挤程度。

2. 假释适用过少

假释和减刑一样，应该严格限制条件和程序，不应该主观规定比例。目前往往由于假释适用不当，而不能充分发挥假释的改造功能。而与监狱拥挤有关的主要有以下因素：

第一，假释率偏低。从有关资料来看，我国是世界上假释率严重偏低的国家之一，假释罪犯占罪犯总数的比例，不仅低于许多发达国家，也低于一些发展中国家。据统计，1993 年全国的在押罪犯总数为 1244285 名，而获得假释的只有 33143 人，仅仅占 2.6%；1994 年在押犯总数为 1286208 人，假释人数为 28645 名，占 2.2%。[1] 美国假释人数一般为矫正人口总数的 10% 左右，1982 年为 10.5%，1983 年为 13.1%，1987 年为 10.4%。[2]

第二，押犯不断增加，假释人数却不断减少。近年来，我国监狱的在押罪犯数迅速增长，但全国的假释人数逐年减少。1992 年全国假释人数为 33552 人，1993 年是 33143 人，到 1994 年减少为 28645 人。有些单位减少的数量更为突出。例如，四川省的永川监狱，多年来在押罪犯数量一直在 8000 人以上。但其假释人数从 1992—1995 年分别为 14 人、25 人、7 人、4 人。1995 年的假释人数仅占押犯总数的 5%。[3]

第三，一些符合假释条件的罪犯未能及时获得假释。我国一些长期从事监狱管理和罪犯改造工作的资深专家估计，在押罪犯中有 1/3 左右的人，尤其是那些改造时间超过 5 年，余刑不足 2 年的罪犯，大部分都已经得到了改造，可以予以假释。如果将这些罪犯假释出狱，不仅能够大大缓解监狱拥挤的状况，而且可以为国家节省巨额的监狱经费。据统计，1993 年全国的在押犯中，余刑在 1 年以下的有 163886 人，占押犯总数的 13.17%；余刑在 1 至 4 年的为 597459 人，占押犯总数的 48.02%，两项合计，余刑 5 年以下的占押

---

① 司法部监狱管理局：《监狱工作简报》，1993 年、1994 年、1995 年增刊。
② ［美］大卫·E. 杜菲：《美国矫正政策与实践》，吴宗宪等译，中国人民公安大学出版社 1992 年版，第 57 页。
③ 司法部：《关于川、黔两省贯彻实施监狱法情况的调查报告》。

犯总数的 61.19%。[①] 1994 年的情况与 1993 年大致相同。当然，并不是说所有这些人都能假释，但是他们当中的大多数人是可以给予假释的。

四、监狱拥挤的后果

监狱拥挤不但使大量没有必要在监狱服刑的罪犯进入监狱，增加了监狱经费的开支，造成了社会资源的大量浪费。同时，由于监狱中关押的罪犯太多而造成的监狱拥挤，对监狱工作本身也有多方面的消极影响。根据已经进行的研究和我们的了解与考察，这些消极影响主要包括下列方面：

（一）削弱罪犯改造成效

在监狱拥挤的情况下，由于下列情况的出现或加剧，使得监狱干警无法开展有效的改造活动，从而会削弱罪犯改造的成效，引起改造质量的下降。

1. 改造活动的种类减少

由于监狱拥挤，造成监狱经费紧张、活动空间减少、警力不足的现象加剧等问题，监狱无法开展更多的改造活动，甚至使原来比较丰富多彩的罪犯改造活动也因为监狱拥挤而大大减少，监狱不能通过多种积极的活动影响和改造罪犯。

2. 分类分级处遇难以进行

监狱拥挤造成的监狱空间的减少，使监狱无法及时有效地根据罪犯的改造表现对他们进行再次分类和分级，不能根据分类和分级调整罪犯住宿的监舍、监区以及其他待遇，不能对不同类型和级别的罪犯实行区别对待，从而无法通过这种管理措施调动罪犯的改造积极性。

3. 个别教育的困难性增大

我国改造罪犯的长期实践表明，个别教育是改造罪犯的最有效手段之一，但是在监狱拥挤的情况下，由于罪犯增加，一线干警每人管理的罪犯数量增加，他们对每个罪犯情况的了解会减少，与每个罪犯进行个别谈话等个别教育活动的时间也会随之减少，所以很难开展有效的个别教育活动。

4. 监狱秩序难以维持

监狱拥挤必然给罪犯的居住、管理等增加很多困难，因而往往会造成监狱秩序的混乱，影响罪犯改造活动的进行。例如，每人居住面积的减少，增加了监狱干警直接管理罪犯的困难性，容易助长牢头狱霸的产生；同时，监舍居住拥挤也给同性恋行为的产生创造了条件，增加了监狱管理中的不稳定因素。

英国的一项研究也发现，在监舍过度拥挤与累犯率之间存在着正相关（预期的累犯率和实际的累犯率之间有差异），[②] 即随着监舍拥挤程度的增加，罪犯中的累犯率也相应上升。

---

① 司法部监狱管理局：《监狱工作简报》，1994 年、1995 年增刊。

② D. P. Farrington & C. P. Nuttall, "Prison size, overcrowding, prison violence, and recidivism," *Journal of Criminal Justice* (8, 1980): 221-231.

（二）增加暴力行为

监狱拥挤会增加罪犯的暴力行为，已经为许多研究所证实。美国得克萨斯大学阿林顿分校的心理学家保罗·保罗斯（Paul B. Paulus）指出："大多数档案研究集中探讨了监狱拥挤和社会不良行为，包括针对罪犯或矫正官员的侵犯行为之间的联系。研究得出的基本结论是，监狱拥挤可能与破坏行为或侵犯行为的增加有关。……拥挤增加了造成挫折、易激惹（irritability）或诱发攻击行为的机会，它们又会增加不良心理或不良行为。……由于身体接近会助长对抗，所以，空间密度尤其会增加包括攻击性冲突在内的违纪率。"①

理查德·图克斯伯里（Richard A. Tewksbury）也指出："当矫正机构主要关押年轻犯罪人时，过度拥挤可能导致违法矫正机构规则（的行为）。……过度拥挤可能是矫正机构中暴力行为的一种因素。由于其他诱发因素的存在，暴力行为更有可能发生。"②

社会心理学的研究也证实，人们都有领域性方面的要求，即每个人都自然而然地需要一定量的生活空间，当可用的空间低于要求，或者最少空间量受到侵犯的时候，个人就要反抗，就要保卫自己的空间。③ 因此，当监狱过度拥挤，每个罪犯拥有的个人空间太小时，就会使罪犯本能性地产生保卫其个人领域的行为，为了争夺活动空间而与其他罪犯发生冲突，引起暴力行为的增加；尤其是在罪犯之间充满不信任、相互有猜疑、大部分罪犯体验到深刻的挫折感等消极心理状态下，空间拥挤会进一步加剧这种消极心理状态，引起大量严重程度和表现方式各异的暴力行为。研究表明，增强的密度会加剧个人对他人的反应："使得愉快的情境更愉快，不愉快的情境更不愉快。"④

此外，监狱过度拥挤，不但会造成可利用资源的短缺，而且也会增加相互干扰和生活噪声，这些因素都会诱发罪犯之间的暴力行为以及破坏监狱设施的暴力行为。例如，监狱过度拥挤造成罪犯活动空间的减少，使生活设施（洗澡设施、厕所等）的使用更加紧张，这会使罪犯之间为了保护自己的活动空间、为了使用生活设施而与别的罪犯发生矛盾冲突。由于监狱过度拥挤，罪犯之间在日常生活中很容易相互干扰，发生摩擦、纠纷的可能性大大增加。同时，罪犯在拥挤、狭小的空间中生活，必然会产生个人无法控制的生活噪音，这也会增加罪犯的烦躁情绪，使罪犯在消极情绪的影响下，有可能产生暴力行为，正如社会心理学研究所证实的："噪音有时候会增加人们的攻击行为，但是，这种情形或许只发生在人们觉得他对噪音没有控制能力的时候。换句话说，噪音或许并不是导致攻击的直接原因，不过，它可以增强原已存

---

① Paul B. Paulus, *Prison Crowding: A Psychological Perspective* (New York: Springer – Verlag, 1988), pp. 15 – 16.

② Richard A. Tewksbury, *Introduction to Corrections*, 3rd ed. (New York: McGrae – Hill, 1997), pp. 422 – 423.

③ ［美］J. L. 弗里德曼等：《社会心理学》，高地等译，黑龙江人民出版社1984年版，第607页。

④ ［美］David O. Sears 等：《社会心理学》（第五版），黄安邦译，五南图书出版公司1986年版，第813页。

在的攻击倾向。"①

美国对 20 世纪 70 和 80 年代发生的监狱骚乱的研究表明，监狱拥挤是导致监狱骚乱的重要原因之一。研究者认为，要预防和减少监狱骚乱，必须解决监狱过度拥挤的问题。②

（三）损害身心健康

国外的研究认为，"过度拥挤构成了身体和心理疾病的主要基础。高密度的生活由于'自然的'原因，例如，自杀、杀人、精神崩溃、生理疾病、过度的懒散造成的抑郁，而与过早的死亡有联系。"③ "矫正宿舍是过去几十年间美国监狱中最普遍的居住监舍，它导致了最严重的过度拥挤，也导致了最多、最严重的心理和生理健康变化。宿舍关押的最明显的效果就是，那里的罪犯所报告的健康问题比单人监舍或双人监舍中的罪犯多。"④

我们认为，监狱过度拥挤会损害罪犯以及监狱干警的身心健康。首先，监狱过度拥挤会造成监狱内物理环境的恶化，例如，空气质量下降，罪犯和干警很难呼吸到新鲜的空气；生活垃圾增多，如果不注意保持环境卫生，就可能造成环境污染；监狱中罪犯可以利用的生活设施相对减少，罪犯的吃饭、医疗保健等难以达到所要求的标准，等等。其次，监狱过度拥挤会损害监狱的社会心理环境。例如，罪犯之间为了争夺可利用资源，容易发生冲突；罪犯之间的互相干扰和噪声，容易造成罪犯的挫折感和消极情绪；干警对每个罪犯的直接控制力的下降，容易在罪犯和干警之间产生心理隔阂和误解。最后，罪犯的有益活动减少。由于监狱过度拥挤，罪犯的教室、文化娱乐空间、体育锻炼设施等可能会被挤占，使大量的教育改造和健身活动无法进行。

（四）增加干警的工作量

在我国目前的情况下，监狱干警、特别是直接管理罪犯的一线干警警力不足的问题很突出，大、中队的干警每个人平均要管理很多罪犯，如果监狱过度拥挤，在现有空间内关押的罪犯大量增加，必然会大大增加干警的工作量，使他们一方面无法开展有效的教育改造活动，只能应付最基本的日常管理活动，另一方面也会使他们的工作负担加重，工作时间延长，心理压力增大，这会严重损害他们的身心健康，造成监狱干警平均寿命的下降。

五、解决监狱拥挤的对策

监狱拥挤是一个涉及社会很多部门和许多方面的问题，只有通过社会有关领域中各个部门协同的活动，从多方面努力，才有可能解决这个问题。我

---

① ［美］David O. Sears 等：《社会心理学》（第五版），黄安邦译，五南图书出版公司 1986 年版，第 832 页。

② Bert Useem & Peter Kimball, *States of Siege: U. S. Prison Riots*, 1971 – 1986（New York：Oxford University Press, 1991），pp. 82 – 83,221 – 222.

③ Richard Hawkins & Geoffrey P. Alpert, *American Prison Systems: Punishment and Justice*（Englewood Cliffs, NJ：Prentice – Hall, 1989），p. 285.

④ Richard A. Tewksbury, *Introduction to Corrections*, 3rd ed.（New York：McGraw – Hill, 1997），pp. 421 – 422.

们认为，应当注意从下列方面着手解决监狱拥挤问题。

（一）严格把好罪犯进入监狱的进口

监狱之所以人满为患，在很大程度上与进入监狱的进口不严有关，即把很多没有必要送入监狱的罪犯关押到监狱中。虽然监狱拥挤与整个犯罪数量的绝对增加有很大的关系，而控制犯罪的数量，又是一项更加艰巨的任务，很难通过刑事司法部门本身的努力就可以完成。但是，究竟如何处置犯了罪的人，把哪些罪犯关进监狱，把哪些罪犯放在社会上执行刑罚，却是刑事司法部门自己就可以解决的问题。只要刑事司法部门严格把好罪犯进入监狱的进口，就可以大大减少进入监狱的罪犯数量，监狱拥挤的状况就会有很大的缓解。

在国外，把控制监狱入口的方法称为"前端解决方法"（the front - end solutions）或"前门策略"，这是指使用替代性刑罚和中间刑罚来分流犯罪人的方法，主要包括：（1）缓刑；（2）家庭拘禁（house arrest）；（3）延迟起诉（deferred prosecution）；（4）电子监视；（5）休克缓刑（shock probation）；（6）加强监督的缓刑（intensive supervised probation）；（7）间歇性拘禁（intermittent jail incarceration）；（8）社区服务；（9）赔偿；（10）罚金。①

根据我国的情况并借鉴国外的做法，我们认为，控制监狱入口应当重视下列方面：

1. 增加缓刑的使用数量

对一些罪行不太严重、社会危险性不大的犯罪人判处缓刑，是许多国家都采用的减少监狱人口的方法。在瑞典，1993 年被判处缓刑的犯罪人达 6534 名，而同年被关押在监狱的罪犯为 14321 人，② 被判处缓刑的罪犯是判处监禁罪犯的 45.62%。在美国，据 1993 年 1 月 1 日的统计，因被判处缓刑而接受缓刑监督的犯罪人有 2811611 名，③ 据同一天的统计，被监禁在各类矫正机构中的犯罪人有 919739 人，④ 接受缓刑监督的犯罪人数量是被监禁犯罪人的 3 倍多。但是，从我国的刑事司法实践来看，法院判处犯罪人缓刑的数量是很少的，其比例远远低于其他国家，从而可能将许多没有必要监禁的犯罪人送进了监狱，增加了监狱拥挤的程度。例如，1993 年全国法院判决并已发生法律效力的人犯 451920 人，其中被判处缓刑、管制的犯罪人 60992 人，⑤ 被判处缓刑和管制的犯罪人总和为人犯总数的 13.496%，比其他国家低很多。所以，审判机关应当重视缓刑的使用，增加使用缓刑的数量。

① Harry E. Allen & Clifford E. Simonsen, *Corrections in America: An Introduction*, 6th ed. (New York: Macmillan Publishing Company, 1992), p. 204.

② Kriminalvarden, *Basic Facts about Prison and Probation Service in Sweden* (Norrkopingm, Sweden, 1995), p. 15.

③ Bureau of Justice Statistics, *Sourcebook of Criminal Justice Statistics—1994* (Washington, DC: U. S. Department of Justice, 1995), p.524.

④ George M. & Camille Graham Camp, *The Corrections Yearbook* (New York: Criminal Justice Institute, 1993), p. 1.

⑤ 任建新:《最高法院工作报告》(1994 年)，载《中国法律年鉴》1995 年版，第 20、21 页。

2. 增加非监禁刑的使用数量

我国现行刑法规定了管制、罚金、没收财产等非监禁刑，但是，在刑事司法实践中，对这类非监禁刑使用得不够。根据所了解到的情况，现在，法院在审判实践中，虽然对罚金和没收财产刑的使用远远没有达到理想的程度，不过，在一般情况下，还比较注意使用这些刑罚方法。但是，几乎所有的法院都极少使用管制这种主刑，以致理论界提出了管制刑是否有存在的必要的疑问，因此，在刑事审判中应当重视使用非监禁刑。

3. 增加非监禁刑的种类

与世界上的许多国家相比，我国刑法中规定的非监禁刑罚种类比较少，很难适应罪刑相适应和刑罚个别化的需要。我们认为，在刑法的修改过程中，应当充分重视和考虑借鉴国外的非监禁刑发展情况，将其中适合于我国情况的非监禁刑罚方法引入我国刑法之中，丰富我国的刑罚种类，以便使审判机关能够在量刑时有更多的选择，不必把大部分犯罪人都送到监狱中去。

我们建议，可以考虑下列在国外已经使用的非监禁刑罚方法，将它们加以改造后，规定到我国的刑法之中，把它们作为正式的刑罚方法，而不是作为非刑罚的处理方法：

（1）社区服务。

社区服务就是法院让罪行比较轻微、社会危险性很小的犯罪人无偿地从事一定时间的公益劳动的一种刑罚方法。这种刑罚方法最初于 1972 年在英国确立，后来被许多国家或地区所采用，包括美国、德国、法国、爱尔兰、意大利、荷兰、卢森堡、葡萄牙、斐济、澳大利亚、新西兰、斯里兰卡、我国香港地区等，普遍反映效果良好。丹麦正在实验这种方法，比利时、塞浦路斯、芬兰、瑞典和瑞士正在考虑采用这种措施；波兰、匈牙利和俄罗斯也实行相同的措施。

我们认为，可以对那些罪行比较轻微、社会危险性比较小的过失犯罪人判处社区服务，让他们在一定时期内利用业余时间完成一定量的社区服务工作，例如，城镇的过失犯罪人可以打扫居住社区的环境卫生，清除某一地区的垃圾，帮助交通警察维持交通秩序，在社区服务中心、养老院、学校、公园等公共机构提供服务；农村的过失犯罪人也可以在当地的公共机构提供社区服务。

社区服务应当具备五个特征：第一，犯罪人的罪行比较轻微，并且是第一次犯罪；第二，犯罪人的社会危险性比较小，不会重新犯罪或进行其他危害社会的行为；第三，犯罪人无偿为社会提供服务；第四，犯罪人的社区服务是在业余时间进行的，判处社区服务不改变犯罪人的职业，也不影响犯罪人的家庭关系，有利于维护社会的稳定；第五，犯罪人必须在规定的期限内提供一定数量的社区服务。

国内已经有人提议把社区服务作为一种刑罚方法，并且建议社区服务的期限以 15 日以上 6 个月以下为宜，数罪并罚时最高不能超过 1 年。①

（2）刑事赔偿。

刑事赔偿是指法院判处犯罪人向被害人支付赔偿金的一种刑罚方法。刑事赔偿与罚金不同，赔偿金是向犯罪被害人支付的，而罚金是向国家支付的。实际上，犯罪行为不仅给国家和社会造成损害，也给个人造成损害，而且在许多犯罪案件中，犯罪人给被害人造成的损失更严重、更明显、更直接，但是，长期以来，在刑事司法活动中，犯罪被害人的地位和利益不受重视，他们的损失没有得到赔偿。因此，我们认为，应当扭转这种趋势，在刑法中确立向被害人赔偿的刑罚制度，尤其是在个人受到法人犯罪的侵害时，更加应当重视使用赔偿刑罚。目前仅仅把它作为一种非刑罚处理方法是不够的。对于罪行较轻的犯罪分子判处刑事赔偿时，可以不再判处其他刑罚。

我们设想，赔偿应当具备六个特征：第一，犯罪人的罪行比较轻微，并且是第一次犯罪；第二，犯罪人的社会危险性比较小，不会重新犯罪或进行其他危害社会的行为；第三，犯罪人有正当职业和稳定收入，能够支付赔偿金；第四，赔偿金的支付应当以法院为中介，即犯罪人首先把赔偿金交给法院，再由法院转交给被害人；第五，赔偿金应当在判决之后一次交清，确有困难的，可以分期交付；第六，赔偿金数额的确定，既要考虑犯罪行为造成的直接损失，也要考虑犯罪行为造成的间接损失；第七，刑事赔偿是解决一些刑事案件的必要方法，可以促进犯罪人与被害人的和解。

（3）取消资格。

资格刑是一类重要的刑罚方法，但是在我国的刑法典中，对资格刑的规定比较单一，并且也不完善，我国刑法仅仅规定了剥夺政治权利和驱逐出境两种资格刑。为了充分发挥刑罚的社会功能，减轻不必要地使用监禁刑带来的消极后果，缓解监狱拥挤状况，我们认为应当完善资格刑的种类，扩大资格刑的适用范围。具体说来，建议在以后修订刑法典时规定两种情况：

①取消从事某种职业或业务的资格。例如，吊销交通肇事犯的驾驶执照，禁止其继续从事驾驶工作；吊销犯罪法人从事与其犯罪活动有关的业务活动的营业执照，禁止其继续从事这类活动；吊销犯罪法人的营业执照，解散犯罪法人；取消律师资格，禁止从事律师业务，等等。

②取消犯罪人已经获得的有关荣誉称号或身份。如果犯罪人的犯罪活动与其已经取得的荣誉称号有关，则应当取消这种荣誉称号，剥夺犯罪分子继续利用这种荣誉称号进行犯罪行为的可能性。例如，罢免犯罪分子的全国人民代表大会代表或全国政协委员资格。

4. 改革非监禁刑的执行状况，设立社区刑罚执行部门

以往我国非监禁刑使用数量比较少的重要原因之一，就是对判处非监禁刑罚的罪犯缺乏监督。根据我国法律的规定，对于被判处拘役和有期徒刑而宣告缓期执行的罪犯、被判处管制的罪犯以及被假释和保外就医的罪犯，都

---

① 梁根林、黄伯胜：《论刑罚结构改革》，载《中外法学》1996 年第 6 期，第 5 页。

由当地的公安机关或基层组织、原所在单位考察和监督，这种规定在实践中难以实行，因为公安机关本身有繁重的业务，没有更多的警力负责执行考察和监督事务；基层组织和原工作单位也不是刑罚执行机构，很难有能力（包括具有专门知识和技能的人员、经费等）开展对罪犯的考察和监督工作，而且，在法学理论上也是讲不通的，因为，公安机关和基层组织、原所在单位都不是刑罚执行机构，没有执行刑罚的职能，不能从事刑罚执行业务，让它们勉强从事这方面的工作，既不符合法学理论和它们本身的性质，也难以做好刑罚执行工作。因此，为了从理论上理顺有关部门的关系，更是为了加强对判处和执行非监禁刑罪犯的考察和监督，我们建议在司法行政系统建立社区刑罚执行机构和专业性社区刑罚执行队伍，同时聘请志愿人士参加这项工作。具体设想是：

（1）机构设置。在司法部监狱管理局设立社区刑罚执行处，负责全国的社区刑罚执行工作；在省（自治区、直辖市）监狱管理局设立社区刑罚执行处，主管省（自治区、直辖市）的社区刑罚执行工作；在县（区）司法局设立社区刑罚执行科；在乡（街道）由司法助理员负责当地的社区刑罚执行工作；在村（居委会）也有专人负责此项工作。为了避免机构重叠，乡（街道）以下的社区刑罚执行机构可以和综合治理办、司法助理员办公室、治保会合署办公，由其中的人员负责此项工作，而不再设立专门的机构。

（2）工作职能。社区刑罚执行机构应当负责下列事务：

①考察和监督非监禁刑罪犯的行为表现。工作对象包括缓刑犯、管制犯、假释犯、保外就医犯和执行其他非监禁刑的罪犯；

②帮助非监禁刑罪犯适应社会生活。社区刑罚执行机构通过咨询、指导办理有关手续、帮助介绍职业、进行职业技能培训、给予必要的经济资助等方式，帮助非监禁刑罪犯顺利适应社会生活，避免他们因为社会适应困难而重新犯罪。为了完成此项工作，社区刑罚执行机构可以单独或者合作创办经济实体等。

（3）工作方式。社区刑罚执行机构可以采用专业人员与志愿人士相结合的方式，开展考察、监督和帮助工作。社区刑罚执行机构可以聘请符合一定条件（特别是要有一定社会经验、责任感强、有奉献精神）的社会成员，例如，退休干部、合适的在职人员等，担任志愿人士，帮助从事此项工作。对于志愿人士，除了给予一定的经济报酬外，更应当注意给他们以较高的荣誉，例如，进行隆重的仪式颁发资格证书、定期组织开会和培训、对成绩优异者颁发奖章和由政府领导人接见等。

志愿人士主要负责本地非监禁刑罪犯的考察、监督和帮助事务，每人负责一定数量的非监禁刑罪犯；志愿人士的数量可以根据非监禁刑罪犯的数量多少来确定。专业人员的主要职责应当是指导、帮助志愿人士开展工作，定期巡回考察、监督和帮助非监禁刑罪犯，处理在执行非监禁刑的过程中出现的问题等。

5. 和有关部门共同确定监狱关押罪犯的最高人数

确定监狱究竟能够关押多少罪犯，不应当仅仅是司法行政部门的事情，而应当是公检法司各部门和政府有关部门共同的工作。所以，司法行政部门应该与公安、检察、法院各部门及政府有关部门（特别是计划、财政、建设等部门）共同进行此项工作，约请他们派员到监狱中共同视察和研究监狱容量问题，在调查研究的基础上，共同确定监狱关押罪犯的最高数额，确立监狱关押罪犯的容量标准（包括拥挤标准、过度拥挤标准），使这个标准对有关各部门都有约束力，在监狱建设、刑罚适用等方面产生重要的影响和制约作用，对减轻与缓解监狱拥挤状况产生有效的作用。当罪犯数量超过最高数额时，就应当采取相应的解决办法，例如，建造新监狱，用一定形式释放某些罪犯等。

6. 定期向有关部门通报监狱罪犯容量状况

监狱及司法行政部门应当定期向公检法各部门通报监狱关押的罪犯数量的状况，让他们在适用刑罚时考虑监狱关押罪犯的容量，注意使用非监禁刑，有意识地控制监禁刑的使用，防止出现监狱人满为患的状况。在美国，已经使用这种方法控制监狱罪犯的数量，例如，他们采取的监狱人流控制对策，就是将量刑与监狱空间的状况联系起来，在监狱变得已经拥挤时，释放监狱的罪犯，同时，给每个法院分配一定数量的监狱空间，以便法官和检察官们根据监狱空间的容量进行判决。明尼苏达州采取这种量刑政策后，效果十分明显，1981年，美国的监狱人口增长了12.1%，而明尼苏达州的监狱人口仅仅增长了1.1%。①

当监狱关押罪犯达到过度拥挤的标准时，监狱和司法行政部门应当向各级最高行政领导人和政府的计划、财政、建设等部门通报情况，提请建造新的监狱和监舍。

7. 控制刑期长度

监狱拥挤不但与罪犯数量的增加有关，而且也与罪犯刑期长度的增加有关。在罪犯数量增加的速度大致相同的情况下，罪犯平均刑期的增加，会导致一定时间内在监狱中监禁的罪犯数量的增加，从而会使监狱拥挤的状况加剧。因此，考虑到增加刑期长度的量刑趋势，会助长监狱拥挤的状况，应当在量刑实践中，注意控制所判处的刑期长度；太长的刑期除了具有罪刑相适应的报应意义之外，并不一定有利于罪犯的改造，但是却会大大加剧监狱拥挤的程度。

对国外情况的研究，也证实了这一点。例如，在法国，"造成押犯人数迅速上升的原因很多，其中一个重要的原因是近20年来罪犯的刑期在延长。……刑事诉讼在减少，押犯人数却在迅猛增加，造成这种现象的原因就

① Alfred Blumstein, "Prison: Population, Capacity, and Alternatives", in *Crime and Public Policy*, ed. by James Q. Wilson (San Francisco: ICS Press, 1983), p.257.

在于罪犯刑期的延长。"①

（二）　努力疏通罪犯走出监狱的出口

让已经改造好的罪犯及时出监，是解决监狱拥挤状况的另一个重要的途径。调查表明，在目前在押的罪犯中，有相当一部分罪犯（有人估计，在被判处长期徒刑并且执行了大部分刑期的罪犯中，1/3 的罪犯已经得到了改造）已经得到了改造，释放之后不会再危害社会。如果通过合法、有效的途径及时将这些罪犯从监狱中释放，就能大大缓解监狱拥挤的状况。因此，要努力疏通罪犯走出监狱的合法出口。我们建议，在疏通监狱出口方面，应当重视下列工作：

1. 增加假释使用的频率

通过假释将那些已经执行较长时间的刑期、心理和行为有了转变、不致再危害社会的罪犯释放出去，是许多国家或地区都采用的刑罚执行方法，它不但具有鼓励罪犯改恶从善、促进罪犯回归社会的意义，而且也是减少监狱人口、缓解监狱拥挤状况的有效方式之一。从国外的情况来看，使用假释的数量普遍都很大。据美国的统计，1993 年 1 月 1 日从联邦和州矫正机构中假释的成年罪犯有 658601 人，每 10 万成年居民中有 352 名假释犯，② 而在同一天统计的美国联邦和州矫正机构中的罪犯总数为 913739 人，③ 假释率为 72%。在加拿大，1992—1993 年度联邦矫正机构罪犯的假释率为 36.2%。④ 在瑞典，1993—1994 年度假释的罪犯为 4726 人，而 1993 年在监狱服刑的罪犯为 14321 人，⑤ 假释率达 33%。在我国，假释的使用比较少，1993 年，全国法院办理假释案件 33388 件（实际假释罪犯 33143 人），仅占一审刑事案件总数（403267 件）⑥ 的 8.279%（监狱领域的专家估计，监狱中的假释率更低，全国被假释的罪犯仅仅占押犯总数的 0.9% 左右）。因此，为了最大限度地发挥假释在刑事司法中的积极作用，我们应当通过合法、合理的途径，增加假释使用的数量。

2. 改革假释决定权限

根据现行刑法和监狱法的规定，我国罪犯的假释由监狱报请人民法院裁定，假释的决定权在人民法院手中；在司法实践中，人民法院主要根据监狱提供的书面材料进行审核裁定，很少派人到监狱中进行实际考察。这种体制有很大的弊病：第一，法院的审核裁定主要根据监狱提供的书面材料进行，

---

① 王秉中：《人满为患成为法国监狱的一个难题》，载《中国监狱学刊》1996 年第 3 期，第57～58 页。

② U. S. Bureau of Justice Statistics, *Sourcebook of Criminal Justice Statistics*—1994. p. 575

③ George M. & Camille Graham Camp, *The Corrections Yearbook* (New York: Criminal Justice Institute, 1993), p. 1.

④ Correctional Service of Canada, *Corrections in Canada*, 1993 Edition (Ministry of Supply &Services Canada, 1994), p. 58.

⑤ Kriminalvarden, *Basic Facts about Prison and Probation Service in Sweden* (Norrkopingm, Sweden, 1995), pp. 23, 15.

⑥ 任建新：《最高法院工作报告》(1994 年)，载《中国法律年鉴》1995 年版，第 20、21 页。

难以全面反映罪犯在监狱中服刑改造的实际情况；第二，法院在裁定假释时，往往出于一些不一定合理的考虑，限制假释适用的数量，使那些真正得到改造、不致再危害社会的罪犯无法获得假释。

我们建议，为了更好地适用假释，发挥假释在缓解监狱拥挤状况、促进罪犯回归社会方面的积极作用，应当改革假释决定权。具体设想是，在司法行政管理部门设立假释委员会，由假释委员会负责罪犯假释的裁定工作。假释委员会由相应级别的法院的审判人员、检察院的监所检察人员、监狱管理人员以及心理学家、犯罪学家等组成，三方互相配合，互相制约，共同进行假释审核与裁定工作。可以在司法部、省（自治区、直辖市）监狱管理局和监狱设立三级罪犯假释委员会，设在司法部的假释委员会也就是国家假释委员会，管理全国的罪犯假释工作，包括制定罪犯假释政策、决定特殊罪犯的假释、受理和最后决定有疑义的假释建议等。假释建议由监狱假释委员会提出，由省（自治区、直辖市）假释委员会批准。

我们认为，假释是执行刑罚的一种方式或制度，改革罪犯假释工作并不涉及审判权和刑罚权的变更问题，从法理上讲，这方面的事情完全可以由国家的主要刑罚执行机关—监狱系统决定，但是，在假释决定权的改革中吸收审判、检察人员参加假释审核和裁定工作，可以保证更准确地执行刑罚。

从世界上许多国家的情况来看，假释的决定和假释犯的监督工作都是由假释委员会进行的，而假释委员会的成员大部分是司法行政管理部门的人员，所以，假释决定权往往被看成是司法行政管理机构的权利的组成部分，例如，在美国，联邦假释委员会设在司法部内，委员由总统任命，[1] 各州的假释机构一般由州长任命的官员组成，并且独立于矫正部门。[2] 在法国，假释委员会的成员主要是司法部的官员，同时也包括了最高法院、内务部等部门的人员。[3] 在阿尔及利亚，假释由司法部长批准。[4]

3. 完善减刑制度

减刑制度的执行，不仅能够促进罪犯的改造，而且也能够通过缩短罪犯的刑期，缓解监狱拥挤的状况，因此，完善减刑制度有助于解决监狱拥挤问题。目前，在我国的刑罚执行中，不但减刑的适用数量较少，1993 年，有247504 名罪犯获得减刑，占罪犯总数（1244285 人）的 19.89%（监狱领域的专家估计，全国的减刑数量不超过20%），而且，审判机关在审核和裁定减刑时，具有较大的自由裁量权，是否裁定减刑或者减多长刑期，在很大程度上都由法官根据自己的主观判断决定，缺乏客观性，也不能体现审判机关和执

---

① 中华人民共和国司法部编：《外国监狱法规条文分解》（上册），社会科学文献出版社 1990 年版，第 254 页。

② ［美］大卫·E. 杜菲：《美国矫正政策与实践》，吴宗宪等译，中国人民公安大学出版社 1992 年版，第 571 页。

③ 中华人民共和国司法部编：《外国监狱法规条文分解》（上册），社会科学文献出版社 1990 年版，第 271 页。

④ 中华人民共和国司法部编：《外国监狱法规条文分解》（上册），社会科学文献出版社 1990 年版，第 251 页。

行机构之间的制约性。所以，我们建议，不仅应当增加减刑的适用数量，而且也应当注意从下列方面完善减刑的适用制度：

（1）完善罪犯计分考核制度，将考核结果与减刑挂钩。

目前，我国的大部分监狱都实行了罪犯计分考核制度，把这种制度作为管理和考察罪犯的基本措施之一，其中的一些监狱也把计分考核的机构与罪犯的减刑相结合，达到一定分数的罪犯可以得到减刑。但是，我们也应当看到，我们实行的罪犯计分考核制度还不完善，许多考核指标的设立并不合理，不同的指标在总分中所占的比重也不尽恰当；考核结果与罪犯减刑的联系还不稳定和牢固，等等。因此，我们建议：

第一，由司法部监狱管理局组织专家对正在实行的罪犯计分考核制度进行调研，在全面调研全国罪犯计分考核制度的基础上，合理设立考核项目，恰当确定各个项目的分数，从而形成一套具有较高科学性、权威性的罪犯考核制度，大大提高罪犯考核的准确性。

第二，在全面提高罪犯考核准确性的基础上，由司法部与最高人民法院协商，联合发文，以司法文件的形式明文确立罪犯计分考核的结果在法院审核、裁定罪犯减刑中的作用，使罪犯计分考核的结果成为法院裁定减刑的重要的、有法律效力的依据，牢固地将罪犯计分考核制度与罪犯减刑联系起来。或者在《监狱法实施细则》中明确规定罪犯计分考核方法的恰当地位和对考核结果的合理使用，使罪犯计分考核方法更加完善发展，并且具有法律效力。

（2）在《监狱法实施细则》中对不同类型的罪犯规定不同的减刑条件和减刑幅度。

我们认为，应当在调查研究的基础上，在刑法和监狱法关于减刑规定的基础上，在《监狱法实施细则》中对不同类型的罪犯规定不同的减刑条件和减刑幅度，确实做到区别对待，以便通过减刑制度，将那些社会危险性小、罪行比较轻微的罪犯尽快从监狱中释放出去，缓解监狱拥挤的状况，节省国家的开支，减轻监狱的负担。

4. 改革特赦制度

我国宪法第 67 条第 17 项、第 80 条明确规定了特赦制度，全国人民代表大会常务委员会有权决定特赦，国家主席发布特赦令。但是，从新中国成立以来特赦制度适用的实践来看，这项法律制度并没有得到有效的适用，全国人大常委会作出的 7 次特赦决定，都是针对战争罪犯的，对普通刑事罪犯没有适用过特赦，这不能不说是一种遗憾；这种情况的存在，与特赦制度没有和刑罚执行密切结合有关。因此，应当将特赦制度与刑罚执行结合起来，充分发挥特赦制度在减轻监狱拥挤状况方面的作用。

我们建议，可以参照国外的紧急释放（emergency release）制度，改革特赦制度，使这种法律制度能够适用于普通刑事罪犯。紧急释放制度在美国等国家实行，① 主要内容是：当在监狱中关押的罪犯超过监狱容量的一定百分比时，可以释放合适的罪犯，以便缓解监狱拥挤的状况。例如，阿拉斯加州规定，在监狱罪犯超过设计容量时，可以提前 4 个月释放非变量性罪犯；威斯康星州规定，在监狱过度拥挤时，可以提前 135 天释放罪犯。从美国的情况来看，紧急释放制度的唯一目标就是缓解监狱人满为患的现象，平均提前 90 天释放罪犯。

参考美国等国家的情况，我们建议在特赦制度中增加类似紧急释放制度的内容，即当监狱拥挤达到一定程度，超过所确定的最高数额时，可以通过特赦的方式，提前释放下列罪犯：

（1）在监狱中已经执行了一定时间的刑期，改造表现良好，余刑不长，不会再危害社会的罪犯。

（2）在监狱中已经执行了一定时间的刑期，改造表现良好，年龄超过 75 岁，不会再危害社会的罪犯。老年罪犯由于体力较差，继续从事危害社会行为的可能性不大；同时，他们难以参加体力劳动和其他改造教育活动，还容易患病，成为监狱的负担。因此，可以考虑通过特赦的方式将他们释放出狱。中国古代就有赦免老年罪犯的传统。《周礼·秋官·司刺》记载："司刺掌三刺、三宥、三赦之法……一赦曰幼弱，再赦曰老耄，三赦曰蠢愚。"所谓幼弱，是指年少体弱，未满 7 岁的人；老耄是指年老昏庸，超过 80 岁的人。

考虑到刑事罪犯的特赦人数多、工作量大，不同于对战争罪犯的特赦，因此，在具体实施时，全国人大常委会可以决定特赦的具体条件，由司法部监狱管理局具体确定特赦的罪犯名单，报国家主席发布特赦令。

5. 完善监外执行制度

我们建议，可以通过监外执行制度，将监狱中患有精神病的罪犯释放出狱，由法院强制性地判令其亲属将其送往精神病院治疗。主要理由是：

第一，由于医疗条件的限制，患有精神病的罪犯在大多数监狱中难以得到有效的治疗。仅仅监禁而不治疗，不符合人道主义的精神。

第二，患有精神病的罪犯给监狱带来很大的负担，监狱必须派专门人员管理他们，一名患精神病的罪犯至少需要一名以上的人员看管。

第三，扰乱监狱的正常秩序。在监狱中安排看管患精神病的罪犯的人，往往不具备精神病学知识，很难准确预测和有效看管这类罪犯，他们的精神病发作不但会干扰正常的监管秩序，甚至会造成毁物伤人的严重后果。

第四，精神病院不同于普通医院，在精神病院中，往往对精神病人有比较严密的监护、看管措施，可以有效地避免患精神病的罪犯到社会上进行危害行为，能够保障社会的安全。

同时，在建立了社会刑罚执行机构之后，也可以增加对患有其他严重疾病的罪犯的保外就医数量。

---

① U. S. Department of Justice, Bureau of Justice Statistics, *Report on Crime and Justice* (U. S. Department of Justice, Bureau of Justice Statistics, 1988), p. 109. ［美］大卫·E. 杜菲：《美国矫正政策与实践》，吴宗宪等译，中国人民公安大学出版社 1992 年版，第 569~570 页。

（三）　对在拥挤情况下做好监狱工作的建议

从上面的论述来看，监狱拥挤状况的缓解，需要公检法司等部门的共同努力；要改变目前监狱拥挤的局面，特别是东南沿海经济发达地区监狱过度拥挤的状况，需要一定的时间和条件。但是，这并不是说，监狱系统本身在监狱拥挤的情况下可以无所作为。我们认为，在目前监狱拥挤的情况下，为了做好监狱管理和罪犯改造工作，监狱系统应当重视下列方面：

1. 保障罪犯的基本生活条件

监狱拥挤不但意味着每个罪犯在监舍等场所拥有的活动空间的减少，而且也意味着每个罪犯可以利用的资源的减少。这里所说的资源，包括罪犯可以得到的实物（食物、衣物、被服、饮用水和洗浴用水、新鲜空气、图书资料、劳动工具以及其他生活和生产用品）和可以利用的机会（参加文化教育和职业技能教育的机会，患病时得到诊断和治疗的机会，会见家属和其他人的机会，与干警个别接触、交流的机会等）。在一般情况下，减员的这些资源是与监狱的规模和罪犯设计容量相适应的，在监狱规模和罪犯设计容量不变的情况下，罪犯数量增加，必然会引起这些资源的短缺，使每个罪犯可以利用的资源减少。因此，在监狱拥挤的情况下，除了活动空间减少之外，对罪犯的其他供给不能减少，应当组织罪犯开展的活动不能减少，不能用现有的资源凑合着应付已经大大增多了的罪犯。必须在增加罪犯人数的同时增加罪犯可以利用的资源，这是当务之急，绝不能马虎敷衍。否则，罪犯生活条件的恶化和有益活动的减少，不但违反了监狱法的规定，而且会引起其他更为严重的后果，包括罪犯的患病率和死亡率上升，暴力行为的发生率和其他违纪率上升，甚至会引起重新犯罪率的上升。

2. 改进监狱的物理环境

监狱拥挤在很大程度上是个客观问题，即一定监狱内罪犯的数量太多，每个罪犯占有的活动空间或使用面积太小，因此，在客观上增加每个罪犯的活动空间或使用面积，或者通过一些方法使罪犯在心理上感到活动空间或使用面积有所增加，从而缓解监狱拥挤的状况。这方面的具体措施包括：

（1）建造新的监狱。

在目前暂时难以有效地控制社会中的犯罪数量的情况下，建造新的监狱，是缓解监狱拥挤状况的最直接、最有效的办法，也可能是最好的办法。从国外的情况来看，随着社会的发展和犯罪数量的增加，监狱的数量也在不断增多，尤其是在罪犯居住面积有明文规定的情况下，由于监狱过度拥挤所造成的罪犯居住面积小于规定的标准，会引起诉讼（罪犯控告矫正机构）或其他消极后果（例如，人权组织的抗议等），因此，建造新的监狱就成为缓解监狱拥挤状况的首选方法。在美国，监狱建筑行业已经成为发展最快的行业之一，仅仅在1992年，美国的18个州就有41个新的矫正机构建成使用，新增加28686张床位。[①]在我国，虽然近年来国家投到监狱系统的资金数量很多，给

---

① George M. & Camille Graham Camp, *The Correction Yearbook*: *Adult Corrections* (New York: Criminal Justice, 1993), p. 37.

监狱系统的拨款的增加速度远远快于社会上的其他行业或系统，但是，由于监狱系统的历史欠账太多（尤其是在监房、设施的维修和更新方面，欠账更多），监狱生产占用或挪用监狱经费的数量太大等原因，在国家拨款中真正用于建造新的监狱或监房的数量很少，我们在调研过程中，很少看到新建的监狱或监房，也很少听说哪里建造了新的监狱或监房。因此，我们认为，必须重视建造新的监狱和监房。

不加限制地仅仅靠在现有监狱设施中挖潜改造和扩容增量的办法解决问题，是一种不符合国家长远利益的做法，无异于饮鸩止渴。原因在于，这种方法不但会造成监狱过度拥挤和监管秩序的下降，引起罪犯患病率、逃跑率、非正常死亡率等的上升，更为严重的是，这种方法必然会造成罪犯教育、活动设施面积的绝对减少，影响罪犯教育、健身活动的进行，造成罪犯改造质量的急剧下降，而这些没有改造好的罪犯释放出狱后，重新犯罪的可能性会更大，重新犯罪率的上升不仅会给社会造成比初犯或偶犯大得多的社会危害后果，而且也必然会产生更多的犯罪人数，造成新一轮的监狱拥挤。这种恶性循环，是与我们的初衷相违背的。

此外，我们感到，虽然近年来国家在监狱系统的拨款数量大大增加，但是，与国外相比，不但国家拨款的数量仍然很小，而且与公安、检察、法院系统相比，国家给监狱系统的拨款在整个司法领域的拨款中，也不占很大的比例。例如，在美国，1992 年联邦和州的整个司法系统的花费为 937.76852 亿美元，其中警察系统（police protection）的费用为 413.26531 亿美元，司法审判系统（judicial and legal）的费用为 209.88888 亿美元，矫正系统的费用为 314.61433 亿美元，矫正系统的费用占整个司法系统费用总数的 33.54925%。[①] 虽然我们没有找到我国公检法司各部门每年的财政拨款数字，但是，可以推测，国家给监狱系统的拨款肯定达不到给公检法司拨款总数的 1/3。因此，我们应当提请国家计划和财政部门，继续增加给监狱系统拨款的份额，使监狱系统不但尽快还清历史欠账，而且能够有资金建造新的监狱和监舍。

（2）重视监狱内部的色彩调节。

在不增加监舍面积的情况下，重视监狱内部的色彩调节，可以产生扩展空间的感觉，减轻监狱拥挤的感觉。心理学的研究表明，人们心理中存在着一种联觉现象，即一种感觉兼有或者引起另一种感觉的心理现象。[②] 联觉的形式很多，最常见的是颜色感觉引起的联觉，例如，色觉能引起温度感觉、轻重感觉、空间感觉和不同的心理效应。研究证实，色觉引起的空间感觉，会使人们对同样大小的空间产生大小各异的心里感觉。红、橙、黄等暖色带有接近感，这些颜色能使宽大的房间在空间上变小；相反，蓝、青、紫等冷色带有深远感，称为退色，有向后方退去的感觉，这些颜色能使狭小的房间在

---

① Bureau of Justice Statistics, *Sourcebook of Criminal Justice Statistics*—1994（U. S. Department of Justice, 1995），p. 3.

② 车文博主编：《心理学原理》，黑龙江人民出版社 1986 年版，第 351 页。

空间感觉上变大。因此，我们可以利用心理学中的联觉原理，通过培育草坪、悬挂图片和镜框、粉刷油漆、摆放盆景、种植花草树木等方式，使监区和监舍中有更多的蓝、青、紫、绿等色彩，从而减轻罪犯心理上的拥挤感觉，缓解监狱拥挤的消极后果。

（3）维护监区和监舍的整洁。

社会心理学的研究表明，拥挤在很大程度上是一种心里感觉，干净、整洁的环境会减轻人们的消极情绪，从而使人们对狭小空间的拥挤感觉得到缓解，即使处在比较狭小的空间中，也不一定会产生过分拥挤的感觉。相反，肮脏、混乱的环境会激起人们的烦躁情绪，使人们在狭小空间中产生的拥挤感进一步加剧。因此，在监狱拥挤的情况下，维护监狱内部环境的整洁和活动的秩序，有助于减缓罪犯的拥挤感。

（4）重视监房的建筑设计。

在建造新的监狱和监房时，如果重视监房的建筑设计，使监房的建筑结构更加合理化，也能通过环境调节罪犯的情绪，从而在一定程度上缓解监狱拥挤的状况。在研究现代化文明监狱的建筑问题时，我们曾提出两种监舍结构的设想：

①三角形结构，即将监舍区设计成等腰三角形，把监舍安排在三角形的每条边上；

②多边形结构，即就监舍区设计成多边形，把监舍安排在多边形的每条边上。[①]

这两种建筑结构的核心特征之一，就是取消了监房中的走廊，把原来的走廊变成一个三角形或多边形的公共活动区，这样就便于直接监控和管理罪犯。现在看来，这种三角形和多边形的监房结构也有利于缓解监狱拥挤问题，因为社会心理学对两种大学生宿舍结构（沿走廊安排单人房间或双人房间的结构或长廊式结构；在共同起居室周围安排单人房间或双人房间的结构或套房式结构）的研究表明，生活在套房式宿舍中的学生，比较善于交际和友好，因为在这种结构的宿舍中，大家有一种类似家庭环境的感觉，交往比较多，容易相互熟悉和产生友好的关系。[②] 虽然没有发现是否有人在监狱中进行过这类社会心理学研究，但是从人类心理具有共同性这一点来看，我们认为，如果在监房设计中采用带有公共活动区的三角形或多边形结构，可能会有助于促进罪犯之间的良好人际关系，提高对面积有限的公共活动区的利用率，减缓由于空间拥挤而产生的争夺和保卫自己空间的攻击性动机，即由于领域性而产生的攻击性动机，从而减轻监狱拥挤的消极后果。

3. 改进监狱的社会心理环境

社会心理学的研究表明，拥挤不仅是一种客观现象，也是一种心里感觉。甚至有人认为，应当用两方面的指标来衡量这个问题：一是社会密度，即在

---

① 吴宗宪主编：《中国现代化文明监狱研究》，警官教育出版社 1996 年版，第 252 页。

② ［美］J. L. 弗里德曼等：《社会心理学》，高地等译，黑龙江人民出版社 1984 年版，第 624～625 页。

某一空间中人口的客观数字；二是拥挤，即人们觉得被束缚或是空间不够的主观感受。密度无所谓愉快不愉快，但是，拥挤肯定是不愉快的、负面的感觉。当说我们觉得"拥挤"时，通常也就是我们抱怨的时候。从这个意义上讲，拥挤是指觉得不舒服、有压力的心理状态，感到拥挤的人希望拥有更多可以运用的空间。① 因此，拥挤总是和不愉快的感觉相联系的。如果我们在监狱的运行中，努力创造良好的社会心理环境，减少罪犯觉得不舒服的感觉，也能在一定程度上减轻监狱拥挤所造成的消极后果。这方面的具体建议如下：

（1）坚决实行对罪犯的直接监管。

在监狱管理中，应当实行监狱人民警察直接监管罪犯的做法，严禁让一些罪犯管理其他罪犯，避免产生牢头狱霸，以便使罪犯之间有正常的人际关系，使罪犯能够在一种比较平和、正常的心理状态中服刑，以中性的甚至是积极的情绪状态应付监狱拥挤的状况，防止产生监狱拥挤对消极情绪的助长作用，使监狱拥挤不致产生更加严重的消极后果，例如，罪犯之间的暴力行为，罪犯的破坏活动等。

如果不在监狱中对罪犯实行直接监管，而是利用一部分罪犯管理另一部分罪犯，就难以避免牢头狱霸等不良现象的产生，就会使罪犯之间由于互相欺压而产生敌视、绝望等消极情绪，而监狱拥挤对这种消极情绪的助长作用，又可能会诱发更加严重的狱政管理事故或违法犯罪行为。

（2）降低噪声和播放功能音乐。

监狱人满为患的状况，不但会增加罪犯之间互相干扰的可能性，使罪犯容易因为人际冲突而产生挫折感等消极情绪，而且也必然会增加生活噪声，使罪犯不可避免地受到生活噪声的影响。研究表明，噪声具有助长消极情绪的作用；个人无法控制的噪声，往往会使个人变得心情烦躁和容易冲动，从而会增加人们的攻击行为。② 因此，在监狱人满为患的情况下，我们更要重视降低生活噪声，通过禁止罪犯在监舍区大声喧哗、不在监舍区安装和使用高音喇叭、在墙壁上敷设隔音材料、保持监舍门的密封性、在监舍铁门上安装降噪材料、在生产车间安装消音设备等措施，尽量保持监舍区的安静。

我们在调研过程中发现，有的监狱没有在监舍安装密封的木门或铁门，而是安装了铁栅栏，据说是为了便于监视监舍内的罪犯。这种做法不仅会增加监舍区的生活噪声和罪犯之间的互相干扰，而且在监舍区有长长的走廊的情况下，实际上也不利于监视监舍内的罪犯，因为不隔音的铁栅栏，使监舍内的罪犯能够很容易地察觉监狱工作人员的走动。所以，我们认为，应当停止这种不恰当的措施。

同时，为了创造一个心情舒畅的生活环境，不但要采取降低生活噪声的措施，减少噪声的消极后果，而且也要重视在监舍区播放功能音乐，发挥功能音乐在调节罪犯情绪方面的积极作用。功能音乐是指具有特定作用或功能的音乐，播放功能音乐是目前公认的改善局部的社会心理环境的有效方法。

---

① ［美］大卫·席尔斯：《社会心理学》，黄安邦译，五南图书出版公司1986年版，第810页。
② ［美］大卫·席尔斯：《社会心理学》，黄安邦译，五南图书出版公司1986年版，第832页。

研究表明，播放功能音乐具有改善心境和情绪状态、提高工作效率、激发人的潜能、调节人的心情等作用。功能音乐在国外已经普遍地使用于医疗机构、学校、矫正机构等部门。在国内，已经有人根据中国人的音乐审美特征，编制了适合中国人心理的功能音乐，我们可以在监狱中尝试使用，用轻柔、舒缓、美妙的音乐改善罪犯的心境和情绪状态，减轻监狱拥挤状况对他们造成的心理的压力，抑制罪犯消极情绪的恶化和攻击、破坏行为的产生。

（3）组织罪犯开展丰富多样的活动，减少罪犯闲散的时间。

社会心理学的研究表明，人口密度增大和拥挤具有助长人们的情绪的作用：随着密度和拥挤的增加，愉快的情境会变得更加愉快，不愉快的情境会更不愉快。① 同时，有组织的、有趣味的建设性活动，往往会分散人们对消极情绪的注意力，将人们的注意力引向愉快的方向，也有助于宣泄人们的消极情绪，激起人们积极向上的愿望。在监狱中服刑的罪犯，往往体验到更多的不愉快情绪，相对而言，他们体验到愉快情绪的机会要比社会上的人们少一些，如果让他们在很多时间无所事事地呆在监舍中，拥挤的状况就会加剧他们的消极情绪，消极情绪就会在拥挤感的助长下，向更加不愉快的方向发展，罪犯之间的摩擦、冲突必然会增加，罪犯中的违纪率和重新犯罪率就会上升。因此，在监狱人满为患的情况下，更要重视组织罪犯开展丰富多样的活动，用趣味性、建设性的活动冲淡罪犯的消极情绪，减轻监狱拥挤的消极心理后果。

在组织罪犯开展丰富多样的活动方面，最好的活动是在监舍之外的其他地方开展的活动，例如，在教室、车间、露天场所等开展的学习、劳动、娱乐活动。活动地点或场所的变化，能使罪犯产生新鲜感，有利于冲淡罪犯长时间在监舍中停留造成的单调感，能够增加他们的活动兴趣和调动他们的活动积极性。活动内容的变化，也会产生同样的心理效果。因此，如果随着罪犯数量的增加而挤占了罪犯的教室和活动场所，将不利于组织罪犯开展丰富多样的活动，这对调节罪犯的消极情绪是十分不利的。因此，我们认为，宁愿让罪犯的监舍拥挤一些，也不要挤占罪犯的教室和活动场所，使罪犯失去调节情绪的活动空间。否则，如果罪犯的消极情绪长期郁积而得不到及时宣泄和转化，将是极其危险的，因为这些消极情绪不会自动消失，当它们在内心深处积累到一定程度时，就会以破坏性的方式爆发出来，产生严重的暴力行为。在一些情况下，罪犯对轻微、琐细的不愉快事情产生极端严重的爆发性反应，就是他们的消极情绪长期积累的结果。

即使在监狱过度拥挤，已经没有教室和其他活动场所，罪犯的大部分时间只能在监舍中度过的情况下，也不能听任罪犯无所事事，放任自流，而应组织他们开展一定时间的室外露天活动，或者在监舍内开展学习、讨论等集体活动。国外的研究已经证实，如果监狱中有一些积极的特征，例如，组织罪犯开展许多种罪犯矫正计划、在住宿方面能够保证个人有一定的隐私、看

---

① ［美］大卫·席尔斯：《社会心理学》，黄安邦译，五南图书出版公司 1986 年版，第 813 页。

守人员较少，即使监狱中有一定程度的拥挤，罪犯也是可以忍受的。①

（4）注意监舍内罪犯之间的心理相容性。

在监狱中，罪犯对监狱拥挤状况的承受，主要是以监舍为单位进行的。也可以说，监狱是否拥挤，在很大程度上是通过监舍内居住的罪犯的客观数量以及监舍内的罪犯群体对居住状况的主观适应水平体现出来的。虽然从客观上来看，一个监舍内居住的罪犯的数量比较多，但是罪犯对这种居住状况的主观适应水平也比较高，那么，监狱拥挤的消极后果就不会太明显；相反，尽管某个监舍内居住的罪犯人数并不多，但是，罪犯对这种居住状况的主观适应水平比较低，那么，他们也会体验到拥挤和不适。由于在同一监舍内居住的罪犯是作为一个小群体存在的，他们对居住状况的主观适应不仅取决于个人对环境的适应水平，也取决于罪犯之间的相互关系和罪犯群体的心理状况；如果罪犯个人的环境适应水平比较高，罪犯之间的人际关系也比较好，罪犯群体的心理状况良好，那么，罪犯对监舍环境的拥挤状况的耐受力就比较强，反之亦然。从心理学角度来看，罪犯之间的相互关系和罪犯群体的心理状况的好坏，涉及罪犯之间的心理相容问题。

监舍内罪犯之间的心理相容水平，对罪犯适应拥挤的监舍居住状况是很重要的。所谓心理相容，就是指群体成员之间在心理与行为上的协调一致性。心理相容是群体人际关系的重要心理成分，是群体团结的社会心理特征。心理相容有不同的层次和水平，心理相容的层次和水平越高，群体内的人际关系就越融洽，群体内的心理气氛就越好，群体就越团结。从在同一监舍居住的罪犯所构成的群体来看，在他们之间有一定水平的心理相容是很重要的，只有这样，罪犯之间才能和平相处，减少发生人际冲突的可能性和频率，他们保持稳定的情绪和较好的心境，才能提高他们对监狱拥挤状况的耐受力。国外的研究也表明："如果在双人监舍居住的罪犯是可以相容的，那么，双人监舍的消极后果就可能较少。"②

为了保持和提高罪犯之间的心理相容，我们建议：

第一，在分配罪犯居住的监舍时，注意考虑罪犯之间的相似性。人们之间的相似性，是产生和保持心理相容的重要基础。当相互之间具有某种相似性时，就容易彼此接近和产生好感，从而容易产生心理认同和心理相容。相似性表现在许多方面，例如，情绪特征、个人好恶、行为习惯、家庭出身、教育程度、性格兴趣、年龄、职业、民族等。所以，在安排监舍时，应当尽可能把互相之间存在着较多相似性的罪犯分配到一个监舍居住。

第二，如果出于监管罪犯等需要而必须把相互之间差异很大的罪犯分配到一个监舍居住时，也应当注意使相邻铺位的罪犯之间具有较多的相似性。如果把两个反差极大的罪犯安排在相邻的铺位甚至是上下铺居住，是十分危

---

① Paul B. Paulus, *Prison Crowding: A Psychological Perspective* (New York: Springer - Verlag, 1988), p.90.

② Paul B. Paulus, *Prison Crowding: A Psychological Perspective* (New York: Springer - Verlag, 1988), p.91.

险的，因为这必然会增大他们之间发生矛盾冲突的可能性，由此产生的不愉快的心境，会大大降低他们对拥挤状况的耐受力，使他们经常处于消极的情绪状态之中；而且，当他们之间长期多次发生的不愉快所产生的消极情绪积累到一定程度时，就会导致危险的暴力行为。

（5）注意罪犯的拥挤耐受力的个别差异。

社会心理学的研究表明，人们对拥挤的耐受力有个别差异。一些人有较高的拥挤耐受力，能够在很拥挤的环境中生活；另一些人的拥挤耐受力较低，他们即使处于在别人看来是宽敞的环境中时，也会觉得拥挤。同时，研究也发现，拥挤耐受力有性别差异："多数研究发现，男性对密度比女性敏感，其反应常常是消极的。"① 这说明，女性比较容易适应拥挤的环境，在拥挤的环境中产生攻击行为的可能性低于男性。不过，从所见到的资料来看，关于拥挤耐受力的性别差异方面的研究，其结果并不完全一致。此外，研究还表明，个人的拥挤耐受力的高低，受多种因素的影响，包括文化差别（生活在某一文化环境中的人，可能比生活在另一文化环境中的人有更高或更低的拥挤耐受力）、生活经历（过去生活在拥挤环境中的人的拥挤耐受力较高，反之亦然）、性格特征（性格活泼开朗、喜欢交际的人的拥挤耐受力可能高于性格内向、不愿交往的人）、文化程度（文化程度高的人的拥挤耐受力可能低于文化程度低的人）、年龄（监狱拥挤对年轻罪犯的消极后果似乎更为严重）等。

根据已有的研究，在如何确定某一监舍内居住的罪犯的适宜数量，从而尽可能减少监狱拥挤的消极后果方面，我们提出如下建议：

第一，在确定某一监舍内居住的罪犯的数量时，不应当强求一致，而应当考虑罪犯之间的拥挤耐受力的差异：拥挤耐受力强的罪犯在同一监舍中居住的数量可以多一些，拥挤耐受力低的罪犯在同一监舍中居住的数量应当少一些。

第二，暴力犯住宿的监舍中，人数应当少一些，非暴力犯住宿的监舍中人数可以多一些。因为研究表明，暴力犯喜欢较大的个人空间，非暴力犯对个人空间的需求量要小一些。②

第三，在确定某一监舍内居住的罪犯的数量时，应当考虑罪犯的文化差异、生活经历、性格特征、文化程度、年龄等影响他们拥挤耐受力的因素，并作出相应的安排。

第四，在一般情况下，男犯监舍中住宿的人数应当与女犯监舍相等，也许在女犯监舍住宿的人数可以稍微多一些。因为关于拥挤耐受力是否存在性别差异的问题，并没有得出一致的结论。

（6）逐渐增加监舍内的罪犯数量。

由于罪犯对监舍拥挤状况的心理适应是逐渐进行的，需要有一个过程，

---

① ［美］J. L. 弗里德曼等：《社会心理学》，高地等译，黑龙江人民出版社 1984 年版，第 619～620 页。

② ［美］大卫·席尔斯：《社会心理学》，黄安邦译，五南图书出版公司 1986 年版，第 801～802 页。

因此，在监狱拥挤的情况下，如果要增加监舍中住宿的罪犯的数量，就应当注意逐渐增加监舍人数。如果向监舍中增加人数的速度太快，或者突然向监舍中增加了几个罪犯，使得罪犯没有时间适应环境的变化的话，就会引起罪犯强烈的应激反应，导致罪犯心理失调，罪犯的拥挤感和消极情绪就会急剧增加，从而会导致大量的患病率、暴力行为发生率等有害后果。

（7）减少罪犯在不同监舍之间的流动。

在监狱拥挤的情况下，罪犯之间的熟悉，有助于他们适应环境和相互协调，从而能够减轻监狱拥挤带来的消极后果。如果频繁地让罪犯在不同监舍之间流动，就会使罪犯不但面临很多新的人际适应和环境适应问题，而且也没有时间去适应和解决所面临的问题，在这种情况下，陌生的人们和陌生的环境容易引起罪犯的适应困难和情绪波动，增加发生违纪行为的机会。因此，要尽可能保持在某一监舍住宿的罪犯的稳定性，减少罪犯在不同监舍之间的流动。尽可能保持监舍罪犯的稳定，有助于降低监狱拥挤的消极后果。

4. 增加一线警力

在监狱拥挤的情况下，必须相应增加直接管理和教育罪犯的一线干警的数量。主要理由如下：

（1）从监管罪犯来看，在监狱拥挤的情况下，对罪犯的直接监管具有更为重要的意义，而要真正实现对罪犯的直接监管，就必须增加一线警力。一方面，罪犯数量的增加，加大了一线干警的工作负担，加重了干警的心理紧张和精神压力，在这种工作超负荷状况下，他们难以在整个工作时间内都保持充沛的精力和良好的体力，在工作时间的后半段会自然而然地产生分心、倦怠等身心疲劳现象，出现身心松懈的状态，这种状态对做好监管工作来讲是十分危险的，罪犯逃跑等事故很可能会在这一段时间内发生。为了避免这种身心松懈状态，必须缩短工作时间，增加班次，这就需要更多的干警才能做到。另一方面，在监狱拥挤情况下，长时间的超负荷的工作会引起一线干警患病率的上升，需要有更多的干警来替补，以便患病的干警治病和修养。

（2）从罪犯改造来看，我国罪犯改造的实践证明，个别教育是改造罪犯的最有效的手段之一，但是，监狱拥挤使每个干警监管的罪犯数量增加，这会造成他们对罪犯的了解程度的降低，减少他们与每个罪犯的接触时间，从而会引起个别教育次数的减少和个别教育质量的下降，以致降低罪犯改造质量。要提高个别教育的质量，就必须增加一线干警的数量。

5. 合理使用调犯措施

调犯就是为了减少某一监狱的罪犯人数或出于监管罪犯的需要而将一些罪犯转移到其他监狱服刑的罪犯管理措施。在过去，我国曾经大量使用过这种措施，尤其是将大量东部地区的罪犯调往西部地区特别是西北地区服刑。这些措施在历史上曾经起过积极的作用。

在目前，调犯措施的使用可以迅速而有效地减少某一监狱的罪犯人数，达到缓解监狱拥挤状况的目的，是解决监狱拥挤问题的手段之一。但是，这种手段有一些明显的缺陷：

（1）不利于罪犯的改造。中国人历来重视乡土观念，对于罪犯来讲，在服刑期间所遭受的社会剥夺，会使他们的乡土观念更加强烈。调犯措施的使用，会使他们产生强烈的背井离乡的消极情绪，大大加剧罪犯悲观绝望的心理体验，不利于稳定罪犯的情绪，也不利于鼓励起他们接受改造、重新做人的自信心。同时，罪犯的改造不能仅仅依靠监狱本身，还必须广泛动员包括罪犯家属在内的社会力量，特别是与罪犯关系密切的罪犯出生地户口所在地的社会力量参与，才能产生良好的效果。但是，长距离的调犯，给罪犯家属探监和利用罪犯出生地的其他社会力量改造罪犯，带来交通等方面的巨大困难，使监狱难以利用这些社会力量改造罪犯，影响罪犯改造质量。

（2）不利于释放后的就业。过去大量使用留场就业的办法，对罪犯的职业技术教育要求可以低一些。现在，留场就业的方法已经不再使用，罪犯被释放后都要在社会上、主要是在出生地或户口所在地就业或复学。如果将罪犯调往遥远的异地服刑，服刑地的社会经济条件、文化教育状况等与罪犯出生地或户口所在地相差太大，罪犯在服刑期间所学的职业技能和所受的文化教育不适合释放后的就业地的情况，就会给他们的就业或复学造成极大的困难；如果他们不能顺利地就业或复学，就有可能重新犯罪。

（3）不能保障罪犯会见亲属和监护人的权利。

为了克服上述缺陷，发挥调犯方法在缓解监狱拥挤状况方面的积极作用，我们建议：

（1）应当减少甚至停止使用远距离的调犯。

（2）可以在省（自治区、直辖市）范围内调犯。如果某个省（自治区、直辖市）内，犯罪及罪犯数量的分布很不平衡，一部分地区特别多，另一部分地区特别少，而监狱的布局也不平衡，不能与罪犯数量的发布相匹配，即监狱数量在省（自治区、直辖市）内平均分布，或者集中在某个或某一些地区，或者罪犯数量多的地区监狱数量少，罪犯数量少的地区监狱数量多，那么，就可以在省（自治区、直辖市）范围内调犯，使罪犯数量的分配比较均衡，缓解一部分监狱人满为患的状况。

（3）可以在社会经济条件相似的邻近省（自治区、直辖市）之间调犯。在社会经济条件相似、空间距离又比较近的省（自治区、直辖市）之间调犯，既能缓解监狱拥挤的状况，也可以避免上述的远距离调犯的缺陷。

（4）将罪犯遣送到户籍所在地的监狱中服刑。随着我国经济的发展，人员的地域流动增大，在户籍所在地之外的其他地区犯罪的人数增加，涌现出大量"外省籍罪犯"，给一些地区、特别是经济比较发达的地区造成严重的社会治安问题和监狱拥挤现象，为了缓解这些地区的监狱拥挤现象，可以将那些"外省籍罪犯"遣送回户籍所在地的监狱中服刑。

让"外省籍罪犯"回原籍所在地的监狱中服刑，不但可以缓解犯罪地监狱人满为患的现象，而且也有利于罪犯的改造，特别是有利于利用包括罪犯亲属在内的社会力量教育改造罪犯，也有利于监狱工作人员深入了解罪犯的情况，开展有针对性的教育改造工作。

考虑到社会治安综合治理是全社会共同的责任，某个地区的政府部门、工厂企业、事业单位等都对本地区的社会治安负有责任，因此，犯罪多发地的政府部门等应当对本地的大量犯罪负责，在将罪犯调往异地时，应当向接收调犯的监狱部门给予经济补偿，以便在监管改造罪犯方面工作各尽其力、经济共同负担。

社区力量参与社区矫正的调研报告①

廖　明*

目　　次

　　社区矫正是指将符合社区矫正条件的罪犯置于社区内，由专门的国家机关在相关社会团体和民间组织以及社会志愿者的协助下，在判决、裁定或决定确定的期限内，矫正其犯罪心理和行为恶习，并促进其顺利回归社会的非监禁刑罚执行活动。

　　"社区"这一概念，一般是指聚居在一定地域范围内的人们所组成的社会生活共同体。社区矫正的本质特点之一，就是在社区中对服刑人员开展管理与改造工作，即"社区参与性"②。在社区中矫正，利用社区力量参与矫正，社区矫正是社会管理创新的必然要求。它既是我国刑罚制度的重要组成部分，也是加强社会建设、创新社会管理的一项重要内容。③ 促进社区矫正发展，对于加强和创新社会管理，降低刑罚执行成本、提高刑罚执行效率，最大限度

　　① 本文为北京市哲学社会科学规划项目"北京市社区力量参与社区矫正的实证研究"（课题号 12FXC029）和北京市社科联青年社科人才资助项目"北京市社区力量参与社区矫正的实证研究"（课题号 2011SKL008）的阶段性成果之一；本文亦为"中央高校基本科研业务费专项资金资助"项目（supported by "the Fundamental Research Funds for the Central Universities"）"未成年人刑事司法职权优化配置研究"（课题号 105563GK）的阶段性成果之一。
　　* 北京师范大学刑事法律科学研究院讲师，法学博士。
　　② 吴宗宪：《社区矫正的问题与前景》，载《法治论丛》2007 年第 1 期。
　　③ 樊崇义：《社区矫正立法势在必行》，载《法制日报》2011 年 8 月 17 日。

地增加和谐因素，维护社会和谐稳定，都具有重要的现实意义。关于社区矫正的好处，作为最早一批试点地区的江苏省有很大的发言权。江苏省司法厅厅长缪蒂生在 2010 年接受《法制日报》记者采访时表示："社区矫正有利于提高罪犯的改造质量，因为良好的社区资源，帮助社区服刑人员解决了技能培训、心理调适、困难救助等问题。也有效缓解了社会冲突，社区矫正是一种宽缓的刑罚执行方式，对罪犯而言，社区矫正激发了其自我改造的动机；对罪犯家庭来讲，避免了罪犯入狱带来的家庭破裂、孩子失学失教等社会问题；对罪犯周边群体来讲，在直观了解罪犯改造后，能够更宽容、友好地接纳罪犯，最大限度地减小了犯罪行为带来的社会裂痕。"①

社区矫正包括纷繁复杂的工作，不可能都由政府职能部门来完成，特别是在当今政府职能转换、提倡小政府大社区、建立公民社会的背景下，社会资源的整合利用更成为一个重要而必然的课题。社区矫正定位在社区，在社区中对罪犯进行教育矫正，需要社区力量的广泛参与。社区力量对社区矫正的广泛参与是顺利开展社区矫正工作必不可少的要素。笔者通过问卷调查、走访、现场访问、电话访问、典型案例研究、文献分析等方法对全国以及北京等地区社区力量参与社区矫正的情况进行了调研。

按照司法部基层工作指导司的意见，参与社区矫正的社区力量主要是社会工作者（简称"社工"）和社会志愿者，因此，本调研报告在介绍各级地域范围内社区矫正的开展情况时，主要围绕社工和社会志愿者的情况展开，并兼及基层机构、基层组织以及社区群众的相关情况。

一、社区矫正在全国试点的概况

2003 年 7 月，最高人民法院、最高人民检察院、公安部、司法部（以下简称"两院两部"）联合制定下发了《关于开展社区矫正试点工作的通知》（以下简称《试点通知》），确定在北京、上海、天津、山东、江苏、浙江 6 个省市先行开展社区矫正试点工作，正式拉开了我国全面开展社区矫正工作的帷幕。在总结首批试点经验的基础上，2005 年 1 月，两院两部联合制定下发了《关于扩大社区矫正试点范围的通知》，将河北、内蒙古、黑龙江、安徽、湖北、湖南、广东、广西、海南、四川、贵州、重庆 12 个省（自治区、直辖市）列为第二批开展社区矫正试点地区。此后，又有 9 个省（自治区）在党委、政府领导下先后进行了试点。截至 2009 年 10 月，全国共有 27 个省（自治区、直辖市）的 208 个地（市、州）、1309 个县（市、区）、14202 个乡镇（街道）开展了社区矫正试点工作。全国累计接收社区服刑人员 35.8 万人，解除矫正 17.1 万人，现有社区服刑人员 18.7 万人。②

根据中央司法体制改革的部署，为推动社区矫正工作深入发展，经中央政法委批准，2009 年 9 月，两院两部联合制定下发了《关于在全国试行社区

---

① 周斌：《"实行社区矫正"首次出现在刑法修正案草案中——7 年实践取得良好法律效果和社会效果》，载《法制日报》2010 年 8 月 26 日。

② 《社区矫正今年在全国试行》，载《人民日报》2009 年 10 月 22 日。

矫正工作的意见》（以下简称《试行意见》），对全面试行社区矫正工作提出了若干意见。自 2009 年起，在全国试行社区矫正工作，越来越多的罪犯开始在社区服刑。截至 2010 年 6 月，社区矫正工作已经在全国各省（自治区、直辖市）和新疆生产建设兵团的 226 个地（市）、1572 个县（市、区）、19507 个乡镇（街道）展开。全国累计接收社区服刑人员 48 万人，解除矫正 25 万人，现有社区服刑人员 23 万人。① 社区服刑人员在矫正期间重新犯罪的占接受矫正总人数的 0.18%，收到了良好效果。②

为进一步规范社区矫正工作，加强和创新特殊人群管理，根据中央关于深化司法体制和工作机制改革的总体部署，两院两部于 2012 年 1 月 10 日联合印发了《社区矫正实施办法》。更为重要的是，2011 年 2 月 25 日通过的《刑法修正案（八）》和 2012 年 3 月 14 日通过的《刑事诉讼法修正案》规定"依法实行社区矫正"。社区矫正必将成为我国重要的非监禁刑罚执行方式。

二、各试点地区社区力量参与社区矫正的调研情况

社区矫正的主要任务是，加强对社区服刑人员的监督管理，确保刑罚顺利实施；加强对社区服刑人员的思想教育、法制教育、社会公德教育，矫正其不良心理和行为；帮助社区服刑人员解决在就业、生活、法律、心理等方面遇到的困难和问题，以利于他们顺利适应社会。因此，社区矫正是一项综合性很强的工作，涉及刑罚执行、社区管理、劳动就业、社会保障和群众工作等各个方面，除由司法行政部门管理和具体实施社区矫正工作外，社区矫正也离不开有关部门的支持和配合，并且还需要其他社会力量的共同参与。社区矫正的社区参与性，即是指社区矫正不仅仅在"社区"这个地理概念中发生，更是指社区应积极发挥矫正罪犯的作用。对此，《试点通知》指出：社区矫正工作要"组织社会各方面的力量"，"充分发挥基层群众自治组织、社会团体和社会志愿者的作用，积极参与和协助社区矫正的试点工作"。《试行意见》指出："社会各有关方面要理解、支持和参与社区矫正工作，为开展社区矫正工作创造良好的社会环境。""坚持专群结合，充分调动社会资源和有关方面的积极性，不断增强社区矫正工作的社会效果。"8 年多来的社区矫正试点实践表明，除了司法行政机关、公安机关等国家职能部门外，社区矫正还应充分整合社会各方面的力量，发挥社会各方面的作用。在社区矫正工作中，社区力量能起到国家职能部门和国家工作人员无法起到的作用。各试点地区在整合社会资源、调动社区力量参与社区矫正方面取得了一定的成绩。

---

① 周斌：《"实行社区矫正"首次出现在刑法修正案草案中——7 年实践取得良好法律效果和社会效果》，载《法制日报》2010 年 8 月 26 日。

② 《社区矫正首次写入刑法便于犯罪人更好融入社会》，http://news.sohu.com/20110225/n279534309.shtml[2011 - 02 - 25]。

（一）北京市社区矫正试点中社区力量的参与情况

1. 概况

北京作为首批试点的6个省市之一，2003年7月在东城、房山、密云3个区县开始试点，同年12月试点范围扩大到9个区县，2004年5月在全市18个区县全面展开。[①] 截至2007年7月底，北京市累计接收社区服刑人员15998人，解除矫正10036人，现有5962人。其中缓刑2872人，占48.2%；剥夺政治权利1702人，占28.5%；假释1223人，占20.5%；暂予监外执行137人，占2.3%；管制28人，占0.5%。[②]

北京已建立起三级矫正组织网络，形成了"党委统一领导，司法局组织实施，相关部门协作配合，司法所具体实施"的工作机制。试点区（县）的街道（乡、镇）成立社区矫正工作领导小组，负责本地区社区矫正工作的实施。领导小组由街道（乡、镇）社会治安综合治理委员会主任任组长，成员为派出所、司法所、民政科、社会保障所等部门负责人和抽调的监狱警察。办公室设在司法所，具体负责各项日常工作。[③]

对于社区矫正人员的组成、来源和职责，有关部门制定的规范性文件进行了规定。中共北京市委政法委员会、首都社会治安综合治理委员会发布的《关于开展社区矫正试点工作的意见》指出："建立专业矫正力量与社会矫正力量相结合的矫正工作队伍"，"社会矫正力量主要是社会志愿者。包括专家、学者、知名人士、离退休干部、社区居委会成员、高等院校高年级学生、社区服刑人员的近亲属和所在单位人员等。社区矫正工作志愿者须热心于社区矫正工作，政治合格，有一定的政策理论水平；具有较高的文化素质或心理学、社会学、教育学、法学等方面的专业知识。社区矫正工作志愿者由区（县）社区矫正组织批准并颁发聘书。"中共北京市委政法委员会、首都社会治安综合治理委员会发布的《北京市社区矫正工作实施细则》第6条规定："社区矫正工作队伍由专业矫正人员和社会志愿者两部分组成。……社会志愿者主要是专家学者、知名人士、离退休干部、社区居委会成员、高等院校高年级学生、社区服刑人员的近亲属和所在单位的人员。"

从各区县试点的情况来看，北京市在试点工作中着力推行专群结合、专兼结合的"3＋N"社区矫正工作模式。其中的"3"，即是以司法助理员、抽调民警为主，司法社工为辅的三支专业专职力量结合的工作队伍；其中的"N"，即若干名由社区干部、社区居民和社区服刑罪犯家属等志愿者组成的群众兼职力量。[④] 全市18个区（县）均成立了阳光社区矫正服务中心，专门负责组织招聘、培训、管理社会工作者，并在每个街道（乡镇）设立工作站，

① 种若静等：《北京市社区矫正试点工作调研报告》，载《中国司法》2008年第1期。

② 种若静等：《北京市社区矫正试点工作调研报告》，载《中国司法》2008年第1期。

③ 参见中共北京市委政法委员会、首都社会治安综合治理委员会发布的《关于开展社区矫正试点工作的意见》和《北京市社区矫正工作实施细则（试行）》。

④ 种若静等：《北京市社区矫正试点工作调研报告》，载《中国司法》2008年第1期；《探索建立符合中国国情的社区矫正制度——全国社区矫正工作会议经验交流摘要（上）》，载《法制日报》2009年10月23日。

按照与社区服刑人员 1∶20 的比例招聘社会工作者，协助司法所开展社区矫正工作。对经反复做工作仍不能消除危险的重点服刑罪犯，成立以司法所长牵头，抽调监狱劳教干警、社区民警、矫正社工、社区干部、志愿者、重点社区服刑人员家属组成的"七包一"矫正小组共同管控。①

2. 阳光中途之家

近年来，北京市司法局从维护首都和谐稳定出发，着眼创新社会管理，着力破解"两类"人员回归难、接纳难、安置难、就业难等瓶颈问题，全面推进"阳光中途之家"的建设。"阳光中途之家"，是帮助社区服刑人员和刑释解教人员（简称"两类"人员）顺利回归社会的社区矫正和安置帮教机构，为"两类"人员提供教育、培训、救助和过渡性安置，提高其适应社会的能力。

2007 年，北京市司法局经过反复研究，决定选择奥运安保任务最重、"两类"人员数量最多、经济社会发展快速的朝阳区作为建设"阳光中途之家"的试点。2007 年底，朝阳区"阳光中途之家"开始建设并于 2008 年 7 月投入使用，经历了奥运、国庆 60 周年庆典及一系列重大活动安保工作的考验。

朝阳区"阳光中途之家"总建设面积约为 7.5 亩，建筑面积 4020 平方米，共有宿舍 23 间，可容纳 200 多人居住生活，还设有心理咨询室、美容美发培训室、餐厅、篮球场等设施。阳光中途之家属民间非营利组织，以朝阳区政府出资为主，多方筹集资金为辅，采取民间机构运作、司法局监督指导的方式开展工作。拥有朝阳区户籍、从监狱里释放出来但又不能回到自己原社区的"三无"社区服刑人员和刑释解教人员；家庭出现变故或个人生活出现暂时困难，需要临时住宿帮助人员；因家庭不接纳等原因造成暂时无处居住的社区服刑人员和刑释解教人员以及存在心理问题、无就业技能，需要在中途之家接受矫正、培训的社区服刑人员和刑释解教人员等都可以申请入住中途之家，居住时间最长不超过 3 个月。阳光中途之家整合并拓展原有的社区矫正服务中心的服务职能和领域，为社区服刑人员和刑释解教人员提供宿舍安置、职业发展、衔接管理、暂时落户、心理咨询与辅导、生活救助、法律援助、释解前后辅导、法院社工服务、社区教育、家庭支援、社区帮扶、志愿者发展、理论研究与发展等多种服务项目。其终极目的就是让社区服刑人员及刑释解教人员提高社会适应能力，尽早回归社会。②

2009 年底，在深入其他区县调研并反复论证分析的基础上，北京市司法局决定在全市范围内将"阳光中途之家"推广开来。从试点到全面推广，经过近四年的努力，北京市按照"一区县一家"格局建设的"阳光中途之家"体系已初步形成。各区县政府财政全额保障"阳光中途之家"建设，区县司

---

① 《探索建立符合中国国情的社区矫正制度——全国社区矫正工作会议经验交流摘要（上）》，载《法制日报》2009 年 10 月 23 日。

② 《北京市朝阳区"阳光中途之家"6 月启用》，载《北京日报》2008 年 4 月 19 日；武爱和：《走向阳光的缓冲带——访朝阳区阳光矫正管理培训中心》，http://www.ldwb.com.cn/template/23/file.jsp? aid =69332〔2009 - 08 - 15〕。

法局负责建设、管理和运行。至今，全市"阳光中途之家"总建筑面积达15000多平方米。据了解，每一位来到"阳光中途之家"的学员首先会参加集中的初始教育，内容涵盖社区矫正认知、遵纪守法教育、就业指导、救助政策辅导、心理辅导等方面，结课后还要参加统一的考试进行考核。"阳光中途之家"还组织社区服刑人员参加公益劳动、聘用专业心理咨询师开展心理矫治工作。

部分社区服刑人员和刑事解教人员（以下简称"两类"人员）虽然有劳动能力，但是由于文化水平较低、缺乏必要的工作技能等情况，难以在短期内找到合适的工作岗位。"阳光中途之家"根据实际工作情况给予临时救助，同时，对这部分人提供免费的技术培训，及时推荐他们到社会上就业。

各区县"阳光中途之家"贴近本地区"两类"人员的实际需求，或结合地域特色，或组织各相关部门和社会力量参与进来，借助他们的职能和资源优势，提供有针对性的教育与服务。具体如下：

海淀区发挥科技优势，建立"现代化综合数据处理中心"，该中心可实现多角度对心理咨询对象的观察与记录，为准确分析"两类"人员心理特点，有针对性地开展心理辅导奠定基础。

平谷区打造以蔬菜种植园、果树种植园、生态养殖园和技能培训室为一体的"三园一室"，突出农村优势，满足农村"两类"人员的技能培训需求。

大兴区建立法制宣传栏、设置法制阅览室并购置上千册图书，将阳光中途之家作为对农村"两类"人员进行法制宣传教育的重要阵地。

朝阳区在集中进行初始教育的基础上，注重分类教育，根据特点和需求，先后多次组织了未成年人、女性和缓刑人员等培训班。同时开展拓展训练、体育运动、文化活动等，形成了矫正干警、工作人员与学员统一上课、统一参加公益劳动、统一晨练、统一吃住、统一娱乐的"五统一"教育培训模式。

昌平区从中国政法大学、中国石油大学聘请专职心理咨询师，为有心理辅导需求的"两类"人员提供心理健康咨询和辅导。还与解放军261医院、京北回龙观精神病医院两家专业心理治疗机构达成合作协议，对新接收人员进行心理测评、心理健康教育、心理危机干预。

密云县与公、检、法、民政、社保等成员单位签订教学培训合作协议，进行相关法规政策培训。

东城区依托区职业技术学校等企事业单位建立技能培训基地，与北京青年政治学院、中华女子学院合作建立科研实训基地等基地群，探索了"以服务促进就业，以创业带动就业"的城区就业服务模式。

"在我要对生活失去信心的时候，'阳光中途之家'让我重新找到了人生的坐标。"在北京，这是很多刑释解教人员和社区服刑人员的心声。截至2011年6月底，全市各区县"阳光中途之家"对"两类"人员共开展教育服务12200余人次。其中集中教育4200余人次，社会适应指导1800余人次，心理咨询和辅导1600余人次，组织公益劳动2400余人次，就业帮助1400余人次，提供食宿救助800余人次。在心理咨询辅导方面，对新接收的社区服刑人员

100% 进行心理测查，有咨询需求的"两类"人员 100% 进行心理咨询，有心理危机的"两类"人员 100% 进行心理危机干预。通过开展就业指导帮助和技能培训，促进了"两类"人员就业，在就业年龄段内、有就业意愿、能接受有关部门和单位推荐人员的就业率达到 100%。[①]

3. 具体社区调研情况

在总体大好的整体形势下，北京市不同社区开始社区矫正试点工作的时间有先有后，开展的情况有好有差，社区力量参与的情况也参差不齐。

（1）北京市 L 社区[②]

该社区位于丰台区，成立于 2002 年，现有人口 4800 人。该社区从 2009 年 12 月开始试点社区矫正。对于社区矫正，社区群众基本能接受，矫正服刑人员基本能接受，矫正服刑人员再犯率为零。

参与社区矫正的人员主要由街道司法所、社区民警、社区相关负责人组成，其中社区相关负责人主要负责日常一些信息的采集以及按时上报社区服刑人员的近期状况，如有社区服刑人员须向司法所提交申请，待派出所和社区审定后方可外出。现阶段矫正的主要内容是让社区服刑人员参加社区的一些公益劳动，以及通过对社会的关心（主要有参加爱心捐款捐物活动等）来考察其思想动态，其他的治疗和培训涉及的很少。该社区反映，社区本身的强制执行力差，约等于零。他们认为，社区应该在协助司法所开展教育和各种培训中起主要作用。

该社区反映，在社区矫正工作中，基层司法所存在的困难包括：工作人员的欠缺以及组织的不力，而且专门负责矫正这一块的人员更是欠缺，日常性的工作占据了他们大多数时间。针对这一点，该社区提出了如下建议：首先，应该扩大司法所队伍的建设，以解决当前工作烦琐的问题；其次，在司法所建立专门的矫正小组，专门负责矫正的相关事务，并积极争取各个社区相关负责人的支持；再次，吸收有工作经验和丰富的矫正知识的人员进入司法所工作，并给他们一个能发挥他们能力的平台；最后，加大司法所对社区服刑人员的强制执行力，以方便其能够召集社区服刑人员进行应有的相关培训。该社区认为，这是做好社区矫正工作应该首先解决并做好的四个方面。

在该社区，社工极少。有的工作经验比较少，但大部分都是工作时间长经验比较多的，但是因为初期的社工学历都不是很高，所以从事工作比较单一和简单化。社工由街道统一管理，工资除去五险一金后大概在 2000 元，由政府财政支出。社工参与社区矫正承担的职能主要是上报信息情况，其他工作很少；在效果方面，虽然再次犯罪率较低，但是效果不是很好；此外，社工参与社区矫正，并不能及时与社区服刑人员沟通。该社区认为，社工在协助司法所开展培训、教育和心理疏导上应该可以发挥更大的作用，但是因为司法所本身机构和制度的不健全，所以很难开展。

该社区没有志愿者从事社区矫正工作。该社区认为，因为人的潜意识或

---

① 王斌、李艳妮：《北京阳光中途之家覆盖全市》，载《法制日报》2011 年 6 月 22 日。
② 应被调研社区要求，隐去该社区真实名称及某些相关情况。

意识之中对"犯罪"、"矫正"这些词汇是有抵触的，再加上有一些个人隐私的问题，所以目前参加社区矫正的志愿者队伍约等于零，不过以后随着思想进步，志愿者队伍也是可以加入到社区矫正工作中来的。

（2）北京市 X 社区[①]

该社区位于北京市丰台区，成立于 1996 年，现有人口 16000 人。该社区从 2006 年开始试点社区矫正。对于社区矫正，社区群众接受程度一般，社区服刑人员接受程度较好，社区服刑人员再犯率为零。

参与社区矫正的人员主要有社区调解委员会、综合治理负责人等。公安派出所将假释人员交到社区，将自己掌握的假释人员的情况及时与社区调解委员会沟通，方便社区了解辖区内矫正人员的情况。街道定期发布求职信息和职业技能发布信息。社区对社区服刑人员进行日常监督，定期考察。矫正内容以公益劳动为主，兼有上级组织的职业技能培训和职业介绍。

该社区参与社区矫正的志愿者有 3 名，主要形式是参加社区矫正委员会，多为退休人员，由社区调解委员会主任管理，无专门的福利待遇，无专门的知识背景和社会经验。志愿者参与社区矫正承担的职能是日常监督，但效果一般。存在的问题包括：不专业，不能及时地发现社区服刑人员的情况，更没有起到教育、帮助等作用。该社区建议：应当定期对社会志愿者进行培训，给予适当的福利。

该社区没有专门的社会工作者参与社区矫正。

（3）北京市 F 社区[②]

该社区位于北京市丰台区，成立于 2000 年 8 月，现有人口 4600 人。该社区从 2005 年开始试点社区矫正。对于社区矫正的接受程度，社区服刑人员态度较好，认可度较高；但社区群众不太认可，认为社区服刑人员较为危险，不希望他们在社区参加矫正。社区服刑人员再犯率高，一般都会再犯。

该社区认为，基层司法所实际上不能起到社区矫正的管理职能。好多理论都是好的，但是不符合实际，没有针对性。基层司法所人员素质较为欠缺，没有摸索出符合社会实际的模式，行政性工作较多。社区有专门负责司法工作的人员，工作限于社区服刑人员登记与报道、公益劳动等简单形式工作。公安派出所主要起协助作用，其管理的社区服刑人员比较多，但是负责人却很少，一般是 1 个片警管理 40 余个社区服刑人员。社区有专门负责司法工作的人员，工作限于社区服刑人员登记与报道、公益劳动等简单形式工作。

社工由司法所管理，待遇统一由街道负责，待遇不高，每月 2000 元左右，无其他福利。就工作经验来说，有的工作经验比较少，但大部分都是经验比较多的，但是因为初期的社区工作人员学历都不是很高，所以从事工作比较单一和简单化。社工参与社区矫正承担的职能是上报信息，协助片警。社工参与社区矫正的效果不明显，基本没有控制住再犯率。社区服刑人员一般不愿意让社工对其进行管理，包括生活上的帮助。社区服刑人员与社工交

① 因被调研社区要求，隐去该社区真实名称及某些相关情况。
② 因被调研社区要求，隐去该社区真实名称及某些相关情况。

流较少，而且社区服刑人员的家属也不愿意社工过多介入。该社区认为，社工在协助司法所开展培训、教育和心理疏导上应该可以发挥更大的作用。

该社区没有志愿者从事社区矫正工作。

（4）北京市 B 社区①

该社区位于北京市石景山区，成立于 1984 年，现有人口数量 4800 人。该社区从 2000 年开始试点社区矫正。对于社区矫正，社区群众熟悉度不高，社区服刑人员基本能接受，社区服刑人员再犯率很低。

在该社区，社区矫正由街道司法所和基层派出所负责，社区综治人员协助。矫正内容包括公益劳动、思想教育、心理健康教育、日常管理。基层司法所可以起到社区矫正的管理职能，但也存在一些困难，例如：心理健康教育没有专业知识做支撑，很难开展；思想教育也是比较简单的训诫，沟通效果不好；不具备进行职业培训的条件。该社区建议，至少在区级司法机构应该有一批专业的人员进行心理矫正，定期组织职业培训，经费投入也应加大。在该社区，社区承担的工作包括：监管，定期走访；可以通过邻居、楼门长对社区服刑人员进行了解，知悉度较高。

目前，该社区从事社区矫正的社工有 1 人，是一位 25 岁的女同志，大学本科法律专业毕业，工作 1 年，由街道民政科统一管理，目前工资收入每月 1874 元。社工参与社区矫正承担的职能包括：定期走访，监管。社工参与社区矫正的效果停留在监督层面，没有深入。社工参与社区矫正存在的问题主要是缺乏心理知识的支撑。该社区建议：对社工进行相关知识的培训，到做得比较好的地方参观学习，积累经验。

该社区目前没有志愿者参与社区矫正。该社区希望多宣传，能有更多的社会志愿者参与社区矫正。

（5）北京市 M 村②

该村位于北京市海淀区，成立于 1984 年，现有人口 1473 人。

经调查，该村委会目前没有负责社区矫正的工作，目前只是帮助刑满释放人员、劳教人员解决就业、进行思想教育等。

（二）其他地区社区矫正试点中社区力量参与的调研情况

1. 上海市社区矫正试点中社区力量的参与情况

上海市是省、自治区、直辖市中最早探索社区矫正的地区，迄今已建立了市、区、街道三级社区工作网络。

在上海市社区矫正试点工作中，探索建立"三支队伍"，凸显了政府与社会资源整合的优势。一是建立以司法行政工作人员为主体的刑罚执行队伍，承担刑罚执行职责。二是建立以社会工作者为主体的专业化帮教队伍，用帮教服务促进刑罚执行。上海市充分运用社会管理理念，将社区服刑人员的日常帮教工作以"政府购买服务"的方式委托给专业社团——"上海市新航社区服务总站"。截至 2009 年底，"上海市新航社区服务总站"组建起一支近

---

① 应被调研社区要求，隐去该社区真实名称及某些相关情况。

② 应被调研村要求，隐去该村真实名称及某些相关情况。

500人的专业化社工队伍。其中57%具有大学本科以上学历，29.4%具备心理咨询师资格，62%具有社工师资格。三是建立以社会帮教志愿者为主体的志愿服务队伍，为社工专业化帮教提供资源支持。建立了全国首个省级社会帮教志愿者协会——上海市社会帮教志愿者协会，逐步构建了遍及18个区县的志愿者组织网络，建立起一支包括心理学、法学、医学、教育学等多种专业人才及社会热心人士在内的近万人的志愿者队伍，并吸纳了400余家企业作为团体会员。目前，上海为每一位社区服刑人员成立一个由社工和志愿者参加的帮教小组，形成了立体帮教网络。①

除此之外，村（居）委会等社区群众性自治组织利用自身对社区情况熟悉的特点，协助开展社区矫正工作，有效地对社区服刑人员进行监督、管理、教育和扶助。

2. 天津市社区矫正试点中社区力量的参与情况

在天津市，部分区县司法局聘请了一批有法律专业知识和管教经验的政法离退休干部作为社会志愿者，参与社区矫正工作。② 河西区以政府购买方式聘请16名专职社会工作者从事社区矫正工作。③ 塘沽区在社区服刑人员中开展"八个一"活动，即维护一片绿地、救助一户困难家庭、义务清整一处卫生、扶助一名困难学生、帮助一位残疾人生活、为一位孤老户服务、维护一处治安秩序、为社区一个活动出力，并组织服刑人员参加每年5月份辖区举办的"邻居节"，使他们在活动中感受到社区的温暖，努力改造，重新做人。

3. 重庆市社区矫正试点中社区力量的参与情况

在重庆市，形成了党委政府统一领导、司法行政机关组织实施、相关部门协作配合、乡镇司法所具体执行、村居基层组织和社会群众积极参与的试点工作格局。④ 每个司法所建有专门的社区矫正办公室，部分村居成立了社区矫正工作组或工作站。⑤ 截至2009年底，全市已建立教育基地63个，公益劳动基地128个。⑥

在重庆市，注意培育高素质的社区矫正专业化工作队伍。坚持高标准选人。建立了以司法助理员为主，派出所民警、社区干部密切配合，社会志愿者为补充的三支队伍。各区（县）注重从退休民警、教师和具有一定法律知

---

① 《探索建立符合中国国情的社区矫正制度——全国社区矫正工作会议经验交流摘要（下）》，载《法制日报》2009年10月26日。

② 《探索建立符合中国国情的社区矫正制度——全国社区矫正工作会议经验交流摘要（上）》，载《法制日报》2009年10月23日。

③ 司法部基层工作指导司编：《全国社区矫正工作会议文件汇编》，法律出版社2010年版，第110页。

④ 司法部基层工作指导司编：《全国社区矫正工作会议文件汇编》，法律出版社2010年版，第108页。

⑤ 《探索建立符合中国国情的社区矫正制度——全国社区矫正工作会议经验交流摘要（上）》，载《法制日报》2009年10月23日。

⑥ 司法部基层工作指导司编：《全国社区矫正工作会议文件汇编》，法律出版社2010年版，第86页

识的社区服刑人员亲属中选聘社会志愿者。①

以重庆市垫江县的社区矫正试点工作为例，该县社区矫正过程中，强调"两个到场"，即在交接过程中，一是要求社区服刑人员的近亲属或监护人必须到场；二是要求社区或村（居）委负责人必须到场。他们要共同与乡镇（街道）社区矫正办公室签订帮教协议书，落实帮教责任。其中，社区服刑人员近亲属应当积极配合社区矫正办公室做好社区服刑人员的教育改造、学习生产等工作，发现其有思想问题和不良行为，及时向社区矫正办公室报告；同时，社区或村（居）委负责人要加强对社区服刑人员的监督管理，督促其参加矫正组织开展的各种活动和学习，按要求进行汇报。②

4. 江苏省社区矫正试点中社区力量的参与情况

在江苏省，2008 年出台的《江苏省社区矫正工作办法》明确了乡镇（街道）设立由司法所、公安派出所以及相关单位参加的社区矫正工作领导小组，日常工作由司法所承担。建立了由司法所专编人员和公安派出所社区民警组成的执法工作者、由政府公开招聘的专职工作者和由社会志愿者共同组成的三支工作队伍。在志愿者协会等社会团体的支持下，江苏省开展了社区矫正志愿者招募活动，已招募了近 3 万名社区矫正志愿者，与社区服刑人员形成1∶1 的比例。截至 2009 年底，全省共建立就业基地 1410 个，开展技能培训15060 人次，落实最低生活保障 2276 人，安排困难补助 243.6 万元。③

5. 浙江省社区矫正试点中社区力量的参与情况

在浙江省，截至 2008 年底，大部分社区（村）建立了社区服刑人员监督考察小组和社区矫正工作站，协助司法所落实社区服刑人员监管帮教措施。④

在杭州市，2004 年 5 月社区矫正试点工作正式启动，2004 年 11 月在 8 个城区推开，2007 年 10 月在全市 13 个县（区、市）全面推开。⑤ 截至 2008年，杭州市已初步建立了党政统一领导、司法行政部门牵头组织、职能部门分工协作、乡镇（街道）司法所承担日常工作、社区（村）基层组织和社会群众共同参与的社区矫正工作机制，形成了社区矫正工作合力。⑥ 社区矫正着力三个延伸，即将社区矫正工作向前延伸至法庭，向下延伸至社区和村，向后延伸至安置帮教工作。社区（村、居）基层组织和社会各界广泛参与社区矫正。发挥社区（村）贴近服刑人员生活环境的优势，将一部分帮教、家访、

---

① 《探索建立符合中国国情的社区矫正制度——全国社区矫正工作会议经验交流摘要（上）》，载《法制日报》2009 年 10 月 23 日。

② 《重庆市垫江县社区矫正工作强调"一个规范、两个到场、三种意识"》，载《人民调解》2008 年第 10 期。

③ 司法部基层工作指导司编：《全国社区矫正工作会议文件汇编》，法律出版社 2010 年版，第67 页。

④ 洪慧萍：《杭州市社区矫正工作的实践与思考》，载《中共杭州市委党校学报》2008 年第 6期。

⑤ 司法部基层工作指导司编：《全国社区矫正工作会议文件汇编》，法律出版社 2010 年版，第116～119 页。

⑥ 洪慧萍：《杭州市社区矫正工作的实践与思考》，载《中共杭州市委党校学报》2008 年第 6期，第 55 页。

谈话谈心、公益劳动等内容委托给社区（村），以便及时掌握服刑人员动态，确保社区矫正各项措施落到实处。①

杭州市的社区矫正试点工作还有一个非常有特色的举措，该举措类似于北京的阳光中途之家。杭州市下辖的建德市司法局、林业局、杭州市东郊监狱联合建立了浙江省第一个集刑释解教人员帮教安置、社区服刑人员教育矫正、公益劳动等功能于一身的"一体化"基地——建德市新生生态基地。该基地既是社区服刑人员的公益劳动基地，又是那些"无家可归、无业可就、无亲可投"的社区服刑人员、刑释解教人员的过渡性就业基地，较好地实现了社区矫正与安置帮教工作的衔接。②

6. 云南省社区矫正试点中社区力量的参与情况

在云南省，着力抓好以司法所、公安派出所干警为主体的矫正队伍和热心矫正工作的法律及心理学专家，高校学生、村（居）和社区管理人员等参与的志愿者队伍建设，加大培训力度，提高业务素质，保障了社区矫正工作依法规范开展。③

在云南省，比较有特点、有影响的是昆明市盘龙区未成年人司法试点项目。该项目是盘龙区人民政府与英国救助儿童会合作开展的一项以社区为基础的，多部门合作实施司法分流，建立社区矫正体系，挽救触法未成年人，预防未成年人违法犯罪的试点项目。盘龙区未成年人司法试点项目办经协商已和云南财贸学院法学院建立合作关系，已对学校社工专业的学生志愿者进行了一些培训，涉及未成年人司法及儿童保护的相关内容、国外社工发展的一些情况、中国未成年人司法的一些现状、沟通技巧等。目前，项目和学校方取得了一致，准备下一步就以下几方面进行更深入持久的合作：（1）在参与未成年人社区矫正的办事处、社区建立社工系学生的实习基地；（2）社工系教师的教学实践配合未成年人的社区矫正工作；（3）将未成年人司法作为一门全校的选修课，下学期正式开始授课；（4）项目与学校配合进一步培养大学生志愿者参与社区矫正。④

7. 湖北省武汉市社区矫正试点中社区力量的参与情况

2005年5月，武汉市在7个中心城区——江岸、江汉、硚口、武昌、洪山、汉阳、青山的88个街道乡镇全面启动社区矫正试点工作。经过几年时间的大胆探索和实践，社区矫正试点工作取得了一定的成果。目前，已经在部分街道的社区居委会设立了工作站，使这项工作在社区得到了更好的开展。⑤

---

① 司法部基层工作指导司编：《全国社区矫正工作会议文件汇编》，法律出版社2010年版，第116~119页。

② 《探索建立符合中国国情的社区矫正制度——全国社区矫正工作会议经验交流摘要（下）》，载《法制日报》2009年10月26日。

③ 《探索建立符合中国国情的社区矫正制度——全国社区矫正工作会议经验交流摘要（下）》，载《法制日报》2009年10月26日。

④ 姜敏：《触法未成年人的社区矫正与高校的参与》，载《青少年犯罪问题》2005年第4期。

⑤ 苏彩霞、邵严明：《我国社区矫正试点工作中的问题与对策——对武汉市社区矫正试点工作的实证调查》，载《暨南学报》（哲学社会科学版）2009年第6期。

　　武汉市社区矫正工作领导小组办公室在开展工作的过程中，注重工作上的协调机制，对于移送、执法、监督等方面的工作与武汉市中级人民法院、检察院、公安局积极协商，明确职责，相互配合；并主动与工商、监狱、民政、教育、卫生、劳动和社会保障等有关职能部门以及社区居委会、村民委员会等基层组织沟通，发挥他们在解决社区服刑人员就业问题、家庭生活困难等方面的问题的职能优势，有效地解决了经费保障、特困救济、帮助就业等方面的困难和问题。由此，基本形成了分工负责、部门联动、相互配合的工作机制。[①]

　　试点工作之初，矫正工作人员比较缺乏，市司法局、各试点单位通过选派、招考、挂职锻炼等途径，为基层司法所补充了一批具备一定能力的年轻同志，每个司法所平均配备公务员 2 人以上。各试点城区还将公安派出所社区民警、综合治理特派员作为社区矫正专业力量。另一方面，向社会招募志愿者，符合条件的人员经过选聘可以作为社区矫正志愿者，由区、街社区矫正办公室颁发证书，持证上岗。选聘了 2000 多名热心公益的社区矫正志愿者，包括社区干部、高校师生、专家学者等，扩大了矫正工作的队伍。经过几年试点工作，武汉市已初步建立起以专职队伍为中心、志愿者队伍为补充的社区矫正主体网络。[②]

　　8. 江西省宜宾市社区矫正试点中社区力量的参与情况

　　在江西省宜宾市，社区矫正工作中注重两支矫正工作队伍的建设。一是社区矫正主力军队伍，由乡镇司法所、公安派出所、社会事务办、妇联、团委等部门的工作人员组成，是社区矫正工作中对社区服刑人员的管理者。二是社区矫正志愿者队伍，主要是由社区、村组干部和一些乡镇退休干部组成，在自愿的基础上，充分发挥社会资源优势，配合主力军队伍做好对社区服刑人员的教育、管理，是社区矫正的有益补充。[③]

　　9. 安徽省马鞍山市社区矫正试点中社区力量的参与情况

　　在安徽省马鞍山市，市、县（区）、乡镇（街道）三级成立社区矫正工作领导小组，办公室设在市、县（区）司法局和司法所，村（社区）成立社区矫正工作站，实现了社区矫正工作四级网络全覆盖。马鞍山市动员社会力量积极参与社区矫正工作，对社区服刑人员进行教育帮扶。市司法局与市关工委联合下发《关于"五老"人员参与未成年社区服刑人员矫正工作的意见》，充分发挥"五老"（老干部、老专家、老教师、老模范、老战士）人员的作用，加强对未成年社区服刑人员的管理教育工作。[④]

---

　　① 苏彩霞、邵严明：《我国社区矫正试点工作中的问题与对策——对武汉市社区矫正试点工作的实证调查》，载《暨南学报》（哲学社会科学版）2009 年第 6 期。

　　② 苏彩霞、邵严明：《我国社区矫正试点工作中的问题与对策——对武汉市社区矫正试点工作的实证调查》，载《暨南学报》（哲学社会科学版）2009 年第 6 期。

　　③ 《宜宾市司法局积极开展未成年人社区矫正工作》，载宜宾普法网，http://www.ybpfw.cn/view/20084/2008422_1088.htm[2009 - 09 - 01]。

　　④ 《探索建立符合中国国情的社区矫正制度——全国社区矫正工作会议经验交流摘要（下）》，载《法制日报》2009 年 10 月 26 日。

10. 内蒙古通辽市社区矫正试点中社区力量的参与情况

在内蒙古自治区通辽市，为每一名社区服刑人员建立由司法所工作人员、公安派出所民警、村（居）委会成员、社会志愿者等组成的教育帮扶组织，对其进行监管、教育和帮扶。在社区矫正试点工作中，通辽市招募了一些热爱社区矫正工作并有一定政策水平的退休人员、法律工作者、心理咨询师、教师、大专院校学生和村（居）委会干部参与社区矫正工作，组建了一支985人的社会志愿者队伍。[①]

综上，从调研情况来看，在各地社区矫正试点工作中，注意发挥社区力量的作用。在社区矫正社会工作者方面，大多数地方在社区矫正工作中引入了社工，有些地方的社工由社团招聘和组织管理，有些地方的社工由政府或者司法行政部门招录和组织管理。在社区矫正社会志愿者方面，各地均重视志愿者在社区矫正工作中的重要性，有些地方的社区矫正志愿者主要来自于有法律专业知识和管教经验的政法离退休干部，有些地方的社区矫正志愿者主要由老干部、老战士、老专家、老教师、老模范组成，有些地方的社区矫正志愿者来源则更为广泛，包括专家、学者、知名人士、离退休干部、社区居委会成员、高等院校高年级学生、社区服刑人员的近亲属和所在单位人员。

三、当前社区力量参与社区矫正存在的困难问题与对策建议

社区矫正是一项需要社会各界力量充分参与的事业。社区矫正从实质上讲就是要充分利用社会资源，充分动员各方面社会力量，促使社区服刑人员回归社会、融入社会。在社区矫正制度较为成熟的国家和地区，社会力量的广泛参与是一个重要特色，社区矫正工作主要依托于社会自治组织和大量的志愿者。

我国目前的社区矫正模式的主要特点是转换行刑空间的国家机关主导模式，担任矫正工作的主要是基层司法所的工作人员，社会团体、民间组织和社会志愿者处于从属的地位。真正意义上的社区矫正并不只是犯罪人"在社区内被矫正"，而是充分利用社会资源"由社区来矫正"。据此，科学的社区矫正路径，应当遵循"社区主导，专门机关扶持、指导"的原则。[②] 为顺利开展社区矫正工作，既要建立专职的社区矫正官[③]队伍，也应当广泛吸引社区

① 司法部基层工作指导司编：《全国社区矫正工作会议文件汇编》，法律出版社2010年版，第116~119页。

② 李文华：《论社区矫正的主体》，载《青海社会科学》2008年第5期，第176页。

③ 司法部2004年5月9日发布的《司法行政机关社区矫正工作暂行办法》（以下简称《暂行办法》）第12条规定，"社区矫正工作者应当由司法所工作人员、有关社会团体成员和社会志愿者组成。"有学者根据社区矫正工作者的法律地位和身份特点，结合我国社区矫正试点工作的经验，将社区矫正工作者划分为社区矫正官、社会工作者、社区矫正志愿者三大类。其中，社区矫正官属于社区矫正执法人员，这类人员担负具体的刑罚执行职能，负责办理社区服刑人员的法律手续，负责监督和控制社区服刑人员的行为，落实法律规定的对社区服刑人员的惩罚。社会工作者和社会志愿者属于社区矫正辅助人员，他们的主要职责就是在社区矫正执法人员的组织、领导或者指导下，根据工作职能的划分，对社区服刑人员开展某些方面的工作。参见吴宗宪：《论社区矫正工作人员的种类与名称》，载《中国司法》2005年第12期。

力量，尤其是社工和社会志愿者加入社区矫正工作，由司法行政机关主要负责社区服刑人员的惩戒和管理工作，由社区力量主要承担社区服刑人员的教育、改造和帮助工作。

社区矫正试点工作开展 8 年多来，虽然各地均吸收了社会力量参与社区矫正。但从试点地区的实际情况来看，社区矫正的社会参与程度较低，社工和志愿者数量严重不足。即便在首都北京，有的社区没有社会工作者，有的社区没有社会志愿者，更不要说边远地区。此外，在一些地区有限的社工和社会志愿者中，专业人士如心理医生、教育工作者、法律职业者的参与非常少，能够与社区服刑人员结成一帮一结对子的志愿者尤其紧缺。这些情况在农村更加突出，很大程度上影响了社区矫正工作的有效开展。究其原因，很大一个问题就在于不少社区居民对社区矫正存在着误解，不愿意参与。在这种情况下，随着社区矫正工作的全面试行，单靠司法行政机关的管理和实施难以满足未成年犯社区矫正的任务需要。

除社会参与层度低这一主要问题外，另一重要问题就是还存在社区等社会力量对社区服刑人员的管理缺乏权威性。从我国社区矫正试点工作的实际情况来看，由于基层司法所任务繁重，人员编制较少，社区矫正的具体工作最后实际上落到了社会工作者和志愿者这些社区矫正工作的辅助者身上，他们成为真正的工作主体。如果说司法行政机关和基层司法所不具有刑事执法权，司法所工作人员不具有执法者身份，社会工作者和志愿者就更不具有执法者身份了，两院两部《通知》、《暂行办法》对社会工作者和志愿者在社区矫正工作中的权利与义务也都没有明确规定。在这种情况下，一个不容忽视的问题就是基层司法所工作人员和社会工作者、志愿者作为社区矫正的实际工作主体，在对社区服刑人员进行监督和矫正时，难以形成一种管理上的权威性，既导致社区矫正人员无法全方位投入到社区矫正工作中来，同时也限制了社区矫正人员开展矫正工作的范围和深度。以上海市为例，社区矫正工作的管理任务主要落在社会工作者的肩上，虽然社会工作者在社区矫正工作中可以扮演积极的和重要的角色，但他们并不具有刑事执法的属性，随着社区服刑人员数量的增加，刑事执法的功能将更加突显，社会工作者难以承担和替代在社区中刑事执法的重任。[①]

在本部分，将主要从社工和社会志愿者参与社区矫正存在的困难、问题及对策建议以及社区开展社区矫正存在的困难、问题以及对策建议展开。

（一）社会工作者参与社区矫正存在的困难问题与对策建议

1. 社区矫正社会工作者概述

所谓社工，全称为社会工作者。社区矫正领域中的社会工作者，就是根据一定条件选择并经培训后对社区服刑人员开展相关社会工作的全日制专业人员。在西方发达国家，很重视发挥社会工作者在未成年人社区矫正工作中的作用。例如，在德国，一些民间协会和社会义工往往接受委托协助进行青

---

① 刘强：《对美国社区矫正管理机构和人员配备的借鉴与思考》，载《湖北警官学院学报》2008年第 1 期。

少年教育矫正工作。他们对青少年提供一些社会性课程和训练计划，教育其如何自我帮助、自我调节、自我发展及与他人建立良好的合作关系等。黑森州哈瑙家庭和青年人帮助协会就是这样一个民间社团，由于他们工作绩效显著，市政府按照每个少年犯 800 欧元的标准对其进行补助。①

我国在社区矫正工作中对于社会工作者的重视和使用，是比较晚的。在社区矫正工作中引入社会工作者方面，上海市发挥了首倡性的先导作用。上海市在 2003 年 11 月发布的有关构建预防和减少犯罪工作体系的文件中，提出要建立非企业性质的事业单位，组织职业化、专业化的社会工作者队伍，开展社区矫正和其他相关工作。社会工作者要经过统一考试、面试和政审后择优录用，并且要在经过 120 小时的集中培训和考核合格之后上岗工作。上海市社区矫正办公室是开展社区矫正工作的社会工作者团体的业务主管单位，社会工作者以社工小组的形式开展具体的社区矫正工作。2004 年 1 月 20 日，上海市成立了民办非企业、非营利的社会工作者参与社区矫正工作的组织——上海市新航社区服务总站，它根据与上海市社区矫正办公室签订的《政府采购服务合同》，协助社区矫正机构②对社区服刑人员进行教育转化、帮困解难、生活指导、心理咨询等工作。

社会工作虽然是"助人的专业"，但它不是一般的慈善工作或救济工作，也不是一般的公益或公共事业。对社区服刑人员来说，它从社区服刑人员生理、心理、社会、经济、家庭、职业等各个方面着手，协助社区服刑人员顺利进行矫正工作，帮助其自力更生，重新适应社会和融入社会。由于社会工作者具有一定的个案、小组、社区的工作技巧且工作方式灵活多样，工作内容注重个性化差别，能更好地满足社区服刑人员的需要，因此社会工作者应积极承担起未成年犯社区矫正的任务。同时，社会工作者还是政策影响者，可以将工作中发现的某些制度性问题反馈给政策制定者，以避免社会问题的再次发生或减缓社会问题的发生。③ 据此，社会工作者在未成年犯社区矫正中的地位和作用不可小觑。

2. 社区矫正社会工作者的任职资格

我国自 2003 年开始社区矫正试点工作，将社会工作者引入社区矫正以来，社会工作者已成为教育、感化、帮助曾犯过罪错的未成年人回归社会的一支重要力量。然而，由于我国社会工作者职业起步较晚，社会工作者的现实状况与国际标准相去甚远，从整体规模和质量上都远远不能适应社会发展的要求，社工体系在实际运作过程中存在着发展瓶颈。

---

① 《国外未成年人社区矫正制度》，http://hi. baidu. com/ntdjh/blog/item/f23047fd1a3b858ab901a028. html [2009 - 09 - 15]。

② 社区矫正机构是社区矫正的执法机构，是从事社区矫正工作的刑罚执行机构，亦即社区矫正执法人员所在的机构。从这个观点出发，依据两院两部《试点通知》和《试行意见》以及司法部《暂行办法》的规定，作为我国社区矫正工作机构的司法行政机关是社区矫正机构，而分别作为社区矫正决定机关和法律监督机关的人民法院和人民检察院不是社区矫正机构。

③ 龚晓洁：《青少年社区矫正社会支持网模式研究——以 J 市青少年社区矫正为个案》，载《西北工业大学学报》（社会科学版）2006 年第 2 期。

首先，社区矫正工作者的数量和稳定性不能满足社区矫正的需要。同发达国家相比较，我国社会工作人才奇缺，而专业矫正社会工作人才更是少得可怜。全国有 200 多所高校开设社会工作专业，每年培养的社工人才约为 1 万人，尽管按照社会需求，这些人远远不够用，但实际上却仅有 10%～30% 的学生选择了相应的社会工作，其他相当部分则进了机关、企业等单位从事"不对口"的工作。社工体系在实际运作过程中存在的两个发展瓶颈之一即是社工工作量太大，一名社工同时要联系 50 名社区服刑人员，尤其在郊区面积大的街镇，常常疲于奔命。① 在数量少的同时，社工的流失率又较高，稳定性较差。例如，在北京市，海淀区几个街道的流失率就达到了 30%。2009 年招收的 2000 名应届大学生社工中，由于找到了更好的工作机会，先是 300 人没有到岗，后又有 200 多人离职。②

其次，社会工作者的专业性不强，没有明确的资格要求。"社工还远未专业化，社团还处在幼儿阶段"。③ 一方面，社工作为专业从事社会工作的职业，目前的从业者多不具备相关的专业素养和技能。根据劳动与社会保障部门的统计，全国 30 余万工作人员中三分之一学历在大专以下。④ 即便在社会工作者职业比较发达的上海市，截止到 2008 年 8 月，在 4 万多名社工中取得社工职业资格证书的也只有 8000 余名，不到五分之一。而且，"这 8000 多名拥有资格证书的人并不一定在社工岗位上。"⑤ 另一方面，社工的资质认定标准在我国刚刚起步，社工的定义尚不明朗，做着社会工作的人难以称为严格意义上的社工。例如，北京市社区矫正工作领导小组办公室 2006 年发布的《关于加强阳光社区矫正服务中心建设的通知》规定：各区县可按照北京市安置就业困难人员的政策精神招聘下岗失业人员，也可以招聘政法、教育系统退休干部和大专院校毕业生等人员。从实践情况来看，北京市社区矫正社工的主要来源是就业困难人员、下岗失业人员和退休干部，虽然这些人大多数是中老年人，有些生活经验和阅历，但是人员素质参差不齐，缺乏系统、专门的培训，更缺乏社会工作的专业知识，难以保证完全适应政策性很强、不断发展的未成年犯社区矫正工作的需求。

最后，各试点地区对社工的定位不明确。例如，上海市新航社区服务总站从政法战线选聘的社工，人事关系和工资待遇都在原单位，主要任务是对社会招聘的社工进行传帮带，之后陆续回到原单位；招聘的社工则与新航社

---

① 《上海明确社工薪酬最低标准不低于每年 5 万元》，http://news. sohu. com/20091022/n267628684. shtml［2009 - 10 - 22］。

② 《北京市公务员明年将不再从大学应届生中选录》，http://edu. qq. com/a/20100130/000026. htm［2010 - 01 - 31］。

③ 《上海社工在社区矫正方面的故事》，http://sgxh. mca. gov. cn/article/sgsw/200712/20071200007944. shtml［2009 - 08 - 15］。

④ 《社会工作机构是什么？》，http://zhidao. baidu. com/question/49808690. html? fr = ala0［2009 - 08 - 25］。

⑤ 《上海试点社工以岗论薪新模式改变收入不变现状》，http://news. sohu. com/20080825/n259185128. shtml［2009 - 08 - 23］。

区服务总站签订劳动合同。当然，招聘的社工是主流。北京市社区矫正工作领导小组办公室 2006 年发布的《关于加强阳光社区矫正服务中心建设的通知》规定：聘用人员所需经费应当纳入区县财政保障范围，确保建立社会力量参与社区矫正的长效机制。虽然各区县对矫正社工的具体称谓有所不同，但不管称呼是什么，矫正社工均由政府直接聘请、培训和发工资。而南京市浦口区司法局 2009 年春节前后委托南京彬鑫人力资源有限公司招聘的社区矫正专职社工，由南京彬鑫人力资源有限公司与之签订劳动合同，以劳动派遣形式派遣到区司法局社区矫正工作科和 11 个司法所从事社区矫正工作。① 以上海模式和南京模式为例，社工由社团组织管理；以北京为例，社工由司法行政机关直接管理。前者的模式，政府与社团组织的关系难以理顺，直接导致社工承担的工作量过大，尤其是司法行政机关和社团同时、多头管理经常令其无所适从；后者的模式不利于社工以平等视角切入社区服刑人员的矫正和服务，容易使社工本人在开展工作时不自觉抬高身份，也容易使社区服刑人员将对象当作专门机关的"钦差"，从而对其工作产生抵触情绪。当然，不论是社团直接管理，还是司法行政机关直接管理，社工都是在政府主导下进行的。

在我国，社会工作作为一种职业（工种），社会工作者作为一种职业人员类型，经历了一个从无到有的发展过程。② 在社区矫正和社区矫正社会工作者的首倡地——上海市，已认识到加强社区矫正社会工作者任职资格建设的重要性。上海市综治办 2009 年 10 月表示，将建立健全相应任职资格评价标准及其认证、注册制度。③ 我们认为，应当逐步提高社工的任职资格，除了已经在从事社区矫正工作的社会工作者外，招聘社工的基本要求应为本科以上学历，最好是社会工作、法律、社会学、心理学、教育学等专业的大学毕业生。在条件成熟时，应当实行只有通过全国助理社会工作师、社会工作师职业水

---

① 《突出素质能力，公开选拔聘用，规范建立社区矫正专职社工队伍》，http://www.njsfj.gov.cn/www/njsfj/ztbd－mb_a390906189458.htm[2009－09－14]。

② 2003 年，社工职业资格考试在上海市民政局的组织下首次推行，1400 多人取得职业资格。2004 年，劳动和社会保障部颁布第九批国家职业标准，"社会工作者"被正式认定为我国的新职业。2008 年 4 月，《全国助理社会工作师、社会工作师职业水平考试大纲》已获人事部审定通过，社会工作者首次被纳入国家专业技术人员范畴。据悉，目前事业单位从事民政社会工作的有 40 万名工作者，全国社区从业人员约有 40 多万名，加上基层的民政助理员、民政干部 5 万人，这些工作者都将是考试的对象。通过考试的考生将获得人事部、民政部颁发的不同等级的职业资格证书。《全国助理社会工作师、社会工作师职业水平考试大纲》将社会工作者分为三个资格等级：助理社会工作师、社会工作师、高级社会工作师。其中，助理社会工作师的申报条件是：（1）本科以上或同等学力学生；（2）大专以上或同等学力应届毕业生并有相关实践经验者。社会工作师的申报条件是：（1）已通过助理社会工作师资格认证者；（2）研究生以上或同等学力应届毕业生；（3）本科以上或同等学力并从事相关工作一年以上者；（4）大专以上或同等学力并从事相关工作两年以上者。高级社会工作师的申报条件是：（1）已通过社会工作师资格认证者；（2）研究生以上或同等学力并从事相关工作一年以上者；（3）本科以上或同等学力并从事相关工作两年以上者；（4）大专以上或同等学力并从事相关工作三年以上者。

③ 《上海明确社工薪酬最低标准不低于每年 5 万元》，http://news.sohu.com/20091022/n267628684.shtml[2009－10－22]。

平考试，取得相应资格的人员才能担任社区矫正社工的制度。

除了提高担任社区矫正社工的入门资格外，还应当加强对社工专业知识和能力的培训。我国一些试点地区已开展了这方面的培训。例如，上海市新航社区服务总站为了提高社工的实际操作能力，建立了一套完善的内部培训机制，包括岗前培训、在岗轮训、骨干培训以及同工督导。而且，还重视专业技能培训，每年在政府购买服务合同中列 30 万元专项资金，用于选派优秀社工参加心理咨询师培训，累计已有 177 名社工参加培训，已有 127 名（占社工总数 29.4%）社工取得心理咨询师或助理心理咨询师资质。[1]

对社工的认同在很大程度上是对社工这一职业的认同和工作方法的认同。社工应当像医生、教师等职业这样得到社会的认同。只有当社区矫正在人们的观念中被接受为与心理咨询相当的活动时，社工才易于为社区服刑人员和社区居民所接受。当前，应当积极推进社区矫正社会工作立法，将社会工作制度化、规范化，并借助政府力量加大对社会工作的宣传力度。关于社工的运作体系，可以借鉴和推广上海市的司法社工体系，建立社区矫正的社会团体或非政府组织，由政府向他们购买社区矫正社会工作服务。这种方式不仅可以解决大量毕业生就业问题，而且可以推动社会工作的职业化、专业化水平。

3. 社区矫正社会工作者的待遇

在发达国家和地区，从事社会工作是一项比较体面的工作，报酬也较高。例如，在我国香港地区，社会工作者收入稳定，社工专业毕业生的薪水一般要比其他专业毕业生的薪水高出约 20%，初级社工月薪一般在 1.2 万元 ~ 1.8 万元港币，高级社工年薪能达到 40 万元港币以上。[2] 在内地，情形则大为不同，目前社工的薪资没有统一的标准体系。除了每年民政部以公务员等形式招聘的一部分毕业生可以有稳定的薪水之外，其他职位如福利院或街道办的社工，其待遇不过和普通护理工作人员差不多，而且，由于人事编制问题，他们的户口、住房等都很难解决。[3]

以上海市为例，社区矫正社工试用期内，大专、本科学历的社工月薪在扣除公积金、养老金等四金后，分别为 800 元和 1000 元。试用期满，在扣除公积金、养老金等四金后，大专学历的社工月薪约 1500 元，本科学历的月薪约 2000 元；晋升到社工助理和社工师，则分别在这基础上多加 100 和 200 元。[4] 在北京

---

①　《上海社区矫正的五年探索之路》，http://www.shzfzz.net/node2/zzb/jrgz/xw/u1a32455.html ［2009 – 08 – 25］。

②　刘强主编：《社区矫正制度研究》，法律出版社 2007 年版，第 389 页。

③　《社会工作机构是什么？》，百度知道，http://zhidao.baidu.com/question/49808690.html? fr = ala0［2009 – 08 – 25］。

④　《上海试点社工以岗论薪新模式、改变收入不变现状》，http://news.sohu.com/20080825/n259185128.shtml［2009 – 08 – 23］。

市，以前，社工的平均年薪是3.4万元，扣除"五险一金"①后，很多大学生每月工资只有1200多元。②现在，也只有2000元左右。在南京市，浦口区司法局2009年聘用的社工受聘人员试用期3个月，试用期满合格，正式进入聘用期，为期两年，除享受国家规定的五项保险待遇外，月工资仅为1200元。③

从上海、北京等地反映的情况来看，待遇不高已成为社工，尤其是高学历社工离职和流动的重要原因。据悉，上海市从事青少年事务、社区禁毒、社区矫正等三类岗位的社工每年的"流动率"高达5%。具有研究生学历的社区矫正社会工作者已全部离开现有工作岗位，严重影响矫正工作的效果。④"CPI升了，最低工资标准涨了，可我们收入纹丝不动，一年工作下来连到近郊的旅游都没有搞过。"杨浦区社工站站长马一峰说，"一些来实习的准毕业生，我们觉得挺有培养前途的，可人家一看这情形，都被吓跑了。"⑤

另一个问题是，社会工作者的工资待遇只有按照学历的两个层次划分，随着时间的推移，同样的工作却有着较大差距工资待遇的问题日益显现。有的工作者学历虽然不高，但是具有较丰富的工作经验，对工作非常投入，在工作中取得比较明显的成绩；有的人虽然具有本科学历，但因为刚从学校毕业，对工作有一个逐步适应期，因此工作的成效并非十分明显。现在的情况却是：社工干多干少、干长干短，工资都是一个样。这样的工资制度无法充分体现按劳分配的原则，对社会工作者的积极性产生了消极的影响。"即使是拥有多年工龄的'老法师'，也只能按照学历和职称拿工资。即便搞了特色项目，也不会跟月收入挂钩。"基层社工心里颇有微词。⑥

上海和北京等地的情况表明：要做好矫正工作，必须认真考虑和设定社区矫正社工的工资标准。幸运的是，一些地方已认识到社工待遇差的问题，并已着手解决该问题。例如，上海市综治办在2009年10月表示，将完善组织内部的职业晋阶制度设计，拓展社工的职业发展空间，明确工作业绩与职业发展、薪酬保障相挂钩的考核导向，建立健全与社工专业水平和职业水平相适应的薪酬管理办法。⑦另据悉，上海市在2009年10月明确了社工薪酬最

---

① "五险"指的是五种保险，包括养老保险、医疗保险、失业保险、工伤保险和生育保险。"一金"指的是住房公积金。其中，养老保险、医疗保险和失业保险这三种险是由单位和个人共同缴纳的保费；工伤保险和生育保险完全是由单位承担的，个人不需要缴纳。

② 《北京市公务员明年将不再从大学应届生中选录》，http://edu. qq. com/a/20100130/000026. htm[2010 - 01 - 31]。

③ 《上海社工在社区矫正方面的故事》，http://sgxh. mca. gov. cn/article/sgsw/200712/20071200007944. shtml[2009 - 08 - 15]。

④ 《上海试点社工以岗论薪新模式、改变收入不变现状》，http://news. sohu. com/20080825/n259185128. shtml[2009 - 08 - 23]。

⑤ 《上海试点社工以岗论薪新模式、改变收入不变现状》，http://news. sohu. com/20080825/n259185128. shtml[2009 - 08 - 23]。

⑥ 《上海试点社工以岗论薪新模式、改变收入不变现状》，http://news. sohu. com/20080825/n259185128. shtml[2009 - 08 - 23]。

⑦ 《上海明确社工薪酬最低标准不低于每年5万元》，http://news. sohu. com/20091022/n267628684. shtml[2009 - 10 - 22]。

低标准，在今后 1 至 2 年内，全市社工的人均总费用不低于每年 5 万元。①

社会工作者是社区矫正的重要力量，应当重视社区矫正社工的待遇问题。我们建议：

首先，应当将社工的工资待遇和福利纳入国家财政。2009 年发布的《试行意见》指出：建立社区矫正经费的全额保障制度，将社区矫正工作人员经费、行政运行经费、办案业务经费、业务装备经费等纳入财政年度预算，并根据工作发展的需要，建立社区矫正经费动态增长机制。我们认为，这里的"社区矫正工作人员"应当包括社区矫正社工，应当将社工的工资待遇和福利待遇也纳入财政予以保障。在这一点上，某些试点地区已做出了表率。例如，吉林省财政及地方财政从 2010 年起，每年将拿出 2500 多万元，用于支付基层司法所社区矫正公益性岗位补贴和社会保险补贴。②

其次，应当提高社工，尤其是社区矫正社工的工资待遇和福利。在所有的社工种类中，社区矫正社工的工作尤为特殊，其工作对象是在社会上服刑的罪犯，有一定的人身危险性，责任比较大，并且整天跟灰色人生的人在一起，心理和情绪也会受到相当的影响。因此，从道理上来讲，社区矫正社工的待遇应当比从事其他领域工作的社工高一些。我们认为，既然社区矫正也是刑罚的执行，可以比照监狱劳教警察的工资待遇和福利待遇来相应提高社工的工资待遇和福利待遇。

最后，对于社工的工资待遇和福利待遇，应当有所差别，杜绝干与不干一个样、干多干少一个样情况的出现。有学者建议，在确定其待遇时，至少应考虑以下因素：（1）他们所承担的工作量的多少，即应当根据按劳分配的原则科学设定其待遇；（2）不同地区之间的平衡，相同的工作性质和相同的工作强度应获得大体相同的待遇。③ 我们认为，当前应当明确社工工作业绩与职业发展、薪酬保障相挂钩的考核导向，建立健全与社工专业水平和职业水平相适应的薪酬管理办法。

4. 社区矫正社会工作者的职业发展

与任职资格和待遇关系密切的一个问题即是社会工作者的职业发展问题。上海市综治办在 2009 年 10 月指出，社工体系在实际运作过程中存在的两个发展瓶颈之一即是社工缺乏晋升途径，对职业的前景预期失望，造成社工队伍不稳定和大量骨干社工流失。④ 社工队伍不稳定和大量骨干社工流失的直接后果就是社区矫正质量难以保证。

怎样才能更好地把人才留住？上海市民政局事业社会工作处处长黄志华认为，政府在制定社会政策时考虑让社工收入有所提高应该是发展初期的第

---

① 《上海明确社工薪酬最低标准不低于每年 5 万元》，http://news. sohu. com/20091022/n267628684. shtml[2009 - 10 - 22]。

② 《探索建立符合中国国情的社区矫正制度——全国社区矫正工作会议经验交流摘要（上）》，载《法制日报》2009 年 10 月 23 日。

③ 刘强主编：《社区矫正制度研究》，法律出版社 2007 年版，第 399~400 页。

④ 《上海明确社工薪酬最低标准不低于每年 5 万元》，http://news. sohu. com/20091022/n267628684. shtml［2009 - 10 - 22］。

一步。如果再能辅以人文关怀、社会尊重、重奖社工领袖、评选十杰并颁发荣誉证书等方式，一定会对树立社工职业精神以及职业地位起到积极作用，进而让更多社工爱上这份工作。①

国家劳动和社会保障部于 2004 年 7 月 1 日颁布了第九批国家职业标准，"社会工作者"首次被载入其中。至此，这个曾经在中国有实无名的行业，方始获得政府认可，正式成为一门新职业，走上专业化、职业化的发展道路。社区矫正的职业化不同于社区矫正的专业化，"从职业化与专业化关系的角度分析，社会工作职业化与专业化是既互相联系又互相区别的。前者指的是社会工作或社会服务作为社会分工体系中的一个组成部分存在并得到发展的问题，后者指的是从事社会工作的人是否具备专业素质，持守专业理念、运用专业方法进行服务的问题。在这种意义上可以说社会工作职业化是专业化的基础，当社会工作还没有成为一种职业时，其专业化就无从谈起。"②

我们认为，为了推进社工的专业化建设，应当首先加强社工的职业化建设，完善社工组织内部的职业晋阶制度，拓展社工的职业发展空间。具体来说，包括社工的技术职称晋升和职务晋升。技术职称晋升，通过参加全国助理社会工作师、社会工作师职业水平考试予以确定。职务晋升，可以与技术职称晋升相挂钩，以鼓励社工积极从事社会实践和学习专业知识，不断提高专业素养。此外，对从事社区矫正工作达一定年限、工作成效显著，且又获得相应级别社工师资格的人，应当不定期选拔录用为社区矫正官；甚至可以进一步规定，社区矫正官的新增来源，一律从矫正社工中选拔，这对社工而言无疑将是极大的鼓舞，必然会使其安心本职工作并激发他们积极进取。

（二）社会志愿者参与社区矫正存在的困难问题与对策建议

1. 社区矫正志愿者概述

社区矫正志愿者是指不以物质报酬为目的，利用自己的时间、技能等资源，自愿在社区矫正工作中提供服务和帮助的社区居民。

将志愿人员引入社区矫正是国际社会的普遍做法，大多数国家和地区的社区矫正都能得到志愿者的支持。例如，日本的社区矫正以志愿者的广泛参与为显著特色，志愿者实际上成为其社区矫正的主要力量。英国社区矫正的突出特点就是社会性团体、民间志愿者的参与，甚至占据主导地位。加拿大十分重视社区志愿人员参与社区矫正，社区志愿人员往往成为社区矫正的骨干力量。美国每年约有 30 万至 50 万的公民自愿参与社区矫正，而且这个数量在不断上升。

社区矫正是一项需要社会各界力量充分参与的事业。社区矫正志愿者是社会力量参与社区矫正工作的重要体现，是实现社区矫正工作社会化的有效途径。一般来说，社区矫正中的志愿人员具有下列特点：第一，他们不一定具备开展社区矫正工作的专业技能，也不要求他们人人都有从事社区矫正工

---

① 《上海试点社工以岗论薪新模式、改变收入不变现状》，http://news.sohu.com/20080825/n259185128.shtml [2009 - 08 - 23]。

② 尹保华：《社会工作职业化概念解读》，载《社会工作》2008 年第 4 期。

作所需要的专业技能。第二，他们并不是专职的社区矫正工作人员，而是真正的兼职人员：他们仅仅在自己的主业之外或者在退休之后，利用一定时间从事社区矫正工作。第三，他们不是领取薪水的工作人员。他们只能根据开展工作的情况，领取一定的工作津贴。第四，与获得的报酬相适应，志愿人员承担的义务和责任也要比准专业人员少。第五，志愿人员的工作时间不固定，他们根据社区矫正机构的需要和自己的情况，从事一定时间的社区矫正工作，但是，这种"工作时间"是不固定的。第六，志愿人员的流动性较大。他们是否继续从事社区矫正工作，完全取决于自己的情况，而不受社区矫正机构的制约，不接受社区矫正机构的强制性管理。①

　　组织志愿者参与社区矫正可弥补专业矫正人员的不足，有效提升矫正队伍的理论水平和工作效果。社区服刑人员除了每周的电话汇报、每月的书面汇报、季度考核以及参加公益性劳动外，大部分时间都不在专业矫正工作者的控制范围和视野内，容易造成监管上的真空。充分利用志愿者和社区服刑人员大都在同一个居住区，对社区服刑人员其个人情况和平时表现都比较了解的便利条件，充分发挥其在监管上的便利。更重要的是，不同的志愿者来自不同的职业和阶层，具有多元的信息来源，可以帮助社区服刑人员在升学、就业等人生关键时刻做出最佳的选择。具有较高文化素质和社会工作经验的志愿者可以结合心理咨询和辅导的相关理论，协助相关机构、家庭和专业工作者为社区服刑人员提供必要的心理辅导，帮助他们维持良好的心理状态和情绪体验，积极配合，主动矫正。②

　　从全国范围来看，社区矫正志愿者队伍主要由工作（居住）在社区内、热心于社区矫正工作的社会团体人员、社区服务人员、专家学者、干部、教师、高校优秀学生、社区服刑人员的近亲属和原工作单位人员组成。志愿者按照自愿无偿的原则，通过开展心理矫正、专业咨询、培训矫正工作人员等形式参与社区矫正工作，促进社区服刑人员的改造。具体来说，志愿者参与社区矫正工作的内容包括：协助接收、办理手续、小组帮教，以及对社区服刑人员的监督、教育；参与制定、实施矫正方案；参与对社区服刑人员的日常考核奖惩及评估；协助开展集中教育、公益劳动等；对社区服刑人员进行心理健康教育，提供心理咨询、心理调适和心理治疗；为社区服刑人员提供法律帮助等。

　　志愿者是社区矫正的重要力量，是社区矫正工作者的重要组成部分。我国的社区矫正工作刚刚起步，培育一支合格而稳定的社区矫正志愿者队伍是有效开展社区矫正工作的社会基础。鉴于社区服刑人员的人数呈现出逐年增长的趋势，各地应进一步培育壮大现有的志愿者队伍，各级司法行政部门等有关机构应当积极创造条件，为公民提供适当的参与途径。同时，考虑到社区矫正工作的特殊要求，应当大力提高志愿者的专业素质，加强志愿者的培

　　① 吴宗宪：《论社区矫正工作人员的种类与名称》，载《中国司法》2005 年第 12 期。
　　② 郭玲玲、刘俊世：《社会支持：青少年社区矫正的基石》，载《当代青年研究》2007 年第 4 期。

训和管理。

2. 社区矫正志愿者的来源

在社区矫正中，可以利用多种类型的志愿者。从域外的情况来看，志愿者主要包括 4 类人员，即退休人员、学生、社会团体的人员和宗教人员。从我国社区矫正试点地区的实践来看，志愿者多是离退休干部、法律专家、心理学专家、高等院校学生。一些试点地区还将社会志愿者的来源用规范性文件的形式予以明确。例如，中共北京市委政法委员会、首都社会治安综合治理委员会 2003 年发布的《关于开展社区矫正试点工作的意见》规定："社会矫正力量主要是社会志愿者。包括专家、学者、知名人士、离退休干部、社区居委会成员、高等院校高年级学生、社区服刑人员的近亲属和所在单位人员等。"在北京市朝阳区，社区矫正志愿者包括个人志愿者和团体志愿者，个人志愿者包括专家学者、知名人士、离退休人员、社区居委会成员、社区服刑人员的近亲属和所在单位的人员等。团体志愿者主要是高等院校高年级的大学生志愿者。山西省太原市司法局 2009 年 6 月出台的《太原市社区矫正志愿者发展与管理办法（试行）》规定，志愿者以居（村）委会干部、人民调解员、离退休人员、法律服务人员、心理咨询专家和高校师生为重点。①

3. 社区矫正志愿者的任职资格

虽然志愿者来源广泛，但并不是任何人都适合担任社区矫正志愿者。社区矫正工作是一项专业性很强的工作，对于社区矫正官和社会工作者如此，对于社会志愿者同样如此。因此，严格规定社会志愿者的任职资格是非常有必要的。如果不重视志愿者的任职资格，导致一些不符合条件的人员担任志愿者，往往会产生适得其反的结果。那在社区矫正试点实践中，司法部和各试点省市又是如何规定志愿者的任职条件的呢？

司法部 2004 年 5 月 9 日发布的《司法行政机关社区矫正工作暂行办法》（以下简称《暂行办法》）第 13 条第 1 款规定："社区矫正工作志愿者应当具备下列条件：（一）拥护宪法，遵守法律，品行端正；（二）热心社区矫正工作；（三）有一定的法律政策水平、文化素质和专业知识。"

中共北京市委政法委员会、首都社会治安综合治理委员会 2003 年发布的《关于开展社区矫正试点工作的意见》规定："社区矫正工作志愿者须热心于社区矫正工作，政治合格，有一定的政策理论水平；具有较高的文化素质或心理学、社会学、教育学、法学等方面的专业知识。"

山东省青岛市城阳区社区矫正工作领导小组办公室 2005 年 10 月制发的《关于建立社区矫正志愿者队伍的通知》规定："矫正志愿者须热心社会公益事业，具有奉献精神和责任意识，愿意牺牲自己部分业余时间和精力从事志愿服务。具有较高的文化素质或心理学、社会学、教育学、法学等方面的专业知识，政治合格，有一定的政策理论水平。"

在江苏省南京市，社区矫正志愿者的条件被规定为：具有较高的法律素

① 《市司法局出台社区矫正志愿者管理办法》，载《太原晚报》2009 年 6 月 13 日。

质、政治素质，具有较强的社会责任感和奉献精神，热心参与社区矫正工作，身体健康，没有受过刑事处罚，能够适应社区矫正志愿工作的实际要求。

综合考察司法部和各试点地区对社会志愿者任职资格或者条件的规定，我们认为，除符合志愿者的来源条件以外，担任社区矫正志愿者还应当符合以下条件：

（1）年满 18 周岁，具有完全民事行为能力；

（2）身体健康，品行端正；

（3）具有丰富的相关工作经验、达到一定的文化水平或者具备心理学、社会学、教育学、法学等方面的专业知识；

（4）具有较强的社会责任感和奉献精神，热心参与社区矫正工作；

（5）具有一定的空余时间，能够参与社区矫正工作。

受过刑事处罚和行政处罚的人能否担任社区矫正志愿者？我们认为，具有相同经历的人现身说法，往往更具有说服力；进行帮助工作，更具有针对性，更容易产生良好的效果。因此，从刑满释放人员、解除社区矫正人员或者解除劳动教养人员中选拔志愿者的做法，是应当认真研究和积极探索的。建议社区矫正部门认真研究和积极探索吸收刑释解教人员等担任社区矫正志愿者的做法。

当前，我国关于社会志愿者的法律法规空缺，志愿者参加社区矫正服务缺少规范化途径和法律支持。从目前社区矫正志愿者的人员状况来看，大多数志愿者缺乏社区矫正工作经验，专业知识匮乏、实施帮教手段单一、定期的专业培训得不到保障是普遍存在的问题，使他们既缺乏足够的知识和技巧去处理帮教难点，妥善完成帮教工作，也缺乏应对帮教过程中可能出现的危机防范能力，致使社会志愿者参与社区矫正往往流于形式。因此，除了在未来的立法中明确规定社区矫正志愿者的资格外，还应当组织志愿者参加有关职能部门统一安排的具有专业性、规范性、针对性的业务培训和学习交流。在培训内容和学习内容上要突出社区矫正工作必备的专业知识、沟通方法、帮教手段、突发事件的防范与处理等内容，以提高志愿者的业务素质和工作能力。

4. 社区矫正志愿者的招募

从我国社区矫正的试点来看，志愿者一般采取招募的形式参与社区矫正工作，但招募的方式各地有所不同。例如，武汉市采取的是社会招募的方式，① 绍兴市新昌县采取社会招募和组织招募两种方式，② 青岛市城阳区采取个人自荐、组织推荐和社会招募等方式。

在招聘或者招募的主体方面，有些地方由司法行政机关招募，如武汉市由司法局负责招募；有些地方由社区矫正办公室招聘，如青岛市城阳区社区

---

① 《公开招募社区矫正志愿者》，http://news.sohu.com/20050702/n226163041.shtml[2009 - 08 - 15]。

② 《新昌公开招募社区矫正志愿者》，http://www.shaoxingdaily.com.cn/news/content/2009 - 05/31/content_398102.htm[2009 - 08 - 15]。

矫正办公室负责招募；还有些地方由社会团体招募，如上海市的社区矫正志愿者由上海市新航社区服务总站负责动员和招募。

至于如何招募，《暂行办法》第13条第2款的规定比较抽象："自愿参与和从事社区矫正的社会志愿者，向居住地的街道、乡镇司法所报名，符合前款规定条件的，由司法所报请县级司法行政机关颁发聘书。"

这里可以考察一些地方的志愿者招募程序。在绍兴市新昌县，社区矫正志愿者报名登记机构为县司法局。社会招募的报名者由本人提出申请，填写统一的《注册登记表》，并提交个人身份证明、学历证明及相关资格证明等材料，到县司法局社区矫正科或各乡镇（街道）司法所登记；组织招募由各乡镇（街道）共青团组织、工会、妇联、学校和行业协会向各乡镇（街道）司法所推荐，按要求将被推荐人的个人资料报各乡镇（街道）司法所，再由乡镇（街道）司法所统一报县司法局社区矫正工作管理科。由县司法局统一对登记申请人进行筛选、审核，符合条件的，吸收为社区矫正志愿者，发给聘书。① 在青岛市城阳区，各试点街道矫正办公室还为每名志愿者建立了个人档案，记录参与服务的时间和内容。

不论是通过哪个主体招募，又或者是通过何种形式招募，社会志愿者都是社区矫正的辅助人员，协助社区矫正官和社工开展社区矫正工作。为了更好地组织志愿者参与社区矫正工作，可以在社区矫正机构的指导下建立矫正志愿者协会，以加强对社区矫正志愿者的管理。

5. 社区矫正志愿者的分配

与一名矫正官负责多名社区服刑人员，一名社会工作者负责多名社区服刑人员不同，一般来说，一名社区服刑人员最好能有一名矫正志愿者与其结成"帮教对子"。一些地区试点实践过程中也遵循了这一点。例如，《太原市社区矫正志愿者发展与管理办法（试行）》规定，志愿者与社区服刑人员的比例至少要达到"一对一"帮教目标。江苏省的社区矫正志愿者与社区服刑人员基本形成1:1的比例。

除遵循"一对一"的帮教比例外，在具体分配志愿者时，应当把握不同类型社区服刑人员的特点和规律，以及不同志愿者的背景和特点，充分考虑双方的性格气质是否相投并尊重双方意愿。在分配时，一方有抵触情绪或者一方对彼此的服务关系缺乏信心时，都要避免将不适合的社区服刑人员和志愿者分配到一起。为不同的未成年社区服刑人员选配适当的志愿者，更容易打开他们的心结，提高社区矫正的工作效率。

6. 社区矫正志愿者的待遇

志愿者是按照志愿无偿地参与社区矫正活动的，因此，原则上不获取工资性质的报酬。但是，担任志愿者必然也会产生一些合理的费用，比如，交通费用、通讯费用、资料费用、午餐费用等。因此，应当为志愿者提供一定的补贴或津贴，以补偿他们在从事矫正工作中支出的费用。无论如何不能让

① 《新昌公开招募社区矫正志愿者》，http://www.shaoxingdaily.com.cn/news/content/2009-05/31/content_398102.htm[2009-08-15]。

志愿者在付出时间、精力和智力的同时，还要在经济上付出。尤其是对大学生志愿者而言，他们本身就是消费者，不能让他们在为社会免费义务服务的同时，还增加他们及其父母的经济负担。司法行政机关或社区矫正机构应当将志愿者的合理费用支出纳入社区矫正的费用项目之中，由国家财政负担。

此外，司法行政机关或社区矫正机构应当对尽心尽职、表现优秀的志愿者给予表彰和奖励，以提高志愿者从事社区矫正工作的积极性，激励更多的人参与志愿活动。在社区矫正试点实践中，一些地方将对志愿者的表彰或奖励规定到相应的规范性文件当中。例如，青岛市城阳区社区矫正工作领导小组办公室 2005 年 10 月制发的《关于建立社区矫正志愿者队伍的通知》规定，"街道社区矫正办公室应根据志愿者实际表现，进行表彰奖励。"以大学生志愿者为例，可以将其参加志愿者活动的次数和表现作为学校评优及保送的重要参考指标。

在共青团中央 2006 年 11 月 7 日印发的《中国注册志愿者管理办法》中，规定了"星级认证制度"，按照参加志愿服务的时间累计，依次将志愿者认定为一至五星志愿者；不同星级志愿者佩戴相应的标志。同时，也规定了奖章授予制度。在社区矫正志愿者的管理和激励中，可以参考这些做法。

（三）社区开展矫正存在的困难、问题及对策建议

真正意义上的社区矫正并不只是犯罪人"在社区内被矫正"，而是充分利用社会资源"由社区来矫正"。社会化是社区矫正的特点和优势所在。"社区矫正本土化真正的动力，是那些不懂艰深的刑法理论和人权理论，但却与社区矫正息息相关的普通民众。"[1] 从世界范围来看，很多国家和地区都重视社区对于矫正工作的参与和支持。例如，在加拿大各地，每天都有原在联邦矫正机构服刑的释囚在某种形式的"有条件的释放"下，在社区生活和工作。社区的支持往往使得释囚更易成为负责任的公民。[2]

社区在矫正工作中的作用主要表现在社区主流文化对社区服刑人员强大的影响力上。建立良性的社区文化环境和社区文化机制，是促进社区服刑人员完成社会化历程的重要措施。具体来说主要表现在以下几个方面：（1）凝聚功能。任何个体的行为都体现着各自独特的时代和地域文化的特征。社区是主流文化的重要阵地，生活在社区里的服刑人员长期处于主流文化的熏陶下，会逐渐对它产生认同感，自觉调整以前的偏差心理。这一历练过程，可以帮助犯罪社区服刑人员自觉地抵制不良亚文化的侵蚀，从而矫正其偏差行为。（2）规范功能。多年来为社区居民所认同的社区行为准则以规则、规范或约定俗成的民约、准则的形式，广泛约束着社区的各个层面。它从维护社区的安全利益出发，惩罚那些为多数人所不能容忍的越轨行为，敦促其个人行为与公众行为保持一致。这种规范作用在社区服刑人员身上发挥效应，在一定程度上矫正了社区服刑人员的不良行为，将社区服刑人员导向人生正途。（3）同化功能。在社会化的历程中，文化发挥着关键作用，其本身就是社会

① 荣容、肖君拥：《社区矫正的理论与制度》，中国民主法制出版社 2007 年版，第 46 页。
② 刘武俊：《加拿大社区矫正制度巡礼》，载《中国司法》2008 年第 9 期。

化的主要内容，任何一个社区在主流文化模式外都还存在各种非主流文化模式甚至反社会文化模式，因此文化环境对社会化过程也具有重要影响。社区服刑人员个人长期处于亚文化或反社会文化模式下，其接受主流文化模式——社会化的历程就必然受到不同程度的影响。社区主流文化代表着社区大多数成员的利益，为社区大部分成员所遵循，在文化的传承过程中，进入社区的不良亚文化总会在与之交锋过程中败下阵来。而社区服刑人员的不良行为多数情况下是在受不良亚文化影响后形成的，社区的同化功能的有效发挥，可以保障社区服刑人员不受或少受不良亚文化的侵蚀。（4）沟通功能。社区由于横亘于宏观社会与微观家庭之间，它的这种中介性，可以促进社会与家庭的联系沟通。它可以有选择地把社会上的正面信息扩散于社区内的家庭中，从而让社区服刑人员在生活环境中，能经常及时地吸收宏观社会的优秀文化和前沿信息，不断地"辞旧迎新"，使其紧跟时代步伐健康地成长为被社会承认和接纳的人才。①

在我国社区矫正的试点实践中，一些地方已认识到社区对于服刑人员矫正的重要性。例如，在重庆市垫江县的社区矫正工作中，强调"两个到场"，其中一个即是在交接过程中，要求社区或村（居）委负责人必须到场，与乡镇（街道）社区矫正办公室签订帮教协议书，落实帮教责任。社区或村（居）委负责人要加强对社区服刑人员的监督管理，督促其参加矫正组织开展的各种活动和学习，按要求进行汇报。②

社区居民的接纳程度是影响社区矫正效果的重要因素。如果社区居民能够本着"人非圣贤，孰能无过"的观点，给社区服刑人员积极的关注与支持，这些失足的社区服刑人员不仅会对社区产生归属感，更会对社会有一种感恩之心，从而有利于他们的改造和成长。另外，社区服务给社区服刑人员提供了一个为社会作贡献的机会，社区服刑人员可以根据其特长为社区居民服务，不仅可以促进社区服刑人员与邻里建立良性互动的社区关系，同时也可以帮助社区服刑人员形成自我效能感，从而形成积极的自我概念。③

值得庆幸的是，从我国发达地区的社会公众的观念来看，对于社区矫正工作也有比较积极的态度。2005年，零点市场调查与分析公司对北京市20名各界人士的访谈调查和对8个城区、4个郊区县区的1025名居民以及18个区县的107名社区服刑人员的定量调查，发现了比较肯定的结果。在接受调查的居民中，60.3%的居民表示要根据罪犯所犯罪行的轻重，再确定是否应该进入监狱服刑，这反映出长期以来在人们头脑中形成的重刑观念开始发生变化，实施社区矫正的条件已经成熟；在那些知道所在社区已经实施了社区矫

---

① 闵兢、王正中：《青少年犯罪问题治理中社区矫正较之司法矫正的优势分析》，载《社会工作》（学术版）2006年第10期下半月。

② 《重庆市垫江县社区矫正工作强调"一个规范、两个到场、三种意识"》，载《人民调解》2008年第10期。

③ 郭玲玲、刘俊世：《社会支持：青少年社区矫正的基石》，载《当代青年研究》2007年第4期。

正的居民中，九成以上的居民能够接受社区矫正。这个调查结果表明社区居民对于社区矫正工作的抵触情绪不大，在一些西方国家中居民反对社区矫正的"社区居民排斥综合征"（NIMBY syndrome）在中国并不严重。①

　　然而，这仅仅只是在北京调查的结果。而北京作为我国的政治、文化中心，社会公众的素质和观念非一般地方所能比。即便在北京，从笔者调研的结果来看，也有一些社区、社区群众对社区矫正不太认可，对社区服刑人员不太接受。从全国范围来看，由于社区矫正开展的时间还不长，人们还需要一个认识了解的过程。在绝大多数人的思想意识中，"罪犯"就意味着"坐牢"，认为只有把犯罪人关在监狱里才是最安全和最使人放心的，担心把犯罪人放在社区不保险，容易造成管理失控或者犯罪人会因得不到良好的教育改造而走上重新犯罪的道路，为害社区；认为犯罪分子被判刑后却仍然留在社会上就等于没有受到刑罚处罚，或最起码是没有受到应有的惩罚。这种观念，深入人心且根深蒂固，所以，在社区矫正的实施过程中，一些社区群众表现出过度的忧虑、恐惧、不理解，尽量避免与服刑人员接触，这给社区矫正工作带来许多困难。

　　据此，要充分实现在"社区"矫正服刑人员，争取社区的积极支持，仍然要注重对社区矫正工作的正面宣传，从思想观念上消除社区群众对这一刑罚执行方式的顾虑。从笔者对北京某些社区的调研中，也可以看到一些社区提出了这样的建议。从宏观上来看，可以通过多种形式的宣传，大力挖掘各试点地区的成功经验进行推广，同时可以通过电视、广播、新闻、讲座等多种形式向广大民众进行宣传，扩大社会影响面，增强社会影响力，争取广大民众的认同和支持。从微观上来看，在宣传和实施社区矫正时，应当向社区群众讲清楚社区矫正的对象是经过司法部门按照严格的标准予以筛选和鉴别，已经不具有社会危害性的罪犯，并且是在社区矫正机构和执法人员的严密监控下执行刑罚的。如果服刑人员在社区矫正过程中，有违反社区矫正制度的行为，如危害社区群众的生活秩序、脱逃等情况，应当及时执行监禁矫正的刑罚措施。

---

① 吴宗宪：《中国社区矫正的发展前景》，http://www.110.com/ziliao/article-4903.html[2009-10-03]。

【刑事诉讼法专题】

【中国语言文学】

刑事诉讼法修改与职务犯罪侦查面临的课题

宋英辉[*]　王贞会[**]

目　次

一、新刑事诉讼法对侦查程序的主要修改

新刑事诉讼法在诸多方面对侦查程序作了修改和完善，从检察机关职务犯罪侦查的角度来看，主要包括以下内容：

第一，进一步规范了侦查讯问程序，防止对犯罪嫌疑人刑讯逼供和以其他非法方法获取口供的现象发生。虽然原刑事诉讼法规定了"严禁刑讯逼供和以威胁、引诱、胁迫等非法方法收集证据"，但对侦查讯问的程序规范存在一定缺陷。根据新刑事诉讼法的规定，人民检察院对不需要逮捕、拘留的犯罪嫌疑人，可以传唤到犯罪嫌疑人所在市、县内的指定地点或者到他的住处进行讯问，也可以根据案件情况采取拘传措施。采取传唤、拘传持续的时间不得超过 12 小时；案情特别重大、复杂，需要采取拘留、逮捕措施的，采取传唤、拘传持续的时间不得超过 24 小时。不得以连续传唤、拘传的形式变相拘禁犯罪嫌疑人。传唤、拘传犯罪嫌疑人，应当保证犯罪嫌疑人的饮食和必要的休息时间。这里对超过 12 小时的拘传作出了明确的条件要求，不仅要求案情特别重大复杂，而且还应当是需要采取拘留、逮捕措施的。就是说，一般案件不得超过 12 小时。此外，这里的"饮食和必要的休息时间"，应当按照一般人的日常习惯加以理解。例如，一般人早餐后经过 4 小时左右用午餐，那么也要保证犯罪嫌疑人在间隔 4 小时左右能够用午餐。还有，一般人每天至少连续休息 6 个小时，那么也要保证犯罪嫌疑人至少连续 6 个小时的休息时间。对于需要采取拘留、逮捕措施的，在拘留、逮捕后，应当立即将被拘

*　北京师范大学刑事法律科学研究院副院长、教授、博士生导师，中国刑事诉讼法研究会副会长。
**　北京师范大学刑事法律科学研究院博士后。

留人或者被逮捕人送看守所羁押，拘留后送交看守所的时间至迟不得超过 24 小时。对于人民检察院决定逮捕、拘留犯罪嫌疑人的，必须在逮捕、拘留后的 24 小时以内进行讯问。讯问只能在看守所内进行，不得以任何理由将犯罪嫌疑人带出看守所进行讯问。对于可能判处无期徒刑、死刑的案件或者其他重大职务犯罪案件，人民检察院在讯问犯罪嫌疑人时，还应当对整个讯问过程进行全程、同步的录音或者录像；讯问其他职务犯罪案件的犯罪嫌疑人，可以对讯问过程录音或者录像。以上规定，在很大程度上可以防止侦查讯问过程中发生刑讯逼供或者其他非法取证现象的发生，有利于切实保障犯罪嫌疑人的合法权益。

第二，增加了检察机关办理特别重大贿赂犯罪案件时可以对犯罪嫌疑人指定居所监视居住的规定。原刑事诉讼法没有明确规定指定居所监视居住的适用情形，实践中监视居住适用量非常少。[1] 新刑事诉讼法将监视居住定位为逮捕的替代措施，明确规定了监视居住的适用情形，同时规定了监视居住原则上应当在犯罪嫌疑人、被告人的住处执行，除非涉嫌危害国家安全犯罪、恐怖活动犯罪、特别重大贿赂犯罪，在住处执行可能有碍侦查的，经上一级人民检察院或者公安机关批准，可以在指定的居所执行。因此，对于检察机关办理的特别重大贿赂犯罪，在犯罪嫌疑人的住处执行可能有碍侦查的，经报请上一级人民检察院批准，可以在指定的居所执行监视居住。但是，不得在羁押场所、专门的办案场所执行。同时这一规定也表明，检察机关可以决定采取指定居所监视居住的，只能是涉嫌特别重大贿赂犯罪的案件。对于检察机关负责立案侦查的国家工作人员实施的贪污犯罪、渎职侵权犯罪案件，除非同时涉及特别重大贿赂犯罪，否则，不能对犯罪嫌疑人指定居所监视居住。

第三，赋予检察机关在办理某些重大职务犯罪案件时采用技术侦查措施的权力。原刑事诉讼法未规定检察机关在办理职务犯罪案件时有权采用技术侦查措施，实践中检察机关开展职务犯罪侦查工作遇到很多困难。为了提升检察机关侦办职务犯罪案件的业务能力，2012 年刑事诉讼法规定，人民检察院在立案后，对于重大的贪污、贿赂犯罪案件以及利用职权实施的严重侵犯公民人身权利的重大犯罪案件，根据侦查犯罪的需要，经过严格的批准手续，可以采取技术侦查措施，按照规定交有关机关执行。之所以赋予检察机关可以采取技术侦查措施的权力，一方面是基于打击职务犯罪活动的现实需要。职务犯罪分子在身份上的特殊性以及案件本身具有的隐蔽性，导致常规侦查手段往往无法有效地破获此类案件，有必要借助一定的技术侦查措施。[2] 另一方面也符合联合国有关公约的基本要求。《联合国反腐败公约》第 50 条第 1 项规定："为有效打击腐败，各缔约国均应当在其本国法律制度基本原则许可的范围内并根据本国法律规定的条件在其力所能及的情况下采取必要措施，

---

① 宋英辉：《职务犯罪侦查中强制措施的立法完善》，载《中国法学》2007 年第 5 期。
② 朱孝清：《试论技术侦查在职务犯罪侦查中的适用》，载《国家检察官学院学报》2004 年第 1 期。

允许其主管机关在其领域内酌情使用控制下交付和在其认为适当时使用诸如电子或者其他监视形式和特工行动等特殊侦查手段，并允许法庭采信由这些手段产生的证据。"

第四，强化了辩护律师在侦查阶段享有的诉讼权利，保障律师充分有效地行使辩护权。原刑事诉讼法并未明确律师参与侦查程序的辩护人地位，并且规定涉及国家秘密的案件犯罪嫌疑人聘请律师，或者律师会见在押的犯罪嫌疑人时，侦查机关根据案件情况和需要可以派员在场。2012 年刑事诉讼法对此作了修改。根据规定，在被检察机关第一次讯问或者采取强制措施之日起，犯罪嫌疑人即有权委托律师作为辩护人。检察机关在第一次讯问犯罪嫌疑人或者对犯罪嫌疑人采取强制措施的时候，应当告知犯罪嫌疑人有权委托辩护人。辩护律师在侦查阶段可以为犯罪嫌疑人提供法律帮助，代理申诉、控告，申请变更强制措施，向侦查机关了解犯罪嫌疑人涉嫌的罪名和案件有关情况，提出意见。辩护律师持律师执业证书、律师事务所证明和委托书或者法律援助公函要求会见在押的犯罪嫌疑人的，看守所应当及时安排会见，至迟不得超过 48 小时。检察机关和看守所都不能阻止和无故拖延辩护律师会见犯罪嫌疑人。除了特别重大贿赂犯罪案件在侦查期间辩护律师会见在押的犯罪嫌疑人需要经过检察机关的许可，其他职务犯罪案件辩护律师会见在押的犯罪嫌疑人都不需要经过检察机关的许可，持"三证"即可会见。不管是涉嫌何种犯罪，辩护律师在会见犯罪嫌疑人、被告人时都不被监听。此外，新刑事诉讼法还规定，在人民检察院审查批准逮捕时，可以听取辩护律师的意见，对于辩护律师提出要求的，应当听取辩护律师的意见；在案件侦查终结前，辩护律师提出要求的，侦查机关应当听取辩护律师的意见，并记录在案。以上规定，都对检察机关更加注重保障侦查程序中辩护律师的诉讼权利，有效发挥辩护职能，提出了更高的要求。

第五，适当延长了检察机关直接立案侦查案件的审查逮捕期限。原刑事诉讼法规定，人民检察院对直接立案侦查的案件，认为需要逮捕的，应当在 10 日内作出逮捕决定，特殊情况下可以延长 1 日到 4 日。在实践中，由于受到最长不超过十四日的决定逮捕期限的限制，检察机关对直接立案侦查案件的犯罪嫌疑人通常采取逮捕措施，既不利于切实保障犯罪嫌疑人的权利，也可能妨害直接立案侦查案件的正确办理。为了解决这一问题，保证检察机关准确适用逮捕措施，更好地办理职务犯罪案件，保护犯罪嫌疑人的合法权益，2012 年刑事诉讼法对检察机关直接立案侦查案件的审查逮捕期限作了适当延长。根据规定，人民检察院对直接受理的案件中被拘留的人，认为需要逮捕的，应当在 14 日以内作出决定。在特殊情况下，决定逮捕的时间可以延长 1 日至 3 日。

第六，建立了检察机关对继续羁押必要性进行审查的制度。我国原刑事诉讼法要求采取逮捕措施必须满足逮捕的必要条件，但没有规定对逮捕后的继续羁押必要性进行审查。实践中，大量犯罪嫌疑人被以有逮捕必要为由予以羁押，并且逮捕后往往"一押到底"，难以变更为其他强制措施，羁押率长期居高不下。为了解决这些问题，有的地方开展了人民检察院对羁押必要性进行审查的做法，对于强化检察机关的法律监督，保障犯罪嫌疑人、被告人合法权益，降低审前羁押率，防止超期羁押和不必要的羁押，维护社会和谐稳定，均有积极作用。① 基于此，在吸收实践成熟经验的基础上，并借鉴域外国家或地区立法例，② 新刑事诉讼法规定，犯罪嫌疑人、被告人被逮捕后，人民检察院仍应当对羁押的必要性进行审查。经过审查，对于不需要继续羁押的，应当建议予以释放或者变更强制措施。有关机关应当在 10 日以内将处理情况通知人民检察院。

第七，确立了非法证据排除制度，增加规定不得强迫任何人证实自己有罪，进一步规范侦查取证程序。为了从根本上杜绝刑讯逼供和其他非法方法收集证据的现象发生，维护司法公正和刑事诉讼参与人的合法权益，新刑事诉讼法在保留"严禁刑讯逼供和以威胁、引诱、欺骗以及其他非法方法收集证据"的规定基础上，增加了"不得强迫任何人证实自己有罪"的规定。这一修改是对刑事诉讼法的重要修改，具有重要意义：一是这一规定具有重要的法律引领和指导作用，体现了我国刑事诉讼制度对于程序公正的重视，体现了社会主义法治理念，体现了现代诉讼理念。二是从原则和理念上进一步强化对于刑讯逼供的严格禁止。三是与国际公约的有关规定相衔接。③ 此外，新刑事诉讼法明确规定了非法证据排除的具体内容，包括两个方面：一是采用刑讯逼供等非法方法收集的犯罪嫌疑人、被告人供述和采用暴力、威胁等非法方法收集的证人证言、被害人陈述，应当予以排除；二是收集物证、书证不符合法定程序，可能严重影响司法公正的，应当予以补正或者作出合理解释；不能补正或者作出合理解释的，对该证据应当予以排除。

二、职务犯罪侦查工作面临的挑战

新刑事诉讼法在诸多方面对侦查程序作了完善和修改，其重要意义不言而喻。一方面，在一定程度上有利于提升检察机关职务犯罪侦查的能力，以准确及时地惩罚和打击职务犯罪；另一方面，对侦查活动设置了更加严格的条件和程序规范，有助于防止检察机关职务犯罪侦查中的恣意，保护犯罪嫌

---

① 山东省费县人民检察院自 2009 年 10 月开始探索对被羁押人员的羁押必要性进行审查的做法。2010 年 10 月，费县人民检察院与费县公安局会签了《关于对羁押必要性加强法律监督的实施意见（试行）》，为全面推行试点工作提供了规范性文件。根据实施意见，费县人民检察院先后对 389 名在押人员进行了羁押必要性审查监督，对 80 名在押犯罪嫌疑人向公安机关发出变更强制措施的检察建议。公安机关收到检察建议书后，对 68 名犯罪嫌疑人予以释放或者变更为取保候审、监视居住。赵阳：《检察机关必要性审查有望平抑高羁押率》，载《法制日报》2011-09-01。

② 《德国刑事诉讼法》第 117 条规定，在待审羁押期间，被指控人可以随时申请法院复查是否应当撤销逮捕令，或者依法申请延期执行逮捕令。待审羁押已经执行了 3 个月，被指控人在这期间既未申请羁押复查也未对羁押提起抗告的，应当依职权进行羁押复查，但被指控人如果有辩护人时除外。羁押逾 6 个月时，州高级法院或联邦最高法院需要依职权主动进行羁押审查。参见宋英辉、孙长永、刘新魁等：《外国刑事诉讼法》，法律出版社 2006 年版，第 417 页。

③ 参见郎胜主编：《中华人民共和国刑事诉讼法修改与适用》，新华出版社 2012 年版，第 116 页。

疑人或者其他诉讼参与人的合法权益。刑事诉讼法修改对职务犯罪侦查工作提出了更高的要求，侦查人员在侦查中将面临许多挑战，可能在观念与具体工作层面出现不适应的情况。

第一，长期存在的"重打击，轻保护"办案观念与新刑事诉讼法强化保障人权理念的要求不相适应。我国传统的刑事司法奉行一种严格的犯罪控制观念，以确定犯罪人的刑事责任和对犯罪人施以刑罚为基本内容，在注重有效打击犯罪、维护国家利益的同时，却相对忽视了对诉讼参与人的权利保障，尤其是对犯罪嫌疑人、被告人的权利保障。在司法实践中，"重打击，轻保护"的办案观念在办案人员思想里根深蒂固。当控制犯罪与权利保障发生冲突时，往往认为控制犯罪、维护社会秩序和社会安全是刑事司法最根本的利益，自由利益的保护不应妨碍打击犯罪并主要通过对犯罪的惩罚来实现。① 与此相对，新刑事诉讼法更加强调人权保障理念，注重在实现惩罚犯罪目的的同时，加强对诉讼参与人特别是犯罪嫌疑人的权利保障。例如，在宪法规定"尊重和保障人权"的基础上，在刑事诉讼中将"尊重和保障人权"作为一项重要任务；对侦查程序作出的许多修改，包括强化辩护律师在侦查程序中的权利行使，确立非法证据排除规则等，都是围绕强化侦查程序中的人权保障进行的，字里行间渗透着保障犯罪嫌疑人合法权益的观念。如何协调两者之间的矛盾，给检察机关开展职务犯罪侦查工作提出了全新要求。

第二，开展职务犯罪侦查的实际需要与新刑事诉讼法赋予检察机关的侦查手段满足实际需要的程度不相适应。由于职务犯罪案件具有的特殊性，检察机关在实际开展侦查活动时往往遇到很大困难。有鉴于此，新刑事诉讼法规定人民检察院对于重大的贪污、贿赂犯罪案件以及利用职权实施的严重侵犯公民人身权利的重大犯罪案件，根据侦查犯罪的需要，经过严格的批准手续，可以采取技术侦查措施，交有关机关执行。这一规定确认了检察机关职务犯罪侦查可以采用技术侦查措施的权力，对于准确及时惩处职务犯罪具有重要意义。但是，立法规定检察机关可以采取技术侦查措施的案件仅限于重大职务犯罪案件，对于非重大的职务犯罪案件，不能采用技术侦查措施。同时，采用技术侦查措施的决定权与执行权相分离，对于检察机关决定采用技术侦查措施的，检察机关不能自己执行，必须交有关机关执行。如何实现检察机关和有关机关在技术侦查措施的决定和执行上的有效衔接，刑事诉讼法没有规定。这就容易导致实际采用技术侦查措施时产生一定问题。例如，如果有关机关对检察机关采用技术侦查措施的决定消极懈怠，不予配合，检察机关可以采取何种救济措施？实践中一旦遇到此种情形，则无从操作。

此外，根据新刑事诉讼法的规定，对于没有固定住所的犯罪嫌疑人，或者涉嫌特别重大贿赂犯罪，在住处执行可能有碍侦查的，经过上一级人民检察院的批准，可以在指定居所执行监视居住。据此，检察机关采用指定居所监视居住的，除非是没有固定住所，否则，限于涉嫌特别重大贿赂犯罪案件，

---

① 左卫民：《刑事程序问题研究》，中国政法大学出版社 1999 年版，第 8 页。

其他职务犯罪案件都不能采取指定居所监视居住。而且，即便是涉嫌特别重大贿赂犯罪的案件，原则上也应当在住处执行，只有有迹象表明在住处执行可能有碍侦查的，并且经过上一级人民检察院批准，才能在指定居所执行。从实践情况来看，特别重大贿赂犯罪在职务犯罪中所占的比例不大，这就造成了检察机关实际上可以采用指定居所监视居住的案件会比较少。同时，对于国家工作人员涉嫌贪污、渎职或侵犯公民人身权利、民主权利的案件，由于不能采用指定居所监视居住，大量采取逮捕措施，这也不利于对犯罪嫌疑人权利的保障。

　　第三，长期形成的"口供中心主义"的侦查取证模式与新刑事诉讼法强化辩护权保障的要求不相适应。虽然我国刑事诉讼早就确立了"对一切案件的判处都要重证据，重调查研究，不轻信口供"的证据运用原则，但由于办案机关侦查手段的科技化水平不高以及其他因素影响，在长期的司法实践中，办案机关形成了一种"口供中心主义"的证据运用习惯，侦查中十分依赖对犯罪嫌疑人供述的收集和运用，利用口供来获取犯罪线索或其他证据资料，犯罪嫌疑人的口供实际上成为"证据之王"。过分依赖口供，既容易导致刑讯逼供或其他非法取证等侵犯人权现象的发生，也往往使得口供的证据能力成为争议问题。新刑事诉讼法进一步规范了侦查取证程序，会给长期形成的"口供中心主义"的侦查取证思维及办案模式带来很大冲击。主要包括两个方面：一是确立一系列证据规则，如不得强迫证实自己有罪、非法证据排除规则等，促使办案机关严格依照法律规定收集证据；二是明确律师在侦查阶段的辩护人地位，完善辩护律师在侦查程序中享有的诉讼权利，以强化侦查程序中辩护职能的发挥和控辩平等对抗。

　　例如，根据原刑事诉讼法规定，律师会见在押的犯罪嫌疑人，办案机关可以根据案件情况和需要派员在场，在实务中有些办案机关可能利用监听律师与犯罪嫌疑人的谈话来获取犯罪线索，收集证据。但是，根据新刑事诉讼法的规定，辩护律师会见在押的犯罪嫌疑人、被告人时不被监听，这就使得办案机关不能再通过这种方式收集证据。再如，律师在侦查阶段参与更加广泛，检察机关在侦查取证时的一些不当行为或者证据本身存在的瑕疵，就更容易被律师发现，大大增加了证据被排除的风险。新刑事诉讼法更加强调法庭审判时控辩双方对事实和证据的辩论，随着证人出庭率增加，律师提出的证据会更容易被法庭接受。而且，随着律师在刑事诉讼中有效行使辩护权的强化，法庭审判中被告人翻供现象可能也会随之增多，检察机关可能面临指控不能成立或者指控错误的巨大风险。所有这些表明，如果办案机关仍然局限于传统的侦查取证思维，可能面临许多无法应对的窘境。

三、检察机关应对挑战的基本策略

　　刑事诉讼法修改在强化检察机关职务犯罪侦查能力的同时，也对检察机关办理职务犯罪案件提出了更多更高的要求，实践中面临许多新的挑战。但是，挑战和机遇往往是并存的。如何把握机遇，应对挑战，对于准确及时查处职务犯罪，实现惩罚犯罪和保障人权相结合，维护社会和谐稳定，具有重要意义。为此，检察人员应当充分认识刑事诉讼法修改的意义，正确理解和全面把握立法意图和法律规定的含义，认真贯彻落实新刑事诉讼法的规定，提升自身业务能力和执法水平。

第一，树立科学规范、符合现代理性的办案意识。主要包括以下几个方面：

（1）人权意识。在现代法治国家，人权实现已经成为衡量一国法治文明和制度进步的关键指标。世界各国均在宪法或者有关宪法性文件中规定了人权的基本内容，并将人权实现作为最终目标。1776年《美国独立宣言》在前言中宣示："人人生而平等，造物者赋予他们若干不可剥夺的权利，其中包括生命权、自由权和追求幸福的权利。"1947年《意大利共和国宪法》第2条规定："共和国无论对个人还是对表现其个性的社团成员，均承认并保障其人权之不可侵犯。"联合国宪章和有关国际人权文件也将人权实现作为基础原则并给予相当关切。1945年《联合国宪章》在序言中写道："重申基本人权，人格尊严与价值，以及男女与大小各国平等权利之信念。"1993年《维也纳宣言和行动纲领》第4条规定："促进和保护所有的人权和基本自由必须按照联合国的宗旨和原则，特别是国际合作的宗旨，视为联合国的一项首要目标。"在世界各国宪法和联合国宪章或者国际人权文件充分宣扬人权理念的同时，作为"应用之宪法"或者"宪法之施行法"的刑事诉讼法亦应作出积极回应。科学、符合现代理性的刑事诉讼法，不是纯粹用来作为惩罚犯罪的工具，而是同时承载保障人权功能的"权利宪章"。在刑事诉讼中，人权实定化为各种可以实现的具体权利，是指与国家权力对应的、在刑事诉讼中直接、经常、普遍涉及且具有较为确切含义的公民的生命权、自由权、平等权、安全权和财产权等方面的权利，以及宪法、刑事诉讼法等为保障这些权利在诉讼中不受侵犯而赋予当事人的重要权利。[①]

在刑事诉讼中之所以要强调保障人权，是因为在诉讼活动中侵犯人权，同样是对法律秩序的破坏，且会带来严重后遗症，于社会的长久稳定不利；而且，对犯罪嫌疑人、被告人人权的保障，也是对每一个公民人权的保障，因为任何人都有可能因刑事案件受到追诉而成为犯罪嫌疑人、被告人。

虽然我国刑事诉讼法历来强调对人权的保障，但司法实践中侵犯人权的现象仍然时有发生。本次刑事诉讼法对侦查程序的修改，进一步强调保障人权理念，将"尊重和保障人权"作为刑事诉讼的一项基本原则予以明文规定。同时，在很多具体条款的修改上也都强调对犯罪嫌疑人合法权益的保护。例如，强化侦查程序中辩护职能的发挥，将犯罪嫌疑人委托律师担任辩护人的时间提前至侦查阶段；规定不得强迫任何人证实自己有罪，排除了犯罪嫌疑人的证明责任；规范侦查讯问程序，要求拘留、逮捕后必须立即送看守所羁押，在拘留、逮捕后24小时内进行讯问，保证犯罪嫌疑人的饮食和必要休息

---

① 宋英辉：《刑事诉讼原理导读》，中国检察出版社2008年版，第32页。

时间等。因此，办案人员应当树立人权意识，在有效惩罚和打击犯罪的同时，保障犯罪嫌疑人或者其他诉讼参与人的合法权益，实现惩罚犯罪与保障人权的密切结合。

（2）程序意识。刑事诉讼对公正价值的追求，包括实体公正和程序公正两个方面，不能过于强调其中一方面而忽视另一方面。程序的价值在于保证实体价值的实现。如果程序的设计和实施是公正的，那么，大多数情况下得出的实体结论会是公正的。同时，诉讼程序本身还有它的独立价值，即程序公正本身直接体现出来的民主、法治、人权和文明的精神。这些是不依赖于实现实体公正而存在的，其本身就是社会正义的一项重要内容。公正的刑事诉讼程序，比如依法收集证据、保障辩护权、排除非法证据等，一方面直接体现侦查活动的民主和人权精神，体现看得见的正义，同时会使案件的最终处理结果更趋客观公正，更容易平衡当事人心理，消弭社会矛盾。程序公正不单纯是手段，也是重要的目的。

在我国司法实践中，长期存在着"重实体、轻程序"的办案理念和做法，侦查活动往往以查清案件事实为依归，至于是否严格遵守程序规定往往不被重视。新刑事诉讼法在许多方面对侦查取证程序进行了修改完善，更加突出侦查取证活动中的程序公正价值，并针对违反法定程序或者不符合程序公正价值的诉讼行为设置了相应的程序性制裁机制。例如，确立非法证据排除规则，对于办案人员以刑讯逼供等方法获取的言词证据，将会被认定为非法证据而予以排除。随着辩护律师参与刑事诉讼的时间提前，办案机关在侦查程序中是否充分保障辩护律师的会见权、调查取证权、听取辩护律师意见的权利等，都可能会成为审查起诉或者法庭审判过程中的争议焦点。因此，办案人员应当树立程序意识，强调侦查取证活动中的程序公正价值，确保侦查活动和所获得证据的有效性，以及时准确地追究和惩罚职务犯罪。

（3）证据意识。现代刑事诉讼理念要求认定案件事实应当根据证据，这被称为证据裁判原则。根据证据裁判原则，没有证据或者证据没有达到相应的证据要求，就不能认定一个人实施了犯罪行为，他在法律上就是无罪的。证据裁判原则主要用来规范裁判者在法庭审判过程中认定案件事实的诉讼活动，同时也与侦查取证活动有着密切关系，影响着办案机关在侦查阶段调查取证的基本方向和内容。因此，办案人员应当树立证据意识，转变传统的"口供中心主义"的侦查取证思维。这要求办案人员在收集证据时应当注意以下方面：

一是不应过分依赖犯罪嫌疑人的口供，要注意收集与案件事实有关的其他证据，并且应当依照法定方式和程序收集证据，防止非法取证。职务犯罪案件的特殊性决定了这类犯罪通常是违反了行政管理方面的一些法律法规规定或者有关的规章制度，应当注重从这个角度来收集其他证据，不能盲目依赖口供。二是充分利用科技手段。这里说的科技手段并不限于新刑事诉讼法规定的技术侦查措施，而是在更广义上借助现代科技发展的成果来收集相关证据，例如 DNA 技术、痕迹鉴定、字迹比对，录音录像复原技术等。三是利用刑事政策，采取适当的侦查谋略，分化、瓦解共同犯罪中的犯罪嫌疑人，对于其中不是主犯，犯罪情节较为轻微，或者初犯、偶犯的，通过感化教育来鼓励其供述罪行或者提供犯罪线索。四是注重运用经验和逻辑规则来收集证据。犯罪分子实施犯罪活动是一个动态的过程，相应地，指向犯罪的各项证据的产生也是一个动态过程，不能机械片面地看待每个证据，而应当将每个证据的生成看做一个相互衔接、相互补充，共同指向和证明犯罪事实的完整过程，从一开始就要注意固定和保全各项证据，防止因证据毁损或者灭失而造成事后难以补证。

第二，正确认识和处理检察机关职务犯罪侦查与律师辩护权行使之间的关系。主要包括以下几个方面：

（1）要转变观念，从诉讼职能分工的角度正确看待检察机关职务犯罪侦查与律师辩护权行使之间的关系。应当从法治国家的高度认识辩护制度的重要性，充分认识到检察机关与辩护律师不是水火不容的敌对双方，而是由于各自承担的诉讼职能不同，在诉讼过程中处于一种对抗状态。尽管控辩双方存在利益和职能上的冲突和对抗，但都是为了实现刑事诉讼惩罚犯罪与保障人权的目的。律师参与刑事诉讼的时间越早，参与刑事诉讼的程度越充分，就越有助于准确惩罚犯罪和切实保障犯罪嫌疑人、被告人的合法权益。基于控辩平等对抗原则，律师辩护职能的不断强化，同时也意味着检察机关要充分发挥其控诉职能，这更符合现代刑事诉讼构造的要求。

（2）要充分保障辩护律师在侦查程序中享有的诉讼权利。新刑事诉讼法完善了辩护律师的会见权、调查取证权等，律师将越来越多地参与侦查程序并发挥实际作用，控辩双方由力量悬殊不断趋于平等对抗。在这个过程中，作为司法机关的检察机关要严格按照法律规定，充分保障辩护律师有效参与侦查程序、与在押的犯罪嫌疑人会见、调查取证等诉讼权利。

（3）注意听取辩护律师的意见。新刑事诉讼法规定，在人民检察院审查批准逮捕时，可以听取辩护律师的意见，对于辩护律师提出要求的，应当听取辩护律师的意见；在案件侦查终结前，辩护律师提出要求的，侦查机关应当听取辩护律师的意见。司法实践中，检察机关应当严格按照这一规定执行，以保证办案质量。对于法律规定应当听取而办案机关没有听取辩护律师意见的，应当被认定为程序瑕疵，可能影响到有关裁判的正确性。

（4）设置相应的预防机制，防止辩护律师实施妨害侦查正常进行的行为。为了防止个别辩护律师在侦查过程中可能实施一些违法违规行为，检察机关可以有针对性地建立一些防范机制。例如，在律师参与侦查程序时书面告知其权利义务，并告诉其不得实施哪些行为，以及实施妨害侦查的行为可能承担的法律责任。

第三，加强职务犯罪侦查部门与审查批捕部门、公诉部门的联系。由于职务犯罪的特殊性，要求办案人员在侦查、审查批捕和提起公诉等方面具有较高的专业水平。为了及时准确地惩罚和打击职务犯罪，应当加强侦查部门与审查批捕部门、公诉部门的联系沟通。由于审查批捕部门通常对逮捕标准的把握更为准确、全面，公诉部门对法庭采纳证据及证明标准通常更为了解，所以，在职务犯罪侦查中，侦查部门应当主动听取审查批捕部门和公诉部门的意见，从而使侦查工作更有针对性，使证据收集更加全面、充分。

第四，对实践中遇到的典型案例及时进行总结和归纳研究。检察机关开展职务犯罪侦查工作时，对于一些典型案例要及时进行总结，分析案例在哪些方面具有指导意义，归纳出一些共性经验，予以公布，在办理类似案件时予以参考。

第五，对办案人员进行培训，提升其执法能力和办案技能，以适应新刑事诉讼法的要求。新刑事诉讼法通过后，接下来的重要任务是如何贯彻落实。应该说，刑事诉讼法越完善，对办案人员严格执法和规范办案方面的要求就越严格。因此，应当结合检察机关自身承担的诉讼职能和业务加大对新刑事诉讼法的学习和培训，正确领会新刑事诉讼法的修改意图，基本内容和实践中需要注意的问题，提升办案人员的执法能力和办案技能，切实贯彻新刑事诉讼法的规定。

论行政执法与刑事司法衔接机制的完善

甄　贞* 申飞飞**

目　次

---

* 北京市人民检察院副检察长，北京师范大学法学院兼职教授、博士生导师。
** 陕西省西安市雁塔区人民检察院检察官，法学博士。

　　行政执法与刑事司法衔接机制（通常简称为行刑衔接机制或"两法"衔接机制）是国务院于 2001 年 4 月在《关于整顿和规范市场经济秩序的决定》（国发〔2001〕11 号）（以下简称《决定》）中正式提出的一项制度。为了具体落实该项制度，国务院于 2001 年 7 月出台了《行政执法机关移送涉嫌犯罪案件的规定》（国务院令第 310 号）（以下简称《国务院规定》）。嗣后，相关部委先后下发了以下规范性法律文件：2001 年 12 月，最高人民检察院发布了《人民检察院办理行政执法机关移送涉嫌犯罪案件的规定》（高检发释字〔2001〕4 号）（以下简称《高检规定》）；2004 年 3 月，最高人民检察院、全国整顿和规范市场经济秩序领导小组办公室（以下简称全国整规办）、公安部联合下发了《关于加强行政执法机关与公安机关、人民检察院工作联系的意见》（高检会〔2004〕1 号）（以下简称《联系意见》）；2006 年 1 月，最高人民检察院、全国整规办、公安部、监察部联合下发了《关于在行政执法中及时移送涉嫌犯罪案件的意见》（高检会〔2006〕2 号）（以下简称《及时移送意见》）。虽然上述行政法规、司法解释及规范性法律意见对行刑衔接机制的构建与完善起到了一定作用，但行刑衔接机制起初遇到的"有案不移"、"以罚代刑"、"有案不立"、"有罪不究"等问题到目前为止仍未得到根本解决。这类问题一般统称为行刑衔接不畅。所谓行刑衔接不畅，是与行刑有效衔接相比较而言的，它主要指行政执法机关、公安机关、司法机关在处理涉嫌违法犯罪案件过程中，行政执法机关向公安机关、检察机关移送涉嫌犯罪案件的环节、检察机关和监察机关监督行政执法机关移送案件及检察机关监督公安机关立案侦查案件的环节、检察机关向法院提起公诉的环节，各个主体之间因缺乏有效的配合与制约，而产生的对违法犯罪行为打击不力的一系列不合理现象。为了构建有效的行刑衔接机制，首先应从行刑衔接不畅的实践样态进行考察，以便发现实践的主要困扰，从而为行刑衔接机制相对合理制度体系的构建提供实证支撑。

一、行刑衔接不畅表现的基本类型

　　行刑衔接不畅现象可谓"多姿多彩"，但鲜有人对其进行过比较全面的概括和总结。虽然概念本身对事物的描述具有高度的概括性，但概念也需要通过类型化研究来弥补自身表现的不足。因此，为了有效解决行刑衔接不畅的问题，我们有必要辨明各种行刑衔接不畅之间的内在差异，通过类型化研究的方法，对不同类型的行刑衔接不畅进行全面、系统、深入的分析，从而揭示行刑衔接不畅的本质。考夫曼曾讲到："事物的本质的思考是一种类型学的思考。"[1] 行刑衔接不畅的类型化研究属于比较开放的思维模型，通过阐释行刑衔接不畅的各种类型，深刻了解行刑衔接不畅类型的基本规律与特点，可以尽可能地管窥行刑衔接不畅的全貌，从而为行刑衔接机制的完善提供一种

---

[1] 〔德〕卡尔·拉伦茨著：《法学方法论》，陈爱娥译，商务印书馆 2003 年版，第 347 页。

切实可行的思路。类型化研究中最为关键的问题之一就是确定一个分类标准。行刑衔接不畅类型的划分是以不同行刑衔接机制主体之间的配合与制约关系为标准进行分类的。笔者经过实践调研与研读相关文献认为,行刑衔接不畅主要可以归纳为以下几种类型:

(一)行政执法机关之间配合不足

不少人对行刑衔接机制有一种错误的认识,即认为行刑衔接机制只涉及行政执法机关与公安机关、司法机关之间的协作配合与制约,而与各个行政执法机关自身之间的协作配合关系不大或者没有关系。人们之所以能形成这种认识,是因为他们没有认识到行刑衔接机制不仅要在行政执法机关与公安机关、司法机关之间形成打击违法犯罪的合力,而且也要在行政执法机关之间形成打击违法犯罪的合力。对违法犯罪行为的查处,往往并不是一个行政执法部门就可以完成的。比如,就食品安全问题而言,从国务院食品安全委员会的组成部门来看,仅目前对外正式公布的就有 13 个之多,具体包括国家发改委、科技部、工业和信息化部、公安部、财政部、环保部、农业部、商务部、卫生部、国家工商总局、国家质检总局、国家粮食局、国家食品药品监管局。在这些组成部门当中,农业部、商务部、工商总局、质检总局、食品药品监管局 5 个部门就是直接具有行政执法管理职责的部门,它们的职责分工主要如下:农业部负责监管初级农产品生产环节,商务部门负责主管食品流通行业,工商部门负责监管流通环节,质检总局负责监管生产加工和进出口活动,食品药品监督管理局负责监管消费环节。其他组成部门的职责对食品安全也有所涉及。比如,卫生部门承担食品安全综合协调,工信部管理食品工业行业等。因此,每个食品违法犯罪案件的查处都是以一个整体存在,行政执法部门之间的协调与配合,无论哪个环节都不可缺少;一旦缺少一个环节,查处违法犯罪行为的连贯性就会断裂,从而影响有效铲除违法犯罪行为。再比如,工商、技术监督两个部门都具有打假的职能,但在分工上,生产领域打假属于技术监督部门的职责范围,销售及市场领域的打假属于工商部门查处。事实上,要查清生产、销售假冒伪劣商品案件,很难单纯地停留在某一个环节上,而是需要工商、技术监督两个部门之间的共同配合。实践中,由于职责分工的不同,造成了工商、技术监督两个部门在各自分工的领域发现制售假冒伪劣商品的案件时,遇到不属于自己管辖范围的事实,它们往往无法将查处深入下去,进而导致案件证据无法完善,致使本应追究刑事责任的案件也难以追诉。实践中诸如此类的案件比比皆是。无论是"四顶大盖帽管不住一根豆芽"还是"八个部门管不住一头猪",无论是从"三聚氰胺"到"瘦肉精"还是从"地沟油"到"染色馒头"……这些现象不仅暴露了"多龙治水"导致的职责交叉、分工不明的弱点,更暴露了行政执法机关之间在查处违法犯罪行为时缺乏协调配合的现状。为了挽回各自为政的局面,从中央到地方,层层成立了所谓的"领导小组"、联合执法办公室等,但行政执法机关之间的体制性矛盾仍然难以根本扭转。

(二)行政执法机关与公安机关之间配合不足

目前,行政执法机关与公安机关之间就涉嫌非职务犯罪案件的移送已成为人们关注的焦点，但实践中行政执法机关与公安机关之间却存在配合严重不足的问题。主要表现在以下方面：

其一，各地、各个部门、甚至同一部门管辖的同类案件都采取了不同的移送模式。比如，2004 年至 2010 年 9 月，某省工商行政管理系统向公安机关、司法机关移送案件 70 件，其中，实施行政处罚前移送 47 件，占总数的 67%，处罚后移送的有 23 件，占总数的 33%。2008 年至 2010 年 9 月，某直辖市各级工商行政机关向公安机关移送涉嫌犯罪案件 101 件，其中，处罚后移送的案件数为 18 件，占移送案件总数的 18%。① 这种没有具体移送标准的移送模式，显然不利于统一移送规则的形成。

其二，行政执法机关与公安机关就涉嫌犯罪案件的移送、接收对口机构不明确。比如，各地已经联合会签出台的《某市行政执法与刑事司法衔接工作办法》等普遍没有具体规定行政执法机关与刑事司法机关之间的对口移送、接收案件机构。而实践中行政执法机关的稽查部门、法制部门、派出机构等都可以移送案件；公安机关的文保分局、治安部门、经侦部门、法制部门、派出所等都可以接收案件。这些没有固定的移送、接收机构的状况，最终出现了哪个部门都可以不移送，哪个部门都可以不接收案件或互相推诿的混乱局面，从而影响了涉嫌犯罪案件的顺利交接。

其三，移送与接收案件期限普遍得不到遵守。《国务院规定》第 5 条第 2 款规定，行政执法机关的正职负责人或主持工作的负责人应当自接到提出移送涉嫌犯罪案件的书面报告之日起 3 日内作出批准移送或不批准移送的决定，决定批准的，应当在 24 小时内移送同级公安机关；第 8 条规定，公安机关应当自接受行政执法机关移送的涉嫌犯罪案件之日起 3 日内，依法对所移送的案件审查，认为有犯罪事实，需要追究刑事责任的，依法决定立案。但实际中，上述规定所提到的期限很少被执行与遵守。实践中不少行政执法机关认为在接到批准移送的决定后，要在 24 小时内实现移送是很难做到的。据某省工商部门反映，公安机关接到移送案件后，绝大多数案件是在超出 10 日后才可能有结果。由于案件的复杂性，公安机关普遍难以在较短的时间内审查立案。于是，最高人民检察院和全国整规办、公安部、监察部联合会签的《及时移送意见》对《国务院规定》的相关内容进行了"修正"，其中就规定：对行政执法机关移送的涉嫌犯罪案件，公安机关应当及时审查，自受理之日起 10 日以内作出立案或者不立案的决定；案情重大、复杂的，可以在受理之日起 30 日以内作出立案或者不立案的决定。但联合会签文件对行政法规"修正"的合法性让人产生质疑。另外，即使修正后的审查立案期限具备合法性，实践中不少机关仍是根据自己的主观需要随意裁量，造成规定的期限很难得到执行。

其四，行政执法机关与公安机关就违法犯罪人主观方面的认定缺乏沟通或者达不成一致。根据我国行政处罚法，行政处罚的前提是必须有违法行为

---

① 此数据来源于笔者 2010 年参与的全国政协社会与法制委员会关于行刑衔接机制的调研课题资料。下文没有作出说明的数据均来源于该课题资料。

的存在，对于行为人主观方面的认定通常采取推定过错的方式，除非法律、法规另有明确规定。对于犯罪的认定来说，犯罪主观方面的认定，则是必须要加以证明的必备内容。因此，行政执法机关与公安机关在移送案件中对违法犯罪主体的主观过错标准把握上就必然会有差异。如果要使案件得以顺利移送，他们就必须要加强彼此之间的沟通与配合。比如，对于逃税案件，税务机关在查处的过程中侧重于逃税客观证据的收集，而对违法行为人的主观认识，一般采取推定过错的原则，无须考察行为人的主观故意。但在移送公安部门时，证据中除了要有证明纳税人逃税的客观事实证据外，还需具备主观故意的证据。由于犯罪构成要件理论的专业性较强，判断涉嫌犯罪主体是否具有主观过错本身也十分复杂，而我们要求税务部门对主观过错进行认定，这确实是强人所难。但这个问题又不是不能解决的。只要税务机关加强与公安机关就涉嫌犯罪证据收集的沟通，肯定会有助于对主观过错证据的收集，从而有助于案件移送的顺利进行，反之，则很可能会发生衔接不畅的问题。

其五，行政执法机关与公安机关就公安机关是否可以提前介入行政执法问题很难达成一致。行政执法机关在查处违法犯罪行为的过程中普遍认为，自己没有足够的法定强制手段来调查有关涉嫌违法犯罪证据和控制涉嫌违法犯罪人，也没有足够的执法人员来进行执法。因此，多数行政执法机关反映，行政执法过程中需要公安机关及时介入，引导取证，调取相关证据材料，并采取相应法定强制措施控制涉嫌违法犯罪人员。比如，税务稽查人员对纳税人实施检查时，要求纳税人提供账簿资料，但企业以种种理由搪塞或拒不提供。而检查人员明知账簿资料的存放处，但因没有侦查权和搜查权，无法取证，使得当事人能从容地转移或者销毁证据，从而逃避行政处罚和刑事处罚。而实际上，税务机关邀请公安机关提前介入时，公安机关是否会提前介入案件，往往取决于两家部门的关系，关系好就可能提前介入，关系一般就不介入或者迟延介入。有的公安机关认为，有的行政执法机关存在不愿意让公安机关介入的观念；而且有的行政执法机关往往会有选择性地邀请公安机关介入行政执法，即只有遇到行政处罚阻力大、存在暴力抗法倾向的案件时，才邀请公安机关介入。有的行政执法机关认为公安机关介入会影响行政执法工作的效率。有的地方虽然已经建立了行政执法机关与公安机关的协作配合工作规范，但实际上徒具形式，难以真正起到协作配合的作用。

其六，反馈机制不畅通。《国务院规定》第9条明确规定，行政执法机关接到公安机关不予立案的通知书后，认为依法应当由公安机关决定立案的，可以自接到不予立案通知书之日起3日内，提请作出不予立案决定的公安机关复议。但在实践中，不少公安机关对于已经接收的案件，是否决定立案，则不通知行政执法机关。有的行政执法机关即使接到了不予立案决定的通知，也很少提请公安机关进行复议。他们主要认为，既然公安机关以种种理由不予立案，即使提请复议，也只是内部复议程序，没有实质意义；同时，申请复议也会给自己的工作带来不必要的麻烦。因此，他们抱着多一事不如少一事的态度放弃了提请复议。

（三）行政执法机关与检察机关之间配合、制约有限

行政执法机关与检察机关之间的配合与制约问题，不仅反映在涉嫌非职务犯罪案件的移送上，也反映在涉嫌职务犯罪案件的移送上。

就涉嫌非职务犯罪案件移送的衔接不畅，主要表现在以下方面：

其一，行政执法机关向公安机关移送的涉嫌犯罪案件，多数行政执法机关不向检察机关进行移送备案，或者向检察机关移送备案数量极少。《联系意见》第 3 条与《及时移送意见》第 1 条都规定，行政执法机关应把移送公安机关的案件，及时备案（抄送）检察机关，但实践中几乎很难落实。比如，2008 年至 2010 年 9 月，某直辖市国土资源局作出行政处罚案件 1522 件，其中向公安机关移送 21 件，行政处罚后向公安机关移送同时向检察机关备案的案件有 10 件，移送备案率约为 48%；2008 年至 2010 年 9 月，某直辖市工商行政管理局向公安机关移送涉嫌犯罪案件 101 件，处罚后移送并向检察机关备案 18 件，至于处罚前进行的案件移送，则普遍没有向检察机关备案，移送备案率约为 18%。2010 年上半年，厦门市检察机关受理相关行政执法机关备案的案件数也仅为 10 件。①

其二，检察院接受备案来源单位比较单一。比如，表一是北京市海淀区人民检察院接受备案情况一览表。

表一　北京市海淀区检察机关接受备案案件数量及来源分布②

	2008 年	2009 年	2010 年
案件总数	10 件	25 件	20 件
案件来源	烟草专卖局、地税局、工商局	烟草专卖局（占总量 80%）	烟草专卖局、工商局

从表一我们可以明显看出：烟草系统、工商系统、地税系统是检察机关接受备案来源的主要单位，至于其他行政执法机关则很少进行备案或者根本不进行备案。

其三，行政执法机关就案件移送问题向检察机关咨询较少，而且对公安机关不立案问题，提请监督较少。《及时移送意见》第 10 条规定，行政执法机关对于案情复杂、疑难，性质难以认定的案件，可以向公安机关、检察机关咨询。《国务院规定》第 9 条规定，对于公安机关的不立案行为，行政执法机关可以建议人民检察院依法立案监督。但实践中，上述规定基本都被搁置了。比如，2008 年至 2010 年 9 月，某直辖市工商行政管理局向公安机关移送涉嫌犯罪案件 101 件，而只向检察机关咨询案件 1 件，移送后对于公安机关不予立案或立案后又撤销立案 35 件，而提请检察机关立案监督 1 件，其中向

---

① 参见《厦门市 2010 年上半年整顿和规范市场经济秩序工作总结》，http://www.xm.gov.cn/zwgk/bmxx/jjfzj/gzdt/201009/t20100909_370944.htm。

② 数据来源于北京市海淀区人民检察院 2011 年 2 月 12 日关于"两法衔接"工作联席会议机制启动仪式上的汇报材料。

检察机关咨询与提请立案监督的 2 起案件都发生于 2010 年 1 月至 9 月期间。2008 年至 2010 年 9 月，某直辖市国土资源局向公安机关移送案件 21 件，移送前向检察机关咨询的案件有 4 件。在没有备案、没有咨询、也没有提请立案监督的情况下，检察机关要在行刑衔接机制中发挥有效的监督作用，几乎是巧妇难为无米之炊。

就涉嫌职务犯罪案件移送方面的衔接不畅，主要表现如下：其一，行政执法机关一般不会主动向检察机关移送涉嫌职务犯罪案件。《国务院规定》第 18 条规定，行政执法机关在依法查处违法行为过程中，发现贪污贿赂、国家工作人员渎职或者国家机关工作人员利用职权侵犯公民人身权利或民主权利等违法行为，涉嫌构成犯罪的，应当比照本规定及时将案件移送人民检察院。《联系意见》第 5 条规定，行政执法机关在工作中发现行政执法人员贪污贿赂、徇私枉法、玩忽职守以及徇私舞弊不移交刑事案件等职务犯罪线索，应依法及时向人民检察院移送。但实践中上述规定几乎流于形式。笔者在对全国三个省、直辖市的省级行政执法机关、省会城市的行政执法机关和部分地级市的行政执法机关调研中发现，绝大多数行政执法机关在提交行刑衔接机制材料中都没有提及主动向检察机关移送案件的情况。这一方面反映了行政执法机关或许真没有或者很少向检察机关移送案件，另一方面反映了行政执法机关不愿意提及自己单位内部出现的职务犯罪之丑事。但不论如何，这反映了行政执法机关会尽力掩盖发生于自身的诸多不端行为。据绝大多数检察机关反映，多数职务犯罪案件的立案线索都不是来源于行政执法机关的主动移送。《及时移送意见》第 13 条规定，监察机关发现涉嫌职务犯罪案的，应当及时移送人民检察院。多数监察机关都向检察机关移送过案件，但数量仍然较少。比如，2007 年至 2009 年，某省某州纪委监察局向检察机关移送案件 16 件，年均移送 5.3 件。据监察部门相关人员反映，在涉及地方政府利益的案件中，比如，土地违法案件等，作出行政处分都很难，更不用说主动向司法机关移送案件了。因此，监察机关也存在类似其他行政执法机关不主动或难以主动移送案件问题。其二，检察机关发现涉嫌职务犯罪案件线索手段有限。检察系统内部曾流传这么一句话："贪污贿赂靠举报，渎职侵权靠看报。"据统计，青海省检察机关 2010 年 5 月至 2011 年 5 月，共受理贪污贿赂、渎职侵权职务犯罪案件线索 1273 件，其中立案侦查的案件 70% 以上来自群众举报。[①] 在群众监督意识不是很高和举报制度不完善的情况下，这种主要靠举报发现案件线索的方式是比较单一的，也是不利于打击渎职侵权犯罪的。显然，渎职侵权案件发现手段单一已经成为打击渎职犯罪的一大瓶颈。其三，检察机关处理渎职犯罪案件没有形成有效机制。虽然检察机关查处渎职侵权犯罪人数在逐年增加，但主要集中于重特大案件的查处上。图一为全国检察机关立案查处渎职侵权犯罪案件人数趋势情况。[②]

---

① 参见李维：《青海：立案侦查案件 70% 来自群众举报》，载《检察日报》2011 - 06 - 22。

② 参见最高人民检察院：《特别报道全国检察机关惩治和预防渎职侵权犯罪展览不容轻视九特点》，载《检察日报》2010 - 09 - 16。

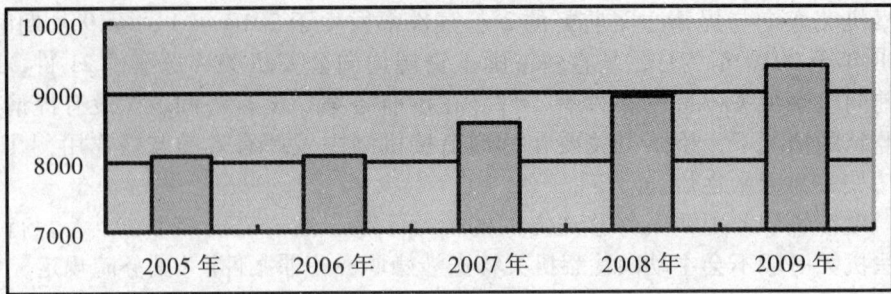

图一　全国检察机关立案查处渎职侵权犯罪案件人数

从图一我们可以看出，全国检察机关查处渎职侵权犯罪人数呈明显的上升趋势。这不仅反映出了国家对渎职侵权犯罪案件查处的重视，而且也采取了一些比较有效的措施。

2005年至2010年①全国检察机关查处渎职侵权犯罪案件数和重特大案件所占比例分别为：② 6076件，其中重特大案件占36%；6549件，其中重特大案件占39%；6871件，其中重特大案件占41%；7240件，其中重特大案件占44%；7031件，其中重特大案件占45%；4372件，其中重特大案件占48%。具体案件数量对比如图二：

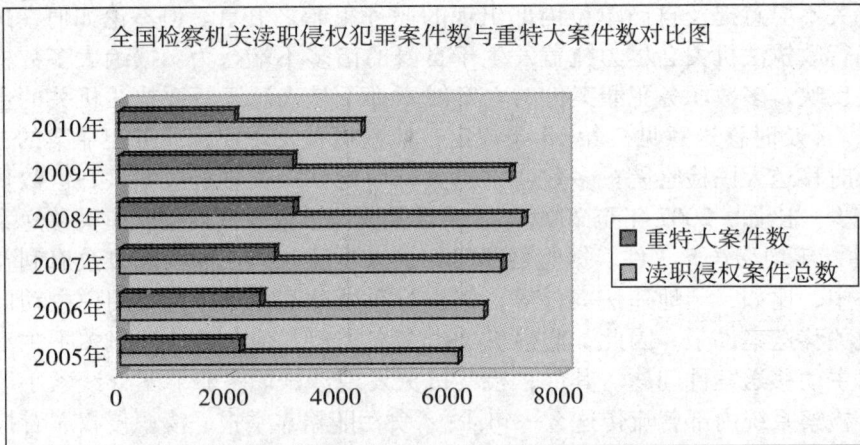

图二　全国检察机关渎职侵权犯罪案件数与重特大案件数

2010年10月，最高人民检察院检察长曹建明向第十一届全国人大常委会第十七次会议作的《最高人民检察院关于改进渎职侵权检察工作情况的报告》时介绍道，检察机关与纪检监察、行政执法和公安、法院等部门的协调配合得到加强，检察机关同步介入重特大事故事件调查、重大复杂案件专案调查等逐步形成制度。但即使该制度已经形成，它们仍然未上升到法律规范层面，而且检察机关对于其他非重特大案件的查处同样不可忽视。

---

①　其中2010年的案件数字为1至6月份立案查处的。
②　参见最高人民检察院：《特别报道全国检察机关惩治和预防渎职侵权犯罪展览不容轻视九特点》，载《检察日报》2010-09-16。

（四）行政执法机关与监察机关之间配合与制约不足

《国务院规定》第14条规定，行政执法机关移送涉嫌犯罪案件，应当接受监察机关依法实施的监督。《及时移送意见》第13条规定，监察机关依法对行政执法机关查处违法案件和移送涉嫌犯罪案件工作进行监督，发现违纪、违法问题的，依照有关规定处理。但实践中，多数行政执法机关很少主动向监察机关提供有关涉嫌犯罪案件。因此，监察机关仅仅通过行政执法机关主动移送案件来获取监督的渠道是很难发挥有效的监督作用的。而且在监察机关普遍没有把行政执法机关移送涉嫌犯罪案件的执行情况作为行政执法检查工作考核内容的情况下，监察监督更是难上加难。不少地方联合制定了《行政执法与刑事司法衔接工作办法》，但有的工作办法中没有规定监察机关对行政执法机关移送涉嫌犯罪案件进行监督的程序；有的工作办法中即使作出了规定，也是原则性的，不具有可操作性。这些都严重制约了监察机关对行政执法机关移送案件情况的有效监督。

二、行刑衔接机制的基本原则

变动不居的社会生活永远处在历史前沿，更多的经验表达早已说明了法律规则滞后的宿命。法律规则需要法律原则的"辅佐"，以"克服法律局限性工具意义上的用法。"[1] 行刑衔接机制的基本原则是以行刑衔接机制目的为指引，在行刑衔接机制的立法、法律适用过程中所要遵循的基本准则。

（一）分权原则

分权原则就是指在行刑衔接机制中应当秉承行政处罚权、行政监督权、刑事侦查权、检察监督权、审判权分别由行政执法机关、行政监察机关、刑事侦查机关、检察机关、人民法院行使的一种权力分工体系。[2] 该原则是行刑衔接机制的首要原则。它是法治原则在行刑衔接机制中的具体体现。

每个行刑衔接机制主体都必须在自己法定职权范围内行使权力，否则将构成越权，且越权行为不具有法律效力。行刑衔接机制主体不仅具有部门种类多样性，而且具有多层次性，每个主体只有依法履行自己在行刑衔接机制中的职权，才能确保行刑衔接机制有条不紊的运行。如果各个主体没有按照自己的法定职权行使权力，则必然会造成权力之间不必要的冲突，也会造成权力资源的不必要浪费，影响权力运行效率。

行政执法机关是享有行政处罚权的法定机关，如果它超越自己的法定职权，对行政犯罪案件进行"以罚代刑"的降格处理，则是违背分权原则的，也是一种不法行为。目前尚无法律对行政执法机关越权处理的行政处罚行为

---

[1] 徐国栋：《民法基本原则解释——成文法局限性之克服》，中国政法大学出版社1992年版，"自序"第12页。

[2] 法院作为刑事审判机关行使的法定职权在刑事诉讼法等相关法律中的规定已经比较明确，笔者下文不赘述。

给予行政法意义上的规范评价。① 实践中，不少行政执法机关之所以越权对行政犯罪案件进行降格处理，这与行政法对行政执法机关越权对犯罪行为进行行政处罚没有给予明确的否定性评价是有一定关系的。因此，在行刑衔接机制中，通过对该行为给予行政法上的制裁，在一定程度上是可以缓解或治理降格处理现象的。这是因为，通过法律规定，如果行政犯罪中出现"以罚代刑"的行政处罚行为被宣布无效、被撤销，并由有关机关作出由行政执法机关返还已没收的财物、罚款的裁决，那么这在一定程度上是可以起到抑制行政执法机关以获取不法利益为企图而进行"以罚代刑"现象的发生。对该行政处罚行为进行撤销，可通过检察机关向人民法院提起公益诉讼的方式进行，然后由人民法院作出撤销行政处罚的裁判，并在该裁判中列明行政执法机关返还没收财物和罚款数额的情况。如果行政执法机关不予返还，该案行政处罚相对人可以凭法院的裁判，以第三人的身份向没收财物与收缴罚款的部门请求返还被没收财物和罚款。

《行政监察法》第 2 条规定，监察机关是人民政府行使监察职能的机关，依照本法对国家行政机关及其公务员和国家行政机关任命的其他人员实施监察；第 18 条规定，监察机关对监察对象执法、廉政、效能情况进行监察。《国务院规定》第 14 条规定了监察机关对行政执法机关移送涉嫌犯罪案件实施监督。我们从上述法律、行政法规中可以看出，监察机关无疑对行刑衔接机制中的行政执法机关查处行政处罚案件与移送涉嫌犯罪案件情况具有法定监督职权。虽然行政监察机关具有法定监督职权，但它们并没有直接对行政违法行为作出行政处罚的权力。因为，如果行政监察机关可以直接查处行政违法行为，并作出行政处罚，那么这就是一种越权行为，该行为是无效的。

刑事案件侦查权只能由法定的刑事侦查机关行使。在行刑衔接机制中，多数刑事案件是由公安机关进行侦查的；贪污贿赂犯罪、国家机关工作人员的渎职犯罪由检察机关侦查；走私犯罪案件由海关缉私机关侦查。这三个机关必须分别按照自己的法定职权对自己管辖的案件进行立案侦查，如果超出自己的管辖范围立案侦查，则属于越权行为，该行为无效。在行刑衔接机制中，侦查机关只有发现可能涉嫌犯罪的案件才可以介入案件的查处，如果他们以刑事案件为名插手经济类案件、行政违法案件等，则是一种越权行为，也是一种违法行为。

检察监督权，指的是检察机关对属于行政执法机关管辖并需要作出重大行政处罚的案件即情节复杂、案情重大、违法后果严重等行政违法案件的查处、移送、备案等情况依法监督的权力。目前，我国法律只明确赋予检察机关对公安机关的立案侦查与不立案进行监督的权力，对其他情形则没有明确赋予检察机关实施监督的权力。虽然《国务院规定》第 14 条规定了检察机关对行政执法机关移送涉嫌犯罪案件实施监督，但行政法规对检察监督权予以规定是否具有合法性是值得质疑的。况且该行政法规作出的也只是原则性规

---

① 虽然《刑法》第 402 条规定了徇私舞弊不移交刑事案件罪，但该法条是对行政执法人员"以罚代刑"的刑事评价。

定，尚无具体监督程序与措施可言。因此，我们必须通过法律明确赋予检察机关对行刑衔接案件法定监督的职权，才能确保检察机关监督的合法性，才能缓解检察机关不敢监督的后顾之忧。

（二）程序法定原则

程序法定原则就是指行刑衔接机制主体必须按照法定的步骤、方式进行案件移送、备案、立案侦查、行政监督、刑事监督等，否则他们要承担相应的法律不利后果。行刑衔接机制主体应当遵循程序法定原则，这是彰显程序法治理念的必然要求，是行刑衔接机制程序走向法治化的必然要求。目前，我国法律尚未对行刑衔接机制主体在行刑衔接机制中应当遵循的法定程序作出明确规定，这是十分不利于行刑衔接机制的有效推进的。因此，我们必须加快行刑衔接机制程序法治化建设的步伐。

就行刑衔接机制程序而言，法律应对行政执法机关与公安机关、检察机关之间就涉嫌犯罪案件移送的程序，行政执法机关与监察机关、检察机关就重大行政处罚案件的备案与监督程序作出明确规定。笔者建议作出如下规定：

行政执法机关与公安机关、检察机关之间就涉嫌犯罪案件移送的程序可设置如下：其一，明确规定行政执法机关内涉嫌犯罪案件的移送机构，一般应由该机关的法制机构负责。其二，明确规定公安机关、检察机关内接收案件的机构，一般分别应由公安机关的治安部门、经侦机构与检察机关的侦查监督机构，或者也可以专门设立一个行刑衔接机构负责接收案件。其三，时间方面的规定则因移送模式不同而有一定差异。① 如果采取刑事优先模式，则行政执法机关只要发现可能涉嫌犯罪的，就必须在 3 日内移送相应公安机关、检察机关；公安机关、检察机关必须在 24 小时内接收案件，同时必须在 7 日内作出是否立案的决定。② 如果采取行政优先模式，则行政执法机关要在作出行政处罚决定之后 3 日内移送相应的公安机关或检察机关；公安机关、检察机关接到移送后，必须在 3 日内作出是否立案的决定。③ 如果采取行刑并行模式，则行政执法机关只要发现可能涉嫌犯罪的，必须在 24 小时之内移送相应公安或检察机关；公安机关、检察机关在接到移送后，必须在 7 日内作出是

---

① 有的地方规定了统一的立案决定时间，而没有根据不同模式的差别进行分别规定，这是不科学的。比如，2003 年 8 月，湖南省人民检察院、省公安厅、省农业厅等联合颁布的《关于加强工作联系建立行政执法与刑事执法相衔接工作机制的意见》第 4 条规定：公安机关受理行政执法机关移送的涉嫌犯罪案件，应于受案之日起 3 日内作出立案或者不予立案的决定，并书面通知移送案件的行政执法机关；依法不予立案的，应同时说明理由、退回案卷材料。行政执法机关对公安机关决定不予立案的案件，应当依法作出处理。

② 笔者在此处没有规定例外的立案决定时间，这是因为：在我国司法实践中多数部门往往将例外规定作为普通规定来适用，这样无疑背离了例外规定的初衷；同时，公安机关寻找种种理由拖延或拒绝立案也是行刑衔接中亟待解决的一个重要问题，而通过规定统一的立案时间，则有利于解决此问题。虽然立案有可能侵犯当事人的权利，但对此我们可以通过严格刑事强制措施的适用条件等措施来实现尽可能保护当事人合法权益的目的。

③ 这里之所以规定行政优先模式中公安机关、检察机关的立案决定时间短于刑事优先模式中公安机关、检察机关决定立案时间，主要是因为经过行政处罚的案件，证据收集全面程度和合法性要高于未经过行政处罚的案件。

否立案的决定。

行政执法机关与监察机关、检察机关就重大行政处罚案件的备案与监督程序可设置如下：其一，明确规定行政执法机关内的移送机构，一般应由该机关的法制机构负责。其二，明确规定接收备案与监督案件的机构，监察机关由行政执法监察机构负责，检察机关由侦查监督机构或专设的行刑衔接机构负责。其三，明确规定行政处罚作出后，3 日内移送相应部门备案；相应部门必须在 24 小时内接收备案。

（三）协作原则

由于行刑衔接案件的复杂性和行政权与刑事司法权行使主体的多样性，行刑衔接机制主体之间的配合或协助已经成为顺利实现行刑衔接机制目的与提高行刑衔接机制效率之必须。协作原则就是指行刑衔接机制主体基于行刑衔接机制目的与效率的需要，各个主体不仅应当依法行使自己的本职职权，而且也要在法律与政策的范围之内加强彼此之间的协调配合，从而为其他权力主体职权的行使提供尽可能的帮助和便利。

目前，我国相关立法与行刑衔接机制实践中对协作原则已有一定体现，这对于发挥行刑衔接机制主体的整体优势，尽可能避免不同主体之间的权限冲突发挥了积极作用。但总体来说，行刑衔接机制主体之间的协作只是基于不同主体积极性的一种自我尝试，仅是一种工作机制，尚未形成法律制度。比如，2008 年 4 月，湖北省人民检察院、省公安厅、省环保局联合制定的《关于在预防和查办破坏环境资源保护及环境监管渎职犯罪工作中加强协调配合的意见》第 5 条就提出了建立查办案件协作制度，并规定公安机关办理破坏环境资源保护和人民检察院办理环境监管渎职的犯罪案件，需要环境保护行政主管部门提供相应的调查材料、监测报告或专家咨询意见的，环境保护行政主管部门应当积极配合；环境保护行政主管部门对不认真履行职责的行为人进行纪律处分，需要人民检察院和公安机关提供情况的，人民检察院和公安机关应当提供。即使相关法律对协助原则有所体现，一般都是原则性规定，缺乏可操作性，彼此之间的协助往往主观色彩较浓和利益性较强，而且受部门保护主义和地方保护主义影响较大，同时对不协助也没有规定相关责任条款。这是十分不利于协助工作的开展的。比如，《税收征收管理法》第 5 条第 3 款规定："各有关部门和单位应当支持、协助税务机关依法执行职务。"对于具体如何协助则没有规定，也没有规定相关部门没有协助将要承担何种责任。在行政执法机关移送案件中，一些公安机关缺乏反馈和沟通意识，对是否立案、是否采取强制措施、是否移送起诉等一些重要环节的进展情况，不能及时或者没有向移送案件的行政执法机关反馈等。这些情况在一定程度上影响了行政执法机关移送案件和配合办案的积极性。同时，行政执法机关对公安机关办理案件的情况缺乏主动了解的意识，也没有建立起完善的咨询制度机制。为此，我们有必要通过法律来对协作原则予以明确，以便充分发挥该原则在解决彼此冲突中的作用。具体可作如下规定：

其一，将行刑衔接机制主体协助义务法定化。其二，明确规定协助理由、协助程序、协助费用等。比如，就协助理由而言，我国台湾地区"行政程序法"（1999年）第19条规定，行政机关执行职务时，有下列情形之一的，得向无隶属关系的其他机关请求协助：（1）由于法律原因，不能独自执行职务的；（2）因人员、设备等事实原因，不能独自执行职务的；（3）执行职务所必要认定的事实，不能独自调查的；（4）执行职务所必要的文书或其他资料，为被请求机关所持有的；（5）由被请求机关协助执行，明显较经济的；（6）其他职务上有正当理由须请求协助的。通过法律明确被请求机关的协助义务，可以避免互相之间推诿和不协助。就行刑衔接主体之间的协助理由，可参照我国台湾地区的上述规定予以明确。就协助程序而言，协助请求应当以书面方式进行；被请求协助的机关接到协助请求后，应当在3日内作出是否协助的书面答复，如果不予协助，则应当说明理由；对不予协助答复不服的请求机关，可以向负责行使监督职权的监察机关或检察机关请求监督，行使监督职权的机关必须在3日内作出是否要求被请求机关进行协助的决定；如果决定被请求机关进行协助的，那么被请求机关必须在接到决定之日起24小时内根据请求机关的请求进行协助。请求协助的费用，应由被请求机关自行承担，但被请求机关可根据预算向财政部门申请相关费用。

协作原则具有以下几个特点：第一，权利义务的法定性，即请求协助是请求机关的法定权利，而予以协助是被申请机关的法定义务；第二，程序上的被动性，即协助行为的发生是以请求机关的请求为要件的；第三，时间上的临时性，即协助行为一般是因案件的发生，而需要某机构予以职责上的帮助；第四，性质上的辅助性，即协助过程中，请求机关是行刑衔接案件在某一阶段的主要行刑衔接机制主体，被请求机关处于辅助地位。

（四）监督原则

监督原则就是指在行刑衔接机制中把涉嫌犯罪案件的移送、备案、立案侦查监督的任务依法赋予监察机关与检察机关，并由他们按照自己的职责权限依法进行监督。在现代社会，有效监督已经成为确保国家权力正常运行的不可或缺的条件。监督机制是否完善，直接影响和制约着行政法治的进程，[①]同样直接影响和制约着行刑衔接机制法治的进程。在行刑衔接机制中，确立权威监督主体依法对其他行刑衔接机制主体移送案件工作进行监督已成为学界与实务界的共识。监督原则的确立主要可以起到以下积极作用：首先，可以确保行政执法机关与刑事侦查机关在行刑衔接机制中的权力运行处于有效状态。每种权力的行使都有一定边界。当权力的运行缺乏外部监督的时候，这种权力往往有可能超越自己的边界。通过权威的行政监察机关与检察机关从外部加强对行刑衔接机制主体的监督，则可以最大限度地避免行政执法机关对行政犯罪案件"以罚代刑"的降格处理和刑事侦查机关"有案不立"等现象的发生。其次，有利于构建行刑衔接机制的法治秩序。行刑衔接机制长期难以有效推进，并难以形成良性运行机制，这与行刑衔接机制中没有确立

---

① 姜明安：《行政执法研究》，北京大学出版社2004年版，第227页。

起权威监督部门和没有赋予这些权威监督机构法定的监督手段是密不可分的。因此，确立监督原则是确保行刑衔接机制走向法治的必然要求。

在行刑衔接机制中，我们要通过法律明确规定监察机关与检察机关的监督权力、监督程序、监督手段。其一，明确规定监察机关与检察机关有权对行政执法机关作出的重大行政处罚案件进行监督。其二，明确规定监察机关与检察机关享有对重大行政处罚案件案卷的阅卷权；对发现可能涉嫌犯罪的案件，他们有权监督行政执法机关向刑事侦查机关移送，同时检察机关有权通知公安机关立案侦查。其三，对重大行政处罚案件的具体监督由监察机关的行政执法监察机构负责，检察机关由侦查监督机构或专设的行刑衔接机构负责。

（五）及时原则

及时原则就是指在行刑衔接机制中行刑衔接机制主体必须在法律规定的期限内，将自己依法应当移送、备案、立案侦查、立案监督的案件等尽快办理。该原则其实是行刑衔接机制要求行刑衔接机制主体提高办案效率的体现。它一方面反对拖延，要求行刑衔接机制主体积极推进行刑衔接中案件的移送及查处等工作，要求在必要且合理的时间内完成自己的本职工作，不得无故拖延；另一方面也反对草率移送及查处案件等。

在行刑衔接机制中及时原则要得以具体体现，法律必须明确规定合理的办案时间。只有这样才能起到宣示作用。对于行刑衔接主体具体应遵循的时间已在程序法定原则与协作原则中进行了阐述，在此不赘述。

三、行刑衔接机制的立法完善

在行刑衔接机制法制化建设尚不完善的前提下，我们来谈行刑衔接机制观念的根本转变是奢侈的。因为，行政执法人员与公安、司法人员是具有利己性的，他们在行动中总是趋利避害，尽可能地维护自我利益。邓小平提出："克服特权现象，要解决思想问题，也要解决制度问题。"[①] 如果没有刚性的法律机制约束，他们总是容易被自己的欲望所牵引。因此，我们只有加速行刑衔接机制法制化构建与完善的步伐，才能促使行刑衔接机制主体树立起正确的行刑衔接机制观念。笔者认为，我们首先应当通过法律明确行刑衔接机制的法律依据。

（一）明确检察机关监督行政处罚的法律依据

虽然宪法明确规定了检察机关是我国的法律监督机关，但法律没有对检察机关是否可以对行政执法机关作出的行政处罚进行监督作出明确规定。实践中，为防止某些行政执法机关滥用行政执法权，国务院不得不采取制定行政法规的形式对检察机关监督行政执法活动予以规定。比如，国务院《关于劳动教养的补充规定》（国发［1979］289 号）第 5 条规定："人民检察院对劳动教养机关的活动实行监督。"（这个补充规定是经全国人大常委会批准的）。《国务院规定》第 14 条也规定检察机关有权对行政执法机关移送涉嫌犯

---

① 《邓小平文选》第 2 卷，人民出版社 1994 年版，第 332 页。

罪案件进行监督。这虽然弥补了法律的不足，但也存在是否合宪的问题，即在一府两院体制下，行政权能对与之平行的司法权进行随意配置吗？作为司法权组成部分的检察权和审判权，只能由最高立法机关通过法律授权的方式予以规定。《立法法》第 8 条规定，某些事项只能制定法律，其中就包括人民法院、人民检察院的职权和诉讼制度。《立法法》第 9 条规定，第 8 条规定的事项尚未制定法律的，全国人大及其常务委员会可作出决定，授予国务院可以根据实际需要先行制定行政法规，但司法制度等除外。由此可以看出，通过行政法规规定作为司法制度内容有机组成部分的检察机关职权问题、涉嫌犯罪案件的处理等问题都是不合法的。实践中不少地方的检察机关已经开始探索对行政处罚案件进行监督移送的制度，而且取得了比较好的效果。法律没有把行政处罚案件纳入检察机关的检察监督范围，这其实是对检察机关法律监督思想与制度的一种矮化。当然检察机关对行政处罚案件的监督与介入也应是有限制的，反之，则可能会造成司法权对行政权的无端干预。为此，我们必须对检察机关监督行政处罚案件的范围进行一定限制。行政处罚案件的监督范围，对检察机关来说，它意味着检察监督的外围边界；对行政执法机关来说，它意味着行政执法机关接受检察监督的法定义务范围。因此，笔者建议将重大行政处罚案件作为检察监督的案件范围。这既是基于行政执法资源与刑事司法资源的有限性考虑，也是基于对重大行政处罚案件监督的必要性考量。① 至于什么样的案件属于重大行政处罚案件，将在下文阐述。另外，行政监察法已经赋予了监察机关对行政执法的监督职责，所以我们在这里就不探讨它的法律依据问题了。但这并不意味着行政监察法不需要对行政执法中行政处罚案件监督的进一步细化。

（二）明确行政执法机关移送涉嫌犯罪案件义务

各国刑事诉讼法都比较重视公务员的报案义务。法国《刑事诉讼法》第 40 条规定："任何依法设置的权力机关，任何公务助理人员或公务员，在履行职责中知悉重罪或轻罪的，均应当立即报告共和国检察官并向其转送与此有关的一切材料、笔录与文书。"② 《日本刑事诉讼法》也规定了公务员有告发义务，指在"通过履行职务而认为有犯罪时"，即限于执行职务时发现有犯罪的场合。公务员违反告发义务，可导致国家公务员法上的处罚。③ 有学者建议在刑事诉讼法第 84 条中增加："行政执法机关在依法查处违法行为的过程中，发现有犯罪嫌疑的，应当于 3 日内将犯罪嫌疑线索、材料移送同级公安机关或人民检察院。人民法院在审理民事、行政案件过程中，发现有犯罪嫌疑的，应当于 3 日内将有关线索、材料移送公安机关或者人民检察院。"④ 这

---

① 重大行政处罚案件往往是"以罚代刑"等现象的多发地带。

② ［法］卡斯东·斯特法尼、乔治·勒瓦索、贝尔纳·布洛克著：《法国刑事诉讼法精义》（上册），罗结珍译，第 328～329 页。

③ 宋英辉、孙长永、刘新魁等著：《外国刑事诉讼法》，法律出版社 2006 年版，第 589 页。

④ 陈光中主编：《中华人民共和国刑事诉讼法再修改专家建议稿与论证》，中国法制出版社 2006 年版，第 415 页。

不仅有利于强化行政执法机关对行政管理秩序的维护，而且增强了侦查机关发现犯罪的机会。有些国家通过刑法对不报案行为规定了刑事责任。比如，意大利和法国。意大利刑法在"妨害司法活动的犯罪"中规定了与不告发相关的犯罪，其中第 361 条规定了公务员不报告罪，即公务员不向对之负有义务的司法机关报告在行使职务中或因职务原因而获知的犯罪消息，或者延误报告的行为。犯该罪的，处以 6 万至 100 万里拉罚金。但该罪不适用于被害人告诉才处罚的犯罪。法国刑法在"妨害司法罪"第一节"阻挠法院受案罪"第 434 - 1 条规定：任何人了解某一重罪，在其尚有可能防止该重罪发生或可以限制其后果时，或者在罪犯有可能实行新的重罪，但可予制止时，却不将此种情况告知司法当局或行政当局的，处 3 年监禁并科 30 万法郎罚金；除针对不满 15 岁之未成年人实行的重罪外，下列人员不适用前述规定：（1）重罪之正犯或共犯的直系亲属、兄弟姐妹以及这些人的配偶；（2）重罪之正犯或共犯的配偶或者众所周知同其一起姘居的人。[①]　土耳其刑法典第 279 条第 1 款规定了公务员不告发犯罪行为罪，即公务员发现需要侦查或者起诉的犯罪被实施而不向有权机关报告或者迟延报告的，处 6 个月以上 2 年以下监禁。[②]　各国对公务员报案义务的规定，在本质上与公务员负有移送涉嫌犯罪案件的义务是相类似的。因此，笔者建议应在刑事诉讼法中明确规定行政执法机关具有移送涉嫌犯罪案件的义务。

（三）明确行政处罚证据[③]转化刑事证据的规则

关于行政处罚证据转化为刑事证据规则的认识，主要有以下三种观点：

第一种观点是全面肯定说。该种观点认为，行政执法中获取的证据可以直接作为刑事证据提交法庭。因为，与待证事实相关联的事实就是证据。行政执法机关也是依法获得材料，只是这种法律根据与刑事诉讼程序的法律根据不同而已。这些证据证明的结果是相同的，都对事实具有证明力。因此，应当对行政执法机关依法办理案件中收集证据的工作予以肯定。司法机关对行政执法机关收集的证据应当作为法律规定的证据予以接收，但是否作为刑事证据，要经司法机关审查决定。[④]　该种观点承认了行政执法机关收集的证据可以在刑事诉讼中使用。这不仅是对行政执法机关工作成果的适度认可，也符合节约司法资源、提高司法效率的要求。但这种观点没有规定具体的转化规则，而把是否可以作为刑事证据的裁量权完全交予司法机关，这可能会导致司法人员滥用自由裁量权。

---

① 参见赵秉志主编：《外国刑法各论》（大陆法系），中国人民公安大学出版社 2006 年版，第 461~462 页。

② 参见陈志军译：《土耳其刑法典》，中国人民公安大学出版社 2009 年版，第 120 页。

③ 杨解君在其发表于《法商研究》1998 年第 1 期的论文《行政处罚证据及其规则探究》中认为，行政处罚证据是行政证据的一种，是指行政机关或法律授权的组织用来证明公民、法人或其他组织违法并应受到行政处罚的一切客观事实，即行政机关实施行政处罚的事实根据。本文对该定义持赞成意见。

④ 参见张彩荣、母光栋：《浅析行政法与刑事司法衔接中的证据转换》，载《中国检察官》2006 年第 12 期。

第二种观点是全面否定说。该种观点认为，证据的形式是必不可少的，行政处罚证据和刑事证据的形式不同，行政处罚证据材料是由行政执法机关获取的，没有经过刑事司法部门认定，这种证据形式不符合刑事证据的要求，所以不能直接提交法庭质证。只有经过刑事司法人员重新调取并加以转换，才能为刑事法庭所认可。① 该种观点否定了行政处罚证据直接在刑事诉讼中适用的可能性，这是值得商榷的。因为，无论从行政资源和司法资源节约的角度还是从提高司法效率的角度而言，该种观点显然是不利于节约有限的行政、司法资源与提高司法效率的；同时如果行政处罚证据要经过刑事司法机关重新收集，对于有些证据而言，则存在时过境迁，难以收集的可能，这也不利于维护司法公正。

第三种观点是折中说。该种观点认为行政处罚证据可分类转化为刑事证据。但在该种观点中又存在两种不同的主张。一种主张认为，对于书证、物证和视听资料等证据，由行政执法机关依法提取的，经审核后可以作为刑事证据在法庭上出示；对行政执法机关在执法中制作的调查、谈话、询问笔录，以及行政相对人的陈述笔录、自书材料等言词证据材料，原则上要求司法人员重新制作或收集，但确因不可抗力不能重新收集或制作的，经侦查机关查证与其他证据吻合，可以相互印证违法事实的，则可作为刑事证据使用；② 对于行政执法机关出具的鉴定结论、扣押清单等，如果是依法收集的，那么可以提交司法机关作为证据材料使用。③ 另一张主张认为，对于书证、物证等实物证据，公安机关不仅要审查行政执法人员是否依法收集证据，而且也要对行政执法人员收集证据的过程制作笔录，通过行政执法人员的说明来转化书证、物证等实物证据。对行政执法机关在执法中制作的谈话笔录等言词证据材料，公安机关应找到谈话人及行政相对人予以核实，并制作核实笔录；对谈话人及行政相对人均认可的，应当制作认可笔录，无须重新制作原来谈话内容的笔录；谈话人及行政相对人认为笔录不真的，公安机关可以制作补充笔录，并应由行政执法人员说明理由。已经在行政司法机构登记注册的检验、鉴定等机构出具的检验、鉴定结论，可以直接作为刑事证据，相反，则需要重新检验、鉴定；现场笔录、处罚决定书属于公文书，可以直接作为刑事证据。④ 上述两种主张中，第二种主张与第一种主张相比较而言，第二种主张更加具体、更能确保证据的真实可靠性。但第二种主张中有些观点也是值得商榷的。对于行政执法中收集的实物证据则没有必要由刑事司法人员来重新制

---

① 参见张彩荣、母光栋：《浅析行政执法与刑事司法衔接中的证据转换》，载《中国检察官》2006 年第 12 期。

② 比如，1999 年 12 月 31 日，江苏省高级人民法院、省人民检察院、省公安厅、省司法厅《关于刑事诉讼证据方面若干问题的会议纪要》第 1 条中就规定，行政执法机关制作的调查笔录，公安机关或检察机关应重新制作；如果出现被调查人员死亡、出境等无法取证的特殊情形，调查笔录经侦查机关依法查证属实可以作为刑事诉讼证据。

③ 参见谢石飞、项勉：《行政执法与刑事司法衔接机制的完善》，载《法学》2007 年第 10 期。

④ 参见郭华：《行政执法与刑事司法衔接机制的立法问题研究——以公安机关的经济犯罪侦查为中心》，载《犯罪研究》2009 年第 1 期。

作行政执法人员的说明笔录以转化为刑事证据，这是因为：行政执法人员对自己收集证据的合法性产生质疑会有多少可能呢？同时，《关于办理刑事案件排除非法证据若干问题的规定》中已经明确了，只要实物证据的收集没有明显违反法律的规定就可以直接作为刑事证据材料。① 因此，我们也无须通过行政执法人员的说明来证实行政执法证据收集的合法性；另外，实物证据自身具有客观性的特征，不容易发生变化。同时公安机关对行政执法机关收集的言词证据予以重新核实，这与他们重新收集证据是没有本质区别的。所以第二种主张有关言词证据的观点其实与第一种主张是没有差别的。通过比较分析上述三种观点，第三种观点比较合理可行。

为加强行政执法与刑事司法之间的衔接，提高诉讼效率，2012 年第十一届全国人民代表大会第五次会议通过的《中华人民共和国刑事诉讼法》在第52 条中就增加了"行政机关在行政执法和查办案件过程中收集的物证、书证、视听资料、电子数据等证据材料，在刑事诉讼中可以作为证据使用。"它赋予了行政处罚证据刑事证据材料的地位，这无疑是一种极大的突破，也将会为行政处罚证据转换为刑事证据提供可靠的法律依据。但该条也为行政处罚证据转换为刑事证据留下了一定缺憾。它只强调了物证、书证、视听资料、电子数据等实物证据具有转化为刑事证据材料的资格，而没有强调其他行政处罚证据，比如，言词证据是否具有转换为刑事证据材料的资格。② 这与行政执法机关收集的证据主要是言词证据的现实不符，这也意味着刑事诉讼法有关证据转化的规定很难及时解决移送案件中主要证据转化的问题。

基于以上分析，笔者建议对现有规定加以完善，具体如下：

经公安机关、司法机关对行政执法机关收集的言词证据进行核实，如果具备行政处罚证据的三性即合法性、真实性、相关性，则该言词证据就可直接转化为刑事证据材料；如果言词证据不具备合法性③或真实性，则要由公安机关、司法机关重新收集；对有关勘验笔录、鉴定结论、现场笔录等专门性证据材料，经公安机关、司法机关进行形式审查，如果认为没有疑点的，可作为刑事证据材料；如果认为存在疑点的，则要由公安机关、司法机关重新收集。④

（四）明确公安机关、检察机关提前介入制度

公安机关、检察机关提前介入行政执法案件，尤其重大行政处罚案件，

---

① 《关于办理刑事案件排除非法证据若干问题的规定》第 14 条明确规定，物证、书证的取得明显违反法律规定，可能影响公正审判的，应当予以补正或者作出合理解释，否则，该物证、书证不能作为定案的根据。为了保持与刑事证据规定相一致，对于行政执法中收集的实物证据规定，只要没有明显违反法律规定就可以作为刑事证据材料，而没有必要对实物证据的合法性作严格审查。

② 因为刑事诉讼法使用了"物证、书证、视听资料、电子数据等证据材料"的表述，由此，我们可以看出，"等证据材料"所指的证据应与物证、书证等实物证据具有同质性。故该规定没有包括证人证言等言词证据。

③ 这里的合法性主要指收集行政处罚证据的主体与程序是否合法。

④ "两高"、海关总署《办理走私刑事案件适用法律若干问题的意见》（法〔2002〕139 号）中规定：海关出具涉嫌走私应缴税额的《核定证明书》，经侦查、检察、审判机关审查认定，可作为办案和定罪量刑的证据。

是行刑衔接机制中及时查获违法犯罪嫌疑人和收集违法犯罪证据的必要手段。这已被实践证实是有效的。因此，我们有必要在法律中明确规定该制度，从而进一步发挥该模式在行刑衔接机制中的积极作用。

公安机关、检察机关介入行政执法机关对行政处罚案件的查处在本质上是司法权对行政权的制约。这不仅符合国际趋势，也符合我国加大对行政权进行监督的趋势。但司法权对行政权的制约也是有边界的，我们必须把它限制在必要的范围之内，否则就会构成对行政权行使的无端干涉。根据实践中"以罚代刑"案件绝大部分产生于重大行政处罚案件之中的情况，笔者认为，公安机关、检察机关介入案件的范围应以重大行政处罚案件为限。这里讲的重大行政处罚案件是指以下案件：涉嫌违法货值或销售金额达到刑事立案标准80%以上的案件；行政执法机关认为可能涉嫌犯罪的案件；对个人行政罚款或没收财物可能达到5000元以上，对法人和其他组织处以罚款或没收财物可能达到50000元以上的案件。① 本文讲到的重大处罚行政案件与此处的重大处罚案件是一致的。

至于公安机关、检察机关提前介入重大行政处罚案件的程序可作如下设计：其一，行政执法机关发现重大行政处罚案件可能涉嫌犯罪时，应当在3日内主动邀请公安机关、检察机关及时介入；公安机关、检察机关在接到邀请后，应在24小时内审查，决定是否介入，如果决定介入的，应在决定作出之后24小时内立即介入；如果决定不介入的，应当在24小时内向行政执法机关回复不介入案件的书面理由。其二，公安机关、检察机关发现行政执法机关查处的重大行政处罚案件可能涉嫌犯罪的，则应当在发现之日起3日内向行政执法机关说明介入案件的书面理由，并及时介入案件；如果行政执法机关拒绝公安机关介入的，那么公安机关应在3日内向检察机关提交书面反映材料，检察机关经审查认为应当由公安机关介入的，应当向负责监督行政执法机关的行政监察机关提出检察意见，由行政监察机关依法责令处理；如果行政执法机关拒绝检察机关介入的，检察机关应在3日内向上一级检察机关提交书面反映材料，上级检察机关认为应当介入的，应当向同级监察机关提出检察意见，由同级监察机关通知下级监察机关对行政执法机关依法责令处理。

（五）明确初查的法律地位

行政执法机关移送的涉嫌犯罪案件要顺利完成刑事立案，首要的条件是案件必须达到刑事立案标准。但行政执法机关移送的案件往往很难达到刑事立案标准，为此，就需要公安机关、检察机关通过采取初查措施来决定案件是否符合刑事立案标准。

初查概念是我国检察机关查办贪污贿赂案件实践变化发展中的产物。1979年刑事诉讼法颁布以后，随着经济结构的活跃带来犯罪嫌疑人结构与心理的复杂化，他们不再轻易交代犯罪事实，侦查工作难度加大，立案前进行

---

① 究竟以多大数额的罚款作为重大行政处罚案件的判断标准，笔者参考了1999年8月6日国家环境保护总局发布的《环境保护行政处罚办法》第49条中的规定，即较大数额罚款是指对个人处以5000元以上罚款、对法人或者其他组织处以50000元以上的罚款。

大量的调查工作日显必要。在总结反贪工作经验的基础上，1989 年检察机关召开的第一次全国侦查工作会议提出了初查的概念，初查的概念也由此产生。① 1990 年，最高人民检察院《关于加强贪污、贿赂案件初查工作的意见》中指出："初查工作是对贪污、贿赂案件线索立案前的审查"。1993 年，最高人民检察院《关于进一步加强大案要案查处工作的通知》中明确了检察机关初查的重点，并把初查作为检察机关查处大案要案的一个重要步骤。1995 年，最高人民检察院《关于要案线索备案、初查的规定》第一次以规范性文件的形式规定了初查的概念，即初查"是指人民检察院在立案前对要案线索材料进行审查的司法活动"。1999 年，最高人民检察院《关于检察机关反贪污贿赂工作若干问题的决定》中规定："初查是检察机关对案件线索在立案前依法进行的审查，包括必要的调查"。《刑事诉讼法》以及公安部 1998 年颁布的《公安机关办理刑事案件程序规定》中并未规定初查制度，只是提到立案前的审查。1999 年，最高人民检察院颁布的《人民检察院刑事诉讼规则》把初查规定为刑事诉讼的必经阶段，并对初查的方式、期限和要求进行了规定。2006 年，公安部《公安机关办理经济犯罪案件的若干规定》使用"立案审查"的概念代替了初查的概念，并对审查的方式、期限和要求进行了明确规定。但从实质上而言，所谓的立案审查借鉴了检察机关初查的规定。目前实践中公安机关普遍把初查作为侦办经济犯罪案件的措施使用。

实践中，初查可以起到的主要作用之一就是可以比较全面地获取案件的相关证据，有助于办案人员作出是否立案的决定。但由于初查措施的合法性不明确，导致不少部门与相关人员对初查措施不配合，从而给公安机关、检察机关通过初查获取初步的证据材料带来不少困难；同时公安机关、检察机关也经常以行政执法机关移送的涉嫌犯罪案件没有达到刑事立案标准而拒绝立案，这些都严重制约了对涉嫌犯罪分子的刑事追诉。因此，笔者建议立法机关在修订刑事诉讼法时应对初查作出明确规定。② 对此已有学者在刑事诉讼法修改专家建议稿中提出了具体的方案。③

四、行刑衔接机制基本制度的构建与完善

（一）信息平台制度的完善

完备的信息共享平台制度是行刑衔接机制有效推进的必备制度之一。可是，实践中的信息共享平台制度仍然问题不断。对此，我们需要完善以下几

---

① 参见许道敏：《反贪初查机制改革构想》，载《人民检察》2002 年第 3 期。

② 针对初查制度是否建立的问题引起了学界对现有刑事立案程序的存废之争。主要有"肯定说"、"否定说"、"保留完善说"。具体可参见卢乐云：《发现犯罪与保障人权——两份"刑事诉讼法再修改学者（专家）建议稿"初查规定之评析》，载《政法论坛》2010 年第 3 期；陈卫东主编：《刑事诉讼法资料汇编》，法律出版社 2005 年版，第 334～335 页；王德光、马明慧：《侦查启动原理分析——兼谈立案程序的取消》，载《中国人民公安大学学报》2008 年第 6 期。

③ 比如，陈光中主编的《刑事诉讼法再修改专家建议稿与论证》（中国法制出版社 2006 年版）第 159 条第 2 款提出："为了对犯罪嫌疑材料进行调查核实，公安机关、人民检察院可以进行必要的调查活动，但不得采取剥夺、限制单位和个人合法权利的调查措施。"

项制度，从而确保信息共享平台在行刑衔接机制中真正起到润滑剂的作用。

其一，信息平台参与规范化。这主要包括参与成员单位规范化与信息平台联网规范化。就参与成员单位规范化而言，信息平台参与单位是否齐全不仅是信息平台可否建立与运行的基本组织保证，也是信息可否完整传递的必要前提。因为，没有相关成员单位的加入就会遗漏必要的信息传递者，就会造成信息传递的断裂，而信息传递的断裂就会造成信息传递的不完整，信息的不完整就会导致移送与追诉的不顺畅和惩罚犯罪目的难以实现。因此，我们必须采取有效制度确保所有与行刑衔接机制有关的单位都要加入信息平台建设。各级政府作为行刑衔接机制的有力协调组织者，必须严格要求所有行政执法机关与公安机关、司法机关都要加入信息平台。没有条件加入信息平台的部门，政府与各个单位要创造条件加入，而不能把是否参与信息平台的自由决定权完全赋予各个部门行使。就信息平台联网规范化而言，它不仅是一个地区各个部门之间以及上下级各个部门之间的信息网络规范化建设，而且也包括跨地区的各个部门之间信息网络的规范化链接。① 因为，只有形成全国信息平台整体，才能建立起更加高效与公正的涉嫌犯罪打击机制。

其二，案件录入规范化。这主要包括案件录入标准的规范化、案件回馈信息规范化与案件信息录入时间的规范化。在确定信息平台参与者之后，案件录入标准的科学性与录入者是否按规定标准录入信息就成为信息平台能否有效运行的关键。因为，如果仅有信息平台参与者，而没有科学的录入标准和参与者不按规定标准录入案件信息，信息平台的建设也是没有实质意义的。目前，实践中多数部门坚持了把案件录入标准规定为是否涉嫌犯罪，即只要行政执法机关认为涉嫌犯罪，就录入信息平台，反之，则可以不录入。但实际上，这种案件录入标准根本不能治愈"以罚代刑"、"有案不移"等顽疾。这是因为该案件录入标准把本来由公安机关、司法机关行使的涉嫌犯罪判断权交予了行政执法机关行使。这也就等于说，行政执法机关认为涉嫌犯罪就可录入，反之，则可不录入。因此，这种标准是不合理的。为此，我们只有把所有行政处罚案件（适用简易行政处罚的案件除外）放在公安机关、司法机关的视野之下，才能避免行政执法机关僭越行使涉嫌犯罪判断权的窘境与不法状态。但如果我们把所有行政处罚案件都放入信息平台，也会产生以下问题：第一，行政处罚案件输入量过大，行政执法机关没有足够人力与时间来完成此项工作；第二，公安机关、司法机关也没有足够的资源来一一审查所有的行政处罚案件是否涉嫌犯罪。因此，笔者建议把重大行政处罚案件全部录入信息平台。通过对录入标准的适当客观化，可以在较大程度上避免行政执法机关滥用自由裁量权行为的发生。

---

① 据新华网记者方列 2011 年 10 月 8 日报道：2011 年 10 月 1 日起，贵州、四川、吉林、黑龙江、江苏、浙江、江西、广东、青海、新疆 10 个省（自治区）将开始跨省（自治区）转递交通监控设备采集的违法记录，异地交通违法将一样受到处罚。这一做法说明行刑衔接的信息平台进行跨地区联网是可能的。当然要实现行刑衔接信息平台的全国联网，仍然需要一个逐步推进的过程，但这个时间是不会很长的。

案件回馈信息规范化主要是指行刑衔接机制主体之间在案件备案、案件接收、案件立案、案件起诉、案件监督、案件审判等方面按照行刑衔接机制信息平台规范的要求，在信息平台上向其他行刑衔接机制主体提供案件初步与最终处理结果信息。案件回馈信息规范化虽然不决定案件的程序处理与实体处理结果，但它是确保行刑衔接机制主体享有案件运行知情权的一种重要手段，也是相应机关在不同阶段对案件及时作出处理的重要保证。

案件信息录入时间的规范化是行刑衔接机制主体在获取案件有用信息之后，应该在尽可能短的时间内将案件信息录入平台。行刑衔接机制主体是否及时录入相关信息是相关行刑衔接机制主体能否及时采取相应措施的重要保证。如果相关机关已经获取了案件信息，但是没有及时录入信息，则很可能会使相关行刑衔接机制主体贻误采取相应措施的有利时机，最终会给违法犯罪分子逃避惩罚提供喘息之机，甚至使他们逃避应有的惩罚。

其三，信息平台考核机制的构建。信息平台的建设不仅需要有刚性的运行规范，也需要有必要的考核机制。对行刑衔接机制主体而言，信息平台考核机制既是一种激励机制，也是一种约束机制。实践中不少行刑衔接机制主体之所以不积极录入案件相关信息，与各地没有建立起有效的案件考核机制是有一定联系的。因此，笔者建议把行政执法机关输入的案件数量、输入信息完备程度等作为信息平台的重要考核内容，具体由监察机关负责；把公安机关、司法机关是否录入案件回馈信息与案件回馈信息的多少等作为考核内容，具体由检察机关负责。监察机关应当把考核业绩作为对行政执法机关及相关责任人进行奖惩的重要指标。检察机关则应通过检察建议的形式向公安机关、司法机关的主管机关提出奖惩建议，但检察机关对自身的考核应当通过上一级检察机关来进行。

（二）案件备案制度的构建

行刑衔接机制中的案件备案制度包括行政处罚案件备案制度与移送案件备案制度。行政处罚案件备案制度主要是指行政执法机关把输入信息平台的重大行政处罚案件（也可以是在信息平台尚未建立或不完善的情况下，使用案件移送模式移送的重大行政处罚案件）向监察机关与检察机关进行备案。移送案件备案制度是指行政执法机关把向公安机关、检察机关移送的涉嫌犯罪案件，同时向监察机关与检察机关进行备案。这两种备案制度是不同的。前一种备案制度的目的是预防与监督行政执法机关"以罚代刑"、"有案不移"的发生；后一种备案制度的目的是监督公安机关、检察机关"有案不立"与督促行政执法机关有效配合公安机关、检察机关对移送案件进行立案。上述两种备案制度不仅是信息平台制度的重要内容，也是信息平台以外的案件移送模式的重要组成部分，但目前基本未建立起来。行政执法机关对重大行政处罚案件的备案与移送案件的备案是监督机关对案件进行监督的重要信息来源。如果没有完善的备案制度，所谓的监督制度也只是徒具形式。因此，我们必须要加强案件备案制度建设力度的步伐。比如，行政处罚案件的备案与移送案件的备案都应要求行政执法机关提供行政处罚决定书①应附有主要案件事实与主要证据材料。备案行为必须在输入案件信息之日或者发现案件属于重大行政处罚案件之日起 3 日内向相应机关进行备案，否则要承担相应的行政处罚责任，等等。

（三）案件移送模式的完善

案件移送模式是与信息平台制度并行不悖的一种案件移送制度。通过上文对案件移送模式存在问题的分析，笔者认为对于案件移送模式还需要完善以下几项主要制度。

其一，确定案件移送标准。合理客观的案件移送标准既是行政执法机关移送案件的标尺，也是公安机关、检察机关有效立案侦查的重要前提。如果没有合理客观的移送标准，不仅行政执法机关与公安机关、检察机关对案件移送可能产生滥用自由裁量权之危险，而且也会造成不必要的成本消耗。② 行政执法机关向公安机关、检察机关移送案件的标准必然低于刑事立案标准，这是由发现与查处违法犯罪行为的规律决定的。因为行政执法人员对违法犯罪案件的认识与证据的收集也是一个逐步深入的过程。因此，笔者认为行政执法机关移送案件的标准可确定为：涉嫌违法货值或销售金额达到刑事立案标准 80% 以上的案件；行政执法机关认为可能涉嫌犯罪的案件③；行政违法案件在本地区影响较大或情节严重的案件。

其二，确定移送文书与资料。案件移送文书与资料的规范化不仅是确保移送案件质量的重要保证，而且也是移送工作顺利开展的必要方式。笔者建议移送文书与资料应包括下列内容：涉嫌犯罪案件移送书（移送书应写明基本的违法犯罪事实和主要违法犯罪证据）；涉案主要证据材料；其他有关涉嫌犯罪的材料。《国务院规定》第 6 条规定中还要求附有涉嫌犯罪案件情况的调查报告；涉案物品清单；有关检验报告或者鉴定结论。对此，笔者认为值得商榷。原因如下：其一，要求附有涉嫌犯罪案件情况的调查报告，这与涉嫌犯罪案件移送书内容有重复的嫌疑，即使不重复，也没有必要单独列出该项内容，因为在涉嫌犯罪案件移送书中足以表明案件情况；同时专门提供调查报告也不利于节约行政成本。其二，涉案主要证据材料足以囊括涉案物品清单与有关检验报告或者鉴定结论，而且并不是所有的移送案件都有物品清单的；另外，也并不是所有的移送案件都可以在移送之时及时提交检验报告或者鉴定结论；如果坚持要求提交检验报告或者鉴定结论，不仅会贻误对案件的及时移送，更重要的是可能贻误侦查机关及时介入案件，从而给违法犯罪分子以喘息或逃避处罚之机。

① 在已经作出行政处罚的情况下，则要求行政执法机关提供行政处罚决定书副本。

② 比如，行政执法机关把违法行为难以构成犯罪的案件移送给公安机关、检察机关，而公安机关、检察机关在审查案件可否立案时，必然要投入一定的时间、人力、财力成本，这显然是对司法资源的不必要耗费。

③ 可能涉嫌犯罪的案件也不是仅凭行政执法机关主观上随意认定的。对于此类案件，行政执法机关在移送案件时应当附有犯罪事实可能存在的证据，至于有关犯罪嫌疑人的情况则可以不提供。

其三，确定移送机构与接收机构。移送案件机构与接收机构的确定是确保案件顺利交接的基本组织保障。如果没有明确的交接机构，就会产生移送与接收无人负责的状态，也会在不同部门之间产生互相推卸责任的情况。以往的实践已经证明，没有明确的交接机构，案件移送是很难顺利进行的。经多次实践调研总结，笔者认为，行政执法机关内部的移送机构应当是法制机构；公安机关内部的接收案件机构应当是经侦部门与治安部门；检察机关内部的接收案件机构应当是行刑衔接办公机构或者是侦查监督机构，也可以是检察室。据报道，截至 2011 年 10 月，全国共有 28 个省、市、自治区检察机关已设置派驻基层检察室 1895 个，配备工作人员 5291 名。① 基层检察室的普遍设置不仅有利于检察机关法律监督视野的延伸与拓展，也有利于检察机关接收案件。至于公安机关内部规定两个不同的接收部门，这是由不同部门处理不同涉嫌犯罪案件的内部分工决定的。

其四，确定合理的移送与接收期限。合理移送与接收期限的确定是行刑衔接机制中及时原则的具体要求与体现。笔者建议，对移送与接收期限作出如下规定：如果行政执法机关是在行政处罚前移送案件，则应当在发现可能涉嫌犯罪案件之日起 3 日内移送案件；如果行政执法机关是在行政处罚后移送案件，则应在作出决定之日起 3 日内移送案件；而公安机关、检察机关则应当在行政执法机关移送案件之时起 24 小时内接收移送案件。

其五，确定合理的立案期限。行政执法机关移送的案件能否被公安机关、检察机关立案是衡量移送是否成功的重要标准。公安机关、检察机关能否及时作出立案决定不仅是行政执法机关及时作出行政处罚的重要前提②，也是公安机关、检察机关可否及时采取相应侦查措施的重要前提。有关立案决定期限的规定，笔者已在程序法定原则中进行了阐述，在此不予赘述。

（四）监督制度的完善

监督制度是与案件备案制度密切联系的一种制度。案件备案制度在一定程度上解决了监督机关监督线索来源的问题，或者说监督机关知情权的问题。但就监督制度作为一项完善的制度而言，它仅仅解决了监督机关知情权的问题，这是远远不够的。为此，我们还必须通过法律、法规赋予监督机关相应的监督手段。第一，赋予监察机关与检察机关案卷调取权，即当监督机关对备案的案件与移送的案件有疑问时，就可以直接调取行政执法机关处理案件的整个案卷材料，审查是否存在不按规定移送案件情况。这一权力可以解决行政执法机关不配合或不同意监察机关与检察机关查阅执法原始案卷的尴尬困境。第二，赋予监察机关与检察机关通知移送权，即监察机关与检察机关在查阅案件过程中，认为行政执法机关应当向公安机关或检察机关移送涉嫌犯罪案件而不移送的，监察机关与检察机关应当要求行政执法机关说明不移送的理由；监察机关与检察机关认为行政执法机关不移送的理由不能成立的，

---

① 参见徐日丹、李轩甫：《全国已设派驻基层检察室 1895 个》，载《检察日报》2011 - 10 - 14。
② 因为对于某些案件而言，如果公安机关、检察机关不予立案，则行政执法机关就可以依法予以行政处罚。

应当通知行政执法机关移送案件，行政执法机关接到通知后，应当移送案件。同时，行政执法机关接到通知后，应当将有关证据材料、扣押物品或扣押物品清单一并移送法定侦查机关，并将执行情况书面回复监察机关与检察机关。如果经通知而无正当理由拒不移送的，检察机关应当通知公安机关立案，并由监察机关与检察机关对可能构成违纪违法犯罪的公职人员直接立案查处，并依法依纪分别追究行政责任与刑事责任。①

（五）责任追究制度的完善

"责任与权力都应共存于法律之中，责任可以有效抑制权力的任意性，使权力严格限制在合法范围，权力一旦越出合法的范围，相应的责任就是权力越界的必然代价。责任与权力的相关共存性为责任制的权力提供了规则依据，凡是符合法治的权力必定有相应的法律责任，作为法治政府而言，其权力无法脱离责任而单独存在。否则，这种权力必然是非法的，不合理的。"② 行刑衔接工作机制构建过程中面临的一个重要问题就是行刑衔接机制中的责任追究机制，即对于不及时移送涉嫌犯罪案件、不移送涉嫌犯罪案件、不及时接收移送案件、不接收移送案件、不及时向监督机关进行移送案件备案、不向监督机关进行移送案件备案等没有规定完善的责任追究制度。从目前情况看，检察意见似乎承担着启动责任追究程序的责任，但事实上检察意见难当此任。首先，人民检察院组织法并未规定检察意见制度，这就导致检察意见在启动行政处分程序方面缺乏法律依据。其次，检察意见本质上是一种建议，不具备启动特定程序的强制性法律效力。因此，应当通过完善法律赋予检察机关启动行政处分程序的权力，并规定有关机关承担相应回馈处理结果的义务。具体而言，人民检察院可在下列情况下，启动行政处分程序：（1）行政执法机关、监察机关以行政处罚、行政处分代替刑事追究而不移送案件；（2）行政执法机关、监察机关、公安机关处理涉嫌犯罪案件违反法定程序、超出法定期限；（3）没有妥善保存与涉嫌犯罪案件有关的证据材料；（4）拒绝移交涉案物品或者隐匿、私分、销毁涉案物品；（5）在处理涉嫌犯罪案件中，有受贿等违法行为；（6）在处理涉嫌犯罪案件中，实施其他违法行为的。故建议在《人民检察院组织法》第11条中增加一款规定，人民检察院对于行政执法人员、公安人员、监察人员在处理涉嫌犯罪案件过程中实施的违法行为，尚不构成职务犯罪的，应依法提出纠正意见，经检察机关提出纠正意见而行政执法机关无正当理由拒不纠正的，检察机关可以要求监察机关或上一级监察机关依法给予相应责任人员行政处分。③ 对于人民检察院要求追究行政处分的要求，监察机关应在法定期限内尽快处理，并应把处理结果及时通知人民检察院；人民检察院不服同级监察机关作出决定的，可以向上一级监察机关申请复核；上一级监察机关应在法定期限内尽快处理。人民检察院认为依法由各级人民代表大会及其常务委员会

---

① 当然这里的违纪案件只能由监察机关立案查处。
② 深荣华：《现代法治政府论》，华夏出版社2000年版，第209页。
③ 当行政监察人员存在不依法移送案件时，检察机关应通过上一级检察机关向同级监察机关提出启动行政处分的要求。

任免的行政执法人员、公安人员、监察人员在处理涉嫌犯罪案件中违背职责，尚不构成职务犯罪的，可以向同级人民代表大会及其常务委员会提出弹劾。①

（六）协助组织机制的构建

马克思曾讲到："一切规模较大的直接社会劳动或共同劳动，都或多或少地需要指挥，以协调个人的活动。""一个单独的提琴手是自己指挥自己，一个乐队就需要一个乐队指挥。"② 行刑衔接机制从正式提出以来就一直存在一个组织协调不得力的问题，这已经严重制约了行刑衔接机制的有序推进，尤其表现在信息共享平台的建设等方面。由于行刑衔接机制涉及行政部门，而且也涉及公安、司法部门，所以必须有一个权威的部门来协调这些部门之间的关系，否则很难有效整合这些部门的力量。行刑衔接机制主体作为行刑衔接机制成员部门，它们彼此之间都是平等的协调配合关系，因此，行刑衔接机制主体是不具备协调组织行刑衔接机制主体推进行刑衔接整体工作与重大工作的能力的。

排除了行刑衔接机制主体可以作为协调机制的权威组织部门外，我们只能从人大及其常委会、党委、政府、政法委这几个权威组织部门中选一个或两个作为行刑衔接机制的组织协调者。虽然一府两院由人大产生，并接受人大及其常委会的监督，但由于人大及其常委会的监督方式比较单一，且不具有灵活性，也难以设立专门的监督组织机构，因此，由人大及其常委会负责组织协调可行性较差。政法委是同级党委加强政法工作和社会治安综合治理工作的得力助手，但政法委参与行刑衔接机制工作也离不开同级党委与政府的支持。因此，与其让政法委去协调组织还不如让同级党委与政府负责推进行刑衔接机制。在我国目前的体制之下，党委与政府是很难分割开的，彼此也需要互相协助与支持。但党委毕竟是党的组织，不具有行使行政权与司法权的合法性资格。于是，只能由政府负责推进行刑衔接机制，负责协调组织行刑衔接机制工作。这不仅是由政府在行政执法机关与司法机关中的一贯权威决定的，同样也是由政府的科层管理体制与司法机关对政府具有较大依存程度决定的。③

当前行刑衔接机制尚未步入法制化轨道，这更需要政府去推动、去统筹各个部门之间关于行刑衔接机制的工作。历史的经验证明了，法律、法规的实施与政府的支持是不可分割的。因此，即使行刑衔接已经实现了法制化，也同样需要政府的支持。当下，最为迫切的事情就是由其中一位政府副职负责人来牵头协调组织行刑衔接机制，才有可能使行刑衔接机制步入正轨，并有序推进。这是被有关地方行刑衔接机制的实践所证明的。④

---

① 参见张智辉：《中国检察》（第 15 卷），北京大学出版社 2007 年版，第 22～23 页。

② 马克思：《资本论》（第 1 卷），人民出版社 1975 年版，第 367～368 页。

③ 虽然人们普遍倡导司法独立，但司法独立也是相对的，它与政治的关系是不可分割的。

④ 某直辖市行刑衔接机制起初之所以可以有序展开，这与市政府副市长的协调组织具有密切关系。后来市政府更换副市长之后，由于行刑衔接机制没有人继续主管负责，这在很大程度上造成了该市行刑衔接机制走向名存实亡。

刑事证据的定量分析①

刘广三*

目　次

刑事证据是刑事诉讼的核心问题，在现代司法奉行证据裁判主义的情况下，对于案件事实的认定只能依赖于各种刑事证据。而证据采信的主体为法官，他们对于刑事证据的认知直接决定了对各类证据的审查和判断以及各种证据规则的具体运用，进而决定了案件的走向和最终的处理结果。因此，通过法官的视角观察和审视证据、研究法官对于各类证据的观点与态度具有重要的理论与实践意义。

本文的研究采取调查问卷方式，样本分别选取北京、上海、广州、哈尔滨、济南、武汉、昆明七个直辖市和省会城市的三级法院（基层法院、中级

---

① 本文系作者主持的 2007 年教育部人文社会科学规划项目"刑事证据的定量分析"（07JA820013）的阶段性研究成果。
* 北京师范大学刑事法律科学研究院证据法研究所所长、教授、法学博士、博士生导师，中国犯罪学研究会常务理事，中国刑事诉讼法学研究会理事。

法院和高级法院）的千余名刑事法官（包括从事刑事审判工作的书记员①）作为调查对象。由于样本的选取反映了一定的地区差异，又考虑到了法院系统内部基层、中级和高级法院之间的差别，因而样本具有一定的代表性。问卷题目涉及刑事证据的证明力、刑事证据的认定、证明责任、证明标准等问题，既有对我国刑事审判实践的考察，又有对刑事证据理论的思考。大体上反映了我国刑事审判人员对于刑事证据的基本观点和态度。由于此次问卷调查取得了当地法院系统领导的大力支持与调查对象的广泛配合，因此，调查取得了良好的效果。此次调查共发放问卷千余份，回收 968 份，有效问卷回收率达到95% 以上。课题组成员对回收的调查问卷进行了整理，并利用 SPSS（Statistical Package for the Social Sciences）统计软件对数据进行了统计分析，从而获得了部分具有启发意义的结论，现将有关的统计结果及分析结论阐释如下。

一、调查样本的总体情况

本次问卷调查共选取样本 968 份，总样本的基本情况如下：

（一）调查样本的性别

就性别而言，如图 1 所示，男性为 59.1%，女性为 40.9%，通过表 1，进一步可以看出，北京的男女比例差异最大，哈尔滨和济南次之，但其比例均超过 2∶1；昆明的男女比例最小，其比例不足 1∶1。

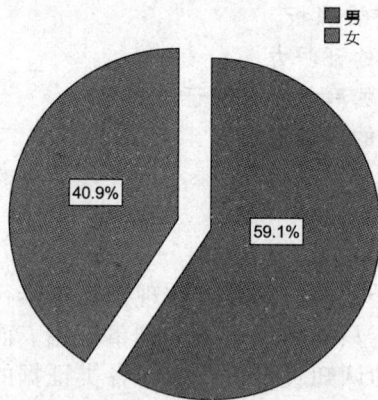

图 1　性别比例

① 由于在司法实践中，部分书记员实际上行使着审判人员的相应职权，因而将其纳入广义上的"审判人员"。

表1　不同地区的性别分布

	性　别			
	男		女	
	有效百分比	累计百分比	有效百分比	累计百分比
北京	69.4	69.4	30.6	100
上海	54.9	54.9	45.1	100
广州	60.6	60.6	39.4	100
武汉	50	50	50	100
哈尔滨	67.6	67.6	32.4	100
济南	67.6	67.6	32.4	100
昆明	47.3	47.3	52.7	100
总计	59.1	59.1	40.9	100

（二）调查样本的年龄

就不同的年龄段而言，如图2所示，20~29岁的为21.3%，30~39岁的为38%；40~49岁的为30.6%，50岁以上的为10.2%，通过表2，进一步可以看出，在20~29岁的年龄段，昆明和武汉的法官所占比例最大，分别为54%和44.6%；在30~39岁的年龄段，广州和北京的法官所占比例最大，分别为64%和52.8%；在40~49岁的年龄段，哈尔滨和济南的法官所占比例最大，分别为42.1%和40.8%；在50岁以上的年龄段，哈尔滨的法官所占比例最大，高达22%。在40岁以下的法官中，北京和昆明的比例最高，分别为83.3%和76.1%，而哈尔滨的比例最低，仅为35.9%。由此可见，北京和昆明的法官相对年轻些，而哈尔滨的法官则年龄偏大些。

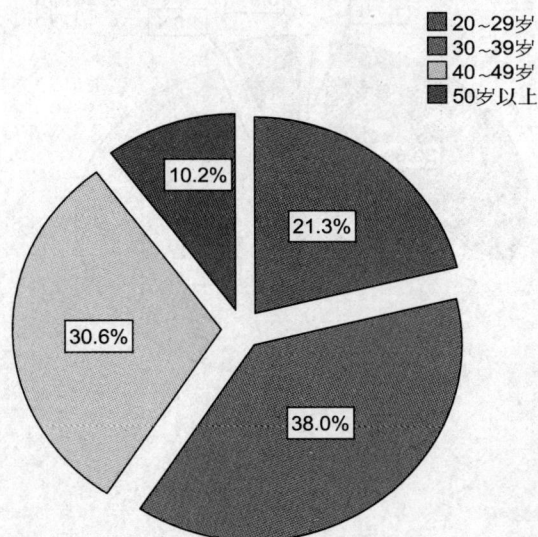

■ 20~29岁
■ 30~39岁
□ 40~49岁
■ 50岁以上

10.2%
21.3%
30.6%
38.0%

图2　年龄比例

表 2　不同地区的年龄分布

	年　　龄							
	20~29 岁		30~39 岁		40~49 岁		50 岁以上	
	有　效百分比	累　计百分比	有　效百分比	累　计百分比	有　效百分比	累　计百分比	有　效百分比	累　计百分比
北京	30.6	30.6	52.8	83.3	13.9	97.2	2.8	100
上海	10.1	10.1	36.0	46.1	40.4	86.5	13.5	100
广州	11.4	11.4	64.0	75.4	20.8	96.2	3.8	100
武汉	44.6	44.6	25.9	70.5	23.2	93.8	6.3	100
哈尔滨	13.4	13.4	22.5	35.9	42.1	78.0	22.0	100
济南	11.3	11.3	39.4	50.7	40.8	91.5	8.5	100
昆明	54.0	54.0	22.1	76.1	20.4	96.5	3.5	100
总计	21.3	21.3	38.0	59.3	30.6	89.8	10.2	100

（三）调查样本的文化程度

按照文化程度进行划分，如图 3 所示，大专学历为 4.8%；本科学历为
63.3%；硕士学历为 30.5%；博士学历为 1.1%。通过表 3，进一步可以看
出，本科及以下学历中，济南和哈尔滨的比例最高，分别为 87.3% 和
86.9%，而博士和硕士学历中，武汉和北京的比例最高，分别为 63.4% 和
58.3%。由此可见，武汉和北京的法官学历偏高，而济南和哈尔滨的法官学
历偏低些。

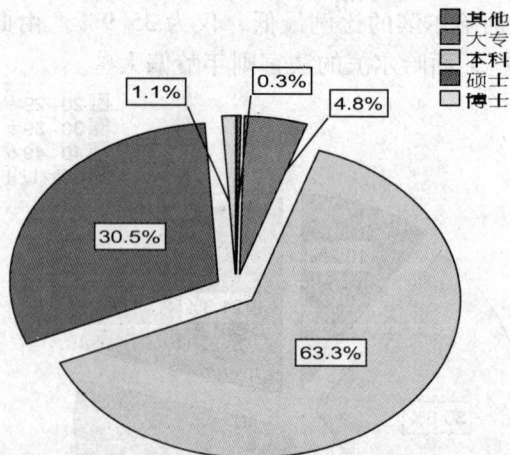

图 3　文化程度比例

表3 不同地区文化程度分布

	学 历									
	其他		大专		本科		硕士		博士	
	有效百分比	累计百分比	有效百分比	累计百分比	有效百分比	累计百分比	有效百分比	累计百分比	有效百分比	累计百分比
北京	0	0	2.8	2.8	38.9	41.7	50.0	91.7	8.3	100
上海	0	0	0.6	0.6	71.8	72.3	26.6	98.9	1.1	100
广州	0.4	0.4	3.0	3.4	64.7	68.1	31.5	99.6	0.4	100
武汉	0	0	1.8	1.8	34.8	36.6	61.6	98.2	1.8	100
哈尔滨	0	0	9.7	9.7	77.2	86.9	13.1	100	0	100
济南	0	0	11.3	11.3	76.1	87.3	11.3	98.6	1.4	100
昆明	1.8	1.8	6.1	7.9	50.0	57.9	41.2	99.1	0.9	100
总计	0.3	0.3	4.8	5.2	63.3	68.5	30.5	98.9	-1.1	100

（四）调查样本的法律职称

按照法律职称进行划分，如图4所示，审判员为47.9%；助理审判员为38.4%；书记员为13.7%，通过表4，进一步可以看出，在具有助审员和审判员职称的法官中，广州和上海所占比例最高，分别为92.5%和91.5%，而北京和昆明最低，仅为75.7%和76.6%。

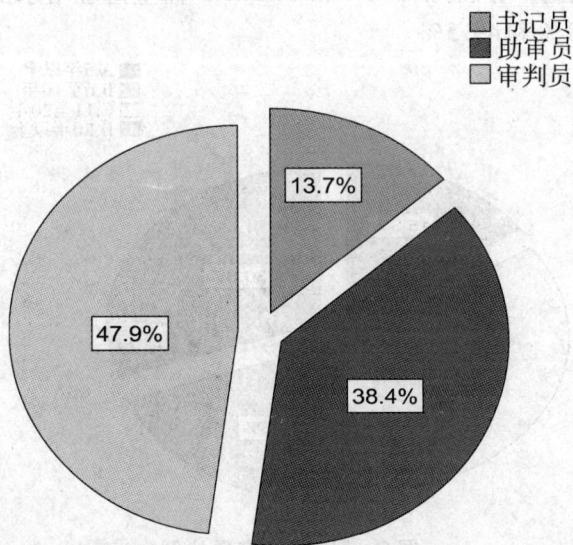

图4 法律职称比例

表4 不同地区法律职称分布

	法律职称					
	书记员		助审员		审判员	
	有 效 百分比	累 计 百分比	有 效 百分比	累 计 百分比	有 效 百分比	累 计 百分比
北京	24.3	24.3	59.5	83.8	16.2	100
上海	8.5	8.5	29.1	37.6	62.4	100
广州	7.5	7.5	59.6	67.1	32.9	100
武汉	15.5	15.5	17.5	33.0	67.0	100
哈尔滨	14.8	14.8	32.8	47.6	52.4	100
济南	21.2	21.2	34.8	56.1	43.9	100
昆明	23.4	23.4	30.8	54.2	45.8	100
总计	13.7	13.7	38.4	52.1	47.9	100

（五）调查样本的审判工作年限

按照从事刑事审判工作的年限划分，如图5所示，5年以下的为30.6%，6年至10年的为23.5%；11年至20年的为30.7%；20年以上的为15.3%。通过表5，进一步可以看出，从事刑事审判工作10年以下的法官，昆明和北京所占的比例最高，分别为70.8%和64.9%，而上海和哈尔滨所占的比例最低，分别为42.1%和49.5%。

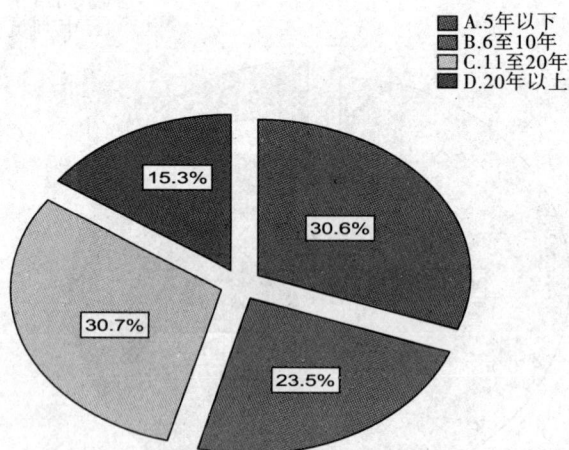

图5 刑事审判年限比例

表5 不同地区刑事审判工作年限分布

	刑事审判工作年限							
	5 年以下		6 至 10 年		11 年至 20 年		20 年以上	
	有 效百分比	累 计百分比	有 效百分比	累 计百分比	有 效百分比	累 计百分比	有 效百分比	累 计百分比
北京	48.6	48.6	16.2	64.9	27.0	91.9	8.1	100
上海	24.8	24.8	17.2	42.1	40.0	82.1	17.9	100
广州	23.7	23.7	29.0	52.7	38.2	90.9	9.1	100
武汉	32.1	32.1	25.0	57.1	30.4	87.5	12.5	100
哈尔滨	23.8	23.8	25.7	49.5	27.1	76.7	23.3	100
济南	29.6	29.6	29.6	59.2	22.5	81.7	18.3	100
昆明	58.4	58.4	12.4	70.8	15.9	86.7	13.3	100
总计	30.6	30.6	23.5	54.0	30.7	84.7	15.3	100

总体而言，在调查样本中，男女比例体现了一定的差异性；年龄主要集中于 30～49 岁之间，比例为 68.59%；学历以本科和硕士为主，其比例高达 93.79%；法律职称则以审判员和助理审判员为主，书记员仅为 13.7%；从事刑事审判的工作年限则主要集中于 5 年以下和 10 年至 20 年间，其比例达 61.3%。

二、调查结果及其统计分析

(一) 刑事证据的证明力

证明力是指证据对于案件事实有无证明作用及证明作用如何。根据我国 1996 年《刑事诉讼法》第 42 条第 2 款规定："证据有下列七种：（一）物证、书证；（二）证人证言；（三）被害人陈述；（四）犯罪嫌疑人、被告人供述和辩解；（五）鉴定结论；（六）勘验、检查笔录；（七）视听资料。"然而，法律对于不同证据的证明力大小及其他证据材料是否可以作为定案的根据均没有明确的规定，实践中的情况又是如何？下面通过调查对象对于各类证据的接触、采纳和认知情况分别予以说明。

就法定证据的证明力而言，将其由强到弱分为五个等级，即很强、较强、一般、较弱和很弱（变量取值分别为5）。表6 即为统计结果，根据各证据证明力的均值可知，不同证据的证明力由强到弱分别为：物证（1.28）＞鉴定结论（1.44）＞勘验、检查笔录（1.54）＞书证（1.6）＞证人证言（2.18）＞视听资料（2.22）＞被害人陈述（2.25）＞被告人的供述和辩解（2.64）。

表6　证据证明力强弱的统计量

		物证的证明力	书证的证明力	证人证言的证明力	被害人陈述的证明力	被告人供述和辩解的证明力	鉴定结论的证明力	勘验、检查笔录的证明力	视听资料的证明力
N	有效	912	903	913	913	913	919	909	876
	缺失	56	65	55	55	55	49	59	92
均值		1.28	1.60	2.18	2.25	2.64	1.44	1.54	2.22
中值		1.00	2.00	2.00	2.00	3.00	1.00	1.00	2.00
众数		1	1	2	2	3	1	1	2

表7和表8分别为司法实践中法官所接触和采纳证据的情况，根据个案百分比统计，其中接触较多的证据分别为：证人证言（91.5%）＞被告人的供述和辩解（84.2%）＞被害人陈述（83.3%）＞鉴定结论（83%）＞书证（77.9%）＞物证（73.4%）＞勘验、检查笔录（73.2%）＞视听资料（26.7%）。采纳较多的证据分别为：证人证言（85.3%）＞鉴定结论（84.5%）＞物证（75.9%）＞书证（73.7%）＞被害人陈述（73%）＞勘验、检查笔录（71.3%）＞被告人的供述和辩解（69.1%）＞视听资料（24.3%）。

表7　接触较多证据的频率

		响应 N	百分比	个案百分比
接触较多的证据[a]	接触较多的证据？（物证）	708	12.4%	73.4%
	接触较多的证据？（书证）	752	13.1%	77.9%
	接触较多的证据？（证人证言）	883	15.4%	91.5%
	接触较多的证据？（被害人陈述）	804	14.0%	83.3%
	接触较多的证据？（被告人供述和辩解）	813	14.2%	84.2%
	接触较多的证据？（鉴定结论）	801	14.0%	83.0%
	接触较多的证据？（勘验、检查笔录）	706	12.3%	73.2%
	接触较多的证据？（视听资料）	258	4.5%	26.7%
总计		5725	100.0%	593.3%

a 值为1时制表的二分组。

表 8 采纳最多证据的频率

		响应		个案
		N	百分比	百分比
采纳最多的 证据[a]	采纳最多的证据？（物证）	731	13.6%	75.9%
	采纳最多的证据？（书证）	710	13.2%	73.7%
	采纳最多的证据？证人证言	821	15.3%	85.3%
	采纳最多的证据？（被害人陈述）	703	13.1%	73.0%
	采纳最多的证据？（被告人供述和辩解）	665	12.4%	69.1%
	采纳最多的证据？（鉴定结论）	814	15.2%	84.5%
	采纳最多的证据？（勘验、检查笔录）	687	12.8%	71.3%
	采纳最多的证据？（视听资料）	234	4.4%	24.3%
总计		5365	100.0%	557.1%

a 值为 1 时制表的二分组。

从上述统计结果可以看出，总体而言，实物证据的证明力强于言词证据，这也符合实物证据具有较强的客观性、言词证据具有较强的主观性这一客观规律；司法机关及其委托的人员所制作的公文性书证（鉴定结论、勘验、检查笔录）较一般的书证具有更强的证明力，这主要是由于其具有更高的公信力；与案件具有利害关系的人员所提供的证据（被害人陈述、被告人的供述和辩解）证明力较弱。从司法实践中各类证据的采纳情况来看，法官采纳较多的是证人证言和鉴定结论这两类言词证据。这主要是由于这两类证据较其他证据形式更为常见，而且，证人和鉴定人通常与案件无利害关系，大都能够保持客观中立的立场，其所提供的证据也具有更高的可信度。同时，物证、书证等虽然在实践中较为少见，但其作为实物证据比其他言词证据更容易被法官所采纳。

对于法定证据以外的其他证据材料是否具有证明力，调查问卷中列举了五种较为常见的证据形式：辨认笔录；侦查实验笔录；心理测试结论；电子邮件、数据签名、电子合同；公安交警部门关于交通肇事责任认定书。调查结果显示（见表 9），大部分审判人员认为，辨认笔录和交通肇事责任认定书可以作为定案的根据，其比例分别为 34.2% 和 31.5%；较少人认为心理测试结论可以作为定案的根据，其比例仅为 2.3%。

表 9　非法定证据的频率

非法定证据[a]		响应		个案百分比
		N	百分比	
	是否可以作为定案根据？（辨认笔录）	767	34.2%	82.5%
	是否可以作为定案根据？（侦查实验笔录）	397	17.7%	42.7%
	是否可以作为定案根据？（心理测试结论）	51	2.3%	5.5%
	是否可以作为定案根据？（电子邮件、数据签名、电子合同）	322	14.4%	34.6%
	是否可以作为定案根据？（交通肇事责任认定书）	706	31.5%	75.9%
总计		2243	100.0%	241.2%

a 值为 1 时制表的二分组。

通过进一步分析可以看出（见表 10），审判人员的文化程度、每年办理案件数量同辨认笔录和交通肇事责任认定书的证明力之间具有显著的相关性。具体而言，文化程度越高，审判人员对于辨认笔录和交通肇事责任认定书的证明力越持否定性观点，而随着每年办理案件数量的增长，审判人员对于这两种证据材料的证明力则更加肯定。

表 10　文化程度、办案量与非法定证据的相关系数

Spearman 的 rho			辨认笔录	侦查实验笔录	心理测试结论	电子邮件、数据签名、电子合同	交通肇事责任认定书
	文化程度	相关系数	.097**	-.009	-.056	-.035	.078*
		Sig.（双侧）	.003	.791	.089	.290	.018
		N	914	914	914	914	914
	每年办理刑事案件数量	相关系数	-.123**	.089**	.028	-.048	-.091**
		Sig.（双侧）	.000	.007	.394	.147	.006
		N	916	916	916	916	916

**在置信度（双侧）为 0.01 时，相关性是显著的。
*在置信度（双侧）为 0.05 时，相关性是显著的。

（二）刑事证据的庭前审查与证据开示

刑事案卷的移送方式决定着审判人员庭前审查的范围以及能否对其产生庭前预断的效果。对于案卷的移送方式而言，我国 1996 年《刑事诉讼法》既未要求全案移送，也没有实行起诉状一本主义，而是采取了折中的做法，即"对于起诉书中有明确的指控犯罪事实并且附有证据目录、证人名单和主要证

据复印件或照片的，应当决定开庭审判。"其主要目的在于既保证诉讼效率，又防止法官的预断。然而，根据统计结果显示（见表11），对于检察机关移送的主要证据复印件或照片能否对审判产生庭前预断的效果，大部分审判人员（53.3%）不置可否，具有明确态度的人中，持肯定和否定观点的法官也大体相当（分别为23.7%和23%）。

表11　主要证据复印件或照片能否产生预断的效果

		频率	百分比	有效百分比	累积百分比
有效	能	221	22.8	23.7	23.7
	不一定	496	51.2	53.3	77.0
	不能	214	22.1	23.0	100.0
	合计	931	96.2	100.0	
缺失	系统	37	3.8		
合计		968	100.0		

然而，"检察机关是否有必要在庭前移送全部案件材料"，根据表12和表13显示，有71.7%的人认为有必要。对于其主要理由，大部分人（35.1%）认为，这样可以使法官对全案证据有整体的了解和把握，而这种对于证据的了解与把握必然会产生预断的效果。由此可见，审判人员对于能否产生预断的效果持不置可否的态度，可能是由于其对自身难以作出客观评价的结果。

表12　检察机关是否有必要在庭前将全部材料移交法院

		频率	百分比	有效百分比	累积百分比
有效	A. 有必要	655	67.7	71.7	71.7
	B. 没有必要	258	26.7	28.3	100.0
	合计	913	94.3	100.0	
缺失	系统	55	5.7		
合计		968	100.0		

表 13　移送全部案件材料原因的频率

| | | 响应 | | 个案
百分比 |
		N	百分比	
移送全部案件 材料的原因[a]	可以使法官对全案证据有整体的了解和把握	565	35.1%	87.6%
	可以节省开庭时间	310	19.3%	48.1%
	可以使法官与检察官就有关证据问题提前进行沟通	302	18.8%	46.8%
	可以使辩方全面了解控方所掌握的各种证据材料	433	26.9%	67.1%
总计		1610	100.0%	249.6%

a 值为 1 时制表的二分组。

根据表 14 显示，移送全部案件材料的部分理由同审判年限和办案量之间具有显著的相关性，即从事刑事审判的年限越长，越偏向于移送全部案件材料"可以使法官与检察官就有关证据问题提前沟通"；而随着每年办案量的增大，则更加倾向于"可以使法官对全案证据有整体的了解和把握"或"可以使辩护方全面了解控方所掌握的各种证据材料"。

表 14　审判年限、办案量与移送全部案件材料原因的相关系数

			可以使法官对全案证据有整体的了解和把握	可以节省开庭时间	可以使法官与检察官就有关证据问题提前进行沟通	可以使辩方全面了解控方所掌握的各种证据材料
Spearman 的 rho	刑事审判 工作年限	相关系数	.077	.047	-.123**	-.032
		Sig.（双侧）	.059	.252	.002	.437
		N	609	609	609	608
	每年办理 刑事案件 数量	相关系数	-.100*	-.066	.023	-.121**
		Sig.（双侧）	.012	.096	.564	.002
		N	633	633	633	632

**.在置信度（双侧）为 0.01 时，相关性是显著的。

*.在置信度（双侧）为 0.05 时，相关性是显著的。

此外，根据表 15 和表 16 所示，审判人员所认为的是否有必要实行庭前证据开示与移送全部案件材料的部分理由之间具有显著的相关性，即认为移送全部案件材料"可以使辩方全面了解控方所掌握的各种证据材料"的审判人员也普遍赞同实行庭前证据开示制度。而且，审判人员的文化程度与是否有必要实行庭前证据开示之间也具有显著的相关性，即随着文化程度的提高，审判人员对庭前证据开示制度持更加肯定的态度。

表15　是否实行证据开示与移送全部案件材料原因的相关系数

		可以使法官对全案证据有整体的了解和把握	可以节省开庭时间	可以使法官与检察官就有关证据问题提前进行沟通	可以使辩方全面了解控方所掌握的各种证据材料
Spearman 的 rho	我国是否有必要实行庭前证据开示制度	相关系数 .051	.045	-.068	.137**
		Sig.（双侧）.199	.255	.084	.001
		N 640	640	640	639

＊＊在置信度（双侧）为0.01时，相关性是显著的。

表16　文化程度与是否实行证据开示的相关系数

			文化程度	我国是否有必要实行庭前证据开示制度
Spearman 的 rho	文化程度	相关系数	1.000	-0.116**
		Sig.（双侧）	.	.000
		N	951	912
	我国是否有必要实行庭前证据开示制度?	相关系数	-.116**	1.000
		Sig.（双侧）	.000	.
		N	912	928

＊＊在置信度（双侧）为0.01时，相关性是显著的。

（三）刑事证据的质证与认证

质证与认证是刑事审判的中心环节。根据2012年《刑事诉讼法》第48条第3款规定："证据必须经过查证属实，才能作为定案的根据。"然而，审判人员对于证据的不同态度及其认证方式直接决定了证据能否被采信。

1. 刑事证据的认证方式

我国法律规定，作为定案根据的证据应当经控辩双方的当庭质证，但合议庭对证据有疑问的，也可以对证据进行调查核实。由此可见，我国法律所明确的认证方式是以当庭质证为主，辅以必要的调查核实。然而，司法实践中认定证据的途径不仅仅局限于这两种。

首先，总体而言，根据表17所示，大部分审判人员（43.5%）是通过开庭质证的方式对证据加以认定，自行调查核实证据以及通过主管领导审批或审判委员会决定的情况很少发生，其比例仅为8.8%和3.9%。但是，仍有相当比例的审判人员是通过庭前阅卷和庭后阅卷的方式来认定证据的，其比例分别为23.1%和20.6%。根据表18显示，多数审判人员（63.9%）认为，控辩双方围绕证据问题展开的举证、质证和辩论仅对裁判具有一定的影响，而非决定性影响。

表 17　认定证据主要渠道的频率

		响应		个案
		N	百分比	百分比
认定证据的主要渠道[a]	庭前阅卷	438	23.1%	46.9%
	开庭质证	827	43.5%	88.6%
	庭后阅卷	391	20.6%	41.9%
	自行调查核实	168	8.8%	18.0%
	主管领导审批或审委会决定	75	3.9%	8.0%
总计		1899	100.0%	203.5%

a 值为 1 时制表的二分组。

表 18　控辩双方的举证、质证和辩论对裁判结果的影响

		频率	百分比	有效百分比	累积百分比
有效	A. 具有决定性影响	293	30.3	30.8	30.8
	B. 具有一定影响	619	63.9	65.1	95.9
	C. 没有什么影响	39	4.0	4.1	100.0
	合计	951	98.2	100.0	
缺失	系统	17	1.8		
合计		968	100.0		

　　通过进行相关性分析，从表 19 可以看出，审判人员的文化程度、法律职称、每年的办案量和认定证据的不同途径与方式之间具有相关性。具体而言，审判人员的文化程度越高，越偏向采用自行调查核实证据的方式；审判人员的法律职称越高，越倾向于采取主管领导审批或者审判委员会决定的方式。结合表 20 可以看出，虽然控辩双方的举证、质证和辩论对于裁判结果的影响随着办案量的增长而愈加明显，但办案数量的增加也使得审判人员更趋向于采用开庭质证和庭后阅卷的方式，且较少自行调查核实证据，这可能是由于办案压力所致。

表19 文化程度、职称、办案量和认定证据主要渠道的相关系数

			庭前阅卷	开庭质证	庭后阅卷	自行调查核实	主管领导审批或审委会决定
Spearman的rho	文化程度	相关系数	.034	.002	-.039	-.094**	.023
		Sig.（双侧）	.297	.959	.237	.004	.479
		N	917	917	917	917	916
	法律职称	相关系数	-.035	.000	-.033	-.019	-.080*
		Sig.（双侧）	.310	.990	.340	.587	.019
		N	859	859	859	859	858
	每年办理刑事案件数量	相关系数	.024	-.071*	-.115**	.103**	.003
		Sig.（双侧）	.466	.032	.000	.002	.926
		N	920	920	920	920	919

* 在置信度（双侧）为 0.05 时，相关性是显著的。

* * 在置信度（双侧）为 0.01 时，相关性是显著的。

表20 办案量和控辩双方的举证、质证和辩论对裁判结果影响的相关系数

			每年办理刑事案件数量	控辩双方的举证、质证和辩论对裁判结果有何影响？
Spearman的rho	每年办理刑事案件数量	相关系数	1.000	-.087**
		Sig.（双侧）	.	.008
		N	954	938
	控辩双方的举证、质证和辩论对裁判结果有何影响	相关系数	-.087**	1.000
		Sig.（双侧）	.008	.
		N	938	951

* * 在置信度（双侧）为 0.01 时，相关性是显著的。

其次，对于庭外自行调查核实证据的方式及其所获得证据的使用情况而言（见表21和表22），审判人员主要采取了两种截然相反的做法，或者邀请控辩双方同时参加（38.2%），或者完全自行调查而不邀请任何一方参加（33.8%），仅邀请控方或辩方参加的情形比较少见（分别为4.5%和3.6%）；而且，多数审判人员（75.9%）是经过控辩双方的质证以后，再决定是否将其作为定案的根据，不告知控辩双方调查结果而直接自行决定是否将其作为定案的根据的情形也比较少见（6.6%）。

表 21 自行调查核实证据方式的频率

		响应		个案百分比
		N	百分比	
自行调查核实证据的方式[a]	仅邀请控方参加	53	4.5%	5.7%
	仅邀请辩方参加	43	3.6%	4.6%
	邀请控辩双方同时参加	450	38.2%	48.4%
	有时邀请控方参加，有时邀请辩方参加	235	19.9%	25.3%
	完全自行调查，不邀请任何一方参加	398	33.8%	42.8%
总计		1179	100.0%	126.8%

a 值为 1 时制表的二分组。

表 22 如何使用庭外自行调查所获得的证据

		频率	百分比	有效百分比	累积百分比
有效	经过控辩双方的质证以后，再决定是否将其作为定案的根据	699	72.2	75.9	75.9
	在告知控辩双方调查结果的情况下，自行决定是否将其作为定案的根据	161	16.6	17.5	93.4
	直接自行决定是否将其作为定案的根据，而不告知控辩双方调查结果	61	6.3	6.6	100.0
	合计	921	95.1	100.0	
缺失	系统	47	4.9		
合计		968	100.0		

上述这些具体做法同审判人员的年龄和办案数量之间具有一定的相关性（见表 23 和表 24），也就是说，随着年龄的增长和办案数量的增加，审判人员更多地采取完全自行调查的方式。但是，随着年龄的增长，审判人员较少采用仅邀请控方或辩方一方参加的方式；随着办案数量的增加，审判人员较少采用仅邀请控方参加和有时邀请控方、有时邀请辩方参加的方式。而且，随着年龄的增长和办案量的增加，审判人员也更倾向于对自行调查所取得的证据，先经过控辩双方的质证以后，再决定是否将其作为定案根据。

表23 年龄、办案量和自行调查核实证据方式的相关系数

			仅邀请控方参加	仅邀请辩方参加	邀请控辩双方同时参加	有时邀请控方参加，有时邀请辩方参加	完全自行调查，不邀请任何一方参加
Spearman 的 rho	年龄	相关系数	.083*	.116**	.024	.059	-.110**
		Sig.（双侧）	.012	.000	.477	.072	.001
		N	919	919	919	919	919
	每年办理刑事案件数量	相关系数	.057	.076*	.017	.113**	-.163**
		Sig.（双侧）	.084	.022	.611	.001	.000
		N	918	918	918	918	918

**在置信度（双侧）为0.01时，相关性是显著的。
*在置信度（双侧）为0.05时，相关性是显著的。

表24 年龄、办案量和如何使用庭外自行调查所获得的证据相关系数

			年龄	每年办理刑事案件数量	如何使用庭外自行调查所获得的证据
Spearman 的 rho	年龄	相关系数	1.000	.128**	-.164**
		Sig.（双侧）	.	.000	.000
		N	955	942	909
	每年办理刑事案件数量	相关系数	.128**	1.000	-.108**
		Sig.（双侧）	.000	.	.001
		N	942	954	908
	如何使用庭外自行调查所获得的证据	相关系数	-.164**	-.108**	1.000
		Sig.（双侧）	.000	.001	.
		N	909	908	921

**在置信度（双侧）为0.01时，相关性是显著的。

2. 言词证据的审查与判断

从前面的统计情况可以看出，证人证言、鉴定结论、被告人的供述和辩解等言词证据是刑事审判中出现较多的证据形式，审判人员经常要对其进行审查与判断，而且他们对于这些言词证据的观点与态度对于案件事实的认定具有重要作用。

首先，证人证言和鉴定结论是审判人员在司法实践中采纳最多的证据形式，但在具体采信过程中却存在着不同的影响因素。就作证方式而言，证人和鉴定人一般不出庭接受控辩双方的交叉询问，而是通过提供书面证言的方式作证。如表 25 所示，绝大多数案件（85%）的证人出庭率为 5% 以下。

表 25　证人出庭作证的比率

		频率	百分比	有效百分比	累积百分比
有效	A. 0 或基本为 0	237	24.5	24.9	24.9
	B. 5% 以下	573	59.2	60.1	85.0
	C. 6%~19%	119	12.3	12.5	97.5
	D. 20% 以上	24	2.5	2.5	100.0
	合计	953	98.5	100.0	
缺失	系统	15	1.5		
合计		968	100.0		

从表 26、表 27 和表 28 中可以看出，大部分人（64.3%）认为，证人和鉴定人不出庭作证，辩护方的质证效果将会受到一定影响或明显影响；有更多的人（38.2%）认为，证人的当庭证言比询问笔录更为可信；也有较多的人（50.7%）对"如果询问笔录或鉴定结论的真实性、可靠性能够得到充分保障，那么证人和鉴定人就没有必要出庭"这一观点持反对意见。由此可见，大部分审判人员对于证人、鉴定人出庭作证仍持积极肯定的态度。

表 26　证人和鉴定人没有出庭作证，辩方对证人证言笔录或鉴定结论质证效果受到的影响

		频率	百分比	有效百分比	累积百分比
有效	A. 受到明显影响	87	9.0	9.1	9.1
	B. 受到一定影响	528	54.5	55.2	64.3
	C. 基本不受影响	320	33.1	33.5	97.8
	D. 完全没有影响	21	2.2	2.2	100.0
	总计	956	98.8	100.0	
缺失	系统	12	1.2		
总计		896	968	100.0	

表 27　讯问笔录与证人当庭证言, 哪个通常更为可信

		频率	百分比	有效百分比	累积百分比
有效	讯问笔录	262	27.1	27.5	27.5
	二者旗鼓相当	327	33.8	34.3	61.8
	证人的当庭证言	364	37.6	38.2	100.0
	总计	953	98.5	100.0	
缺失	系统	15	1.5		
总计		896	968	100.0	

表 28　如果询问笔录或鉴定结论的真实性和可靠性能够得到保障, 证人或鉴定人就没有必要出庭作证

		频率	百分比	有效百分比	累积百分比
有效	A. 赞成	472	48.8	49.3	49.3
	B. 反对	485	50.1	50.7	100.0
	总计	957	98.9	100.0	
缺失	系统	11	1.1		
总计		896	968	100.0	

　　通过进一步分析发现, 上述现象和观点同审判人员的年龄、文化程度、办案数量具有一定的相关性。通过表 29 可以看出, 随着审判人员年龄的增长和每年办案数量的增加, 证人出庭作证的比率呈逐渐下降的趋势; 更倾向于认为, 证人和鉴定人不出庭作证并不会对辩护方的质证效果产生较大影响; 同时, 在询问笔录或鉴定结论的真实性能够得到充分保障的情况下, 更偏向于证人和鉴定人没有必要出庭作证。随着审判人员文化程度的提高, 证人出庭作证的比率则呈逐渐上升的趋势; 更易认为, 证人和鉴定人不出庭会对辩护方的质证效果产生较大影响; 并趋向于认为, 即使询问笔录和鉴定结论的真实性能够得到充分保障, 证人和鉴定人出庭作证也是十分必要的。

表 29　年龄、文化程度、办案量和证人出庭比率、证人或鉴定人是否有必要
出庭作证、证人或鉴定人不出庭对质证效果影响的相关系数

			证人出庭作证的比率	"如果询问笔录或鉴定结论的真实性、可靠性能够得到保障，那么证人、鉴定人就没有必要出庭作证"	证人、鉴定人没有出庭作证，辩方对证人证言笔录或鉴定结论的质证效果是否会受影响
Spearman 的 rho	年龄	相关系数	−.080*	−.095**	.076*
		Sig.（双侧）	.014	.004	.020
		N	940	944	943
	文化程度	相关系数	.097**	.143**	−.109**
		Sig.（双侧）	.003	.000	.001
		N	936	940	939
	每年办理刑事案件数量	相关系数	−.098**	−.131**	.101**
		Sig.（双侧）	.003	.000	.002
		N	941	943	944

**在置信度（双侧）为 0.01 时，相关性是显著的。
*在置信度（双侧）为 0.05 时，相关性是显著的。

　　此外，由表 30 可以看出，证人出庭作证的比率也与审判人员对于出庭作证的不同观点之间具有一定的相关性。具体而言，在持有下列观点的审判人员所审理的刑事案件中，证人出庭作证的比率也会更高，即认为即使询问笔录和鉴定结论的真实性能够得到充分保障，证人和鉴定人仍有必要出庭作证；倾向于当庭证言更为可信；认为辩护方的质证效果将因证人和鉴定人不出庭而受到较大的影响。

表30 证人出庭比率和证人或鉴定人是否有必要出庭作证、询问笔录和鉴定结论的
可信性、证人或鉴定人不出庭对质证效果影响的相关系数

			证人出庭作证的比率	"如果询问笔录或鉴定结论的真实性、可靠性能够得到保障,那么证人、鉴定人就没有必要出庭作证"	讯问笔录与证人当庭证言,哪个通常更为可信	证人、鉴定人没有出庭作证,辩方对证人证言笔录或鉴定结论的质证效果是否会受影响
Spearman 的 rho	证人出庭作证的比率	相关系数	1.000	.081*	.144**	-.084**
		Sig.(双侧)	.	.012	.000	.010
		N	953	947	946	947

＊＊在置信度（双侧）为 0.01 时，相关性是显著的。

＊在置信度（双侧）为 0.05 时，相关性是显著的。

其次，鉴定结论虽然具有较强的证明力，但在刑事案件的审理过程中，审判人员经常会遇到对于同一事项存在多个鉴定结论的情形，这时就需要对其进行判断并作出相应的选择。如表31所示，审判人员对于鉴定结论的采信，往往更加注重全案证据的综合判断（38.2%）和鉴定结论本身的说理性（24.9%）。

表31 鉴定结论采信的频率

		响应		个案百分比
		N	百分比	
当对同一事项出现多个鉴定结论时，通常如何选取[a]	根据鉴定机构的级别高低而定	294	15.2%	30.6%
	根据鉴定人的权威性而定	293	15.1%	30.5%
	根据鉴定的时间先后	126	6.5%	13.1%
	根据鉴定结论中说理是否充分	482	24.9%	50.2%
	综合全案证据予以判断	739	38.2%	77.0%
总计		1934	100.0%	201.5%

a 值为 1 时制表的二分组。

同时，由表32可以看出，审判人员的文化程度和办案数量对其采信鉴定结论也会产生一定的影响。具体而言，随着文化程度的提高，审判人员更倾向于根据鉴定人的权威性来决定对鉴定结论是否予以采信；随着办理案件数量的增加，审判人员更易于根据鉴定时间的先后来判断鉴定结论的真实性与可靠性。

表 32　文化程度、办案量和鉴定结论采信的相关系数

			根据鉴定机构的级别高低而定	根据鉴定人的权威性而定	根据鉴定的时间先后	根据鉴定结论中说理是否充分	综合全案证据予以判断
Spearman 的 rho	文化程度	相关系数	-.050	-.088**	.030	-.022	.025
		Sig.（双侧）	.126	.007	.361	.503	.452
		N	944	944	944	944	941
	每年办理刑事案件数量	相关系数	.039	.015	-.091**	.009	-.040
		Sig.（双侧）	.232	.652	.005	.790	.221
		N	948	948	948	948	945

＊＊在置信度（双侧）为 0.01 时，相关性是显著的。
＊在置信度（双侧）为 0.05 时，相关性是显著的。

　　最后，根据上述统计结果可以看出，被告人的供述和辩解是在刑事审判中出现频率较高但证明力较弱的一种证据。而且，它具有较强的依附性，被告人的口供必须经过查证，并有其他证据加以证实，才能作为证据使用。2012 年《刑事诉讼法》第 53 条规定："对一切案件的判处都要重证据，重调查研究，不轻信口供。只有被告人供述，没有其他证据的，不能认定被告人有罪和处以刑罚；没有被告人供述，证据确实、充分的，可以认定被告人有罪和处以刑罚。"根据表 33 和表 34 所示，大部分的审判人员（53.5%）认为，只有相互印证一致的合法供述而没有其他证据的情况下，不能认定犯罪成立；绝大部分的审判人员（76.6%）也认为，即使被告人拒不认罪，根据其他证据，大多数情况下也可判决被告人有罪。

表 33　只有三名共同抢劫的被告人相互印证一致的合法供述，能否认定抢劫罪成立

		频率	百分比	有效百分比	累积百分比
有效	足以认定	278	28.7	30.1	30.1
	说不清楚	152	15.7	16.5	46.5
	无法认定	494	51.0	53.5	100.0
	合计	924	95.5	100.0	
缺失	系统	44	4.5		
	合计	968	100.0		

表 34 被告人拒不认罪，根据其他证据是否可以判决被告人有罪

		频率	百分比	有效百分比	累积百分比
有效	A. 大多数情况下可以定罪	715	73.9	76.6	76.6
	B. 少数情况下可以定罪	185	19.1	19.8	96.5
	C. 不能定罪	33	3.4	3.5	100.0
	合计	933	96.4	100.0	
缺失	系统	35	3.6		
合计		968	100.0		

通过进一步分析发现，被告人拒不认罪情况下，根据其他证据是否可以判决被告人有罪和审判人员的年龄、文化程度、办案数量之间具有显著的相关性。由表 35 可以看出，随着年龄的增长和办案数量的增加，审判人员更倾向于认为，即使被告人拒不认罪，根据其他证据也可以判决被告人有罪。然而，随着文化程度的提高，审判人员则更偏向于不能对其定罪。

表 35 被告人拒不认罪情况下，根据其他证据是否可以判决被告人有罪和
年龄、文化程度、办案量的相关系数

			年龄	文化程度	每年办理刑事案件数量
Spearman 的 rho	被告人拒不认罪，根据其他证据是否可以判决被告人有罪	相关系数	-.100**	.102**	-.186**
		Sig.（双侧）	.002	.002	.000
		N	920	917	921

＊＊在置信度（双侧）为 0.01 时，相关性是显著的。

3. 非法证据的排除

2012 年《刑事诉讼法》在总结我国公安司法机关长期以来严禁刑讯逼供，排除非法证据的经验基础上，吸收了最高人民法院、最高人民检察院、公安部、国家安全部、司法部于 2010 年 6 月 13 日颁行的《关于办理刑事案件排除非法证据若干问题的规定》的主要内容，确立了非法证据排除规则。该法第 50 条规定："……严禁刑讯逼供和以威胁、引诱、欺骗以及其他非法方法收集证据……"第 54 条规定："采用刑讯逼供等非法方法收集的犯罪嫌疑人、被告人供述和采用暴力、威胁等非法方法收集的证人证言、被害人陈述，应当予以排除。收集物证、书证不符合法定程序，可能严重影响司法公正的，应当予以补正或者作出合理解释；不能补正或者作出合理解释的，对该证据应当予以排除。在侦查、审查起诉、审判时发现有应当排除的证据的，应当依法予以排除，不得作为起诉意见、起诉决定和判决的依据。"

根据调查结果显示（见表 36 和表 37），审判人员所发现的侦查机关的非

法取证行为主要表现为刑讯逼供（21.3%）和通过威胁、引诱、欺骗等手段收集口供（23.9%）。对于这些非法的言词证据，在司法实践中大部分审判人员（56%）采取了直接予以排除的做法。

表 36 所发现的侦查机关的非法取证行为的频率

		响应		个案百分比
		N	百分比	
所发现的侦查机关的非法取证行为[a]	刑讯逼供	417	21.3%	43.5%
	通过威胁、引诱、欺骗等手段收集口供	468	23.9%	48.9%
	随意采取诱惑侦查手段	284	14.5%	29.6%
	未经法定程序非法采取搜查、扣押、查封等措施	335	17.1%	35.0%
	超过法定期限收集证据的行为	165	8.4%	17.2%
	未发现	291	14.8%	30.4%
总计		1960	100.0%	204.6%

a 值为 1 时制表的二分组。

表 37 对于通过非法手段所取得的言词证据是否予以排除

		频率	百分比	有效百分比	累积百分比
有效	是	537	55.5	56.0	56.0
	根据具体情况决定	350	36.2	36.5	92.5
	否	72	7.4	7.5	100.0
	合计	959	99.1	100.0	
缺失	系统	9	.9		
合计		968	100.0		

经过进一步分析发现，审判人员的年龄和通过非法手段所取得的言词证据是否予以排除之间具有显著的相关性。如表 38 所示，随着年龄的增长，审判人员更倾向于直接排除这些通过非法手段所取得的言词证据。

表38　年龄和通过非法手段所取得的言词证据是否予以排除的相关系数

			年龄	对于通过非法手段所取得的言词证据是否予以排除
Spearman 的 rho	年龄	相关系数	1.000	-.114**
		Sig.（双侧）	.	.000
		N	955	946
	对于通过非法手段所取得的言词证据是否予以排除	相关系数	-.114**	1.000
		Sig.（双侧）	.000	.
		N	946	959

＊＊在置信度（双侧）为0.01时，相关性是显著的。

此外，如表39和表40所示，对于将非法言词证据作为定案根据的最大负面影响，有27.7%的人认为，这会影响案件事实的认定，对于排除非法言词证据的主要障碍，也有30.3%的人担心无法正确认定案件事实，由此可见，在刑事审判人员当中，还普遍存在着"重实体、轻程序"的诉讼观念。

表39　非法言词证据作为定案根据，最大的负面影响

		频率	百分比	有效百分比	累积百分比
有效	损害当事人的合法权利	105	10.8	12.7	12.7
	影响案件事实的认定	230	23.8	27.7	40.4
	可能纵容非法取证行为	188	19.4	22.7	63.1
	破坏司法权威	62	6.4	7.5	70.6
	损害司法程序的公正性	244	25.2	29.4	100.0
	总计	829	85.6	100.0	
缺失	系统	139	14.4		
合计		968	100.0		

表 40　排除非法言词证据主要障碍的频率

		响应		个案
		N	百分比	百分比
排除非法言词证据的主要障碍[a]	担心无法正确认定案件事实	531	30.3%	56.1%
	担心犯罪分子逍遥法外	380	21.7%	40.2%
	担心不利于提高诉讼效率	197	11.3%	20.8%
	重实体轻程序的诉讼观念	291	16.6%	30.8%
	法院缺乏足够的权威地位	227	13.0%	24.0%
	担心影响公、检、法之间的关系	125	7.1%	13.2%
	总计	1751	100.0%	185.1%

a 值为 1 时制表的二分组。

4. 疑难案件的处理

在司法实践中，疑难案件主要表现为证据不足或者控辩双方对证据分歧较大，难以对案件事实作出准确的认定。根据 2012 年《刑事诉讼法》第 195 条第三项规定："证据不足，不能认定被告人有罪的，应当作出证据不足、指控的犯罪不能成立的无罪判决。"然而，在司法实践中，对于此类疑难案件，审判人员通常会基于自己的理解而对其作出不同的处理。

如表 41 和表 42 所示，大部分审判人员（51%）在刑事审判过程中，存在以证据不足为由直接作出无罪判决的情形。对于证据不足案件的处理方式通常是建议补充侦查（38.1%）和建议检察机关撤诉（27%）。

表 41　是否存在以证据不足为由而直接作出无罪判决的情形

		频率	百分比	有效百分比	累积百分比
有效	A. 存在	480	49.6	51.0	51.0
	B. 不存在	462	47.7	49.0	100.0
	合计	942	97.3	100.0	
缺失	系统	26	2.7		
	合计	968	100.0		

表 42　证据不足情况的处理的频率

		响应		个案
		N	百分比	百分比
证据不足情况的处理[a]	建议检察机关撤诉	481	27.0%	50.7%
	自行调查，补充相应证据	182	10.2%	19.2%
	直接作出无罪判决	225	12.6%	23.7%
	建议补充侦查	677	38.1%	71.4%
	退回检察机关自行处理	137	7.7%	14.5%
	从轻处理	77	4.3%	8.1%
	总计	1779	100.0%	187.7%

a 值为 1 时制表的二分组。

通过进一步分析发现，证据不足情况的不同处理方式同审判人员的年龄、文化程度、职称、审判年限、办案数量等具有一定的相关性。如表43所示，随着年龄的增长或法律职称的提升，审判人员更多地采用建议检察机关撤诉和建议补充侦查的方式予以处理；随着文化程度的提高，审判人员更愿意采取自行调查和从轻处理的方式；随着审判年限的增长，他们也更倾向于建议检察机关撤诉；随着每年办案数量的增加，审判人员更偏向于建议检察机关撤诉和直接作出无罪判决。

表43　年龄、文化程度、法律职称、审判年限、办案量和相关系数

			建议检察机关撤诉	自行调查，补充相应证据	直接作出无罪判决	建议补充侦查	退回检察机关自行处理	从轻处理
Spearman的rho	年龄	相关系数	−.106**	.007	.018	−.085**	.031	.068*
		Sig.（双侧）	.001	.832	.574	.009	.345	.037
		N	936	936	936	936	936	936
	文化程度	相关系数	.121**	−.101**	−.002	.036	−.041	−.095**
		Sig.（双侧）	.000	.002	.943	.269	.213	.004
		N	932	932	932	932	932	932
	法律职称	相关系数	−.071*	−.066	−.032	−.096**	.003	−.046
		Sig.（双侧）	.036	.053	.343	.004	.936	.173
		N	874	874	874	874	874	874
	刑事审判工作年限	相关系数	−.121**	−.056	−.034	.024	.062	.077*
		Sig.（双侧）	.000	.089	.300	.476	.060	.020
		N	910	910	910	910	910	910
	每年办理刑事案件数量	相关系数	−.161**	.026	−.074*	−.009	.178**	.026
		Sig.（双侧）	.000	.429	.024	.785	.000	.423
		N	936	936	936	936	936	936

**在置信度（双侧）为0.01时，相关性是显著的。
*在置信度（双侧）为0.05时，相关性是显著的。

此外，如表44所示，对于控辩双方争议较大的证据适用问题，大多数的审判人员（66.9%）不仅经常作出回应，而且经常能够给出相应的理由。

表 44　对控辩双方争议比较大的证据适用问题，在判决书中是否作出回应

		频率	百分比	有效百分比	累积百分比
有效	不仅经常作出回应，而且常常给出相应理由	621	64.2	66.9	66.9
	虽然经常作出回应，但通常只有结论，很少给出理由	85	8.8	9.2	76.1
	不仅很少作出回应，而且很少给出相应理由	49	5.1	5.3	81.4
	虽然很少作出回应，但一旦作出回应，通常能够给出相应理由	164	16.9	17.7	99.0
	通常采取回避或者不置可否的态度	9	.9	1.0	100.0
	总计	928	95.9	100.0	
缺失	系统	40	4.1		
合计		968	100.0		

（四）证明责任与证明标准

1. 证明责任

在我国刑事诉讼中，控方承担被告人有罪的证明责任是一项基本原则，被告人一般不承担证明责任。2012 年《刑事诉讼法》第 49 条规定："公诉案件中被告人有罪的举证责任由人民检察院承担……"但在某些例外情况下，被告人仍要对特定事项承担一定的证明责任。如表 45 和表 46 所示，大部分审判人员认为，被告方应当对于巨额财产来源不明罪中差额财产的合法性和申请回避的事由承担相应的证明责任，其比例分别为 30.4% 和 23.7%。对于被告人以刑讯逼供为由翻供时，审判人员的通常做法是，辩护方的质疑具备一定理由时，要求公诉方证明讯问程序的合法性，或者要求辩护方证明控方证据的非法性，其比例分别为 40.3% 和 31.9%。

表 45　被告方承担证明责任情形的频率

		响应		个案
		N	百分比	百分比
被告方承担证明责任的情形[a]	诸如正当防卫、紧急避险、精神病等违法阻却事由	464	17.1%	49.7%
	被告方申请回避的事由	645	23.7%	69.1%
	巨额财产来源不明罪中的差额财产的合法性问题	826	30.4%	88.4%
	被告人认为不在犯罪现场	474	17.5%	50.7%
	只有被告人自己知道的事实	307	11.3%	32.9%
总计		2716	100.0%	290.8%

a 值为 1 时制表的二分组。

表46　被告人以刑讯为由翻供时具体做法的频率

		响应		个案
		N	百分比	百分比
被告人以刑讯为由翻供时的具体做法ᵃ	不予理睬，庭审继续进行	60	3.6%	6.5%
	斥责被告人无理狡辩、态度不老实	60	3.6%	6.5%
	要求辩方证明控方证据的非法性	531	31.9%	57.1%
	当辩方质疑具备一定理由时，要求公诉方证明讯问的合法性	671	40.3%	72.2%
	不管辩方质疑是否具备理由，均要求公诉方证明证据的合法性	193	11.6%	20.8%
	宣布休庭，庭后自行调查核实	149	9.0%	16.0%
总计		1664	100.0%	178.9%

a 值为 1 时制表的二分组。

2. 证明标准

2012 年《刑事诉讼法》第 195 条第一项规定："案件事实清楚，证据确实、充分，依据法律认定被告人有罪的，应当作出有罪判决"。据此，一般认为，我国刑事诉讼法所确立的证明标准是"案件事实清楚，证据确实、充分"。通过表 47 和表 48 可以看出，大部分的审判人员（63.3%）认为这一标准是合理的，但是也有相当比例（36.7%）的人认为其并不合理。而且这种认识与审判人员的年龄和文化程度具有一定的相关性，即随着年龄的增长，审判人员倾向认为这一证明标准是合理的；随着文化程度的提高，审判人员更多地认为这一标准是不合理的。

表47　"犯罪事实清楚，证据确实、充分"的有罪判决证明标准是否合理

		频率	百分比	有效百分比	累积百分比
有效	A. 合理	577	59.6	63.3	63.3
	B. 不合理	334	34.5	36.7	100.0
	合计	911	94.1	100.0	
缺失	系统	57	5.9		
合计		968	100.0		

表 48　年龄、文化程度和证明标准的相关系数

			"犯罪事实清楚，证据确实、充分"的有罪判决证明标准是否合理
Spearman 的 rho	年龄	相关系数	-.092**
		Sig.（双侧）	.006
		N	899
	文化程度	相关系数	.085*
		Sig.（双侧）	.011
		N	895

＊＊在置信度（双侧）为 0.01 时，相关性是显著的。

＊在置信度（双侧）为 0.05 时，相关性是显著的。

通过表 49 可以看出，对于这一证明标准不合理的主要原因，大部分审判人员（52.6%）认为，是由于其过于模糊而难以操作。通过进一步分析发现，认为此项证明标准不合理的具体原因同审判人员的年龄和办案量具有一定的相关性。通过表 50 可以看出，随着年龄的增长，审判人员偏向于认为，此证明标准不合理的主要原因在于，标准过高，难以达到或不利于惩罚犯罪；随着办案数量的增加，更多的审判人员则认为，这种证明标准不符合人们认识事物的客观规律。

表 49　证明标准不合理主要原因的频率

		响应		个案百分比
		N	百分比	
证明标准不合理的主要原因ª	标准过高，难以达到	62	12.7%	19.0%
	过于模糊，难以操作	256	52.6%	78.3%
	标准过高，不利于惩罚犯罪	30	6.2%	9.2%
	不符合人们认识事物的客观规律	139	28.5%	42.5%
总计		487	100.0%	148.9%

a 值为 1 时制表的二分组。

表 50 年龄、办案量和证明标准不合理原因的相关系数

			标准过高，难以达到	过于模糊，难以操作	标准过高，不利于惩罚犯罪	不符合人们认识事物的客观规律
Spearman 的 rho	年龄	相关系数	-.167**	.174**	-.146**	-.044
		Sig.（双侧）	.002	.002	.008	.428
		N	326	326	326	325
	每年办理刑事案件数量	相关系数	-.103	.049	-.002	-.228**
		Sig.（双侧）	.061	.372	.965	.000
		N	331	331	331	330

＊＊.在置信度（双侧）为 0.01 时，相关性是显著的。

三、结论

通过上述对问卷调查结果的统计分析可以看出，审判人员对于刑事证据的审查判断与其年龄、文化程度、审判年限、办理案件数量等因素具有密切的联系。也正是由于不同的生活和工作经历，从而使其形成了对于刑事证据的不同观点和看法。因此，为了提高我国刑事证据运用的整体水平，除了加强理论研究和完善相应的立法外，还应当从影响刑事审判人员认定证据的各种主客观因素着手，增强司法实践中刑事证据运用的科学性与合理性。

一方面，应当继续努力提高我国刑事审判人员的文化素质。虽然刑事审判人员的学历整体水平有了较大提高（本科以上的达到94.9%），但高学历的审判人员相对较少（硕士所占比例为30.5%；博士所占比例仅为1.1%）。而文化程度较高的审判人员对于一些先进的刑事证据理念更易接受，且能够将其指导司法实践。如随着文化程度的提高，审判人员更倾向于实行庭前证据开示，且在其所审理的刑事案件中，证人出庭作证的比率也呈逐渐上升的趋势。

另一方面，应当合理控制和调节刑事审判人员的工作量。根据调查结果显示，63.3%的审判人员每年办理刑事案件的数量在30件以上（其中50件以上的占34.8%）。如此繁重的刑事审判任务，必然使其疲于应付，往往仅注重审判效率的提高而忽视刑事程序的其他价值追求。如随着每年办理案件数量的增加，审判人员更趋向于采用庭后阅卷的方式，[①]且较少自行调查核实证据。他们也不大可能采取证人、鉴定人出庭作证这种耗时而又烦琐的方式，而是更乐于直接采纳书面证言和鉴定结论。

---

① 由于办案量的增加，刑事审判人员可能没有过多的时间事先进行庭前阅卷，而只能采取庭后阅卷的方式。

　　此外，在刑事证据的运用过程中，刑事审判人员还普遍存在着"重实体、轻程序"的诉讼观念。如有 64.5% 的审判人员认为，证人、鉴定人出庭作证的主要目的在于查明案件事实；对于将非法言词证据作为定案根据的最大负面影响，有 27.7% 的人认为，这会影响案件事实的认定；对于排除非法言词证据的主要障碍，也有 30.3% 的人担心无法正确认定案件事实。因此，司法机关应当采取必要措施，使司法人员摒弃陈旧的执法观念，树立正确的司法理念，并使之更好地指导司法实践。

我国刑事电子邮件证据立法评析与完善

刘广三* 庄乾龙**

目 次

一、刑事电子邮件证据立法现状归纳与评析

我国现行刑事立法并没有对电子邮件的证据地位作出明确的规定，但从其他立法与司法解释规定来看，先后经历了由不承认到有限承认直至完全承认的发展过程。

第一阶段：基本法律对电子邮件证据的否定。该阶段以三大诉讼法对电子证据效力的否定为代表。我国现行三大诉讼法对电子邮件证据的法律效力没有作出明确的规定。1989 年颁布的《行政诉讼法》第 31 条、1991 年颁布的《民事诉讼法》第 63 条、1996 年修订的《刑事诉讼法》第 42 条，分别列举了 7 种法定的证据种类，电子邮件等电子证据不属于法定的证据种类，不能直接作为证据来使用。这有其特定的历史原因，在立法当时，特别是《行政诉讼法》立法时还没有出现较大规模的计算机网络系统，电子邮件等电子证据还没有进入立法者的视野，没有引起应有的重视，对于个别电子证据是否将其划归到传统的 7 种证据种类，在司法实践需求不大的情况下，问题没有凸显出来。但随着计算机网络的发展，电子邮件等电子证据大量出现，固守传统证据种类的划分有时难以解决证据归类产生的冲突问题，于是司法实践以扩张解释的方式，试图将电子邮件证据划归为传统证据种类。电子邮件等电子证据进入立法发展的第二阶段。

---

* 北京师范大学刑事法律科学研究院证据法研究所所长、教授、法学博士、博士生导师。
** 中国人民大学法学院 2012 级博士后研究人员。

　　第二阶段：司法解释对电子邮件证据的有限承认。立法对电子邮件等电子证据的不承认与司法实务部门对电子邮件等电子证据的大量使用产生了矛盾。司法实践采用司法解释的方式，将电子邮件等电子证据扩大解释为传统证据。如最高人民法院《关于民事诉讼证据的若干规定》第 22 条规定，调查人员调查计算机数据或者录音、录像等视听资料的，应当要求被调查人提供有关资料的原始载体。[①] 可见，该司法解释将电子邮件等电子证据作为录音、录像等视听资料证据来对待。最高人民检察院在《关于检察机关侦查工作贯彻刑诉法若干问题的意见》中规定，视听资料是指以图像和声音形式证明案件真实情况的证据。包括与案件事实、犯罪嫌疑人以及犯罪嫌疑人实施反侦查行为有关的录音、录像、照片、胶片、声卡、视盘、电子计算机内存信息资料等。该司法解释亦将电子证据归为传统的视听资料证据。北京市高级人民法院在《关于办理各类案件有关证据问题的规定（试行）》中规定，证据的种类有视听资料（包括录音录像和电子数据交换、电子邮件、电子数据等电脑储存资料）等。

　　司法解释之所以将电子邮件等电子证据归为视听资料，其重要原因在于其证明形式都表现为"可读形式"，其储存方式相似，都需要借助一定的载体才能将其读写，且两者之间的原件与复印件都难以区分。如前文所述，电子邮件等电子证据虽然与视听资料等有一定的相似之处，但其发挥证明作用的方式与视听资料有本质的区别，视听资料证据种类的归属并不能涵盖电子邮件等电子证据的所有特点，司法解释是以其相似性来代替其一致性，且其相似性只是表现方式上的相似性，与证明方式上的相似性还相差甚远。后续立法对电子邮件等电子证据归属上的不同做法也印证了上述司法解释存在的问题。1999 年 3 月 15 日颁行的《合同法》第 11 条规定，书面形式是指合同书、信件和数据电文（包括电报、电传、传真、电子数据交换和电子邮件）等可以有形地表现所载内容的形式。根据该法的规定，电子邮件等电子证据属于书证的一种。《合同法》将电子邮件视为书证的做法也并非没有问题，电子邮件证明案情中的很多附属信息无法通过打印的形式呈现，与传统的书证有着证明方式上的本质差别，因此将电子邮件视为书面形式也只是权宜之计，并没有从根本上解决电子邮件等电子证据的法律地位问题。但我们必须看到电子邮件等电子证据在此过程中的发展，由原先的不予承认到笼统的计算机数据到新近的对计算机数据诸如电子邮件、电子数据交换等的细化规定，都表明立法或司法解释对电子邮件等电子证据的逐渐接受与重视。

　　第三阶段：对电子邮件等电子证据的实际承认。2004 年 8 月 28 日我国颁布了《电子签名法》，进一步对数据电文等电子证据的效力认定作出了规定。不仅如此，我国最高人民法院、最高人民检察院、海关总署 2002 年 7 月 8 日颁布的《关于办理走私刑事案件适用法律若干问题的意见》中还规定，"走私犯罪侦查机关对于能够证明走私犯罪案件真实情况的电子邮件、电子合同、

　　[①]　《中国审判》编辑部：《电子证据的法律效力》，载《中国审判》2006 年第 8 期，第 66～71 页。

电子帐册、单位内部的电子信息资料等电子数据应当作为刑事证据予以收集、保全。"① 最高人民法院、最高人民检察院、公安部、国家安全部、司法部《关于办理死刑案件审查判断证据若干问题的规定》第 29 条规定："对于电子邮件、电子数据交换、网上聊天记录、网络博客、手机短信、电子签名、域名等电子证据，应当主要审查以下内容：（一）该电子证据存储磁盘、存储光盘等可移动存储介质是否与打印件一并提交；（二）是否载明该电子证据形成的时间、地点、对象、制作人、制作过程及设备情况等；（三）制作、储存、传递、获得、收集、出示等程序和环节是否合法，取证人、制作人、持有人、见证人等是否签名或者盖章；（四）内容是否真实，有无剪裁、拼凑、篡改、添加等伪造、变造情形；（五）该电子证据与案件事实有无关联性。对电子证据有疑问的，应当进行鉴定。对电子证据，应当结合案件其他证据，审查其真实性和关联性。"该司法解释明确将电子邮件等电子数据作为一种独立的证据种类进行审查，审查内容和方式都有别于其他传统证据种类，暗含着对其实质的证明方式的承认，即在事实上确立了新的证据种类。司法解释这一做法，在新修订的《刑事诉讼法》中得到了进一步的确认。新修订的《刑事诉讼法》第 48 条新增电子数据并与视听资料证据并列，这是首次以基本法律的形式确认了电子邮件等电子证据的法律地位，至此在法律层面上确立了电子邮件证据的法律地位。

从电子邮件证据种类发展立法的法律性质上看，先后经历了民事、行政法律的发展到刑事法律的发展。这与其案件性质的严重程度有着很大的关系。刑事法律关涉行为人的财产、人身自由甚至生命等重大权益，理应在证据采信上持慎重态度，严格按照既定的证据种类指控犯罪。但民事案件与行政案件的严重性要轻于刑事案件，且在证据认定上存在自认制度，只要当事人双方对证据没有异议，司法主体即可认定该证据具有证据能力，可以作为定案的根据。为此，在电子邮件等电子证据大量出现，且在民事行为或行政行为中大量运用时，司法实践迫切需要承认其法律地位，事实上的需要与法律允许空间的存在使得电子邮件等电子证据优先在该类案件中得到运用，相应法律及司法解释对其规制也较为完善。刑事案件遵循犯罪构成要件原理认定犯罪，控方必须严格按照既定的法律指控犯罪，即使存在犯罪嫌疑人承认的情形，也不能单独作为定案的根据，必须有其他证据相佐证。为此对新出现的证据种类，立法与司法表现出较为滞后的反应是一种正常现象，是实现人权保障的一种重要方式。随着司法实践对电子邮件等电子证据运用的成熟及实践经验的积累，将其上升为法律规定的证据种类有利于该类证据证明力的发挥。

二、电子邮件刑事证据立法的背景考察

无论是犯罪控制模式的刑事诉讼还是正当程序模式的刑事诉讼模式，对

---

① 石尧：《电子邮件的证据问题研究》，载《科技信息》2010 年第 18 期，第 605～606 页。

于两大诉讼目的所持态度是一致的：兼顾与平衡惩罚犯罪与保障人权两者之间的关系。这对电子邮件上刑事证据立法有着较强的启示意义。笔者认为，在电子邮件刑事证据立法中应考虑以下三个方面的背景因素。

第一，现行刑事证据法律制度。任何刑事司法行为都是建立在既有的法律制度基础之上的，即使司法的运行可能会偏离立法。我国刑事证据法律制度主要是由刑事诉讼法、立法解释与司法解释等构成。根据现行法律规定，我国侦查机关有着较为宽泛的侦查权力。以刑事搜查为例，我国 2012 年《刑事诉讼法》第 134 条规定："为了收集犯罪证据、查获犯罪人，侦查人员可以对犯罪嫌疑人以及可能隐藏罪犯或者犯罪证据的人的身体、物品、住处和其他有关的地方进行搜查。"本法条还界定了搜查启动的条件："为了收集犯罪证据、查获犯罪人"。2012 年《刑事诉讼法》第 136 条第 1 款规定：进行搜查，必须向被搜查人出示搜查证。根据本条规定，搜查证是搜查启动的具体条件。但新刑事诉讼法并没有明确搜查证的核发机关，"立法者有意留下此空白，以便将搜查令状的审批权留给侦查机关。因为从法条结构上看，立法者是将搜查作为一种侦查行为规定在现行《刑事诉讼法》第二篇第二章'侦查'中"。[①] 从司法实践来看，公安机关搜查证的核准者是县级公安机关负责人，法律依据是公安部发布的《公安机关办理刑事案件程序规定》。检察机关搜查证的核准者是检察长，法律依据是《人民检察院刑事诉讼规则》。

搜查的具体执行程序依据是《刑事诉讼法》、《人民检察院刑事诉讼规则》与《公安机关办理刑事案件程序规定》等相关法律规定。搜查证的具体内容极为简单。[②] 搜查人员根据"没有禁止的就可执行的原则"进行搜查，极大地扩张了搜查权。《人民检察院刑事诉讼规则》第 182 条规定："搜查应当全面、细致、及时，并且指派专人严密注视搜查现场的动向"。[③] 第 183 条规定："进行搜查的人员，应当遵守法律，服从指挥，文明执法，不得无故损害搜查现场的物品。对于查获的重要书证、物证、视听资料及其放置地点应当拍照，并且用文字说明有关情况，必要的时候，可以录像。"2012 年《刑事诉讼法》第 138 条规定：搜查的情况应当写成笔录，由侦查人员和被搜查人或者他的家属，邻居或者其他见证人签名或者盖章。如果被搜查人或者他的家属在逃或者拒绝签名、盖章，应当在笔录上注明。搜查笔录的制作与见证人的存在有利于对搜查行为进行监督，但刑事诉讼法没有明确见证人拒绝签字的情况，《人民检察院刑事诉讼规则》与《公安机关办理刑事案件程序》

---

① 刘方权：《论搜查的正当程序》，http://vip. chinalawinfo. com/newlaw2002/SLC/slc. asp？ db = art&gid = 335565881. 2001 - 10 - 12/2010 - 6 - 27。

② 笔者见到的搜查证正文内容为：根据《中华人民共和国刑事诉讼法》第 109 条之规定，兹派我局侦查人员××对××进行搜查。在相关公安机关文书专业书中正文内容略微明确：根据××规定，兹派我局侦查人员××对居住在××的人身、物品、住处和其他有关的地方进行搜查，批准人、批准日期及被搜查人签字、签字日期。

③ 中国刑事辩护网：《人民检察院刑事诉讼规则》，http://www. chnlawyer. net/showarticle. shtml？ id = 200912161002969015. htm. 1999 - 01 - 08/2012 - 02 - 25。

同样没有作出规定。①

根据 2012 年《刑事诉讼法》第 136 条第 2 款的规定，在执行逮捕、拘留的时候，遇有紧急情况，不另用搜查证也可以进行搜查。《公安机关办理刑事案件程序规定》第 207 条对此作了细化：执行拘留、逮捕的时候，遇有下列紧急情况之一的，不用《搜查证》也可以进行搜查：（1）可能随身携带凶器的；（2）可能隐藏爆炸、剧毒等危险物品的；（3）可能隐匿、毁弃、转移犯罪证据的；（4）可能隐匿其他犯罪嫌疑人的；（5）其他突然发生紧急情况。根据本条规定可以看出搜查的目的有二：一是为了保护人民警察的安全；二是为了及时查获犯罪。《人民检察院刑事诉讼规则》第 179 条作出了相似的规定，但没有细化具体情形。②

立法条文的粗疏是刑事搜查立法中最大的问题，"疏而不漏"的立法模式虽然利于追查犯罪，提高诉讼效率，但是以牺牲人权保障为代价的。刑事搜查作为一种强制侦查行为，侦查机关的权力行使基本处于不受拘束的状态。侦查机关在实施搜查行为时，采取自我签发、自我执行、自我监督约束的"三自"原则。③搜查的决定与执行权都属于侦查机关，较之于多数国家将搜查的决定权和执行权分开、分别由不同的国家机关来行使的做法大相径庭，其弊端是显而易见的。在搜查的监督法律规定中，被搜查人员及相关人员对搜查只能作证明作用，地位被动，缺乏主动的权利监督。法律没有对监督人员权利受到损害后的救济措施作出具体规定，没有救济的权利等于没有权利。以如此虚弱的权利设置来监督制约强大的搜查权力只能成为一种法律"摆设"，难以起到应有的监督制衡作用。我国虽从立法上肯定了附带搜查制度，但从相关法律规定来看，并没有遵循"限制说"原理，④而是以"合理说"⑤为依据，认为只要能够获取犯罪证据，没有明显超过合理的范围，逮捕本身就可以为附带无证搜查提供足够的正当性基础，这极大地扩张了刑事搜查权。在附带搜查权力扩张中，立法更没有作出相应的限制，没有引入外来力量监督制约附带搜查权力的行使，使得刑事附带搜查权处于开放状态。

立法中侦查权力的过度扩张虽有利于追查犯罪，提高诉讼效率，但不可避免地会侵害到相关人员的合法权益。侦查权的扩张性不但体现在侦查法律制度中，还不同程度地体现在证据法律制度中。我国 2012 年《刑事诉讼法》

---

① 庄乾龙：《中美刑事搜查制度比较研究》，载《河北公安司法警官职业学院学报》2010 年第 1 期，第 54 ~ 60 页。

② 庄乾龙：《中美刑事搜查制度比较研究》，载《河北公安司法警官职业学院学报》2010 年第 1 期，第 54 ~ 60 页。

③ 李娜：《浅谈检察机关对公安搜查的监督》，载《天津检察》2009 年第 6 期，第 27 ~ 28 页。

④ "限制说"认为，附带搜查作为令状主义的例外，是为了"保障逮捕行为的有效进行、抑制被捕者的抵抗，防止其逃跑或隐藏证据"，出于此目的，在必要和有限的范围内可以根据实施逮捕时的客观需要进行无证搜查，但这种搜查应限于被捕人的人身及其直接支配范围内的证据。

⑤ "合理说"则认为，通常情况下"在逮捕现场发现犯罪证据的概率较高，收集证据的可行性和合理性较强"，"逮捕时附带搜查与根据令状实施的搜查行为在效果和人权侵害程度上没有根本性的差异"，而且，逮捕时附带实施搜查、扣押的可行性和行为范围也与持有令状的搜查和扣押相同，因此，在逮捕现场的证据，"只要与犯罪有一定的关联性，都可以实施搜查、扣押"。

第 7 条明确规定："人民法院、人民检察院和公安机关进行刑事诉讼，应当分工负责，互相配合，互相制约，以保证准确有效地执行法律。"相关证据法律规定中贯彻了公检法相互配合的精神。如该法第 50 条及第 52 条规定了公检法部门的取证程序。但从上述法律条文中看不出各机关取证权力的差别，不存在不同机关之间在取证、认证程序中的制约性，即各权力之间缺乏相互制约，表现为明显的线性特征。《人民检察院刑事诉讼规则》（以下简称《规则》）中对有关证据问题进行了不同程度的细化，增加了其可操作性，但仍体现出较强的配合性。如《规则》第 256 条规定：人民检察院审查案件的时候，对公安机关的勘验、检查，认为需要复验、复查的，应当要求公安机关复验、复查，人民检察院可以派员参加；也可以自行复验、复查，商请公安机关派员参加，必要时也可以聘请专门技术人员参加。①《规则》第 258 条规定：人民检察院对物证、书证、视听资料、勘验、检查笔录存在疑问的，可以要求侦查人员提供物证、书证、视听资料、勘验、检查笔录获取、制作的有关情况。必要时也可以询问提供物证、书证、视听资料的人员并制作笔录，对物证、书证、视听资料进行技术鉴定。②根据上述法律规定，人民检察院在对待有疑问的证据问题时需要的是公安机关的配合，而不是对证据或者公安机关的取证行为进行监督。

第二，刑事司法制度要素。立法的粗疏为刑事司法的"随意"性提供了便利条件。如刑事搜查执行规则的稀少使得刑事搜查处于无规则的运行状态。无规则的权力运作往往不能起到民众自觉服从乃至社会安全稳定的效果，很可能会适得其反。刑事搜查行为基本处于秘密状态，非但不对社会公开，就连检察监督机关也基本排除在外。司法实践中检察监督机关没有正常的渠道获取刑事搜查执行的信息。公开是权力的必然属性与基本要求。没有公开性，权力就没有权威性。搜查权力的运作缺乏公开性，不利于树立搜查的权威。执行刑事搜查行为的个体差异因素进一步增加了刑事搜查滥权的可能。刑事搜查权是由特定的侦查人员行使的，他们有着自己的权力认知能力和水平，有自己相对独立的利益，不可能对搜查权力的行使方式、程度、效果具有完全统一的认知。刑事搜查实际运行中还突出表现为屡屡突破现行法律规定。如同意搜查制度，现行法律并未规定，但实务中却客观存在，因缺乏相关法律依据，被搜查人的合法权益便难以保障。为及时查获赃物或犯罪工具，侦查机关一般不单独申请搜查令状以搜查上述物品，借以规避搜查令状一次性与不及时性的缺陷。搜查主体还大量利用《人民警察法》赋予的行政权力，以检查、盘查之名行搜查之实。而对于是否有罪并不确定、且未被采取强制措施的犯罪嫌疑人，秘密搜查则成为常规方式，所有这些都长期处于法外运行状态，更何谈相应的搜查监督？

① 中国刑事辩护网，《人民检察院刑事诉讼规则》，http://www. chnlawyer. net/showarticle. shtml? id＝200912161002969015. htm. 1999－01－08/2012－02－25。
② 中国刑事辩护网，《人民检察院刑事诉讼规则》，http://www. chnlawyer. net/showarticle. shtml? id＝200912161002969015. htm. 1999－01－08/2012－02－25。

　　总之，刑事搜查实际运行中既没有事前控制也缺乏事中、事后控制，刑事搜查权力行使缺乏有效规制，被搜查人缺乏最基本的权利救济保障。刑事搜查片面强化了侦查程序的犯罪控制功能，弱化了人权保障价值。在证据法律制度中，亦存在与刑事搜查类似的问题。法官唯实体结果论，我国刑事诉讼法虽然规定了非法证据排除规则，但执行不力，这固然与立法不严谨有关但与司法对实体结果的偏好有着不可分割的关系。

　　在刑事证据法律制度中，司法对立法的排斥或者异化在形式上主要表现为以下两个方面。

　　首先刑事证据法律制度中的异化主要是通过一些隐形程序来实现的，即在我国刑事诉讼法上没有规定但在司法实务中一直沿用的处理证据法律制度的证据法则。其典型的异化之一就是证据转化规则。如就非法证据而言，所谓非法，主要是指非法的途径或方法、非法主体、非法定的证据种类等。① 按此理解，属于上述非法内容的证据应予以排除。但司法实务中将上述非法证据予以采纳使用的却占据了大多数。如我国现行刑事诉讼法中并没有明确规定秘密侦查手段，通过秘密侦查手段获取的证据属于非法证据，但实务中秘密侦查手段的运用已成定势，如若将其获得的证据完全排除，则将难以实现惩罚犯罪之诉讼目的，浪费大量的司法资源。又如检察机关通过初查的手段获得的证据同样面临着上述问题。党纪机关、行政执法机关及私人获取的刑事犯罪证据不符合取证主体要求亦应予以排除，但实务中多数是通过主体转化的方式将其所获得证据予以合法化。而对于属于非法定证据种类的刑事证据则通过扩大化解释证据种类的方式将其予以合法化。笔者认为，上述证据转化之隐形规则的存在有其必然性。其原因在于立法缺失与司法实践需要之间的矛盾。如果完全排除上述非法证据，则很可能会影响到整个刑事诉讼的顺利进行。但证据转化规则缺乏基本的法律规定，在转化的过程中易被人为控制，具有极大的随意性。这种异化具有很强的辐射性，会不同程度地影响相关证据法律制度，架空诸如非法证据排除等重要的证据规则。可喜的是，新修订的刑事诉讼法明确了秘密侦查手段，并明确规定，行政机关在行政执法和查办案件过程中收集的物证、书证、视听资料、电子数据等证据材料，在刑事诉讼中可以作为证据使用。这在一定程度上解决了证据转化问题。但该法并没有对秘密侦查取得证据如何使用作出细致规定，也没有对行政执法活动中获得的证据如何使用作出规定。这有可能导致出现大量行政证据涌入刑事诉讼程序的现象，降低了刑事证据的质量，损害犯罪嫌疑人、被告人的合法权益。未来立法有必要继续细化之。

　　其次，"司法作秀"是刑事证据法律制度在司法实务中异化的另一重要原

---

　　① 万毅：《证据"转化"规则批判》，载《政治与法律》2011年第1期，第131~140页。

因。自 1999 年以来，各地方刑事司法机关先后出台了大量的刑事证据规则。①
这些刑事证据规则一方面是对最高司法机关刑事证据规则的细化，另一方面
借鉴吸收了大量先进的刑事证据法理念，将专家学者所提出的观点制度化，
并引进了许多西方国家特别是英美国家刑事证据法的举措。针对司法实践中
刑讯逼供、非法证据排除、证据开示等热点问题进行了专门的规制，并创制
了诸多新的刑事证据规则，如传闻证据规则、意见证据规则、证据开示制度、
警察作证规则、排除合理怀疑的证据标准，讯问时律师在场规则等。上述证
据规则的细化与创新与"两个证据规定"相比更为全面和深入，但从实施效
果来看，极不理想。例如，"西安市中级人民法院与西安市人民检察院于 2004
年 12 月 1 日起试行了《刑事案件庭前证据展示操作办法（试行）》，但是对于
证据开示的实际效果不尽如人意，从调研结果来看，2005 年全年，西安市中
级人民法院刑一、二庭共审结各类一审刑事案件 350 件，其中试行刑事证据
庭前展示 37 件，占审结一审刑事案件数的 10.5%，而这庭前证据展示的 37
件案件全部是事实清楚，证据充分，案情较简单的案件；这些案件除两起案
件为一案多名被告外，其余均是一案一被告一罪名的案件；并且有 31 件因被
告人主动认罪，同时适用了《关于适用普通程序审理'被告人认罪案件'的
若干意见（试行）》进行了普通程序简化审，这占到证据展示案件的 83.7%。
可见，西安市开展庭前证据展示案件的比例不高，而且进行庭前证据展示的
案件都是一些案情较简单的案件，这是本末倒置的，因为对于相对复杂的经
济犯罪案件及暴力犯罪案件，实行证据展示有利于明确争议焦点，案情复杂

---

①　1999 年 12 月 31 日，江苏省高级人民法院、江苏省人民检察院、江苏省公安厅、江苏省司法
厅《关于刑事诉讼证据方面若干问题的会议纪要》；2000 年 9 月 27 日，浙江省建德市人民检察院、建
德市司法局《关于公诉人与辩护律师庭前证据材料开示的若干规定》；2001 年 10 月 1 日，北京市高级
人民法院《关于办理各类案件有关证据问题的规定（试行）》；2002 年 7 月 11 日，北京市第二中级人
民法院《关于证据规定的操作规范》；2003 年 7 月 13 日，北京市海淀区人民检察院与北京市律师协会
会签《证据开示规则》；2003 年 8 月 28 日，江苏省高级人民法院《关于刑事审判证据和定案的若干意
见（试行）》；2004 年 12 月 1 日，西安市中级人民法院与西安市人民检察院《刑事案件庭前证据展示
操作办法（试行）》；2004 年底，山东省寿光市人民法院、人民检察院《寿光市人民法院、寿光市人
民检察院刑事证据开示操作规程》（试行操作）；2005 年 5 月 1 日，四川省高级人民法院、四川省人民
检察院、四川省公安厅《关于规范刑事证据工作的若干意见（试行）》（语文网中网摘录，版权属原作
者）；2005 年 7 月 20 日，安徽省蚌埠市人民检察院在办理的所有刑事案件中对讯问犯罪嫌疑人的全过
程进行同步录音录像；2005 年 9 月底，福建省永安市人民法院、人民检察院、公安局会签执行《盗
窃、故意伤害、抢劫、交通肇事、诈骗、贩毒犯罪案件基本证据规格》；2005 年 10 月，湖北省武汉市
江汉区检察院《关于办理审查逮捕案件非法证据排除规则（试行）》；2006 年 1 月 1 日，湖北省高级人
民法院、湖北省人民检察院、湖北省公安厅、湖北省国家安全厅、湖北省司法厅《关于刑事证据若干
问题的规定（试行）》；2005 年 12 月 30 日，河南省郑州市人民检察院与郑州市公安机关会签《郑州市
检察院、郑州市公安局关于排除非法证据的若干规定》；2006 年 3 月 22 日，重庆市检察机关要求对侦
讯逐步全程录音录像，排除刑讯逼供所获证据；2006 年 6 月 1 日，中共呼伦贝尔市政法委员会《关于
加强刑事证据工作若干问题的意见（试行）》；2006 年 7 月 31 日，上海市高级人民法院、上海市人民
检察院、上海市公安局、上海市司法局《关于重大故意杀人、故意伤害、抢劫和毒品犯罪案件基本证
据及其规格的意见》；2006 年 8 月 9 日，江西省高级人民法院、省人民检察院、省公安厅《关于死刑
案件言词证据的若干意见（试行）》。参见房保国：《现实已经发生——论我国地方性刑事证据规则》，
载《政法论坛》2007 年第 3 期，第 41～52 页。

和被告人不认罪的案件是更需要进行证据展示的，但是却没有推行。"① 类似西安市中级人民法院和西安市人民检察院的情况不在少数，地方立法存在大量"立而少用、甚至不用"的情形。"司法作秀"式的地方立法带给刑事司法主体一种认识上的误区：制度创新与实际执行是两回事。一旦这种错误的刑事证据理念被司法主体所接受，会带来极为严重的后果。法律规定与司法实务两层皮现象不但在具体的实务中存在，还存在于抽象的理念中。这将造成"主观刻意追求"与"客观现实需要"的合力，加速刑事证据法律规定的司法异化。②

从本质上看，司法实践对法律条文的排斥与"不得已"、"歪曲"表象的背后是利益博弈的结果。因为，追求利益最大化不仅在经济领域存在，在法律领域中同样存在，追求法律利益最大化几乎是每个法律主体的首选目标，表现在法律主体在法律框架下通过成本分析最终选择最优方案，总想享有更多的权利并力图摆脱义务，逃避法律责任。③ 要想斩断刑事证据法律司法异化的触角，必须切断异化的动力源，即从理念与制度上疏通司法主体利益博弈的渠道，通过切实更新刑事司法主体的证据理念，摒弃传统上的行政本位与原心定罪的过时诉讼观念。在制度上严格制裁程序与制裁结果，让刑事司法主体在适用刑事证据的过程中产生一种"不敢越雷池半步"的厚重"责任感"，让执法人员的"利害算计"无处藏身。可以说，执行不力是刑事证据法律被司法异化的直接原因，也是我国法治进程中久治不愈的顽疾，只有通过软性理念驯化与刚性制度保证方有可能摒除司法实务对刑事证据立法的排斥与异化。④

第三，社会公众对现行刑事法律制度的认可度与接受性。在一个民主法治国家，立法的制定离不开社会公众的参与，而司法行为更离不开公众的检验与监督。公众对刑事法律制度的认可度与接受性最终将以民意的形式表现出来。因为"纯法律举动很明显取决于感情和态度，感情和态度在决定该法律的对象是否会组织起来，对法律施加压力要求改变或采取敌对行为等等也很重要。"⑤ 那么，现行法律规定与司法行为是否能为民众所接受呢？具体来说，社会公众对刑事诉讼中的惩罚犯罪与保障人权或者实体正义与程序正义二者之间的关系更倾向于何者呢？我们不妨通过几个事例的典型考察以达管中窥豹之功效。

第一例：刘涌案。2002 年刘涌被辽宁省中级人民法院以组织、领导黑社会性质组织罪、故意伤害罪等判处死刑。2003 年 8 月刘涌被辽宁省中级人民

---

① 房保国：《现实已经发生——论我国地方性刑事证据规则》，载《政法论坛》2007 年第 3 期，第 41～52 页。

② 庄乾龙：《论刑事证据立法新走向》，载《中国刑事法杂志》2012 年第 2 期，第 77～90 页。

③ 杨解君：《法律关系背后的关系："法律亚文化关系"初探》，载《南京大学法律评论》2001 年第 1 期，第 162～171 页。

④ 庄乾龙：《论刑事证据立法新走向》，载《中国刑事法杂志》2012 年第 2 期，第 77～90 页。

⑤ 沉钟：《问"法"中原——张金柱案件启示录》，载《时代文学》2001 年第 3 期，第 4～32 页。

法院判处死刑，缓期二年执行。本案在二审之后，引起了广泛的社会关注。二审改判的缘由是检察机关指控的关键证据是通过刑讯逼供的方式获得的，属于非法证据，应予以排除。刘涌案二审判决一出，立即引来一片指责与谩骂之声。既有传统报纸新闻的参与，又有新兴网络媒体的加入，矛头直指辽宁省高级人民法院与当时出具专家意见书的几名法学专家学者与律师。很多人发出措辞强烈的质疑："对于刘涌这样一个十恶不赦的黑社会老大，由判处死刑立即执行改判死刑缓期执行，是法治的退步、人权的耻辱。他们强烈要求遵循民意，落实正义。"[①] 最高人民法院正是在此背景下，提审本案，并迅速作出死刑判决，立即执行。

第二例：李庄案。在 2009 年即将结束时，持续了一年多的重庆打黑再次掀起新高潮，涉黑嫌犯龚刚模的辩护律师李庄被逮捕，并很快提起公诉，罪名是伪造证据、妨害作证。时至今日该案虽已尘埃落定，但因其案发于"打黑除恶"的民愤中，又因牵涉律师伪证罪，备受社会关注。该案从立案到二审最终判决仅用 57 天，案件审理的"超常规快速"[②]，创造出了中国的"司法奇迹"。[③] 在本案中明显可区分出两种民意，一是一般民众对李庄案持强烈拥护的态度，特别是在新闻媒体带有倾向性报道之后，舆论呈一边倒趋势，李庄被一片"黑律师"、"有钱律师"、"背景律师"、"捞人律师"的骂名所掩盖。在李庄案中引起广泛关注的还有以律师、法学专家学者为代表的民众。他们从程序法与证据法、实体法的角度对本案进行了深刻的剖析，冷静地指出李庄案一审判决与二审判决中存在的问题。

第三例：天价过路费案。2009 年 10 月 17 日，河南平顶山市人民检察院指控时某于 2008 年 5 月至 2009 年 1 月期间，通过非法购买武警部队假军用车牌照的方式，多次骗免通行费用，共计人民币 368 万元。河南省平顶山市中级人民院审理后认为，时某以非法占有为目的，采用虚构事实、隐瞒真相的手段，骗免通行费用，造成财物损失达 360 多万元，数额特别巨大，构成诈骗罪，判处无期徒刑，剥夺政治权利终身，并处罚金 20 万元，并追缴违法所得的一切财物。该案判决作出后，引起了社会的广泛关注。民众关注的问题集中于两点：一是对案件被告人的刑罚过重。二是天价过路费用的计算方法。其中对第二点讨论已经演变成为我国长期存在的交通收费问题。参与讨论的群体极为广泛，既有普通民众，亦有法律精英群体，还有社会学专家群体等。天价过路费案已经超出了一般刑事案件的意义，具有广泛的社会性意义。

上述三个案例具有一定的代表性，至少在民意对刑事立法与司法的认可

① 左坚卫：《民意对死刑适用的影响辨析》，载《河北法学》2008 年第 2 期，第 35~51 页。

② 2009 年 12 月 10 日，龚刚模向公安机关检举了被告人李庄的犯罪行为，2009 年 12 月 12 日，李庄因涉嫌律师伪证罪被抓捕，2009 年 12 月 18 日，江北区人民检察院以李庄辩护人伪造证据、妨害作证罪向江北区人民法院提起公诉。12 月 19 日，江北区人民法院立案受理。2009 年 12 月 30 日，李庄案在重庆市江北区法院公开审理。庭审从上午 9 时 10 分开始，至次日凌晨 1 时结束，历时 16 个小时。2010 年 1 月 8 日，李庄被一审宣判有期徒刑 2 年 6 个月。李庄不服，提出上诉，坚称自己无罪。2010 年 2 月 3 日二审开庭审判，2010 年 2 月 9 日，李庄终审被改判有期徒刑 1 年 6 个月。

③ 庄乾龙：《李庄案的证据学拷问》，载《石家庄学院学报》2011 年第 2 期，第 29~36 页。

度与接受性上表现出如下三个方面的特点：其一，民意分为两种，一是普通民众之民意；二是以法学专家、律师群体为代表的群体民意。其中普通民众的民意表现出痛恨强势主体的特点。这在刘涌案中表现得十分突出，刘涌案一审并没有引起太大的社会关注，但二审的改判结果为民众所不能接受。普通民众群体表现出较强的报应性法律观念，认为像刘涌之类罪大恶极之犯罪分子必须适用极刑方能彰显法律的公平与正义，否则就是司法的不公，是对正义的唾弃。在天价过路费案件中，普通民众又表现出强烈的同情弱者的特点。普通民众对案件结果表示出强烈的不满与不解情绪，认为在骗免通行费数额较大的情形下，对案件被告人判处无期徒刑，刑罚过重。而国家在收取通行费方面暴露出的问题进一步刺激了普通民众等弱势群体的敏感神经，他们不自觉地将自己置于受害人地位，表现出朴素的法律主义情感。相对于普通民众之民意，精英群体民意则显得格外理性。他们的观点一般很少受情感因素的制约，更多的是对法律"就事论事"地理解与抽象。

其二，案件的判决结果一般以一般民众的民意为导向。精英群体在司法过程中似乎扮演着与一般民众"为敌"的角色。如在刘涌案件中，法学专家并不是没有认识到刘涌罪行的严重性，但从法律的角度分析，通过刑讯逼供获取的证据理应排除。但法学家的这一理性判断遭遇了一般民众的情感炮轰。而最后的司法判决亦契合了一般民众的情感诉求。这在一定程度上证明司法是关注"多数"的感受的。从司法角度看，判决的可接受性，亦多是从接受主体的数量进行衡量的。

其三，利益关涉对民意的影响甚大。如在刘涌案中，精英群体的参与性并不充分，但在李庄案中以律师为代表的群体具有充分的参与性，李庄作为律师所犯罪行在律师行业中具有普遍性，律师作为一种职业群体对李庄案具有天然的敏感性。律师群体对李庄案的充分参与已经超越了案件事实本身，更多的是从律师群体利益角度去探讨案件反映出的普遍问题，实际是职业群体对潜在危险的担心，亦是对职业群体合法权益的有利维护。刘涌案与李庄案中精英群体或职业群体参与是否充分的鲜明对比足以说明利益关涉性在民意表达与影响中起到的重要作用。

从更为抽象意义上来看，一般公众民意与精英群体民意之间具有天然的冲突性。这种冲突直观地表现为精英民意注重程序正义、重视人权保障，而普通民意则重视实体结果，关注惩罚犯罪。从影响方式上看两者的区别亦是明显的：精英民意会更多地影响立法，而普通民意则会更多地影响司法。精英民意无论是在立法还是在司法过程中都表现出较强的理性特点，而一般民意的感性因素占据主要地位。之所以会出现上述冲突，笔者认为其原因主要有以下两个方面。第一，法律知识程度造成的认识基础差异。一般民众缺乏基本法律知识，对于法律知识背后反映的民主、自由、平等、秩序等现代法律价值更难以理解。他们所能接受的就是可以看得见、摸得着的实体结果，从朴素的感性出发，认为符合了一般人的情感因素的判决就是好的判决，就是公正的司法。而精英群体拥有较为充足的法律知识，能够深刻地认识与了解法律条文所维护的民主、自由的可贵，更加重视法律程序的公正。第二，对社会资源占有的不均是造成一般民意与精英民意发生冲突的深层原因。精英群体虽然在社会中占少数，但其对社会资源的占有远远超过了一般群体对社会资源的占有。资源占有的不均，使得一般群体处于弱势地位，而精英群体在社会资源的占有上处于强势地位，此种错位是两大民意群体发生冲突的重要物质原因。这也是物质决定意识之马克思主义原理的一种具体表现。有什么样的物质基础、经济条件与社会资源将会产生什么样的意识、法律观念及法律诉求。

公平的裁判、正义的司法都需要主体的判断，而判断主体是由司法者与非司法者组成的，并且司法者的评判会受到非司法者评判的影响，这也是裁判可接受性的重要内涵之一。正如有的学者所言："应提高法院裁判的可接受性，因为司法过程不是一个单纯从事实出发，机械依据法律逻辑就能得出唯一正确裁判结论的'自动售货机'，判决必须能够被当事人和公众所尊重和信赖，否则，不仅不会对社会和谐起到促进作用，反而可能成为新的社会冲突的爆发点。"① 这意味着司法不能脱离民众或者民意，脱离了民众的司法，就失去了判断公平与正义的标准。而立法是司法的前提，公平、正义的立法是产生公正的司法的保障。精英群体与普通群体对法律认知的错位与其参与立法是否充分有着很大的关系。在立法过程中精英群体的民意得到了较为充分的展现，但一般民众则缺乏直接意志的表达。为降低民意冲突出现的几率，有必要在立法与司法中兼顾两者。这意味着在立法中不能过分超前，超出一般民众预测的结果只能在司法时被适当地修正。精英群体在立法中的理性应适当考虑一般民众的感性诉求，以求得实体正义与程序正义或者惩罚犯罪与保障人权之间的适当平衡。

总体而言，我国整个刑事诉讼法背景表现出较为明显的保障公权运行的特点，缺乏程序权利保障精神。特别是司法实务对搜查权所持的扩张态度进一步扩大了侦查权力。在现行司法缺乏独立性条件保障的情况下，公检法在追惩犯罪过程中容易形成一种合力，而缺乏应有的制约。精英群体权利保障思想在立法中虽有一定程度的体现，但司法易被利益诱导而出现异化，在普通民意的推动下，演变成为声讨犯罪的"战役"。换言之，我国有着惩罚犯罪的法律基础与广泛的社会基础，在民主法治时代，需要对具有自我膨胀性的惩罚犯罪模式予以适度限制。具体到电子邮件刑事证据制度，需要通过构建体系性、保障性法律为其提供基础保障，并以人权保障为核心，细化、完善刑事证据法律制度规范。

三、刑事电子邮件证据制度完善思路

(一) 刑事电子邮件证据制度保障性法律的构建与完善

一项制度的建设需要法律体系的构建与保障，在刑事电子邮件证据法律

① 世界法律大会：《法院判决应满足公众正常期待》，http://news. sohu. com/20050909/n226906729. shtml. 2005 - 09 - 09/2011 - 05 - 03。

制度构建过程中亦不能缺少其他保障性法律的完备。从整个法律体系设置上看，目前关于规范电子邮件等电子证据的法律多属于法规、条例等。从法律规范内容上看，大致包括以下几个方面：（1）电子邮件等网络主体法律法规。目前主要表现为如下几部：《互联网 IP 地址备案管理办法》、《最高人民法院、最高人民检察院关于办理利用互联网、移动通讯终端、声讯台制作、复制、出版、贩卖、传播淫秽电子信息刑事案件具体应用法律若干问题的解释》、《互联网上网服务营业场所管理条例》、《电子认证服务管理办法》等。（2）关于电子邮件等互联网安全的法律法规。主要有如下几部：《计算机信息网络国际联网保密管理规定》、《计算机信息网络国际联网安全保护管理办法》、《中华人民共和国计算机信息系统安全保护条例》、《维护互联网安全的决定》等。（3）关于行业性自律规范。如《中国互联网行业自律公约》、《互联网站禁止传播淫秽、色情等不良信息自律规范》等。上述法律法规虽然在一定程度上充实了电子邮件等电子证据的法律内容，但亦存在不容忽视的缺陷。首先上述法律法规规定得较为粗疏，不够细化，可操作性不强。其次，相关法律法规没有对相关主体设置明确的职责权限义务，如对于电子邮件服务商的权利与义务性规定等不够明确，导致在后续的刑事证据提取过程中，缺乏基本的法律依据，特别是缺乏对例外事由的规定，表现出法律规定的不周延性。最后，相关法律法规虽作出了禁止性规定，但缺乏制裁性后果，缺乏法律规制的刚性，使得法律效果大打折扣。

笔者认为，从电子邮件刑事证据制度体系角度看，应从以下几个方面完善保障性法律法规体系。

第一，严格电子邮件网络服务商的职责权限，保证法律法规的可执行性。这里的责任应该是一种体系性的责任，包括行业责任、行政责任、民事责任与刑事责任。《网络犯罪公约》（以下简称《公约》）在此方面已经为我们提供了有益经验。《公约》第 20 条明确规定，网络服务提供商有义务在现有的技术能力范围内通过技术手段向侦查机关提供合作或服务，且主管当局有权要求网络服务商对有关事实或措施予以保密。

但问题是，对于网络服务商的刑事责任设置应该持谨慎态度，在特定的条件下可能会使其处于非常尴尬的两难境地。如系统管理员在单位服务器上发现了儿童色情制品，这会使系统管理员处在两难的境地。如果简单地删除这些违法信息并不向上报告，这是对犯罪行为的忽视；相反如果系统管理员没有征得老板的同意就向警察报告其他雇员在服务器上放置了儿童色情制品，而他的老板如果不承认，他就必须聘请自己的律师，消耗自己的时间予以证实，或许最终还要给自己找份新工作。更严重的是，本来是好心调查儿童色情，结果系统管理员自己却可能成为下载并处理非法信息的被调查人员。因此，在面对这种情形时，除了要做好技术上的准备，不管是单位还是本单位系统管理员，都要对这些问题有一个清晰的策略和处理方法。① 总之，网络服

① ［美］Eoghan Casey：《数字证据与计算机犯罪（第二版）》，陈圣林、汤代禄、韩建俊等译，电子工业出版社 2004 年版，第 166 页。

务商特定责任体系的建立有利于网络安全的建立，有利于刑事犯罪追查活动的顺利进行。如在美国，美国管理协会和电子政策协会对 1100 家公司开展了实证调查，结果显示：约有 14% 的被调查者声称自己在 2002 年应法院的命令提交雇员的电子邮件，而 2001 年的相关比率为 9%。主要为雇工案件中的大公司辩护的 Garry Mathiason 律师事务所指出，该公司所承办的所有案件几乎都包含电子邮件问题。① 但在诸如此类主体责任设置上应兼顾雇员电子邮件通信上的自由权利，不宜作过多的责任限制，否则有可能侵犯特定群体的合法权益。

第二，明确电子邮件等电子证据的保留期限。电子邮件的传输需要特殊的邮件服务器，为防止电子邮件删除或更改后发生争议，立法可以规定电子邮件服务商应保留电子邮件的最低期限，以方便侦查取证，且可以提高对电子邮件内容真实性与可靠性的认知。这在国外已有立法先例，我国亦有相应的地方立法实践。如《广东对外贸易实施电子数据交换暂行规定》中就明确规定，电子报文的存储期最短不得少于 5 年，在相关主体对电子数据交换的协议发生争议时，可以以该中心提供的信息为准。

第三，确立电子邮件网络实名制度。网络实名制的出现归因于网络欺诈和侵权问题的泛滥。电子邮件具有易篡改性，且可利用相关技术软件，改变发送主体、发送路径及收件主体。电子邮件网络实名制可保障发件人与收件人的真实性。如在电子邮件申请时可以采用与身份证号码相一致的方式，保证电子邮件申请者的唯一性。电子邮件网络实名制有利于提升电子邮件的证据效力，尤其是可以解决电子邮件收件人与发件人之间的身份验证问题。当然，电子邮件网络实名制度的建立，需要借助整个网络实名制度的发展与完善。

第四，构建完善的电子邮件等电子证据鉴定与公证制度。电子邮件证据普遍存在鉴定问题，这是由电子邮件的待鉴定性特点决定的。电子邮件具有传输过程的复杂性、收发件主体的不确定性及邮件本身的易删改性等特点，这些都会影响电子邮件证明力。根据我国新刑事诉讼法第 144 条的规定，为了查明案情，需要解决案件中某些专门性问题的时候，应当指派、聘请有专门知识的人进行鉴定。数据恢复会涉及较高难度的专业知识，受专业知识限制，法官包括其他诉讼参与人不可能对其有准确、深刻的认识，借助专业人士的解释与说明有其必然性。立法必须考虑科技证人或者科技鉴定机构问题，以为刑事司法提供公平、公正的技术保障。从域外司法实践看，其一般都配置专门的数据取证人员，又称为计算机安全专业人员。但在司法实践中，因计算机安全专业人员每月都要处理上百个犯罪案件，没有足够的时间与精力对每一个案件中的电子证据进行完整的调查。取证人员配备不足，在电子证据领域会带来以下三个严重的缺陷：一是因对电子证据的较少使用，律师与执法人员失去大量接触电子证据的机会，进而失去学习计算机犯罪基本知识

① 余金灿、韩万迁：《美国的电子证据和法庭计算机科学》，载《北京人民警察学院学报》2005 年第 4 期，第 33～35 页。

的机会，只有在涉及重大案件或者风险较高或者复杂的案件时，才引起他们对电子证据问题的关注。二是在海量电子证据面前，由于人手不足，计算机安全专业人员养成草率处理电子证据的习惯，使得执法人员起诉犯罪分子或者律师的辩护更加困难。三是给企业或个人一种误解，导致他们低估了犯罪行为，减少了一般民众防范犯罪的意识，并降低了民众预防、对付犯罪的能力。基于上述考虑，笔者认为，未来立法宜增加电子证据采证主体、鉴证主体的数量。在时机成熟时应进行专业人员的分类，针对电子邮件证据的特殊性，培养专门的电子邮件技术专家，并通过严格的法律规范其取证、鉴证行为，为后续公正的控辩对抗提供基本的技术支持。

从电子邮件技术鉴定的重要性上看，应采取必要措施保障鉴定人与鉴定机构的中立性，以保证鉴定的公平与公正。如上海市浦东新区人民法院在一起劳动争议案件中首次将电子邮件的打印件作为定案的证据。[①] 但在该案中电子邮件的真伪鉴定机构为浦东新区公安局计算机监管部门，这引起广泛的争议。有学者认为可以引入公证机关的公证，以解决电子邮件真伪鉴定主体的中立性问题，同时可以解决电子邮件打印件的原件问题。该观点认为，固定在公证机关的电子邮件打印件可以看成是原件，而相应的其他来源应当认定为复印件。[②] 笔者认为，公证机关的引入虽然在一定程度上有助于电子邮件鉴定的公正性，但并不具有决定性作用。公证机关的公证行为更多的是从形式上进行的，电子邮件鉴定的核心问题是技术问题，若公证人员并不通晓电子邮件的技术鉴定，仍然无法从技术上保证鉴定的公正性。该学者犯了一种实务中常犯的错误，即以非技术力量保证技术性活动的公正性。从公证保证的有效性上看，第三者的监督能力与水平须与被监督者的能力与水平相近或者更高，否则其监督徒具形式，缺乏实质制约性。另外，公证机关的引入无助于电子邮件原件与复印件问题的解决。原件与复印件的区别在于其证据发生的来源性不同，原件与复印件之证据内容并没有实质差异。公证机关的引入只能解决电子邮件形式上的证明问题，不能解决实质问题，即计算机系统内的电子邮件与打印出的电子邮件证明内容并不一致。因邮件服务器系统的原因，电子邮件在传输过程中会增加很多系统因素，其中地址与时间日志的增加，对证明案件事实起着极为重要的作用，但因系统原因打印件并不能完全呈现所有的电子邮件内容，即电子邮件输出物与系统内的电子邮件并不能保持一致。从此点上看，电子邮件打印件不可能是原件，公证机关的引入不能从根本上解决系统内电子邮件与打印后邮件的差异。

有必要提及一点，司法实践中为提高电子邮件证据的证明力，有关主体会要求对电子邮件进行公证。一般而言，经过公证的电子邮件证据的证明力要大于未经公证的电子邮件证据的证明力，但亦不尽然，这与公证对象息息相关。如在实践中，某公证处接到当事人要求对其电子邮件进行保全公证的要求。但因网络原因，公证处计算机无法进入该当事人邮箱服务器。在当事

---

① 《上海法院首次将电子邮件作为定案有效证据》，载《解放日报》2000-11-14 (3)。
② 孙昌军、郑远民、易志斌：《网络安全法》，湖南大学出版社2002年版，第197页。

人的要求下，在公证处的电脑"OUTLOOK EXPRESS"增加当事人的邮箱账号，并接收邮件。因电子邮件的高技术性特点，公证处为规避其复杂技术带来的风险，要求对当事人的"邮件接收行为"进行公证，即公证处可以采用录音录像的方法记录当事人利用公证处电脑收发电子邮件的行为。① 很明显，该公证机构的公证对象是"收发电子邮件的操作过程"，但对于电子邮件证据的公证保全没有任何法律意义，因为"电子邮件操作过程"与案件事实没有关联。只有电子邮件的内容本身及是否存在本身才具有法律上的证明意义。为此，公证机构为规避技术复杂而带来的风险对"电子邮件操作行为"进行公证的行为没有实际意义，不会影响到电子邮件证据的证明力。只有公证机关针对电子邮件内容进行的公证才具有法律意义，但因电子邮件的技术性特征，公证人员难以判断电子邮件的真实性，有必要引进专业技术鉴定人员辅助公证员对电子邮件的真实性进行鉴定，否则其只做形式的公证对电子邮件证据证明力的提高没有实质作用。

　　另外，为提高公证的客观性，应尽量使用公证处电脑或者没有利害关系方的电脑对电子邮件进行公证。若使用当事人电脑对电子邮件进行保全公证很容易为当事人所控制。如"以常用的 Windows 系统为例，现在的计算机都可以被虚拟成为一个服务器，在硬盘的某处存在着一个名为'host'的文件（c：/windows/system〈32〉/driv－ers/etc/hosts）。通过修改该文件可使特定域名与特定 IP 地址进行联系，如指令 www. sina. com. cn 指向 100. 100. 100. 1 的内部 IP 地址，从而使公证员使用浏览器访问 www. sina. com. cn 网站的时候，导致计算机去访问公司内部的某台计算机，如果在该台内部计算机上预存特定电子邮件的页面，就非常容易使公证人员产生误解，从而无法确保公证的客观性。"② 可见，对于经过公证的电子邮件其证明力大小也是有区别的，一般而言，在使用公证处控制下的电脑进行公证的电子邮件的证明力一般大于利用第三人控制下的电脑进行的公证，最后是利害关系人控制下电脑的公证，若有相反证据证明的除外。这一规则得到了司法实践的支持，如有"法官表示，对电子邮件的公证，最好在公证处或法院进行，这样可以保证公证所使用的计算机不会被其他人控制，公证效力比较强。"③

　　总之，在我国因电子邮件证据缺乏相应法律规范，电子邮件证据的鉴定部门及鉴定程序处于空白状态，有必要借鉴诸如香港特别行政区的电子数据鉴定中心，构建相应的电子邮件等电子证据鉴定中心。如此，既可解决电子邮件证据的真实性与可靠性问题，也可为法官提供审查证据证明力的可靠依据。我国司法实践已经开始摸索建立类似电子邮件等电子证据的司法鉴定机构。如"2005 年我国在北京成立了电子取证专家委员会并举办了首届计算机

---

　　① 欧延实：《论电子邮件证据的保全公证》，载《中国司法》2010 年第 9 期，第 59～61 页。

　　② 王艺：《进一步加强公证在电子邮件中的作用》，载《科教文汇》2007 年第 7 期，第 143～144 页。

　　③ 高健：《电子邮件可否充当法庭证据》，http://news. sina. com. cn/s/2005－11－21/11107497299s. shtml. 2005－11－21/2011－03－14。

取证技术研讨会。2006 年 8 月依托湖北警官学院电子取证重点实验室，成立了具有司法鉴定资质的湖北丹平司法鉴定所。电子邮件证据的鉴定应当委托具有资质的鉴定机构完成，以保证鉴定结论的科学可靠。"①

（二）刑事电子邮件证据法律的构建与完善

根据前文所述，笔者认为，电子邮件刑事证据法律制度的构建与完善应遵循背景法律完善、内容细致构建的原则。在整个刑事证据法律制度完善背景下，借助刑事诉讼法修改的契机，构建完善的电子证据制度，在这一具体的证据制度完善的前提下，细化电子邮件刑事证据制度。具体来说主要包括以下几个方面：

第一，确立电子邮件证据的概念，划定电子邮件证据的外延。这是研究运用电子邮件证据制度的基础。电子邮件证据虽然属于电子证据下的子概念，但电子邮件证据越来越成为我们社会生活中的重要组成部分，在案件中扮演着极为重要的角色，这种地位的重要性是由电子邮件的使用价值与其证明案件的独特性决定的。对于电子邮件证据概念的界定必须借助其证明逻辑中的技术核心，而不能单看其表现形式，需从技术本质上揭示何为电子邮件证据。

第二，确立电子邮件证据能力规则。传统证据能力规则的匮乏使得我国刑事证据能力规则的理论与实践基础极为薄弱。我们在引进西方某些国家的传统证据能力规则时，不宜盲目照搬照抄。电子证据的出现对传统证据能力规则的冲击是前所未有的，各国各显其能，纷纷利用不同的方式缓解电子证据对传统证据规则的冲击与影响。笔者认为，我们应该借助这一契机，利用好传统证据能力规则引进与电子邮件等电子证据规则构建的时机，尽量减少两者之间的冲突，充分挖掘电子邮件证据中的技术性要素，为构建新的证据规则提供技术支持。如传统的非法证据排除规则一般重视取证程序的违法，这里的取证程序一般是指外在的或者物理性质的取证，其违法性明显地表现为对人的外部合法权益的侵犯。但就电子邮件证据而言，其违法性不单单表现于此方面，可能更多地表现为技术手段的非法性。技术手段不合法将影响电子邮件证据之证明力，若有可能会改变电子邮件证据的，则应接受非法证据排除规则的检验。总之，在电子邮件证据能力规则的构建过程中，未来立法宜重视技术要素，而不仅仅考虑主体要素。

第三，借鉴法定证据制度之有利因素，构建电子邮件证据证明力规则。法定证据制度之弊端人皆共知，但其可操作性是其重要优势所在。笔者认为，在电子邮件等电子证据领域，法定证据制度对电子邮件证明力规则的构建有着重要的借鉴意义，这是由电子邮件证据的技术性特征决定的。根据"自由心证原则"，证据证明力的有无与大小由法官自由判断，法律不作事先限制。法官对证据证明力的判断主要基于生活中的常识及职业经验，这是法官判断电子邮件证据证明力的出发点，但也成为判断的难点。与对传统证据证明力的判断不同，法官在遵循"自由心证"原则对电子邮件证据证明力进行判断

① 王小光、孙涛：《论电子邮件证据的保全和应用》，载《上海公安高等专科学校学报》2010 年第 6 期，第 29～30 页。

时，会遭遇以下难题：首先，电子邮件证据证明力受技术特征影响，法官作为非技术人员与普通主体一样，无法从生活中获得判断证明力之基础经验，作为法律职业法官，其专业知识也无法为其提供经验借鉴，即"自由心证"原则难以作为法官判断电子邮件证据证明力的基础性原则。其次，受第一个难题的影响，法官无法获得足够的经验知识对电子邮件证据的证明力进行判断，使他们对电子邮件等电子证据往往持一种不信任的态度，不敢赋予其足够的证据证明力，甚至采取了回避的态度。法官对电子邮件证据的消极态度进一步恶化了电子邮件证据的司法现状，使得其对电子邮件证据证明力判断经验的积累极为缓慢，严重影响了电子邮件证据证明作用的发挥。最后，电子邮件技术特征与法官经验的缺乏使得电子邮件证据在司法实践中出现了转化或者异化情形。如在某些刑事案件中，对于犯罪嫌疑人的电子邮件证据采取两种转化方式，以规避对电子邮件证据证明力的判断。一是对犯罪嫌疑人的电脑进行勘验检查，制作笔录，使其转化为勘验、检查笔录。二是以电子邮件证据为线索，获得犯罪嫌疑人的口供，使电子邮件证据转化为犯罪嫌疑人或被告人供述。为此，有必要对"自由心证原则"进行适当的调整，在电子邮件等电子证据领域内设定带有一定框架性的或者指引性的证据证明力规则，以弥补法官对电子邮件证据证明力判断经验不足的缺陷。

电子邮件证据与传统证据相比最大的特点是加入了系统因素，其生成过程依赖于网络系统，而网络系统或者电子邮件服务系统的稳定安全与否对电子邮件证据之证明力的影响有着直接的关系。一般而言电子邮件的安全系数越高则其证明力越大，而安全系数的高低与电子邮件的加密技术及网络系统安全级别有着很大的关系，因网络系统的虚拟性，诉讼主体对技术的依赖性要高于对普通证据中的技术依赖性，在对技术的依赖过程中随着技术的提高，其证明力级别也在提高。如病毒电子邮件的证明力要低于安全电子邮件的证明力，加密电子邮件的证明力要高于非加密电子邮件的证明力，而加密的级别则会直接影响电子邮件证据之证明力。具体而言，法官可以遵循以下顺序评断电子邮件证据的证明力。一是考察电子邮件的生成过程；二是考察电子邮件网络服务商的公正性、独立性；三是考察电子邮件的传输状态与传输环境是否安全；四是考察电子邮件提供者的身份，重点考察电子邮件提供者是否属于独立的第三人。经过上述顺序的考察，可大致判断出电子邮件证据之证明力大小。

第四，以惩罚犯罪与人权保障兼顾为目的，构建电子邮件证据取证规则。电子邮件证据的技术性与其通信作用使其侦查主体在取证的过程中极易侵犯人权。如何在实现惩罚犯罪的同时兼顾保障人权之诉讼目的的实现是构建电子邮件取证规则的关键。电子邮件虽然是如电话一样的通信工具，但又不完全同于电话通信，虽与普通邮件通信有相似之处但又不完全一致。这使得普通邮件证据的搜查扣押法律规范不能简单地适用于电子邮件证据。与普通邮件相比，电子邮件在传输过程中的快速性使得其具备了电话要素，对电子邮件的拦截行为的界定就此具备了重要意义。而如何界定拦截行为将是惩罚犯罪与保障人权之两大诉讼目的在虚拟世界的再次较量。笔者认为，应该借鉴电话通信检控与普通电子邮件搜查扣押规则，构建新的电子邮件搜查扣押与拦截，为此应在区分静态电子邮件与动态电子邮件基础上，以人权保障为核心，构建能够满足实践的电子邮件搜查规则与拦截规则。

在具体的电子邮件取证上，技术人员的选定与相关鉴定人员的选任对电子邮件发挥其应有的证据作用也极为重要。传统司法鉴定规则虽然能够适用于电子邮件鉴定人员，但并不能解决电子邮件鉴定过程中的所有问题，需要继续细化电子邮件鉴定主体与取证主体，从技术与法律两个方面规范取证主体与鉴定主体。除上述人员外，从电子邮件证据使用的有效性上看，应该制定完备的诸如电子邮件等电子证据的收集与保存方法。如在一起谋杀案件中，侦查机关没收了受害人的计算机，但是没有对计算机进行证据固定保存。侦查人员将计算机搬到办公室后开机检索相关证据，从而改变了计算机系统，很有可能会因此毁掉极为宝贵的时间戳记及其他信息证据。在侦查人员访问受害人的电子邮件账户后，相应地改变了电子邮件服务器上的数据，并创立了新的日志目录，这大大降低了证据的效力。

刑事诉讼法中侦查措施相关规定的
梳理、评析与展望①

廖　明*

目　次

在 1996 年《刑事诉讼法》中，"侦查"一章共 47 个条文，占据了 1996 年《刑事诉讼法》225 个条文中的 20% 以上，规定了一系列的具体侦查措施。2012 年刑事诉讼法修正也将侦查作为重点修改的章节，除对 1996 年《刑事诉讼法》的条文进行修改外，又新增了 7 个条文，既完善了侦查措施，进一步赋予侦查机关必要的侦查手段，又强化了对侦查措施的规范、制约和监督。

---

　① 本文为"中央高校基本科研业务费专项资金资助"项目（supported by "the Fundamental Research Funds for the Central Universities"）"未成年人刑事司法职权优化配置研究"（课题号 105563GK）的阶段性成果之一。
　* 北京师范大学刑事法律科学研究院讲师，法学博士。

主要修改的内容包括：（1）完善了讯问犯罪嫌疑人的规定，包括讯问地点、讯问时间、讯问的同步录音录像等内容；（2）完善了询问证人的规定，增加规定侦查人员可以在现场或者证人提出的地点询问证人；（3）扩大了查询、冻结的财产范围，增加规定债券、股票、基金份额等财产；（4）明确了特殊侦查措施，增加"技术侦查措施"专节，对技术侦查、隐匿身份侦查和控制下交付等措施进行了规定。

侦查法治化、文明化、规范化是侦查程序改革的方向。侦查措施是侦查程序中最核心的内容。我们拟以1979年《刑事诉讼法》、1996年《刑事诉讼法》和2012年《刑事诉讼法》"侦查"章中侦查措施的相关规定为核心，对刑事诉讼法中侦查程序的相关规定进行梳理，总结既往，立足现在，展望未来，为在我国早日实现侦查程序的法治化、文明化、规范化提供历史的借鉴。

一、常规侦查措施规定的梳理与评析

（一）讯问犯罪嫌疑人

讯问犯罪嫌疑人是指侦查人员依照法定程序，以言词方式向犯罪嫌疑人查问案件事实和其他与案件有关问题的一种侦查活动。1979年《刑事诉讼法》第二章第三节名为"讯问被告人"，1996年《刑事诉讼法》更名为"讯问犯罪嫌疑人"并作为第二节。这种名称的变化是一个巨大的进步，意味着无罪推定的精神在我国刑事诉讼法典中的确立。2012年《刑事诉讼法》仍然将"讯问犯罪嫌疑人"作为第二章第二节。

"讯问犯罪嫌疑人"是2012年刑事诉讼法修正变动较大的一节。从讯问的具体规则和程序来看：

（1）在讯问的主体方面，1979年《刑事诉讼法》规定侦查中讯问犯罪嫌疑人的权力专属于人民检察院或者公安机关的侦查人员，其他任何机关、团体和个人都无权对犯罪嫌疑人进行讯问；并且，讯问的侦查人员不得少于两人。1996年《刑事诉讼法》和2012年《刑事诉讼法》均保留了1979年《刑事诉讼法》的规定，未作修改。

（2）在讯问的时限方面，1979年《刑事诉讼法》仅规定被拘留、被逮捕的人应当/必须在拘留、逮捕后的24小时以内讯问，对拘传、拘留的时限没有规定。1996年《刑事诉讼法》除保留被拘留、被逮捕的人应当/必须在拘留、逮捕后的24小时以内讯问的规定外，还规定了传唤、拘传持续的时限最长为12小时，不得以连续传唤、拘传的形式变相拘禁犯罪嫌疑人。2012年《刑事诉讼法》在保留1996年《刑事诉讼法》规定的基础上，将案情特别重大、复杂，需要采取拘留、逮捕措施的犯罪嫌疑人传唤、拘传持续的时限延长为24小时。考虑到侦查工作的实际需要，案件性质不同，复杂程度不同，讯问需要的时间也不同，重大、复杂的案件，讯问犯罪嫌疑人12小时明显不够用，需要延长讯问的时间。因此，2012年《刑事诉讼法》将重大、复杂案件传唤、拘传犯罪嫌疑人持续的最长时间延长到24小时，但同时严格限制条件，必须是案情特别重大、复杂，且需要采取拘留、逮捕措施的，才能延长传唤、拘传持续的时间。

此外，2012 年《刑事诉讼法》增加了关于犯罪嫌疑人饮食和必要的休息时间的规定。这是出于保证犯罪嫌疑人人身健康和休息权利的考虑，有非常大的进步意义。

（3）在讯问的地点方面，1979 年《刑事诉讼法》将不需要拘留、逮捕的人的讯问地点规定为侦查机关指定的地点或者到被讯问人的住处、所在单位。1996 年《刑事诉讼法》将不需要逮捕、拘留的犯罪嫌疑人的讯问地点规定为犯罪嫌疑人所在市、县内的指定地点或者到他的住处。根据公安部《公安机关办理刑事案件程序规定》第 176 条规定，讯问在押的犯罪嫌疑人在看守所或者公安机关的工作场所。而根据 2012 年《刑事诉讼法》，犯罪嫌疑人被送交看守所羁押以后，讯问只能在看守所内进行，不得以其他理由将犯罪嫌疑人带出看守所进行讯问。对于被羁押犯罪嫌疑人的讯问，应当在看守所内进行。把讯问地点限定在看守所内，可以从空间上避免侦查人员对犯罪嫌疑人的绝对控制，也可以进一步发挥看守所管理制度对不当讯问的制约作用，有利于防止讯问中出现刑讯逼供、体罚、虐待、侮辱等违法行为，可以更好地保障被羁押者的合法权益。同时，在看守所内讯问，简化了提押犯罪嫌疑人的过程，可以降低犯罪嫌疑人脱逃的风险。

此外，2012 年《刑事诉讼法》还增加了口头传唤的规定，亦即对于在现场发现的犯罪嫌疑人，经出示工作证件，可以口头传唤，但应当在讯问笔录中注明。现场口头传唤原本在《中华人民共和国治安管理处罚法》第 82 条中有所规定，适用于人民警察传唤违反治安管理的行为人。2012 年《刑事诉讼法修正案》在刑事案件侦查中增加了现场口头传唤的规定，有利于提高侦查效率，更加符合侦查办案工作的实际。同时为防止口头传唤的滥用，要求侦查人员口头传唤嫌疑人时必须出示工作证件，并在讯问笔录中注明口头传唤的情况。

（4）在讯问的程序方面，1996 年《刑事诉讼法》第 93 条保留了 1979 年《刑事诉讼法》第 64 条的规定，2012 年《刑事诉讼法》除保留该规定外，增加了侦查人员告知犯罪嫌疑人坦白从宽法律规定的义务，即侦查人员在讯问犯罪嫌疑人的时候，应当告知犯罪嫌疑人如实供述自己罪行可以从宽处理的法律规定。这样规定的目的在于为了更好地执行坦白从宽的法律政策，让犯罪嫌疑人了解坦白从宽的法律规定，消除其对坦白从宽的误解和疑虑；有利于鼓励犯罪嫌疑人如实供述自己的罪行，给业已走上了犯罪道路的人留下一条悔罪自新之路，同时也有利于从心理上分化瓦解犯罪分子。

（5）对特殊犯罪嫌疑人的讯问。对于聋、哑的犯罪嫌疑人的讯问，2012 年《刑事诉讼法》和 1996 年《刑事诉讼法》、1979 年《刑事诉讼法》的规定完全相同，即应当有通晓聋、哑手势的人参加，并且将这种情况记明笔录。但是，对于未成年犯罪嫌疑人的讯问，2012 年《刑事诉讼法》有比较大的变化，并将其放在第五篇"特别程序"的第一章"未成年人刑事案件诉讼程序"中。这里不再赘述。

（6）讯问过程的录音录像。2012年《刑事诉讼法》第121条增加了讯问过程录音录像的规定。对犯罪嫌疑人全程录音录像的目的是为了进一步规范执法行为，杜绝刑讯逼供和威胁、引诱、欺骗犯罪嫌疑人、被告人行为的发生，保证讯问过程的合法性，提高办案质量。此外，侦查机关、检察机关在侦查阶段、审查起诉阶段获取的犯罪嫌疑人供述或辩解潜在地存在着不稳定性，犯罪嫌疑人、被告人难免反复或翻供，为了更好地固定证据，侦查机关、检察机关在文字记录的同时通过录音录像对犯罪嫌疑人、被告人供述与辩解加以固定，这样在后续阶段，尤其在审判过程中，一旦犯罪嫌疑人、被告人翻供，可以出示录音录像以证明其在侦查阶段、检察阶段所作供述的真实性和可靠性。

在2012年刑事诉讼法修改之前，司法解释已对讯问的录音录像制度进行了规定。例如，最高人民法院、最高人民检察院、公安部、司法部联合颁布的《关于进一步严格依法办案确保办理死刑案件质量的意见》第11条规定："讯问犯罪嫌疑人，在文字记录的同时，可以根据需要录音录像。"最高人民检察院颁布的《人民检察院刑事诉讼规则》第144条规定："讯问犯罪嫌疑人，可以同时采用录音、录像的记录方式。"公安部颁布的《公安机关办理刑事案件程序规定》第184条第3款规定："讯问犯罪嫌疑人，在文字记录的同时，可以根据需要录音、录像。"最高人民检察院颁布的《人民检察院讯问职务犯罪嫌疑人实行全程同步录音录像的规定（试行）》规定："人民检察院办理直接受理侦查的职务犯罪案件，每次讯问犯罪嫌疑人时，应当对讯问全过程实施不间断的录音、录像。"《人民检察院讯问职务犯罪嫌疑人实行全程同步录音录像的规定（试行）》并对全程同步录音录像的程序以及录音录像资料的使用作了详细的规定。

2012年《刑事诉讼法》吸收了此前司法解释的相关规定，在总结各地经验的基础上，规定了讯问过程的录音、录像制度。考虑到录音、录像的技术和设备要求以及经济成本，2012年《刑事诉讼法》并没有强制规定所有案件都要进行录音、录像，而是进行了选择性的规定。一般案件，讯问犯罪嫌疑人时可以进行录音或者录像，条件不具备的也可以不进行录音、录像；对于可能判处无期徒刑、死刑的案件或者其他重大犯罪案件，则是强制性的，必须对讯问过程进行录音或者录像。按照第121条规定，录音、录像并不必须同时进行，二者择一而用即可。为了规范操作，防止录音、录像流于形式，第121条第2款进一步规定，录音或者录像应当全程进行，并且要保持完整性。其中也隐含着要求录音、录像应当与讯问过程同步进行。

（7）侦查阶段的律师参与。1979年《刑事诉讼法》在"讯问犯罪嫌疑人"专节没有关于律师参与的规定，1996年《刑事诉讼法》第96条则就侦查阶段的律师参与专门进行了规定。不过，1996年《刑事诉讼法》第96条关于侦查阶段律师参与的规定与"讯问犯罪嫌疑人"并无太大关系。因此，2012年《刑事诉讼法》将1996年《刑事诉讼法》第96条关于侦查阶段律师参与的规定分别移至2012年《刑事诉讼法》第33、36、37条，并进行了若干修改。这里不再赘述。

（二）询问证人

询问证人，是指侦查人员依照法定程序，以言词方式向证人调查了解案件情况的一种侦查行为。在"询问证人"专节，2012 年刑事诉讼法修改变动最大的就是询问的地点和形式。1996 年《刑事诉讼法》第 97 条与 1979 年《刑事诉讼法》第 67 条均是关于询问地点和形式的规定，并且完全相同，2012 年《刑事诉讼法》则在此基础上进行了以下三个方面的修订：

（1）增加了现场询问证人的规定，侦查人员询问证人，可以在现场进行。"在现场进行"是指侦查人员可以根据实际情况在犯罪现场对证人进行询问。在现场询问证人，可以保证询问的及时性，避免证人因遗忘而影响证言的准确性。对侦查而言，现场及时收集证人证言有助于全面了解案件情况，可以有针对性地采取下一步侦查措施。

（2）增加了询问证人的地点，询问证人可以到证人提出的地点进行。"证人提出的地点"是指证人提出的自己认为合适的地点。

（3）对现场询问证人和在其他地点询问证人提出了不同的要求。到证人所在单位、住处或者证人提出的地点询问证人，应当出示人民检察院或者公安机关的证明文件；在现场询问证人，应当出示工作证件，但不需要出示证明文件，这样规定可以简化手续，提高侦查的工作效率，满足侦查工作的及时性要求。

此外，对于未成年证人的询问，1996 年《刑事诉讼法》规定，询问不满 18 岁的证人，可以通知其法定代理人到场。2012 年《刑事诉讼法》则有比较大的变化，并将其移至第五篇"特别程序"的第一章"未成年人刑事案件诉讼程序"中。这里不再赘述。

（三）勘验、检查

勘验、检查，是指侦查人员对与犯罪有关的场所、物品、尸体、人身等亲临查看、了解与检验，以发现、收集和固定犯罪活动所遗留下来的各种痕迹和物品的一种侦查行为。2012 年《刑事诉讼法》在"勘验、检查"专节主要进行了两处修订，一是增加了采集生物样本的规定；二是对侦查实验的程序和要求进行了修订。

1. 采集生物样本

人体生物样本检验是利用现代高科技手段获取犯罪信息，查明案件事实真相的重要手段。通过样本检验，可以确定特定人员与犯罪行为或犯罪现场的关联关系，有助于案件事实的查明，也有助于提高侦查工作的效率。在我国的侦查实践中，采集指纹、毛发、特定体液的做法业已存在，有的已经相当普遍，有必要在法律上予以规范。因此，2012 年《刑事诉讼法》第 130 条在 1996 年《刑事诉讼法》第 105 条的基础上，增加了采集生物样本的规定。亦即，为了确定被害人、犯罪嫌疑人的某些特征、伤害情况或者生理状态，可以采集指纹、血液、尿液等生物样本。犯罪嫌疑人如果拒绝采集，侦查人员认为必要的时候，可以强制采集样本。

　　"生物样本"是指包含有个人生物信息的脱落物、分泌物、排泄物、机体组织、血液、体纹、印记等样本。通常包括毛发、指纹、血液、粪便等。"采集"包括提取、抽取、黏附等多种手段。采集生物样本是体征检验的一个环节，是人身检查的手段之一，应当遵守人身检查的相关规定。

　　采集样本应当征得被害人、犯罪嫌疑人的同意才能进行。因此，在采集样本之前，侦查人员应当告知被害人、犯罪嫌疑人提取样本的原因、样本的用途，以消除被害人、犯罪嫌疑人的疑虑。对于犯罪嫌疑人而言，如果通过劝导仍然拒绝检查的，可以在履行严格的程序规范后强制采样。不过，2012年《刑事诉讼法》规定的是"侦查人员认为必要的时候"可以强制采集样本，有待立法解释或司法解释予以进一步明确。

　　此外，应当认真保管采集的指纹、血液、尿液等生物样本，避免生物样本因保管不当或其他原因遭到污染、变质，从而无法作为证据使用。应当确保仅系出于办案需要而使用所采集的生物样本，不得用作其他用途。因侦查人员保管不当造成生物样本污染、变质，或者侦查人员将所采集的生物样本用作其他用途的，应当依法追究责任。

　　2. 侦查实验

　　侦查实验，是指侦查人员为了确定和判明与案件有关的某些事实或行为在某种情况下能否发生或怎样发生，而按照当时的情况和条件实验性地重演的一种侦查活动。1996年《刑事诉讼法》第108条与1979年《刑事诉讼法》第78条对于侦查实验的规定是完全相同的，2012年《刑事诉讼法》则在此基础上进行了两处修订：一是将侦查实验的批准人由公安局长改为公安机关负责人。1996年《刑事诉讼法》和1979年《刑事诉讼法》规定，经公安局长批准，可以进行侦查实验。"公安局长"一词表述不够准确，易产生歧义。2012年《刑事诉讼法》将"公安局长"改为"公安机关负责人"，更为准确，也与《刑事诉讼法》其他条文的规定一致。二是增加了侦查实验笔录的相关规定，要求侦查实验的情况应当写成笔录，由参加实验的人签名或者盖章。侦查实验虽然规定在"勘验、检查"一节中，但其本身的性质、功能和任务与一般的勘验、检查不同，因此有必要增加侦查实验应当制作笔录的规定。同时，这也符合2012年《刑事诉讼法》第48条增加侦查实验笔录作为一种法定的证据的变化。

　　（四）查封、扣押物证、书证

　　查封、扣押物证、书证，是指侦查机关依法对与案件有关的物品、文件、款项等强制查封、扣留或者冻结的一种侦查行为。

　　1. 节名

　　1979年《刑事诉讼法》"侦查"章第五节和1996年《刑事诉讼法》"侦查"章第六节的节名均为"扣押物证、书证"，2012年《刑事诉讼法》则将节名修改为"查封、扣押物证、书证"。与之相对应，在具体条文中，均将"扣押物证、书证"修改为"查封、扣押物证、书证"。

2. 查封、扣押

1979 年《刑事诉讼法》和 1996 年《刑事诉讼法》的规定均是，在勘验、搜查中发现的可用以证明被告人有罪或者无罪的各种物品和文件，应当扣押。2012 年《刑事诉讼法》将"在勘验、搜查中"改为"在侦查活动中"。查封、扣押活动通常与勘验、搜查同时进行，但查封、扣押活动并不仅限于在勘验、搜查活动中才能进行，在其他侦查活动中发现可以查封、扣押的情形，也可以单独进行查封、扣押。侦查实践中有时也需要单独进行查封、扣押。因此，2012 年《刑事诉讼法》将"在勘验、搜查中发现"改为"在侦查活动中发现"，这种规定更为全面，更为符合侦查实践。

此外，鉴于实践中存在调换查封、扣押财物的现象，除禁止使用或者毁损外，2012 年《刑事诉讼法》将"调换"查封、扣押财物的行为也列入法律禁止之列。

3. 查询、冻结

1979 年《刑事诉讼法》没有对查询、冻结作出规定。1996 年《刑事诉讼法》规定可以查询、冻结犯罪嫌疑人的存款、汇款。2012 年《刑事诉讼法》在 1996 年《刑事诉讼法》第 117 条的基础上进行了两方面的修改：一是扩展了查询、冻结犯罪嫌疑人财产的规定，将查询、冻结的对象由"存款、汇款"修改为"存款、汇款、债券、股票、基金份额等财产"。这是因为，随着市场经济的发展，财产的形式和载体发生了变化，刑事案件中涉案的财产形态也出现了新的变化。除了汇款、存款外，债券、股票、基金份额以及其他形式的财产也可能成为涉案财产或证据。考虑到犯罪嫌疑人财产形态的实际变化，2012 年《刑事诉讼法》在查询、冻结的范围中增加规定债券、股票、基金份额等财产。二是增加规定了有关单位和个人的配合义务。这是因为，查询、扣押犯罪嫌疑人的财产，涉及公民的财产权，也涉及银行、债券、股票、基金等金融行业的正常运行。查询、扣押犯罪嫌疑人的财产，需要有关单位和个人的配合和支持，有必要明确有关单位和个人的配合义务。因此，2012 年《刑事诉讼法》增加规定，人民检察院、公安机关对犯罪嫌疑人财产的查询、冻结，有关单位和个人应当配合。

（五）鉴定

鉴定，是指侦查机关为了查明案情，指派或聘请具有专门知识的人就案件中某些专门性问题进行科学鉴别和判断并作出鉴定意见的一种侦查行为。

1979 年《刑事诉讼法》没有关于人身伤害的医学鉴定有争议需要重新鉴定或者对精神病的医学鉴定，由省级人民政府指定的医院进行的规定。1996 年《刑事诉讼法》第 120 条第 2 款规定：对人身伤害的医学鉴定有争议需要重新鉴定或者对精神病的医学鉴定，由省级人民政府指定的医院进行。鉴定人进行鉴定后，应当写出鉴定结论，并且由鉴定人签名，医院加盖公章。2011 年 8 月 30 日公布的《刑事诉讼法修正案（草案）》征求意见稿对该条第 2 款作了修改，规定：对人身伤害的医学鉴定有争议需要重新鉴定或者对精神病的医学鉴定，由省级人民政府指定的医院进行。省级人民政府指定的医院，从事上述鉴定工作，应当依照国家关于司法鉴定管理的规定执行。对此，在修订过程中，有委员提出，1996 年《刑事诉讼法》第 120 条的规定在实践中没有得到很好的执行，原因是省级人民政府指定的医院虽然医疗水平很高，但不一定具备法医专业方面的技术力量，卫生部门和医院也缺乏积极性。人身伤害鉴定不仅涉及医学知识，还涉及物理学、化学等知识，"医学鉴定"的提法也不科学。此外，还有观点认为，根据《全国人大常委会关于司法鉴定管理问题的决定》，对法医类鉴定应当委托列入鉴定人名册的鉴定人进行鉴定，可不再规定由省级人民政府指定的医院进行。[①] 2012 年《刑事诉讼法修正案》最终删去 1996 年《刑事诉讼法》第 120 条第 2 款的规定。这是 2012 年《刑事诉讼法》在"侦查"章"鉴定"部分最大的变化。

二、特殊侦查措施规定的梳理与评析

1979 年《刑事诉讼法》和 1996 年《刑事诉讼法》均未规定技术侦查措施等特殊侦查措施。2012 年《刑事诉讼法》用专节对"技术侦查措施"等特殊侦查措施进行了规定。2012 年《刑事诉讼法》增加规定技术侦查措施等特殊侦查措施是因时所需，因势所需，因世所需，有着非常积极的意义。

首先，2012 年《刑事诉讼法》增加规定技术侦查措施等特殊侦查措施是打击犯罪的需要。技术侦查措施等特殊侦查措施的使用对查获赃证赃物和抓获犯罪嫌疑人非常有效，是侦破毒品犯罪、黑社会性质组织犯罪、危害国家安全犯罪、腐败犯罪等隐蔽犯罪或重大复杂犯罪的重要方法，是有效打击此类犯罪的一把利剑。其次，2012 年《刑事诉讼法》增加规定技术侦查措施等特殊侦查措施是我国履行《联合国打击跨国有组织犯罪公约》和《联合国反腐败公约》等国际公约义务的要求。

实际上，在 2012 年《刑事诉讼法》对技术侦查措施等特殊侦查措施规定前，我国已有技术侦查措施等特殊侦查措施的相关规定。1989 年，为严厉打击职务犯罪，最高人民检察院、公安部颁布《关于公安机关协助人民检察院对重大经济案件使用技侦手段有关问题的通知》，首次提出"用技术手段侦查案件"的思路。1993 年颁布的《中华人民共和国国家安全法》第 10 条规定："国家安全机关因侦察危害国家安全行为的需要，根据国家有关规定，经过严格的批准手续，可以采取技术侦察措施。"不久，为贯彻实施《国家安全法》，公安部向全国各级公安机关下发通知提及："公安机关使用技术侦察手段，必须严格按照党中央、国务院的有关规定，履行审批手续。对违法违纪、滥用职权的，要严肃查处。"此后，1995 年颁布的《中华人民共和国人民警察法》第 16 条规定："公安机关因侦查犯罪的需要，根据国家有关规定，经过严格的批准手续，可以采取技术侦察措施。"

可以说，我国在 2012 年刑事诉讼法修改前，关于技术侦查措施等特殊侦查措施的立法探索已有多年，技术侦查措施等特殊侦查措施在办理危害国家

---

① 宋英辉主编：《中华人民共和国刑事诉讼法精解》，中国政法大学出版社 2012 年版，第 182 页。

安全犯罪、黑社会性质组织犯罪、毒品犯罪等重大危险犯罪中也广泛使用。但《国家安全法》第 10 条和《人民警察法》第 16 条的规定过于原则，这两条简单的概括性授权条款赖以实施的细则，主要是公安部制定的部门规章，包括公安部 2000 年制定的《关于技术侦察工作的规定》等。一方面，浓厚的部门色彩使其重犯罪打击、轻人权保障；另一方面，这些规定由公安机关内部掌握，对外保密，难以实现有效的监督。实践中，技术侦查措施等特殊侦查措施的使用容易出现三种可能：一是该使用的时候不使用；二是不该使用的时候误用；三是使用的时候滥用，既不能够起到打击犯罪的应有功效，也容易由于误用滥用而导致侵犯公民的合法权益。此外，由于刑事诉讼法没有规定，采取技术侦查措施等特殊侦查措施取得的材料不能直接作为证据使用，在很大程度上降低了诉讼效率。

实现侦查法治化的前提是立法，"有法必依"的前提是"有法可依"。倘若连"有法可依"都没有做到，"有法必依"自然就成了一句空话。2012 年《刑事诉讼法修正案》对技术侦查措施等特殊侦查措施从立法上予以明确，有利于技术侦查措施等特殊侦查措施的依法开展，既有利于侦查机关更好地利用这些手段打击犯罪，也有利于加强对这些手段的程序控制从而保障人权。

（一）技术侦查措施

2012 年《刑事诉讼法》第 148、149、150 条分别规定的是技术侦查措施的适用范围和批准手续、技术侦查措施的有效期限及其延长程序、技术侦查措施的执行、保密及获取材料的用途限制。

关于"技术侦查措施"的概念，立法上没有进一步明确。一般认为，技术侦查措施有广义和狭义之分。广义的技术侦查措施是指利用现代科学知识、方法和技术的各种侦查手段的总称。狭义的技术侦查措施则专指侦查中运用的某些特殊侦查手段。《中华人民共和国国家安全法》和《中华人民共和国人民警察法》中采用的"技术侦察措施"就是属于狭义的技术侦查措施，即"是指国家安全机关和公安机关为了侦查犯罪而采取的特殊侦察措施，包括电子侦听、电话监听、电子监控、秘密拍照或录像、秘密获取某些物证、邮件检查等秘密的专门技术手段。"① 2012 年《刑事诉讼法》所用的"技术侦查措施"属于狭义的概念。具体哪些措施属于技术侦查措施，如何操作，立法解释或司法解释需要进一步制定明确的操作规范。

1. 技术侦查措施的适用范围

根据 2012 年《刑事诉讼法》第 148 条第 1 款规定，公安机关采取技术侦查措施的案件范围是危害国家安全犯罪、恐怖活动犯罪、黑社会性质的组织犯罪、重大毒品犯罪或者其他严重危害社会的犯罪案件。根据第 2 款规定，检察机关采取技术侦查措施的案件范围是重大的贪污、贿赂犯罪案件以及利用职权实施的严重侵犯公民人身权利的重大犯罪案件。这就意味着，技术侦查措施在案件适用范围上有着严格的限制，只有社会危害性较大的重大犯罪

---

① 宋英辉：《刑事程序中的技术侦查研究》，载《法学研究》2000 年第 3 期，第 73~74 页。

案件才可以适用，轻罪不得适用。

此外，根据 2012 年《刑事诉讼法》第 148 条第 3 款规定，公安机关和人民检察院在追捕被通缉或者批准、决定逮捕的在逃的犯罪嫌疑人、被告人，经过批准，可以采取追捕所必需的技术侦查措施。根据该款规定，只有追捕被通缉或者被批准、决定逮捕的在逃的犯罪嫌疑人、被告人时，才可以采用追捕所必需的技术侦查措施。所谓被通缉的犯罪嫌疑人、被告人，是指被公安机关发布通缉令通令缉拿的犯罪嫌疑人、被告人。被批准、决定逮捕的在逃的犯罪嫌疑人、被告人，是指被人民检察院批准或人民法院决定逮捕而在逃的犯罪嫌疑人、被告人。实践中，追捕没有被批捕或决定逮捕的犯罪嫌疑人、被告人，一般用通报协查的形式进行，不能采用技术侦查措施。

2. 技术侦查措施的适用时间

根据 2012 年《刑事诉讼法》第 148 条的规定，采取技术侦查措施，必须在立案以后的侦查过程中才能使用。未经立案，不得使用技术侦查措施，尤其是在立案前，不得采取技术侦查措施收集案件线索。这就意味着，尚不符合立案条件的案件不得采取技术侦查措施，防止侦查人员以办案为借口侵犯他人隐私。

3. 技术侦查措施的适用条件

对于 2012 年《刑事诉讼法》第 148 条第 1 款和第 2 款规定的案件范围，公安机关和检察机关采取技术侦查措施必须是"根据侦查犯罪的需要"。所谓"侦查犯罪的需要"，在这里应当是指使用其他侦查手段难以达到侦查目的或者存在重大危险，因而有必要使用技术侦查措施。

对于第 148 条第 3 款所规定的案件范围，则无"根据侦查犯罪的需要"的限制。

2012 年《刑事诉讼法》第 149 条规定，批准决定应当根据侦查犯罪的需要，确定采取技术侦查措施的种类和适用对象。据此，审批技术侦查措施，应当坚持比例原则，综合考虑可能判处的刑罚、案件的性质、犯罪行为的严重性、犯罪人的人身危险性和技术侦查措施的有效性等因素来加以确定，保持技术侦查措施和侦查目的的相称性。出于保障公民安全感和隐私权的需要，在能不采用某种技术侦查措施也能达到侦查目的的情况下，就不采用该措施。在技术侦查措施种类的选择上，应当尽量选择对公民权利侵害最低的措施。

此外，根据 2012 年《刑事诉讼法》第 148 条第 3 款的规定，追捕被通缉或者批准、决定逮捕的在逃的犯罪嫌疑人、被告人，所采取的技术侦查措施只能用于追捕，且为追捕工作所必须，不能采用追捕之外的技术侦查措施，也不能在采取其他措施可以达到追捕目的的情况下，采用技术侦查措施。

4. 技术侦查措施的批准手续

对于 2012 年《刑事诉讼法》第 148 条第 1 款和第 2 款规定的案件范围，公安机关和检察机关采取技术侦查措施，必须经过严格的批准手续。对于第 148 条第 3 款规定的案件范围，采取技术侦查措施，也要经过批准。然而，仅仅规定"经过严格的批准手续"过于宏观，没有任何的约束力。实际上，在修订过程中和征求意见过程中，对于"经过严格的批准手续"的批评和建议非常之多。然而，最后通过的修正案仍然保留了"经过严格的批准手续"的表述。根据全国人大常委会法制工作委员会刑法室的解释，由于实际情况较为复杂，针对不同的适用对象、不同的犯罪情况采取的技术侦查措施种类是不同的，要经过的批准程序也不尽相同，所以法律上采取了目前的原则表述的方法。①

技术侦查措施属于强制侦查行为，西方法治发达国家往往通过司法审查制度或司法令状主义加以严格控制，由具有侦查权的机关提出书面申请，经过中立的法定机关（一般是预审法官）批准。我国在 2012 年《刑事诉讼法修正案》通过之前的司法实践中，采取的是侦查机关内部层级审批制度。② 笔者认为，审批程序是侦查权控制的重要内容。在修正案生效后，如果仍旧遵循以前的做法，公安机关和检察机关自己决定、自己审批，甚至自己执行，缺乏有效的监督和制约，最后的结果就会变成怎么方便怎么来，公民的自由和权利难以得到保障，甚至陷入"灾难"。因此，审批程序至少应当做到审批权和执行权的分离，不能由侦查人员自己审批，自己执行。

5. 技术侦查措施的适用期限

技术侦查措施的使用可能会严重干涉公民的私生活，应当有严格的时间限制；否则，公民将整日生活在没有安全感和信任感的国度里，其基本权利名存实亡。2012 年《刑事诉讼法》第 149 条对技术侦查措施的适用期限及延长作出了规定：

（1）批准决定的有效期为 3 个月，自决定签发之日起计算。

（2）在采用技术侦查措施过程中，对于不需要继续采取技术侦查措施的，应当及时解除，不受 3 个月期限的限制。即便不到 3 个月，如果没有继续采取技术侦查措施的必要，也应当及时解除。所谓"不需要继续采取技术侦查措施"通常是指以下情形：①侦查目的已经达到，如证据已经收集完毕、犯罪嫌疑人已经到案，不需要再继续采用该措施。②侦查目的虽然没有达到，但采用其他常规侦查手段也能达到预期目的，没有再继续采用该措施的必要。③案件撤销，已无继续侦查的必要。

（3）对于复杂、疑难案件，批准决定的有效期限届满，但没有达到侦查目的，仍有必要继续采取技术侦查措施的，经过批准，可以延长有效期，但每次延长的有效期不得超过 3 个月。

6. 技术侦查措施的适用对象

根据 2012 年《刑事诉讼法》第 149 条的规定，批准决定要明确采取技术侦查措施的适用对象。根据全国人大常委会法制工作委员会刑法室的解释，这里的适用对象是指"人"，也就是说，应根据侦查犯罪的需要，具体明确对案件中的哪个人采取，列明具体的姓名、性别、年龄等，而不是笼统地批准

---

① 全国人大常委会法制工作委员会刑法室编著：《中华人民共和国刑事诉讼法解读》，中国法制出版社 2012 年版，第 333 页。

② 樊崇义主编：《2012 刑事诉讼法：解读与适用》，法律出版社 2012 年版，第 207 页。

对哪个案件可以采取技术侦查措施。①

7. 技术侦查措施的执行主体

2011年8月30日公布的《刑事诉讼法修正案（草案）》征求意见稿规定，技术侦查措施由公安机关统一负责执行。然而，最后通过的修正案删去了"技术侦查措施由公安机关执行"的规定，规定公安机关采取的技术侦查措施由公安机关执行，检察机关采取的技术侦查措施"按照规定交有关机关执行"。虽然从文义上来看，既然按照规定交有关机关执行，那么检察机关就不能自己执行，但这种立法语言的模糊无疑会给适用带来争议。② 实际上，在修订过程中，对于技术侦查措施的执行权的分配有过争议。例如，全国人民代表大会内务司法委员会委员戴玉忠提出，草案规定人民检察院有权采取技术侦查措施，人民检察院应当也有权执行。除公安机关外，国家安全机关也执行技术侦查措施。建议明确规定检察机关、公安机关、国家安全机关都可以执行技术侦查措施。

考虑到自侦案件技术侦查措施的适用率较低并且主要是使用定位手段追逃，而定位追逃仅仅是技术侦查手段体系中非常轻微、简单的一类手段，检察机关自建技术侦查部门和系统会造成国家有限司法资源的巨大浪费。③ 据此，笔者认为，检察机关没有必要设立专门的技术侦查部门，完全可以将执行权交给其他有关机关。当然，这里的"有关机关"应当进一步明确，即法律规定的有权实施技术侦查措施的机关，包括公安机关、国家安全机关以及法律规定的其他机关。

8. 技术侦查措施的执行

（1）严格执行。

根据第149条的规定，技术侦查措施的批准决定书带有一定的令状特点，其目的是在侦查机关和相对人之间起到制约和保障作用。因此，第150条第1款规定，侦查机关及其工作人员在执行技术侦查措施的时候，必须严格遵守法律规定和技术操作规范，按照批准的措施种类、适用对象和期限执行，不得擅自作任何改变。

（2）信息保密与销毁。

在使用技术侦查措施的过程中，侦查人员在获取与案件有关的证据和线索的同时，不可避免地会知悉一些国家秘密、商业秘密和个人隐私，为维护国家安全，保护公民、企业的合法利益，在对技术侦查措施授权并限制其适用的同时，也应当加强对公民隐私权和有关秘密的保护。因此，修正案规定了信息保密与销毁制度。根据2012年《刑事诉讼法》第150条第2款的规定，对在采取技术侦查措施过程中知悉的隐私和秘密，要控制必要的知悉人员的范围并注意保密。从时间上看，无论是执行过程中还是执行结束以后，

---

① 全国人大常委会法制工作委员会刑法室编著：《中华人民共和国刑事诉讼法解读》，中国法制出版社2012年版，第335页。

② 陈磊：《授权与控权：技术侦查措施的法治化》，载《检察日报》2012年4月27日。

③ 陈卫东主编：《刑事诉讼法修改条文理解与适用》，中国法制出版社2012年版，第220页。

754 刑事法治发展研究报告（2011—2012 年卷）

对收集到的隐私信息、秘密及其载体都应当妥善保管，防止泄密。对于与案件事实没有关联，既不能作为证据使用，又对案件事实的调查起不到促进作用的信息和材料，应当严格禁止以任何形式复制、传播，已经形成载体或记录的应当尽快销毁。

（3）限制用途。

采取技术侦查措施收集到的材料，如果不当使用，可能对相关人的合法权益造成侵害，因此有必要严格限制所取得的材料的使用。2012 年《刑事诉讼法》第 150 条第 3 款限制了技术侦查措施获得材料的用途，即只能用于对犯罪的侦查、起诉和审判，不能用于其他用途，包括行政管理和处罚、民事纠纷的调处解决、纪律惩戒、商业用途等。

（4）相关单位和个人的配合义务。

技术侦查措施的实施依赖于科学技术手段，仅靠公安机关的力量是无法完成的，随着信息化社会进程的加快，技术侦查措施的运用将越来越依赖各种社会资源及社会化的信息。例如，进行电信监控、邮件检查等就需要借助电信运营商、邮递企业的设备或必要的支持与帮助。在有些情况下，还需要社会公众的配合。因此，修正案还规定了有关单位和个人的配合义务。根据 2012 年《刑事诉讼法》第 150 条第 4 款的规定，在有关单位和个人接到公安机关提出的符合国家规定的请求时，都有义务进行配合，不得阻碍或刁难。此外，有关单位和个人还应当对技术侦查的实施情况保守秘密。

（二）隐匿身份实施侦查

隐匿身份实施侦查是一种秘密侦查措施，即侦查人员或者侦查机关授权的其他人员隐匿身份实施侦查活动，在被侦查人不知情的情况下调查案情，收集案件信息和证据。

如前所述，1996 年《刑事诉讼法》并没有关于隐匿身份实施侦查的法律规范，但在实践中，这一措施作为一种非常规的侦查手段，常常运用于毒品犯罪、黑社会性质组织犯罪、走私犯罪等案件的侦查中。由于没有统一的适用规范，该侦查措施的采用具有一定程度的随意性。为了充分发挥这一侦查措施在侦查中的作用，避免滥用，需要在刑事诉讼法中确认这一措施，明确相应的规范。

2012 年《刑事诉讼法》第 151 条第 1 款明确了隐匿身份实施侦查的侦查措施。2011 年 8 月 30 日公布的《刑事诉讼法修正案（草案）》征求意见稿中，使用的是"秘密侦查"，在征求意见过程中，有意见提出，秘密是相对公开而言，技术侦查措施也是秘密进行的，"秘密侦查"的提法不准确，易引起误解，建议改为司法解释中使用过的"特情侦查"，也有的地方建议将"秘密侦查"改为"特勤侦查"。为准确表述这一侦查措施的本质特征，最后通过的修正案采用了"隐匿其身份实施侦查"的表述。

根据 2012 年《刑事诉讼法》第 151 条第 1 款的规定，在侦查工作中，可以由有关人员隐匿其身份实施侦查。所谓"隐匿其身份实施侦查"是指有关人员隐藏其真实身份或乔装成其他身份进行侦查活动。"有关人员"是指侦查人员或者侦查机关授权的其他人员。实施隐匿身份侦查需要具备两项条件，首先，目的上必须是为了查明案情，客观上要确有采取这一措施的必要。其次，必须经公安机关负责人批准才能实施，侦查人员不得自行实施。

隐匿身份侦查是在犯罪嫌疑人不知情的情况下进行的，因而在一定程度上会侵犯到犯罪嫌疑人的隐私权，甚至可能会影响到其他基本权利的行使。据此，2012年《刑事诉讼法》第151条第2款对隐匿身份实施侦查进行了限制性规定，即不得诱使他人犯罪，不得采用可能危害公共安全或者发生重大人身危险的方法。所谓"不得诱使他人犯罪"，是指隐匿身份侦查所采用的方法不得诱使本来没有犯罪意图的人产生犯罪的想法，进而实施相应的犯罪行为。"可能危害公共安全或者发生重大人身危险的方法"，是指所采用的方法可能危害到不特定多数人的生命和财产安全或者可能对人身安全造成重大威胁。这里的人身危险可能是对侦查人员本人，也可能是对其他人员。

（三）控制下交付

作为一项新兴的特殊侦查手段，控制下交付是伴随着20世纪六七十年代毒品犯罪在世界范围内的激增而逐步发展起来的，并逐步得到一系列相关国际公约的认可。根据《联合国反腐败公约》和《联合国打击跨国有组织犯罪公约》的相关规定，"控制下交付"系指在主管机关知情并由其监控的情况下允许非法或可疑货物运出、通过或者运入一国或多国领域的做法，其目的在于侦查某项犯罪并查明参与该项犯罪的人员。

2012年《刑事诉讼法修正案》增加规定了控制下交付的侦查措施。根据2012年《刑事诉讼法》第151条第2款规定，公安机关对于涉及给付毒品等违禁品或者财物的犯罪活动，可以根据侦查工作需要实施控制下交付。实施控制下交付，必须遵循以下条件：（1）只能适用于侦查涉及给付毒品等违禁品或者财物的犯罪活动；（2）只能由公安机关实施，其他机关不得实施；（3）必须基于侦查犯罪的需要才能实施。

（四）特殊侦查措施所获证据的使用

1.证据资格

技术侦查措施等特殊侦查措施的特殊功效就在于以特殊的方式获取犯罪证据，查明犯罪事实。通常情况下，这些侦查措施是在常规侦查措施难以达到侦查目的的情况下才采用的非常规手段，通过这类措施收集到的证据材料往往是指控犯罪的有力证据，有的甚至具有不可替代性。规定采用这些侦查措施所获取的证据材料可以在审判中使用，赋予这类证据以合法性，有利于犯罪控制，有利于充分发挥这些侦查措施在打击犯罪方面的特殊功效。

1996年《刑事诉讼法》没有规定采用技术侦查措施所收集的证据可以直接在法庭上使用，采用这种措施收集到的信息和证据只能用于侦查，相关的证据需要经过转化才能在审判中使用。实践中有些证据可以转化，有些证据根本无法转化。

2012年《刑事诉讼法》第152条明确规定采取技术侦查措施收集的材料可以直接作为证据在刑事诉讼中使用，省去了相应的转化环节，可以使更多

的材料作为证据进入刑事诉讼，走向法庭，从而有利于查明案件事实。这样
规定同时也简化了工作环节，节约了司法资源。

2. 证据使用的保护

由于技术侦查措施本身具有相应的危险性，如果证据使用不当，可能威
胁到有关人员的人身安全，或者可能产生其他严重的后果。为了保证有关人
员的人身安全和执行任务的积极性，使侦查工作能够顺利进行，在证据使用
过程中应当采用必要的保护措施，为侦查人员和有关人员保密。

根据 2012 年《刑事诉讼法》第 152 条的规定，在刑事诉讼过程中，如果
使用技术侦查措施收集的证据材料可能危及有关人员的人身安全，或者可能
产生其他严重后果，应当采取相应的保护措施，包括对有关人员的身份保密、
采取技术处理，等等。如有必要，可以由审判人员在庭外对证据进行核实。
所谓"使用"证据，是指用收集来的物证、书证、视听资料、电子数据、证
人证言等证据材料证明案件事实，包括相关证据的出示以及相关人员的出庭
作证。"危及有关人员的人身安全"，主要是指危及实施技术侦查措施的人员、
线人以及其他有关人员的人身安全。具体的保护措施包括：（1）限制公开部
分信息，避免暴露有关人员身份；（2）对有关材料、信息做技术转化处理，
如声音转化，或者让有关人员以特殊的方式作证；（3）其他技术保护方法；
（4）对于采取特殊侦查措施所收集的材料，必要的情况下，允许审判人员在
庭外核实证据。

三、侦查措施救济和监督的梳理与评析

（一）侦查措施的救济和监督

2012 年《刑事诉讼法修正案》在第二章第一节增加了一条规定，即 2012
年《刑事诉讼法》第 115 条，明确了对违法侦查活动的申诉、控告机制以及
检察机关对侦查活动进行法律监督的程序。

在 2012 年刑事诉讼法修正前，对违法侦查活动的监督存在着监督范围不
明确、知情渠道不畅通、监督手段不够、监督机制不健全等问题。修正后，
一是明确了可以申诉、控告的五种违法侦查行为，明确了侦查监督的范围。
根据 2012 年《刑事诉讼法》第 115 条，可以申诉、控告的五种违法侦查行为
可以分为两类：（1）采取强制措施过程中的违法行为，具体包括不依法予以
释放、解除、变更强制措施，不依法退还取保候审保证金。（2）对财物采取
查封、扣押、冻结措施中的违法行为，具体包括违法对与案件无关的财物采
取搜查、查封、扣押、冻结，不依法解除查封、扣押、冻结，贪污、挪用、
私分、调换、违反规定使用查封、扣押、冻结的财物三种情形。二是建立了
当事人及利害关系人对违法侦查行为的申诉、控告机制，并将侦查机关对申
诉或者控告的处理作为检察机关进行监督的前置程序。设置这样的前置程序，
既有利于侦查机关及时发现侦查活动中存在的问题并自查自纠，及时有效地
保障诉讼参与人的合法权益；也体现了检察机关对侦查机关的尊重，符合刑
事诉讼法规定的"分工负责、互相配合、互相制约"的原则。如果申诉人、

控告人对侦查机关的处理意见不服，再向检察机关申诉，检察机关可以对侦查机关的处理意见及申诉人的申诉事项、理由一并进行审查，这样有利于客观公正并提高效率。

（二）辩护律师意见的听取

2012 年《刑事诉讼法》进一步完善了刑事辩护制度，规定在侦查阶段犯罪嫌疑人可以委托律师作为辩护人。为了保障律师执业权利，发挥辩护律师在侦查阶段的辩护作用，2012 年《刑事诉讼法》第 159 条增加规定侦查机关应当在侦查终结以前听取辩护律师意见的要求。为了使侦查机关充分听取辩护律师的意见，防止侦查人员故意拖延，同时也为了规范辩护律师的执业行为，使辩护活动有据可查，2012 年《刑事诉讼法》第 159 条规定，侦查机关听取辩护律师的意见，应当记录在案，对于辩护律师提出书面意见的，应当附卷保存。

四、新刑事诉讼法中侦查措施相关规定的总结与展望

对于 2012 年刑事诉讼法的修改，早在 2012 年 8 月 30 日《刑事诉讼法修正案（草案）》征求意见稿发布之时，就有律师评价，"进步处如小脚老太，退步的地方如奸夫狂奔"。① 在"侦查"章中，技术侦查措施等特殊侦查措施入法，传唤、拘传持续的时限延长为 24 小时，均被认为是退步的地方。虽然批评的意见不少，但我们要看到的是，对于本次刑事诉讼法修改，肯定的意见更多。在"侦查"章的修改中，虽然仍然存在着很多不足，例如，辨认作为一种重要的侦查措施，没有在"侦查"章中规定，而辨认错误是除刑讯逼供外，冤假错案发生的最为重要的原因。在此前的实践中，公安机关和检察院对于辨认的规则差异较大，辨认未能在《刑事诉讼法》中予以规定，这就为辨认不规范的继续留下了伏笔；又如，修改后的条文中，模糊的措施很多，以"技术侦查措施"专节为例，"根据侦查犯罪的需要"、"经过严格的批准手续"等会给技术侦查措施等特殊侦查措施的滥用留下空间。"针尖大的洞就会进来斗大的风"。② 刑事诉讼法是程序法，侦查阶段是刑事诉讼过程中强制力最强的阶段，特殊侦查措施等强制侦查行为非常容易侵犯公民的人身自由和其他合法权益，因此规定一定要严、要细，越明确越好，不能给权力滥用留下丝毫的缝隙。对于 2012 年《刑事诉讼法修正案》的不足，尤其是对于那些用语模糊或没有规定的地方，在现阶段，应当通过立法解释或者司法解释和部门规章来予以明确或补充。

侦查阶段也许是我国刑事司法实践中存在问题最多的阶段。对于我国侦查程序中存在的种种问题，我们应当确立的正确意识是，罗马不是一日建成的，制度的完善也不是一朝一夕之功，我们不能单纯地指望一次修法就能解决全部问题。修法是接力赛，社会发展了，时机成熟了，我们还会对《刑事

① 李静睿：《刑诉法修正案被质疑倒退专家称已是博弈后结果》，载中国新闻网，http://www.chinanews.com/fz/2011/09-09/3318930.shtml，2011-09-09。

② 《刑诉法大修之辩：秘密侦查要不要严控……》，载《光明日报》2011 年 9 月 29 日。

诉讼法》进行第三次大修，但不论何时再修法，侦查程序的法治化、文明化、规范化永远是现代法治国家的方向和趋势。

　　此外，"徒法不足以自行"，修法固然重要，但更关键的也许是法律在实践中的执行。1996 年《刑事诉讼法》同样有"严禁刑讯逼供"的字眼，但实践中刑讯逼供仍屡禁不止；1996 年《刑事诉讼法》对于各项诉讼措施的采取有严格的期限限制，但实践中超期羁押曾一度泛滥。2012 年《刑事诉讼法》增加规定了技术侦查措施等特殊侦查措施，加强了对侦查程序的法律监督，但这些只是纸面上的法，要想让纸面上的法成为实践中的法，还需要各部门摒弃部门利益，树立程序公正和权利至上的观念，贯彻实施 2012 年《刑事诉讼法修正案》的相关规定。

当前刑民交叉案件的
主要处理方式和存在问题调研报告①

毛立新*

目　次

2012 年上半年，"刑民交叉案件的程序处理"课题组先后前往安徽、江苏等地执法、司法实务部门开展调研，深入了解当前执法、司法实践中处理刑民交叉案件的主要方式和存在的问题，已形成专题调研报告。考虑篇幅问题，现将调研报告中的相关具体案例从略，主要内容归纳如下。

一、刑民交叉案件的主要处理方式

自 20 世纪 80 年代以来，就刑民交叉案件的处理，最高人民法院、最高人民检察院、公安部先后单独或联合发布了一系列规范性文件。从这些文件的规定及司法实践看，在刑民交叉案件的处理上，存在着三种方式：先刑后民、刑民并行和先民后刑。其中，前两种方式在上述规范性文件中有明确规定，最后一种则是司法实践中的实际做法。

（一）先刑后民

先刑后民，是我国司法实践中处理刑民交叉问题的主要方式之一。所谓

---

①　本文系作者承担的 2011 年度教育部人文社会科学研究青年基金项目"刑民交叉案件的程序处理"（项目批准号：11YJC820082）系列成果之一。
*　北京师范大学刑事法律科学研究院讲师、法学博士。

先刑后民，是指当刑、民案件出现交叉时，司法机关应先审理刑事案件，待刑事诉讼终结后再审理民事案件。在司法实践中，人民法院适用先刑后民的做法也有两种：一种是"以刑否民"，即将刑、民部分一并移送公安机关，或对民事部分不予受理、驳回起诉；另一种是"刑民并存"，即将刑、民部分"分案处理"，刑事部分移送公安机关，民事部分暂时中止审理，待刑事诉讼终结后再继续审理民事部分。

1. "以刑否民"式的"先刑后民"

在早期的司法文件中，不仅强调"先刑后民"，而且要求"以刑否民"，否定民事部分的独立性。

最早的司法文件是 1985 年 8 月 19 日最高人民法院、最高人民检察院、公安部《关于及时查处在经济纠纷案件中发现的经济犯罪的通知》（以下简称《通知》），《通知》规定："各级人民法院在审理经济纠纷案件中，如发现有经济犯罪，应按照 1979 年 12 月 15 日最高人民法院、最高人民检察院、公安部《关于执行刑事诉讼法规定的案件管辖范围的通知》，将经济犯罪的有关材料分别移送给有管辖权的公安机关或检察机关侦查、起诉，公安机关或检察机关均应及时予以受理。"《通知》语义模糊，没有明确经济纠纷是否与经济犯罪一起移送，也没有规定在经济犯罪移送后，人民法院是否继续审理经济纠纷。但在当时的年代背景下，执行者一般都将其理解为经济犯罪与经济纠纷一并移送，而后在刑事附带民事诉讼中，对刑事责任、民事责任一并追究。

第二个司法文件是最高人民法院、最高人民检察院、公安部 1987 年 3 月 11 日发布的《关于在审理经济纠纷案件中发现经济犯罪必须及时移送的通知》，其第 3 条规定："人民法院在审理经济纠纷案件中，发现经济犯罪时，一般应将经济犯罪与经济纠纷全案移送，依照刑事诉讼法第五十三条和第五十四条的规定办理。如果经济纠纷与经济犯罪必须分案审理的，或者是经济纠纷案经审结后又发现有经济犯罪的，可只移送经济犯罪部分。对于经公安机关、检察机关侦查，犯罪事实搞清楚后，仍需分案审理的，经济纠纷部分应退回人民法院继续审理。"该通知明确规定对刑民交叉案件的处理，应以"全案移送"为原则，以"分案处理"为例外。

第三个司法文件是最高人民法院 1989 年 7 月 10 日《关于财产犯罪的受害者能否向已经过司法机关处理的人提起损害赔偿的民事诉讼的复函》（〔1989〕民他字第 29 号），复函指出："关于财产犯罪的受害人可否提起损害赔偿的民事诉讼问题，情况比较复杂，尚需在审判实践中积累经验进行研究。至于你院请示报告中涉及的马占魁、王凌贵诈骗财产一案，应当设法继续追赃，不宜采用提起民事诉讼的办法。"该规定否定了刑事案件受害人单独提起民事诉讼的做法，其损失只能通过刑事追赃解决。

第四个司法文件是最高人民法院 1990 年 10 月 13 日《关于诈骗犯罪的被害人起诉要求诈骗过程中的保证人代偿"借款"应如何处理的复函》（〔1990〕民他字第 38 号），复函称："冯树源从胡强处'借款'的行为既已被认定为诈骗罪行，胡强追索冯树源所'借'四万元则属刑事案件中的追赃问题。因此，对胡要求受冯欺骗的'担保人'代偿'借款'的纠纷，人民法院不宜作为民事案件受理。一审法院裁定驳回起诉是正确的。"该规定同样否定了刑事案件受害人单独提起民事诉讼的做法，只能通过刑事追赃来挽回损失。

上述规定，实际上已不仅仅是"先刑后民"，而且还是"以刑否民"，否定了民事诉讼的独立性。这种极端做法，反映出我国司法机关有着根深蒂固的"重刑轻民"思想。

2. "刑民并存"式的"先刑后民"

20世纪90年代以来，最高人民法院、公安部又发布了一系列司法解释和规范性文件，对上述"全案移送"、"以刑否民"的极端做法进行了纠正，确立了"刑民并存"、"分案处理"的基本原则，同时规定在具备一定情形时，实行"先刑后民"，裁定中止民事诉讼，待刑事诉讼终结后再继续审理。

最早明确刑、民"分案审理"原则的，是1991年12月11日最高人民法院经济审判庭《有关刑事案件与经济纠纷案件交叉时如何处理问题的函》（法经〔1991〕195号）。1991年公安部第五局要求最高人民法院协调由延边朝鲜族自治州公安局立案侦查的特大烟用丝束投机倒把案和深圳市中级人民法院受理的与该案有牵连的经济纠纷案，最高人民法院经济审判庭复函答复表示，公安机关立案侦查的经济犯罪案件与人民法院正在审理的经济纠纷案件，是两种既有联系，又有本质不同的法律事实和法律关系。前者是一种扰乱社会经济秩序、危害国家利益的犯罪行为，应当由公安机关立案侦查；后者是平等主体之间的民事法律关系，它们之间的纠纷可以由人民法院通过诉讼程序解决。人民法院对该经济纠纷案件的审理并不影响公安机关对有关刑事案件的侦查。因此，人民法院对相关经济纠纷可以继续审理。这就否定了公安机关提出的"全案移送"请求，初步提出了"分案处理"、"刑民并存"的基本思路。但该文件仅为最高人民法院经济审判庭对具体案件的答复，尚不具有普遍适用性。

1997年12月13日最高人民法院公布了《关于审理存单纠纷案件的若干规定》，明确提出了"刑民并存"、"分案处理"的原则，并规定在符合一定条件时实行"先刑后民"。其第3条规定："存单纠纷案件当事人向人民法院提起诉讼，人民法院应当依照《中华人民共和国民事诉讼法》第108条的规定予以审查，符合规定的，均应受理。人民法院在受理存单纠纷案件后，如发现犯罪线索，应将犯罪线索及时书面告知公安机关或检察机关。如案件当事人因伪造、变造、虚开存单或涉嫌诈骗，有关国家机关已立案侦查，存单纠纷案件确须待刑事案件结案后才能审理的，人民法院应当中止审理。对于追究有关当事人的刑事责任不影响对存单纠纷案件审理的，人民法院应对存单纠纷案件有关当事人是否承担民事责任以及承担民事责任的大小依法及时进行认定和处理。"该条首先确认了民事诉讼的独立性，规定凡符合民事诉讼法第108条规定的起诉条件的，人民法院均应受理，而不应不予受理或驳回起诉。这就否定了以往"全案移送"、"以刑否民"的极端做法，确立了"刑民并存"的基本原则。在此前提下，又规定在"存单纠纷案件确须待刑事案件结案后才能审理"时，人民法院应"中止审理"，即实行"先刑后民"。这与上述司法文件相比，显然是一大进步。但该规定仅适用于存单纠纷案件，仍有很大的局限性。

1998 年 4 月 21 日最高人民法院颁布《关于在审理经济纠纷案件中涉及经济犯罪嫌疑若干问题的规定》（以下简称《规定》），这是规范刑民交叉案件处理的一份基本文件。该文件的出台，使"刑民并存"、"分案处理"及特定情形下的"先刑后民"，成为处理刑民交叉案件的基本原则。《规定》第 1 条规定："同一公民、法人或其他经济组织因不同的法律事实，分别涉及经济纠纷和经济犯罪嫌疑的，经济纠纷案件和经济犯罪嫌疑案件应当分开审理。"该条确认：由不同法律事实引起的刑、民案件，应"分案审理"。第 10 条规定："人民法院在审理经济纠纷案件中，发现与本案有牵连，但与本案不是同一法律关系的经济犯罪嫌疑线索、材料，应将犯罪嫌疑线索、材料移送有关公安机关或检察机关查处，经济纠纷案件继续审理。"该条继续确认了刑、民"分案处理"原则，对"不是同一法律关系的"刑民交叉案件，不再要求"全案移送"。

但对发现有经济犯罪嫌疑的经济纠纷案件，《规定》又维持了 20 世纪 80 年代两个司法文件所规定的"以刑否民"、"全案移送"方式。其第 11 条规定："人民法院作为经济纠纷受理的案件，经审理认为不属经济纠纷案件而有经济犯罪嫌疑的，应当裁定驳回起诉，将有关材料移送公安机关或检察机关。"第 12 条规定："人民法院已立案审理的经济纠纷案件，公安机关或检察机关认为有经济犯罪嫌疑，并说明理由附有关材料函告受理该案的人民法院的，有关人民法院应当认真审查。经过审查，认为确有经济犯罪嫌疑的，应当将案件移送公安机关或检察机关，并书面通知当事人，退还案件受理费；如认为确属经济纠纷案件的，应当依法继续审理，并将结果函告有关公安机关或检察机关。"据此，对于确有经济犯罪嫌疑的经济纠纷案件，无论该案件中是否还存在需由人民法院继续审理的民事法律关系，要求一律"裁定驳回起诉"、"全案移送"。这与上述第 10 条"不是同一法律关系的"应"分案处理"的规定，明显有着矛盾和冲突。因为，即便正在审理的经济纠纷确有经济犯罪嫌疑，案件中也可能存在着刑、民两种法律关系，刑事部分移送给公安机关或检察机关是正确的，但对其中可能存在的民事法律关系，人民法院也要"全案移送"、不再审理，就没有道理。

（二）刑民并行

所谓刑民并行，是指当刑、民案件出现交叉时，公安司法机关对刑事案件的处理，与人民法院对民事案件的审理，同时进行，并行不悖，不存在谁先谁后的问题。可见，刑民并行的前提是"刑民并存"，而不能"以刑否民"，否则就不存在二者"并行"的可能。"刑民并行"与"刑民并存"含义不同，后者是前者的基础和前提，前者是在后者基础上对刑、民诉讼顺序的一种安排。在"刑民并存"时，对刑、民顺序的安排有"先刑后民"、"刑民并行"、"先民后刑"三种方式,"刑民并行"只是其中一种。

如前所述,20世纪90年代以来颁布的有关规范性文件,已经基本确立了"刑民并存"、"分案处理",并在一定条件下实行"先刑后民"的处理原则。这些文件,在确认"刑民并存"的同时,对"先刑后民"的适用范围进行了必要限制。这就为"刑民并行"留下了相当大的生存空间,因为原则上,凡不要求必须"先刑后民"的,都可以"刑民并行"。

1997年12月13日最高人民法院公布的《关于审理存单纠纷案件的若干规定》第3条规定:对"存单纠纷案件确须待刑事案件结案后才能审理的,人民法院应当中止审理。对于追究有关当事人的刑事责任不影响对存单纠纷案件审理的,人民法院应对存单纠纷案件有关当事人是否承担民事责任以及承担民事责任的大小依法及时进行认定和处理。"这就意味着,除非出现"存单纠纷案件确须待刑事案件结案后才能审理"的特定情形,刑、民交叉案件应一律"刑民并行"。

1998年4月21日最高人民法院颁布的《关于在审理经济纠纷案件中涉及经济犯罪嫌疑若干问题的规定》,虽然条文之间存在矛盾,但其第1条、第10条无疑确立了刑、民"分案审理"的原则。其第8条还规定:"根据《中华人民共和国刑事诉讼法》第七十七条第一款的规定,被害人对本《规定》第二条因单位犯罪行为造成经济损失的,对第四条、第五条第一款、第六条应当承担刑事责任的被告人未能返还财物而遭受经济损失提起附带民事诉讼的,受理刑事案件的人民法院应当依法一并审理。被害人因其遭受经济损失也有权对单位另行提起民事诉讼。若被害人另行提起民事诉讼的,有管辖权的人民法院应当依法受理。"据此,如果被害人对被告人所在单位另行提起民事诉讼,人民法院也应当依法受理。虽然该规定并未明确在"分案处理"、"刑民并存"前提下,对刑、民诉讼的顺序应如何安排,是"先刑后民"还是"刑民并行",但毫无疑问,该规定也为"刑民并行"留下了宽广的生存空间。

(三)先民后刑

所谓"先民后刑",是指在处理刑民交叉案件时,先由人民法院对民事案件进行审理,待民事诉讼审理结束后,再继续进行刑事诉讼。

对"先民后刑",迄今并无任何法律文件予以确认,只是司法实践中的做法。主要适用一些特殊类型的案件,如侵犯知识产权、盗伐林木等案件。在这些案件中,如果当事人对涉案财物的权属存在争议,而且已经提起民事诉讼,鉴于权属认定对刑事案件影响重大,此时实行"先民后刑",先由民事诉讼解决确权问题,再根据民事诉讼结果确定是否继续刑事诉讼,更为妥当。

二、实践中存在的主要问题

(一)"以刑代民"或"以民代刑"

1. "以刑代民"

所谓"以刑代民",是指公安机关插手经济纠纷,将不构成犯罪的民商事纠纷作为刑事案件立案侦查。1989年以来,公安部曾多次发文,严禁公安机关越权干预经济纠纷，但仍有一些地方公安机关有禁不止，出于各种目的，插手干预一些经济纠纷案件的处理。

据湖北省公安厅经侦总队调查：2002 年至 2006 年，该省经侦部门受理的案件中，经立案审查属民事、经济纠纷的案件有 1514 起，约占受理总数的 11.5%；在立案的经济犯罪案件中，经查属民事、经济纠纷的案件有 70 起，占立案总数的 0.55%；移送起诉的案件中，被检察院、法院最终认定为民事、经济纠纷的有 22 起，占 0.71%。导致上述问题的原因主要有：（1）案件涉及的法律关系复杂，难以清晰界定案件性质的，占 34%；（2）当事人恶意向公安机关虚构事实、隐瞒真相，搞"诉讼诈骗"的，占 15%；（3）公安机关办案人员侦查、法律等业务水平低，导致能够甄别清楚的案件没有甄别出的，占 1%；（4）上级或有关部门领导批示、指示立案的，占 36%；（5）公安机关受利益驱动等其他原因的，占 14%。①

近年来，公安机关插手经济纠纷现象已得到遏制，但仍难杜绝。公安机关插手经济纠纷，其本质是侦查权的滥用，造成的后果和影响也极其恶劣，不仅损害了公安机关的声誉和形象，也侵害了相关当事人的合法权益。这一问题的解决，关键在于强化对侦查权的监督和制约，特别是外部的监督制约。

2. "以民代刑"

所谓"以民代刑"，是指人民法院将刑事犯罪作为民商事纠纷处理，不向公安机关移送，从而放纵犯罪。调研中，一些地方公安机关向我们反映，由于对案件定性认识不同或者受利益驱动、地方干预等原因，一些人民法院对明知涉嫌经济犯罪的案件也不移送，或者是等到判决生效后无法执行时才考虑移送。由于移送不及时，致使公安机关错失侦查良机，案件难以侦破。

（二）"以刑止民"或"以民止刑"

1. "以刑止民"

所谓"以刑止民"，是指一些当事人恶意利用刑事立案来阻止民事诉讼审理，逃避民事责任。而这些当事人之所以能够得逞，主要原因是一些人民法院不恰当地理解和运用"先刑后民"处理方式，把本来可以"分案处理"、"刑民并存"、"刑民并行"的案件也移送公安机关或者驳回起诉、中止审理。此做法的不良后果，是使公民的民事权益往往无法及时获得司法保护和救济。类似"先刑后民"所带来的"以刑止民"恶果，正是学术界和实务部门主张严格"先刑后民"的适用范围、对大多数案件实行"刑民并行"的重要原因之一。

2. "以民止刑"

所谓"以民止刑"，是指一些当事人恶意利用民事起诉来阻止刑事案件立案，逃避刑事追究。而这些当事人之所以得逞，与公安机关机械地理解和执行有关规定，或者是有意不作为相关。

1997 年 1 月公安部下发《关于办理利用经济合同诈骗案件有关问题的通

---

① 彭志云、张兵：《"依赖刑事手段解决民事争议"调查》，载《中国刑事警察》2007 年第 5 期，第 48～49 页。

知》，文件指出："由于利益驱动和地方、部门保护主义的干扰，在办理利用经济合同诈骗案件中存在不少问题"，其中之一就是"有的把经济合同纠纷，包括人民法院正在办理的或已办结的经济合同纠纷案件作为诈骗案件办理"。公安部纪委1997年4月15日下发《关于加强对办理诈骗案件的监督，坚决纠正非法干预经济纠纷的意见》（37号文件）明确禁止公安机关"将人民法院（包括外地法院）已经受理或作出裁定、判决的经济纠纷以诈骗立案侦查"，其第3条第二项还规定：对人民法院已经立案受理或已经审结作出裁定、判决的经济纠纷案件，没有确凿证据，强行作为诈骗案件立案侦查的，纪律检查部门应当以非法干预经济纠纷立案查处。据此，基层公安机关对此类案件往往采取消极立案态度，在人民法院没有移送案件或撤销生效裁判，或没有检察机关通过立案监督通知立案的前提下，更多是不予立案。由此引发两方面问题：一是控告人、报案人或举报人认为公安机关不作为，四处上访；二是公安机关对本属刑事犯罪的案件不予立案，放纵了犯罪。

（三）"以刑助民"或"以民助刑"

1. "以刑助民"

所谓"以刑助民"，是指当事人恶意利用公安机关的侦查职权协助民事取证。民事诉讼实行"谁主张、谁举证"，当事人举证不能即承担败诉风险。但在一些案件中，当事人自身取证能力有限，甚至有一些证据根本无从获得，遂恶意利用公安机关的侦查权来实现取证目的。通常做法是，以各种名义和案由向公安机关报案、举报、控告，要求公安机关开展初查或立案侦查，再借助公安机关的侦查强制手段获取有关书证、证人证言等证据，而后将证据移送审理民事诉讼的人民法院，企图以此来影响民事诉讼的结果。

恶意的"以刑助民"，违背了侦查执法的目的，浪费了执法资源，是公权私用的腐败行为，影响了公安机关的声誉和形象。而一些当事人之所以能够得逞，原因就在于个别地方公安机关出于各种目的滥用职权，或者是出于利益驱动，或者是因为当地政府的干预等。这些公安机关在完成"以刑助民"任务后，往往即停止初查，或者撤销案件。

解决此问题的关键，仍在于强化对侦查权的监督制约，特别是对经侦初查及立案的审查与监督，防止权力滥用。特别对于初查，由于其不涉及强制侦查手段的运用，因而在实践中往往过于放任，为恶意"以刑助民"留下了很大的操作空间。从长远看，对经侦初查问题，应制定相应的标准与规范，明确规定启动条件和实施要求，防止公权滥用。

2. "以民助刑"

所谓"以民助刑"，是指恶意利用民事诉讼手段，推动刑事立案和侦查。之所以出现这种情况，是因为根据我国刑法规定，一些经济犯罪属"结果犯"，必须造成"较大损失"、"重大损失"、"致使国家利益遭受重大损失"等特定结果才构成犯罪。而对这些"结果"往往要依据民事诉讼结果来判断。例如，刑法第168条规定的"公司、企业、事业单位人员失职罪"和"公司、企业、事业单位人员滥用职权罪"，第186条规定的"违法发放贷款罪"，第

187 条规定的"吸收客户资金不入账罪"，第 188 条规定的"违规出具金融票证罪"，第 189 条规定的"对违法票据承兑、付款、保证罪"等，均要求必须"造成较大损失"、"造成重大损失"或"致使国家利益遭受重大损失"等。如果相关民事诉讼尚未终结，或者民事判决胜诉，就无法认定是否会造成上述特定损害结果。

　　此时，就可能出现一种情况：为了追究一些犯罪嫌疑人的刑事责任，一些国有公司、企业、事业单位以不应诉、消极举证等方式，放任对其不利的民事诉讼结果发生，以便达到认定案件造成既定损失的目的。此种情形，我们在调研中虽未收集到真实案例，但各地座谈中均有提及。此类问题的本质，是以牺牲一些国有公司、企业、事业单位的利益，甚至是国家利益为代价，来推动对某些犯罪嫌疑人、被告人的刑事追究。而这种所谓"损失"，本属不该发生的损失，将其认定为犯罪后果，对犯罪嫌疑人、被告人不公。为防止这种情形出现，侦查机关在调查案件损失情况时，不能单纯依据一纸民事判决书来加以认定，还要对民事诉讼开展的情况进行调查，如果发现相关单位存在不应诉、消极应诉情形时，应及时向其上级主管部门反映。对于已经生效的民事裁判，如果发现确有错误，也应向人民法院、检察机关反映，以便通过审判监督程序予以纠正。

《关于处理刑民交叉案件的若干规定（学者建议稿）》及其立法理由①

毛立新*

目　次

鉴于目前涉及"刑民交叉案件程序处理"的相关司法解释和部门规章繁多，相互之间缺乏统一性、衔接性，笔者在广泛调研和深入研究的基础上，起草了这份建议稿，并对立法理由进行了简要论证，供研究者和司法实务部门参考。

① 本文系作者承担的 2011 年度教育部人文社会科学研究青年基金项目"刑民交叉案件的程序处理"（项目批准号：11YJC820082）系列成果之一。
* 北京师范大学刑事法律科学研究院讲师、法学博士。

第一条　分案处理的标准

同一公民、法人或者其他组织因不同的法律事实，分别涉及民商事纠纷和刑事犯罪的，民商事纠纷案件和刑事犯罪案件应当分案处理。

人民法院不能因为刑事犯罪案件已经立案，对民商事纠纷不予受理或者裁定驳回起诉。公安机关也不能因为民商事纠纷已经受理或者已经作出裁判，对刑事犯罪案件不予立案。

立法理由论证：

本条规定参考了最高人民法院《关于在审理经济纠纷案件中涉及经济犯罪嫌疑若干问题的规定》第1条规定："同一公民、法人或其他经济组织因不同的法律事实，分别涉及经济纠纷和经济犯罪嫌疑的，经济纠纷案件和经济犯罪嫌疑案件应当分开审理。"此种情形下，刑、民法律关系是由不同法律事实引起的性质截然不同的两种法律关系，当事人所承担的法律责任也完全不同，二者不可以相互替代，因而，刑、民应分案处理、分别进行。

分案处理后，人民法院对民商事纠纷的受理，与公安机关对刑事案件的立案侦查，不存在任何矛盾和冲突，二者理应并行不悖。因此，第2款进一步规定：人民法院不能因为刑事犯罪案件已经立案，对民商事纠纷不予受理或者裁定驳回起诉。公安机关也不能因为民商事纠纷已经受理或者已经作出裁判，对刑事犯罪案件不予立案。

第二条　全案移送的适用条件

人民法院作为民商事纠纷受理的案件，经审理认为不属民商事纠纷案件而有刑事犯罪嫌疑，且不存在其他需要审理的民事法律关系的，应将有关案件材料及时移送公安机关、检察机关。在公安机关、检察机关决定立案后，应当裁定驳回起诉。

对已全案移送公安机关或者检察机关的案件，在上述机关侦查期间，当事人又以相同事由向法院起诉的，法院应当裁定不予受理或者驳回起诉。

立法理由论证：

本条规定参考了最高人民法院《关于在审理经济纠纷案件中涉及经济犯罪嫌疑若干问题的规定》第11条规定："人民法院作为经济纠纷受理的案件，经审理认为不属经济纠纷案件而有经济犯罪嫌疑的，应当裁定驳回起诉，将有关材料移送公安机关或检察机关。"此种情形下，案件仅涉及刑事法律关系，已非典型的刑民交叉案件，而是纯粹的刑事案件，因而应属公安机关、检察机关主管。同时，又增加规定"且不存在其他需要审理的民事法律关系的"这一要求，目的是进一步明确其适用条件，因为：根据民事诉讼原理，只要存在需由人民法院审理的民事法律关系，人民法院就应当继续审理，而不能全案移送。本条是从正反两方面界定了全案移送的适用条件，更为清晰、合理。

另外，为防止出现人民法院已裁定驳回起诉，而公安机关、检察机关审查后却认为不属于刑事犯罪、不予立案，被害人告状无门的局面，本条将人民法院裁定驳回起诉的时间，限定在"在公安机关、检察机关决定立案后"。

增加第 2 款规定，是为了防止当事人滥用诉权，干扰侦查工作，也是为了避免出现"一案两诉"、"一案两判"等刑、民冲突现象。

第三条　部分移送的适用条件

人民法院在审理民商事纠纷案件中，发现与本案有牵连，但与本案不是同一法律事实的刑事犯罪嫌疑线索、材料，应将犯罪嫌疑线索、材料移送有关公安机关、检察机关查处，民商事纠纷案件继续审理。

立法理由论证：

该条规定参考了最高人民法院《关于在审理经济纠纷案件中涉及经济犯罪嫌疑若干问题的规定》第 10 条规定："人民法院在审理经济纠纷案件中，发现与本案有牵连，但与本案不是同一法律关系的经济犯罪嫌疑线索、材料，应将犯罪嫌疑线索、材料移送有关公安机关或检察机关查处，经济纠纷案件继续审理。"本条将上述规定中的"同一法律关系"修改为"同一法律事实"，原因是刑、民法律关系的性质截然不同，二者在主体、客体、内容等方面有重大差异，不可能是"同一法律关系"。因而，该提法不准确，也不能作为分案处理、部分移送的判断标准。

参照本建议稿第 1 条规定，刑、民是否分案处理，判断标准应为"不同法律事实"，即当刑事案件与民商事纠纷案件不是同一法律事实时，应分案处理；如系同一法律事实，则原则上应通过刑事附带民事诉讼合并处理。因此，本条摒弃了"同一法律关系"的提法，将分案处理的标准修订为"同一法律事实"。

第四条　附带民事诉讼的审理程序

对于因犯罪行为而遭受物质损失的个人或者单位所提起的附带民事诉讼，应当同刑事案件一并审判，只有为了防止刑事案件审判的过分迟延，才可以在刑事案件审判后，由同一审判组织继续审理附带民事诉讼。

由于犯罪嫌疑人、被告人潜逃或者藏匿而导致刑事诉讼程序中止已达半年以上的，有权提起附带民事诉讼的个人或者单位，必要时可以先行提起民事诉讼。符合民事诉讼起诉条件的，人民法院应当受理，按照民法和民事诉讼法的有关规定进行审理和判决。

立法理由论证：

本条第 1 款，参照了现行刑事诉讼法第 78 条之规定，也是审理附带民事诉讼的一般程序。

增加第 2 款，是一般程序的例外，意在解决司法实践中出现的一些特殊情形：由于犯罪嫌疑人、被告人长期潜逃或藏匿，导致刑事诉讼停滞，被害人的民事权益无法通过刑事附带民事诉讼来维护。此种情况下，就不宜再固守"刑民合并"、"先刑后民"的常规做法，而应实行"刑民分离"、"先民后刑"，允许被害人先行提起民事诉讼，首先解决其民事赔偿问题。

在我国，是否在刑事诉讼中确立缺席审判制度，尚存争议，有待研究。但民事诉讼显然可以缺席审判，因而，在犯罪嫌疑人、被告人长期潜逃或藏匿时，允许被害人通过民事诉讼首先解决民事赔偿问题，十分必要，也具有可行性。

第五条　公安机关、检察机关的审查程序

公安机关、检察机关收到人民法院移送的犯罪嫌疑线索、案件材料之日起 10 日内，应当依法进行审查，认为有犯罪事实，需要追究刑事责任，依法决定立案的，应当书面通知移送案件的人民法院；认为没有犯罪事实，或者犯罪事实显著轻微，不需要追究刑事责任，依法不予立案的，应当说明理由，并书面通知移送案件的人民法院，相应退回案卷材料。

公安机关、检察机关审查后认为需要立案侦查，但自己没有管辖权的，应当在审查期限届满之日起 5 日内移送给有管辖权的公安机关或者检察机关。

立法理由论证：

本条是对公安机关、检察机关审查程序的规定。对此，最高人民法院的司法解释，公安部、最高人民检察院的相关规定，目前均未涉及。程序规则的缺乏，导致了司法实践中的诸多问题，例如：人民法院将案件移送公安机关、检察机关后，公安机关、检察机关长期不予答复，导致案件久拖不决等。为解决这一问题，本条要求公安机关、检察机关在接到移送案件之日起 10 日内审查完毕，并将审查结果书面通知移送案件的人民法院。

另外，司法实践中还可能出现以下情况：公安机关、检察机关审查后认为构成犯罪、需要立案侦查，但自己却没有管辖权的。为避免诉讼拖延，本条第 2 款规定：公安机关、检察机关应在审查期限届满之日起 5 日内，直接移送给有管辖权的公安机关、检察机关，而不能再退回移送案件的人民法院。这与刑事诉讼法关于侦查管辖的规定相符，也有利于提高诉讼效率。

第六条　对公安机关、检察机关不予立案的救济

对于人民法院裁定驳回起诉移送公安机关、检察机关的案件，

如果公安机关、检察机关不予立案的，人民法院可在收到不予立案通知书后 10 日内，提请其上一级公安机关、检察机关进行复核。上一级公安机关、检察机关应在 10 日内作出复核决定。

对公安机关应当立案而不予立案的，人民法院可以建议人民检察院依法进行立案监督。

立法理由论证：

本条是对公安机关、检察机关决定不予立案的救济程序。目前的司法解释和相关规定，对公安机关、检察机关审查后决定不予立案的，缺乏相应救济和监督途径。为纠正公安机关、检察机关可能出现的错误决定，强化监督制约，有必要增加该条规定。根据现行立法关于立案监督的规定，本条规定了两种救济途径：一是提请其上级机关复核一次，此为内部监督；二是对公安机关不予立案的，检察机关可进行立案监督，此为外部监督。

第七条 公安机关、检察机关要求移送案件

公安机关、检察机关发现刑事犯罪嫌疑，与人民法院已受理或者作出生效判决、裁定的民事案件系同一法律事实的，应当说明理由并附有关材料复印件，函告受理或者作出判决、裁定的人民法院。

公安机关函告人民法院的，应同时通报相关的人民检察院。

立法理由论证：

本条规定参考了公安部《公安机关办理经济犯罪案件的若干规定》第 11 条规定："公安机关发现经济犯罪嫌疑，与人民法院已受理或作出生效判决、裁定的民事案件系同一法律事实的，应当说明理由并附有关材料复印件，函告受理或作出判决、裁定的人民法院，同时，通报相关的人民检察院。"以及最高人民法院《关于在审理经济纠纷案件中涉及经济犯罪嫌疑若干问题的规定》第 12 条规定："人民法院已立案审理的经济纠纷案件，公安机关或检察机关认为有经济犯罪嫌疑，并说明理由附有关材料函告受理该案的人民法院的，有关人民法院应当认真审查……"本条中，公安机关、检察机关"函告"人民法院的目的，主要是要求移送案件，但也可能是要求中止审理，或对已作出的生效裁判予以撤销等。鉴于本规定第 10 条增加了"人民法院经过复查后，仍然认为属于民商事纠纷案件，决定继续审理的，如果公安机关、检察机关确有证据证明该案涉嫌刑事犯罪、需要立案侦查的，也可在报请上一级公安机关、检察机关批准后立案侦查"的规定，因此，该"函告"也可能仅具有"告知"和"情况通报"的意义。

第 2 款要求公安机关"应同时通报相关的人民检察院"，目的有二：一是便于人民检察院实施法律监督；二是为了在此后的立案侦查活动中得到检察机关的支持。

第八条　人民法院的审查程序

人民法院自收到公安机关或者检察机关的函件及有关材料之日起 10 日内，应当依法进行审查。经审查，认为确有刑事犯罪嫌疑的，应当将案件移送公安机关、检察机关，并书面通知当事人，退还案件受理费；如认为确属民商事纠纷案件的，应当依法继续审理，并将结果函告有关公安机关或者检察机关。

立法理由论证：

本条规定参考了最高人民法院《关于在审理经济纠纷案件中涉及经济犯罪嫌疑若干问题的规定》第 12 条规定："人民法院已立案审理的经济纠纷案件，公安机关或检察机关认为有经济犯罪嫌疑，并说明理由附有关材料函告受理该案的人民法院的，有关人民法院应当认真审查。经过审查，认为确有经济犯罪嫌疑的，应当将案件移送公安机关或检察机关，并书面通知当事人，退还案件受理费；如认为确属经济纠纷案件的，应当依法继续审理，并将结果函告有关公安机关或检察机关。"针对已有的司法解释缺乏审查期限规定，导致司法实践中一些法院对公安机关、检察机关的函告长期不予答复，影响公安机关、检察机关及时立案，贻误侦查时机等问题，本条明确规定："人民法院自收到公安机关或者检察机关的函件及有关材料之日起 10 日内，应当依法进行审查。"这就解决了上述问题，有利于提高诉讼效率，维护当事人的合法权益。

第九条　对人民法院不移送案件的救济

对于人民法院在审查期限届满后未予答复，或者认为人民法院作出的不予移送决定确有错误的，公安机关、检察机关可在收到审查决定之日起 10 日内，请求该人民法院复查一次。该人民法院应在收到复查申请之日起 10 日内重新审查，并作出决定。重新审查期间，人民法院应暂停对民商事纠纷案件的审理。

立法理由论证：

本条是对人民法院审查后不予答复或决定不移送案件的救济程序。目前的司法解释和规定，缺乏这方面规定，对人民法院的一些不当行为难以监督、制约。为解决这一问题，本条增加规定了复查程序，公安机关、检察机关可申请不予答复或作出不予移送案件决定的人民法院复查一次。

与对公安机关、检察机关不予立案的救济有所不同，此处未规定提请上级人民法院复核的程序，原因是：人民法院上下级之间是监督关系，上级法院未经法定诉讼程序，不能改变下级人民法院的具体决定。而根据现行立法，人民法院关于不予移送案件的决定，显然无法纳入上诉程序解决。同时，根据我国民事诉讼法的规定，检察机关对人民法院民事诉讼活动的监督，主要途径只有一种，对确有错误的民事裁判提起抗诉。虽然在实践中，存在人民检察院针对人民法院在民事诉讼中的不当行为，发出"检察建议"或"纠正意见"的做法，但缺乏立法依据。综合考虑这些因素，本条仅规定了可提请接受函告、作出决定的人民法院复查一次的救济办法。

第十条　公安机关另行立案

人民法院经过复查后，仍然认为属于民商事纠纷案件，决定继续审理的，如果公安机关、检察机关确有证据证明该案涉嫌刑事犯罪、需要立案侦查的，也可在报请上一级公安机关、检察机关批准后立案侦查。

立法理由论证：

本条规定是为了解决司法实践中存在的一个现实问题：对人民法院不移送案件，而案件又确属刑事犯罪的，公安机关能否立案侦查？对这一问题，长期以来存在争议，公安部的相关规定也未予明确。司法实践中，一些公安机关出于防止插手经济纠纷的考虑，严禁对人民法院已作为民商事纠纷受理或已作出生效裁判的案件立案侦查，致使一些本属刑事犯罪的案件也无法查处，放纵了犯罪，也损害了被害人的利益。其实，这种简单地一刀切禁止的做法，于法无据，在理论上也说不通。立案侦查是公安机关的法定职权，按照刑事诉讼法规定，只要认为有犯罪事实、需要追究刑事责任，公安机关就应当立案侦查。这是其职权，也是其不能放弃的法定职责。把人民法院移送案件或撤销生效裁判，作为公安机关立案侦查的前提，缺乏法律根据。但另一方面，如果完全放任各级公安机关自行立案，又有可能出现插手经济纠纷等混乱现象。

综合两方面考虑，本条采取了既允许又限制的立法策略：一方面，明确公安机关的立案侦查权。即便是针对同一法律事实，人民法院已经受理或者作出生效民事裁判的，只要符合刑事诉讼法规定的立案条件，公安机关就应当立案侦查；另一方面，为防止一些基层公安机关滥用立案侦查权，插手、干预经济纠纷，应对此种情形下的立案侦查权予以限制，交由上一级公安机关审查决定。

第十一条　诉讼的顺序安排

在法律事实上存在牵连的民商事纠纷案件和刑事犯罪案件，在分案处理时，如果民商事纠纷案件的审理必须以刑事犯罪案件的审理结果为依据，而刑事犯罪案件尚未审结的，人民法院可以裁定中止审理，待刑事犯罪案件审理终结后，再继续审理民商事纠纷案件。

如果刑事犯罪案件的审理需要以民商事纠纷案件的审理结果为参照，而民商事纠纷尚未审结的，公安机关、检察机关、人民法院也可以待民商事纠纷案件审结后，再继续办理刑事犯罪案件。

立法理由论证：

本条规定参考了我国 2007 年民事诉讼法第 136 条的规定："有下列情形之一的，中止诉讼：……（五）本案必须以另一案的审理结果为依据，而另一案尚未审结的……"只要是刑民诉讼并存、并行，就必然存在一个顺序安排问题。此时，刑民诉讼的顺序安排，要基于诉讼规律，并根据案件具体情况而定，并非一律"先刑后民"。是"先刑后民"、"刑民并行"或"先民后刑"，关键看是否存在"一案必须以另一案的审理结果为依据"的情形：如果民商事纠纷案件的审理必须以刑事犯罪案件的审理结果为依据，则"先刑后民"；相反，如果刑事犯罪案件的审理需要以民商事纠纷案件的审理结果为参照，则应"先民后刑"；如果不存在上述"一案的审理必须以另一案的审理结果为依据"的情形，则应"刑民并行"，即刑、民诉讼并行不悖。

第十二条　刑民案件的主体冲突

已被采取强制措施的犯罪嫌疑人、被告人，如果是民商事纠纷案件的当事人，确需亲自或者委托律师参加民事诉讼活动的，可向决定和执行强制措施的公安机关、检察机关、人民法院提出申请，公安机关、检察机关、人民法院应当提供一定便利。

立法理由论证：

"刑民并行"时，可能出现诉讼主体交叉、重合，刑事诉讼中的犯罪嫌疑人、被告人，同时还是民事诉讼中的当事人。如果犯罪嫌疑人、被告人已被剥夺或限制人身自由，其如何参加民事诉讼，就成为一大问题。目前，司法实践中的做法有三：一是对相关民事诉讼不予受理；二是"先刑后民"，待刑事诉讼审结后再审理民事诉讼；三是"刑民并行"，公安司法机关为犯罪嫌疑人、被告人参加民事诉讼提供一定方便。从实践效果看，对民事诉讼不予受理或"先刑后民"，往往造成民事诉讼拖延，不利于及时保护当事人的民事权利。对大多数刑民交叉案件而言，实行"刑民并行"更为合理。

但要实行"刑民并行"，就要解决被限制或剥夺人身自由的犯罪嫌疑人、被告人如何参与民事诉讼的问题。本条规定：此种情形下，公安司法机关应为犯罪嫌疑人、被告人参与民事诉讼活动、行使民事诉讼权利提供必要便利。从实践需要看，这些便利包括：对于被羁押的犯罪嫌疑人、被告人，应允许其在民事诉讼中聘请的律师享有充分的会见权；对于被取保候审的犯罪嫌疑人、被告人需要到外地参加民事诉讼的，或者被监视居住的犯罪嫌疑人、被告人需要会见其民事诉讼律师、离开住所或指定的居所参加民事诉讼活动的，公安司法机关应尽量予以同意和批准。如果不予批准，也应准许犯罪嫌疑人、被告人与其聘请的民事诉讼律师充分接触，以方便其律师充分代行各项诉讼权利，维护其合法权益。

第十三条　刑民案件的证据冲突

公安机关、检察机关在办理刑事犯罪案件过程中，如果需要调取人民法院正在审理的民商事纠纷案件中的证据材料，可商请审理案件的人民法院给予协助，人民法院应当提供相关证据材料的原件或者复印件、复制品、照片、法律手续等。

人民法院在审理民商事纠纷案件过程中，如果需要调取公安机关、检察机关收集的刑事犯罪案件中的证据材料，可商请公安机关、检察机关给予协助，公安机关、检察机关应当提供相关证据材料的原件或者复印件、复制品、照片、法律手续等。

立法理由论证：

在实行"刑民并行"时，刑、民诉讼在证据上可能出现交叉、重合，同一物证、书证，可能需在刑、民诉讼中同时作为证据使用。为解决这一冲突，保证诉讼顺利进行，本条规定：此情形下，公安司法机关之间应相互提供协助、给予方便。提供协助的方式，包括：在确需提取原物、原件进行检验、鉴定时，提供原物、原件，但在完成检验、鉴定后仍可收回原物、原件；在不需要提取原物、原件时，可提供该证据的复印件、复制品、照片，或者查封、冻结、扣押的法律手续，以说明该证据的所在位置、具体数目、基本特征等。

第十四条　刑民案件的涉案财物冲突

公安机关、检察机关需要冻结、扣押的涉案证据、赃款赃物，如果已被人民法院在民事诉讼中查封、冻结、扣押的，不得重复冻结、扣押。

对确属刑事犯罪重要证据的，可商请人民法院解除查封、冻结、扣押，移交给公安机关、检察机关。

立法理由论证：

在刑事诉讼中，公安机关、检察机关对涉案财物可以采取冻结、扣押等强制性措施。在民事诉讼中，人民法院对涉案财物也可以采取查封、冻结、扣押等保全措施。当二者针对同一财物时，就会出现冲突。解决的原则有二：首先，对涉案财物不能重复查封、冻结、扣押；其次，坚持刑、民诉讼平等，不能要求"刑事优先"，而只能遵循"在先原则"，即公安机关、检察机关对人民法院在民事诉讼中先予查封、冻结、扣押的财物，不能以"先刑后民"为由要求解除或移交。

同时，考虑到刑事诉讼的特殊需要，第 2 款又进一步规定：对确属刑事犯罪重要证据的，可商请人民法院解除查封、冻结、扣押，移交给公安机关、检察机关。

第十五条　涉案财物的提前返还

公安机关、检察机关未移送的涉案财物的返还，一般应在人民法院判决生效后进行。对被害人的合法财产及其孳息，确需提前返还的，应当登记、拍照或者录像、估价，并在案卷中注明返还的理由，将原物照片、清单和被害人的领取手续存卷备查。但具有下列情形之一的，不得提前返还：

（一）案件基本事实尚未查证属实的；

（二）涉案财物的权属关系不明确或者存在争议的；

（三）需要将案件移送异地管辖的。

立法理由论证：

本条规定参考了公安部《公安机关办理经济犯罪案件的若干规定》第 26 条规定："未移送的涉案财物的返还，一般应在法院判决生效后进行。对被害人的合法财产及其孳息，确需提前返还的，应当登记、拍照或者录像、估价，并在案卷中注明返还的理由，将原物照片、清单和被害人的领取手续存卷备查。但具有下列情形之一的，不得提前返还：（一）案件基本事实尚未查证属实的；（二）涉案财物的权属关系不明确或存在争议的；（三）需要将案件移送异地管辖的。"该规定是对公安机关、检察机关在侦查、审查起诉阶段返还涉案财物的限制，所列三种情形如果提前返还，会影响刑事诉讼顺利进行或损害财产所有人的合法权益，因而，不得提前返还。

第十六条　诉讼时效的计算

被害人请求保护其民事权利的诉讼时效在公安机关、检察机关查处刑事犯罪嫌疑期间中断。如果公安机关、检察机关决定撤销涉嫌刑事犯罪案件或者决定不起诉的，诉讼时效从撤销案件或者决定不起诉之次日起重新计算。

立法理由论证：

本条规定参考了《民法通则》第 140 条的规定："诉讼时效因提起诉讼、当事人一方提出要求或者同意履行义务而中断。从中断时起，诉讼时效期间重新计算。"以及最高人民法院《关于在审理经济纠纷案件中涉及经济犯罪嫌疑若干问题的规定》第 9 条的规定："被害人请求保护其民事权利的诉讼时效在公安机关、检察机关查处经济犯罪嫌疑期间中断。如果公安机关决定撤销涉嫌经济犯罪案件或者检察机关决定不起诉的，诉讼时效从撤销案件或决定不起诉之次日起重新计算。"本条明确了在实行"先刑后民"时，刑事追诉活动对民事诉讼时效的影响——诉讼时效中断，既与上述立法、司法解释的规定相一致，也有利于保护当事人的民事权利。

我国侵犯著作权犯罪案件的立案问题研究

杨 雄*

目 次

一、我国侵犯著作权犯罪案件立案的现状

按照刑事诉讼法及其司法解释的规定，侵犯著作权的犯罪案件既可以公诉，也可以自诉。作为公诉案件而言，侵犯著作权犯罪案件由公安机关进行侦查。公安机关侦查著作权犯罪案件，首先应进行立案，其立案的材料一般来源于报案、举报、控告以及行政执法机关、人民法院的移送等。任何单位

---

* 北京师范大学刑事法律科学研究院副教授，法学博士。

和个人特别是著作权权利人发现著作权犯罪嫌疑人的，有权报案、举报或者控告。著作权行政执法机关在执法过程中发现犯罪嫌疑人的要移送公安机关查处。法院在审理著作权侵权纠纷案件过程中，如果发现侵权行为情节严重或者获得非法所得数额巨大构成犯罪嫌疑的案件，应当依法及时移送公安机关处理。作为自诉案件而言，人民法院受理的侵犯著作权犯罪案件，主要来源于被害人或者其法定代理人、近亲属的告诉。

2001 年国务院通过的《行政执法机关移送涉嫌犯罪案件的规定》第 3 条规定："行政执法机关在依法查处违法行为过程中，发现违法事实涉及的金额、违法事实的情节、违法事实造成的后果等，根据刑法关于破坏社会主义市场经济秩序罪、妨害社会管理秩序罪等罪的规定和最高人民法院、最高人民检察院关于破坏社会主义市场经济秩序罪、妨害社会管理秩序罪等罪的司法解释以及最高人民检察院、公安部关于经济犯罪案件的追诉标准等规定，涉嫌构成犯罪，依法需要追究刑事责任的，必须依照本规定向公安机关移送。"《行政执法机关移送涉嫌犯罪案件的规定》对行政机关向司法机关移送涉嫌犯罪案件的具体程序加以具体规定，同时，对行政机关违反规定逾期不将案件移送公安机关，或者以行政处罚代替移送的，以及公安机关违反本规定，不接受行政执法机关移送的涉嫌犯罪案件，或者逾期不作出立案或者不予立案的决定的，《行政执法机关移送涉嫌犯罪案件的规定》还规定了相应的行政处分和刑事责任的追究措施。国家版权局《著作权行政处罚实施办法》第 29 条规定，"著作权行政管理部门负责人应当对案件调查报告及复核报告进行审查，并根据审查结果分别作出下列处理决定：……（四）违法行为涉嫌构成犯罪的，移送司法部门处理"。对此，公安部、国家版权局于 2006 年 3 月 26 日还联合发布了《关于在打击侵犯著作权违法犯罪工作中加强衔接配合的暂行规定》（以下简称《暂行规定》），对相关的衔接程序作出了具体规定。《暂行规定》第 6 条规定，著作权管理部门在执法过程中，发现涉嫌侵犯著作权犯罪案件线索，应当及时通报同级公安机关。《暂行规定》第 9 条规定，公安机关应当自接到著作权管理部门通报之日起 3 个工作日内，依法对所通报的案件线索进行审查，并可商请著作权管理部门提供必要的协助。认为有犯罪事实，应当追究刑事责任的，依法决定立案，书面通知通报线索的著作权管理部门；认为情节较轻，不构成犯罪的，应当说明理由，并书面通知通报线索的著作权管理部门。《暂行规定》第 14 条规定，在公安机关决定立案通知书送达后 3 个工作日内，著作权管理部门应当向公安机关办理有关侵权复制品和用于违法犯罪行为的材料、工具、设备等的移交手续。公安机关需要到场查验有关涉案物品或者收集必要的侵权复制品样材的，著作权行政执法部门应当予以积极协助。而且，《暂行规定》第 10 条第 1 款还强调，著作权行政执法部门在立案查出著作权违法案件过程中，对涉嫌犯罪的案件，应当依照国务院《行政执法机关移送涉嫌犯罪案件的规定》及有关规定向公安机关移送案件，不得以行政处罚代替刑事处罚。《暂行规定》第 10 条第 2 款规定，著作权行政执法部门移送案件，原则上应一案一送。如果拟移送的案件数量较多，或者案情复杂、案件性质难以把握，著作权管理部门可与公安机关召开案件协调会。对决定移送的，著作权管理部门应当制作《涉嫌犯罪案件移送书》，连同著作权证明等材料汇总移送公安机关。《暂行规定》第 13 条规定，著作权管理部门接到重大案件线索举报，或者在执法现场查获重大案件，认为涉嫌犯罪的，应当立即通知公安机关，公安机关应当派员到场，共同研究查处工作。双方认为符合移送条件的，应当按照《行政执法机关移送涉嫌犯罪案件的规定》，立即交由公安机关处理。

尽管各部门一再重申行政执法机关应将涉嫌犯罪案件移送司法机关处理，但是，在实践中，我国版权执法机关在行政执法过程中，即使发现侵权行为已经达到定罪的标准，也很少主动移送司法机关追究被告人的刑事责任。根据《中国知识产权年鉴》的相关统计数据，2002 年全国版权行政执法中行政处罚数量为 6408 件，案件移送数量为 136 件；2003 年全国版权行政执法中行政处罚数量为 23013 件，案件移送数量为 224 件；2004 年全国版权行政执法中行政处罚数量为 9691 件，案件移送数量为 101 件；2005 年全国版权行政执法中行政处罚数量为 9644 件，案件移送数量为 366 件①；2006 年全国版权行政执法中行政处罚数量为 10559 件，案件移送数量为 235 件；2007 年全国版权行政执法中行政处罚数量为 9816 件，案件移送数量为 268 件；2008 年全国版权行政执法中行政处罚数量为 9032 件，案件移送数量为 238 件。这种现象出现的原因主要有：第一，一些地方行政执法机关财政拨款不足，不得不靠办案罚款、收费等手段来维系工作运转，他们担心如果案件移交公安机关，非但得不到一分钱罚款，还要贴上办案费用，于是，更加愿意采用"以罚代刑"的做法，甚至还实行"割韭菜"式的办案方法，以此保证案源和"财源"。第二，公安机关将主要精力投入到涉及公民生命、财产安全的重大案件的办理中，不怎么重视侵犯著作权犯罪案件的办理，即使有的地方行政执法机关将案件移送公安机关处理，公安机关也可能会以证据不足等理由拒绝受理，这种做法也致使行政执法机关不愿意对涉嫌犯罪的案件再进行移送，从而形成恶性循环。第三，缺乏有效的法律监督机制。尽管《行政执法机关移送涉嫌犯罪案件的规定》以及《关于在打击侵犯著作权违法犯罪工作中加强衔接配合的暂行规定》等规范对移送的程序作出了较为细致的规定，但其只是行政执法机关内部的规范，作为法律监督机关的检察院无从依据这些规定进行有效的监督，无法使行政执法机关与司法机关之间形成合力，有效地打击侵犯著作权犯罪。

另外，法院在审理著作权侵权纠纷案件时，应及时移送公安机关进行侦查，即法院在审理著作权侵权纠纷案件过程中，如果发现侵权行为情节严重或者获得非法所得数额巨大构成犯罪嫌疑的案件，应当依照刑事诉讼法的规

---

① 与 2004 年相比，2005 年在受理数量上增加三倍，其原因主要有四点：中央决策层的高度重视；专项整治活动的集中效应；最高人民法院、最高人民检察院《关于办理侵犯知识产权刑事案件具体应用法律若干问题的解释》的出台降低了侵犯知识产权案件的入罪门槛、外在压力。参见刘科：《中国知识产权刑法保护国际化研究》，中国人民公安大学出版社 2009 年版，第 247 页。

定和最高人民法院的有关司法解释，及时移送公安机关处理。公安机关收到立案材料后，应迅速进行审查，在必要的时候应进行初查，以决定是否立案。① 最高人民法院 1998 年 4 月 9 日通过的《关于在审理经济纠纷案件中涉及经济犯罪嫌疑若干问题的规定》第 10 条规定，人民法院在审理经济纠纷案件中，发现与本案有牵连，但与本案不是同一法律关系的经济犯罪嫌疑线索、材料，应将犯罪嫌疑线索、材料移送有关公安机关或检察机关查处，经济纠纷案件继续审理。该规定第 11 条规定，人民法院作为经济纠纷受理的案件，经审理认为不属经济纠纷案件而有经济犯罪嫌疑的，应当裁定驳回起诉，将有关材料移送公安机关或检察机关。该规定第 12 条规定，人民法院已立案审理的经济纠纷案件，公安机关或检察机关认为有经济犯罪嫌疑，并说明理由附有关材料函告受理该案的人民法院的，有关人民法院应当认真审查。经过审查，认为确有经济犯罪嫌疑的，应当将案件移送公安机关或检察机关，并书面通知当事人，退还案件受理费；如认为确属经济纠纷案件的，应当依法继续审理，并将结果函告有关公安机关或检察机关。上述规定是对公安机关、检察院要求移送案件和法院主动向公安机关、检察院移送案件的条件和处理方式。但是，这些规定仍然相对过于笼统，缺乏相应的程序规则，比如对于法院主动移送公安机关或者检察机关查处的案件，法院应制作何种法律文书送交公安机关、检察机关；公安机关和检察机关在接到移送材料后应在多长时间内作出处理，如果公安机关、检察机关不予处理的话，法院又有何种制约措施，等等，这些程序规则都未加以明确。在实践中，有的本属于涉嫌犯罪的侵犯著作权案件，在人民法院移送公安机关后，公安机关长期不予答复，也不予立案侦查，最后不了了之。相关调研报告显示，在司法实践中，人民法院审理著作权侵权纠纷案件过程中主动向公安机关移送的侵犯著作权犯罪案件少之又少。②

此外，我国刑事诉讼法及其相关司法解释赋予被害人针对除了严重危害社会秩序和国家利益以外的侵犯知识产权刑事案件，可以直接向人民法院起诉。但是，司法实践中，通过自诉途径来追究被告人侵犯著作权犯罪的刑事案件也不多见。主要原因有：第一，自诉案件中，自诉人应承担举证责任来证明被告人有犯罪事实，这一要求对于普通公民而言，实际相当困难，因为需要投入相当多的人力和物力。多数被害人仅凭自身力量无法提供足够的证据来证明被告人有犯罪事实，尤其是涉及高科技领域著作权的犯罪。第二，多数侵犯著作权犯罪案件的被害人从自身利益考虑，最希望获得的是经济上的赔偿，而不是追究被告人刑事责任。但是，依据《最高人民法院关于刑事

---

① 姜伟主编：《知识产权刑事保护研究》，法律出版社 2004 年版，第 390～391 页。

② 1998 年全国法院受理的侵犯知识产权犯罪案件只有 128 件，仅占当年全国法院受理各类刑事案件 480374 件的 0.27‰。1999～2002 年，侵犯知识产权犯罪案件占全部刑事案件的比例分别为 0.32‰、0.44‰、0.50‰和 0.65‰。无论从绝对数量还是从所占比例来看，这类案件都属于少发案件。从总体上看，知识产权犯罪案件呈逐年上升趋势，2002 年共受理 408 件，比 2001 年上升了 29.94%。参见最高人民法院 2003 年发布的"知识产权刑法保护有关问题的调研报告"，http://gxfy.chinacourt.org/zhishi/。

附带民事诉讼范围问题的规定》第1条的规定，"因人身权利受到犯罪侵犯而遭受物质损失或财物被犯罪分子毁坏而遭受物质损失的，可以提起附带民事诉讼"，第5条规定，"犯罪分子非法占有、处置被害人财产而使其遭受物质损失的，人民法院应当依法予以追缴或责令退赔。经过追缴或者退赔仍不能弥补损失，被害人向人民法院民事审判庭另行提起民事诉讼的，人民法院可以受理。"可知，我国附带民事诉讼的赔偿范围仅限于因人身权利受到犯罪侵犯而遭受物质损失或财物被犯罪分子毁坏而遭受物质损失。对于侵犯著作权犯罪案件中的被害人的损失，不能提起附带民事诉讼，而由法院进行追缴或退赔，经过追缴或者退赔仍不能弥补损失，被害人向人民法院民事审判庭另行提起民事诉讼的，人民法院可以受理。此种规定实际上剥离了被害人获得赔偿和追究刑事责任的两重愿望，当然，如果法院将被告人的行为定性为非法经营罪的话，将会使得著作权人根本无法以被害人身份参与刑事诉讼，主张自身的权利。而且，多数被害人还担心，一旦被告人被判刑后关入监狱，自己的民事赔偿的愿望就化为了泡影，无从得以实现。正是基于上述两重主要原因，法院通过自诉途径受理的侵犯著作权犯罪案件也相当罕见。

二、我国侵犯著作权犯罪的立案标准问题

侵犯著作权犯罪的立案标准在立法上有明确的规定，但是，由于考核的压力以及办案的方便等需要，实践中，公安机关对侵犯著作权犯罪案件进行立案时，人为地抬高了立案标准，将立案标准等同于法院的定罪标准，使得很多本属于侵犯著作权犯罪的行为未进入司法追诉的轨道。因而，有必要对我国侵犯著作权犯罪的立案标准从立法和司法两个层面进行深入分析。

（一）我国侵犯著作权犯罪立案标准的立法问题

按照《刑事诉讼法》、《行政执法机关移送涉嫌犯罪案件的规定》和《关于在打击侵犯著作权违法犯罪工作中加强衔接配合的暂行规定》的相关规定，对侵犯著作权的犯罪案件进行立案，必须同时具备两个条件：第一是事实要件，即认为有犯罪事实存在；第二是法律要件，即这种犯罪行为需要追究刑事责任。按照我国学界的通说，这里的"有犯罪事实"是指有依照刑法的规定构成犯罪的行为发生，并且该犯罪事实的存在有一定的证据证明。有犯罪事实还不一定能够立案，因为并不是所有发现的犯罪事实都需要追究刑事责任，依法不需要追究刑事责任的情形就不能立案。

从比较法的角度看，在美国，对一般刑事犯罪的侦查，是从向主管官员控告某个犯罪行为开始的，控告往往是由犯罪行为的被害人、目睹实施犯罪或者获悉犯罪情况的警官提出的。[①] 在日本，侦查起源于公民等提供犯罪线索（包括告诉、告发、请求、自首和其他）和直接发现犯罪线索（包括对非正常死亡尸体的检验、职务查问和对持有物品的检查等）。德国刑事诉讼法将侦查程序和法院的第一审程序规定在同一个编章，视侦查为"公诉之准备"。《德

---

① 王以真主编：《外国刑事诉讼法学》，北京大学出版社1994年版，第235页。

国刑事诉讼法》第 158 条至第 160 条规定，侦查开始的起因包括公民的告发或告诉；发现非自然死亡或发现无名尸体；通过其他途径了解到有犯罪行为嫌疑等。只要检察院或警察部门以其中任何形式得到有关犯罪情况报告，就应当对事实情况进行审查——即侦查。1989 年意大利刑事诉讼法典对旧的诉讼制度进行了改革，将侦查职能从预审中分离出来，增设"初期侦查"阶段。司法警察在发现犯罪发生或接到发生犯罪的报告后，当在 48 小时之内进行初步侦查，包括勘验现场、讯问嫌疑人、询问证人、进行搜查、扣押和临时羁押等，而且必须在 48 小时之内向检察官提出报告，并且将初步侦查所收集的材料移送检察官。检察官要在犯罪消息登记簿中予以记载，随即开始"正式侦查"。[1] 纵观世界各国，英美法系国家没有规定开始刑事诉讼要办理专门手续，侦查的开始就是刑事诉讼的开始；日本、法国、意大利等国家法律虽然规定开始诉讼要办理一定的手续，但并未把它作为一个独立程序；苏联、东欧和蒙古等国家则将立案作为刑事诉讼的专门程序。我国的立案程序可以说完全来源于苏联的刑事诉讼法。[2]

实际上，依据人类的认识规律，案件事实是随着诉讼程序的不断进行而逐步呈现的。某种行为是否构成犯罪，是否应当被追究刑事责任，不仅在立案前大多难以确定，甚至有些案件需要通过审判最后才能确定，否则，撤销案件、不起诉、宣告无罪和定罪免刑就没有存在的必要。在立案阶段，所谓的"犯罪事实"，只能说是受理案件的机关主观上"认为有犯罪事实"，而这种主观上的判断应当建立在客观的证据材料基础之上。如果说，"有犯罪事实"可以解释为只是立案机关主观上的判断的话，那么，我国立案条件中的法律要件，即要求立案机关在接到报案的时候就作出是否"追究刑事责任"的判断，这一要求对于刚刚接触案件的立案机关来说则失之苛刻。在我国司法实践中，事实上和法律上过高的立案标准，往往导致公安机关对应当立案侦查的侵犯著作权犯罪案件没有立案侦查，同时，这种高标准也成为某些公安机关不立案的借口。

（二）我国侵犯著作权犯罪立案标准的司法问题

按照公安部颁布的《公安机关办理刑事案件程序规定》的相关规定，公安机关对于公民扭送、报案、控告、举报或者犯罪嫌疑人自首的，都应当立即接受，问明情况，并制作笔录。公安机关接受案件时，应当制作《接受刑事案件登记表》，受理案件后，经过审查，公安机关认为有犯罪事实需要追究刑事责任，且属于自己管辖的，由接受单位制作《刑事案件立案报告书》，经县级以上公安机关负责人批准，予以立案。立案的程序包括接收立案材料、进行初查以及处理这三个阶段。但是，实践中，如果按照这一程序步骤进行处理的话，由于在立案之前的初查阶段不能采取强制性的侦查手段和强制措施，侦查人员往往会贻误战机，可能造成犯罪嫌疑人逃避、证据灭失，导致

---

① 程味秋：《意大利刑事诉讼法典简介》，载黄风译：《意大利刑事诉讼法典》，中国政法大学出版社 1994 年版，第 4 页。

② 吕萍：《刑事立案程序的独立性质疑》，载《法学研究》2002 年第 3 期。

案件最终不能侦破。所以，为了确保案件能够顺利侦查终结移送检察院审查起诉，侦查机关往往一边侦查一边决定是否立案，出现先破后立、不破不立的现象。这种做法不仅颠倒了刑事诉讼的阶段，而且不利于对犯罪率的统计及对嫌疑人人权的保障，同时，这种做法还人为地抬高了立案的条件，将"犯罪事实清楚，证据确实充分"这一定罪的证明标准当做立案的标准。①

　　我国的公安机关身兼治安保卫和刑事侦查双重职能，地方政府对其考核的重要指标，就是追求低发案率、高破案率。换言之，公安机关既要尽量减少每年刑事案件立案的数量，同时又要努力增加逮捕起诉的犯罪嫌疑人数和破案数。公安机关是半军事化的行政部门，政府作为行政领导向公安机关下达任务，公安机关内部再将任务逐级分解到各下级公安机关去完成，所谓"军令如山"，上级安排的任务，下级只有不折不扣地加倍完成。结果，各级公安机关在制订治安防范工作（相对于刑侦工作而言）计划时就会由上至下层层加码，即逐级缩小允许发案的空间。同时，刑侦工作也是层层加码，下级公安机关都会在上级公安机关规定的打击处理犯罪分子人数和侦查破案件数的基数上追加一部分，甚至翻番。而每到年终，政府要对公安机关全年的工作绩效进行考核，而考核的结果会关系到公安机关的财政和人事这两大利益。② 在压力和动力的双重驱使之下，公安机关往往会不惜一切代价争取百分之百的破案率。但是，侵犯著作权犯罪往往是跨地域的，其犯罪行为和结果常常分散在各地，这种空间上的分离性导致著作权犯罪证据存在较大的隐蔽

---

① 近年来，最高人民法院、最高人民检察院出台的相关司法解释实际上就明确了侵犯著作权犯罪的起诉和定罪标准。1998 年最高人民法院出台《关于审理非法出版物刑事案件具体应用法律若干问题的解释》，确立了侵犯著作权犯罪的定罪数额标准：侵犯著作权罪的"违法所得数额较大"为个人违法所得数额在 5 万元以上，单位违法所得数额在 20 万元以上；因侵犯著作权曾经两次以上被追究行政责任或者民事责任，两年内又实施刑法第 217 条所列侵犯著作权行为之一的，或是个人非法经营数额在 20 万元以上，单位非法经营数额在 100 万元以上的，属于"有其他严重情节"；销售侵权复制品罪的"违法所得数额巨大"为个人违法所得数额在 10 万元以上，单位违法所得数额在 50 万元以上。2004 年 12 月 8 日，最高人民法院、最高人民检察院联合发布了《关于办理侵犯知识产权刑事案件具体应用法律若干问题的解释》，大幅度降低了侵犯著作权犯罪的定罪标准，同时缩小了单位犯罪与自然人犯罪的定罪和量刑标准的差距：实施刑法第 217 条所列侵犯著作权行为之一，违法所得数额在 3 万元以上的，属于"违法所得数额较大"；以营利为目的，实施刑法第 218 条规定的行为，违法所得数额在 10 万元以上的，属于"违法所得数额巨大"。又规定：非法经营数额在五万元以上的；未经著作权人许可，复制发行其文字作品、音乐、电影、电视、录像作品、计算机软件及其他作品，复制品数量合计在 1000 张（份）以上的，属于第 217 条规定的"有其他严重情节"。同时，按照该解释第 15 条"单位实施刑法第二百一十三条至第二百一十九条规定的行为，按照本解释规定的相应个人犯罪的定罪量刑标准的三倍定罪量刑"的规定，对单位侵犯著作权犯罪的定罪标准予以降低。2007 年 4 月 5 日最高人民法院、最高人民检察院发布《关于办理侵犯知识产权刑事案件具体应用法律若干问题的解释（二）》又一次降低了著作权犯罪的刑事制裁门槛。该解释规定：以营利为目的，未经著作权人许可，复制、发行其文字作品、音乐、电影、电视、录像作品、计算机软件及其他作品，复制品数量合计在 500 张（份）以上的，属于刑法第 217 条规定的"有其他严重情节"；复制品数量在 2500 张（份）以上的，属于刑法第 217 条规定的"有其他特别严重情节"。2007 年《关于办理侵犯知识产权刑事案件具体应用法律若干问题的解释（二）》相比 2004 年《关于办理侵犯知识产权刑事案件具体应用法律若干问题的解释》的相关数额规定缩减了一半。

② 张颖：《刑事立案异化及其原因》，载《政法学刊》2009 年第 2 期。

性，对著作权犯罪证据的收集存在较大的困难。公安机关一般避重就轻，不愿意办理这些吃力不讨好的案件，这也是导致我国侵犯著作权犯罪案件立案和处理的数量较少的原因之一。

三、行政机关与公安机关在侵犯著作权犯罪案件立案衔接中存在的问题

（一）在证据的移送上，公安机关对证据规格的要求高，对行政机关提供的证据不予认可

依据《关于在打击侵犯著作权违法犯罪工作中加强衔接配合的暂行规定》第 7 条的规定，版权部门向公安机关通报涉嫌侵犯著作权犯罪的案件线索时，应当附有下列材料：（1）案件（线索）通报函；（2）涉嫌犯罪案件情况的认定调查报告；（3）侵权复制品样品材料；（4）侵权证明材料；（5）其他有关材料。但由于行政执法和刑事司法活动的目的和价值取向不一致，行政执法更强调执法活动的效率性，刑事司法更强调公正性。因而，行政证据和刑事证据在程序要求、审查方式、证明对象和证明标准等方面都存在差异。尤其是，公安机关在刑事诉讼中收集证据的程序要比行政执法机关收集证据的程序严格得多。同时，行政执法活动中收集证据的目的是为了确保其作出的行政行为合法适当，法律并未赋予行政执法机关很大的权限调查取证。行政执法机关在查证时只能使用普通的、强制性较弱的收集、调取证据的手段。就版权机关而言，其只有查封权而无扣押权，因而常常无法及时、全面收集能够证明嫌疑人涉嫌犯罪的证据，有可能在证据的质上未达到刑事案件立案的要求，比如行政执法机关收集的某些证据可能与案件的关联性不大等，也有可能在证据的量上未达到刑事案件立案的标准，即行政执法机关没有收集那些本该收集的证据，在某个环节可能欠缺一个或者多个证据链条。而且，在执法力量方面，作为著作权行政执法主管机关的国家版权机关，只有一个人数很有限的执法处负责查处著作权违法行为，在县级区域甚至没有对应的专门执法机构。实践中，版权机关往往只能查处部分网络盗版和部分软件盗版，对出版物也主要是由新闻出版署在负责。正因如此，实践中经常出现，著作权行政执法机关认为行为人侵权行为的情节严重，可能涉嫌犯罪，于是移送公安机关处理。公安机关却认为著作权行政执法机关所收集的证据存在瑕疵，没有达到立案的标准，而置之不理。对于此种现象，有学者指出，行政执法机关所移送的案件毕竟只是刑事侦查机关进行立案的材料来源之一，是否达到立案的标准，是侦查机关的职责所在；而且行政执法机关检查权的力度也无法与刑事侦查权相比拟，要求行政执法机关证明案件达到刑事立案标准也是相当困难的。这样做的必然结果是以行政执法机关代行侦查机关的职责，违背了权力运行的正常规律，同时也会导致大量应当移送的案件不能进入到刑事诉讼程序。①

---

① 周佑勇、刘艳红：《行政执法与刑事司法相衔接的程序机制研究》，载《东南大学学报》（哲学社会科学版）2008 年第 1 期。

（二）在案件的线索来源上，公安机关一般倾向于行政机关主动移送

公安机关作为国家的治安保卫机关，处在同犯罪作斗争的第一线，在日常的执勤和执行任务过程中都有可能发现犯罪，在侦查、预审工作中也有可能发现犯罪事实、犯罪线索，这些都是公安机关立案的材料来源。但是，在司法实践中，对于侵犯著作权犯罪的案件线索，公安机关一般不会主动去发掘，而是倾向于行政机关的主动移送。仔细分析其中的原因，主要有：

其一，知识产权是一种无形的财产权，看不见摸不着，相比有形的财产权而言，普通民众更重视后者。而且，这种无形的财产权相比人的生命权、自由权而言，更不是人们考虑的首要因素了。在一般人看来，知识产权犯罪给社会带来的危害性远远没有杀人、抢劫、强奸、绑架等严重暴力犯罪的危害性更显而易见。地方政府在衡量治安形势的时候，当然主要考虑的也是普通民众关心的问题，即涉及人的生命权、自由权的犯罪案件的发案率和破案率。相对而言，侵犯知识产权犯罪因为没有这种直观的严重社会危害性，而常遭忽略。

其二，我国公安机关肩负着行政和刑事双重职能。当前我国正处于社会转型时期，社会治安形势严峻，犯罪率居高不下，公安机关的工作压力日益加重。我国有些地方公安机关内部由经济犯罪侦查部门负责侦查办理侵犯著作权的犯罪案件，有的甚至由公安机关的治安支队负责查办侵犯著作权的犯罪案件。对于前者而言，"案多人少"是多数公安机关存在的问题，经济犯罪侦查部门需要查处的犯罪案件相当多，所以，公安机关不可能投入更多的人力、物力放在不大容易出"政绩"的侵犯著作权犯罪上面。对于后者而言，由公安机关的治安支队负责查办侵犯著作权的犯罪案件，这本身就有行政职能与刑事诉讼职能交叉的嫌疑，由此带来的最大的问题就是，治安支队在查处著作权犯罪案件时，很可能为了办案的方便或者某种利益的考虑，将本属于犯罪的案件降格为违法行为加以处理，"以罚代刑"的现象由此产生。

其三，现如今，侵犯著作权犯罪的花样不断翻新，手段不断变化，而且，该种犯罪体现了较强的专业化、智能化、复杂化和隐蔽化的特点，而我国多数公安机关内部缺乏相关的复合型人才，他们面对一些新型著作权犯罪显得力不从心。这在某种程度上也削弱了公安机关打击侵犯著作权犯罪的积极性，造成公安机关不愿主动积极去发掘案件线索，而是消极等待行政机关来主动移送案件。

（三）在案件线索的移交上，往往强调行政执法机关向公安机关移交，忽视公安机关、检察院向行政执法机关移交

《关于在打击侵犯著作权违法犯罪工作中加强衔接配合的暂行规定》第6条规定，著作权管理部门在执法过程中，发现涉嫌侵犯著作权犯罪案件线索，应当及时通报同级公安机关。公安机关对于在工作中发现的涉嫌侵犯著作权违法案件线索，应当及时通报同级著作权管理部门。由此可见，打击侵犯著作权违法犯罪工作中行政执法机关与公安机关的移送应是双向的。这一点也可以从刑事诉讼法及其相关司法解释中看出。新《刑事诉讼法》第15条规

定，有下列情形之一的，不追究刑事责任，已经追究的，应当撤销案件，或者不起诉，或者终止审理，或者宣告无罪：（一）情节显著轻微、危害不大，不认为是犯罪的；（二）犯罪已过追诉时效期限的；（三）经特赦令免除刑罚的；（四）依照刑法告诉才处理的犯罪，没有告诉或者撤回告诉的；（五）犯罪嫌疑人、被告人死亡的；（六）其他法律规定免予追究刑事责任的。按照这一原则，在立案阶段，如果发现上述六种情形之一，司法机关应作出不立案的决定。在侦查阶段，侦查机关应决定撤销案件。在审查起诉阶段，检察机关应作出不起诉处理。在审判阶段，对于符合第 15 条规定的第一种情形的，应判决宣告无罪；对于符合其他五种情形的，应裁定终止审理或决定不予受理。但是，尽管在刑事程序中未追究犯罪嫌疑人、被告人的刑事责任，但是，犯罪嫌疑人、被告人有可能存在违法行为，必须由行政执法机关给以一定的处罚，比如没收违法所得、吊销营业执照等。对此，公安部的规范性文件和最高人民检察院的司法解释中都有相应的规定。比如，公安部颁布的《公安机关办理刑事案件程序规定》第 268 条规定，在侦查过程中，发现犯罪嫌疑人不够刑事处罚需要行政处理的，经县级以上公安机关批准，对犯罪嫌疑人依法予以行政处理或者移交其他有关部门处理。最高人民检察院颁布的《人民检察院刑事诉讼规则》第 291 条规定，人民检察院决定不起诉的案件，可以根据案件的不同情况，对被不起诉人予以训诫或者责令具结悔过、赔礼道歉、赔偿损失。对被不起诉人需要给予行政处罚、行政处分或者需要没收其违法所得的，人民检察院应当提出检察意见，连同不起诉决定书一并移送有关主管机关处理。

在打击侵犯著作权违法犯罪的实践中，往往单方面强调行政执法机关将侵犯著作权犯罪案件线索移送公安机关处理，公安机关、检察院在处理刑事案件中常常基于诸多原因，很少将侵犯著作权违法案件移交行政执法机关加以处理，而是，要么对本不属于犯罪行为的案件作从轻处理；要么搁置在一边，等待发现新证据，伺机再次追究刑事责任。究其原因，主要有：第一，在观念上，无罪推定理念未深入人心。相反，在对犯罪嫌疑人、被告人追究刑事责任的过程中，公安司法人员会在有罪推定的观念驱使之下，先入为主地认为，既然卷入了刑事追诉程序，犯罪嫌疑人、被告人肯定存在犯罪行为，只不过当前的证据不足而已。于是，不甘心将其作无罪或者违法行为终结案件。第二，由于某些地方财政对公安司法机关实行"财政返还"政策，对公安司法机关在办案中的罚没"收入"，依据一定的比例返还给公安司法机关，于是，在利益的驱使之下，对于本属于违法行为的侵犯著作权案件，某些公安司法机关也不愿意将其移送给行政执法机关来处理，宁愿从轻对犯罪嫌疑人、被告人进行处罚或者留待日后处罚，以便让"肥水不流外人田"。这种做法不仅违背了立法的本质意图，而且，可能带来放纵违法行为或者滥罚无辜，违背刑法适用的谦抑性原则。

（四）一味强调"刑事先理"的传统法律观念以及"刑事先于行政"的程序路径，不利于打击侵犯著作权违法犯罪中行政效率的提高和司法公正的实现

在侵犯著作权违法犯罪案件中，出现同一行为既违反行政法规范又触犯刑律而发生行政处罚与刑罚处罚的竞合时，究竟是先予以行政处罚，还是先进行刑事处罚呢？我国学术界主流观点认为，应先解决行为人的刑事责任问题，再解决行为人的行政责任问题。这就是所谓的"刑事先理"原则，又称为"刑事优先"原则。支持这一观点的理由，主要有三：第一，行政犯罪与行政违法行为相比，社会危害性更严重，应优先审查。第二，刑罚处罚与行政处罚相比，制裁程度更为严厉，应优先施行。第三，行政机关先对行为人作出行政处罚，并不是司法机关审理行政犯罪案件的必经程序，作为行政处罚的事实和证据依据，对司法机关并不具有当然的效力，还需经司法机关重新调查、核实和认定；而司法机关认定的犯罪事实和审查的证据，对行政机关具有当然的效力。①

我们认为，对于刑事处罚和行政执法的先后顺序，不能简单地套用协调刑事诉讼与民事诉讼的"先刑后民"的关系，因为，民事诉讼协调的是平等的私权利主体之间的私法关系，而刑事诉讼和行政执法处理的则是公权力与公民个人之间的公法关系。在现代社会中，处理公法关系和私法关系，可以"先公后私"，但是，刑事诉讼和行政执法在处理公法关系上，很难说哪一个更为奏效。一味地强调刑事处罚的制裁更严厉、更具威慑力，而采用"刑事先理"原则，实际上可能导致刑罚权的膨胀，忽视行政执法在现代社会中的功能和价值。在打击侵犯著作权违法犯罪实践中，为了提高行政执法的效率和实现司法公正，更好地保护著作权，有必要以"行政先理"为原则，"刑事先理"为例外，重视版权执法机关在打击侵犯著作权违法方面的作用。主要原因是：

第一，符合刑法的谦抑性原则。刑法的谦抑性原则要求，刑罚是所有法律制裁手段中最后的、补足性的手段，是维护法秩序和保护法益的最后保障。从效益性上来讲，刑罚适用必须与其所带来的效益成正比，应当尽量避免不必要、有害的刑罚资源的投入，减少刑罚适用所带来的副作用。换言之，刑法的谦抑性原则就是要求，将刑法作为调整社会关系的不得已手段、最后的手段来加以使用，刑事手段介入应保持克制和内敛，其适用应当是滞后的，而不是优先的。

第二，行政执法机关在打击著作权违法犯罪案件方面更加有效。行政执法的程序相比刑事程序更为简易，证据标准的要求相对较低，执法资源的投入更少，执法效益更高，相反，一概都要求"刑事先理"，可能会造成刑事司法机关不堪重负，浪费大量宝贵的司法资源。特别是当前在我国一些大中型城市里小规模侵犯著作权案件（如贩卖盗版光盘）随处可见的情况下，发挥

---

① 周佑勇、刘艳红：《论行政处罚与刑罚处罚的适用衔接》，载《法律科学》1997年第2期。

行政执法机关高效能的作用，十分必要。

第三，侵犯著作权违法犯罪案件中常涉及专业性问题，在行政执法和刑事司法中，需要有具备专门知识和丰富实践经验的人员来加以解决，目前我国司法机关和司法行政机关确认的版权鉴定机构太少，遇到这些问题，许多刑事司法机关往往最终只能指定著作权行政机关出具鉴定结论。这一点也表明，在处理侵犯著作权犯罪案件过程中，刑事司法机关对行政执法机关执法的依赖性。那么，如果实行"行政先理"原则的话，必然有助于后续的刑事司法机关更准确、更有效地处理案件。

总之，"只有在充分发挥行政权高效、能动优势的基础上，辅之以刑事司法权的必要谦抑行使，才能科学配置行政法资源与刑法资源，从而以最小的成本、最高的效率，实现行政法治秩序的良性运行目标"。[①]

四、疏通侵犯著作权犯罪案件立案渠道的对策

（一）准确把握侵犯著作权犯罪案件的立案标准

针对我国不合理的刑事立案条件，学者们提出了各种改革建议，有观点认为，立案只要一个条件就够了，只要存在危害社会的，为刑法禁止的行为发生，就可立案，即只需要事实条件。还有观点认为，立案应包括两个要件，事实条件与第一种观点基本相同，但法律条件应根据《刑事诉讼法》第110条的规定修改为"立案机关对涉嫌的犯罪具有管辖权"。我们认为，事实上，在我国目前没有对强制性的侦查行为实施严密的司法控制的情况下，立法规定较高的立案条件，是希望通过较高的门槛来限制符合一定条件的案件进入到刑事诉讼中来，强化立案的屏蔽功能，防止因国家追诉权的扩张而危及公民的正常生活。但这种做法实际上无法实现既定目标。从世界上多数国家没有将立案作为独立诉讼阶段的立法实践来看，他们或者将"有犯罪嫌疑"作为追诉开始的条件，或者仅仅将接受报案、控告、举报和自首等作为追诉开始的依据。在这些国家中，并没有因为立案条件的放开而使得诉讼的启动充满任意性，使得嫌疑人的人权难以获得保障。在这些国家，对强制性的侦查措施以严格的司法审查加以控制，从而有助于犯罪嫌疑人的合法权益的保障。因此，未来立法在取消立案程序的独立地位，把立案程序纳入侦查程序之中，强化侦查手段司法控制的情况下，可以将我国立案的条件也相应修改为"有犯罪嫌疑且不存在法律规定的不需追究刑事责任"。"有犯罪嫌疑"的含义包括有犯罪嫌疑的事实或犯罪嫌疑的行为人。"有犯罪嫌疑"应当从两个方面来理解：在主观方面，司法人员认为事件或者行为人与犯罪有关；在客观上，必须有初步的证据证明这种相关性存在。设立这样的立案标准，不仅有利于提高司法效率，而且与当前我国司法实践中存在的客观情况更相适应，同时也便于公检法机关执行掌握，更好地控制犯罪。

---

① 田宏杰：《侵犯知识产权犯罪的几个疑难问题探究》，载《法商研究》2010 年第 2 期。

（二）完善打击侵犯著作权违法犯罪工作中行政执法机关与公安机关的衔接机制，落实侵犯著作权违法犯罪案件的双向移送

一般情况下，在侵犯著作权犯罪案件中，既要追究嫌疑人的刑事责任，也要追究其行政责任。行政责任侧重于对事的处罚，而刑事责任侧重于对人的处理。在追究著作权侵权人的法律责任时，如果对侵权人的行为明显违法，但究竟是否达到犯罪程度尚存疑问，应坚持"行政先理"原则，发挥行政机关能动、高效的执法优势，对违法者予以及时处罚。但是，基于侵犯著作权犯罪案件本身的复杂性和公共政策的不断变迁，"行政先理"原则并非是绝对的。在一些特殊情形下，可采"刑事先理"原则。如因行政处罚已过追诉时效而导致行政处罚权归于消灭的情形；嫌疑人侵犯著作权的行为明显达到犯罪标准的情形等。

针对我国在打击著作权违法犯罪过程中，行政执法机关与公安机关衔接渠道不畅的问题，有学者提出，行政执法机关案件移送的标准应当适当低于侦查机关的立案标准，可以不必要求行政执法机关对需要追究刑事责任的违法事实查证属实，只需有证据证明违法事实涉嫌构成犯罪即可。① 我们赞同这一观点。同时，还需要指出的是，公安机关在决定是否立案时，采用的是自由证明的模式，这就意味着，即使行政执法机关移送的证据材料存在一定的瑕疵，公安机关也可以将其作为决定是否立案的基础。毕竟，立案程序只是整个刑事诉讼的开端，后面还有检察院的审查起诉、法院的审判进行把关。

对于实践中公安机关消极等待行政执法机关移送著作权犯罪案件线索的问题，相关部门应当从以下几个方面着手解决：第一，提高司法人员对知识产权保护的意识，形成知识产权保护的文化氛围，认识到刑事司法在知识产权保护中的重要地位。第二，尊重司法规律，建立科学的公安工作考核机制，改变单纯以破案率、批捕率等为指标的办案质量考评办法。第三，建立专业化的知识产权犯罪侦查组织，提高侦查人员的专业素养，从根本上提高公安机关打击侵犯著作权犯罪的积极性和主动性。

对于实践中公安司法机关在处理刑事案件中忽视将侵犯著作权违法案件移交行政执法机关处理的问题，公安司法机关应当深入贯彻无罪推定的理念，在对犯罪嫌疑人、被告人追究刑事责任过程中，发现侵犯著作权的违法行为应当及时移送行政执法机关加以处理，不得对犯罪嫌疑人、被告人作"从轻"、"从挂"的处理。对于应当移送而未移送的公安司法人员，应依法追究其法律责任。此外，还应改变地方财政对公安司法机关实行财政"返还"的政策，让司法经费与上缴的罚没物彻底脱钩，从根本上切断公安司法机关对本属于著作权违法行为的案件从轻处罚或者留待日后处罚的原动力。

总之，未来必须进一步强化著作权行政执法机关与公安机关、检察院之间的协作配合，推动形成著作权保护的整体合力。著作权行政执法机关在依法查处违法行为过程中，发现违法事实涉及的金额、违法事实的情节、违法

---

① 周佑勇、刘艳红：《行政执法与刑事司法相衔接的程序机制研究》，载《东南大学学报》（哲学社会科学版）2008 年第 1 期。

事实造成的后果等触犯刑法规定，依法需要追究刑事责任的，必须依法向公安机关移送。同时，应充分重视著作权行政执法机关在依法查处侵犯著作权违法行为过程中的地位和作用。公安机关对于在工作中发现的涉嫌侵犯著作权违法案件线索，应当及时通报同级著作权管理部门加以处理。只有强化了公安司法机关与著作权行政执法部门在打击著作权违法犯罪上的衔接，才能实现司法保护与行政保护的优势互补和良性互动。

我国侵犯著作权犯罪案件的管辖问题与对策

杨 雄* 李锦阳**

目 次

一、我国侵犯著作权犯罪案件的管辖问题

（一）立案管辖问题

刑事立案管辖主要是根据下列因素划分的：（1）公安司法机关的性质与诉讼职能。我国公、检、法机关是刑事诉讼中的主要诉讼主体，应当根据其各自的性质和诉讼职能不同而划分管辖范围。（2）刑事案件的性质、案情的轻重、复杂程度等。按照 2012 年《刑事诉讼法》第 204 条的规定，自诉案件包括下列案件：（1）告诉才处理的案件；（2）被害人有证据证明的轻微刑事案件；（3）被害人有证据证明对被告人侵犯自己人身、财产权利的行为应当依法追究刑事责任，而公安机关或者人民检察院不予追究被告人刑事责任的案件。1998 年 1 月 19 日公布的《最高人民法院、最高人民检察院、公安部、国家安全部、司法部、全国人大常委会法制工作委员会关于刑事诉讼法实施中若干问题的规定》（以下简称《六机关规定》）第 4 条规定，《刑事诉讼法》第 170 条（2012 年《刑事诉讼法》第 204 条）第二项规定由人民法院直接受理的"被害人有证据证明的轻微刑事案件"是指下列被害人有证据证明的刑事案件：（1）故意伤害案（轻伤）；（2）重婚案；（3）遗弃案；（4）妨害通

---

* 北京师范大学刑事法律科学研究院副教授、法学博士。
** 北京市房山区人民检察院检察员。

信自由案；（5）非法侵入他人住宅案；（6）生产、销售伪劣商品案件（严重危害社会秩序和国家利益的除外）；（7）侵犯知识产权案件（严重危害社会秩序和国家利益的除外）；（8）属于刑法分则第四章、第五章规定的，对被告人可以判处 3 年有期徒刑以下刑罚的其他轻微刑事案件。上述所列八项案件中，被害人直接向人民法院起诉的，人民法院应当依法受理，对于其中证据不足、可由公安机关受理的，应当移送公安机关立案侦查。被害人向公安机关控告的，公安机关应当受理。由此可见，我国刑事诉讼法对于侵犯著作权犯罪案件的立案管辖实行二元的体制，即对于没有严重危害社会秩序和国家利益的侵犯著作权犯罪案件，实行公诉和自诉二元双轨制，被害人可以在自诉和公诉之间进行选择；对于严重危害社会秩序和国家利益的侵犯著作权犯罪案件，则只能采取公诉的途径，追究被告人的刑事责任。立法者主要考虑到严重危害社会秩序和国家利益的侵犯著作权罪不同于一般情况下的侵犯著作权罪，具有相当大的社会危害性，必须由国家进行追诉。

1. 对"严重危害社会秩序和国家利益"的理解存在分歧

我国刑法及其司法解释并没有对"严重危害社会秩序和国家利益"的含义加以具体规定。在实践中，司法人员对"严重危害社会秩序和国家利益"含义的理解不大一致。在学术界，有观点认为，"严重危害社会秩序和国家利益"，用"和"而不是"或"来连接社会秩序和国家利益的表述，这意味着，必须同时"严重危害社会秩序"和"严重危害国家利益"。我们认为，这一观点不大准确。因为，从文理解释的角度看，当刑法典分则条文在两个要素之间使用"或"一词时，它所表明的是一种选择关系，若使用"并且"一词时，则无论如何不能将其解释为选择关系，否则就违背了基本的文法关系和语词解释规则。但应当注意的是，刑法典分则条文在两个要素之间使用"和"字时，并不一定表明同时具备的关系，而是需要从实质上进行考察，综合作出判断。① 未来立法应具体解释何谓"严重危害社会秩序和国家利益"，唯有如此，才能让司法机关将更多的精力投入到社会危害性重大的侵犯著作权犯罪案件中。

2. 公诉与自诉衔接不畅，导致著作权人无法得到恰当的刑事保障

按照《六机关规定》第 4 条的规定，《刑事诉讼法》第 170 条（修改后的《刑事诉讼法》第 204 条）第二项规定由人民法院直接受理的"被害人有证据证明的轻微刑事案件"中，被害人直接向人民法院起诉的，人民法院应当依法受理，对于其中证据不足、可由公安机关受理的，应当移送公安机关立案侦查。被害人向公安机关控告的，公安机关应当受理。侵犯著作权的案件属于"被害人有证据证明的轻微刑事案件"中的"侵犯知识产权案件"，该类案件系自诉与公诉交叉的案件。对于没有严重危害社会秩序和国家利益的侵犯著作权犯罪案件而言，被害人可以有两种救济途径：第一，被害人直接向法院提起自诉，法院受理审查后，符合起诉条件的，由法院进行审判，

① 赵秉志、彭新林：《"严重危害社会秩序和国家利益"的范围如何确定——对刑法典第 246 条第 2 款但书规定的理解》，载《法学评论》2009 年第 5 期。

追究被告人的刑事责任。第二，被害人向公安局报案，作为公诉案件，通过公安机关侦查、检察院起诉、法院审判，追究被告人的刑事责任。对于没有严重危害社会秩序和国家利益的侵犯著作权犯罪案件的追诉权，主要应从两方面理解：一是在限定的轻微案件范围内，走公诉程序还是走自诉程序，由被害人选择决定；二是在证据不足的情况下，还可由自诉程序转为公诉程序。①

在司法实践中，对于侵犯著作权犯罪案件的自诉渠道并不顺畅。一方面，由于被害人法律意识淡薄，被害人收集证据的能力欠佳②，被害人更希望获得民事赔偿而不是追究被告人刑事责任等原因，被害人直接向人民法院提起刑事自诉的侵犯著作权犯罪案件，相当少见。③ 另一方面，被害人直接向法院提起自诉，法院经过受理审查，认为证据不足、可由公安机关受理的，移送公安机关后，公安机关往往以各种理由予以推诿，不予受理，使得被害人告状无门、放纵犯罪，甚至引发被害人信访、上访。对于没有严重危害社会秩序和国家利益的侵犯著作权犯罪案件，最终形成了"公诉不管、自诉无力"的尴尬局面。

（二）地域管辖问题

我国 2012 年《刑事诉讼法》第 24 条规定，刑事案件由犯罪地的人民法院管辖。如果由被告人居住地的人民法院审判更为适宜的，可以由被告人居住地的人民法院管辖。由被告人居住地的人民法院管辖更为适宜的情况，一般包括：被告人流窜作案，主要犯罪地难以确定，而其居住地的群众更了解案件的情况；被告人在居住地民愤极大，当地群众要求在当地审判的；可能对被告人适用缓刑、管制或者单独适用剥夺政治权利等刑罚，因而需要在其居住地执行的，等等。《最高人民法院关于执行〈中华人民共和国刑事诉讼法〉若干问题的解释》第 2 条规定对"犯罪地"作出了具体解释，犯罪地是指犯罪行为发生地。以非法占有为目的的财产犯罪，犯罪地包括犯罪行为发

---

① 熊秋红：《论刑事司法中的自诉权》，载《环球法律评论》2003 年第 4 期。

② 2011 年 1 月，最高人民法院、最高人民检察院、公安部颁布的《关于办理侵犯知识产权刑事案件适用法律若干问题的意见》第 4 条规定，人民法院依法受理知识产权刑事自诉案件，对于当事人因客观原因不能取得的证据，在提起自诉时能够提供有关线索，申请人民法院调取的，人民法院应当依法调取。这一条规定了法院依申请调取证据的职责，有助于解决被害人收集证据难的问题。

③ 上海审理的一起侵犯著作权案件被誉为"上海首例侵犯知识产权刑事自诉案"。具体案情是：薛某是承印《上海城市交通图》的太仓市某印刷厂员工，1999 年 10 月底，他指使同厂一名职工私下复制了《上海城市交通图》菲林一副，到常熟市盗版印刷该图 1.5 万册。自从 1999 年 12 月至 2000 年 3 月间，薛再次指使这名职工复制交通图菲林 2 副，并由霍某以具有印制《上海城市交通图》合法手续的谎言骗取印刷厂的信任，薛则假冒上海科学技术出版社工作人员，用其中一副在这家印刷厂印制了《上海交通图》4 批共 12.35 万张。另一副菲林由霍到其他印刷厂印刷 3.3 万余张。经折页装订后，薛某取走了其中的 4000 册，剩余 2.9 万余册被上海版权局查获。上海科学技术出版社与上海市测绘院发现这一情况后，以自诉人的身份向一审法院指控薛、霍二人犯有侵犯著作权罪。一审法院查明薛某单独或伙同霍某共非法印制盗版地图册 17.15 万余册，经营额 85 万余元，霍某参与了其中 15.65 万余册的印制，经营额 78 万余元，遂以侵犯著作权罪对此二人作出有罪判决。薛、霍二人不服一审判决分别向市二中院提出上诉。市二中院认为一审判决认定事实清楚、证据确实、充分，维持原判。参见陆萍、谢军：《上海首例侵犯知识产权刑事自诉案审结》，载《光明日报》2000 年 10 月 31 日。

生地和犯罪分子实际取得财产的犯罪结果发生地。我国 2012 年《刑事诉讼法》第 25 条规定，几个同级人民法院都有权管辖的案件，由最初受理的人民法院审判。在必要的时候，可以移送主要犯罪地的人民法院审判。按照刑事诉讼法的上述规定，侵犯著作权犯罪案件的管辖地包括犯罪行为的发生地、犯罪行为的结果地和被告人的住所地。侵犯著作权犯罪案件的犯罪地包括侵权产品制造地、运输地、销售地、存放地，传播侵权复制品、销售侵权产品的网站服务器所在地、网络接入地、建立者或者管理者所在地、侵权复制品上传者所在地、权利人受到实际侵害的犯罪结果地，行政执法部门依法查封、扣押侵权产品地。

司法实践中，侵犯著作权犯罪案件的侵犯产品的生产制造地、销售地和被告人的住所地等往往有多个地方。以下这起简单的案件就体现了这一点：

2005 年 3 月间，河南省罗山县人沈某以营利为目的，在未取得著作权人授权的情况下，以正版图书为样本，非法委托蔡某在北京市石景山区北京某印刷厂盗版印刷由上海世纪出版集团出版发行的中文简体字版本《他改变了中国：江泽民传》一书的封面和插页各 5000 份，非法委托刘某在其河北省廊坊市大城县某印务有限公司盗版印刷该书内页 5000 份，并装订成册。后沈某将全部 5000 册盗版书籍在北京、长沙、广州、南京等地予以销售。

本案中，被告人沈某的住所地是北京，侵权产品的生产制造地包括北京和河北廊坊，侵权产品的销售地包括北京、长沙、广州、南京等地，这些地方的法院都有管辖权。在实践中，类似的案件很多，从理论上来讲，这些法院中的任何一个法院都有地域管辖权，如果出现争议，由共同的上一级人民法院予以指定管辖。但是，这种情况有可能造成各个地方法院基于地方保护的考虑，互相推诿而都不愿意管辖的现象出现。

随着计算机技术的飞速发展和互联网的普及，侵犯著作权犯罪案件呈现出一系列新特点，如通过复制光盘等传统犯罪手段几近消失，在网吧局域网内以及互联网上开设论坛下载录音录像制品、软件等犯罪方法日益猖獗。这一现象对传统的地域管辖理论提出了挑战。因为，虚拟的网络空间具有无地域性，使得行为人的行为对象、行为相对人均得以从具体的场所限制中解放出来。因特网连接着无数的提供接入服务的主机以及大中小型计算机、个人PC 等。在因特网上，只要稍懂计算机理论知识和操作技能，即可从连入因特网的服务器主机上轻松上传或者下载盗版软件、录音录像制品，在实施过程中，可以使用虚假的名字甚至匿名，可以盗用他人的账户以及密码，隐藏自己的 IP 地址，也可以在短时间内删除相关内容，不留任何痕迹。我们无法在网络空间找到住所及有形财产，无法确定活动者的国籍及远程登录发生的确切地点，而只能知道行为人的存在及犯罪行为的具体内容。①

就目前而言，对于通过网络实施侵犯著作权的犯罪行为，司法机关在刑事诉讼过程中，依然应遵循上述我国刑事诉讼法及司法解释规定的地域管辖

---

① ……石英：《计算机网络犯罪与刑事司法管辖权》，载《法制与社会发展》2001 年第 4 期。

的相关规定。2005 年 4 月 11 日公安部出台的《网监部门信息网络案件管辖暂行规定》重申了该规定，其第 8 条指出，"信息网络案件由违法犯罪地的网监部门管辖。信息网络违法犯罪地包括实施地、行为发生地和结果危害地。"实践中面临的关键问题就是如何确定网络环境下的犯罪行为实施地、结果地和被告人的居住地。从理论上来讲，犯罪行为实施地就是实施犯罪的计算机终端设备所在地；犯罪行为的结果地就是实施犯罪行为的网络服务器所在地以及发现犯罪内容的计算机终端所在地。计算机终端设备所在地和网络服务器所在地往往以 IP 地址来确定，因为，每台计算机在登录互联网时，都具有唯一的物理地址，即 IP 地址，每次网络的使用都可以确定留下活动记录的计算机，通过虚拟的网址一般能够找到与网址相关的地理地址，进而确定在一定时间空间内使用该计算机的行为人。由于网络传输的全球性和快捷性，链接在网络上的无数网民只需借助无形的高速运转的网络就可以访问载有侵权内容的网站，其他网络也可以轻易地为带有侵权内容的网页设置相关的链接。因而，发现犯罪内容的计算机终端所在地的数量将会相当多。比如在"番茄花园"侵犯微软著作权案中，被告人制作的多款"番茄花园"版软件番茄花园 Windows XP 在番茄花园网站和"热度"网站被免费下载次数近 20 万次。由此可见，通过网络实施侵犯著作权的犯罪行为，其犯罪结果地可能相当多。当然，有人可能认为，同传统的犯罪相比，网络犯罪的犯罪地具体的地点更多，这实际上更有利于网络犯罪的打击。但是，由此而带来的管辖法院的泛滥，也是最终确定侵犯著作权犯罪案件的管辖地的一个难题。

（三）级别管辖问题

级别管辖，是指各级人民法院之间在审判第一审刑事案件上的权限分工。刑事诉讼法对各级人民法院管辖的第一审刑事案件，作出了明确的规定。我国 2012 年《刑事诉讼法》第 20 条规定，中级人民法院管辖下列第一审刑事案件：（1）危害国家安全、恐怖活动案件；（2）可能判处无期徒刑、死刑的案件。该法第 21 条规定，高级人民法院管辖的第一审刑事案件，是全省（自治区、直辖市）性的重大刑事案件。该法第 22 条规定，最高人民法院管辖的第一审刑事案件，是全国性的重大刑事案件。该法第 19 条规定，基层人民法院管辖第一审普通刑事案件，但是依照本法由上级人民法院管辖的除外。由此可见，我国刑事审判的级别管辖标准是多方面综合性的，既包括案件的性质、犯罪的轻重程度、犯罪主体，也包括案件的社会影响力大小。具体而言，最高人民法院和高级人民法院管辖的案件是以案件社会影响大小为依据，中级人民法院管辖的案件最为明确，是以案件性质、轻重程度和犯罪主体为依据，刑事诉讼法对基层人民法院管辖案件范围的确定采用的是排除制，除了最高人民法院、高级人民法院和中级人民法院管辖案件以外的，均由基层人民法院管辖。按照上述规定，侵犯著作权的犯罪案件最低是由基层法院来管辖，并且，我国四级人民法院都有可能对其予以管辖，侵犯著作权的犯罪案件在上下级法院的管辖分工上，主要依据的是案件的社会影响力大小以及被告人可能判处刑罚的轻重。

实际上，这里的案件社会影响力大小是一个相对模糊的概念，缺乏具体的标准，留给了司法机关较大的自由裁量权。对于侵犯著作权的犯罪案件而言，有的案件事实、证据和适用法律都比较简单，但是，其盗版的光盘、软件和书籍覆盖到全省乃至全国各地，尤其是随着计算机技术的发达和因特网的普及，侵犯著作权犯罪的影响范围很容易就超越了省界甚至国界，那么，是不是这样的案件都属于在全国、全省范围内有重大社会影响的犯罪案件呢？这样的案件是不是都应当由最高人民法院或者高级人民法院来进行第一审呢？显然，答案是否定的。由此可见，我国目前以社会影响力作为确定最高人民法院或者高级人民法院级别管辖的唯一依据，是不大合理的。有必要将这里的社会影响力予以细化，以符合司法实践的需要，保证刑事审判的公正性和诉讼的方便性、及时性。

二、完善我国侵犯著作权犯罪案件管辖制度的对策

（一）完善我国侵犯著作权犯罪案件的立案管辖制度

1. 明确"严重危害社会秩序和国家利益"的含义，明确区分公诉案件和自诉案件的范围

为了让被害人和司法机关准确界定侵犯著作权犯罪案件的性质，未来立法有必要明确规定何谓"严重危害社会秩序和国家利益"。我们认为，司法实践中，司法机关确定是否为"严重危害社会秩序和国家利益"的案件时，应考虑如下因素：非法获利数额是否巨大；侵犯的是否为国家重要的著作权，如侵犯的对象是党和国家领导人的专著的著作权，造成恶劣政治影响和国际影响的；多次实施侵犯著作权的行为，虽经处罚仍不思悔改，在当地造成恶劣影响的；侵犯著作权的行为给权利人造成巨大损失的；侵犯著作权引起群众强烈不满，造成社会动荡的；侵犯著作权时间长、手段隐蔽、跨地区进行，造成的危害涉及面广的，等等。

2. 恰当协调侵犯著作权犯罪案件的公诉和自诉的关系

侵犯著作权犯罪案件立案管辖的公诉和自诉二元双轨制，二者衔接不畅，造成著作权人无法得到恰当的刑事保障。我们认为，这种现象出现的原因有很多，其中对侵犯著作权犯罪实行的公诉和自诉双轨追诉机制本身存在一定的问题。从现行司法解释来分析，可以发现，《六机关规定》第 4 条规定"……上述所列八项案件中，被害人直接向人民法院起诉的，人民法院应当依法受理，对于其中证据不足、可由公安机关受理的，应当移送公安机关立案侦查"，这里的"可由公安机关受理"语焉不详，意味着公安机关可以受理，也可以不受理，如果公安机关不受理的话，被害人如何寻求救济，法律及司法解释也未作出具体规定。对于"被害人有证据证明的刑事案件"，有学者认为，只要被害人没有向人民法院提起自诉，只要人民法院未受理被害人的起诉，侦查机关、检察机关就应当将其作为公诉案件立案侦查和审查起诉。只有在被害人正式选择自诉程序后才免除了公安机关、检察机关的立案侦查和

公诉责任。一旦犯罪行为发生，侦查机关知悉后，应立即无条件地立案侦查。① 我们认为，这种观点过于绝对，违背了刑事诉讼立法的初衷，因为自诉制度的设立就是为了将诉权交给被害人，节省国家的司法资源，如果不分青红皂白都自诉或者公诉的话，可能在某些情况下违背被害人本人的意志。但是，如果公安机关、检察院对此类案件一律不管，可能会出现被害人告状无门的现象。毕竟"被害人有证据证明的轻微刑事案件"和"告诉才处理的案件"在性质上不大一样，后者的诉权完全赋予了被害人自身，国家不能主动去干预，但是，国家对前一类案件的诉权还是有所保留的。所以，对于被害人有证据证明的轻微刑事案件，不管是被害人直接向公安机关提出报案或者控告，还是被害人直接向法院起诉后，法院以证据不足、可由公安机关受理为由移送公安机关立案侦查的，公安机关在审查后，符合公诉案件立案条件的情况下，都应决定立案侦查。唯有如此，才能疏通打击侵犯著作权犯罪案件的立案渠道，保障被害人在有充足证据的情况下向法院起诉追诉被告人的刑事责任；在没有充足证据的情况下，可以借助公安机关的力量来追究被告人的刑事责任。

（二）改革我国侵犯著作权犯罪案件的审判管辖制度

1. 改革我国侵犯著作权犯罪案件的级别管辖制度

为了有力打击侵犯著作权犯罪，未来立法必须按照既方便法院审理和当事人诉讼，又充分满足科技创新和经济社会发展对著作权审判新需求的原则，统筹规划著作权犯罪案件的审判管辖体制。在改革侵犯著作权犯罪案件的级别管辖制度时，我们必须认识到，最高人民法院处于金字塔的最顶端，其主要功能不在于对一般的案件进行处理，而在于解释法律，统一法律的适用，甚至起到制定和维护社会政策的功能。另外一方面，基层人民法院不适宜审理侵犯著作权犯罪案件，应确立中级人民法院管辖为原则。原因主要有：第一，是知识产权民事、刑事、行政案件统一管辖的需要。按照民事诉讼法及其司法解释的规定，知识产权侵权案件一般由中级人民法院管辖，少数案件由基层人民法院管辖；按照 2009 年《最高人民法院关于专利、商标等授权确权类知识产权行政案件审理分工的规定》，对于涉及专利、商标等授权确权类知识产权行政案件，由中级人民法院及其以上法院进行第一审。为了体现对知识产权犯罪案件的重视，未来立法也有必要将侵犯知识产权的犯罪案件确定由中级人民法院来进行第一审②。第二，为了克服司法领域的地方保护主义，保障法院公正审判，有必要将侵犯著作权犯罪案件由中级人民法院来进行第一审。在司法实践中，一些著作权侵权犯罪案件可能涉及地方企业或者

① 卞建林主编：《刑事诉讼法学》，法律出版社 1997 年版，第 378 页。
② 有学者曾指出，定罪是国家的一种最严厉谴责，刑事处罚比民事处罚的后果要严重得多，往往限制、甚至剥夺公民的人身自由权。因此，刑事司法应当比民事司法更慎重，但是，我国当前的知识产权的民事司法保护与刑事司法保护却呈现相反的特点。参见刘守芬、牛广济：《我国知识产权刑事法保护的新思考——兼析"两高"关于侵犯知识产权刑事案件最新司法解释》，载《知识产权》2005 年第 2 期。

部门、个人的利益，一些地方的党政领导出于维护本地区利益的考虑，主动干预司法裁判。第三，著作权刑事案件审理的专业性、技术性较强。随着传统技术领域不断发展，新技术领域不断出现，审判人员必须能够及时更新自己的知识储备，熟练运用司法鉴定及专家辅助人制度等各种诉讼措施，应对和处理新的纠纷和矛盾。一般而言，基层人民法院尽管最为贴近司法实践，但是，其审判人员的专业素质相比中级人民法院而言要低一些。因此，为了体现侵犯著作权犯罪案件审理的公正性和效率性，有必要确定最低由中级人民法院进行审理。第四，是实现我国知识产权刑事、民事、行政"三审合一"的需要。我国知识产权三审合一的实践最早于 1996 年出现在上海市浦东新区人民法院，肇始于"飞鹰"商标审判的需要与启发；2006 年 8 月，广东省高级人民法院颁布了《关于在我省部分基层人民法院开展知识产权刑事、民事、行政"三审合一"审判方式改革试点的实施方案（试行）》，在广州市天河区人民法院、深圳市南山区人民法院以及佛山市南海区人民法院进行知识产权三审合一的试点，从而开始以规范性文件的方式进行三审合一的改革探索。此后，江苏、浙江、湖北等部分地区法院均开始进行三审合一的探索。① 截至2009 年 12 月底，全国已有 5 个高级人民法院、44 个中级人民法院和 29 个基层人民法院开展了由知识产权审判庭统一受理知识产权民事、行政和刑事案件的试点工作（即"三审合一"试点）。②

2. 改革我国侵犯著作权犯罪案件的地域管辖制度

网络环境下的侵犯著作权犯罪的新特点给传统刑事司法中的地域管辖提出了挑战。未来立法修改可以适当借鉴民事诉讼法司法解释的相关规定，来进一步明确侵犯著作权犯罪案件的管辖地。《最高人民法院关于审理涉及计算机网络著作权纠纷案件适用法律若干问题的解释》第 1 条规定，网络著作权侵权纠纷案件由侵权行为地或者被告住所地人民法院管辖。侵权行为地包括实施被诉侵权行为的网络服务器、计算机终端等设备所在地。对难以确定侵权行为地和被告住所地的，原告发现侵权内容的计算机终端等设备所在地可以视为侵权行为地。该司法解释实际上就是基于目前侵犯网络著作权犯罪中结果地太多的现状，果断地放弃了选择侵权结果发生地，而选择了侵权行为地作为管辖地。对于互联网侵犯知识产权犯罪的管辖权问题，最高人民法院在有关指导性案例中提出，原则上应当以行为人"上网"所在地法院管辖，而不宜以行为发生地——任何打开网页、下载其侵权内容的地方法院都可作为管辖法院；被侵权人所在地，如果仅仅作为受害人所在地，而不涉及犯罪行为发生地，则不应当成为当地法院管辖的理由；考虑侦查及审查的方便，被告人居住地也不宜作为此类案件的管辖依据。③ 我们认为，面对某些侵犯著

① 姚建军：《知识产权审判三审合一初探》，http://www.iprcn.com/IL_Zxjs_Show.aspx? News_PI =3617。

② 中华人民共和国国家知识产权局：《2009 年中国知识产权保护状况》，http://www.sipo.gov.cn/sipo2008/zwgs/zscqbps/201004/2009zhishichanquanbaohubaipishu.pdf。

③ 姜伟主编：《知识产权刑事保护研究》，法律出版社 2004 年版，第 399 页。

作权犯罪案件可能有很多犯罪结果地的情况下，应当以侵犯著作权的犯罪行为实施地管辖为原则。同时，刑事诉讼法还应规定被告人有管辖异议的权利，即被告人在司法机关违背管辖的规定，管辖了其无权管辖的案件或者认为其他司法机关更适合管辖的情况下，在法定期限内向有审查权的法院提出要求该司法机关将案件移送有管辖权或更适合管辖的司法机关管辖的主张。通过这些规定，一是为了保障准确、有力地打击侵犯著作权犯罪，二是为了保障司法机关公正处理案件，保护当事人的合法权益。